KB042685

The Globalization of World Politics

세계정치론

8판 국제 3판

**THE GLOBALIZATION OF WORLD POLITICS:
THIRD INTERNATIONAL EDITION**

© Oxford Univesity Press 2020

THE GLOBALIZATION OF WORLD POLITICS: THIRD INTERNATIONAL EDITION was originally published in English in 2020.
This translation is published by arrangement with Oxford University Press.
EULYOO PUBLISHING CO. LTD. is solely responsible for this translation from the
original work and Oxford University Press shall have no liability for any errors,
omissions or inaccuracies or ambiguities in such translation or for any losses caused by reliance thereon.

Korean translation copyright © 2022 by EULYOO PUBLISHING CO. LTD.
Korean translation rights arranged with Oxford University Press through EYA(Eric Yang Agency).

이 책의 한국어판 저작권은 EYA(에릭양 에이전시)를 통해
Oxford University Press 사와 독점 계약한
(주)을유문화사에 있습니다.
저작권법에 의하여 한국 내에서 보호를 받는 저작물이므로
무단전재 및 복제를 금합니다.

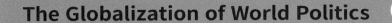

The Globalization of World Politics

세계정치론

존 베일리스 · 스티브 스미스 · 퍼트리샤 오언스 편저

하영선 외 옮김

8판
국제 3판

세계 정치를 한눈에 파악하는 국제정치학의 바이블

을유문화사

역자

강혜윤 조지메이슨대학교 분쟁분석해결학부 조교수

권민주 채프먼대학교 정치학과 조교수

김범수 서울대학교 자유전공학부 교수

김상배 서울대학교 정치외교학부 외교학전공 교수

김준석 가톨릭대학교 국제학부 교수

김지은 이스턴메노나이트대학교 정치학과 조교수

김치욱 울산대학교 국제관계학과 교수

도종윤 제주평화연구원 연구위원

신기영 오차노미즈여자대학교 대학원 인간문화창성과학연구과 교수

신욱희 서울대학교 정치외교학부 외교학전공 교수

유영수 북한대학원대학교 조교수

이상현 세종연구소 안보전략연구실 수석연구위원

이왕휘 아주대학교 정치외교학과 교수

이정석 제임스매디슨대학교 방문연구원

이정환 서울대학교 정치외교학부 외교학전공 교수

이헌미 한국여성인권진흥원 일본군'위안부'문제연구소 교육홍보팀장

이혜정 중앙대학교 정치국제학과 교수

장기영 경기대학교 국제관계학과 조교수

조동준 서울대학교 정치외교학부 외교학전공 교수

차태서 성균관대학교 정치외교학부 조교수

하영선 서울대학교 명예교수/동아시아연구원 이사장

황지환 서울시립대학교 국제관계학과 교수

세계정치론 제8판(국제 3판)

8판 1쇄 발행 2022년 8월 30일
8판 3쇄 발행 2024년 2월 5일

편저자 | 존 베일리스·스티브 스미스·퍼트리샤 오언스
역 자 | 하영선 외
펴낸이 | 정무영, 정상준
펴낸곳 | (주)을유문화사

창립일 | 1945년 12월 1일
주소 | 서울시 마포구 서교동 469-48
전화 | 733-8153
팩스 | 732-9154
홈페이지 | www.eulyoo.co.kr

ISBN 978-89-324-7476-2 93340

• 이 책의 전체 또는 일부를 재사용하려면 저작권자와 을유문화사의 동의를 받아야 합니다.
• 책값은 뒤표지에 있습니다. 잘못된 책은 구입하신 곳에서 바꾸어 드립니다.

서문

『세계정치론』의 새 개정판은 과거 판들의 형식과 구조를 비슷하게 따르고 있다. 그러나 우리는 이미 인기 있고 성공적인 이 책을 더 좋게 만드리라고 생각되는 새롭고 흥미로운 장들을 추가했다. 이런 변화는 국제관계학 분야에서 진행되고 있는 변화에 대한 편집자의 느낌뿐만 아니라, 전 세계 학생들의 반응, 국제관계학을 가르치는 교수와 학자의 의견, 옥스퍼드대학교 출판부의 상세한 비평을 반영한 것이다. 이 의견들은 모두 우리가 다루어야 할 추가적인 영역이 무엇인지를 파악하는 데 도움을 주었다. 우리는 세계 정치와 세계 질서가 겪고 있는 지구화의 현재 위기의 함의를 탐구하는 지구화와 지구 정치에 대해 완전히 새로 쓴 장을 포함했다. 또 우리는 후기식민주의와 탈식민주의 접근을 다루는 새 장을 추가함으로써, 이미 다양한 이론을 뛰어나게 다룬 이론 부분을 더 낫게 만들었다. 우리는 국제 문제를 다루는 부분에 인권, 난민, 강제 이주를 다루는 새 장을 추가했다. 우리는 또한 과거 판의 학습면을 보완했다.

후기식민주의와 탈식민주의 접근을 다루는 장은 새로운 통찰, 많은 훌륭한 사례와 토론을 제공한다.
— 버슨 에르도간Birsen Erdogan, 마스트리흐트대학교Maastricht University

난민과 강제 이주를 다루는 새로운 장은 다양한 범주의 난민들에 대한 이론적이고 법적인 토론과 더불어
정책 문제의 복잡성을 설명하기 위한 효과적인 사례와 사례 연구를 제시함으로써 학생들이 관심을 가지고
있는 관련 주제를 다룬다.
— 크레이그 마크Craig Mark, 쿄리쓰여자대학교Kyoritsu Women's University

인권을 다루는 새로운 장은 독자들이 일반적인 가정에 도전하고 다시 생각하게 한다. 비판적이고 성찰적인
시각은 현재 국제관계학 교과서 시장에 매우 반가운 일이다.
— 새뮤얼 자비스Samuel Jarvis, 사우샘프턴대학교University of Southampton

이 책은 학생들에게 지구 정치의 주요 이론과 개념적 토대를 소개하는 동시에 이러한 아이디어를 실천에
옮기기 위한 관련성이 높고 현대적인 사례 연구를 제공한다. 나는 편집자들이 지구 남반구의 학자들과 함
께 교류하게 되어 매우 기쁘며 이 점은 이 지역의 학문적 수준을 보여 준다. 특히 제10장은 후기식민주의와
탈식민주의 접근의 기원, 역사적 맥락, 지적 기여를 훌륭하게 다루고 있다.
— 네빌 와일리Neville Wylie, 스털링대학교University of Stirling

감사의 말

또 하나의 개정판을 만드는 과정에서 공동의 노력이 필요했다. 그러나 그것을 가능하게 하는 것은 편집자와 저자만이 아니다. 우리는 제7판에 대한 여러 비평에 근거하여 개정판을 상당 부분 수정했다. 이 책의 장단점에 대해 우리 혹은 옥스퍼드대학교 출판부에 의견을 보내 주신 분들께 감사를 드린다. 대부분의 변경 사항은 평자들의 추천에 따른 결과다. 다시 한번, 우리의 상세한 개정 요청을 받아들여 자신들이 맡은 장을 때로는 거의 새로 써야 했던 저자들께 우리는 감사의 인사를 올린다. 많은 저자가 제1판부터 이 책에 참여해 왔으며, 우리는 그들이 국제관계학 교육에 보여 주는 헌신과 노력에 깊은 감사를 전한다. 우리는 또한 이번 개정판의 편집자인 대니얼 코언 박사에게 특별히 감사의 말씀을 전한다. 그녀는 효율적이고 성실하게 인내심과 유머를 가지고 저자들 및 편집자들과 협력하여 마감일을 준수하고 모든 작업을 제시간에 완료했다. 그녀의 노고로 이 책은 훨씬 더 좋아질 수 있었다. 편집자들은 세라 아일스와 에밀리 스파이서를 비롯한 옥스퍼드대학교 출판부의 편집부와 제작부 팀원들에게 감사를 전한다. 그들은 언제나 그렇듯이 함께 일하기 좋은 동료였다.

— 존 베일리스, 스티브 스미스, 퍼트리샤 오언스

새로운 개정판에서 달라진 점

제8판(국제 3판)은 광범위한 평자들의 의견에 따라 엄밀하게 개정되었다. 주요 변화는 다음과 같다.

- 멕시코대학교의 아리아드나 에스테베스Ariadna Estévez 교수가 제24장 난민과 강제 이주를 새롭게 추가했다.
- 런던 동양·아프리카대학교(SOAS) 미라 사바라트남Meera Sabaratnam 박사가 제10장에서 후기식민주의와 탈식민주의 접근을 통합했다.
- 새로 작성된 제25장은 인권의 주요 문제에 대해 비판적으로 생각하고 인권이 보편적인 것인지 고찰할 수 있도록 했다.
- 모든 장에서 비서구적 접근, 특히 지구 남반구의 관점을 폭넓게 적용함으로써 다양한 관점에서 국제 관계를 바라보는 점의 중요성을 이해할 수 있도록 했다.

차례

제2부 지구 구조와 과정

제3부 21세기의 도전

서론: 국제 정치에서 세계 정치로

퍼트리샤 오언스Patricia Owens · 존 베일리스John Baylis · 스티브 스미스Steve Smith | 하영선 · 이정환 옮김

이 책의 목적은 지구화된 세계의 세계 정치world politics를 개관하는 것이다. 이 시대의 세계 정치를 설명하는 데 매우 자주 사용되는 '지구화globalization'는 매우 논쟁적인 용어다. 지구화라는 말이 논쟁적인 까닭은 지구화가 정확히 무엇을 의미하는지, 지구화로 말미암아 세계 정치의 주요 특성이 이전 시대의 특징과는 얼마나 다른지, 나아가 현재 세계 곳곳에서 신자유주의 지구화에 대한 저항이 일어나고 있는지에 대해 상당한 논란이 있기 때문이다. 가장 단순하게 말하자면 지구화는 사회들 사이의 상호 연계성이 증대하는 과정, 다시 말해 세계의 한 부분에서 일어난 사건이 멀리 떨어져 있는 사람과 사회에 더 큰 영향을 끼치는 과정을 의미한다. 이러한 관점에서 바라본 지구화된 세계는 정치·경제·문화·사회적 사건들이 더욱 상호 연결되며, 더 큰 영향력을 미치는 세계다. 다

른 의미에서 지구화는 1970년대 말부터 현대에 이르기까지 세계 정치에 광범위한 영향을 미친 세계 경제의 신자유주의적 자본주의neoliberal capitalism와 연관된 관념이다. 여기 서론에서는 지구화 개념을 어떻게 다룰지를 밝히고, 지구화를 세계 정치의 중요하고도 새로운 발전으로 평가하는 주장과 이러한 견해에 반대하는 주장을 소개하겠다.

우리는 세계 정치를 묘사하는 데 쓰이는 각종 용어와 세계 정치에 대한 학문 분과인 국제관계학International Relations에 대해 이야기하려고 한다. 다음으로 우리는 지구정치global politics를 설명하는 주요 방식을 살펴보겠다. 이 두 작업이 필요한 까닭은 서론의 목적이 지구화에 관해 필자 전체나 편집자들이 동의하는 하나의 관점을 제시하는 것이 아니기 때문이다. 필자와 편집자들 사이에 지구

화에 대해 합의된 의견 통일은 존재하지 않는다. 서론의 목적은 독자에게 본론의 장들을 어떤 맥락에서 읽어야 할지를 알려 주는 데 있다. 이것은 세계 정치와 지구화에 대해 매우 다양한 관점이 존재한다는 것을 의미한다. 예를 들어 세계 정치에 관한 주요 이론들은 모두 지구화를 다르게 설명하고 있다. 어떤 이론은 지구화가 인류사의 일시적인 국면에 불과하므로 세계 정치를 이해하는 방식을 재고할 필요가 없다고 본다. 지구화를 지구 **자본주의**capitalism의 성장과 근대화의 최후 표현으로 간주하는 이론도 있다. 또한 지구화가 세계 정치의 근본적인 변용을 나타내며, 새로운 이해 방식이 필요하다고 보는 이론도 있다. 이 책의 필자들 사이에서도 견해가 일치하지는 않는다. 실제로 앞서 언급한 모든 관점을 각각 대표하는 필자들이 있다. 예를 들어 지구 온난화에 대해 **강대국**powerful state들 사이에 합의가 나오지 않는 원인, 영국 국민이 유럽연합 탈퇴를 선택한 원인, 아랍의 봄과 지구금융위기의 의미, 경제 불평등, 성 불평등, 종족 불평등의 의미와 원인 등에 대해 필자들은 각기 다른 입장을 보인다.

이 책의 주요 목표는 세 가지다.

- 지구화 시대의 세계 정치의 개관 제공

- 현대 세계 정치를 설명하는 데 활용되는 주요 이론의 접근법 요약
- 현대 세계 정치의 **구조**structures와 쟁점을 이해하는 데 필요한 자료 제시

제1부에서 우리는 현 세계를 이해하는 데 매우 중요한 역사적 배경을 설명할 것이다. 근대 국제 질서의 등장, 20세기를 규정하는 국제 질서의 주요 위기들, 냉전cold war의 종식 이후 최근의 변화 양상, 비서구 강대국의 부상 등을 제1부에서 다룰 것이다. 이어서 우리는 세계 정치를 이해하는 주요 이론에 대해 구체적으로 설명한다. **자유주의적 국제주의**liberal internationalism, **현실주의**realism, **마르크스주의**Marxism, **사회구성주의**constructivism, **후기식민주의**postcolonial와 **탈식민주의**decolonial적 접근들, 그리고 **페미니즘**feminism 등의 이론과 더불어 현대 세계 정치에 대한 규범적 접근법도 자세하게 다룰 것이다. 제2부에서 우리는 현대 세계 정치의 핵심을 이루고 있는 구조와 과정을 살펴볼 것이다. 지구 정치 경제, 국제 안보, 전쟁, 젠더, 인종 등을 핵심적으로 다룬다. 이어서 제3부에서는 빈곤, 인권, 난민, 환경과 같은 지구화된 세계의 핵심적 정책 쟁점에 대해 다룰 것이다.

국제 정치에서 세계 정치로

이 책의 제목에서 '국제 정치international politics'나 '국제 관계international relations'라는 말 대신에 왜 '세계 정치world politics'라는 용어를 사용했는지에 대해 생각해 보자. 국제 정치나 국제 관계는 이 책의 관심사인 전쟁과 평화의 원인이나 지구 경제와 불평등과 같은 국제적 상호 작용과 과정을 묘사하는 데 사용하는 전통적인 명칭이다. 이 문제들을 연구하는 학문 분야를 대개 '국제관계학'이라고 일컫는다. 우리는 국제관계학에 대해 다음 절에서 따로 언급하고자 한다. '세계 정치'라는 용어를 선택한 까닭은 이 용어가 다른 대체 용어보다 더 포괄적이라고 생각하기 때문이다. 이는 우리의 관심사가 (국제 정치라는 말이 의미하듯이) **민족국가**nation-states 간의 정치와 정치 유형에만 한정되어 있지 않고, 국가 간 관계를 넘어서서 세계에서 벌어지는 정치와 정치 유형까지 포괄한다는 의미다. 그렇다고 해서 국가 간 관계가 중요하지 않다는 것은 아니다. 국가 간 관계는 현대 세계 정치에서 여전히

중심적이다. 다만 우리는 제도들과 국가가 아닌 다양한 조직들 사이의 관계에 대해서도 관심을 갖고 있다. 예를 들어 이 책은 **다국적 기업**multinational corporations이나 **초국가**transnational 테러 집단, 계급, 인권 관련 **비정부기구**non-governmental organizations의 의미에 대해서도 소개할 것이다. 우리는 **초국가 기업**transnational corporations, **정부**governments, **국제기구**international organizations 사이의 관계도 국가가 하는 일만큼이나 중요하다고 생각한다. 그래서 우리는 우리가 관심을 가지고 있는 관계를 세계 정치의 용어로 포괄적으로 사용하기를 바라며, 또한 독자들이 정치를 너무 협소하게 정의하지 않기를 바란다. 이후 여러 장에서 필자들이 정치를 매우 광의적으로 정의하기 때문에 독자들은 반복적으로 이 쟁점을 만나게 될 것이다.

이에 대한 명백한 예는 정치와 경제의 관계다. 부와 자원의 분배 문제가 정치적 또는 '공공의' 문제가 아니며 '단지' 경제적 또는 '사적' 차원의 문제라는 주장이 강력한 것이 사실이다. 하지만 '정치학'과 '경제학'의 구별 자체에 대한 논쟁의 역사가 있다. 언제부터 정치와 경제, 공적 영역과 사적 영역의 선명한 구별이 발전하기 시작했는가? 이러한 구별이 오늘날 지구의 정치 경제에 어떤 영향을 주고 있는가? 현재 세계 전체 부의 82퍼센트를 1퍼센트의 인구가 소유하고 있다. 세계에서 가장 부유한 27명이 소유하고 있는 부의 총량은 세계 인구 전체 하위 50퍼센트—38억 명—의 부의 총량과 동일하다. 우리는 독자들이 정치를 아주 유연하게 생각해 주기를 바란다. 몇몇 장에서 정치적이라고 묘사하는 현대 세계의 특징들은 독자들이 예전에는 정치적이라고 생각할 수 없었던 것들이다. 다음으로 우리는 현대 세계를 특징짓는 넓은 의미의 정치적 관계와 **권력**power 관계에 초점을 맞출 것이다. 그 유형에는 국가 간의 관계도 많겠지만, 그렇지 않은 경우가 많거나 아마 대부분일 것이다.

국제관계학 연구

이 책을 통해서 국제관계학이 흥미롭고 다양한 주제를 다루는 학문 분과라는 점을 알게 될 것이다. 국제관계학이 흥미로운 이유는 지구상의 모든 사람에게 지대한 영향을 주는 중요한 문제들을 다루기 때문이다. 국제관계학은 대표적으로 전쟁과 평화, 세계 경제의 구조, 세계적 불평등의 원인과 결과, 갈수록 심화하는 지구적 환경 위기 등에 대해 다루고 있다. 국제관계학의 핵심 개념과 주요 논점에 대한 치열한 논쟁은 국제관계학을 보다 흥미롭게 만든다. 국제관계학이 다루는 주요 개념과 논점으로는 권력power, 폭력violence, **주권**sovereignty, 국가states, **제국**empire, 학살genocide, 개입intervention, 불평등inequality, 정의justice, 민주주의democracy 등이 있다.

국제관계학에서 다루는 주제는 다양해서 국제 관계사international history, 국제 안보international security, 국제 정치 경제international political economy, 국제법international law, 국제기구international organizations 등의 하위 분과로 나뉜다. 국제관계학의 연구자들은 종종 특정 지역(남아메리카, 동아시아, 중동, 유럽, 아프리카, 북아메리카 등)에 초점을 두어 연구를 진행한다.

국제관계학은 학제 간 연구의 성격을 갖는다. 국제관계학은 역사학, 법학, 정치학, 지리학, 사회학, 인류학, 젠더 연구, 후기식민주의 및 탈식민주의 연구 등의 다양한 분과로부터 이론과 방법론을 가져오고 있다. 영국에서는 국제관계학이 형성되고 체계화된 초기 수십 년간 역사학자들이 지대한 영향을 미쳤다(Hall, 2012). 이후 제2차 세계대전의 종전 후부터 최근 수십 년 동안은 정치학이 국제관계학에 가장 강한 영향을 주고 있으며, 이러한 경향은 미국에서 두드러졌다[그로 인해 국제관계학이 '미국적 사회과학'(Hoffman, 1977)인가에 대한 논쟁이 오랫동안 지속되었다]. 이러한 논쟁이 의미하는 바는 국제관계학의 연구 접근법이 협소해지고 미국 외교 정책과 관련된 사안들에 대한 관심사와 강하게 얽혀 있다는 것을 의미한다. 이는 국제관계학이 비서구의 세계 정치 이론과 역사를 등한시했다는 비판으로 연결된다. 최근 미국의 안팎에서 국제관계학이 비서구의 역사와 경험에 대해서 간과해 왔던 경위와 이유에 대한 관심이 증가해 왔고 이러한 경향을 수정하기 시작했다(Tickner and Wæver, 2009). 이런 변화를 통해 국제관계학은 서구 중심적 세계 정치 접근법에서 벗어나 진정한 지구적 국제관계학으로 발전하는 과정에 있다(Acharya, 2014b).

> 유럽 중심의 지구 정치 접근에 대해서는 스티브 스미스 경
> Sir Steve Smith의 **토론**을 시청해 보자.
>
> www.oup.com/he/baylis3xe

수 세기 동안 세계 정치를 이해하려는 노력은 지속되어 왔지만, 학문 분과로 국제관계학이 형성된 것은 오래되었다고 보기 어렵다. 국제관계학의 역사는 국제관계학이 다루는 주제 자체와 관련된다. 국제관계학 분과의 역사 자체에 대한 논쟁이 존재한다. 국제관계학의 역사에서 가장 중요한 사건 중 하나는 1919년에 애버리스트위스에 있는 웨일스대학교(현재 애버리스트위스대학교 Aberystwyth University)에 국제정치학과가 설립된 것이다. 웨일스대학교 국제정치학과는 제1차 세계대전의 참혹한 경험을 배경으로 설립되었고, 장래에 이와 같은 전쟁을 방지하자는 목적을 가지고 있었다. 만약 연구자들이 전쟁의 이유를 발견할 수 있다면, 그 연구가 정치가들이 전쟁 발발을 막을 수 있는 방법을 마련하는 데 도움을 줄 수 있을 것이라는 관점이 존재했다. 학문 연구의 임무는 세계를 보다 좋은 곳으로 만드는 것이어야 한다는 관점에서 국제관계학은 세계를 변화시키는 학문이고 그것을 목

표로 해야만 하는 것이다.

하지만 평화 추구를 목적으로 국제관계학이 시작했다는 것 자체가 신화일 뿐이며 국제관계학의 등장 과정의 어두운 면이 가려졌다는 주장도 있다. 이 관점에서 국제관계학은 식민지 행정의 역사와 제국주의 연구 속에서 시작된 것이다(Long and Schmidt, 2005; Vitalis, 2015). 예를 들면 국제관계학의 최초의 연구지는 1910년에 처음 발행되었던 『인종 발전 저널 *Journal of Race Development*』이었으며, 현재 매우 영향력 있는 『포린 어페어스 *Foreign Affairs*』가 이 잡지의 후신이다. 20세기 초반은 세계 전쟁만으로 규정될 수 없다. 그 시기는 제국, 침략, 인종 우월주의의 시대이기도 했다. 당시는 세계 정치에서 백인 우월주의가 정당화되고 유지되던 때다. 초기에 미국에서는 인종과 지구 정치 연구에 관심을 가졌던 아프리카계 미국인 학자들이 체계적으로 배제되었다(Vitalis, 2015). 그러나 국제관계학의 등장을 이 맥락에서 이해하면 오늘날 국제관계학 분과의 역할에 대해 매우 다른 견해가 나온다. 책에서 보다 자세히 다루겠지만, 국제관계학은 여전히 **국제 위계질서** international hierarchy의 맥락 속에 존재하며, 세계 정치에서 인종과 인종주의의 영향력이 계속되고 있음을 보여 준다.

여기서 주목할 점은 학문적 지식이 어떻게 생산되며, 학문적 분과가 등장하는 맥락은 무엇이며, 지식 형성의 역사가 현대에 남긴 유산은 무엇인지에 대해서 중요한 논쟁이 존재한다는 점이다. 또 다른 점은 국제 정치사상과 국제관계학의 역사에서 학문의 여성 창시자와 사상가들이 완전히 배제되어 왔다는 점이다(예외로, Ashworth, 2014 참조). 과거에도 여성들은 국제 정치에 대해 많은 고민을 하고 글을 썼다(Sluga and James, 2016; Owens, 2018). 그러나 그들의 연구는 아직 완전히 분석되고 복구되지 않았다. 아마도 이 책의 독자가 대학에서 학습하고 있는 학문들과 마찬가지로, 세계 정치도 그 자체의 역사와 정치 과정을 지니고 있다. 이러한 역사는 국제관계학의 학문적 정체성과 오늘날 세계 정치에 대해 우리가 생각하는 방식에 영향을 준다. 세계 정치에 대한 주요 이론들은 맥락 없이 등장하지 않았다. 주요 이론들을 만들고 발전

시킨 지식인들과 정책 행위자들은 이론화 과정에서 매우 명확한 정치적 이유를 가지고 있었다. 국제관계학의 주요 이론들 역시 역사를 가지고 있다(Knutsen, 1997; Keene, 2005; Ashworth, 2014).

세계 정치에 관한 이론들

현대 세계 정치를 이해하고자 할 때 부닥치는 기본 문제는 자료가 너무 많아 어느 것이 중요하고, 어느 것이 그렇지 않은지 알기 어렵다는 점이다. 가장 중요한 정치 과정을 설명하려고 할 때 도대체 어디서부터 시작해야 할까? 예를 들어 **9·11 테러** 11 September 2001 사건이나 지구 온난화 협상 실패, 영국의 유럽연합 탈퇴, 미국의 이라크 침공과 점령 이후 소위 이슬람국가(IS, ISIS, ISIL, Daesh로도 알려져 있음)의 대두를 어떻게 설명할 것인가? 자본주의 세계의 경제 활력이 왜 지구 금융 체제의 파멸적 붕괴로 이어졌는가? 수천 명에 달하는 북아프리카의 이주민이 극도로 위험한 지중해 항해를 감수하면서 유럽연합으로 가려는 이유는 무엇일까? 왜 미국은 이스라엘과 팔레스타인의 분쟁에서 이스라엘을 지지하는가? 이런 질문들에는 아주 다양한 답변이 있지만, 명확한 답에 도달하는 쉬운 길은 없다.

이런 문제에 직면할 때면 독자들은 필수적으로 역사 연구에 크게 의존한다. 하지만 의식하든 의식하지 않든, 이론에도 의존하게 된다. 역사가 모든 지식의 바탕이라면, 이론은 어떤 사실이 중요하고 어떤 사실은 그렇지 않은지를 우리가 결정할 수 있게 만들어 주는 일종의 단순화 장치다. 이론은 색깔이 다른 렌즈를 끼운 색안경에 비유될 수 있다. 세상은 빨간색 안경을 쓰면 빨갛게 보이고, 노란색 안경을 쓰면 노랗게 보인다. 세상은 전혀 다르지 않은데 달라 보일 뿐이다. 이론도 마찬가지다. 우리는 세계 정치 연구를 지배하는 이론의 견해를 요약할 것이다. 따라서 독자들은 그 이론들이 어떤 '색깔'로 세계 정치를 그려 내는지 알게 될 것이다. 하지만 이 이론을 논의하기에 앞서 이론은 선택 사항이 아니라는 점을 분명히 하고자 한다. 독자들은 '사실'만을 살펴보고 싶을 뿐, 이론에는 별로 관심이 없다고 생각할지 모른다. 하지만 이는 불가능하다. 왜냐하면 눈에 보이는 수많은 사실 가운데 무엇을 볼지는 무엇이 가장 중요한지 판별해 주는 단순화 장치를 통해서만 정할 수 있기 때문이다. 이론은 단순화 장치와 같다. 독자들 역시 자신의 이론을 알아차리지 못할 수도 있다. 독자들의 이론은 단지 가족, 동일한 사회 계급, 동료 집단 또는 대중 매체에서 물려받은 세상에 대한 관점일 수도 있다. 그것이 상식이며 결코 이론처럼 복잡하지 않게 보일 수도 있다. 그런데 우리는 이 같은 사례가 오로지 독자들의 이론적 가정이 명시적이라기보다는 암시적이라는 사실을 보여 주는 방증이라고 강력하게 믿는다. 하지만 우리는 세계 정치에 대해 생각할 때 최대한 명시적인 관점을 드러내고자 노력할 것이다.

물론 특정 이론의 지지자들은 세계를 '있는 그대로' 볼 수 있다고 주장한다. '현실주의 realism'라는 국제관계이론을 생각해 보자. '있는 그대로의' 세계는 현실주의자들이 보기에 그다지 유쾌한 곳이 아니다. 사람들은 기껏해야 이기적이고, 어쩌면 더 나쁠 수도 있다. 인간의 완전성과 갈등과 위계로부터 벗어나는 세계 정치의 개선 가능성 같은 자유주의적 관념은 터무니없다고 간주된다. 이상주의 대 현실주의 논쟁은 오늘날까지 계속되고 있지만, 대체로 현실주의가 우세했다고 할 수 있다. 이는 현실주의가 이상주의보다 상식에 더 부합하는 듯 보이기 때문이다. 사람이 서로에게 얼마나 무시무시해질 수 있는지에 대한 이미지를 대중 매체가 날마다 폭발적으로 보도할 때에 특히 그렇다. 독자들은 이 같은 현실주의 시각이 상식적으로 보이는 만큼이나 중립적인지를 생각해 보았으면 한다. 결국 여러 세대의 학생들에게 세계 정치를 가르치면서 그들에게 사람은 이기적이라고 말한다면, 그것이 상식이 되어 버리지는 않을까? 그들이 언론사나 정부 부처나 군대에서 일할 때조차 자신들이 배운 바를 단순히 반복하지는 않을까? 현실주의는 단지 현상 유지를 바라는 강대국들의 이데올로기가 아닐까? 현실주의 이론의 역사는 무엇인가? 현실주의 이론에서 '있는 그대로의' 세계에 대한 주장을 펼 때, 현실주의 이론의 역사가 그 현실주의 이론의 내용에 어떤 영향을 주었는가? 지금 이곳에서 우리는 이 문제점을 제기하면서 현실주의가 스스로를 묘사하고 있듯이 객관적이거나 어떠한 암묵적 목적도 지니고 있지 않다는 주장에 대해서 확신하지 않고 있다는 점만을 지적해 둔다.

확실한 점은 현실주의가 지난 150년 동안 세계 정치를 설명하는 지배적인 방식이었다는 사실이다. 그러나 현실주의는 국제관계학의 유일한 이론이 아니고, 초기에는 이 학문과 가장 밀접한 연관이 있는 이론으로 간주되지도 않았다. 이제 세계 정치의 주요 경쟁 이론인 **자유주의적 국제주의**liberal internationalism, **현실주의**realism, **사회구성주의**social constructivism, **마르크스주의**Marxism, **후기식민주의**postcolonialism, **탈식민주의**decolonialism, **페미니즘**feminism을 다루면서 이 이론들의 바탕에 깔린 주요 가정을 요약하겠다. 이 이론들에 대해서는 제1부에서 더 자세하게 다루고, 여기서는 각 이론의 핵심 내용을 약간이나마 음미하고자 한다. 각 이론에 대한 요약 후에 이 이론의 지구화에 대한 견해를 정리한다.

> 이론의 중요성에 대해서는 스티브 스미스 경의 토론을 시청해 보자.
>
> www.oup.com/he/baylis3xe

자유주의적 국제주의

자유주의적 국제주의는 제1차 세계대전 이후 경쟁적이지만 불안정한 제국들, 계급 갈등, 여성 참정권, 국제기구에서의 실험의 시기로 정의되는 시대에 발전했다(Sluga and Clavin, 2017). 나중에 알게 되겠지만, 자유주의에는 많은 변형이 있다. 그러나 자유주의 사상을 관통하는 핵심 주제는 인간과 사회가 발전할 수 있고, 민주주의는 그 개선 과정에 필수적이며, 물질적 권력뿐만 아니라 관념도 중요하다는 점이다. 이러한 모든 생각의 바탕에는 진보에 대한 믿음이 있다. 따라서 자유주의자들은 전쟁이 세계 정치의 자연 상태라는 현실주의식 사고를 거부한다. 또한 그들은 국가가 중요하다는 사실을 부인하지는 않지만, 국가만이 세계 정치 무대의 주요 행위자라는 생각에는 의문을 갖는다. 그들은 개인, 다국적 기업multinational corporations, **초국가 행위자**transnational actors, 국제기구가 세계 정치의 어떤 문제 영역에서는 중심 행위자가 될 수 있다고 본다. 그들은 국가를 단일하거나 통일된 행위자가 아니라 개인들의 사회적 선호와 이익이 집단적으로 구성된 것으로 생각한다. 또한 국가를 독자적인 이익을 가진 관료제의 집합으로 생각하는 경향이 있다. 그러므로 **국가 이익**national interest은 단지 어떤 관료 조직이 국내 정책 결정 과정을 지배한 결과를 보여 주는 것이기 때문에 단일한 국가 이익 같은 개념은 존재하지 않는다. 국가 간 관계에서 자유주의자들은 **협력**cooperation의 가능성을 강조한다. 핵심 문제는 협력이 가장 잘 달성될 수 있게 해 주는 **국제 제도**international institutions를 고안하는 것이다.

자유주의의 관점에서 도출되는 세계 정치의 모습은 많은 다양한 형태의 행위자 사이에 나타나는 복합 협상 체제다. 군사력이 여전히 중요하지만, 자유주의의 의제는 현실주의의 의제만큼 제한적이지 않다. 자유주의자들은 국가 이익을 군사적 측면보다 훨씬 다양한 측면에서 관찰하면서 경제, 환경, 기술 문제의 중요성을 강조한다. 세계 정치의 질서는 세력 균형에 의해서만 형성되는 것이 아니다. 법과 합의된 **규범**norms, **국제 레짐**international regimes, 제도적 **규칙**rules을 포함하는 다양한 층위의 통치 제도 사이의 상호 작용에서 비롯되며, 이러한 상호 작용을 통해 자본주의적 지구 경제가 관리된다. 근본적으로 자유주의자들은 현실주의 이론에서 강조하는 주권이 실제에서 그만큼 중요하다고 보지 않는다. 국가가 법적으로 주권을 보유하고 있을지 모르지만, 실제로는 모든 유형의 다른 행위자와 협상해야만 한다. 결과에 따라서는 국가가 바라는 대로 행동할 수 있는 자유가 크게 제약받는다. 국가들 사이의 **상호 의존**interdependence은 세계 정치의 아주 중요한 특징이다.

현실주의

자유주의자들처럼 현실주의자들도 오랜 전통을 주장하지만 이들은 세계 정치에 대해 상이한 견해를 갖고 있다. 한편 현실주의자들이 고대 그리스까지 거슬러 올라가는 혈통을 주장할 수 있는지, 혹은 현실주의가 냉전기 미국의 대외 정책상의 필요에 의해 만들어진 지적 전통인지에 대해서는 논쟁의 여지가 크다. 어느 쪽이든, 현실주의라고 불리는 이론에는 다양한 변형이 있다. 하지만 현실주의자들은 공통적으로 국가가 세계 무대의 핵심 행위자라고 본다. 국가는 합법적으로 주권을 가진 행위자다. 주권이란 특정 방식으로 행동하도록 강요할 수 있는 행위자가 국가 위에 부재함을 의미한다. 다국적 기업이나 국제기구 같은 다른 행위자는 모두 국가 간 관계의 틀 속에서 행동해야 한다. 현실주의자는 국가를 행동하게 만드는 요소로서 인간의 본성을 가장 중요시한다. 현실주의자에게 인간의 본성은 고정적이며, 무엇보다도 이기적이다. 결국 세계 정치(더 정확히 말하자면 현실주의자들에게 세계 정치는 곧 국제 정치다)는 자국의 국가 이익을 극대화하려는 국가들 사이의 권력 투쟁을 표상한다. 세계 정치에 존재하는 질서는 **세력 균형** balance of power이라고 알려진 기제가 작동한 결과로서, 국가들은 세력 균형을 통해 어느 한 국가가 우세해지지 않게 막으려고 행동한다. 따라서 교섭과 동맹이 세계 정치의 전부며, **외교**diplomacy는 다양한 국가 이익의 균형을 맞추는 핵심 기제지만, 최종적으로 국가의 외교 정책을 실행하는 데 필요한 가장 중요한 도구는 군사력이다. 궁극적으로 국제 정치체제를 구성하는 국가보다 상위의 주권체가 없기 때문에 세계 정치는 국가가 자국의 목표를 달성하기 위해 자국의 군사력에 의존해야만 하는 **자조**self-help 체제인 것이다. 국가의 목표는 협력을 통해 흔히 달성될 수도 있지만, 갈등의 가능성은 항상 존재한다.

1970~1980년대 이래로 현실주의의 중요한 변형인 **신현실주의**neorealism라는 이론이 발전했다. 이 견해는 모든 국가의 행위에 주요하게 영향을 미치는 국제 정치체제의 구조를 강조한다. 냉전기에는 두 주요 강대국이 **국제 체제**international system를 지배했고, 양극의 존재가 특정한 행위 규칙rule들을 만들어 냈다. 냉전이 끝난 오늘날 세계 정치의 구조는 (**단극 체제**unipolarity의 시기를 지나서) **다극 체제**multipolarity로 이행하고 있다고 한다. 신현실주의자들은 이렇게 변화한 다극 체제에는 매우 다른 게임 규칙이 필요할 것이라고 예측한다.

사회구성주의

사회구성주의는 비교적 새로운 세계 정치 이론으로서, 1980년대 말에 발달하여 1990년대 중반 이후에 점점 더 영향력을 얻고 있는 이론이다. 이 접근법은 세계 정치의 몇 가지 사건, 특히 1989년 베를린 장벽의 붕괴로 상징되는 소비에트 제국empire의 해체에서 영향을 받았다. 이 사건은 현실주의와 자유주의가 생각하는 것보다 인간 행위자가 세계 정치에서 훨씬 더 가능성 있는 역할을 할 수 있다는 것을 보여 주었다. 하지만 구성주의의 이론적 기반은 상당히 오래되었고, '사회적 세계'는 사람들이 살고 있는 현실 세계의 외부에 존재하며 쉽게 바뀌지 않는다는 개념을 논박하는 일련의 사회과학 및 철학 저작에 연계되어 있다. 정도의 차이가 있기는 하지만 현실주의와 자유주의는 정치적 삶의 규칙성 및 '확실성certainties'을 강조한다(자유주의는 이에 대해 보다 유연한 입장이다).

반대로 구성주의는 우리가 사회적 세계를 (재)구성한다고 주장하기 때문에 다른 이론들이 제시하는 것보다 훨씬 더 인간의 역할을 인정한다. 게다가 세계를 고정되었다고 이해하는 사람은 인간 진보 및 인간 생활의 개선 가능성을 과소평가한다는 점에 구성주의는 주목한다. 이 점에서 사회구성주의는 자유주의와 강하게 연결되며 세계 정치의 자유주의적 정치 이론을 강화하는 사회 이론으로 볼 수 있다. 가장 영향력 있는 구성주의자 가운데 한 명인 알렉산더 웬트Alexander Wendt가 말한 바에 따르면, 현실주의자가 묘사하는 자조적 국제 체제도 사실 우리가 (재)구성하는 것이라고 한다. 그는 "무정부 상태anarchy는 우리가 만드는 것"(Wendt, 1992)이라고 했다. 그러므로 현실주의자들이 '자연적' 또는 '주어진'이라고 묘사하는 세계는 사실상 훨씬 더 변화 가능하며, 구성주의자들은 자조가 세계 정치의 무정부 구조에 대한 하나의 가능한 대응책에 불과하다고 생각한다. 사실 신현실주의나 신자유주의는 세계 정치의 구조가 변화할 수 없다고 생각할 뿐만 아니라 정치성과 이익도 고정되어 있는 것으로 전제한다. 구성주의자들은 우리가 세계 정치를 바꿀 수 없다고 생각하는 것이 근본적 오류라고 본다. 겉보기에 '자연적'으로 보이는 세계 정치의 구조, 과정, 정체성 및 이해관계도 사실상 그것들이 현존하는 모습과 다를 수 있다. 그러나 사회구성주의는 그 자체로 세계 정치 이론이라고 보기 어렵다. 사회구성주의는 세계 정치에 대해 제기될 수 있는 이론적 주장의 배경이 되는 사회과학의 사유법에 대한 것이다. 사회구성주의가 세계 정치에 대한 내용적 분석을 내놓기 위해서는 현실주의나 자유주의와 같은 다른 세계 정치에 대한 이론들과 결합될 필요성이 있다.

현실주의, 자유주의, 사회구성주의는 세계 정치의 '주류' 이론으로 간주된다. 이 세 이론은 현재 국제관계학의 중심지라 볼 수 있는 미국에서 가장 유력한 이론이다. 하지만 이러한 상황은 변화하고 있다. 현실주의, 자유주의, 사회구성주의만을 호소력 있는 이론으로 생각해서는 안 된다. 미국 밖에서 오히려 이들 '주류' 이론들이 협소하고 설득력이 떨어진다고 평가되기도 한다. 우리는 이제 주류 이론들에 매우 비판적인 대안적 접근법들에 대해서 살펴볼 것이다.

마르크스주의 이론들

네 번째 주요 이론인 마르크스주의 이론은 역사적 유물론으로도 알려져 있는데, 여기에 마르크스주의의 주요 가정을 이해하기 위한 실마리가 들어 있다. 하지만 우선 우리는 마르크스주의의 역설에 대해서 언급하고자 한다. 한편으로 마르크스주의 이론은 세계 곳곳에서 사회주의 혁명을 추동하며 역사적으로 매우 큰 영향을 주었다. 마르크스주의의 영향은 탈식민지화 과정에서의 사회 운동이나 그리스를 포함한 세계 곳곳에서 일어난 2007년 지구금융위기에 대한 반발에서도 찾아볼 수 있다. 하지만 마르크스주의 이론은 세계 정치 이론 중 현실주의나 자유주의에 비해 역사적으로 적은 영향력을 미쳤고, 현실주의나 자유주의 어느 쪽과도 공통점이 적다는 사실을 지적해 두고 싶다. 마르크스주의 관점에서 현실주의와 자유주의는 세계 정치에서 핵심 행위자의 계급적 이익과 제국주의적 이익에 봉사하는 것이며, 그 밖의 대다수 사람에게 손해를 끼치고 있다.

마르크스주의 이론에서 세계 정치의 가장 중요한 특징은 세계 정치가 극심한 불평등을 특징으로 하는 세계 자본주의 경제 내부에서 벌어진다는 데 있다. 세계 경제에서 가장 중요한 행위자는 국가가 아니라 계급이며, 모든 다른 행위자의 행동은 궁극적으로 계급적 위치에 따라 설명될 수 있다. 그래서 국가나 다국적 기업, 그리고 국제기구조차도 세계 경제 체제에서 지배 계급의 이익을 대변한다. 마르크스주의 이론가들은 국가 같은 행위자가 얼마나 많은 자유를 가지는지에 관해서는 이견이 있지만, 세계 경제가 국가의 행동 자유를 크게 제한한다는 점에는 모두 동의한다. 특히 경제가 약소국에 주는 제약이 더욱 크다. 마르크스주의 이론가들은 세계 정치를 국가 이익 간 갈등의 장, 또는 수많은 다른 문제 영역들이 있는 장이라기보다는 계급 갈등이 벌어지는 무대로 인식한다.

마르크스주의의 한 종류인 세계체제론에서 국제 경제의 핵심적 특징은 세계가 중심부와 반주변부 그리고 주변부로 나뉘어 있다는 점이다. 반주변부와 주변부 안에는 자본주의 세계 경제와 긴밀히 연결된 중심 지역이 존재한다. 한편 중심부 안에도 주변 경제 지역이 있다. 이러한 체제 안에서 중요한 점은 국가가 아닌 지구 자본주의가 권력을 지배하고, 궁극적으로는 이러한 힘이 세계 정치의 주요 정치 형태를 결정한다는 점이다. 마르크스주의 이론가들에게 주권은 정치적, 법적 문제와 관련되기 때문에 현실주의자들이 생각하듯이 중요하지는 않다. 세계 정치의 가장 중요한 특징은 경제적 자율성의 정도다. 마르크스주의 이론가들은 모든 국가가 국제 자본주의 경제의 규칙에 따라 행동한다고 생각한다.

후기식민주의와 탈식민주의 접근

후기식민주의는 오랫동안 문화 연구나 문학 비평, 인류학에서 중요한 접근법으로 존재해 왔고, 명백한 계보를 가지고 있다. 하지만 후기식민주의 접근법은 최근까지 국제관계학 분야에서 주목받지 못했다. 그런데 이러한 상황이 변화하고 있으며, 특히 오래된 분과적 경계가 차츰 허물어지면서 후기식민주의 접근법이 국제관계학 분야에서 부상하고 있다. 국제정치학 분야의 많은 연구자가 이 분야의 서구 중심주의가 지니는 문제점을 지적하는 탈식민주의 관점과 같은 다른 분과의 접근법을 수용하고 있다. 여기서 주목할 점은 우리가 지금까지 토의한 중요 이론들, 그러니까 현실주의, 자유주의, 마르크스주의, 사회구성주의 모두 유럽의 문제에 대한 답을 찾고자 하는 의도로 유럽에서 탄생한 이론들이라는 점이다. 이 이론들은 모두 '유럽 중심적'이다. 후기식민주의 연구자들은 이 같은 유럽 중심적 이론들이 과연 진정으로 세계 정치를 설명할 수 있는지, 말하자면 지구상 수많은 사람의 삶과 관련된 세계 정치를 설명할 수 있는지에 대해서 의문을 던진다. 서구에서 탄생한 이론들은 강력한 서구의 이익을 위한 지구 남반구의 경제적, 군사적 종속을 지속시키고

정당화하는 데 협조하는 성격을 지닌다. 이 과정은 '신식민주의'로 알려져 있다. 후기식민주의는 9·11 테러 사건 이후에 보다 유행하고 있다. 이는 9·11 테러 사건 이후에 서구의 역사와 지구 남반구의 역사가 어떻게 연결되어 있는지를 이해하고자 하는 생각이 더 촉진되고 있기 때문이다. 서구의 역사와 지구 남반구의 역사가 연결되어 있는 예로 우리는 식민지 지배자와 피지배민의 정체성이 유동 상태에서 상호적으로 형성되어 가는 현상을 들 수 있다. 후기식민주의 연구자들은 현실주의와 자유주의 같은 주류 이론들이 인종이나 젠더, 계급의 관점에서 중립적이지 않고, 지구 남반구에 대한 서구 세계의 안정적 지배를 돕고 있다고 주장한다. 또한 후기식민주의는 전통적 마르크스주의가 인종과 젠더와 관련된 정체성과 권력관계가 계급 권력을 지탱하는 데 중심적이라는 것에 대해서 주의를 기울이지 못했다고 비판한다. 탈식민주의는 후기식민주의와의 밀접한 관계 속에서 등장했고 그 후 지배 이론과 기존의 이해 방식을 '탈식민지화'하는 방법을 모색한다. 따라서 후기식민주의와 탈식민주의 접근의 주된 주장은 과거와 현재에 통제와 복종의 지구적 위계질서가 인종·젠더·계급의 차이를 사회적으로 구성하는 작업을 통해 만들어졌다는 주장이다. 이 책의 다른 장들은 국제관계학이 계급과 젠더의 문제에 다소 관심이 있다는 것을 보여 준다. 하지만 인종의 문제는 국제관계학에서 거의 무시되어 왔다. 인종과 인종주의가 현대 국제정치이론들과 세계 정치의 실제에 큰 영향을 미쳐 왔던 것에 대해서는 인종주의에 관한 장에서 다루겠다. 1903년에 윌리엄 E. B. 듀보이스 W. E. B. Du Bois 는 20세기의 문제는 '피부색 차이'의 문제일 것이라고 주장했다. 현시점에서의 탈식민주의의 중심 질문은 21세기에 초국가 인종주의가 어떻게 세계 정치에 지속적으로 영향을 줄 것인가다.

페미니즘

국제관계학이 출현한 시기에 페미니스트들은 국제 정치 분야에서 가장 영향력 있는 초기 저술가 중 하나였다

(Ashworth, 2011; Sluga, 2017). 그러나 앞서 언급한 것처럼, 국제정치학 이론의 전통은 제2차 세계대전 이후부터 1980년대에 이르기까지 국제관계학 학문에서 소외되었다. 페미니즘에 관해 설명할 때 우선 가장 중요하게 언급되어야 하는 점은 하나의 페미니즘 이론은 없다는 점이다. 대신에 여러 종류의 다양한 페미니즘이 존재한다. 하지만 다양한 페미니즘 접근은 '여성'과 '남성' 사이의 구별을 구성하는 과정에 주목하여 위계질서와 권력의 맥락을 이해하려 한다는 점에서 일치한다. 또한 이러한 권력관계로 형성된 '남성성'과 '여성성'과 같은 매우 부정확한 개념들에 관심을 두고 있는 점에서 일치한다. 사실 '여성'과 '남성'의 구별, '남성성'과 '여성성'의 개념 자체가 페미니즘 연구에서 매우 논쟁적이다.

일부 페미니즘 이론가들은 자연적, 생물학적 차원에서 남성과 여성 사이의 차이를 기본 전제로 한다. 하지만 이에 반대하는 페미니즘 이론가들도 있다. 그럼에도 불구하고 페미니즘 분야의 모든 흥미로운 연구들은 젠더가 세계 정치에 어떤 영향을 주고, 세계 정치가 젠더에 어떤 영향을 주는지에 대해 분석하고 있다. 달리 말하자면 (국가나 주권과 같은) 다양한 개념은 그 자체로 젠더화되어 있고, 젠더화된 개념은 '남성'과 '여성'에게 상이한 의미를 지니고 있다. 일부 페미니스트들은 여성이 권력으로부터 배제되고 정치적 활동에 전면적으로 참여할 수 없도록 방해받고 있는 것에 주목한다. 그들은 여성에게 (경제의 재생산 같은) 기능적인 영역에 국한되는 역할이 주어진다고 본다. 이는 기존 국제 정치 이론이 중요하게 다루지 않은 영역이다. 다른 페미니스트들은 여성의 불평등의 원인이 자본주의 체제 자체에 있다고 본다. 따라서 그들은 자본주의의 전복이 여성에 대한 동등한 처우를 달성하는 데 필요불가결한 전제라고 주장한다. '관점적인 페미니즘' 이론가들은 세계 정치 권력관계의 하위에 위치하는 여성이 세계 정치에 대해 어떠한 독특한 관점을 지니는지를 파악하고자 한다. 여기서 여성은 경제적 지위 때문이 아니라 여성이라는 점에서 차별화된 다른 계급이 된다. 물론 여성이라는 점과 낮은 경제적 지위는 긴밀

히 연결되어 있지만, 중심점은 여성이라는 존재성이다. 예를 들어 앤 티크너 J. Ann Tickner (1988)는 유명한 현실주의의 '대부' 한스 모겐소 Hans J. Morgenthau의 '정치 현실주의의 여섯 가지 원칙을 재정립해 제시했다. 티크너는 '객관적'으로 보이는 현실주의 규칙들이 실제로 얼마나 패권주의적인 '남성적' 가치관과 이에 입각한 현실 해석의 성격을 가지고 있는지 보여 주었고, 이들 규칙에 대한 반박 차원에서 여성의 경험을 출발점으로 해서 이 규칙들을 재정립했다.

후기식민주의와 탈식민주의 페미니스트들은 세계적 수준에서 계급, 인종, 젠더가 교차하는 것을 연구하고 있다. 특히 초국가적 문화의 젠더화된 영향과 지구 정치 경제에서 성적으로 불평등한 역할 분담에 대해서 연구하고 있다. 이 관점에서 (일부 페미니스트들이 주장하는) 서구적 민주주의하에서 남성과 여성이 동일한 권리를 지녀야 한다는 단순한 요구는 충분하지 않다. 이러한 요구는 지구 남반구의 빈곤한 유색 인종 여성들이 지구 경제체제의 하층에 머물러 있는 상황을 간과하고 있다. 이들은 자유주의적 페미니스트들이 지구 경제체제가 작동하는 방식에 도전하는 것에 기민하지 못하다고 본다.

메타 이론적 질문

20세기 대부분 동안, 현실주의, 자유주의, 마르크스주의는 세계 정치를 이해하는 주요 이론이었고, 사회구성주의, 페미니즘은 1990년대 중반부터 영향력을 확대해 왔다. 후기식민주의가 주목받은 것은 2000년대 들어서다.

각각의 이론들이 세계 정치의 다른 측면에 집중하여 관찰하는 것은 분명한데, 각각 다른 측면에 집중하고 있다는 점 자체가 의미 있다. 각 이론은 자신들이 집중한 면이 세계 정치에서 가장 중요한 부분이고, 자신들의 이론이 다른 이론보다 조금 더 나은 이해 방식을 제공한다고 주장한다. 이론들은 서로 경쟁 관계에 있다. 독자들은 이론들을 골라 이들의 몇몇 측면을 융합할 수 있다. 하지만 이러한 이론들 사이의 융합은 어려운 일이다(예를 들어 마

르크스주의, 페미니즘, 후기식민주의를 참조). 예를 들어 당신이 만약 마르크스주의자라면, 국가 행위는 결국 계급적 권력관계의 결과라고 생각할 것이다. 이러한 관점은 계급적 권력관계가 국가 행위에 영향을 주는 것에 대한 현실주의자와 자유주의자의 사고와 결정적으로 다르다. 다르게 말하자면 이론들은 세계 정치가 어떤 것인가에 대한 경쟁적 해석이지 세계 정치의 부분에 대한 상이한 설명이 아니다. 이론들은 세계 정치, '그것'이 어떤 것인가에 대해 동의하지 않고 있다.

세계 정치 자체에 대한 이론들의 상이한 해석에 대해 살펴볼 수 있는 한 가지 방법은 메타 이론적 질문을 던져보는 것이다. 여기서 언급할 일부 개념들은 명확하지 않을 수 있지만, 논의를 간단하게 정리하는 데 유용하다. 우선 **설명적**explanatory 이론과 **구성적**constitutive 이론의 차이를 생각해 보자. 설명적 이론은 세계를 이론의 외부에 있는 어떤 것으로 보고 있다. 반대로 구성적 이론은 이론이 세계를 구성하는 데 역할을 한다고 본다. 이론은 우리가 어떻게 행동할지를 규정하고 그로 인해 이론은 스스로 더 확신을 얻는다. 예를 들어 인간이 본성적으로 평화적이라고 생각할 때와 인간이 본성적으로 공격적이라고 생각할 때 인간에 대한 우리의 태도는 달라지기 쉽다. 물론 이러한 명제가 자명한 진실이라고 확신해서는 안 된다. 이 명제는 관찰자가 스스로의 사고와 논리 능력을 바탕으로 스스로의 선택을 결정할 수 있다는 전제(즉 '선택'이 주어진 것이 아니라, '선택'할 수 있는 자유의지를 지니고 있다는 전제)하에 있기 때문이다. 혹시 인간 본성은 우리가 '자연적으로' 어떤 것이어야 한다고 기대하는 무언가가 아닐까? 혹시 '자유로운 선택'과 같은 언어가 단순하게 우리의 필요를 합리화하는 허울 같은 것은 아닐까? 요점은 사회적 세계를 자연적 세계처럼 보는 자들과 우리의 언어와 개념이 현실을 창조하고 있다고 보는 자들 사이에 논쟁이 있다는 점이다. 자연적 세계와 사회적 세계를 동일하게 보는 이론들은 자연주의적 이론으로 불리고 있다(Hollis and Smith, 1990).

국제관계학에서 현실주의와 자유주의 이론은 이론의 역할이 외부에 실재하고 있는 세계에 대해 다루는 것이라고 간주하기 때문에 설명적 이론이다. 인간 행동의 규칙성을 발견하고 자연과학자들이 물질세계에 대해 설명하려는 것과 동일하게 사회적 세계에 대한 설명을 시도한다. 반면에 지난 30여 년 동안 발전한 다른 이론들은 구성적 이론의 성격을 지닌다. 이론은 설명하려는 대상으로부터 분리되어 존재하는 것이 아니다. 이론은 우리가 세계를 설명하려는 방식 자체를 구성한다. 다르게 말하자면 이론은 외부 세계라고 우리가 보는 것 자체를 정의한다. 우리가 세계에 대해서 사고할 때 사용하는 그 개념 자체가 세계가 그렇게 만들어지는 것을 돕는 것이다.

기반주의적foundational/**반기반주의적**anti-foundational 구분은 세계에 대한 우리의 생각이 중립적이고 객관적 절차로 시험되고 평가될 수 있는지에 대한 것이다. 이것은 인식론epistemology(지식에 대한 학문)으로 알려진 사회과학 철학에서의 구분이다. 기반주의적 관점은 (세계의 성격에 대한) 모든 진리 명제에 대해 참과 거짓을 판단할 수 있다는 사고다. 반기반주의자들은 진리 명제의 참과 거짓을 판단할 중립적인 기초가 존재하지 않는다고 생각한다. 각 이론은 진리로 생각되는 것을 각각 정의하고 있으며, 따라서 경쟁하는 주장 사이에서 판결을 내릴 수 있는 중립적 기반은 존재하지 않는다고 본다. 경제의 '진정한' 본질에 대한 마르크스주의와 자유주의 사이의 상이한 주장을 생각해 보자. 기반주의자들은 진리 명제를 판단하기 위한 '메타 이론적'(특정 이론의 상위에 있는) 기초를 찾는다. 하지만 반기반주의자들은 그러한 진리 명제를 판단할 수 있는 인식론적 위치는 존재하지 않으며, 그러한 존재에 대한 믿음은 인식론의 일각에 기반한 굴절된 인식일 뿐이라고 본다.

대부분의 현대 국제관계이론은 전통적 이론들에 비해서 기반주의적이지 않다. 따라서 **후기식민주의**postcolonialism와 일부 **페미니즘 이론**feminist theory은 반기반주의적 경향이 강하다. 그러나 **신현실주의**neorealism와 신자유주의neoliberalism는 기반주의적이다. 흥미롭게도 **사회구성주의**social constructivism는 스스로를 기반주의와 반기반주의의 중간에 위치한다고 주장한다. 전반적으로는 설명적 이론이 기반주의적이고 구성적 이론이 반기반주의적이다. 여기서 중요한 점은 이론들의 인식론적 차이에 대해 명확히 이해하고 각 이론 사이의 차이점을 정리하는 것이 아니다. 그보다는 앞으로 배울 이론들이 주장하는 내용은 지식의 성격에 대한 관점 차이로부터 크게 영향을 받는다는 사실을 알아 둘 필요가 있다. 지난 30여 년간 국제정치학에서 지식의 성격에 대한 관점은 조금 더 유연해졌다. 가장 중요한 변화는 진실을 말한다고 주장해 온 현실주의와 자유주의의 인식론적 관점이 더 이상 강력하지 않다는 점이다.

지금까지 다양한 이론을 어떻게 분류해서 이해할지에 대한 전반적인 논의를 기술했다. 하지만 주류 이론 내에는 매우 다양한 논의가 존재하고 몇몇 논의는 기반주의적이지도 않다. 따라서 이론의 분류에는 한계점이 존재한다. 달리 말해서 지금까지 한 이론에 대한 설명은 이론에 대한 다양한 논의를 개괄적으로 묘사하려는 시도일 뿐이며, 각 이론들의 차이점에 대해 생각해 볼 출발점으로 여겨져야 한다. 독자가 이론에 대해서 보다 많은 학습을 수행하게 된다면 지금까지의 설명이 세밀함이 떨어지고 너무 단정적인 분류에 의거한다고 느낄 수도 있다. 하지만 지금까지의 설명은 국제정치이론에 대한 가장 일반적인 분류에 의거한다.

이론과 지구화

이제 어느 이론도 지구화 시대의 세계 정치를 설명하는 데 모든 해답을 줄 수 없다는 점을 명확히 할 필요가 있다. 실제로 각 이론은 '지구화'를 다르게 본다. 어느 이론이 가장 좋다고 할 수는 없다. 그 이유는 이 책의 목적이 지구화를 살펴보고자 할 때 사용할 수 있는 다양한 개념의 렌즈를 독자에게 제공하는 것이기 때문이다. 우리는 각 이론이 '지구화'에 어떻게 반응했는지에 관해 간단히 언급하고자 한다. 그리고 나서 지구화의 부상에 대해 이야기하고, 현대 세계 정치를 서술하는 데 지구화가 어떤 강점과 약점을 갖는지 생각해 보기로 한다.

- 자유주의자들은 지구화를 세계 정치의 오랜 변용의 최종 결과물로 보는 경향이 있다. 그들은 특히 지구화로 대변되는 기술·통신 혁명에 관심을 가진다. 사회들 사이의 경제·기술의 상호 연계성이 증대되면서 현재의 세계 정치는 이전의 세계 정치 관계와는 아주 다른 양상으로 귀결된다. 국가는 예전과는 달리 더 이상 (세계 정치의) 주요 행위자가 아니다. 이슈 영역에 따라 중요성이 다른 무수한 행위자가 존재한다. 그 결과 세계는 현실주의의 국가 모델이나 마르크스주의 이론의 계급 모델보다는 거미줄의 관계처럼 보인다. 이 관점에서 영국의 유럽연합 탈퇴 결정과 정치-경제적 통합에 대한 거절은 어리석고 큰 비용을 수반하는 결정이었다.

- 현실주의자들에게 세상은 아주 다른 그림이다. 그들이 볼 때 지구화는 세계 정치의 가장 중요한 특징, 다시 말해 세계가 민족국가에 의해 영토적으로 분할되어 있다는 현실을 바꾸지는 못한다. 경제와 사회의 상호 연계성이 증대하면서 민족국가는 더욱 상호 의존적이 될 수도 있지만, 이는 국가 체제에도 똑같이 적용되지 않는다. 여기서 강대국은 주권을 존속시키며, 지구화는 국가들 사이의 정치권력 투쟁을 약화시키지 못한다. 지구화는 폭력 사용이 초래하는 위협의 중요성이나 세력 균형의 중요성을

약화시키지 않는다. 그리고 지구화는 사회·경제·문화적 삶에 영향을 미칠 수는 있어도 국가들의 국제 정치 체제를 초월하지는 않는다. 유럽연합에서 탈퇴하겠다는 영국 국민의 투표 결정이 주권의 지속적인 중요성을 보여 준다.

• 구성주의 이론가들에 따르면 지구화는 국가에 작용하는 외적 세력으로 제시되는 경향이 있다. 그 외적 세력은 지도자들이 흔히 주장하듯이 그들이 도전할 수 없는 현실이다. 구성주의자들은 이러한 논리가 하나의 정치적 행위라고 주장한다. 왜냐하면 이 논리는 지구화에 도전하고 영향을 미치는 사회적 규범과 행위자들의 정체성을 변화시킬 수 있는 능력을 과소평가하게 만든다. 또 지도자들은 '세상은 원래 그래'라는 논리로 그들의 책임을 회피한다. 대신에 구성주의자들은 지구화가 인터넷 같은 현대 통신 기술 형식을 통해 초국가 인권 운동과 **사회 운동** social movements을 일으킬 수 있는 아주 실질적인 기회를 제공한다는 점에서 우리가 지구화를 다양한 방식으로 주조할 수 있다고 생각한다.

• 최근 지구화에 대한 반발에서 보이듯 마르크스주의 이론가에게 지구화는 얼마간 허구다. 역사적 관점에서 지구화는 특별히 새롭지도 않고, 단지 국제 자본주의 발전의 최종 단계일 뿐이다. 즉 '신'자유주의에 불과하다. 지구화는 세계 정치의 질적 전환을 나타내지도 않고, 기존의 모든 이론과 개념을 불필요하게 만들지도 않는다. 무엇보다도 지구화는 기본적으로 신자유주의적 핏줄에서 비롯된 국제 자본주의의 발전을 단순 확장하는 서구 주도의 현상이다. 이런 의미에서 신자유주의는 자유주의적 국제주의의 변종이라기보다는 — 관련은 있지만 — 부자들의 이익을 위해 지구적 자본주의 규제를 해제하려는 노력에 가깝다. 신자유주의적 지구화는 세계를 더 평등하게 만들지 않고 오히려 기존의 중심부, 반주변부, 주변부 사이의 분열을 더욱 심화시킨다. 이 관점에서 영국의 유럽연합 탈퇴 결정은 영국의 평범

한 노동자들이 초국가적 협력을 통해 이익을 얻을 수 없기 때문에 가능한 일이었다.

• 지구화에 대한 후기식민주의와 탈식민주의의 학풍은 지구화된 세계 속에서의 식민주의 권력 형태의 지속성과 연속성을 강조하는 마르크스주의 이론과 비슷하다. 예를 들어 지구 남반구에서 서구 이익 세력이 행사하는 경제·군사에 대한 통제력의 실제 수준은 직접적인 식민 지배의 시기보다 강력하다고 할 수 있다. 이것이 '신'식민주의 행태다. 무력을 쓰는 공식적인 식민 지배의 시대는 지났지만, 후기식민주의 학풍은 지구적 규모로 벌어지고 있는 광범위한 불평등 문제와 이 불평등을 가능하게 하는 지구화된 권력 형태에 관심을 가진다. 따라서 후기식민주의와 탈식민주의는 이 상황 속에서 지속되고 있는 하층민들에 대한 지배, 말하자면 지구 남반구의 빈민 여성처럼 위계질서 속에서 억압받고 있는 계층들에 대한 지배에 관심을 가진다.

• 페미니즘의 다양한 논의에서 지구화의 질문에 대한 단일한 해석을 찾기 어렵다. 하지만 모든 페미니즘 논의는 지구화가 권력의 젠더화된 형태에 어떤 영향을 주는가에 대해 관심을 가지고 있다. 예상할 수 있듯이, 자유주의적 페미니스트들은 지구화를 가장 긍정적이고 희망적으로 본다. 지구화는 현존하는 정치적, 경제적 체제에서 여성이 보다 큰 역할을 수행할 수 있는 수단이라고 생각한다. 반면에 지구화에 대해서 회의적인 페미니스트들도 있다. 그들은 신자유주의와 경제 지구화가 지구적 부의 불평등을 악화시킴으로써 여성 중에서 특히 유색 인종 여성들에게 부정적 영향을 줄 것이라고 본다. 페미니즘 관점에서는 지구화의 중요성, 원인, 영향을 측정하는 과정에서 남성과 여성의 경험을 엄밀하게 분석하는 것이 중요하다. 이러한 분석을 통해서, 젠더 측면과 무관해 보이는 사안들이 얼마나 젠더적 성격을 가지고 있으며, 이 과정에서 권력관계와 젠더적 불평등의 다양한 형태가 어떻게 강화되는지를 파악

할 수 있다.

우리는 독자들이 이 책 말미에 이르러 '지구화'는 물론 세계 정치에 대해서 가장 잘 설명하는 이론이 (만약 존재한다면) 어느 것인지 알 수 있기를 바란다. 그러나 여기서 말하고 싶은 핵심은 우리가 언급한 이론은 세계 정치에서 가장 중요한 것이 무엇인지에 대해 다른 관점을 갖고 있기 때문에 지구화를 다르게 본다는 것이다.

지구화: 신화인가, 현실인가?

이 책의 초점은 지구화 시대의 세계 정치를 개관하는 데 있다. 하지만 '지구화된 시대'가 의미하는 것은 무엇인가? 오늘날 각 사회는 다른 사회에서 벌어지는 사건의 영향을 더 광범하고 심층적으로 받는다. 세계는 '축소되고' 있는 듯하고, 사람들도 이 사실을 점점 더 알아 가고 있다. 인터넷은 집에 앉아서 전 세계 사람들과 즉각 소통할 수 있게 해 준다는 점에서 이를 보여 주는 가장 생생한 예다. 이메일과 페이스북, 트위터와 같은 소셜 미디어는 의사소통을 바꾸어 놓았고 우리가 세계 정치에 대해 정보를 얻는 방법을 변화시켰다. 그러나 이는 가장 명백한 예일 뿐이다. 다른 예로는 지구적으로 발행되는 신문, 국제앰네스티나 그린피스 같은 국제적 사회 운동, 맥도널드·코카콜라·애플 같은 세계적인 프랜차이즈, 지구 경제 그리고 공해나 에이즈 같은 지구적 위협들이 포함될 것이다. 이러한 변화들이 세계 정치의 성격을 진정으로 바꾸고 있는가? 지구화에 대한 논쟁은 세계가 변하고 있는가에 대해서만이 아니라 변화가 양적 측면을 넘어서 질적 측면에서도 일어나고 있는가를 두고서도 벌어지고 있다. 지구화의 과정에서 '새로운' 세계 정치체제는 출현했는가?

우리의 마지막 과제는 세계 정치에서의 뚜렷하게 새로운 국면인 지구화에 대한 찬반양론을 개관하는 것이다. 우리는 이 단계에서 독자들이 이 문제에 관해 어떤 입장을 정하기를 바라지는 않는다. 하지만 우리는 몇 가지 주요 논점을 제시하여 이 책의 나머지 부분을 읽어 가는 동안 독자들이 염두에 둘 수 있게 할 것이다. 지구화가 세계 정치의 중요한 새 국면이라는 주장은 앞에서 언급되었고, **제1장**에서도 아주 잘 요약되어 있기 때문에 여기서는 비판점들을 더 제시하겠다. 세계 정치의 새 시대를 함축하는 지구화에 찬성하는 주요 논점은 다음과 같다.

- 경제 변환의 속도는 새로운 세계 정치를 창출할 정도로 대단히 빠르다. 국가는 더 이상 폐쇄된 단위가 아니며, 지구 자본주의 체제에서 자국의 경제를 통제할 수 없다. 세계 경제는 무역과 금융이 팽창하면서 그 어느 때보다도 훨씬 더 상호 의존적이다.
- 커뮤니케이션은 우리가 나머지 세계를 다루는 방식을 혁명적으로 바꾸었다. 이제 우리는 한 장소에서 일어난 사건을 세계의 다른 쪽에서도 즉시 관찰할 수 있는 세상에 살고 있다. 전자 커뮤니케이션은 우리가 일하고 살아가는 사회 집단에 대한 생각을 바꾸고 있다.
- 이제 그 어느 때보다도 하나의 지구 문화가 존재하며, 대부분의 도시 지역이 서로 닮아 있다. 세계는 공통된 문화를 공유하는데, 이는 대부분 할리우드에서 나온다.
- 시간과 공간이 무너지고 있는 듯하다. 지리적 공간과 연대기적 시간에 관한 우리의 오랜 관념은 근대 커뮤니케이션 수단과 대중매체의 속도에 따라 약화되고 있다.

- 초국가 사회·정치 운동이 나타나고 충성심이 국가에서 하부 국가, 초국가, 국제기구로 전이되기 시작하면서 지구 정치체가 출현하고 있다.
- 범세계주의 문화가 성장하고 있다. 사람들은 '지구적으로 생각하고 지역적으로 행동하기' 시작했다.
- 사람들이 직면하고 있는 주요 위험(환경 오염, 에이즈, 지구 온난화)이 지구적인 데다가 국가가 이 문제를 다룰 수 없음을 깨닫게 되면서 하나의 위험 문화가 출현하고 있다.

그러나 흔히 지구화가 진보적이라는, 다시 말해 사람들의 삶을 향상시킨다는 견해와 결부되어 지구화를 세계 정치의 새로운 단계로 보는 강력한 논리가 존재하듯 이에 반대하는 주장도 제기되고 있다. 주요 주장 몇 가지를 들면 다음과 같다.

- 지구화 명제에 반대하는 명백한 논점 가운데 하나는 지구화가 자본주의의 최신 국면을 가리키는 하나의 유행어일 뿐이라는 주장이다. 지구화론에 대해 아주 강하게 비판한 폴 허스트와 그레이엄 톰프슨 Paul Hirst and Grahame Thompson (1996)은 정부가 지구화 추세에 직면하여 무력해진 듯하게 보일 뿐이라고 주장한다. 지구화는 지구적 경제 세력을 통제·규율하려는 정부의 시도를 마비시키는 것으로 보인다. 2015년 그리스와 채무자 사이의 협상 과정은 이러한 면을 상기시킨다. 대부분의 지구화론이 역사적 깊이를 결여하고 있다고 믿는 허스트와 톰프슨은 지구화론이 현 상황을 실제 이상으로 특이하게, 또 실제 그럴 가능성보다 더 견고하게 묘사한다고 지적한다. 현 추세는 뒤집힐 수도 있다. 그들은 지구화에 관한 더 극단적인 해석이 '신화'에 불과하다고 결론짓는다. 그들은 현대 세계 경제에 관한 연구(Hirst and Thompson, 1996: 2~3)에서 도출한 다섯 가지 주요 결론을 가지고 이 주장을 뒷받침한다. 첫째, 현재의 국제화된 경제는 역사상 특이하지 않다. 어떤 면에

서 현대 국제 경제는 1870년에서 1914년 사이의 국제 경제보다 덜 개방적이다. 둘째, '순수하게' 초국가적인 기업은 비교적 드물고, 대부분은 국제 무역을 하는 기업이다. 국제 기업으로 발전하려는 경향은 보이지 않는다. 셋째, 금융과 자본이 선진 세계에서 저개발 세계로 이동하지 않는다. 직접 투자는 선진 세계 국가에 매우 집중되어 있다. 넷째, 세계 경제는 지구적이지 않다. 오히려 무역, 투자, 금융 흐름은 유럽, 북미, 중국, 일본의 내부 및 그들 사이에 집중되어 있다. 끝으로, 이 블록 집단은 그들이 정책을 조율할 수 있다면 지구 경제의 시장과 세력을 규제할 수 있다. 허스트와 톰프슨은 극단적인 지구화 명제의 주요 항목 가운데 하나인 지구 경제는 통제할 수 없다는 명제를 아주 강력히 비판하고 있다. 그들의 핵심적 비판은 지구 경제가 우리의 통제를 넘어섰다고 보는 관점은 잘못일 뿐 아니라 국가 경제를 통제할 정책의 개발을 방해한다는 내용이다. 우리는 우리 경제가 '지구 시장'에 복종해야 한다는 말을 너무나 자주 듣고 있지만, 허스트와 톰프슨은 이 말이 신화에 불과하다고 믿고 있다.

- 또한 지구화의 영향이 아주 불균등하다는 반론도 있다. 때때로 지구화는 인류의 작은 부분에만 적용되는 서구 이론과 흡사해 보인다. 실제로 지구상의 많은 사람이 기술적으로 연결되지 못하는 현실에서 세계 주민이, 심지어 소수 민족까지도 인터넷에 접속할 수 있다고 가정하는 것은 분명 과장이다. 바꾸어 말하자면 지구화는 선진 세계에만 적용된다. 그 나머지 세계에서는 그 정도 수준의 지구화는 존재하지 않는다. 우리는 지구화의 범위와 깊이를 과대평가할 위험에 빠져 있다.
- 이와 관련해서 지구화는 단지 서구 제국주의의 최후 단계일 수도 있다는 반론이 있다. 지구화론은 앞에서 논의한 오래된 근대화 이론에 새로운 가면을 씌운 것이다. 편리하게도 지구화 세력은 서구 세계에서 발견된다. 비서구적인 가치는 어떠한가? 그것

들은 출현하는 지구 세계의 어느 측면에 들어맞는가? 우려되는 점은 지구화에서 환영받는 것은 다른 문화권의 세계관을 희생시키는 서구적 세계관의 승리라는 점이다.

• 또한 비판론자들은 세계가 지구화되면서 상당수의 패배자가 생겨난다는 점에도 주목한다. 이는 지구화가 경제적으로 나뉘어 있는 세계에서 자유주의적 자본주의의 '성공'을 대변하기 때문이다. 아마도 지구화는 모든 것의 '개방'이라는 미명 아래 빈곤 국에 대한 더욱 효율적인 착취를 허용하는 결과를 가져올 수 있다. 지구화에 수반되는 기술은 세계에서 가장 부유한 경제에 자동으로 혜택을 주고, 그들의 이해관계가 지방의 이해관계에 우선하게 만들어 줄 것이다. 따라서 지구화는 제국주의적일뿐더러 착취적이기도 하다.

• 우리는 모든 지구화 세력이 반드시 '좋지만은' 않음을 솔직하게 지적해야 할 것이다. 지구화는 마약 카르텔과 테러리스트의 활동을 더욱 쉽게 해 줄 수도 있다. 인터넷상의 무정부 상태는 검열과 아동에 대한 불법 성 착취 관련 자료를 포함한 특정 종류의 자료에 대한 접근 제한과 관련된 중대한 문제를 야기한다.

• 지구화 가운데 이른바 **지구 거버넌스** global governance 라는 측면에서 우려되는 점은 책임 문제다. 누가 초국가 사회 운동을 민주적으로 책임질 수 있는가? 만약 IBM이나 셸이 세계에서 강력해지면, 이들이 민주적 통제에 대해 얼마나 책임질지에 대한 문제가 제기되지 않을까? '브렉시트 Brexit'를 찬성하는 주장 중 하나는 유럽연합의 결정 과정이 비민주적이고 결과에 대한 책임이 결여되어 있다는 것이었다. 지구화된 세계에서 부상하는 강력한 행위자들 대부분이 민중에 대한 민주주의적 책임을 지지 않는다는 사실이 우려된다. 이 주장은 국제앰네스티나 그린피스처럼 겉보기에는 '선량한' 지구적 행위자에게도 적용된다.

우리는 이러한 지구화에 대한 찬반 논의를 통해 독자들이 현대 세계 정치를 설명하는 데 지구화라는 개념이 얼마나 유용한지 깊이 생각해 보았으면 한다. 다음 장들은 지구화를 찬성하거나 반대하는 데 공통된 입장을 취하지는 않는다. 마지막으로 나머지 장들을 읽어 가면서 염두에 두었으면 하는 몇 가지 문제를 제기하겠다.

• 지구화는 세계 정치의 새로운 현상인가?
• 지금 논의된 이론들 가운데 어느 것이 지구화를 가장 잘 설명하는가?
• 지구화는 긍정적인 발전인가, 아니면 부정적인 발전인가?
• 지구화는 단지 자본주의 발전의 최후 단계일 뿐인가?
• 지구화는 국가를 쓸모없게 만드는가?
• 지구화는 세계를 다소 민주적으로 만드는가?
• 지구화는 새로운 가면을 쓴 서구 제국주의에 지나지 않는가?
• 지구화는 전쟁 가능성을 줄이는가?
• 전쟁은 어떤 방식으로 지구화를 추동하는 힘이 되는가?
• 2016년에 발생한 브렉시트와 도널드 트럼프 Donald Trump의 대통령 당선이 지구화에 대한 중요한 새로운 도전이라고 생각하는가?

> 트럼프 대통령의 당선에 브렉시트가 미친 영향에 대한 스티브 스미스 경의 토론을 시청해 보자.
>
> www.oup.com/he/baylis3xe

서론과 다음 장들이 이런 질문에 답하는 데 도움을 줄 수 있기를 바라고, 이 책 전체가 현대 세계의 정치에 대한 좋은 개관을 제공할 수 있기를 바란다. 지구화를 세계 정치의 새로운 국면으로 결론지을지 아닐지, 그리고 지구화를 긍정적인 발전으로 생각할지 부정적인 발전으로 생각할지, 지구화는 전혀 존재하지 않는 것인지는 전적으로 독자들이 결정할 수 있을 것이다. 하지만 우리는 지구화가 (세계 정치의 새로운 국면이든, 오랜 특징의 새로운 이름에 불과하든) 모순적이며 이해하기 어려운 복합적 특징의 집합이라는 점을 강조하면서 이 장을 마무리하고자 한다. 지구화된 시대의 정치에 대해서 우리가 어떻게 생각하는지는 우리가 받아들이는 이론뿐만 아니라 이 지구화된 세계에 살고 있는 우리의 입장에도 반영될 것이다. 이런 의미에서 우리가 지구적 사건에 대응하는 방식은 우리가 지구화된 세계에서 점유하고 있는, 사회적·문화적·성적·인종적·경제적·정치적 공간에 달려 있을 수 있다. 바꿔 말하자면 세계 정치는 돌연 매우 개인적인 문제가 된다. 우리의 경제적 입장이나 인종, 젠더, 문화 또는 종교는 지구화가 무엇을 의미하는지를 규정짓는 데 어떤 영향을 미치는가?

Globalization and
global politics

개요

지구화 globalization 란 **전 지구적 연계성** worldwide connectivity 혹은 상호 연계성 interconnectedness 이 확대, 심화, 가속화되는 현상을 가리키는 개념이다. 지구화는 흔히 '좁아지는 세계', '네트워크화된 세계', '거리의 종말', '지구촌', '지구적 문명'과 같은 말들로 표현되곤 한다. 그러나 지구화는 세계를 통합하는 동시에 분열시키며, 그런 점에서 이런 표현들이 상정하는 것보다 훨씬 복잡하고 모순적인 현상이다. 이 장에서는 지구화의 특징과 동학에 대한 분석을 통해 그 복잡성과 모순을 살펴볼 것이다. 21세기 세계 정치를 이해하고 설명하기 위해서는 지구화의 이해가 필수적이다.

CHAPTER

01

지구화와 지구 정치

앤서니 맥그루Anthony McGrew

이정석 옮김

핵심 질문

- 지구화는 왜 이렇게 논쟁과 갈등의 대상일까?
- 지구화의 현 위기는 세계 정치와 세계 질서에서 어떤 함의를 갖는가?
- 지구화에 대한 연구는 세계 정치의 이해를 어떻게 증진하는가?

머리말

100여 년 전 유럽판 지구화의 이른바 '벨 에포크belle époque'는 제1차 세계대전의 발발과 함께 무참히 붕괴되었다. **전쟁**war과 마찬가지로 지구적 연계성 global connectivity은 근대 세계 체제 형성에 핵심적 역할을 했으며 현대 세계 정치를 이해하는 데 필수적인 요소다(Bayly, 2004/2018; Osterhammel, 2014). 그러나 학계에선 지구화가 중요한지에 대해 심각한 논쟁이 존재하며, 학계 밖에서도 지구화는 민족주의 **포퓰리즘**populism 옹호자를 비롯한 많은 사람이 증오하는 대상이다(역설적이게도 이는 지구적 현상이다). 이 장은 세 부분으로 구성되어 있다. 첫 번째로는 지구화의 이해를 위해 다음과 같은 근본 질문들을 살펴본다. 지구화란 무엇인가? 지구화의 핵심 특징은 무엇인가? 지구화는 어떻게 개념화하고 정의해야 할까? 두 번째로는 오늘날 나타나고 있는 '지구화의 위기'를 재평가하고, 이것이 자유주의 세계 질서와 세계 정치에 잠재적으로 어떤 영향을 미칠 수 있는지 살펴본다. 세 번째로는 지구화 연구가 21세기 지구 문제를 비판적으로 이해하는 데 어떻게 기여하고 있는지 살펴본다. 마지막으로 이 장의 세 가지 핵심 질문에 대한 짧은 성찰을 제시한다.

지구화의 이해

오늘날 지구화는 패션, 금융, 소셜 미디어, 슈퍼마켓, 다국적 기업, 미투 운동에 이르기까지 현대 일상의 모든 부문에서 분명히 나타나고 있다. 실제로 지구화는 현대 경제와 사회 기능에 너무나도 필수적인 요소가 되었고, 적어도 세계의 가장 부유한 이들에게만큼은 현대 생활의 제도화된 특징이 되었다. 예를 들어 이제 대학들은 신입생 모집부터 학술 연구 보급에 이르기까지 여러 부문에 걸쳐 말 그대로 글로벌한 기관이 되었다.

지구화의 지리적 특성

오늘날 지구 경제에서 전 세계 모든 **국가**nations, 공동체, 가정의 부와 운명은 지구적 차원의 무역, 금융, 생산 네트워크의 복잡한 그물망으로 함께 엮여 있다. 세계 경제의 통합으로 인해 이제는 어떤 나라도 전 지구의 시장에서 단절되어 있지 않으며, 이는 2008년 **지구금융위기** global financial crisis가 초래한 재난을 통해 알 수 있다(**제13장 참조**). 지구 경제의 붕괴는 G20 정상회담을 통해 주요 경제 대국들이 정책 공조에 나섬으로써 겨우 모면할 수 있었는데, G20 정상회담은 "(공산주의) 중국이 '세계 자본주의'를 구하기 위해 나섰다"라는 아이러니한 헤드라인을 만들어 내기도 했다.

지구금융위기 발생 전 경제의 지구화는 (무역, 생산의 지구적 이동을 기준으로 했을 때) 사상 최고 수준에 이르렀는데, 그 속도는 거의 지난 30년의 세계 경제 성장 속도를 앞설 정도였다. 그 정점이었던 2007년, 자본·재화·서비스의 지구적 이동량은 놀랍게도 전 세계 경제 활동량의 53퍼센트 수준에 달했다(McKinsey Global Institute, 2016). 중국, 브라질, 인도 및 기타 신흥국 경제가 24시간 쉼 없이 돌아가는 세계 경제 시스템에 완전히 통합되면서, 지구적 경제 통합은 더욱 심화·확장되었고 세계 인구 대부분을 아우르게 되었다. 2008년 지구금융위기 발생 후 자본과 무역 흐름이 일시적으로 역전되면서 경제 지구화는 극적인 정체를 겪었고 이에 따라 지구화의 종말 혹은 탈지구화에 대한 논의가 일기도 했다. 오늘날(2019년 기준) 자본·재화·서비스의 지구적 이동량은 비록 2007년의 정점 수준까지는 아니지만 2000년 전후 시점 정도까지는 회복되어, 현재 전 세계 경제 활동량의 39퍼센트 정도로 추산된다. 아마 지구금융위기 직전처럼 빠른 속도로 성장하지는 못하겠지만, 그래도 앞으로 계속해서 그 규모가 커질 것으로 예상된다(McKinsey Global Institute, 2016; WTO, 2018a; Lund et al., 2019).

매일 세계 단기 금융 시장에서는 5조 달러라는 어마어마한 매출이 발생하며, 이는 세계 5위 및 7위의 경제 규모를 가진 영국과 프랑스의 연간 국내총생산Gross domestic product: GDP(2017년 기준)을 합친 것보다 약간 모자란 규모다. 오늘날 거의 모든 나라의 정부는 국내 경제 안정과 번영에 미칠 중대한 영향을 감수하지 않고선 자국 통화에 대해 24시간 계속되는 세계 시장의 투기 시도에 대항할 수가 없다(제22장 참조). 오늘날의 지구화된 경제에서는 꼭 정부만이 정책 결정자가 아니다. 여러 **초국가 기업** transnational corporations의 매출액은 많은 나라의 GDP를 상회하며, 이들 기업은 전 세계 경제 생산의 33퍼센트 이상

을 차지하고 있다. 이들 거대 기업은 세계 무역의 30퍼센트를 차지하는 지구적 생산 네트워크를 통제하고 있으며, 생산과 서비스 부문 모두에서 국제 투자의 주요 원천이 되고 있다(UNCTAD, 2018). 한 예로, 아이폰은 말레이시아에서 몰타에 이르는 세계 각지 700여 개 회사의 부품과 디자인 서비스가 투입되어 만들어진다. 이 같은 이유로 초국가 기업은 생산·경제·기술 역량의 배치 및 분포에 막대한 영향을 미치며, 이들의 활동은 전통적 국내·국외 구분을 어렵게 만든다. 일례로 독일의 자동차 회사 BMW는 미국 최대의 자동차 수출 기업이며, BMW의 최대 생산 공장은 미국 사우스캐롤라이나주 스파튼버그에 있다. 이 공장과 더불어 독일 자동차 기업들이 미국 공장에서 생산한 차량은 2018년 미국이 중국으로 수출한 전체 차량의 60퍼센트 이상을 차지했다.

오늘날의 지구화는 제트기, 컨테이너, 휴대전화, 인터넷을 아우르는 현대 교통·통신 기술 혁명과 밀접한 관련이 있다([참고 1-1] 참조). 디지털화는 저렴하고 즉각적인 24시간 글로벌 통신 및 정보 흐름을 가능케 했고 이를 통해 전 지구적 커뮤니케이션에 혁명을 가져왔다. 2005년에서 2014년 사이 전 세계 데이터 이동량은 45배나 증가했으며, 인터넷 접속자 수는 여전히 불균형이 심하긴 해

지구적 사업가들: 지구화를 주도하는 이들

참고 1-1

지구화는 자동적인 과정이 아니라 다국적 기업과 같은 거대 조직들, 그리고 많은 개인의 활동의 산물이다. 이를 잘 보여 주는 사례가 앙골라 루안다의 모암베이라moambeira라고 불리는 여행 가방 상인들이다. 매 주 루안다의 가난한 지역에서는 400여 명의 여성 의류 상인들이 커다란 여행 가방을 들고 브라질 상파울루로 구매 여행을 떠난다. 이들은 상파울루에 도착하면 그곳의 세계적인 패션 중심지 페이라 다 마드루가다Feira da Madrugada로 직행한다. 그렇게 브라질 최신 패션 상품들을 구매한 후 여행 가방에 담아 와서는 루안다의 시장에서 판매하는 것이다. 그렇다면 이들은 왜 브라질까지 가서 물건을 떼 오는 것일까? 그것은

과거 포르투갈 제국 시대의 식민 역사와 언어를 앙골라인들과 브라질인들이 공유하고 있기 때문이다. 그 결과 앙골라에서는 하바이아나스Havaianas 슬리퍼를 비롯한 브라질 패션과 텔레비전 드라마가 큰 인기를 끌고 있다. 이뿐 아니라 브라질에는 상당한 수의 앙골라 출신 이민자가 존재하기도 한다. 최근 들어 모암베이라 상인 간의 경쟁이 심해지면서, 이들 중 일부는 중국과의 거래도 시작했다. 이들 여성 '지구적 사업가'들은 지구 남반구 발전도상국의 많은 이들에게 경제적 안보의 다리가 되어 주고 있는 비공식 지구화informal globalization의 주체로 활동하고 있다.

(Barreau Tran, 2017)

도 과거 10억 명에서 2018년 기준 41억 명(세계 인구의 약 55퍼센트)으로 확대되었으며, 이중 과반수가 아시아 지역 거주자였다(McKinsey Global Institute, 2016).

이러한 글로벌 통신 및 이동 인프라 덕택에 국경과 대륙을 가로지르는 적시 생산just-in-time production 네트워크 관리가 가능해졌으며, 같은 생각을 가진 전 세계 사람들을 사실상 실시간으로 조직하고 동원하는 것 역시 가능해졌다. 일례로 2017년 말 있었던 미투 운동은 아프가니스탄에서 네팔에 이르는 다양한 나라의 여성들이 여성을 위한 정의 실현 요구 운동을 조직함으로써 전 지구적 현상이 되었다. 역설적이게도 지구화에 반대하는 최근의 민족주의 포퓰리즘 역시 유럽, 미국, 중남미 지역의 유사한 이념을 가진 정당과 세력들이 초국가적 네트워킹과 **협력**cooperation에 나서면서 세계적 영향력을 얻었다(Moffitt, 2017). 국제앰네스티Amnesty International, 위민워킹월드와이드Women Working Worldwide 등과 같은 3만 8,000개 이상의 국제**비정부기구**non-governmental organizations가 166개국에 걸쳐 운영되고 있으며, 이들은 2018년에만도 약 48만 1,000건의 회의를 주최했다. 이 같은 지구적 시민사회 비정부기구의 발전과 더불어, 야쿠자나 알샤바브Al Shabaab 같은 초국가적 조직범죄 및 테러리스트 네트워크들과 인신매매, 돈 세탁 등의 불법 행위 역시 통신 및 이동 인프라 발전으로 인해 더 활성화되고 있다. 지난 20여 년간 기하급수적으로 팽창한 불법의 지구화는 세계를 더 무질서하고 폭력적이며 위험한 곳으로 만들고 있다. 이런 점에서 지구화는 일찍이 존재한 적 없던 위험과 사회적 취약성의 근원이 되고 있기도 하다.

골딘Goldin과 마리아타산Mariathasan(2014)이 지적한 것처럼, 지구적 연결성의 규모와 강도가 확대되면서 국가 간을 넘어 금융, 환경 등 각종 부문의 지구적 시스템 간에도 고도로 복잡한 체제적 상호 의존성을 만들어 냈다(제14장, 제22장, 제23장, 제27장 참조). 이 같은 복잡성은 심각한 체제 차원의 위험 또한 야기한다. 예를 들어 미국 오하이오주의 가계 주택담보대출 부실이 금융 연쇄 반응을 통해 지구 금융 시스템을 붕괴시킬 수도 있게 된 것

이다. 허황된 이야기 같을 수 있겠지만, 지난 2008년 지구 경제 위기의 사례는 전 세계가 이런 식으로 어떻게 금융 붕괴와 경제적 파국 직전까지 갔었는지를 보여 준다(Tooze, 2018). 전염병과 대량살상무기 기술의 확산, 핵심 인프라의 해킹 위험부터 지구 온난화에 이르기까지, 지구화는 다양한 부문에 걸쳐 지구적 위험 사회의 출현을 가져왔다. 이제 국경선은 먼 곳으로부터의 위험이나 체제적 차원의 실패로부터 우리를 지켜 줄 수 없다. 이 같은 체제 차원의 위험 예방 및 관리를 위한 노력은 지구적 제도와 규제 레짐의 관할권 확대에 기여했다(제15장, 제16장, 제18장 참조).

거버넌스, 규칙 제정rule-making, 규제의 초국가적·지구적 양상은 지난 40여 년간 극적인 성장을 이루었다. (때론 지구화 정부라고도 불리는) G20 정상회의나 2018년 기후 변화협약 당사국총회Conference of the Parties to the Climate Change Treaty 같은 공식 기구들, 그리고 국제회계기준위원회International Accounting Standards나 산림관리위원회Forest Stewardship Council 같은 글로벌 민간 규제 기관 등이 이러한 성장의 산물이라고 할 수 있다. 오늘날 세계에는 260개 이상의 상설 정부간기구가 **지구 거버넌스**global governance 체제를 구성하고 있으며, 그 핵심에는 국제연합United Nations이 있다. 세계 무역의 자유화를 사명으로 하는 **세계무역기구**World Trade Organization: WTO부터 노동자 권리 증진을 목적으로 하는 국제노동기구International Labour Organization: ILO에 이르기까지, 다자간 거버넌스 체제는 비록 **세계 정부**world government는 아니어도 지구화의 촉진과 규제 모두에 핵심적 역할을 해 왔다. 세계 다수의 사람에게 더욱 중요한 것은 인간 안보human security 측면에서 가장 취약한 이들에게 특히 필수적인 인도주의, 국제 개발 및 평화 유지 기능이다.

지구적 기준, 규범, 법적 규칙이 그 영역 확장과 함께 개별 국가 내부의 법과 공공 정책 및 정치 담론에 통합되면서 지구 거버넌스는 이제 각국의 내정에 더 깊이 관여하게 되었다. 세계 각국의 국가 및 지방 정부 관료들은 더 많은 지역적, 지구적 네트워크를 형성하고 있다. 이들

은 농업 정책부터 인신매매에 이르는 다양한 사안에 대해, 국제자금세탁방지기구Financial Action Task Force(OECD 주요 회원국의 돈세탁 문제 전문가들이 모인 정부간기구다)나 **브릭스**BRICS 국가 안보 보좌관 네트워크(브릭스 국가들의 고위 국가 안보 관리들을 연결하는 네트워크다)와 같은 다양한 기구를 통해 정보를 공유하며 타국과 협력하고 있다. 각국의 경제체제가 지구화된 것처럼 국내 정치와 거버넌스도 지구화된 것이다.

자본은 지구를 자유롭게 순환하지만, 사람은 그렇지 않다. 국경 및 국가 통제는 오늘날 여전히 중요한 문제이며 19세기 지구화의 '벨 에포크' 시기보다도 더 심각하게 여겨지고 있다. 그럼에도 불구하고 19세기의 세계인구 이동을 뛰어넘는 거대한 규모의 인구가 자신의 문화와 함께 이주하고 있다. 비록 대부분의 이주가 여전히 각국 내에서 이루어지고 있기는 하지만, 지구적 이주의 패턴은 세계의 남쪽에서 북쪽, 그리고 동쪽에서 서쪽으로 크게 변화했다. 이 같은 변화는 비록 상반되는 증거에도 불구하고 (주로 서양) 대중의 이주민 위기migrant crisis 인식에 큰 영향을 미쳤다(**제12장, 제24장 참조**). 부유한 OECD 국가로의 이주는 지난 2000년 390만 명에서 2015년 600만 명 이상으로 늘었다. 전 세계 2억 5800만 명(이중 약 49퍼센트가 여성이며 1억 6400만 명이 이주 노동자다)이 자신이 태어난 나라가 아닌 국가에 거주하고 있다(UN IOM, 2018; ILO, 2018). 2008년 지구 경제 위기에도 불구하고 폭발적으로 증가한 세계의 중산층은 사상 최고 수준으로 세계 여행에 나서, 전 세계 관광지 방문자 수는 2017년 13억 명에 이르렀다(과거 2000년에는 6억 8000만 명, 2010년에는 9억 5200만 명이었다). 이들은 2017년 기준 약 1조 3400억 달러를 관광에 지출했으며, 이는 호주의 GDP와 맞먹는 수치다(WTO, 2018a).

정체성 정치identity politics의 부활과 지구화에 대한 포퓰리즘적 반발로 인해, 이주 문제는 다문화·자유주의의 기치를 내세우는 사회에서조차 논쟁의 대상이 되었다. 이주는 사람들과 문화 간의 차이를 드러낸다. 이런 이유로 이주는 크와메 앤서니 아피아Kwame Anthony Appiah (2018)

가 '[사회를] 결속하는 거짓말lies that bind'이라 부른 바 있는, 국가 정체성의 민족적·문화적 이데올로기를 위협하는 것으로 많은 대중에게 인식되고 있다. 지구화가 지역 사회, 공동체, 국가, 그리고 세계를 통합하는 동시에 분열시킨다는 것은 특히 분명해 보인다. 190개국에서 1억 3700만 명의 가입자들이 같은 넷플릭스 프로그램을 시청하고, 페이스북의 가입자들이 매달 22억 7천만 회 콘텐츠를 교환하며, 싸이의 「강남스타일」 뮤직비디오가 전 세계 유튜브 조회수 32억 회를 기록했지만, 그렇다고 해서 유의미한 전 지구적 문화 융합이 일어나고 있음을 보여 주는 증거는 지금처럼 디지털로 연결된 세계에서도 찾기 힘들다. 어떤 이들은 인터넷이 서로 다른 문화 간의 다리 역할을 하는 것이 아니라, 오히려 조화될 수 없는 문화적·종교적 차이에 대한 인식을 강화한다고 본다(**제19장, 제20장, 제26장 참조**). 그러나 이 같은 관점은 문화의 혼합과 혼종화hybridization의 중요성을 간과하고 있다. 이러한 변화는 음식부터 정체성에 이르기까지 '하이픈'으로 표현되는 혼종 문화(예를 들어 Asian-British, Italian-American, Japanese-Brazilian, Greek-Australian)를 통해 나타나고 있다. 문화적 지구화는 문화적 복합성cultural complexity을 더욱 증대시킨다. 예를 들어 인도 북동부의 젊은 세대는 '한류'(한국 대중문화의 전 지구적 인기 현상)에 열광하며, 프랑스계 쿠바인 뮤지션 듀오인 이베이Ibeyi는 나이지리아 요루바어, 영어, 프랑스어 그리고 스페인어로 공연한다.

지구화의 특징

지구화는 다음과 같은 특징의 역사적 과정이라 할 수 있다.

- 국경을 넘어선 사회·정치·경제 활동 증대에 따라 세계 한 지역의 사건, 결정 및 행동이 다른 먼 곳의 개인, 지역 사회 및 국가에 직·간접적인 영향을 미칠 가능성이 커진다. 일례로 시리아와 예멘의 내전과 분쟁은 수백만의 난민을 발생시켰으며 이들은

인근 국가는 물론 멀리 유럽까지 이주했다.

- 경제적 영역부터 생태적 영역까지, 구글의 전 지구적 존재감을 비롯해 사스SARS 바이러스와 같은 유해 미생물 문제에 이르기까지, 현대 우리 삶의 거의 모든 영역에서 상호 연결성이 심화·확대된다.
- 생각, 뉴스, 재화, 정보, 자본, 기술이 세계를 순환하는 속도가 빨라짐에 따라, 전 지구적 흐름과 프로세스의 속도가 가속화된다. 일례로 2018년의 '붉은 10월' 사태 당시 거래 개시 몇 분 만에 전 세계 주식 시장에서 동시 폭락이 일어났다.
- 지역 수준과 지구적 수준의 결합이 심화됨에 따라 국내 문제와 국제 문제의 구별이 불가능해진다. 예를 들어 뭄바이나 글래스고에서 탄소 배출을 줄임으로써 사모아와 키리바시 같은 태평양 섬 지역에 미치는 기후 변화의 영향을 줄일 수 있다(제23장 참조).

지구화라는 개념은 국가와 대륙을 초월하는 흐름, 연결, 시스템, 네트워크와 같이 현대 생활을 지탱하는 가상적·물질적 전 세계 그물망world wide webs에 초점을 둔다([참고 1-2] 참조). 이 개념은 인간 사회 및 경제 조직 규모에 구조적 변화가 일어나고 있음을 시사한다. 인간의 활동은 더 이상 지역 사회local 혹은 국가 영토 단위로만 조직되지 않으며, 점점 더 초국가적, 지역적, 지구적 규로

조직되고 있다. 예를 들어 미국 의류 브랜드 갭GAP은 전 지구적인 생산 네트워크를 보유하고 있으며, 2008년 지구 경제 위기 이후 2011~2012년에 걸쳐 벌어진 '점령하라Occupy' 운동에는 세계 82개국 951개 도시의 사람들이 참여했다. 지구화는 이처럼 경제, 안보는 물론 모든 분야에서 모든 대륙을 연결하고 초월하는 중대 변화를 가리킨다. 얀 아르트 숄테Jan Aart Scholte(2005: Ch.2)는 이를 ('국제international'와 대조되는) '초세계transworld'라 지칭한다. 이런 점에서 지구화는 **탈영토화**deterritorialization를 가져온다. 인간의 사회·정치·경제 활동이 지구적 혹은 초국가적 수준에서 조직됨으로써, 이들 활동은 그 원래 장소 및 지역으로부터 상당 부분 이탈 혹은 분리된다. 한 예로, 세계 주요 대도시의 최고가 부동산 지역 시세는 서로 높은 상관관계를 갖고 있으며, 이들 사이의 상관관계가 이들 지역이 자국 부동산 시장과 갖는 상관관계보다 더 높다.

지구화하에서 기업의 소유와 생산은 국경을 초월하며, 그렇기에 국가 경제를 국가 영토와 동일시하는 사고는 약해진다. 영국 대기업의 다수가 인도, 일본, 독일 등의 국가에 본부를 두고 있으며, 많은 중소기업이 중국, 베트남 및 여러 동아시아 국가에 생산을 위탁하고 있다. 국경이라는 개념마저 영토와 일치하지 않는 경우도 있는데, 예를 들어 캐나다 토론토 국제공항에서는 미국 입국 심

지구화를 어떻게 개념화할 것인가에 대한 다양한 접근법

- **물질주의**materialist 접근법: 가장 일반적인 접근법으로, 지구화를 전 지구적 연결성이 증대되는 실체적 과정이라 이해한다. 실증적 연구 방법과 역사적 연구 방법을 활용한다.
- **구성주의**constructivist 접근법: 지구화를 관념적 관점에서 이해하는데, 이는 지구화가 그 자체로 객관적이고 불변의 의미를 갖는 개념이 아니라 '사람들이 구성해 가는' 담론적 현상 discursive phenomenon이라고 보기 때문이다(제9장 참조).
- **이념적**ideological 접근법: 소수 권력자와 엘리트들이 그들의

이익을 보호하는 세계 질서 조성을 위해 만들어 낸 이념이자 정치·경제적 프로젝트(예: 신자유주의 지구화)가 바로 지구화라고 본다.

이 장은 일부 다른 접근법을 취하기도 했으나, 기본적으로는 물질주의 접근법을 따랐다. 지구화에 대한 여러 연구는 이 세 가지 접근법을 결합하거나 아예 생략하기도 한다.

사를 받을 수 있다.

그러나 이 같은 구조적 변화가 전 세계에서 똑같이 나타나는 것은 아니다. 실제로 지구화라는 개념은 전 세계적 융합과 포용성을 의미하는 보편성의 개념과 구분되어야 한다. 보편성의 개념이 의미하는 바와는 대조적으로, 지구화는 카스텔스Castells(2000)가 '변수기하학variable geometry'이라고 부르는, 포용의 매우 상이한 패턴을 그 특징으로 한다. 서양 국가들은 사하라 사막 이남의 가난한 아프리카 국가들에 비해 훨씬 더 포괄적으로 지구화되었다(제13장, 제21장 참조). 그러나 이들 서양 국가 내에서조차 지구화는 상황에 따라 다른 경험을 선사하는데, 도시와 농촌, 경제의 각 부문, 심지어 같은 지역 사회 내의 서로 다른 가정마다 지구화는 다르게 경험된다. 서양 국가와 사하라 사막 이남 아프리카 국가 모두에서 엘리트들은 지구적 네트워크에 편입되는 반면, 극빈층은 대개 배제된다. 이렇게 지구화는 사회경제적 분배 결과distributional consequences에 중대한 영향을 미치는 포용과 배제의 지리학을 보여 주며, 이를 통해 국가들 사이에서뿐 아니라 한 나라 안에서도 경제적 승자와 패자가 생겨난다. 실제로 지구화는 부, 소득, 삶의 기회 측면에서의 지구적 불평등 심화와 연관되어 있다(Alvaredo et al., 2018). 가장 부유한 이들에게 지구화는 '하나의 세계'를 선사하지만 다른 많은 이에게 지구화는 불평등과 차별로 가득 찬, 분열된 세계로의 변화일 수 있다. 비서양 지역에서 지구화는 흔히 서양화로 인식되곤 하며 이 같은 인식은 제국주의imperialism에 대한 공포, 반서양운동anti-Western movements과 저항을 야기한다. 이런 점에서 지구화라는 개념에는 특정한 목적론teleology이 담겨 있지 않다고 볼 수 있다. 즉 지구화는 특정한 역사적 논리나 목적에 따른 조화로운 세계 사회로의 필연적 변화를 상정하지 않는다.

아직 지리와 거리가 여전히 중요하기는 하지만 지구화라는 개념은 시공간 압축time-space compression과 연관되어 있다. 이는 지리적 공간과 시간을 효과적으로 '축소'하는 새로운 이동 및 통신 기술의 영향을 말한다. 2017년 1월 20일 도널드 트럼프 미국 대통령의 취임식 생중계

부터 수천 마일 떨어진 곳에서 생산된 신선한 과일을 영국의 슈퍼마켓 진열대에 가져다 놓는 전 지구적 공급망에 이르기까지, 세계는 말 그대로 줄어들고 있는 것처럼 보인다. 이 '축소되는 세상'에서는 권력이 행사되는 곳과 그 영향을 받는 곳이 서로 다른 대륙을 넘어 연결된다. 2008년 세계 경제 위기 당시 중요한 결정들은 워싱턴, 베이징, 뉴욕, 런던 같은 곳에서 내려졌지만, 여기서 만들어진 정책들은 바다 건너 세계 각지의 지역 사회에까지 영향을 미쳤다. 이런 점에서 지구화는 지리적 제약과 영토적 관할권을 넘어 권력이 조직되고 행사되는 (혹은 그러한 가능성이 점차 증대되는) 양상을 잘 보여 준다([사례연구 1-1] 참조). 이러한 변화는 세계 정치에서 권력이 상대적으로 탈국가화denationalization되고 있음을 잘 보여 준다. 이제 권력은 국가적 수준뿐 아니라 초지역적, 초국가적, 전 세계적 규모로 조직되고 행사된다. 이러한 양상은 네트워크화된 세계의 복잡성과 결합하여 권력 행사를 매우 불투명하게 만든다. 지난 2008년 지구 경제 위기에서 극적으로 드러났듯이, 이러한 변화는 어떤 일에 대해 누가 어떻게 책임을 져야 하는지 특정하기 어렵게 만든다(Tooze, 2018). 이 같은 복잡성과 불투명성은 모든 나라에게 중요하지만 특히 민주적 책임과 투명성, 법치를 지향하는 자유민주주의 국가에 중대한 의미를 가진다. 이 같은 변화는 대중들로 하여금 민주적으로 선출된 정부가 아니라 통제 불가능한 지구적 혹은 해외 세력이 자신들의 삶을 좌지우지하게 될 것이란 인식을 갖게 만들기 때문이다.

요약하자면, 지구화는 국제화internationalization나 국제적 상호 의존interdependence과는 다른 개념이다. 국제화는 주권적이고 독립적인 민족국가nation-state 간의 연계가 증대되는 현상을 가리킨다. 국제적 상호 의존은 주권국가 간에 상호 의존이 심화해 서로의 행동에 대해 민감성과 취약성이 커지는 현상이다. 이와는 달리 지구화는 전 지구적인 상호 연결성이 국가와 사회의 경계를 넘어 확대·심화·가속화되는 과정을 가리키는 것으로, 이로 인해 국내 문제와 국제 문제의 경계가 사라진다. 정리하자면 지구

쓰레기의 지구화: 유해 물질 무역의 위기

재활용을 위한 플라스틱 병들이 쌓여 있는 태국의 모습
© Muellek Josef / Shutterstock.com

플라스틱 폐기물의 해양 투기 금지를 위한 '바다를 구하자Save Our Oceans' 운동의 세계 캠페인이 정치적 동력을 얻고 있던 즈음인 2018년, 글로벌 재활용 시스템에 위기가 발생했다. 대대수 사람이 이 위기를 눈치채지 못했고, 태국 동부 타탄Thathan 주민들은 그들의 지역 재활용 시설에 유입되는 전자 폐기물의 증가가 이 위기와 연관되어 있음을 알지 못했다. 위기를 촉발한 것은 2017년 7월 내려진 중국 정부의 결정이었다. 중국 정부는 자국의 환경 개선을 위해 2018년 1월부터 모든 재활용 폐기물 수입을 금지하기로 결정했는데, 이 결정으로 인해 거의 하룻밤 만에 전 세계 재활용 쓰레기 무역은 붕괴 직전까지 갔다. 중국의 금지 조치는 2018년 고체 폐기물까지 포함하는 것으로 더욱 확대되었다. 2016년 기준 전 세계 2억 7000만 톤의 재활용 가능 폐기물의 거의 50퍼센트가 원배출지가 아닌 다른 곳에서 처리되었으며, G7 국가의 플라스틱 및 전자 폐기물 수출량의 60퍼센트 이상이 중국과 홍콩으로 향했다(Brooks, Wang, and Jambeck, 2018; Hook and Reed, 2018; van der Kamp, 2018). 세계 재활용 무역은 쓰레기를 지구의 북쪽에서 남쪽으로, 그리고 서쪽에서 동쪽으로 이동시킨다. 이 현상의 비판자들은 이를 '유독성 식민주의toxic colonialism'라고 비판한다.

중국의 재활용 폐기물 수입 금지 조치의 가장 큰 영향 내지 외부 효과externalities 중 하나는 서양의 재활용 폐기물이 중국을 제외한 아시아 전역의 다른 나라들로 수출되었다는 것이다. 2018년 말까지 이 아시아 국가들은 서양 플라스틱 폐기물의 최대 수입처가 되었는데, 이중 태국의 폐기물 수입량은 놀랍게도 1,370퍼센트나 증가했다. 중국 정부의 조치가 가져온 두 번째 영향은 재활용의 경제성이 근본적으로 변화되었다는 것이다. 폐기물 대란의 결과, G7 국가의 정부들은 자국의 재활용 정책을 지역 사회와 국가 차원 모두에서 재검토해야만 했다. 영국과 유럽, 호주, 미국의 많은 도시에서 재활용 쓰레기가 재활용되지 못하고 그대로 쌓이거나 땅속에 매립되었다.

폐기물 위기에 대한 인식이 높아지면서 그린피스를 비롯한 초국가 환경 단체들의 활동을 통해 아시아, 유럽, 미국 등 세계 각국의 지역 사회와 국가를 넘어 지구적 차원으로 쓰레기 무역에 대한 저항이 확산했다. 유해폐기물에 대한 바젤 협약Basel Convention on Hazardous Waste은 유해 물질의 수출입 규제를 목표로 한다. 이 협약의 최근 수정안은 재활용 쓰레기를 규제 대상에 포함하고자 했는데, 2019년 현재까지 발효되지 못했다. 이는 아직 충분한 숫자의 국가가 수정안을 비준하지 않았기 때문인데, 산업계 이해관계자들과 미국을 포함한 일부 서양 국가 정부들이 수정안에 강력히 반대하고 있다. 바젤행동네트워크Basel Action Network를 비롯한 여러 환경 단체는 이러한 다자주의적 맥락에서 아프리카의 바마코협약Bamako Convention 같은, 보다 강력한 폐기물 수출입 규제 도입을 위해 각국 정부를 압박하고 있다.

(출처: Brooks, Wang, and Jambeck, 2018; Hook and Reed, 2018; van der Kamp, 2018)

질문 1 재활용 폐기물 대란 사태가 보여 주는 지구화의 핵심 특징은 무엇인가?
질문 2 이 사례에서 나타난 윤리적·규범적 이슈는 어떤 것들이 있는가?

화는 멀리 떨어진 공동체들을 연결하고, 지역과 대륙을 넘어 권력 관계의 범위를 확장하며, 인간 사회 조직의 공간적 규모에 근본적인 변화 또는 변천transformation을 가져오는 역사적 과정이라고 정의할 수 있다.

지구화를 둘러싼 논쟁

세계 정치 연구에서 지구화는 논쟁적인 사안이다. 사실 이 장에서 지금까지 논의한 내용에 대해 어떤 이론가들은 지구화에 너무 큰 의미를 부여한다며 이의를 제기할지도 모른다. 이론적 논쟁의 지점은 지구화론의 기술적 descriptive·설명적explanatory 가치에 있는데, 이를 '개념적 바보짓conceptual folly'이라고 보는 시각이 있는가 하면, 다른 쪽에선 지구화론이 세계 정치 이해를 위한 새로운 패러다임을 제시한다고 본다. 실제 논쟁은 조금 더 복잡하긴 하지만, 이 거대한 지구화 논쟁은 크게 볼 때 회의론자와 지구화론자, 두 그룹 사이의 논쟁이라고 볼 수 있다.

먼저 회의론자들의 주장에 따르면 지구화는 피상적이고 과장된 현상이다. 지구화론은 일종의 신화 내지 '개념적 바보짓'으로, 국가 권력·지정학·민족주의·자본주의·제국주의 등과 같은 세계 정치의 핵심 결정 요인을 제대로 보지 못하게 만든다(Hirst and Thompson, 1999; Rosenberg, 2000; Gilpin, 2002). 전통적 현실주의와 신현실주의 이론을 지지하는 학자들은 세계 정치가 지금도 여전히 지정학과 무정부적 국제 구조에 의해 결정된다고 주장한다(Gilpin, 2001; Mearsheimer, 2018)(제6장 참조). 이들이 볼 때 지구화 — 보다 정확히는 국제화 — 는 단지 국제 패권의 산물일 뿐이다. 그 이유는 19세기의 팍스 브리타니카Pax Britannica나 20세기의 팍스 아메리카나Pax Americana처럼) 최강대국이 세계 무역에 도움이 되는 열린 국제 질서를 만들고 유지하는 데 이 같은 변화의 성패가 달려 있기 때문이다. 그런 점에서 지구화는 패권국이 어떤 선택을 내리느냐에 따라 결정되는 의존적 현상일 뿐이다. 지구화나 국제화는 세계 정치의 기본 구조를 바꾸지 않으며, 국가 안보 및 생존에 있어 국가 및 국가 역량이 갖는 중요성 또한 변화시키지 않는다. 회의론자 역시 상호 연결성이 증대되고 있다는 것은 인정하지만, 이 같은 현상을 '지구화'라 이름 붙이는 것은 현실을 오도하는 것이라고 주장한다. 이들이 보기에 상호 연결은 지구적 차원보다 국제적, 지역적 차원에서 일어나고 있기 때문

이다. 더욱이 이러한 흐름은 개별 국가 경제 간의 심도 있는 통합과는 거의 관련이 없으며, 그런 점에서 국제적 상호 의존의 증거일 뿐이다.

마르크스주의 전통을 따르는 학자들 역시 지구화론에 회의적인데, 이들은 현실주의와는 매우 다른 관점인 역사적 유물론historial materialism의 시각에서 지구화론을 비판한다. 이들이 보기에 지구화는 자본주의의 필연적 팽창 논리에 그 기원을 두고 있으며, 비록 그 형태는 다르지만 19세기 및 20세기의 제국주의와 많은 공통점을 갖고 있다(Harvey, 2003/2010b). 이들이 볼 때 지구화론은 오래된 현상에 새로운 이름표를 붙인 것일 뿐이며, 별다른 설명적 가치를 갖지 않는다(Rosenberg, 2005). 지구화는 자본주의나 자본주의적 제국주의 같은 세계 정치의 핵심 구성 요인들을 제대로 보지 못하게 하는 일종의 신화 혹은 '개념적 바보짓'일 뿐이다(Rosenberg, 2000). 이런 이유로 마르크스주의 회의론자들은 지구화를 **우발적인** epiphenomenal 현상이라 결론짓는다. 다시 말해 그것은 지정학이나 자본주의와 같은 핵심 요인이 만들어 낸 파생물에 불과하다. 그런 점에서 지구화론은 설명력을 결여하고 있을 뿐 아니라 사람들을 오늘날 세계 정치에 대한 잘못된 해석으로 이끈다.

이와는 달리 지구화론자들은 회의론자들의 신랄한 비판에 동의하지 않는다. 이들에 따르면 지구화는 세계 정치의 파괴적 변화disruptive change를 가져오는 근본적 원천이다. 예를 들어 카스텔스는 지구화가 현대 자본주의의 형태에 중대한 변화를 가져온다고 보며, 이를 '지구 정보 자본주의global informational capitalism'의 새로운 시대로 보는 것이 가장 적절하다고 주장한다(Castells, 2009). 다른 신마르크스주의 연구자들은 이러한 지구 자본주의의 새로운 시대가 세계 질서를 어떻게 재구성하는지 살펴본다(W. Robinson, 2014). 한편 이와는 대조적으로 자유주의 연구자들은 지구화가 어떻게 '평평한 세계flat world', 혹은 기존의 국제 체제에 중첩되는 '신생 지구 네트워크 문명 emerging global network civilization'을 창조하는지를 강조한다(T. Friedman, 2011; Khanna, 2017: xvii). 끝으로 비판적 지구화

연구자들은 다양한 이론적 접근법을 통해, 밑으로부터의 지구화가 세계 정치에서 어떻게 새로운 형태의 초국가적 정치와 (소통적) 권력을 창출하는지 연구한다. 이들은 특히 더 정의롭고 공정한 세계를 위한 **대안적 지구화**alter-globalization에 관심을 둔다(제10장, 제11장 참조). 이상의 연구자들은 지구화가 가져오는 파괴적 변화에 초점을 둔다는 점뿐만 아니라 기존 국제관계이론에 비판적이라는 점에서도 공통점을 갖는다.

어떤 지구화론자들은 ― 이들은 흔히 **변천주의자**transformationalists라고 불린다 ― 지구화의 파괴적 변화가 세계 정치의 중대한 변천을 가져와 세계를 훨씬 복잡하고 위험하며 예측 불가능하게 만든다고 본다. 이러한 변천은 서양에서 아시아로, 그리고 국가에서 비국가 행위자로의 역사적 세력 전이에서뿐 아니라 근대 국가 및 사회 체제, 세계 정치의 동학 변화에서도 명백하게 관찰된다. 변천주의자들이 이 같은 변화를 필연적이거나 불가역적이라고 보는 것은 아니지만, 이들은 이러한 전 지구적 변천이 현대 사회 모든 측면의 포괄적 기능에 사회적으로 깊이 내재되어 있다고 주장한다. 변천주의자들이 볼 때 오늘날의 지구화는 역사적으로 특별한 현상일 뿐 아니라, 권력의 조직, 분포, 행사, 재생산을 근본적으로 재구성한다(Held et al., 1999; Keohane and Nye, 2003; Castells, 2009; Khanna, 2017)([참고 1-2] 참조). 이 같은 이유로, 변천주의자들은 지구화로 인해 국제 정치 연구에 있어 급진적 개념 전환이 필요해졌다고 주장한다.

다음에서는 최근의 지구화 위기와 그 함의에 대해 회의론자와 지구화론자 양측이 어떻게 다른 시각을 제시하는지 살펴볼 것이다.

요점정리

- 지구화는 전 세계적인 상호 연계성의 확대, 심화 및 가속화를 가리키는 개념이다. 2007년 정점에 이르렀던 경제 지구화는 2008년 지구 경제 위기 이후 잠시 역전되어 정점 수준을 회복하지 못하고 있지만, 그래도 21세기 초에 비해 여전히 높은 수준을 보여 주고 있다. 이와는 대조적으로 비경제적 차원의 지구화, 특히 디지털 지구화는 지구 경제 위기 이후에도 계속해서 심화하고 있다.
- 지구화는 초국가적이고 지구적인 형태의 거버넌스, 규칙 제정rule-making, 규제의 급격한 증대에 기여하였다.
- 오늘날의 지구화는 통일된 과정이 아니며, 포용성inclusivity과 사회경제적 분배 결과의 측면에서 매우 불균등하다는 특징을 가진다.
- 지구화는 시간-공간의 압축 과정과 연관되어 있으며 권력의 탈영토화 및 탈국가화와도 연결되어 있다.
- 회의론자들은 지구화론을 개념적 바보짓으로 간주하며, 패권이나 제국주의가 세계 정치를 더 잘 설명할 수 있다고 주장한다.
- 지구화론자들은 지구화가 정말로 실재하는 조건이며 세계 정치에 중대한 파괴적 변화를 가져온다고 본다. 지구화론자 중 변천주의자들은 한 걸음 더 나아가 지구화 현상이 세계 정치를 근본적으로 변화시키고 있기에 개념적·패러다임적 전환이 필요해졌다고 주장한다.

지구화와 자유주의 세계 질서의 위기

'지구화의 첫 번째 위기'를 촉발한 것은 2008년 지구금융위기였다(G. Brown, 2011). 지구 경제 흐름은 놀라운 속도와 기세로 역전되어 지구 경제 시스템에 실존적 위협을 가했다. G20의 전례 없는 국가 개입의 협조 덕분에 즉각적인 위기는 통제될 수 있었다. 이렇게 전 지구적 경제 공황은 피할 수 있었지만, 그래도 지구금융위기와 그 뒤를 이은 대불황은 이미 부활한 '(지구화의 혜택을 받지 못하고) 남겨진 자들the left behind'의 정치 세력화에 탄력을 더했다(Eatwell and Goodwin, 2018).

지구금융위기를 만들어 내고 '해결한' 기존 체제에 대한 서양 사회 대중의 환멸과 민족주의 포퓰리즘의 부활은 2016년 영국 국민투표의 유럽연합 탈퇴 결정, 그리고 '미국을 다시 위대하게 Make America Great Again'를 구호로 내세운 도널드 트럼프의 미국 대선 승리를 통해 명백히 드러났다. 이 두 가지 '충격적 사건'은 지구화뿐만 아니라 이를 키워 내고 지탱해 온 자유주의 다자 질서에 대해 대중이 강력히 반발하고 있음을 보여 주었다. 이러한 현상은 영국과 미국뿐 아니라 유럽, 브라질, 필리핀 등 다른 곳에서도 연이어 나타났다. 다소 아이러니하게도, 카를 마르크스 Karl Marx의 탄생 200주년에 나타난 '유럽을 떠도는 유령'은 공산주의 같은 진보적 이념이 아니라 반자유주의적, 민족주의적, 포퓰리즘적 반란이었다(M. Cox, 2017). 많은 이들은 이 '우려스러운 신세계 grave new world'가 '지구화의 종말'까지는 아니어도 확실히 '지구화의 두 번째 대위기'를 예고하고 있다고 본다(S. King, 2017). 이와 관련해 프랑스의 에마뉘엘 마크롱 Emmanuel Macron 대통령은 2018년 다보스 정상회담에서 "지구화는 큰 위기를 겪고 있으며 국가와 시민사회가 함께 이 도전에 맞서야 한다."라고 선언하였다.

지구화의 현 위기가 더욱 위험한 것은 이것이 기본적으로 정치적 위기이기 때문이다. 수십 년에 걸쳐 지구화를 촉진하고 지속해 온 국제적인 합의가 이제는 사라지고 있는 것처럼 보인다. 최근 세 가지의 정치적 변화가 결합하여 지구화에 대한 합의의 정당성은 물론 전후 서양 자유주의 세계 질서 자체를 위협하고 있다(Acharya, 2014a; Kagan, 2017; Haass, 2018; Layne, 2018). 이 세 가지 상호 연계된 변화는 전 세계적 포퓰리즘의 발호, 권위주의의 확산 및 강화, 강대국 간 경쟁의 부활이다.

오늘날 포퓰리즘의 가장 지배적인 형태는 민족주의 포퓰리즘, 극우 포퓰리즘과 같은 우파 포퓰리즘이다(Mudde and Kaltwasser, 2017; Eatwell and Goodwin, 2018). 우파 포퓰리즘은 헝가리, 필리핀, 미국, 호주 등 유럽과 아메리카 대륙은 물론 그 밖의 나라에서도 주류 정치

에 편입되었다. 비록 2008년 지구금융위기가 우파 포퓰리즘의 서양 사회 내 세력 확장을 가속하긴 했지만, 사실 이를 단순히 '(지구화의 혜택을 받지 못하고) 남겨진 자들' 내지는 '잊힌 사람들'의 운동이라고 볼 수만은 없다. 지구금융위기에 훨씬 앞서 주류 정치에 대한 대중의 불신이 확대되어 우파 포퓰리즘에 기반을 제공했다. 또한 다문화주의 혐오 증대, 경제적 불평등 확대, 전통적 정당 충성도 약화와 같은 요인이 결합되면서 우파 포퓰리즘은 더욱 성장했다(Eatwell and Goodwin, 2018). 일례로 브렉시트에 대한 지지는 영국의 전통적 정당 지지 성향과 계급 구분을 넘어 나타났다. 이 같은 변화로 인해 그동안 지구화를 지탱해 온 국제적 정치 합의는 2008년 지구금융위기를 지나며 약화되었고, 자유주의 세계 질서에 대한 국제적인 지지와 옹호 역시 약해졌다(Stokes, 2018). 이 같은 변화는 '미국 우선' 어젠다를 추진한 미국 트럼프 행정부의 급격한 정책 변화로 인해 더 심화되었는데, "지구주의가 아닌 미국주의가 우리의 신조가 될 것 Americanism not globalism will be our credo"이라는 문구가 보여 주듯이 미국의 정책은 지구화와 다자주의를 지지했던 과거와는 달리 트럼프 집권 후 보호주의, 일방주의, 반지구주의를 강조하게 되었다. 이는 배리 포즌 Barry Posen (2018)이 비자유주의적 패권의 전략이라고 부른 정책이다. 이 같은 양상은 파리기후변화조약과 환태평양경제동반자협정에서의 탈퇴, 중국에 대한 관세 부과, 다자주의의 거부 등을 통해 나타났다(Curran, 2018). 어떤 측면에서, 지구화와 자유주의 세계 질서에 대한 가장 심각한 위협은 이제 미국과 서양 내부에서 나타나고 있다. 브렉시트 사태가 잘 보여 준 것처럼 말이다(Kagan, 2018).

이러한 위협은 냉전 후 나타났던 자유민주주의의 세계적 확산세가 반전되고 전 세계적 권위주의화 추세가 가속화되면서 더 심각해지고 있다(Diamond, 2018). 프리덤 하우스 Freedom House에 따르면 이 같은 추세는 지구상 모든 대륙에서 뚜렷하게 나타나고 있다. '비자유주의적 민주주의' 국가 헝가리와 터키가 보여 주는 것처럼 명목

상의 자유민주주의 국가에서 권위주의적 통치 행태가 나타나고 있으며, 태국과 같은 신생 민주주의 국가의 권위주의화 사례도 나타나고 있다(Freedom House, 2018). 어떤 이들은 2025년경이면 권위주의 국가들의 경제 규모가 세계 경제에서 차지하는 비율이 자유민주주의 국가들을 넘어설 것이라고 예상하는데, 그렇게 된다면 이는 1930년 이후 처음 나타나는 현상이 될 것이다(Mounk and Foa, 2018). 권위주의의 부상은 자유주의 세계 질서에 대한 규범적 도전이 심화하고 있음을 보여 주는데, 자유주의 세계 질서를 지탱하는 규범과 가치에 대한 공개적 저항과 도전이 점차 늘어나고 있기 때문이다. 게다가 권위주의 정권들은 지구화를 제약하려 한다.

지구화의 위기를 가져온 세 번째 중대 변화는 강대국 경쟁의 부활이다. 2008년 지구금융위기 이전에도 중국, 브라질, 인도와 같은 새로운 경제 대국의 부상에 따라 세계는 이미 역사적 권력 재분배historic redistribution of power를 거치고 있었다. 이 같은 변화는 오늘날의 세계가 미국이라는 유일 초강대국이 주도하는 단극 세계에서 다수 강대국이 존재하는 다극 세계로 이행하고 있음을 보여 준다. 중국은 2010년 일본을 제치고 세계 2위의 경제 대국이 되었으며, 2015년에는 (몇 가지 지표에 따르면) 미국을 따라잡고 세계 최대의 경제 대국이 되었다. 또 이제 인도는 미국에 이어 세계 3위의 경제 대국이다(IMF, 2017). 이 같은 세력 전이의 결과 미국, 중국, 인도, 러시아 간에 갈등과 전략적 경쟁이 심화되고 있다. 이 같은 전략적 경쟁은 세계의 안정을 저해하는 것은 물론, 지난 수십 년에 걸쳐 자유주의 세계 질서와 지구화를 강화하고 지탱해 온 국제적 합의도 약화시키고 있다(Ikenberry, 2018a).

이상과 같은 세 가지 변화는 함께 결합하여 세계 정치의 위험 국면을 만들어 내고 있다. 다만 이 국면이 몇몇 이들의 주장처럼 반드시 지구화와 자유주의 세계 질서의 종말을 시사하는지에 대해서는 상당한 이견이 존재한다.

회의론자들은 이와 같은 변화들이 기본적으로 미국 패권의 (상대적) 약화에 따른 징후라는 점을 강조한다. 패권 약화에 따라 미국이 지탱해 온 전후 자유주의 질서와 신자유주의 지구화의 기반도 침식되고 있다는 것이다. 이 같은 위기는 강대국 흥망성쇠의 역사적 순환과 자본주의 체제 내 국가 간 차별적(불균등) 발전 패턴을 반영하는 것이기에 필연적인 현상이라고 할 수 있다. 일부 현실주의자들은 자유주의 세계 질서와 지구화의 몰락이 가져올 결과를 우려하지만, 또 다른 현실주의자들은 이를 별로 유감스럽게 보지 않는다(Kagan, 2018; Mearsheimer, 2018). 사실 많은 현실주의자와 대부분의 마르크스주의 학자는 자유주의 세계 질서와 지구화에 비판적이었는데, 그것은 이 두 현상에 대한 논의가 미국 패권과 제국주의의 현실을 가려 버린다고 보았기 때문이다. 이들이 볼 때 자유주의 세계 질서와 지구화의 위기는 기본적으로 실체적인 것이 아니라 관념상의 위기인데, 그것은 이 같은 위기가 서양 자유주의 패권의 실패와 위선으로부터 발생한 것이기 때문이다. 그 실패와 위선은 미국이 민주주의를 수출하기 위해 벌인 끝나지 않은 전쟁들, 그리고 2008년 지구금융위기를 통해 드러난 지구 자본주의 체제의 모순을 통해 나타났다. 최근의 국면이 위험해 보일 수는 있겠지만, 이것은 서양 자유주의 패권의 정당성 위기이지 자유주의 세계 질서와 지구화 그 자체의 위기라 보기는 어렵다. 회의론자들은 최근의 위기가 역사적으로 중요한 변화이기는 하지만 꼭 그렇다고 해서 새로운 세계의 혼돈, 우려스러운 신세계 내지는 지구화의 붕괴가 꼭 필연적으로 나타나리라고 보지는 않는다(Mearsheimer, 2018).

지구화의 위기에 대한 지구화론자들의 견해는 크게 자유주의적 관점과 변천주의적 관점 두 가지로 나뉜다. 자유주의적 관점은 최근의 위기가 규칙 기반의 질서rule-based order가 더 이상 존재하지 않는, 힘이 곧 정의인 디스토피아적 세계로의 변화 징조일 수 있다고 강조한다. 이런 이유로, 자유주의 세계 질서와 지구화의 옹호자들은 현재의 위기에 대한 단 하나의 효과적 대응책이 바로 미국과 서양이 보다 공세적 리더십을 발휘해 기존의 질서를 적극 강화하고 보호하는 것이라고 제언한다(World Economic Forum, 2016).

이와는 반대로 변천주의자들은 지구화와 자유주의의 미래에 대한 심각한 비관론이나 옛 질서로 돌아가야 한다는 향수 어린 처방에 동의하지 않는다. 변천주의자들은 지구화와 자유주의 질서의 양대 위기에 대한 논의들이 두 가지 측면에서 과장되었다고 본다(Ikenberry, 2018b; Deudney and Ikenberry, 2018). 첫째, 자유주의 국제 질서는 한 번도 완전히 자유주의적인 적도, 보편적인 적도, 질서 정연한 적도 없었으며 언제나 갈등과 도전의 대상이었다. 둘째, 지구화와 자유주의 세계 질서에 대한 세계 대중들의 지지가 쇠퇴하고 있다거나 탈지구화가 나타나고 있음을 뒷받침하는 실증적 증거 또한 부족하다(M. Smith, 2016; Bordo, 2017; Lund et al., 2017/2019). 여러 시련이 있기는 했어도, 지구화와 자유주의 세계 질서는 이미 그 가장 강력한 옹호자들이 생각했던 것보다도 훨씬 더 깊숙이 우리 삶에 배어들었고 쉽게 사라지지 않을 것임을 입증했다(Deudney and Ikenberry, 2018; Ikenberry, 2018a).

변천주의자들은 최근의 위기가 단순히 지구적 차원의 세력 전이뿐만 아니라 탈미post-American 혹은 탈서양 post-Western 지구 질서의 형성을 나타내고 있다고 본다(Acharya, 2018a/2018b). 아미타브 아차리아Amitav Acharya는 새롭게 형성되고 있는 탈미 지구 질서가 이전에 비해 더 포용적인 자유주의 질서일 뿐 아니라 기존의 자유주의 질서에 더해 새로운 강대국들, 지역 기구들, 사적 영역의 초국가 거버넌스 요소들이 공존하고 중첩되는, 다양하고 다원주의적인 질서라고 주장한다([참고 1-3] 참조). 로버트 코헤인Robert Keohane이 자유주의 세계 질서에 대한 고전적 연구에서 결론 내렸듯이, 패권은 국제 질서가 효과적으로 기능하기 위한 필수조건이 아니다(Keohane, 1984). 자유주의 세계 질서가 무너질까 봐 걱정하는 이들의 우려와는 달리, 탈미·탈서양 지구 질서는 반서양anti-Western 질서가 아니며 혼돈과 대립의 질서 또한 아니다(Stuenkel, 2016). 또한 지구화 역시 쇠퇴하고 있는 것이 아니다.

지구화는 그 비판자들이 생각했던 것보다 훨씬 끈질긴 생명력을 갖고 있음을 입증했다. 2008년 지구 경제 위기 이후 10년간, 세 가지의 변화가 지구화의 부활에 기여했다. 첫째, 디지털 혁명은 전 지구적 전자상거래의 기하급수적 성장을 통해 경제 지구화의 새로운 장을 열었

멀티플렉스 질서

참고 1-3

아미타브 아차리아Amitav Acharya는 새롭게 형성되고 있는 세계 질서를 '멀티플렉스 질서multiplex order'라고 규정한다. 그에 따르면 멀티플렉스 질서는 다음과 같은 특징을 가진다.

1. 분권화decentered: 다수의 세력이 존재할 뿐, 하나의 전 지구적 패권국이나 서양 패권이 존재하지 않는다.
2. 다양화diverse: 기존의 자유주의 세계 질서에 비해 미국·서양 중심에서 벗어나며, 보다 지구적인 범위와 포용적 성격을 가진다.
3. 복잡화complex: 세계의 상호 연계성과 상호 의존성은 더 고도화되며, 복수의 중첩된 층위에서 거버넌스가 이루어진다.
4. 다원화pluralistic: 국가뿐 아니라 다양한 행위자와 주체가 존재하며, 권력과 생각, 영향력은 집중되지 않고 폭넓게 확

산된다.

아차리아는 이 새로운 세계 질서를 멀티플렉스 영화 상영관에 비유한다. 멀티플렉스 상영관은 "공통의 건축 구조를 공유하는 (…) 하나의 복합 건물"에서 다양한 영화를 동시에 상영한다. 이 새로운 질서는 "국가와 비국가, 기성 세력과 남·북반구의 신(新)세력이 상호 의존적인 방식으로 교류해 다원적 사상과 접근에 기초한 질서를 만들어 내는, 분권적이고 다양화된 세계"다(Acharya, 2018a: 10~11). 이 질서는 형태적 측면에서 중세 유럽, 그리고 16~18세기 인도양 지역 질서와 많은 공통점을 갖고 있다(Bull, 1977; Phillips and Sharman, 2015; Acharya, 2018a/2018b).

지구화의 다음 국면: 지구화 4.0

베이징에서 열린 2017 일대일로 포럼에서 연설하는 시진핑 중국 국가주석
© ITAR-TASS News Agency / Alamy Stock Photo

지구화는 후퇴하는 것이 아니라, 새로운 국면으로 접어들고 있다. 이 새로운 국면을 만들어 내고 있는 두 가지 큰 변화는 바로 디지털 지구화와 '중국 특색의 지구화'다.

디지털 지구화의 사례로 먼저 미국 인디애나주 엘크하트의 기업 스피드아웃피터스SpeedOutfitters를 살펴보자. 모터사이클 애호가 트래비스 베어드Travis Baird가 이끄는 이 기업은 원래 '베어드 모터사이클Baird Motorcycles'이라는 이름의 전통적 소매점으로 출발했다. 그러나 온라인 영업을 시작한 후 이제는 스피드아웃피터스의 총매출 중 약 41퍼센트가 미국이 아닌 세계 131개 국가에서 발생하고 있다. 이는 특이한 현상이 아니다. 전자상거래 플랫폼 이베이eBay 판매자의 97퍼센트가 자국이 아닌 타국으로 자신들의 물건을 판매한다. 세계 전자상거래 시장은 빠른 속도로 성장하여 2020년에는 약 1조 달러 규모에 이를 것으로 전망된다. 디지털 혁명으로 경제의 서비스 부문에 파격적인 변화가 일어남에 따라 디지털 지구화의 새로운 양상이 빠른 속도로 나타나고 있다. 로보틱스, 인공지능, 슈퍼 컴퓨팅, 첨단 통신 기술, 새로운 제조 기술 및 방법(4차 산업혁명)의 융합은, '글로보틱스globotics'라고도 불리는 지구화의 새로운 국면을 주도하고 있다(Baldwin, 2019). 이 현상은 탈집중화를 특징으로 하며, 대기업보다는 소규모 업체 중심으로 나타나고 있다. 한 예로, 2017년 온라인 상거래 플랫폼 아마존 마켓플레이스Amazon Marketplace에 입점한 영국의 소규모 업체들은 사상 최대 규모인 23억 파운드의 상품을 수출했다.

한편 2018년 1월 1일, 아프리카 에티오피아에서는 하이을러 마리얌 더살런Hailemariam Desalegn 총리의 참석하에 아디스아바바와 지부티를 연결하는 철도 개통식이 열렸다. 수년의 건설 과정 끝에 완성된 총길이 720킬로미터의 이 철도는, 중국의 일대일로 사업이 아프리카에서 이룩한 중요한 성과 중 하나였다. 이 철도는 에티오피아의 국가 번영 및 개발 전략에 있어 핵심적이었는데, 에티오피아의 수출 물류 90퍼센트 이상이 지부티를 통과하기 때문이다. 이 철도 건설 사업은 시진핑 중국 국가주석이 2013년 시작한 '세기의 프로젝트'인 일대일로 사업을 통해 자금을 조달했다. 일대일로는 총 1조 달러의 예산과 더불어 세계 70여 개 국가를 포함하는 글로벌 인프라 투자 프로그램이다. 중국에 따르면 일대일로 사업은 "아시아, 유럽, 아프리카 대륙과 인접 해역의 연결을 증진하고 '일대일로'를 따라 여러 나라의 파트너십을 확립 및 강화하며, 이들 국가에서 다원적·독립적·균형적이며 지속 가능한 발전을 실현하는 것"을 그 목표로 한다(PRC State Council, 2015). 실제로 일대일로는 육지와 바다를 가로지르는 고대 실크로드의 고속화 버전이라 할 수 있다. 이는 가상 세계의 디지털 지구화와는 또 다른 형태의 지구화로, 역사적 규모의 인프라 지구화infrastructural globalization라고 할 수 있다. 이 사업은 아프리카, 아시아, 라틴아메리카, 중앙아시아 다수 국가의 인프라 프로젝트 자금 조달과 건설을 포함하며, 여기에는 이란의 병원부터 범아시아Pan-Asia 철도에 이르는 다양한 사업이 들어가 있다. 일례로 파키스탄 한 나라에서만도 약 600억 달러 규모의 인프라 프로젝트들이 계획되어 있다. 이 사업은 상당한 세계적 관심과 더불어 많은 비판도 받았는데, 어떤 이들은 일대일로 사업을 '고속 제국high speed empire'이라고 부르기도 한다. 비록 '중국 특색의 지구화'기는 하나, 일대일로 사업은 지구화의 새로운 국면을 형성하는 중요한 동력이 되고 있다.

(출처: PRC State Council, 2015; Woetzel et al., 2017; Baird, 2018)

질문 1 이 같은 지구화의 새로운 국면은 과거의 지구화와 어떻게 다른가?
질문 2 지구화의 새로운 국면은 어떤 윤리적 문제를 제기하는가?

다(McKinsey Global Institute, 2016; Lund and Tyson, 2018). 둘째, 2008년 지구 경제 위기 이후 중국을 비롯한 비서양 경제 대국이 지구화의 더욱 중요한 추동 세력이 되었다. 이들은 오늘날 세계 무역의 50퍼센트를 차지할뿐더러, 현 추세에 따르면 2025년까지 세계 500대 다국적 기업 중 230개가 이들 국가에서 나올 것으로 전망된다(McKinsey Global Institute, 2016). 셋째, 지구화가 위기를 맞이함에 따라 중국의 국가주석 시진핑은 '중국 특색의 지구화'로도 불리는 '세기적 프로젝트' 일대일로One Belt One Road 사업을 발표했다([사례연구 1-2] 참조). 아차리아가 이야기한 대로, 지구화는 끝난 것이 아니며 이제는 기존의 강대국 대신 중국이나 인도 같은 신흥국이 주도하는 새로운 지구화가 이어질 것이다(Achayra, 2018b: 204~205).

자유주의 세계 질서의 쇠퇴나 지구화의 종말은 임박하지 않았지만, 자유주의 세계 질서와 지구화 모두 21세기 세계 권력 재편에 따라 중대한 재구성의 과정을 거치고 있다. 현대 세계 정치를 연구하는 데 있어 이 같은 변화는 어떤 함의를 가지고 있을까?

요점정리

- 근래 서양 사회에는 자유주의 세계 질서와 지구화의 위기에 대한 담론이 널리 퍼져 있다.
- 민족주의 포퓰리즘의 발호, 권위주의의 확산 및 강화, 강대국 간 갈등의 재개라는 세 가지 변화가 이 같은 담론의 핵심에 있다.
- 회의론자들은 자유주의 세계 질서와 지구화의 위기를 주장하는 담론이 과장되었다고 본다.
- 이들 위기에 대한 지구화론자들의 시각은 자유주의 관점과 변천론의 관점 두 가지로 나뉜다.
- 자유주의자들은 최근의 변화가 자유주의 세계 질서와 지구화에 심각한 위협을 가하고 있다고 강조하며, 이로 인해 세계 안보와 번영에 중대한 위험이 닥칠 수 있다고 우려한다.
- 변천주의자들은 조금 더 낙관적인 시각을 갖고 있는데, 이들은 자유주의 세계 질서와 지구화의 위기가 이 둘의 종말로 이어지는 것이 아니라, 새로운 형태의 지구화를 동반한 탈서양 세계 질서를 만들어 내고 있다고 주장한다.

지구화와 세계 정치의 변천

지구화는 여러 가지 면에서 세계 정치 연구의 전통적 접근법에 도전을 제기한다. 첫째, 지구적 흐름, 네트워크 그리고 각 사회와 국가를 초월하는 시스템과 같은 전 지구적 연결성에 초점을 맞춤으로써, 지구화는 국가 중심적 상상에서 지구 중심적, 세계 중심적 혹은 지구적 상상으로의 전환을 요구한다(Steger, 2008). 이 같은 전환은 국가 중심 체제에 주로 초점을 두는 과거의 관점이 아닌 전체론적 지구 체제로의 (경제적, 정치적, 사회적) 관점 전환을 필요로 한다(Albert, 2016). 둘째, 지구적 차원에 초점을 둠으로써 국제관계학의 서양 중심 경향을 드러내고 이를 통해 기존 학계의 주요 전제 및 이론에 도전을 제기한다(Hobson, 2004; Mahbubani, 2018)([참고 1-4] 참조). 셋째, 기존의 전통적 접근법들이 세계 정치의 본질적 연속성을 강조하는 반면, 지구화 연구는 세계 정치의 혁신적 변화 혹은 변천에 초점을 둔다. 다음에서는 이 같은 변천주의자들의 연구를 바탕으로 지구화가 가져온 몇 가지 중대한 변천을 살펴볼 것이다.

최근 학계에서는 비판 이론에 기반을 둔 지구적 시각에서 세계 정치를 분석하는 연구가 등장하고 있다. 이들 연구는 서양과 비서양의 관점 및 학문 사이의 교량이 되고 있으며 연구자 다수가 학자와 대중적 지식인의 역할을 함께 수행하고 있다. 대표적인 이들로는 미국 아메리칸대학교American University 교수 아미타브 아차리아, 전 싱가포르국립대학교National University of Singapore 선임연구원 파라그 칸나Parag Khanna, 싱가포르국립대학교 교수 키쇼어 마부바니Kishore Mahbubani, 브라질 제툴리우 바르가스 재단Getulio Vargas Foundation 교수 올리버 스투엔켈Oliver Stuenkel 등이 있다. 이들의 연구는 기존 학계에 팽배한 서양 중심주의에 대한 특징적이고도 핵심적인 교정 시도라 볼 수 있다.

(국가 중심적) 국제 정치에서 (지구 중심적) 지구 정치로의 변천

19세기 유럽에서 정치의 국가화nationalization라는 변화가 나타났던 것처럼, 지난 50여 년 사이 세계 정치에는 정치의 지구화라는 뚜렷한 변화가 나타났다. 지구화는 다양한 국가, 국제기구, 비정부 행위자, 시민사회 기구 등을 포괄하는 지구 정치 체제global political system의 진화와 연관을 맺고 있다. 이러한 지구 정치 체제에서 권력은 더 이상 국가만의 전유물이 아니다. 이제 권력은 상당한 수준으로 확산되어 다양한 행위자들이 나눠 가지고 있으며 이는 누가 무엇을, 어떻게, 언제, 어디서 쟁취하는가에 중대한 영향을 미친다. 이 같은 변화는 갈등적 **지구 정치**global politics의 특별한 양상으로서 강력한 국가들과 강력한 초국가·비국가 세력들 간의 지배, 경쟁, 저항의 정치를 가져왔다.

지구 정치는 정치의 규모 변천을 인정하는 개념이라고 할 수 있다. 이제 정치는 영토적 경계의 제약을 받지 않는다. 한 장소에서의 결정과 행동이 지구상 다른 공동체의 안보와 번영에 영향을 미치며, 지구적 변화가 지역 사회에 영향을 미치기도 한다. 그런 점에서 지역 정치는 지구화되고 세계 정치는 '지역사회화localized'되고 있다. 이제 주요 정치 사안들은 국내·해외의 인위적 구분을 계속해서 벗어나고 있다. 이런 이유로, 이제 지구 정치 연구는 단지 강대국 간 혹은 일반적인 국가 간 분쟁과 협력을 연구하는 것 이상을 아우르게 되었다. 물론 이 역시 여전히 중요한 연구 주제 중 하나이긴 하지만 말이다. 사실 강대국들조차 점차 두터워지는 지구적 연결망 속에 얽매여 있다. 그런 점에서 21세기의 지정학은 강대국 간 다극 체제multipolar system라기보다 고도로 상호 연결되고 상호 의존인 강대국들이 형성하는 극간 체제inter-polar system로 보는 것이 가장 적절하다(Grevi, 2009).

자유주의 세계 질서에서 탈서양 지구 질서로의 변천

지구화는 중국, 인도, 브라질과 같은 나라들이 21세기 신흥 강대국으로 부상한 것과 같은 세계 정치의 역사적 세력 전이와 연관을 맺고 있다(**제5장 참조**). 이 같은 세력 전이로 수 세기에 걸쳐 지구 질서를 지배한 서양 세력의 영향력이 약화되었으며, 자유주의 세계 질서의 정치적·규범적 기반 또한 변천했다. 이들 신흥 강대국은 자신들의 새로운 지위와 권력에 맞는 새로운 세계 질서와 규칙, 제도를 조성하는 데 더욱 적극적인 모습을 보이고 있다(Stuenkel, 2016). 탈서양 지구 질서의 양상은 이미 가시적으로 나타나기 시작했으며, 이는 세계 정치의 중대한 변천을 보여 준다. 이 같은 새 질서로의 이행이 평화적일지 갈등적일지 여부는 현대 세계 정치의 가장 중요하고도 논쟁적인 문제 중 하나다. 이 문제는 마치 21세기 세계 정치가 20세기처럼 강대국 간 전쟁의 재현으로 규정될지 아니면 계속되는 '긴 평화'로 규정될지 여부와 같은 선상에 있다.

정부간주의에서 지구 거버넌스로의 변천

1945년 국제연합 창설 이래 국제 및 지역 기구 간 연계는 지구화와 더불어 점차 진화해 왔으며, 그 결과 마이클 쥐른Michael Zurn이 지구 거버넌스 체제라 명명한 체제가 형성되었다. 이는 역사적으로 봤을 때 그 자체로 독특한 현상은 아니지만, 그 규모와 사법적 범위, 그리고 권위의 측면에서 보았을 때는 분명 특별한 변화였다(Zurn, 2018). (주권국가 간 협력을 뜻하는) 정부간주의로부터 지구 거버넌스로의 급격한 변천은 지구화와 연관되어 있다. 오늘날 세계 정치는 기후 변화나 이민 문제 같은 매우 다양한 '초국경 문제'의 급증을 특징으로 한다. 이 같은 문제들은 지구화의 직·간접적 산물이며 지구화가 만들어 낸 체제적 상호 의존성 혹은 체제적 위험systemic risks · 취약성vulnerabilities이기도 하다([사례연구 1-1] 참조).

비록 세계 정부는 아직 상상 수준의 생각에 불과하지만, 이상과 같은 변화는 민족국가에 중대한 함의를 갖는다. 지구화는 '국가의 종말'을 가져오는 것이 아니라, 보다 행동주의적activist인 국가를 만들어 낸다. 급진적으로 상호 연결된 세상 속에서, 각 정부는 단지 국내적 목표를 달성하기 위해 일할 때에도 다른 나라들과 폭넓은 다자 협력 및 **협조**collaboration를 하도록 강요받는다. 이러한 상황 속에서 국가들은 실질적인 딜레마에 직면하게 되는데, 국민의 필요를 충족시키기 위한 효과적 국내 정책을 펴기 위해 개별 주권국가로서의 자치self-governance와 **국가 자율성**state autonomy을 어느 정도 양보할 수밖에 없는 상황을 마주하는 것이다. 오늘날 모든 국가의 정부는 효과적 거버넌스와 자치 간의 상충 관계 문제에 직면해 있다. 각국 정부가 국내 문제에 대해 완전한 통제권을 점차 잃어가고 있다는 점을 보면, 이제 국가 주권은 과거 같은 권위를 누리지 못하는 것처럼 보이기도 한다. 그러나 주권 독트린은 특정 영토 내에서의 간섭 불가능한 지배 '권리'였지, 실제 지배력 자체를 의미하는 것이 아니었다(**제2장, 제15장 참조**). 그런 점에서 주권은 여전히 국가의 주요 법적 속성juridical attribute이라 할 수 있다. 그러나 주권은 점차 지역 사회local, 국가, 지역regional, 지구 차원의 권위로 분산되어 공유되고 있다. 자국 영토 내에서의 지배 권리라 할 수 있는 개별 국가 정부의 주권적 권력과 권위는 이렇게 재구성되고 변화되고 있으나, 그렇다고 해서 약화되었다고 보기는 힘들다.

요점정리

- 지구화 이론은 세계 정치에 대한 전통적 접근법이 갖는 세 가지 특징인 국가 중심주의, 서양 중심주의, 정태적static 분석에 이론을 제기한다.
- 지구화는 국제 정치에서 지구 정치로의 변천, 자유주의 세계 질서에서 탈서양 지구 질서로의 변천, 그리고 정부간주의에서 지구 거버넌스로의 변천을 가져온다.
- 지구화는 세계 정치에 대한 개념적 전환을 요구한다. 이제 세계 정치는 국가 중심적 관점이 아니라 전 지구적 사회관계의 정치를 바라보는 지구 중심적 혹은 지구적 관점을 통해 이해되어야 한다.
- 지구 정치는 갈등적 지구 정치로 이해하는 것이 가장 적절한데, 이는 지구 정치가 권력, 정보, 기회, 역량의 심각한 불평등을 포함하기 때문이다.
- 지구화는 주권국가의 종말이 아니라 변천을 가져온다.
- 지구 거버넌스는 개별 국가 정부가 갖는 권력과 권위의 재구성과 연관되어 있다.

맺음말

이 장에서는 지구화의 개념을 명확히 하고 왜 지구화가 현대 세계 정치를 이해하는 데 중요한지 설명했다. 이를 위해 지구화 개념을 비판적으로 검토하는 한편, 회의론자와 지구화론자의 주장을 통해 지구화에 대한 서로 다른 이론적 해석을 살펴보았다. 지구화는 국제관계학 내 논쟁의 대상으로, 이는 지구화의 개념적·이론적 지위는 물론 지구화론이 갖는 기술적·설명적 능력에 대해 아직도 학자들 간에 근본적인 이견이 존재하기 때문이다. 마찬가지로 실제 정치에서도 지구화는 논쟁적이고 갈등적인 사안인데, 이는 지구화가 과연 긍정적인 변화인지 아니면 부정적인 변화인지, 그리고 이것이 더 촉진되어야 하는지, 이에 저항해야 하는지, 이를 개혁해야 하는지, 아니면 이에 대한 대안이 필요한지, 그런 대안이 가능하긴 한지 등에 대해 다양한 규범적·정치적 관점이 존재하기 때문이다. 실제로 오늘날 세계 정치의 가장 중요한 이슈 중 하나는 지구화가 어떤 목적과 누구의 이익을 위해 어떻게 다스려져야 하는지의 문제다. 이에 대한 논쟁과 갈등은 작은 동네 주민 토론회부터 강대국 권력 핵심부에 이르기까지 지구 곳곳에서 매일같이 벌어지고 있다 (**제5장 참조**).

다음으로, 지구화의 위기를 가져온 세 가지 주요 변화를 분석하고 이것이 자유주의 세계 질서의 보다 큰 위기와 어떻게 연관되는지 살펴보았다. 여러 증거를 살펴보았을 때, 지구화는 일각의 주장처럼 붕괴되는 것이 아니라 새로운 단계로 진입하고 있다. 어떤 이들은 자유주의 세계 질서가 쇠퇴하고 있다고 우려하지만, 우리가 목도하는 변화는 기존 자유주의 질서의 제도와 원칙을 바탕으로 하여 새롭게 형성되고 있는 탈서양 지구 질서로의 역사적 이행이라고 할 수 있다.

그리고 마지막으로는 지구화가 세계 정치 연구의 전통적 접근법에 어떻게 맞서는지 논의하고, 지구화와 연관되어 있는 세계 정치의 세 가지 중대 변천을 살펴보았다. 21세기 지구 정치를 이해하고 설명하는 데 있어 지구화의 이해는 필수적이라고 할 수 있다.

1. 지구화는 국제화나 국제적 상호 의존 같은 개념과 어떻게 다른가?

2. 지구화가 세계 정치에 가져온 세 가지 주요 변화를 비판적으로 논의해 보자.

3. 오늘날의 지구 정치를 갈등적이라 규정하는 것이 왜 정확한가?

4. 지구화에 대한 지구화론자와 회의론자의 관점을 비교해 보자.

5. 현재 나타나고 있는 지구화의 위기는 어디서 비롯되었는가? 이제 세계는 탈지구화의 시대로 접어들고 있는 것일까?

6. '자유주의 세계 질서'란 무엇인가?

7. '지구 거버넌스 체제'란 무엇인가? 지구 거버넌스는 국가 주권과 권력에 어떤 영향을 미치는가?

8. 지구 정치는 지정학이나 국제 정치와 개념상 어떻게 다른지 구분해 보자.

9. 변천주의자의 핵심 주장을 비판적으로 평가해 보자.

10. 어째서 일부 학자들은 새로운 탈서양 지구 질서가 형성되고 있다고 주장하는가?

이 장의 객관식 문제를 풀어 보면서 학습 내용을 잘 숙지하고 이해했는지 평가해 보자.

• www.oup.com/he/baylis3xe

Foundations of international relations

제1부

국제 관계의 기초

The rise of modern
international order

개요

이 장은 근대 국제 질서의 등장을 살펴본다. 먼저 근대 이전의 국제 질서를 검토하고, 무역과 교통이 세계의 다양한 부분을 어떻게 한데 묶었는지 살펴본다. 그런 다음 근대 국제 질서의 기원으로 간주되는 1648년의 베스트팔렌평화조약을 살펴본다. 다음으로 근대 국제 질서의 형성에서 중요한 역할을 담당한, 산업화에서 제국주의에 이르기까지 19세기에 처음 등장한 제반 현상에 대해 알아본다. 특히 근대 국제 질서를 지탱한 주요 사상과 신기술의 출현으로 가능하게 된 '지구의 축소', 심각하게 불평등한 국제 질서의 등장에 주목한다. 마지막으로 19세기의 발전이 20세기와 21세기에 끼친 영향을 평가한다.

근대 국제 질서의 등장

조지 로슨George Lawson

김준석 옮김

핵심 질문

- 근대 국제 질서는 언제 출현했는가?
- 서양의 경험은 근대 국제 질서의 등장에 얼마나 큰 영향을 끼쳤는가?
- 현재의 국제 정치를 이해하는 데 역사가 중요한가?

머리말

모든 국제 체제는 다수의 정치 단위로 이루어진다. 이 단위가 제국이건 도시국가이건 혹은 국민국가이건 국제 정치와 국내 정치의 가장 큰 차이는, 국제 영역에서는 정치 단위들이 상위의 권위체가 부재한 상태에서 공존한다는 데 있다. 이는 국제관계학이라는 학문이 근본적으로 '정치적 다수성'의 문제를 다룸을 의미한다(Rosenberg, 2010). 국제관계학의 핵심 질문은 이와 같이 통합되지 않고 분열된 환경에서 어떻게 질서가 형성되느냐 하는 것이다.

정치적 다수성은 이야기의 일부분일 뿐이다. 국제 체제는 분열되었음에도 불구하고 정치 단위들은 계속 상호 작용한다. 이 상호 작용이 모여 **국제 질서**international orders를 이룬다. 국제 질서는 각자의 독립성을 상호 인정하는 정치 단위들 사이에 이루어지는 지속적인 상호 작용으로 정의될 수 있다. 국제 질서는 정치 단위들이 무역, 외교, 혹은 사상의 교환 등을 통해 정기적으로 상호 작용하기 시작하면서부터 존재했다. 이러한 의미에서 세계사에서 다수의 지역 국제 질서를 찾아볼 수 있다. 하지만 지구화된 경제, 지구화된 국가 체제, 지구화된 사상의 순환이라는 의미에서 현저하게 근대적인 국제 질서가 등장한 지는 두 세기 남짓 되었다. 이 장에서는 어떻게 세계 정치에서 사람들과 정치 단위들 사이의 상호 작용이 점점 더 두터워지게 되었는지 알아보기 위해 역사상의 국제 질서와 근대적이고 지구화된 국제 질서의 등장을 살펴본다.

오늘날 국제 질서의 가장 두드러진 측면은 '서양'의 사상과 제도가 지배적인 위치를 차지한다는 사실이다. 서양은 일반적으로 유럽(그중에서도 서유럽과 북유럽)과 아메리카(그중에서도 미국)를 의미한다. 서양은 지구 정치 경제에서 특히 중요한 위치를 차지하고 있다. 금융 중심지로서의 런던과 뉴욕을 생각해 보라. 서양은 또한 지구 정치 제도에서도 중심적인 위치를 점하고 있다. 국제연합 본부는 뉴욕에 있고, 국제연합 안전보장이사회United Nations Security Council: UNSC 상임이사국 대다수는 서양 국가이다. 서양의 사상(예컨대 인권)과 서양의 문화(특히 음악)는 전 세계에 잘 알려져 있다. 어떻게 이러한 일이 일어났는가? 일부에서는 자유주의 사상, 민주주의, 자유 시장 등 서양에 고유한 특징 때문이라고 주장한다(Landes, 1998). 이러한 견해를 지지하는 이들은 서양의 지배가 자연적이며 앞으로도 지속될 현상이라고 믿는다. 다른 이들은 서양의 지배가 착취와 정복과 예속이라는 특수한 역사적 상황에 뿌리를 두고 있다고 지적한다(Hobson, 2004). 이들에게 현대 세계에서 서양의 지배는 특수하고 일시적인 현상일 뿐이다.

이 장에서 이야기하려는 내용과 관련하여 다음 두 가지 사항을 기억해 둘 필요가 있다. 첫째, '서양의 발흥'은 비교적 최근에 일어났다. 이는 200년 혹은 300년을 갓 넘었을 뿐이다. 둘째, 서양의 발흥에서 제국주의, 시장의 전 지구적인 확장과 같은 국제적인 과정이 상당 부분 작용했다. 이 국제 동학으로 인해 소수의 서양 국가들이 전 세계로 힘을 투사할 수 있었다. 힘을 투사하는 과정에서 이 서양 국가들은 국민국가, 초국가 기업, 정부간기구IGO, 비정부기구NGO와 같은 새로운 행위자를 만들어 내었다. 서양 국가들은 또한 (증기선과 같은) 새로운 교통수단과 (전신과 같은) 기술을 사용하여 지구를 단단히 결속했다. 이 장에서는 이러한 과정을 살펴보고, 어떻게 서양 국가들이 현대 세계 정치의 형태를 결정짓게 되었는지 알아본다.

국제 질서의 역사

'국제 질서'는 언제 출현했는가? '국제 질서'라는 용어가 비교적 최근에 등장한 개념이기는 하지만 일부에서는 국제 질서의 역사적 기원을 유목민이 정착하여 정주 공동체sedentary communities를 형성하기 시작한 시기에서 찾는다(Buzan and Little, 2000). 이 과정에 관한 최초의 기록은 3000~4000년 전 수메르, 오늘날의 이라크에서 발견되었다. 수메르의 정주 공동체들은 1년 동안 **생존**subsistence 하기에 충분할 만큼의 농업 잉여를 축적했다. 이 잉여는 두 가지 과정을 촉발했다. 첫째, 잉여는 집단 간의 교역을 낳았다. 둘째, 잉여로 인해 다른 집단의 공격을 받을 위험성이 커졌다. 정주 공동체는 이러한 도전에 대응하기 위해 그들의 역량을 키웠다. 정주 공동체는 점점 더 커졌고, 군인과 경작자의 구분과 같은 구성원들 사이의 역할 분화가 더욱 발전했다. 정주 공동체는 또한 한 명의 지도자 혹은 일군의 지도자가 명령을 내림으로써 질서를 유지하는 위계적인 정치 조직을 구축했다. 이 지도자들이 타 집단의 지도자들과 점점 더 자주 상호 작용하면서 우리가 현재 외교라고 부르는 의식이 확립되었다. 이러한 과정에서 공동체들은 서로의 독립성을 인정하는 상이한 정치 단위들 간에 이루어지는 정기적인 교류의 방식을 발전시켰다. 국제 질서가 탄생한 것이다.

고대 수메르 외에도 역사적으로 많은 국제 질서가 존재했다. 세계사 전체를 놓고 볼 때 세계의 각 지역에서는 널리 공유된 규칙에 근거해 상업과 전쟁, 외교와 법이 이루어졌다. 이러한 역사적인 국제 질서는 세계 다른 지역과의 조우를 통해 발전했다. 비잔티움제국과 오스만제국 간의 광범위한 교류가 한 가지 예고, 인도양을 중심으로 아시아와 아프리카, 유럽의 여러 행위자 사이에 교류가 이루어진 근세 초 국제 질서가 또 하나의 사례다(Phillips and Sharman, 2015).

하지만 국제 질서에 관한 대부분의 설명은 근세 초 남아시아가 아닌 근세 초 유럽에서 시작한다. 대다수의 설명에서는 '근대' 국제 질서가 유럽에서 종교전쟁의 종식을 가져온 1648년 베스트팔렌평화조약과 함께 시작되었다고 본다(Ikenberry, 2001; Philpott, 2001; Spruyt, 1994). 베스트팔렌조약에서는 통치자의 종교가 신민의 종교cuius regio, eius religio라는 원칙이 확립되었다. 이 원칙으로 국가가 전쟁을 시작할 이유가 줄어들었다. 베스트팔렌조약 이후 유럽 국가들은 더 이상 종교적인 이유로 다른 나라의 내정에 간섭하지 않았다. 즉 국가들은 각자의 영토에서 처음에는 종교 문제에, 이후에는 통치 체제와 경제를 조직하는 방식과 같은 문제에 **주권**sovereignty을 행사하게 되었다. 한마디로 베스트팔렌조약은 '영토 주권(특정한 지리적 공간 내에서 정치적인 권위를 행사할 권한)'의 원칙을 확립했기 때문에 중요하다.

최근 베스트팔렌평화조약에 관한 이와 같은 견해에 대해서 몇 가지 비판이 제기되었다. 첫째, 베스트팔렌조약은 유럽 전역에 걸쳐 효력을 발휘하지 않았다. 조약의 효력은 특정 지역에 국한되었는데, 특히 신성로마제국의 내정을 안정화하고 전쟁의 승자인 프랑스와 스웨덴에 보상하는 데 초점이 맞추어졌다. 흔히 인식된 것과는 다르게, 유럽 국제 관계에 대한 베스트팔렌조약의 영향은 그리 크지 않았다. 더군다나 전 지구적인 차원의 영향은 매우 제한적이었다(Teschke, 2003). 둘째, 이 제한적인 공간 내에서도 베스트팔렌조약의 성취는 그리 크지 않았다. 1648년 이후 독일 제후국들의 독립성이 이전에 비해 강화되기는 했지만 어디까지나 황제에 대한 충성이 강조되고 제국법원이 제후국 사이의 분쟁뿐 아니라 각 제후국의 내정에도 간섭하는 (오늘날의 유럽연합과 다소 유사한) 이중적인 헌정 구조 내에서였다. 셋째, 베스트팔렌조약은 1555년 아우크스부르크 평화협정에서 확립된 주권 원칙에 제한을 가했다. 특히 통치자가 자신이 다스리는 영토의 종교를 결정할 수 있는 권한이 제한되었다. 베스트팔렌조약에서 각 영토의 공식 종교는 1624년 1월 1일 당시의 종교로 결정되었다. 1648년 이후 유럽의 국제 질서는 여전히 혼인과 계승과 상속권의 짜깁기로 이루어졌다. 베스트팔렌조약 이후 수 세기 동안 제국주의 경쟁, 계승 분쟁, 종교 분쟁은 유럽에서 벌어진 전쟁의 주요 원인이었다.

흔히 베스트팔렌조약이 '근대' 국제 질서의 기초로 간주되지만, 이 문제에 관한 유일한 출발점은 아니다. 부분적으로 근대 국제 질서가 언제 출현했는지를 결정하는 문제는 국제 질서의 가장 중요한 구성 요소가 무엇인지에 관한 견해에 따라 다르다. 앞에서 국제 질서를 '각자의 독립성을 상호 인정하는 정치 단위들 사이에 이루어지는 지속적인 상호 작용'으로 정의했다. 이 '지속적인 상호 작용'은 어떤 형태를 취하는가?

규칙화된 상호 작용의 한 형태는 경제적 상호 작용이다. 여기서 우리는 장거리 무역로의 중요성을 강조할 필요가 있다. 베스트팔렌조약 이전 수 세기 동안 이 무역로를 통해 비단, 면화, 설탕, 차, 리넨, 도자기, 향신료 등의 상품이 교환되었고, 말라카, 사마르칸트, 항저우, 제노바, 아카풀코, 마닐라, 말라바르 해안과 같은 세계 여러 지역이 한데 묶였다(Goldstone, 2002). 또 하나의 사례는 교통과 통신 체계다. 이와 관련하여 아프리카를 우회하고 대서양과 태평양을 가로지르는 항로를 연 15세기, 16세기 유럽의 '발견의 시대'를 강조할 수 있다(Hobson, 2004). 앞서 언급했듯이 유럽인들이 인도양으로 진출했을 때 그들은 잘 발달된 국제 질서와 마주했다. 인도의 긴 해안선, 숙련된 직공들, 수많은 무역업자로 인해 인도양은 유라시아를 가로지르는 상품과 사상과 제도의 교류에서 중심 교점이 되었다. 인도양보다 더 동쪽으로는 많은 점에서 유럽에 앞섰던 중국의 대양 조선업과 항해술로 인해 역시 잘 발달된 지역 국제 질서가 존재했다.

경제적인 상호 작용과 기반 시설을 기초로 한 상호 작용을 결합하는 것 역시 가능하다. 런던에서 설탕 수요의 증가가 카리브해 지역에 플랜테이션 체제의 구축을 가져왔고, 농장 운영에 필요한 노동력을 아프리카 노예로 충당하고 이들을 위한 식량을 아메리카로부터 조달

하는 '삼각 무역'을 예로 들 수 있다(Blackburn, 1997). 이와 같이 비도덕적인 국제 질서의 측면은 무역의 증가와 수송 기술의 발전과 관련이 있다. 이는 대서양을 지역 국제 질서로 변모시켰다. 이 과정에서 중요한 또 한 가지는 아메리카와 유럽 사이의 생태적인 교환이다. 옥수수, 감자, 토마토, 콩, 담배 등이 '신세계'로부터 유럽으로 수입되었고, 말, 소, 돼지, 닭, 양, 노새, 황소, 포도, 밀, 쌀, 커피 등이 반대 방향으로 이동했다. 더 중요하게는 질병을 일으키는 병균이 대서양을 건너 이동했다. 16세기 중반까지 천연두, 홍역, 인플루엔자, 황열병 등으로 아메리카 인구의 3분의 2가 사망했다(Crosby, 2004). 이러한 사례들은 정치 단위들 사이의 지속적인 교류가 시간이 경과함에 따라 **상호 의존**interdependence 관계를 낳아 어느 한 곳에서 일어난 사건이 다른 곳에 큰 영향을 미치게 되었음을 보여 준다. 이와 같이 최근 몇 세기 동안 국제 질서에서 정치 단위들 사이의 상호 작용이 점점 두터워짐으로써 일어난 한 가지 결과는 상호 의존의 수준이 현저하게 증가했다는 사실이다.

세계사에서 지역 국제 질서가 나타난 사례가 풍부함에도 불구하고 지난 두 세기 이전에는 국제 질서를 결속시키는 상호 의존의 끈은 그 범위가 제한적이었다. 예를 들면 19세기까지 대부분의 경제 활동은 먼 거리에 걸쳐 이루어지지 않고 반경 20마일 이내의 '소경제' 내에서 이루어졌다(Schwartz, 2000: 14). 장거리 무역과 같이 이 범위를 넘어서는 활동이 차지하는 비중은 그리 크지 않았다. 16세기에 지구 반 바퀴를 도는 데 1년이 소요되었고, 1812년에는 다섯 달, 1912년에는 한 달이 소요된 반면 오늘날에는 하루가 채 걸리지 않는다. 변화가 매우 빠른 속도로 중단 없이 일어난 지난 두 세기에 비해 19세기 이전까지 변화의 속도는 완만했다. 이러한 의미에서 19세기 이전에 여러 지역 국제 질서가 존재했지만 현저하게 근대적인 국제 질서는 지난 두 세기에 걸쳐 등장했다.

지난 두 세기 동안 근대적인 국제 질서가 출현한 이유는 무엇인가? 앞서 지적했듯이 이 시기에 여러 지역 국제 질서가 전 지구적인 질서를 이루어 세계의 각 지역이 긴

밀히 연결되었다. 이 시기는 '지구적 변천'으로 알려져 있다. 이 개념은 다수의 지역 국제 질서가 존재하는 세계에서 지구 국제 질서가 존재하는 세계로의 전환을 지칭한다(Buzan and Lawson, 2015). 지구적 변천으로 인류의 역사가 주로 지역적이고 인간들 사이의 접촉이 매우 경미했던 시기가 종언을 고했다. 이제 인류 역사는 점점 더 지구적으로 변하고 있고, 멀리 떨어져 사는 사람들 사이의 접촉이 증가하고 있다. 19세기에 지구상 거의 모든 곳에서 인간의 삶의 조건에 큰 변화가 일어났다(Hobsbawm, 1962; Bayly, 2004; Osterhammel, 2014).

요점정리

- 국제 질서는 각자의 독립성을 상호 인정하는 상이한 정치 단위들 사이에 이루어지는 지속적인 상호 작용이다.
- 세계사에서 멀게는 고대 수메르에 이르기까지 다수의 국제 질서가 존재했다.
- 국제관계학에서 1648년의 베스트팔렌평화조약은 '근대적'인 국제 질서가 등장한 시기로 간주된다.
- 보다 최근에 학자들은 근대적인 국제 질서가 지난 두 세기의 산물이라고 주장하기 시작했다. 지난 두 세기 동안 여러 지역 체제가 상호 의존적인 지구 국제 질서로 통합되었다.

근대적인 국제 질서는 어떻게 출현했는가?

1800년 무렵까지 세계의 가장 발전된 지역들 사이의 생활 수준 차이는 크지 않았다. 18세기 말 중국 양쯔강 삼각주 지역의 일인당 **국내총생산**gross domestic product: GDP은 당시 유럽의 가장 부유한 지역에 비해 10퍼센트 정도 낮았다. 이는 오늘날 유럽연합 회원국과 미국 사이의 격차보다도 작다. 홋카이도, 말라카, 항저우, 사마르칸트와 같은 생산과 소비의 중심지들은 여러 경제 지표에서 유럽과 대등했고, 생산의 여러 분야에서 유럽과 기술적으로 대등하거나 우월했다(Pomeranz, 2000).

한 세기가 지난 후 유럽과 미국의 가장 발전된 지역의 일인당 국내총생산은 아시아의 가장 발전된 지역에 비해 10배에서 20배 이상 높아졌다. 1820년 아시아 국가들은 전 세계 국내총생산의 60.7퍼센트를 차지했고, '서양(유럽과 미국)'은 34.2퍼센트만을 차지한 반면, 1913년 서양은 지구 전체의 국내총생산의 68.3퍼센트를 담당했고, 아시아는 고작 24.5퍼센트만을 담당했다. 1800년과 1900년 사이에 전 세계 총생산량에서 중국이 차지하는 비율은 33퍼센트에서 6퍼센트로 급감했고, 인도의 몫은

20퍼센트에서 2퍼센트로 줄어들었다. 또한 우리가 오늘날 '제3세계Third World'라고 부르는 지역의 비중은 75퍼센트에서 7퍼센트로 감소했다(Maddison, 2001). 19세기에 일어난 이와 같은 급격한 전환은 전 세계적인 차원에서 권력 구도가 변화한 결과로 볼 수 있다.

무엇이 이와 같은 권력 구도의 변화를 가져왔는가? 서양과 아시아의 이른바 '대분기great divergence'에 관해 여러 설명이 제시되었다(Pomeranz, 2000). 어떤 설명에서는 서양에서 자유주의적 정치 체제가 국내 갈등을 제한하는 역할을 담당했다는 사실이 강조된다(North et al., 2009). 이와는 대조적으로 유럽 국가들 사이에 벌어진 잦은 전쟁을 강조하는 관점도 있다. 1494년과 1975년 사이에 유럽 국가들은 75퍼센트의 기간 동안 전쟁을 치렀다(Mann, 2012: 24). 유럽의 잦은 전쟁은 기술과 전술의 발전, 상비군 체제의 확립, 관료 제도의 팽창 등을 가져왔다(Tilly, 1990). 19세기 유럽 국가들은 점점 더 많은 비용이 들어가는 전쟁을 치르기 위해 세금을 인상하고, 군비 확충에 필요한 기금을 마련할 목적으로 금융 기관을 설립했다. 세

- 1789/1791년: 프랑스 혁명과 아이티 혁명이 1820년대까지 오랜 기간 지속된 대서양 혁명의 시작을 알렸다.
- 1842년: 제1차 아편 전쟁에서 영국이 아시아의 최강대국 중국에 승리를 거뒀다.
- 1857년: 인도에서 반란이 일어나자 이를 진압한 영국은 인도를 공식적으로 합병했다. 인도의 반란은 이후에 일어날 반식민주의 운동의 선구자 격의 위치를 차지했다.
- 1862년: 영국 기업법의 제정으로 유한책임회사로의 전환이 시작되었고, 중요한 국제 행위자로서 초국가 기업이 등장하게 되었다.
- 1865년: 최초의 상설 정부간기구인 국제전기통신연합이 결성되었다. 국제전기통신연합의 결성은 지구 거버넌스에서 상설 제도의 등장을 상징했다.
- 1866년: 대서양을 가로지르는 전신 케이블이 부설되었다. 이로써 전 지구가 단일한 통신망으로 통합되었다.
- 1884년: 본초자오선회의에서 세계 표준시가 확정됨으로써 무역과 외교, 통신이 보다 수월하게 통합되었다.
- 1905년: 러일 전쟁에서 일본이 러시아에 승리를 거둠으로써 최초의 비서양, 비백인 강대국이 되었다.

번째 설명에서는 대분기에 유럽 계몽주의로부터 비롯된 과학의 발전과 같은 아이디어와 사상의 역할을 강조한다(Israel, 2010). 네 번째 설명에서는 기생충이 서식하기에 부적합한 기후, 만혼 관습과 이로 인한 낮은 출산율과 낮은 인구 밀도 등과 같은 서양의 지리적 이점, 인구상의 이점을 강조한다(Jones, 1981). 마지막으로 서양의 '비상'을 촉발한 자본주의의 역할을 강조하는 관점이 있다. 이와 관련하여 한편에서는 서양에서 신용 제도와 결제 수단이 발달했음을 강조하고(Kennedy, 1989), 다른 한편에서는 사유 재산제의 발달로 제조업과 금융업에 자본이 투자될 수 있었다는 사실을 강조한다(Brenner, 1985).

지구적 변천의 국제적인 측면을 강조하는 이는 상대적으로 드물다. 하지만 이 측면은 중요하다([참고 2-1]참조). 첫째, 유럽의 성공은 제국주의에 근거를 두었다. 1878년부터 1913년 사이에 서양 국가들은 860만 제곱마일, 즉 지구 지표 면적의 6분의 1을 자신들의 해외 영토로 획득했다(Abernathy, 2000: 81). 1914년 제1차 세계대전이 발발할 무렵, 남극 대륙을 제외하고 지구 지표 면적의 80퍼센트가 서양 국가에 의해 통제되었다. 영국 한 나라가 전 세계의 4분의 1을 지배할 정도였다. 동아프리카의 독일 식민지는 수출을 목적으로 면화를 생산하도록 강요받았고, 네덜란드령 인도네시아 역시 설탕과 담배, 나중에는 고무를 생산했다. 비슷한 방식으로 영국의 동인도회사는 벵골에서 세금을 징수할 권리를 양도받은 후 아편 재배를 의무화했고, 이를 중국으로 수출했다. 이 모든 과정은 총칼의 위협하에 이루어졌다. 제국주의를 통해 유럽 국가들은 원료를 공산품과 교환했고, 폭력으로 위협하여 생산 원가를 인위적으로 낮췄다. 이로부터 정확히 얼마만큼 이득을 거두었는지 알기는 어렵지만 수익성이 상당히 높았다는 데는 의심의 여지가 없다. 예컨대 19세기에 막 들어설 무렵 영국 투자자들이 대서양 노예 무역으로 얻은 수익률은 평균 9.5퍼센트에 이르렀다(Blackburn, 1997: 510).

둘째, 유럽 국가들은 종종 무력을 사용하여 은과 면화, 아편뿐만 아니라 백단유, 차, 수달 가죽, 해삼과 같이 다양한 상품의 교역을 통제했다. 유럽인들은 아메리카 대륙의 은과 인도의 아편을 가지고 지역 무역 체제에 끼어들었다. 이는 대단히 불평등한 무역 유형으로 이어졌다. 1900년 아르헨티나의 수출품의 절반은 영국으로 수출되었고, 역시 수입품의 절반은 영국으로부터 수입되었다. 영국은 아르헨티나 자본 투자액의 거의 전부를 책임졌다. 이에 반해 아르헨티나의 수출품과 수입품이 영국의 수출품과 수입품에서 차지하는 비중은 10퍼센트 정도에 불과했다(Mann, 2012: 39). 유럽의 무역 통제는 역시 대단히 불평등한 경제 성장의 유형을 낳았다. 영국으로부터 독립하기 이전 인도의 국내총생산 증가율은 매년 평균 0.2퍼센트에 불과했던 반면, 영국의 증가율은 인도의 열 배에 달했다(Silver and Arrighi, 2003: 338). 인도는 '식민지 공물'을 영국에 제공했다. 인도의 예산 흑자 중 상당 부분이 런던으로 이전되어 영국의 무역 적자를 메꾸는 데 사용되었다. 근대 국제 질서의 불평등에 관해서는 이 장의 마지막 절('**지구적 변천의 결과**')에서 보다 상세히 다룬다.

셋째, 서양의 부상은 비서양의 사상과 기술을 모방하고 결합함으로써 가능했다. 예를 들면 면직물 산업에서 사용되는 기술은 상당 부분 이전에 이루어진 아시아의 기술 발전을 바탕으로 한 것이다(Hobson, 2004). 부분적으로 이 사상과 기술은 이주를 통해 전파되었다. 19세기와 20세기 초에 3700만 명에 이르는 노동자들이 인도와 중국, 말라야를 떠나 제국의 영토에서 자유를 박탈당한 채 일했다. 1800년과 1914년 사이에 5000만 명 이상의 유럽인들 역시 미국으로 이주했다. 1914년에 미국 인구의 절반은 미국 이외의 지역에서 태어났다. 1857년과 1930년 사이에 600만 명의 유럽인이 아르헨티나로 이주했다. 제1차 세계대전이 발발할 무렵 아르헨티나 인구의 3분의 1, 부에노스아이레스 주민의 절반이 아르헨티나 이외의 지역에서 태어났다(Crosby, 2004: 301).

대분기는 사람과 사상 그리고 자원의 순환에 의해 촉진되었다. 앞 절에서는 이를 상호 의존으로 정의했다. 보다 구체적으로 이는 산업화, '합리적' 국가의 등장, 제국주의라는 세 가지 현상과 연결된다.

산업화

산업화는 크게 두 단계에 걸쳐 일어났다. 첫 번째 단계의 산업화는 19세기 초반의 영국에서 일어났는데 면화와 석탄, 철이 중심이 되었다. 결정적인 진전은 무생물 에너지원을 획득하면서 일어났다. 특히 증기기관의 발명은 동력원의 혁명적인 증가를 가져왔다. 또한 수직 갱도에서 물을 퍼 올리는 기계의 발명과 같은 공학 기술의 발전 역시 중요했다. 공학 기술의 발전은 생산성의 증가를 가져왔다. 18세기 말 영국의 직조공이 100파운드의 면직물을 생산하는 데 300시간이 필요했는데, 1830년이 되면 같은 양의 일을 135시간에 끝낼 수 있게 되었다. 1850년 1800만 명의 영국인이 청 제국의 3억 명의 중국인과 같은 양의 연료를 소비했다(Goldstone, 2002: 364).

주로 독일과 미국이 주도한 두 번째 단계의 산업화는 19세기의 마지막 25년 동안 일어났으며, 화학, 제약, 전기 산업이 중심이 되었다. 다시 한번 새로운 동력원이 중요했다. 석유와 전기가 석탄과 함께 사용되기 시작했고, 내연 기관이 증기기관을 대체하기 시작했다. 석유 산업은 러시아와 캐나다, 미국에서 19세기 중반에 램프 등유를 공급하기 위한 목적에서 시작되었다. 19세기가 끝나기 전에 파이프라인과 유조선이 전 세계 시장에 석유를 공급했고, 증류와 기계공학의 발달로 석유를 연료로 사용하는 범위가 확대되었다. 1880년대에는 수력발전소와 화력발전소에서 전기가 생산되어 배분되기 시작했다. 석유가 연료로 사용되기 시작하고, 경금속 기술과 전기 기술이 발전함에 따라 자동차와 비행기, 배의 생산과 사용을 위한 원동력이 마련되었다.

이 두 단계의 산업화는 세계 시장을 급속히 팽창시켰다. 이전 수 세기 동안 전 세계 무역량은 매년 0.1퍼센트 미만 증가하는 데 그쳤지만 1820년 이후 약 반세기 동안 매년 4퍼센트 이상 증가했다(Osterhammel, 2014: 726). 20세기 초반에는 세계 무역량이 매년 10퍼센트 이상 증가하기도 했다. 시장의 팽창은 힘을 축적할 새로운 기회를 가져왔는데, 이는 서양의 산업화와 비서양의 탈산업화가 밀접하게 관련되었기 때문이다. 예를 들어 인도의 섬유 제품은 영국에서 수입이 금지되거나 높은 관세가 부과되었다. 1790년대에 영국 정부는 인도산 섬유 제품에 대한 관세를 세 배나 인상했고, 19세기 첫 20년 동안에는 아홉 배 인상했다. 이에 반해 영국 제품들은 강제로 인도 시장에 무관세로 진입했다. 1814년과 1828년 사이에 영국이 인도에 수출한 섬유는 80만 야드에서 4000만 야드로 증가했다. 같은 기간에 인도가 영국에 수출한 양은 반토막이 났다. '지구적 변천' 이전 수 세기 동안 인도 상인 계층은 "전 세계를 옷 입혔다."(Parthasarathi, 2011: 22) 하지만 1850년에는 영국의 랭커셔가 전 세계적인 섬유 산업의 중심지가 되었다.

합리적 국가

시장의 확대는 국가가 조직되는 방식에 중요한 변화를 일으켰다. 19세기에 국가들은 각자의 영토 내에서 무력의 사용에 대한 더 큰 통제권을 획득했다. 거의 200여 개의 국가가 존재하는 현재 상황에 비추어 보면 이 과정이 아무런 굴곡 없이 이루어진 것은 아니다(**제26장 참조**). 18세기까지만 하더라도 네덜란드 동인도회사와 같은 조직은 "전쟁을 시작하고, 조약을 체결하며, 영토를 획득하고, 요새를 건설할" 권리를 부여받았다(Stern, 2011). 이러한 조직은 19세기에도 중요했다. 영국 의회는 1881년 영국 북보르네오회사에 수백만 에이커의 토지를 양도했고, 제국 영국 동아프리카회사와 영국 남아프리카회사 역시 정부기구와 같은 역할을 수행했다.

하지만 1789년의 프랑스 혁명 이후로는 육군과 해군은 정부의 직접적인 통제를 받게 되었다. 국민국가는 다른 정치 단위와 공존했지만, 그리고 대부분의 서양 국가는 국민국가인 동시에 제국이었지만, 대체로 권력과 권위는 국가 내로 "가두어졌다."(Mann, 2012) 능력에 따라 선발되고 새로운 법규를 통해 체계가 갖추어진 전문 관료 체제가 확립되었다. 19세기의 마지막 25년 동안 영국에서 정부에 고용된 인원은 6만 7,000명에서 53만 5,000명으로 증가했고, 프로이센/독일에서는 5만 5,000명에서 100만 명 이상으로 증가했다. 같은 기간 동안 영국의 군 인력은 3배 증가했고, 프로이센/독일의 군 인력은 4배 증가했다. '합리적 국가rational state'라는 용어는 국가가 개인 간의 사적인 관계나 인척 관계를 통해 조직되는 대신 관료 체제와 정부에 의해 통제되는 군을 중심으로 조직되는 현상

을 지칭한다.

다시 한번 말하자면 이러한 과정에는 두드러지게 국제적인 측면이 존재한다. 근대적인 전문 관료제는 영국에 전파되기 이전에 인도에 존재했다. 식민지의 공간을 측정하기 위해 사용된 지도 제작 기술은 유럽으로 재수입되었다. 제국 군대는 세계 여러 지역의 분쟁에서 기습 부대로 활약했다. 영국은 인도인 경찰과 관료, 군대를 중국과 아프리카, 중동에 배치했다. 인도인으로 구성된 부대는 영국이 치른 열다섯 차례의 식민지 전쟁에 투입되었다. 다른 서양 국가들 역시 식민지인으로 구성된 군대를 광범위하게 사용했다. 네덜란드령 동인도에 주둔한 네덜란드군의 70퍼센트는 식민지인들로 채워졌고, 북아프리카와 동아프리카에 투입된 프랑스군의 80퍼센트 역시 식민지인들로 구성되었다(MacDonald, 2014: 39~40). 제국주의 전쟁을 치르면서 유럽 국가들의 군사력은 대폭 향상되었지만 이를 위해 정부 수입의 증가가 필요했고, 이에 세금이 인상되었다. 이는 다시 국가의 발전을 촉진했다.

제국주의

19세기 이전까지 세계 인구의 4분의 3은 거대한 농경 제국에 거주했다. 그 제국들은 느슨하게 통합되었으며, 다양한 인종으로 구성되었다. 19세기에 단일 인종으로 구성된 서양 국가들이 제국들을 집어삼켰다. 유럽 제국주의의 상당 부분은 유럽 국가들이 아프리카를 식민화하려 경쟁했던 '아프리카 쟁탈전' 동안에 발생했다. 하지만 제국주의의 경험은 훨씬 이전으로 거슬러 올라간다. 1810년과 1870년 사이에 미국은 71회에 걸쳐 영토 병합과 군사 개입을 감행했다(Go, 2011: 39). 미국은 아메리카 원주민과 스페인, 멕시코로부터 영토를 빼앗아 대륙 제국을 건설한 후 해양 제국을 건설하기 시작했다. 미국은 쿠바, 니카라과, 도미니카공화국, 아이티, 하와이, 푸에르토리코, 괌, 필리핀, 사모아, 버진아일랜드로 진출했다. 다른 정착민 국가도 식민지 획득에 나섰다. 호주와 뉴질랜드가 태평양의 여러 섬을 점령했다.

제국주의는 다양한 형태를 취했다. 영국의 경우 제국의 망에 직할 식민지direct-rule colonies(예를 들어 1857년 이후의 인도), 정착민 식민지settler colonies(예를 들어 호주), 보호령protectorates(예를 들어 브루나이), 군사 기지bases(예를 들어 지브롤터), 조약항treaty ports(예를 들어 상하이), 세력권spheres of influence(예를 들어 아르헨티나) 등을 포함했다. 따라서 제국의 영토가 하나의 색으로 표시된 19세기 말 지도는 현실을 왜곡한다. 영국령 인도에는 수백 개의 '유사 주권'을 행사하는 '제후국Princely State'이 존재했다. 네덜란드령 동아시아에도 300개에 달하는 '원주민 국가'가 존재했다. 제국주의가 성공을 거두기 위해서는 해협중국인Straits Chinese, 서아프리카의 크리오Krio, 버마의 '티크 노동자teak wallahs' 등 해당 지역 중개인과의 우호적인 관계가 중요했다(Darwin, 2012: 178). 200명의 네덜란드인 관리와 훨씬 많은 수의 인도네시아인 중개인이 200만 명을 고용하는 경작 체제를 운영했다. 7만 5,000명이 약간 넘는 프랑스인들이 600만 명의 식민지 주민을 통치했다(Mann, 2012: 47).

제국주의는 심각하게 파괴적이었다. 이러한 파괴는 때로 환경 파괴의 형태로 나타났다. 만주의 삼림은 광산업과 목재업에 종사하는 일본인에 의해 황폐화되었고, 인도의 '야생 지대'는 유목민을 세금을 납부하는 경작자로 만들려는 영국인들에 의해 개간되었다. 파괴는 인종 학살로 나타나기도 했다. 19세기 말과 20세기 초 벨기에인들은 약 1000만 명 가까운 콩고인들을 죽음으로 몰아넣었다. 20세기 초 독일은 남서아프리카 영토에서 나마Nama인들과 헤레로Herero인들을 체계적으로 학살했다. 이들의 인구는 각각 80퍼센트와 50퍼센트 감소했다. 미국인들은 필리핀에서, 스페인인은 쿠바에서, 일본인은 중국에서, 영국인은 케냐에서, 프랑스인은 알제리에서, 호주인은 태평양의 도서 지역에서 유사한 일을 자행했다. 제국주의로 목숨을 잃은 이를 모두 합치면 수천만 명을 상회한다(Osterhammel, 2014: 124~127).

> **요점정리**
>
> - 1800년 이후에 몇몇 서양 국가들과 세계의 나머지 국가들 사이에 '대분기'가 일어났다.
> - 대분기의 세 가지 원인은 산업화, '합리적 국가', 제국주의다.
> - 이 세 가지 현상은 근대 국제 질서의 기초를 강화했다.
> - 이 세 가지 현상은 국제적인 과정과 밀접하게 연계되었다. 대표적으로 산업화는 탈산업화와, 합리적 국가는 제국주의와 연계되었다.

지구적 변천의 결과

앞 절에서는 지구적 변천을 추동한 세 가지 현상에 관해 살펴보았다. 이 절에서는 지구적 변천의 세 가지 주요 결과를 살펴본다. 이 세 가지 결과는 지구의 '축소', 국제기구와 비정부기구의 등장, 불평등한 국제 질서의 전개다.

지구의 축소

지구적 변천이 일어나기 이전에 여러 세기 동안 낮은 수준의 무역 체제가 존재했다. 약 1,000년의 시간 동안 비록 매우 느린 속도이긴 했지만 무게가 얼마 나가지 않는 비단, 도자기, 향신료, 귀금속, 보석과 같은 사치품이 유라시아를 가로질러 그리고 그 밖의 무역로를 따라 이동했다. 18세기에 대상이 모스크바와 베이징을 왕복하는 데 약 3년이 걸렸다. 이는 19세기 이전까지 국제 질서의 규모가 제한적이었음을 의미한다. 2,000년 전 로마제국과 중국의 한제국은 서로의 존재를 알았을 뿐만 아니라 교역을 통해 사치품을 주고받았다. 하지만 그들의 군대는 결코 서로 마주친 적이 없으며, 둘 사이에 외교적인 관계가 성립된 적도 없다. 그들 사이의 교역은 중개인을 매개로 간접적으로 이루어졌다.

지구적 변천이 기반 시설의 발전을 촉진하면서 효율성이 크게 향상되었다. 1830년대에 영국과 인도 간에 범선을 통해 연락을 취하는 데 6개월이 걸렸는데, 1850년대에는 기차와 증기선으로 인해 한 달로 줄어들었고, 1870년대에는 전신의 발명으로 하루로 줄어들었다(Curtin, 1984: 251~252). 이러한 효율성 향상을 가능하게 한 것은 증기선과 철도와 전신이다.

19세기에 소형화되고 강력해지고 연비가 향상된 증기기관이 선박에 처음에는 외륜(外輪)의 형태로, 나중에는 스크루 프로펠러의 형태로 장착되었다. 그 결과 19세기를 통틀어 선박 운송비가 80퍼센트가량 줄어들었고, 이는 무역량의 증가를 가져왔다. 1800년에 전 세계적으로 수백만 톤의 상품이 배에 실려 수출되거나 수입되었다. 1840년이 되면 무역량은 2000만 톤에 이르렀고, 1870년에는 8000만 톤에 달했다(Belich, 2009: 107). 1913년 증기선은 전 세계 선박의 97.7퍼센트를 차지했다. 증기기관은 바람에 의존하던 선박을 자유롭게 했고(물론 석탄과 석유에 대한 의존을 가져왔지만), 운항 속도를 세 배나 늘렸다. 증기선은 날씨나 계절에 상관없이 항해할 수 있었기 때문에 범선의 간헐적이고 불규칙한 연계 대신 예측 가능하고 규칙적인 서비스가 제공될 수 있었다.

철도의 출현 역시 중요하다. 철도의 건설은 1820년대 영국에서 시작되었고, 이후 1830년대에 미국과 프랑스, 독일로 확산되었다. 1840년대가 되면 전 세계적으로 4,500마일의 철도가 부설되었고, 이는 1850년대 2만 3,500마일, 1870년대 13만 마일로 증가했다. 19세기가 끝날 무렵까지 전 세계적으로 총 50만 마일의 철도가 부설되었다(Hobsbawm, 1962: 61). 증기선과 마찬가지로 철도의 확대는 무역에 큰 영향을 미쳤다. 1880년대까지 영국에서 철도를 이용한 운송 비용은 운하를 통한 운송 비용에 비해 절반 이하, 도로를 이용한 운송 비용의 6분의 1에 불과할 정도로 감소했다. 미국에서는 19세기 말 철도를 통한 운송료가 도로를 통한 1800년의 운송료에 비해 30퍼센트에서 70퍼센트가량 저렴했다. 철도에 대한 투자는 자본의 국제화를 가져왔다. 프랑스는 러시아 철도에 많은 액수를 투자했고, 영국 투자자들은 유럽 대륙과 미주 대륙, 아시아에서 철도를 건설하는 데 필요한 자금을 조달했다. 1913년 영국 해외직접투자의 41퍼센트가 철도 건설 분야에서 이루어졌다(Topik and Wells, 2012: 644).

철도는 국제 질서에 두 가지 추가적인 변화를 가져왔다. 첫째, 시간표가 등장했고, 이는 국가들로 하여금 시간을 규율하도록 했다. 1884년 워싱턴에서 개최된 본초자오선 회의에서 세계표준시가 처음 논의되었고, 1912년 시간에 관한 파리 국제회의에서 24개의 시간대가 확정되었다. 둘째, 철도의 확산으로 대륙 내부에서 해안의 항구가 연결되었고, 이는 다시 증기선을 통해 전 세계 운송 체제와 이어졌다. 철도는 아르헨티나의 식량 생산자를 부에노스아이레스의 항구와, 호주의 양모 생산자를 시드니의 항구와, 남아프리카의 금과 다이아몬드 채굴 업자를 케이프타운의 항구와 연결했다. 서양 국가들은 이전에는 가능하지 않았던 방식으로 식량과 그 밖의 다른 원료를 수입할 수 있었고, 이를 바탕으로 인도와 이집트, 미국에서 수입된 면화를 원재료로 사용한 면직물 산업과 같은 대량 생산 산업이 발전할 수 있었다. 철도와 증기선의 등장은 산업 '중심부'와 원료를 생산하는 '주변부' 간 분업 체제를 지탱했다. 이는 19세기에 지구 정치 경제의 가장 중요한 특징이 되었다.

마지막으로 살펴볼 기술 혁신은 전신이다. 1840년대 유럽과 북아메리카에서 전신 네트워크가 크게 확대되어 1849년 2,000마일에 불과했던 것이 1869년 11만 1,000마일로 증설되었다. 1870년 수중 전신 체제가 영국과 인도를 연결했다. 1887년이 되면 20만 킬로미터가 넘는 수중 케이블이 세계 경제의 중심부들을 연결했다. 1903년 전 세계적으로 수중 케이블의 길이는 40만 킬로미터에 이르렀다(Osterhammel, 2014: 719). 전신은 균일하지는 않지만 광범위하게 사용되었다. 19세기 말 세계 전신선의 3분의 2를 영국이 소유했다. 1913년 유럽은 3억 2900만 회에 걸쳐 전신을 사용했고, 미주 대륙에서는 1억 5000만 회 사용한 데 반해 아시아와 아프리카는 각각 6000만 회, 1700만 회 사용하는 데 그쳤다(Topik and Wells, 2012: 663).

통신의 속도에 전신이 미친 영향은 극적이었다. 1800년 파리에서 보낸 서한이 상트페테르부르크에 도착하는 데 20일이 소요되었다면 1900년 30시간, 1914년 30분으로 줄어들었다. 이는 전쟁과 외교, 무역과 소비에 이르기까지 국제 관계의 핵심적인 측면에 큰 영향을 미쳤다. 이제 정부는 정치적, 군사적 사건이 발생하자마자 이를 알 수 있게 되었고, 무역업자와 금융업자는 공급과 가격, 시장의 변동에 관한 정보를 더 빨리 얻을 수 있게 되었다. 또한 원거리에 걸쳐 명령 체계를 수립하는 것도 가능해졌다. 빠른 통신이 가능해짐에 따라 대사, 제독, 장군이 예전만큼 독립성을 누리지 못하게 되었고, 기업들은 먼 곳에 위치한 지사를 더 단단히 통제하게 되었다.

증기선, 철도 그리고 전신은 근대 국제 질서의 핵심 기술로서 국가들 간 상호 의존의 수준을 높이고, 교류를 심화시켰다. 이 기술들은 지구 경제를 구축하고 정치-군사적 상호 작용의 단일 공간을 창출하는 데 크게 기여했다. 또한 문화 교류를 증대시켜 사람들이 전례 없는 규모로 상호 작용하도록 했다. 이 기술들의 도움으로 인류는 역사상 처음으로 스스로를 단일한 실체로 인식하기 시작했다.

정부간기구와 국제비정부기구

기술의 변화로 인해 국제적인 조율과 표준화의 필요성이 증대했다. 이에 **정부간기구**intergovernmental organizations: IGO가 등장하여 국제 질서의 항구적인 특징으로 자리 잡게 되었다. 이러한 변동의 관련성은 초기에 등장한 정부간기구 대부분의 역할에서 잘 확인된다. 이들은 국제전기통신연합International Telecommunication Union(1865), 국제우편연합International Postal Union(1874), 철도에 관한 기술통

일 증진을 위한 국제회의International Conference for Promoting Technical Unification on the Railways(1882) 등이다. 예를 들면 국제우편연합은 새로운 형태의 운송 수단이 등장하면서 국가와 제국 우편 체계 간에 연계의 필요성이 증가함에 따라 등장했다.

정부간기구와 국제비정부기구INGO는 종교부터 정치, 스포츠, 환경 문제에 이르기까지 광범위한 분야를 포괄하게 되었다. 1830년대에 초국가 연합이 무역 정책에서 인구 증가에 이르기까지 다양한 쟁점에 관한 열띤 토론을 주도했다. YMCA나 적십자와 같은 몇몇 두드러진 국제비정부기구가 1850년대와 1860년대에 결성되었고, 동물 복지의 향상, 예술 증진, 식물학에서 인류학에 이르기까지 학문의 표준화 등을 목표로 하는 국제비정부기구도 결성되었다. 19세기 후반과 19세기 말 최초의 산업 불황 시기에는 산업화의 폐해에 대처하기 위한 목적으로 여러 기구가 결성되었다. 일부 국제비정부기구는 더 빠르고 더 진전된 민주화를 정부에 요구하기도 했다. 19세기의 마지막 25년 동안 여성의 참정권 증진을 위한 초국가 운동이 등장했다. 20세기 초반 국제여성위원회International Council of Women의 회원 수는 전 세계적으로 500만 명에 이르렀다(Osterhammel, 2014: 507).

불평등

앞 절에서 지적했듯이 지구적 변천은 심각하게 불평등한 국제 질서를 초래했다. 여기서는 이 불평등을 인종주의와 경제 착취라는 두 가지 쟁점을 통해 살펴본다.

인종주의

19세기 마지막 25년 동안에는 새로운 형태의 인종주의가 등장했다. '**과학적' 인종주의**scientific' racism는 세계 정치에 대한 몹시 불평등한 견해에 기초를 두었다(**제20장 참조**). 이 견해의 옹호자들은 (피부색과 같은) 가시적인 특징이나 (누가 유대인, 흑인, 중국인으로 분류될 수 있느냐와 같은) 혈통의 생물학적 특성에 따라 위계적인 정치 질서를 수

문명 표준

19세기 과학적 인종주의를 보여 주는 독일의 그림
© FALKENSTEINFOTO / Alamy Stock Photo

전 세계의 인간을 문화적으로 그리고/또는 인종적으로 순위를 매길 수 있다는 생각은 19세기 '문명 표준'의 전형적인 특징이었다. 문명 표준은 세계 어떤 지역이 백인 기독교인의 '문명화된' 영역 외부에 존재하는지를 결정한다. 백인 서양인의 '문명화된' 세계와 '야만인(대부분 도시의 고급 문화를 누리는 옅은 피부색의 인간들)', '미개인(대부분 도시의 고급 문화를 누리지 못하는 짙은 피부색의 인간들)' 사이의 구분은 전쟁의 규칙과 같은 일련의 국제 관행의 기초를 이루었다. 이 규칙은 ('문명화된' 세계의 주민들로 구성된) '특권을 가진 교전 집단'과 (이 영역 밖에 거주하는) '특권을 가지지 못한 교전 집단'을 구분했다. 19세기 동안 특권을 부여받은 교전 집단은 정당화될 수 있는 폭력의 범위를 결정하는 규칙의 보호를 받았다. 말하자면 폭력은 '차별적으로' 그리고 '적정한 비율로' 사용되어야 한다는 규칙 등이 여기에 포함되었다. 반면 특권을 가지지 못한 교전 집단은 이러한 규칙의 보호를 받지 못하는 것으로 간주되었다. '문명화되지 못한' 지역에서

의 폭력은 법적인 제약을 받지 않고 사용되었다.

문명 표준은 서양 국가들이 다른 지역의 사람들과 상호 작용하는 방식에도 중대한 영향을 끼쳤다. 이러한 상호 작용은 여러 가지 형태를 취했다. 중국과 같이 명목상으로만 독립을 유지한 국가와는 불평등 조약이 체결되었다. 영국은 수단을 보호령으로 만들었는데 영국은 수단 정부가 외교와 국방, 재정을 제외한 다른 정부 기능을 수행하도록 허용했다. 이는 부분적인 식민화로 정의될 수 있다. 영국은 1857년 반란을 진압한 후 인도를 영국의 공식 식민지로 만들었다. 서양 국가를 모방한 일본과 같은 국가는 한편으로는 급속한 '근대화'를 통해 국내 사회를 재구조화하고, 다른 한편으로는 대외적으로 제국주의를 추구하기 시작했다. 1874년 일본은 타이완을 침략하여 1894년 이를 자국 영토의 일부분으로 만들었고, 해외 영토를 획득하려는 목적으로 중국(1894~1895)과 러시아(1904~1905)와 전쟁을 벌였으며, 조선을 합병했다(1910). 국제사회의 '문명화된' 구성원이 된다는 것은 유럽의 법과 외교 절차를 준수함을 의미할 뿐만 아니라 제국주의 국가가 됨을 의미했다.

여러 가지 측면에서 문명 표준은 움직이는 목표물이었다는 점을 기억하는 것이 중요하다. '문명화'되었다는 것이 기독교적이라는 것을 의미한다면 오스만제국은 자동으로 그 범위에서 제외된다. 하지만 '근대적'인 국가의 역량에 바탕을 둔 '문명'이라는 이념으로의 전환은 적어도 이론적으로는 모든 국가가 '문명화'될 수 있다는 것을 의미한다. 바로 이러한 이유에서 오스만인과 일본인 그리고 다른 이들이 '근대화' 프로젝트를 포용했다. 법률과 행정, 재정 개혁은 평등한 국제적 지위를 약속했다. 실제로는 그렇지 않았더라도 적어도 이론적으로 '문명'은 올라갈 수 있는 사다리였다([참고 2-2] 참조).

질문 1 '문명 표준'의 기초는 무엇인가?
질문 2 '문명 표준'은 근대 국제 질서에 어떤 영향을 끼쳤는가?

립하는 것이 가능하다고 주장했다. '과학적' 인종주의에 따르면 옅은 피부색을 가진 사람들이 진화 계단의 가장 높은 칸에 위치하고 진한 피부색을 가진 이들이 가장 밑에 위치한다. 유럽인들은 이러한 견해를 바탕으로 제국의 영토를 인종에 따라 구분하기도 하고 아메리카 원주민들을 '인디언'이라는 하나의 범주로 묶는 등 다양한 원

주민들을 동질화하려 시도하기도 했다. 이러한 결과 전 세계적으로 '피부색 선'에 바탕을 둔 국제 질서가 형성되었다(Du Bois, 1994[1903]). 이 피부색 선은 전 세계적인 '문명 표준'의 기초가 되었다([사례연구 2-1] 참조).

전 세계적인 피부색 선과 이에 수반된 '문명 표준'은 영국에서 호주, 캐나다, 뉴질랜드로의 대량 이주를 통해 강화되었다. 이 이주의 결과 자신들이 원주민보다 우월하다는 믿음을 가진 백인 엘리트가 지배하는 '정착민' 국가가 만들어졌다. 이러한 이주는 엄청나게 큰 규모로 이루어졌다. 호주의 백인 정착민 수는 1810년 1만 2,000명에서 1860년 125만 명으로 증가했다. 1815년에서 1865년 사이에 100만 명의 영국인이 캐나다로 이주했고, 캐나다의 인구는 7배나 증가했다. 1831년 뉴질랜드의 백인 주민은 1,000명에 불과했지만 50년 후에는 50만 명으로 늘어났다(Belich, 2009: 83). 이주의 축적된 효과는 상당했다. 19세기 초 전 세계에 영어를 사용하는 백인 인구는 (대부분 빈곤한) 1200만 명 정도였지만, 1930년이 되면 (대부분 부유한) 2억 명에 달했다.

백인의 대규모 이주로 윌리엄 E. B. 듀보이스 W. E. B. Du Bois(1994[1903]: 61)가 "백인이라는 새로운 종교"라고 부른 인종주의가 등장했다. 식민지에 정착한 백인들은 원주민의 반란에 대한 두려움과 자신들의 문화적, 인종적 우월성에 대한 믿음으로 단합된 인종 카스트 racial caste를 형성했다. 백인 서양인들이 '지구인 global people'이 됨에 따라 정착민들은 피부색 장벽을 세계적으로 인정된 차별의 도구로 활용함으로써 국제 정치를 인종화하는 데 일조했다.

경제 착취

산업화와 이와 연계된 농업의 상업화와 같은 과정은 전 지구적 형태로 일어났다. 오직 높은 생산성과 저임금, 새로운 시장의 개척 등을 통해서만 이 과정에서 이익을 얻을 수 있었기 때문에 자본주의는 지속적으로 팽창했고, (러시아 남동부와 미국 중부와 같은) 새로운 생산 거점이 만들어지고 (감자와 같은) 새로운 생산품이 등장했다. 1900년 말라야에는 5,000에이커의 고무 농장이 존재했

는데, 이는 1913년 125만 에이커로 증가했다(Wolf, 1997: 325). 탈산업화 역시 빠른 속도로 진행되었다. 앞 절에서 언급했듯이 1800년 이후에 영국 정부는 영국 제품이 인도 제품보다 싸게 팔릴 수 있도록 일련의 조치를 취했고, 인도산 섬유 제품에 엄청난 수준의 관세를 부과했다. 한 세대 혹은 두 세대 안에 인도는 염색업, 조선업, 야금업, 무기 제조업 등의 분야에서 수 세기에 걸쳐 축적된 기술을 모두 잃게 되었다(Parthasarathi, 2011).

자본주의의 팽창으로 얻은 이익은 세계 경제의 불평등성을 더욱 심화시켰다. 네덜란드가 인도네시아에서 운영한 경작 체제에서 네덜란드인은 인도네시아인에 비해 50배나 많은 1인당 소득을 올렸다. 인도네시아 정부가 거둔 수입의 절반 가까이가 네덜란드로 송금되었다. 이는 네덜란드 정부 수입의 20퍼센트에 달했다(Osterhammel, 2014: 443). 이는 제국주의 국가가 지구적 생산 체제를 그들의 필요에 맞게 변형시킴으로써 1차 생산자와 2차 생산자 사이에 근대적인 위계질서를 구축한 사례 중 하나다. 식민지는 1차 생산물을 주로 생산했다. 예를 들면 인도는 차, 버마는 황마, 말라야는 고무, 나이지리아는 야자유, 볼리비아는 주석, 브라질은 커피를 주로 생산했다. 이에 반해 제국주의 국가는 고부가가치 상품의 수출과 금융에서 이점을 누렸다. 19세기에 이와 같은 국제 분업과 이에 따른 대격변이 처음으로 확립되었다. 이러한 체제는 20세기에 지구 정치 경제를 지배하게 된다.

> **요점정리**
>
> - 지구적 변천의 중요한 결과 중 하나는 증기선과 철도, 전신의 등장으로 '지구가 축소'되었다는 것이다.
> - 이 기술들은 국제 질서의 근간이 된 '지속적인 상호 작용'의 증대를 가져왔다.
> - 정부간기구와 국제비정부기구가 이 교류를 운용하는 데 일조했다.
> - 19세기에 등장한 근대 국제 질서는 매우 불평등했다. 이 불평등의 원인으로 인종주의와 경제 착취를 들 수 있다.

맺음말

이 장에서는 국제 질서를 '각자의 독립성을 상호 인정하는 상이한 정치 단위들 사이에 이루어지는 지속적인 상호 작용'으로 정의했다. 세계사에는 다수의 국제 질서가 존재했다. 하지만 지난 두 세기에 걸쳐 규모 면에서 전 세계를 포괄하고 정치·경제·문화적으로 상호 의존적인 국제 질서가 등장했다. 지난 두 세기 동안 모든 것이 변한 것은 아니다. 하지만 세계는 제국주의와 산업화, 합리적 국가의 등장으로 큰 격변을 겪었고, 국제 질서가 조직되고 이해되는 방식에도 중요한 변화가 일어났다. 인류 역사에서 전례 없는 수준의 상호 의존 관계가 만들어졌다.

이 시기는 지구 경제, 지구 국가 체제, 지구 통신 교통 체제, 다수의 정부간기구와 국제비정부기구 등과 같은 심대한 유산을 남겼다. '서양', '중동', '라틴아메리카'와 같이 오늘날의 세계를 묘사하는 데 사용되는 기본 용어 중 상당수도 19세기에 생겨났다(Osterhammel, 2014: 73~86). 세계 여러 지역에서 서양에 대한 분노와 반감을 불러일으키고 있는 제국주의, 인종주의, 경제 착취와 같은 유산 역시 중요하다. 서양은 이러한 분노의 감정을 무시하지 말아야 한다. 세계는 서양이 확립해 놓은 틀 속에서 움직이고 있지만 이제 이러한 상황은 변화하고 있다(제5장 참조). 19세기에 일본이 처음 감행한 '근대화 사명'([참고 2-2] 참조)을 이제 세계 거의 대부분의 국가들이 감행하고 있다. 우리가 지금 여기에 어떻게 이르렀는지를 이해하는 것은 현재의 국제 질서의 형태를 평가하고 이 질서가 직면한 도전을 평가하는 데 핵심적이다.

일본의 '근대화 사명'

참고 2-2

서양 이외의 지역에서 일어난 19세기 '근대화 사명'의 가장 두드러진 사례는 일본이다. 1853년 도쿄만에 미국 전함이 출현하고 불평등 조약을 체결하면서 큰 충격을 받은 일본은 100명의 사절단을 11개 유럽 국가와 미국으로 보내 조약의 수정을 협상하고 서양의 문물을 배워 오도록 했다. 이와쿠라 사절단은 서양 국가의 제도와 기술을 광범위하게 학습했다.

그 결과 메이지유신으로 알려진 급진적인 개혁 프로그램이 만들어졌다. 메이지유신을 알린 헌장선서Charter Oath에서는 유교를 빈번히 언급했다. 하지만 이는 일본의 사상과 실천을 새로운 '근대적'인 맥락에서 부활시킨다는 목표를 염두에 두고 이루어졌다. 부국강병의 기치 아래 메이지 과두 정부는 봉건적인 정부 조직을 해체하고, 막부 체제를 폐지하며, (인구의 5퍼센트 정도였던) 사무라이를 징집된 군대로 교체했다.

메이지 정부는 발전국가의 사상을 선도했다. 메이지 정부는 (종종 '국제 전문가'를 통해) 산업 기술을 수입하고, 1880년대에 정부 지출에서 15퍼센트 정도였던 군사비를 1890년대 30퍼센트, 1900년대 거의 50퍼센트로 증가시켰고, (종종 국수주의의 색채를 띤) 민족주의 이념을 통해 국민을 동원했다. 새로운 조세 제도, 은행, 보험 제도와 함께 새로운 사유재산제가 도입되었다. 메이지 정부는 면직물 공장과 시멘트 공장, 유리 공장, 광산을 건설했으며, 무기 산업에 큰 관심을 가졌다. 1873년과 1913년 사이에 일본은 세계에서 여섯 번째 규모의 상선을 거느리게 되었다.

메이지 천황의 재임 기간에 정부는 자본 투자의 40퍼센트를 책임졌다. 국가가 경제 발전을 주도한 것이다. 이는 후에 세계 다른 국가와 지역에 모델이 되었다.

토론주제

1. 국제 질서의 주요 구성 요소는 무엇인가?

2. 베스트팔렌평화조약은 근대 국제 질서의 형성에서 얼마나 중요한가?

3. 19세기에 서양 국가들이 그토록 강력한 힘을 발휘할 수 있었던 요인은 무엇인가?

4. 서양의 부상에서 산업화는 어떠한 역할을 했는가?

5. '지구적 전환'을 지탱한 사상은 무엇인가?

6. '문명 표준'이란 무엇인가?

7. '지구가 축소'된 결과 어떤 변화가 일어났는가?

8. 어떤 이유에서 19세기에 정부간기구와 국제비정부기구가 출현했는가?

9. 제국주의는 근대 국제 질서의 성립에서 어떤 역할을 담당했는가?

10. 지구적 변천의 주요 결과는 무엇인가?

이 장의 객관식 문제를 풀어 보면서 학습 내용을 잘 숙지하고 이해했는지 평가해 보자.

• www.oup.com/he/baylis3xe

International history of the twentieth century

개요

이 장에서는 1900년부터 1999년까지 세계 정치의 주요 사건이었던 총력전의 전개, 유럽 제국주의의 종말, 핵무기 등장, 그리고 냉전의 시작에 대해 살펴보겠다. 20세기 전반기의 국제 관계에서 중요했던 변화는 유럽 국가들의 지배와 갈등에 이어 미국과 소련의 대결이 뒤따랐다는 점이다. 냉전은 이 두 나라의 이데올로기·정치·군사적 이익을 아우르면서 전 세계로 확대되었다. 이 시기에 관한 핵심 논제는 냉전이 얼마나 또 어떻게 갈등을 촉진 또는 예방했느냐다. 마찬가지로 탈식민지화가 어떻게 동-서 대립에 휘말리게 되었는지도 '제3세계 Third World'에서 일어났던 많은 분쟁을 이해하는 데 중요하다. 끝으로 동-서 핵 대결은 어느 정도로 위험했는가를 살펴본다. 이 장에서는 핵무기의 역할을 냉전의 특정 단계, 특히 데탕트와 1980년대의 미-소 관계 악화 시기를 중심으로 고찰하겠다.

20세기 국제 관계의 역사

렌 스콧Len Scott

김치욱 옮김

핵심 질문

- 탈식민지화 과정에서 발생한 수많은 폭력과 무력 충돌에 대해 식민 종주국들이 어느 정도의 책임이 있다고 생각하는가?

- 핵무기는 1945년 이후 평화를 유지하는 데 필수적이었다는 견해에 동의하는가?

- 냉전은 소련의 침략에 대항하여 서양의 가치와 이익을 수호하기 위한 방패였다고 생각하는가?

머리말

소위 '대전쟁Great War'이라고도 하는 제1차 세계대전은 유럽 국가들이 유럽을 전쟁터로 삼아 시작해 전 세계로 확대되었다. 이 전쟁은 최초의 현대전이자 산업화에 기반을 둔 **총력전**total war이었다. 전쟁 당사국들은 자신들의 군대는 물론이고 주민과 경제 자원을 총동원하여 수년 동안 엄청난 희생을 치렀다. 제2차 세계대전은 훨씬 더 전면적이고 지구적이었으며, 세계 정치에 근본적인 변화를 가져왔다. 1939년 이전까지 유럽은 국제 문제의 해결사였고, 소련과 미국은 각각 다른 이유로 지구적 차원에서 중요한 역할을 포기하고 여전히 내부 문제에 몰두해 있었다. 제2차 세계대전은 소련과 미국이 유럽에 군사·정치적으로 깊숙이 개입하는 계기였고, 미-소 양국 관계를 연합국에서 적대국으로 변화시켰다. 이러한 변화는 곧 유럽 밖의 양국 관계에 투영되어 다양한 대결 양상이 전개되었다. 제1차 세계대전과 제2차 세계대전과 마찬가지로 냉전은 유럽에 뿌리를 두었지만, 다른 지역으로 급속히 확대되어 전 세계 국가들과 사람들에게 어마어마한 결과를 안겨 주었다.

제1차 세계대전은 러시아, 독일, 오스트리아-헝가리, 오스만(터키) 같은 유럽의 4개 제국을 해체했다. 1945년 이후 유럽 세력도 쇠락의 길로 접어들었다. 승전국을 비롯한 전쟁 참가국들의 경제적 어려움은 점점 심각해졌고, 미국과 소련의 군사·경제적 잠재력은 점차 현실화되고 있었다. 미-소 양국은 대량살상무기 같은 군사력과 세계적 차원의 정치적 야심을 겸비한 '초강대국superpower'으로 부상했다. 유럽의 정치·경제·군사적 약화는 막강한 소련의 출현과 대조를 이루었고, 이에 서양에서는 소련이 악의를 품고 있다는 인식이 점차 높아졌다. 유럽에서 냉전의 시작은 영국, 소련, 미국 간 전시 동맹의 붕괴를 의미했다. 제2차 세계대전이 남긴 가장 불길한 유산은 원자폭탄이었다. 원자폭탄은 나치 독일이 첫 핵무기 경쟁에서 승리할지도 모른다는 두려움 때문에 엄청난 비용을 들여 만들어졌다. 1945년 이후 핵무기는 세계 정치와 전후 외교를 책임진 지도자들에게 전례 없는 숙제였다. 냉전은 핵 군비 증강의 배경과 구실을 제공했고, 인류 존재 자체를 위협하는 핵은 냉전과 동-서 대결이 종식된 뒤에도 계속해서 확산했다.

1900년 이래 세계 정치는 정치·기술·이데올로기의 변화에 따라 다양하게 변모했다. 이 장에서는 이 가운데 세 가지 변화, (1) 유럽의 위기에서 현대 총력전으로의 이행, (2) 제국의 종말과 식민지에서 유럽 국가의 철수, (3) 냉전, 곧 미-소 간 정치·군사적 대결과 핵 대결 문제를 살펴보겠다. 물론 다른 중요한 변화와 연속성도 있었지만, 이 문제들은 다른 장에서 다루어질 것이다. 그럼에도 불구하고 지금 언급한 세 가지 주요 변화는 20세기 세계 정치를 형성한 사건과 경향을 탐구하는 틀을 제공해 준다.

현대 총력전

제1차 세계대전의 기원은 오랜 논쟁의 대상이었다. 승전국에게 제1차 세계대전이 어떻게 시작되었는지에 대한 문제는 독일과 그 동맹국들의 책임의 범위에 대한 문제가 되었다. 승전국들은 독일에 전쟁 책임이 있음을 베르사유에서 최종 합의문에 명시함으로써 일차적으로 배상금 요구를 정당화했다. 전쟁이 일어난 원인을 둘러싼 역사학자들의 논쟁은 정치, 군사, 체계 수준의 요인에 초점이 맞춰져 있었다. 어떤 사람들은 제1차 세계대전이 일어난 이유는 각각의 동맹과 군사적 필요성이 복합적으로 작용한 결과로서 그 책임 소재가 분산되어 있음을 시사했다. 그러나 서독 역사학자 프리츠 피셔Fritz Fischer는 1967년에 발간된 『독일의 목적과 제1차 세계대전Germany's Aims in the First World War』에서 조금 더 영향력 있는 해석을 내놓았다. 그는 전쟁 책임이 독일의 침략에 있으며, 그 침략은 독재 엘리트 내부의 정치적 필요 때문에 야기되었다고 주장했다. 원인이 무엇이든 간에 사건의 양상은 분명하다. 한 세르비아 민족주의자가 오스트리아-헝가리 왕위 계승자인 프란츠 페르디난트Franz Ferdinand 대공을 암살한 사건은 세르비아에 대한 오스트리아-헝가리 제국의 선전 포고를 촉발했다. 러시아와 세르비아의 동맹, 독일과 오스트리아-헝가리 제국의 동맹은 당시 유럽 전역에 걸친 충돌의 촉매제가 되었다. 독일은 프랑스와 러시아를 동시에 상대하는 두 개의 전선을 두려워했기 때문에 신속한 승리를 위해 프랑스를 공격했다. 이 시도는 실패로 끝났을 뿐만 아니라, 벨기에에 대한 영국의 조약 의무로 인해 영국을 전쟁에 끌어들이게 되었다.

제1차 세계대전의 원인이 아무리 복합적이고 논쟁적이라고 하더라도 전쟁 가담국의 동기는 설명되기 쉬웠다. 대다수 교전국은 민족주의 신조와 애국적 가치를 공유하고 있었다. 전쟁터를 향해 진군하던 많은 사람은 전쟁이 짧은 기간 안에 승리로 끝날 것으로, 또 많은 경우 영광스러운 일이라고까지 생각했다. 유럽 전쟁터의 현실은 기대와는 정반대로 나타났다. 자동소총과 참호전으로 상징되는 방어적 군사 기술은 소모전의 전술과 전략을 압도했다. 1918년 11월이 될 때까지 연합국의 공격은 전쟁을 끝낼 만큼 신속한 진격을 하지 못했다. 전쟁은 사회와 경제 전체가 동원된 총력전이었다. 남성은 군대로 징발되었고, 여성은 공장에 고용되었다. 비록 일본이

1914년에 영국의 동맹국으로 참전하는 등 갈등이 세계 각지로 번졌지만, 전투의 승부처는 여전히 독일의 서부 및 동부 전선이었다. 가장 중요한 점은 1917년에 우드로 윌슨Woodrow Wilson 대통령의 지도하에 미국이 전쟁에 가담했다는 사실이다. 윌슨 대통령은 자신의 국제사회관을 담은 14개 조항Fourteen Points을 천명했고, 이를 바탕으로 1919년 파리 강화회의의 의제를 주도했다. 러시아는 1917년 차르가 전복되고 레닌Lenin이 이끄는 볼셰비키들이 권력을 장악하자 소련USSR으로 바뀌었고 평화를 추구하기 시작했다. 독일은 이제 두 개의 전선에서 싸울 필요가 없어졌지만, 미국이 전쟁에 가담하면서 새로운 위협에 직면했다. 독일은 1918년 서부 전선에서 대규모 군사 공격에 실패하고 영국의 해상 봉쇄가 효과를 발휘함에 따라 휴전에 동의했다.

베르사유평화조약Treaty of Versailles은 1919년에 유럽 안보의 새로운 틀과 새로운 국제 질서를 약속했다. 하지만 두 가지 가운데 어느 목표도 달성되지 못했다. 승전국들은 대독일 정책과 국제 질서의 통치 원칙에 있어서 의견 차이를 보였다. 베르사유평화조약은 1870년 이후 유럽 안보의 관건이었던 독일의 통일과 좌절 문제를 해결하지 못했다. 또한 새로운 국가 창설과 국경 분쟁으로 이어지면서 독일의 실지 회복 운동을 촉진했다. 경제적 요인도 결정적이었다. 1929년 월가의 주가 폭락으로 촉발된 **대공황**Great Depression은 많은 나라에서 자유민주주의를 약화시키고 공산주의, 파시즘, 나치즘 정당들의 인기를 높여 주었다. 독일 사회에 가한 경제적 충격은 특히 치명적이었다. 모든 유럽 국가들이 대량 실업으로 고통받고 있었지만, 독일은 초인플레이션 상태에 놓여 있었다. 통화의 발행이 갈수록 늘어나고 생활비가 급격히 증가하면서 독일 화폐의 가치는 폭락했다. 이러한 경제·정치적 불안정은 나치당에 대한 지지가 뿌리내릴 수 있는 기반을 제공해 주었다. 1933년 아돌프 히틀러Adolf Hitler가 권력을 장악하자 독일의 변환이 시작되었다. 히틀러의 야심이 얼마나 면밀히 고려되었고, 그가 어떻게 기회를 포착했는지는 여전히 논쟁 중이다. 테일러A. J. P. Taylor

는 1961년에 낸 『준비되지 않은 전쟁, 제2차 세계대전의 기원The Origins of the Second World War』에서 히틀러가 여타 독일 정치 지도자들과 다를 바 없었다고 주장함으로써 논란을 불러일으켰다. 다른 점이라면 나치즘이라는 정치 철학과 인종 우월주의를 영토 침략과 결합했다는 것이었다. 영국과 프랑스가 벌였던 히틀러와의 협상 시도는 1938년 뮌헨 협정에서 절정에 다다랐다. 히틀러의 체코슬로바키아 수데테란트 영토 요구는 평화의 대가로서 용인되었다. 하지만 몇 개월이 채 지나지 않아 독일은 체코슬로바키아의 나머지 영토를 수중에 넣었고, 폴란드와의 전쟁을 준비하고 있었다. **유화 정책**appeasement에 관한 최근의 논쟁은 히틀러에 대적할 군사적 준비가 되어 있지 않은 상황에서 협상 이외의 다른 현실적 대안이 있었느냐에 초점을 맞춰 왔다.

1939년에는 제1차 세계대전 당시의 방어적 군사 기술을 압도하는 장갑 전투와 공군력이 등장했고, 독일은 전격전을 통해 폴란드와 유럽 서부에서 신속한 승리를 거두었다. 또한 히틀러는 동맹국인 이탈리아의 베니토 무솔리니Benito Mussolini를 지원하기 위해 발칸 지역에 개입했고, 이어 북아프리카에도 끼어들었다. 1941년 6월 소련에 대한 침공으로 전쟁의 규모와 히틀러의 목표 범위가 분명해졌다. 초기에 대규모 승리를 거두었던 동부 전선은 겨울이 되자 교착 상태에 빠졌고, 소련은 인민과 군대를 동원하기 시작했다. 나치의 인종 우월주의는 독일이 민간인과 소련군 전쟁 포로를 취급하는 과정에서 드러났고, 결국 수백만 명의 생명을 앗아 갔다. 1942년 '유대인 문제의 최종 해결'에 관한 결정 이후 나치의 반유대주의와 집단 수용소 설립은 새로운 추진력을 얻었다. 나치는 유대인과 집시 같은 소수 민족의 집단 학살을 시도했고, 이로부터 **홀로코스트**Holocaust라는 용어가 20세기 정치학 사전에 등장하게 되었다.

일본의 흥망

1919년 이후 집단 안보를 달성하려는 시도는 국제연맹을 통해 이뤄졌다. 그러나 미국 상원은 국제연맹 참여를 거부했다. 또 1931년 일본의 만주 침략, 1935년 이탈리아의 아비시니아(에티오피아) 침공, 1936~1939년 독일의 스페인 내전 개입에 대한 국제적 대응도 효과적이지 못했다. 1868년에 일본은 수 세기 동안의 고립주의에서 벗어나 산업화, 군사적 현대화에 이어 제국주의적 팽창을 추구했다. 1937년에는 이미 국민당과 공산당 사이의 내전에 휩싸인 중국을 침략했다. 일본군의 잔혹성은 1937~1938년 '난징 대학살Rape of Nanjing'에서 여실히 드러났는데, 이때 학살당한 민간인은 4만 명에서 30만 명에 이르고, 2만 명 이상의 여성이 강간을 당했다. 그러나 일본의 야욕은 유럽 제국과 미국의 손실 없이는 실현될 수 없었다. 프랭클린 루스벨트Franklin D. Roosevelt 미국 대통령은 강력한 고립주의 세력에 반대하면서 미국이 유럽 전쟁에 개입하는 정책을 차근차근 추진했다. 1941년 무렵에 독일 잠수함과 미국 전함들은 사실상 전쟁 상태에 있었다. 미국이 일본에 경제 제재를 가하자, 일본은 하와이 진주만에 있는 미국 함대에 대한 기습 공격을 서두르게 되었다. 독일과 이탈리아가 동맹국 일본을 지지하겠다고 천명하고 미국에 선전 포고를 했을 때, 루스벨트 대통령은 유럽의 해방을 약속했다. 연합국들은 영국과 합동으로 독일 도시들에 전략 폭격을 감행한 후에 그동안 소련이 밀어붙였던 프랑스에서의 '제2전선'을 1944년에 개시했다.

1945년 5월 독일의 패배는 원자폭탄이 미처 준비되기 전에 찾아왔다. 뒤이어 일본 히로시마와 나가사키 같은 도시를 파괴한 일은 여전히 논란거리다([표 3-1] **참조**). 민간인 공격에 대한 도덕적 비난은 차치하고서라도 왜 폭탄이 투하되었는지에 대해 특히 미국 역사가들 사이에서 격렬한 논쟁이 벌어졌다. 가 알페로비츠Gar Alperovitz는 1965년 『원자력 외교Atomic Diplomacy』에서 트루먼Harry Truman 대통령은 일본의 패배를 이미 알았기 때문에 미국의 실제 동기는 소련을 압박함으로써 전후 유럽과 아시아에서 미국의 이익을 추구하는 것이었다고 주장했다. 이러한 주장은 다른 역사가들의 격한 반발을 불러일으켰다. 이후에 진행된 연구들은 더 많은 역사적 증거를 활용하고 있다. 그러나 트루먼 대통령이 단순히 전쟁을 끝내려고 원자폭탄을 사용했는지, 아니면 전후 처리 과정에서 소련을 압박하려는 목적처럼 다른 요인이 작용했는지에 대한 논쟁은 지속되고 있다.

표 3-1 제2차 세계대전 희생자 추정치

히로시마(1945년 8월 6일): 당시 7~8만 명, 1945년 말까지 14만 명, 1950년까지 20만 명
나가사키(1945년 8월 9일): 당시 3~4만 명, 1945년 말까지 7만 명, 1950년까지 14만 명
도쿄(1945년 3월 9일): 8~12만 명
드레스덴(1945년 2월 13~15일): 2만 4,000~3만 5,000명 이상
코번트리(1940년 11월 14일): 568명
레닌그라드(1941~1944년 대공방): 100만 명 이상

요점정리

- 제1차 세계대전의 원인에 관한 논쟁은 전쟁 책임이 독일 정부에 있는지, 아니면 보다 복합적인 요인에서 비롯된 것인지에 초점이 맞춰져 있다.
- 베르사유평화조약은 유럽 안보의 핵심 문제를 다루는 데 실패했으며, 유럽의 국제 체제를 재건하는 과정에서 새로운 불만과 불안정을 야기했다. 우드로 윌슨 대통령이 강력하게 지지한 민족 자결 원칙은 유럽 열강의 식민지에까지 적용되지 않았다.
- 히틀러의 부상은 유럽 정치 지도자들의 능력과 의지로는 감당할 수 없는 위협이었고 제2차 세계대전의 발발로 귀결했다.
- 독일이 소련을 공격함으로써 전쟁의 범위와 야만성이 확대되었다. 초기의 단기적이고 제한된 범위의 전쟁에서 총체적인 승리를 위한 장기간에 걸친 대규모 야만적 대결로 변모했다.
- 일본의 진주만 공격을 계기로 미국은 유럽 전선에 가담했고, 독일은 결국 또다시 두 전선에서 전쟁을 치러야 했다.
- 1945년에 원자폭탄이 꼭 사용되어야 했는지에 관한 논쟁은 계속되고 있다.

제국의 종말

20세기 제국의 붕괴는 세계 정치의 근본적인 변화 가운데 하나였다. 이는 국제 문제의 조정자로서 유럽의 중요성이 줄어든 결과이자 원인이었다. 민족 **자결**self-determination이 국제 정치의 지도 원리가 되어야 한다는 믿음은 제국주의에 대한 태도와 가치의 변화를 의미했다. 제국주의 시대 동안 제국들은 정치적 지위를 부여받았다. 1945년 이후에 제국주의는 불명예를 뜻하는 단어가 되었다. 비록 식민지의 독립이 때로는 느리고 지루한 무력 충돌로 얼룩졌다고 하더라도, 식민주의와 국제연합 헌장은 서로 양립할 수 없다고 점차 인식되었다. 냉전은 빈번하게 독립 이행 과정을 방해하고 복잡하게 만들었다. 식민지 종주국의 태도, 반제국주의 세력의 이데올로

국가	식민 지배국	독립 연도
인도	영국	1947
파키스탄	영국	1947
버마	영국	1948
스리랑카	영국	1948
인도네시아	네덜란드	1949
프랑스령 인도차이나	프랑스	1954
가나	영국	1957
말레이시아	영국	1957
프랑스령 아프리카 식민지*	프랑스	1960
자이르	영국	1960
나이지리아	영국	1960
시에라리온	영국	1961
탕가니카(현재 탄자니아)	영국	1961
우간다	영국	1962
알제리	프랑스	1962
르완다	벨기에	1962
케냐	영국	1963
기니비사우	포르투갈	1974
모잠비크	포르투갈	1975
카보베르데	포르투갈	1975
상투메	포르투갈	1975
앙골라	포르투갈	1975
짐바브웨	영국	1980**

* 카메룬, 중앙아프리카공화국, 차드, 가봉, 아이보리코스트(코트디부아르), 마다가스카르, 말리, 모리타니, 니제르, 세네갈, 오트볼타(부르키나파소)를 포함.
** 1965년 당시 로디지아라고 불리던 백인 소수파 정권은 영국으로부터의 독립을 선언했다. 그 후 내전이 발발했으며 이는 1980년 짐바브웨의 건국으로 이어졌다.

기와 전략, 외세의 역할 같은 다양한 요인이 탈식민지화 과정에 영향을 주었다. 정치·경제·군사적 요인들은 권력의 이양 과정에서 여러 역할을 수행했다. 이에 따라 제국주의 국가들과 신생 독립 국가들은 서로 다른 탈제국

주의 경험을 갖게 되었다([표 3-2] 참조).

영국

1945년 당시 대영제국은 지구 전체에 뻗어 있었다. 이 가운데 49개 영토가 1947년에서 1980년 사이에 독립했다. 그리고 이 가운데 대영제국의 '왕관의 보석Jewel in the Crown'이었던 인도의 독립(1947)은 세계 최대 민주주의 국가의 탄생을 예고했다. 비록 인도와 파키스탄의 독립이 종족 간 인종 청소와 수만 명의 사망자를 초래했지만 말이다. 그러나 인도의 독립은 전후 초창기에 예외적인 사건이었다. 영국 정부가 탈식민지화 추세에 소극적이었기 때문이다. 아프리카에서 제국의 종말은 1950년대 말과 1960년대 초에 나타났다. 이는 해럴드 맥밀런Harold Macmillan 수상이 1960년 2월 남아프리카공화국에서 행한 연설을 통해 아프리카 대륙에 불고 있는 '변화의 바람'을 예고한 데서 상징적으로 드러났다.

영국의 아프리카 철수는 비교적 평화롭게 진행되었다. 다만 케냐(1952~1956)와 말레이시아(1948~1960)에서 벌어진 현지 혁명 세력과의 충돌은 예외였다. 그러나 로디지아/짐바브웨에서 소수 백인이 영국 정부와 세계 여론을 무시함으로써 '1인 1표제' 및 다수 흑인의 지배 체제로의 이행이 난관에 부닥쳤다. 남아프리카공화국 정부는 이 백인들을 지원하고 선동했다. 1948년 이후 남아프리카공화국은 **인종 차별 정책**apartheid 아래 내부 제국주의 형식을 띠었으며, 나미비아 점령에서는 보다 전통적인 제국주의 관행을 실행했다. 포르투갈의 군사 독재가 전복되면서 아프리카의 마지막 유럽 제국, 즉 포르투갈 제국도 붕괴했다. 그 후에도 남아프리카공화국은 앙골라와 모잠비크의 식민지 이후 시기 및 냉전기 투쟁에 중요한 영향력을 행사했다.

프랑스

프랑스 제국의 탈식민지화는 영국과는 대조적이었다. 프

랑스는 제2차 세계대전 동안 외국에 점령당했고, 후임 정부들은 제국의 지위를 유지함으로써 자국의 국제적 위신을 보존하려고 했다. 1945년 이후 인도차이나에서 식민 통치를 유지하려고 했으며, 오랜 게릴라전을 치르고 호찌민이 이끄는 베트남 혁명 세력, 그러니까 베트민에게 군사적 패배를 당한 뒤에야 비로소 이 지역에서 철수했다. 아프리카에서는 상황이 달랐다. 변화의 바람이 프랑스령 아프리카 지역에도 불고 있었고, 샤를 드골Charles de Gaulle 대통령이 이끄는 프랑스는 영향력을 유지하려고 하면서도 제국주의 정책을 포기했다. 그러나 알제리에서는 떠나기를 거부했는데, 이는 많은 프랑스 사람들이 알제리를 프랑스의 일부로 여겼기 때문이다. 1954년부터 1962년까지 벌어졌던 전쟁으로 사망자는 수십만 명에 이르렀고, 프랑스 자신도 내전의 위기에 내몰리기도 했다.

유산과 결과: 민족주의 또는 공산주의?

과거 식민지들의 시각에서 볼 때 새로운 지구 질서의 버팀목인 민족 자결의 원칙은 더디게 실행되었고, 정치적, 이념적, 경우에 따라서는 군사적 동원을 필요로 했다. 이처럼 아프리카의 탈식민지화 유형은 다양했다. 이는 식민지 종주국의 태도와 현지 민족주의 또는 혁명 운동의 성격, 어떤 경우에는 냉전의 주역을 포함한 외부 국가의 개입이 반영된 결과다. 많은 경우 부족tribe 특유의 요인 역시 중요한 요소였다. 부족 간 정치적 착취의 가장 끔찍한 사례는 과거 벨기에 식민지였던 르완다에서 나타났다. 르완다에서 1994년에 약 80만 명에서 100만 명의 투치족이 다수 종족인 후투족(그중 약 10만 명도 살해된 것으로 추산된다)에 의해 집단 학살되었다. 투치족 여성들을 대상으로 한 집단 강간도 벌어졌는데, 여기에는 에이즈를 퍼뜨리려는 목적도 있었다. 제국주의 세력이 부족 간 분열을 어느 정도로 야기 내지 악화시켰는지는 신생 독립국의 정치적 안정성을 가늠할 때 매우 중요한 질

문이다. 마찬가지로 신생국의 새로운 정치 지도자들이 엄청난 정치 문제, 그리고 빈곤과 저발전 같은 심각한 경제 문제들을 다룰 때 얼마나 유능했는지도 역시 중요하다.

아시아에서는 **민족주의**nationalism와 혁명적 **마르크스주의**Marxism의 관계가 강력한 힘이었다. 말레이시아에서 영국은 공산주의 반란 운동(1948~1960)을 진압했다. 인도차이나(1946~1954)에서 프랑스는 그러지 못했다. 베트남 입장에서 보면 수 세기 동안 중국, 일본, 프랑스 같은 외세의 압제가 새로운 적국인 미국으로 대체되고 있었다. 미국 정부는 초기에는 유럽 제국주의에 대한 지원을 주저했지만 점차 은밀한 관여로 나아갔다. 1965년 이후에는 신생 국가인 남베트남에 대한 군사적 개입을 확대했다. 미국 지도자들은 한 국가가 공산화되면 이웃 나라도 공산화될 것이라는 도미노 이론을 수용했다. 여기에 중국과 소련의 북베트남 지원으로 냉전 상황이 더욱 두드러졌다. 그러나 미국 정부는 제한전limited war이라는 목표를 달성하기 위한 정치적 전략을 효과적으로 구사하지 못했다. 일단 승리가 불가능해지자 미국은 '명예로운 평화peace with honor'를 명분으로 베트남에서 철수하려고 했다. 1968년에 벌어졌던 '베트콩' 게릴라의 이른바 구정(베트남의 새해) 공세Tet Offensive는 결정적인 순간이었다. 이를 계기로 미국 사람들은 그 전쟁에서 이길 수 없을 것이라고 확신하게 되었다. 하지만 미군의 완전 철수는 남베트남이 함락되기 2년 전인 1973년에 가서야 이루어졌다.

탈식민지화를 향한 세계적 추세는 20세기 세계 정치의 핵심 사건이었다. 탈식민지화는 현지 사정과 냉전의 국제적 역학에 의해 종종 좌우되었다. 그러나 제국주의가 잦아들자 다른 형태의 지배 혹은 **패권**hegemony이 모습을 드러냈다. 패권 개념은 초강대국의 행태, 특히 동유럽에서 소련의 패권과 중미에서 미국의 패권을 비판하는 데 사용되었다.

요점정리

- 탈식민지화는 민족 자결의 원칙을 토대로 했으며 유럽 열강의 쇠퇴를 의미했다.
- 1945년 이후 유럽 국가들은 탈식민지화에 대해 각기 다른 태도를 보였다. 영국 같은 일부 국가는 떠나기로 결정한 반면, 다른 국가들은 식민지의 일부(프랑스) 또는 전체(포르투갈)에서 제국을 계속 유지하려고 했다.
- 탈식민지화 과정은 많은 경우 상대적으로 평화롭게 진행되었다. 하지만 알제리, 말레이시아, 앙골라에서는 혁명 전쟁으로 이어졌고, 그 규모와 격렬성은 식민지 종주국과 민족주의 운동의 태도에서 비롯했다.
- 독립과 민족 해방은 베트남의 예처럼 초강대국(또는 그 동맹국)이 개입하면서 냉전 갈등에 휘말리게 되었다. 탈식민지화의 성공 여부는 우리가 누구의 시각, 즉 유럽 국가나 독립 운동, 또는 민족 그 자체의 시각 중 어느 것을 채택하느냐에 달려 있다.

냉전

1945년 이후 미국이 세계 강국으로 부상했다는 사실은 국제 정치에서 가장 중요한 사건이었다. 미국의 대소련 관계는 세계 정세의 결정적인 동인으로서 지구 전역에 직간접적인 영향을 미쳤다. 서양 역사학자들은 미-소 간 전시 협력 관계의 붕괴 책임이 어느 쪽에 있었는지에 대해 열띤 논쟁을 벌여 왔다. 전후 소련이 세계 강국으로 부상한 것 또한 결정적인 요인이었다. 소련 정부와 동유럽 '동맹국', 중화인민공화국People's Republic of China: PRC 및 '제3세계' 혁명 세력 사이의 관계는 중대한 국제 정치 문제이자 미-소 양국 관계의 핵심 요소였다.

일부 역사학자들은 냉전의 기원을 1917년의 '러시아 혁명'에서 찾지만, 대부분의 학자는 1945년에서 1950년 사이에 벌어진 사건들에 초점을 둔다. 냉전이 불가피했는지, 실수나 오인의 결과였는지, 아니면 용감한 서양 지도자들이 소련의 사악하고 공격적인 의도에 반응한 결과인지 등은 냉전의 기원과 전개에 관한 논쟁의 중심 질문이다. 이후의 논쟁은 서양의 문서와 자료를 토대로 이루어졌고, 서양식 가정과 인식을 반영했다. 냉전의 종식과 함께 다른 국가들, 특히 소련의 동기와 인식에 관한 더 많은 역사적 증거가 나타났다.

1945~1953년: 냉전의 시작

유럽에서 냉전의 시작은 전시 얄타 회담과 포츠담 회담에서 합의된 원칙을 실행하지 못한 결과였다. 독일과 폴란드를 비롯한 여러 중부 및 동부 유럽 국가들의 미래는 점차 과거 전시 동맹국 간의 긴장을 고조하는 문제가 되었다. 민족 자결의 원칙과 국가 안보를 조화시키는 일은 매우 어려운 숙제였다. 서양은 소련의 동유럽 정책이 안보에 대한 역사적 관심이 아닌 이데올로기적 팽창에 따라 좌우되고 있다는 느낌을 점점 강하게 받았다. 1947년 3월 미국 트루먼 행정부는 소련의 야심에 대한 각성을 불러일으키는 수사를 활용하여 터키와 그리스에 대한 제한적 원조를 정당화했고, 미국은 소련의 반란이나 팽창 때문에 위협받는 국가들을 지원할 것이라고 선언했다. **트루먼독트린**Truman doctrine과 이에 관련된 **봉쇄**containment 정책은 미국의 자아상을 본질적으로 방어적인 것으로 표현했다. 미국의 이미지는 유럽의 경제 회복을 위해 1947년 6월에 발표되어 이후 서유럽의 경제 재건에 필수적인 역할을 담당한 **마셜플랜**Marshall Plan을 통해 뒷받침되었다. 동유럽의 사회민주주의와 그 밖의 반공산주의 세력은 소련에 충성하는 마르크스-레닌주의 정권이

들어서면서 약화되거나 제거되었다. 유일한 예외는 유고슬라비아였는데, 유고슬라비아의 마르크스주의 지도자 요시프 브로즈 티토Josip Broz Tito는 소련에 대해 독립성을 유지하면서 자신의 권위를 공고히 했다. 이후 티토가 이끄는 유고슬라비아는 제3세계 비동맹 운동에서 중요한 역할을 수행했다.

냉전의 첫 번째 대전은 1948년에 베를린을 둘러싸고 발생했다. 독일의 옛 수도인 베를린은 소련 점령 지역의 심장부에 위치해 있었는데, 스탈린은 1948년 6월에 도로나 철도 같은 교통수단을 단절함으로써 소련의 지위를 강화하려고 했다. 대규모 공수 작전 덕분에 서베를린의 주민들과 그들의 정치적 자율성이 지켜질 수 있었다. 스탈린은 1949년 5월 베를린 봉쇄를 해제했다. 베를린 위기를 계기로 미국은 공식적으로 핵 능력을 갖춘 것으로 알려진 장거리 폭격기를 영국에 배치했다. 하지만 사실은 어느 폭격기도 핵무기로 무장하지는 않았다. 미국의 군사 활동에 이어서 1949년 4월에 조인된 **북대서양조약기구**North Atlantic Treaty Organization: NATO 조약에 잘 담겨진 정치적 약속이 뒤따랐다. 이 조약의 핵심 조항, 즉 어느 한 회원국에 대한 공격은 모든 회원국에 대한 공격으로 간주한다는 조항은 국제연합 헌장 제51조의 집단적 자위 원칙에 부합했다. 사실 북대서양조약기구의 초석은 서유럽을 방어하겠다는 미국의 공약이었다. 이는 실제로 미국이 소련의 공격을 저지하기 위해 핵무기를 사용할 수 있다는 의지를 천명한 것이었다. 이러한 소련에 대한 '정치적 포위'와 함께 군사적 '위협', 특히 핵 위협이 증가했다.

냉전은 유럽에서 시작되었지만, 아시아 및 기타 지역에서 벌어진 충돌도 결정적이었다. 30년 동안의 중국 내전은 1949년에 마오쩌둥(毛澤東)이 이끄는 공산주의자들의 승리로 끝났다. 이 사건은 아시아 문제는 물론이고 소련과 미국의 인식에도 중요한 영향을 끼쳤다([사례연구 3-1] 참조). 1950년 6월 북한의 대남 공격은 일반적인 공산주의 전략의 일부이자 미국의 결심 및 국제연합의 침략 격퇴 의지를 시험하는 사례로 해석되었다. 미국과 국제연합의 참여에 이어 1950년 10월에 중국이 개입함으

로써 전쟁은 3년 동안 지속되었고, 전쟁 이전의 국경이 회복되기까지 300만 명 이상이 사망했다. 한국과 북한은 냉전 종식 이후에도 외견상 항구적인 적대 관계에서 벗어나지 못했다.

냉전이 중동에 미친 영향을 평가하는 것은 더 어려운 문제다. 1948년 이스라엘 건국은 나치의 대학살 유산과 영국 식민 정책의 실패에서 기인했다. 1945년 직후 수년 동안 복잡하게 이루어진 중동의 정치, 외교, 무력 충돌은 미-소 간 이데올로기적 혹은 지정학적 갈등이라는 잣대로는 제대로 이해될 수 없다. 미국과 소련 모두 과거의 아랍 땅에 이스라엘이 창설되는 것을 지지했다. 하지만 소련은 1950년대까지 아랍 민족주의를 지지했다. 이집트의 카리스마 있는 지도자 가말 압델 나세르Gamal Abdel Nasser가 표방한 범아랍주의pan-Arabism는 사회주의 색채를 띠었지만 마르크스-레닌주의와는 거리가 멀었다. 이스라엘이라는 국가는 힘을 기반으로 수립되었고, 생존하기 위해서는 이스라엘의 정통성을 인정하지 않는 적대국에 맞서 지속적으로 국가를 방어할 필요가 있었다. 이스라엘은 영국과 프랑스와의 관계를 발전시켰고, 그 관계는 1956년 이집트 공격을 위한 비밀 합의를 통해 절정에 달했다. 시간이 지남에 따라 이스라엘은 미국과 더욱 결정적인 관계를 수립하여 사실상의 전략적 동맹이 탄생했다. 그러나 영국, 프랑스, 미국은 역사적·전략적·경제적 이해를 바탕으로 아랍 국가들과 복합적인 관계를 발전시켰다.

1953~1969년: 갈등, 대결 그리고 타협

한국 전쟁의 결과 중 하나로 서유럽에서 미국의 군사력이 증대했다. 아시아에서 공산주의의 공세는 유럽에 대한 소련의 위협을 일깨웠다. 공산주의가 소련의 지배를 받는 단일한 정치 단위체라는 생각은 미국만의 고정관념이 되었고, 영국이나 기타 나라들은 그에 공감하지 않았다. 그런데도 서유럽은 군사적 안보를 미국에 의존했고, 이러한 의존도는 유럽에서 냉전적 대결이 깊어지면서 더

마오쩌둥 동상
© iStock.com / Keith Molloy

1949년 마오쩌둥하의 중국 공산당은 30년의 내전(1937년 일본의 침략으로 중단되었다) 끝에 정권을 장악했다. 사회주의 및 게릴라전에 관한 마오쩌둥의 이론은 제3세계의 혁명 투쟁을 고무시켰다. 이데올로기는 중국의 내부 발전의 틀을 형성하고 대외 관계의 지도 원칙이 되었다. 농업과 산업을 현대화하려는 마오쩌둥의 시도는 거대한 변화를 야기했다. 하지만 그로 인해 종종 중국 인민에게 커다란 비용이 부과되었다. 1958년의 대약진 운동은 대규모 기아(그리고 억압)로 귀결했다. 약 3000만~4200만 명이 사망한 것으로 추정된다. 1966년부터 1976년 마오쩌둥의 사망까지 문화대혁명의 급진적인 개혁 시도는 정치적 불안정을 가져왔을 뿐만 아니라, 서양으로부터 중국을 더욱 소외시켰다. 마오쩌둥과 스탈린Stalin의 관계는 처음에는 이념적 동지애를

기반으로 했지만, 니키타 흐루쇼프Nikita Khrushyov 치하에서는 이념적 차이점이 두드러졌다. 마오쩌둥은 서양과 공존하려는 흐루쇼프에 대해 비판적이었다. 소련은 베이징의 원자력 프로그램을 위한 지원을 중단했으나, 1964년 중국의 원자폭탄 실험을 막지 못했다. 양국은 국제 사회주의 운동의 리더십을 둘러싸고 이념·정치적 경쟁을 벌였는데, 특히 제3세계에서 그러했다.

한국 전쟁에 대한 중국의 조기 개입으로 중국과 미국 군대 간의 대규모 전투가 발생했다. 그리고 중국과 미국의 지역적·이념적 이해관계는 1960년대에 한반도, 대만, 동남아시아에서 서로 충돌했다. 그러나 동-서 데탕트와 미국의 베트남 철수 모색으로 워싱턴과 베이징의 **화해 정책**rapprochement이 촉진되었다.

단일한 공산주의에 대한 서양의 인식은 신생 통일 베트남이 1978년에 캄푸치아(캄보디아)를 침략하고, 베이징의 지원을 받던 폴 포트Pol Pot하의 크메르 루주를 무너뜨리게 되면서 더욱 약화했다. 이념적인 동기에서 자행된 크메르 루주의 대량 학살로 대략 100만 명에서 200만 명이 살해당했다. 공산주의 중국은 1979년에 공산주의 베트남에 징벌적 공격을 개시했으며, 베트남의 동맹인 공산주의 소련과 접한 국경으로 재래식 병력을 이동시켰다.

1980년대 덩샤오핑(鄧小平)은 경제 개혁을 추진하며 시장 원칙을 조심스럽게 받아들였다. 경제 개혁은 경제적 변환과 지구적 확장을 위한 것이었다. 그러나 공산당 우위라는 냉전의 유산은 그대로 유지되었다. 서양식 민주적 제도와 인권은 경제적 변화만큼 발전하지 못했고, 고르바초프와 달리 덩샤오핑은 급진 반대 세력을 억압하기 위해 무력을 사용했다. 개혁으로 소련은 급속한 붕괴를 맞았지만, 중국은 살아남았고 번성했다. 중국은 '초강대국'의 군사력을 갖춘 지구적 경제 강국이 되었다. 또 국제연합 안전보장이사회와 탈냉전 세계의 지구 정치에서 점차 중요한 역할을 하고 있다.

질문 1 중국 내부에서 일어난 사건 중 중국이 냉전에서 담당한 역할에 가장 큰 영향을 미친 사건은 무엇인가?

질문 2 1949년 이후 중국은 대미 및 대소 관계를 얼마나 성공적으로 관리했는가?

욱 높아졌다. 1954년 서독의 재무장은 이듬해 **바르샤바조약**Warsaw Pact의 탄생을 앞당겼다. 군사력이 빠르게 증대하면서 재래식 무기와 핵무기의 양은 유례없는 수준에 이르렀다. 소련이 미국을 공격할 수 있을 정도의 핵 능력을 보유하게 되자 '함부르크를 구하기 위해 시카고를 위험에 빠뜨리는' 일을 감수할 것인지 의문이 제기되었고, 따라서 '확장 억지extended deterrence'의 신빙성도 흔들렸다. 이러한 신뢰성 문제가 악화된 이유는 북대서양조약기구가 유럽을 위한 핵전쟁의 수행과 개시에 있어서 미국의 자발적 의지에만 계속 의존했기 때문이다. 1960년대에 서유럽 지역에만 약 7,000개의 핵무기가 있었다. 북대서양조약기구는 소련 재래식 무기의 우위를 막기 위해 핵무기를 배치했지만, 소련의 유럽 '전역 핵무기'는 미국의 전반적인 핵 우위를 무력화했다.

1953년 스탈린의 사망은 소련 안팎에서 중대한 변화를 예고했다. 스탈린의 최종 후계자인 흐루쇼프는 소련 사회의 근대화를 위해 노력했지만, 동유럽에서 개혁주의 세력의 성장을 자극했다. 소련은 폴란드와의 대치에서 후퇴했다. 하지만 헝가리에서의 상황은 소련의 패권을 위협했고, 1956년 소련군의 헝가리 개입은 부다페스트 유혈 사태와 국제적 비난을 야기했다. 같은 시기에 영국, 프랑스, 이스라엘은 이집트를 공격했는데, 이는 나세르 대통령이 수에즈 운하를 점령함으로써 촉발했다. 영국 정부의 행동은 국내외에서 격렬한 비난을 받았을 뿐만 아니라 영국과 미국 간 '특수 관계'에 가장 심각한 균열을 야기했다. 드와이트 아이젠하워Dwight Eisenhower 미국 대통령은 동맹국들이 취한 조치에 강력하게 반대했고, 영국은 미국의 경제 제재가 효과를 나타낼 즈음 군사 작전과 프랑스·이스라엘에 대한 지지를 포기했다. 많은 사람이 수에즈 사건을 유럽 제국주의의 마지막 발작으로 보았기 때문에, 소련은 헝가리에서 보여 준 행동에 대한 국제적 비난을 다소 모면했다.

흐루쇼프의 대서양 정책은 정치적 공존과 이념 대결을 병행하는 것이었다. 소련의 민족해방 운동 지원은 전 지구적인 공산주의 위협이라는 두려움을 서양에 불러일으켰다. 자유민주주의와 민족 자결에 대한 미국의 약속은 미국의 경제·정치적 이익이나 냉전기 고려 사항보다 후순위로 밀렸다. 냉전과 함께 만들어진 대규모 상설 정보기관은 적국의 의도와 능력을 평가하고 다른 국가의 내정에 은밀히 개입하는 역할을 담당했다. 1961년 베를린 위기와 1962년 쿠바 위기([*사례연구 3-2*] 참조)는 냉전기의 가장 위험한 순간들이었다. 두 위기 모두에서 직접적인 군사적 충돌 위험이 있었고, 특히 1962년 10월에는 핵전쟁 가능성까지 있었다. 쿠바 미사일 위기 동안 세계가 아마겟돈에 얼마나 가까이 갔는지, 정확히 왜 평화가 유지되었는지는 역사가들 간에 커다란 논쟁거리로 남아 있다.

1962년 사건 이후 더 안정된 공존과 경쟁의 시기가 뒤따랐다. 그런데도 핵 군비는 지속적으로 증가했다. 이러한 상황이 군비 경쟁 때문이었는지, 아니면 정치적·관료적 압력이라는 내부적 요인 때문이었는지는 해석하기 나름이다. 미국은 북대서양조약기구 동맹국에 대해 공약을 함으로써 '전술' 및 '전역' 단거리 핵미사일을 개발하고 배치할 필요성과 기회를 얻었다. 영국(1952), 프랑스(1960), 중국(1964), 인도(1974), 파키스탄(1998) 등 새로운 핵 보유국이 등장하면서 세계 정치에서 핵의 비중이 높아졌다. 이스라엘과 남아프리카공화국도 핵무기를 개발했으나, 남아프리카공화국은 인종 차별 정책의 종식과 함께 핵무기도 철폐했다. 핵무기 확산에 대한 염려는 1968년에 핵확산금지조약Nuclear Non-Proliferation Treaty: NPT 협상으로 이어졌다. 이 조약에서 핵 보유국들은 군비 경쟁을 중단하기로 약속했고, 비핵국가들은 핵무기를 개발하지 않기로 했다.

1969~1979년: 데탕트의 부침

미국이 군사적으로 베트남에 더욱 깊숙이 개입할수록 소련-중국 관계는 악화했다. 실제로 1969년 무렵에 중국과 소련은 영토 분쟁 문제로 소규모 국경 전쟁을 벌였다. 이러한 긴장 속에서도(또는 이 때문에) 이른바 미국과 소련

쿠바 미사일 위기

핵 실험을 지켜보는 군인들
© Everett Historical / Shutterstock.com

1962년 10월에 미국은 소련 지도부가 비밀리에 핵미사일을 쿠바에 배치하고 있다는 사실을 알아챘다. 존 F. 케네디John F. Kennedy 대통령은 쿠바에 대한 해상 봉쇄를 단행했고, 미국의 핵전력은 전례 없는 경계 태세에 돌입했다. 두 초강대국이 정면 대결 상태에 있었고, 대대수 역사가는 이때가 냉전 기간 가운데 핵전쟁 위험이 가장 높았다고 본다. 미국의 핵전쟁 설계자들은 미국의 공격만으로도 수억 명이 사망할 것이라고 계산했다. 이후 과학자들은 그로 인해 현재 '핵겨울'로 알려진 환경적 대재앙이 닥쳤을 것이라고 추정했는데, 이는 사실상 인류의 멸종을 초래했을 것이다.

위기가 10월 26~28일 사이에 최고조에 이르면서 케네디와 흐루쇼프 모두 정치적 양보를 하며 외교적 해결을 결정했다. 그런데도 최근에 나타난 증거를 보면 연쇄적인 오인이나 하급자의 행동, 조직상의 실패 같은 요소들 때문에 우발적으로 핵전쟁이 일어날 위험이 당시 정치 지도자나 역사가들이 생각했던 것보다 훨씬 더 컸음을 알 수 있다. 행운이 인류의 생존에 놀라우리만치 큰 역할을 했는지도 모른다.

외교적 교착 상태는 케네디 대통령이 봉쇄를 선언한 지 6일 뒤에, 쿠바를 침공하지 않겠다는 미국의 보증에 대한 대가로, 흐루쇼프 서기장이 미사일을 철수함으로써 해소되었다. 케네디 대통령은 또한 유럽에서 핵미사일을 제거하는 조치를 취했다. 많은 문헌이 미-소 대결에 초점을 맞추었지만, 쿠바와 그 지도자인 피델 카스트로Fidel Castro의 역할에도 많은 관심이 쏟아졌다. 위기가 절정으로 치닫자 카스트로는 흐루쇼프에게 전보를 쳤고, 이 전보를 흐루쇼프는 카스트로가 미국에 대한 핵 선제공격을 옹호한다고 해석했다. 카스트로의 전보 때문에 흐루쇼프는 케네디와 협상을 벌이기로 결정했고, 쿠바와 협의 없이 이를 진행했다. 훗날 카스트로는 미국의 침략을 격퇴하기 위해 소련이 보낸 전술 핵무기를 사용하기를 원했다고 말했다.

이 위기의 여파로 1963년에 체결된 부분적 핵실험금지조약 협상에서 중요한 진전이 이루어졌다. 이 조약은 대기 중에서 핵무기 실험을 금지했다. 위기는 피해야 한다는 인식이 팽배하게 되었고, 소련은 베를린 문제와 관련하여 서양을 압박하는 시도를 더 이상 하지 않았다. 그럼에도 불구하고 양측은 각자 핵 군비를 계속 증강했다.

질문 1 미국과 소련은 왜 1962년 10월 핵전쟁의 직전까지 가게 되었는가?

질문 2 쿠바 미사일 위기에서 쿠바의 역할은 무엇이었는가?

간 **데탕트**détente, 중국과 미국 간 화해의 기초가 놓이게 되었다. 유럽의 데탕트는 독일 사민당 출신 빌리 브란트 Willy Brandt 수상의 **동방 정책**Ostpolitik에서 시작되었으며, 결국 베를린의 독특한 지위와 동독의 주권을 인정하는 합의로 귀결됐다. 미-소 데탕트는 핵 위기를 피해야 한다는 상호 인식과 무절제한 군비 경쟁을 막기 위한 경제적, 군사적 동기에서 비롯됐다.

서양에서 데탕트는 리처드 닉슨Richard Nixon 대통령과 그의 참모인 헨리 키신저Henry Kissinger(두 사람은 중국-미국 화해의 주역이었다)의 정치적 지도력과 관련이 있었다. 소련과 미국 모두 저마다 추구하는 정치적 목표가 있었고, 그 가운데 일부는 상대방의 기대와 점차 양립할 수 없게 되었다. 양측은 우호적인 정권과 운동을 지지했지만 적대 세력을 타도하려고 했다. 데탕트는 '제3세계'에서 발생

표 3-3 제3세계 혁명 운동(1974~1980)

에티오피아	하일레 셀라시에 황제 타도	1974년 9월
캄보디아	크메르 루주의 프놈펜 점령	1975년 4월
베트남	북베트남/베트콩의 사이공 점령	1975년 4월
라오스	파테트라오의 국가 접수	1975년 5월
기니비사우	포르투갈로부터 독립	1974년 9월
모잠비크	포르투갈로부터 독립	1975년 6월
카보베르데	포르투갈로부터 독립	1975년 6월
상투메	포르투갈로부터 독립	1975년 6월
앙골라	포르투갈로부터 독립	1975년 11월
아프가니스탄	군사 쿠데타	1978년 4월
이란	아야톨라 호메이니의 권력 장악	1979년 2월
그레나다	새보석운동의 정권 장악	1979년 3월
니카라과	산디니스타의 마나과 점령	1979년 7월
짐바브웨	영국으로부터 독립	1980년 4월

출처: F. Haliday, 1986, *The Making of the Second Cold War* (London: Verso), p. 92

한 여러 정치적 격변과 맞물려 있었다([표 3-3] 참조). 초강대국들이 어느 정도로 우방국을 통제할 수 있었고 자신들의 약속에 얽매였는지의 문제는 어쩌면 위험한 대결이 될 뻔했던 1973년 아랍-이스라엘 전쟁에 미국과 소련이 뒤얽히게 되었을 때 두드러졌다. 의도적이든, 우연이든 초강대국이 전쟁에 개입함으로써 이집트-이스라엘의 화해를 위한 정치적 여건이 마련되었다. 이집트가 충성할 대상을 소련에서 미국으로 바꿈으로써 외교 및 전략적 관계가 변화했다. 이집트는 아랍 지역에서 잠시 고립되었다. 이스라엘 입장에서는 두 전선에서 전면 전쟁을 치러야 하는 우려가 사라졌다. 그러나 계속되는 정치적 폭력과 테러리즘, 이스라엘과 다른 아랍 국가들 사이의 지속적인 적대감은 지역 안정을 가로막는 넘을 수 없는 장애물이었다.

소련이 제3세계 혁명 운동을 지원한 데는 '초강대국'으로서의 자신감과 제3세계가 공산주의로 향하고 있다는 분석이 작용했다. 이는 서양 진영 및 중국과의 이념 경쟁으로 이어졌다. 미국은 이것을 소련의 이중성을 드러내는 증거로 여겼다. 일부 미국 사람들은 1975년에 소련이 에티오피아 혁명 세력을 지원함으로써 데탕트의 종말을 가져왔다고 주장했다. 어떤 사람들은 1978년에 앙골라에서 소련이 했던 역할을 언급했다. 그곳에서 소련은 무기를 공급하고, 마르크스주의자들을 지원하기 위해 쿠바 군대를 수송하는 것을 도왔다. 소련이 군비 통제를 이용해 군사적 이점을 확보하려 한다는 인식도 제3세계에서 소련이 보인 행태와 연결되었다. 소련의 군사적 우위가 영향력 증가로 이어졌다는 주장도 있었다. 비판론자들이 주장하는 바에 따르면, 전략무기제한협정Strategic Arms Limitation Treaty: SALT은 소련이 여러 개의 개별 타격용 탄두를 대륙간탄도미사일에 탑재하는 것을 막지 못했고 미국의 주요 군사 시설을 위협하는 결과를 가져왔다. 그들은 미국이 '취약성의 창'에 직면했다고 주장했다. 그러나 데탕트의 범위와 목적, 그리고 핵 억지의 본질에 대해 상이한 가정에 입각해 있었던 소련의 시각은 달랐다. 다른 사건들 역시 미국의 영향력을 약화시켰다. 1979년 이란의 샤Shah 정권이 전복되면서 서양 진영은 중동 지역의 주요 동맹을 상실했다. 그러나 호전적인 후임 이슬람 정권은 두 초강대국 모두에게 적대적이었다.

1979년 12월은 동-서 관계의 전환점이었다. 북대서양조약기구는 소련과의 협상을 통해 심각한 군사적 불균형이 줄어들지 않을 경우 유럽에 지상발사 순항미사일과 퍼싱미사일을 배치하기로 합의했다. 같은 달 말에 소련 군대는 아프가니스탄에 개입하여 혁명 운동을 지원했다. 소련의 행동은 서양 진영과 '제3세계'에서 맹렬한 비난을 받았고, 곧 소련은 많은 사람이 베트남에서 미국이 벌인 전쟁에 비유하는 지루한 유혈 투쟁에 휘말리게 되었다. 미국의 지미 카터Jimmy Carter 대통령은 소련을 근본적으로 다르게 보기 시작했다. 그는 전략무기제한협정SALT II의 상원 비준을 받는 것을 철회하고, 1980년 모스크바 올림픽의 국제적 불참 운동을 주도했으며, 페르시아만부터 아프리카의 뿔 지역에 걸쳐 개입할 수 있는 신속대응군의 창설을 선언했다. 그런데도 공화당은 카터 대통령을 공격하기 위해 외교·국방 정책을 더 자주 활용했다. 외국에서 미국이 약화되고 있다는 인식이 국내 정치에 스며들었고, 1980년에 로널드 레이건Ronald Reagan이 대통령에 당선되었다. 레이건 대통령은 군비 통제, 제3세계 분쟁, 동-서 관계 전반과 관련하여 소련에 대해 조금 더 대결적인 태도를 견지했다.

1979~1986년: '제2차 냉전'

서양에서 데탕트와 군비 통제에 비판적인 사람들은 소련이 핵 우위를 확보해 가고 있다고 주장했다. 어떤 사람들은 미국이 핵전쟁에서 승리할 수 있다는 생각을 바탕으로 정책과 전략을 추구해야 한다고 제안했다. 1980년에 레이건 대통령의 당선으로 미-소 관계는 분수령을 맞았다. 레이건은 유럽 미사일 문제를 넘겨받았는데, 동-서 관계가 붕괴하면서 점차 큰 문제가 되었다. 전략적 균형 및 유럽의 핵 균형에서 발생한 변화들은 확장 억지의 신뢰성에 대한 서양의 걱정을 새삼 불러일으켰다([표 3-4] 참조). 결국 북대서양조약기구는 소련 영토를 타격할 수 있는 지상 미사일을 배치하기로 결정했다. 이로 인해 북대서양조약기구와 소련 간의 긴장은 물론, 북대서양조약기구 안에서 정치적 마찰이 점차 고조되었다. 레이건이 주도하는 주요 군비 정책은 선임자인 카터 대통령의 정책을 이어받았다. 하지만 레이건의 무분별한 공개 발언은 그가 핵 문제를 잘 모르는 위험한 인물이라는 인식을 강화시켰다. 레이건은 합의 도출을 위해 현상을 동결하는 협정에는 관심이 없었다. 소련과 미국의 협상단은 장거리 및 중거리 무기에 대한 협상에서 진전을 거둘 수 없었다. 특이한 생각 하나가 군비 통제와 미국과 동맹국 및 적성국의 관계에 중대한 결과를 초래했다. 곧 '스타워즈 Star Wars'로 명명된 '전략방위구상Strategic Defense Initiative: SDI'은 탄도미사일에 대한 우주 기반 방어의 실현 가능성을 탐구하는 연구 프로그램이었다. 소련은 전략방위구상을 심각하게 받아들였고 레이건이 실제로 1950년대의 핵 독점을 되찾으려 한다고 주장했다. 레이건은 개인적으로도 전략방위구상이 핵무기를 무용지물로 만들 것이라며 특별한 애착을 갖고 있었다. 그러나 전략방위구상 찬성론자들이 주장하는 기술 진보는 현실화되지 않았으며, 결국 이 연구 프로그램은 축소되어 관심에서 멀어졌다.

이어지는 초강대국 간 대결의 시기는 **제2차 냉전**second cold war이라고 불렸고 이는 1946년에서 1953년 사이의 초창기 대결 시기와 비교되었다. 서유럽과 소련에는 핵전쟁에 대한 공포심이 존재했다. 이러한 공포의 많은 부분은 레이건 행정부의 수사와 정책에 대한 반응이었다. 미국의 핵무기에 관한 성명들과 1983년 그레나다, 1986년 리비아에 대한 군사적 개입은 새로운 호전성의 징표로 간주되었다. 레이건의 중앙아메리카 정책과 니카라과 콘트라반군 지원은 미국 국내에서 또 국제적으로 논쟁거리였다.

표 3-4 **주요 핵 보유국 현황**(탄두 수)

	1945	1950	1955	1960	1965	1970	1975	1980	1985	1990
미국	6	369	3,057	20,434	31,982	26,662	27,826	24,304	24,327	21,004
소련	-	5	200	1,605	6,129	11,643	19,055	30,062	39,197	37,000
영국	-	-	10	30	310	280	350	350	300	300
프랑스	-	-	-	-	32	36	188	250	360	505
중국	-	-	-	-	5	75	185	280	425	430
합계	6	374	3,267	22,069	38,458	38,696	47,604	55,246	64,609	59,239

출처: R. S. Norris and H. Kristensen, 2006, "Nuclear Notebook", *Bulletin of the Atomic Scientist*, 62(4)(July/Aug.), p. 66

1986년에 국제사법재판소International Court of Justice: ICJ는 미국 중앙정보국CIA이 니카라과 항구들을 비밀리에 공격한 일은 국제법 위반이라고 하면서 미국에 유죄 판결을 내렸다.

하지만 레이건 행정부의 군사력 사용은 제한적이었다. 다시 말해 말과 인식은 정치적 행동과 달랐다. 1983년 레바논에서처럼 몇몇 해외 작전은 치욕적인 패배로 끝났다. 그러나 소련 지도부의 일부는 레이건 행정부의 말(과 행동)을 심각하게 생각했고, 미국이 핵 선제공격을 계획하지나 않을까 노심초사했다는 증거가 있다. 1983년에 소련 공군은 소련 영공에 들어온 남한 민간 항공기를 격추했다. 미국의 반응과 미국 핵미사일을 즉각적으로 유럽에 배치한 일은 동-서 관계의 긴장이 격화되는 환경을 만들었다. 일부 역사가들은 1983년 11월 소련 정보 당국이 북대서양조약기구의 훈련 연습(코드명 에이블 아처Able Archer)을 오인하여 북대서양조약기구가 소련 공격을 준비하고 있다는 두려움을 일으켰을 수 있다고 본다. 1983년에 세계가 심각한 핵 대결에 어느 정도로 근접했는지는 여전히 논쟁의 대상이다([표 3-5] 참조).

1980년대 초 내내 소련은 레오니트 브레즈네프Leonid Brezhnev, 유리 안드로포프Yuri Andropov, 콘스탄틴 체르넨코Konstantin Chernenko 같은 노쇠한 정치 지도자의 승계 문제로 어려움을 겪었다. 더욱이 건강 상태가 좋지 않았던 이들은 미국의 도전과 위협에 적절히 대응하지 못했다. 이런 상황은 1985년에 미하일 고르바초프Mikhail Gorbachev가 공산당 서기장이 되면서 급반전되었다. 고르바초프의 '신(新)사고' 외교 정책과 국내 개혁 조치들은 소련의 외교 관계와 소련 사회 내부에 일종의 혁명을 가져왔다. 고르바초프에게는 당혹스러웠겠지만, 국내적으로 **글라스노스트**glasnost(개방)와 **페레스트로이카**perestroika(개혁)는 소비에트사회주의공화국연방을 붕괴시킬 세력들에 대한 속박을 풀어 줬다.

고르바초프의 외교 정책 목표는 자국의 국제 관계, 특히 미국과의 관계를 변환시키는 일이었다. 그의 국내 정책은 동유럽의 변화를 촉진했다. 그러나 흐루쇼프와 달

표 3-5 냉전기의 위기들

연도	지역	당사국
1948~1949	베를린	소련/미국/영국
1954~1955	대만해협	미국/중국
1961	베를린	소련/미국/북대서양조약기구
1962	쿠바	소련/미국/쿠바
1973	아랍-이스라엘 전쟁	이집트/이스라엘/시리아/요르단/미국/소련
1983	에이블 아처 훈련	소련/미국/북대서양조약기구

리, 그는 힘과 강제력을 사용할 준비가 되어 있지 않았다. 동유럽에서 반란이 일어났을 때 고르바초프 정부의 외무장관은 프랭크 시나트라Frank Sinatra가 부른 노래의 가사 "난 내 방식대로 살았다I Did It My Way"를 상기시켰다. 이로써 일찍이 동유럽의 주권과 정치 발전을 제한했던 **브레즈네프독트린**Brezhnev doctrine은 폐기되었다. **시나트라독트린**Sinatra doctrine은 이제 동유럽 국가들이 자기의 길을 가게 되었음을 의미했다. 동유럽 전역에서 소련의 동맹국들은 대부분 평화롭고 신속하게 민주주의로 이행했다(**제4장 참조**). 가장 극적인 대목은 독일이 통일되고 동독(독일민주공화국)이 사라진 것이다.

고르바초프는 1980년대 초의 긴장을 완화하는 데 일조한 군축 협정을 추진했다. 그는 1987년에 미국 워싱턴으로 날아가 크루즈와 퍼싱 II를 포함한 중거리 핵미사일을 금지하는 중거리핵무기협정Intermediate Nuclear Forces: INF을 체결했다. 이 협정은 고르바초프에게는 승리의 서곡이 되었다. 하지만 마거릿 대처Margaret Thatcher 수상과 레이건 대통령을 포함한 북대서양조약기구 지도자들은 1979년 이래 북대서양조약기구가 추구했던 정책의 정당성을 입증한 것이라고 주장했다. 중거리핵무기협정은 부분적으로 전략방위구상에 대한 소련의 지속적인 반대 때문에 전략 핵무기 감축에 관한 새 협정보다 신속하게 체결되었다. 레이건의 후임자인 조지 부시George H. W.

Bush 대통령은 전략무기감축협정 Strategic Arms Reduction Treaty: START을 체결했고, 장거리 핵무기를 1980년대 초 이전 수준으로 감축하기로 합의했다. 고르바초프는 핵무기에 관한 합의들을 신뢰 구축 수단으로 삼아 자신의 진정성과 과감성을 드러냈다. 그러나 유럽 재래식 무기에 관한 합의(1990년 파리협정으로 완결된)에도 불구하고, 냉전의 종식은 핵 군축보다는 핵 군비 통제의 성공을 부각시켰다 ([표 3-6] 참조). 냉전과 핵무기의 역사는 밀접하게 연관되어 있다. 하지만 현재 냉전은 끝났지만 핵무기는 여전히 우리 곁에 있다.

표 3-6 주요 군비 통제 및 군축 협정

조약	목적	서명 연도	체약국
제네바의정서	화학 무기 사용 금지	1925	140개국
부분핵실험금지조약	대기권, 우주 공간 및 수중에서의 핵실험 금지	1963	125개국 이상
핵확산금지조약	핵무기 확산의 제한	1968	190개국 이상
생물무기금지협약	생물학 무기의 생산 및 사용 금지	1972	180개국 이상
SALT I협정	전략 무기 제한*	1972	미국/소련
ABM협정	탄도 요격 미사일 제한	1972	미국/소련
SALT II협정	전략 무기 제한*	1979	미국/소련
INF협정	두 가지 범주의 지상발사 미사일 금지	1987	미국/소련
START II협정	전략 무기 감축*	1990	미국/소련
START II협정	다핵 탄두 미사일 금지	1993	미국/소련
부분핵실험금지조약	핵 실험의 전면 금지	1996	180개국 이상

* 전략 무기는 장거리 무기를 말함

출처: Harvard Nuclear Study Group, 1985, "Arms Control and Disarmament: What Can and Can't be Done", in F. Holroyd(ed.), *Thinking About Nuclear Weapons*(Buckingham: Open University), p. 96

요점정리

- 냉전이 언제, 왜 시작되었고 누구의 책임인지에 대한 의견은 분분하다. 동–서 관계는 여러 국면으로 진행되었고, 각 단계에서 긴장과 직접 대결 위험은 증가하고 또 감소했다.
- 초강대국의 개입으로 내전과 지역 분쟁이 격화되고 연장된 경우가 있는 반면에, 전쟁이 예방되거나 그 기간이 단축된 경우도 있다.
- 핵무기는 냉전의 핵심 요소였다. 핵 개발이 어떻게 자체적인 추진력을 얻었는지는 논쟁거리다. 핵 군비의 제한과 통제에 관한 합의들은 미-소 관계와 동-서 관계에서 중요한 역할을 수행했다.
- 냉전의 종식이 핵무기 폐기로 이어지지는 않았다.
- 핵전쟁의 위험이 도사렸던 많은 국제 위기가 있었다. 당시 우리가 대재앙에 얼마나 가까이 있었는지는 여전히 논쟁의 대상이다.

맺음말

20세기 세계 정치에서 일어났던 변화는 어마어마했다. 그 중요성을 평가할 때 국제 관계 역사 및 국제 정치의 본질에 관해 많은 복잡한 문제가 제기된다. 어떻게 해서 1914년에 전쟁이 일어났는가? 히틀러의 부상은 무엇으로 설명할 것인가? 냉전의 기원, 동력 및 대가는 무엇이었는가? 이러한 문제들은 현재까지도 열띤 토론과 격렬한 논쟁을 빚어내고 있다. 이 맺음말을 통해 이 장에서 살펴본 세 가지 측면(총력전, 제국의 종말, 냉전) 사이의 관계에 관해 몇 가지 점을 강조하겠다. 1914년에 전쟁이 어떤 이유로 일어났든지 간에, 전투가 산업화에 기반을 둔 총력전으로 변모한 것은 기술·정치·사회적 요인들이 복합적으로 작용한 결과였다. 그 이후 정치 지도자들은 평화와 안정을 회복할 수 있는 능력을 갖추지 못했다. 1919년 이후 유럽 국제 체제를 재건하려는 노력도 기존 문제들을 해결하지 못했다. 그러는 사이에 세계 질서의 안정을 가로막는 새로운 장애물이 탄생했다. 나치 독일의 부상은 세계적 대재앙을 초래했고 새로운 전투·살인 기법을 낳았다. 살육과 고통은 전례 없는 규모였다. 나치의 인종 우월주의는 유럽 전역에서 잔인성과 대량 살인으로 나타났고 유대인에 대한 집단 학살로 정점에 다다랐다. 그 결과 중 하나는 이스라엘의 창설이었다. 이스라엘은 오늘날에도 지구적 반향을 불러일으키는 충돌 사건들의 동인이다. 1930년대에 일본에서 침략적인 군사 정권이 등장한 것도 태평양 전역에서 벌어질 지루하고도 잔인한 전쟁을 예고했다.

1945년 이후에는 유럽 제국들이 몰락하고 냉전의 부침이 일어났다. 제국의 붕괴와 냉전기 제3세계 내의 충돌들은 복잡하지만 매우 밀접한 관계가 있었다. 어떤 경우에는 초강대국의 개입으로 변화가 일어났다. 다른 경우에는 초강대국의 직접 개입으로 분쟁이 악화되고 연장되었다. 다양한 형태의 마르크스주의 이데올로기는 많은 제3세계 해방 운동을 고무하고 미국(과 다른 국가들)을 자극했다. 가장 눈에 띄는 예는 베트남이었다. 냉전이 정확히 어떻게 탈식민지화 과정에 영향을 미쳤는지는 개별 사건을 토대로 가장 잘 평가될 수 있다. 하지만 한 가지 주요 쟁점은 혁명 지도자들과 혁명 운동의 목적이 마르크스주의가 아니라 얼마나 민족주의 성격을 띠었느냐다. 베트남의 호찌민과 쿠바의 카스트로는 일차적으로 민족주의자들이었고, 미국과 서유럽의 적대 행위에 직면했을 때 비로소 소련과 공산주의에 의지했다는 주장이 제기된다. 소련과 중국의 대립도 마르크스주의가 실행되는 과정에서 나타나는 분열적인 경향을 말해 준다. 몇몇 예에서처럼, 공산주의 국가들 간의 갈등은 공산주의 국가와 자본주의 국가 간의 갈등만큼이나 첨예했다. 다른 지역, 특히 중동 지역에서 마르크스주의는 중동 민족들에게 더 큰 호소력을 발휘하는 범아랍주의와 혁명적 이슬람의 도전에 직면했다. 초강대국의 개입은 훨씬 복잡하고 분산되었지만, 위기의 순간에는 중요하게 작용했다.

마찬가지로, 문제의 여지는 있지만 냉전과 핵무기의 역사도 밀접하게 관련된다. 어떤 역사가들은 미국의 핵무기 사용이 냉전의 기원에 결정적인 역할을 했다고 주장한다. 다른 사람들은 전멸 위협으로 야기된 과대망상이 소련의 국방 및 외교 정책을 이해하는 데 중요하다고 여긴다. 다시 말해 유례없는 참상이 일어날 것이라는 위협이 핵무기 시대 지도자들의 상호 적대와 공포를 이해하는 데 중요하다는 뜻이다. 또한 핵무기가 없었다면 미국과 소련 사이의 직접적인 충돌이 훨씬 더 용이했을 것이라는 주장, 그리고 핵무기가 하나의 억지 장치로 작용하지 않았다면 유럽에서 전쟁이 일어났을 것이라는 주장도 제기된다. 한편 핵무기는 동-서 관계에서 제한적인 역할만을 수행했으며, 그 중요성이 과장되었다고 주장하는 사람들도 있다.

그럼에도 불구하고 핵무기는 정치적 타협의 초점이었다. 데탕트 시기에 군축 협정은 국제 정치의 흐름이었다.

1961년(베를린), 1962년(쿠바), 1973년(아랍-이스라엘 전쟁) 그리고 1983년(에이블 아처 군사 훈련)에 우리가 핵전쟁에 얼마나 근접했는지, 또 이 사건들에서 어떤 교훈을 얻었는지는 역사가들은 물론이고 정책 결정자들에게 중요한 질문이다. 한 가지 중요한 문제는 냉전적인 시각 또는 핵 보유 초강대국의 개입이 과거 전쟁과 충돌로 점철된 지역에 얼마나 안정을 부여했느냐 하는 점이다. 어쩌면 냉전은 군사력과 핵무기가 유럽에 전례 없이 집중되는 결과를 초래했는지도 모른다. 하지만 이때야말로 특히 서양 진영에서 안정과 경제적 번영을 누리던 시기였다.

냉전과 제국의 시대 모두 끝이 났다. 하지만 이 시대가 남긴 유산은 좋든 나쁘든, 눈에 보이든 그렇지 않든 세계 곳곳에 살아남아 있다. 핵무기와 여타 대량 파괴(생화학) 무기의 시대가 계속되고 있다. 공산주의와 자유주의/자본주의 사이의 이념적 갈등이 얼마나 지구화를 촉진하는지, 아니면 억제하는지는 숙고해 볼 여지가 있다. 사람의 상상력에 한계가 있는데도 핵전쟁이 지구에 가져올 결과는 여전히 너무나 생생하다. 1986년에 소련 체르노빌에서 일어난 원자력 발전소 폭발 사고는 방사능에는 국경이 없음을 보여 주었다. 1980년대에 과학자들은 단지 세계 전체 핵무기 가운데 일부가 전 세계 일부 도시에서 폭발하기만 해도 지구 북반구에 사는 생명 자체를 멸종시킬 것이라고 말했다. 비록 전략 핵무기의 위협은 줄었지만 세계 핵무기 문제는 여전히 21세기 인류 공통의 절박한 관심사다.

1. 1914년 전쟁 발발의 책임이 독일에 있다는 주장에 동의하는가?

2. 베르사유평화조약이 1919년부터 1939년까지 유럽의 정치적 불안정 문제를 해결하지 못했
   다고 생각하는가?

3. 히틀러에 대한 유화 정책 이외에는 실현 가능한 대안이 없었다는 점을 받아들이는가?

4. 원자폭탄은 왜 일본에 투하되었다고 생각하는가?

5. 미국이 한국 전쟁과 베트남 전쟁에 개입한 이유가 무엇이라고 생각하는가?

6. 데탕트 당시 미국과 소련의 목표는 서로 양립할 수 있었다고 생각하는가?

7. 탈식민지화 과정에서 영국은 프랑스보다 더 성공적이었다는 데 동의하는가?

8. 1945년 이후 아프리카와 아시아에서 제국의 종말을 어떻게 비교하겠는가?

9. 핵무기가 1945년부터 2000년 사이 세계 정치에서 어떤 역할을 했다고 생각하는가?

10. 냉전기에 우리가 핵전쟁에 얼마나 가까이 갔다고 생각하는가?

이 장의 객관식 문제를 풀어 보면서 학습 내용을 잘 숙지하고 이해했는지 평가해 보자.

• www.oup.com/he/baylis3xe

From the end of the cold war
to a new world dis-order?

개요

이 장은 많은 이가 자유주의와 서양이 20세기의 이념 경쟁자인 공산주의와 소련과의 긴 싸움에서 승리했다고 주장했던 냉전의 종식부터 서양과 (서양이 추진했던) 자유주의 경제 질서가 국내 정치 세력과 국외의 새로운 도전자들로부터 점점 더 큰 압박을 받고 있는 것처럼 보이는 21세기 첫 20년 사이의 국제 체제에 대한 전반적인 개관을 제시하고 있다. (그러나 현재로 가기 이전에), 이 장은 빌 클린턴 Bill Clinton 대통령, 9·11 테러 이후 조지 W. 부시 George W. Bush 의 외교 정책, 2008년 금융위기, 유럽의 위기, 지구 남반구에서 일어나고 있는 전환, 현재 중동을 재편하고 있는 격변의 기원, 버락 오바마 Barack Obama 에서 도널드 트럼프 Donald Trump 로의 정치 이행, 아시아의 출현, 중국의 부상을 포함한 1989년 이후 주요 국면들을 살펴볼 것이다. 이 장은 두 가지 핵심 질문을 검토하는 것으로 끝을 맺는다. 첫째, 이제 권력은 서양에서 멀어지고 있는가? 둘째, 현재 서양의 포퓰리즘 물결이 지구화와 자유주의 질서를 어느 정도로 위협하고 있는가?

냉전의 종식에서 새로운 무질서 세계로?

마이클 콕스Michael Cox

황지환 옮김

핵심 질문

- 냉전 종식 이후 국제 체제는 어느 정도 안정되었는가?
- 다른 국가들의 성장은 서양의 쇠퇴를 의미하는가?
- 지구화가 위협받고 있는가?

머리말

현대 세계 체제는 많은 점에서 냉전과 함께 시작되는데, 냉전은 1989년에 갑자기 종식되었다. 냉전은 역사상 가장 커다란 전쟁이었던 제2차 세계대전의 부산물이었다. 2개 대륙과 3개 대양에 걸쳐 벌어진 제2차 세계대전은 세계 정치의 재편을 가져왔는데, 독일과 일본은 연합국의 통제하에 놓였고, 유럽과 아시아의 대부분은 폐허가 되었으며, 과거 식민지들은 정치적 소용돌이 속으로 빠져들었고, 미국과 소련 두 국가는 엄청난 힘을 가진 위치에 올라섰다. 1944년이 되자 미국의 국제 정치 분석가인 윌리엄 T. R. 폭스W. T. R. Fox는 미국과 소련, 그리고 1944년 대영제국과 같은 **초강대국** superpowers이 지배하는 새로운 세계 질서에 대한 논의를 시작하고 있었다. 그들이 지닌 엄청난 **능력**capabilities과 투사할 수 있는 영향력의 범위는 미국과 소련이야말로 20세기 초반에 존재했던 국제 체제와 전혀 다른 전후 체제를 만들 것임을 암시하고 있었다.

냉전의 원인에 대해서는 많은 논쟁이 있었다. 여러 가지 요인이 마침내 확인되었는데, 동서 간의 사회경제적 체제의 심각한 불일치성, 상대방의 의도에 대한 소련과 미국의 두려움, 핵무기 군비 경쟁 지속으로 생겨나는 불안감 등이다. 냉전은 유럽에서 시작하여 곧 제3세계로 알려진 지역으로 확산되어 갔다. 이 충돌은 훨씬 격렬한 형태를 띠었는데 한반도와 베트남, 라틴아메리카 및 남부 아프리카에서 벌어진 전쟁의 결과로 2500만 명 이상의 사망자가 발생했다.

국제관계학은 필연적으로 냉전의 영향을 받았다. 실제로 제2차 세계대전 이후 대체로 미국 중심의 학문이 된 국제관계학은 이제 한스 J. 모겐소Hans J. Morgenthau와 케네스 왈츠Kenneth Waltz와 같은 주요 미국 학자들의 이론적 선호에 의해 많은 부분이 형성되었다. 모겐소의 1948년 저서 『국가 간의 정치Politics Among Nations』는 총 7판으로 출판되었다. 이후 왈츠의 1959년 저서 『인간, 국가, 전쟁Man, The State, and War』은 국제관계학의 고전이 되었다. 세계 정치에 대한 접근 방식은 다르지만 모겐소와 왈츠는 냉전 시기 지배적인 패러다임인 현실주의에 대한 이론적 주장을 옹호했다. 왈츠는 다른 작업도 진행했다. 그의 유명한 1964년 논문은 많은 이가 냉전의 이론적 설명이라고 믿는 주장을 제시했다. 이 논문에서 그는 냉전은 국제 정치의 주요 행위자를 두 개의 국가로 축소함으로써 안정성을 창출했다고 설명했다(Waltz, 1964).

냉전에 관한 이러한 사고는 그것이 종식될 가능성을 심각하게 고려하지 못했던 국제관계학계의 실패를 부분적으로 설명해 준다. 당시 주류 서양 학계가 냉전이 끝날 것이라고 생각할 이유는 없었는데, 당시 소련은 열한 개의 시간대에 걸쳐 있으면서 엄청난 인적, 자연 자원(주로 석유와 천연가스)을 가지고 있었으며, 엄청난 군사력과 과학 능력을 보유하고 있었기 때문이다. 냉전은 계속 지속될 것이라 여겨졌다. 하지만 우리가 이제 알고 있듯 소련은 그렇지 않았다. 경제적 쇠퇴, 냉전 자체의 비용, 러시아 지배에 대한 동유럽의 불만, 그리고 마지막 소련 지도자인 미하일 고르바초프Mikhail Gorbachev의 개혁주의 정책이 마침내 소련 체제의 파멸을 가져왔다.

미국: 단극의 '순간' 관리

동유럽과 중유럽에 대한 소련의 영향력이 붕괴된 지 2년 후 소련 자체가 무너졌는데 이는 단순히 전 세계적으로 수백만 명의 사람이 자신들의 정치적 미래를 생각하는 방식을 바꾼 것만이 아니다. 국제 질서의 구조 또한 크게 바뀌었다. 사실 소련의 붕괴와 함께 국제관계학자들은 양극 체제라는 두 세력 균형국이 있는 세계에서 세력 균형이 없는 **단극**unipolar 체제로의 변화를 논의하기 시작했는데, 여기서 미국은 국제 정치를 거의 완전히 주도하는 국가가 되었다.

새로운 지구적 중대 국면은 중요한 일련의 질문을 제기했다. 물론 그중 하나는 새로운 국제 질서가 얼마나 안정적일까 하는 문제였다. 또 다른 문제는 미국의 우위가 얼마나 지속될 수 있느냐는 것이었다. 그리고 세 번째 문제는 미국이 더 이상 싸울 적이 단 하나도 없는 상황에서 어떤 외교 정책을 추구할 것인가 하는 것이었다.

결국 이 특별한 논쟁은 외교 정책 저널에서도, 1992년 빌 클린턴Bill Clinton 대통령의 선거에서도 해소되지 않았다. 국제 문제보다 국내 문제에 초점을 맞춘 유권자의 도움으로 취임한 클린턴은 미국인들이 새로운 외교 정책 접근법을 찾고 있다고 보았고, 주로 경제 문제에 집중하면서 국내의 번영을 미국이 해외에서 경쟁하는 능력과 연결했다. 그렇다고 핵무기 확산이나 테러리즘과 같이 더 전통적인 위협에 미국이 대처하지 않은 것은 아니었다. 하지만 냉전에서 승리하고 난 뒤 미국 사람들은 해외에 개입하는 것을 상당히 주저했을 뿐만 아니라, 해외의 분쟁에 미국이 휘말릴 커다란 이유를 찾지 못한 것 같았다.

그러나 클린턴이 인정하듯 미국은 세계에서 벗어날 수도 없었으며, 물러나려고도 하지 않았다. 1993년 소말리아에서의 실패 이후에는 군사 개입에 대한 별다른 의지가 없었는지도 모른다. 하지만 미국이 아무런 행동을 하지 않은 것은 아니었다. 미국은 결국 구 유고슬라비아 지역에서 전개되던 전쟁에서 세르비아에 대한 군사적 '해결'을 행했다. 그리고 클린턴은 북대서양조약기구NATO의 확대를 강하게 밀어붙였다. 그리고 그는 북아일랜드 문제를 포함한 상당히 다루기 어려운 몇몇 지역 분쟁을 해결하기 위한 시도를 결코 주저하지 않았다. 조금 더 보수적인 비판가들이 당시에 미국이 대전략이 없었다거나 싸울 의지를 잃어버렸다고 주장하는 것은 상당히 쉬웠다. 하지만 이것은 공평하지 못한 것이고 정확하지 않았다. 미국은 힘의 우위를 유지하는 것 이외에 다른 유일한 임무는 없었다. 하지만 외교 정책을 진전시키지 않았다고 비난받을 수는 없다. 게다가 클린턴 대통령이 해외에서 미국의 군사력을 사용하는 데 조심했다면, 이는 1990년대 대다수 미국인의 희망과 일치했던 것으로 보인다. 미국은 가장 잘하는 것에 집중했는데, 그것은 해외에서 미국의 가치를 전파하면서 국내에서는 시장의 힘을 최대한 발휘하는 것이었다.

요점정리

- 냉전의 종식으로 국제 체제에서 미국의 비중이 증가했다.
- 클린턴 행정부에서 미국 외교 정책은 경제 문제에 가장 우선적인 중점을 두었다.
- 클린턴 대통령은 보수주의 비판가들로부터 '대전략'이 없다고 공격받았다.

소련의 붕괴 이후: 옐친에서 푸틴으로

국제관계학 연구자들은 오랫동안 강대국 사이의 상호 작용과 가장 강력한 국가마저 결국에는 역사의 무대에서 사라지게 되는 이유에 깊은 관심을 가져 왔다. 제1차 세계대전 이후 오스만제국과 오스트리아-헝가리 제국이, 제2차 세계대전 후에는 유럽의 식민 제국이, 마지막으로는 1989년에서 1991년 사이 소련 제국이 역사의 무대에서 사라졌다. 하지만 제국이 붕괴될 때 항상 안정과 번영만 따르는 것은 아니다. 과거에도 그랬고, 소련 공산주의가 붕괴되고 난 다음에도 그랬다. 새로운 러시아는 많은 도전에 직면하게 되었다.

첫째, 소련의 핵탄두 처리에 관한 문제가 있었는데, 핵무기가 구소련을 벗어나지 않도록 하거나 통제권이 러시아에 남아 있도록 하는 방법에 관한 것이었다. 둘째, 소련의 붕괴로 생긴 똑같이 심각한 문제가 있었다. 2500만 명의 러시아인이 러시아 영토 밖에서 살고 있었을 뿐만 아니라, 다른 국가들도 러시아와 일정한 형태의 관계를 만들어 가야 했는데, 러시아는 우크라이나와 조지아 같은 국가들과의 관계를 제국적인 형태 이외의 모습으로 생각하는 것이 거의 불가능했다. 마지막으로, 완전 고용 보장을 추구하는 중앙 계획 경제에서 (엄청난 규모의 군산복합체를 포함하여) 소련의 기초였던 수많은 구산업이 분명히 더 이상 목적에 맞지 않게 된 경쟁적인 시장경제로 이행하는 훨씬 더 기본적인 문제가 있었다. 분명 매우 힘든 시간이 앞에 기다리고 있었으며, 러시아가 1992년부터 채택한 매우 고통스러운 시장 개혁으로 상황은 더욱 악화되었다. 서양식의 사유화를 빠르게 채택한 결과 러시아는 1930년대와 같은 경기 침체를 겪었는데, 산업 생산이 급감하고 생활 수준이 급락했으며 냉전 시대에 군사 물자를 생산하던 지역은 완전히 몰락하게 되었다. 시간이 지나도 경제 상황이 나아진다는 신호는 없었다. 러시아는 1998년 금융위기를 경험했는데, 그 결과 보통 사람들의 저축은 완전히 바닥났고 보리스 옐친 Boris Yeltsin하의 새로운 탈공산주의 정권의 인기는 몇 년 전보다 더 하락했다. 예상대로 그는 1년 뒤에 사임하기로 결심했다.

옐친의 후계자가 다르게 행동할 것인지 처음에는 분명하지 않았다. 1999년에 블라디미르 푸틴 Vladimir Putin을 후계자로 선택한 것은 다름 아닌 바로 옐친 자신이었다. 러시아 신흥 재벌들도 그의 부상에 대해 어떤 반대의 목소리도 내지 않았다. 사실상 그의 권력 승계에 대해 완전히 만족했다는 것을 의미하는 증거가 상당히 많았다. 이미 상당히 부유했던 푸틴은 러시아의 신흥 갑부들에게 단 한 가지만을 요구했는데, 묵인하라는 것이었다. 그렇게 할 준비가 되어 있던 사람들은 매우 잘 지냈다. 그렇지 못한 사람들은 (러시아 최고 부자였던 미하일 호도르콥스키 Mikhail Khodorkovsky의 운명같이) 감옥에 갇히거나 (상당히 막강했던 보리스 베레좁스키 Boris Berezovsky가 결국 그랬던 것처럼) 망명하게 되었다.

KGB(소련의 안보국) 출신이며 그 후신 조직인 러시아연방보안국 FSB의 창설에 중심적 인물이었던 푸틴은 자신의 독자적인 계획을 가지고 있었던 것 같지는 않다. 하지만 그는 가장 단순한 의미의 권력을 잘 이해하고 있었다. 러시아의 기준으로 보아도 무자비할 정도로 그는 어떠한 반대도 허용하지 않았다. 하지만 그가 생각한 자신의 책무는 단순히 다른 사람들에게 자신의 의지를 강요하는 것이 아니라, 1990년대에 빠르게 추락한다고 생각한 러시아의 위상을 회복하는 것이었다. 푸틴은 자신의 야심을 숨기지 않았으며, 일관된 논리가 부족한 것도 아니었다. 소련의 해체는 비극적이었으며, 과거의 제국을 다시 모으는 것은 가능하지 않더라도 더 이상의 양보는 없을 것이라고 그는 반복해서 강조했다. 이것이 러시아를 소련 시대처럼 되돌리지는 못할지 모르지만, 특히 러시아의 모습이 당연히 그럴 수 있다고 생각한 서양 사람들에 반대해서 러시아는 스스로 더 강력한 모습을 보여야 한다고 주장했다. 신흥 부자들도 단지 자신들의 필요에만 신경 쓰고 있을 수 없었다. 그들 역시 러시아를 위해 무엇을 할 수 있는지 자문해 보아야 했다. 이것이 과거 스타일의 공산주의로 회복하는 일은 아닐 것이었다(실제 그러지도 않았다). 하지만 그러한 정책은 러시아 국가에 의해 더 강력하게 통제된 새로운 사유화된 러시아 경제를 의미했다. 푸틴은 또한 민주주의 개념을 재정의했고, 여기에 명백하게 러시아적이거나 '주권적' 성격을 불어넣었다. 외형상으로는 온전한 민주주의의 모양새를 띠고 있었지만, 독립된 의회와 자유 매체에 대한 평등한 접근에 있어서 내용적으로 점차 부실해져 갔다.

이러한 러시아 내부의 변화는 서양에 상당한 혼란을 야기했다. 처음에 미국인들과 유럽인들은 러시아와 가깝게 지내는 것이 중요하다는 현실주의적 가정으로 이를 못 본 체했다. 부분적으로는 러시아가 유럽에 대한 석유와 가스의 주요 공급국이라는 경제적 이유로, 부분적으로는 푸틴이 보통의 러시아인들에게 인기가 많아 보이기 때문에, 또한 부분적으로는 러시아가 국제연합 안전보장이사회 상임이사국이자 핵무기 보유국이라는 사실 때문에 그러했다. 그러나 푸틴의 계속되는 정책들은 러시아와 서양의 관계를 손상하는 결과를 가져왔다. 일부는 러시아와 서양 간의 '새로운 냉전'을 이야기하기 시작했다. 사실 여부를 떠나 여전히 의문은 남아 있다. 어떻게 부르든 한 가지는 명백했다. 즉 미국과 러시아의 관계는 빠르게 악화되었다는 점이다. 러시아는 서양을, 서양은 러시아를 비난했다. 그러나 관계를 '재설정'하려는 미국 측의 노력에도 불구하고, 일련의 사건은 상황을 한계로 몰아가고 있었다.

2008년 러시아의 조지아 개입 이후 상황은 눈에 띄게 악화했다. 러시아는 서양이 자신들의 뒷마당에서 자유화를 조장하려 한다는 이유로 개입을 정당화했고, 서양 정책을 반대하는 러시아의 수사는 더욱 거세지기 시작했다. 국제연합에서 서양에 대한 거부권을 행사하는 일이 빈번해졌다. 그런 다음 시리아에서 바샤르 알아사드Bashar al-Assad를 계속 집권시키기 위해 필요한 모든 수단을 동원하기로 결정했다. 가장 심각한 사건은 2013~2014년 우크라이나 사태와 크림반도 불법 합병 사태였다. 러시아가 2016년 도널드 트럼프Donald Trump의 대선 출마를 지원하는 동시에 유럽연합에 적대적인 유럽 정당과 인물들에게 이념적·재정적 지원을 제공함으로써 우크라이나뿐만 아니라 서양도 불안정하게 만들려고 한다는 증거도 나오기 시작했다. 정치적 고비는 넘긴 것처럼 보였지만 미소 관계는 돌이킬 수 없는 수준에 이르렀다.

> **요점정리**
>
> - 불가피하게도 소련의 붕괴는 해결이 어려운 문제들을 야기했다.
> - 1990년대 경제 개혁은 러시아의 신흥 갑부 계급을 만들었지만, 러시아의 전반적인 경제적 쇠퇴를 악화시켰다.
> - 블라디미르 푸틴은 1990년대 러시아의 쇠퇴로 보이는 국면을 되돌리기 위한 시도를 했다.
> - 서양과 러시아의 관계는 특히 2008년 러시아의 조지아 개입과 2014년 크림반도 합병 이후 급격히 악화했다.

유럽: 부상과 쇠퇴?

유럽 냉전에서 실제로 '승리'한 것은 미국이라고 많은 미국인은 계속 주장하지만, 1989년에 발생한 사건의 주요 수혜자는 유럽인들이었다. 우선, 한때 분열되었던 대륙이 이제 다시 하나가 되었다. 둘째, 동유럽의 국가들은 가장 중요한 국제적 권리인 자결권을 얻어 냈다. 마지막으로, 유럽을 파멸시킬 수 있는 잠재성을 가진 심각한 전쟁의 위협은 없어졌다. 구 유고연방의 비참한 사태(1990~1999)가 잘 보여 주듯이, 하나의 질서에서 또 다른 하나의 질서로 이행할 때 당연히 갈등이 발생했다. 그렇기는 하지만 개방된 국경과 민주적 제도를 가진 새로운 통합된 유럽이 여전히 기대할 것이 많다는 것은 분명하다.

그럼 유럽은 어떤 모습이 될 것인가? 여기에는 상당한 논쟁의 여지가 있었다. 특히 프랑스 사람들은 유럽이 이제 미국과는 독립적으로 스스로 고유의 유럽 안보 장치를 만들어 나가야 한다고 믿었는데, 이는 옛 드골주의자들의 꿈이었다. 반면 다른 사람들은 유럽이 여전히 미국과 밀접하게 연대해야 한다고 주장했는데, 이는 북대서양조약기구 동맹의 확고한 회원들뿐만 아니라 중부 유럽의 새로운 엘리트들이 강하게 주장한 것이다. 어떤 유럽을 선호하는지에 대해 유럽인들 스스로 의견을 모으지 못했다. 물론 국제 정치에서 중요한 독립적 역할을 수행할 수 있는 유럽연방의 꿈을 완성하는 더 깊은 연합을 추구하는 사람들도 있었다. 또 그러한 상황을 두려워하는 사람들도 있었다. 이들은 유럽이 각각의 다른 국민국가로 구성된 유럽이어야 하며, 국가의 차이를 인식하며 주권의 원칙을 훼손하지 않는 유럽이어야 한다고 단언했다. 마지막으로 유럽인들은 경제 정책에서도 의견이 갈렸다. 고유의 유럽 사회 모델을 관리하는 데 국가 개입을 더 선호하는 경제통제주의자들dirigistes과 세계 경쟁의 환경에서 그러한 보호 체제는 지속 가능하지도 않으며 철저한 경제 개혁이 필수적이라는 주로 영국 사람들이 주도한 자유시장주의자들 사이에는 분명한 의견 차이가 있었다.

구 유럽의 많은 사람이 유럽의 미래에 대해 토론했는데, 정책 결정자들은 유럽의 확대를 일반적으로 진행하는 과정에서 '동유럽'을 '서유럽'으로 어떻게 끌어오느냐에 관한 조금 더 구체적인 이슈들과 직면했다. 정책 결과로 보면, 그 전략은 상당한 성공을 거두었다. 2007년까지 유럽연합의 회원국은 27개국으로, 북대서양조약기구는 그보다 하나 적은 26개 회원국으로 성장했다. 이 두 조직은 그 과정에서 사교 클럽과 같이 변했는데, 새로운 회원국을 받아들이는 것이 이득이 되는 만큼이나 골칫거리가 된다는 것을 알고 원래 회원국들은 상당히 당황했다. 비판론자들은 유럽의 확대가 너무 빠른 속도로 진행되어 두 조직은 핵심적인 의미를 사실상 상실했다고 주장했다. 어떤 사람들은 유럽연합이 그동안 확대하는 데만 관심을 기울여 이제 통합의 의지는 상실했다고 주장했다. 하지만 냉전기 동안 유럽의 일부를 형성시켰고, 쉽지는 않겠지만 이제 유럽을 하나의 질서에서 또 다른 하나의 질서로 성공리에 이행시키는 이 제도들의 능력을 과소평가하기는 어렵다. 제도가 유럽에서 무정부 상태를 해소하는 데 일정한 역할을 했다는 점을 인정하지 않는 현실주의자들에게도 유럽연합과 북대서양조약기구의 중대한 역할은 제도가 필수 불가결한 것임을 증명하고 있다.

그러나 비록 유럽연합이 당시 일부 비판론자들이 주장한 것보다 더 큰 회복력을 가지고 있더라도, 유럽 지역 밖에서의 유럽연합의 역할은 여전히 불분명하다. 유럽인들은 아마 더욱 강한 유럽을 원했을 것이다. 그러나 대부분의 국가는 브뤼셀에 안보 권력을 양도하는 것을 상당히 주저했다. 유럽인들이 특히 경성 권력에 더 많이 투자해서 집단적인 세력을 강화하는 것에 열심인 것도 아니었다. 실제 영국과 프랑스만이 상당한 군사적 능력을 유지했는데, 이는 — 2011년의 리비아나 1년 후 아프리카 말리에서 그랬던 것처럼 — 유럽이 군사적으로 행동할 필요성을 느꼈을 때 개입하는 것은 집단적 행위자로서의 유럽이 아니라 영국과 프랑스 중 미국의 지원을 받는 한 곳이나 두 국가라는 것을 의미한다.

그럼에도 불구하고 유럽은 여전히 미국의 정치학자 조지프 나이Joseph Nye가 설명한 중요한 '연성 권력' 자산을 가지고 있었다. 세기의 전환기에 또한 미국보다 더 큰 시장을 가진 강력한 경제 주체가 되었다. 그뿐만이 아니었다. 유럽은 지속적으로 미국이 가장 선호하는 경제 파트너였다.

여전히 모든 뉴스가 긍정적인 것은 아니었다. 21세기가 되자 유럽은 국제 정치의 '전형적인 모델'에서(어떤 이들은 유럽이 21세기의 모델이 될 것이라는 이야기를 하기도 했다)

서양의 병자로 추락하는 것처럼 보였다. 사실, 이른바 '유로 위기'가 발생하고 그리스의 경제적 혼란이 뒤따른 후 예상치 못하게도 2016년 영국이 유럽연합에서 탈퇴하기로 결정하여 모든 프로젝트가 심각한 위기를 겪는 것 같았다. 사실 (금융가 조지 소로스^{George Soros}를 포함하여) 일부는 유럽연합의 몰락을 예언하기도 하고, 다른 사람들은 유럽이 직면하고 있는 '실존적' 위협에 대해 점점 더 어둡게 이야기했다. 그리고 그 불행에 더해서 유럽연합은 아마 현대에 들어 가장 큰 난관에 직면했다. 유럽 내외에서 사람들의 자유로운 이동 문제를 다루는 방법에 대한 해결책을 찾지 못한 것이다. 낙관주의자들은 당연히 이 모든 일에도 불구하고 유럽이 헤쳐 나갈 것이라고 주장했다. 일부는 심지어 유럽연합이 이러한 다양한 도전들로

인해 어느 때보다 강해질 것이라고 주장하기까지 했다. 그러나 중대한 사건들이 이어지자, 유럽연합이 상처 없이 갈 수 있을 것이라 믿기는 어려워졌다. 어렵고 힘든 시기가 앞에 놓여 있다.

> **요점정리**
>
> - 구 유고연방이 해체되었는데도 유럽은 냉전의 종식으로 혜택을 보았다.
> - 유럽은 상당한 집단적 군사력을 보유하고 있지 않을지 모르나 중요한 연성 권력을 가지고 있다.
> - 유럽은 세계의 주요한 경제 행위자로 남아 있다.
> - 많은 사람이 현재 유럽은 1945년 이후 가장 큰 위기에 직면했다고 본다.

새로운 아시아 세기?

아마도 현대 세계 어느 곳에서도 아시아만큼 역사의 기억과 신화가 커다란 영향력을 가지는 곳은 없다. 처음에는 19세기 유럽 세력에 종속되고, 그다음에는 1945년 전까지 더욱 심한 일본의 침탈을 당하여 제2차 세계대전 이후로도 여전히 세계에서 분쟁이 해소되지 않은 지역이 아시아라는 점은 놀랍지 않다. 유럽은 1945년 이후에 상당한 정도의 안정을 이루었지만, 아시아는 적어도 한국과 베트남에서 두 번의 파괴적인 전쟁을 겪었으며, 수차례의 반정부 봉기와 한 차례의 집단 학살 혁명을 경험했다. 동시에 아시아는 또한 수차례의 미국 개입과 베트남 및 캄보디아 사이의 짧지만 피비린내 나는 전쟁, 그리고 1년 뒤 중국의 베트남 침공 등을 겪었다. 냉전은 다른 지역에서는 '차가울' 수 있었지만, 이는 1989년 이전의 아시아에 적용되는 말은 아니었다.

후기 식민지의 아시아와 제2차 세계대전 이후의 유럽 간의 대조는 매우 두드러졌다. 국제관계학 연구자들은

그동안 이런 비교를 많이 진행하면서 최소한 서유럽은 1945년 이후 민족주의와 오래된 증오의 역할이 시간이 지남에 따라 점점 줄어드는 새로운 자유주의 안보 공동체를 형성한 반면, 아시아는 증오가 깊어지고 민족주의가 정체성의 중심을 이루는 종종 호전적이고 의심스러운 국가의 복잡한 구조로 남아 있었다고 지적했다. 냉전의 종식도 아시아에서 동일한 결과를 가져오지 못했다. 유럽에서는 1989년 자유선거와 영토 분쟁의 해소, 시장경제로의 이행 및 한 나라의 통일과 다른 국가의 분열(유고슬라비아)이 이루어졌다. 한편 1989년 아시아에서는 공산당이 북한, 베트남, 중국 등 최소한 3개국에서 여전히 권력을 잡고 있었고, 여러 영토 분쟁이 해결되지 않은 채 남아 있었으며, 한반도는 분단된 채로 있었다. 과거의 기억, 특히 1945년 이전 일본의 침략은 여전히 이 지역의 관계를 악화시키고 있다. 이것은 아시아가 냉전의 종식에 전혀 영향을 받지 않았다고 말하는 것은 아니다. 분명히 영

향은 있었다. 하지만 그 결과가 항상 자유주의적이었던 것은 아니다. 실제 중국에서는 결코 그렇지 않았다. 구소련에서 고르바초프의 개혁주의 지도부하에 벌어지고 있던 일을 지켜보면서 중국 공산당 지도부는 정반대로 하기로 결정했는데, 이는 정치적 개혁을 포기하고 중앙이 더 강력하게 통제하는 것이었다. 북한 역시 스스로 배운 것이 있었다. 동독처럼 이전에는 상당히 안정적으로 보였던 다른 공산주의 국가에서 발생한 사건을 보고서 북한은 똑같은 운명을 겪지 않으려고 노력을 다했다. 다양한 이웃에 대한 '핵 위협'은 정권의 생존을 보장하는 조잡하지만 가장 효과적인 방법이었다.

냉전의 종식이 아시아에 상당히 다른 영향을 미쳤기 때문에 (매우 영향력 있는 미국 학자인 애런 프리드버그Aaron Friedberg를 포함하여) 많은 저술가는 아시아는, 특히 동아시아는 결코 자유주의 평화를 위한 준비가 되어 있지 않고 새로운 세력 경쟁의 분위기가 무르익어 있다고 주장했다. 실제 프리드버그에 의하면 1914년에서 1945년 사이에 유럽에서 발생했던 피비린내 나는 과거가 아시아의 미래가 될 수 있다고 한다. 하지만 그의 의견에 다른 학자들이 모두 동의하는 것은 아니었다. 상황이 전개됨에 따라 이 완고한 현실주의적 시각은 일련의 비판을 받게 되었다. 이러한 비판이 미래의 혼란 가능성을 부정하는 것은 아니었다. 호된 역사적 유산이나 자신의 피비린내 나는 역사에 대한 일본의 모호한 태도, 북한 핵 프로그램, 그리고 대만에 대한 중국의 주장을 고려해 볼 때 어떻게 그런 측면을 부정할 수 있겠는가? 하지만 이 모든 것에도 불구하고 미래가 프리드버그가 예상한 것만큼 그렇게 냉혹하지는 않을 것이라고 생각할 만한 이유가 여전히 있었다.

우선 가장 중요한 첫 번째 이유는 1990년대 후반 이후 이 지역이 이룩한 엄청난 물질적 진보였다. 그 원인에 대해 상당한 논쟁이 있을 수 있는데, 어떤 사람들은 경제적 성공의 원인을 강력한 문화적 (아시아적) 가치에 연결된 강한 기업가 정신에서 찾고, 다른 사람들은 신속한 경제 개발을 하도록 강성 국가가 위에서 이끄는 비자유주의적인 발전 모델에서 찾는다. 또한 혹자는 미국의 적극적인 역

할도 아시아에서 상당히 중요했다고 본다. 실제 전후 시기에 일본이 국제사회에 다시 진입하도록 도움을 주고 아시아의 수출에 자신의 커다란 시장을 개방하고 역내 많은 국가에 안보를 저렴하게 제공함으로써 미국은 불가결한 행위자가 되었다. 심지어 이제 유럽연합으로 조직화된 과거 식민 국가들도 아시아의 상품을 구매하고 역내에 대량 투자를 함으로써 아시아의 경제적 성공에 중요한 행위자가 되었다.

마지막으로 아시아가 제도적으로 잘 조직되지는 않았고 북대서양조약기구나 유럽연합과 같은 조직체는 없었지만, 점차 일정한 형태의 집단적인 목소리와 정체성을 제시하는 중요한 조직을 만들 수 있었다. 이들 중 잠재적으로 가장 중요한 것은 동남아시아국가연합ASEAN이었다(제18장 참조). 아세안은 동남아시아 국가 5개국(인도네시아, 필리핀, 말레이시아, 싱가포르, 태국) 간의 대화를 위해 1967년 냉전의 불안정한 상황에서 형성되었고, 점차 확대되어 공산 베트남, 전쟁으로 파괴된 캄보디아, 석유 자원이 풍부한 브루나이, 과거 군사 정권이었던 미얀마 및 조그마한 라오스 정부를 포함하게 되었다. 아세안은 물론 유럽연합보다는 느슨한 제도였다. 또한 주권과 내정 불간섭 등 그 기본 원칙은 상당히 전통적이었다. 하지만 시간이 지남에 따라 그 관심 분야는 상당히 확대되었으며, 현재 연합이라고 하기에는 많이 부족하지만, 더 이상 과거처럼 단순히 잡담하는 곳은 아니다.

결국 아시아의 현재 번영과 미래 안정성은 새로운 경제 발전의 중심인 중국에 어떤 일이 발생하는지에 달려 있다. 중국의 부상과 이것이 전 세계 및 아시아에 가져온 영향에 대해 많은 저술이 있었다. 하지만 최근까지 중국의 부상이 상당한 근심을 가져온 원인은 아닌 것 같았다. 사실 많은 중국 저술가들은 '화평굴기(和平崛起)'로 알려진 자신들의 특별한 이론을 만들어 냈다. 중국이 전간기의 독일이나 일본이 아니며 체제 밖에 있기보다는 그 안에서 부상하는 것을 선호한다는 것을 분명히 했다. 중국이 미국과 충돌하려고 한 것도 아니었다. 이 분석가들에 따르면, 미국은 적이 아니라 파트너로 보일 것이었다. 미

국의 의도에 대해 의심이 있다고 하더라도 중국은 늘 자세를 낮추고 미국을 자극하지 않도록 해야 한다고 조언했다.

2013년 시진핑(習近平) 주석이 집권한 이후, 중국의 비협조적인 외교 정책은 말할 것도 없고, 현재 중국이 통제권을 주장하고 있는 남중국해의 국면은 이 모든 것에 상당한 의문을 안겨 주었다. 이것은 몇몇 국제관계학 연구자들이 항상 주장하던 점을 확인시켜 주는 것이었다. 즉 신흥 세력이 부상하고 국제 무대에 등장할 때 그 세력은 조금 더 단호한 형태로 행동하게 된다는 것이다. 이러한 예상은 최근의 사건으로 뒷받침되는 것처럼 보였다. 분명 많은 아시아 국가가 과거에 늘 했던 방식으로 행동함으로써 대응했는데, 이는 지역의 패권을 견제하기 위해 미국을 부르는 것이었다. 미국은 먼저 버락 오바마Barack Obama 행정부에서 지역 동맹국들을 안심시키기 위해 '아시아 중시 정책pivot to Asia'을 통해 비교적 온건한 방식으로 대응했고, 2016년 도널드 트럼프 당선 이후에는 중국이 수정주의 세력으로서 동맹국인 러시아와 함께 '미국의 안보와 아시아 태평양 지역의 번영의 약화'를 모색하고 있다고 공표했다. 이 모든 것이 이 지역에 현저한 영향을 미쳤다. 경제적 중요성이 커지고 있는 강대국(중국)과 자신들의

안보를 위해 의존해 온 다른 강대국(미국) 사이에 끼어 있는 많은 아시아 국가는 '진퇴양난'에 빠져 있다. 이 지역은 100년 전의 제1차 세계대전과 같은 '1914년'의 상황으로 나아가지는 않을 것이다. 그러나 아시아 지역이 미래에 대해 점점 더 불확실하게 느끼기 시작했다는 것을 부인할 수 없다. 자신들이 (미국의 간섭 없이) 아시아의 정치를 형성할 수 있는 모든 권리를 가지고 있다는 중국의 믿음, 중국의 군사력과 경제적 영향력이 증강되고 있는 현실, 아시아 전역을 아우르는 새로운 '실크로드' 건설에 대한 논의는 필연적으로 아시아 지역에 큰 영향을 미쳤다. 아시아는 이제 일부 중국인들이 이야기하듯 '흥미로운 시대'에 살고 있으며, 앞으로도 그럴 가능성이 높다.

요점정리

- 냉전기 동아시아는 혁명과 전쟁, 반정부 운동으로 묘사되는 상당한 격동의 시기였다.
- 냉전의 종식 이후 아시아는 상대적 평화와 커다란 번영을 경험했다.
- 아시아는 세계에서 가장 역동적인 경제 지역 중 하나다.
- 2013년 시진핑 주석이 집권한 이후 중국의 부상이 두드러지면서 지역 긴장이 고조됐다.

새로운 지구 남반구

아시아의 경제적 성공은 일반적으로 탈냉전기의 저발전 국가들의 운명에 대하여 더 큰 의문을 제기한다. 앞서 살펴본 것처럼 제3세계의 정치적 투쟁이 냉전에 커다란 영향을 미친 것과 같은 방식으로 냉전은 제3세계에 엄청난 영향을 미쳤다. 그들은 해방 운동은 물론 많은 다른 이념들로 고무되었으며, 수많은 목표를 달성하기 위해 상당히 다른 전략을 채택했다. 하지만 그들은 몇몇 공통의 목표를 위해 단결했다. 그것은 구 식민 모국으로부터의 해

방, 빠른 경제 발전, 그리고 가난과 기아, 문맹이 극복되는 사회의 신속한 건설이었다.

새로운 엘리트가 제시한 높은 이상은 (프란츠 파농Frantz Fanon이 "대지의 저주받은 사람들"이라고 불렀던) 가난하고 소외된 사람들의 열정으로 유지되었으며, 신생 독립국이 어려운 시절을 헤쳐 나가는 데 도움을 주었다. 그러나 인도의 자와할랄 네루Jawaharlal Nehru나 가나의 콰메 은크루마Kwame Nkrumah가 이야기한 높은 이상은 결국 서로 다른

이유로 실패했다. 일부 신생국의 지도자들은 권력의 유혹에 굴복하고 말았다. 다른 국가들에서는 해방의 수사가 분쟁과 내전으로 대체되고 말았다. 상당수의 지도자는 권력의 이권을 공유할 수 없는 다양한 경쟁자에게 무너졌으며, 더 많은 국가에서는 군부 독재자가 민간 지도자를 대체했다. 새로운 경제가 특별히 생산적인 것도 아니었다. 반대로 다수는 상당히 비효율적인 모습을 보였다. 그러는 동안 많은 저발전 국가들이 상당한 부채를 짊어지게 되었고, 이로 인해 서양이 새롭게 가하는 경제적 압력에 취약해질 수밖에 없었다. 마침내 냉전이 종식되고 이와 함께 국가 주도 발전 형태가 시장보다 더 좋은 방식을 제공한다는 믿음이 붕괴되었다.

정치적 실험으로서의 '제3세계의 붕괴'는 복잡한 유산을 남겼는데, (사하라 이남 아프리카에서 가장 두드러진 것처럼) 몇몇 대륙에서는 내전이 진행되고, 세계 경제 질서에 다시 참여하게 되는 기회를 가진 국가들도 있었다. 소련이 더 이상 아무런 적극적인 정치적 역할을 못하게 되면서 이제 분명 중대한 변화의 가능성이 열리게 된 것 같았다. 하지만 결과는 종종 상당히 문제가 많았다. 냉전기에는 두 초강대국 중 하나의 지원을 받던 몇몇 국가는 그냥 붕괴되어서 완전히 혼돈 상태로 빠지게 되었는데 소말리아나 콩고가 맞이한 운명이었다. 경제 개혁이 항상 약속된 모습을 보여 주는 것은 아니었다. 많은 국가에서 서양 형태의 구조적 개혁은 종종 엄청난 불평등을 가져왔고, 공공 서비스를 약화시켰으며, 점점 더 많은 돈이 신흥 경제에 투입되기 시작하면서 이미 만연한 부패를 급격하게 악화시켰다.

경제 개혁과 '제3세계'의 세계 경제로의 신속한 재통합은 국가 자체와 더 넓은 국제 체제 모두에 중대한 결과를 가져왔다. 많은 이에게 브라질과 인도처럼 서로 멀리 떨어진 지역이 시장 개혁을 채택하는 것은 긍정적인 결과를 낳을 수 있을 것처럼 보였다. 그러나 부를 창출하는 개혁이 항상 경제적 어려움의 완화로 이어지지는 않았다. 새로운 중산층이 만들어졌지만, 이로 인해 부가 재분배된 것은 아니었다. 반대로 발전도상국가가 개발되어도

그들은 여전히 광범위한 질병, 영양실조, 영아 사망 등 가난과 연결된 근본적인 문제를 제거할 수 없었다. 더욱이 점점 더 심해지는 기후 변화의 위험이 끼치는 영향은 부유한 국가에서보다 빈곤 국가에서 훨씬 심각했다. 새로운 세계 경제 질서가 만들어졌을지 모르지만 그것은 수백만 명의 사람들의 기본적인 욕구가 충족되었다는 것을 의미하지는 않았다. 또한 남반구의 많은 국가가 균형 잡힌 성장을 달성했다는 것을 의미하지도 않는다. 2014년 이후에 상품 가격이 하락하기 시작했을 때 많은 사람이 실제로 매우 심각한 문제에 봉착했다. 남아메리카의 베네수엘라와 브라질, 아프리카의 나이지리아와 앙골라에 이르기까지 그 이야기는 한결같이 우울했다. 좋은 시간이 끝났다.

이 좋지 않은 상황에서 지구 남반구의 수백만 명의 평범한 사람들이 (냉전 기간과 마찬가지로) 무기를 드는 것이 아닌 가난한 사람들이 수 세기 동안 했던 것처럼 대규모로 이주하는 것으로 그들의 좌절감을 표출했다는 점은 전혀 놀랍지 않다. 새로운 **지구 남반구**Global South는 널리 알려진 것처럼 오래된 제3세계와 공통점이 하나 있다. 의지할 곳 없는 사람들이 수 세기에 걸쳐 해 온 일을 수백만 명의 사람들이 한 것인데, 그것은 최소한 보다 나은 삶의 가능성이 존재하는 북쪽의 더 번영한 지역으로 이주하는 것이었다. 정치적 프로젝트로서 제3세계는 지나갔을지 모르지만 대다수 인류가 직면한 많은 문제는 여전히 동일하게 남아 있다.

요점정리

- 제3세계는 서양으로부터 진정한 독립을 이룩하기 위해 지향했던 정치적 프로젝트였다.
- 냉전의 종식으로 제3세계라는 프로젝트는 사실상 끝이 났다.
- 저발전 국가들은 계속해서 부채와 가난에 시달린다.
- 발전도상국에서 더 강한 서양에 대한 분노는 여전히 존재한다.

9·11에서 아랍의 봄으로

세계 부와 권력의 불평등한 분배가 테러리즘과 관련되는지 여부는 아직 의문으로 남아 있다. 분명한 것은 미국에 대한 2001년의 공격이 국제 정치 전반에 미친 영향이다. 냉전의 종식이 현대 국제 관계의 하나의 거대한 전환점이었다면, 9·11은 또 다른 하나의 전환점이었다. 빈라덴Bin Laden과 알카에다는 분명 사회 정의에 대한 바람과 세계화에 대한 혐오 훨씬 이상의 동기를 가지고 있었다. 빈라덴 전문가들이 지적했듯이, 그의 비전은 앞을 향하는 현대적인 것이라기보다는 과거 이슬람 황금시대로 돌아가는 것이었다. 그렇긴 하지만 네 대의 비행기를 이용해서 미국을 공격하고, 추종자들에게 자신의 뜻을 전하기 위해 비디오를 사용하며, 작전의 재정 지원을 위해 세계적인 금융 시스템을 이용하는 점과, 중동을 지배하여 현대 세계 경제를 지속시켜 온 미국을 중동에서 몰아내고자 하는 그의 주요한 목적 등을 보면 그가 선택한 것이 옛날 방식이라고 할 수는 없었다. 미국의 정책 결정자들도 분명 그가 옛날로 되돌리고자 한다고 보지는 않았다. 그가 자신의 목적 달성을 위해 가장 현대적이고 위험한 **대량살상무기**Weapons of Mass Destruction: WMD를 사용하겠다고 위협한 사실을 보면 그는 매우 현대적인 위험을 가했는데, 그것은 냉전 시대에 발전된 전통적인 방식으로는 대처할 수 없는 것이었다. 조지 부시George W. Bush 행정부가 지속적으로 반복했듯이, 이 새로운 위험은 봉쇄나 억지 같은 예전의 방식이 이제 더 이상 적절하지 않다는 것을 의미하였다. 당시 일부 사람들이 주장한 것처럼 이것이 '새로운 냉전'의 시작이었다면, 그것은 1947년에서 1989년까지 배운 정책과 방식으로 수행할 수 있는 것은 아니었다.

국제 테러리즘에 부시 행정부가 대응한 방식은 상당한 논쟁의 여지가 있으며 결국 엄청난 비용이 들기도 했다. 실제로 아프가니스탄의 탈레반에 대한 합법적인 자기방어 전쟁을 중동에서 이라크의 사담 후세인Saddam Hussein을 제거하는 전쟁으로 바꾼 것은 그 시대의 가장

큰 전략적 실수 중 하나였다. 그것은 미국을 제국주의적 팽창에 경도된 불량 국가처럼 보이게 했을 뿐만 아니라, 많은 현실주의 학자들이 예측했듯이 지역으로서의 중동을 불안정하게 만들었다. 그러나 가장 비판적인 사람조차도 9·11 테러에 대한 부시 행정부의 광범위한 대응이 어떤 파멸적인 결과를 가져올지 상상하지 못했다. 결국 역내에서 이란을 지배적인 세력으로 만들었으며 지하드 테러리즘이 더욱 강력해졌다. 부시 대통령은 자신의 목표 달성을 위해 신이 보내 준 선물이었다고 빈라덴이 나중에 고백한 것은 놀랄 일이 아니었다.

이는 중요한 질문을 제기했다. 부시 행정부가 이라크를 해방시키기 위해 전쟁에 나선 이유는 무엇인가? 많은 사람이 단순한 대답을 가지고 있었다. 미국의 석유 의존도와 이라크에서 석유에 대한 접근성을 유지하려는 욕구가 그 답이었다. 다른 사람들은 워싱턴의 이스라엘 로비 때문이라고 비판했다. 어떤 사람들은 클린턴 시기 이후 전 세계적으로 미국의 신뢰를 회복시키는 것이 목적이었던 광범위한 제국주의 전략의 일부로 보았다. 적지 않은 숫자의 사람들은 이라크가 조지 H. 부시 행정부하에서 이라크 전쟁에 나섰지만 1991년 걸프전 때부터 사담 후세인을 제거하지 않았던 유산 문제라고 주장했다. 동기가 무엇이었든 — 사담 후세인의 (존재하지 않는) 대량살상무기를 제거한다는 서양의 공식적인 이유를 포함해서 — 이라크 전쟁은 궁극적으로 이라크에서 안정적으로 잘 작동하는 민주주의를 창출한다는 장기 목표를 달성하지 못했다.

이미 해결이 힘든 아랍-이스라엘 분쟁이 벌어졌던 지역에서 2003년 이라크 침공 이후 몇 년 내에 또 하나의 예기치 않은 세계적 사건이 발생했다. 많은 중동 국가의 사람들이 서양의 도움 없이도 그들의 독재자들을 몰아내기 시작한 것이다. 민중 봉기가 전개되면서 엄청난 유혈 사태가 위험한 형태로 나타났는데, 우선 북대서양조약기

구 주도로 개입이 이루어진 리비아에서 위험하고 불안정한 세력들이 움직이면서 권력 공백 상태가 만들어졌고, 이집트 역시 일련의 대규모 격동기를 겪었다. 그러는 동안 시리아의 상황은 더욱 악화해 최악의 비극적인 상황으로 바뀌었다. 2018년까지 인구의 절반 이상이 삶의 터전을 잃었으며, 약 300만 명의 시리아인이 난민이 되었고, 최소한 40~50만 명이 사망했다. 설상가상으로 시리아와 이라크에서 새롭고 치명적인 테러 형태인 소위 이슬람국가Islamic State가 나타나기 시작했다. 또한 서양 국가들은 아사드Assad 정권의 전복을 모색하는 것과 이슬람국가를 파괴하는 일 사이에서 허둥대다가 아무런 도움이 되지 못했다. 터키, 사우디아라비아, 걸프만 국가들, 러시아, 이란, 헤즈볼라 등 다른 세력들은 시리아에서 영향력을 확대하기 위해 서로 다른 집단들을 지원했다. 충돌 양상은 다루기 어려울 정도가 되었고 엄청난 비용이 소모되었으며, 그 결과가 중동 지역과 유럽에 중요한 영향을 미친 것은 놀라운 일이 아니었다.

> **요점정리**
> - 9·11 테러 공격은 미국의 외교 정책을 변화시켰다.
> - 이제 미국이 이라크에서 실패했다는 점에 대한 동의가 이루어졌다.
> - 아랍의 봄은 중동과 서양을 위협하는 불안정성을 야기했다.
> - 시리아 위기는 매우 큰 비용이 들고 거의 해결하기 어려운 문제가 되었다.

오바마에서 트럼프로

9·11이 21세기 초기 국제 관계에 하나의 전환점이 되었다면, 2008년 버락 오바마의 당선도 매우 다른 방식으로 그러한 전환점이 되었다. 오바마의 당선에는 두 가지 사건이 작용했다. 하나는 이길 수 없었으며, 인기 없었던 이라크 전쟁(오바마는 여기에 찬성하지 않았다)이었으며, 나머지 하나는 1930년대 이후 미국이 직면한 최대 경제 위기였다. 두 사건은 매우 밀접하게 연관되었지만, 오바마가 권력을 쟁취하는 데는 무엇보다도 경제 위기가 강력한 추동이 되었다. 미국 경제의 몰락과 아마도 전 세계적인 침체로도 이어질 수 있었던 경제 위기에 직면하면서 대부분의 미국인은 지금까지 '정부'가 문제라고 여겼던 대통령, 조지 부시에 대한 지지를 접었으며, 미국이 또 다른 대공황을 피하려면 국가가 시장을 구하는 것을 피하지 않고 일련의 급진적인 정책을 채택해야 한다는 것을 받아들이는 사람(지도자)에게로 지지를 옮겨 갔다.

오바마의 첫 번째 도전은 미국을 회복의 길로 돌려놓는 것이었고, 두 번째 도전은 외국에서 미국의 지위를 복구하는 것으로, 미국 외교 정책의 초점을 중동의 정치에서 경제적으로 매력적이고 역동적인 아시아 지역으로 옮겨 놓았다. 오바마에게 하나는 분명했다. 미국은 미국의 존재를 환영하지 않는 다른 지역과 조심스럽게 함께 활동할 필요가 있었다. 하지만 이것은 오바마가 미국의 군사력을 사용할 준비가 되어 있지 않다는 것을 의미하지는 않았다. 결국에는 그의 관리하에 빈라덴을 최종적으로 발견하고 죽이는 과정이 이루어졌다. 또한 오바마는 탈레반 지도자를 죽이기 위해 파키스탄 상공에 더 많은 무인 항공기 사용을 명령했다. 오바마는 신중했지만 평화주의자는 아니었다.

하지만 외교 정책에 대한 오바마의 주요한 공헌은 특정한 행동이라기보다는 전 세계에서 미국의 위치를 다시 생각하게 한 것과 관련된다. 부시가 세계에 대한 이론을 가지고 있었다면, 그것은 세계가 단극이며 앞으로도 오랫동안 그렇게 존재할 것이라는, 논쟁의 여지가 없던 시각에 기초한 것이었다. 따라서 미국은 높은 수준의 비난을 받지 않고 행동할 수 있었다. 오바마의 분석은 다소 달랐다. 일련의 새 연구들이 지적한 것처럼 미국이 (파리드 자카리아Fareed Zakaria의 지적처럼) 후기post 미국 시대로 나아가고 있기에, 오바마와 그의 외교 정책 팀은 미국이 빠르게 변화하는 환경에서 지도력을 유지하고자 한다면 더욱 유연한 정책을 취해야 한다고 보았다. 그는 경제력이 동쪽과 남쪽으로 움직이고 있다고 느꼈다. 브릭스의 세계가 등장하고 있었다(제5장 참조). 다른 경제 주체들도 여전히 움직이고 있었고, 여전히 강력했던 서양(오바마는 쇠

퇴론자가 아니었다)을 대신하진 않았지만, 적어도 세계 문제에서 더 큰 역할을 담당했다. 이러한 모든 상황에서 미국이 할 수 있는 선택은 두 가지였다. 이러한 변화에 저항하며 결과적으로 역사의 잘못된 쪽에 서거나, 이를 관리하고 이끌며 국제 문제에서 지속적으로 미국의 리더십을 보장하는 것이었다.

세계 문제에 대한 오바마의 접근 방식이 균형적이고 실용적이었다면, 그의 후임자인 도널드 트럼프는 그렇지 않았다. "미국을 다시 위대하게 만들겠다"고 선전하면서, 지구화를 비미국적이라고 공격하는 지지 기반 위에 당선된 최초의 미국 대통령인 트럼프는 그 어떤 미국 지도자도 해 보지 못한 방식으로 세계를 놀라게 하고 또 불안

포퓰리즘, 지구화, 그리고 자유 질서의 종식?

사례연구 4-1

© Mark Thomas / Alamy Stock Photo

아마도 2008년 금융위기 이후 세계 정치에서 가장 중요한 사건은 새로운 형태의 민족주의 또는 포퓰리즘 정치의 급속한 부상일 것이다. 많은 사람은 이 정치가 전 세계 국가 간의 긴장을 고조시키고 심지어 지구 경제와 지구화 자체를 위협하고 있다고 우려한다. 대도시 엘리트를 문제로, 이민자와 난민을 위협으로, 지구화를 경제 안보에 대한 도전으로 규정하는 새로운 유형의 정치가 지금까지 미친 영향은 엄청났다. 그것은 트럼프 당선을 현실화하고 유럽연합의 '정상적인' 정치를 뒤집었다. 어떤 사람들은 이 '반란'이 일차적으로 지구화와 세계 경제의 개방과 연관된 불평등의 심화와 임금 정체에 기인한다고 주장한다. 다른 사람들은 새로운 포퓰리즘 물결이 외부인들로부터 국가를 보호하

기 위해 놓인 국경에 대한 통제력을 상실하는 것에 대한 일반 시민들의 정당한 두려움의 표현으로 보고 있다. 영국의 '브렉시트 옹호자'와 미국의 '트럼프'가 두 국가가 원치 않는 외국인들에게 휩쓸려가고 있다고 암시함으로써 이민 배척 감정을 부추겼다는 사실은 서양에서 포퓰리즘 운동의 성장을 촉진하는 핵심 요인 중 하나였다.

새로운 현상은 필연적으로 세계 정치를 공부하는 학생들과 지구화의 미래에 대해 우려하는 사람들에게 큰 의문을 제기한다. 세계 경제는 2008년 '위기' 이후 일부가 예측한 것처럼 아직 탈세계화되지 않았다. 반면 중국과 미국 사이의 무역 갈등과 사람들의 자유로운 이동에 대한 유럽의 반대는 현 질서가 성급한 지구화에서 얻은 것이 거의 없고 잃은 것이 많다고 느끼는 불만족 집단으로부터 점점 더 많은 감시를 받게 될 세계를 암시한다. 새로운 세계 무질서가 우리에게 손짓하는 것처럼 보인다.

질문 1 포퓰리즘은 왜 신흥 엘리트들이 지구화를 받아들인 인도와 중국과 같은 성공적인 신흥 경제국보다 서양 선진국에서 훨씬 더 많이 나타나는 것처럼 보이는가?

질문 2 포퓰리즘이 정치 영역의 영구적인 특징이 되어 포퓰리즘에 수반되는 민족주의가 더욱 강화된다면 국제 정세에 어떤 영향을 미칠 것인가?

하게 만들었다([사례연구 4-1 참조]). 오바마가 그의 임기 동안 진행한 거의 모든 일에 적대적인 트럼프는 지금까지 주류 외교 정책으로 여겨졌던 것을 공격하기 시작했다. 따라서 그는 기후 변화는 근거 없는 신화에 불과하다고 주장했다. 북대서양조약기구는 더 이상 쓸모가 없었다. 브렉시트는 좋은 현상이었다. 그리고 푸틴은 미국과 함께 사업을 할 수 있는 파트너로 여겨졌다. 반면에 최대의 적인 이란과 핵 합의를 체결하는 것은 위험하고 터무니없는 일이었고, 심지어 이스라엘에 대한 약간의 비판적인 태도는 중동에서 오래되고 신뢰받던 (미국의) 동맹국에 대한 배신이었다. 더 나아가 트럼프는 사우디아라비아와 이집트와 같은 권위주의 국가들이 미국에 충성을 유지하는 한, 권위주의 체제를 개혁하거나 변화시키려 하지 않을 것임을 밝혔다.

민족주의적 수사를 사용하고 보다 전통적인 '외교 정책 수행' 방식을 경시하는 트럼프는 확실히 국내 자유주의 기득권과 유럽의 민주주의 동료를 거의 얻지 못했다. 그러나 그의 첫 임기 중반까지 미국 경제는 계속 호황을 누렸고, 2018년 11월 의회 중간 선거에서 공화당이 하원을 장악하지 못하였음에도 불구하고, 국내 지지자들 사이에서 그의 지지율은 비교적 안정적으로 유지되었다. 의심할 여지 없이 많은 사람이 트럼프의 프로젝트 전체

가 무너지고 그가 단순히 단 한 번의 '불가사의'가 되기를 바랐다. 그러면 미국은 '정상'으로 돌아갈 수 있었다. 그러나 다른 사람들은 확신할 수 없었다. 결국 트럼프는 백인 남성부터 복음주의 기독교도, 워싱턴의 지구화와 자유주의 엘리트들에게 속았다고 느끼는 미국 노동 계급 등 핵심 그룹들 사이에서 미국 전역에 만연한 불만의 물결을 타고 집권했다. 만약 그 연합이 유지되고 트럼프가 미국 경제를 계속 발전시킬 수 있었다면, 2020년에 그가 재선될 가능성이 있었고, 나머지 세계에 매우 혼란스러운 결과를 초래할 수 있었다.

> ### 요점정리
>
> - 버락 오바마는 대체로 2008년의 금융위기로 인해 2008년 선거에서 당선되었다.
> - 오바마의 외교 정책은 이라크와 아프가니스탄에서 결국 미국 군대를 철수하면서도 세계에서 미국의 연성 권력 지위를 회복하는 데 목적을 두었다.
> - 오바마는 미국이 쇠퇴하고 있다는 생각은 거부했다. 그의 견해는 미국이 특히 아시아의 새로운 경제 현실을 고려하여 정책을 조정해야 한다는 것이었다.
> - "미국을 다시 위대하게"라는 트럼프의 외침은 세계 정치에 매우 큰 불안감을 주었다.

맺음말

냉전이 끝나고 소련이 3년도 안 되는 기간에 붕괴되었을 때 많은 전문가는 진정으로 평화롭고 번영하는 새로운 시대를 기대할 수 있다고 믿었다. 그리고 잠시 새로운 시대가 열렸다. 그러나 이 장에서 볼 수 있듯이 결국에는 상황이 그렇게 되지는 않았다. 새로운 위험이 예전의 위협을 대체했다. 과거 적대국들 사이의 오래된 경쟁은 결코 사라지지 않았다. 유럽은 엄청난 문제에 부딪혔다.

미국은 이라크에서 승리할 수 없는 전쟁에 빠져들었다. 2008년에 큰 경제 위기가 있었다. 이러한 복합적인 문제들에 더해 서양의 전성시대가 중국 등 새로운 세력의 성장과 함께 빠르게 끝나는 듯했다.

그러나 서양이나 미국의 힘이 쇠퇴하고 있다는 생각은 주의해야 한다. 사실 권력이 서양에서 멀어지고 있다고 주장하는 사람들은 서양이 여전히 상당한 경제적 자산을

통제하고, 세계의 주요한 기구를 장악하며, 여전히 거대한 규모의 군사력을 보유하고 있으며, 뚜렷한 연성 권력을 보유하고 있다는 사실을 상기할 필요가 있다. 마찬가지로 미국은 (트럼프가 있든 없든) 막대한 군사력을 보유하고 있으며 다른 국가에서 할 수 없는 방식으로 전 세계에 권력을 투사할 수 있다. 미국은 또한 여전히 세계 GDP의 약 25퍼센트를 차지하고 있고, 다른 강대국들에 비해 어마어마한 기술적 우위를 누리고 있으며, 여전히 강력한 세계 통화로 남아 있는 달러를 발행하고 있다. 서양의 쇠퇴에 대해 눈길을 끄는 제목으로 책을 쓰면 기삿거리가 되기는 할 것이다. 그러나 이는 현재 구성되어 있는 세계에 대해서는 거의 알려 주지 않는다.

서양 세계가 중국과 러시아와 같은 비-자유주의 강대국과의 문제뿐만 아니라 많은 도전에 직면해 있다는 것은 의심의 여지가 없다. 실제로 트럼프 대통령의 당선에서 드러났듯, 서양도 자유주의에 반대하는 흐름으로 선회한 것으로 보인다. 1989년과 1991년 사이 냉전이 끝났을 때, 많은 사람은 자유주의가 승리했다고 생각했다. 그러나 21세기로 갈수록 상황이 그렇게 전개되는 것 같지 않다. 사건이 다시 한번 예측하지 못한 방식으로 전개됨에 따라, 냉전의 종식 이후 세계가 더 안정되고 관대한 곳이 되어 가고 있다고 생각했던 국제정치학자들은 다시 한번 자신들이 예상하지도 의심하지도 못했던 현실을 받아들여야 할 것이다.

토론주제

1. 냉전은 무엇이었으며, 왜 예상하지 못한 방식으로 끝났는가?
2. '단극의 순간'을 통해 무엇을 알 수 있는가?
3. 푸틴의 러시아는 서양에 대한 위협으로 인식되어야 하는가?
4. 유럽연합은 운이 다하였는가?
5. 제3세계는 무엇이며, 왜 더 이상 존재하지 않는가?
6. 우리는 새로운 '아시아의 세기'로 향하고 있는가?
7. 조지 W. 부시는 왜 이라크를 침공하기로 결정했으며 그 결과는 무엇인가?
8. 중동의 위기가 세계 정치에 미친 영향은 무엇인가?
9. 서양의 포퓰리즘 부상은 어떻게 설명할 수 있는가?
10. 포퓰리즘은 자유주의와 자유주의 경제 질서를 얼마나 위협하는가?

이 장의 객관식 문제를 풀어 보면서 학습 내용을 잘 숙지하고 이해했는지 평가해 보자.
• www.oup.com/he/baylis3xe

Rising powers and the
emerging global order

개요

국제 정치 및 경제 체제에서 미국이 지배하던 시대가 지나가고, 많은 이들이 지켜본 대로 2000년대 중반 이후 세계 질서에 근본적인 구조적 변화가 일어나기 시작했다. 초기에는 이러한 현상이 브릭스 국가들(브라질, 러시아, 인도, 중국, 그리고 2010년부터는 남아프리카공화국이 포함되었다)의 등장과 함께 나타났지만, 2007년 이후에는 핵심 서양 국가들이 금융위기를 겪으면서 더욱 심화되었다. 이 장은 냉전의 종식에 따라 등장한 미국 주도의 지구 질서가 안정적으로 유지될 것이라는 주장들을 검토하면서 시작한다. 두 번째 절에서는 미국이 지배하는 지구 질서라는 관념에 대한 도전을 고려해 본다. 특히 부상하고 있는 거대 발전도상국의 역할, 브릭스에 대한 관념, 이들 국가들의 각 지역에서의 역할, 그리고 무역, 기후 변화 및 대외 원조 등의 협상 및 제도에서 점차 영향력을 높이고 있는 남반구의 새로운 연대에 대해 주의 깊게 살펴볼 것이다. 세 번째 절에서는 권력의 분산에 대한 서로 다른 관점들을 구분하고, '부상하는 국가들'에 대해 말할 때 무엇이 이론적으로 관련되어 있는지 토론한다. 네 번째 절에서는 부상하는 국가들이 국제사회의 정치체제에 어떤 영향을 미치는지 몇 가지 주요 이론적 쟁점을 살펴본다. 맺음말은 지정학적 갈등의 귀환, 세계 여러 지역에서 민족주의와 포퓰리스트 정부의 성장, 다자주의 및 지구 거버넌스에 대한 심각한 도전으로 특징지어지는 매우 다른 국제적 맥락에서 부상하는 국가들에 대한 주장을 평가한다. 이는 부상하는 국가들이 중요한 것은 단지 그들이 현재나 미래에 가지는 권력 때문만이 아니라, 그들이 국제 질서의 유럽 중심주의와 서양의 지배에 장기적으로 도전하기 때문이라는 점을 시사한다.

부상하는 국가들과
신흥 지구 질서

앤드루 허렐Andrew Hurrell

도종윤 옮김

핵심 질문
- 부상하는 국가들은 미국 주도의 지구 질서에 효과적으로 도전했는가?
- 부상하는 국가들은 정말로 강력한가?
- 부상하는 국가들에 대한 논쟁이 의미하는 것은 새로운 지구 국제사회의 장기적인 전개인가?

머리말

냉전이 종식되었을 때 지구 질서의 구조는 분명하고 간단했다. 서양이 승리했던 것이다. 미국은 유일한 초강대국이었고 세계는 **단극 체제**unipolarity의 시대를 지나고 있었다. 많은 이들은 단극 체제가 21세기 내내 지속될 것이라고 믿었다. 미국이 주도하는 질서는 세 가지 기둥을 가지고 있었다. 첫째, 누구도 맞설 수 없는 다양한 차원의 미국의 힘과 그 범위, 둘째, 서양이 지배하는 제도 및 제2차 세계대전을 계기로 창설된 다자주의 기구들 — 국제연합, 관세와 무역에 관한 일반협정General Agreement on Tariffs and Trade: GATT(1995년 이후부터는 세계무역기구World Trade Organization) 및 **세계은행그룹**World Bank Group과 **국제통화기금**International Monetary Fund: IMF, 그리고 셋째, 대서양과 태평양을 가로지르는 빽빽한 동맹 네트워크와 밀접한 양자 관계 등이다. 많은 평론가는 이 같은 자유주의 성향의 위대한 서양이 승리를 거두었으며 그들의 부를 지구 차원에서 증대시켰다고 본다. 이는 한편으로는 경제·사회적 지구화의 강화를 통해, 다른 한편으로는 민주주의와 인권, 그리고 자유주의적 자본주의와 같은 서양 관념의 힘과 매력을 통해, 그리고 또 다른 한편으로는 미국의 신중한 정책 및 세력의 효율적인 배치를 통하여 가능했다.

그러나 핵심 질문은 이처럼 '미국이 주도하는 시대가 지속될 것이냐'였다. 한편에서 분석가들은 미국이 가진 힘의 안정성을 고려했다. 미국은 자신의 패권적 역할을 위해 국내에서의 지지를 잃을 각오를 하며 어느 정도까지 '제국의 과잉 확장'을 위한 포로가 될 것인가? 또 다른 한편에서는, 과거에는 **제3세계**Third World 혹은 **지구 남반구**Global South라고 불리던 크고, 빠르게 성장하는 국가들에게 재빨리 초점을 맞춰 주목했다. 설령 중국을 자체적인 개별 범주로 분류시키더라도, 그다음 체급의 다른 국가들은 지역 수준 — 남미에서의 브라질, 남아시아에서의 인도, 아프리카에서의 나이지리아와 남아프리카공화국 — 에서 의미 있는 영향력을 굳건히 다질 뿐 아니라 지구 차원에서 보다 큰 영향력을 행사하게 될 것이다. 이러한 전개는 국제 질서에서 역사적으로 존재했던 **유럽 중심주의**Eurocentrism에 대한 도전으로 비춰질 뿐 아니라 미국과 유럽에 도전하는 힘으로 여겨지게 되었다.

탈냉전 질서

1990년대의 지구 질서는 자유주의적 국제주의(제7장 참조) 혹은 자유적 **연대주의**solidarism라는 렌즈를 통하여 넓게 이해되었다(Hurrell, 2007). 지구화는 구(舊)체제 — 말하자면 강대국 간 경쟁, 세력 균형 정치, 그리고 국가 주권 중심의 낡은 국제법과 불개입이라는 완고한 규칙들로 이루어진 베스트팔렌식 세계Westphalian world — 로 일컬어지는 전통적인 국제 관계를 낡은 것으로 만들어 버리고 말았다. 순조롭지는 않았지만, 그 길은 베스트팔렌과는 거리를 멀리 두는 것으로 보였다. 말하자면 공식·비공식적인 다자주의적 제도들의 역할 확대, 국내 사회의 조직에 영향을 끼치는 국제적 수준에서 만들어진 규칙과 규범, 그리고 그것의 간섭 범위 및 밀도 면에서의 거대한 성장, 지구 수준의 거버넌스에서 새로운 행위자들의 관여 확대, 지구 규칙에 대한 강제적인 집행 움직임, 주권과 국가, 시민 그리고 국제사회의 공동체 간의 관계에서 정치적, 법률적 그리고 도덕적 이해의 근본적인 변화 등이 함께했다.

거버넌스에서 국가들 간의 양식이 확장된 것은 물론이고, 국가를 넘어 복합 거버넌스 세계에 대한 관심이 더욱 커졌다. 지구의 질서와 지배는 더 이상 국가들만의 영역은 아닐 것이다. 비정부기구와 사회 운동, 다국적 기업 그리고 때로는 신기술과 새로운 형태의 사회적 동원에 의하여 추동된 집단이나 개인의 직접적인 개입처럼 이미 현저하게 많아진 역할이 존재한다. 이 같은 관점에서 보자면, 국가는 권위 있는 주권을 행사하는 제도로서 자신의 자리를 잃고 있으며, 보다 넓고 보다 복합적인 사회적, 정치적, 경제적 과정 속에서 다수의 행위자가 그 자리를 대신하게 되었다.

특히 유럽과 미국의 연구자들은 탈냉전 세계에 대하여 세 가지의 자유주의적 이야기를 내놓은 바 있다. 어떤 이들은 제도를, 그리고 제도가 가진 협력적 논리를 강조했다. 그들은 지구화된 세계에서는 집단적 행위의 보다 복합적인 딜레마가 등장하게 되므로 이를 다루기 위한 제도가 필요하다고 주장했다. 거버넌스에 대한 도전이 복합적이라는 것은 국제법과 국제 레짐이 숫자, 범위 그리고 다양성 면에서 필연적으로 늘어날 것이라는 점을 의미했다. 이것은 또한 거대한 발전도상국들을 포함하여 거대한 국가들이 자신들의 이익 범위를 확대하면서 지구 경제 및 세계 사회 속으로 보다 완벽하게 통합되었듯이 — 1990년대에 유행했던 언어로 말하자면, '세계로의 합류' — 제도가 제공해 주는 기능적인 이익을 자연스럽게 향유하며, 또한 보다 협력적이면서도 행동 유형에 '책임감을 갖도록' 압박받았다는 것을 의미했다. 점차 그들은 서양이 주도하는 지구 질서 안으로 사회화되었던 것이다. 그 과정이 반드시 쉬운 것은 아니었다. 그것은 한결같지 않았고 때로는 불안정했다. 그러나 넓게 보았을 때 나아가고자 하는 방향은 분명했다.

다른 이들은 점진적이지만 그러나 진보적인 자유주의 가치의 **칸트주의**Kantian 관념의 확산을 강조했다. 이는 부분적으로는 자유주의 경제와 증대된 경제적 상호 의존의 결과였고, 부분적으로는 지구 시민사회의 영향력이 커진 결과였으며, 그리고 또 다른 부분에서는 몇몇 국가들이 다면화된 자유주의적 자본주의 체제를 성공시킨 결과였다. 세 번째 그룹은 미국을 보다 중심에 두고 이야기를 풀어 나갔다. 미국은 진정, 단극 질서 세계의 중심이었다. 그러나 자기 자신의 가치뿐 아니라 합리적인 자기 이익까지 두 가지 모두를 이루려고 했다. 워싱턴은 약소국들을 안심시키고 미국의 힘에 저항하는 균형을 제거하고자 냉전 시대에 만들어진 제도들 속에 자신을 묶어 두려는 유인(誘因)을 존속시키고자 했다(Ikenberry, 2001). 합리적인 패권국은 지구 시대에 연성 권력의 중요성과 유용성, 그리고 자기 절제를 이해하려고 했다. 이 같은 자기 구속 및 절차적 **정당성**legitimacy에 대한 대가로, 또한 미국이 제공해 준 **공공재**public goods와 그러한 공공재가 부여한 정당성이라는 산출물에 대한 대가로, 다른 국가들은 그 같은 국제 체제의 주인으로서 그리고 운영자로서 미국의 역할을 인정하고 받아들이지 않을 수 없었다.

냉전에서 승리로 소련과 그 동맹국들(이른바 제2세계)의 도전은 종결된 것처럼 보였다. 이러한 세 가지 자유주의적 논리가 혼합되면서 과거에 서양 질서에 도전했던 구 제3세계 국가들 중 발전도상국들(특히 1970년대에 **신국제경제질서**New International Economic Order를 요구했던)은 이제 점차 사회화와 통합으로 휘말려들었다. 권력의 본질과 역동성은 변화하고 있었다. **연성 권력**soft power의 중요성은 강압적인 경성 권력hard power을 능가하게 되었으며, 자유주의적 권력이 거둔 응집물들은 격퇴해야 하거나 위협하는 것이 아니라 오히려 매력적인 것이 되었다. 자유적이면서 성공을 거둔 유럽연합이 오랜 기간에 걸쳐 장대한 스케일로, 일부 약한 근린 국가들로 하여금 회원국이 되기 위해 경쟁하고 갈망하도록 강력한 유인책을 만들어 낸 것처럼 유사한 양상이 자유주의적 선진국 세계에서 전반적으로 목격되었다. 1990년대 당시에는 자유주의의 우세에 대해 분명한 인식, '자유주의적 지구 질서'가 거의 모든 것을 결정짓고 미국이 그러한 권한과 힘을 가지고 있다는 분명한 가정, 서양의 질서가 작동하고 있으며 그들이 그 답을 가지고 있다는 분명한 믿음 등이 각인되어 있었다. 물론 고립된 불량 국가들이나 급진적인 거부파도 있었다. 그러나 빌 클린턴Bill Clinton 대통령이 자신 있게 선언했던 것처럼 그들은 '역사의 잘못된 쪽'에 있었던 것이다.

미국이 주도하는 질서가 안정적이라는 생각은 자유주의자들에게 한정된 것은 아니었다. 신현실주의 이론가들 중 한 분파는, 간단히 말해 미국이 가진 힘의 범위는 세력 균형의 일반적 논리를 극복할 정도로 너무나 커서 가시적인 미래에 미국의 힘과 우월성을 훼손할 만한 능력을 가진 국가가 등장하지 못할 것이라고 주장했다(Wohlforth, 1999; Brooks and Wolhforth, 2015/2016). 신현실주의자들에게 군사력은 가장 중요한 권력의 형태이기 때문에 특히 딱 들어맞는 말이다. 군사력의 견지에서 보자면 미국은 문자 그대로 독보적이다. 전 세계 총군사비의 45퍼센트를 쓰고 있으며, 신형 군사 기술에서 압도적인 선두에 서 있고, 100개가 넘는 국가, 750곳 이상의 해외 기지에서 거대한 지구 네트워크를 가지고 있다. 또한 미국은 세계의 구석구석에 힘을 투사할 수 있는 유일한 능력을 가지고 있다. 미국에 대한 적극적인 저항도 제거되었던 까닭에 약소국들은 미국이나 미국이 주도하는 지구 질서에 편승하지 않을 수 없다고 생각했다.

비판적 시각을 가진 많은 정치경제학자 또한 지속성을 주목했다. 전 세계 발전도상국에 신자유주의 경제 개혁이 확산되었다. 이러한 확산은 한편으로는 미국과 미국이 지배하는 국제 금융 제도들에 의해 이루어졌고, 다른 한편으로는 지구 남반구의 엘리트들의 선택과 계급 이익을 반영했다. 매년 다보스Davos에서 만남을 갖는 초국가적 엘리트들을 연결하는 세계관과 공통된 계급 이익은 서양 주도적 자본주의의 지속적인 지배를 보장할 것이다.

냉전이 끝난 이후, 지구 남반구는 민족국가라는 집단 또는 범주로 묶이기보다 국경을 초월한 사회적 맥락에서 다시 정의되었다(**제4장 참조**). 신자유주의에 대한 응답으로 지구 남반구 내부와 전역을 가로질러 등장하고 있는 사회 운동에 점차 더 관심이 집중되었다. 1999년 세계무역회의 장관급 회담이 열린 시애틀에서는 **세계사회포럼**World Social Forum, 반(反)지구화 그룹, 그리고 여러 저항 운동이 함께 유명세를 타게 되었다. 당시 미국이 주도하는 질서에 대한 도전은 거대한 발전도상국들(인도, 중국, 브라질)에 의해 이루어진 것이 아니었다. 오히려 급진적인 거부파radical rejectionist 국가들(베네수엘라, 좌파로 전향한 다른 남미 국가들, 이란, 북한)이나 반지구화 운동anti-globalization movements을 벌이는 일반 대중, 그리고 초국가적이며 반서양적인 이슬람 단체들 그리고 테러 집단들의 움직임이었다.

| 요점정리 |

- 1990년대에는 지구 체제가 미국의 힘과 그 동맹국들 그리고 미국이 좌지우지하는 제도에 의해 장악되어 있었다는 것에 대해 거의 보편적인 합의가 있었다.
- 신흥국가들의 시각에서 보자면, 미국의 질서는 많은 부분에서 기존의 규칙들, 규범들 그리고 지구 정치의 관행들을 교체하려는 강력한 움직임과 연관되었다. 지구 남반구 국가들의 입장에서 미국은 현상 유지 세력이라기보다는 이따금 그 자신의 이미지 안으로 체제를 짜 넣으려고 시도하는 세력으로 보였다. 냉전이 끝난 후, 미국은 여러 면에서 혁신 세력이었다. 1990년대에, 군사 개입에 관한 새로운 규범을 형성하고, 시장을 개방하고, 그들이 보았을 때 자유주의 가치의 특수한 집합이라고 생각되는 것들을 국제 제도 안에 체화시키기 위해 압박을 가했다는 점에서, 그리고 금세기 초반에는 레짐의 교체 및 폭력의 사용에 관한 규범과 주권에 관한 조건을 보다 일반적으로 재확립하려고 시도했다는 점에서 그러하다.
- 지구 남반구의 국가들은 '베스트팔렌 질서'라는 안정적인 개념 속에서 미국을 대하지 않았다. 그들의 관점에서 보자면 지배 세력인 서양 국가들은 다음과 같이 주장하고 있었다. 즉 체제에 관한 가장 중요한 규칙들 중 많은 것이 변해야 하지만 무엇보다도 더 큰 개입주의에 위협이 되는 방식들을 변화시켜야 했다. 그러나 동시에 많은 이들은 서양 세력에 따르는 길 외에는 대안이 없다고 생각했던 것으로 보인다.
- 미국이 주도하는 질서에 도전한다는 것은 미국이나 서양 세력에 대항하는 '역행' 또는 '반동'이며, 반패권주의 사회 운동이나 급진적 국가들에서나 이에 관심을 가지고 있다는 총의(總意)가 폭넓게 깔려 있었다.

도전에 직면한 미국 중심의 질서

1990년대 말에 이르러, 이러한 안정적인 모습, 즉 미국이 지배하는 지구 질서는 점차 늘어나는 도전에 직면하게 되었다. 9·11 테러11 September 2001는 지구화의 보다 어두운 측면을 분명히 드러냈다. 지구 테러리즘에 대항하기 위해 '전쟁'을 벌이거나 보다 취약한 사회 세력들(이라크나 아프가니스탄에서 있었던)을 제압하기 위해 강압적 힘을 사용한 사례는 정치적 목표를 달성하기 위한 군사력의 한계를 전면에 드러냈다. 인권이나 민주주의에 대한 워싱턴의 화려한 말과 국가 안보를 지키기 위해 인권을 침해할 수도 있다(관타나모, 아부그라이브 사건, 그리고 이른바 테러리스트 혐의자의 본국 송환 정책)는 미국의 조직적 의지 사이에 불협화음이 생기면서 서양이 가진 도덕적 우월성에 관한 주장이 훼손되었다. 그리고 많은 이들에게, 부시 행정부의 일방주의unilateralism는 미국이 가진 지도력의 정당성과 미국의 입장을 받아들이고자 하는 수용 가능성을 약화시켰다.

가장 눈에 띄는 징조 중의 하나는 거대한 발전도상국들에 의해 외교적 적극주의diplomatic activism가 증가하면서 변화가 일어났다는 것이다. 브라질과 인도는 세계무역기구에서 돈독한 제휴 정책의 좋은 예를 보여 주었다. 익히 알려진 대로 2003년 칸쿤에서 등장한 발전도상국들의 G20 무역 제휴가 그것이다. 2003년 9월 칸쿤에서 열린 세계무역기구 제5차 각료 회의에서, 발전도상국들은 몇몇 중첩된 제휴 관계를 함께 맺고 자신들의 요구가 관철될 때까지 도하 발전Doha Development 의제에 관한 협상을 저지하기로 결정했다. 회의는 교착 상태에 빠졌다. 칸쿤은 지구화에 대한 발전도상국들의 불만을 상징적으로 드러냈으며 이들은 선진국들에 대항하여 자신들의 집단 이익을 위해 행동할 수 있다는 강한 의지를 보여 주었다. 발전도상국 세계의 신흥국인 브라질, 중국, 인도, 남아프리카공화국은 이러한 집단적 불만을 표출하면서 앞장섰고, 다른 많은 발전도상국도 이에 동참했다.

인도, 브라질, 남아프리카공화국 등 세 민주주의 국가들 간 협력 프로젝트인 입사IBSA의 창설은 한 걸음 더 나아간 예다. 이 기구는 2003년 6월에 있었던 브라질리아 선언에 따라 정식화되었고, 이와 연계해 포괄적인 분야에서 협력을 촉진한 선도적 제안들이 뒤따랐다. 세 번째 예는 베이식스BASICs(브라질, 인도, 남아프리카공화국, 중국)다. 이 그룹은 2009년 12월 코펜하겐의 기후 변화 회의에서 유럽을 한쪽으로 밀어내고 미국으로 하여금 매우 다른 제도적 맥락 속에서 협상에 나서도록 만들었다.

이 사건 자체는 단지 일시적인 관심을 끌었을지도 모른다. 그러나 많은 이들에게는 이러한 사건들이 지구 경제와 지구 자본주의의 동학에 아주 깊은 구조적 변화가 발생하고 있다는 것을 반영하는 것이었다. 브릭스(브라질, 러시아, 인도, 중국 그리고 2010년 이후 남아프리카공화국 포함)라는 아이디어는 이러한 현상을 포착한 것이다. 브릭스는 경제협력개발기구를 제외하고 경제 규모가 가장 큰 5개의 국가를 일컫는다. 21세기 초까지만 해도 전 세계 외화 보유고의 50퍼센트가량을 그들이 차지했다. 이들은 해외 원조에 대한 의존도를 줄였거나 혹은 일소했으며 중국, 인도, 브라질은 자신들 스스로가 주요 원조국이 되기에 이르렀다. 2009년에 이들 신(新)원조국들은 대외 원조에 미화 약 110억 달러를 제공했다. 그리고 이들은 서로 관계를 확대하여, 중국의 경우 미국을 제치고 브라질의 주요 무역 상대국이 되었으며, 중국-인도 간 무역 규모는 연간 미화 600억 달러에 근접하고 있다. 남-남 간 무역은 1990년대 초기에는 미미한 수준에 그쳤으나 2010년에는 전 세계 상품 수출의 17.5퍼센트에 이를 정도로 상승했다(Zoellick, 2010).

'브릭스', '부상국', '신흥국가' 등의 용어는 2003년 무렵부터 나오기 시작했다. 그 후 대중 논쟁이나 많은 정치적 미사여구는 힘의 확산과 새로운 국가들의 등장에 초점을 맞추었다. 이 같은 논의의 핵심은 지금의 세계 질

회의 중인 브릭스 리더들
© ITAR-TASS News Agency / Alamy Stock Photo

'브릭스BRICs'라는 말은 브라질Brazil, 러시아Russia, 인도India 그리고 중국China 등 경제적으로 떠오르는 국가들을 일컫는 머리글자에서 시작되었다([사례연구 13-1] 참조). 이 용어는 2001년 골드만삭스의 경제학자 짐 오닐Jim O'Neil이 자신의 연구보고서 「더 나은 지구 경제 만들기: 브릭스Building Better Global Economics BRICs」에서 처음 사용했다. 오닐은 이 네 국가를 신흥 시장경제의 핵심으로 보았으며, 세계 경제에서 브릭스가 차지하는 상대적 크기와 지분이 급격히 증가할 것이라고 예상했다. 이 보고서에서 오닐은 또한 브릭스는 G7에 일정한 영향을 미칠 것이며, 이는 G7과 같은 그룹에 참여할 수 있는 대표권의 재편으로 이어질 것이라고 적었다. 이를 기점으로 브릭스에 대한 두 가지 견해가 생겨났다.

우선, 그리고 가장 공통적인 생각은 브릭스를 지구 경제의 미래라는 맥락에서 이해해야 한다는 것이다. 2003년 골드만삭스의 도미닉 윌슨Dominic Wilson과 루파 프루쇼다만Roopa Purushothaman은 오닐의 주장을 확장하여 편집한 「브릭스와 함께 꿈꾸기: 2050년으로 가는 길Dreaming with BRICs: The Path to 2050」이라는 보고서를 내놓았다. 이들의 보고서는 2025년까지 브릭스가 국내총생산 면에서 G7의 절반 이상을 넘어설 것이라고 설득력 있게 예측했다. 그리고 40년 안에 브릭스의 경제는 모두 G7을 넘어설 수도 있다는 것이었다. 이 보고서에 이어 몇몇 보고서는 브릭스의 경제가 예상보다 더 건전하다는 보다 세밀한 분석을 제시하면서 브릭스 경제의 미래를 재정리했다.

이 같은 예측의 뒤편에서 강조되고 있는 주장의 핵심은 중국과 인도가 세계 제조업과 서비스업의 가장 큰 공급자로 등장할 것이며, 마찬가지로 브라질과 러시아는 원자재 공급자로서 지배적 위치에 서게 될 것이라는 점이다. 이들은 모두 지역 시장과 거대 노동력에 접근 가능하며, 이를 통해 보완이 가능한 거대한 잠재적 소비 시장이다.

보다 최근에는 신흥 경제의 허약함과 취약성에 관심이 옮겨지고 있다. 세계 무역의 증가세는 매우 천천히 진행되고 있고 생활 용품 가격은 떨어지고 있다. 기업과 국가 부채는 급등하고 있다. 신흥 세계로부터 해외 자본과 해외 투자의 이탈은 급격히 빨라지고 있다. 지구 남반구 국가들은 중국의 성장 둔화와 내수 성장과 소비에 더 초점을 맞춘 중국 경제의 재균형rebalancing 조치에 의해 큰 타격을 입었다. 지정학적 갈등의 귀환과 특히 미국과 중국 간의 무역 전쟁의 출현은 경제적 불확실성을 가중시켰고, 추가 금융위기에 대한 두려움은 국제 제도가 가진 해결 능력의 심각한 한계와 더불어 여전히 남아 있다.

브릭스에 대한 다른 논란거리는 외교적 집단화의 맥락에 닿아 있다. 브라질, 러시아, 인도, 중국 등 브릭스 4개 국가의 외교장관들은 2006년 국제연합 연례 총회가 열린 뉴욕에서 처음 그룹으로 회동했다. 2009년에는 첫 브릭스 정상회담이 러시아에서 열렸다. 그리고 2010년에 남아프리카공화국이 이 그룹에 합류했다. 그 이후에는 정상회담이 연례적으로 열렸다. 이들의 집단화에 대한 견해는 매우 다양하다. 어떤 이들은 미국의 힘에 균형을 맞추기 위해 고안된 거래자들 간의 협력 혹은 심지어 원초적 동맹이라고 보기도 한다. 다른 이들은 서양의 힘에 의해 변방으로 밀려난 큰 국가들의 일부가 공동의 입장을 전개하기 위해 조성한 이익 단체로 보기도 한다. 또 다른 이들은 지구 질서를 규정하는 제도의 대안적 집합을 구축하기 위한 시도의 맹아적 단계로 간주하며, 이는 신개발은행New Development Bank, 아시아인프라투자은행Asian Infrastrcture Investment Bank: AIIB, 중국의 일대일로 구상One Belt, One Road에서 가장 명백히 드러난다고 본다.

질문 1 투자자들과 국제 관계 분석가들이 신흥 세계를 바라보는 방식의 차이는 무엇인가?
질문 2 브릭스의 집단화는 동맹이라고 할 수 있는가?

브라질

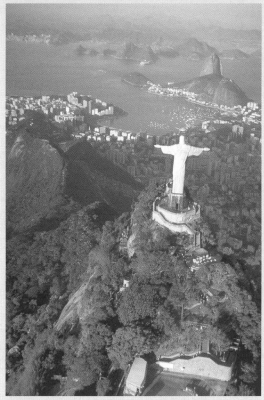

© studio 157 / istock

2009년 경제 전문지 『이코노미스트』는 유명한 조각상 브라질 예수상이 코르코바도산에서 떨어져 나온 것을 표지 사진으로 실었다. 이것은 브라질이 신흥 세력으로 크게 각인된 이미지에서 마침내 '탈출'했다는 발상을 표현한 것이었다.

브라질은 1930년부터 1980년의 기간 동안 매우 빠르게 발전했다. 그러나 대부분의 발전도상국가처럼 1980년대에 닥친 채무 위기로 매우 혹독한 시련을 겪었다. 1990년대에는 페르난두 엔히키 카르도주Fernando Henrique Cardoso (국제관계학계에서 종속 이론을 주창한 인물 중 한 명) 대통령 재임 시에 국내의 금융 안정, 중요한 경제 자유화 정책을 추진했고 국가의 신용도를 재구축하기 위한 세심한 외교 정책의 일환으로 핵비확산조약 Nuclear Non-Proliferation Treaty: NPT 에 참여했다.

카르도주에 이어, 실제로 브라질을 신흥 세력이라고 알려지도록 토대를 놓은 이는, 일반적으로 룰라라고 알려진 루이스 이나

시우 룰라Luis Inácio Lula 대통령이었다. 룰라는 연설할 때마다 브라질이 작거나 혹은 덜 중요한 국가가 아니며, 실제보다 더 분명한 단극 체제의 세계 어디서나 있을 수 있는 모든 도전에도 불구하고, 선택의 여지를 지니고 있다는 것을 반복하여 강조했다. 브라질은 국민의 자율성을 재천명하면서 외적 취약성을 줄이고 협상력을 높이기 위해 다른 발전도상국들과 협력해야 했으며, 보다 균형 잡힌 다극 체제의 세계 질서를 촉진하기 위해 다른 국가들과 함께해야만 했다.

룰라의 브라질에 대한 주장은 권력의 본질에 대하여 많은 의문을 낳았다. 비록 브라질이 거대한 천연자원을 보유하고 있지만, 군사력이나 경성 권력의 수준은 의미 있는 정도에 도달하지 못했다. 따라서 브라질은 자신의 연성 권력을 통해 부상을 도모해야 한다. 이 연성 권력은 특히 그들의 '외교적 GNP'라고 불리는 외교적 민첩성과 정당성에 있는데, 이는 발전도상국의 대변인으로서 브라질의 역할, 그리고 룰라 정부가 국내에서 경제적 불평등과 빈곤을 줄임으로써 큰 성공을 거두는 데서 나오는 것이다.

그러나 『이코노미스트』의 표지 이미지와 달리 브라질은 현재 심각한 구조적 경제 문제, 높은 수준의 사회적 폭력, 그리고 극심한 정치 양극화에 당면해 있다. 룰라는 현재 수감 중이고, 그가 선택한 후계자인 지우마 호세프Dilma Rousseff는 탄핵되었다. 2018년에는 극우 성향의 자이르 보우소나루Jair Bolsonaro가 대통령으로 선출되었다. 정치 및 정당 체제는 만연해 있는 부패 스캔들에 대처할 수 없었고, 수백만 명이 거리 시위에 쏟아져 나왔다. 브라질은 2008년 지구금융위기를 헤쳐 나갈 수 있었지만 경제 상황은 훨씬 더 제약되었다. 여러 정통 평론가들은 국내 정치의 실패, 특히 2000년대 초반 호황기에 진지한 개혁이 없었던 것을 문제 삼는다. 다른 이들은 전통적 정치체제가 급속한 발전에 따른 거대한 사회경제적 변화로 나타난 새로운 사회 세력을 통합하는 데 겪는 어려움을 강조한다. 또 다른 이들은 브라질처럼 세계의 권력 위계에서 올라가려고 하는 국가들이 직면하는 구조적 취약성을 지적한다. 브라질은 세계 경제 변화에 구조적으로 취약한 상태로 남아 있다. 브라질의 성공은 브라질 상품에 대한 중국의 수요에 힘입어 이루어졌기 때문에, 브라질은 중국의 성장 둔화에 큰 타격을 받았다. 브라질은 국제 제도에서 보다 큰 영향력을 성취했다. 그러나 활동적인 신흥 지역 강국의 전형으로 보였던 이미지가 국제적 대안이 거의 없는 심각한 위기에 빠진 국가의 이미지로 빠르게 전락할 수 있다.

질문 1 연성 권력은 경성 권력을 대신할 수 있는가?

질문 2 발전도상국과 신흥국가들은 어느 정도나 정책적 협력을 이루어 무역이나 환경과 같은 전 지구적 의제의 협상에 영향을 끼칠 수 있을까?

서가 어떠한가가 아니라 향후 세계 질서가 어디로 갈 것인가였다. 브릭스는 그들이 단지 최근에 이룩한 것, 그리고 현재의 빠른 발전 때문이 아니라 지구 경제를 변환시키고 있고 지구 경제의 세력 균형에 변화를 가져올 것으로 예측되었기 때문에 중요했다([사례연구 5-1], [사례연구 5-2] 참조). 2007년의 경제 위기는 핵심 선진 자본주의 국가들을 이 같은 변화와 인식으로 몰아넣었다. 여러 유력한 지표를 보았을 때, 경제 위기가 서양의 핵심 국가들을 흐트러뜨렸다는 것은 역사적으로 지극히 중요한 일이었다. 경제 위기는 서양 경제에 심각한 손상을 주었을 뿐 아니라, 지구 자본주의 체제의 중심에서 제도가 가진 기술적, 도덕적 권위를 훼손했던 것이다. 마지막으로, 경제 위기는 또한 변화된 경제력을 반영하기 위해 국제 제도들이 개혁되어야 한다는 시각에 힘을 불어넣어 주었다. 브라질과 인도는 국제연합 안전보장이사회의 상임이사국 자리뿐만 아니라 국제 경제 제도의 개혁을 오랫동안 요구해 왔다. 비록 국제연합 개혁에서는 이렇다 할 진전이 없었음에도 불구하고, 세계무역기구 안에서는 브라질과 인도가 미국 및 유럽연합과 더불어 내부 협상 그룹 ─ 소위 '신4인방New Quad' ─ 의 일원이 되면서 상당한 변화가 나타났다. 선진국 G7 그룹을 주요 신흥국가를 포함하는 G20으로 확장한 것은 여러 면에서 더 나아간 상징적 발걸음이었다. 2008년 첫 정상회의가 개최되었고, 이듬해 G20이 주요 경제 그룹인 G7을 대체하며 정상회의를 정례화하고 의제를 확대할 것이라고 발표했다. 신흥 세계 전반에 걸쳐, G20은 새로운 힘의 지정학에 대응하여 지구 거버넌스의 구조가 어떻게 이동하고 있는지를 보여주는 상징이자 또한 다가올 미래의 징후였다.

부상하는 국가의 지속적인 중요성을 강조하는 측은 현재 진행 중인 일련의 발전 과정에 주목해 왔다. 이는 브릭스 연례정상회의의 지속과 더불어 2014년 브라질에서 열린 제5차 정상회담에서 결정된 브릭스 개발은행(현 신개발은행) 창립을 포함한다. 또한 2011년 리비아 사례처럼 서양이 보호책임 개념을 남용하는 것에 대응하며 처음에는 브라질이, 그리고 이후에는 중국이 요구한 '보호하면서 책임지기responsibility while protecting'라는 새로운 규범, 그리고 중국이 2013년에 선언한 신(新)실크로드 구축을 위한 '일대일로' 구상과 2015년 아시아인프라투자은행의 창설이 신흥 세계에 주는 함의를 포함한다([사례연구 16-1] 참조). 지난 몇 년 동안 '일대일로'(이후 'Belt and Road Initiative'로 명칭이 바뀜)는 중국의 지정학적 야망과 탈서양 세계 질서의 광범위한 출현을 추측하는 데 초점이 되어 왔다(Hameiri and Jones, 2018).

과거에 빈곤, 나약함, 정치적 주변화가 제3세계를 정의했다면, 중요한 변화가 일어난 것처럼 보인다. 『이코노미스트』는 '제3세계의 두드러진 특징은 경제적, 정치적 영향력을 원한다는 것이다. 그들은 두 가지를 모두 얻고 있다'고 서술했다(The Economist, 2010: 65). 지구 남반구 국가들의 발전 수준과 힘의 차이는 훨씬 컸다. 서양 국가는 신흥국가들이 '책임'을 회피하기 위해 더 이상 저개발, 빈곤, 식민주의 과거사, 역사적 주변성을 '변명'으로 삼아서는 안 된다고 주장했다.

- 금세기 들어 첫 10년간, 브라질, 러시아, 인도, 중국, 남아프리카공화국, **동남아시아국가연합**ASEAN 국가들, 그리고 멕시코 등은 의미 있는 경제 발전을 경험했다.
- 많은 사람은 이 같은 경향이 지속된다면 장기적으로 보았을 때 역동적인 신흥 시장에게 유리한 경제적 균형으로 전환되는 결과를 가져올 것이라고 믿었다.
- 이처럼 신흥국가들이 세계 시장에서 경제적으로 차지하는 부분이 커짐에 따라, 자신들 또한 국제 공동체에서 정치적 발언을 보다 크게 할 만한 위치에 놓였다고 느끼게 되었다. 사실 2007년에 시작된 금융위기로 상대적인 경제적 무게의 이동이 강조되었고 최고위급 협상 테이블에서 한자리를 요구하는 목소리가 보다 강력하고 긴급해졌다.
- 중국의 일대일로 구상과 브릭스 국가의 신개발은행 창설과 같은 최근 상황은 부상하는 국가의 지구적 영향력이 증가하고 있음을 시사한다.

부상하는 국가들의 권력에 대한 세 가지 질문

권력의 분산과 신흥국가들의 등장에 대한 논쟁은 어디서나 볼 수 있게 되었다. 그러나 명쾌한 대답보다 던져야 할 질문이 더욱 많다.

첫째, 만약 권력이 이동하고 있다면 정확하게 어디로 향하고 있는가? 한 가지 관점은, 단지 강대국들이 겪는 부침(浮沈)의 동학의 일부로서 권력이 주요 신흥국가로 이동하고 있다는 것이다. '슈퍼 파워 중국', '부상하는 인도', 또는 '브라질의 시대' 그리고 브릭스 또는 베이식스의 부상 등에 관한 이야기들은 한결같이 이 점을 지적하고 있다. 우리는 이 같은 새로운 행위자들이 누구인지, 그들이 과거에는 어떻게 행동했고, 미래에는 무엇을 원할지에 대해 정확히 토론할 수 있다. 그러나 이러한 주제들은 근본적으로, '그들'이 '그들의' 권력 — 새로운 권력을 실질적으로 획득할 수 있는 새로운 중요 행위자들의 숫자는 제한되어 있다 — 을 가지고 무엇을 할 것이냐와 관련되어 있다.

그러나 또 하나의 관점은, 우리가 권력의 일반적 분산을 보다 많이 목도하고 있다는 것이다. 그것은 때로는 기술적 변화와 연관되어 있거나 지구 경제의 변화와 연관되어 있거나 사회적, 정치적 동원의 새로운 형태와 연관되어 있다. 따라서 만약 부상하는 중국이 지금의 지구 정치에서 하나의 중심부라면 **아랍의 봄**Arab Spring은 또 다른 중심부라고 할 수 있다. 이 두 가지는 권력이 어떻게 분산될 수 있는지를 매우 다른 방식으로 보여 준다. 실로 '잔여 국가들the rest의 부상'에 관한 이야기는 '권력의 일반적 분산'의 관점에서 취한 이야기이다(Khanna, 2009). 이 같은 관점에서 보자면 소위 민트MINTs(멕시코, 인도네시아, 나이지리아, 터키) 같은 급속 발전국가들이 포함될 수 있을 것이다. 그러나 또한 새로운 행위자들의 다변화도 함께 나타나게 된다. 이것은 국제 체제가 점차 부상하고 있는 국가 및 지역 국가들뿐 아니라 많은 민간 행위자와 초국가적 집단을 포함하고 있으며, 이는 권력의 분산으로 특징지어지고 있다는 것을 설명하는 것이다. 말하자면 이는 또한 기술, 세계화 그리고 민주화의 결과로 지구적 차원에서, 그리고 국내에서 경청되어야 할 많은 목소리를 반영할 수 있는 선호의 확산으로 특징지어진다는 것을 의미한다. 더 나아가 냉전의 종식과 자유의 지배라는 목표를 이루게 했던 사회적, 경제적 그리고 정치적 조직들에 관해 거대한 질문을 다시 던지는 관념과 가치의 분산으로 특징지어진다. 사회적, 정치적 동원과 연계된 기술 혁신의 조합은 매우 강력했다. 어떤 경우에는 이것이 대중들의 사회적 저항에서 지지대가 되어 왔는데, 그 예로 아랍의 봄이나 소셜 미디어와 새로운 형태의 정치적 동원으로 150만 명이 거리로 나온 2013년 브라질의 대규모 시위를 들 수 있다. 또 다른 경우로, 기존의 국가나 지역 질서가 가진 능력이나 정당성에 대한 도전이, 이른바 이슬람국가Islamic State에서 보듯이 새로운 형태의 도전을 위한 공간을 제공해 주었다.

만약 권력의 일반적 분산에 관한 이러한 시각이 진실이라면, 지금의 강대국이나 신흥국가 모두를 포함하여 누구든 유효한 권력과 영향력을 발휘하기는 더욱 어려워질 것이다. 신흥국가들은 그들 자신의 지역을 통제하기가 더욱 어려워질 것이고, 약소국으로부터의 지속적인 지지를 확보하기도 힘들어질 것이다. 이것은, 예컨대 우리가 신흥국가들과 현재의 지배 국가들 사이의 관계에 관심을 기울이는 것만큼이나 신흥국가들과 약소국들 간의 관계에 많은 관심을 기울일 필요가 있음을 시사하는 것이다. 또 하나 개연성 있는 귀결은, 크고 급속도로 발전하는 국가의 정부는, 국내에서 정치적으로 동원되고 권한이 부여된 많은 단체로 인하여, 응집력 있고 일관된 외교 정책을 유지하기가 보다 어려워질 것이라는 점이다. 종합적으로 예측하자면, 국내에서나 국제적으로나 양쪽 모두에서 권력은 보다 효율성이 떨어지게 될 것이다.

둘째, 권력이란 무엇인가? 권력은 사회과학에서 가장 복잡하면서도 논쟁적인 관념이다(**제9장 참조**). 이것이 필연적으로 논쟁적 개념인 이유는 합리적으로 해결될 수 없는 일종의 논란거리가 되는 주제이기 때문이다. 사회적 권력에 관한 압도적인 이론은 없으며 마술과 같은 열쇠를 제공해 줄 수 있는 단일한 분석적 접근도 없다. 정치학자들은 **권력**power을 서로 다른 수준에서 구분한다(Barnett and Duvall, 2005). 예를 들어 다음과 같다.

• 자신의 의지를 타자에게 강제하고 타자가 그들에게

부과하는 어떤 시도도 거부할 수 있는 정치 단위의 능력 및 관계적 힘.

• 제도적 권력 ─ 여기서 권력이란 의제를 통제하고, 무엇이 결정되어야 하는지를 결정하며, 가장 강력한 이익에 위협이 되는 문제들을 배제할 수 있는 능력.

• 행위를 구성하면서 그 행위에 대한 물질적 조건 및 담론적 조건들과 관련되는 서로 다른 형태의 구조적 권력.

어떤 이들은, 경성 권력 및 강제적 권력을 한편으로, 그리고 연성 권력 ─ 다른 이들이 그들의 사회 및 그 가치들을 모방하게 하는 유인 ─ 을 다른 한편으로 구분하기도 한다. 미국과 서양의 쇠퇴를 거부하는 거의 모든 주장은, 이러한 서로 다른 수준을 결합한다. 즉 세계적인 수준의 미국의 군사적 우위, 미국 사회의 경제적 복원력 및 유인, 그리고 지구 거버넌스 제도 전반에 걸친 끊임없는 중핵적 역할을 강조하는 것이다. 또한 그들은 국제적·지구적 질서의 가장 강력한 개념을 생성하고 촉진하는 능력을 포함하여 경쟁 상대가 없는 구조적 권력을 중요하게 여긴다(Nye, 2011/2019).

어떤 국가를 신흥국가라고 할 때 우리가 처음으로 고려해야 할 것은, 어떤 행위자들에게, 얼마만큼의 기간 동안, 어떤 문제에 관하여 영향력을 행사할 수 있는가이다. 따라서 우리는 남아프리카공화국, 인도, 브라질 등의 신흥국가가 지역 강국으로 인정받는 방식이 증가하는 그들의 지구적 영향력에 중요한 요소가 될 수 있다는 점에서, 특정 지역에서 그들이 가진 영향력과 역할이 얼마나 증가했는지를 추적하고 싶을 수도 있다. 또는 우리는 브라질의 영향력을, 그들이 가진 매우 제한적인 군사 능력이라는 맥락에서가 아니라 국제기구에서의 외교적 행위력이나, 한 분석가가 호칭한 바 있는 '외교적 GNP'라는 맥락에서 이해하려고 할지도 모른다(Hurrell, 2007).

사회적 권력에 관한 문헌으로부터 얻을 수 있는 더 깊은 교훈은 여전히 중요하다. 권력과 영향력에 대한 토론에서 동기와 가치에 대한 분석은 분리될 수 없다. 신흥국가들을 포함해서 모든 국가가 권력과 안보를 추구한다는 것은 사실일 수도 있다. 그러나 진짜 질문은 구성주의자들이 강조하고 있는 한 가지로 귀결된다. 즉 그들이 추구하는 권력은 어떤 종류이며, 어떤 목적을 위해서인가? 따라서 신흥국가가 체제를 수정하거나 체제에 도전하도록 만드는 계기가 단지 강성 권력과 물질적 이익의 계산에서만 나오는 것은 아닐 것이다. 역사적으로 **수정주의** revisionism는 아주 흔히, 신흥국가들이 왜 기존의 현상이 유지되는 것을 분하게 여기고, 받아들이지 못하며, 심지어 참을 수 없게 여기는지를 ― 예컨대 기존의 질서가 역사적 수치심을 구체화(중국의 경우)하고 있거나, 신흥국가들은 자신의 권력, 가치 그리고 문화의 결과에 맞춰 그에 따른 자격이 주어져야 한다고 느끼는데 역사가 사회적 승인을 부여하지 않거나(인도와 브라질의 경우), 기존의 질서가 그 국가들이 '자신의' 지역 내에서 특별한 위상을 가져야 한다는 정당한 주장에 반하여 작동되고 있는 경우 ― 설명하기 위해 신흥국가 외교 정책이 내놓은 관념

의 산물이었다.

셋째, 왜 권력인가? 이것은 가장 중요한 질문이다. 만약 우리가 권력이 이동하고 있는 이유가 중요하다는 것을 머릿속에 담고 있지 않다면, 그리고 이로 인해 어떤 영향이 있을지에 대해 생각하고 있지 않다면, 권력 이동에 대한 생각에 어떤 의미 부여도 불가능해진다. 골드만삭스가 브릭스를 문제 삼는 것은 그들이 신흥 시장이기 때문이다. 따라서 이윤이나 장기간에 걸친 투자 결정에 그들이 중요한 것이다. 그러나 이것은 왜 이러한 국가들이 정치적으로 또는 지정학적으로 문제가 되는지에 대해 확실히 말해 주지는 않는다. 이것은 부상하는 국가들에 대한 분석이 권력 자원의 항목과 꼭 연관되는 것은 아니며, 어떻게 다른 종류의 권력이 한 국가 또는 사회에서 다른 곳으로 이동하는지에 대한 평가와 꼭 연관될 수는 없다는 것을 말해 준다. 브릭스는 세계 정치에 대한 우리의 이론적 이해와 연결되어야 한다.

| 요점정리 |

- 현실주의자들은 권력이 국제 관계에서 통용되는 공통 주화라고 믿는다. 그러나 많은 분석가는 국제 관계에서 일반적으로 받아들여지는 권력에 대한 정의나 이해는 없다고 본다.
- 권력의 분산은 두 가지 다른 방식으로 이해된다. 때로는 두 개의 국가 혹은 그 이상의 국가들 사이에 권력의 균형이나 분배의 이동으로 이해된다. 때로는 세계의 서로 다른 집단들이 경제적으로 보다 중요해지고 정치적으로 보다 동원되는 보다 광범위하고 복합적인 과정으로 이해되기도 한다.
- 자유주의자나 구성주의자 모두에게 권력은 늘 행위자의 가치, 목적 그리고 정체성과 연관된다.
- 권력은 결코 하나의 행위자가 소유하는 자원이라는 측면에서 이해되지 않는다. 그것은 상대적 개념이며 대개는 주어진 사회적 맥락에서 가장 잘 이해된다.

국제 관계에서 부상하는 국가들의 영향력에 대한 논쟁

어떤 이들에게는 신흥국가들에 대한 역사와 이론이 단

순하며 간단할 것이다. 국제관계학은 항상 강대국의 흥

망성쇠에 관한 이야기다. 현실주의자들에게는 이것이 바로 핵심 주제가 된다. 그리고 무슨 일이 일어날지, 외교적 대응에 관한 지침은 무엇인지를 이해하기 위한 잘 정비된 관념의 집합이 존재하기도 한다(**제6장 참조**). 그러한 국가들이 누구인지는 변할지 모르지만 그 논리는 변하지 않는다. 우리는 아주 분명하게 이런 시각에서 세력 전이 power transition를 다뤄야 한다.

권력이 이동하는 시기는 어려우면서도 위험한 때이다. 부상하는 국가들은 당연히 현상 유지에 도전하며 그들 자신의 이익과 가치를 반영하기 위해 체제의 지배적인 규범을 수정하려고 할 것이다. 그리고 기존 세력들은 부상하는 국가들 또는 도전하는 국가들의 등장을 봉쇄하기 위해 군사력을 사용하는 등 자신들의 권력을 발휘하려는 유혹에 빠지게 될 것이다. 고전현실주의자, 신고전현실주의자, 신현실주의자 그리고 세력 전이 이론가들은, 분쟁이 일어나는 이유가 국제 질서의 규칙을 재형성하려고 하는 도전자들의 권력 추구 행위 때문인지, 또는 현상 유지 세력들이 자신들의 권력을 유지하려 하기 때문인지 서로 의견이 다르다. 그러나 현실주의 진영에서는, 만약 신흥국가들이 세계적 차원의 '반열에 들고자' 한다면, 그것은 오로지 지구 차원의 세력 균형에 자신들의 영향력을 투영했을 때 가능할 뿐이며 세력 전이는 위험하며 불안정하다는 합의가 폭넓게 형성되어 있다(Mearsheimer, 2001).

사람들이 기대하는 것처럼, 부상하는 세력에 대한 신현실주의자들의 접근은 물질적 권력의 크기, 위계적인 권력의 구축, 세력 전이 이론의 함의, 그리고 제도화된 협력 및 주요 전쟁의 발발을 야기한 권력의 분산에 상당한 주의를 기울이고 있다. 물질적 능력, 그리고 특히 강압적인 권력의 소유는 어떤 국가가 강대국으로 간주되는지를 결정한다. 그리고 현실주의 전통에서 많은 이에게는, 무엇보다 또 다른 주요 강대국과의 분쟁에서 성공적으로 강제력을 행사하는 것은 곧 강대국 중심의 정치학에 들어설 수 있는 진정한 열쇠인 것이다.

세력 전이의 결과가 위기, 갈등, 패권 전쟁으로 나타난다면, 그 기저의 동학은 세계 경제의 구조적 변화에서 비롯된다. 폴 케네디 Paul Kennedy는 이 오래된 구상을 가장 영향력 있는 현대적인 방식으로 표현했다.

> 이 책의 논점은 주로 경제와 기술 발전에 의해 추진되는 변화의 동학이 존재하며, 이는 사회 구조, 정치체제, 군사력, 그리고 개별 국가와 제국의 위치에 영향을 미친다는 점이다. (…) 이러한 불균등한 경제 성장 속도는 국가 체제 구성원의 상대적인 군사력과 전략적 위치에 장기적으로 중대한 영향을 미쳤다. (…) 경제적 번영이 항상 그리고 즉각적으로 군사적 효율로 이어지지는 않는데, 이는 지리적, 국가적 사기, 전투 지휘 및 전술 능력 등 여러 가지 요인에 달려 있기 때문이다. 그럼에도 불구하고 세계 군사력 균형의 모든 주요 변화는 생산 균형의 변화를 뒤따랐다. 나아가 국제 체제에서 다양한 제국과 국가의 흥망성쇠는 주요 강대국 전쟁의 결과로 확정되었으며, 항상 가장 많은 물질적 자원을 가진 쪽이 그 전쟁에서 승리했다.
>
> (P. Kennedy, 1988: 566~567)

현실주의 전통에서 가장 강력하면서도 설득력 있는 일부 연구자들은 물질적 권력을 넘어, 위상 구축이나 권위 획득의 중요성을 대신에 강조하는 쪽으로 이동하고 있다. 로버트 길핀 Robert Gilpin(1981)은, '위계적 위신'의 존재는 국제 관계의 질서를 확립하는 중심이라고 했다. 말하자면 위신에 대한 기존의 인식과 국제 관계에서 패권 분쟁의 논리와 변화의 동학을 실증해 주는 물질적 능력의 변화 사이에는 괴리가 있다. 위신은 국제 정치에서 화폐와 같다. 국제 정치는 물질적 능력과 위계적 위상 및 인식의 변화와 위신과 존경의 표시 사이에서 반복적으로 벌어지는 거리에 의하여 특정 지어진다. 이 말은 신흥국가들이 위신이라는 이유를 들거나(1998년 인도의 핵 실험이 그러한 하나의 예로 자주 거론된다), 혹은 낙인, 분개, 자신의 가치에 적절하다고 느껴지는 지위를 거부당했다는 느낌 때문에 특정한 정책을 추구할 가능성이 있다는 것이다(Zarakol, 2010). 마찬가지로 우리는 신흥국가들이 다양한 형태의 '승인 게임recognition games'을 통해서 동료들에게 자국이 강대국의 위상을 정당하게 누릴 가치가 있다는 점을 어떻게 설득하는지 검토해야 한다. 예컨대 브라질이 아이티로 군대를 파견한 일은 부분적으로는 국제연합 안전보장이사회의 이사국이 되기 위한 능력이 있음을 보여 준 것이었다(Suzuki, 2008).

마지막으로, 만약 권력이 이동하고 있고 분쟁이 회피되고 있거나 제한적이라면, 이는 새로운 국가들이 자연스럽게 강대국의 반열에 들어서고 있다는 결정적인 사실이 된다. '가진 나라'와 '못 가진 나라'는 새로운 조화와 협상의 형태를 찾을 필요가 있다. 고전현실주의자들은 물론이고, 특히 강대국과 강대국들이 모여 **협조**concert를 이루는 것이 국제사회의 질서를 잡는 기초라고 여기는 국제사회론을 주장하는 연구자들도 이러한 관점을 강조한다. 이러한 관점에서 권력의 이동과 문화·가치의 보다 큰 이질성과 다양성에 대한 당연한 대응은 보다 다원주의적이고 강력한 권력 중심의 질서로 되돌아가야 한다는 것인데, 이는 기존의 강대국과 신흥국가들 사이의 긴장과 잠재적 분쟁을 피하고 기후 변화, 테러리즘 그리고 지구 경제 거버넌스와 같은 새롭고 또한 복합적인 도전들을 다루는 데 요구되는 총의(總意)를 달성하기 위한 것이다. 이것은 국제연합 안전보장이사회에 새로운 구성원을 영입하는 것과 같은, 다자 제도 형식에 대한 개혁과 연관될 수도 있다. 그러나 이것은 또한 비공식적 모임, 클럽, 제휴, 연대 등을 더욱더 강조하는 것과도 연관될 수 있다. 실제로 G2(미국-중국), G8+5 또는 G20 같은 새로운 모임에 대한 논의가 확산되는 것은 협조 외교의 부활이라는 의미에서 이해될 수 있는 것이다.

자유주의적 제도주의자들은 다른 렌즈를 통해 이 같은 변화를 들여다본다(제7장 참조). 그들의 관점에서 보자면, 무척 다양한 이익, 선호, 그리고 가치를 가진 국가들의 역할 증대와 더불어 힘의 조합이 이동해 왔다. 이것은, 세계무역기구 내의 무역 문제에서 국제 관계와 관련된 여러 쟁점으로 협상이 교착 상태에 빠졌던 것처럼, 지구 거버넌스가 직면하게 되는 여러 집단 행동의 문제를 강화시켰다. 신흥 세계는 보다 큰 목소리를 냈고 (G20 및 세계무역기구에서) 부분적인 제도 개혁을 이끌어 냈다. 그리고 확실히 비중 있는 수준으로 거부권을 쟁취했다. 신흥국가들은 기존의 제도적 질서의 대안을 구축하기 위해 여러 방법을 시도했으나(예컨대 신개발은행의 창설), 이러한 기회는 매우 제한적으로만 이루어졌다. 여전히 지배적인 힘을 발휘하는 국가인 미국은 (비록 이후 국내 압력으로 이 협정에서 탈퇴하기는 했으나) 환태평양경제동반자협정Trans-Pacific Partnership: TPP과 같은 새로운 협정을 맺음으로써 신흥국가들의 도전에 대응했다. 그 결과는 기존의 제도가 마비되거나 분열되는 것이며, 신흥 세계의 상당 부분이 보다 작은 소집단이나 선택적인 다자주의라는 새로운 과정으로 접어들 위험이 생겼다는 것이다.

끝으로, 비판적 정치경제학자들은 강대국의 흥망성쇠의 관점에서 국제 관계를 바라보는 모든 사고방식에 도전한다. 신마르크스주의 관점에서 지구 남반구의 신흥 민족국가에 초점을 맞추는 것은 잘못된 접근이다(제8장 참조). 그 대신 우리가 목도한 것은 선진 산업국가 중심의 오래된 중심부에서 훨씬 더 세계적이고 철저하게 초국가화된 자본주의 질서로의 지속적인 변혁이다. 생산의 흐름과 유동, 네트워크 연결, 초국가적 생산 네트워크로 구성되는, 하지만 불평등, 불안정 그리고 계층화의 새로운 행동 양식으로 특징지어지는 새로운 탈영토화된 지구 자본주의가 등장하고 있다(W. Robinson, 2007; Starrs, 2014). 따라서 신흥국가의 '권력'을 계산하고 분류하려 시도하는 것은 별다른 설명을 제공하지 못한다. 오히려 이른바 신흥국가가 내재된 '초국가 전체'를 이해하고, 사회 내부와 사회 전반의 계급 갈등 양식, 신흥 세계 국가들의 본성의 변화, 지구 자본주의가 만들어 낸 불안정과 불평등의 구조적 행동 양식을 추적하는 지적 도전이 필요하다.

- 현실주의 및 신현실주의 진영의 주류 저자들은, 부상하는 국가들이 관건이 되는 이유는 물질적 권력이 커지면 세력 균형이 무너져 분쟁이 발생하기 때문이라고 본다. 따라서 많은 신현실주의자는 미국과 중국 간의 분쟁이 필연적일 것이라고 예측한다.
- 이처럼 부상하는 국가들 및 지구 질서에 대해 물질을 기반으로 한 접근들은 주요 권력 경쟁에 이르게 하는 잠재적 경로에 대해서 충분히 설명하지 않는다. 국제 체제가 권력의 일반적인 분산에서 **다극 체제**의 상황으로, 또한 주요 국가들의 외교 정책이 세력 균형의 정치와 논리에 의해 추동되는 체제로 정확히 어떻게 움직였는지 그 스펙트럼 전반에 대해서는 여전히 설명되지 못한 채 남아 있다.
- 권력을 물질적으로 이해하는 것만으로는 신흥국가들의 외교 정책 행위의 요소로서 위상 및 승인의 결정적 중요성을 충분히 알기 위한 기초로서 불충분하다. 설령 부상하는 국가에 대한 생각을 수정주의자의 시각으로 받아들인다고 하더라도, 순전히 물질적 권력의 세계나 기왕에 주어진 유인에 의해 만들어진 체계의 세계 내에서 그들이 가진 불만의 원천을 이해하려고 하면 어려움을 겪게 된다.
- 국제사회 이론가들에게 강대국들은 특별한 사회적 범주를 구성한다. 열강이 된다는 것은 물론 물질적 권력과 관련되지만, 또한 정당성 및 권위라는 개념과도 관련된다. 열강이라는 집단의 구성원이 될 수 있는 자격은 다른 이들의 — 말하자면 그 집단 내에서의 동료, 그리고 **국제 위계질서**international hierarchy의 정점에 있는 국가들의 정당성과 권위를 기꺼이 받아들이려고 하는 보다 작은 국가 및 약소국들의 — 승인에 달려 있다. 세력 전이가 안정적으로 이루어지는 데는 부상하는 국가들을 수용할지 여부가 결정적인 영향을 미칠 것이다.
- 마르크스주의와 비판적 정치경제학자들은 민족국가의 세계보다는 지구 자본주의 기저의 구조적 변화를 살펴볼 필요성을 강조한다.

브릭스를 넘어

21세기 초, '신흥국가'와 '부상하는 국가'에 대한 서술은 국제 관계와 지구 정치가 어떻게 변화하고 있는지에 대한 명확하고 강력한 그림을 제공하는 듯했다. 그러나 이 야기는 많은 분석가가 예상한 대로 전개되지 않았다. 실제로 브릭스에 초점을 맞추는 것은 이미 지나간 과거의 순간을 반영하는 것에 가까웠다. 따라서 이야기는 이제 중심부에서의 반발과 관련되고, 중국을 제외하고는 다른 부상하는 국가들은 지구 정치라는 드라마에서 조연의 역할로 돌아왔다.

네 가지 측면에서 이 주장을 살펴보자.

우선, 변화를 겪고 있는 많은 국가의 경제적 취약성이 더욱 두드러졌다. 많은 신흥 경제가 성장 둔화나 경기 침체, 자본 도피의 심화를 겪었고, 그들이 부상하는 기반

이 될 것처럼 보였던 수출 주도 성장의 가능성도 무너졌다. 동시에 사회적 갈등과 정치적 불안정이 확산했고, 종종 부패와 부패에 반대하는 시위가 이런 확산세를 더 부추겼다. 예를 들어 브라질과 남아프리카공화국의 정치적 위기는 극심하고 구조적이며, 민주주의로의 전환 이후 명백히 가장 심각한 상황이다(P. Anderson, 2019). 신흥국가가 지구 지배 구조를 정비하고 개혁할 것이라는 기대는 지나치게 낙관적이었다. 그들은 한때 지구 성장의 동력으로 여겨졌으나, 많은 분석가는 '브릭스의 오류'라고 할 만큼 브릭스를 둘러싼 과장이 지나쳤다고 강조한다(Pant, 2013). 우리는 보다 큰 성장과 권력을 향한 브릭스의 선형 궤적에 대한 단일하고 집합적인 내러티브보다는, 국내적·체제적 불안정과 취약성이 두드러지는 신흥

세계 전반의 불균등한 성장에 대한 여러 내러티브를 관찰했다(인도에 관해서는 Narlikar, 2017 참조, 브라질에 관해서는 P. Anderson, 2019 참조).

둘째, 지정학의 귀환, 지구 자본주의의 구조적 불안정성과 불평등, 새롭고 파괴적인 사회적·정치적 동원 양식의 영향으로 브릭스가 등장한 지구 체제가 극적으로 변화했다. 특히 현실주의 관점에서 볼 때, 경제는 진공 상태로 존재하지 않으며 경제 지구화는 필연적으로 지구 세력 균형에 영향을 미침으로써, 자유주의가 예상했던 것처럼 베스트팔렌 국가 체제를 초월하기보다는 그 구조와 역학을 다시 뒷받침할 것이다. 경제적 행위자로서 국가는 경제 흐름을 통제하고 국경을 감시하며, 민감한 부문에 대한 해외 투자 방지, 사이버 공간 통제, 천연자원 접근 같은 경제적 문제에 대한 국가 기반의 중상주의적 관리 방식을 활용하고 개발하는 데 탄력성을 입증했다. 가장 중요한 것은 바로 자유주의적 지구화의 역동성과 성공이 동구권과 일부 남반구를 향한 국가 간 정치 권력의 분배에 결정적인 영향을 미치고 있다는 것이다.

더욱이 넓은 의미에서 베스트팔렌식 방향으로 지구 질서를 후퇴시키는 다음과 같은 여러 요소가 등장했다. 여기에는 남중국해와 동중국해 및 우크라이나와 크림반도에서 안보와 지정학적 갈등 확대, 국가 안보에 대한 재평가, 전쟁에서의 전투와 저항 세력 소탕에 대한 기존 생각의 재해석이 포함된다. 민족주의의 지속성이 두드러졌다. 민족주의는 더 이상 정치적으로나 분석적으로 '종족 간 갈등'으로 제한적으로 정의되기보다, 체제 내 모든 주요 국가의 정체성 정치 및 외교 정책의 행위로 나타났다. 핵무기의 중요성도 새롭게 부각되고 있다. 핵무기는 지역 안보 복합체의 구조 및 강대국의 위계 설정과 최고위급 협상의 자리 배분에서 중심을 차지하고 있다. 세력 균형은 경직된 균형(인도가 미국과 보다 밀접한 관계를 맺기 위하여 움직인 것처럼)이 아닌 소위 유연한 균형(미국의 패권을 정당하지 않은 것으로 여기거나 정당성에 대하여 대안적 개념을 제시하는 등)의 형태로, 국가 정책의 동기이자(미국의 대아시아 정책처럼) 모든 2등급 국가의 외교 정책 요소로 돌아왔다

(Paul, 2018).

마지막으로, 물론 도널드 트럼프Donald Trump의 당선과 브렉시트에 대한 국민투표의 찬성은 반발과 민족주의 정치의 중요성, 즉 반이민 정서, 반엘리트와 반전문가 정서, 전통 정당에 대한 불만, 지구화·'자유 무역'·지구 거버넌스에 대한 다면적 반응(제4장, 제18장 참조)을 보여 주는 주요 현상이었다. 반발 정치와 대중 민족주의populist nationalism의 확산과 트럼프 행정부의 구체적인 수사와 정책은 체제의 중심에서 기존 지구 질서를 시험대에 올려 놓은 주요 요인이다. 그 결과, 많은 지구 거버넌스 기관이 심각한 압박을 받고 있다. 교착 상태, 정체, 분열, 경쟁 그리고 가장 최근에는 반발이 지구 거버넌스를 분석하는 지배적 프레임이 되었다. 그리고 많은 선진 경제에서, 지속적인 지구 통합과 지구 거버넌스를 찬성하는 사람들과 국경 개방, 민족국가를 넘어선 정치적 권위의 이전 그리고 보편적 가치 선언의 증진에 반대하는 사람들 사이에 새로운 균열이 생겼다.

결과적으로 행위자와 이야기 모두 매우 다르게 보인다. 서양 중심의 지구 질서에 대한 도전은 이제 그 질서의 심장부에서 이루어지는 것으로 보이며, 부상 개념 이면의 많은 가정은 더 이상 유효하지 않다. 예를 들어 신흥국가의 부상 및 출현에 관한 많은 작업이 제도와 지구 거버넌스를 중심으로 수행되었다. 대규모 신흥국가가 중요한 것은 기후 변화와 같은 세계 문제를 해결하는 데 그들이 명백히 중요한 역할을 할 수 있기 때문이다. 마찬가지로 지구 거버넌스 제도의 정당성을 강화하는 데 관심이 있다면, 지구 남반구의 가장 크고 역동적인 국가를 더욱 많이 포함하고 지역 대표성을 더욱 강화하는 것은 하나의 정치적 방안이다. 신흥국가에게 제도는 발언권의 영역이며 권력자에 대한 제약으로서 '권력으로의 길'이다. 그러나 초강대국이 대안적 제도를 추구하거나(일례로 오바마 행정부의 환태평양경제동반자협정), 미국이 제도와 다자주의에서 멀어지는 세계에서(일례로 트럼프 행정부), 그러한 권력으로의 경로는 필연적으로 훼손될 것이다. 현실주의자들에게 권력이란 경성 권력, 특히 군사력과 경제력

과 같이 그 자체로 드러나는 것이다. 이처럼 '누가 위이고 누가 아래인지'라는 계산으로는 신흥 세계에 의해 형성된 또는 신흥 세계를 대표하는 더 큰 영향력에 대한 일반화된 주장이 설득력을 잃는다. 지구 경제 거버넌스와 관련해, 신흥국가들은 서양 보호주의에 대항하는 방패이자 그들의 성장을 확보하는 데 도움이 되는 경제 지구화의 보호 장치로서 자유주의 경제제도의 안정에 강력한 이해

관계를 가지고 있다. 그들은 급진적인 수정주의라기보다 현상 유지 세력이 되려고 할 것이다.

> 브릭스의 변화하는 역할에 대한 앤드루 허렐Andrew Hurrell 교수의 비디오를 참조해 보자.
> www.oup.com/he/baylis3xe

요점정리

- 21세기 초반의 기대와 달리 중국을 제외한 신흥국가들은 세계 문제에서 부차적인 역할을 하고 있다.
- 신흥국가 중 다수는 경제적 취약성, 사회적 갈등, 정치적 불안을 경험해 왔다.
- 지구 체제는 지정학의 회귀, 지구 자본주의의 구조적 불안정과 불평등, 새롭고 파괴적인 사회적·정치적 동원 양식의 영향으로 특징지어진다.
- 베스트팔렌 체제는 많은 사람이 예상했던 것보다 더 오래 지속되고 있다.
- 지구 질서에 대한 가장 큰 위협은 신흥국가보다도 트럼프 행정부와 브렉시트 등과 같은 반발과 민족주의 정치다.

맺음말: 부상하는 국가들과 세계 정치의 지구화

부상하는 국가가 지구 정치에서 왜 지속적으로 중요한지에 관한 강력한 주장에 주목할 필요가 있다.

첫째, 신흥국가와 발전도상국은 현재 지구 질서가 도전받는 원인과 어떤 종류의 질서가 출현할지에 대한 논쟁을 이해하는 데 핵심적이다. 트럼프나 브렉시트의 맥락에서, 우리는 지구화의 패자, '뒤처진 사람들', 지구화·무역과 이동·이주로부터 위협받는 사람들에 초점을 맞춰야 한다. 신흥 세계에서는 승자와 패자의 지구적 배분도 중요하지만, 이는 다른 방식으로 진행된다. 즉 지구화는 중요한 '승자'를 낳았다. 브란코 밀라노비치Branko Milanovic(2016)가 주장한 바와 같이 "요컨대 가장 큰 승자는 아시아의 빈곤층과 중산층, 가장 큰 패자는 부유한 세계의 중하층이었다." 이는 정치적으로 무엇을 의미하는

가? 이는 여전히 가난하고 시장의 취약성과 변동성에 노출되어 있는 사람들의 수가 증가하고 있음을 의미한다. 동시에 그들은 새로운 기술 방식을 통해 정치적으로 더 많이 동원되고, 참여·부패·기본적인 국가 서비스 제공에 대한 요구를 정부에 더욱 효과적으로 제기할 수 있다. 그러나 이러한 요구는 이를 충족시킬 수 없는 정부, 정권 그리고 국가 구조들에 맞서 제기되고 있으며, 그들에게 민족주의의 경고음은 일종의 정치적 방편이다. 지구 질서에 대한 도전을 이해하려면, 지구 거버넌스에 대한 논쟁과 선진국의 '통제권 회복' 요구를 신흥 세계의 대중 민족주의의 출현과 병행해서 다루어야 한다.

둘째, 신흥국가들은 선진국의 민족주의적이고 보수적인 세력들과, 강한 주권에 대한 강조, '보편적 가치' 논의

와 인도주의적 개입에 대한 거부감 그리고 더욱 큰 다원주의를 허용하는 질서에 대한 열망을 공유할 수 있다. 따라서 신흥국가들을 도전자로 여겨서는 안 된다. 그러나 이러한 견해는 그들의 역사적 특수성을 과소평가한다. 중국은 제외하더라도, 인도, 브라질, 남아프리카공화국과 같은 나라들은 일인당 국민소득 면에서 여전히 상대적으로 가난한 대규모의 발전도상국들이다. 그들은 20세기 초에 부상하는 국가들이었던 미국, 독일, 일본과는 다르다. 빈곤과 불평등은 여전히 주요 문제이고, 높은 성장률은 여전히 주요한 정치적 책무로 남아 있다. 이 국가들은 그들이 성취한 모든 경제적 성공에도 불구하고 여전히 발전 중인 경제와 사회로 남아서, 불완전한 개발 상태에 놓여 있으며, 산업화된 북반구에 의해 역사적으로 규율된 지구 경제로의 불완전한 통합을 겪고 있다. 또한 주류 외교 정책 이론은 남반구의 관점에서 볼 때 불평등하고 착취적인 지구 정치·경제체제 속에서 그들을 이류 국가 취급하고 하위 주체화하며 주변화하고 종속화하는 역사적 인식의 유산에 의해 구성된다. 오늘날의 신흥국가들을 구분하는 것은 바로 서양의 개념 밖 혹은 주변부에 존재하는 그들의 역사적 위치이다. 역사적으로 세계의 많은 지역은 그들의 주변화와 위계·불평등의 구조화된 양식을 토대로 세워진 서양 지배적 질서 속에서 미국과 서양의 개입으로 지속적인 고통을 받았고, 따라서 이를 거부하거나 수정하기 위해 노력해 왔다. 현재 그들은 인종적·종교적·문명적 우월성에 기반한 오래된 이념을 새롭게 주장하는 서양의 강력한 정치 세력을 직면하고 있다.

이는 탈서양적 지구 질서의 발전을 촉진한다. '1990년대 이후 세계'의 그늘에서 벗어나서, 브릭스를 서양이 지배해 온 국제사회가 지구화되는 장기적 역사 과정의 한 요소이자, 완전히 끝나지 않은 서양의 지배에 대한 장기적 반발의 한 단계로 보는 것이 중요하다(Bull and Watson, 1985). 냉전 이후 기간과 서양 지배적인 자칭 '자유주의'

질서의 당위성에 초점을 맞춘 것은 역사의 축소를 초래했다. 냉전 시대에는 자유주의적 지구 질서가 존재하지 않았다. 20세기 지구 질서에 관한 문제의 핵심은 제3세계(혹은 이후의 지구 남반구)가 서양이 지배하는 국제사회의 지속적인 유산으로 이해된 것과 투쟁한 점이었다(Bull and Watson, 1985). 기존에 종속되어 있던 자들의 권한 확대와 사회적·정치적 동원은 역사 변화의 중요한 원동력 중 하나였고, 아마도 무엇보다 중요한 원동력이었다. 그 결과, 우리가 살고 있는 지구 질서는 더욱 강력히 지구화되었다. 탈서양 세계를 향한 장기적 움직임은 미국이 주도한 단극의 짧은 기간 동안 잠시 중단되었지만 완전히 사라지지 않았다. 이러한 관점에서, 1990년부터 2000년대 초반까지는 이례적인 기간으로, 브릭스는 독특하고 참신한 발전이라기보다는 장기적인 이야기의 하나의 요소였다. 아직 역사는 끝나지 않았고, 정치·경제·국제 관계 질서를 둘러싼 주요한 이념적 분열이 다시 나타났다. 이러한 질문들 가운데, 비자유적·비민주적인 중국의 지속적인 경제적·발전적 성공은 뿌리 깊은 서양 자유주의 가정에 가장 큰 이념적 도전을 제기한다.

따라서 '지구'의 가장 중요한 차원은 문제의 본질(기후변화, 핵 확산 등)이나, 상호 의존·지구화의 개념이나, 지구적 과정에서 국가, 사회, 민족이 얼마나 영향을 받는가에 있지 않다. 그것은 오히려 훨씬 넓은 범위의 국가와 사회 행위자들이 국가 안팎에서 이루어지는 지구 정치와 실천에서, 그리고 다양한 형태의 질서에서, 적극적인 주체와 행위자가 될 수 있는 능력이 증대했다는 사실에 있다. 국제사회의 지구화의 가장 중요한 특징은 행위자와 정치의식의 확산이며, 이것이 신흥 세계가 지속적으로 중요한 이유를 설명한다. 이는 더욱 광범위하고 문화적으로 다양한 범위의 행위자에 대한 역사적 자기 이해가 지구 정치의 이론적·실천적 분석의 중심이 되어야 한다는 것을 의미한다.

1. 냉전의 종식 이후 미국은 현상 유지 세력이었는가 아니면 수정주의 세력이었는가?

2. 미국, 일본, 유럽은 브릭스를 '두려워'해야 하는가?

3. 중국이 없다면, 브릭스에게 남는 것은 무엇인가?

4. 브릭스는 응집력 있는 경제 단위 및 권력 진영을 대표하는가?

5. 현실주의자는 부상하는 국가들이나 세력 전이에 대하여 우리가 진정으로 알 필요가 있다고 보는가?

6. 신흥 민족국가의 상대적 힘의 변화를 측정하는 것과 국내에서 일어나고 있는 사회적·경제적 변화의 근본적인 과정을 이해하는 것 중 무엇이 더 중요한가?

7. 인도는 열강인가?

8. 브라질의 외교 정책은 상당한 수준의 군사력 없이도 주요 강대국이 될 수 있다는 것을 보여 주는가?

9. 오늘날의 신흥국가들은 제3세계의 종언을 의미하는가?

10. 국제연합 안전보장이사회 상임이사국들이 인도, 브라질, 또는 남아프리카공화국을 추가 구성원으로 받아들일 의향이 있다고 생각하는가?

이 장의 객관식 문제를 풀어 보면서 학습 내용을 잘 숙지하고 이해했는지 평가해 보자.

• www.oup.com/he/baylis3xe

Realism

개요

현실주의는 국제관계학의 핵심 주류 이론이라 할 수 있다. 왜냐하면 국제 체제의 일
반적인 상태라 할 수 있는 전쟁 상태를 가장 잘 설명해 주는 이론이기 때문이다. 현실
주의자들은 이와 같은 주장을 통해 자신들의 이론적 전통을 강하게 옹호하고 있으며,
이 장에서는 먼저 이러한 주장을 비판적으로 검토할 것이다. 현실주의 이론을 소개한
이후 두 번째 절에서는 하나의 현실주의만 있는 것인지, 아니면 다양한 형태의 현실
주의가 존재하는지를 다룬다. 여기서는 특히 고전현실주의와 구조현실주의가 중요
한 차이를 보이면서도 이들 이론이 핵심적인 가정과 생각들을 공유하고 있다는 점을
주장할 것이다. 세 번째 절에서는 우리가 자조, 국가주의, 생존이라 규정한 핵심 요소
들을 개괄적으로 살펴볼 것이다. 마지막 절에서는 현실주의가 세계 정치의 지구화를
설명하고 이해하는 데 얼마나 적실성을 갖는지에 대한 질문으로 다시 돌아간다.

현실주의

팀 던Tim Dunne · 브라이언 슈미트Brian C. Schmidt

신욱희 옮김

핵심 질문

- 현실주의는 영속적인 타당성을 갖는가?
- 현실주의자들은 세계를 어떻게 개념화하는가?
- 다양한 현실주의 이론들은 유사한 가정의 집합을 공유하는가?

머리말

현실주의 이론은 세계 정치의 실재와 국제 관계의 학문적 연구 모두에서 중요한 영향력을 가진다. 많은 사람은 심지어 구별될 수 있는 국제 관계의 대상물이 존재했던 시기 이전에도 국가의 외교적·군사적 행태는 이후에 현실주의라고 규정되는 원칙에 따르고 있었다고 주장한다. 일부는 더 나아가 권력을 추구하는 인간의 행태와 공포, 명예, 그리고 이익에 기반하는 인간의 의도는 현실주의의 보편성을 보여 준다고 주장한다. 이 주장은 인간의 집단이 그들 자신의 공동체를 생존시키고 영속화하기 위해서는 권력을 추구하고 그들 자신을 방어하는 것에 몰두할 수밖에 없었다는 것이다. 현실주의가 영속적인 특성을 갖는다는 견해는 이러한 주장에 바탕을 둔다. 흔히 극히 비관적인 관점이 될지라도 현실주의자들은 세계를 그들이 원하는 대로가 아니라 실제로 있는 그대로 기술하고 있노라고 공언한다.

제2차 세계대전이 종전을 향해 갈 무렵, 현실주의를 자처하는 새로운 집단의 학자들이 국제 관계 분야의 등장과 함께 전면에 부상했다. 이들 대부분은 유럽을 떠나 미국으로 이주한 독일 출신의 피난민들이었다. 이 학자들은 그들이 '이상주의' 혹은 '유토피아주의'라고 지칭한 전간기의 저작이나 교육이 채택했던 접근법들에 대해 극히 비판적이었다. 이러한 현실주의자들은 전쟁이라는 질병을 고치기 위한 이상주의자들의 모색이 권력의 역할에 대한 경시, **민족국가**nation-state들이 공통적인 이익을 공유할 수 있는 정도에 대한 과대평가, 그리고 분쟁을 평화적으로 해결하기 위한 이성적인 방책의 발견이 가능하다는 지나친 낙관을 초래했다고 본다. 1939년 제2차 세계대전의 발발은 최소한 현실주의자들에게는 국제 정치를 연구하는 이상주의자들의 접근법이 부적절함을 확인해 주는 것이었다.

현실주의의 영속적인 통찰에 기반한 새로운 접근이 신용을 잃은 이상주의적 접근을 대체했다. 국제 관계의 학문적 영역의 역사는 1940년대에 벌어졌던 전간기 이상주의자들과 권력의 편재와 **국가**nations 간 정치의 경쟁적 속성을 강조하는 새로운 세대의 현실주의 저술가들 사이의 대논쟁을 기록하고 있다. 대논쟁에 대한 표준적인 해석은 현실주의자들이 승리했고 이상주의자들은 역사의 잔재 속으로 사라졌다는 것이다. 하지만 최근에는 많은 현실주의자가 전간기 학자들의 견해를 완전히 잘못 이해하고 있었다는 것을 밝혀 내는 새로운 형태의 수정주의적 역사가 대논쟁의 이야기에 맞서 등장하기도 했다(Schmidt, 2012). 로버트 비탈리Robert Vitalis(2015)는 국제 관계학 분야의 발전 초기에 인종의 역할, 제국주의와 제국의 역할이 사라진 것은 이 시기가 이상주의자와 현실주의자 사이의 논쟁의 관점에서 다루어졌기 때문이라고 주장했다. 다른 분야의 역사학자들은 현실주의자들이 '정치적 전통'을 회고적으로 구축함으로써 다양한 전간기 정치 및 지적 운동(좌파, 자유주의, 페미니스트)을 희화화했다고 보았다(Wilson, 1998). 그러나 제2차 세계대전 직후 소련과 미국 사이의 긴장이 고조됨에 따라 현실주의자들은 이상주의가 정책 결정 과정에서 배제되어야 한다고 주장했다. 현실주의자들은 미국이 추상적인 보편적 이익보다는 자신의 핵심적 이익에 기초해서 행동할 수밖에 없었다고 주장했다. 핵 시대의 여명기에 국가의 생존이라는 핵심적 국가 이익은 결코 당연시될 수 없었다. 현실주의자들은 외교 정책을 담당하는 관료들에게 이념보다는 이익에 초점을 맞추고, 힘을 통해 평화를 추구하고, 강대국들이 상반되는 가치와 믿음을 갖고 있다 하더라도 그들 사이의 공존이 가능하다는 것을 인지하도록 가르쳤다. 현실주의가 정책 결정자들이 호전적인 환경에서 **국가**states의 이익을 극대화하도록 하는 일종의 '교범'을 제공한다는 사실은 왜 그것이 1940년대와 1950년대에 인기를 누렸고, 왜 그것이 세계 정치의 연구에서 주된 전통으로 남아 있는가를 설명하는 데 도움이 된다.

맥락으로 본 현실주의

제2차 세계대전 이후 현실주의의 발전은 종종 이전의 현실주의 전통에 기반한다고 지적된다. 현실주의자들에게 전통은 고전과 맥락을 연결한다. 다양한 현실주의 사상가들이 살아가던 시대의 정치적 맥락을 이해하는 것이 중요하다는 얘기다. 현재의 현실주의자들은 투키디데스Thucydides(기원전 460~406), 니콜로 마키아벨리Niccolò Machiavelli(1469~1527), 토머스 홉스Thomas Hobbes(1588~1679), 장 자크 루소Jean Jacques Rousseau(1712~1778)([표 6-1] 참조) 등의 오랜 사상적 전통에 공통적으로 속한다고 묘사되는 것이다. 이러한 이론가들이 저술을 집필했던 시기와 정치적 환경이 서로 다름에도 불구하고 현실주의 전통에서의 그들의 위치는 국제 정치가 권력을 향한 끊임없는 투쟁이라는 그들의 공통된 인식에 뿌리를 두고 있다. 현실주의 전통에 위치한 사람들은 국제 정치의 환경이 그 안에서 정치적 행위자들이 그들 자신의 안보를 염려해야 하는 것 이외에 다른 선택을 갖지 못하는 전쟁 상태에 가깝다고 주장한다. 전쟁의 가능성이 상존하기에 정치적 행위자들은 자신의 생존을 보장하기 위해 살상 무기의 사용 등 적절한 조치를 필요로 하는 것이다.

고전현실주의는 국가 지도자들이 국제 정치 영역에서 행동해야 하는 방식에 관해 통찰력을 제공해 주며, 이는 흔히 **국가 이성**reason of state 원칙 아래 묶인다. 역사가인 프리드리히 마이네케Friedrich Meinecke(1957: 1)에 따르면 국가 이성raison d'état은 국제적 행위의 기본적인 원칙이자 국가 행위의 첫 번째 법칙이다. "이것은 정치가들이 국가의 안위와 능력을 보존하기 위해 무엇을 해야 할지를 말해 준다." 가장 중요한 점은 국제 정치의 주요 행위자로 여겨지는 국가는 권력을 추구해야 하고, 정치가는 적대적이고 위협적인 환경에서 국가의 생명을 영속시키기 위해 취해야 하는 가장 적절한 단계들을 합리적으로 계산할 의무가 있다는 점이다. 국가 생존은 결코 보장될 수 없다. 전쟁에서 절정에 달하는 무력 사용은 정치의 정당한 수단이기 때문이다. 앞으로 살펴보겠지만 국가가 상주하는 환경이 위험한 장소라는 견해와 함께 국가가 주요한 행위자라는 가정은 현실주의의 핵심을 정의하는 데 도움을 준다. 그러나 특별히 국가 이성과 연관된 이론가들, 조금 더 일반적으로는 고전현실주의가 관심을 갖는 하나의 의제가 있는데, 도덕과 윤리가 국제 정치상에 존재한다면

표6-1 **현실주의 전통**

주요 사상가	주요 저작	핵심 내용	맥락
투키디데스	『펠로폰네소스 전쟁사』	국제 정치는 인간 본성에 기초를 두고 있는 권력을 향한 끊임없는 투쟁에 의해 움직인다. 정의, 법 그리고 사회의 역할은 없거나 제한적이다.	그리스의 도시국가(폴리스) 체제
마키아벨리	『군주론』	정치현실주의는 원칙이 정책의 하위에 위치함을 인정한다. 국가 지도자의 궁극적인 기술은 세계 정치에서의 변화하는 권력 구도를 받아들이고 그에 적응하는 것이다.	이탈리아의 도시국가
홉스	『리바이어던』	인간 존재는 권력에 대한 열망을 지니고 있다. 자연 상태에서의 삶은 세계 정치의 조건과 유사하며, 공포와 폭력적 죽음에 대한 우려로 가득하다.	영국 내전
루소	『전쟁 상태』	공포, 질시, 의심, 불안을 야기하는 요인은 인간 본성이 아니라 무정부적인 체제이다.	유럽의 국가 체제

그것이 어떠한 역할을 하는지에 관한 것이다. 현실주의자들은 보편적인 도덕률이 존재한다는 생각에 회의적이다. 따라서 국가 지도자들에게 어떠한 명확하지 않은 '윤리적인' 행위 개념을 고수하기 위해서 자신들의 이익을 희생하지 말라고 경고한다. 나아가 국가 지도자들은 생존의 필요성 때문에 전통적인 도덕성에서 거리를 둘 필요가 생긴다고 현실주의자들은 주장한다. 마키아벨리는 국가 지도자들이 이 같은 원칙들에 집착할 경우 해를 입을 수도 있다고 주장했다. 국가 지도자들은 전통적인 기독교 덕목이 아니라 정치적인 필요성과 신중성에 따르는 다른 종류의 도덕성을 배워야 한다는 것이다. 국가 이성의 주창자들은 **이중적인 도덕 기준**dual moral standard에 대해 자주 이야기한다. 하나는 국가 안에 살고 있는 개별 시민들을 위한 도덕 기준이고, 다른 하나는 다른 국가와 대외적 관계에 있는 국가를 위한 또 다른 기준이다. 하지만 현실주의가 완전히 비도덕적이라는 결론을 내리기 전에 주지해야 할 사실이 있다. 국가 이성의 옹호자들은 국가가 그 자체로 도덕적 힘을 표상한다고 주장했다는 점이다. 국내적으로 윤리적 **정치 공동체**political community가 존재할 수 있도록 만들어 주는 것이 바로 국가의 존재이기 때문이다.

현실주의 전통에 있는 몇몇 사람은 국제 정치의 전쟁 상태와 그에 상응하는 국가 행태가 인간의 본성에서 발견되는 특성에 기인한다고 보는 반면, 다른 사람들은 국제 정치가 수행되는 독특한 환경을 강조한다. 또한 다른 사람들은 이러한 두 분석 수준, 즉 인간 본성과 국제 정치의 환경 또는 구조를 결합해서 전쟁 상태를 설명하기도 한다. 마키아벨리의 도덕적 회의론은 인간 본성에 대한 그의 분석과 더불어 피렌체공화국의 관료로서 그의 관찰에서 도출된 것이다. 마키아벨리는 정치에서 성공하려면 인간의 본성에 대한 기원보다는 그것의 실재에 기반해서 행동해야만 한다고 주장했다. 그는 자신의 저작에서 인간 본성에 대해 냉소적이고 비관적으로 기술했다. 『군주론The Prince』에서 그는 인간을 "은혜를 모르며 변덕스러운 위선자이자 위험의 회피자, 이익에 탐욕스러운 자"로 묘사했다(Bondanella and Musa, 1979: 131). 이와 같은 인간 본성에 대한 견해에 기초해서 마키아벨리는 다음과 같은 '현실주의' 공리를 제공했다. 군주는 사랑보다는 공포의 대상이어야 하며, 사자인 동시에 여우처럼 행동해야 하고, 때로는 어떻게 선하지 않을 것인가를 배울 필요가 있다. 마키아벨리에 따르면 모든 수단을 동원해 국가의 생존을 요구하는 것과 같은 정치의 필요성은 인간의 본성에 기인한다는 것이다.

현실주의 전통에서 홉스의 위치는 종종 가상의 자연 상태로서의 인간 본성의 기술에 기초한다고 지적된다. 마키아벨리와 같이, 인간 본성에 대한 홉스의 생각은 극히 비관적이다. 혹자는 홉스의 비관론과 심각한 공포심은 그가 혼란스러운 영국 내전의 와중에 책을 저술하였다는 것, 그리고 홉스 자신이 조산아로 태어난 것과 스페인 무적함대가 영국에 가한 위협이 연관된다는 사실에서 유래했다고 주장했다. 인간 본성에 대한 홉스의 견해는 많은 특징을 가지고 있지만, 아마 가장 중요한 것은 모든 인간이 단지 죽어서야 멈추게 되는 지칠 줄 모르는 권력에 대한 열망을 갖고 있다는 주장이다. [인간은 자연 상태에서 근본적으로 평등하다는 홉스의 가정은 가장 약한 자가 가장 강한 자를 죽일 수도 있다는 것을 의미하며, 더 많은 권력을 축적하려는 경쟁을 심화시키게 된다.] 따라서 홉스는 안보를 제공할 수 있는 상위의 권위가 부재한 자연 상태는 만인의 만인에 대한 전쟁 상태에 가깝다고 주장한다. 자연 상태에서의 폭력적인 죽음에 대한 공포를 가지고 있던 홉스는 인간의 삶이 "외롭고, 남루하고, 위험하고, 야만적이며, 짧다"고 결론지었다(Hobbes, 1985[1651]: 186).

비록 홉스가 자연 상태란 실제로 존재한 적은 없다고 인정했지만, 그는 국제 정치의 조건이 전쟁 상태와 매우 흡사하다고 지적하였다. 자신의 저서인 『리바이어던 Leviathan』(1651)의 중요 부분에서 그는 다음과 같이 쓰고 있다. "만인이 만인에 대한 전쟁 상태인 때가 존재한 적은 없지만, 모든 시기에 왕과 주권체의 권력자들은 그들의 독립성으로 인해서 항상 질시하는 상태에 있었고, 전쟁 상태에 있는 투사들의 상태와 형세에 놓여 있었다.”(Hobbes, 1985[1651]: 188) 세계 정치가 잠정적인 자연 상태에서의 인간들의 삶과 유사하다는 주장은 루소에 의해 더욱 발전되었다. 비록 루소는 홉스가 자연 상태를 묘사한 방식에 대해 비판적이었지만, 그 역시 인간들이 자연 상태를 떠나서 사회 계약을 만들어 낼 필요성을 인식했다. 그러나 홉스와는 다르게 루소는 주권을 형성하는 계약이 인민들의 일반 의지를 반영해야만 한다는 점에 깊이 유념했고, 이것이 권위의 행사가 정당성을 갖는 유일한 방법이라고 주장했다. 하지만 문제는 새로 형성되는 계약이 그 구성원들의 일반 의지를 반영한다 해도 각 국가가 단지 다른 국가들에 반해 각각 특정한 의지를 표출한다는 점이었다. 다시 말해서 하나의 사회 계약의 성립은 한 부분의 문제를 해결하지만 국제 관계에서 다른 부분의 문제를 만들어 낸다. 즉 독립적인 주권국가들 사이의 문제를 해결하는 데 도움을 주는 상위의 권위체는 존재하지 않는 것이다. 루소의 생각은 국제적 분쟁의 설명에서 인간의 본성보다 무정부 상태와 중앙적 권위의 부재를 강조하는 신현실주의자들에게 중요하다.

또한 투키디데스는 많은 점에 있어 현실주의의 핵심을 정의하는 데 도움을 주는 통찰력을 제공하기 때문에 현실주의 전통에서 주요한 자리를 차지하고 있다. 투키디데스는 고대 그리스의 두 강대국 아테네와 스파르타 사이의 분쟁인 펠로폰네소스 전쟁의 역사가다. 이후 세대의 현실주의자들은 투키디데스의 저작이 세계 정치의 영속적인 문제들에 대해 제시하는 통찰력에 찬사를 보냈다. 전통적인 현실주의적 계보는 인간 행태의 규칙으로서 권력 정치라는 투키디데스의 제시에서 출발한다. 권력의 추구와 자신의 이익을 따르는 동기는 인간 본성의 근본적인 측면이며, 스스로를 위하는 이기적 행위자로서 국가의 행태는 인간 특성의 반영인 것으로 이해된다. 인간 본성과 공포, 명예, 그리고 자기 이익의 동기는 왜 국제 정치가 필연적으로 권력 정치일 수밖에 없는지를 설명해 준다.

한편 투키디데스는 인간 본성에 대한 심오한 통찰력을 제공하는 동시에 국가 행태에 대한 국제 환경의 영향에 대해서도 마찬가지로 인지하고 있었다. 펠로폰네소스 전쟁의 내재적 원인에 대한 투키디데스의 설명은 “아테네의 세력 증대와 그것이 가져온 스파르타의 공포”(Thucydides, 1972[1954]: 1.23)인데, 이는 권력의 분포가 국가의 형태에 미치는 영향의 고전적인 예에 해당한다. 투키디데스는 모든 국가가 그렇듯이 스파르타의 **국가 이익** national interest 은 생존이며, 변화하는 권력의 분포는 그 존재에 직접적인 위협을 제기한다고 강조한다. 스파르타는 따라서 아테네에 의해 정복당하지 않기 위해 전쟁을 할 필요성을 느끼게 되는 것이다. 또한 투키디데스는 아테네도 마찬가지로 자신이 획득한 **제국** empire 을 유지하기 위해 권력을 추구할 충동을 느끼게 된다는 점을 분명히 한다. 아테네의 지도인 페리클레스는 인간 동기의 가장 근본적인 토대인 야심, 공포, 자기 이익에 따라 행동한다고 여겨지는 것이다([*사례연구 6-1*] **참조**).

여기서 논의되는 사상가들은 현실주의 전통으로 함께 구분되지만, 그들의 견해는 복잡하며 상반된 해석의 대상일 수 있다는 점을 기억하는 것이 중요하다(M. Williams, 2005). 비록 투키디데스는 전형적인 현실주의자로 간주되지만, 그는 도덕적이고 규범적인 원칙을 전혀 고려하지 않고 권력과 자기 이익의 기반에서만 행동하는 것이 흔히 자멸적인 정책을 초래하기도 한다는 것을 분명하게 제시했다. 결국 투키디데스가 보여 주었듯이 아테네는 자신의 이익을 추구하면서 서사시에 기록될 패배를 경험했던 것이다. 그럼에도 우리가 현실주의의 핵심 요인으로 규정하는 세 가지, 즉 **국가주의** statism, **생존** survival **자조** self-help 는 투키디데스로부터 현재에 이르는 현실주의 전통을 구성하는 이들의 저작에 등장한다.

현실주의는 정치적 분석의 근본적 단위로서 집단을 상정한다. 투키디데스와 마키아벨리가 자신의 저작을 저술했을 때의 기본 단위는 폴리스 혹은 도시국가였다. 하지만 **베스트팔렌평화조약** Peace of Westphalia (1648) 이래 현실주의자들은 주권국가를 국제 정치의 핵심 행위자로 간주했다. 이것은 종종 현실주의의 국가 중심적 가정이라고 언급된다. 국가주의란 국가를 인민들의 집단적 의지의

© Oxford University press

'멜로스의 대화'는 전쟁 기간 동안에 아테네인과 스파르타인 사이에 일어난 중요한 일화 가운데 하나로서 현실주의의 주요한 원칙들을 적절하게 설명해 준다. 이 사례연구에서는 멜로스섬에 도착한 아테네인들이 그 섬과 거기 사는 사람들에 대한 정복권을 주장하자 그곳 사람들이 이에 어떻게 반응했는지를 다루고자 한다. 말하자면 아테네 사람이 멜로스 사람들에게 설명하고자 했던 내용은 권력 정치 논리였다. 자신들의 우월한 군사력 덕분에 아테네 사람들은 멜로스 사람들에게 평화롭게 항복하거나 몰살되라는 '기정사실fait accompli'을 강력하게 주장했다. 멜로스 사람들은 권력 정치 논리에 강력히 저항하면서 신의 정의와 자신들의 동맹인 스파르타의 의리에 호소하는 주장을 펼친다.

다음은 멜로스의 대화를 짧게 발췌한 것이다(Thucydides, 1972[1954]: 401~407).

아테네인　이제 우리는, 예를 들어 우리가 페르시아 사람들을 무찔렀기 때문에 우리 제국에 대한 의무를 갖는다는 식의 미사여구를 사용하지 않을 것이다. (…) 당신들도 우리와 마찬가지로 잘 알겠지만 이런 문제들이 실제적으로 논의될 때 정의의 기준은 강제할 수 있는 권력의 질에 달려 있다. 사실상 강자는 그들의 힘으로 할 수 있는 것들을 하며, 약자는 받아들여야 하는 것들을 받아들인다.

멜로스인　(…) 당신은 모든 사람의 보편적인 선에 대한 원칙, 그러니까 위험에 빠진 모든 사람을 공정하고 정당하게 대해야 한다는 원칙을 파괴하지 말아야 한다.

아테네인　이는 한쪽에는 영광이, 다른 쪽에는 수치심이 따르는, 결과적으로 대등하지 않은 싸움이다. 또한 당신들의 목숨을 구하고, 당신이 대항하기에는 지나치게 강한 사람들과 다투지 않게 하기 위함이라고 할 수 있다.

멜로스인　우리가 당신들의 힘과 행운에 대항해 싸우기는 어려울 것이다. (…) 그런데도 신께서는 우리에게도 당신들과 같은 힘과 행운을 줄 것이라고 우리는 믿는다.

아테네인　신에 대한 우리의 견해와 인간에 대한 우리의 지식에 따르면, 우리는 무엇이든 가능한 것을 지배하는 것이 자연의 일반적이고 필연적인 법칙이라고 결론을 내리게 된다. 이는 우리 자신이 만들지도 않았고, 만들어진 뒤에 우리가 처음으로 그 법칙에 따라 행동하지도 않았다. 우리는 이 법칙을 이미 존재하는 상태에서 발견했고, 우리 이후에 살아가는 사람들 사이에 영원히 존재하도록 남겨 둘 것이다. 우리는 단지 그에 따라 행동할 뿐이다. 우리는 당신과 다른 사람들도 우리와 동등한 권력을 갖는다면 똑같은 방식으로 행동하리라고 생각한다. (…) 당신들은 만약 어떤 사람이 자기 이익을 따른다면 자신이 안전하기를 바라리라는 사실을 잊고 있다. 반면에 정의와 명예로 가는 길은 그 사람을 위험에 빠뜨린다. (…) 동등한 사람에게 대항하고, 우월한 사람에게 존경심을 갖고 행동하며, 약한 사람에게 관대하게 대하는 것이 안전의 법칙이다.

멜로스인　아테네 사람들이여, 우리의 결정은 처음과 똑같다. 우리는 우리 도시가 탄생한 이후 700년 동안 누려 온 자유를 짧은 순간에 포기할 마음이 없다.

아테네인　(…) 당신은 단순히 그렇게 되기를 원하기 때문에 불확실한 것을 현실로 보고 있는 듯하다.

질문 1　'권력'이 곧 '정의'라는 아테네인들의 생각은 타당한가?
질문 2　아테네인과 멜로스인 중 어느 편의 주장이 타당하다고 생각하는가?

정당한 대표자로 보는 견해를 지칭하는 단어이다. 국가의 정당성은 국가가 자신의 국내적 경계에서 권위를 행

사하게끔 하는 것이다. 그러나 현실주의자들은 국가 경계의 밖에서는 **무정부 상태**anarchy가 존재한다고 주장한

다. 무정부 상태란 국제 정치가 개별적인 주권국가를 넘어서는 중심적 권위가 부재한 무대에서 이루어진다는 것을 의미한다. 따라서 현실주의자들은 국제적인 영역이 중심적 권위의 부재로 구별된다는 것을 강조하기 위해서 꼭 이를 혼돈 혹은 무법이라고 지칭하기보다는 무정부 상태라는 개념을 사용하는 것이다.

무정부 상태에서 국가 생존은 보장될 수 없다. 현실주의자들은 모든 국가가 자국의 생존을 영속시키고자 한다는 적절한 가정을 하고 있다. 하지만 역사를 돌이켜보면서 현실주의자들은 어떤 국가들의 행동이 다른 국가들의 소멸을 가져오기도 한다는 점에 주목한다. 이는 국가 간 권력 차이라는 관점에서 부분적으로 설명된다. 직관적으로 볼 때 조금 더 많은 힘을 소유하고 있는 국가가 힘이 약한 국가보다 생존할 가능성이 더 크다. **권력**power은 현실주의자의 어휘에서 핵심적이며, 전통적으로 군사 전략적인 차원에서 좁게 정의되어 왔다. [권력이란 무력의 위협이나 사용으로 얻고 싶은 것을 얻는 능력을 가리킨다.] 그러나 국가가 얼마만큼의 권력을 보유하고 있는지와는 무관하게 모든 국가의 중추적인 국가 이익은 생존임에 틀림없다. 권력 추구와 마찬가지로 국가 이익의 증진은 하나의 필수적인 철칙이다.

자조는 무정부 상태 체제anarchical system에서의 행위 원칙이다. 현실주의에 따르면 각 국가 행위자들은 자신들의 번영과 생존을 확보할 책임을 지고 있다. 현실주의자들은 국가들이 자신들의 안전과 생존을 다른 국가나 국제연맹 또는 국제연합 같은 **국제 제도**international institution에 위임하는 행위를 신중한 처사라고 생각하지 않는다. 국내 정치에서와는 달리 국가에게는 긴급 상황에서 누를 수 있는 비상 호출 번호가 없는 것이다.

그렇다면 국가들은 그들의 안보를 보장하기 위하여 어떠한 선택지를 갖고 있는가? 자조 원칙에 따르면 국가가 위협을 느낄 때 이를테면 군사 무기 생산 같은 방안에 착수함으로써 자국의 능력을 증대시켜야 할 것이다. 하지만 이것이 항상 가능한 일은 아니다. 따라서 국가들은 군사 동맹을 맺는다거나 자신의 생존을 보장하기 위해 예방 전쟁을 수행한다거나 하는 다른 대안을 추구하게 된다. 이 모든 선택 사항이 투키디데스에 의해 논의되었고, 오늘날에도 여전히 타당하다는 사실이 시대 초월적인 현실주의의 속성을 보여 준다. 현실주의에 대한 모든 비판에도 불구하고, 현실주의 전통의 공동의 지혜가 세계 정치에서의 지속적인 국가 행위의 몇몇 형태를 설명하는 데 도움을 준다는 사실에는 의심의 여지가 없다. 현실주의가 탄력성을 갖는지 여부는 그 중심적인 주장 가운데 하나, 그러니까 그것이 시간(역사)과 공간(지정학)을 막론하고 존재하는 국제 정치의 법칙을 구현한다는 점과 관련되어 있다. 그렇기에 냉전이 끝난 이래 정치 상황은 계속해서 변화했어도 현실주의자들은 세계가 계속해서 현실주의의 논리에 따라 움직이고 있다고 믿는다. 현실주의가 정말 정치에 대한 '영속적인 진리'를 구현하고 있는가 하는 질문은 이 장의 맺음말에서 다시 논의될 것이다.

> ## 요점정리
>
> - 현실주의는 국제관계학의 시작 이래 세계 정치의 주도적인 이론이었다.
> - 현실주의는 국제관계학의 영역 밖에서 훨씬 오랜 역사를 갖고 있으며, 이는 투키디데스, 마키아벨리, 홉스, 루소 같은 고전 정치 이론가들이 쓴 저작들을 통해서 확인할 수 있다.
> - 모든 현실주의 사상이 수렴되는 통합적인 주제는 국가가 무정부 상태에 놓여 있으며, 그 때문에 안보를 당연시할 수 없다는 점이다.
> - 국가주의, 생존, 자조가 현실주의 전통의 세 가지 핵심 요소다.

하나 또는 여러 현실주의?

하나의 단일한 현실주의 이론이 있냐는 생각은 현실주의 전통에 공감하거나 비판적인 저자들 모두의 비판을 받아 왔다. 하나의 현실주의가 아니라 다수의 현실주의가 있다는 생각은 논리적으로 서로 다른 유형의 현실주의에 대한 설명으로 이어진다. 가장 단순한 구별은 현실주의를 세 가지 역사적 시기에 따라 일반적으로 나눈 시기적 구분 형태다. (20세기까지의) **고전현실주의**classical realism는 아테네와 스파르타 사이에 있었던 펠로폰네소스 전쟁에 대해 투키디데스가 쓴 저술에서부터 시작되었다고 주로 설명된다. 현대 현실주의(1939~1979)는 두 차례 세계대전 사이의 학자들과 제2차 세계대전을 전후로 해서 학계에 새롭게 등장한 학자들 사이에 있었던 이른바 첫 번째 거대 논쟁을 그 전형적인 시발점으로 삼는다. 그리고 (1979년부터 계속되는) 구조현실주의 또는 신현실주의는 공식적으로 케네스 왈츠Kenneth Waltz(1979)의 『국제 정치 이론Theory of International Politics』이 출간됨에 따라 그 모습을 드러내게 되었다. 그러나 이 상에서는 깔끔하지만 지적으로 불만족스러운 역사적 시기 구분 체제를 선택하기보다는 (학계의 사상가들이 이루어 놓은) 범주들로 현실주의를 다루겠다. 현실주의의 다양성에 대한 요약은 [표 6-2]에 담겨 있다.

20세기의 고전현실주의

제2차 세계대전 이후 초기 현실주의의 주창자들은 나치 독일을 떠나 그들이 대학에 자리를 잡은 미국으로 온 망명가들이었다. 대부분의 경력을 시카고대학에서 보낸 한스 모겐소Hans J. Morgenthau는 의심의 여지 없이 이들 현실주의자들 중 가장 중요한 인물이었다. 모겐소는 객관적 법칙들에 기반하여 현실주의 이론을 정립하면서도 정치학 연구가 과학보다 예술에 더 가깝다고 보았다. 최근 니콜라스 길호트Nicolas Guilhot(2011)는 모겐소와 더불어서 그

표 6-2 현실주의 전통

현실주의의 유형	주요 사상가	주요 저작	핵심 내용	맥락
20세기 고전현실주의 (인간 본성)	모겐소(1948)	『국가 간의 정치』	정치는 인간 본성에 의해 창조된 법에 따라 지배된다. 우리가 국제 정치를 이해하기 위해 사용하는 기제는 권력에 따라 정의된 이익이라는 개념이다.	제2차 세계대전의 종전과 냉전의 시작
구조현실주의/ 신현실주의	왈츠(1979)	『국제정치이론』	무정부 상태는 국가가 안보를 극대화하게 만드는 자조의 논리를 창출한다. 체제에서 가장 안정적인 권력 배분 상태는 양극 체제다.	냉전과 냉전의 종언
	미어샤이머(2001)	『강대국 국제 정치의 비극』	무정부적인 자조 체제는 국가가 자국의 상대적 권력 지위를 극대화하게 만든다.	탈냉전
신고전현실주의	자카리아(1998)	『부에서 권력으로』	세계 정치를 체제로 설명하는 구조현실주의 방식은 불완전하다. 이는 권력에 대한 인식이나 지도력의 실행 방식 같은, 단위 수준의 변수들이 지니는 더 나은 설명으로 보완될 필요가 있다.	탈냉전

의 인식을 공유한 현실주의 학자들이 이론적 연구로 전환하게 된 맥락을 정치학의 과학성을 옹호하던 행동주의자들의 영향력을 제한하기 위한 '한 수'로 봐야 한다고 주장했다. 모겐소는 자신이 망명한 국가의 이상주의적 사고에 영향을 주기 위해서 '국제 정치는 다른 모든 정치와 마찬가지로 권력을 위한 투쟁'이며, '무엇이 국제 정치의 궁극적인 목적이건 간에 권력은 항상 직접적인 목표'라고 지치지 않고 주장했다(Morgenthau, 1955[1948]: 25). 모겐소에게는 인간 본성이 국가가 어떻게 행위하는가에 대한 최적의 설명을 제공했다. 앞에서 언급된 다른 몇몇 현실주의자와 마찬가지로 모겐소는 인간은 선천적으로 다른 사람들을 압도하는 권력을 추구하고, 지속적으로 자신의 권력을 증대시키는 것을 모색하게끔 되어 있다고 주장했다. 그는 모든 개인과 마찬가지로 모든 국가의 목표도 자신의 권력을 극대화하는 것이라고 말했다. 모겐소는 국가들 사이의 권력 경쟁의 세 가지 유형, 권력의 유지(현상 유지), 권력의 증대(제국주의) 그리고 권력의 과시(위신)를 제시했는데, 이는 모두 인간의 권력에 대한 욕망에 뿌리를 두고 있다고 주장했다.

현실주의의 핵심 개념 중 하나는 권력의 견지에서 정의되는 이익의 개념이다. 외교 정책의 영역에서 가장 중요한 이익은 국가의 물리적 생존을 확보하는 것이라고 할 수 있다. 이 핵심 이익을 넘어서 국가들은 많은 다른 이익을 갖고 있지만, 모겐소와 다른 현실주의자들에게 중요했던 것은 어떤 이익의 추구도 국가가 보유한 권력과 병행하는 것이어야 한다는 점이었다. 이러한 견지에서 국가 이익의 개념은 외교 정책 관료들에게 그들이 추구하는 이익이 다른 국가들과 비교해서 그들의 국가가 보유하고 있는 권력과 양립할 수 있어야 한다는 방식의 규율을 부과했다. 이는 가끔 국가 이익에는 어떠한 종류의 도덕적인 내용도 없는 것으로 잘못 인식되기도 한다. 모겐소는 국가 이익과 도덕 사이의 선택은 잘못된 것이라고 주장한다. 비록 국가가 소위 보편적인 도덕 원칙에 기반해서 행동해야 한다는 의견에 매우 비판적이었지만, 모겐소는 국가 이익은 단지 권력의 매개를 통해 실현될

수 있는 도덕적 요인을 갖고 있다고 인식하였다. 모겐소는 나아가 국내 정치와 비교해 볼 때 국가 간의 권력 투쟁에 대한 견제 장치가 없다고 보았다. 이것이 외교 정책 관료들이 **세력 균형**balance of power을 유지해야만 한다고 주장하는 이유 중의 하나다.

모든 세대의 현실주의자들은 세력 균형이 국가들의 자유를 지키는 데 필수적이라고 생각하였다. 비록 세력 균형의 개념에 다양한 의미가 부과되기는 하나, 가장 일반적인 정의는 한 국가의 생존이 패권 국가나 강한 국가들의 연합에 의해 위협받게 되면 그 국가는 다른 국가들의 세력과 연합하여 공식적인 동맹을 형성하고 상대편의 세력을 견제함으로써 자신의 독립을 유지해야 한다는 것이다. 세력 균형은 어떤 국가나 국가들의 연합이 다른 모든 국가를 압도하지 않게끔 권력의 평형을 유지하도록 하는 기제이다. **바르샤바조약기구**Warsaw Pact와 **북대서양조약기구**North Atlantic Treaty Organization: NATO의 공식적 동맹 체계를 통해 제도화된 동서 간의 냉전적 경쟁은 세력 균형 기제 작동의 대표적인 예다(**제3장 참조**).

구조현실주의/신현실주의

1979년 왈츠의 『국제정치이론』의 출간은 구조현실주의 또는 신현실주의를 세계 정치의 중심적인 이론으로 만들었다. 냉전의 맥락에서 본 왈츠는 국제 정치가 권력을 위한 투쟁이라는 점에 동의했지만, 그 이유를 인간 본성에 돌리지 않았다. 대신 왈츠는 안보 경쟁, 국가 간 분쟁, 그리고 국제 협력을 달성하는 데 있어서의 어려움이 국제 체제의 구조, 즉 주권국가들에 대한 상위의 권위의 부재에 기인한다고 주장하였다. 신현실주의자들은 국제 체제의 구조를 세 가지 요소로 정의했다. 이는 조직 원리, 단위들의 분화, 그리고 능력 분포이다. 왈츠는 서로 다른 두 가지 조직 원리를 보여 주었다. 하나는 무정부 상태로서 국제 정치의 분권화된 현실에 대응되며, 다른 하나는 위계성으로서 국내 질서의 기초가 된다. 그는 국제 체제의 단위들이 근본적으로 비슷한 주권국가들이기 때문에 단

위 수준의 변화는 중요하지 않다고 주장했다. 그가 주장한 바에 따르면, 세 번째 문제인 단위들 사이의 능력 분포 distribution of capabilities야말로 핵심적인 국제적 결과를 이해하는 데 근본적으로 중요하다. 구조현실주의자들이 주장하는 바에 따르면, 국제 체제의 권력 분포 distribution of power는 전쟁과 평화, 동맹 정치, 세력 균형 같은 국제적 결과물들을 이해하는 데 핵심이 되는 독립 변수다. 구조현실주의자들은 국가들을 순위에 따라 정렬시키는 일에 흥미를 보이며, 이를 통해 어떤 특정 시점에 존재하는 강대국들의 수를 구별할 수 있게 된다. 바꿔 말하면 강대국들의 수가 전체적인 국제 체제의 구조를 결정하는 것이다. 예를 들어 1945년부터 1989년까지의 냉전기 동안에는 양극의 국제 체제를 만들었던 미국과 소련이라는 두 강대국이 있었고, 냉전의 종언 이후에는 단극의 국제 체제가 존재하게 되었다(제4장 참조).

국제적인 권력 분포 효과는 국가들의 행태에 어떤 영향을 미칠까? 가장 일반적인 의미에서 왈츠는 국가들, 특히 강대국들은 다른 국가들의 능력에 민감해야 한다고 주장했다. 어떤 국가도 이익을 증진하기 위해 무력을 사용할 수 있다는 가능성 때문에 모든 국가는 생존에 대해 걱정하게 된다. 왈츠가 주장한 바에 따르면, 권력은 안보 목적을 위한 수단이다. 어떤 의미심장한 구절에서 왈츠는 "권력은 아마도 유용한 수단이기 때문에 분별력 있는 정치가라면 적절한 양의 권력을 갖기 위해 노력해야 한다."라고 쓰고 있다. 그는 "하지만 중요한 상황에서 국가들의 궁극적인 관심사는 권력이 아니라 안보"라고 덧붙인다(Waltz, 1989: 40). 다시 말해 국가는 권력을 극대화하기보다는 안보를 극대화해야 한다는 뜻이다. 권력의 극대화는 이에 대해 균형을 맞추려는 국가들의 연합을 유발하기 때문에 차선책으로 판명된다고 왈츠는 주장한다. 모겐소처럼 왈츠도 세력 균형이 규칙적으로 등장한다고 굳게 믿는 것이다.

무정부 상태의 국제 체제 안에서 움직이는 권력의 역동성에 대한 다른 설명은 존 미어샤이머 John Mearsheimer 의 **공격 현실주의** offensive realism 이론이며, 이는 구조현실

주의의 또 다른 형태이다. 미어샤이머는 왈츠의 구조현실주의 이론과 기본 가정들을 많이 공유하지만, 국가들의 행태를 묘사하는 데서 왈츠와 다르다. 가장 근본적으로 공격 현실주의는 국가들이 '그들의 생존을 보장하는 최선의 방법은 체제 내에서 가장 강력한 국가가 되는 것으로 이해하고 있다'는 점에서 권력을 극대화하려 한다고 주장한다. 그는 무정부 상태에서는 자조가 행동의 기본 원리라는 데 동의한다. 그러나 다른 국가들의 의도에 대해서 상당한 불확실성이 존재한다고 주장하면서, 결과적으로 모든 국가는 지속적으로 다른 국가들을 희생시켜서 권력을 얻을 기회를 추구한다고 결론짓는다. 비록 그는 이 방법이 실질적으로 달성되기가 불가능하다고 주장하지만, 진실로 이상적인 위치는 **국제 체제** international system의 지구적인 패권이 되는 것이라고 본다. 하지만 체제는 국가들이 패권국이 되도록 허용하지 않아 왔고, 이는 비극적으로 국가들이 간헐적으로 국가 간 전쟁을 초래하는 공격을 수행하도록 하는 세상을 만들어 낸다는 것이다.

신고전현실주의

구조현실주의자들은 국가 행위의 원인이 국제 체제의 무정부 상태에 있다고 말하지만, 오늘날 몇몇 현실주의자는 권력의 국제적 배분으로 충분히 국가들의 행태를 설명할 수 있다는 개념에 대해 회의적이다. 냉전이 끝난 뒤에 일군의 학자들은 구조현실주의의 지나치게 간결한 가정을 넘어 국제 정치를 설명하는 데 개인 수준과 국내 수준의 많은 추가적 요소들을 규합하고자 했다. 권력의 상대적인 배분이 국가들의 행태에 중요한 영향을 미친다고 인식된다면 국가 지도자들의 인식, 국가-사회 관계, 그리고 국가 정체성 같은 요소들 또한 그러하다. (많은 고전현실주의자가 강조했듯이) 구조적 요소와 단위 수준 요소 사이에 가교를 놓고자 노력하는 이 일군의 학자들을 기디언 로즈 Gideon Rose (1998)는 '신고전현실주의자들'이라고 특징 지었다. 스티븐 월트 Stephen Walt 는 신고전현실주의의 인과

논리는 "국내 정치를 권력 배분과 외교 정책 행태 사이에 매개변수로 놓는 것이다."라고 했다(Walt, 2002: 211).

이러한 주요 매개변수 가운데 하나가 지도자 그 자체인데, 다시 말해서 그들이 권력 분포를 어떻게 인식하는지의 문제이다. 권력 분포를 설명하는 객관적이고 단일한 방법은 없다. 오히려 국가 지도자가 권력 배분에서 어떠한 이해를 도출하게 되는지의 문제가 중요하다. 구조현실주의자들은 모든 국가가 비슷한 성질의 이익을 가진다고 가정하지만, 랜들 슈웰러 Randall Schweller (1996) 같은 신고전현실주의자들은 이는 역사적으로 볼 때 사실이 아니라고 말한다. 그는 왈츠에 대해서는 모든 국가가 안보에 대해 동일한 관심을 가진다는 가정 때문에 현저하게 현상 유지적인 기반을 보여 주는 현실주의가 생겨난다고 주장한다. 그는 고전현실주의자들이 쓴 저술로 돌아가서 우리에게 중요한 구분을 상기시켜 준다. 그것은 현상 유지 국가와 수정주의 국가 사이의 구분이다. 신고전현실주의자들은 독일이 1930년대에는 수정주의 국가였고, 제2차 세계대전이 끝난 뒤부터는 현상 유지 국가였다는 사실이 국제 체제에서의 국가의 역할을 이해하는 데 근본적으로 중요하다고 주장한다. 국가들은 그 이익 면에서도 서로 다를 뿐 아니라 그들이 지배하는 사회에서 자원을 조달하고 관리하는 능력 면에서도 다르다. 신고전현실주의자들은 서로 다른 유형의 국가들은 다양한 민족적 힘의 요소들을 국력으로 전환시키는 데 서로 다른 능력을 지닌다고 주장한다. 따라서 왈츠의 주장과는 반대로 모든 국가는 '비슷한 단위'로 간주될 수 없게 된다.

다양한 현실주의의 존재를 고려하면 국제 관계에 대한 탐구의 전통으로서 현실주의의 일관성이 의문시되어 왔음은 별로 이상한 일이 아니다. '일관성'에 대한 질문의 답은 물론 특정한 한 전통을 이루고 있는 연속성을 판단하는 기준이 얼마나 엄격한지에 달려 있을 것이다. 전통을 말끔하게 포장된 하나의 상자에 담겨 한 세대의 현실주의에서 다른 세대로 건네지는 단일한 사상의 조류로 이해한다면 그것은 실수일 것이다. 반면 시간이 지나면서 각기 다른 방향으로 흐르기도 했지만, 모든 현실주의자가 공통의 명제들을 공유한다고 느끼기도 하는 것이다.

요점정리

- 현실주의를 하나의 일관된 이론이라고 의미 있게 말하기에는 합의가 불충분하다.
- 서로 다른 유형의 현실주의를 분류하는 데는 타당한 이유가 존재한다.
- 구조현실주의는 둘로 나뉜다. 국가는 안보를 극대화하는 존재라고 주장하는 사람들(신현실주의)과 권력을 극대화하는 존재라고 주장하는 사람들(공격 현실주의)이 있다.
- 신고전현실주의자들은 개인 및 단위의 변인을 이론에 복원했다.

현실주의의 핵심

앞에서는 현실주의가 다양한 저자와 내용을 포괄하는 광범위한 이론의 전당이라고 주장해 왔다. 다양한 분파가 있는데도 우리는 모든 현실주의자가 '세 가지 S', 그러니까 국가주의 statism, 생존 survival, 자조 self-help에 동의한다고 주장한다. 지금부터 이러한 각각의 요소에 대해 자세하게 고려해 보겠다.

국가주의

현실주의자들에게 국가는 주된 행위자이며, 주권은 그

특징적인 속성이다. 주권국가라는 의미는 불가피하게 무력 사용과 연결된다. 현실주의자들은 "주어진 영토 내에서의, 정당한 물리적 폭력의 독점"이라는 막스 베버Max Weber의 유명한 정의에 동의한다(M. Smith, 1986: 23). **주권** sovereignty이란 이 영토적 공간 내에서 국가가 법을 만들고 집행하는 데 있어 최고의 권위를 갖는다는 것을 뜻한다. 이는 개인과 국가 사이의 성문화되지 않은 계약의 토대다. 홉스가 정의한 바에 따르면, 예를 들어 우리는 우리의 자유를 안전 보장의 대가로 교환한다고 한다. 일단 안보가 확립되면 **시민사회**civil society가 시작될 수 있다.

현실주의 이론은 국내적으로 질서와 안보 문제가 상당 부분 해결되었다는 가정에 따라 움직인다. 하지만 '밖에서의' 독립된 주권국가들 사이의 관계에서는 안보의 부재, 위험, 위협이 크게 자리하고 있다. 현실주의자들은 질서와 안보의 조건인 주권의 존재가 국제적인 영역에서는 결여되어 있다는 점을 바탕으로 이것을 설명하려고 한다.

현실주의자들은 국가들이 무정부 상태에서 다른 국가들과 권력, 안보를 놓고 경쟁한다고 주장한다. 그리고 경쟁의 속성은 흔히 제로섬 관계, 다시 말해 한 행위자의 이득은 다른 행위자의 손해로 이어진다고 묘사된다. 이 같은 권력 정치 논리는 다른 주권국가의 국내 문제에 대한 불간섭 원칙과는 별도로 보편적인 원칙에 대한 합의를 힘들게 만든다. 그러나 **공존**coexistence을 용이하게 하기 위한 이러한 원칙도 실질적으로 불간섭 원칙이 강대국과 그들의 '인접 국가' 사이의 관계에는 해당되지 않는다고 주장하는 현실주의자들에 의해 제동이 걸린다. 미국이 가장 최근에 아프가니스탄과 이라크에서 보여 준 행태로 알 수 있듯이 힘 있는 국가들은 국가 안보 및 국제 질서를 이유로 불간섭 원칙을 뒤집어 버릴 수 있다.

국가의 가장 첫 번째 행태가 국내적으로 권력을 조직화하는 것이고 두 번째가 국제적으로 권력을 축적하는 것이라는 점을 생각할 때, 정치와 권력은 항상 결합되어 있다는 현실주의자들의 주장이 무슨 의미인지 우리는 조금 더 자세히 살펴볼 필요가 있다. 국제 정치가 권력을 위

한 투쟁이라고 말할 수 있지만, 이는 현실주의자들이 무엇을 권력이라고 가리키는지에 대한 질문을 낳을 수밖에 없다. 권력의 모호한 개념에 대해 현실주의자들은 두 가지 요점을 언급한다. 첫째, 권력은 관계적인 개념이다. 권력이란 진공 상태에서 행사되지 않고 다른 개체와의 관계 속에서 행사된다. 둘째, 권력은 상대적인 개념이다. 권력을 계산할 때는 자기 능력만이 아니라 다른 국가 행위자가 소유하고 있는 능력도 헤아려야 한다. 하지만 다른 국가의 권력을 정확하게 평가하는 일은 극도로 복잡하며, 따라서 국민총생산GNP, 군비, 인구 규모와 같은 요소들을 하나로 묶는 일로 흔히 국한되기도 한다.

현실주의가 권력을 정의하고 측정하는 방식에 대한 많은 비판이 제기되었고(Schmidt, 2005) 그중 다수가 이 책의 다음 장들에서 다루어진다. 비판가들은 현실주의 이론의 핵심인 권력 개념이 이론화가 덜 되고 일관성 없이 사용되어 왔다고 주장한다. 단순하게 국가가 권력을 추구한다는 주장만으로는 결정적인 질문들에 대한 해답을 제시하지 못한다. 국가들은 왜 권력을 위해 투쟁하는가? 모겐소가 주장하듯이 권력의 축적은 왜 "항상 직접적인 목표"인가? 권력은 그 자체가 목적이 아니라 목적을 위한 수단임이 확실한가? 국가는 얼마나 많은 권력을 원하는가? 단순한 권력의 보유와 다른 사람들의 행태를 변화시킬 수 있는 능력 사이의 차이는 없는가?

현대 구조현실주의자들은 최근 현실주의 담론에서의 권력의 의미에 대해 조금 더 개념적인 명확성을 도모하려고 노력했다. 왈츠는 권력에서 능력으로 초점을 이동시킴으로써 문제점을 극복하려고 했다. 그는 "인구와 영토, 보존 자원, 경제적 능력, 군사력, 정치적 안정과 적합성의 크기"(Waltz, 1979: 131) 같은 영역에서의 역량에 따라 능력의 서열이 정해질 수 있음을 제시했다. 여기서 어려운 점은 자원의 우위가 반드시 군사적 승리로 이어지지는 않는다는 점이다. 예를 들어 1967년에 벌어졌던 이스라엘과 이집트, 요르단, 시리아의 6일 전쟁에서 자원 면에서는 명확히 아랍 동맹국들이 앞섰지만, 약한 쪽으로 판명된 이스라엘이 적의 무력을 분쇄하고 아랍의 영

토를 차지했다. 능력으로서의 권력에 대한 정의는 국가들이 그들의 목적을 달성하기 위하여 경제적인 지렛대를 사용하는 것을 설명하는 데도 취약성을 갖는다. 조금 더 세밀하게 권력을 이해하기 위해서는 반드시 갈등 상황이 아니더라도 자신의 환경을 통제하고 영향을 미치는 국가의 능력에 초점을 두어야 하는 것이다.

현실주의가 권력을 다루는 데서 드러나는 또 하나의 약점은 국가의 권력에만 배타적으로 집중한다는 점이다. 현실주의자들에게 국가는 실제로 '인정되는' 유일한 행위자이다. 초국가 기업, **국제기구**international organizations, 그리고 알카에다Al Qaeda와 같은 이념에 따른 테러 **네트워크** networks는 현실주의자들의 권력 분석에서 중요하게 고려되지 않는다. 그러나 많은 사람은 오늘날의 세계 정치에서 비국가 행위자들이 행사하는 영향력을 고려하면서, 현실주의의 국가 중심적 가정의 적실성에 의문을 표시하고 있다.

생존

모든 부류의 현실주의자 대부분을 묶는 두 번째 원칙은 세계 정치에서 가장 두드러진 목표가 생존이라는 것이다. 비록 권력의 축적 그 자체가 목적인지에 대한 현실주의자들의 설명에는 모호함이 있지만, 국가의 궁극적인 관심사가 안보를 위한 일이라는 주장에는 이견이 없다고 생각된다. 이는 다른 모든 목표를 달성하기 위한 전제 조건이 된다. 그러나 현실주의자 사이에서 사실상 국가는 원칙적으로 안보 또는 권력의 극대화를 추구하는 존재인지에 대한 질문을 둘러싸고 논쟁이 진행되었다. 왈츠와 같은 신현실주의자들은 국가는 안보를 자국의 주된 이익으로 간주하기 때문에 단지 자국의 생존을 확보할 수 있는 필수적인 정도의 권력을 추구한다고 주장한다. 이 견해에 따르면 국가들은 본질적으로 방어적인 행위자이며, 만약 권력이 자국의 안보를 위험하게 한다면 더 많은 권력을 추구하지는 않을 것이다. 미어샤이머 같은 공격 현실주의자들은 모든 국가의 궁극적인 목표가 국제 체제에

서 패권적인 위치를 차지하는 것이라고 주장한다. 이 견해에 따르면 국가들은 항상 더 많은 권력을 갈망하며, 만약 기회가 온다면 그들에게 유리하도록 기존의 권력 분포를 변경하려고 한다. 공격 현실주의자들은 현상 변경국들과 패권을 열망하는 국가들이 국제 체제에서 자국의 위치를 향상시키려는 목적을 갖고 항상 위험을 감수하려고 하기 때문에 경쟁은 언제나 첨예하다고 주장한다. 그뿐만 아니라 공격 현실주의자들은 국가들이 때때로 패권국에 균형 정책을 펴는 것이 아니라 패권국에 영합하기도 한다고 지적했다.

마키아벨리는 생존의 기술에 대한 자신의 성찰에서 '과학'을 만들어 내려고 했다. 그가 쓴 짧지만 설득력 있는 책인 『군주론』은 지도자들이 자신들의 권력 장악을 지속할 수 있게 해 주는 공리들의 집합을 성문화하려는 명백한 의도를 갖고 저술되었다. 우리는 중요한 측면에서 마키아벨리의 견해와 관련된 두 가지 주제가 현대 현실주의자들이 쓴 저작에서 반복되고 있음을 본다. 이는 국제 정치의 영역은 국내 정치에 적용되는 것과는 다른 도덕적이고 정치적인 규칙을 필요로 한다는 관념에서 도출된다. 모든 비용을 감수하고라도 (심지어 그것이 자국민의 희생을 의미한다고 해도) 국가를 보존해야 하는 과업은 국가 지도자들의 어깨에 무거운 짐을 지우고 있다. 리처드 닉슨Richard Nixon 미국 대통령 시절에 국무부 장관을 지낸 현실주의 학자인 헨리 키신저Henry Kissinger는 "한 국가의 생존은 첫 번째이자 궁극적인 책임이며, 그것은 타협 대상이 되거나 위험에 처할 수 없는 것이다."라고 말했다(Kissinger, 1977: 204). 그들은 결과에 대한 치밀한 계산을 거쳐 더욱 큰 선을 위해 비도덕적인 개별 행동들을 취할 수 있어야 한다. 다시 말해 **책임 윤리**ethic of responsibility를 지침으로 삼아야 하는 것이다. 예를 들면 정부가 **국가 안보**national security에 미치는 위협의 견지에서 '테러리스트로 의심되는 사람'들의 법률적이고 정치적인 권리를 정지시키는 방식을 생각해 보라.

자조

국제 체제에서는 무력 사용에 맞설 상위의 권위가 존재하지 않는다. 다른 국가에 대한 국가의 무력 사용을 방지할 수 없기 때문에 전쟁이 일어날 가능성은 언제나 있다. 그러므로 안보란 단지 자조로만 실현될 수 있을 뿐이다. 무정부적인 구조에서 "자조란 당연하게 행위 원칙이 된다."(Waltz, 1979: 111) 국가는 안보 보장을 위하여 결국 스스로에게 의존해야 한다. 그러나 자국의 안보를 보장하는 과정에서 그 국가는 자동적으로 다른 국가의 안보 불안을 증대시키게 된다.

불안 요인의 확산 과정을 가리키는 용어가 안보 딜레마다. 휠러N. J. Wheeler와 부스K. Booth가 주장한 바에 따르면, 안보 딜레마란 "한 국가의 군사적 준비가 다른 국가의 심리에 불확실성을 불러일으킬 때, 말하자면 그 군사적 준비가 '방어적인' 목적인지(불완전한 세계에서 자국의 안보를 증진시키려는), 아니면 공격적인 목적인지(자국의 이익에 맞게 현상을 변경하려는) 알 수 없게 만드는 상황일 때" 나타난다고 했다(Wheeler and Booth, 1992: 30). 이 시나리오는 한 국가의 안보 추구가 빈번하게 다른 국가의 안보적 불안 요인이 된다는 사실을 시사한다. 국가들은 다른 국가를 신뢰하기를 매우 어려워하며, 상대방의 의도를 흔히 의심스럽게 받아들인다. 따라서 한 국가의 군사적 준비는 인접 국가들 때문에 계속될 가능성이 크다. 결과적으로 국가들이 자국의 안보를 증진하기 위한 조치를 취하기 전보다도 안전하지 못하다고 느끼게 되는 역설이 생기는 것이다.

구조현실주의자들은 자조 체제에서 세력 균형은 심지어 균형을 유지하려는 의도적인 정책 없이도 등장하게 된다고 주장한다. 왈츠는 세력 균형이 특정 국가의 의도와는 상관없이 도출된다고 주장하고 있다. 자국의 존재를 영속화하려는 국가들로 이루어진 무정부 상태의 국제 체제에서는 위협적인 국가에 대해 균형을 이루려는 목적으로 동맹이 형성될 것이다. (고전자유주의 경제 이론에 따르자면) 자유로운 경제 시장에서 기업과 소비자 사이에 균형이 형성되는 것과 마찬가지 방식으로 국가들 사이의 상호 작용을 통해서 자연 발생적인 균형이 형성된다는 것이다. 자유주의적 현실주의자들은 세력 균형을 유지하기 위해 국가 지도자들이나 외교관들이 수행하는 중요한 역할을 조금 더 강조하는 경향이 있다. 다시 말해서 세력 균형은 자연적이거나 필연적인 것이 아니라 구성되어야 한다는 것이다.

예컨대 미국은 이집트와 이스라엘 사이에서 세력 균형의 유지를 도모했다. 다만 미국의 정책에 대해서는 2010년부터 지속되고 있는 변환으로 인해 의문이 제기되고 있는데, 타흐리르 광장에서 일어난 대규모의 시위는 이집트 무바라크Mubarak 대통령의 40년 집권을 종식했다.

현실주의자들과 비판자들은 세력 균형 체제의 안정성에 대해서 항상 논쟁을 해 왔다. 이는 특히 오늘날 여러 문제에 적용되는데, 많은 사람은 미국에 의한 단극 질서로 인해 세력 균형이 작동하지 않게 되었다고 주장한다(Brooks and Wohlforth, 2008). 현재의 지구화된 세계에서 세력 균형 정치가 계속 적실성을 가질 것인가 하는 점은 미국의 패권에 대한 논쟁과 밀접하게 연결되어 있다.

구조현실주의가 예상하듯이 다른 국가들이 미국에 대해 세력 균형을 시도할 의지를 보일지는 미지수다. 그것이 19세기 초반 유럽 협조 체제의 구축된 균형이건, 아니면 조금 더 자연 발생적인 냉전의 균형이건 간에 전쟁이나 평화적 전환으로 말미암아 세력 균형은 깨지고 새로운 균형이 등장한다. 세력 균형의 끊임없는 붕괴가 시사하는 바는, 국가는 기껏해야 안보 딜레마의 가장 나쁜 결과를 완화할 수 있을 뿐이며 그 결과에서 벗어날 수는 없다는 점이다. 최종적으로 이런 상태가 초래되는 이유는 국제 관계에서의 신뢰 부재 때문이다.

역사적으로 현실주의자들은 국가들 사이의 신뢰 부재를 '사슴 사냥' 우화에 비유해서 설명해 왔다. 왈츠는 자신이 쓴 저서 『인간, 국가, 전쟁』에서 루소의 우화를 재인용한다.

서로 대화하고 이해할 수 있는 기본적인 능력을 가진 다섯 사람이 모두 배고픔으로 고통을 겪게 되어 함께 사냥을 나선다. 각자의 배고픔은 사슴 한 마리를 나눈 다섯 조각 가운데 하나로 채워질 수 있어서 그들은 사슴 한 마리를 사냥하는 계획에 협조하기로 동의한다. 그러나 그들 가운데 한 사람의 배고픔은 토끼 한 마리로도 채워질 수 있다. 그래서 토끼 한 마리가 다가오자 한 사람이 토끼를 잡는다. 배반자는 자신의 배고픔을 해결할 수 있게 되었지만, 그럼으로써 사슴을 도망가게 만든다. 그의 즉각적인 이익이 다른 동료들에 대한 고려를 압도한 것이다.

(Waltz, 1959: 167~168)

왈츠는 '사슴 사냥' 비유가 정부 수립을 정당화할 뿐만 아니라 개별 이익과 공공선의 이익을 조율하는 문제, 그리고 단기적인 이익과 장기적인 이익 사이의 청산 관계에 대한 이해의 기초를 제공한다고 말한다. 국제 정치의 자조 체제에서 자기 이익 논리는 '안보'나 '자유 무역' 같은 공공재의 제공으로 완화된다. 자유 무역 같은 경우에 **비교 우위**comparative advantage 이론에 따르면, 모든 국가는 재화와 용역이 국경을 자유롭게 넘나들 수 있게 허용되는 세계에서 더 부유해질 수 있다. 그러나 개별 국가 또는 유럽연합 같은 국가의 집단들은 보호주의 정책을 추구함으로써 자국의 부를 증진할 수 있다. 물론 그 논리적인 결과는 나머지 국가들도 보호주의를 추구하게 되어서 국제 무역이 침체되고 세계적 불황이 모든 국가의 부를 감소시키는 것이다. 따라서 중요한 점은 **협력**cooperation을 통해 모두가 이득을 얻는지의 여부가 아니라 누가 다른 국가보다 더 많은 이득을 얻는지의 문제다. 현실주의자들이 자조 체제에서 협력의 성취가 힘들다고 보는 까닭은 이 같은 **상대 이득**relative gains의 문제를 고려하기 때문이다.

요점정리

- **국가주의**: 현실주의의 중심 가정이다. 이는 두 가지 주장을 담고 있다. 첫째, 국가는 선험적인 행위자다. 둘째, 국가 '주권'은 독립된 정치 공동체의 존재를 의미하며 자국 영토에서 법률적인 권위를 갖는다.
- **주요 비판**: 국가주의는 경험적인 토대('위'와 '아래'로부터의 국가 권력에 대한 도전)와 규범적인 토대(기아나 환경 악화, 인권 유린 같은 집합적인 지구적 문제에 대한 주권국가의 무능력)에서 모두 결함을 갖고 있다.
- **생존**: 모든 국가의 첫 번째 목표는 생존이며, 이는 모든 정치 지도자들이 확보해야 하는 지고의 국가 이익이다.
- **주요 비판**: 필요하다는 이유로 국가가 취할 수 있는 행동에는 제약이 존재하지 않는가?
- **자조**: 다른 어떤 국가나 국제 제도에도 자국의 생존을 의존할 수 없다.
- **주요 비판**: 자조는 세계 정부의 부재에 따른 필연적인 결과가 아니라 국가가 선택한 게임이다. 나아가 국가들이 자조보다는 집단 안보 체제나 지역 통합 형태를 선호했던 예들이 존재한다.

맺음말

이 장은 국제 정치의 유형(전쟁과 이를 위한 준비로 특징지어지는 기간의 반복)이 지난 25세기 동안 지속되었다는 현실주의자들의 되풀이되는 주장을 고려하면서 시작했다. 현실주의자들은 국제 관계의 연속성이 변화보다 중요하다는 주장을 계속해서 제기했지만, 많은 사람은 이러한 주장이 현 시기의 지구화에는 문제가 된다고 인식한다(**제1장 참조**). 존 홉슨John Hobson(2012)과 같은 최근의 비판자들은 세계 정치에 대한 만연한 유럽 중심적 개념들을 근거로 현실주의의 보편주의에 도전했다. 그러나 비판자들은 현실주의의 조종(弔鐘)이 이미 여러 차례 울렸지만, 이는 새로운 형태의 현실주의의 등장으로 이어졌다는 사실을 기억할 필요가 있다. 비록 냉전의 종언이 많은 현실주의자의 허를 찔렀지만, 자유주의 학자들과 달리 그들은 탈냉전 시대가 반드시 평화로울 것이라고는 예측하지 않았다. 또한 지구화의 지지자들은 지역 통합이나 인도적 개입, 특히 테러리스트 집단 등의 비국가 행위자들의 중요성 증대(제18장, 제27장 참조)와 같은 세계 정치의 새로운 전개 양상에 주목하는 반면, 현실주의자들은 중국과 러시아가 계속해서 미국의 권위에 도전하는 현상에 대해 세계가 강대국 정치로의 복귀를 목격하고 있음을 지적한다. 미국은 이를 인정하는 분위기다. 트럼프 대통령은 중국과 무역 전쟁을 일으키고, 주권 수호를 이유로 다수의 다자간 조약에서 탈퇴하고, 군사력 증강을 위한 조치를 취했다. 강대국의 흥망성쇠는 뿌리가 깊은 역사이므로, 많은 현실주의자는 앞으로 이 역동성이 어떻게 전개될지에 대해 우려하고 있다(제5장 참조). 트럼프의 민족주의적인 수사는 소위 세계화와 강대국 간 평화를 촉진한 자유주의 질서의 내구성에 대해 모든 부류의 학자들이 우려를 갖게 만들었다. 만약 미국이 제2차 세계대전 이후 자신이 공들여 만든 자유주의 질서를 포기한다면 그다음에는 어떤 일이 벌어질지 가늠하기 어렵다. 과연 세계화 프로젝트는 수그러들지 않으면서 ― 어쩌면 중국의 주도로 ― 계속될 것인가, 혹은 토착주의와 민족주의가 세계주의를 탈선시킬 것인가(제4장 참조)?

현실주의자들은 세계 정치에 대한 자신들의 이론을 지구화 그 자체의 반대편에 놓을 필요가 없다. 오히려 그들이 제시하는 이론은 그 과정에 대한 매우 다른 개념화다. 미국이 보유한 권력의 우월성을 감안하면 지구화의 가장 열렬한 지지자 가운데 하나가 미국이라는 사실은 놀라운 일이 아닐 것이다. 자유주의, 자본주의, 소비주의라는 지구화의 핵심 가치들은 바로 미국에 의해 채택된 것이다. 더 깊은 문화적 수준으로 보았을 때 근대성은 자유주의자들의 희망처럼 세계 사람들의 차이점이라는 장벽을 허무는 것은 아니라고 현실주의자들은 주장한다. 루소 같은 고전현실주의자부터 왈츠 같은 구조현실주의자에 이르기까지 대표적인 현실주의자들은 **상호 의존**interdependence이 평화와 번영과 함께 '상호적인 취약성'도 배태시킬 것이라고 주장해 왔다. 그리고 현실주의자들은 세계가 상대적인 의미에서 점점 더 상호 의존적으로 되어 가는 정도에 대해 의문을 표시하면서 국가는 민족국가의 위아래에서 움직이는 지구적 세력들 때문에 약화되지 않을 것이라고 주장한다. 그들은 세계 정치에서 민족주의의 힘이 여전하다는 사실을 우리에게 끊임없이 상기시킨다.

21세기가 현실주의의 세기일 것이라고 생각할 만한 이유들이 존재한다. 이상주의의 불씨를 다시 지피려는 노력에도 유럽은 공동선에 따라 통합되는 동시에 다양한 국익에 따라 지속적으로 분리되고 있다. 중동에서는 외부 세력들이 그들의 중대한 이익을 지키기 위하여 대리전을 촉진함에 따라 더디고 지난한 레짐의 변화 과정이 나타났고, 이로 인해 지역 전체에 걸쳐 심각한 불안정이 야기되었다. 중국은 미국에 대항하는 경제적, 전략적 경쟁자로 부상하고 있다. 이와 같은 경향이 계속된다면 중국은 미국을 대체하여 세계 제1의 경제 대국이 될 것이다. 현실주의는 개인의 권리와 의무에 대한 서구의 규범이 위협받게 될 것이라고 우리가 예견하게끔 만들어 준다. 현실주의는 20세기에 자유주의자들이 하려고 했듯이 지구 정치를 자신들의 이미지로 전환할 필요가 없으며 방어적인 독트린으로서 자신의 주장을 개진할 지적 자원을 이미 갖고 있다. 현실주의는 국제 관계가 가치 충돌의 영역에 있다는 것과 책임 있는 국정 운영이 주의 깊은 이익 측정과 연관되어 있다는 것을 보여 준다. 무엇보다도 현실주의는 국가의 지도자들이 신중하게 행동할 것을 요구하는데 이러한 속성은 21세기 초반에 매우 부족한 자질이다.

1. 멜로스의 대화는 자기 이익, 세력 균형, 동맹, 능력, 제국, 정의와 같은 핵심적인 개념들을 어떻게 나타내고 있는가?

2. 하나의 현실주의가 있다고 생각하는가, 아니면 여러 가지 현실주의가 있다고 생각하는가?

3. 지금 우리는 펠로폰네소스 전쟁 당시의 아테네 학생보다 국제 관계에 대해 더 많이 알고 있다고 생각하는가?

4. 현실주의자들은 전쟁과 갈등에 대한 기술과 왜 전쟁이 발생하는지에 대한 설명을 혼동하고 있지는 않은가?

5. 현실주의는 강력하고 현실에 만족하는 국가들의 이념에 불과한 것인가?

6. 현실주의자는 9·11 전쟁을 어떻게 설명하는가?

7. 서구 문명과 관련된 관념들을 21세기에 지속시키기 위해서 서구 정부들과 (북대서양조약기구와 같은) 기구들은 조금 더 현실주의를 추구해야 하는가?

8. 방어 현실주의와 공격 현실주의 사이의 논쟁에서 어떤 것이 문제가 되는가?

9. 구조현실주의는 국가들의 행태가 지닌 다양성을 충분히 설명하고 있는가?

10. 현실주의는 세계 정치의 지구화를 이해하는 데 도움이 되는가?

이 장의 객관식 문제를 풀어 보면서 학습 내용을 잘 숙지하고 이해했는지 평가해 보자.

• www.oup.com/he/baylis3xe

Liberal internationalism

개요

국제 관계의 관행은 **자유주의적 국제주의** liberal internationalism를 수용하지 않았다. 많은 국가의 국내 정치 영역은 질서와 정의를 제공하는 제도를 통해 인상적인 수준의 진보를 목격한 반면, 현대 국가 체제 시대의 국제 정치 영역은 불확실한 질서와 정의의 부재라는 특징을 보여 왔다. 자유주의적 국제주의자들은 세상이 이렇게 되어야 한다는 것을 받아들이지 않는다. 자유주의 철학자 제러미 벤담 Jeremy Bentham이 만든 용어인 '국제 International'는 국가가 법치주의를 따르고 시민의식, 번영, 평화와 같은 도덕적 목적을 추구하는 곳이 될 수 있다. 이 장에서는 자유주의적 국제주의적 사고의 세 가지 물결에 대해 생각하는 것이 중요하다고 주장한다. 세 가지 물결이란 선견지명이 있는 19세기 철학자와 개혁가의 통찰력, 전간기의 이상주의적 시기 그리고 정부 체제로서의 민주주의가 '불황 recession' 상태에 있고 주요 서양 국가들이 자유주의 세계 질서를 주도할 능력이 쇠퇴하고 있는 시대에 자유주의적 국제주의가 직면한 현재의 위기를 의미한다.

CHAPTER
07

자유주의적 국제주의

팀 던Tim Dunne
김상배 옮김

핵심 질문

- 자유주의적 국제주의 사고는 어떻게 발전했는가?
- 자유주의 국가가 외교 정책을 실행할 때 지속적으로 제국주의적 충동을 갖는 이유는 무엇인가?
- 국제 개혁에 있어서 자유주의적 국제주의는 결점이 있지만 반드시 필요한 것인가?

머리말 및 맥락

정부 모델로서의 자유주의는 매우 성공적이었다. 간단하지만 중요한 척도로 세계에는 75개의 자유민주주의 국가가 있는데, 이는 다른 어떤 체제 유형보다 많다. 자유민주주의가 유럽과 아메리카 그리고 일부 아프리카와 아시아에서 우세해지고 있지만, 자유주의적 가치와 제도가 지구 거버넌스에 온전히 진입하지 못한 것도 사실이다. 수십 년 전 "국제 문제는 자유주의에 대한 복수nemesis였다"라는 유명한 말을 남겼던 하버드 학자 스탠리 호프만Stanley Hoffmann도 이 점을 지적했다. 호프만은 "자유주의의 본질은 자제, 절제, 타협, 평화"인 반면, "국제 정치의 본질은 정반대로 불안한 평화이거나 기껏해야 **전쟁 상태**state of war"라고 적나라하게 설명했다(S. Hoffmann, 1987: 396). 호프만의 추론은 공동의 권력이 없는 곳에 진보나 법, 정의란 있을 수 없다고 주장하는 현실주의자에게는 놀랄 만한 일이 아니다(**제6장 참조**). 이러한 현실주의 논의의 중요성에도 불구하고, 자유주의 주창자들은 이에 굴복하지 않았다. 자유주의자들은 권력 정치 그 자체가 관념의 산물이며, 관념은 변화할 수 있다고 주장한다. 따라서 비록 현재까지의 국제 문제를 고려하면 진보적 변화에 대한 자유주의의 사상의 입지가 좁아 보이지만, 이러한 사실이 곧 세계가 자유주의 이미지로 구축될 수 없다는 것을 의미하지는 않는다.

계몽주의Enlightenment 시대의 학자들과 지식인들은 정부가 국민을 정당하게 대하고, 정부와 국민이 서로 합법적으로 만나는 자유주의 국제주의의 개념을 옹호해 왔다('**19세기 자유주의적 국제주의의 기초 사상** 참조'). 위대하지만 결함이 있는 사상가인 임마누엘 칸트Immanuel Kant, 존 스튜어트 밀J. S. Mill, 제러미 벤담Jeremy Bentham은 후대의 자유주의자들이 사용하는 언어와 개념을 제공했는데, 후대의 자유주의자들은 이를 국제 관행에 적용할 수 있었다(차질이 없지는 않았지만). 예를 들어 벤담은 에머리히 드 바텔Emerich de Vattel과 같은 선대 학자들이 사용한

'국가의 법칙'이라는 문구에 불만이 있어 '국제'라는 용어를 처음 사용했다. 벤담은 '국제'가 주권자 간의 관계를 설명하는 데 더 정확한 형용사라고 생각했으며 이 용어는 그가 1780년에 사용한 직후부터 널리 사용되었다(Suganami, 1978: 231).

자유주의적 국제주의의 두 번째 물결은 제1차 세계대전 이후 발생한 '이상주의적 시기'와 관련된다('**국제주의와 제도주의: 법을 통한 평화** 참조'). 약 4000만 명의 군인과 민간인이 무자비하게 학살된 후, 국제연맹League of Nations은 국가 간 분쟁을 해결해 분쟁이 공개전open war-fare으로 전락하는 것을 막기 위해 만들어졌다. 연맹의 탄생은 당시 애버리스트위스Aberystwyth에 있는 웨일스대학교University College of Wales에서 우드로 윌슨 학장이라는 세계 최초의 국제정치학 교수직의 설립과 동시에 이루어졌다([참고 7-1] 참조). 제1차 세계대전은 많은 국가에서 국제 정치를 가르치는 계기가 되었을 뿐만 아니라, 전 세계적인 규모로 미래의 파괴를 방지하려는 관심은 활동가, 작가, 국회의원, 지식인, 단체 등 새로운 국제 질서를 구축하고자 하는 헌신적인 국제주의자들로 구성된 대규모 연합의 우선 순위였다.

자유주의적 국제주의 사고의 세 번째 물결은 우리를 2010년대 말로 이끈다('**자유주의적 국제주의가 직면한 도전** 참조'). 자유주의적 국제주의의 중심지인 미국의 경우 세계 정치의 리더십과 팔로워십 모두 위기에 처했다는 인식이 팽배해 있었다. 프린스턴대학의 존 아이켄베리G. John Ikenberry와 같은 많은 저명한 사상가들은 미국의 상대적 쇠퇴를 고려할 때 다른 국가와 기관이 리더십을 떠맡을 위치에 있는지 의문을 제기한다. 소위 신흥 강대국(브라질, 중국, 인도, 인도네시아, 러시아 등)이 부상하고 그들 사이의 협력이 증가했음에도 불구하고, 그들 스스로가 1945년 이후 미국이 수행한 역할과 병행하여 세계 질서를 관리할 특별한 책임이 있다고 믿는 증거는 없다. 이것은 후기

E. H. 카와 자유주의적 국제주의 비판

국제관계학이 학문 사상으로 자리 잡은 주요 계기는 애버리스트위스에서의 우드로 윌슨 학장Woodrow Wilson Chair 취임식이었다('머리말 및 맥락' 참조). 이후 옥스퍼드대학과 런던정경대학LSE의 두 명의 학장에 이어 카E. H. Carr는 1936년 우드로 윌슨 학장으로 임명되어 10년 동안 이 직책을 맡았다. 그 후 그는 열네 권의 기념비적 연구인 『러시아연방의 역사A History of Soviet Russia』에 전념했다. 이를 통해 그는 자신이 창설하기 위해 큰 노력을 기울였던 국제관계학의 새롭게 발전하고 있는 분야에 관심을 돌렸다.

1919년 베르사유평화조약 체결과 1939년 제2차 세계대전 발발 사이의 기간에 다른 많은 지식인과 마찬가지로 카는 학자 이상의 인물이었다. 그는 외교관, 논평가, 선동가이기도 했다. 그의 고전 작품인 『20년의 위기The Twenty Years' Crisis 1919~1939』는 이러한 그의 다양한 배경을 함께 엮어 낸 결과물이었다. 카가 선호했던 그 책의 제목은 주목할 가치가 있다. 그는 저서를 이상과 현실Utopia and Reality이라고 부르고 싶었지만 출판사에서는 이것이 너무 추상적이라고 생각했다. 카에게 중요한 것은 권력이 어떻게 작동하는지를 이해하는 정치에 대한 분석적 접근

(현실주의)을 통해 합리적이고 도덕적인 세계 질서(이상)의 자유주의적 개념이 어떻게 수정될 필요가 있는지를 보여 주는 것이었다.

카는 국제주의의 부상이 체제 내에서 가장 강력한 국가의 이익과 분리될 수 없다고 주장했다. 항구적인 평화에 대한 국제주의 사상은 17세기와 18세기에 유럽에서 프랑스의 군사 패권이 절정에 달했을 때 번성했다. 자유 무역과 비유럽 세계를 지배할 강대국의 권리에 대한 국제주의 사상은 19세기 중반 영국이 세계 강대국이 되면서 번성했다. 1919년 이후 미국이 평등한 국가들 중 1위가 되면서 민주주의, 자결권, **집단 안보**collective security에 대한 국제주의 사상은 그 시대의 보편적 도덕 원칙이 되었다. 정치적 현실주의의 과제는 이러한 다양한 국제주의의 표현이 지배적인 권력과 이익의 패턴과 모두 연결되어 있다는 점을 보여 주는 것이다. 국제주의가 불충분함에도 불구하고 카는 국제사회의 모든 구성원에게 적용되는 도덕 규범을 밝히기 위한 투쟁은 국제정치이론을 구축하는 데 없어서는 안 될 부분이라는 점을 인식했다.

서양 질서post-Western order가 자유주의적 국제주의 규범과 목적에 적대적일 것이라는 것을 의미하는가? 아니면 우리는 다수의 민족과 사회를 통합하는 도덕적 보편이 있으며, 자유주의적 국제주의가 다른 대안들보다 이러한 공유 가치를 분명히 하는 데 더 가깝다는 믿음을 진지하게

받아들일 필요가 있는가? 이 장에서 채택된 입장은 다음과 같이 요약될 수 있다. 자유주의적 국제주의는 여러 면에서 부적절하지만, 동시에 국제주의적 사고는 서로 다른 가치와 선호도를 중재하는 방법으로서 여전히 필수 불가결하게 남아 있다(Chakrabarty, 2000).

19세기 자유주의적 국제주의의 기초사상

임마누엘 칸트(1724~1804)와 제러미 벤담(1748~1832)은 선도적인 계몽주의적 자유주의 사상가다. 그들은 국내 정치를 권리, **시민권**citizenship, 입헌 정치로 특징지을 수 있었던 시대의 국제 관계의 야만성 혹은 칸트가 시각적

으로 묘사하는 '야만의 무법 상태'를 다뤘다. 그들은 무법 상태의 야만성을 혐오했고, 따라서 평화와 전쟁의 문제에 대한 통치권을 확립하기 위한 구체적인 계획을 수립했다. 비록 200년 전에 쓰였지만 그들의 도덕적, 정치적

철학은 핵심 자유주의적 국제주의 사상, 특히 이성이 국제 관계에 자유와 정의를 가져올 수 있다는 믿음에 근거한다.

'국제'라는 용어는 '법전 편찬codification'과 같이 정치적 어휘에 영향을 준 용어들과 함께 제러미 벤담에 의해 발명되었다('머리말 및 맥락' 참조). 벤담은 광범위한 사상가, 작가 및 홍보가였다. 그는 쿡 선장Captain Cook과 항해자들이 세계를 정복하기 위해 탐험을 했던 것처럼, 법과 도덕을 위해 일하기를 희망했다. 한때 그는 "지구globe는 저자가 열망하는 통치권의 영역이다."라고 당당하게 말했다(Armitage, 2011: 65). 벤담이 주권 평등에 기반을 둔 새로운 국제 법학 개념을 주장한 것은 그의 저서 『도덕과 입법의 원리 서설Introduction to the Principles of Morals and Legislation』(1780)에서였다. 벤담은 "최대 다수의 최대 행복"이라는 공리주의적 격언을 국제사회에 적용하여 판사나 입법자의 임무가 국가 공동체 간의 최대 행복을 확립하는 것이 되도록 했다.

40년 후, 『도덕과 입법의 원리 서설』의 새로운 판본이 출판되었다. 이 무렵에는 '국제'라는 용어가 널리 사용되기 시작했다. 그리고 19세기 중반에 이르러 그것은 하나의 주의ism가 되었다. 국제주의는 국내 사회와 더 넓은 국제사회에서 다양한 개혁을 추진하는 일군의 성장하는 활동가, 페미니스트, 홍보 활동가 및 조직을 설명하는 약칭이 되었다.

칸트에게 영구적인 평화를 달성하기 위해서는 개인 의식의 변화, 공화주의적 입헌주의, 그리고 (이전의 국제 변호사들이 주장했던 것처럼 전쟁을 규제하기보다는) 전쟁을 폐지하기 위한 국가 간의 연방 계약이 필요했다. 이 연맹은 '초국가super-state' 행위자나 세계 정부가 아니라 영구적인 평화 조약에 비유될 수 있다. 칸트의 영구적 평화를 위한 조약의 세 가지 구성 요소는 [참고 7-2]에 요약되어 있다.

국제 관계에서 자유주의 국가는 다른 자유주의 국가에 대해서 평화적이라는 칸트의 주장은 1980년대에 다시 등장했다. 많이 인용되는 논문에서 마이클 도일Michael

임마누엘 칸트의 '영구 평화론: 철학자의 스케치'

참고 7-2

• **제1조항: 모든 국가의 시민 헌법은 공화주의적이어야 한다.**
"이러한 헌법 아래에서 불가피한 경우로서 시민들의 동의가 전쟁을 선포할지 말지를 결정하는 데 요구된다면, 그들은 그렇게도 위험한 사업을 착수하는 데 망설일 수밖에 없을 것이다."

(Kant, 1991: 99~102)

• **제2조항: 국가의 권리는 자유 국가의 연방에 기반을 두어야 한다.**
"각 국가는 자국의 안보를 위해서 각자의 권리가 보장되는, 민법과 유사한 헌법의 틀 안으로 들어오라고 다른 국가에게 요구할 수 있고, 그렇게 해야 한다. (…) 그러나 평화는 국가 사이의 일반적인 동의가 없으면 시작될 수도 보장될 수도 없다. 따라서 우리가 평화 연방pacific federation이라고 할 특정한 종류의 연맹이 요구된다. 이는 어느 한 전쟁을 종식하는 평화조약peace treaty과는 다른데, 평화 연방은 모든 전쟁을 영원히 종식하려고 한다. (…) 모든 국가를 점차 아우를 수 있도록 확장하고, 결국 영구 평화로 이르게 될 이러한 연방주의 구상은 실천 가능하고 객관적인 실재를 가진다."

(Kant, 1991: 102~105)

• **제3조항: 세계주의적 권리는 보편적인 환대의 조건으로 제한되어야 한다.**
"지구상의 사람들은 보편 공동체에 다양한 형태로 접어들게 되며, 어느 일방의 권리 침해는 모든 지역에서 감지되는 단계로까지 발전된다. 따라서 세계주의 권리의 구상은 환상적이거나 과도하게 긴장된 것이 아니며 정치적, 국제적 권리의 명문화되지 않은 코드를 보완하고, 그리하여 그것을 인류의 보편적인 권리로 변형시킨다."

(Kant, 1991: 105~108)

Doyle(1986: 1151)은 자유주의 국가들이 '분리된 평화'를 창출한다고 주장한다. 도일이 주장한 바에 따르면 칸트의 유산에는 두 가지 요소가 있는데, 자유주의 국가들 간의 제어와 비자유주의 국가들과의 관계에서의 '국제적 무분별'이 그것이라고 한다. 비록 경험적인 증거가 **민주 평화론**democratic peace을 뒷받침하는 듯 보이지만, 이러한 주장의 한계를 염두에 두는 것이 중요하다. 첫째, 그 이론이 조금 더 설득력을 갖기 위해 민주 평화론자들은 왜 자유주의 국가 사이에서의 전쟁을 생각할 수 없는지 설명해야만 한다. 칸트는 무력을 사용하려는 결정이 군주가 아닌 국민에 의해 내려진다면 갈등의 빈도는 아주 많이 줄어들 것이라고 주장했다. 그러나 논리적으로 이러한 주장은 자유주의 국가와 비자유주의 국가 사이의 분쟁 빈도가 낮아짐을 의미하며, 이는 역사적인 증거를 통해서 반대로 판명되었다. '민주 평화론'에 대한 대안적 설명은 자유주의 국가들은 잘사는 나라인 경향이 있기 때문에 가난한 나라인 권위주의 국가보다 분쟁에 관여함으로써 얻을 것이 별로 없다는 (그리고 잃을 것이 많다는) 내용이다. 아마도 가장 설득력 있는 설명은 자유주의 국가는 다른 자유주의 국가와 우호적 관계를 갖는 경향이 있다는 간

단한 사실일 것이다. 캐나다와 미국 사이의 전쟁은 생각할 수가 없는데, 이는 아마도 두 국가의 자유민주주의 헌법 때문이 아니라 두 국가가 경제·정치 문제에서 동일한 접근 방식을 공유하고 있는 동맹국이기 때문일 수 있다. 실제로 대조되는 정치적, 경제적 체제를 가진 국가들이라도 그들이 우방의 관계를 유지한 역사를 가지고 있다면 전쟁을 생각할 수가 없다. 멕시코와 쿠바가 그 사례인데, 이들은 역사적으로 상반되는 경제 이념을 지니고 있지만 긴밀한 양국 관계를 유지하고 있다.

자유주의 국가들이 왜 더 평화적인지에 대한 해답을 구하는 학문적 작업과 상관없이 이러한 가설의 정치적 결과를 주목하는 것이 중요하다. 1989년에 프랜시스 후쿠야마Francis Fukuyama(1989: 3~18)는 다른 이념에 대한 자유주의의 승리를 축하하는 「**역사의 종언**The End of History」이라는 논문을 썼는데, 여기서 그는 자유주의 국가들은 국내적으로 더 안정적이고, 국제 관계에 있어서 더 평화적이라고 주장했다. 민주 평화론에 대한 다른 옹호자들은 조금 더 신중하다. 도일이 인정하듯이, 자유민주주의는 권위주의 레짐이나 국가에 편입되어 있지 않은 사람들과의 관계에서는 다른 어떠한 형태의 국가들보다도 공격적

▎요점정리▎

- 국제 관계에 대한 초기 자유주의적 국제주의 사상은 자연 질서가 비밀 조약과 세력 균형과 같은 구식 정책에 의해 부패했다는 견해를 취했다.
- 계몽주의 자유주의자들은 국가의 이익을 제한하는 일련의 국제 규칙과 법률의 개발을 통해 전쟁 문제가 해결될 수 있다고 믿었다. 또한 그들은 무역 및 기타 국경을 넘는 흐름이 보다 평화로운 국제 관계를 촉진할 것이라고 믿었다.
- '국제'라는 용어의 창시자인 제러미 벤담은 주권 평등에 기초한 국제 법학의 새로운 개념을 주장했다. 그는 판사나 입법자의 임무가 국가 공동체에 가장 큰 행복을 만드는 것이라고 보았다.
- 임마누엘 칸트는 개인 의식의 변화, 공화주의적 입헌주의, 전쟁을 폐지하려는 국가 간 연방 계약을 통해 '영구적 평화'를 달성할 수 있다고 주장했다.
- 1980년대에 마이클 도일은 자유주의 국가는 다른 자유주의 국가들과의 국제 관계에서 평화적이라는 칸트의 주장을 부활시켰다. 경험적 증거가 민주 평화론을 뒷받침하는 것처럼 보이지만 이 주장의 한계를 명심해야 한다.
- 「역사의 종언」(1989)에서 프랜시스 후쿠야마는 자유주의 국가가 비자유주의 국가보다 내부적으로 더 안정적이고 국제 관계에서 더 평화롭다고 주장하며, 다른 모든 이념에 대한 자유주의의 승리를 축하했다. 도일과 같은 다른 사람들은 자유민주주의 국가가 권위주의 정권 및 무국적자와의 관계에서 다른 유형의 국가만큼 공격적임을 인정한다.

이다(Doyle, 1995a: 100). 그렇다면 자유주의적 평화 지대 안의 국가들은 비자유주의 레짐과의 관계를 어떻게 설정해야만 하는가? 제어를 강조하는 긍정적인 칸트적 유산이 어떻게 자유주의 국가들의 역사적 제국주의의 유혹을 이겨낼 수 있을까? 이것은 매우 흥미롭고 시기 적절한 질문이다('**맺음말: 불완전하지만 필수 불가결한 국제주의**' 참조).

국제주의와 제도주의: 법을 통한 평화

국제 정치와 경제 관계에서 자연적인 '**이익의 조화** harmony of interests' 개념은 20세기 초반에 도전을 받게 되었다. 제1차 세계대전(1914~1918) 이전에 영국과 독일의 경제가 매우 상호 의존적이었다는 사실은 경제적 상호 의존과 평화가 연관된다는 생각의 치명적인 결함을 확인시켜 주는 것처럼 보였다. 20세기 초부터 진보와 다른 국가의 전형이 되는 모습을 한편으로 하고, 군사적 목적을 위한 산업력의 구비를 다른 한편으로 하는 유럽 문명 안에 존재하는 모순은 더 이상 억제될 수 없었다. 유럽은 전쟁에 휘말려 1500만 명이 사망했다. 전쟁은 세 개의 제국을 종식했을 뿐만 아니라 1917년 러시아 혁명이 유발되는 요인이 되었다.

제1차 세계대전은 평화가 자연스러운 상태가 아니라, 건설되어야만 하는 것이라는 인식으로 자유주의 사고가 전환하는 계기가 되었다. 정치 평론가이자 작가인 레너드 울프Leonard Woolf는 평화와 번영은 잠재적인 자연 질서의 부분이라는 생각에 대한 비판에서 평화와 번영에는 '의도적으로 고안된 기제'가 요구된다고 주장했다(Luard, 1992: 465). 그러나 국제 관계를 운영하기 위한 국제 권위체를 주장한 가장 유명한 옹호자는 아마도 우드로 윌슨일 것이다. 윌슨 미국 대통령이 주장한 바에 따르면, 평화는 국제 무정부 상태를 규제하는 **국제기구**international organization의 창출을 통해서만 보장될 수 있다. 안보는 양자 간 밀실 외교 협상이나 세력 균형에 대한 맹신에만 맡겨질 수 없다. 국내 사회에서 평화를 유지하기 위해 권력이 필요했듯이, 국제사회는 분쟁에 대처하는 거버넌스의 체계와 비폭력적인 결의안이 실패할 경우 동원될 수 있는 국제적 군사력을 가져야 한다. 이러한 의미에서 이상주의는 다른 자유주의들보다 더 국내적 유추에 기초하고 있다(Suganami, 1989: 94~113).

윌슨은 1918년 1월에 미국 의회에서 행한 유명한 '**14개 조항**Fourteen Points' 연설에서 다가오는 평화를 보존하기 위해서는 "국가들의 일반적 결사체가 형성되어야 한다"고 주장했다. 국제연맹이 바로 그 일반적 결사체였다. 국제연맹이 효과적이기 위해서는 침략을 억지할 군사력을 보유해야 하고, 필요하다면 그 의지를 관철하기 위해서 권력을 행사해야만 한다. 이것이 바로 국제연맹의 핵심이었던 '집단 안보'의 배후에 존재하는 구상이었다. 집단 안보는 "체제 안의 각국이 한 국가의 안보가 모든 당사자의 관심사임을 수용하고 침략에 대한 집단적 대응에 참여하는 데 동의하는" 상황을 의미한다(Roberts and Kingsbury, 1993: 30). 이는 안보의 동맹 체제와 대비되는데, 동맹 체제는 많은 국가가 대개 특정한 외부 위협에 대한 대응으로 참여하는 형태다(때로는 집단 방위로 알려져 있음). 국제연맹 같은 경우에 헌장 제16조는 전쟁이 발생했을 때 모든 구성 국가들이 전쟁 도발국과의 평상적 관계를 중지하고 제재를 가하며, 만약 필요하다면 현상 복원을 위해 군사력의 사용이 요구되는 경우 그들의 군대를 연맹 이사회의 처분에 맡길 의무에 대해 언급하고 있다.

또한 국제연맹 헌장은 국제 관계에 대한 자유주의적 이상주의자들의 사고에서 나타나는 또 한 가지 기본적인 특성인 모든 국가의 **자결**self-determination을 외친다. 19세기 중반으로 돌아가 보면 그리스, 헝가리, 이탈리아에서의 자결 운동은 자유주의 국가와 여론의 지지를 받았다. 그러나 자결에 대한 태만한 지지는 우드로 윌슨이 그 선언을 한 이후에도 그대로 남아 있던 실제적이고 도덕적인 문제들을 가려 버렸다. 자결 국가에 대한 신의를 느끼지 않을 신생의 소수 민족들에게 무슨 일이 일어날 것인가? 투표에 참여할 유권자를 정할 주체의 정체성 문제는 민주적 과정에서 충분히 다루어질 수 있는가? 신생 독립국이 자유민주주의 규범을 거부한다면 어떻게 할 것인가?

국제연맹의 경험은 재앙이었다. 국제연맹의 창립에 대한 도덕적 미사여구는 매우 이상주의적이었는데, 실제로 국가들은 자기 이익의 틀 안에 갇혀 있었다. 자신이 만든 제도에 참여하지 않기로 한 미국의 결정보다 더 좋은 예는 없을 것이다. 이념적 이유 때문에 체제 밖에 머물던 소련의 경우까지 겹쳐서 국제연맹은 '자족'한 강대국들의 말잔치가 되어 버렸다. **베르사유평화조약** Treaty of Versailles 에 따라 비무장 지대였던 라인란트를 재점령하기로 한 1936년 3월의 히틀러의 결정은 국제연맹의 구명 체계에 방아쇠를 당기는 사건이었다(1931년의 만주 위기와 1935년의 에티오피아 위기에 이은 '결정적인' 사건이 되었다).

국제연맹의 붕괴는 20세기 전반부의 이상주의 시기의 신속한 종말을 가져왔다. 전간기의 사상가들은 이성과 과학이 정치적 논쟁을 해결할 수 있다고 생각했던 벤담주의자들이 아니었다는 점에 주목하는 것이 중요하다. 대신에 그들의 국제주의에는 후진적이고 보수적인 측면이 있었다. 길버트 머레이 Gilbert Murray 와 앨프리드 짐머른 Alfred Zimmern 과 같은 이상주의자들은 국제연맹이 주권국가를 위한 일종의 강압적 권위를 가져야 한다는 생각에 반대했다. 체제 구조에 대한 그러한 급진적 변화는 볼셰비키나 아직 통치하기에 '적합하지 않은' 것으로 간주되는 식민지 인종과 같은 비서양 세력이 통제권을 장악할 위험을 초래할 수 있었다. "국제 질서에 대한 놀라울 만큼 보수적인 이해에 대한 그들의 의존은 일종의 보완책이 되었다. (…) 주권에 대한 정치적 대안을 상상하고, 노동자에 의해 통제되는 세계 경제를 구상하고, 실제 정치

적 권력을 가진 국제 거버넌스의 민주적 형태를 이론화하는 것을 꺼려하기 때문이다(도덕적이고 상징적인 것이 아니다)."(Morefield, 2009: 15) 전간기의 강력한 국제주의는 국제 질서에 우호적이면서 동시에 후진적 성향이었다. 왜냐하면 제국에 우호적이었던 반면, 민주주의와 법치에 주권을 종속시키는 급진적 국제주의 사상에는 우호적이지 않았기 때문이다.

자유주의의 언어가 1945년 이후에 더 실용적인 특징을 띠었다는 데는 의심할 여지가 없을 것이다. 어느 누가 홀로코스트 Holocaust 의 그림자 아래에서 낙관적으로 살 수 있겠는가? 그러나 자유주의의 근본적인 교의는 남아 있었다. 심지어는 1940년대 초에도 국제연맹을 국제 평화와 안보에 책임을 지는 또 다른 국제 제도로 대체할 필요성에 대한 인식이 있었다. 하지만 국제연합 같은 경우에는 헌장의 기안자들 사이에 강제적 행동을 실행하기 위한 강대국들 사이의 의견 일치 필요성에 대한 인식이 있었기 때문에 안전보장이사회의 5개 상임이사국에게 거부권을 주는 거부권 체제(국제연합 헌장 27조)가 등장했다. 이러한 개정은 각 강대국이 다른 강대국이 제안한 어떤 강압적 행동에도 거부권을 행사할 것이라는 점에서 집단 안보의 고전적 모형 classical model 에 대한 중요한 개선점이 되었다(Roberts, 1996: 315). 1990년 8월 2일 이라크의 쿠웨이트 침공에 대한 국제연합의 대응에서 분명히 알 수 있듯이, 냉전이 끝나고 나서야 집단 안보가 실현될 수 있을 만큼 강대국 간의 협력이 충분히 발전되었다([사례연구 7-1] 참조). 이후 탈냉전기의 개입은, 특히 코소보(1998)와 이라크(2003)에 대한 개입의 경우, 국제연합 안전보장이사회가 다시 한번 미국과 동맹국에 의해 배제되면서 일반적인 관행이 재개되었음을 분명히 했다. 미국과 동맹국은 안전보장이사회의 허용적인 결의가 없었다는 이유만으로 군사적 행동을 취했다.

1990년대 말에 자유주의적 국제주의자들은 미국을 사전 허가 없이 무력을 사용할 수 있는 '필수 국가'로 보았다. 매들린 올브라이트 Madeleine Albright 미 국무장관은 1998년 이라크의 무장 해제와 관련하여 다음과 같이 발

1990/1991년 걸프 전쟁과 '신세계질서'

1991년 1월 17일 '사막의 폭풍' 작전 중 쿠웨이트의 불타는 유전 상공을 비행하는 전투기
© US Air Force Photo / Alamy Stock Photo

이라크는 항상 제국주의 국가들이 쿠웨이트를 인위적으로 만들었다고 주장해 왔다. 이러한 정치적 동기가 이란과의 8년 전쟁(1980~1988) 이후 누적된 전쟁 부채로 인한 경제적 요인과 결부되었을 때 쿠웨이트 병합은 이라크 문제의 해결책으로 보였다. 이라크의 사담 후세인Saddam Hussein 대통령도 서양은 쿠웨이트를 방어하기 위해서 무력을 사용하지 않을 것이라고 가정했지만, 이는 이란–이라크 전쟁에서 서양이 이라크에게 제공한 지원의 기억에서 비롯된 오판이었다(이른바 이란의 근본주의는 이라크 정권의 극단적 민족주의보다도 더 국제 질서에 심각한 위협

이 된다고 여겨졌다). 1990년 8월 2일에 벌어진 쿠웨이트에 대한 침공은 이라크에 무조건 철수하라고 요구하는 일련의 국제연합 결의안으로 이어졌다. 미국이 주도하는 연합군이 사우디아라비아에 집결하는 동안 이라크에 대한 경제 제재가 내려졌다. '사막의 폭풍' 작전은 6주(1991년 1월 16일부터 2월 28일까지) 만에 이라크의 저항을 붕괴시켰다.

1990~1991년 걸프전은 확실히 국제연합의 집단 안보 원칙을 부활시켰지만, 전쟁의 근본적인 동기와 전투 방식에 대한 많은 의구심이 남아 있었다(예를 들어 연합군은 국제연합 헌장에 명시된 국제연합군 사령부가 아닌 미국의 통제를 받았다). 조지 H. 부시George. H. Bush 대통령은 전쟁은 특정한 작은 나라에 관련된 것이 아니라 "신세계질서라는 큰 개념에 대한 것"이라고 선언했다. 이 신세계질서의 내용은 '분쟁의 평화적 해결, 침략에 대항하는 연대, 군비의 감축과 통제, 모든 사람에 대한 정당한 대우' 같은 것들이었다.

질문 1 조지 H. 부시 대통령이 쿠웨이트에서 이라크를 격퇴하고 사담 후세인을 권좌에 남겨 둔 것이 옳은 일인가?
질문 2 1990년 이후 국제 체제가 '신세계질서'를 구성했다는 부시의 견해를 평가해 보자.

요점정리

- 20세기 초반에 영국과 독일이 높은 경제적 상호 의존에도 불구하고 전쟁을 일으키면서 국제 정치 및 국제 경제 관계에서 자연적인 이익의 조화에 대한 관념이 도전을 받았다.
- 제1차 세계대전은 평화가 자연스러운 상태가 아니라, 건설되어야만 하는 것이라는 인식으로 자유주의 사고가 전환하는 계기가 되었다. 이를 위해 우드로 윌슨은 집단 안보의 행사를 통해 국제적 무정부 상태를 규제하기 위해 국제연맹의 창설을 주창했다.
- 연맹의 헌법은 또한 모든 국가의 자결을 요구했다. 그러나 이 원칙에 대한 광범위한 동의에도 불구하고 많은 실제적이고 도덕적인 문제로 인해 실행이 제한되었다.
- 계몽주의적 자유 사상과 '이상주의 시기' 사이에는 중요한 연속성이 있지만, 전간기 사상가들은 결함이 있었다. 그들은 국제 체제에서 권력의 분배와 이해관계를 간과했고(E. H. 카의 비판), 가치와 목적이 권력과 불가분의 관계에 있다는 것을 이해하지 못했다. 특히 전간기의 주요 국제주의자들은 국제연맹의 미래를 유럽 식민 열강의 국제사회 지배와 결부시켰다.
- 영미 열강의 제국주의적 충동은 1945년 이후에도 지속되었다. 사실 1989년 공산주의가 몰락한 후 국제주의자들은 국제연합이 규칙 기반 질서를 깬 국가에 대응하여 집단 안보를 강요할 수 있기를 희망했다.

표했다. "우리가 무력을 사용해야 한다면 그것은 우리가 미국이기 때문이다. 우리는 없어서는 안 될 국가다. 우리는 우뚝 서 있다. 우리는 미래를 더 내다본다." 이러한 제국주의적 충동은 미국이 소위 '테러와의 전쟁'을 벌였던 21세기의 첫 10년까지 지속되었다. 이러한 지구적인 전쟁은 미국이 권력을 행사하는 데 있어 전쟁을 금지하는 규칙들이 장애 요소로 작동하는 경우, 전쟁 금지 규칙이 전복될 것을 요구했다.

자유주의적 국제주의가 직면한 도전

자유주의 사상과 제도의 우세는 지난 2세기 동안 세계 정치에서 가장 두드러진 경향 중 하나였다. 더 나아가 냉전 체제의 종식은 자유주의가 다른 모든 정치 이데올로기를 압도한 것처럼 보이게 만들었다. 1990년대 초에, 서양 정치인들은 국제연합 안전보장이사회가 하나의 국제 제도로서, 1945년 국제연합 헌장 초안을 만들었던 사람들의 바람대로 작동할 수 있게 되었다는 점에서 '신세계질서'를 부르짖었다. 이와 같은 새로운 협력의 패턴은 1990년대 말에 영국 총리 토니 블레어Tony Blair가 제창했다. "이제 우리는 모두 국제주의자다."(Blair, 1999a)

2000년대 두 번째 10년의 관점에서 볼 때, 자유주의 국제 질서의 확신은 퇴조했고, 국제 이론과 관행으로서 자유주의는 현재 의문시되고 있다. 안보, 경제, 금융에 있어 거버넌스를 제공하기 위해 고안된 다자주의 제도들은 끊임없는 위기와 불화를 낳고 있다. 이는 자유주의자들이 가정한 것보다 협력을 얻어 내고 유지하는 것이 어렵다는 인식으로 이어졌다. 또 중동과 북아프리카에서 계속되는 폭력은, 안전과 정의로운 세계 질서를 제창한 탈냉전 자유주의 외교 정책의 불평등한 면을 드러냈으며, 세계 경제의 불평등으로 인해 계속되는 불안이 '자유주의의 10년'이라는 승리주의를 '허탈함'으로 뒤바꿨다. 이제 자유주의의 상승보다는 자유주의의 퇴조를 이야기하는 것이 더욱 일반적인 일이 되었다.

존 아이켄베리는 자유주의가 지난 세기 동안 세계 질서에 행사한 영향력을 분석한 가장 저명한 학자다. 자주 인용되는 그의 논문에서 아이켄베리는 자유주의의 영향력을 세 단계로 묘사하고, 편의상 '자유주의적 국제주의liberal internationalism 1.0', '2.0', '3.0'으로 이름 붙였다(Ikenberry, 1999). 자유주의적 국제주의 1.0은 전간기의 '이상주의 기간', 그리고 오래된 세력 균형 질서를 새로운 법치 질서로 대체하는 시도에 실패한 것에 해당한다. 1945년 이후 미국은 자유주의적 국제주의 2.0을 구축하기 시작했다. 미국은 무역과 사람, 상품, 서비스의 국경을 넘는 흐름을 관리하기 위한 다른 기관을 구축하면서 국제연합 헌장에 특정한 자유주의 기본 원칙을 내재화함으로써 이 단계를 구현했다. 1945년 이후의 국제주의자들에 따르면, 국가 행위에 대한 현실주의의 주장과는 반대로, 세계에서 가장 강력한 국가는 단기간의 이익 추구를 포기하는 대신 자신들의 유럽 동맹국들 및 아시아 동맹국들에게 이득이 되는 지속적 방안을 선택했다. 이 체제에서 미국은 다른 국가들보다 더 많은 국력을 보유하는 동시에 경제 질서와 안보 거버넌스를 설립하고 유지하는 과정에서 더 많은 부담을 감수했다.

하지만 아이켄베리는 이러한 미국 주도의 국제 질서, 즉 자유주의적 국제주의 2.0의 모델은 오늘날 위기를 겪고 있다고 주장한다. 왜 그러한가? 무엇보다도 미국의 패권은 "자유주의적 국제 질서를 지탱하는 데 더 이상 적합한 틀이 아니다."(Ikenberry, 2009: 99) 비록 미국이 충분한 국력을 갖고 있다 할지라도, 한 국가가 우세한 질서를 나머지 국가들이 더 이상 원하지 않는다는 조짐들이 있다. 이와 관련하여 **주권 평등**sovereign equality이라는 자유주의의 원칙이 위험에 처해 있다고 여겨지기도 한다. 미국과 (북대서양조약기구에 속해 있는) 그 동맹국들이 주도한 안보 정책들은 선한 행위를 조건으로 하는 주권 개념에 기초하고 있는데, 이는 테러와의 전쟁을 지지하면서 한편으로 인간의 기본권을 보장해야 한다는 식으로 이해되었다.

2011년 북대서양조약기구가 주도한 무아마르 카다피Muammar Gaddafi의 리비아와의 전쟁에 대한 논쟁이 제기되었고, 이 논쟁은 서구 리더십들이 야기한 깊은 분열을 보여 주는 사례라고 할 수 있다. 비행 금지 구역이 군사적으로 시행된 지 얼마 지나지 않아 러시아와 중국은 국제연합 안전보장이사회의 다른 세 구성원(프랑스, 영국, 미국)에 대하여 그들이 민간인 보호를 위한 권한을 정권 교체의 목적으로 변화시켰다고 주장했다. 이들의 입장이 북대서양조약기구 주도의 정책 시행에 대한 정확한 이해에 기반하고 있는지의 여부보다 중요한 것은 영향력 있는 서양 국가들과 인도, 중국, 러시아와 같이 다시 부상하는 국가들 사이에서 진행되는 갈등의 정도를 이해하는 것이라고 할 수 있다(**제5장 참고**). 재조정된 세계 질서 속에서, 개입 여부의 질문을 결정하는 권한이 어디에 있는지에 대한 의문은 해결될 필요가 있다. 보호책임 독트린(혹은 R2P)은 물질 권력 및 규범 권력 분배에서의 체제적 변화에도 불구하고 자유주의가 지속될 수 있는지의 여부를 가름하는 핵심적인 시험이 될 것이다.

21세기의 두 번째 10년을 보내면서 자유주의적 세계 질서를 유지하기에 미국은 능력이 부족하고, 서양의 제도는 정당성이 부족하다는 사실이 드러났다. 자유주의적 국제주의의 대안적 형태를 기대하기에는 가능성이 적었다. 자유주의적 국제주의 3.0은 주권 기반의 질서에서 벗어나 지구적인 기구들이 세계의 새로운 지배자로 등장하는 전환을 필요로 한다. 미래의 거버넌스 기구들은 미국의 국력에 덜 구속되면서 그럼에도 불구하고 자유주의 가치들에 의해 추동될 것이다. 아이켄베리의 딜레마는 자유주의적 국제주의 2.0이 위기 상황에 있는데 여전히

3.0은 가망 없이 비현실적인 상태라는 것이다.

자유주의가 서양과 비서양 국가 간의 그러한 불균등한 이득을 낳고 있음을 감안했을 때 현대 미국의 자유주의 학자들이 더 정당한 원리를 바탕으로 새 질서를 구성하려고 하기보다는 현 질서를 유지하는 데 혈안이 되어 있다는 사실은 놀라운 일이 아니다. 서양의 부국들은 새로운 질서를 구축하기보다는 그 힘을 현 제도의 통제권을 높이거나 시장과 중요한 자원을 보호하는 데 사용했다. 이러한 패권적 자유주의 질서는 9·11 테러에서 그랬듯이 도전을 받게 될 때 비타협적으로 반응한다. 이러한 점에서 부시 대통령이 자유주의적 국제주의의 언어로 '테러와의 전쟁'을 표현한 사실은 주목할 만하다. 그는 2003년에 일어난 이라크 전쟁을 '자유의 전쟁'이라고 했다.

자유주의적 국제주의가 제국주의를 받아들일 잠재적 가능성이 있다는 것은 오랜 역사에서 이어진 경향이다. 자유는 부의 창출을 가능하게 하며, 이는 새로운 시장을 찾고자 하는 충동을 유발할 수 있다. 이러한 새로운 시장은 제국 권력의 요구에 부응할 수 있도록 어떻게 구성될 수 있는가? 역사적으로 전문적인 군대는 유리한 무역 조건을 보장하기 위해 대규모 무역 회사들과 협력했다. 이런 점에서 1945년 이후 미국의 대외 정책은 아테네, 로마 등 전근대 시대의 팽창주의적 공화주의 국가들과 매우 흡사하다.

오늘날 자유주의자들은 19세기 유럽 식민지 시대 세력들처럼 영토 확장을 공개적으로 옹호하지는 않는다. 하지만 그와 동시에 많은 사람은 불안정한 세상에서 자유를 수호하는 하나의 방법으로 제국의 미덕을 논한다. 21세기의 첫 10년 동안, 워싱턴과 런던의 지식인들은 실패하고 부패한 국가들이 야기한 안보 문제를 관리하는 방법으로 새로운 자유 제국주의를 옹호했다. 영국 외교 정책계의 영향력 있는 목소리인 로버트 쿠퍼Robert Cooper는 자유주의의 시행에 대한 요구가 그 어느 때보다 많았던 순간에 제국 통치가 사상 최저 수준으로 이루어진 것에 대해 공개적으로 유감을 표명했다. 이와 같은 입장을

가진 영향력 있는 캐나다 지식인 마이클 이그나티에프 Michael Ignatieff는 '제국'만이 많은 이전의 식민지 국가에서 일어나는 혼란과 재앙을 관리할 수 있다고 주장했다.

자유주의적 국제주의를 옹호하는 주류 학자와 비평가 모두 자유주의 질서의 제도와 목적을 유지하기 위해 더 이상 주권국가에 의존할 수 없다는 데 동의한다는 점이 중요하다. 아이켄베리는 국가가 지구 거버넌스 제도에 주권을 양도하기를 기대하는 것이 '비현실적'이라고 생각하지만, 자유주의적 국제주의를 비판하는 사람들은 후기post 주권국가 세계에 대한 그러한 이야기가 부당하다고 주장한다. 마자워Mazower(2012: 7)가 주장하는 바와 같이, 전 세계적으로 서양의 군사 개입 규모는 '일부 국가가 다른 국가보다 더 주권적인 계층적 세계에서 다시 한번 자기 자신을 발견하는 정도'다.

> **요점정리**
>
> - 1945년 이후 자유주의 질서의 특징이었던 국제주의 원칙이 위기에 처해 있다는 견해가 있다.
> - 다음과 같은 주장이 이러한 견해를 뒷받침한다. 미국의 상대적인 힘이 약화하고 있고, 따라서 세계적 위험을 처리하는 능력도 감소하고 있다. 신흥 강대국들은 더 많은 권위를 원한다. 유럽이 국제주의적 규칙과 가치를 강화할 수 있는 두 번째 초강대국으로 부상할 수 있다는 희망은 잘못된 것으로 판명되었다. 그리고 국제주의적 근거에 대한 개입이 국제연합 안전보장이사회 또는 국제연합 회원국 대다수의 지지를 받지 못하는 국가 주권의 형태로 복귀한다는 광범위한 증거가 있다.
> - 아이켄베리가 옳고 자유주의적 국제주의가 쇠퇴하고 있다면, 무엇이 그것을 대체할지는 명확하지 않다. 국제연합 체제와 관련된 자유주의 질서가 무너지면 역사는 반복될 것이다. 20세기 전반기에 강대국의 경쟁은 주요 강대국 전쟁으로 이어졌고, 국제연맹은 이 전쟁을 막을 수 없었다. 자유주의적 국제주의 2.0이 다시 활성화되면 지구적 제도들은 고유한 자유주의의 성격을 잃지 않고 신흥 강대국의 도전에 적응할 것이다.
> - 국가와 지구적 제도들이 자유주의적 평화를 실현할 수 없음을 안타까워하는 사람들과 함께 위계질서의 구조적 패턴이 지속되는 방식을 지적하는 보다 비판적인 목소리들이 존재한다. 이러한 패턴은 안보 및 개발 원칙과 정책에 의해 활발하게 재생산된다. 그 결과, 자유주의적 국제 질서는 체제에서 가장 강력한 국가들에게 편리하고 유리한 상태로 유지된다.

맺음말 : 불완전하지만 필수 불가결한 국제주의

자유주의자들이 환영하면서 맞아들였던 1989년의 냉전의 종식이 가져온 행복감은 사라져 버렸다. 우리가 21세기 초에 목도한 갈등과 불안의 형태는 자유민주주의가 아직 완전한 프로젝트가 아님을 보여 준다. 최악의 경우, 국제주의는 세계를 통치하기 위한 새로운 계획이 제국 시대에 확립된 지배와 의존의 패턴을 재생산하는 제국주의적 충동으로 계속 스며들고 있다. 글렌다 슬러가Glenda Sluga(2013: 45)의 주장처럼 '국제주의의 역사'는 "항상 망각을 수반한다."

자유주의적 국제주의의 위기의식에 대한 한 가지 반응은 보다 더 자유주의적인 것이다. 이는 대영제국 통치가 정점에 있는 시기에도 자유주의는 제국을 정당화했을 뿐만 아니라 "제국에 대한 신랄한 비판을 시작"할 수 있는 자원을 제공했다는 사실을 잊지 말라는 의미(Bell, 2016: 371). 취약한 사람들이 경험하는 지속적인 피해와 잔혹 행위, 즉 보편적인 권리와 책임의 언어를 통해서만 이의를 제기할 수 있는 피해에 대해 날카로운 비판이 필요하다.

19세기의 위대한 개혁가들과 두 번의 세계대전 사이의 '이상주의적 시기'의 사상가들에 이어, 오늘날의 국제주의자들도 활동가가 되어야 한다. 그들은 국제기구가 더 효과적으로 작동할 것을 요구해야 하고, 결정이 민주적으로 이루어질 때 더 낫다고 주장해야 한다. 또한 그들은 좋은 거버넌스는 투명성과 공정성을 요구하며, 책임이 진지하게 고려되지 않는 한 권리는 무의미하고, 경제적이고 사회적인 정의는 세계적인 규모의 평화로운 변화에 매우 중요하다는 것을 주장해야 한다.

토론주제

1. 국제 정세가 자유주의에 '적대적'이라는 스탠리 호프만의 말에 동의하는가?

2. 이 제안을 지지하거나 반박하기 위해 어떤 주장을 할 수 있는가?

3. 전간기에 자유주의적 이상주의자들이 사용했던 국제 도덕의 언어가 제1차 세계대전 이후 국제 체제의 지배를 유지하는 데 있어 영국과 프랑스의 이익을 은폐하는 편리한 방법이었다는 카^{Carr}의 주장은 옳았는가?

4. 자유주의적 국제주의자들은 그들의 가치를 대외적으로 추구해야 하는가? 이 목표를 달성하는 데 무력이 합법적인 수단인가?

5. 민주주의 체제의 우세는 자유주의 제도와 가치의 우월성으로 설명되는가?

6. 자유주의적 국제주의가 국제 관계에 대한 국가 중심적 관점에 지나치게 얽매여 있는가?

7. 보호책임 독트린^{R2P}은 세계 질서에서 권리와 책임에 대해 무엇을 시사하는가?

8. 자유주의적 국제주의 전통에서 제국주의적 충동은 무엇을 설명하는가?

9. 아이켄베리와 소렌슨이 주장하는 것처럼 오늘날 자유주의 질서가 위기에 처해 있는가?

10. 신흥 강대국이 자유주의적 국제 질서를 위협하는가?

이 장의 객관식 문제를 풀어 보면서 학습 내용을 잘 숙지하고 이해했는지 평가해 보자.

• www.oup.com/he/baylis3xe

Marxist theories of
international relations

개요

이 장에서는 국제 관계 연구에 대한 마르크스주의의 공헌을 개괄적으로 소개하고 평가하겠다. 마르크스주의 접근법의 핵심적인 공통점을 파악함으로써 마르크스 사상이 레닌에 의해 어떻게 국제화되고, 이후 저술가들에 의해 어떻게 세계 체제라는 틀로 개념화되었는지를 논의하겠다. 그 이후 프랑크푸르트학파 Frankfurt School 의 비판 이론과 그람시 Gramsci 와 그의 다양한 추종자가 마르크스 분석에 문화 분석을 어떻게 도입했는지 살펴보고, 최근 새로운 (또는 정통) 마르크스주의자들이 어떻게 마르크스의 원저작을 조금 더 깊이 있게 다시 활용하는지 알아보겠다. 지구화에 대한 분석은 마르크스주의 이론을 고려하지 않고서는 제대로 이루어질 수 없다는 점이 이 장에서 밝혀질 것이다. 실제로 마르크스 Marx 는 지구화를 논한 최초의 이론가로 묘사되며, 마르크스주의의 시각에서 볼 때 지구화의 증거로서 흔히 지적되는 특징들은 결코 새롭지 않고 자본주의의 발전이라는 장기적인 경향의 근대적 발현이다.

CHAPTER

08

마르크스주의
국제관계이론

스티븐 홉든Stephen Hobden · 리처드 윈 존스Richard Wyn Jones
김상배 옮김

핵심 질문

- '계급' 분석은 '국가' 분석만큼 우리가 세계 정치를 이해하는 데 중요한가?
- 지구화는 새로운 현상인가, 아니면 자본주의 발전의 오랜 특징인가?
- '위기'는 자본주의의 피할 수 없는 특징인가? 만약 그렇다면 이는 자본주의 자체가 파괴의 씨앗을 품고 있다는 뜻인가?

머리말

1980년대 후반 공산주의의 패배와 세계적인 '자유 시장 자본주의capitalism'의 승리로 냉전cold war이 종식되자, 카를 마르크스Karl Marx와 그의 수많은 제자의 사상은 역사의 뒤안길로 사라졌다고 가정하는 것이 보편화되었다. 공산당이 중국, 베트남, 쿠바에서 권력power을 잡고 있었지만, 더 이상 지구 자본주의 체제의 패권hegemony에 위협이 되지는 않았다. 오히려 이 공산당들이 권력을 유지하기 위해 자본주의에 적응하도록 강요받은 방식은 시장에 관한 한, 저항이 헛된 것이라는 점을 강조하는 데 일조했다. 미래는 자유주의와 자본주의의 것이었다. 마르크스주의는 막다른 골목에 이르렀다.

한 세대가 지난 후, 상황은 매우 다르게 보인다. 필멸의 적이 완전히 패배한 것처럼 보였지만 자본주의의 문제는 지속되었다. 자본주의를 특징짓는 정기적으로 찾아오는 위기들이 계속해서 대혼란을 일으키고 있을 뿐만 아니라 인류와 자연 세계의 관계에서 오는 위기가 갈수록 심화하면서 현재의 생산 및 소비 패턴의 지속 가능성에 대한 근본적인 우려가 제기된다. 또한 대규모 글로벌 기업은 이미 만족한 소비자들이 실제로 필요하지 않은 것을 추가로 구매하도록 설득하려고 노력한다. 이러한 교묘한 노력의 일환으로 기업들은 개인의 사적인 습관과 행동에 대한 정보를 수집하는데, 이러한 세계의 윤리에 대한 우려가 증가하고 있다. 이것은 수억 명이 가장 기본적인 필요조차도 충족하지 못한 상태로 남아 있을 때 발생하고 있는 일이다([사례연구 8-1] 참조).

그뿐만 아니라 자본주의에 대한 저항이 계속되고 있으며 심지어 새로운 형태를 띠고 있다. 많은 국가에서 전통적인 중도 좌파 정당은 자본주의 체제에 반대하여 급진화되었거나(예를 들어 제러미 코빈Jeremy Corbyn 휘하의 영국 노동당) 더 새로운 급진 정당에 의해 부분적으로 또는 전체적으로 대체되었다(예를 들어 그리스). 그리고 많은 중도 좌파 정당들은 녹색 자격 증명을 강조한다. 새로운 사회 운동은 매우 규칙적으로 등장한다. 그러는 동안 셀 수 없이 많은 사람이 일상의 무자비한 낭비와 상품화에 맞서기 위해 자신의 행동을 바꾸려고 시도한다.

이러한 배경 속에서 마르크스주의는 다시 언급할 만한 가치가 있는 지적 세력으로 돌아왔다. 이것은 마르크스의 시대와 우리 시대 사이에 묘한 유사점 — 두 시대 모두 거대한 기술적, 사회경제적, 정치적 혼란과 변혁의 시대다(마르크스의 삶과 시대에 대해서는 Liedman, 2018 참조) — 이 있기 때문만은 아니다. 보다 근본적으로, 자본주의의 비범한 역동성과 내재적 모순에 대한 마르크스의 엄정한 탐구를 능가할 만한 것은 없다. 그것의 가장 큰 장점은 세계적인 단위에서부터 가장 개인적이고 지역적인 단위에 이르기까지 명백히 다른 수많은 위기와 저항의 사례가 서로 연결되어 있음을 알게 해 준다는 것이다. 따라서 마르크스와 마르크스주의는 무엇이 우리를 괴롭히는지에 대한 진단으로서 진보적 사회 변화를 보장하는 처방을 제공하지 못하더라도, 그 목표를 위해 계속 노력하는 사람들에게는 여전히 필수적인 도구다.

현실주의realism나 자유주의liberalism와 비교해 볼 때 (제6장, 제7장 참조) 마르크스주의 사상은 국제 관계에 대해 다소 친숙하지 않은 시각을 제시한다. 현실주의나 자유주의는 신문이나 잡지의 외신란에 실린 기사들을 반영하는 방식으로 세계 정치를 그려 내지만, 마르크스주의 이론은 그보다 더 심층적이고 근본적인(정말로 숨어 있는) 진실을 파헤치고자 한다. 전쟁, 조약, 국제 원조 사업 같은 세계 정치의 사건들은 모두 그러한 사건들에 지대한 영향을 미치는 구조 안에서 발생한다. 그것은 바로 지구 자본주의 체제의 구조다. 세계 정치를 이해하기 위한 모든 시도는 지구 자본주의 안에서 작동하는 과정에 대한 폭넓은 이해를 바탕으로 해야만 한다.

마르크스주의 이론은 세계 정치에 대한 다소 친숙하지 않은 시각을 제시하는 것과 더불어, 지구 자본주의의

낙살라이트 단체의 지지자, 인민 전쟁
© PRAKASH SINGH / AFP / Getty Images

인도는 세계에서 가장 빠르게 성장하는 경제 중 하나이며 브릭스의 회원국이다. 그러나 동시에 인도는 마르크스주의 사상의 강한 영향을 받은, 세계에서 가장 오래 지속된 농민 반란의 현장이기도 하다. '낙살라이트Naxalite'라는 용어는 서부 벵골의 낙살바리 마을에서 유래했다. 1967년에 농민 봉기가 발생하여 지주들을 공격하고, 토지를 점유하고, 기록을 소각하고, 오래된 부채를 탕감했다. 이 봉기는 인도 전역의 혁명가들, 특히 도시 지역의 학생들에게 영감의 원천이었다. 그 이후 낙살라이트라는 용어는 마르크스로부터, 특히 마오쩌둥과 중국 공산당으로부터 영감을 얻어 주로 인도 시골에서 활동하는 다양한 단체를 설명하는 데 사용되었다.

이념적으로 낙살라이트 반란은 인도 공산당의 분열로 거슬러 올라갈 수 있다. 1964년에 인도 공산당(마르크스주의)은 마오쩌둥이 주창한 일종의 장기간의 '인민 전쟁' 전선에서 단호하게 헌신하는 보다 급진적인 조직으로서 기존의 인도 공산당에서 등장했다. 이들은 마르크스주의 선동의 고전적인 주제인 도시 프롤레타리아보다는 주로 시골 소작농에 기반을 둔 혁명 투쟁을 전개했다. 낙살라이트가 성장하고 활동을 강화하는 시기에, 반란은 몇 차례의 단계와 주기를 거쳤다. 인도 보안군은 가혹하고 변하지 않는 잔인한 탄압을 이어 갔다.

낙살라이트는 인도를 반식민지 및 반봉건적 국가로 보고 있다. 인도 동부의 일부 주를 가로지르는 소위 '붉은 회랑'의 일부에서는 지주들이 쫓겨나고, 인민 법원이 만들어지고, 농촌 빈민들에게 권한을 부여하고 동원하기 위한 프로그램들이 시작되는 그들만의 '해방 지역'을 설립하려고 노력해 왔다. 이러한 프로그램에는 지주, 부유한 농민, 공무원, 의심되는 정보원을 포함한 소위 '계급의 적'에 대한 잔인한 숙청이 수반되었다.

2004년 두 개의 주요 혁명 단체가 연합하여 (새로운) 인도 공산당(마오쩌둥주의를 지지하는 정당)을 창설했다. 당의 성명은 당의 목표에 대해 "장기 인민 전쟁을 통해 제국주의, 봉건주의, 관료 자본주의를 타도함으로써 인도에서 신민주주의 혁명을 달성한다."라고 기술했다. 그러나 2006년 당시 인도 총리 만모한 싱Manmohan Singh이 낙살리즘을 "자국에 대한 가장 큰 내부 안보 위협"이라고 묘사한 이후 낙살라이트의 활동 영역은 크게 줄어든 것으로 보인다. 그러나 낙살라이트들이 과거에 다시 나타나기 위해 밀려났다는 점을 감안할 때, 특히 이전에 가장 활동적이었던 많은 지역에서 절망적인 수준의 박탈이 이루어지고 카스트 제도에서 오는 차별이 지속되고 있는 상황을 고려한다면 어떤 좌절도 일시적인 것으로 보인다.

질문 1 낙살라이트 운동이란 무엇이며 왜 생겨났는가?
질문 2 낙살라이트 분석은 전통적인 마르크스주의적 접근과 어떻게 다른가?

효과가 힘없고 가난한 자들을 희생시키면서 강하고 부유한 자들이 번영하도록 보장하는 것이라고 주장하기 때문에 혼란을 야기한다. 우리 모두는 세계에 심각한 불평등이 있으며 빈부 격차가 점점 더 빠른 속도로 확산되고 있음을 알고 있다(Oxfam, 2018). **빈곤**poverty으로 인한 인적 비용에 관한 통계는 망연자실해질 만큼 끔찍하다(지구적 빈곤은 **제21장**에서 더 자세히 논의된다). 마르크스주의자들은 소수의 상대적인 번성은 다수의 빈곤에 의존하고 있다고 주장한다. 마르크스 자신의 용어를 빌리자면 "한쪽 극에서의 부의 축적은 곧 다른 쪽 극에서의 불행, 고통의 번뇌, 속박, 무지, 야만성의 축적을 의미한다"라는 진술이 가능하다.

다음 절에서는 마르크스주의 접근(또는 흔히 알려진 바대로 역사적 유물론)의 주요 특징들을 개괄해 보겠다. 이어서 다음 절들에서는 세계 정치에 대한 마르크스주의 사고의 현대적인 주요 흐름을 검토해 보겠다. 그렇지만 세계 정치에 대한 마르크스주의 사고의 풍부함과 다양성에 비하면 이제 제시될 설명은 불가피하게 부분적이고 어느 정도 자의적일 수밖에 없다. 다음 절들의 목적은 독자들이 마르크스와 마르크스주의자들의 저작을 조금 더 탐구하도록 독려할 일종의 지도를 제공하는 데 있다.

마르크스주의 세계정치론의 핵심 요소들

1864년에 런던에서 행해졌던 국제노동자협회의 개회 연설에서 마르크스는 청중들에게 "역사는 노동 계급에게 국제 정치의 미스터리를 깨우칠 의무를 가르쳤다."라고 말했다. 그렇지만 마르크스 자신이 국제 문제에 대해서 풍부하게 저술했는데도(K. Anderson, 2010 참조), 이러한 저술들은 신문 기사의 성격에 더 가까웠다. 그는 자본주의의 지평을 그리는 이론 작업에 국제적 차원을 통합시키지 않았다. 이러한 '생략'은 아마도 놀라운 일이 아닐 것이다. 마르크스가 관여했던 이론 작업의 규모뿐만 아니라 그의 방법론의 본질은 불가피하게 그의 작업이 불확정적이고 미완이라는 사실을 의미한다.

마르크스는 많은 글을 저술했고, 그의 생각은 시간이 지나면서 발전되고 변화되었다. 따라서 그의 지적 유산이 많은 해석의 여지를 갖는다는 사실은 놀랄 일이 아니다. 게다가 실제 세계의 발전에 따라 경험에 의거해 마르크스의 사상이 수정되기도 했다. 그리하여 마르크스에게서 직접적인 영감을 얻거나 자신들의 저작이 마르크스의 지적 유산에 연결될 수 있는 많은 다양한 학파가 등장했다. 그러나 이 접근법들이 어떻게 구별되는지에 대한 논의에 앞서서 이 접근법들 사이에 존재하는 공통점의 핵심 요소들을 검토하는 것이 중요하다.

첫째, 이 장에서 언급된 모든 이론가는 사회 세계social world가 총체적으로 분석되어야만 한다는 마르크스의 시각을 공유한다. 사회 세계를 각기 다른 학문 영역(역사, 철학, 경제학, 정치학, 사회학, 국제 관계 등)으로 구분하여 연구하는 것은 자의적이며 별 소용이 없다. 다른 분야에 대한 지식 없이 이해될 수 있는 분야란 있을 수 없으며, 사회 세계는 완전한 하나로서 연구되어야 한다. 사회 세계의 규모와 복잡성을 고려할 때 이러한 권고를 이행하기 위해서는 분석가에게 많은 것이 요구된다. 그럼에도 불구하고 마르크스주의 이론가들에 따르면 세계 정치의 동태를 적절하게 이해하기 위해서는 현대 사회과학을 특징짓는 경계를 넘어서는 것은 당연한 일이다.

이러한 상호 연계와 맥락에 대한 관심을 강조하는 마르크스 사상의 또 다른 핵심 요소는 역사의 유물론적 이해다. 여기서 주된 주장은 역사 변화 과정은 궁극적으로 사회의 경제 발전의 반영이라는 점이다. 다시 말해 경제 발전은 역사의 실질적인 원동력이다. 마르크스가 밝혀낸 주요 동학은 특정 사회의 경제적 토대를 이루는 **생산 수단**means of production과 **생산 관계**relations of production 사이의 긴장이다. 예를 들어 기술 진보를 통해 생산 수단이 발전함에 따라 기존의 생산 관계는 시대착오적인 것이 되며, 실제로 새로운 생산 능력의 가장 효과적인 활용을 제약하는 족쇄가 된다. 이는 또한 생산 관계가 새로운 생산 수단을 더욱 잘 수용하기 위해 변형되는 사회 변화 과정으로 연결된다. 경제적 토대의 발전은 사회 전체의 광범위한 변화에 촉매제가 된다. 마르크스가 『정치경제학 비판Contribution to the Critique of Political Economy』 서문에서 주장했듯이 이는 "물질 생활의 생산 양식이 사회적, 정치적, 지적 생활 과정 일반을 조건 짓기 때문이다."(Marx, 1970[1859]: 20~21) 따라서 특

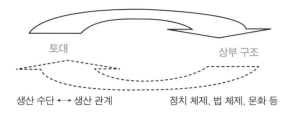

토대   상부 구조

생산 수단 ↔ 생산 관계   정치 체제, 법 체제, 문화 등

<u>그림 8-1</u> **토대-상부 구조 모델**

정 사회의 법적, 정치적, 문화적 **제도**institutions와 관행들은 경제에서의 권력과 통제의 패턴을 (다소 중재된 형태로) 반영하고 강화한다. 그러므로 논리적으로 경제적 토대의 변화는 궁극적으로 '법적·정치적 상부 구조'의 변화로 이어진다(토대-상부 구조 모형base-superstructure model의 도식화는 [그림 8-1] 참조). 토대와 상부 구조 간의 관계는 마르크스주의와 마르크스주의적 접근에 대한 비판자들의 주요 논의 영역 중 하나다.

계급class은 마르크스주의 분석에서 중요한 역할을 한다. 다양한 사회 집단 사이의 이익은 본질적으로 조화를 이룬다고 믿는 자유주의자와는 대조적으로 마르크스주의자들은 사회가 체계적으로 계급 갈등의 성향을 가진다고 주장한다. 마르크스주의자인 프리드리히 엥겔스Friedrich Engels는 마르크스와 공동 집필한 『공산당 선언Communist Manifesto』에서 "여태까지 존재한 사회의 역사는 계급 투쟁의 역사다."라고 주장했다(Marx and Engels, 1967). 자본주의 사회에서 주된 갈등의 축은 부르주아지(자본가)와 프롤레타리아트(노동자)이다.

마르크스는 엄밀한 학문적 연구에만 몰두했지만, 분석가가 자본과 노동 사이의 거대한 충돌에 대해서 소외되거나 중립적인 관찰자로서만 남아 있는 것은 가능하지도 않고 바람직하지도 않다고 생각했다. "철학자는 세계를 다양한 방법으로 해석해 왔을 뿐이다. 그렇지만 중요한 것은 세계를 변화시키는 것이다."라고 마르크스는 주장했다. 그는 **해방**emancipation이라는 대의명분에 관여했다. 그는 단순히 자본주의 그 자체를 위해서 자본주의 사회

의 동학에 대한 이해를 개발하는 데는 관심이 없었다. 오히려 그는 이러한 이해가 기존의 질서를 타파하는 행위를 용이하게 만들고, 사회주의 사회(임금 노동과 사적 재산이 폐지되고 사회관계가 변형되는 사회)가 자본주의를 대체하기를 기대했다.

이 절에서 간략하게 언급된 마르크스 사상의 본질적인 요소들이 근본적으로 반박되기도 한다는 사실을 강조하는 것은 중요하다. 마르크스의 저작에서 영향을 받은 현대 이론가들 사이에서조차 이에 대한 많은 논쟁과 이견이 있다. 마르크스 사상과 개념이 어떻게 해석되어야 하며, 그것이 실제 어떻게 작동해야 하는지에 관해 이견이 존재한다. 분석가들은 마르크스 사상의 어떤 부분이 가장 적실성이 있는지, 어떤 부분이 오류로 판명되었는지, 어떤 부분이 시대에 뒤떨어졌다고 간주되어야 하며 과감하게 개편되어야 하는지에 대해서 견해를 달리한다. 더군다나 마르크스 사상의 유산에 대한 태도에서 이들은 실질적으로 차이가 있다. 예를 들어 새로운 마르크스주의자들은 비판 이론가들보다도 더 직접적으로 마르크스의 원래 저작에서 자본주의와 사회 발전에 대한 논의를 시작한다.

> **요점정리**
>
> - 마르크스 자신은 국제 관계를 이론 차원에서 거의 분석하지 않았다.
> - 마르크스의 사상은 다수의 상충하는 방식으로 해석되고 활용되어 마르크스주의 안에 별개의 학파를 낳았다.
> - 이러한 상이한 학파들은 마르크스의 저작으로 거슬러 올라갈 수 있는 몇 가지 공통된 요소를 지니고 있다. 즉 사회 세계를 하나의 총체로 분석하는 것, 역사에 대한 유물론적 태도, 계급과 계급 투쟁의 강조다.
> - 마르크스와 마르크스주의자들에게 학문은 중립적인 활동이 아니다. 학문의 궁극적인 목적은 인간의 해방 과정을 돕는 데 있다.

국제화된 마르크스: 제국주의부터 세계체제론까지

비록 마르크스가 자본주의의 국제적이고 팽창적인 특성을 명확히 인지하고 있었다 하더라도 우리가 이미 알고 있듯이 그의 주요 저작인 『자본론Capital』은 19세기 영국 자본주의의 발전과 특징에 주안점을 두고 있다. 20세기 초에 많은 저술가는 자본주의의 초국경적 성격, 특히 **제국주의**Imperialism의 함의를 다루는 발전적인 분석을 내놓았다(Brewer, 1990 참조). 로자 룩셈부르크Rosa Luxemburg는 이러한 논쟁의 주요 공헌자다. 그녀는 1913년 저서 『자본의 축적The Accumulation of Capital』에서 마르크스가 자본주의를 폐쇄된 시스템으로 분석함으로써 식민지의 중심 역할을 간과했다고 주장했다(Luxemburg, 2003[1913]). 룩셈부르크는 자본주의가 생존을 위해 비자본주의적 영역으로 지속적으로 확장될 필요가 있다고 주장했다. 1917년 출판된 레닌의 소책자, 『제국주의, 자본주의의 최고 단계Imperialism, the Highest Stage of Capitalism』도 비슷한 주장을 했다. 레닌은 마르크스의 기본 논지들을 수용했으나 자본주의의 성격은 마르크스가 1867년에 『자본론』 1권(Marx, 1992[1867])을 출판한 이래로 다소 변화되었다고 주장했다. 자본주의는 독점자본주의의 발전과 함께 새로운(실제로 가장 고도의 그리고 최후의) 단계에 접어들었다. 독점자본주의 아래 세계 경제 안에서 미발전된 주변을 착취하는 지배적인 중심이 존재하는 이층 구조가 나타났다. 중심과 주변이 나타남에 따라, 마르크스가 상정한 모든 노동자 사이에 자동으로 형성되는 **이익의 조화**harmony of interests는 더 이상 없었다. 중심 국가의 부르주아지는 중심부 프롤레타리아트들의 처지를 개선하기 위해 주변에 대한 착취에서 발생한 이윤을 이용할 수 있었다. 다시 말해 중심의 자본가들은 주변에 대한 착취를 통해 중심부의 노동 계급을 잠재울 수 있었다.

레닌의 견해는 라틴아메리카 종속학파Latin American Dependency School에 의해 채택되었으며, 그 지지자들은 핵심과 주변의 개념을 더 깊이 발전시켰다. 그 가운데서 도 라울 프레비시Raúl Prebisch(1949)는 주변부 국가는 자신이 이름 붙인 '**교역 조건**terms of trade 악화'의 결과로 고통받는다고 주장했다. 그는 공산품 가격이 원자재 가격보다 더 빨리 오른다는 것을 지적했다. 예를 들어 해가 갈수록 냉장고 한 대를 사기 위해 더 많은 톤의 커피가 요구된다. 생필품에 대한 의존의 결과로 주변 국가들은 중심 국가들에 비해 더욱더 가난해진다. 안드레 군더 프랑크André Gunder Frank(1967)와 페르난두 엔히키 카르도주Fernando Henrique Cardoso(1995년부터 2003년까지 브라질 대통령) 같은 종속 이론가들은 이 논의를 발전시켜 덜 발전된 국가들의 발전이 (더 발전된 자본주의 사회에) 어떻게 직접적으로 좌우되는지를 보여 주었다. 현대 세계체제론은 이러한 종속 이론가들이 발전시킨 분석 틀로부터 등장했던 것이다.

세계체제론은 이매뉴얼 월러스타인Immanuel Wallerstein이 쓴 저작과 상당히 연관되어 있다. 월러스타인은 세계 역사를 일련의 세계 체제들의 흥망과 성쇠로 바라보았다. 근대 세계 체제는 16세기로 접어들 무렵 유럽에서 발생했다. 이후 근대 세계 체제가 확장되어 지구의 모든 지역이 그 체제 안에 밀접히 관련되는 현재의 상황에 이르렀다. 이러한 팽창과 통합의 무차별적 과정 뒤에 존재하는 동력은 자본주의인데, 이는 "개인 또는 집단 소유권을 바탕으로 이윤과 이윤의 전유를 위해 시장에서 판매하기 위한 생산 체제"로서 정의된다(Wallerstein, 1979: 66). 이러한 체제의 맥락 안에서 모든 사회적 세계의 제도들이 계속 재창출된다. 그런데 중요한 점은 이 제도들이 체제 안에서 변화하는 유일한 요소들은 아니라는 점이다. 체제 자체가 역사적 흐름에 속박되어 있다. 세계 체제는 시작과 전개가 있으며, 이는 끝내 종말에 이를 것이다.

월러스타인은 중심-주변부 구분 말고 근대 세계 체제의 지리적 관점에서 중간적인 반주변부를 추가했다. 반주변부는 중심과 주변의 특징을 모두 보이는 지역이다. 반주변부는 한편으로는 중심의 경제적 이익에 따라 지

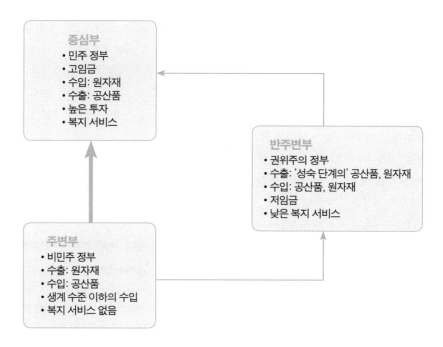

중심부
• 민주 정부
• 고임금
• 수입: 원자재
• 수출: 공산품
• 높은 투자
• 복지 서비스

반주변부
• 권위주의 정부
• 수출: '성숙 단계의' 공산품, 원자재
• 수입: 공산품, 원자재
• 저임금
• 낮은 복지 서비스

주변부
• 비민주 정부
• 수출: 원자재
• 수입: 공산품
• 생계 수준 이하의 수입
• 복지 서비스 없음

그림 8-2 세계 경제의 상호 관계

배되더라도, 다른 한편으로는 상대적으로 활동적인 자체 산업 기반을 갖는다([그림 8-2] 참조). 이러한 혼성적 성격 때문에 반주변부는 근대 세계 체제 안에서 경제·정치적으로 중요한 역할을 수행한다. 특히 반주변부는 중심에서의 임금 상승에 대한 압력을 상쇄하는 노동의 원천을 제공하며, 중심에서는 더 이상 이윤을 창출할 수 없는 산업들(예를 들어 자동차 조립과 섬유)에 새로운 기지를 제공한다. 반주변부는 세계 체제의 정치 구조를 안정화하는 결정적인 역할을 수행하기도 한다.

세계 체제 이론가들에 따르면, 이러한 세계 경제의 세 가지 지역은 부wealth가 주변에서 중심으로 빠져나가는 착취 관계 안에 함께 연결되어 있다. 그 결과로서 이러한 지역들의 상대적인 위치는 더욱 깊이 묶여 있게 된다. 부자는 더욱 부자가 되고, 가난한 사람은 더욱 가난해지는 것이다.

중심, 주변부, 반주변부는 모두 세계 경제의 지리적 차원을 구성한다. 그렇지만 개별적으로 서술한다면 이것들은 세계 체제의 정적인 묘사만을 제공할 뿐이다. 월러스타인 분석의 주요한 요소는 세계 체제들이 변별적인 수명 주기(시작, 중간, 끝)를 어떻게 갖는지를 보여 주는 것이다. 이런 의미에서 자본주의 세계 체제는 그 이전의 다른 체제들과 전혀 다르지 않다. 논쟁적이게도 냉전의 종식은 자유주의가 승리를 거둔 결과라기보다는 오히려 현재 체제가 '끝' 단계에 들어섰음을 보여 준다고 월러스타인은 주장한다. 이 위기의 시기는 다른 체제로 교체될 때가 되어서만 끝나게 된다(Wallerstein, 1995). 월러스타인이 주장한 바에 따르면, 그러한 위기의 시기는 기회의 시대이기도 하다. 위기의 시대에 행위자들은 대체될 구조의 성격을 결정할 더 많은 자율성을 갖게 된다. 월러스타인이 최근에 쓴 저작 가운데 많은 수가 현 세계 체제보다 훨씬 더 공평하고 공정한 새로운 세계 체제를 증진하기 위한 정치적 프로그램을 개발하려는 시도에 집중되어 있다(Wallerstein, 1998/1999/2006; Wallerstein et al., 2013). 이러한 시각에서 볼 때 **지구화**globalization에 초점을 맞추는 일은 현시대에 진정으로 새로운 것을 무시하는 일이 된다. 실제로 월러스타인에게 현재의 지구화 담론은 '현실에 대한 거대한 오독'을 의미한다(Wallerstein, 2003: 45). 지구화로 말미암아 촉발된 현상은 16세기에 **유럽**Europe에서 출현하여 전 지구를 통합한 세계 체제의 발현이다. 세계 체계는 현재 종말을 고하고 있다.

페미니스트 마르크스주의자들 역시 국제 자본주의 체제 형성을 이론화하는 데 의미 있는 역할을 했다. 엥겔스가 1884년에 쓴 저작『가족, 사유재산, 국가의 기원』*The Origin of the Family, Private Property, and the State*』에서 영감을 받은 페미니스트들의 주요 관심은 직장에서, 그리고 자본주의의 재생산에 필요한 가내 노동력 제공자로서 여성들의 역할에 관한 것이었다. 예를 들어 미즈M. Mies(1998[1986])는 여성들이 자본주의 관계를 유지하는 데 핵심 역할을 한다고 주장했다. 그는 자본주의 관계에는 **노동의 성적 분업**sexual(gendered) division of labour이 있다고 보았다. 첫째, 선진 사회에서는 주부로서의 여성은 노동의 대가를 받지 않지만 노동력을 유지하고 재생산하는 필수적인 역할을 한다. 둘째, 여성은 발전도상국에서는 값싼 노동력의 일원이 된다. 여성이 '최후의 식민지'(Mies et al., 1988)라는 미즈의 말은 국제 자본주의에서 식민지들의 역할에 대한 로자 룩셈부르크의 주장에 그 기원을 두고 있다(Luxemburg, 2003[1913]).

9·11 테러와 조지 W. 부시 행정부의 후속 대응으로 제국주의에 대한 질문이 정치적, 학문적 의제로 되돌아왔다. 많은 학자는 미국을 중심으로 새로운 제국을 건설할 것을 요구했는데, 이는 19세기에 영국이 했던 안정적이고 긍정적인 역할을 재현한 것으로 볼 수 있다(Ferguson, 2003). 마르크스주의의 영향을 받은 많은 학자는 9·11 이후 제국과 미국의 외교 정책에 대해 비판적 관점을 취했다(예를 들어 Harvey, 2003).

요점정리

- 마르크스주의 이론가들은 지속적으로 국제 자본주의의 지구적 면모들에 대한 분석을 발전시켜 왔다. 마르크스는 이 면모를 인정했지만『자본론』에서는 발전시키지 않았다.
- 세계체제론은 레닌의 제국주의론과 라틴아메리카의 종속 이론의 직접적인 발전이라고 볼 수 있다.
- 세계체제론자들에 따르면, 세계 경제의 세 가지 지역인 중심부, 주변부, 반주변부는 부를 주변부에서 중심부로 착취하는 관계망 속에 놓여 있다.
- 페미니스트들은 여성들만의 특수한 역할에 집중하면서 국제 자본주의 분석에 일조했다.

그람시주의

안토니오 그람시: 패권의 중요성

이 절에서는 이탈리아의 마르크스주의자인 안토니오 그람시Antonio Gramsci(1891~1937)의 연구에 등장한 마르크스주의 이론의 흐름에 대해 논의하겠다. 그람시의 연구는 신그람시주의 또는 '이탈리아' 학파가 주도하고 있는 국제 정치·경제 연구에서 특히 영향력을 떨치고 있다. 여기서는 그람시의 유산과 그것을 국제관계론 분야에 소개한

현대 이론가인 로버트 콕스Robert W. Cox의 연구에 대해 논의하겠다.

안토니오 그람시는 사르데냐 출신이며, 이탈리아 공산당의 창립자들 가운데 한 사람이다. 그는 1926년에 정치범으로 투옥된 뒤 여생을 감옥에서 보냈다. 그는 20세기의 가장 독창적인 마르크스주의 사상가로 여겨지지만, 통합된 형태의 이론적 논문은 하나도 남기지 않았다. 오히려 그의 지적 유산은 그가 쓴 유명한 저작인『옥중 수

고*Prison Notebooks*』(1971)를 통해서 주로 전수되었다. 그람시의 이론적 작업에 생동감을 불어넣은 핵심적인 질문은 왜 서유럽에서는 혁명을 달성하기가 그렇게 힘든지를 증명하는 것이었다. 무엇보다도 마르크스는 혁명과 사회주의로의 **이행**transition이 자본주의가 가장 발달한 사회에서 먼저 발생할 것이라고 예언했다. 그러나 실제로는 가장 먼저 '돌파'를 달성한 곳은 다름 아닌 상대적으로 후진적이었던 볼셰비키의 러시아였다. 반면에 러시아의 성공을 모방하려던 서유럽과 중부 유럽 혁명가들의 모든 노력은 결국 실패로 끝나고 말았다. 20세기 초의 역사는 고전적인 마르크스주의 분석에 결함이 있었음을 암시하는 것처럼 보인다. 그러나 무엇이 잘못되었다는 것인가?

그람시의 대답은 그의 패권 개념의 사용을 둘러싸고 전개된다. 그람시는 패권을 개념화하면서 권력을 넓게 정의한다. 그람시는 반인반수적인 권력에 대한 마키아벨리의 시각을 채택했는데, 이는 권력을 강제와 동의의 혼합체로 보는 것이다. 현재의 질서가 어떻게 유지되는지를 이해하는 데서 마르크스주의자들은 국가의 강제적 행위와 **능력**capabilities에 집중했다. 이러한 이해에 기초할 때 착취당하고 소외되는 다수의 봉기와 그들에게 고통의 원인이 되는 체제의 전복을 막는 요인은 단순히 강제력 또는 거기에서 비롯하는 두려움이었다. 그람시는 이러한 특징이 혁명 전의 러시아 같은 저발전국가에서는 사실인 반면, 서구의 가장 발전된 국가들의 경우에는 사실이 아님을 인식했다. 여기서 체제는 동의에 의해서도 유지되는 것이었다.

그람시가 쓴 저작에서 동의는 사회 지배층의 패권에 의해서 창출되고, 재창출되는 것이다. 지배 그룹의 도덕적이고 정치적이며 문화적인 가치를 사회 전체로 확산하게 하고, 피지배층 또는 피지배 계급이 자신의 것으로 이를 수용하게 만든 것은 다름 아닌 이러한 패권이었다. 이 모든 일은 **시민사회**civil society의 제도를 통해서 발생한다. 시민사회는 국가에서 일정한 자율성을 누리면서 이를 통해 그룹과 개인이 조직화되고, 서로에 대해서 그리고 국가에 대해서 자신들을 대표하고 표현하는 제도와 관행의 **네트워크**network이다(예를 들어 대중매체, 교육 체제, 교회, 자발적 기구 같은).

이러한 분석에서 몇 가지 중요한 함의가 도출된다. 첫째는 마르크스주의 이론이 상부 구조의 현상을 진지하게 다룰 필요가 있다는 것이다. 왜냐하면 사회 구조가 결국은 경제적 토대 안의 사회적 생산 단계의 반영일 뿐일지라도 상부 구조에서 발생하는 여러 관계의 본질은 그 사회가 변화·변환하는지를 결정하는 중요한 요소이기 때문이다. 그람시는 이 문제를 다루기 위해 기존 질서를 뒷받침하는 요소인 사회·경제적 관계(토대)와 정치·문화적 관행(상부 구조) 사이의 관계를 서로 강화하고 호혜적인 관계로 서술했다. 그는 이런 분석에 '역사적 블록historic bloc'이라는 용어를 사용했다. 그람시와 그람시주의자들에 따르면 사회 분석을 한편으로는 경제 관계에 대한 편협한 고려로 축소시키고, 다른 한편으로는 정치나 관념만으로 환원시키는 것은 매우 잘못된 것이다. 중요한 것은 상호 작용이다.

그람시의 주장은 정치적 실천에 대한 중요한 함의를 포함한다. 만약에 지배 계급의 패권이 그 지배를 영속화하는 데 있어 핵심 요소라면, 사회는 그러한 패권적 지위에 대한 도전이 성공할 때만 변형될 수 있다. 이를 위해서는 기존의 패권이 잠식되고 대안적인 역사적 블록이 건설될 수 있도록 시민사회 내에서 대항 패권 투쟁이 일어나야 하는 것이다.

그람시가 쓴 저작은 특정한 시대와 특정한 (그리고 여러 가지 고유한 방식의) 상황의 집합을 반영한다. 이에 몇몇 이론가들은 그람시 사상의 광범위한 적용에 의문을 제기하기에 이르렀다(Burnham, 1991; Germain and Kenny, 1998). 그러나 가장 중요한 과제는 그람시가 쓴 저작에서 추출된 관념들과 개념들이 원래의 맥락에서 분리되어 다른 쟁점과 문제들에 적용되었을 때 얼마나 유용한지를 살펴보는 것이다. 우리는 바로 이 점을 주목하고자 한다.

로버트 콕스: '세계 질서'에 대한 분석

그람시를 세계 정치의 연구에 소개하는 데 가장 큰 역할을 한 사람은 캐나다 학자인 로버트 콕스이다. 그는 국제 관계와 국제 정치·경제의 기존 이론에 대한 비판, 세계 정치 분석의 대안적 틀의 개발과 관련하여 그람시주의 접근법을 개발했다.

콕스의 생각을 설명하기 위해 우리는 그가 1981년에 쓴 유명한 논문인 「사회 세력, 국가, 세계 질서: 국제관계 이론을 넘어서 Social Forces, States, and World Orders: Beyond International Relations Theory」에 있는 특정한 문장을 논의하면서 시작해야 한다. 현대 국제관계이론에서 가장 많이 인용되는 문구 가운데 하나인 이 문장은 이렇다. "이론은 항상 누군가를 위한 것이며, 어떤 목적을 위한 것이다."(Cox, 1981: 128) 이는 이 장에서 탐색하고 있는 그람시주의, 더 넓게는 마르크스주의의 입장을 논리적으로 추종하는 세계관을 표출한다. 만약에 관념과 가치가 (궁극적으로) 특정한 사회관계 집합의 반영이고, 이것들이 그러한 사회관계 자체가 변형됨으로써 변형된다면, 이는 (적어도 사회 세계의) 모든 지식이 특정한 맥락이나 특정한 시대, 특정한 공간을 반드시 반영한다는 것을 의미한다. 다시 말해 지식은 몇몇 현대 현실주의자가 주장하고 싶어 하듯이 객관적이거나 시간 초월적일 수 없다.

이 논리의 핵심적인 함의는 사실과 가치의 간단한 분리란 있을 수 없다는 뜻이다. 의식적이건 아니건 간에 모든 이론가는 불가피하게 그들의 가치를 그들의 분석에 담게 마련이다. 따라서 콕스는 객관적이고 가치 중립적이라고 주장하는 이론, 관념, 분석들을 면밀하게 검토하고, 누구 또는 무엇을 위해서, 그리고 무슨 목적으로 그러한 이론이 생겨났는지를 검토할 필요가 있다고 제안한다. 그는 이러한 기반 위에서 현실주의, 특히 그것의 현대적인 형태인 **신현실주의** neorealism 를 놓고 심층적인 비판을 행한다. 콕스가 주장한 바에 따르면 이 이론들은 기존 질서 아래에서 번영하는 사람들, 그러니까 선진국의 거주자들, 특히 지배 계급을 위해서 (또는 그들의 이익을 위해

서) 존재한다. 이러한 이론들의 목적은 의식적이건 아니건 간에 현상 유지를 강화하거나 정당화하는 것이다. 그 이론들은 현재의 국제 관계를 자연적이고 변동할 수 없는 것으로 그려 넘으로써 이러한 기능을 수행한다. 현실 주의자들이 세계를 있는 그대로, 있어 왔던 대로, 그리고 항상 그러할 것으로 (잘못되게) 주장할 때 그들이 실제로 하고 있는 일은 현 세계 질서에서의 지배적 패권을 강화하는 일이다.

콕스는 (현존 질서의 특징을 잘 반영하면서도 현존 질서의 불공평하고 부당한 특징을 정당화하는 이론인) 문제 해결 이론 problem-solving theory 과 **비판 이론** critical theory 을 대비시키고 있다. 비판 이론은 잠재적으로 해방적 변화로 귀결될 수 있는 사회적 과정을 추구하고 분석하며, 또 어떤 경우에는 여기에 일조함으로써 기존 질서에 도전하고자 한다.

이러한 해방의 목표에 이론이 기여할 수 있는 한 방법은 기존 체제 안에서 안정의 원천과 변화의 동태적 과정을 동시에 파악할 수 있는, 세계 질서에 대한 이론적 이해를 개발하는 것이다. 이러한 맥락에서 패권은 국내 수준에서와 마찬가지로 국제 수준에서도 안정성과 연속성을 유지하기 위해 중요하다고 콕스는 주장하면서 그람시의 패권 개념을 원용했고, 이를 국제 영역에 적용했다. 콕스가 주장한 바에 따르면 역사적으로 등장했던 국제 체제의 지배적 권력은 자신들의 이익에 맞도록 세계 질서를 형성해 왔으며, 이는 그들이 강력력을 행사했을 뿐만 아니라 심지어는 기존 질서에 의해 불이익을 감내하고 있는 사람들에게서도 그러한 질서에 대한 광범위한 동의를 끌어낼 수 있었기 때문이기도 하다.

콕스가 분석한 두 패권국(영국과 미국)에서의 지배적 패권 관념은 '자유 무역'이었다. 이러한 체제가 모든 사람에게 이익을 준다는 주장은 매우 널리 받아들여져서 '상식'의 지위를 획득했다. 그러나 현실에서는 자유 무역이 패권국의 이익에는 들어맞지만(세계 경제의 가장 효율적인 생산자로서 패권국은 모든 시장에 접근할 수 있는 한 그 시장에서 경쟁력이 있는 상품을 생산할 수 있다) 주변 국가와 지역들에도 혜택을 주는지는 명백하지 않다. 실제로 많은 사람은 자

유 무역이 그들의 경제, 사회 발전에 방해물이라고 주장한다. 어느 국가가 패권을 성공적으로 생산, 재생산할 수 있는지의 정도는 그 권력의 범위를 보여 주는 지표다. 미국이 신자유주의가 세계적으로 받아들여지는 상황을 만드는 데 성공했다는 것은 현 패권국이 얼마나 지배적이게 되었는지를 암시한다.

그러나 콕스는 현 세계 질서에 대한 지배력에도 불구하고, 미국이 도전받지 않고 남아 있으리라고는 예상하지 않는다. 오히려 그는 자본주의는 피할 수 없는 모순에 의해서 분열된, 내재적으로 불안정한 체제라는 마르크스의 시각을 따른다. 불가피한 경제적 위기들은 대항 패권 운동의 등장을 부추기는 요소로서 작동할 것이다. 그렇지만 그러한 운동의 성공은 확실하지 않다. 이러한 의미에서 콕스 같은 이론가는 그람시로 말미암아 대중화된, '지성의 비판주의'와 '의지의 낙관주의'를 결합하라는 금

언의 기반 위에서 미래에 직면하고 있다.

> **요점정리**
>
> - 안토니오 그람시의 연구에서 영감을 얻은, 국제관계학의 '이탈리아' 학파 전통 안의 이론가들은 세계 정치에 대한 사고에 상당한 기여를 했다.
> - 그람시는 마르크스의 분석의 초점을 조금 더 상부 구조의 현상으로 이동시켰다.
> - 특히 그는 패권의 작동을 통해서 특정한 사회적, 정치적 체제에 대한 동의가 생산되고 재생산되는 과정을 탐구했다. 패권은 지배층의 관념과 이데올로기가 사회 전체에 걸쳐 널리 확산되고 수용되게 한다.
> - 로버트 콕스 같은 사상가는 특히 패권을 비롯한 그람시의 주요 개념들을 지구적 맥락에 적용함으로써 그람시의 사상을 '국제화'하려고 시도했다.

비판 이론

그람시주의와 비판 이론은 마르크스주의가 일련의 혁명 시도의 실패뿐만 아니라 파시즘facism의 발흥과도 타협해야만 했던 시공간인 1920년대와 1930년대의 서유럽에 그 뿌리를 두고 있다. 그런데도 이것들 사이에는 차이점이 존재한다. 현대 비판 이론과 국제 관계에 대한 그람시주의 사상은 상이한 사상가와 지적 관심에 의거하고 있다. 덧붙여 두 흐름 사이의 초점에는 확실한 차이가 있다. 그람시에게서 영향을 받은 사람들은 비판 이론가들보다 국제 정치·경제의 하위 분야에 관련된 쟁점들에 더 많은 관심을 보이며, 비판 이론가들은 **국제사회**international society와 국제 윤리, **안보**security(비판적 안보 연구의 발전을 통해)와 관련된 질문에 더 집중한다. 그러므로 이 절에서는 비판 이론을 소개하고 국제관계학 분야에서의 주요 논자 가운데 한 사람인 앤드루 링클레이터Andrew Linklater의 사상을

소개하겠다.

비판 이론은 **프랑크푸르트학파**Frankfurt School의 연구에서 발전했다. 이 학파는 1920년대와 1930년대에 함께 연구하기 시작한 특별히 뛰어난 능력을 가진 사상가들의 그룹이다. 주로 독일의 좌파 유대인들로 구성된 프랑크푸르트학파는 1930년대 초에 나치가 집권함으로써 추방되었으며, 그들의 독창적인 작업 대부분은 그들이 성공리에 미국으로 피난한 이후에 이루어졌다. 그 제1세대 지도자들은 막스 호르크하이머Max Horkheimer와 테오도어 아도르노Theodor Adorno, 허버트 마르쿠제Herbert Marcuse 같은 사람들이다. 그다음 세대들은 이 사상가들의 유산을 물려받아서 이를 의미 있고 혁신적인 방식으로 발전시켰다. 가장 많이 알려진 사람은 위르겐 하버마스Jürgen Habermas인데, 그는 모든 현대 사회이론가들 가운데에서 가장 영향력 있

는 인물로 꼽는다. 비판 이론 저작의 방대한 범위를 고려해 보건대, 여기서 우리는 그 핵심적인 특징 가운데 몇몇을 소개하는 정도로 그칠 수밖에 없을 듯하다.

첫 번째로 주목해야 할 것은 그들의 지적 관심이 사회의 경제적 토대에 대한 분석을 발전시키는 데 있지 않았다는 점에서 대부분의 다른 마르크스주의자들과는 상이하다는 점이다. 그 대신에 그들은 문화, 관료제, 권위주의의 사회적 기반과 본질, 가족 구조 같은 요소들과 관련된 질문들, 그리고 지식 이론들과 이성이나 **합리성**rationality 같은 개념의 탐구에 집중했다. 프랑크푸르트학파 이론가들은 특히 대중 매체의 역할과 그들이 '문화 산업'이라고 이름 붙인 것에 대해 분석했다는 점에서 혁신적이었다. 다시 말해 고전적인 마르크스주의의 용어로 말하자면 비판 이론의 초점은 대부분 상부 구조에 있었다.

또 다른 핵심적인 특징은 현대 사회에서 프롤레타리아트가 마르크스가 믿었던 대로 해방적 변화의 잠재력을 구현하고 있느냐에 대해서 비판 이론가들이 강한 의구심을 가지고 있었다는 점이다. 오히려 대중문화가 등장하고 사회 생활의 모든 요소가 날로 상품화되어 가는 가운데 노동자 계급은 단순하게 체제로 흡수되었으며, 프랑크푸르트학파는 이들이 더 이상 체제에 대한 위협을 대표하지 못한다고 주장한다. 마르쿠제의 유명한 문구를 사용하면, 이는 거대 다수가 그에 대한 대안을 생각하지 못하게 되는 '일차원적' 사회다.

마지막으로 비판 이론가들은 해방의 의미에 대한 탐구를 통해서 가장 중요한 공헌을 이루었다. 우리가 살펴본 대로 해방은 마르크스주의 사상가들의 핵심적인 관심사이지만, 그들이 그 용어에 부여하는 의미는 흔히 매우 불명확하며 애매모호하다. 게다가 역사의 기록은 불행하게도 해방의 이름으로 정당화되어 온, 말할 수 없이 야만적인 행태의 사례들(두 가지 예를 들자면 제국주의나 스탈린주의처럼)로 가득 차 있다. 전통적인 마르크스주의 사상가들은 해방을 복잡한 기술의 발전을 통해 자연에 대한 지배력을 증대시키고 그것을 모두의 이익을 위해 사용하는 인류의 과정과 등치해 왔다. 그러나 초기 비판 이론가들은 자연을 정복하는 데 요구되는 마음가짐이 바로 다른 인간을 향한 지배로 바뀌었다고 주장하면서, 인류는 자연에 대한 지배를 늘리기 위해서 너무나 큰 희생을 감수했다고 주장했다. 이와는 대조적으로 그들은 해방이 자연과의 화해라는 관점(이는 조금 애매하기는 하지만 분명히 무언가를 환기시키는 통찰력이다)에서 고려되어야 한다고 했다. 반면에 하버마스가 이해한 해방은 자연 세계와 우리가 갖는 관계보다는 소통에 더 초점을 맞추고 있다. 하버마스의 주장의 다양한 우여곡절을 제쳐 두고, 그의 주요 정치적 논점은 해방의 길이 급진 민주주의로 가는 것이라는 데 있다. 그 체제는 가장 폭넓은 참여를 말로만 촉구하지 않고(많은 서구 민주 국가들처럼) 참여에 대한 장애 요인(그 요인이 사회적이건, 경제적이건, 문화적이건 간에)을 파악하고 극복하는 체제다. 하버마스와 그 추종자들이 말하는 참여는 특정한 주권국가의 국경 안에 한정되지 않는다. 권리와 의무는 국가의 경계를 넘어서 확장된다. 이를 통해 하버마스는 국제 관계에 관심을 갖기 시작했으며, 그가 최근에 쓴 저작들은 국제적 영역에 초점을 맞추고 있다. 특히 그는 유럽 통합의 열렬한 옹호자가 되었다. 그렇지만 여태까지 명백하게 하버마스적인 시각에서 세계 정치의 핵심적인 이슈들을 다룬 가장 체계적인 시도는 앤드루 링클레이터에 의해 이루어졌다.

링클레이터는 국제관계학 영역에서의 해방은 **정치 공동체**political community의 도덕적 경계 확장이라는 관점에서 이해되어야만 한다고 주장하기 위해 하버마스의 연구에서 발전된 주요 원칙과 교훈을 사용했다. 다시 말해 그는 해방을 주권국가의 경계가 윤리적이며 도덕적인 중요성을 상실하는 과정과 등치했다. 현재 국가의 경계는 우리의 책임감과 의무감의 외연적 범위를 보여 주며, 그것을 넘어서면 우리의 책임감과 의무감은 급진적으로 변형되어 매우 약화한 형태가 된다. 비판 이론가들에게 이러한 상황은 옹호하기 힘들다. 따라서 우리의 목표는 시민들이 자신들의 동료 시민들에게 느끼는 만큼과 같은 책임과 의무를 동료 시민이 아닌 사람에게도 동일하게 느끼는 상황으로 이행하는 것이다.

그러한 상황에 도달하기 위해서는 물론 현재 거버넌스 제도의 전반적인 변형이 필요하다. 그러나 비판 이론 방법의 가장 중요한 요소는 해방을 지향하는 현 구도 안에 존재하는 경향성을 파악하는(가능하면 양성하는) 것이다. 이러한 기초 위에서 링클레이터는 유럽연합의 발전을 현대 세계 정치에서 진보적이고 해방적인 경향을 대표하는 사례로 파악하는데, 이 점에서 하버마스의 이론을 상당히 반영하고 있는 것을 알 수 있다. 만일 이것이 사실이라면, 이는 국제 체제의 중요한 부분이 시민들에게 배타적인 권리를 오랫동안 주장해 온 주권국가가 그 우위를 상실하기 시작하는 시대에 접어듦을 의미한다. 프랑크푸르트학파의 악명 높은 비관주의를 고려할 때 이러한 맥락에서의 링클레이터의 방어적 낙관주의는 매우 인상적이다.

요점정리

- 비판 이론은 프랑크푸르트학파의 연구에 뿌리를 두고 있다.
- 비판 이론가들은 문화(특히 매체의 역할), 관료제, 사회적 기초, 권위주의의 본질, 가족의 구조, 이성과 합리성과 같은 개념의 성찰에 관심을 가진다.
- 하버마스는 가장 영향력 있는 현대 비판 이론가이다. 그는 해방의 잠재력은 커뮤니케이션의 영역에 놓여 있으며, 급진 민주주의가 그러한 잠재력을 열 수 있는 방법 가운데 하나라고 주장했다.
- 앤드루 링클레이터는 정치 공동체의 도덕적 경계를 확장하는 것을 옹호하기 위해 비판 이론의 주제들을 발전시켰으며, 유럽연합을 후기 베스트팔렌 체제 거버넌스의 일례로 지적했다.

신마르크스주의

'신마르크스주의자들'

이 절에서는 더 직접적으로 마르크스 고유의 저작에서 새로운 관념을 추출해 낸 저자들이 쓴 저작을 검토할 것이다. 다른 마르크스주의 및 후기마르크스주의post-Marxist 경향에서 벗어나는 것을 나타내기 위해 그들을 '신마르크스주의자new Marxist'라고 명명하겠다. 그들 자신은 (그들의 접근법과 관련된 주요 학술지가 『역사적 유물론Historical Materialism』이라는 것을 감안할 때) '역사적 유물론자'로 불리는 것을 선호하지만, 이는 그람시의 사상에 영향을 받은 학자들을 표현하는 용어이기도 하다는 점에서, 현재 우리의 목적과는 부합되지 않는다. 현재 이와 같은 학자들을 부르는 합의된 명칭은 존재하지 않지만, 그들의 근본적인 접근법을 특징짓기란 어렵지 않다. 그들은 마르크스주의 사상의 근본 교리로 돌아가서 후대에 의해 무시

되거나 어떻게든 잘못 해석된 것으로 간주되는 사상을 재전유하려는 마르크스주의자들이다. 이를 바탕으로 그들은 마르크스주의 전통 안에서의 다른 발전을 비판했으며, 또한 현대의 추세에 대한 이해에 독창적인 이론적 기여를 시도했다.

'마르크스로의 귀환'을 가장 잘 보여 주는 학자는 지리학자 데이비드 하비David Harvey일 것이다. 하비의 연구는 마르크스의 『자본론』의 설명과 탐구, 특히 『자본론』 제2권에 의거하고 있는데, 그는 수많은 온라인상의 독자들을 거느리고 있으며, 수많은 단행본을 저술했다(davidharvey. org; Harvey, 2010/2013). 또한 케빈 B. 앤더슨Kevin B. Anderson의 『마르크스의 공백Marx at the Margins』(2010)은 당대의 세계 정치에 대해 마르크스가 남긴 그다지 많이 알려지지 않은 글에 초점을 맞춤으로써 민족주의, 종족, 인종의 문제에 대한 마르크스의 사상을 복원하고 있다.

불균등 결합 발전

동시에 저스틴 로젠버그Justin Rosenberg가 쓴 일련의 글은 레온 트로츠키Leon Trotsky가 러시아 혁명 경험에 기초하여 제창한 불균등 결합 발전론에 의거하고 있다(Rosenberg, 1996/2013; Callinicos and Rosenberg, 2008). 전통적인 마르크스주의 설명과는 다르게, 트로츠키는 자본주의의 효과가 예측대로 나아가고 있지 않다고 생각했다. 마르크스와 엥겔스가 『공산당 선언』에서 예측한 것처럼 자본주의는 전 지구적으로 빠르게 팽창하고 있었다. 그러나 동시에, 마크르스와 엥겔스는 자본주의가 '자신의 모습을 본떠서' 세계를 바꾸어 나갈 것이라고 보았다. 다른 글에서 마르크스는 "산업적으로 더 발전한 국가는 저발전 국가의 미래를 보여 준다."(Marx, 1954[1867]: 19)라고 적었다. 마르크스는 이 지점에서 역사의 발전이 단일하게 진행된다고 보고 있었다. 그러나 마르크스는 만년의 글에서 역사가 단일하게 발전한다는 관념에 의문을 품었으나, 이 생각을 체계적으로 발전시키지 못했다. 그러므로 자본주의 발전에 대한 정통 마르크스주의의 생각에 따르면, 자본주의의 발전은 단일한 길이며, 서로 다른 시간대를 경험하고 있는 국가들이 이 과정에 참여하는 것이었다. 자본주의 근대화의 길은 단 하나이며, 영국은 자본주의 경제의 길이 무엇인지를 선구적으로 보여 주었다. 자본주의의 길에 다른 국가들이 다른 시점에 참가했더라도, 그 과정과 최종 목적지는 같을 것이었다.

트로츠키는 서로 다른 국가들이 서로 다른 시간에 자본주의로의 길에 들어서고, 서로 다른 출발점에서 출발하기에 발전은 매우 불균등하다고 생각했다. 그러나 자본주의의 발전을 미리 경험한 국가는 뒤따르는 국가들에게 영향을 미쳤다는 점에서, 자본주의 발전을 미리 경험한 국가와 이를 뒤따르고 있는 국가의 발전은 결합된다. 다른 말로 하자면 한 국가의 자본주의는 이미 자본주의 발전의 길을 겪고 있는 국가에 의해 설정된다는 의미이다. 러시아에서의 자본주의 발전 과정은 특히 서유럽에서 진행된 자본주의 발전의 맥락에서 발생했다. 자본

주의의 진전을 국제적 과정으로 본다면, 후발자들은 단점뿐만 아니라 일부 장점도 지니고 있다. 특정한 이점을 두고 트로츠키는 '역사적 후진성의 이점'이라는 표현을 사용했다(Rosenberg, 1996: 7에서 재인용). 자본주의의 길에 뒤늦게 참가한 국가들은 일찍부터 자본주의의 길에 들어선 국가들의 등을 타고 넘을 수 있었다. 왜냐하면 후발 주자들은 이전에는 사용할 수 없었던 투자와 기술에 접근할 수 있었기 때문이다. 그러나 후발 주자들은 왜곡된 정치 구조라는 잠재적인 비용을 감당해야만 했다. 마르크스가 집중 분석했던 영국의 경우, 정치체제는 긴 시간 동안 변모해 오면서 상대적으로 안정적이었다. 그러나 급속한 근대화 과정에서 출현한 러시아의 정치 구조는 매우 불안정했다. 러시아의 정치체제는 권위주의적 국가가 국제 대출을 통해 발전 과정을 이끈다는 특징이 있었다. 러시아에서는 노동 계급이 성장하고 있었지만 그 수는 적었고, 국가는 대다수를 차지하는 농민에게 부과하는 세금 수입에 의존하고 있었다. 그러나 부르주아는 소수였고 매우 취약했다. 따라서 러시아의 사회 구성은 영국의 사회 구성과 현격하게 달랐고, 이러한 러시아의 구조는 자본의 국제적 발전이라는 맥락에서만 파악될 수 있었다.

트로츠키가 불균등 결합 발전의 개념을 통해서 러시아 혁명에 이르는 과정을 분석하려고 했다면, 캄란 마틴Kamran Matin(2013)은 이를 이란의 역사에 적용했다. 마틴은 유럽 국가를 국가 발전의 모델로 상정하고 있는 유럽식 역사 진보관을 비판하면서, 국제 관계 연구가 이란의 역사를 이해하는 데 매우 중요하다고 주장했다. 이란의 국내사는 국제 관계사와의 관련 속에서 평가해야만 했다. 마틴은 이란의 역사가 이란 국내의 사회·경제 체제와 국제적 정치·경제와의 복잡한 상호 관계 속에 있음을 보여 주었다. 이란의 역사적 진보는 러시아 혁명과 같은 사건의 영향을 받는 동시에, 유럽 국가들과 미국의 경제·정치적 침투로부터 영향을 받기도 했다. 이란은 매우 불안정한 결합을 이루고 있었다. 예를 들어 최후의 샤가 시도했던 근대화 사업은 국가와 외국 자본의 협업

으로 주도되고 있었고, 여기에는 매우 소수의 도시화된 중산층이 참여하고 있었다. 대다수의 농민과 상인 계급은 종교 계급과 긴밀한 연관을 맺고 있었다. 1970년대의 경제 침체, 미국 카터 행정부의 압력으로 인해 이와 같은 결합은 1979년 이란 혁명 전까지 매우 불안정한 상황에 놓였다. 마틴은 이란의 발전을 불균등 발전이라는 관점에서 볼 수 있다고 주장한다. 이란은 전혀 다른 출발점에서 늦은 시기에 자본주의로의 길에 들어섰고, 이는 이미 존재하고 있는 지구 자본주의의 영향을 받을 수밖에 없었다.

> **요점정리**
>
> - 신마르크스주의는 마르크스 자신이나 다른 고전적 마르크스주의 사상가들이 발전시킨 개념과 범주에 직접 재참여하고 이를 재전유하는 것이 특징이다.
> - 신마르크스주의 학문의 한 예는 지구 정치 경제에서 러시아의 발전에 대한 트로츠키의 연구를 바탕으로 한 저스틴 로젠버그의 불균등 결합 발전 연구이다.
> - 불균등 결합 발전은 모든 국가가 단일한 경제 및 정치 발전의 길을 따라가는 것이 아니라, 각 국가의 경로는 국제적 맥락의 영향을 받는다고 주장한다.
> - 불균등 결합 발전 접근법은 20세기 이란의 경제 및 정치 발전을 분석하는 데 활용될 수 있다.

맺음말

이 책의 제1장에서 개괄했듯이 지구화란 세계가 '비교적 경계가 없는 하나의 사회적 영역'이 되는 결과로서, 모든 종류의 사회적 상호 작용이 점차 국민이나 국가의 경계를 넘어서 발생하는 과정에 붙여진 이름이다. 마르크스주의 이론가들은 이러한 발전이 이루어지고 있음을 부정하지도 않고, 그 중요성을 거부하지도 않지만, 그것이 새로운 현상이라는 견해에는 반대한다. 마르크스와 엥겔스는 자본주의의 지구적 범위뿐만 아니라 사회 변화를 위한 잠재력을 분명하게 알고 있었다. 예를 들어 『공산당선언』의 특히 선견지명이 돋보이는 부분에서 그들은 이렇게 주장한다.

> 부르주아지는 세계 시장의 착취를 통해서 모든 나라에서의 생산과 소비에 범세계시민적 성격을 부여했다. (…) 오래 지속되어 왔던 국가적인 산업들이 모두 파괴되었거나 날마다 파괴되고 있다. 그것들은 새로운 산업에 의해서 전복되는데, 새로운 산업의 도입은 모든 문명국의 삶과 죽음의 문제가 되었다. 그러한 산업들은 더 이상 토착의 원자재가 아닌 원거리에서 가져온 원자재를 사용한다. 그러한 산업의 산물들은 국내뿐만 아니라 전 지구에 걸쳐서 소비된다.
>
> (Marx and Engels, 1967[1848]: 83~84)

마르크스주의 이론가들이 주장하는 바에 따르면 지구는 손에 닿는 모든 인류를 점차로 통합시켜 온, 하나의 통합된 경제적, 정치적 실체(지구 자본주의 체제)에게 지배되어 왔다. 이러한 체제 안에서 모든 요소는 항상 상호 연관되고 의존해 왔다. 유일하게 '새로운' 것은 이러한 연계에 대해서 인식이 커졌다는 것이다. 이러한 상호 연관성은 생태학적 과정에서도 비슷하게 나타난다. 악화 일로에 있는 환경에 대한 인식이 마침내 대중의 의식 속으로 침투하게 된 것은 물론 최근의 일이기는 하지만, 생태학적 과정은 항상 국가의 경계를 무시해 왔다.

국경을 넘어서는 흐름의 심도가 증대되고 있는 한편,

이는 우리가 지구화 시대에 접어들었다고 많은 사람이 주장하듯이 반드시 세계 정치 본질의 근본적인 변화를 의미하지는 않는다. 마르크스주의 이론가들은 현대의 발전이 정말로 얼마나 중요한지를 발견하는 유일한 방법은 작동하고 있는 가장 심층적인 구조적 과정의 맥락에서 그것을 조망하는 것이라고 주장한다. 이것이 이루어지면 아마도 우리는 중요한 변화가 다가왔는지에 대한 증거를 발견할 수 있을 것이다. 예를 들어 많은 마르크스주의자는 주권국가의 정당성이 약화하는 현상을 매우 중요한 현대의 발전으로 간주한다. 그렇지만 지구화의 증거로 여겨지는 이러한 추세를 이해하는 데 핵심적인 첫 번째 단계는 지구 자본주의 자체의 윤곽을 그려 보는 것이어야만 한다. 만약에 그렇게 하지 못한다면 우리는 불가피하게 다가오는 변화의 진정한 중요성을 가늠하는 데 실패할 것이다.

지구화에 대한 몰역사적이고 무비판적인 태도를 채택하는 일의 또 다른 위험은 그런 행위로 말미암아 지구화에 대한 언급이 점차 현대 세계 안에서 엘리트들의 이념적 무기가 되어 가는 방식을 인식하는 우리의 눈을 멀게 할 수도 있다는 점이다. '지구화'는 현재 노동자의 권익을 감소시키고 사업에 대한 제약을 약화하는 조치들을 증진하는 근거로 인용된다. 사업의 이익을 옹호하는 정책에 대한 그러한 정당화는 자본주의의 정치 구조와 경제 구조 사이의 관계에 대한 폭넓은 이해를 통해서만 반박될 수 있다. 지금까지 살펴보았듯이 마르크스주의 이론가들이 제공한 이해는 세계 시장에 기반을 둔 세계 질서에서 자연적이거나 불가피한 것은 없음을 보여 준다. 그러므로 우리가 당면한 과제는 현 질서의 불가피성에 대한 수용보다는 새로운 방식으로 사회(지금보다 더 정의롭고 인간적인 세계 사회)를 조직하는 기초를 놓는 일이다. 여러 위기가 있는 세계에서 사회주의와 야만 중 하나를 선택할 수 있다는 로자 룩셈부르크의 분석은 그 어느 때보다 적절해 보인다.

1. 마르크스주의 사상의 지속적인 효력에 대해서 어떻게 설명하겠는가?

2. 월러스타인의 반주변부 개념은 얼마나 유용한가?

3. 왜 월러스타인의 세계체제론은 유럽 중심적이라는 비판을 받는가? 이 비판에 동의하는가?

4. 세계 정치의 전개 과정을 보는 데 있어서 '불균등 결합 발전'이라는 관점은 유용한가?

5. 그람시의 패권 개념은 현실주의 국제관계이론가들이 사용하는 개념과 어떤 면에서 다른가?

6. 어떠한 점 때문에 마르크스와 엥겔스가 지구화 이론의 창시자라고 주장할 수 있는가?

7. 마르크스주의 이론이 세계 정치에 대한 이해에 주로 기여했다고 생각되는 점은 무엇인가?

8. 비판 이론가들이 사용하는 해방의 관념은 얼마나 유용한가?

9. '문제 해결 이론'과 '비판 이론'에 대한 콕스의 구분에 동의하는가?

10. 미국의 권력은 쇠퇴하고 있다는 월러스타인의 주장을 평가해 보자.

이 장의 객관식 문제를 풀어 보면서 학습 내용을 잘 숙지하고 이해했는지 평가해 보자.

• www.oup.com/he/baylis3xe

Social
constructivism

개요

이 장은 국제관계이론에 대한 구성주의 접근법을 개관한다. 구성주의는 어떻게 세계가 행위를 통해 형성되고 재형성되는지, 어떻게 세계 정치의 구조가 세계 정치 행위자들을 단지 제약할 뿐만 아니라 이들의 정체성, 이익, 행위를 구성하는지, 어떻게 이러한 행위자들이 의식적·무의식적으로 이러한 구조들을 재생산하는지, 어떻게 인간의 행동이 세계 정세의 안정과 변화 모두의 원인이 되는지를 탐구한다. 구성주의는 권력에 대한 대안적인 사고방식, 세계 질서의 부상과 쇠퇴를 설명하기 위한 규범의 역할, 지구 정치의 국제화 속에서 초국가 운동과 다른 비국가 행위자들의 중요성 등을 포함하는 독특한 통찰을 이끌어 냈다.

사회구성주의

마이클 바넷Michael Barnett
이왕휘 옮김

핵심 질문

- 국가는 권력에 의해 동기가 부여되는가, 관념에 의해 동기가 부여되는가?
- 갈등과 협력의 양상을 좌우하는 근원적인 요인은 무엇인가?
- 국제 질서의 근저에 있는 규범과 규칙은 지속적인 불평등이나 도덕적 진보의 가능성을 반영하는가?

머리말

구성주의constructivism는 변변치 않게 출발했으나 국제관계학을 이끄는 학파 가운데 하나로 부상했다. 불과 30년 전만 해도 구성주의는 존재하지 않았다. 오늘날 구성주의는 지구 정치의 중요한 특성들을 포착하는 능력을 광범위하게 인정받고 있으며, 국제관계학의 중요한 이론으로 간주된다(Teaching, Research and International Policy, 2014). 이 장에서는 구성주의의 기원과 핵심 공약, 지구적 변화와 관련된 연구 문제의 특징을 탐구하겠다. **제6장**과 **제7장**에서 다룬 것처럼 주류 국제관계학은 국가들이 권력과 부와 같은 지속적인 이익을 가지며 지리, 기술, 권력의 배분 같은 물질적인 세력 때문에 자신들의 이익을 증진하는 능력을 제한받는다고 가정한다. 비판자들은 이념, 지식, **규범**norms, **규칙**rules 같은 사회 세력들이 국가들의 정체성과 이익, 그리고 세계 정치의 조직에 영향을 준다고 반박한다.

구성주의만이 국제 규범의 중요성을 강조하고 국제 정치를 체제가 아닌 사회로 개념화하는 국제관계이론은 아니다. 구성주의에 선행하는 다양한 이론이 이와 비슷한 주장을 했는데 **영국학파** English School와 세계 정세에 대한 페미니즘 접근법이 포함된다(**제11장 참조**). 그러나 구성주의자들은 신현실주의자들과 신자유주의적 제도주의자들에게 중요한 문제들(어떻게 정체성, 규범, 그리고 문화가 전쟁과 평화의 양태들을 형성하는가)에 조금 더 많은 관심을 기울였다. 결국 구성주의자들은 서로 다른 진영들을 구축하였는데 구조를 강조하는 쪽과 행위자를 강조하는 쪽, 그리고 안정성을 강조하는 쪽과 변천을 강조하는 쪽이 있다.

세계 정치의 구성 및 재구성에 대한 구성주의의 관심은 지구적 변화에 대한 깊은 관심으로 이어진다. 구성주의가 지구적 변화에 대한 다양한 특징을 탐구하지만, 이 장에서는 세 가지에 초점을 두고자 한다. 먼저 국내 및 국제 생활을 비슷한 방식으로 조직화하는 방향으로의 국가들에 의한 수렴, 그리고 규범이 어떻게 국제화 및 제도화되어 국가와 비국가 행위자들의 행동과 무엇이 정당한 행태인지에 대한 관념에 영향을 미치는지, 마지막으로 이러한 근본적인 규범과 변화가 불평등 관계를 지속시키는지 아니면 진보의 새로운 가능성을 반영하는지 여부가 그것이다.

구성주의의 부상

예전에는 신현실주의와 신자유주의적 제도주의가 미국의 국제관계이론을 지배했다. 신현실주의는 국가가 세계에서 주요한 행위자라고 가정했다. 국가는 무정부(초국적 권위의 부재) 상태라는 조건에 존재한다. 이 조건은 국가가 안보, 권력 및 생존에 사로잡혀 있다는 점을 암시한다. 국가는 윤리, 규범 및 기타 세부 사항들에 참지 않으며 참아서도 안 된다. 권력의 분배와 세력 균형은 세계 정치의 양상에 대해서 우리가 알아야 할 모든 것을 알려 준다(**제6장 참조**). 신자유주의는 국가가 안보를 넘어 확장되는 자신들의 이익을 강화하기 위해 광범위하게 협력할 수 있다는 점을 보여 줌으로써 신현실주의의 어두운 측면을 조명한다(**제7장 참조**). 협력의 주요한 장애가 국가들 사이에 신뢰의 부재이기 때문에 국가들은 감시와 부정행위를 알리는 등의 다양한 신뢰 강화 기능을 수행할 수 있는 국제기구를 건설한다.

제6장과 **제7장**에서 살펴보았듯이 이 두 학파는 다양한 쟁점에서 서로 동의하지 않았지만 **개체론**individualism과 유물론을 함께 추구했다. 개체론은 행위자가 고정된 이익을 가지며, 구조가 행태를 제한한다는 시각이다. 안보의 추구가 우선이라고 믿는 신현실주의와 부와 같은 다른 목표들을 상상할 수 있는 신자유주의는 차이가 있지만, 경험적이고 이론적인 이유에서 그들은 모두 국가의 이익이 고정되어 있고 유연하지 않다고 가정한다. 유물론은 행태를 제한하는 구조가 권력의 배분, 기술, 지리에 의해 정의된다는 시각이다. 신현실주의는 이익이 관념과 규범을 능가할 수 있다는 점을 견지하는 반면 신자유주의적 제도주의는 국가가 그들의 장기적 이익을 강화할 수 있다면 그들의 행태를 규제하는 규범과 제도를 기꺼이 구성할 수 있다고 인정한다. 비록 이 두 접근법은 관념과 규범이 국가가 그 이익을 추구하는 방식을 제한할 수 있다는 가능성을 용인하지만, 관념과 규범이 국가의 이익을 정의할 수 있다는 가능성은 고려하지 않았다.

이렇듯 유물론과 개체론을 중시하는 경향은 구성주의와 관련 있는 학자들에 의해 도전을 받기 시작했다. 두 가지 주요 요소로 인해 1990년대에 구성주의가 혜성과 같이 등장했다. 첫 번째로 1980년대에 반체제 인사들은 사회학과 비판 이론을 바탕으로 규범, 관념, 정체성, 규칙과 같은 특정 핵심 요소를 가시적이고 의미 있게 만들기 시작했다. 주류 국제관계학이 인간 활동의 사회적 요소를 부차적으로 다루거나 보지 않고 있었던 반면, 추후 구성주의자로 알려지게 된 이 반체제 인사들은 인간 활동의 사회적 요소들을 함께 고려하는 것이 국가와 비국가 행위자의 행동을 이해하고 그들이 세계와 그들 자신을 자신의 방식으로 바라보는 이유를 이해하는 데 중요하다고 주장했다. 세계가 반사회적이고 규범이 없다는 합리주의의 믿음, 아니면 세계가 매우 사회적이고 규범으로 가득 차 있다는 사회학적 이론의 관점 중 어느 것이 더 반직관적인가? '관념이 중요하지 않다' 혹은 '관념이 행위자가 자기 자신을 형성하는 데 역할을 했다'는 두 명제 중에서

세계에서 적절한 관행으로 간주되는 것은 무엇인가? 신현실주의가 세계 정치에서 사회적인 모든 것을 박탈했기 때문에, 왈츠와 다른 학자들은 현대 국제관계학의 첫 번째 원칙인 주권을 완전히 무시했다. 신현실주의자들이 제안한 것처럼 주권은 정말로 중요하지 않은가? 아니면 구성주의자들이 주장한 것처럼 주권은 권리와 책임이 있는 면허, 사회적 능력일까? 주권을 사회적 능력으로 보는 구성주의적 입장은 신자유주의적 제도주의 사고의 한계를 넘어서, 규범과 제도의 역할을 확장했다. 신자유주의적 제도주의 사고는 규범과 제도의 역할을 행위자를 구속하고 규제하는 것에 한정시켰다. 반면 구성주의는 규범과 제도가 행위자를 구성할 수 있다고 주장했다.

주류 국제관계학이 큰 그림을 놓치고 있다는 반체제 인사들의 주장은 두 번째 요인인 냉전 종식으로 뒷받침되었다. 대부분의 학자는 냉전이 훌쩍거림이 아니라 폭발로 끝날 것이라고 예상했다. 특히 신현실주의자들과 신자유주의자들에게 냉전 종식이 도전으로 다가온 이유는 그들이 이 결과를 설명하는 데 필요한 지적 도구, 즉 세계 정치의 조직을 변용시키는 관념의 혁명적 영향을 명시적으로 버렸기 때문이다. 또한 기존의 접근법들은 다음에 무슨 일이 벌어질지에 대한 통찰을 제공하지 못했다. 미국은 단극의 순간을 즐기고 있었지만, 이러한 권력 배분으로는 미국이 세계 패권국이 될지 아니면 다자 제도들을 통해 협력할지를 가늠할 수 없었다. 게다가 냉전의 종식은 국가 이익은 무엇인지 그리고 그것이 ('우리'는 누구인가 그리고 '우리'는 어디에 속하는가와 같은) 민족적 정체성과 어떻게 연결되는지에 관한 국가들의 논쟁을 촉발했다. 신현실주의는 그것에 대해 무엇을 말해야 했을까? 냉전의 종식은 신현실주의가 비교우위를 가지고 있던 전통적 안보 주제의 우월성을 깎아내렸고, 구성주의가 강점을 갖는 초국가주의나 인권 같은 주제의 중요성을 증대시켰다. 신현실주의와 신자유주의적 제도주의는 무슨 일이 일어났는지 설명할 수 없었을 뿐만 아니라 이 경우에 필요할 수 있는 모든 지적 도구를 자발적으로 폐기했다.

신현실주의자들과 신자유주의적 제도주의자들이 냉

전 종식 이후 즉각적인 패자였다면 1980년대의 반대자들은 즉각적인 승자였다. 그리고 곧 반체제 인사들은 구성주의 학파를 구성했다. 냉전의 종식은 구성주의자들이 과거 비판을 넘어 세계에 대한 진정으로 새롭고 설득력 있는 해석을 제공할 계기가 되었다. 특히 신현실주의자들이 자신들의 영역이라 생각했던 동맹 유형, 군사 개입, 무기 경쟁, 대규모 세력 전이 등에 대한 새로운 이해를 제공했다. 그리고 냉전의 종식을 통해 구성주의자들은 어떻게 정체성과 규범이 국가 이익을 형성하고, 높은 설명력을 제공하기 위해 정체성과 규범이 어떻게 통합되어야 하는지를 보여 줄 수 있었다.

구성주의는 이미 정책 대화의 일부였던 합법성 및 세계 질서와 같은 개념으로 연구를 진행하고 있었다. 구성주의는 많은 학자가 소련의 몰락에 역할을 했으며 세계 정치를 변혁하는 힘이었다고 주장하는 초국가주의의 중요성을 지적하고 있었다. 강대국의 안보와 경제적 필요에 대한 과도한 연구로 인해 옹색해 보이던 학문적 의제가 이제 확장할 여지가 생겨났다. 구성주의는 세계가 새로운 사고방식을 필요로 하던 시기에 세상에 대한 새로운 시각을 제시했다.

당대의 구성주의자들은 국제사회가 보다 질서 있고 진보적인 방향으로 움직이고 있음을 보여 주는 다양한 사회학적 통찰을 차용하고 있었다. '사회'라는 개념은 국내 질서에 대한 다양한 도전으로 인해 18세기에 등장했다. 사회가 일종의 계약이라고 제안하는 자유주의적 견해들이 존재했는데, 이는 현대 제도주의자들의 주장을 연상시킨다. 사회가 소유관계 때문에 끊임없이 예정된 갈등을 겪고 있는 계급을 중심으로 조직되었다고 주장하는

마르크스주의 견해가 존재했다. 이는 현실주의자들이 세계를 무정부 상태anarchy로 인해 끊임없이 갈등하는 국가를 중심으로 조직되었다고 보는 것과 크게 다르지 않았다. 그리고 19세기 후반에 사회가 현대화로 인해 스트레스와 변혁을 겪고 있음에도 불구하고, 기본 규범과 규칙의 발전으로 인해 어떻게 질서 있고, 심지어 진보적일 수 있는지 구상하는 사회학적 주장이 있었다(Owens, 2015: 658~660). 1세대 구성주의자들은 공유된 규범, 이해관계 및 전망으로 인해 공동체 의식과 목적의 통일성을 갖거나 발전시킬 수 있는 탈냉전 세계를 구상했기 때문에 이러한 후자의 주장에서 발전되는 경향이 있었다. 그 결과 구성주의자들은 권력과 지배에 마땅한 관심을 기울이지 않았다.

요점정리

- 1980년대의 국제관계이론은 신현실주의와 신자유주의적 제도주의에 의해 지배되었다.
- 두 이론은 유물론과 개체론에 기반을 두고 있다.
- 신현실주의와 신자유주의를 비판하는 다양한 학자들은 비판 이론 및 사회학적 이론을 원용하여 세계 정치에 대한 관념과 규범의 영향을 보여 준다.
- 냉전의 종식은 학자들이 기존 국제정치이론에 도전할 수 있는 새로운 지적 공간이 생겼음을 의미했다.
- 구성주의 사상의 첫 번째 조류는 진보의 가능성을 허용하는 안정적인 질서를 형성하기 위해, 국제사회가 공유된 정체성, 규범 및 전망을 발전시키는 방식을 강조하는 경향이 있었다.

구성주의

구성주의의 신조들을 자세히 설명하기에 앞서 한 가지   주의가 필요하다. 구성주의는 사회 이론이지 국제 정치

의 실재적 이론은 아니다. 사회 이론은 행위자와 구조 사이의 관계relationship between agents and structure를 개념화하는 방법에 관한 것이다. 예를 들어 우리가 국가와 국제 정치 구조 사이의 관계를 어떻게 생각해야 하는가? 실재적 이론은 세계 정치의 형태에 대한 구체적인 주장과 가설을 제공한다. 예를 들어 민주적 국가가 왜 서로 간에 전쟁을 일으키지 않는 경향이 있는지를 우리가 어떻게 설명할 수 있는가? 이런 점에서 구성주의는 **합리적 선택**rational choice 이론과 가장 잘 비교된다. 합리적 선택 이론은 특정한 제약 조건의 집합 속에서 고정된 선호를 극대화하는 행위자들이 어떻게 움직이는지를 이해하는 틀을 제공하는 사회 이론이다. 그 이론은 선호 내용에 대해서 아무런 주장도 하지 않는다. 그 내용은 부가 될 수 있고, 종교적 구원이 될 수도 있다. 또한 그러한 제약 조건의 내용에 대해서 어떠한 가정도 하지 않는다. 그것은 총일 수도, 이념일 수도 있다. 합리적 선택 이론은 세계 정치의 실재 형태에 대해서 어떤 주장도 하지 않는다. 예를 들어 신현실주의와 신자유주의는 합리적 선택 이론에 기반을 두지만, 무정부 상태의 영향에 대해서 상이한 가정을 하기 때문에 세계 정치에서 갈등과 협력의 형태에 대해 경쟁적인 주장에 도달한다. 구성주의는 합리적 선택 이론처럼 행위자와 구조 사이의 관계를 다루는 사회 이론이지만 실재적 이론은 아니다. 예를 들어 구성주의자들은 주권의 부상이나 인권 규범이 국가에 미치는 영향에 대해 다른 주장을 펼친다. 실재적인 주장을 만들기 위해서 학자들은 누가 주요 행위자이고, 무엇이 그들의 이익과 능력이며, 규범적 구조의 내용이 무엇인지를 기술해야만 한다.

많은 종류의 구성주의가 존재하지만 이러한 다양성 속에 통일성이 있다. "구성주의는 국제적 생활에서 인간 의식과 그것의 역할에 관한 것이다."(Ruggie, 1998: 856) 인간 의식에 대한 이러한 초점은 알렉산더 웬트Alexander Wendt(1999)가 주장한 바에 따르면 구성주의의 핵심을 대표하는 관념론과 전체론에 대한 추구를 의미한다([참고 9-1] 참조). **관념론**idealism은 세계 정치에서 관념의 역할을 진지하게 받아들이라고 요구한다. 세계는 물질적 및 관념적 세력들에 의해 규정된다. 그러나 이러한 관념들은 우리 머릿속에 있는 정신적인 신념이나 심리적인 상태와 비슷하지 않다. 반대로 이 관념들은 사회적이다. 우리의 정신적 지도는 지식, 상징, 언어, 규칙들처럼 집단적으로 공유되는 관념들에 의해 형성된다. 관념론은 물질적 실재를 기각하는 것이 아니라 물질적 실체의 의미와 구성이 관념과 해석에 달려 있다고 본다. **세력 균형**balance of power은 객관적으로 존재하지 않고 발견되기를 기다리고 있다. 대신에 국가들은 세력 균형은 무엇이고, 그 의미는 무엇이며, 자신들이 어떻게 대응해야 하는지를 논의한다. 또한 구성주의는 **전체론**holism 또는 구조주의의 일부 형식을 수용한다. 세계는 환원할 수 없이 사회적이며, 이미 존재하는 행위자들의 속성으로 분해될 수 없다. 그럼에도 불구하고 전체론은 행위자의 주체성을 허용한다. 즉 행위자가 어느 정도 자율성을 가지고 있으며 그들의 상호 작용이 이러한 구조를 구성, 재생산 및 변용하는 데 도움이 된다는 것을 인정하는 것이다. 냉전 구조가 미국과 소련을 끝까지 싸우게 몰아넣은 듯하지만, 양측 지도자들은 자신들의 관계를 창조적으로 변용시켰고, 그럼으로써 지구 정치의 구조 또한 변화시켰다.

이렇듯 관념론과 전체론을 추구하는 경향은 우리가 세계 정치를 어떻게 생각하고 공부하는지에 중요한 함의를 가진다. 그러나 그 통찰력을 이해하기 위해서 우리는 개념적 단어들을 더 파악할 필요가 있다. 그리고 이 '제2언어'를 배우는 의미를 잘 드러내기 위해 구성주의 단어들을 합리적 선택 이론의 단어들과 비교할 것이다. 핵심적인 분석 요인은 **현실의 사회적 구성**social construction of reality이다. 이것과 관련된 많은 요소가 있는데, 그 하나는 행위자와 그 정체성 및 이해관계의 본성이 사회적으로 구성됨을 강조하는 것이다. 개체론이 주장하듯이 행위자는 사회의 밖에서, 또한 사회에 선행해서 탄생하지 않는다. 대신에 행위자는 문화적 환경에 의해 생산되고 창조되는 것이다. 자연적으로 되는 것이 아니라 양성되는 것이다. 이는 정체성의 중요성과 이익의 사회적 구성을 보여 준다. 미국의 정체성은 국가 이익을 형성하고, 심지어 이를

구성주의의 핵심 개념들

행위자-구조 문제 Agent-structure problem: 문제는 행위자와 구조의 관계를 어떻게 생각할지다. 한 시각은 행위자는 이미 형성된 정체성과 이해관계를 가지고 태어나, 다른 행위자들과 그들의 상호 행동이 만드는 광범위한 구조를 그들 이해관계의 제한 요인으로 취급한다는 것이다. 그러나 이 시각은 행위자를 선사회적으로 보아 정체성이나 다른 행위자들과 상호 작용을 통해 자기의 이해관계를 바꿀 수 있는 가능성에는 관심이 없다. 또 다른 시각은 구조를 제한 요인으로 보지 않고 행위자 스스로가 구조를 구성한다고 본다. 그러나 이런 시각에서는 행위자가 그 구조의 인공물에 불과하기 때문에 행위자를 문화적 하수인으로 취급할 수도 있다. 행위자-구조 문제를 해결하기 위해 제안된 것은 행위자와 구조가 서로를 어떻게 구성하는지를 이해하기 위한 방법을 찾기 위해 노력하는 것이다.

구성주의Constructivism: 관념과 인간 의식의 중심성에 관심을 둔 국제정치학의 접근법으로서 전체적이고 관념적인 구조관을 강조한다. 구조가 행위자들의 정체성과 이해관계를 어떻게 구성하는가, 그들의 상호 작용이 그 구조에 의해 어떻게 조직되고 제한되는가, 그리고 상호 작용이 구조를 어떻게 재생산 또는 변용시키는가를 묻는다.

전체론Holism: 구조는 부분의 합 이상이며 환원될 수 없을 만큼 사회적이기 때문에 개별적 단위와 그 상호 작용으로 분석될 수 없다는 시각이다. 게다가 구조는 단순히 행위자를 제한하는 것을 넘어서 행위자를 구성한다.

관념론/이상주의 Idealism: 평화로운 세계를 만드는 것이 가능하다는 주장과 자주 관련되지만, 사회 이론으로서 관념론은 사회의 가장 근본적인 특성이 사회의식이라는 주장을 뜻한다. 관념은 우리가 우리 자신과 우리 이익을 바라보는 방식, 우리가 세계를 범주화하고 이해하는 데 사용하는 지식, 다른 사람에 대한 우리의 신념, 도전과 위협에 대한 가능한 그리고 불가능한 해결책을 형성한다. 관념론은 기술 같은 물질적 요소를 무시하지는 않는다. 반대로 이런 물질적 세력들의 의미와 결과가 본성적으로 주어진 것이 아니라 인간의 이해에 의해 추동된다고 주장한다.

정체성Identity: '다른 사람'과의 관계 속에서 자신을 이해하는 것이다. 정체성은 사회적이며, 항상 다른 사람과의 관계 속에서 형성된다. 일반적으로 구성주의자들은 정체성이 이익을 형성한다고 주장한다. 우리는 우리가 누구인지를 알기 전까지 우리가 무엇을 원하는지 알 수 없다. 그러나 정체성은 사회적이며 상호 작용을 통해 이루어지기 때문에 변화할 수 있다.

개체론Individualism: 구조가 개체와 그들의 상호 작용의 합으로 환원될 수 있다는 시각이다. 개체론에 입각한 국제관계이론들은 단위체와 그 이익의 본성(대개 국가와 권력 또는 부의 추구)을 가정하며, 어떻게 광범위한 구조(대개 권력의 배분)가 국가의 행동 방식을 제한하고 세계 정치의 일정한 행태를 만들어 내는지를 검토한다. 개체론은 전체론과 반대되는 입장이다.

유물론Materialism: 기술을 포함하는 물질적인 힘이 사회의 기반이라는 시각이다. 국제관계학자들에 따르면 유물론은 국가의 외교 정책과 국제 정치의 형태를 이해하기 위한 기술 결정론이나 군사력의 배분에 대한 강조로 귀결되었다.

규범적 구조 Normative structure: 국제관계이론은 전통적으로 구조를 권력의 배분 같은 물질적인 측면에서 정의했으며, 행위자를 제한하는 요소로 취급한다. 유물론적 구조에 대비되는 규범적 구조는 지식, 규칙, 신념, 규범처럼 집단적으로 공유되는 관념(행위자를 제한할 뿐만 아니라 의미의 범주를 구성하고 정체성과 이해관계를 구축하며 적절한 행동의 표준을 정의한다)을 포함한다. 여기서 중요한 것은 '주어진 정체성을 가진 행위자에 대한 적절한 행태의 표준'(Finnemore and Sikkink, 1998: 891)으로서의 규범 개념이다. 행위자들은 수익과 비용 때문만이 아니라 규범이 자의식과 연관되기 때문에 규범을 고수한다.

실천Practices: 사회적으로 의미가 있는 행동의 유형으로, 어느 정도 능숙하게 행해지며, 배경지식이나 담론을 생산하거나 재생산한다. 다른 표현을 빌리자면, 행동은 단순히 개인 차원의 합리적 사고가 아니라, 공동체에서 주어진 법에 의해서 행해진다는 점을 이해해야 한다.

합리적 선택 이론 Rational choice theory: 행위자가 어떻게 자기 이익을 극대화하고 자기 이익을 달성하기 위해 가장 효율적인 수단을 선정하는지를 강조하고, 일련의 제약 요인 아래에서 자신의 선호를 극대화하는 행위자들의 노력으로 인한 집단적 결과를 설명하려는 접근법이다. 대부분 경제 이론에서 도출된 국제 정치학의 합리적 선택 접근법은 압도적인 영향력을 가지고 있으며, 다양한 범위의 쟁점에 적용되고 있다.

달성하기 위해 수용 가능하거나 수용할 수 없는 수단으로 간주되는 것까지도 형성한다.

다른 요소는 개인이 세계를 구성하고 해석하는 데 지식(상징, 규칙, 개념, 범주)이 영향을 주는 방식이다. 실재는 발견되기를 기다리면서 객관적으로 존재하지 않는다. 반대로 역사적으로 만들어지고 문화적으로 결합된 지식이 개인들에게 실재를 구성하고 의미를 부여할 수 있게 만들어 주는 것이다. 바꿔 말하자면 기존 범주는 우리가 세계를 이해하고 규정하며 아는 데 도움을 준다. 예를 들어 내전에서 인종 청소, 반인류 범죄, 집단 학살에 이르기까지 집단 폭력을 분류하는 방법에는 여러 가지가 있다.

이러한 구성된 실재 그 자체가 가끔 객관적 실재로 나타나는데, 이는 **사회적 사실**social facts 개념과 연관되어 있다. 그 존재가 인간의 약속에 달려 있는 것과 그렇지 않은 것이 있다. 바위, 꽃, 중력, 바다와 같은 야생의 존재는 인간의 약속과 독립적으로 존재하며, 인류가 사라지거나 그 존재를 부정하더라도 계속 존재할 것이다. 사회적 사실은 인간의 약속에 달려 있으며, 당연하게 간주된다. 돈, 망명자, 테러리즘, 인권, 주권은 사회적 사실이다. 그것들은 인간의 약속이 존재하는 동안에만 존재하는 것이며, 그것들의 존재는 우리가 세계를 어떻게 범주화하며 무엇을 하는지를 형성한다. 인간의 약속은 두 자발적인 행위자의 계약의 존재에 전적으로 좌우되는 것이 아니라, 우리에게 세계를 인식할 수 있게 해 주는 언어, 범주, 의미가 존재하는 구조적 지평 아래에 존재하는 것이다. 그에 따라, 구성주의자들은 우리 세계의 여러 면에 존재하는 배경지식, 언어로 표현된 문장, 당연하게 여겨지는 특성에 관심을 보인다.

구성주의자들은 인간의 행동을 묘사하는 방식 면에서 다르다. 행태를 자주 이야기하는 합리주의자들과 대조적으로 구성주의자들은 실천의 언어를 자주 사용한다. 실천이란 사물이 어떻게 이루어지는가를 포착해서, 사회적 맥락 속에서 이러한 '행태'의 위치를 고려하는 것이다. 아들러E. Adler와 풀리오V. Pouliot(2011a: 4~5)는 실천을 "다소간 유능하게 행위함으로써 배경지식과 담론을 생산하고 재생산하는 데 사회적으로 의미 있는 행동 양상"으로 정의한다. 실천은 어떤 일을 하는 데 적합한 방식이 있으며, 그것은 오래가고 일상화된 양상을 보이며 종종 어떤 직업과 같은 소규모 공동체의 지식으로부터 생겨나기도 하며, 그 행위자들은 거기에 의미를 부여하는 것을 의미한다. 예를 들어 분쟁과 자연 재해의 피해자들에게 구명 구호를 제공하는 인도주의 기구들은 분명한 일련의 실천 방안을 가진다. 구호를 제공하는 데는 옳은 방법과 틀린 방법이 있다(이상적으로 불편부당성impartiality, 독립성independence 그리고 중립성neutrality 원칙을 통해서). 이러한 실천은 전문가 네트워크를 통한 행위와 훈련을 통해 습득된다. 인도주의적 분야의 기준에 따라 구호를 제공하는 것은 능력뿐만 아니라 공동체의 구성원이라는 것을 보여 주는 방법이다. 그리고 이러한 실천은 자주 인류에 대한 윤리적 책무를 함의한다.

또한 구성주의자들은 규범과 규칙에 관심을 기울인다. 규범은 두 가지 기본 종류로 나뉜다. **규제적 규칙** regulative rules이란 이미 존재하고 있는 행동을 규제하는 것이다. 도로 규칙은 어떻게 운전해야 하는가를 결정하고, 세계무역기구의 규칙은 무역을 규제한다. **구성적 규칙** constitutive rules은 이러한 행동의 가능성을 창출한다. 럭비 규칙은 블로킹을 금지할 뿐만 아니라 바로 그 경기를 규정하는 데 도움을 준다(그리고 그것을 미식축구와 구분해 준다). 만약 포워드가 백을 블로킹하기 시작한다면, 이것은 페널티일 뿐 아니라 게임 그 자체도 변화시킬 것이다. 주권의 규칙은 국가의 행위를 규제할 뿐만 아니라 주권 국가라는 관념 자체를 가능하게 만든다. 규범은 그 제도화, 다시 말해 얼마나 이 규범들이 당연하게 여겨지는지에 따라서 다양하다. 모든 사람이 사랑, 전쟁 혹은 다른 사회적 노력에서 공평하지 않다. 그러나 우리는 사랑 혹은 전쟁의 게임에 참여할 때 중요하게 고려되는 것이 시간에 따라 달라질 수 있다는 것을 알고 있다. 이것은 우리가 그 기원과 발전 과정, 그리고 그에 해당하는 결과에 관심을 기울여야 한다는 것을 의미한다. 더 나아가 규칙은 정적인 것이 아니고, 행위자들이 새로운 상황에서 어떻게 적용해야 하는지를 고려하여, 그들의 행위, 반추, 주장 등을 통해 수정된다. 사실 행위자들은 전략적으로 사회 구조에 개입할 수 있다(Finnemore and Sikkink, 1998). 행위자들은 차후에 국가 정체성과 이익을 안내하고 구성하는 규범들을 바꾸려고 시도한다. 예를 들어 인권 운동가들은 이 규범들을 위반하는 대상을 밝혀서 망신을 줄 뿐만 아니라 이렇게 행동하는 것이 옳기 때문에 국가들이 이러한 규범들과 스스로를 동일시하게 함으로써 인권 규범들의 준수를 고무한다.

세계가 물질적일 뿐만 아니라 규범적이라는 구성주의자들의 주장은 다른 종류의 세계 질서들과 비교된다. 현실주의자들은 초국적 권위의 부재로 정의되는 무정부의 세계에서 출발한다. 이로부터 그들은 의혹, 경쟁, 분쟁과 밀접한 관련이 있는 국가 행위의 논리를 정식화한다. 그러나 마하트마 간디Mahatma Gandhi의 세계와 오사마 빈라덴Osama bin Laden의 세계가 동일한가? '무정부는 국가들이 만드는 것'이라는 웬트(Wendt, 1992)의 주장은 다른 신념과 실천이 세계 정치의 다양한 양태와 조직을 어떻게 발생시키는가에 대한 주의를 환기시킨다.

다른 규범적 환경의 존재는 구성주의의 핵심 개념을 시사하지만 합리주의에서 간과된다. 바로 정당성이라는 개념이다. 모든 행위자는 그들이 정체성과 이익을 이유로 더 넓은 국제 공동체의 가치에 따라 행동하고 이를 추구한다는 신념, 즉 정당성을 갈망한다. 국가는 항상 가장 효율적인 것만을 추구할까? 목적이 수단을 항상 정당화하는가? 많은 국가는 기존 관례와 규범에 따라 행동하는 것처럼 보이길 원하며, 그렇게 보이지 않을 때 그들의 행동을 설명하거나 정당화할 필요성을 느낀다. 정당성과 행동 과정의 비용 사이에는 직접적인 관계가 있다. 정당성이 클수록 다른 국가들이 그들의 정책에 협조하도록 설득하기 쉽다. 반대로 정당성이 적을수록 그 행동은 더 큰 비용을 치른다. 그래서 이것은 강대국이라고 할지라도 정당하게 보이기 위해서 그들의 정책을 수정하거나 결과에 대한 책임을 져야 할 필요성을 자주 느낄 것이라는 점을 의미한다. 이러한 고려는 왜 물질적으로 어려움을 겪는 인권 활동가들이 '이름 불러 망신 주기' 전략을 사용할 수 있는가를 설명하는 데 도움을 준다. 법을 위반하는 많은 정부들이 법을 지키는 시민처럼 보이기 위해서 그들의 행동을 변화시킨다.

앞에서 살펴보았던 구성적 규칙과 규제적 규칙의 구분은 **결과의 논리**logic of consequences와 **적절성의 논리**logic of appropriateness 사이의 개념적 구분과 비슷하다. 결과의 논리는 인간 행위를 특정 행동의 기대 비용과 수익에서 찾으므로 다른 행위자가 동일한 행동을 할 수 있음을 염두에 둔다. 그러나 적절성의 논리는 그들의 행동이 정당한지를 고심하면서 어떻게 행위자가 규칙을 따르는지를 부각시킨다. 두 논리가 반드시 구분되거나 경쟁적이지는 않다. 적절하면서 정당해 보이는 것이 서로 다른 행동들의 잠재적 비용에 영향을 미칠 수 있다. 가능한 행동 경로가 더 정당하지 못하게 보일수록 단독으로 행동하는 사람들의 잠재적 비용은 더 높을 것이다. 2003년 미국이 국제연합 안전보장이사회의 승인 없이 이라크에 가기로 결정한 것은 다른 국가들이 이 행동의 정당성을 인정하지 않아 미국을 덜 적극적으로 지지했다는 것을 의미한다. 따라서 미국은 더 높은 추진 비용을 감당해야 했다.

구성주의자들은 실재의 사회적 구성을 강조하고 세계

난민의 사회적 구성과 현대 이주 위기

© arindambanerjee / Shutterstock.com

난민은 누구이며, 왜 이 범주가 문제가 되고, 그것은 어떻게 변화하는가? 집을 떠난 사람들을 범주화하는 데는 이민자, 임시 노동자, 추방자, 난민 같은 많은 방식이 있다. 20세기 이전에 난민은 법적 범주로서 존재하지 않았다. 제1차 세계대전이 일어나고 나서야 비로소 국가들이 사람들을 난민으로 인정하고 권리를 부여했다.

많은 사람이 제1차 세계대전 때문에 자신의 국가에서 추방되었지만, 서양 국가들은 볼셰비키를 피해 나온 러시아 사람들에게만 동정심을 베풀었다(그 국민을 박해한 경쟁국을 비난하기가 더 쉬웠다). 러시아 사람들만이 국가들과 새로운 난민 기구인 난민고등판무관에서 지원을 받을 권리를 부여받았다. 그러나 난민고등판무관은 권한을 받은 뒤에 그 범주를 고국을 탈출하여 도움이 필요한 유럽에 있는 다른 사람들에게도 적용하기 시작했다. 국가들은 대체로 이를 허용하는 경우가 많았지만, 일부 국가에서는 국제적 인정이나 도움이 필요한 많은 사람, 특히 나치 독일을 탈출하려는 유대인들에게 도움을 주기를 거부했다.

제2차 세계대전이 끝난 뒤 그리고 대규모 추방의 결과로 국가들은 난민이라고 이름 붙일 수 있는 사람들은 누구이며, 그들이 무슨 도움을 받을 수 있는지를 재검토했다. 서양 국가들은 세계 전체에 있는 수백만 명을 책임져야 하는 상황을 우려했기 때문에 1951년 난민협약에서 난민을 1951년 이전에 유럽에서 일어난 사건들의 결과로서 "뚜렷한 근거를 가진 박해의 공포 때문에 고국 밖에 있는" 개인들로 정의했다(Article I.A(2)). 바꿔 말하자면 서양 국가들의 정의는 1951년 이후에 일어난 전쟁 또는 자연재해 때문에 추방된 유럽 밖에 있는 사람들을 배제했던

것이다. 그렇게 많은 사람을 배제한 이 자의적 정의에 반대하여 새로운 난민 기구인 국제연합 난민고등판무관은 원조 기관들과 관용적 국가들과 함께 유럽 밖의 사건들을 포함하면서 유럽 사람들에게 부여된 권리를 그들에게 주지 않을 어떤 원칙적 이유도 없다고 주장했다.

시간이 지나면서 난민의 정치적 의미에는 집을 강제로 떠나 국제적 경계를 건넌 모든 사람이 포함되었으며, 결국 국가들도 새로운 정치적 현실을 반영하여 국제법적 의미를 변경했다. 현시대에 우리는 인재 때문에 집을 강제로 떠난 사람들을 난민이라고 하며, 국제 경계를 건넜는지는 중요한 고려 대상이 아니다. 이 사람들을 포착하기 위해 우리는 '내부적으로 추방된 사람들'이란 용어를 사용한다. 국가들이 '합법적' 난민과 내부적으로 추방된 사람들을 구분하는 이유는 이에 해당하는 수백만의 사람들에게 국제법적 의무를 확대하는 데 별 관심이 없으며, 다른 국가의 국내 문제에 개입하기를 원하지 않기 때문이다. 국가들은 난민의 범주를 제한하는 동시에, 이동하는 사람들을 부르는, 이민자와 같은 또 다른 범주를 만들고 있으며, 이민자들에게는 같은 정도의 보호가 제공되지 않는다.

시리아 내전이 2015년 유럽에서 이주 위기를 촉발하고, 미국이 남쪽 국경을 넘어오는 이주민에 대한 '무관용 정책'을 펼치기 시작하며, 각 국가가 국경 간 이주나 난민에 대한 협약을 맺지 못하면서 난민 범주의 힘과 정치가 점점 분명해졌다. 시리아 충돌로 인해 근래 들어 가장 대규모의 이주자가 발생했다. 시리아 난민의 대다수가 이웃 국가에 정착했지만, 100만 명이 넘는 사람들이 유럽에서 피난처를 찾았다. 노출과 의무를 제한하기 위해 많은 유럽 국가는 난민 지위 보호를 원하는 사람들을 자의적으로 거부하기 시작했으며 이는 이들 국가가 그들에 대한 도덕적 또는 법적 의무가 없다는 점을 함축하는 것이다. 마찬가지로 2017년부터 미국 정부는 모든 실향민을 불법 이민자처럼 취급하기 시작했다. 그렇게 함으로써 미국은 자신들이 국제법에 따라 난민과 망명 신청자의 권리를 인정해야 하는 의무를 불명확하게 만들었다. 지구적 이민 **체제**regime를 만드는 데 있어 주요 장애물 중 하나는 국가에서 보호해야 할 의무가 있다고 생각하는 사람들과 전혀 보호받을 자격이 없는 사람들을 구분하는 것이 어렵다는 점이다. '난민'과 같은 분류는 시간에 따라 확대 및 축소된 정치적, 도덕적 범주이며 전 세계 수백만 명의 실향민에게 삶과 죽음의 차이가 될 수 있다.

질문 1 | 국가가 난민과 국경을 넘는 다른 부류의 실향민을 구별하는 것을 수용하는 이유는 무엇인가?

질문 2 | 강제로 고국을 떠나야 하는 사람들에는 여러 부류가 있다. 경제적 이민자보다 '난민'에게 더 많은 권리를 부여해야 하는 이유가 있는가?

가 어떻게 구성되어 있는지 질문함으로써 실재하는 세계의 고고학자가 된다. 구성주의자들은 지금 우리에게 자연스럽게 보이며 우리의 사회적 단어의 일부인 사회적 구성물의 기원을 이해하기를 원한다. 이러한 개념의 기원을 이해하려면 일반적으로 기존의 관념과 제도 간의 상호 작용, 숨겨진 동기를 가진 지도자의 정치적 계산, 인류를 향상시키려는 도덕적 생각을 가진 행위자 및 우연성에 주의를 기울여야 한다. 구성주의의 기원에 대한 관심과 역사적 우연성에 대한 인식은 그것이 반사실성과 아무도 가지 않은 길에 주의를 기울인다는 것을 의미한다. 그러나 구성주의는 주로 현재 당연하게 여겨지는 것들의 기원을 밝히는 데 관심이 있다.

예를 들어 주권은 항상 존재하지 않았다. 주권은 종교 행위자의 힘, 국가 이익, 인간 상호 작용에 도전한 역사적 힘의 산물이다. 주권은 정치적 권위가 어디에 존재해야 하는지 새로운 구분을 만들었다. 아담과 이브가 에덴에서 쫓겨난 이후 개인들이 고향을 떠나 도망갈 수밖에 없었지만, '난민'이라는 정치적, 법적 범주는 존재한 지 겨우 한 세기밖에 되지 않는다([사례연구 9-1] 참조).

구성주의자들은 또한 행위자가 자신의 행위를 어떻게 의미 있게 만드는지를 검토한다. 막스 베버Max Weber (1949: 81)의 "우리는 세계에 대한 의도적 태도를 가지고 그것에 중요성을 주는 능력과 의지를 가진 문화적 존재"라는 통찰을 따라 구성주의자들은 행위자가 관행과 그들이 구성하는 대상들에 부여하는 **의미**meanings를 식별하고자 한다. 이는 개인적 신념이 아니라 **문화**culture에서 나온다. 문화는 기껏해야 행동에 제약을 주는 요인에 불과하다는 합리주의적 가정과 반대로 구성주의자들은 문화가 사람들이 자신의 행동에 부여하는 의미를 구성한다고 주장한다. 때때로 구성주의자들은 이러한 의미가 굳어진 문화에서 나온다고 가정한다. 그러나 문화가 분절되어 있으며 사회는 의미 있는 행위가 무엇인지에 대한 다른 해석들로 구성되어 있기 때문에, 학자들은 이러한 문화적 단층선을 고려하면서 의미의 고정을 정치의 정수인 성과로 취급할 필요가 있다. 세계 정치에서 가장 중요한 논쟁들 가운데 몇 가지는 특정 행동의 의미를 어떻게 규정할지에 관한 것이다. 개발, 인권, 안보, 인도주의 개입, 주권 모두는 여러 가지 의미를 가질 수 있는 중요한 지향적 개념이다. 국가들과 비국가 행위자들은 이 개념들에 대한 경쟁적 해석을 가지며, 그들이 선호하는 해석이 집단적으로 수용되도록 투쟁할 것이다.

이러한 의미들이 정치를 통해서 고정되어 있으며, 의미가 고정되면 그 의미가 사람들의 운명을 결정할 수 있는 능력에 영향을 미친다는 사실이 바로 **권력**power에 대한 대안적 사고방식을 시사한다. 국제관계이론가들 대부분은 권력을 한 국가가 다른 국가를 강제하지 않는다면 하지 않을 행위를 하게 만드는 능력으로 취급하며, 이런 설득적 효과에 영향을 주는 군사적 화력과 경제적 치세술 같은 물질적 기술에 초점을 두는 경향이 있다. 구성주의자들은 이런 권력관에 중요한 두 가지를 추가한다. 우선, 권력의 세력은 물질적임을 넘어서서 관념적일 수 있다(Barnett and Duvall, 2005). 앞에서 논의했던 정당성 문제를 예로 들 수 있다. 게다가 권력의 효과는 행태를 바꾸는 능력 이상이다. 또한 권력은 지식, 의미의 고정, 정체성의 구성이 어떻게 다른 보상과 능력을 배분하는지를 포함한다. 만약 개발이 1인당 소득으로 규정된다면, 일부 행위자(국가)와 어떤 행위들(산업화)은 특권화된다. 그러나 개발이 기본적 필요로 규정된다면, 다른 행위자들(농민과 여성)이 발언권을 얻고 다른 행위들(소규모 농업 계획 및 오두막 산업)이 보일 것이다. 국제인권법은 '전투원'을 남성, '민간인'을 여성, 아이들 및 노인들로 가정하는 경향이 있다. 결과적으로 남성과 여성은 전쟁법에 따라 다르게 보호될 수 있다.

요점정리

- 구성주의자들은 인간 의식과 지식에 주의를 기울이고, 행위자들이 세계를 해석하는 방식에 영향을 미치는 구조적 요인으로 관념을 취급하고, 관념과 물질적 세력의 동적 관계를 행위자가 물질적 실재를 어떻게 해석하는지의 결과로 간주하고, 행위자가 구조를 어떻게 생성하며 구조가 행위자를 어떻게 생성하는지에 관심을 가진다. 그리고 행위자와 구조 사이에 존재하는 관행에 중점을 둔다.
- 규제적 및 구성적 규범은 행위자가 무슨 행동을 하는가를 형성하는데, 오직 구성적 규범만이 국가들의 정체성과 행위자, 그리고 무엇이 정당한 행위로 간주되는지를 형성한다.
- 규범적 구조는 국가와 비국가 행위자가 어떻게 그들과 세계를 이해하는가를 — 그들의 신념, 실천, 옳은 것과 그릇된 것에 대한 판단, 정당성 개념을 — 형성한다.
- 행위자들이 그들의 행동에 부여하는 의미가 근저에 있는 문화에 의해 형성되지만, 의미는 항상 고정되어 있지 않으며 의미를 고정하는 것은 정치의 중요한 특징이다.
- 사회적 구성은 당연하게 간주되는 것을 다시 생각해 보도록 만들고, 생활의 사실로서 현재 인정되고 있는 것의 기원에 대한 질문을 던지며, 대안적 세계를 만들었고, 향후에도 만들 수 있는 대안적 경로를 고려한다.
- 권력은 한 행위자가 다른 행위자에게 원하지 않는 행위를 하게 만드는 능력일 뿐만 아니라 자신의 운명을 통제하는 행위자의 능력을 제한하는 정체성, 이익, 의미의 산물이다.

구성주의와 지구적 변화

세계가 어떻게 결합해 있는지, 규범적 구조가 어떻게 행위자의 정체성과 이익을 구성하는지, 행위자가 어떻게 규칙을 따르는지에 초점을 두는 구성주의는 현상의 재생산을 설명하는 데는 이상적이지만 변용을 설명하는 데는 쓸모없어 보일 수 있다. 하지만 이는 사실이 아니다. 구성주의에서는 존재하는 것은 존재하지 않았을 수도 있으며, 존재할 필요가 없을 수도 있다. 이는 우리에게 대안적 세계와 그것들을 얼마간 가능하게 만드는 조건을 생각하게 만든다. 사실 구성주의는 신현실주의와 신자유주의적 제도주의가 오늘날 지구적 변용을 설명하는 데 실패했다고 질책했다. **베스트팔렌평화조약**Peace of Westphalia은 주권과 불간섭 규범을 확립하는 데 도움을 주었지만, 최근 수십 년 동안 다양한 과정들이 불간섭 원칙에 반해 이루어졌으며, **보호책임**responsibility to protect으로 잘 알려져 있듯이 국가 주권이 국가가 국민을 어떻게 취급하느냐에 어떻게 조건적인지를 보여 주었다. **세계 질서**world orders는 강대국의 선호뿐만 아니라 무엇이 정당한 국제 질서를 구성하는지에 대한 이해의 변화에 따라서도 창출되고 유지된다. 제2차 세계대전까지 세계가 **제국**empires을 중심으로 조직되어 있다는 생각은 부당하다고 생각되지 않았다. 그러나 지금은 부당하다고 생각된다. 지구적 변화와 관련하여 현재 가장 긴박하고 인상적인 문제들 가운데 하나는 '역사의 종언'과 세계 정치의 분명한 동질화(다시 말해 국가들이 비슷한 방식으로 국내적 및 국제적 생활을 조직하는 경향과, 좋은 삶과 그것에 어떻게 도달할지를 규정하는 국제 규범의 수용 증가)이다. 이제부터는 이 논쟁에서 중심적인 위치를 차지하는 세 가지 개념(확산, 사회화, 규범의 국제화 및 **제도화**institutionalization)을 논의하겠다.

지구적 변화에 대한 어떤 논의에서든 중심 주제는 **확산**diffusion이다. 확산에 대한 이야기들은 특정한 조직 유형, 실천, 규범, 전략 또는 신념이 사람들 사이에서 어떻게 전파되는지에 관련된다. 구성주의자들은 두 가지 중요한 쟁점을 부각했다. 첫째는 동일한 환경을 공유하는 조직들이 시간이 지나면서 서로 닮아 가는 **제도적 동형성** institutional isomorphism이다. 바꿔 말하자면 표본 안에 다양한 유형이 존재하고 있었는데 시간이 지나면서 그러한 다양성이 하나의 유형으로 순응하고 수렴된다는 말이다. 예전에는 국가 구조, 경제 행위, 자유무역협정 따위를 조직하는 다양한 방법이 있었다. 그러나 지금 세계는 **민족국가**nation-state를 중심으로 조직화되어 있으며, 많은 국가는 민주적 형식의 통치와 시장경제를 선호하고 있고, 대부분의 국제기구는 다자적 형식을 가지고 있다. 이러한 수렴의 이유는 국가들이 이제 어떤 제도가 다른 제도보다 훨씬 우수하다는 사실을 인식하고 있기 때문일 수 있다. 추가적 가능성은 국가들이 인정이나 정당성, 위신을 원하기 때문에 비슷하게 보인다는 점이다. 예를 들어 탈냉전 시기 민주화와 선거의 물결에 대한 한 가지 설명은 민주적 선거가 정치를 조직하는 더 효율적이고 우수한 방식이라는 사실을 국가가 이제 수용한다는 것이다. 또한 많은 국가는 민주적 선거가 효율적이기 때문이 아니라 '근대 세계'의 일원으로 간주되어 정당한 국가와 연계된 혜택을 받기를 원하기 때문에 민주주의로 전향하고 선거를 실시한다고 볼 수도 있다.

이런 것들은 어떻게 확산하는가? 왜 그것들이 새로운 장소에서 수용되는가? 한 가지 요인은 강제이다. 식민주의와 강대국의 강요는 자본주의 확산에서 중심적으로 두드러졌다. 다른 한 가지 요인은 전략적 경쟁이다. 격렬한 경쟁자들은 전장에서 대등하게 대치하기 위해 비슷한 무기 체제를 채택할 가능성이 크다. 국가는 적어도 다른 네 가지 이유에서 비슷한 이념과 조직을 채택할 것이다. 첫째, 국가는 자원이 필요한데, 이 자원을 유치하기 위해 제도를 채택하고 개혁하며, 다양한 공동체에게 자신이 그집단의 일원이며 '근대적' 기술을 사용하고 있다는 신호를 준다. 바꿔 말하자면 국가는 새로운 제도를 우월하다고 진정으로 믿기 때문이 아니라 자원들을 끌어들이는 상징이라는 점에서 중시한다. 그리고 종종 이러한 상징에는 물질적 이익이 있다. 유럽연합 가입을 추진하던 동유럽 국가들은 다양한 개혁을 채택했는데, 그 효과를 믿었을 뿐만 아니라 이러한 개혁이 유럽연합 가입의 대가인 상징이었기 때문이다.

둘째, 존재하는 도전을 어떻게 처리해야 할지 확신할 수 없는 불확실성의 시대에 국가는 성공적이거나 정당하다고 인식되는 유형을 채택할 가능성이 크다. 예를 들어 냉전이 끝날 무렵 '서양' 모델은 '국제 표준'으로 간주되었기 때문에 특히 매력적으로 보였다. 셋째, 국가들은 흔히 상징적 지위 때문에 특정 유형을 채택한다. 예를 들어 많은 제3세계 정부는 자신들이 수준이 높으며 그 '집단'의 일원임을 다른 국가들에게 전하기 위해 군사적 가치가 거의 없는 매우 비싼 무기 체계를 획득해 왔다. 이란의 핵 야심은 지역 지배에 대한 욕망에서 기인했다고 볼 수 있지만, 궁극적으로 강대국 지위의 상징을 원했기 때문일 수도 있다. 마지막으로, 전문가 단체와 전문가 공동체도 조직 모델을 확산시킨다. 많은 단체들이 그들의 전문 영역에서 도전에 어떻게 대응할지를 결정하는 기술, 행동 규약, 방법론들을 확립해 왔다. 그들은 이러한 기술들을 비공식적 상호 작용과 대학 같은 공식적인 환경을 통해 학습한다. 경제학자들은 경제 위기를 분석하고 대응하는 표준적인 방법을 가지고 있고, 국제 변호사들은 인권 침해 상태를 정의하고 고발하는 표준을 가지고 있으며, 인도주의자들은 난민 캠프를 조직하고 운영하는 표준을 가지고 있다. 진행 중인 문제를 해결하기 위해 허용된 관행을 사용하는 것 이외에도 전문가는 이러한 표준을 다른 사람에게 전달하여 확산의 대리인이 된다.

변화하는 정체성과 이익에 관한 논의에서 구성주의자들은 사회화 개념을 활용했다. 국가들은 어떻게 변화하여 그 집단의 기존 회원들과 정체성, 이익, 방식을 일치시키며, 따라서 그들의 행태를 변화시켜 그 집단의 행태와 일치하게 만드는지를 우리는 어떻게 설명할 수 있는가? 앨리스테어 이언 존스턴Alistair Iain Johnston(2008)이 주장한 바에 따르면 관찰해야 할 부분은 국제 제도와 조직 내 국가들 사이의 친밀한 관계라고 한다. 특히 그는 중국이 지난 20년 동안 다양한 다자간 포럼 안에 포함된 사회화 과정 때문에 그들의 안보 정책들을 변화시켰던 가능성을 탐구했다. 더 나아가 그는 사회화가 여러 가지 기제에 의해 생산될 수 있다고 주장한다. 국가 관리들은 엄청난 불확실성에 직면하여 최선의 진행 방법을 결정해야 할 때 다른 사람들이 잘 이용하는 관행들을 모방하여 채택할 것이다. 사회적 영향력을 위해 국가 관리들은 기존 집단 안에서 지위를 갈망하며 승인과 비승인의 신호에 민감해진다. 그리고 국가 관리들이 세계에 대한 새로운 사고방식의 우월성을 확신했을 때, 말하자면 설득되었을 때 그들은 사회화된다. 구성주의와 합리적 선택이 국가 행태를 설명하는 경쟁적인 동시에 보완적인 설명이라는 앞선 언급과 같은 선상에서 존스턴은 사회화의 일부 경로가 행동의 비용과 편익을 강조하는 합리주의자들이 염두에 두고 있는 것과 더 유사하고, 일부 경로는 특히 더 넓은 공동체에 의해 수용되고자 하며 배우려는 의지를 보여 주고자 하는 욕망을 강조하는 구성주의자들이 염두에 두고 있는 것과 더 가깝다고 주장한다.

확산과 사회화에 대한 논의는 규범의 국제화에도 주의를 기울인다. 규범이란 '주어진 정체성을 가진 행위자들에게 적절한 행태의 표준'이다(Finnermore and Sikkink, 1998: 891). 인도주의, **시민권** citizenship, 군사 개입, 인권, 무역, 군비 통제, 환경의 규범은 국가들이 하는 일을 규제할 뿐만 아니라 정체성과 연관되어 있어서 그들이 자신과

자신의 이익을 정의하는 방식을 표출한다. 규범은 행태를 제약하는데, 이는 행위자들이 비용을 걱정하고 또 '자기의식'이 있기 때문이다. '문명화된' 국가들은 전쟁이 소득이 없기 때문이 아니라 문명화된 국가에게 기대되는 행동 양식을 위반하기 때문에 폭력을 통해 의견 차이를 조정하는 일을 피할 것이다. 인권 행동가들은 인권을 위반한 사람들에게 '이름 불러 망신 주기'를 사용할 뿐만 아니라 잠재적 위반자들에게 인권 준수가 근대적이고 책임 있는 국가로서 그들의 정체성과 연관되어 있다는 점을 설득시킴으로써 인권 위반을 줄이려고 열망한다([사례연구 9-2] 참조).

무엇이 적절한 행동을 구성하는지에 대한 이러한 예상은 당연하게 간주되는 지점까지 사람들 사이에서 확산할 수 있다. 그러므로 규범은 단순히 분출되지 않고 정치적 과정을 통해 진화한다. 그러므로 핵심 문제는 규범의 국제화와 제도화, 또는 이른바 **규범의 생활 주기** life cycle of norms이다. 핀모어와 시킨크(Finnemore and Sikkink, 1998: 894~905)가 소개했듯이, 생활 주기 개념은 규범의 세 가지 규정 단계를 시사한다. 첫 번째 단계는 '규범 출현'이다. **규범 기업가** norm entrepreneur는 이 단계에서 쟁점에 "주의를 환기하거나, 이름을 붙이고, 이를 해석하고 극화함으로써 쟁점을 '만들어 낼' 수 있다." 이를 통해 규범 기업가는 더 광범위한 대중의 주의와 관심을 이끌어 낸다. 그들이 변화를 도입하는 데 관심이 있기 때문에 많은 규범 기업가들은 비정부기구나 국제기구에서 일한다. 그러나 그들의 성공은 국가가 그 권력을 변화하는 데 사용하여 새로운 규칙을 만드는 것을 돕고 국제기구가 새로운 규범을 제도화하도록 설득하는 데 달려 있다. 이것이 달성된다면, 규범 출현은 임계점에 도달하여 두 번째 단계인 '규범 폭포'로 이어진다. 이 단계에서 규범은 그 외 사람들을 통해 확산한다. 확산하는 데는 많은 이유가 있지만, "순응을 위한 압력, 국제적 정당화의 향상, 그리고 자부심을 향상시키려는 국가 지도자의 욕망이 규범 폭포를 용이하게 만든다." 마지막 단계는 '규범 내면화'이다. "규범은 당연시되는 특성을 확보하여 더 이상 논쟁의 대상

© Colin Underhill / Alamy Stock Photo

지난 반세기 동안 이루어진 인권의 극적인 확장을 어떻게 이해하는가? 일부에서는 인권이 확대되지 않았다고 주장한다. 인간은 인간이기 때문에 항상 권리를 가지고 있다. 그러나 국가가 항

상 이러한 권리를 인정하거나 이를 보호하는 조약에 서명할 의사가 있는 것은 아니다. 왜 그럴까? 답의 일부는 초국가적 행동주의의 성장에 있다. 활동가들은 국가가 시민들을 대할 수 있는 방법을 제한하는 인권 조약과 법률을 제정하기 위해 동정적인 국가들과 함께 일해 왔다. 이러한 법률과 조약은 사실상 개인이 가지고 있는 권리와 국제사회와 정부에 대해 제기할 수 있는 주장의 종류를 식별한다. 그런데 왜 국가들은 인권법을 준수하고자 하는가? 많은 국가는 이미 인권법과 일치하는 방식으로 행동하고 있다. 그들은 시민들을 어떻게 대우해야 하는지 그들에게 말해 주는 국제사회가 필요하지 않다. 그러나 다른 국가들은 조금 더 주의를 기울일 필요가 있다. 국제비정부기구INGO는 '이름 불러 망신 주기'를 할 수 있다. 즉 위반자들에게 압력을 가하는 캠페인을 조직할 수 있다. 게다가 국제인권법이 제정되면 국내 단체는 이를 이용해 아래에서부터 정부에 압력을 가할 수 있다. 그러나 국가들이 조롱이나 국내의 항의를 피하고 싶을 뿐만 아니라 인권을 인정하는 국가들이 그렇지 않은 국가들의 행위를 중단시키기 위해 외교 정책을 압박할 준비가 되어 있기 때문에 인권을 준수하는 경우가 많다. 인간은 인간성 때문에 권리를 가질 수도 있지만, 궁극적으로 이러한 변화를 만들어 낸 것은 원칙에 입각한 행위자들에 의한 새로운 종류의 약속이었다.

질문 1 인권이 '자연적으로' 존재하는가, 아니면 인간의 동의가 필요한 것인가?

질문 2 가장 중요한 인권은 무엇이며, 누가 결정하는가?

이 되지 않으면" 자동적으로 존중된다. "예를 들어 오늘날 여성들에게 투표를 허용해야만 하는가, 노예는 유용한가, 또는 의료진에게 전쟁 중 면책을 부여해야 하는가를 논쟁하는 사람은 거의 없다."(Finnemore and Sikkink, 1998: 894~905를 참조해 조정)

비록 많은 국제적 규범들이 당연시되는 특성을 가지고 있지만, 그것들은 틀림없이 어딘가에서 비롯되었으며, 수용 경로가 거의 항상 거칠고 울퉁불퉁하다. 비록 대부분

의 국가는 전쟁 포로도 일정한 권리를 가지고 있으며 전장에서 약식으로 처형할 수 없음을 현재 인정하지만, 항상 그러하지는 않았다. 이러한 권리는 19세기 말 국제 인도주의 법international humanitarian law의 출현에 그 기원이 있다. 그 뒤 수십 년 동안 전쟁 공포를 어떻게 최소화할지에 대한 수많은 논쟁에서 이 권리들은 천천히 전파되었고, 점차 수용되었다. 비록 이 권리들이 완전하게 준수되지 않는다고 하더라도 현재 대부분의 국가는 전쟁 포로도

권리를 가진다는 점을 받아들인다. 수십 년 전 많은 학자와 법률가는 주권의 불간섭 원칙을 위반하고 늑대의 탈을 쓴 양이 되려고 하는 강대국의 행위를 허용한다는 점에서 인도주의 개입에 반대했다. 그러나 지난 20년 동안 인도주의 개입과 보호책임(국가가 자국민을 보호할 수 있는 능력과 의지가 없을 때 국제 공동체가 그 책임을 상속받는다)이 점차 수용되고 있다. 이러한 혁명적 개념은 르완다에서의 집단학살 같은 비극에 대한 대응에서 간헐적으로 등장하여 다양한 국가와 인도주의 조직들에 의해 추진되었다.

제도적 동형성과 규범의 국제화의 다양한 결과 가운데 세 가지 주목할 만한 가치가 있다. 인간 행동을 조직하는 데는 무수히 많은 방법이 있다. 그러나 다양성은 천천히 그러나 뚜렷하게 순응에 자리를 내주고 있다. 하지만 국가가 비슷하게 보인다고 해서 그들이 비슷하게 행동함을 의미하지는 않는다. 결국 많은 국가는 그 유형이 더 좋다고 생각해서가 아니라 정당성을 향상하기 위해서 특정 유형에 끌린다. 그 후에 국가들은 제도들의 기대에 일치하지 않는 방식으로 행동하리라고 예상된다. 예를 들어 정부가 오직 상징적인 이유로만 민주적 통치 형식과 선거를 채택한다면, 우리는 민주적 제도가 권위적이고 비자유주의적인 관행들과 함께 존재하리라고 예상한다. 또한 '국제 공동체 international community' 의식도 심화하고 있다. 규범의 국제화는 행위자가 국제 공동체와 연결된 자의식과 연관되어 있기 때문에 행태의 표준을 점점 수용한다는 점을 시사한다. 바꿔 말하자면 이 규범들은 그 공동체의 가치들과 밀접히 연결되어 있다. 이 가치들이 공유되는 정도만큼 국제 공동체에 대해 언급할 수 있게 된다. 세 번째 결과는 국제 공동체 내 권력의 존재이다. 국제 공동체의 전망은 누구에 의해 구성되는가? 제3세계에서 서양으로의 확산은 거의 없다. 반대로 확산은 서양에서 제3세계로 이어진다. 국가들의 국제사회는 유럽 사회로 시작해서 외부로 확장되었다. 이 사회와 그 규범의 국제화는 새 회원들의 정체성과 외교 정책 관행을 형성했다. 바꿔 말하자면 비슷한 유형으로의 수렴과 규범의 국

제화 및 국제 공동체의 출현 가능성을 권력과 위계질서가 없는 세계로 오해해서는 안 된다. 일반적으로 국제적 확산과 규범의 국제화에 대한 구성주의자들의 관심은 지구적 변화에 중점을 두고 있다. 이는 구성주의자들이 변천의 세계에 관심을 두고 있기 때문이다.

확산, 사회화, 규범 폭포와 같은 개념들은 어떤 규범, 신념 및 관념이 넓게 퍼져 수용되는가에 초점을 둔다. 왜 어떤 규범은 성공하고 다른 규범은 실패하는가, 즉 수용성과 저항의 양태를 이해하기 위해 구성주의자들은 '문화적 어울림 cultural match'과 같은 개념을 사용한다. 예를 들어 자유주의적 인권 규범은 어떤 맥락에서는 포용되어 왔지만 다른 맥락에서는 강력한 저항에 직면했다. 이 규범들이 지역의 문화와 일치한다고 이해될 때 수용이 대체로 예상된다. 게다가 다른 맥락에서 수용될 때 같은 규범이 변형되어 다른 의미로 받아들여진다. 미국과 유럽 국가들은 잔인하고 비정상적인 처벌을 금지한다. 그러나 미국의 많은 주에서는 사형을 잔인하거나 비정상적이라고 간주하지 않는다. 이는 유럽에서 믿을 수 없는 입장이다. 그러나 한번 받아들여진 규범은 논쟁의 여지가 있고, 저항을 받고, 대체될 수 있다는 점을 항상 명심하라. 진보는 그 자체로 규정하기 어렵다.

요점정리

- 세계가 사회적으로 구조화되어 있다는 인식은 구성주의자들이 지구적 변화와 변용을 탐색할 수 있음을 의미한다.
- 지구적 변화에 대한 어떤 연구에서든 핵심 문제는 제도적 동형성과 규범의 생활 주기에 대한 관심에 의해 포착되는 확산이다.
- 때로는 어떤 유형이 우월하다는 시각 때문에 확산이 일어나기도 하지만, 행위자들은 외부 압력 또는 상징적 정당성 때문에 그 유형을 흔히 채택한다.
- 제도적 동형성과 규범의 국제화는 세계 정치에서 점증하는 동질성과 심화하는 국제 공동체 및 사회화 과정의 문제들을 제기한다.

맺음말

이 장에서는 지구-역사적, 지적, 학제적 세력들을 조사함으로써 구성주의가 국제 정치에 있어서 특별히 매력적인 사고방식임을 학생들에게 알려 주었다. 구성주의의 영속성과 변용은 학생들을 상상하게 만들어 준다. 그것은 세계가 왜 지금 같은 방식으로 조직되어 있는지를 탐구하고, 세계 정치의 지속적인 형식을 형성하는 다른 요소들을 고려하여, 대안적 세계를 추구한다. 구성주의는 이 책의 다른 이론들과 같은 실체적 이론이 아니라, 세상이 어떻게 연결되어 있는지 이해하는 우리의 방식을 재구성하는 사회 이론이다. 그렇게 함으로써 구성주의는 일반적으로 인정되는 지혜에 도전하고 새로운 연구 노선을 열었다. 구성주의는 물질주의 세력들에 의해서만 추동되는 국제 정치의 전망이 근본적으로 사회적인 생각이 아니라 이상하다고 주장한다. 구성주의는 해당 분야의 주류 연구 의제의 중심 영역에서 사회적 대안을 보여 준다. 이는 만들어진, 그리고 만들어지지 않은 세상을 밝히는 데 도움이 된다.

이 장에서는 구성주의자들이 어떻게 근본적인 규범 구조와 국제 질서 양상 사이의 관계에 관심을 갖는 경향이 있는지 강조했다. 구성주의가 냉전 이후에 시작되었다는 맥락 때문에 부분적으로는 지배를 통해서가 아니라 근본적인 가치와 규범에 대한 합의를 통해 생산되는 질서가 강조되었다. 명백한 위험은 구성주의가 권력이 규범 질서 전체에 파급되는 방식과 국가와 비국가 행위자가 국제사회의 기본 규범과 공동체의 경계를 재정의하기 위해 때로는 폭력적으로 경쟁하는 방식을 무시할 수 있다는 점이었다. 구성주의의 대안 학파는 권력과 갈등을 강조하고, 합의에 구속된 것처럼 보이는 국제사회가 실제로는 끊임없는 전투를 벌이고 있다고 주장했다. 국제사회에서 우리가 선호하는 모델이 시대에 맞는 것이라면, 냉전이 끝난 후 더 조밀하고 합법적인 규범 세계 질서의 가능성을 이해하기 위해 채택된 모델은 틀림없이 국제사회가 얼마나 불완전하고 무질서한지를 강조하는 구성주의에 의해 기반을 잃을 것이다. 사회 건설은 진행 중이며 때로는 매우 피비린내 나는 과정이기 때문이다.

토론주제

1. 신현실주의와 신자유주의적 제도주의의 침묵은 무엇이었는가?

2. 구성주의의 핵심은 무엇인가?

3. 구성주의가 세계 정치를 사고하는 데 유용한 접근법이라고 생각하는가?

4. 세계 정치에서 행위자가 어떻게 자신의 행태를 의미 있게 만드는지를 우리가 이해하려고 노력해야 한다는 주장에 동의하는가? 또는 행태를 검토하기만 해도 충분한가?

5. 세계 정치에서 의미가 어떻게 고정되어 있는가?

6. 합리적 선택 이론과 구성주의 사이에 어떤 종류의 관계가 성립할 수 있는가?

7. 지구적 변화 연구에서 핵심 문제는 무엇이며, 구성주의가 이 문제들을 해결하는 데 어떻게 도움을 준다고 생각하는가? 반대로 구성주의적 이론 틀이 이전에 고려하지 않았던 새로운 문제들을 밝혀내는 데 어떻게 도움을 주는가?

8. 국가들이 개인과 같이 사회화된다는 생각은 타당한가?

9. 확산 개념은 세계가 왜, 그리고 어떻게 변화하고 있는지를 이해하는 데 어떤 방식으로 도움이 되는가?

10. 규범의 국제화와 제도화가 진보의 개념을 암시하는가?

이 장의 객관식 문제를 풀어 보면서 학습 내용을 잘 숙지하고 이해했는지 평가해 보자.

• www.oup.com/he/baylis3xe

Postcolonial and decolonial approaches

개요

이 장은 세계 정치 연구의 후기식민주의와 탈식민주의 접근에 초점을 맞추고 있는데, 특히 다층적이며 다양한 면을 강조하고 있다. 이 접근은 단순한 하나의 국제 '이론'이 아니라 어떻게 세계가 작동하고 우리가 세계를 어떻게 생각해야 할지를 보여 주는 일련의 방향성을 만들고 있다. 이 장은 세계를 이론화하는 데 관련된 여러 다른 요소들을 구분하고, 후기식민주의와 탈식민주의 접근이 이 요소들을 바라보는 방식에 대해 다루는 것으로 시작한다. 이 요소들은 **인식론**epistemology (어떻게 사물을 아는가), **존재론**ontology (무엇을 아는가), 그리고 규범/윤리(어떤 가치가 중요한가)에 대한 질문들을 포함한다. 다음으로 후기식민주의와 탈식민주의 접근이 발생하게 된 역사적 맥락에 대한 검토를 통해, 탈식민화 정치 투쟁과 학문적 논의의 발전 과정 간에 역동적 관계가 있었다는 것을 보여 준다. 즉 후기식민주의와 탈식민주의 접근이 어느 지점에서 등장하고 또 결별하게 되는지를 분석과 초점의 측면에서 보여 준다. 이 장은 후기식민주의와 탈식민주의적 접근법이 국제관계학에 어떤 영향을 주었는지를 보기에 앞서 먼저 20세기 동안 다른 분과 학문들에 공통적으로 사용되어 온 후기식민주의와 탈식민주의적 주요 개념들을 분석한다. 국제관계학의 후기식민주의와 탈식민주의 접근은 세계를 특징짓는 위계적 형태뿐만 아니라, 이 위계적 접근이 어떤 방식으로 논의되는가에 대해 분석해 왔다. 이 장은 또한 후기식민주의와 탈식민주의 접근과 다른 국제관계이론들의 유사성과 차이점에 대해서도 살펴본다. 마지막으로, 이 장은 후기식민주의와 탈식민주의에 대한 현재의 대중적 관심에 대해서도 숙고한다.

CHAPTER

10

후기식민주의와
탈식민주의 접근

미라 사바라트남Meera Sabaratnam

강혜윤 옮김

핵심 질문

- 후기식민주의와 탈식민주의 접근에 따르면 세계 정치의 가장 중요한 특징은 무엇인가?
- 후기식민주의와 탈식민주의 학자들은 국제 관계 연구에 어떻게 접근하나?
- 세계 정치를 탈식민화할 수 있나?

머리말

후기식민주의는 국제관계학에서 가장 빠르게 성장하는 연구 분야 중 하나이다. 이것은 근대 질서가 특히 지난 5세기 동안 유럽 국가들이 주도한 **제국**empire과 **식민주의**colonialism 의 경험을 바탕으로 주로 형성되었다는 통찰에서 시작한다. 후기식민주의는 국제관계이론들과 국제 질서에 대한 설명들이 이 문제를 직접적으로 다루어야 한다고 말할 뿐 아니라 왜 대부분의 이론이 그러지 못하는가에 대해 의문을 던진다. 후기식민주의와 탈식민주의 접근은 이렇게 국제관계학의 가장 근본 토대에 의문을 제기하기 때문에 **비판 이론**critical theory의 한 형태로 받아들여진다. 그러나 이 접근은 동시에 세계를 다르게 이론화하는 방법을 발전시키려고 노력하고 있다.

이 접근은 **탈식민화**decolonization의 역사, 개념 그리고 실천에 특별히 관심을 기울인다. 탈식민화란 특히 20세기에 아시아, 아프리카, 카리브해, 남아메리카의 여러 국가에서 벌어진 식민주의와 제국주의의 공식적 중단 과정을 의미한다. 탈식민화 투쟁의 결과로 국제적으로 인정받은 국가는 1945년 70여 개에서 2018년 190개 이상으로 늘어났다. 이 투쟁은 엄청나게 많은 사람을 동원했고, 제국과 식민주의에 대한 학문적 비판을 발전시켰으며, 그리고 식민주의 세력이 통제력을 유지하려 하는 경우에 제국주의 지배에 대한 무력 투쟁이 벌어졌다.

국제관계학에서 후기식민주의와 탈식민주의 접근은 자유주의와 현실주의(**제6장, 제7장 참조**) 같은 기존의 이론적 접근의 주장에 대해 의문을 제기한다. 특히 이 이론들은 국제 **무정부 상태**anarchy나 모든 주권 국가가 기본적으로 같다는 잘못된 가정 위에 서 있기 때문에 결함이 있다고 주장한다. 기존 이론들은 국제 질서의 양식을 만들어 내는 제국과 식민주의의 역할을 제대로 다루고 있지 않다. 또한 후기식민주의와 탈식민주의 접근은 최근 국제관계학의 거의 모든 연구가 인종과 인종주의 문제를 분석에서 배제하고 있다는 점을 지적한다(**제20장 참조**). 마지막으로 후기식민주의와 탈식민주의는 기존 이론들이 아주 좁은 철학 기반 위에 서 있다는 점을 주장하고 있다. 이 철학 기반 위에서는 서양 철학의 특정 전통만 존재, 사회 그리고 윤리 문제에 대한 사유의 보편적 예로 제시된다.

후기식민주의, 탈식민주의 접근은 제국과 식민주의와 인종의 문제를 세계 정치 연구의 중심으로 불러오면서, 이 책에서 다루는 많은 국제관계학 주제인 지구화, 전쟁, 주권, 통상, 국제법, 무기 통제, 젠더, 안보, 환경 위기, 발전, 노동에 대해 대안적인 설명을 제공한다. 이런 설명은 제국주의적 위계들이 이 영역에서 지속적으로 정체성, 정책, 행동들을 조정하는 방식들을 추적하고, 이러한 위계들이 부딪치게 되는 저항의 종류들을 검토하고, 이러한 문제들을 생각하는 다른 대안적 방식들을 상상하게 한다.

후기식민주의와 탈식민주의 접근이란 무엇인가?

사회구성주의(**제9장 참조**)나 페미니즘(**제11장 참조**)처럼, 국제관계학 혹은 다른 사회과학 분야의 후기식민주의와 탈식민주의 연구는 세계가 어떻게 작동하는지에 대한 단일 이론이기보다는 세계에 대해 생각하는 하나의 방법으로 이해해야 한다. 이 접근은 전 세계의 반식민주의 사상 그리고 역사, 철학, 교육학, 문학 이론, 인류학, 정치경제학의 연구에서 영향을 받았다. 이러한 영향력의 다양성은 이 접근들 간에 상당한 차이가 있다는 사실을 보여 준다. 그러나 이들 접근법은 세 가지 층위의 이론적 수준 — 인식론, 존재론, **규범론**normative — 에서 통합적으로 이해할 수 있다.

후기식민주의와 탈식민주의 접근은 우리가 세계에 관한 지식을 생산하는 방식 — 우리의 인식론 — 에 대한 관심을 공유한다. 다른 여러 사회 이론과 마찬가지로, 후기식민주의와 탈식민주의 접근은 지식이 객관적이거나 중립적이라는 가정을 거부한다. 이 접근은 사람들이 세계에 대해 알고 그것을 표상하는 방식은 식민주의적 태도와 식민주의적이고 인종주의적인 특권의 관점에서 만들어진 위계에 따르는 경우가 많다고 본다. 예를 들어 본인이 태어난 곳이 아닌 나라에 사는 사람들을 묘사해 온 언어를 생각해 보자. 과거에 식민지였던 장소들에 사는 서양인들을 묘사하기 위해서 서양인은 종종 국외자expats라는 단어를 사용하지만, 과거에 식민지였던 나라에서 서양으로 이주해서 살고 있는 사람들을 설명하기 위해서는 이민자immigrants라는 단어를 쓴다. 이러한 경우와 비슷한 다른 용어 사용은 어떤 특정 집단에 소속된 사람들에 대한 지향성이나 대우가 위계질서 내의 (사회적) 위치에 따라 매우 달라진다는 사실을 보여 준다. 어떤 후기식민주의나 탈식민주의 접근은 이런 인식론적인 습관을 칸트나 헤겔과 같이 영향력 있는 서양 철학자들의 인종주의적이고 우월주의적인 가정들에 깊이 뿌리내려 있다고 본다. 칸트나 헤겔과 같은 서양 철학자들은 백인들의 유럽이 인류의 정점이며 비(非)백인들은 후진적이거나 비문명적이라고 보았다.

반대로 후기식민주의나 탈식민주의 접근은 제국주의나 인종주의적 위계질서에 의해 무력화되고 박탈당한 사람들의 관점이나 세계관(즉 인식론)으로 세계를 보고 이해하는 접근의 중요성을 강조해 왔다. 그러나 후기식민주의와 탈식민주의 사이에도 차이점이 존재한다. 후

기식민주의에서는 권력 관계를 숙고할 수 있는 장소로서 **서발턴**subaltern[하위 주체로 번역할 수도 있지만 관련 연구들은 서발턴이라는 용어를 사용하고 있다 — 옮긴이]적 관점('**후기식민주의와 탈식민주의 사상을 밑받침하는 주된 개념은 무엇인가?**'를 참조)의 중요성을 강조한다. 아메리카 대륙의 노예제도를 비판하기 위해 기독교 사상을 활용하는 예에서 볼 수 있듯, 식민주의 권력의 언어에 재장착된 비판 기능도 포함한다. 탈식민주의에서는 사람 사이의 관계나 비인간들 사이의 관계를 재고해 볼 수 있는 **토착**indigenous 인식론이나 **우주론**cosmologies을 되찾는 데 방점을 둔다([사례연구 10-1] 참조).

후기식민주의나 탈식민주의 접근은 동시에 기존의 사회과학과 국제관계학의 존재론적 가정들을 문제 삼는다. 즉 무엇이 연구 대상이며, 누가 연구 대상이며, 보다 일반적으로는 세계가 무엇으로 이루어져 있는가 하는 것에 대한 관심이다. 1945년 이후 국제관계학은 주권국가에 관심을 가지고, 특히 서양 열강들과 그들 사이의 관계에 초점을 맞추는 학문으로 이해되어 왔다. 또한 국제관계학은 특히 분쟁이나 협력으로 귀결되는 관계들을 설명하기 위한 이론들을 고안해 왔다. 그러나 후기식민주의나 탈식민주의 접근법은 이러한 이론들이 주목해 온 역사나 사건들에서 비서양 세계의 대부분을 차지하는 사람들의 정치적 경험이 배제되어 온 사실을 지적한다. 또한 이들 이론은 서양의 국제주의 역사에는 제국과 식민주의의 경험이 제외되었다는 사실을 인지하지 못한다. 후기식민주의나 탈식민주의의 접근법으로 보면, 기존의 국제관계학은 세계 정치를 완전히 설명하거나 이해하지 못한다. 탈식민주의 접근은 어떻게 근대 세계가 근본적으로 식민적 위계에 의해 건설되었는지를 설명하기 위한 한 가지 방편으로 '**근대성**modernity/**식민성**coloniality' 개념('**후기식민주의와 탈식민주의 사상을 밑받침하는 주된 개념은 무엇인가?**'를 참조)에 천착한다.

이런 존재론적 전환은 국제관계학의 지식을 재검토하게 한다. 예를 들어 제1차 세계대전(1914~1918)으로 알려진 분쟁은 국제관계학의 전통적 이야기에 매우 중요한

볼리비아 라파스의 반정부 시위
© NiarKrad / Shutterstock.com

수막 카우사이Sumac Kawsay/부엔 비비르Buen Vivir 철학은 최근 수십 년간의 정치 운동에 내재한 탈식민주의적 사고의 한 가지 예로 볼 수 있다. '수막 카우사이'는 안데스 토착어인 케추아어에서 온 말로 '살기 좋은' 또는 '좋은 삶'(스페인어로는 부엔 비비르)이라고 번역할 수 있다. 이는 무제한 성장과 근대화라는 경제적 '발전'에 대한 한 가지 대안으로 제시되었다.

남아메리카에서 '발전'이라는 개념은 오랫동안 여러 측면에서 비판받아 왔다. 역사적으로 남아메리카에서는 지역 토착민과 광업, 산업식 농업 또는 도시화를 목적으로 해당 지역을 사용하고자 했던 식민주의 세력 사이에 분쟁이 있어 왔다. 이러한 분쟁들은 종종 토착민의 토지를 빼앗고 그들의 공동체 질서가 붕괴하는 결과를 낳았다. 또한 광산업이나 농업을 위한 토지 도용은 환경 악화로 이어졌다. 이와 같은 '발전' 과정에서 대개 광범위한 벌채, 화학 오염 물질 유입, 토사 침식, 수원의 교란이나 오염, 다수의 외래종 생물의 유입과 그로 인한 폐기물 또는 질병의 유입이 이루어졌다.

이런 생태학적 문제의식은 지역적으로 이미 알려져 있었지만 1970년대와 1980년대를 거쳐 전 세계적으로 크게 성장했다. 이러한 식의 성장과 동시에 제3세계는 '발전' 개념을 산업화된 서양이 지구적으로 따라야 할 표준으로 만든 식민지 이데올로기의 한 형태라고 비판했다. 이런 비판은 '후기발전주의'로 발전

했다. 상호 간 대화를 통해 수막 카우사이/부엔 비비르 운동은 사회의 목적에 대해 다르게 생각할 수 있는 한 가지 방법으로 부상하게 되었다.

수막 카우사이/부엔 비비르 운동은 자본주의적 발전에 대한 기존의 생각과는 세 가지 측면에서 다른 면을 보였다. 첫째, 잘 사는 것의 주체로서 개인보다는 공동체를 강조했다. 둘째, 성장 극대화보다는 생태적으로 균형을 이루어야만 한다고 주장했다. 셋째, 보편주의보다는 문화적 감수성이 있어야 한다고 주장했다. 이러한 접근은 지역 토착민들의 우주관이나 세계관과 조화를 이루고 환경적으로도 보다 책임을 지려는 것으로 보인다.

이런 대안적 사고방식은 지역 정부들에 영향을 미치고 다른 곳에서도 파문을 일으켰다. 예를 들어 2008년에 에콰도르의 헌법은 생태계의 생존권과 생태계가 대리인을 통해 법정에 설 수 있는 권리를 법적으로 인정했다. 이러한 조치는 회사나 정부 관계자들이 환경 파괴 행위에 대해 설명하게 하는 계기가 되었다. 2010년에 볼리비아는 물과 깨끗한 공기, 균형 잡힌 생태계와 생명의 다양성에 대한 권리를 강조하며 지구 어머니(토착어로는 '파차마마Pachamama'라고 하며 '세계의 어머니'라는 의미다)의 법적 당사자 자격을 인정하는 법안을 통과시켰다. 이런 접근은 다른 지역 사람들에게도 영향을 미쳤다. 예를 들어 뉴질랜드 북쪽 섬의 왕거누이Whanganui강은 '인간성을 가질 권리rights to personhood'를 획득했으며 인도의 갠지스Ganges강은 정부로부터 '인권'을 부여받았다.

그러나 많은 경우, 수막 카우사이/부엔 비비르 사상은 그 지지자들이 희망했던 것에 비해 착취적 발전에 대한 태도를 획기적으로 바꾸지 못했고, 어떤 경우에는 이 사상이 비판했던 발전 양식의 문제를 반대로 덮어 주는 역할을 하고 있기도 하다.

질문 1 '발전' 개념은 왜 식민주의적인 것으로 비판받아 왔나?
질문 2 수막 카우사이/부엔 비비르의 정치적 영향력은 어떤 것이었나?

참조점이다. 해당 시기는 19세기의 '장기 평화Long Peace'가 깨진 시점이면서 **세력 균형**balance of power이 시험대에 오르고, 국가들이 폭력에 반대하는 한편, 동시에 민족자결의 원칙principle of national self-determination이 등장하게 되는 시점으로 이해된다. 또한 이 전쟁은 오토만 제국과 오스트리아-헝가리 제국의 분열을 지칭하기 위해 '제국의 무

덤graveyard of empires'으로 불리기도 한다. 그렇지만 이 전통적 이야기는 주요 참전국(영국, 프랑스, 독일, 미국)을 제국보다는 민족국가nation-states로 다룬다. 하지만 제국주의적인 영토 소유권 주장imperial territorial claims이나 보호는 이들 국가 간에 경쟁이 일어난 주요 원인이었다. 아프리카, 아시아, 태평양에 걸쳐 분쟁이 일어났고, 제국주의 국가들의 싸움에 이 지역의 병력이 대규모로 동원되었다. 미국의 우드로 윌슨Woodrow Wilson 대통령이 주창한 민족 자결의 원칙은 원래 동유럽에만 적용하려던 것으로, 전쟁 직후 영국이 인도와 아일랜드의 반식민주의 투쟁을 폭력적으로 탄압하는 결과를 낳았다. 오토만 제국의 분열 또한 영국과 프랑스의 중동 식민 통치와 세력권 통제를 위한 영토 경계를 세우는 것을 직접적으로 가능하게 했다. 따라서 후기식민주의와 탈식민주의 접근은 식민주의와 **제국주의**imperialism를 세계 정치를 이해하는 중대한 존재론적 기반으로 본다. 그뿐만 아니라 이러한 제국주의와 식민주의적 경험은 세계사에서 '서양'과 '비서양'을 분리하는 것 자체를 불가능하게 했다.

이러한 고찰은 세계 정치의 규범적이고 윤리적인 기반과 연결된다. 후기식민주의와 탈식민주의 접근은 불평등하고 인종주의적이며 비인간적인 세계에서 서양 우선주의Western supremacy를 지지하는 태도attitudes, 실행practices, 그리고 구조structures를 이해해 보고자 했다. 왜냐하면 이러한 시각은 비서양인에 비해 서양 국가와 서양인들이 근본적으로 더 중요하고, 역사적으로 가치 있으며, 주목받을 만하다고 추대하기 때문이다. 이는 종종 비서양에 대한 우월주의적 태도superiority나 특권 의식entitlement, 그리고 무관심을 만들어 내는 결과로 이어진다. 또한 이는 많은 이들이 위선적이라고 보는 비서양에 대한 태도를 만들어 낸다.

예를 들어 경제학은 서양이 부를 축적했던 방식이 이제 국제적 합의나 조약을 통해 효과적으로 금지되고 있다고 본다. 노예화된 노동의 사용이나 식민지 확장의 금지와 같은 합의는 도덕적으로 적절하다고 보인다. 그러나 (과거) 서양은 시장에 대한 통제력 행사와 특정 분야에 대한 국가의 재정적, 법적 지원을 통해 부를 이루었음에도 불구하고 이러한 조치들을 현재의 개발 체제에서 빈곤국들에게는 허용하지 않고 있다. 경제학자 장하준(2002)은 빈곤국들에게서 경제 발전을 위한 동일한 기회를 빼앗고 있는 현상을 '사다리 걷어차기kicking away the ladder'라고 명명했다. 게다가 서양은 계속해서 더 빈곤한 생산자와 정부의 희생을 통해 자국 경제에 이득이 되는 불공정 무역과 세금 제도를 강요하고 있다(**제22장 참조**). 오늘날 세계 경제를 다스리는 경제 구조의 형성 과정에서 서양 제국주의Western imperialism가 한 역할을 생각할 때, 많은 이들은 이 경제 구조의 효과와 특히 과거 노예화되었던 사람들의 후손에 대한 **배상금**reparations이라는 도덕적 책임이 서양에 있다고 본다.

> 미라 사바라트남Meera Sabaratnam 박사의 '후기식민주의와 탈식민주의 접근이란 무엇인가?' 영상을 시청해 보자.
> www.oup.com/he/baylis3xe

요점정리

- 후기식민주의, 탈식민주의 접근법은 경직된 이론이 아니라 세계에 대해 사고하는 방식이다.
- 이 접근은 우리가 세계에 대해 어떻게 생각하고 아는지(인식론), 무엇에 대해 연구하는지(존재론), 그리고 우리의 윤리적이고 규범적인 책임에 대한 통찰력을 포함한다.
- 후기식민주의, 탈식민주의 접근은 피식민자/과거 식민 경험이 있는 사람들의 관점에서 이해하고자 하고, 이들이 주류 이론에서 그려지는 방식에 도전한다.
- 이 접근은 제국주의와 식민주의를 주권과 같은 다른 여러 형태의 권력에 영향을 끼치고 또 그것들을 형성하는 하나의 권력 구조로 보는 시각에서 세계 정치를 검토한다.
- 이 접근은 서양은 자신의 부와 권력의 기반이 세계 곳곳의 사람들과 자원에 대한 지배와 착취에 뿌리내리고 있음을 자각하지 못한다는 점에서 종종 위선적이고 비인간적이라고 주장하며, 오늘날 세계의 불평등에 대한 도덕적 책임을 서양에 요구한다.

후기식민주의와 탈식민주의 개념들은 어디에서 왔나?

후기식민주의와 탈식민주의 개념들은 탈식민화의 역사와 실행에서 영향을 받았다. 후기식민주의와 탈식민주의는 많은 역사적 기준점을 공유하지만, 둘의 차이점은 지리적, 철학적 지점의 차이로 형성된다. 후기식민주의는 보통 아시아와 아프리카계 사상가들과 연관되는 것에 반해 탈식민주의는 주로 라틴아메리카 사상가들에 의해 구축되어 왔다. 이 둘 간의 차이점을 보기에 앞서 공통의 역사적 뿌리에 대해 살펴보자.

한 가지 중요한 토대는 이 두 접근법이 서양 제국의 역사에 대한 이해를 공유한다는 점이다. 많은 서양 국가는 비서양 세계를 통제하고 지배했다. 16세기 스페인 제국의 아메리카 대륙 정복과 점령을 시작으로, 네덜란드 제국의 인도양 점령이 이어졌고, 이는 19세기와 20세기에 걸쳐 영국 제국과 프랑스 제국이 아시아와 아프리카의 많은 영토에 대한 주권을 주장하면서 그 정점에 도달했다([그림 10-1] 참조). 이 정점에서 영국 제국은 세계 영토의 4분의 1을 지배했던 것으로 알려져 있다. 제국들은 주로 피식민 지역의 지배자들을 군사적으로 압도하거나 매수할 수 있는 능력을 바탕으로 다양한 형태의 통제와 전환에 관여했다. 그러나 아메리카 대륙들과 오스트랄라시아 지역의 경우처럼 어떤 경우 식민 통제는 대규모 토지 탈취와 원주민들에 대한 인종 학살 폭력genocidal violence의 형태를 띠기도 했다. 역사적으로 일본, 중국, 러시아, 이란, 터키와 같은 다른 강력한 제국들이 있어 왔지만, 이들의 영향력은 최근 몇 세기간의 서양의 영향력하에서 축소되고 지워져 왔다.

유럽 열강들이 어떤 방식으로 제국주의적 혹은 식민주의적 통제imperial or colonial control를 했든, 다수의 공통된 패턴이 존재했다([참고 10-1] 참조). 예컨대 정치적으로는, 열강들은 유럽의 제왕들에 대한 충성심 선포 행위declaring loyalty를 요구하는 등 그 지역의 지배에 대한 공식적인 인정formal recognition of imperial rule을 강요했다. 경제적으로는,

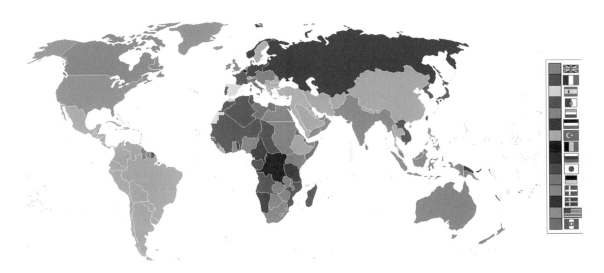

<u>그림 10-1</u> 제국들의 지도(1914)

© Andrew0921 / Wikimedia Commons. Distributed under ther terms of the Creative Commons Attribution 3.0 Unported(CC BY 3.0): https://creativecommons.org/licenses/by/3.0/deed.en.

에메 세제르Aimé Césaire의 식민주의 담론

"식민자colonizer와 피식민자colonized 간에는 오직 강제 노동, 협박, 압력, 경찰, 과세, 절도, 강간, 강제 농작물, 경멸, 불신, 오만, 자기만족, 비열함, 무뇌적 지배층, 타락한 대중의 공간밖에 없다. 어떤 인간적 접촉도 없는 지배 종속의 관계만이 식민화하는 인간을 교실의 감독, 군대의 병장, 감옥의 간수, 노예의 관리로, 그리고 토착민을 생산의 도구로 바꾼다.

등식을 공표할 차례: 식민지화='사물-화'

나는 폭풍을 듣는다. 그들은 나에게 진보를 말하고, 질병의 치유와 생활 수준 향상 같은 '성취'를 말한다.

나는 정수가 마른 사회, 발아래 짓밟힌 문화, 무너진 제도, 몰수된 땅, 박살 난 종교, 파괴된 웅장한 예술적 창조물, 말살된 특별한 가능성에 대해 말한다.

그들은 내 머리에 사실들을 던진다, 통계, 길의 주행 거리, 수로 그리고 철도.

나는 콩고-오세안Congo-Ocean 철도에 희생된 수천의 사람들에 대해 말한다. 나는 그 사람들, 내가 이걸 쓰는 지금 아비장Abidjan의 항구를 손으로 파내고 있는, 바로 그들에 대해 말하는 것이다. 나는 수백만의 사람들, 그들의 신, 대지, 습속, 삶으로부터, 즉 생명, 춤, 지혜로부터 찢겨 나간 사람들에 대해 말하고 있다.

나는 수백만의 사람들, 공포가 교활하게 그 안에 자리 잡고, 열등감을 가지고, 떨고, 무릎 꿇고, 낙담하고, 하인처럼 행동해야 한다고 배운 그 사람들에 대해 말하고 있다.

그들은 수출되는 면화나 코코아의 톤수나 올리브 나무와 포도 나무가 심어진 면적으로 나를 현혹하려 한다.

나는 중단된 자연 경제, 즉 토착 인구에 최적화된 조화롭고 자립 가능한 경제에 대해, 파괴된 식량 작물, 영구적으로 퍼진 영양실조, 오직 식민 본국의 이득만을 지향하는 농업 발전에 대해, 생산물과 원자재의 약탈에 대해 말하고 있다.

그들은 학대를 사라지게 했다는 데 자부심을 가지고 있다.

나도 학대에 대해 말한다. 그런데 내가 말하고자 하는 것은 예전의 학대(매우 실제적인)에 그들이 다른 종류의 학대(매우 가증스러운)를 중첩했다는 것이다. 그들은 나에게 지역 독재자들을 이성으로 인도했다고 말한다. 그러나 내가 주목하건대 예전의 독재자들은 이 새로운 독재자들과 잘 지낸다. 그리하여 그들 사이에는 사람들에게 해가 되는 상호 서비스와 공모의 순환 회로가 설립되어 있다. 그들은 나에게 문명에 대해 말한다. 나는 프롤레타리아화와 신비화에 대해 말한다."

(Césaire, 2000[1955]: 42~44)

아주 작은 보수 혹은 무보수로 토착민들이나 해외에서 데려온 포로들imported enslaved peoples을 착취해 제국의 시장을 위해 강제로 일하고 생산하게 했다. 또한 원자재를 탈취하고 주요 수입 수출품에 대해 무역 독점 체제를 세웠다. 문화적으로는, 자국의 언어와 법, 어떤 경우에는 종교를 장려하고 강요했다. 사회적으로는 종종 사람들을 분리하고 관리하기 위한 목적으로 인종적 위계질서, 종족 갈등, 성별 규범 등을 고안해 내고 전용하고 강화했다.

이런 통제 체제에 대한 저항은 여러 지점에서 찾아볼 수 있는데, 제국주의적 행태의 초기 단계에도 저항이 일어났고 19세기 후반과 20세기에는 교통과 통신 기반 시설의 향상으로 특히 용이해졌다([참고 10-2] 참조). 노예제, 그리고/또는 식민주의 통치에 예속된 여러 일반인은

초기부터 제국주의 관료들을 피해 그들의 손이 닿지 않는 곳에서 자신들만의 문화나 경제 생활을 하는 공동체를 건설하는 방식으로 제국주의에서 도망쳤다. 이런 독립적이고 자주적인 은신처들은 넓은 형태의 저항을 용이하게 하는 데 매우 중요해졌다.

정치적 그리고 군사적인 형태로 자신들의 불평등한 처우에 저항한 다른 이들은 결국 식민지 열강으로부터의 독립을 요구했다. 여기서 핵심 사건은 1791년의 아이티 혁명이었다. 당시와 과거의 노예들은 프랑스인 주인들과 군대를 내쫓고 자신들은 자유이며 노예제는 폐지되었다고 선언했다(제20장 참조). 아이티에서는 19세기와 20세기에 걸친 인도 독립운동에서처럼 독립과 자유를 찾는 과정에서 (인권이나 민족 자결의 원칙과 민주주의 같

반식민주의 반란의 몇 가지 예시 참고 10-2

1791~1804	아이티 혁명Haitian Revolution
1798	아일랜드 반란Irish Revolution
1808~1833	미국–스페인 독립 전쟁Spanish-American Wars of Independence
1857	인도 봉기Indian Revolt
1881~1899	마흐디 반란Mahdi Rebellion
1893	프랑스–시암 전쟁Franco-Siamese War
1896	아드와 전투Battle of Adwa
1899	필리핀 반란Philippine Insurgency
1899~1901	의화단 운동Boxer Rebellion
1915	칠렘브웨 봉기Chilembwe Uprising
1916	부활절 봉기Easter Rising
1920~1922	인도 비협력 운동Indian Non-Cooperation Movement
1929	아바 여성 폭동Aba Women's Riots
1946~1954	1차 인도차이나 전쟁First Indochina War
1952~1964	마우마우 반란Mau Mau Rebellion
1952~1962	알제리 독립 전쟁Algerian War of Independence

크스Marx와 엥겔스Engels는 인도를 후진적이라고 생각했고 1857년 반란Rebellion에 역사적 중요성을 부여하지 않았지만, 듀보이스W. E. B. Du Bois, 제임스C. L. R. James, 로이M. N. Roy 같은 좌파 비(非)백인 사상가들은 전 지구적 자본주의 발전이 근본적으로 식민주의적 구조에 의존하고 있다고 보았다. 이런 생각은 로자 룩셈부르크Rosa Luxemburg 같은 일군의 유럽 좌파들도 공유했고, 반제국주의·반자본주의적 사상의 기류는 량치차오(梁啓超)와 같은 중국 사상가들 사이에서도 구축되었다. 20세기 반식민주의 운동에서 유명해진 많은 지식인은 자국 밖의 대도시나 어떤 경우 더 광범위한 지역에서 연구하고, 교육받고, 여행하면서 다른 반제국주의와 반식민주의 운동가들과 생각을 나누었다. 이들은 식민적 자본주의에 대한 비판뿐만 아니라 노동자 조직이나 파업, 대규모 비협력, 독점 파괴와 같은 것에 대한 전략을 공유했고 이것들은 반식민·반제국주의 저항의 핵심 행동 강령이 되었다.

공식적인 정치 독립이나 그 이후에 1955년의 **반둥회의**Bandung Conference나 1966년의 **하바나 3대륙 회의**Havana Tricontinental Conference 등의 다양한 국제포럼을 통해서 **第3세계**Third World라는 공통의 정체성이 형성되었다. 이런 공간에서 아시아, 아프리카, 남아메리카의 지도자들은 지속적인 인종 차별이나 세계 경제의 통제와 같은 공통의 관심사들을 토론하기 위해 모였다. 국제연합이 비록 처음에는 제국주의 통제를 지속하기 위해 설계된 측면이 있지만(Mazower, 2009), 이 또한 제3세계 국가들의 협력을 위한 공간이 되었다. 예를 들어 국제연합 무역개발회의UNCTAD는 **종속 이론**dependency theory — 왜 과거 식민 경험을 했던 국가들이 가난을 벗어날 수 없고 또 많은 경우에 더욱 가난해지는지를 설명한 이론 — 의 발전에 영향을 미친 아르헨티나의 경제학자 라울 프레비시Raúl Prebisch의 지도 아래 1964년 발족했다.

또한 과거 식민지 국가들의 대학들은 반식민주의 또는 후기식민주의 사상이 번창하는 중요한 거점이 되었다. 탄자니아의 다르에스살람대학교University of Dar-es-Salaam는 당시 남아프리카 해방을 위한 투쟁과 남아프리카공화국

은) '서양적' 이상의 수용과 (부두교나 힌두교 금욕주의 같은) 대안적인 종교, 문화, 정치적 관점의 보전/발전이 동시에 일어났다. 범아프리카주의나 범아랍주의 같은 초국가적 형태의 정체성 또한 서양에 대한 저항의 하나로 발전되고 찬양되어 왔다. 이러한 유산은 현재 아프리카연합African Union이나 아랍연맹Arab League에 남아 있다. 독립을 향한 폭력적 군사·정치적 투쟁은 제2차 세계대전 이후에도 지속되어 왔으며 특히 프랑스와 영국의 식민지였던 인도차이나, 말레이반도, 케냐, 알제리에서 그러했다. 이러한 투쟁에서 프란츠 파농Frantz Fanon(1925~1961)이나 호찌민Ho Chi Minh(1890~1969) 같은 저명한 지식인과 지도자가 나왔다.

또한 반혁명 운동은 전 세계의 좌파 운동과 연계되어 있던 제국주의와 **자본주의**capitalism에 대한 마르크스주의적 비판에 공헌하기도 했고 그 영향을 받기도 했다. 마르

의 **인종 차별 정책**apartheid에 대한 저항에 가담하고 있었다. 인도에서는 델리대학교University of Delhi가 서발턴 연구Subaltern Studies로 알려진 후기식민주의 역사학을 발전시킨 다수의 좌파 역사학자들의 본거지가 되었다. 그리고 미국에서는 망명하거나 이산의 경험을 가진 지식인들이 계속해서 제국주의적 지배, 문화, 거버넌스governance에 대해 글을 썼다.

동시에 남아메리카에서는 해방과 관련된 일련의 연계 연구 프로젝트들이 발전하고 있었다. 그러한 연구들에는 **해방신학**liberation theology, 급진적 **교육학**pedagogy, 토착민 철학의 회복과 같은 주제가 포함되었다. 당시의 전 지구적 종속뿐만 아니라 남아메리카에서의 권위주의 정부의 등장, 다른 그룹에 대한 탄압과 같은 문제들은 이런 연구들

의 역사적 맥락이 되었다. 이 시기의 주요 지식인들 중에는 역사적 비판과 철학적 비판을 토착적이고 대중적인 정치적 저항의 형태들과 함께 논의한 엔리크 뒤셀Enrique Dussel이나 로돌포 쿠시Rodolfo Kusch도 있다.

서양 학계에서는 '후기식민주의 연구'로 알려지게 된 분야가 역사, 철학, 문학 논쟁들과 소통하면서 1980년대와 1990년대를 통해 진화해 왔다. 저명한 사상가로는 라나지트 구하Ranajit Guha, 에드워드 사이드Edward Said, 호미 바바Homi Bhabha, 가야트리 스피박Gayatri Spivak 등이 있다. 이후에는 아니발 키하노Anibal Quijano, 마리아 루고네스María Lugones와 같은 남아메리카의 작가들이 '탈식민주의' 사상을 발전시켰고, 이 사상은 종속 이론과 후기식민주의 연구의 문화적 방점 모두에 우호적인 비판으로 기능했다.

요점정리

- 후기식민주의와 탈식민주의 접근은 식민 제국에 대항하는 지적, 정치적, 군사적 전략이 필요한 탈식민주의 투쟁의 역사와 실행을 통해 영감을 받았다.
- 식민주의·제국주의적 지배는 다수의 공통적인 정치, 경제, 문화, 사회적 특징을 가지고 있었고, 그중 다수는 역사적으로 다양한 맥락에도 불구하고 영토와 사람에 대한 통제 기능과 연관되어 있었다.
- 제국주의와 식민주의에 대한 저항은 역사적으로 많은 시기에 일어났지만 20세기 초에 제반 시설과 이동성의 향상과 함께 반식민주의적 생각의 발전으로 비로소 조직적, 정치적으로 가속화되었다.
- 반식민주의 지성인들은 초국가적 영향력과 관계들을 통해 저항을 위한 그들의 생각과 정치적 전략, 물질적 역량을 형성했다. 많은 이들이 소비에트연방과 중국의 공산주의 조직과 연관되어 있었다.
- 제3세계의 정체성과 사고방식은 공식적인 정치적 독립 이후에도 계속되었고, 인도네시아의 반둥 회의나 하바나 3대륙 회의 등을 통해 강화되었다.
- 후기식민주의와 탈식민주의 접근법은 초국가적 반식민주의 운동의 역사로부터 강한 영향을 받았다.

후기식민주의와 탈식민주의 사상을 밑받침하는 주된 개념은 무엇인가?

후기식민주의와 탈식민주의 접근이 하나의 경직된 이론이 아니라 세계를 생각하는 방식이라는 생각의 연장선에서, 두 접근법을 안내하는 몇 가지 주요 개념과 생각들이

있다. 이 절에서는 전통적으로 가장 영향력 있는 개념과 그것과 연관된 사상가들을 살펴보도록 한다. 반드시 국제관계학에서 비롯된 것은 아니지만 해당 개념들은 세계

정치의 기능에 대해 확실한 영감을 준다. 다음에서는 해당 개념들이 어떻게 최근의 국제관계학계에서 사용되고 있는지를 살펴볼 것이다.

(전면적) 폭력 체제로서 식민주의

프란츠 파농이 주장한 바와 같이, 체제로서 식민주의는 폭력의 전체적인 형태를 보여 준다. 이것은 식민주의가 단지 신체적, 경제적, 정치적 수준에서만 식민주의자들과 정착민들을 식민지 '원주민'의 상위에 놓는 방식으로 작동하는 것이 아니라 인종주의와 언어/문화 제국주의를 통해 그들의 심리적, 사회적, 문화적 파괴에 가담하고 있기 때문이다. 훈련받은 심리학자였던 파농은 그의 책 『검은 피부, 하얀 가면 *Black Skin, White Masks*』(2008[1954])에서 프랑스 식민 모국 문화에 존재하는 인간을 소외시키는 비인간적인 인종주의적 속성에 대해 쓰고 있으며,『대지의 저주받은 사람들 *The Wretched of the Earth*』(2001[1965])에서는 알제리에서의 경험에 기초해 식민주의에 대항하는 투쟁의 속성에 대해 쓰고 있다. 파농이 볼 때 식민주의는 식민지인들의 인간성과 권리에 대한 근본적인 부정에 기반을 두고 있기 때문에 어떤 정치적 화해나 합의의 가능성이 존재하지 않는다. 이런 상황이 의미하는 것은 식민지인들이 궁극적으로는 더 평등하고 박애적인 fraternal 기반을 만들 수 있도록 폭력적 저항의 형태를 통해 식민주의의 완전한 전복이 필요하다는 것이다.

정치경제적 구조로서 신식민주의

'신식민주의 neo-colonialism'라는 용어는 1960년대 초에 반식민지 운동가이자 초대 독립 국가 가나의 지도자였던 콰메 은크루마 Kwame Nkrumah가 만들었다. 그는 1965년 『신식민주의: 제국주의의 마지막 단계 *Neo-colonialism: The Last Stage of Imperialism*』라는 책을 펴냈다. 은크루마(1965)에 따르면, "신식민주의의 정수는, 종속된 국가가 이론적으로는 독립적인 국제 주권의 모든 외면적인 치장을 가지고 있

다는 점에 있다. 실질적으로 이 국가의 경제 체제와 정책은 외부의 지시를 받는다." 은크루마는 특히 독립했음에도 불구하고 외국 군대가 주둔하고 있거나, 외국 투자자나 기업들이 땅이나 산업, 광산 채굴권을 보유하고 있거나, 일련의 국내와 국제 정책들에 외부 세력, 보통 과거 식민 세력이나 강대국의 간섭이 가해지는 (과거 프랑스 식민지들의) 상황을 언급한다. 신식민주의는 신생 독립국에서 폭력과 경제적 빈곤의 주된 원동력으로 지적되어 왔다.

표상 양식으로서 오리엔탈리즘과 타자성

'오리엔탈리스트 Orientalists'라는 단어는 한때 서양의 대학에서 동양의 문화나 종교, 언어를 연구하는 학자를 지칭하는 말이었다. 그러나 에드워드 사이드(2003[1978])는 유명한 『오리엔탈리즘 *Orientalism*』에서 **오리엔탈리즘** Orientalism이 제국주의를 정당화하고 지지하는 방식으로 세상을 상상하고 표상하는 방식이라고 주장했다. 이것은 비유럽인들을 야만적이고, 여성적이고, 약하고, 위험하고, 비합리적인 타자로 묘사하는 것에 반해 유럽인들은 합리적이고, 강하고, 계몽되어 있고, 자유주의적이라고 묘사했던 것을 의미한다. 그는 19세기와 20세기 초 영국 문학에 널리 퍼져 있던 낭만주의적인 태도와 표상의 형태들을 보여 준다. 발렌틴 무딤베 Valentin Mudimbe(1988)는 이와 관련하여 서양적 사고방식에서는 타자성 Otherness과의 연관을 통해 '아프리카'를 상상한다고 주장했다. 두 학자 모두에게 비서양적 타자 non-Western Other를 표상하는 방식은 제국적 통제와 가부장적 행위를 정당화시키는 매우 중요한 요소다.

지적 관습/행위로서 유럽 중심주의

유럽 중심주의 Eurocentrism는 유럽을 세계사, 문명, 또는 인간성의 주요 주체이자 기준으로 간주하는 광범위한 경향으로 이해될 수 있다. 이 용어의 사용은 디페시 차크라바티 Dipesh Chakrabarty와 같은 후기식민주의 역사가와도 연관

이 있지만, 주로 사미르 아민Samir Amin이나 이매뉴얼 월러스타인Immanuel Wallerstein과 같은 종속 이론과 연관된 비판 이론가들에 의해 대중화되었다. 유럽 중심적 사고에서 예컨대 경제학이나 역사학은 모든 사회가 유럽처럼 발전하고 진화해야만 한다는 가정을 하거나 유럽을 '보편적' 기준으로 삼고 실패한 사회와 비교를 한다. 또한 일반적으로 세계적인 사건들을 논의할 때 유럽 외부에서 비롯된 역사, 문화, 지식에 대해서는 무시하는 경향이 있다. 많은 경우 그들의 지식과 문화는 정체되어 있거나 역동적이지 않은 것으로 간주되기 때문이다.

식민지인의 사회적 위치로서 서발턴

'서발턴'이라는 용어는 종종 사르데냐 출신의 마르크스주의 사상가 안토니오 그람시Antonio Gramsci(1891~1937)의 사상과 연관된다. 그람시는 어떻게 권력이 단지 폭력을 통해서뿐만 아니라 사회적 문화와 이념을 통해서도 행사되는지를 고민했다. 그는 지배 계급이 행사하는 이념과 문화 지배의 형태를 '패권hegemony'으로 설명하고 이런 표상의 형태들에서 배제되는 집단을 서발턴이라고 묘사했다. 인도 농민 계급의 식민사에 대한 연구에서 라나지트 구하가 세운 서발턴 연구 집단은 이 틀을 활용하여 법, 권리, 언어, 재산과 같은 제국주의의 패권 구조에서 농민 계급의 정치, 경제, 문화적 배제에 관하여 분석했다. 그러나 이들은 서발턴이라는 이유로 역사의 기록에 잘 나타나지 않으므로, 한편으로는 극복되어야 할 방법론적 어려움이 따른다. 이들의 역사를 쓰려는 노력에 대해 가야트리 스피박(Spivak, 1988)의 조심스런 비판은 인도의 농민 계급 여성을 이중으로 식민화하고 서발턴으로 만드는 식민주의와 **가부장제**patriarchy의 교차하는 역할들에 대한 관심을 불러일으켰다.

전반적인 역사·철학적 구조로서 근대성·식민성

'근대성Modernity/식민성Coloniality'이라는 용어는 특히 엔리크 뒤셀, 아니발 키하노, 월터 미뇰로Walter Mignolo, 마리아 루고네스와 같은 라틴아메리카 사상가들에 의해 발전되었다. 이는 탈식민주의 이론의 중심 사상이다. 이 사상은 근대성을 진보적이고, 평등하며, 민주적인 것으로 간주하는 전통적 시각과는 반대로 근대성의 정치 철학적 기획이 근본적으로 식민성을 전제하고 있다고 본다. 즉 '비근대적'으로 보이는 것에 비해 '근대적'으로 보이는 사람과 생각에 힘을 실어 주는 인종주의적이고 위계적인 이분법이다. 그러한 위계적 구조는 자본주의, 과학, 국가 건설, 발전과 같은 근대의 전 세계적 과정에 생기를 불어넣는 것으로 보이고, 1492년 스페인의 아메리카 대륙 점령 이래로 팽창해 왔다. 루고네스(Lugones, 2007)의 주장처럼, 이것은 또한 특정한 형태의 식민주의적 가부장제를 형성해 왔고 식민주의적 경계를 따라서 성별 관계를 재정립했다. 근대성의 이러한 '어두운' 측면은 유럽 철학을 지탱하는 인간과 지식에 대한 개념에 뿌리를 두고 있다. 근대성/식민성의 구조는 그 자체의 사고방식을 독점화하고 보편화하면서 근대 권력의 형태로 타자를 지우고 착취한다.

탈식민적으로 생각하는 방식으로서 경계 사상

'경계 사상border thinking'은 치카나Chicana 사상가인 글로리아 안잘두아Gloria Anzaldúa(2012[1987])가 고안하고 월터 미뇰로와 연결되는 용어로 근대성의 '밑면'에서 비롯한 사상이라고 할 수 있다. 예를 들면 토착민, 비백인 이주자, 여성과 같이 근대성의 이상으로부터 소외되고, 과소평가되고, 배제된 사람들의 관점에서 생각하는 것을 의미한다. 이러한 사고방식은 전복적인데 그 이유는 유럽적 '이성'의 권위를 거부하고 식민주의적 근대성에 대항하는 대안의 가능성을 제공하기 때문이다. 라몬 그로스포겔Ramón Grosfoguel은 사파티스타Zapatista 철학을 경계 사상의 예로 소개한다. 사파티스타 운동은 멕시코 치아파스Chiapas 지역에서 대안적인 삶의 방식을 만들어 내고 지키려는 기획의 일환으로 멕시코 원주민의 땅과 영성에 대한 사상을 자본주의와 국가에 대한 좌파적 비판과 결합했다([사례연구 10-1] 참조). 경계 사상은 식민주의적 생각과 지배 체제에 대항하여 오랜 기간에 걸쳐 다져진 역사적 저항의 실천과 강하게 조응한다.

식민주의와 식민성을 전복시키기 위한 실천으로서 탈식민화

'탈식민화decolonization'라는 용어는 근래에 일종의 부흥을 경험해 왔다. 20세기 중반, 식민주의에 대항한 광범위한 투쟁 중 '탈식민주의'는 민족 자결national self-determination의 틀 속에서 정치적 독립을 획득하는 과정으로 이해되어 왔다. 그러나 파농이나 응구기 와 티옹오Ngũgĩ wa Thiong'o,

아시스 난디Ashis Nandy와 같은 지식인들에게는 원주민들의 자율성, 언어, 영성의 만회, 즉 '마음의 탈식민화'를 통해 가능한 식민주의에 대한 심리적, 지적 투쟁을 의미했다. 최근 탈식민화는 예컨대 교육 과정의 탈식민화와 같이, 식민주의의 잔재를 조사하고 극복하고자 하는, 사회, 문화, 과학의 영역을 망라하는 일련의 비판적 기획들을 의미하는 것으로 사용되었다. 한편 '탈식민화'의 사용은 이브 턱Eve Tuck이나 웨인 양K. Wayne Yang(2012)과 같은 정착-식민지 사회의 원주민 학자들([참고 10-3] 참조)의 비판을 불러일으키기도 했는데, 이들은 이런 용어의 사용이 영토 주권의 회복이라는 주요 의미를 희석시켜서 이 용어의 정치적 잠재성을 중화시키고 순화시킨다고 주장한다.

정착 식민주의

참고 10-3

정착 식민주의settler colonialism는 '원주민' 사회를 제거하고 외부인과 그들의 법을 그 영토의 새로운 주권으로 삼는 식민주의를 지칭한다. 이러한 종류의 식민주의는 최근 북미와 남아메리카, 북아프리카, 남아프리카, 호주, 뉴질랜드, 팔레스타인에서 유럽인의 정착과 연관되어 있다. 유럽 제국들은 강제와 합의가 혼합된 방식으로 영지를 획득하고(많은 경우 논란의 소지가 있거나 잊었다) 전체 영토나 대륙을 관리했다. 종종 그 땅이 주인이 없는 땅('무주지terra nullius')이었다고 주장하거나 유럽으로부터 대규모 이민을 장려하는 방식으로 이루어졌다. '원주민'들은 전략적 요충지로 작용하는 강과 해안, 경작지로부터 추방되어 구비된 자원이 형편없는 '보호 구역'에 억류되었다. 어떤 경우에는 (예컨대 미국의 경우) 많은 사람이 인종 학살과 같은 직접적 폭력이나 추방에 따른 굶주림과 병으로 죽었다. 원주민들의 지도자, 언어와 법은 무시되거나 좌절되었고, (캐나다와 호주와 같이) 여러 지역에서는 원주민의 자녀들을 정착민 문화에 동화시키기 위해 가족들로부터 강제로 분리시켜 정착민 가족이나 기숙 학교로 보냈다. 패트릭 울프Patrick Wolfe(2006)는 정착 식민주의가 하나의 사건이 아니라 '구조'라고 주장한 것으로 유명하다. 많은 원주민 집단은 여전히 특정 조약에 의해 그들에게 부여되는(아오테아로아Aotearoa/뉴질랜드의 와이탕기 조약Waitangi Treaty과 같이) 권리나 공식적으로 양도된 적 없는 주권(캐나다와 호주와 같이)을 역설한다. 이러한 역동성은 현재 진행 중인 이스라엘과 팔레스타인 분쟁의 주요 특징이기도 하다.

| 요점정리 |

- 후기식민주의와 탈식민주의 접근은 '신식민주의', '오리엔탈리즘', '유럽 중심주의', '근대성/식민성' 등의 용어를 통해 세상을 이해 하는 자신만의 개념 도구들을 발전시켜 왔다. 이러한 용어들은 개별 저자가 사용하는 맥락에서 특정한 의미를 가지지만, 더 일반적 인 의미로 쓰이기도 한다.
- 후기식민주의와 탈식민주의 접근은 조금 다른 지리적, 역사적 장소에서도 등장하는데, 후기식민주의는 주로 과거 영국과 프랑스의 식민지였던 아프리카와 아시아 지역의 사상가들과 연관되고, 탈식민주의는 과거 스페인과 포르투갈의 식민지였던 중앙아메리카 와 남아메리카 지역의 사상가들과 연관된다.
- 용어와 사상 측면에서 후기식민주의와 탈식민주의는 서로 다른 강조점을 가지는데, 예컨대 탈식민주의 사상은 원주민들의 우주론 을 강조한다.
- 탈식민주의는 다수의 의미를 가지는 경합적인 용어이나 점점 더 서양의 인식론과 서양적 시각의 중심성을 몰아내고자 하는 예술, 교육, 문화 분야의 운동에 적용되고 있다.

세계 정치 연구를 위한 후기식민주의와 탈식민주의 접근

제국주의, 인종, 식민주의에 대한 질문들은 국제관계학 이 학문 분야로 형성되던 20세기 초에 매우 절박한 문제 들이었다. 로버트 비탈리스Robert Vitalis에 따르면 정치학에 는 '식민지 행정'이라는 세부 연구 분야가 있었다. 유명한 국제관계학 잡지인 『포린 어페어스Foreign Affairs』는 『인종 발전 저널Journal of Race Development』이라는 이름으로 1900년 에 발간되기 시작했고, 이례적으로 듀보이스와 같은 아 프리카계 미국인 학자들의 글도 실었다.

국제관계학에서 듀보이스의 공헌은 최근까지도 간과 되어 왔으나 그는 당시에 저명한 학자였다. 1902년 듀 보이스는 '전 세계적 유색인종선global colour line'이 20세기 의 주요한 문제라고 주장했다. 그 이후로 발전시킨 연구 에서 그는 유럽 국가들 간에 전쟁의 주된 원인은 식민지 와 제국주의 소유권 통제를 위한 경쟁이었는데 이것은 그 자체로 인종 차별과 백인 우월주의적 정신으로 추동 된 것이라고 주장했다. 듀보이스에게 정체성의 감각으로 서 '백인성whiteness'의 발명은 유럽에서의 자본주의와 민 주주의의 등장과 연계되어 있다. 이는 차별성 있는 상품

을 소비하고 정치적 자부심을 느끼고자 하는 대중 집단 을 형성했고, 제국주의는 이러한 두 요구에 해답을 제공 했다.

그러나 하워드 학파Howard School(Vitalis, 2015)라고 할 수 있는 듀보이스와 주변 학자들의 연구는 국제관계학의 고전으로 남아 있지 않다. 여러 이유에서, 특히 서양의 냉전이라는 엄혹한 정치 풍토에서 반식민주의적이고 후 기식민주의적인 사고는 1990년대까지 국제관계학에서 그 자체로 많은 주목을 받지 못했다. 사람들은 고작 종속 이론과 헤들리 불Hedley Bull(1984)의 연구와 같은 탈식민 화에 대한 전통적 설명 방식에 익숙한 정도였다. 그러나 1990년대 록산느 도티Roxanne Doty(1993), 산카란 크리슈나 Sankaran Krishna(1993), 시바 그로보기Siba Grovogui(1996), 필립 다비Phillip Darby와 파올리니A. J. Paolini(1994) 같은 학자들의 일련의 연구들로 인해 후기식민주의와 탈식민주의 연구 는 2000년 이후 학계에서 늘어나기 시작했다.

국제관계이론

주된 비판은 전통적 국제관계이론에 관한 것이었다. 크리슈나(krishna, 2001) 같은 학자들은 국제관계이론이 국가를 독립된 단위로 보고 오로지 서양 국가들에 대해서만 쓰는 것에 대해 현실을 지나치게 추상적으로 보고 있다고 주장했다. 예를 들어 이러한 관점에 따르면 국제관계학이 19세기를 국제 체제의 '백 년의 평화Hundred Years' Peace'라고 묘사하는 것이 가능한데, 이것은 제국의 역학을 전적으로 무시하고 있는 것이다. 이것은 또한 국제법을 서양의 문화적 영향력의 한 부분으로 보는 시각을 가능하게 한다(Grovogui, 1996). 반대로 식민 지배를 받은 자들의 시점에서 보면, 19세기는 제국주의 지배에 대한 저항에 폭력적이고 때로는 인종 학살적인 탄압이 가해진, 평화와는 거리가 먼 시대였다. 국제법이나 국제 통상과 같은 도구는 서양이 원래 문명화되어 있기 때문에 발전한 것이 아니라, 유럽 밖의 바다와 토지에 대한 주권적 지배를 주장하기 위해서 발전한 것이었다. 이러한 관점에서 국제관계이론은 서양 지식인들이 선택적 망각selective forgetting을 통해 국제 질서에 대한 불편한 지식을 지우고 제한하게 해 주는 제국주의 폭력의 일부분이다. 이 문제의 예가 바로 '실패한 국가failed states'에 대한 논쟁인 것이다([사례연구 10-2] 참조).

다른 학자들은 유럽 중심주의적 혹은 식민주의적인 사고가 서양 국제관계이론을 구성하는 한 부분이며, 심지어는 비판 이론의 형태로 나타나기도 한다는 생각을 발전시켰다(Gruffydd Jones, 2006; Hobson, 2012; Sabaratnam, 2013). 이들 학자는 많은 이론이 서양에 대한 신화적인 이미지를 창조하고(긍정적이거나 부정적인) 오로지 그곳에 관심의 초점을 맞추고 이론을 발전시킨다고 주장했다. 이렇게 '내부'를 향하면서 서양에 대한 전형적인 이해를 하고, (서구가 힘을 투영할 수 있는 지역으로서가 아니라면) 나머지 세계를 무시해 버리는 지속적인 경향은 국제관계학의 세계에 대한 이해가 제한적이라는 사실을 의미했다. 많은 후기식민주의와 탈식민주의 국제관계학자들

은 다른 대안을 제시해 왔다. 이것은 비서양의 정치, 경제, 군사 형성의 역사 발전적 접근을 취하는 것을 포함하며(Bhambra, 2007; Zarakol, 2010; Phillips and Sharman, 2015), 서양 밖의 사람들과 학자들의 사상, 관점과 실행들을 연구하는 것을 뜻하고(Shilliam, 2010/2015; Tickner and Blaney, 2012/2013; Persaud and Sajed, 2018), 분석을 위한 다른 지리학적 시작점을 상상하는 것(Ling, 2002/2013; Laffey and Weldes, 2008; Acharya, 2014b; Niang, 2018)과 어디에서 '정치'가 일어나는지에 대한 우리의 이해를 넓히는 것을 의미한다(Agathangelou and Ling, 2009). 다른 국제관계학 접근들과 후기식민주의와 탈식민주의 접근의 유사점과 차이점은 [표 10-1]에 정리되어 있다.

주류 문제들에 대한 대안적 해석

연구의 두 번째 측면은 세계 정치의 구체적인 전통 문제들을 후기식민주의와 탈식민주의로 접근하는 것이다. 이러한 측면의 초기 주요 연구로는 미국의 외교 정책을 다룬 록산느 도티(Doty, 1996)의『제국적 조우Imperial Encounters』가 있다. 당시 미국 외교 정책에 대한 국제관계학의 전통적 시각은 현실주의적이거나 자유주의적이었고, 때로는 외교 정책 결정의 관료적 요소를 살펴보기도 했다. 그러나 도티는 **담론 분석**discourse analysis 방식을 사용하여 영국의 외교 정책뿐만 아니라 미국의 외교 정책의 특정 부분이 필리핀과 케냐에 대한 제국주의적이고 인종주의적인 표상을 통해서 가능했다는 사실을 보여주었다. 이러한 표상은 어떤 외교 정책을 선택해 추진할 수 있게 하는 결정적 요소였다. 비슷한 맥락에서 마크 라페이Mark Laffey와 주타 웰데스Jutta Weldes(2008)는 쿠바 미사일 위기를 미국이나 소련의 전략적 관점이 아닌 쿠바의 시각에서 분석했다. 그럴 경우 미사일 위기는 핵 벼랑 끝 전술의 놀라운 예시가 되기보다는 1950년대와 1960년대에 걸친 미국의 쿠바 정부 불안정화 정책의 연장선에서 비롯된 것으로 보인다.

세계 정치에 대한 후기식민주의와 탈식민주의 접근의

소말리아, 1993
© Photo by Scott Peterson / Liaison / Hulton Archive / Getty Images

이 사례연구는 식민주의와 제국의 문제에 대한 태도에서 드러나는 국제관계이론의 한 논쟁을 보여 준다. 많은 주류 학자가 '실패한 국가failed states'라는 용어에 문제를 느끼지 못하지만, 후기식민주의 학자들은 이 용어의 사용에 반대해 왔다.

1980년대 후반과 1990년대 초반의 저작에서 영국학파의 학자인 로버트 잭슨Robert Jackson(1993[1990])은 지구 남반구에 있는 국가들이 '진짜' 국가가 아니라 '유사' 국가라고 주장했다. 탈식민화 과정에서 종종 생성되는 유사 국가는 다른 나라로부터 인정되는 합법적 또는 '법률적' 주권을 갖고 있지만, 내부 문제의 통제권으로 이해되는 '경험적' 주권은 소유하지 않는다. 한마디로 이들 국가는 국기, 수도, 국제연합에서 자리는 가질지 모르지만 다른 국가들과 동일하게 취급될 수 없다는 것이다. 국민의 시점에서 이들 국가는 비합법적인 정치체이며 국내 및 국제 관계 측면에서도 불안정하다. 국제관계이론은 이들 국가를 실질적으로 고려하지 않는 경향이 있었다.

비슷한 시기인 1990년대 초기에 서양의 정치 엘리트들은 아프리카의 특정 국가들을 개입이 필요한 실패한 국가로 보기 시작했다. 소말리아와 콩고민주공화국은 이런 실패한 국가 목록 중에서도 상위권에 있었는데 둘은 모두 냉전 중 심각한 탄압과 소련의 붕괴 이후 이어진 폭력적인 분쟁을 경험한 국가들이었다. 국가들을 '실패failed'하거나 '취약fragile'하다고 보는 견해는 이런 국가들에 '좋은 거버넌스'를 장려하기 위해 고안된

국제적 '국가 건설' 운동으로 이어졌다. 로버트 로트버그Robert Rotberg(2004)와 같은 서양 학자들은 이런 문제가 여러 아프리카 국가들의 나쁜 리더십에서 기인한다고 주장했다.

그러나 후기식민주의 학자들은 이런 국가들에서 일어난 분쟁을 묘사하고 설명하기 위한 방편으로 '유사 국가quasi-states'나 실패한 국가 같은 용어를 쓰는 것에 반대했다(Gruffydd Jones, 2008). 한 가지 이유는 식민주의적 정치체제가 민주주의, 발전 또는 시민권을 가능하게 하기 위한 것이 아닌 제국주의 체제 내 경제적 착취를 용이하게 만들기 위해 설치되었다는 점이었다. 이런 구조적 질서는 종종 전 세계의 지구화 과정에서도 지속되었다. 실패한 국가라는 용어는 그러한 경제 구조 때문이 아닌 아프리카의 무능함 때문에 국가가 실패했다는 잘못된 견해를 제시했다. 예를 들어 콩고민주공화국의 지도자 모부투 세세 세코Mobutu Sese Seko는 광산 채굴권을 대가로 얻은 국제적 지지로 권력을 유지했다.

다른 반대의 이유는 실패한 국가라는 언어가 서양 국가들을 이상화시키지만 그들 스스로도 전쟁과 탄압, 심지어는 인종 학살을 통해 국가를 만들었다는 사실을 인지하지 못하게 한다는 점이다. 이런 관점에서 '국가 건설'과 국민의 건설은 전 세계에서 일어난 근본적으로 폭력적인 사건이었다. 이는 유감스러운 일이지만, 그렇다고 해서 아프리카 국가들이 서양 국가들에 비해 '실패했다'는 의미가 아니다. 이를 일반적으로 비판하는 사람들은 실패한 국가라는 언어의 사용이 지구 남반구에서 행해지는 서양의 또 다른 '문명화 사명civilizing mission'을 정당화한다고 보았다. 실패한 국가라는 용어의 사용을 지지하든 반대하든, 거기에는 언어의 문제만 있는 것이 아니다. 특히 국가의 지위는 그 자체로 외부 개입이 용인될지 또는 얼마나 많은 개입이 허용될지를 결정짓는 중요한 요인이다.

질문 1 우리는 국가를 '실패'하거나 '성공'한 것으로 봐야 하는가?

질문 2 후기식민주의 학자들에 따르면 어떤 요인이 국가를 '실패'하게 만드는가?

유용성은 2001년 9월 11일 미국에 대한 테러와 그로부터 비롯된 전 지구적 테러와의 전쟁global war on terror에 비추어

볼 때 더욱 뚜렷해졌다. 테러 이후 미국의 보수 및 자유주의 지식인들은 적극적으로 미국이 스스로를 자비로운 제

표 10-1 타 국제관계이론들과 후기/탈식민주의 이론의 유사성과 차별성

이론	유사성	차별성
현실주의	엘리트와 국가의 이기적 속성과 권력의 중심성에 동의	무정부와 주권이 아닌 위계적이고 제국주의적인 체제를 강조
자유주의	협력이 가능하고 지속적일 수 있다는 것에 동의	협력은 단지 일반적으로 '발전된'/'문명화된' 국가들 사이에서 특권을 지키기 위한 목적이라는 것을 강조
마르크스주의	자본주의가 세계 정치의 주된 조직 구조이며 이것은 착취적이고 궁핍하게 하는 경향이 있다는 것에 일반적으로 동의	착취의 성격과 패턴을 결정짓는 급진주의와 식민주의적 팽창의 역할을 강조(아프리카인들의 노예화와 아시아 노동자들의 열악한 조건 등)
페미니즘	가부장제가 국제 정치를 구조화하는 주된 요소라는 것에 동의	(많은 다른 페미니스트도 주장하듯) 젠더가 인종, 계급, 민족성과 교차하며 권력/권리의 구조를 생성해 낸다는 것을 강조
구성주의	세계는 중요한 방식으로 '사회적으로 구성'되었다는 것에 동의 — 특히 이미지들이 정치적 가능성을 만들어 낸다는 것(예를 들어 폭력적/비합리적인 무슬림의 이미지)	이런 구성들의 비대칭적이고, 식민주의적이고, 목적 지향적인 성격을 강조

국으로 보고 타 지역에 권력을 행사하는 것을 받아들이도록 장려했다. 좌파 지식인들은 중동에 대한 미국의 불법적인 제국주의적 정책을 비판하고 특히 2003년의 이라크 침공을 비판했다. 그러나 후기식민주의와 탈식민주의 학자들은 이라크와 아프가니스탄에 대한 미국의 제국주의적이고 식민주의적인 권력 행사의 맥락을 긴 역사적인 구조에서 접근했고(Gregory, 2004; Khalili, 2012; Manchanda, 2017), 그러한 관계가 대테러 전쟁 기술을 포함해 그 지역에 대한 유사한 종류의 결정에 미치는 영향의 유의미성을 제시했다.

국제 정치 주체로서 (과거) 식민지의 회복

세 번째 연구 분야는 세계의 (과거) 식민지인들의 역사, 생각, 행위에 관심을 보였다. 해당 분야는 그들에 대한 연구의 배제를 다루기도 했지만 대안적인 정치의 가능성을 보여 주려는 목적도 가졌다. 이 분야에서 로비 실리암 Robbie Shilliam(2006/2011/2015)은 탈식민주의의 주요 저작을 제공해 왔다(제20장 참조). 그는 세계의 노예화된 아프리카인의 후손들의 정치 사상과 행동을 분석해 왔다. 이런

분석은 식민주의적 폭력의 역사와 인간에 대한 재정의의 가능성에 주목해서 주권, 권리, 연대, 정의의 대안적인 형태를 보여 준다. 이런 연구는 해방, 권리, 연대의 개념이 그 근원과 지향에서 근본적으로 서양적인 것이라고 보는 자유주의적 서사에 대한 반박의 지점을 제공했다.

이 분야의 다른 연구들은 후기식민주의/탈식민주의 주체들이 국제적 문제에 대안적 사고방식을 제시하고 있음을 강조해 왔다(이것은 '경계 사상'과 비슷하다. '**탈식민적으로 생각하는 방식으로서 경계 사상**'을 참조). 예를 들어 라울 라오 Rahul Rao(2010)는 제3세계 세계시민주의 Third World Cosmopolitanism를 민족주의와 제국주의라는 쌍둥이 문제에 대한 일련의 창의적인 대응으로 보았다. 라오가 보기에 이 사상가들은 일반적으로 국내와 국제의 대립으로 설명되는 국제 윤리 international ethics의 수수께끼를 다룰 수 있는 가능성을 보여 준다(Gruffydd Jones, 2010; Jabri, 2012 참조). 더 넓게 보면, 후기식민주의와 탈식민주의 학자들은 식민지인들의 관점과 세계관에서 출발하는 것이 어떻게 세계 정치에 대한 대안 이론과 구조적 분석을 만들어 낼 수 있는지를 고민해 왔다(Blaney and Tickner, 2017; Sabaratnam, 2017).

요점정리

- 식민주의와 제국은 초기 국제관계학에서, 특히 아프리카계 미국 학자들인 듀보이스나 하워드 학파의 사상가들에게 중심적인 역할을 했지만, 그 후 이 분야의 주요 전통에서는 무시되어 왔다.
- 냉전 환경은 서양에 대한 비판이 실재하거나 상상된 공산주의와의 관계 때문에 억압된다는 것을 의미했고, 이것은 학문 분야로서 국제관계학의 발전을 꺾는 효과를 가져왔다.
- 국제관계학에서 후기식민주의와 탈식민주의 학문은 지구 남반구의 유산을 가진 학자들의 존재감이 커지면서, 다른 비판적 전통과 함께 1990년대 이후 지속적으로 발전해 왔다.
- 후기식민주의와 탈식민주의 학문은 주류 국제관계이론의 근본적 범주들과 가정들에 도전해 왔고, 전쟁과 안보와 같은 특정 주제에 대한 대안적인 독해를 발전시켜 왔을 뿐만 아니라, 국제 질서를 분석하는 기반으로서 (과거) 식민지인들의 정치 사상에 주목해 왔다. 그 자체로, 국제관계학의 주요 문제들을 볼 수 있는 많은 대안적인 관점을 제시했다.

탈식민화: 투쟁은 계속되는가?

많은 국가가 유럽 제국으로부터 성공적으로 정치 독립을 확보한 이후 수십 년간 후기식민주의와 탈식민주의 접근의 등장이 계속되고, 심지어는 증가하고 있는 것은 흥미로운 역사적 사실이다. 이것은 탈식민지화 투쟁에 간여했던 많은 지도자의 몰락과 — 죽음을 통해서건 해방자로서의 그들의 이미지가 정치적으로 추락했던 간에(짐바브웨의 로버트 무가베Robert Mugabe의 경우처럼) — 동시에 일어났다. 또한 지구 남반구 국가인 중국, 인도, 브라질, 남아프리카공화국과 같은 국가들이 비교적 부유하고 권력을 가진 국가로 성장한 것과 동시에 일어났다. 사실 이들 몇몇 국가는 스스로가 다른 국가들에게 '제국적'인 방식으로 상대한다는 비난을 받는다. 상대적으로 서양의 힘이 감소하고 있는 이 시대에 후기식민주의와 탈식민주의 접근법은 무엇을 제공해야 할까?

한 가지 기여는 세계 질서의 다양한 측면에서 제국주의 관계의 계속을 보여 준다는 점이다. 이것은 국제연합 안전보장이사회United Nations Security Council의 실천 안건을 구성하는 다양한 이슈를 분석해 볼 때 더욱 명백해진다. 핵 비무장에 대한 토론, 환경·통상·국제법에 대한 협상,

중동의 군국주의화, 원조와 발전의 조건들, 브렉시트에 대한 논쟁, 극단주의 우파 관점의 부상, 전쟁 수행, 이주를 둘러싼 제도들이 그것이다. 후기식민주의와 탈식민주의 접근법의 관점에서 각각의 사례는 그 분야가 식민주의 기간에 발전한 서양의 우세성과 합리성에 대한 가정을 통해서나 과거 제국주의 세력 사이의 협상의 형태로 구조화된 것임을 보여 준다.

나아가 후기식민주의나 탈식민주의적 접근을 통해 발전한 개념 도구들은 비서양 정부들의 행동에도 비판적으로 적용할 수 있다. 예를 들어 브라질의 농민 운동과 녹색 운동은 환경 정책과 식량 정책의 상태와 관련해 자신들의 정부와 외국 정부들, 다국적 기업들, 서양 지배적인 국제기구들의 동맹을 비판해 왔다. 이들 행동가들에게 이 동맹의 모든 당사자는 세계 곳곳의 신식민주의적 토지 관리의 형태로 연루되어 있다.

이것과 관련해서, 반인종주의 운동이나 실천anti-racist movements and activities의 세계적 폭발은 제국과 식민주의의 지구적이고 역사적인 측면에 대한 더 많은 관심을 낳고 있다. 남아프리카공화국 대학들에서 전개된 #로즈동

상철거RhodesMustFall , #등록금은떨어져야한다FeesMustFall
와 같은 운동이나 미국에서의 #흑인의생명은소중하다
BlackLivesMatter 운동은 전 지구의 많은 학생을 고무시켜 그
들이 받고 있는 교육의 식민적 기반과 학내에서의 인종
차별에 대해 문제를 제기하는 계기가 되었다. 또한 지금

수천 명의 아프리카 및 중동의 이민자들이 유럽연합의
국경인 지중해에서 익사하는 사태는 백인과 비백인 생명
의 차이를 두고 국제 인권 제도에서 작동하는 이중 잣대
에 대해 관심을 기울이도록 한다.

요점정리

- 후기식민주의와 탈식민주의 접근은 정치적 독립의 달성, 반식민주의 지도자들의 인기와 위상의 추락, 중국, 인도, 브라질 같은 비
서양 세력의 등장에도 불구하고 대중적으로 호감을 주고 있다.
- 후기식민주의와 탈식민주의 접근은 현재 세계 질서의 많은 특징을 국제 제도, 국제 통상, 서양의 정체성, 군축 협정, 그리고 다른 쟁
점들에서 계속해서 나타나는 제국주의와 식민주의의 관계에 대한 고찰을 통해 설명하고자 한다.
- 탈식민화 투쟁은 브라질의 토지를 둘러싼 투쟁이나 남아프리카공화국의 교육에 대한 투쟁과 같이, 식민주의적 발전의 형태를 지속
시키거나 그에 공모해 온 비서양 정부로 점차 향하고 있다.
- 제국주의적이고 식민주의적인 위계질서를 전복하는 데 목표를 둔 정치 투쟁이 지속되고 있다. 특히 이 투쟁들은 국제와 국내적 맥
락에서 비백인으로 구분되는 사람들에 대한 불평등하고 폭력적인 취급과 관련되어 있다.

맺음말

후기식민주의와 탈식민주의 접근은 세계 정치 연구를 다
양한 층위에서 고찰한다. 국제관계이론의 층위에서 쓰이
는 범주들과 지식이 구성되는 방식, 기억되거나 잊히는
역사들에 주목한다. 이 접근에서 보면 국제관계학은 너
무 쉽게 자신의 제국적 기원, 국제 질서 형성에서 인종주
의와 식민주의의 문제, 그로 인해 발생했고 지금도 지속
되고 있는 불평등의 문제를 잊어버리고자 한다.

그러나 후기식민주의와 탈식민주의 접근은 이런 문제
들을 수습하고 세계 질서의 근본에 대해 지구적으로 포
괄적인 관점을 생성하고자 한다.

역사적으로 후기식민주의와 탈식민주의 접근은 19세
기와 20세기의 유럽 지배에서 벗어나려는 탈식민화 정
치 투쟁과 밀접한 관계 속에서 등장했다. 세계에서 어떤
일이 일어나고 있는지에 대해 더 낫거나 나쁜 이해가 있

을 수도 있지만, 많은 사람은 국제 관계에 대해 정치적으
로 중립적인 접근이 존재한다고 믿지 않는다. 후기식민
주의와 탈식민주의 접근은 일반적으로 더 평등하거나,
적어도 식민주의와 인종주의가 완화될 수 있는 국제 질
서를 촉진하려는 윤리적 관심에 동조한다.

후기식민주의와 탈식민주의의 주요 지적 도전은 동서
양의 예고된 지정학적 세력 전이가 어떻게 국가들과 다
른 국제 행위자들의 행동에 영향을 미칠 것인가를 살피
는 일이 될 것이다. 동양의 새로운 세력은 그들의 탈식민
화 투쟁을 기억하고 세계를 운영하는 새로운 종류의 질
서를 만들어 낼 것인가? 아니면 현재의 제국주의적 힘과
지배의 패턴을 따라갈 것인가? 어느 쪽이든, 후기식민주
의와 탈식민주의 접근은 앞으로 얼마간 세계 정치에 대
한 이해 증진에 크게 기여할 수 있을 것이다.

토론주제

1. 후기식민주의 사상은 어디에서 시작했는가?

2. 후기식민주의와 탈식민주의 접근의 주요 차이점은 무엇인가?

3. 탈식민화 투쟁에 참여한 정치 운동가들에게 영향을 준 개념들과 탈식민화에 대한 학문적 접근에는 차이가 있는가?

4. 국제관계학이 식민주의적 분과 학문이라고 말할 수 있는가?

5. 국제관계학을 '탈식민화'하는 것이 가능한가?

6. 누가 이 학문 분야의 '탈식민화'를 추동하는 주된 원동력을 제공하고 있는가?

7. 신식민주의는 기존 식민주의와 동일한 윤리적 문제를 공유하고 있는가?

8. 자본주의의 효과와 식민주의의 효과를 분리할 수 있는가?

9. "탈식민화는 은유가 아니다."(Tuck and Yang, 2012) 교육과 관련하여 토론해 보자.

10. 국제관계학에서 어떤 이론이 후기식민주의와 탈식민주의 접근과 가장 잘 양립할 수 있는가?

이 장의 객관식 문제를 풀어 보면서 학습 내용을 잘 숙지하고 이해했는지 평가해 보자.

• www.oup.com/he/baylis3xe

Feminism

개요

출현 직후부터 국제관계학의 한 부분으로 자리 잡은 페미니스트 국제관계이론은 오늘날 다양한 형태로 발전하고 있으며, 다양한 국제 정치의 관행과 학문 분야를 변화시키고 있다. 이 장은 여성들의 경험, 역할, 지위와 관련하여 전 세계에서 정보와 자료를 수집한 '국제연합 여성의 10년 United Nations Decade for Women (1976~1985)' 기간 동안 거둔 성과에 초점을 맞춰 독자들에게 국제적 페미니즘을 소개한다. 그 10년이 끝난 직후 출현한 페미니스트 국제관계이론들은 국제관계학 분야의 여성 및 젠더 문제의 배제, 여성 학자(들에 관한 기록의) 삭제 문제를 비판하며 이 시기에 축적된 방대한 지식과 다양한 경향의 페미니즘에서 도출되었다(Owens, 2018). 국제 정치의 영역과 실천을 확장하고 전환시킨 페미니스트 국제관계이론들은 다양하다. 이 장은 자유주의 페미니스트 국제관계론, 비판적 페미니스트 국제관계론, 후기식민주의 페미니스트 국제관계론, 탈구조주의 페미니스트 국제관계론을 정의하고, 그 이론들이 글로벌 거버넌스, 전쟁과 폭력, 국제 정치 경제와 같은 쟁점들에 제공한 가치를 설명한다.

헬렌 M. 킨셀라Helen M. Kinsella

이헌미 옮김

핵심 질문

- 페미니스트 국제관계이론은 국제 정치를 이해하는 데 필수적인가?
- 페미니스트 국제관계이론이 국제 정치를 이해하는 데 제공해 주는 기초는 무엇인가?
- 페미니스트 국제관계이론은 국제 정치의 실천에 어떤 영향을 미치는가?

머리말

냉전 종식과 새로운 이론적 논쟁들의 출현은 국제관계학 분야에 페미니스트 국제관계이론들이 도입되는 폭넓은 맥락을 제공했다. 하나는 지구적이고 다른 하나는 학제적인 이 두 가지 사건은 국제관계학을 지배하던 접근 방식이 지닌 신빙성을 두 가지 방식으로 감소시켰다. 국제 체제 내의 예상치 못한 정치적 변화와 세계 정치에서 영향력이 큰 새로운 행위자들의 출현으로 — 국제 네트워크, 비국가 행위자, 소셜 미디어 사용자와 같은 — 새로운 이해 형식 및 새로운 연구 방법이 필요해졌다. 게다가 사회과학 분야 안에서 세계는 외재적이며 이론들의 영향을

왜 '인권'이 아니고 '페미니즘'인가?

참고 11-1

"어떤 사람들은 질문한다. '왜 페미니스트라는 단어인가? 왜 그저 인권의 신봉자라거나 그와 비슷한 어떤 것을 말하지 않는가?' 그렇게 말하는 것은 정직하지 못할 것이기 때문이다. 물론 페미니즘은 전반적인 인권의 일부다. 그러나 인권이라는 모호한 표현을 사용하기로 선택하는 것은 젠더의 고유하고 특수한 문제를 부인하는 것이다. 그것은 수 세기 동안 배제되어 온 존재는 여성이 아니라고 주장하는 방식이다. (…) 그것은 인간에 대한 것이 아니라 특별하게 여성에 대한 것이 문제라는 점을 부인하는 방식이다. 수 세기 동안 세계는 인간을 두 그룹으로 나누었고, 그러자 한 그룹을 배제하고 억압하게 되었다. 이 문제의 해결책은 당연히 그 사실의 인정에서 나와야 한다."

(Chimamanda Ngozi Adichie, 2012)

젠더의 사회적 구성

참고 11-2

'계집아이처럼 공을 던진다'는 표현은 우리가 **사회적 구성** construction을 이해할 수 있는 한 가지 방법이다. 여성의 성적 특징을 가지는 것이 공을 던지는 타고난 능력을 규정하는 것으로 추정된다. 그러나 우리는 스포츠 훈련 기회를 접하거나 그렇게 하라고 기대와 격려를 받는 것은 생물학적 성과 아무런 상관이 없는 일임을 안다. 그것은 전적으로 사회 질서 및 사회적 기대와 관련된다. 따라서 '계집아이처럼 공을 던진다'는 것은 자연적인 것도 아니고 우연적인 것도 아니다. 나아가 그 말 자체가 그런 던지기를 두고 가치 판단을 하고 있다. 계집아이'처럼' 던진다는 것은 모욕이다. 소녀처럼 던진다는 것은 (유일하고도 자연적인 대립물로 가정되는) 소년처럼 던지는 것에 비하면 덜떨어지는 것이다. 페미니스트 이론가들에 따르면 이러한 이항 대립은 — 일차적이고 우월한 존재(즉 남성)는 바람직한 기준(즉 남성성)으로 정의하고 부차적이고 열등한 존재(즉 여성)는 기준의 실패(즉 여성성)로 기능하는 — 대부분의 사회·정치·경제적 의미를 구축한다. 이 이항 대립은 대칭적일 뿐만 아니라 위계적이다. 바꿔 말해서 우리가 남성성과 결부 짓는 것은 특권적이고 긍정적인 반면에 여성성과 결부 짓는 것은 종속적이고 부정적이다. 이러한 편집은 '비단 여성뿐만 아니라 인종적·문화적·경제적으로 소외된 남성도 업신여기는 행위'이다(Peterson, 2003: 14). 예를 들어 합리성·자율성·독립성은 남성과 남성성과 연결 짓는 반면에 비합리성·관계성·종속성은 여성성과 연관시킨다. 페미니스트들은 이러한 위계적 이분법이 비역사적이고 고정된 것으로 기능하고, 자명하며 보편적인 것으로 간주된다고 주장한다. 이는 남성 대 여성의 단순한 대립으로 환원될 수 없는 차이의 '구조'를 이해하지 못하게 만든다. 이러한 이분법은 차이를 잘못 '설명'하고 있기 때문이다.

받지 않는다고 간주하는 설명적 이론은 급속하게 신빙성을 잃어 갔다. 정체성의 정치와 문화 정치가 그러한 설명적 이론의 존재론(존재 방식), 인식론(앎의 방식), 방법론(연구 방식)에 도전했기 때문이다(**이 책의 서론 참조**). 그 대신 흔히 세계는 내재적이며 이론들의 영향을 받는다는 **구성적 이론**constitutive theory이라고 불리는 설명적 이론이 더 나은 선택으로 간주되었다. 구성적 이론은 비역사적이고 초월적인 설명을 멀리했기 때문이다. 또한 구성적 이론은 사회적 정체성과 문화적 의미를 둘러싼 투쟁들이 제도와 법에 대한 개혁 요구와 불가분한 세계 정치의 복합성을 이해하는 데 필수적인 요소들인 언어, 정체성, 차이를 연구할 수 있게 했다.

페미니스트 국제관계이론은 여성에 대한 연구를 지속적으로 우선시하고, 젠더의 의미를 둘러싼 중요한 논쟁들에 개입하는, 국제 관계 분야에서 유일하게 구성적이고 간학제적인 이론이다([**참고 11-1**] **참조**). 젠더의 의미는 페미니스트 이론 및 페미니스트 국제관계이론 안에서 논쟁 중이다. 현시점에서 우리는 터렐 카버 Terrell Carver(1996)의 "젠더는 여성의 동의어가 아니다"라는 주장에서 출발할 수 있다. 젠더의 정의에 대해서는 더 이야기하겠지만(**제19장 참조**) 젠더는 생물학적 성차의 사회적 구성과 관련된다고 보는 것이 페미니스트 국제관계이론 작업의 출발점이다([**참고 11-2**] **참조**).

페미니즘이란 무엇인가?

페미니스트 국제관계이론에 대한 소개는 **페미니즘** feminism의 작업 정의에서부터 시작해야 한다. 자유주의나 마르크스주의에 대한 단일한 정의가 없는 것과 마찬가지로, 페미니즘에도 단 하나의 단일한 정의는 없다. 그럼에도 불구하고 페미니즘은 근본적으로 여성의 지구적 종속에 대한 — 경제적이든, 정치적이든, 물리적이든, 사회적이든 — 분석에 뿌리박고 있으며, 그것을 불식시키는 데 기여한다고 말할 수 있다. 페미니즘은 여성들의 삶에서의 기대 및 기회가 오로지 그들이 여성이라는 이유로 불공정하게 감소하지 않도록, 모든 여성의 평등과 정의를 추구한다. 따라서 페미니즘은 권력과 그 효과에 대한 분석이기도 하다.

페미니즘은 연구 방법과 지식 형태들이 새롭게 발전하는 데 기여해 왔다. 여성들의 다양한 경험, 역할, 지위를 가시화하기 위해서, 페미니스트들은 여성을 아예 배제하거나 부수적으로 취급했던 역사를 재고하고 다시 써야만 했다. 또한 젠더가 반영된 의미가 다루어지도록 기본 개념들을 재설정해야 했다. 예를 들어 페미니스트 역사가들은 여성들이 직접적으로, 사회적으로, 또는 공적으로 권력을 행사할 기회가 주어지지 않았을 때 어떻게 간접적이고, 개인적이고, 사적인 형태로 권력을 행사했는지 보여 주기 위하여 권력의 개념을 재개념화했다. 그렇게 함으로써 페미니스트들은 남성이 말하고 행하는 바에 기대는 것이 아니라 여성 자신이 무엇을 말하고 행하는지 이해하고자 했다. 이러한 시도는 여성의 경험, 역할, 지위를 생물학적 성에 의해 단순히 주어진 것으로 보는 자연화에서 벗어나게 하고, 사회·정치·경제·문화적 관계들이 여성의 정체성, 경험, 지위, 가치에 대한 해석을 만들어 내는 방식을 폭로하는 효과를 발휘했다.

페미니즘은 이론가와 활동가, 정책과 실천 간의 상호작용을 페미니즘의 의미 규정에 필수적인 부분으로 삼고, 페미니스트가 된다는 것 혹은 페미니즘을 실천한다는 것이 무엇을 뜻하는지 진전된 감각을 만들어 냄으로써, 이론과 활발한 사회 운동 양쪽 모두에 영향을 미친다.

그 결과, 페미니즘의 의미 규정은 사회적 맥락이 변하고 여성의 상황 및 지위에 대한 이해가 변화하는 것을 반영하면서 시간에 따라 달라져 왔다. 특히 이 문제는 1970년대 말과 1980년대 초 출현한 인종, 식민주의, 섹슈얼리티 쟁점으로 인해 날카롭게 불거졌다. 이러한 쟁점들은 오늘날에도 계속해서 페미니스트 이론과 운동을 변화시키고 있다(제10장, 제19장, 제20장 참조).

1970년대 말과 1980년대 초에 지구 남반구와 북반구의 페미니스트들은 레즈비언/양성애 여성들의 경험을 페미니스트들의 종속 분석 및 해방 운동에 수용하고 포함하려고 애썼다. 한편 유색 여성들(북반구/남반구 모두)은 백인 여성들(북반구/남반구 모두)이 스스로의 인종주의와 백인 여성의 경험을 페미니스트 행동의 전범으로 특권화하는 것을 직시하도록 도전했다. 오늘날에는 상상하기 어렵지만, 레즈비언/양성애 여성들은 페미니스트 운동의 신용을 떨어뜨린다는 이유로 공공연하게 그리고 암묵적으로 자신의 섹슈얼리티를 감추도록 요구받았다. '비정상' 내지 '변태'로 배척당한 레즈비언/양성애 여성들은 페미니스트 운동의 동성애 혐오에 맞서 페미니스트 운동이 주장하는 보편적인 '자매애'에 의문을 제기했다. 영향력 있는 정치 운동가이자 강력한 흑인 페미니스트 집단 '콤바히 리버 컬렉티브Combahee River Collective'의 창시자 바버라 스미스Barbara Smith는 1990년에 다음과 같이 썼다. "페미니즘은 모든 여성을 자유롭게 하기 위해 투쟁하는 정치 이론과 실천이다. 경제적으로 혜택 받은 이성애자 백인 여성뿐 아니라 유색 여성, 노동 계급 여성, 가난한 여성, 장애인 여성, 레즈비언, 노인 여성들까지. 총체적 자유의 비전에 못 미치는 어떤 것도 페미니즘이 아니며, 여성의 자기 과시에 불과하다."(B. Smith, 1998: 96)

마찬가지로 지구 남반구 여성들은 "서양에 의해 전용되고 정의된 페미니즘은 종종 문화적 제국주의의 도구가 된다"고 주장했다. 인도의 선구적 학자이자 활동가 마두 키시워Madhu Kishwar의 표현을 빌리면, "정의, 용어, 가정들 (…) 심지어 쟁점들마저 서양에서 동양으로 수출된다. (…) 그리고 우리는 보다 선진적인 운동이라고 상정되는 서양의 흐름에 공명하리라 예상된다."(Kishwar, 1990: 3) 이러한 비판은 토착적 형태의 페미니즘에 대해 위증하고 거부하고 식민화했으며 제국주의와 착취의 영향을 무시했던 특정 서양 유럽 페미니즘의 전제들에 도전했다. 남반구 출신의 많은 여성은 스스로를 페미니스트라고 규정하기를 꺼린다. 위대한 나이지리아 소설가 부치 에메체타Buchi Emecheta는 이를 다음과 같이 설명했다. "나는 아프리카적 유형의 페미니즘을 신봉한다. 그것은 우머니즘womanism이라고 하는데, 왜냐하면 알다시피 유럽인들은 물에 대해 걱정하지 않기 때문이다. (…) 당신들은 너무 잘 산다."(Emecheta, 1990)[우머니즘은 앨리스 워커Alice Walker가 만든 페미니스트 용어다. 종전의 페미니즘이 흑인 여성들의 역사와 일상 경험을 반영하고 있지 않다는 비판 의식에서 나왔으며, '블랙 페미니즘'이라고 할 수 있다 — 옮긴이] 키시워와 에메체타의 말은 다수의 남반구 여성들이 북반구 페미니즘의 우선순위에 대해 느꼈던 거리감 또한 부각시킨다. 깨끗한 물이나 매일의 식사를 공급받지 못하는데, 형식적이고 법적인 평등이 대체 무슨 의미가 있는가? 누가 페미니스트 의제의 우선순위를 결정하는가? 누가 거기에서 이익을 보는가?

여성들 사이의 이런 논쟁이 가지는 깊이와 격렬함, 그것이 표출하는 분노와 상처를 전달하기란 어렵다. 그러나 여성의 경험과 지위를 보다 잘 이해하고 그것이 정체성의 다른 요소들, 즉 인종, 섹슈얼리티, 계급, 지리적 위치, 나이 등과 교차되는 방식을 파악하기 위해 분투함으로써 이러한 긴장과 토론은 페미니즘과 페미니스트 운동의 진화를 — 아직 끝나지도, 완전히 성공하지도 않은 현재진행형의 — 알렸다. 여성들의 경험과 지위와 역할을 이해하기 위해서는, 어느 조직에서든 여성들 간의 유사성뿐 아니라 차이가 우선시되어야 했다. 따라서 페미니즘은 국제정치학자 신시아 인로Cynthia Enloe의 말처럼 "여성은 어디에 있는가"를 묻는 것일 뿐 아니라, 이 질문의 함의가 "어느 여성이 어디에 있는가"임을 확인하는 것이다.

이러한 질문 제기 자체가 가능해진 것은 1970년대에 들어서였다. 그전까지는 문제 제기를 위한 정보가 부족했기 때문이다. 멕시코시티에서 열린 1975년 국제 여성의 해 회의는 21세기 여성의 지구적 조직화의 가장 뚜렷한 시초였다. 그 결과, 1975년 국제연합은 1976년부터 1985년까지를 '국제연합 여성의 10년'으로 공식 지정했다. 이는 여성에 대한 전적인 무관심과 여성의 막대한 기여를 강조함으로써, 여성의 경험, 역할, 지위에 관한 연구와 행동을 지구적으로 격려하고 정당화했다는 점에서 중추적 역할을 했다. 여성의 삶과 기회에 관한 연구는 여성 문제의 타당성과 중요성을 시사했다. 여성의 10년이 시작될 때 "잇따른 연구가 여성에 대한 통계 데이터 및 정보의 부족을 드러냈다"면, 여성의 10년이 끝날 즈음에는 더 이상 그렇지 않았다(Fraser, 1987: 21). 국제연합 여성기금(현 국제연합 여성기구UN Women)과 국제여성발전훈련연구기구INstraw가 창설되고, 국제연합 여성차별철폐협약CEDAW이 발효된 것이 이 기간의 일이었다. 생각해 보라. 국제 공동체가 여성의 경험, 지위, 공헌, 관심사를 알고 이해하기 위해 노력할 가치가 있다고 마지못해서라도 인정한 것은 불과 50년 전이었다. 그 결과 획득된 지식은 획기적이고 계시적이며 혁명적이었다.

예를 들어 1970년에 출판된 에스터 보스럽Ester Boserup의 책 『경제발전에 있어 여성의 역할Women's Role in Economic Development』은 생산 과정과 — 재생산뿐만 아니라 — 발전 도상국의 경제·사회 진보에 여성이 필수적이었음을 증명함으로써 기존 경제·사회 발전 계획에 이의를 제기했다. 이는 '발전과 여성'이라는 전혀 새로운 국제연합의 발전 의제로 이어졌다. 그때까지 국제 및 국내 행위자와 기구들은 생산에 관한 것이든 재생산에 관한 것이든 여성의 필수적인 경제적 역할을 인정하거나 지원하지 않았다. 게다가 여성의 임금·무임금 노동은 국가의 전반적인 진보와 발전에 부수적이라고 간주되었다. 무엇보다도 이 10년간 수행된 작업은 국제적으로도 국내적으로도 여성들의 지위와 경험이 근본적으로 불평등함을 폭로했다. 확실히 이 시기 이전에 여성의 기회와 지위 신장을 위해 노력한 국제 운동이나 기구가 없었던 것은 아니다(예를 들어 [사례연구 11-1] 참조). 그보다는 오히려 '국제연합 여성의 10년'은 여성들에 의한 로비의 직접적 결과

로서, 국제연합과 그 회원국들이 처음으로 장기간 지구적으로 여성의 경험, 지위, 역할 문제에 대해 고심하고, 궁극적으로 여성의 종속을 완화하기 위해 책임을 져야 했던 시기였다.

이제 우리는 지난 수십 년간 모은 데이터를 통해서 국가와 가정 모두 자원과 기회를 남녀 간에 평등하게 배분하지 않음을 알기 때문에 여성이 지구적 종속에 시달리고 있다고 주장할 수 있다. 국제연합 보고서 '세계 여성의 진보Progress of the World's Women'의 2013~2014년 관련 통계를 생각해 보자(http://progress.unwomen.org/en/2015/). 지구적으로 여성은 남성보다 수입이 24퍼센트 적다. 미국에서 여성은 남성 1달러당 약 78센트를 번다. 이 수치는 인종의 측면에서 보면 더 떨어지는데, 아프리카계 미국 여성은 남성 1달러당 64센트를 벌고, 라틴계 미국 여성은 56센트를 번다. 세계적으로 여성은 가정에서 75퍼센트의 무임금 노동을 하고 있으며, 2015년 세계은행 보고서 '여성, 기업과 법'에서 평가된 173개국 가운데 100개국에서 여성은 가정 외 수입 획득 능력을 저해하는 성별 직업 제한에 직면하고 있다(World Bank, 2015). 2015년에 국가 수장 가운데 여성은 단 11명이었으며, 60퍼센트 이상의 여성이 실질 문맹 상태였다. 페미니스트 기구의 작업과 로비로 인해 2011년 국제연합은 정확한 여성 통계의 연구와 수집에 다시 착수했다. 특히 국제연합은 여성 평등 및 권한 강화 운동에 기여하기를 희망하며 '젠더 평등을 위한 증거와 데이터Evidence and Data for Gender Equality'를 개발하고 있다.

'국제연합 여성의 10년'은 여성 기구와 네트워크, 모임들의 작업을 통해 자원과 정보가 쏟아져 나오도록 촉발했다. 또한 여성의 경험, 역할, 지위에 대한 연구와 분석이 넘쳐나도록 불을 붙였다. 이제 더 이상 여성이 국제 관계 연구에 중요하지 않다거나, 페미니스트들이 국제 정치 사건을 설명하고 영향을 미치는 데 지분을 가지지 않는다고 할 수 없었다. 그러나 국제 관계 분야는 침묵했다. 페미니스트 국제관계이론가들이 국제 관계 분야에서 이름을 날리기 시작한 것은 바로 이러한 맥락에서였다. 중요한 것은, 페미니즘의 재부상과 국제 정치에서 '국제연

여성 참정권론자, P. 로렌스, 제인 애덤스, 아니타 몰로이
© World History Archive / Alamy Stock Photo

국제여성자유평화연맹Women's International League of Peace and Freedom: WILPF은 세계에서 가장 오래된 공식 국제 여성 평화 기구다. 이 기구는 1915년 제1차 세계대전 중 해당 전쟁과 모든 전쟁을 종식하고자 모인 국제 여성 회합에서 시작되었다. 그 후 수십 년간 국제여성자유평화연맹은 사회·경제적 정의, 여성 권리, 군비 축소를 통해 세계 평화를 추구하는 데 강경하게 목소리를 내 온 행위자였다. 처음부터 국제여성자유평화연맹은 국제 정치와 국내 정치의 모든 요소에 여성과 여성의 경험이 반드시 포함되어야 한다고 밝혔다. 국제여성자유평화연맹의 초창기 노력 가운데 하나는, 국제 정치에 있어 여성의 지위와 참여가 국제연합의 권한에 따라 다루어지도록 하고, 국제연합이 여성의 법적·사회적·경제적 지위에 대한 조사를 실시하게 만든 것이다. 이러한 시도는 최초였다. 설립 이래 국제여성자유평화연맹은 서양 유럽 중심의 부유한 여성으로 이루어진 원래의 회원 자격과 조직에서 야기된 많은 분열 문제에 대처해야만 했다. 그러나 이 분야의 역사학자 카티아 세실리아 컨포르티니Catia Cecilia Confortini가 썼듯, 국제여성자유평화연맹은 비록 급진적인 기구가 되겠다는 목표로 설립된 것은 아니었지만, "모든 형태의 억압과 배제 사이의 연관성을 강조함으로써 군사주의, 인종주의, 성차별주의, 환경 파괴, 규제 없는 자본주의의 주요 비판 세력"

으로 진화했다(Confortini, 2012: 8). 국제여성자유평화연맹은 최근 '여성, 평화, 안보 의제Women, Peace, Security Agenda'의 모니터링을 주도하는 눈에 띄는 성과를 이루기도 했다.

'여성, 평화, 안보 의제'는 페미니스트 기구와 시민사회가 평화와 안보의 모든 과정에 여성이 동등하고 전면적으로 관여할 필요성을 국제연합과 여타 국제·국내 행위자 및 기구들에게 교육하려는 합동 노력의 산물이다. 2000년에는 분쟁 시 젠더 역할을 직접 명시한 최초의 국제연합 안전보장이사회 결의안 제1325호가 역사적으로 통과되었다. 그 이후 일곱 개의 안보리 결의가 더 나와서, 분쟁의 이해와 해결에 있어 젠더 차이가 — 여러 차이들 가운데 한 축인 — 문제 되는 상황들을 제시하고 구체화했다. 이러한 결의안은 널리 상찬되었지만, 염원과 실질적 지지 사이에는 상당한 격차가 존재하며, 그 시행은 회원국들의 정치적 의지와 경제적 투입 부족으로 인해 순조롭지 않다.

2015년 10월에 통과된 국제연합 안전보장이사회 결의안 제2242호는 점증하는 폭력적 극단주의, 기후 변화, 난민 등 국제 정치적 과제를 해결하기 위한 일체의 노력 가운데 '여성, 평화, 안보 의제'를 핵심 사안으로 삼았다. 이 결의는 단순히 여성 기구들이 평화 협상 과정에 참여할 수 있도록 권한을 부여하고 훈련하기보다는, 모든 평화 협상가들을 젠더 인지적이고 포괄적인 평화 협상 과정에 임할 수 있도록 훈련할 것을 강조하는 쪽으로 변화했다는 점에서 높이 평가받았다. 이 결의는 또한 여성들이 대표직을 맡을 필요성과 이 모든 목적을 위해 더 많은 자금을 쏟을 필요성을 강조했다.

질문 1 국제여성자유평화연맹의 궤적은 수십 년간 행동하면서 변화해 왔다. 무엇이 이러한 변화에 영향을 미쳤는가?

질문 2 '여성, 평화, 안보 의제'는 2000년 이후에야 국제연합에서 받아들여졌다. 국제 정치의 어떤 변화들이 이러한 의제 도입의 원인이 되었는가?

합 여성의 10년' 동안 여성에 대한 관심이 커졌다는 사실이 과거에는 페미니즘의 형태와 활동적인 여성 학자들이 부재했다는 의미가 아니라는 점이다. 국제관계학자들이 증명한 바와 같이 페미니스트 국제관계학과 여성학자들

에 관한 역사는 제2차 세계대전(Ashworth, 2011; Owens, 2018) 이후 삭제되었다. '국제연합 여성의 10년'을 통해 페미니즘의 재부상과 여성 국제관계학자들에 대한 인정이 두드러지게 되었다.

- 페미니즘에 대한 단일한 정의는 없다.
- 페미니즘은 평등, 정의, 여성의 종속과 억압 철폐에 관심을 둔다.
- 페미니즘과 페미니스트 운동은 배제와 포섭의 문제, 특히 인종, 섹슈얼리티, 계급, 지리적 위치의 문제에 대해 투쟁한다. "여성은 어디에 있는가?"라고 물을 뿐 아니라 나아가 "어느 여성이 어디에 있는가?"를 물음으로써 페미니즘과 페미니스트 운동은 배제를 극복하기 위해 노력한다.
- 페미니즘과 페미니스트 운동이 없었다면 여성의 경험과 역할은 국가에 별로 중요하지 않고 관심사도 아닌 채 남아 있었을 것이다.
- 페미니즘과 페미니스트 운동은 국제 정치에 있어 여성의 중요성과 기여에 대한 국제기구와 국가들의 이해를 급격히 변화시키는 데 성공했다.

페미니스트 국제관계이론은 무엇인가?

페미니스트 국제관계이론은 1980년대 말 기존의 지배적 국제관계이론과 연구 방법에 대한 학제적 불만에서 생겨났다. 몇 명만 예를 들자면 마리지아 젤렙스키Marysia Zalewski, 앤 티크너Ann Tickner, 잰 진디 펫맨Jan Jindy Pettman, 스파이크 페터슨V. Spike Peterson 등의 페미니스트 학자들은 지배적인 특정 접근법을 지지하거나 옹호하려는 의사가 없었다. 오히려 현실주의/신현실주의 그리고 자유주의/신자유주의와 같은 실증주의·합리주의 이론들이 국제정치학에 대한 지식을 명백히 제한하며, 해석적·관념적·사회학적 접근법과 같은 탈실증주의 국제 정치 접근법들을 배제한다고 보았다(제6장, 제7장, 제9장 참조). 페미니스트 국제관계이론가들은 실증주의 접근법도 탈실증주의 접근법도 여성에는 딱히 관심을 기울이지 않았으며, 젠더에는 그나마 관심조차 없었다고 지적했다. 이를 개선하기 위하여 페미니스트 국제관계이론가들은 국제 관계의 핵심 이론, 개념, 사례 연구들이 오직 (특정) 남성들의 경험, 역할, 지위만을 반영했기 때문에 얼마나 편파적이고 편향되어 있으며 제한적이었는지 밝히고 설명하는 데 몰두했다. 샬롯 후퍼Charlotte Hooper가 설명하듯이 페미니스트 학자들은 "연구 주제의 범위, 학문 분야의 경계, 중요 관심사와 동기, 경험적 연구의 내용, 이론적 모형의 가정, 그리고 이에 상응하는 학계 및 엘리트 정재계에서 여성 전문직 종사자들의 부족이 다 합쳐지고 상호 강화되어서 국제적 장에서 여성의 역할과 여성의 관심사를 어떻게 주변화하고 비가시화"하는지 밝혔다(Hooper, 2001: 1).

페미니스트 국제관계이론가들은 최소한 우선 국제 정치 연구에 여성을 포함해야 한다고 주창했다. 그렇게 함으로써 단지 국제 정치 분야의 범위를 넓힐 뿐만 아니라, 그 입각점들을 급진적으로 바꾸어야 한다는 인식에서였다. 여성 연구는 새로운 주제를 소개할 뿐 아니라, 기존 학제의 가정들과 추정들에 대한 비판적 분석을 요구하는 것이었다. 스파이크 페터슨(Peterson, 1992)은 이러한 초창기의 노력이 국제 정치 분야의 현 상태에 대한 비판에 있어서는 탈구축적인 동시에, 국제 정치를 이해하는 새로운 방법과 이론을 소개했다는 점에서는 재구축적이었다고 말한다.

페미니스트 국제관계이론가들의 탈구축적이고 재구축적인 작업의 가장 명백한 사례 중 하나는 국가 개념과 실천에 대한 그들의 분석이다. 오랫동안 여성은 국가 제도와 지구 거버넌스에 전무하거나 진출 비율이 현저히 낮았다. 여성 대표의 수는 국제연합이 국내 및 국제 불평등 정도를 측정하는 하나의 방식이다(국제연합 개발계획 젠더 불평등 지수 참조). 정부 직책을 맡은 여성의 부재 혹은 낮은 수치는 젠더 불평등 상태를 가리킨다. 젠더 불평등은 실질적으로도 여성 진출의 비율이 낮을 뿐 아니라, 여성 특유의 경험과 기량이 정부의 운영에 융합되지 않는다는 점에서, 여성들이 구상 단계에서부터 도외시되고 있음을 뜻한다. 게다가 여성들은 이러한 직책에 주어진 사회경제적인, 그리고 때로는 경제적인 권력을 얻지 못한다. 일단 이러한 사실이 경험적으로 입증되자 페미니스트 국제관계학자들은 다음과 같은 의문을 제기했다. 이러한 일이 왜 그리고 어떻게 일어났는가? 자유주의나 현실주의 그리고 그 분파들에 이르기까지 국제정치학은 왜 이전에 이런 문제들을 다루지 않았는가? 복잡다단한 대답들 가운데 하나의 대답은 국가가 역사적·정치적으로 어떻게 이론화되고 정의되어 왔는지, 국가 개념 그 자체를 중심으로 삼았다.

국제 페미니스트 이론가들은 역사학, 인류학, 정치 이론 분야의 페미니스트 작업에 의지해서, 국가라는 개념과 실천이, 그 발생에서부터, 또 시간의 흐름과 함께 변화하면서도, 어떻게 지속적으로 여성의 전면적 참여를 배제했는지 보여 주었다. 나아가 페미니스트 국제관계학자들은 국제정치학이 기본 행동 수칙을 설명할 때 홉스의 『리바이어던』이나 마키아벨리의 『군주론』과 같은 텍스트들에 무비판적으로 의존한다고 비판했다. 무엇보다도, 페미니스트 철학자들 및 이론가들이 밝혔듯, 홉스나 마키아벨리는 여성이 완전한 법적 지위를 누리지 못하고 남성 후견인의 소유물로 간주되던 시대와 맥락 속에서 글을 썼다. 여성들은 스스로의 사회경제적 위상을 약화시키고 남성에게 통제권을 집중시키는 보조적이고 사적이고 몰정치적인 역할로 격하되었다. 일반적으로 말해서 이러한 격하는 여성들의 재생산 능력에 깊이 자리 잡고 있는 선천적 연약함과 감정적 기질로 인해서 여성들을 정치에서 차단해야 한다는 주장에 의해 정당화되었다. 페미니스트 정치

이론가들은 "서양 정치 사상의 전통이 여성들과 여성성·여성의 신체로 대표되는 모든 것을 배제함으로써 구축된 '정치'의 개념화에 기대고 있음"에 동의한다(Shanley and Pateman, 2007: 3). 페미니스트 이론가들은 기성 국제관계학자들이 의지하는 이러한 사상의 전통이, 근본적으로 여성의 부재와 무가치함, 여성의 특성에 대한 다분히 구축된 해석 그리고 본질적으로 출산을 전제로 하는 이성애에 근거를 두고 있음을 보여 주었다.

캐롤 페이트맨Carol Pateman이 강조하듯, 실제로 홉스에 따르면, 이성애적 결혼을 통한 여성의 종속은 시민사회 그리고 궁극적으로 국가의 수립에 필수적인 단계이다. 그녀는 "결혼이라는 시민적 제도를 통해서 남자는 합법적으로 친숙한 '조력자'를 획득할 수 있고, 그 영구한 노예 상태가 법과 칼에 의해 보장되는 아내의 성적인 봉사와 가사 서비스를 얻을 수 있다."라고 쓰고 있다(Pateman, 2007: 67). 이와 같이 국가는 남성이 지배자이며 여성은 지속적인 법적·사회적 폭력 상태를 통해 지배받도록 되어 있다고 규정했다. 따라서 국가는 중립적인 개념이나 제도라고 말할 수 없으며, 그 공식적인 형태와 효과 양쪽 모두에서 "젠더 권력관계의 주된 기획자"이다(Peterson, 1992: 9).

이러한 젠더 권력관계 기획의 증거는 젠더가 어떻게 군 생활과 군대에 대한 신념, 그 제도와 행동에 영향을 미치는지 검토함으로써 드러난다. 페미니스트 학자들은 남성성에 관한 신념 및 여성의 보호자이자 국가의 지배자로서 남성에게 기대되는 역할이 군인을 남성으로, 군대를 남성적인 것으로 개념화하는 데 어떻게 직접적으로 영향을 주는지 연구한다. 남성성에 대한 기대와 신념은 군인에 대한 기대와 신념으로 구성된다. 이것은 남성을 군인의 이미지로 투영하고 통합시키는 군대를 국가가 제도화함으로써, 그리고 부분적으로는, 무능력하다는 이유로 여성을 전투에서 배제함으로써 이루어진다. 메건 매켄지Megan MacKenzie가 시에라리온과 미국에 대한 연구에서 보여 주듯, 이러한 전제가 유지되려면 여성이 전투에 참여했던 역사와 증거를 무시해야 한다. 그녀는 여성을

강제로 군대에서 배제시키는 것은 "주로 남녀의 능력과 결부된 신화와 스테레오타입 그리고 군대의 '전우' 문화 때문에" 전투에서 남성이 용감하다고 재확인하고 고집하는 일에 불과하다고 주장한다(MacKenzie, 2015: 1). 아론 벨킨Aaron Belkin이 지적하듯, 군대를 통한 이러한 남성성의 구축은 실제 전우애로 뭉친 군인이 아닌 남성들에게도 반향을 일으킨다. 이런 남성들은 자신의 남성성의 징표를 정당화하고 방어해야만 한다. 군인들은 "그들이 여성적이지 않고, 약하지 않고, 퀴어가 아니고, 감정적이지 않음을 보여 줌으로써 남성적인 지위를 획득한다."(Belkin, 2012: 4) 이렇게 하여, 남성성은 어떤 남성들에게서 분리되고, 더 이상 그들의 타고난 속성이 아니게 된다. 남성 (보호자/지배자)과 여성(보호받는 자/지배받는 자)에 대한 고정된 이분법적 구분은 신념, 제도, 정치의 상호 작용을 통해 구축되는 것으로 보이며, 이것은 다시 젠더화된 국가를 반영하고 국가에 영향을 미친다. 이제 많은 국가의 군대들에서 여성을 받아들이며, 이성애자여야 한다는 규범과 조건들이 완화되고 있다. 이는 군대, 국가, 젠더 간의 관계에 있어 새로운 배치의 가능성을 암시한다.

처음에 제기했던 단순한 경험적 질문 — 여성들은 어디에 있는가? — 은 국가의 형성과 출현이라는 역사적·개념적 문제의 재검토로 이어졌다. 이것은 이어서 국가의 역사적·개념적 진화의 결과를 살펴보도록 촉발했고, 궁극적으로 국가 거버넌스에서 여성의 부재와 국가의 근본적

인 젠더화를 설명하도록 도와주었다. 국가의 기초가 되고 (결혼과 여성의 종속) 국가를 조직하는(군대) 사회적·정치적 관계의 규제는 근본적으로 여성과 젠더를 그 작동의 중심으로 삼는 권력관계다. 이러한 분석은 국제관계학자들이 국가와 군대를 이론화할 때, 보호자/피보호자를 자연적 관계로 보는 어떤 안이한 개념도 탈구축해야 함을 또한 시사한다. 그런 개념은 분명히 자연적인 것이 아니라 법적으로 정당화된 것이다. 그리고 그 효과는 예를 들어 보호의 미명 아래 가해지는 폭력과 여성에게 휘두른 폭력을 보이지 않게 한다(Sjoberg and Gentry, 2007과 비교).

> ### 요점정리
>
> - 페미니스트 국제관계이론은 탈구축적이고 재구축적이다.
> - 1980년대 이전에, 국제관계이론들은 젠더나 여성의 역할을 고려하지 않았다.
> - 페미니스트 국제관계이론들은 젠더 연구와 여성 연구를 도입했고, 기존 학제와 현실주의 및 자유주의와 그 분파들이 정의한 국가, 권력과 같은 국제정치학의 근본 개념들에 대한 비판적 분석을 촉발했다.
> - 젠더는 여성의 동의어가 아니며, 그 이해 범위에 남성과 여성이 모두 포함된다.
> - 페미니스트 국제관계이론들은 국가를 젠더화된 권력 기관으로 개념화한다.

젠더와 권력

젠더학자들 사이에서 어떻게 젠더와 권력이 정의되며 상호 관련성이 이해되는지는 젠더 그 자체의 개념화에 따라 달라진다. 엘리자베트 프뤼글Elisabeth Prügl(2001)은 젠더의 용법을 적어도 세 가지로 구별하고 있으며, 이들 각각은 권력에 대한 이해에 영향을 미친다. 그녀가 언급

하듯, 어떤 학자들은 젠더를 사회·정치·경제적 불평등을 설명해 주는 경험적 변수로 취급하며, 그에 따라 젠더는 남녀 간의 생물학적 성차로 이해된다. 그렇다면 권력은 사회·정치·경제적 위계에 기인한다. 이것은 자유주의 페미니스트 국제 관계 접근법이다. 다른 학자들은 젠

더를 사회 관행, 정체성, 제도들 속에 존재하는 사회적 구성물로 파악한다. 젠더는 생물학적 (성적) 차이에 대한 사회적 해석이 되며, 권력은 그러한 차이를 해석하고 고정하는 관행, 정체성, 제도에 기인한다. 이것은 비판적 페미니스트 국제 관계 접근법이다. 마지막으로 어떤 학자들은 젠더가 권력 담론의 결과물이라고 주장한다. 이렇게 독해할 때, 젠더는 생물학적 차이도 아니고 생물학적 차이에 대한 사회적 해석도 아니며, 그 자체가 그러한 차이를 구성하는 요소이다. 이러한 젠더 이해는 젠더를 권력 작동의 '상례'로 보며, 젠더는 남녀 신체와 반드시 결부되지 않는 분석 범주가 된다. 이러한 젠더 이해에는 비록 남녀 신체가 부재하더라도 젠더가 유용한 분석틀이라고 생각하는 것이 요구된다. 이것은 탈구조주의 페미니스트 국제 관계 접근법이다. 후기식민주의 페미니즘은 젠더의 이론화에 따라 규정되는 정도가 덜한데, 적어도 두 가지 접근법, 즉 비판적 접근법과 탈구조주의적 접근법을 그 범위에 아우르기 때문이다(**제10장 참조**).

이러한 젠더에 대한 해석상의 차이들을 고려하면, 젠더학자들이 국제 정치에서 젠더의 생산과 재생산과 관련된 제도, 행위자, 담론, 상징을 검토하는 다양한 방법론적 접근법을 따르는 것은 타당하다. 그리고 비록 이 장은 네 가지 페미니스트 국제관계이론을 논하지만, 이는 설명상 편의를 위한 분석적인 분류이다. 이것은 페미니스트 국제관계이론이 네 가지만 존재한다거나, 이 네 가지 분류가 개념적으로 완전히 구분됨을 의미하지 않는다.

요점정리

- 권력과 젠더에 대한 정의는 페미니스트 국제관계이론과 연관이 있다.
- 최소 한 개 이상의 권력과 젠더에 대한 정의가 존재한다.
- 권력과 젠더에 대한 정의는 연구의 분석과 분석 방법의 종류에 영향을 미친다.

네 가지 페미니스트 국제관계이론

자유주의 페미니스트 국제관계론

자유주의 페미니즘은 국제관계론의 내용에 이의를 제기하지만, 그 근본적인 인식론적 가정에 이의를 제기하지는 않는다(**제7장 참조**). 자유주의 페미니스트 국제관계이론가들은 관습적으로 남성에게 허락된 권리와 대표권이 여성에게 확대되어야 한다고 주장한다. 젠더 불평등을 바로잡기 위해서 자유주의 페미니스트들은 제도 변화, 특히 국내 및 국제 거버넌스의 주요 기관들의 권력을 가진 직책에 여성 대표를 늘리는 일에 초점을 맞춘다. 그들은 또한 여성의 참여를 허용하기 위해서 법을 바꿀 필요성을 강조하며, 이것이 성별 간 권력 배분도 바로잡을 것이라고 믿

는다. 국제 재판소와 법정들에서 젠더 동등성을 이룩하려는 최근의 지구적 이니셔티브는 이러한 접근법의 전형적인 예이다. 정의와 국제법 센터는 "2015년 9월 현재, 미주 인권위원회에는 여성 판사가 없다. 국제사법재판소에는 15명의 판사가 있는데 여성 판사는 겨우 3명이다. 국제연합 인권위원회에는 18명의 위원이 있는데 겨우 5명이 여성"임에 주목하면서, 그 부속 기관 지퀄Gqual을 통해서 다음과 같이 주장했다. "세계 인구의 극히 일부분이 모두를 위한 규칙을 창출·개발·실행·강제할 때, 그들의 결정 및 정책의 정당성, 심지어 그러한 제도 자체가 의문시된다. (…) 이러한 자리에 여성을 포함하는 것은 평등을 위해서, 그리고 우리 모두가 누려 마땅한 정의를 증진하기 위해서

중요하다."(Gqual website)

자유주의 페미니스트 국제관계이론가들에 따르면, 젠더 불평등은 인간 발전에 주요한 장애물이며, 전쟁 및 폭력이 더 자주 발생하도록 유도한다. 허드슨 외 저자들Hudson et al.(2012)은 그들의 저작에서 젠더 불평등은 여성의 종속을 의미하며, 그 자체로 폭력의 한 형태라고 주장한다. 저자들은 양적 데이터(http://www.womanstats.org/ 참조)를 대조하는 작업을 통해서, 남녀 간의 사회·정치·경제적 불평등의 국내 지수가 높을수록, 국내적·국제적 분쟁을 해결하기 위해 무력과 폭력이 사용되기 쉽다고 주장한다. 그들은 "국가들의 운명은 여성의 지위와 관련된다"고 주장한다. 마찬가지로 메리 카프리올리Mary Caprioli(2004)는 젠더 불평등이 국내 및 국제적 분쟁의 가능성을 늘린다고 주장한다. 이 저자들에게 체계적인 젠더 불평등과 여성에 대한 차별은 폭력의 근본 원인이다.

이러한 연구는 대단히 흥미로우며, 정책 입안자들과 국제관계학과에서 호평을 받았다. 그들은 또한 젠더 불평등이 폭력의 위험을 증가시키는 기제가 정확히 무엇인지 중요한 질문을 제기한다. 허드슨 외 저자들Hudson et al.(2012)과 허드슨과 드 보어Hudson and De Boer(2004)가 시사하듯, 이는 남성 섹슈얼리티(그리고 남성 인구 과잉)와 진화론적이고 이성애적인 재생산의 관행에 근거하는 것인가? 카프리올리는 "성차의 기원과 성차의 정당화에 초점을 맞추는 대신, 더 중요한 질문은 이러한 차이가 폭력의 채비를 갖춘 사회를 창출하는 데 어떻게 이용되는지에 초점을 맞추는 것이다."라고 경고한다(Caprioli, 2005: 161). 다른 페미니스트들은 이 학자들이 왜 두 가지 질문을 동시에 연구할 수 없는지를 밝히지 않는다고 말한다. 그들은 보다 포괄적인 접근법이라면, 우리가 성차가 무엇인지 미리 알고 있으며 성차의 수용이 분석에 필수적인 출발점이라고 가정하는 대신, 성차의 기원과 정당화, 그리고 그 이용에 관한 질문들을 다루어야 한다고 말한다.

비판적 페미니스트 국제관계론

비판적 페미니스트들은 자유주의 페미니즘이 그들의 방법론적 중립성을 지나치게 신봉하고 있으며, 권력이 근본적인 사회 변화 없이도 잘 재분배될 수 있는 긍정적인 사회적 재화라는 환상을 갖고 있다고 의문을 제기한다. 이러한 페미니스트들 다수는 관계 권력을 구조화하는 더 넓은 사회·경제·정치적 관계를 강조하며, 특히 바람직한 교환 양식으로서 자본주의의 지배를 비판하면서 마르크스주의 이론을 원용하여 경제의 역할을 우선시한다. 비판적 국제 관계 페미니스트들은 사회주의 사상에 기대어 글로벌한 자본 축적의 불평등한 확산에 특별히 주의를 기울인다. 아이리스 영Iris Young이 썼듯, '여성'의 억압은 서로 별개이자 상대적으로 자율적인 두 개의 시스템에서 유발된다. 흔히 '가부장주의'로 불리는 남성 지배 시스템은 여성에 대한 특정한 젠더 억압을 만들어 낸다. 그리고 생산 양식과 계급 관계의 시스템은 대다수 여성에 대한 계급적 억압과 노동 소외를 만들어 낸다(I. Young, 1990: 21). 따라서 비판적 페미니스트 학자들은 마르크스주의와 사회주의 사상 양쪽에 기대어, 젠더와 계급적 억압이 상호 의존적이고 얽혀 있다고 밝힌다(제8장 참조). 샌드라 위트워스Sandra Whitworth(1994)와 엘리자베트 프뤼글(Prügl, 1999)을 포함해서, 국제노동기구International Labour Organization나 국제가족계획연맹International Planned Parenthood Federation 등의 국제 제도를 연구하는 학자들은 '임금'과 '무임금' 노동 분업의 제도화를 통해 젠더가 어떻게 생산되고 재생산되는지 입증한다. 스파이크 페터슨이 획기적으로 내놓은 '삼단 분석'은 지구 경제가 기초하고 있는 재생산 경제, 생산 경제, 가상 경제의 교집합으로 지구화를 분석함으로써 제도와 경제에 대한 시각을 확장시킨다. 스파이크 페터슨은 "기업의 의사 결정과 유연한 노동 배치를 만들어 내는 금융 시장의 폭발적 성장"과 "소득 창출과 가족 복지를 만들어 내는 비공식적이고 유연한 노동 배치의 극적인 성장"에 주의를 돌린다(Peterson, 2003: 1). 여성 노동에 대한 가치 폄하, 재생산 노동과 생산 노동 사이에 여전히 존재하는 차별적 가치 평가, 여성이 불균형하게 수행하는 가사 노동과 임금 노동의 '**이중부담**double burden', 그리고 노동 구조 자체의 엄청난 지구적 변화가 모두 가난의 세계적인 여성화·급진화에 영향을 미친다.

후기식민주의 페미니스트 이론과 마찬가지로, 비판적 페미니스트 이론은 여성이라는 이유로 모든 여성의 경험이 동일하다고 가정하는 **젠더 본질주의**gender essentialism를 경계한다. 비판적 페미니스트 이론은 부유한 백인 여성의 경험을 보편으로 표준화하는 것을 비판하고, 그 대신 젠더와 성별은 정체성을 구성하는 두 가지 요소에 불과하다고 보는 정체성의 역동적이고 상호 교차적인 양상들을 강조한다. 비판적 페미니스트 이론가들 또한 후기식민주의 페미니스트 이론가들과 마찬가지로, 주변화되고, 착취당하고, 식민화된 자들이 특정 지역의 지구 정치의 폭력적 관행에 관해 알려 줄 것이 많다고 인정하기 때문에, 페미니스트 이론과 페미니스트 행동 사이의 밀접한 연관성을 강조한다. 마리아 스턴Maria Stern(2005)은 전쟁의 폭력이 어떻게 자아와 가족의 친화성에 침투되어 있는지 밝힌다. 스턴은 마야 여성들의 경험이 국제정치학에 중심이 되는 필수 구성 요소인 전쟁, 폭력, 안보의 주제들을 분명히 보여 주는데도 왜 "세계 정치를 읽는 유효한 텍스트"로 고려되지 않는지 의문을 제기한다(M. Stern, 2005: 56).

비판적 페미니스트들과 후기식민주의 페미니스트들은 조지 W. 부시George W. Bush 전 대통령과 그의 행정부가 이라크와 아프가니스탄에서의 지상전을 정당화하기 위해서, 미국과 미국의 적들을 구별하기 위해서, 그리고 그 뒤에 아프가니스탄과 이라크 여성들의 이른바 해방을 자신들의 승리의 증거로 전용하기 위해서 페미니즘, 특히 자유주의적 페미니즘을 이용한 것을 일치단결해서 극렬히 비난했다. 그러나 다수의 페미니스트들에 따르면, 이러한 '외삽된 페미니즘'은 소위 야만적인 이슬람에 대항하기 위하여, 무슬림 여성들을 다시 한번 '구원하기' 위하여 하나의 획일적 페미니즘이 행사되어야 한다고 잘못 주장했을 뿐 아니라, 아프가니스탄 여성들이 이제 폭력

에서 자유로워진 것이 아니라 폭력을 다른 형태로 계속 경험하고 있다는 구체적인 경험적 증거에서 벗어나 있었다(Kinsella, 2007; K. Hunt, 2006: 53).

후기식민주의 페미니스트 국제관계론

후기식민주의 페미니즘은 "일상 생활과 지역의 젠더화된 맥락과 이데올로기를 자본주의의 더 넓고 초국가적인 정치경제 구조 및 이데올로기와 연결한다."(Mohanty, 2003: 504) 이 거대한 양상들 안에서 식민주의를 실물화하는 특수한 상황과 경험 및 역사에 초점을 맞추는 것은 대부분의 페미니즘 이론 작업에 나타나는 보편화 충동과 맞선다는 뜻이다.

후기식민주의 페미니즘은 식민주의와 후기식민주의의 윤곽을 이루는 역사 지식을 경제·사회·정치적 억압과 변화를 가로지르고, 식민 체제와 그 지속되는 효과에서 차지하는 젠더와 여성 개념의 중심성을 강조하는 것으로 자리매김하려고 한다. 제국주의는 백인 식민 지배자들이 지역 공동체와 주민들에게 불리한 "우월성과 경멸의 시스템을 공식적으로 강요하는 복합적인 가계household의 배치"를 요구했다. "하지만 식민화는 이 지역 공동체와 주민들(특히 유모, 하녀와 하인, 정원사, 창녀와 매춘 업자, 군인과 여타 식민지 국가의 강제 노동자들) 없이 기능할 수는 없었다."(Ling and Agathangelou, 2004: 518)

적절한 성과 부적절한 성을 관할하는 법령들은 식민 지배를 받는 사람과 식민 지배자의 차이를 유지하는 데 핵심이었고, 섹슈얼리티의 통제는 인종과 지위에 따라 근본적으로 차별화되었다. 오직 백인 남성들만이 강간과 축첩이 흔한 착취적 소유 관계 속에서 자신들이 갈망하는 유색 인종 여성들과 자유롭게 성관계를 가질 수 있었다. 반대로 유색인 남성들은 야만적인 성적 난봉꾼들로부터 백인 여성들을 보호해야 한다는 명분으로 감시를 받았다. 후기식민주의 페미니스트들은 개별 가정과 가계 형편, 섹슈얼리티의 연관성을 강조하면서 모든 여성이 동등하게 식민화된 것은 아니라는 점을 페미니즘에 상기

시킨다. 북반구의 여성들은 "'우월한 인종' 안의 열등한 성"으로서 제국주의의 혜택을 입었다(Pettman, 1996: 30에서 인용함).

후기식민주의 페미니즘은 북반구의 페미니즘이, 서유럽에서 초미의 관심사였으며 지금도 분명히 그러한 권리와 평등의 담론에 근거하며 이에 기대고 있음을 인정하는 것을 출발점으로 삼는다. 레이 초우Rey Chow는 이것을 유럽 중심적인 "서열화된 비교 틀"이라고 묘사했다 (Chow, 2006: 80). 후기식민주의 페미니스트들은 식민주의와 제국주의가 형식상으로는 과거가 되었을 수도 있지만 그 효과는 그렇지 않다고 강조한다. 노르마 알라르콘 Norma Alarcón은 이것을 "문화적·정신적 분열은 (…) 과거의 것이 아닌 제국주의의 인종주의적이고 성차별적인 실천과 연결되어 있다."라고 말한다(Alarcón, 1999: 67). 확실히 지구적 전쟁의 시대에 적으로 지칭되는 특징들의 확대는 인종적·식민적 특징들을 되살리고 선명하게 한다. 예컨대 현재의 테러와의 전쟁에서 무슬림과 아랍의 남과 여 또는 그렇게 보이는 사람들의 자유는 치안과 감시를 통한 점증하는 정밀 조사의 대상이다. 위협으로 식별되는 특징들의 ― '유색 인종 여행자travelling while brown' ― 개수는 인종과 계급으로 뭉친 동맹들을 강화하는 한편, 성별만으로 이루어진 동맹들을 시험한다(Sharma, 2006: 135).

게다가 "백인 남성이 갈색 남성으로부터 갈색 여성을 구원한다"는 혼신의 노력을 정당화하기 위해 남반구의 여성들은 "동족으로부터 보호받아야 할 대상"으로 묘사되고 취급된다(Spivak, 1988: 296). 그렇기 때문에 페미니스트 학자들이 지적하는 것처럼 보호를 받아야 할 필요가 있다고 지목된 사람들의 존재는 미국이 이라크와 아프가니스탄에서 지상전을 전개한 것처럼 빈번하게 폭력의 근거가 된다. 이런 이유에서 후기식민주의 페미니스트들은 여성의 권리가 "행위자의 활동과 여성 스스로의 주권이 아니라 종종 가부장적 보호 관계와 유순한 구원의 측면에서 인식되는" 설정에 반대한다(Kinsella, 2007: 218; [사례연구 11-2] 참조). 더욱이 이라크와 아프가니스탄에서 미국의 시도에 내장된 페미니즘은 이라크인들과 아프가니스탄인들이 스스로를 대변해서 한 활동과 동원을 모호하게 한다. 부시 행정부는 그런 시도들을 (지구 북반부를 대표하여) 오직 미국이 단독으로 취한 행동으로 묘사했다. 또한 후기식민주의 페미니스트들은 권리와 자유의 정의에 함축된 개인주의와 자율성은 문화적으로 부적절하며, 집단적이고 관계적인 권리가 더 적합하다고 주장한다.

기후 변화와 자원 채굴 및 환경 개발의 치명적인 효과에 이제 막 눈을 뜨기 시작한 국제사회의 대응과 더불어 최근에 후기식민주의 페미니스트들은 그것을 또 다른 제국주의의 유산의 징표로 보는 것에 관심을 촉구하고 있다 (제23장 참고). 그들은 지구 남반구와 지구 빈민, 특히 이러한 범주에 속하는 여성들과 소녀들에게 그것이 미친 차별적인 영향을 강조한다. 지구 빈민들 사이에서 기후 변화는 여성들과 소녀들에게 불균형하게 영향을 미친다. 지구 빈민은 지구의 소농들 대다수로 구성되며, 주로 자신들의 가족과 공동체를 먹여 살릴 식량 생산을 담당한다. 예컨대 아시아에서 여성들은 쌀 생산량의 90퍼센트 이상을 경작하며 가나 여성들은 자급용 농작물의 70퍼센트를 생산한다. 하지만 여성들과 소녀들은 기온, 강우, 질병, 기상, 흉작에 영향을 미치는 기후로 인한 변화로 고통을 받고 있다. 이러한 사실을 인식하면서도 후기식민주의 페미니즘은 여성들과 소녀들의 권한 또는 주체성의 적절한 증진 없이 여성들과 소녀들을 보호받아야 할 대상, '자연 친화적인 존재', 특히 취약한 존재로 구축하는 것에 반대한다(Arora-Jonsson, 2011).

탈구조주의 페미니스트 국제관계론

탈구조주의 페미니즘은 주디스 버틀러Judith Butler의 학문적 성과에 크게 기대고 있다. 버틀러는 젠더가 사회적으로 구축된 성이라는 진부한 정의와는 반대로 사실 성이 젠더에 의해 구축된다고 주장했다. 짐작할 수 있는 대로 그녀의 주장은 모든 여성의 생물학적 성에 공통된 속성이라고 간주되어 온 것에 이의를 제기했기 때문에 끝없는 경악을 불러일으켰다. 성 자체에 이러한 고정되고 영

아프가니스탄 여성혁명연합

파키스탄 페샤와르에서 열린 아프가니스탄 여성혁명연합의 시위
© Wikimedia Commons / RAWA / Creative Commons Distribution 3.0 Unported license

아프가니스탄 여성혁명연합RAWA은 1977년 아프가니스탄 카불에서 여성의 권리와 사회 정의의 진척, 사회·정치·경제 활동에 여성 참여의 증진, 세속적 민주 국가의 옹호를 위해 결성되었다. 그 목표는 여성 해방, 정교 분리, 경제 민주화, 빈곤 퇴치, '평등과 내정 불간섭의 원칙'에 기초한 민주주의와 여성의 권리를 옹호하는 여타 국내/국제 그룹들과의 네트워킹이었다(Brodsky, 2004: 169).

소련의 아프가니스탄 침공 1년 전에 결성된 아프가니스탄 여성혁명연합은 소련 통치에 저항하기 위해 활동을 넓혀 나갔다. 아프가니스탄 여성혁명연합은 활동가들이 실천한 것보다 더 엄격한 이슬람 해석을 고수하는 여러 다른 저항 운동과는 결코 제휴하지 않았지만 반이슬람은 아니었다. 카리스마 있는 아프가니스탄 여성혁명연합 설립자 메에나Meena는 1987년에 살해되었다. 전쟁 당시 소련과 근본주의자들 양측 모두를 가차 없이 비판했기 때문이다. 이에 대응하여 아프가니스탄 여성혁명연합은 더 많은 대중 행사를 열기 시작했고, 다른 여성 조직 및 인권 기구들로부터 국제적 지원을 받게 되었다. 안전을 위해 모든 회원이 익명을 사용하는 아프가니스탄 여성혁명연합 회원 중 한 사람은 다음과 같이 말했다. "우리가 가만히 있으면 더 많은 암살과 투옥이 있으리라는 것을 우리는 알았습니다. 우리가 대중적 공인을 받고 우리 자신을 더 많이 알릴 수 있다면 우리는 적을 두려움에 떨게 할 수 있습니다."(Brodsky, 2004: 98)

탈레반 통치가 등장하기 이전 소련 통치와 잇따른 내전 기간에

아프가니스탄 여성혁명연합 회원들(여성들과 '남성' 지지자들)은 끊임없는 전쟁으로 아프가니스탄에서 피난한 남성들과 여성들에게 주거, 교육, 고용의 기회를 제공하면서 아프가니스탄과 파키스탄에 학교를 열었다. 탈레반 치하에서 아프가니스탄의 아프가니스탄 여성혁명연합 회원들은 은신했고, 많은 회원이 살해되고 상해를 입었으며, 그들의 가족들은 탈레반의 위협과 위해를 받았다. 이러한 위협에도 불구하고 암약하며 항상 활동을 전개했던 아프가니스탄 여성혁명연합은 성인 여성들과 소녀들을 교육하는 지하 학교들을 열었고 회원들 사이에 은밀하게 회람된 잡지를 만들었다. 아프가니스탄 여성혁명연합이 펼친 일련의 활동은 그 회원들이 발각되는 즉시 살해될 위험에 놓여 있음을 의미했고, 그들의 삶은 일상의 매 순간 안전을 신경 써야 하는 상황에 둘러싸여 있었다.

아프가니스탄 여성혁명연합에 따르면 소련의 통치와 군벌, 탈레반은 정도와 명분은 다르지만 억압과 잔인성은 유사했다. 아프가니스탄 여성혁명연합은 미국의 침공을 그 전제뿐만 아니라 그것이 가져온 효과 때문에 강력하게 비판했다. 나아가 회원들은 토착 여성들의 권리 네트워크와 조직들에 축적된 지식이 그들을 '해방'시키기 위한 공세에서 철저히 무시되었다는 점에 주목했다. 아프가니스탄 여성혁명연합은 모든 형태의 경제·정치·사회적 억압에 대한 비판과 아프가니스탄 민주주의를 위한 옹호라는 면에서 매우 급진적이고 교조적인 측면을 갖고 있었다. 아프가니스탄 여성혁명연합은 말한다. "아프가니스탄 여성혁명연합은 자유와 민주주의가 기증될 수 없는 것임을 믿는다. 그것은 이러한 가치들을 얻기 위해 싸우는 한 나라의 민중의 의무이다. 미국의 지원을 받는 정부 치하에서 인권과 민주주의, 세속화의 철천지원수들이 우리나라를 장악하고 있고 우리 민중들에게 그들의 종교 파시즘을 부활시키려 하고 있다."

질문 1 아프가니스탄 여성혁명연합에 대한 이 짧은 서술에서 파악할 수 있는 페미니즘의 형태는 무엇인가?
질문 2 아프가니스탄 여성혁명연합이 아프가니스탄에서의 미국의 지상전에 제휴하거나 제휴하지 않으려는 이유는 무엇인가?

속적인 지시 대상 없이, 계급, 섹슈얼리티, 인종, 위치의 차이를 가로질러 단결하는 것은 고사하고 '여성'이 어

떻게 여성으로 존재할 수 있는가? 버틀러는 원래 '생물학은 운명'이라는 공식을 논박하기 위한 섹스와 젠더의

구별이 실제로는 성 자체의 문화적 구축을 가린다고 설명한다. 바꿔 말해서 섹스는 젠더의 토대나 기원이 아니라 그 자체로 하나의 효과라는 것이다. 젠더를 "성별화된 신체에 부과된 사회적 범주"로 이해하기 위해서는 성별화된 신체 자체는 권력의 효과가 아니라고 가정해야 한다(Scott, 1999: 32). 이러한 논의를 이해하는 데 도움을 주기 위해 버틀러는, 젠더는 우리의 존재가 아니라 우리의 행동임을 뜻하는 젠더 수행성이라는 개념을 도입한다. 오독의 위험을 경계하면서 버틀러는, 젠더는 단지 우리가 무엇을 할지를 자유롭게 선택하는 것이 아니며(그것은 규제 없는 수행이 아니다) 수행성은 규범적인 이성애를 포함하는 고도로 통제된 문맥 안에서 발생한다고 지적한다. 사회적으로 한 존재는 여성/여성성과 동일시하고 남성/남성성을 욕망하기 위한 명령을 받아들임으로써 여성이 된다. 이러한 정체성의 생산은 한 번의 행동으로 수행되기보다는 끊임없는 반복과 끊임없는 실패의 가능성을 견뎌내는 것을 필요로 한다. 사라 살리 Sarah Salih (2002: 58)가 설명한 것처럼 "젠더는 문화적 생존을 목표로 하는 '신체 유형'이자 행위(일련의 행위들)이며 '전략'이다. 자신의 젠더를 올바로 '실행하지' 않는 사람들은 사회에 의해 처벌받기 때문이다." 앞서 '국제연합 여성의 10년'에 대한 절에서 이야기했듯이 레즈비언/양성애 여성이 그들의 '일탈적' 섹슈얼리티를 통해 페미니스트 운동의 신빙성을 침해할 수 있다는 우려가 제기되었다는 것이 그 증거다. 신시아 웨버 Cynthia Weber (2015)는 다른 퀴어 이론가들의 입장에 보조를 맞춰, 동성애/이성애의 징벌적이고 생산적인 순환과 규제가 세계 정치에 있어 근본적인 것임을 인식하는 국제관계이론을 촉구하면서 신체가 단지 묘사되기만 하는 것이 아니라 묘사의 행위 속에서 어떻게 구성되는지를 계속 분석하기 위해 규범적인 이성애 또는 '이성애의 매트릭스'에 대한 통찰을 끌어낸다.

탈구조주의 페미니즘은 젠더/섹스를 전복적으로 재작업할 뿐만 아니라 젠더화된 지식과 경험을 창출하는 언어의 구성적 역할을 조명한다. 로라 셰퍼드 Laura Shepherd (2008a)는 국제연합 안전보장이사회 결의안 제1325호에서 공식화된 담론들의 구성적 효과를 분석하면서 이것을 보여 준다. 제1325호 결의안은 해방적 의도를 주장하면서 여성들과 소녀들을 변화의 행위 주체로 촉진하려고 하면서도 끊임없이 그들을 폭력의 수동적 희생자로 물화한다. 약간 다른 맥락에서 캐서린 문 Katharine Moon (1997)은 인터뷰와 사료 연구, 담론 분석을 활용하여 성매매 산업이 1970년대 중반의 한미 안보 관계와 어떻게 관련되는지를 보여 준다. 샬롯 후퍼 Charlotte Hooper (2001)는 주요 경제 텍스트들과 저널들을 재해석함으로써 국가의 남성화와 남성의 국가적 남성화를 검토한다. 전반적으로 이 학자들이 보여 주는 것은 젠더가 어떻게 국제 정치의 작동을 통해 창조되고, 결국 이런 구축에 관심을 기울이는 것이 간과된 권력관계를 어떻게 드러내는가다.

요점정리

- 페미니스트 국제관계이론에 대한 이 네 가지 접근법은 페미니스트 이론화의 범위를 설명하는 데 도움을 주지만, 그것을 완전히 요약하지는 않는다.
- 각 접근법은 국제 정치와 국내 정치에서 권력의 운영에 대한 다른 통찰력을 제공한다.
- 각 접근법은 다른 접근법과 관련해 가장 잘 이해할 수 있다. 예를 들어 후기식민주의 페미니즘은 자유주의 페미니즘에 대한 비판이자 다른 접근법들과 상통하는 면이 있다고 이해할 수 있다.
- 각 접근 방식은 서로 다른 역사적 기원을 가지고 있으며, 모두 계속 발전하고 있다.

맺음말

페미니스트 국제관계이론은 출현 이후 국제관계학에서 다양한 형태로 존재해 왔다(Tickner and True, 2018). '국제연합 여성의 10년' 이래로 페미니스트 국제관계이론은 국제 정치를 이해하고자 할 때 여성을 포함하고 젠더를 이론화하는 작업의 결정적 중요성을 보여 줬다. 페미니스트 국제관계이론은 페미니스트 연구 방법뿐만 아니라 페미니스트 이론 작업의 오랜 역사와 국제 관계 개념들(안보, 경제, 전쟁, 무역 같은)에 대해 특정한 주장을 하기 위한 행동들로부터 비롯되었다. 페미니스트 국제관계이론은 광범위한 방법론적 접근 방식을 활용하지만 젠더를 단지 서술적인 것이 아니라 분석적인 범주로 이해하는 데 초점을 맞춘다. 나아가 페미니스트 국제 관계 연구자들은 젠더가 어떻게 국제 정치에서 모든 개인, 제도, 상호 작용에 영향을 미치는 권력관계인지를 간명하게 검토한다. 이러한 입장을 연구와 방법의 전면에 가져다 놓으면서 페미니스트 국제 관계 연구자들은 젠더가 만들어 내는 차이들을 보여 준다.

1. '국제연합 여성의 10년'이 국제 정치를 변화시킨 두 가지 방식은 무엇인가?

2. 페미니스트 국제관계이론이 연구를 수행하기 위해 도출한 연구 방법들은 무엇인가?

3. 젠더 연구는 정치에서 여성과 남성의 역할을 이해하는 데 어떤 영향을 미치는가?

4. 페미니스트 국제관계이론의 네 가지 다른 범주들에서 권력 이론들은 어떻게 다른가?

5. 페미니스트 국제관계이론이 "젠더는 행위다."라고 했을 때, 그 말의 의미는 무엇인가?

6. 아프가니스탄 여성혁명연합은 자유주의 페미니즘, 비판적 페미니즘, 후기식민주의 페미니
   즘, 탈구조주의 페미니즘 조직 가운데 어떤 유형의 조직으로 묘사하는 것이 가장 적절한가?

7. 국제여성자유평화연맹은 자유주의 페미니즘, 비판적 페미니즘, 후기식민주의 페미니즘, 탈
   구조주의 페미니즘 조직 가운데 어떤 유형의 조직으로 묘사하는 것이 가장 적절한가?

8. 후기식민주의 페미니즘은 왜 기후 변화 문제에 관심을 가지는가?

9. 자유주의적 페미니스트가 탈구조주의 페미니스트의 이성애 비판을 납득할 수 있을 것인가?
   어떤 점에서 그렇고, 그렇지 않은가?

10. 국제 페미니스트 이론들은 어떤 점에서 국제 정치 연구에 필요한가?

이 장의 객관식 문제를 풀어 보면서 학습 내용을 잘 숙지하고 이해했는지 평가해 보자.
• www.oup.com/he/baylis3xe

Global structures and processes

제2부

지구 구조와 과정

War and world politics

개요

무역과 외교와 더불어 전쟁은 가장 오래되고 가장 흔한 국제 관계의 요소 중 하나다. 또한 무역과 외교와 마찬가지로 전쟁은 시간이 지남에 따라 진화했으며 사회적 맥락에 따라 변했다. 전쟁은 강한 반응을 이끌어 낸다. 많은 사람이 잠재적이고 실제적인 적을 상대로 전쟁을 준비하고 싸우는 것이 필요하다고 생각한다. 다른 이들은 전쟁 그 자체가 문제이며 국가와 사람들의 차이와 분쟁을 해결할 수단으로서 전쟁은 제거되어야 한다고 믿는다. 이 장에서는 전쟁이 무엇인지, 전쟁이 국제 관계에 관한 연구에 어떻게 부합하는지, 전쟁이 지구 북반구와 남반구의 사회와 정치에 어떤 영향을 미치는지를 논의한다. 이 장은 전쟁의 본질, 전쟁의 주요 유형 및 전략에 대한 개념을 설명하기 위해 전쟁에 대한 선도적 철학자인 카를 폰 클라우제비츠의 작업을 검토하면서 시작된다. 그리고 서양 지역과 다른 지역의 전쟁 역사에서 나타난 중요한 국면을 다룬다. 이 글은 현대 국가, 무장 세력, 전쟁 간의 긴밀한 관계를 강조한다.

CHAPTER

12

전쟁과 세계 정치

타라크 바르카위 Tarak Barkawi
황지환 옮김

핵심 질문

- 전쟁이란 무엇인가?
- 전쟁과 정치 사이에는 어떤 관계가 있는가?
- 전쟁을 어떻게 공부할 것인가?

머리말

전쟁^{war}과 평화에 관한 질문은 국제 관계 연구의 핵심이다. 학자들은 민주주의가 평화의 길을 제공하는지를 두고 논쟁한다. 구성주의자들은 친구와 적이 서로를 어떻게 정의하고 있는지, 그리고 위협의 사회적 구성을 살펴본다. 내전 혹은 종족 분쟁을 연구하는 학자들, 특히 발전도상국의 전쟁을 연구하는 이들은 갈등을 해결하여 지속적인 평화를 구축하는 방법을 연구한다. 페미니스트와 젠더 정치학 분석가들은 젠더 관계에서 전쟁의 중심성과 남성 구조가 여성에 대한 전쟁과 폭력을 구성하는지 그 변화에 관해 연구한다. 가령 전쟁에서 광범위한 강간이 행해지는 것을 연구하는 것이다(**제11장, 제19장 참조**). 국제법학자들은 전쟁을 시작하고 수행하는 것의 법적 차원을 연구한다. 윤리 및 규범 철학을 전문으로 하는 학자들도 전쟁을 연구한다. 그러나 또 다른 학자들은 정부에 전쟁을 보다 효과적으로 수행하는 방법을 조언한다. 그들은 획득할 무기의 종류와 전략을 연구하고, 잠재적인 적의 성격과 목표를 조사한다.

이 장에서는 전쟁의 본질적 성격과 다양한 사회 및 역사적 맥락에서 전쟁이 어떻게 변하는지를 다룬다. 우리는 전쟁이 무엇이고 그것이 어떻게 변하는지에 초점을 맞춤으로써 전쟁이 국제 관계에 대한 더 큰 연구에 어떻게 부합되는지 더 잘 평가할 수 있다. 전쟁의 역설 중 하나는 그것이 집단 사이의 폭력적인 충돌인 동시에 적대적인 집단들이 서로 연결되는 방식이라는 사실이다. 즉 전쟁은 충돌에 참여하는 당사자들 사이의 사회적 관계이다. 전쟁이 어떤 종류의 사회적 관계인지 이해하는 것이 세계 정치 연구에서 전쟁을 이해하는 데 도움이 된다. 이를 통해 세계의 서로 다른 지역들에서는 전쟁을 매우 다르게 경험한다는 것을 알 수 있다.

전쟁에 대한 정의

전쟁이란 무엇인가? 세계 정치 연구에서 전쟁을 어떻게 생각해야 하는가? 첫째, 모든 역사에서 전쟁의 존재는 기록되어 있다. 전쟁은 세계화의 세계뿐만 아니라 주권국가의 세계보다 앞선 것이다. 전쟁은 상당히 오래되었으며, 매우 일반적인 현상이라 할 수 있다. 전쟁은 앞으로도 계속 우리 곁에 있게 될 것이다. 전쟁이 어떤 면에서 역사적인 상수라면, 다른 면에서는 끝없이 변한다. 전쟁은 지방의 종족 간의 격렬한 반목에서부터 20세기 세계대전에 이르기까지 다양한 형태를 취한다. 본질적으로, 전쟁은 두 개 이상의 조직이 폭력을 통해 서로 관계를 맺을 때 발생한다. 그들은 서로 싸우기 위해 스스로를 조직한다.

부족민, 민족국가, 거리 불량배, 게릴라 단체, 테러리스트 조직 등 다양한 조직이 전쟁을 수행해 왔다. 그들은 칼에서부터 소총, 새총, 무인 항공기, 목조 선박, 원자력 항공모함에 이르기까지 다양한 무기를 사용해 왔다.

전쟁은 정치 단체 간의 조직화된 폭력이다. 이러한 의미에서 정치 단체는 전쟁을 수행할 수 있는 모든 종류의 집단이다. 그러한 조직은 리더십을 가지고 있으며 폭력을 조직하기 위한 자원, 즉 인간적·물질적 수단을 가지고 있다. 폭력을 조직한다는 것은 다른 무장 집단과 싸울 수 있는 무장 집단을 구성하는 것을 의미한다. 그런 집단이 실제로 서로 싸울 때 전쟁이 일어난다. 전투에는 여러 가지 형태가 있기 때문에 전쟁은 크게 달라진다. 전쟁은 여러 종류의 사회에 의해 형성되는데, 보편적인 기술 수준, 문화·경제적 환경 및 기타 여러 요소에 의해 형성된다. 전쟁은 항상 집단 간의 폭력이라는 근본적인 유사성을 가지고 있다. 그러나 이것은 싸우는 시기와 장소, 그리고 싸우는 사람에 따라 달라진다. 이처럼 변화하는 전쟁의 특징은 **전쟁과 사회**war and society라는 개념을 통해 포착될 수 있다. 사회는 전쟁을 형성하고 전쟁은 사회를 형성한다.

이 논의는 (정치 단체 간의 조직된 폭력이라는) 전쟁의 정의와 그것(전쟁과 사회)을 연구하는 광범위한 접근법을 만들어 낸다. 그러나 전쟁의 마지막 요소가 하나 빠져 있다. 정치 단체가 전쟁에 맞설 때 지도자들은 폭력의 목적을 염두에 두고 있다. 그들은 전쟁에 나서서 얻거나 보호할 수 있는 것에 대해 어떤 생각을 갖고 있다. 이것은 정치 단체가 전쟁을 계획하고 준비하는 방법과, 일단 전쟁을 시작했을 때 취하는 움직임을 결정한다. 전쟁에서 추구하는 목적과 관련된 계획과 준비를 생각하는 것이 **전략**strategy의 주제다. 정치 및 군사 지도자들은 그들이 달성하고자 하는 목표를 위한 수단을 전쟁을 통해 제공하고자 노력한다. 그들은 전략적으로 생각하며, 전쟁 및 폭력과 같은 수단을 특정 목적과 연결시키려고 노력하는데, 가령 조국을 방어하거나 영토를 점령하는 것, 독립을 쟁취하는 것 혹은 공산주의나 이슬람의 확산과 같은 이데올로기적 목표를 추구하거나 민주주의를 위해 테러로부터 세계를 안전하게 지키는 것들이다. 전략과 비교하여 전술은 군대가 전투나 전쟁에서 승리하기 위해 다른 군대와 싸울 때 사용하는 기술이다. 고전적으로 전략은 전쟁의 목적에 부합하는 전투를 준비하는 기술이며, 전술은 전투에서 승리하는 기술이다.

요약하면, 전쟁은 집단 간 조직화된 폭력이다. 그것은 역사적, 사회적 맥락에 따라 변한다. 전쟁을 수행하는 사람들의 마음속에서 전쟁은 어떤 전략이나 계획에 따라 특정한 목적을 위해 수행되는 것이다.

| 요점정리 |

- 전쟁은 국가와 비국가 행위자를 포함하여 정치 단체들 사이에 조직화된 폭력이다.
- 전쟁은 역사상 자주 발생했는데, 상황에 따라 변한다.
- 많은 종류의 단체가 전쟁을 벌일 수 있다. 그러나 그렇게 하기 위해서 그들은 '폭력을 조직'하거나 군대를 창설해야 한다.
- 전쟁 연구에 대한 '전쟁과 사회' 접근법은 전쟁이 어떻게 사회를 형성했으며 사회가 어떻게 전쟁을 형성했는지를 살펴본다.
- 전략은 정치적 목적에 부합해 전쟁을 계획하는 것이며, 전술은 군대가 전투에서 승리하기 위해 사용하는 기술이다.

전쟁: 국제적 측면과 지구적 측면

전쟁은 세계 정치 연구에서 어떻게 다루어지는가? 이 문제에 대한 첫 번째 요소는 주권국가에서 시작된다. 오늘날의 세계는 국가-국제의 모습으로 묘사될 수 있다. 국가는 국제 체제의 주요 단위인 민족국가를 의미한다. 국제는 주권국가들 간의 관계를 말한다.

이 국가-국제의 관점에서 두 가지 유형의 전쟁이 있다. 국가 내의 내전과 둘 이상 국가 간의 국제전이다. **내전**civil war은 내부 집단들이 주권국가의 통제권을 두고 싸울 때, 혹은 한 국가 내의 한 집단 또는 여러 집단이 분리해서 자신들의 국가를 건설하기를 원할 때 발생한다. 스

'내전'의 국제적 측면

많은 현대 전쟁은 주권국가 영토 내에서 진행된다는 점에서 '내전'이며, 결국 그 영토가 누구에 의해 어떻게 통치될지에 관한 것이다. 하지만 이러한 내전도 전형적으로 국제연합, 북대서양조약기구, 인도주의적 기구, 비정부기구, 지하드 같은 해외 전투 조직, 은밀하게 또는 명백하게 개입하는 다른 국가 등 일련의 국제적인 행위자들이 개입한다. 1999년의 코소보 내전이나 2011년 리비아 내전에서 북대서양조약기구의 개입은 결정적이었다. 2011년에 시작된 시리아 내전에도 러시아, 이란, 터키, 사우디아라비아, 미국, 프랑스, 영국 등 여러 다른 국가들이 직간접적으로 연관되어 있다. 시리아 내전에는 또한 레바논의 정치 단체이자 무장 조직인 헤즈볼라도 연관되어 있다.

시리아 내전에 연관된 상당 부분의 사람들과 조직은 이라크, 터키, 이란에도 있는 쿠르드족처럼 여러 국가에 걸쳐 있다. 종교와 정치는 헤즈볼라, 이라크 시아파 군벌, 이란 등 국경에 걸쳐 있는 행위자들을 연대시킨다. 시리아 내전에 개입한 또 다른 단체인 이른바 이슬람국가는 이라크와 시리아의 영토 일부를 통제했고 리비아, 아프가니스탄, 소말리아, 나이지리아에 기반을 둔 지부들과 연결되어 있다. 이처럼 내전의 국제적인 측면은 전쟁을 수행하는 정치 단체와 세력들이 국가-국제적 세계의 주권국가 영토로 확산하면서 이들과 긴장 상태에 놓여 있다는 것을 보여 준다.

페인 내전(1936~1939)에서 공화파와 파시스트는 누가 스페인을 통치할 것인지를 두고 싸웠다. 미국 남북 전쟁(1861~1865)은 남부 주들이 연합을 조직하고 미국으로부터 분리 독립하려고 시도했을 때 시작되었다. **국제전** international war은 둘 이상의 주권국가가 서로 싸울 때 발생한다. 예를 들면 이라크가 이란을 침략했을 때 이란-이라크 전쟁(1980~1988)이 발생했다.

국제전과 내전은 전쟁 연구의 중요한 부분을 구성한다. 그러나 전쟁은 주권국가보다 오래되었으며 지구화된 미래에도 지속될 가능성이 있다. 이것은 우리가 주권국가 체제 밖에서의 전쟁에 대해서도 생각해야 함을 의미한다. 1960년대까지 세계의 대부분은 제국과 식민지로 구성되어 있었다. 이 제국이 붕괴된 방식이 이후에 많은 충돌이 발생하는 배경이 되었다.

많은 전쟁이 제국을 건설하고 방어하기 위해 수행되었으며, 제국의 등장으로 발생한 전쟁은 주권국가들로 구성된 세계의 모델에 맞지 않는다. 오늘날과 과거의 전쟁은 단일 국경 내에서나 여러 국가에서 싸우는 국가와 비국가 행위자의 복합적인 결합으로 이루어져 있다. 내전도 종종 일련의 국제적인 행위자와 성격을 포함한다([**참고 12-1] 참조**). 전쟁은 국가 안팎에서 진화해 왔다. 전 세계적 테러와의 전쟁으로 정보를 수집하고 작전을 수행하기 위해 국가 안팎에서 경찰, 정보 기관 및 군대가 결합되었다. 테러와의 전쟁은 서로 다른 여러 영토에서 서로 연결된 방식으로 진행된다. 다양한 종류의 행위자들이 독자적으로나 결합되거나 하면서 현대 전쟁을 수행한다.

과거의 제국주의적 질서와 현재의 초국가 질서는 세계 정치에서 전쟁 연구에 대한 두 번째 접근법인 지구적 접근법이 필요함을 보여 준다. 지구화는 전 세계적으로 사람, 상품 및 관념의 순환을 포함한다. 전쟁은 이 순환이 이루어지는 하나의 형태다(Barkawi, 2005). 전쟁은 그것을 수행하는 조직을 연결한다. 미국의 이라크 침공과 점령 기간(2003~2011)에 이라크와 미국의 역사가 결합되었다. 이라크에서 일어난 일이 미국에 영향을 미쳤고 미국에서 일어난 일이 이라크에 영향을 미쳤다. 전쟁은 그것을 수행하는 정치 단체와 사회를 재조직화한다. 이를 통해 전쟁은 전 지구적인 영향을 미칠 수 있다. 예를 들어 제2차 세계대전은 유럽과 아시아 태평양 지역에서 벌어진 여러 가지 서로 연결된 갈등으로 이루어졌으며, 전통적으로 1939년과 1945년 사이로 기록된다([**사례연구 12-1] 참조**). 전쟁이 전개되면서 광대한 공간에서 갈등이 일어나 6000만 명 이상이 사망했다. 비록 각각의 다른 나라들에

인도로 진격하는 중국군, 제2차 세계대전
© Everett Collection Historical / Alamy Stock Photo

이 장에서 언급된 전쟁의 대부분은 괄호 안에 표시된 공식 날짜로 기록되어 있지만, 이 날짜에 대해서는 논쟁의 여지가 있다. 예를 들어 영국에서는 제2차 세계대전이 1939년에서 1945년의 전쟁을 의미한다. 1939년 9월 나치 독일이 폴란드를 침공했을 때 영국은 전쟁에 참가했다. 영국에게 전쟁은 독일이 5월에 항복하고 일본이 8월에 항복했던 1945년에 끝났다. 많은 전쟁사에서 이 날짜들은 제2차 세계대전의 시작과 끝을 기록하는 결정적인 것으로 받아들여진다. 우리는 유럽의 시각을 통해 세계 전쟁을 보고 있는 것이다(J. Black, 1998).

제2차 세계대전을 진정한 의미의 세계대전과 지구적인 경험으로 만든 것은 유럽에서의 전쟁과 아시아 태평양에서의 전쟁이 결합되었다는 사실이었다. 일본이 1941년 12월에 진주만을 공격하자 미국이 전쟁에 이끌려 들어갔다. 미국에게 제2차 세계대전은 그 시기부터 일본이 항복한 1945년까지였다. 일본의 진주만 공격은 중국에서의 전쟁, 즉 제2차 중일 전쟁(1937~1945)에서 나온 것이며, 이는 1932년 이후 일본의 만주 침략과 점령에 대한 저항에서 기인한 것이었다. 서양 국가들은 중국에서 행한 일본의 행동 때문에 일본에 대한 금수 조치를 부과했다. 일본은 중국에서의 전쟁을 위한 석유 및 기타 원재료를 획득하기 위해 전쟁을 확대하기로 결정했는데, 이것이 진주만에 대한 공격으로 이어졌다. 중국과 일본의 전쟁은 장제스(蔣介石)의 국민당과 마오쩌둥(毛澤東)의 공산당 사이의 국공 내전으로 가능했다. 국공 내전은 1927년과 1936년 사이에 일어났으며 일본과의 전쟁을 위해 휴전되었다가 1945년에 다시 시작되었고 1950년

에 끝났다. 중국에서는 제2차 세계대전이 반일 저항 전쟁으로 알려져 있다. 그것은 마지막 제국 왕조가 무너졌던 1911년에 시작된 근본적인 투쟁, 중국을 누가 통치할 것인지를 두고 일어난 투쟁의 일부일 뿐이었다.

북아메리카인과 서유럽인들에게 제2차 세계대전은 보통 민주주의와 전체주의 사이의 전쟁으로 이해된다. 그러나 동유럽인들, 발트해 연안 주들, 많은 우크라이나인과 다른 사람들에게 1945년은 1989년 베를린 장벽의 붕괴 때까지 이어진 소련의 점령이 시작된 시기이다. 동유럽인들과 서유럽인들은 아직도 제2차 세계대전의 기억과 의미에 대해 다른 의견을 가지고 있다. 마찬가지로 남아시아의 경우, 그들은 제2차 세계대전을 통해 1947년 궁극적으로 일본이나 독일이 아닌 영국으로부터 독립을 획득했다. 제1차 세계대전 때와 마찬가지로 영국은 자신의 식민지에 자결권을 부여할 의도가 없었다. 그들이 독립한 것은 제2차 세계대전으로 영국이 크게 취약해지고 더 이상 인도에 대한 지배력을 유지할 수 없었기 때문이다. 영국군은 제2차 세계대전이 시작될 무렵에 독립을 약속하지 않았기 때문에 일부 인도인들은 추축국(독일, 이탈리아, 일본)의 편에 서서 싸웠다.

인도인들처럼 (일본의 지배를 받은) 조선인들은 양측에 모두 서게 되었다. 많은 사람이 일본 군대에 복무하였지만, 다른 이들은 마오쩌둥의 공산주의자들과 합류하여 일본인과 싸우고 이후에는 장제스 군대와 싸웠다. 승리한 마오쩌둥이 조선인 병력을 북한에 돌려보내 1950년 6월 남한을 침략하는 것을 도와 한국 전쟁(1950~1953)이 시작되었다.

제2차 세계대전이 언제 일어났는지, 전쟁이 정치적으로 어떤 것이었는지는 지리적인 측면에 따라 변했다. 우리가 여러 전쟁을 분리하는 공식적인 유럽 중심주의적 날짜만 사용한다면 여러 전쟁과 전쟁에 참여한 사회 간에 어떤 관계가 있는지 이해하기 어렵다.

질문 1 전쟁의 날짜를 확실히 정하는 것이 어려운 이유는 무엇인가?

질문 2 주요 전쟁의 친숙한 날짜가 서양의 경험을 반영하는 것처럼 보이는 이유는 무엇인가?

서 다르게 기억되고 기록되어 있더라도 그것은 세계적인 경험이었다. 제2차 세계대전의 결과로 국제연합이 형성되었다. 유럽 제국이 치명적으로 약화됨으로써 아프리카와 아시아의 탈식민지화가 나타나면서 새로운 국가가 생겨났다. 제트 항공기 및 핵무기와 같은 신기술이 이후의 세계를 근본적으로 변화시켰다. 제2차 세계대전은 위에서 언급한 전쟁과 사회의 접근법이 전쟁에 직접 참여한 사회뿐만 아니라 세계 정치 전체의 형태에도 어떻게 적용되는지 보여 준다.

전쟁은 사람과 장소를 연결하고 지구적 측면을 가지고 있다. 동시에 현대 세계는 주권국가들로 조직되어 있다. 일반적으로 국가는 가장 큰 군사력을 보유한다. 국가가 군사력을 항상 효과적으로 사용할 수는 없더라도 말이다. 전쟁은 그것이 수행되는 국가-국제 세계에 의해 형성된다. 국제적 측면과 지구적 측면은 전쟁과 세계 정치

연구에 중요하다. 전쟁이 무엇인지 깊이 생각해 보기 위해 다음 절에서는 주요한 전쟁 사상가인 카를 폰 클라우제비츠Carl von Clausewitz를 다룬다.

요점정리

- 국제전은 둘이나 그 이상의 주권국가 사이에서 일어나는 전쟁이다.
- 내전은 주권국가 내에서 벌어지는 전쟁인데, 사실상 수많은 다른 국제 행위자들이 연관된다.
- 전쟁은 전투에 참여한 사회를 연결한다. 전쟁을 통해 분쟁 당사국들은 서로서로 영향을 미친다.
- 전쟁을 통해 사람, 물건, 생각들이 전 세계적으로 순환된다.
- 전쟁은 세계 정치 전체를 형성할 수 있고 여러 가지 결과를 가져올 수 있다.

클라우제비츠의 전쟁 철학

카를 폰 클라우제비츠(1780~1831)는 프랑스 혁명 전쟁(1792~1802)과 나폴레옹 전쟁(1803~1815)에서 프로이센 장교였다. 그는 장군 참모로 근무하다가 프로이센의 사관학교 교장이 되기도 했다. 그는 예기치 않게 콜레라 전염병으로 사망했는데, 그가 남긴 미완성 원고를 그의 아내 마리Marie가 모아서 『전쟁론On War』을 출간했다 (Clausewitz, 1976). 이 책은 전 세계의 거의 모든 사관학교와 참모대학에서 읽힌다. 클라우제비츠는 죽을 때까지 자신의 생각을 연구했다. 그의 긴 논문들을 두고 여러 해석, 심지어 모순된 해석이 나오기도 한다.

클라우제비츠의 삼위일체

클라우제비츠는 '삼위일체trinities'의 개념을 통해 전쟁의 본질을 포착하려 했다. 삼위일체는 세 가지 요소 또는 경향으로 구성되며 각 요소는 여러 가지 가능한 조합에 따라 달라질 수 있다. 클라우제비츠에 따르면, 전쟁의 세 가지 지배적인 경향은 열정passion, 기회chance, 이성reason인데, 전쟁의 특정한 역사적인 사례에서 다양한 조합으로 함께 나타난다. 전쟁에는 항상 열정이 따르는데, 싸움에 대한 동기와 전쟁에서 살상하도록 하는 증오심이다. 전쟁은 극단적으로는 단순한 기회가 우발적으로 나타나는 영역이기도 하다. 어떤 일이든 일어날 수 있다. 인간의 실수에서 날씨에 이르기까지 군사 작전과 관련된 모든 요

소가 전쟁의 결과와 사람들의 운명을 형성하는 무한하고 예측 불가능한 조합을 만들어 냈다. 마지막으로, 전략의 개념에서와 마찬가지로 전쟁은 이성을 포함한다. 정치 지도자들과 군 참모들은 전쟁을 통해 목표를 달성하려고 노력한다. 그렇게 함으로써 그들은 폭력의 사용에 합리성을 부여한다. 그들은 특정 군사 및 정치 목적을 위해 폭력을 제한하고 관리하려고 한다. 근본적으로, 클라우제비츠는 전쟁이 열정, 기회, 이성의 다양한 조합으로 구성되어 있다고 믿었다.

클라우제비츠는 기본 삼위일체를 두 번째 삼위일체와 연결하여 세 가지 경향 각각을 정치적 실체의 구성 요소와 연결했다. 그는 열정의 영역을 사람들과 연결했는데, 전쟁에 대한 감정과 신념, 그리고 전쟁 수행에 대한 의지 혹은 의지의 부족이 그것이다. 그는 기회를 전쟁의 시련과 운명에 맞서 능력을 시험해야 하는 군대와 연결했다. 이성은 리더십과 연결했는데, 이는 전쟁을 결정하고 궁극적인 목적을 설정하는 정치 당국 및 이러한 목표를 현실로 바꾸어야 하는 장군들과 군대 지도자들과 연관된다. 열정, 기회, 이성의 주요한 삼위일체와 마찬가지로 두 번째 삼위일체의 요소들이 모든 실제 전쟁 상황에서 다양한 모습으로 함께 나타난다. 전투원의 성격, 군대의 자질, 지도자의 능력이 전쟁의 과정을 결정한다.

제한전과 총력전

두 가지 삼위일체의 기본 틀에서 클라우제비츠는 전쟁의 본질에 대해 몇 가지 추가 요소를 개발했다. 첫째, 대체로 전쟁에는 제한전과 총력전이라는 두 가지 유형이 있다. **제한전** limited war 은 정치적인 생존보다 작은 목표를 위한 전쟁인데, 예를 들어 분쟁 지역이나 시장 접근을 위한 전쟁이 그것이다. 포클랜드/말비나스 전쟁(1982)은 아르헨티나와 영국 모두에게 제한전이었다. 전쟁이 있었던 섬에 어떤 일이 벌어졌건, 양국은 전쟁 이후에도 생존했다. 그들은 상대국의 본토를 공격할 계획이 전혀 없었다. **총력전** total war 은 국가 또는 정치 단체가 생존을 위해 싸울 때

발생한다. 제2차 세계대전에서 연합국들은 나치 독일에게 무조건적인 항복을 요구했다. 전쟁으로 아돌프 히틀러 Adolf Hitler 정권의 제3제국이 종식되었다. 전쟁이 한 당사국에게는 제한전이지만, 다른 당사국에게는 총력전이 될 수도 있다는 점을 지적할 필요가 있다. 제1차 인도차이나 전쟁(1946~1954) 동안 베트남 군대는 프랑스 제국으로부터 해방을 위해 투쟁했다([사례연구 12-2] 참조). 베트남인들에게 전쟁은 독립 가능성을 두고 벌이는 총력전이었지만, 프랑스는 인도차이나에 제국이 있든 없든 계속 존재하였다. 그 전쟁은 프랑스에게는 제한전이었다.

제한전과 총력전 사이의 구분은 또 다른 차이인 실제의 전쟁과 전쟁의 절대적 본질 사이의 문제와 연결되어 있다. 역사적으로 일어난 실제 전쟁은 언제나 특정 요인에 의해 제한된다. 인간은 서로에게 너무나 많은 폭력을 가할 수 있다(클라우제비츠는 핵무기와 생물학무기 이전 시대에 살았다). 전쟁에서 발생할 수 있는 폭력의 양을 어느 정도로 제한하기 위한 일들이 항상 발생했다. 클라우제비츠가 이야기한 하나의 제약 요인은 마찰이었다. 마찰은 전쟁에 있어 머피의 법칙과 같았다. 잘못될 수 있는 모든 것은 잘못된다. 클라우제비츠는 또 다른 제한 요인은 정치적 실체가 따르고 있는 전략인 정책이라고 생각했다. 지도자들은 전쟁의 목적을 달성하기 위해 전쟁을 계속 유지하려고 노력할 것이다. 이것이 성취될 때나 더 이상 가능하지 않을 때, 전쟁은 끝나게 될 것이다.

그러나 실제 전쟁의 이러한 제한 요인들과 달리 전쟁의 진정한 또는 절대적인 본질은 점차 확산되는 것이었다. 클라우제비츠는 전쟁은 극단으로 가서 더 많은 폭력을 양산하는 특유의 경향이 있다고 생각했다. 각 측은 적국을 물리치고 항복을 강요하기 위해 더 많은 힘을 사용하려는 유혹을 받는다. 전쟁은 더 많은 인간과 물적 자원을 쏟아부으려고 한다. 정책과 마찰이 없이 그 자체의 장치에 맡겨 둔다면 전쟁은 규모 면에서 확대될 것이고, 더 폭력적이 될 것이고, 더 길어지고 더 많은 공간으로 확대될 것이다. 클라우제비츠(Clausewitz, 1976: 77)가 지적한 것처럼, 전쟁은 무력 행위이며 거기에는 논리적 제한이

없다. 각각의 움직임은 어느 한쪽이 지칠 때까지 다른 쪽 움직임에 의해 견제를 받는다. 전쟁이 확대되는 고유의 경향은 무력 사용에 대한 진정한 인간의 제약에 의해 완화된다.

전쟁과 정치

클라우제비츠에 따르면, 무력 사용에 대한 제약 중 일부는 전략적 정책의 형태로 전쟁의 진행 과정에서 지도자들이 추구했던 목표 또는 목적 때문에 잠재적으로 발생했다. 클라우제비츠의 가장 유명한 격언은 전쟁은 다른 수단을 사용한 정치의 연속이라는 것이다([참고 12-2] 참조). 이 말의 의미는 전쟁이 정치, 다른 한편과의 관계에서 멈추지 않는다는 것이다. 이러한 관계에 폭력이 추가된다. 국가는 다른 국가나 정치 단체에게 원하는 것을 강제하기 위해 협상의 행위로 위협하거나 무력을 사용할 수 있다. 예를 들어 1973년 1월에 베트남민주공화국(북베트남)이 파리 평화협정에 서명하도록 하기 위해 미국은 1972년 12월 하노이와 하이퐁에 격심한 폭격을 가했다. 기본적인 생각은 북베트남을 협상 테이블로 나오도록 하기 위한 것과 같은 정치적 목적이 무력 사용을 제약한다

는 것이다. 더 많은 무력을 행사하는 것이 비효율적일 수 있기 때문에 목표를 달성하기 위해 충분할 만큼의 무력만 사용한다. 전쟁에서 무력은 전체는 아니더라도 부분적으로는 국가와 다른 전투 조직 사이에 진행 중인 정치적 관계의 일부다. 정치는 전쟁을 목표를 달성하기 위한 수단으로 삼으면서 폭력을 제한하거나 억제한다.

그러나 클라우제비츠는 이러한 주장의 문제점도 잘 알고 있었다. 예를 들면 민족주의와 같은 다른 종류의 정치가 폭력에 정반대의 효과를 가져올 수 있다. 특히 전쟁이 시작되었을 때 열정이 이성을 압도할 수 있다. 히틀러의 유럽 유대인 말살 정책과 같은 일부 정치 이데올로기는 극단적인 폭력을 통해서만 성취될 수 있는 비합리적인 목표를 가지고 있다. 클라우제비츠 시대에 프랑스 혁명은 국민들을 전쟁에 동원하고 대규모의 혁명 시민군을 만들어 내는 계기가 되었다. 정치는 전쟁의 폭력을 제한하기보다는 기름을 붓기도 했다. "기존의 제약에 구속되지 않는 전쟁은 모든 작은 불씨에도 취약해졌다."(Clausewitz, 1976: 593)

나폴레옹 시대의 혁명 프랑스는 극단적인 목표를 추구했다. 유럽 전역의 국가와 공국에 프랑스 동맹 공화국을 세우기 위해 프랑스는 유럽 대륙의 군주 정권에 생존의

전쟁에서 정치 우위에 대한 클라우제비츠의 생각

참고 12-2

"정책(또는 정치적 목적)은 지침이 되는 정보이며 전쟁은 단지 수단일 뿐이며, 그 반대는 아니다. 즉 군사적 관점을 정치에 종속시키는 것 이외의 다른 가능성은 존재하지 않는다. (…) 간단히 말해서, 최상층부에서 보면 전쟁술은 기껏해야 정책인 것이다. 다만 그 정책은 외교적인 메시지를 보내는 것이 아니라 전투를 통해 수행된다. 이제 우리는 주요 군사적 발전이나 계획이 **순전히 군사적인** 평가를 위한 것이어야 한다는 주장은 받아들일 수가 없으며 해가 되는 것이라는 사실을 알 수 있다. 많은 정부가 전쟁을 계획할 때 하는 것처럼 군을 불러서 **순전히 군사적인 자문**만을 요구하는 것은 합리적이지 않다. (…) 전쟁에

대한 어떤 주요한 제안도 정치적 요인을 무시하고는 이루어질 수 없다. 사람들이 늘 그렇듯이 전쟁을 관리하는 데 정치적 영향이 끼치는 문제점을 이야기할 때 그들은 정말 그들의 의도를 이야기하는 것은 아니다. 문제 제기의 대상은 정책 그 자체여야지, 영향력이 아니다. 정책이 옳고 성공적이라면, 전쟁 수행에 미치는 의도적인 영향성은 선한 것이다. 반대의 효과가 있다면 정책 자체가 잘못된 것이다. (…) 다시 한번 강조하건대, 전쟁은 정책의 수단이다. 그것은 반드시 정책의 성격을 띠고 그 기준에 따라 측정되어야 한다."

(Clausewitz, 1976: 607~608, 610, 원문 강조)

베트남인과 서양 피난민들이 북베트남군이 도착하기 전에 헬기를 타고 베트남을 탈출하기 위해 사이공 주재 미국 대사관 안에서 기다리고 있다.

© Photo by nik wheeler / Corbis via Getty Images

프랑스와 미국은 각각 제2차 세계대전 이후 베트남에서 제1차, 제2차 인도차이나 전쟁(1946~1954, 1955~1975)으로 알려진 두 차례의 장기전을 치렀다. 인도차이나에서의 전쟁은 열정이 이성을 극복하는 폭력적이고 상호적인 방식으로 전쟁이 어떻게 국가와 결합하는지에 대한 사례연구의 대상이다. 이 전쟁은 당시에나 끝난 지 한참 지난 후에나 모든 당사국의 정치 형성에 영향을 미쳤다.

베트남은 1884년 이래 프랑스 제국의 일부였다. 나중에 호찌민Ho Chi Minh으로 알려진 베트남 독립 지도자는 1919년 베르사유 평화회의에 참석했다. 그는 우드로 윌슨Woodrow Wilson 대통령을 만나서 베트남 국민의 민족 자결권을 주장하기를 희망했다. 무시당한 호찌민은 공산주의자와 급진주의 정치가로 변화하여 독립을 쟁취하기 위해 고국으로 돌아왔다. 일본이 제2차 세계대전 중 베트남을 점령했는데, 호찌민은 일본이 항복할 때 베트남을 넘겨받을 준비를 하고 있었다. 그러나 영국은 인도 군대를 베트남에 파견하여 프랑스가 돌아올 때까지 지키도록 했다. 나치 독일에 패배하여 모욕을 당한 프랑스는 세계에서 제국주의의 역할을 재선언함으로써 위대함을 되찾기를 희망했다. 프랑스와 (호찌민의 군대로 알려진) 베트민 사이에서 9년간의 전쟁이 벌어졌고, 프랑스의 비용은 주로 미국이 지불했다. 대신 프랑스는 유럽에서 미국의 정책을 지지했다. 소련은 베트민을 지원했는데, 1954년 디엔비엔푸 전투에서 마침내 프랑스를 패배시켰다. 비유럽인들에게 패배하여 더욱 모욕감을 느낀 프랑스군은 고국으로 돌아와 이제 또 다른 독립 투쟁이 벌어지고 있던 알제리에서 전쟁을 지속했다. 프랑스군이 알제리에서 패배하기 시작했을 때, 알제리의 유럽 이주민들과 함께 프랑스 군대의 일부가 쿠데타를 모의했다. 프랑스 제4공화국이 무너지면서 샤를 드골Charles de Gaulle이 권좌로 돌아왔다. 프랑스는 식민지 전쟁에서 패배한 결과 정권 교체를 겪었다.

1954년 제네바 평화회의에서 베트남은 호찌민의 북부 공산주의 국가와 미국의 지원을 받는 응오딘지엠Ngo Dinh Diem 아래 남부의 새로운 국가로 나뉘었다. 남베트남에서 게릴라 폭동이 발생했고 북베트남과 소련의 동맹 국가들이 이를 지원했다. 처음에 미국은 고문단과 다른 원조를 통해 전쟁을 수행하려 했지만 1965년에는 직접 군사적으로 개입했고 50만 명이 넘는 병력을 파병했다. 프랑스와 마찬가지로 미국 역시 비유럽 국가들과의 전쟁에서 패배할 수 없다고 믿었으며 소련에 약점을 드러내는 것을 두려워했다. 그러나 미국은 남베트남 안의 무장봉기나 북베트남군을 결정적으로 물리칠 수 없었다. 베트남 전쟁으로 린든 존슨Lyndon Johnson 대통령은 재선의 희망을 접었고, 리처드 닉슨Richard Nixon 대통령은 전쟁을 끝내기 위한 필사적인 노력으로 라오스와 캄보디아로 전쟁을 확대했다. 남베트남은 마침내 1975년 4월 북베트남에 항복하였다. 미국 역시 수모를 겪었다.

결과적으로, 베트남 전쟁은 향후 수십 년간 미국의 정치·사회·문화에서 핵심적인 위치를 차지하게 되었다. 대통령 후보들은 전쟁 중 그들이 무엇을 했는지 질문받았다. 그들은 전쟁 범죄자인지 전쟁 영웅인지? 그들이 전쟁을 지지했는지? 그들은 군 징집을 회피했는지? 할리우드는 전쟁에 관한 수많은 영화를 만들며 그 싸움에 동참했다. 그 영화들은 미국 사회의 전쟁과 관련된 노력을 추적했을 뿐 아니라, 역사를 다시 쓰기도 하고 남성적인 판타지 영역의 모험을 다루기도 했다. 실베스터 스탤론 Sylvester Stallone이 연기한 람보Rambo는 전쟁 포로로 잡혀 있는 미국인들을 구조하기 위해 베트남으로 돌아가 미국의 명예 회복을 모색했다. 1990~1991년 이라크의 쿠웨이트 침공으로 미국이 전쟁에 나섰을 때, 미국의 조지 부시George H. W. Bush 대통령은 베트남에서 패한 이후 무력 사용에 대해 망설이는 '베트남 증후군'에서 벗어났다고 주장했다. 알제리의 프랑스 전쟁과 마찬가지로, 두 번의 이라크 전쟁(1990~1991, 2003~2011) 모두 베트남에서 얻은 교훈의 영향을 받아 형성되었다. 2004년 민주당 대통령 후보였던 존 케리John Kerry가 군 복무와 뒤이은 반전운동으로 공격받자 베트남 전쟁은 다시 한번 주요 뉴스가 되었다. 2016년 공화당 경선에서 도널드 트럼프Donald Trump 후보는 존 매케인John McCain 상원의원이 북베트남에게 포로로 붙잡힌 적이 있기 때문에 영웅이 아니라고 주장했다. 베트남 전쟁으로부터 회복되는 데는 수십 년이 걸렸다. 프랑스와 미국에서는 수만 명의 사상자가 생긴 반면, 베트남인들은 전쟁 30년 만에 200~300만 명의 사람들을 잃었다. 남부 베트남의 대부분의 지방에 미국은 '에이전트 오렌지'라는 고엽제를 뿌렸고, 폭발하지 않은 무기들은 오늘날까지도 계속 인명 살상의 위협이 되고 있다.

질문 1 전쟁이 끝난 이후에도 어떻게, 그리고 왜 전쟁은 사회와 정치에 지속적으로 영향을 미치는가?
질문 2 베트남 전쟁은 우리에게 민주주의와 전쟁의 관계에 대해 무엇을 말해 주는가?

위협을 가했다. 결과적으로, 프랑스의 혁명과 나폴레옹 전쟁은 총력전의 성격을 띠었다. 이 전쟁은 클라우제비츠의 이론에 대한 역사적인 모델을 제공했다. 두 차례의 세계대전과 냉전을 경험한 20세기에는 전쟁이 총력전화되는 새롭고 무시무시한 가능성이 열렸다. 전례 없는 수준의 폭력을 조직화하는 현대 국가의 역량은 무제한적으로 보인다.

전쟁이 정치의 연속이라는 클라우제비츠의 격언은 정치가 어떻게 전쟁의 폭력을 제약하기도 하고 불붙게 하는지에 대한 우리의 관심을 불러일으킨다. 또한 전쟁이 참전국 사회들의 정치를 연결한다는 점도 강조한다. 전선에서 일어난 일이 국내에서 일어난 일에도 영향을 미쳤다. 예를 들어 베트남 전쟁과 이라크 전쟁은 미국의 대선 정치에 영향을 미쳤다([사례연구 12-2] 참조). 린든 존슨 대통령은 1968년 베트남 공산주의자들의 구정 공세Tet Offensive 이후 재선을 위한 선거 운동을 중단했다. 반대로 새로운 대통령의 선출처럼 국내에서 일어난 일이 전쟁에 영향을 미치기도 했다. 2008년 미국 대통령 선거에서 미국 유권자들은 이라크와 아프가니스탄에서의 전쟁을 종식하고 군대를 철수하겠다고 약속한 버락 오바마 Barack Obama 후보를 선택했다. 그래서 전쟁은 근본적인 의미에서 정치의 연속이다. 전쟁은 서로를 연결하기 때문에 전쟁에 참여한 정치 단체들은 서로 영향을 미치고 다양한 방식으로 서로를 변화시킨다. 정치 단체들은 서로 다른 수단을 통해 서로 간의 관계를 계속 유지하며, 그들의 역사와 사회는 전쟁이라는 폭력 속에서 서로 얽힌다.

> **요점정리**
>
> - 클라우제비츠는 전쟁의 본질을 묘사하기 위해 두 가지 삼위일체를 발전시켰다. 첫 번째는 열정, 기회, 이성이며, 두 번째는 정치 리더십, 군대, 사람이다.
> - 클라우제비츠는 전쟁을 두 가지 유형으로 나눴다. 즉 정치적 생존보다 작은 목적을 위해 싸우는 제한전과 생존이 위태로워지는 총력전이다.
> - 클라우제비츠는 실제 일어나는 '진짜 전쟁'과 전쟁이 확대되는 고유한 경향의 '진정한 전쟁'을 구분했다.
> - 클라우제비츠에게 전쟁은 다른 수단(폭력)을 통해 전쟁 참여국들 사이에 벌이는 정치의 연속이다.
> - 정치적 목적은 전쟁의 폭력을 제한하기도 하고 자극하기도 한다.

서양의 전쟁·국가·사회

국가-국제 세계의 기초가 될 현대 민족국가는 서양 유럽에서 16세기 이후에 발전했다. 군대 조직의 변화가 이 과정의 핵심이었다. 국가는 주권 영토 내에서 폭력을 독점하는 전쟁 국가가 되었다. 서양 국가들은 20세기를 통해 세계 정치를 지배하기 시작했다.

봉건제에서 민족국가로

군사 기술과 무기 체계와 같은 특정한 종류의 무력은 특정한 종류의 정치를 가능하게 만든다. 폭력에 대한 통제가 정치권력의 기초를 제공하기 때문에 어떤 종류의 군대를 이용 가능한지가 중요하다. 중세 유럽의 갑옷 입은 기사를 생각해 보라. 역사적으로 기병이 전장을 지배했을 때 정치권력은 분열되었다. 영주의 성 같은 요새화된 장소에서 소규모의 기사단으로도 중앙 권위체(왕)를 물리치고 그들의 지방 지역을 장악할 수 있었다. 그들은 농민과 상민으로부터 세금과 이윤을 거두었다. 영토에 대한 통치가 나누어졌고 왕은 군대를 모으거나 다른 방법으로 권력을 행사하기 위해 영주의 충성도에 의존했다.

두 가지 군사적 발전이 이러한 상황을 변화시켰는데, 보병 군대의 출현과 군사 기술의 발전이다(McNeil, 1982). 르네상스 시대에 유럽의 군인과 학자들은 기강이 잡힌 정규 보병의 훈련에 관한 고대 그리스와 로마의 관행을 회복했다. 창으로 무장해서 기사단에 맞서 기꺼이 싸우고자 한 보병 부대들은 기사들을 물리칠 수 있었다. 그러나 병사들이 훈련하는 데 시간이 걸렸고, 장비를 마련하고 공급하는 데 돈이 들었다. 중앙 당국은 로마제국이 전성기에 그랬듯이 정기적으로 충분한 자금을 확보해야 했다. 두 번째 발전은 화약의 발명과 효과적인 대포 및 소총의 개발이었다. 그러한 무기는 기병대의 지배력을 종결시켰고, 궁극적으로 성벽과 다른 요새를 깨뜨릴 수 있었다.

이 새로운 군대에 대한 비용을 부담하기 위해 유럽의 주권국가들은 커다란 무역 도시의 부에 의존했다. 이 도시들은 자신들과 무역을 보호하기를 원했는데, 각 군주의 영지를 지나갈 때마다 너무 자주 세금을 추징당했다. 훈련된 군대가 육성되자 더 많은 영토가 주권국가의 통제하에 들어갔다. 일종의 긍정적인 피드백 고리가 만들어졌다. 더 큰 영토는 군대를 유지하고 더 많이 정복할 수 있는 더 많은 세금을 의미했다. 이러한 재정-군사의 순환 고리로부터 현대 영토 국가가 성장했다.

주권자들은 영토를 관리, 방어 및 확장하기 위해 빚을 졌다. 16세기 이후부터 주권자, 도시 및 엘리트들은 자금을 조달하기 위해 노예, 설탕, 향신료, 귀금속 및 기타 물품에 대한 장거리 무역을 하고 아시아, 아프리카, 아메리카 지역에 식민지와 무역 거점을 설치했다. 그리고 (대부분이 식민지 현지에서 모집된) 새로 훈련된 병사들과 그들의 무기는 초기 제국을 지키는 데 도움이 되었다.

유럽의 국가는 일종의 '국경이 있는 권력 저장소'가 되었다(Giddens, 1985: 120). 그 영토 안에서는 사회와 경제가 중앙 당국에 의해 통치를 받았다. 국가는 견고한 국경을 가지며, 관세를 부과하고, 영토를 출입하는 것을 통제했으며, 군대를 통해 국경을 방어했다. 모국의 사람들은 새롭고 더 큰 규모의 국가 정체성을 발전시켰다. 그들은 공통 언어를 구사하고 신문에서 자국과 그 정치에 관해 읽었으며 공통된 관습과 법률에 따라 관리되었다. 그들은 그들 자신이 같은 나라의 일부라고 상상했다(B. Anderson, 1983). 국민이 국가의 주권 영토에 사는 '민족국가'가 정치 조직의 한 형태로 부상했다(**제26장 참조**).

새로운 보병 군대는 대량 징집을 통해 입대한 남성 시민으로 이루어졌다. 프랑스 혁명까지 새로운 보병 군대는 종종 용병으로 묘사되었다. 그들은 유급 병력으로, 많은 이들이 해외에서 모집되었다. 그러나 1793년 프랑스 혁명 정부는 유럽 국가 대부분과의 전쟁에서 총동원*levée* *en masse*을 시작했다. 남성 시민들은 공공 영역에 대한 발언권 증대의 대가로 국가에 봉사해야 할 의무가 있다는 사고였다. 민족주의와 시민의식이 병역과 결부되었다. 당시 군 복무는 남성에게만 적합한 것으로 보았기 때문에, 이것은 20세기까지 여성의 투표권이 부여되지 않은 데 영향을 미쳤다. 민족주의는 또한 정치 지도자들이 국민의 열정을 자극하여 그들이 전쟁 노력을 지원하도록 장려하는 새로운 도구를 제공했다. 국민 개병제로 군 복무는 청년들에게 국가적인 경험이 되었다. 유럽 대륙에서 많은 사람이 19세기와 20세기의 대부분에 걸쳐 의무적으로 군 복무를 했다(20세기에 들어 여성도 상당수 군대에 참여하기 시작했다).

20세기 초반의 독일 사회 정치 사상가인 막스 베버^{Max Weber}는 전쟁이 민족국가의 중심이 된다고 보았다. 베버에게 있어서 유럽 국가는 주어진 영토 내에서 합법적인 무력 사용에 대한 독점권을 주장하는 행정 기구를 가졌다(M. Weber, 1978: 54). 국가, 국민, 영토는 독점적 무력 사용으로 인해 하나로 묶인다.

오늘날의 시각에서 우리 모두가 민족국가에 살고 일반적으로 단일 국가의 시민권을 보유한다는 생각은 자연스러운 것처럼 보인다. 그러나 민족국가는 특정한 역사적 국면이며 상대적으로 최근의 것이다. 19세기 후반에 와서야 일련의 전쟁으로 독일과 이탈리아가 민족국가로 통일되었다. 서유럽 민족국가들은 정치, 경제, 군사 분야에서 매우 역동적인 존재가 되었다. 20세기의 세계대전이 입증하듯, 민족국가의 영토적이며 대중적인 성격은 군사력을 동원하는 데 특히 효과적인 기반이 되었다. 그러나 유럽에서도 민족국가가 모든 지역에 존재한 것은 아니었다. 발칸, 남동부와 동유럽, 러시아에서는 오스만, 오스트리아-헝가리 및 러시아와 같은 대규모 다민족 제국이 제1차 세계대전까지 지배했다. 서유럽의 모든 강대국 민족국가 또한 제국이었다. 그들의 식민지는 주로 유럽 밖에 있었다. 스페인, 포르투갈, 네덜란드, 영국, 프랑스, 벨기에는 1960년대와 1970년대까지 해외에 제국을 유지하고 있었다. 예를 들어 앙골라는 1974년에야 포르투갈에

대항한 독립 전쟁에서 승리했다.

앙골라인들이 독립을 위해 싸우기 시작했을 때, 민족국가는 이미 자결권을 위한 주요 수단으로 여겨지게 되었다. 문제는 유럽 내외에서 사람들과 정체성이 영토적인 체계로 깔끔하게 분류되지 않았다는 점이다. 민족 정체성은 국가의 국가 정체성과 항상 일치하지는 않았다. 전쟁, 기근 및 다른 원인에 의한 인구 이동으로 사람들은 외국의 통치하에 놓이게 되었다. 어떻게 사람들과 정체성의 조각들을 민족국가의 이상과 깔끔하게 일치시킬 것인가? 이 문제를 해결하려는 시도로 인해 정치는 문제가 생겼고 20세기 동안 유럽 안팎에서 종종 전쟁으로 이어졌다.

세계대전에서 냉전으로

나폴레옹 시대의 프랑스를 관찰한 클라우제비츠는 전쟁이 정부와 소규모 용병 군대만이 아니라 모든 사람의 일이 되었다고 썼다. 그러나 국가는 실제로 모든 젊은 남성을 징집할 수는 없었다. 우선, 국가가 그 큰 군대를 먹이고, 수용하고, 입히는 것을 감당할 수 없었다. 경제는 충분한 무기를 생산하지 못했고, 충분한 탄약을 공급할 수 없었다. 나폴레옹 전쟁이 정점이던 시기에 군대는 수십만 명이 넘었다. 그러나 19세기 동안 산업화, 화석 연료 및 현대적 대량 생산 방법으로 수백만의 군대를 키우고 장비를 공급하는 것이 가능해졌다. 증기선과 철도로 국가는 전장에서 병력을 동원하고 이동시키고 유지할 수 있었다. 진정한 총력전이 가능해졌다. 예를 들면 독일은 제1차 세계대전에서 1000만 명 이상을 군 복무에 동원했고 제2차 세계대전에서는 거의 2000만 명을 동원했다(Bond, 1998).

세계대전 중에 민족국가는 군사력 동원과 전쟁 추구를 위한 수단이었다. 국가 관료제는 전시 군사력과 경제를 운영하는 데 필요한 행정적 중심을 제공했다. 독일의 국가사회주의나 파시즘과 같은 민족주의 및 민족주의적 이데올로기는 전쟁 노력을 정당화시켰고 국민의 참여를 부

추겼다. 전쟁의 경험과 희생은 정치적 리더십에 의해 적절히 관리된다면 국민과 국가, 군대를 하나로 묶을 수 있었다.

그러나 세계는 민족국가보다 더 크다는 것 역시 판명되었다. 전쟁은 엄청난 규모로 광대한 공간에서 추축국과 연합국과 같은 다국적 동맹 사이에서 수행되었다. 군사 작전과 경제를 위한 전시 계획으로 서양 동맹국들이 함께 협력하는 데 익숙해져서 냉전 기간 북대서양조약기구의 기반을 마련했다. 영국과 프랑스와 같은 제국은 병력과 자원을 얻기 위해 식민지에 크게 의존했다. 영국의 인도인 부대는 제1차 세계대전 중 150만 명 이상이었고, 제2차 세계대전 중에는 200만 명이 넘었다. 수십만 명의 서부 및 북부 아프리카인들이 프랑스를 위해 싸웠다. 제국주의 일본은 만주와 중국의 상당 부분뿐만 아니라 한국을 통치했으며 제2차 세계대전 중 수십만 명의 조선인이 일본군에 복무했다.

보다 치명적인 의미에서 전쟁이 민족국가를 뛰어넘는 것이 또 있었는데, 핵무기다. 미국은 히로시마와 나가사키에 핵폭탄을 떨어뜨림으로써 일본에 대한 전쟁을 종식했다. 일본인들은 항복 이외에 다른 선택이 없었다. 일본과 같은 입장에 처하지 않기 위해 냉전 기간에 미국과 소련은 모두 대규모 핵무기를 만들었다. 전략적 관점에서 볼 때 핵무기의 문제는 너무 파괴적이라는 것이었다. 그들은 싸우고 있는 대상이 무엇이든지 간에 그것을 파괴하겠다고 위협했다. 냉전 기획자들이 상상한 규모의 핵공격이 실행되었다면 지구의 많은 곳에서 생명의 절멸을 가져오는 '핵겨울'이 이어졌을 것이다. 그런 상황에서 총력전이나 총력전을 초래할 수 있는 모든 일은 피해야만 했다.

이것은 이데올로기적으로 적대적인 블록 사이의 냉전인, 핵 억지nuclear deterrence로 알려진 역설적인 상황을 야기했다. 양측은 핵무기를 사용하여 상대방이 핵무기를 사용하거나 위협할 수 없도록 해야 했다. 그들은 핵전쟁을 막기 위해 핵전쟁을 준비했다. 그러나 소련과 미국이 어떻게 서로를 억지할 수 있었는지는 명백하지 않다. 핵

무기와 재래식 군사력의 혼합이 필요했는가? 각 측은 상대방이 무엇을 할 수 있는지 어떻게 알 수 있는가?

냉전 기간에 각 측은 1차 공격력을 상실하는 것을 두려워했다. 이것은 상대방의 보복 능력을 파괴하는 핵 공격이었다. 그것은 모든 핵무기 또는 대부분의 핵무기를 파괴하는 것이었다. 무방비 상태에 빠지면 그들은 항복해야 할 것이다. 이 같은 공포로 엄청난 군사 예산과 수천 개의 핵탄두로 구성된 거대하고 과다한 핵무력이 만들어졌다. 핵무기를 나르기 위해 제트 폭격기와 대륙간탄도미사일, 잠수함 발사 미사일이 개발되었다. 소련과 미국은 각각 새로운 세대의 무기에 막대한 자원을 쏟아부었으며, 각자는 상대를 염탐하기도 했다. 냉전 기간에 서양 세계에서 초국가적 평화 운동과 핵 군축 운동이 진행되었다. 여러 곳의 사람들은 핵전쟁을 준비하는 미친 짓에 저항했다. 냉전 시대에는 역사상 초기 시기와 마찬가지로 전쟁의 본질과 활용 가능한 무기의 종류가 국가 내부와 국가 간 정치 발전에 영향을 미쳤다.

냉전의 양측은 초강대국 중 하나가 이끄는 진영과 동맹을 형성했다. 두 진영은 동독과 서독 국경을 따라 유럽에서 커다란 재래식 군대를 유지했다. 이 군사력을 서로 실제로 사용하면 핵전쟁으로 확대될 위험이 있었다. 냉전의 또 다른 의미는 구식의 재래식 전쟁을 벌이기 위한 준비를 유럽에서 계속했지만 실제로는 싸우지 않았다는 것이다. 냉전에서의 실제 전쟁은 주로 유럽 밖에서 아시아, 아프리카 및 라틴아메리카에 걸쳐서 일어났다. 세계의 이 지역들은 유럽 제국이 물러났던 제3세계로 알려졌다. 제3세계에서 냉전은 대개 대리전으로 수행되었다. 초강대국들은 동맹국들에게 조언하거나 지원하면서 내전에 은밀하게 개입했다. 따라서 세계적인 경험으로서 냉전은 유럽과 북미 지역에서는 전쟁이 없었지만, 거의 다른 모든 곳에서 전쟁이 발발한 것이었다(Westad, 2007).

냉전이 종식되었을 때 재래식 군사력이 대규모로 축소되었다. 많은 유럽 국가에서 징병제가 마침내 중단되었다. 군대는 전문화되었고 지원병제가 되었다. 과거 핵무기 보유국 대부분은 여전히 핵무기를 보유했다. 그러나

소련 공산주의와 서양 민주주의 사이의 이데올로기적 경쟁이 없어진 후 핵전쟁에 대한 두려움은 감소했다. 그 대신 불안정한 국가나 테러 조직 또는 다른 무장 단체가 핵무기를 획득할 수 있다는 우려로 곧 바뀌었다.

요점정리

- 군사력은 정치권력의 중요한 토대이며 활용 가능한 군사 기술의 유형은 정치에 영향을 미친다.
- 현대 국가들은 자신들의 영토 내에서 합법적인 폭력의 독점을 주장한다.
- 민족주의와 전쟁은 공생 관계이다. 민족주의는 많은 사람이 전쟁에 나서도록 동기를 부여했고, 민족의식을 증가시켰다.
- 서양 국가들은 주권국가이면서 동시에 제국이었기 때문에, 그들의 전쟁은 국제적이고 지구적인 측면을 가지고 있었다.

지구 남반구의 전쟁·국가·사회

지구 북반구와 남반구의 전쟁과 사회는 역사적으로나 현재에나 연결되어 있다. 제국의 후퇴를 가져온 탈식민 전쟁과 다른 충돌은 오늘날 세계의 많은 부분을 형성했다. 그리고 이 전쟁의 끔찍한 결과가 현대의 많은 충돌 이면에 있다. 지구 남반구의 많은 지역에서 군대는 국내적 안보 임무를 위해 주로 자국민들을 상대로 향했다. 그들은 주권 영토 내에서 정기적으로 민족 분쟁과 내전에서 싸웠지만 이러한 충돌은 외국의 다양한 개입으로 이어졌다. 서양 분쟁은 종종 국제전의 형태를 취하는 반면, 지구 남반구에서는 주권국가 안팎에서 많은 비국가 행위자가 참여했다. 테러와의 전쟁이 지구 북반구와 남반구가 참여한 이전 시기의 군사적 충돌과 많이 다른 이유는 비유럽 세계의 비국가 행위자들이 — 호전적인 이슬람 지하드 같은 — 서양 사회를 직접 공격했기 때문이다.

제국의 전쟁

16세기 이래 유럽에서의 전쟁과 사회가 국가 건설에 관한 것이었다면 비유럽 세계에서 전쟁은 제국 건설에 관한 것이었다. 유럽 세력은 스페인의 아메리카 대륙 정복을 시작으로 비유럽 세계에 우선 침투해서 정치 단체들을 물리쳤다. 영국과 프랑스는 북아메리카와 남아시아를 두고 싸웠다. 결국 중국과 오스만제국과 같은 대규모 비유럽권 국가조차도 서양 세력에 종속되었다. 아프리카는 유럽 국가들에 의해 분할되었다.

앞에서 보았듯이, 제국주의 팽창은 서양의 국가 건설의 중요한 차원이었다. 이것은 유럽의 주권국가들 간의 갈등이 식민지와 무역로를 둘러싼 제국주의 차원의 성격을 띠고 있음을 의미했다. 예를 들어 스페인 왕위 계승 전쟁(1701~1714)은 부분적으로 북미 지역에서 이루어졌는데, 여기에 스페인, 프랑스, 영국, 아메리카 원주민이 관련되었고, 앤 여왕 전쟁(1702~1713)으로 알려져 있다. 7년 전쟁(1755~1764)은 북미, 유럽, 남아시아 및 필리핀에서 진행된 전쟁들이 연결되어 있었다. 오스트리아 왕위 계승 전쟁(1740~1748)은 유럽, 북미, 남아시아를 포함하고 있었는데 이 전쟁은 '세계대전'이라고 불릴 만한 적절한 후보자다([참고 12-3] 참조). 그러나 전쟁은 대개 서양의 관점에서 연구되고 명명되었기 때문에([사례연구 12-1] 참조), 전례 없을 정도로 유럽을 황폐화시킨 20세기 전쟁만이 세계대전으로 알려져 있다.

참고 12-3

'세계대전'은 무엇인가?

전쟁을 '세계대전'으로 만드는 것은 무엇인가? 아래 나열된 전쟁은 다른 대륙과 대양에서 행해진 연결된 전쟁이다. 예를 들어 7년 전쟁에서 영국은 남아시아와 북아메리카의 식민지를 공격하고 유럽에서 전투를 벌이면서 프랑스를 패배시키려고 노력했다. 세계대전으로 명명되기 위한 더 높은 기준은 전쟁이 새로운 세계 질서를 이끌어 냈는지 여부이다. 예를 들면 제2차 세계대전은 공식적인 유럽 제국의 시대를 끝냈다. 아래 별표로 표시된 전쟁은 세계 질서를 바꾼 전쟁이다.

세계대전으로 불릴 만한 전쟁들

- 스페인 왕위 계승 전쟁(1701~1714)*
- 오스트리아 왕위 계승 전쟁(1740~1748)
- 7년 전쟁(1755~1764)
- 프랑스 혁명 전쟁(1792~1802)*
- 나폴레옹 전쟁(1803~1815)*
- 제1차 세계대전(1914~1918)*
- 제2차 세계대전(1939~1945)*
- 냉전(1947~1991)*
- 지구적 테러와의 전쟁(2001~진행 중)*

대부분의 경우 유럽 국가에게 위협이 되는 것은 다른 국가나 그들의 군대에서 발생했다. 유럽 국가들 간의 계속되는 전쟁으로 유럽의 전쟁 능력이 향상되었고 결국 서양 세계는 세계에서 가장 인상적인 군대를 가지게 되었다. 그러나 제국 내에서는 주요 안보 위협이 종종 반란에서 비롯된다. 유럽인들은 식민지 주민들로부터 군대를 모집했는데, 종종 소수 민족을 모집했다. 그들은 제국의 통치에 대한 도전을 평정하기 위해 이 군대를 사용했다. 그들은 또한 제국주의 확장 전쟁과 유럽 전쟁의 예비 병력으로 이들을 동원하기도 했다. 영국의 인도인 부대는 중국의 아편 전쟁(1839~1842, 1856~1860), 아프가니스탄의 여러 전쟁 및 동남아시아 및 중동에서 활용되었다. 이들은 또한 유럽과 지중해에서 제1차 세계대전과 제2차 세계대전 기간에 싸웠다. 유럽 제국 시대에 비유럽 세계 대부분의 군대는 서양 군사력의 확장이었다. 그들의 병사들은 서양식으로 훈련되고 규율되었으며 유럽인들에 의해 관리되었다.

지구 남반구에서의 제국주의 유산

이 제국주의 유산은 서양과 비교하여 지구 남반구에서 군대가 국가 및 사회와 다른 관계를 가지고 있음을 의미했다. 별다른 투쟁 없이 독립을 얻은 나라들에서는 오래된 식민지 군대가 새 독립 국가의 군대가 되었다. 그러나 이 군대는 이전 식민지 세력과 긴밀한 관계를 유지했다. 영국의 샌드허스트(왕립육군사관학교)에서 나이지리아와 케냐 장교들이 훈련을 받았으며 아프리카의 프랑스 식민지에서 온 사람들은 생시르(프랑스 육군사관학교)에 갔다. 다른 경우에는 미국이나 소련이 제국 후원자 역할을 맡아서 장교와 병사들을 훈련시키고 무기와 장비를 공급했다. 예를 들어 1946년에 미국은 파나마에 군사 학교를 설립하여 라틴아메리카와 중앙아메리카의 장교들을 훈련했다. 냉전 기간에 제3세계에서 내전과 반란이 일어났을 때, 서양 및 소련은 개입을 위해 이들 군대 연결 고리를 이용했다. 다른 경우에는 그들이 무장봉기를 지원했다. 안보 지원은 전쟁의 결과에 영향을 미치고 비유럽 세계에서 선호하는 집단을 보호하는 주요 방법이 되었다. 대부분의 전투와 군대의 용도가 외국 침략자를 향한다기보다는 대량 학살과 같이 반란을 일으키는 지역 주민에 맞춰졌다. 넓게 봐서 지구 남반구의 전쟁과 사회는 내부 안보, 내전 및 외국 개입의 문제였다.

확실히 많은 구 식민지 국가가 민족국가 모델에 따라 강력한 군대를 건설했다. 중동과 남아시아에서는 여러 차례의 국제전을 치렀다. 그러나 내전 및 외국의 개입이라는 맥락에서 내부 안보를 위한 군대의 활용은 지구 남반구의 많은 지역에서 나타난 패턴이었다. 때로는 국제연합의 후원하에 외국 세력들이 주권 영토에 대한 폭력을 독점하기 위해 충분한 지역 군대를 훈련하려고 노력했다.

다른 외국 세력은 저항 세력이나 반란군을 도왔다. 이 유형은 9·11 테러 공격 이후 미국이 시작한 전 세계적인 테러와의 전쟁에서 다시 분명해졌다. 예를 들어 2001년 아프가니스탄과 2003년 이라크를 침공한 후 미국과 그 동맹국은 이 두 국가의 군대 건설에 상당한 자원을 투입하여 저항 세력과 호전적인 이슬람 테러리스트와 싸울 수 있게 했다.

지구 북반구와 남반구에서의 전쟁과 사회

현대 세계 정치의 두드러진 특징은 전쟁의 국가-국제적 차원과 지구적 차원이 하나로 묶인 방식이다(Barkawi and Laffcy, 2006). 9·11 테러에서 비국가 행위자에게 공격받고서 미국과 그 동맹국들은 두 주권국가(아프가니스탄과 이라크)를 공격하며 대응했다. 이에 따라 알카에다, ISIS와 다른 테러 단체들은 이슬람의 세계적 입지를 이용하여 대원 모집과 근거지를 새로운 국가로 확대했다. 비록 이 집단이 보통 더 작으며 세계적인 갈등보다 지역에 더 관심이 많았지만 이데올로기로 연결되어 있었으며 미국과 동맹국들은 이들을 분쇄하고자 하는 강력한 의지를 가지고 있었다. 이를 위해 미국 주도의 연합군은 지구 남반구 국가에 대한 검증된 안보 지원과 군사 훈련 지원을 확대했다. 동시에 전쟁을 수행하는 새로운 방식을 채택했다. 이중 일부는 전쟁과 치안 유지 사이의 경계선을 모호하게 하면서 미국과 일부 동맹국들이 용의자를 특별 구금 시설에 수용하는 것이었다. 또 다른 시도는 파키스탄과 예멘 같은 다른 나라의 주권 영역에서 의심스러운 테러리스트들을 암살하기 위해 유무인 항공기 사용을 늘리는 것이었다.

서양은 비유럽 세계에서 새로운 양식의 전쟁을 벌일 방법을 모색하면서 테러 공격의 위협에 맞서 자국 국내 사회의 치안을 강화해야 했다. 민주주의 정부가 인터넷, 소셜 미디어 및 전자통신을 감시하기 위한 새로운 권리를 획득함에 따라 시민의 자유가 축소되었다. 서양에서 무슬림 소수 민족과의 종교적, 인종적, 계급적 긴장이 고조되었다. 일부 이슬람교도들은 세계 **지하드**jihad 조직에 참여했고 다른 일부는 서양의 본국에서 테러 공격을 계획했다. 반면 대다수는 점차 적대적으로 변하는 사회에서 평화롭게 살기를 원했다. 서양인들 사이에 존재하는 인종적 편견과 이민에 대한 두려움은 테러와의 전쟁과 결부되었다(**제20장, 제27장 참조**). 이라크, 아프가니스탄, 시리아 및 다른 지역에서 서양의 군사 작전은 지하드 테러리스트가 의도적으로 감행한 것보다 더 많은, 소위 '부수적 피해'라고 불리는 민간인 살상을 양산했다. 역사의 이전 시기와 마찬가지지만, 새로운 방식으로 지구 북반구와 남반구의 전쟁과 사회는 함께 연결되어 있다. 세계 한 지역의 폭력적인 사건과 행동은 인과관계의 지구적 고리를 통해 다른 지역에 영향을 미쳤다.

요점정리

- 유럽에서의 국가 건설은 비유럽 세계에서의 제국주의 전쟁을 의미했다.
- 제국은 내부 안보에 관심이 있었고 식민지 주민들을 동원해 양성한 군대와 보안 부대를 활용했다.
- 강대국들은 탈식민지화 이후에 지구 남반구에 개입하기 위해 군사 원조를 이용했다.
- 지구 남반구와 북반구의 전쟁과 사회는 테러와의 전쟁에서 새로운 방식으로 상호 연결되었다.

맺음말

유럽에서 민족국가 건설부터 현재에 이르기까지, 군대와 전쟁은 세계 정치의 중심이었다. 군사력은 어떤 형태의 정치가 가능할지에 영향을 미쳤으며, 전쟁은 어떤 권력과 이데올로기가 지배할 것인지를 결정했다. 전쟁과 군대는 민족국가와 국가-국제 세계와 친밀한 관계와 긴장 관계를 모두 형성한다. 전쟁과 군대는 또한 지구적 차원을 가지고 있다. 전쟁을 위해서는 다국적 동맹이 필요했다. 서양 국가들은 또한 지구 제국이었다. 유럽에서 또는 소련과 미국 사이에서 일어났던 일은 지구 남반구에 영향을 미쳤다.

이 장에서는 전쟁이 무엇인지뿐만 아니라 그 사회적, 역사적 특성을 살펴보았다. 전쟁의 기본적 본질, 전쟁의 유형 및 전쟁의 지배적인 경향을 소개하기 위해 클라우제비츠를 활용했다. 또 세계 여러 곳에서 역사의 다른 순간에 전쟁이 어떻게 정치와 사회를 형성했는지를 보여 주었다. 또한 정치와 사회는 전쟁의 성격과 목적을 형성했다는 점을 보여 주었다. 활용할 수 있는 군사 기술의 종류와 군사 조직의 지배적인 형태가 세계 정치의 성격을 결정했다.

전쟁은 세계 정치에서 예측할 수 없고 창조적이며 폭력적인 힘으로 남아 있다. 폭력을 조직하고 전쟁을 일으키는 새로운 방법은 진화하고 있다. 전쟁과 사회에 관한 국가-국제 차원이나 지구적 차원 모두 조만간 사라질 것 같지는 않다. 미래에 이러한 차원이 계속해서 어떻게, 어떤 면에서 교차하는지에 많은 부분이 달려 있다.

토론주제

1. 클라우제비츠의 두 삼위일체를 설명하고 평가해 보자.
2. 제한전과 총력전의 차이는 무엇인가?
3. 어떤 면에서 전쟁은 다른 수단에 의한 정치의 연속인가?
4. 전쟁과 사회 접근법을 사용하여 전쟁을 분석해 보자.
5. 전략은 무엇인가? 전술은 무엇인가?
6. 전쟁과 군대가 어떻게 현대 국가를 발전시켰는가?
7. 민족주의와 전쟁 사이의 관계는 무엇인가?
8. 전쟁의 국가-국제 차원과 지구적 차원의 차이를 설명해 보자.
9. 전쟁의 국가-국제 차원과 지구적 차원은 어떻게 연결되어 있는가?
10. 지구 남반구와 북반구에서 전쟁의 패턴이 어떻게 다른지 설명해 보자.

이 장의 객관식 문제를 풀어 보면서 학습 내용을 잘 숙지하고 이해했는지 평가해 보자.
• www.oup.com/he/baylis3xe

Global political economy

개요

국제정치경제학 International Political Economy: IPE 은 매우 풍부하고 흥미로우며 유익한 학문 분야다. 국제정치경제학은 다양한 이론적 기초 위에 지어져 있으며 방대한 경험적 영역을 포괄한다. 국제정치경제학에서 활발하게 벌어지는 논쟁은 권력의 문제를 중심으로 이뤄지는데, 지구 정치 경제에서 권력은 어떤 형태를 띠는지, 누가 혹은 무엇이 권력을 행사하는지, 그리고 권력은 어떤 정치적·경제적·사회적 결과를 수반하는지 등을 질문한다. 어디를 보든, 우리가 살고 있는 세계를 만들고 우리의 일상생활에 큰 영향을 미치는 지구 정치 경제 사건들은 국제정치경제학의 주제와 통찰과 곧바로 연관된다. 이 장은 국제정치경제학을 소개하고 또 현대 지구화에 대한 국제정치경제학의 연구 결과를 살펴본다. 그 출발점은 국제정치경제학의 이론적인 윤곽 및 국제정치경제학의 주요 접근법이 어떻게 발전해 왔는지 개괄하는 것이다. 그다음 국제정치경제학의 양대 논쟁, 즉 무엇이 지구화를 이끄는지, 그리고 결과적으로 누가 승자이고 누가 패자인지의 문제에 초점을 맞춘다. 첫 번째 논쟁을 살펴보면서 지구화가 어떻게 전개되어 왔고 국제정치경제학자들은 지구화 과정의 이면에서 작용하는 동력을 어떤 방식으로 이해했는지 검토한다. 두 번째 주제를 토론하면서 우리는 지구화의 결과들, 이를테면 불평등, 노동 착취, 지구 이민 등을 둘러싼 국제정치경제학의 논쟁을 보다 자세하게 들여다본다. 마지막으로 이 장은 2010년대 중반 이후 미국을 비롯한 세계 일부 지역에서 민족주의 정치가 부상하고 있는 상황에서 지구화의 미래에 대한 성찰로 끝맺는다.

니콜라 필립스Nicola Phillips
김치욱 옮김

핵심 질문

- 우리는 현대 지구 정치 경제에서 권력의 문제를 어떻게 생각해야 하는가?
- 국제정치경제학은 지구화를 이끄는 동인과 지구화의 미래를 이해하는 데 어떤 도움을 주는가?
- 국제정치경제학은 지구화의 승자와 패자가 누구인지에 대하여 무엇을 말해 주는가?

머리말

국제정치경제학은 매우 단순한 전제에서 출발한다. 그것은 정치와 경제가 어떻게 서로 연관되어 있는지 이해하지 않고선 세계정세의 전개 과정을 이해할 수 없다는 점이다. 국제정치경제학은 '지구화'라는 용어에 내포된 일련의 과정, 경향, 행위자 및 영역들을 알아내려고 노력하면서 어쩌면 다른 어떤 분야보다도 지구화 연구에서 큰 목소리를 내 왔다. 그러나 많은 경우, 국제정치경제학 분야 역시 지구화와 관련 있는 구조적 변화의 과정들에 반응하면서 발전했으며, 다른 학문 분과 중에서는 국제관계학, 정치학, 정치경제학에서 확립되어 있는 이론적 전통을 토대로 삼아 지구 정치 경제의 변화를 이해하려고 했다.

국제정치경제학의 핵심 질문은 권력의 개념을 중심으로 다뤄진다. 일부 국제정치경제학자들은 권력과 부의 관계를 강조한다. 이로부터 현대 지구 정치 경제에서 권력은 어떻게 행사되는지, 누가 권력을 행사하며, 어떤 결과를 수반하는지 등과 같은 흥미로운 질문들이 제기된다. 다른 학자들은 권력의 공적인 형태와 권력의 사적인 형태 간의 관계를 강조한다. 국제정치경제학이 어떤 분야여야 하는지에 관하여 가장 선구적인 주장을 펼친 사람들 중 하나인 수전 스트레인지 _{Susan Strange}(1988)는 국제 정치 경제를 '국가와 시장'의 관계로 규정했다. 많은 사람이 스트레인지의 정의가 너무 제한적이라고 생각하는 게 당연한데, 지구 정치 경제에서 국가만이 중요한 행위자는 아니기 때문이다. 국제 정치 경제에 대한 수정된 정의 중 하나에 의하면, 국제 정치 경제는 '희소 자원의 배분에 있어서 공적인 권력과 사적인 권력 간의 상호 관계'에 관한 것이다(Ravenhill, 2014: 18). 이러한 관점은 이 장에서 채택하고 있는 바와 일맥상통하는 것으로 국제 정치 경제를 보다 넓은 의미에서 사고한다는 점에서 유용하다. 우리의 목적에 비춰 보면, 공적인 권력은 국가의 제도 및 행위자 그리고 그 연장선에 있는 국가 중심적인 국제기구들에 집중되어 있는 권위로 이해될 수 있다. 사적인

권력은 비국가적인 제도와 행위자들이 행사하는 다양한 형태의 권위로 이해될 수 있으며, 여기에는 기업 및 지구 시장, 민간 규제 기관, 비정부기구, 사회 운동 등이 포함된다. 공적인 권력과 사적인 권력 간의 구분이 흐려지는 것은 피할 수 없으며 아마도 갈수록 그럴 것이다. 공적인 권력의 많은 기능이 점점 더 사적인 행위자와 제도들에게 맡겨지고 있고 그것은 지구 정치 경제에서 분배와 정당성에 중요한 결과를 낳을 것이다.

국제정치경제학은 단 하나의 혹은 지배적인, 이론적·방법론적 접근법에 의해 주도되지 않는다. 국제정치경제학 일부 계열에서는 국제 정치 경제를 정의할 때 그 무엇보다도 제도, 그리고 제도가 국가 간 협력의 가능성과 유형을 어떻게 만들어 가는지를 연구하는 일에 결부시킨다. 특히 북미에서는 주로 제도주의 이론가들이 국제정치경제학 분야에 이론적인 영향력을 끼쳐 왔다. 그러나 이것이 국제정치경제학의 끝은 아니다. 여타의 많은 이론적 접근법이 국제정치경제학 연구 주제들에 적용되었다. 국제정치경제학은 자유주의, 현실주의, 마르크스주의 등 전통적인 접근법들을 아우르고 있으며, 구성주의, 페미니즘, 신그람시 이론 등 보다 새로운 이론적 조류와 시각들에까지 깊숙이 뻗어 있다.

마찬가지로 국제정치경제학의 풍부한 연구 관심사가 무역, 생산, 금융 등 세 분야에 집중되어 있는 것처럼 널리 알려져 있지만, 국제정치경제학의 관심사는 훨씬 폭넓게 형성되어 있고, 오늘날 지구 정치 경제에서 큰 쟁점의 모든 것을 다루고 있다. 발전, 불평등, 환경, 이민 등이 그 예다. 우리는 1930년대 대공황 이래 가장 중요한 경제 위기라고 할 수 있는 지구금융위기의 후유증을 아직도 느끼고 있다. 지구금융위기는 2008년 미국 금융 회사 리먼브라더스의 붕괴로 시작되었으며 비슷한 시기에 남유럽을 집어삼켰던 부채 위기가 일어났다. 유럽은 전례 없는 난민 위기로 인한 충격과 씨름하고 있다. 난민 위기

는 이민과 안보의 정치 경제적 동학을 여실히 보여 주었다. 동시에 영국의 유럽연합 탈퇴는 유럽연합과 유럽 통합 작업에 대한 실존적 질문을 던졌다. 중국은 지구 경제의 지배자 및 지구 정치의 강대국으로 계속 부상하고 있다. 기타 많은 '신흥 강대국'과 더불어 중국의 부상은 지구 질서와 그 지배 방식의 재편을 예고한다. 동시에 브라질 등 일부 신흥 경제에서 발생한 경제적, 정치적 혼란상은 '신흥 강대국'이라는 흥분된 표현에 대한 의구심을 자아냈다(**제5장 참조**). 2016년 도널드 트럼프_{Donald Trump} 대통령이 취임한 이후, 미국의 보호 무역 정책 강화는 중국과 미국 사이의 '무역 전쟁'에 대한 두려움을 불러오면서 지구 경제의 건전성과 안정성에 관한 새로운 우려를 낳고 있다. **초국가 기업**_{transnational corporations: TNCs}의 권력을 둘러싼 정치 투쟁이 지속되고 있다. 특히 지구 생산에서의 조세 및 노동 조건 등의 문제들이 쟁점이다. 지구 환경은 냉혹한 위협 아래에 놓여 있는 듯하다. 왜냐하면 트럼프 행정부는 끊임없이 다자 환경 협정을 훼손하고 기후 변화에 관한 과학을 거부하고 있다. 또 2018년 선출된 자이르 보우소나루_{Jair Bolsonaro} 브라질 대통령은 아마존 열대 우림 보호 조치를 철회하겠다고 공세를 펼칠 기세다. 국제정치경제학자들을 사로잡는 관심사의 목록은 계속해서 늘어날 수 있을 것이다.

국제 정치 경제에 대한 접근

국제정치경제학을 소개할 때 종종 로버트 길핀_{Robert Gilpin}이 1987년에 제시한 이론 틀을 참고하곤 한다. 당시는 국제정치경제학이 국제정치학의 주요 하위 분과로 자리를 잡아 가기 시작한 때였다. 길핀은 새로운 분야인 국제정치경제학을 개괄하면서 국제정치경제학을 떠받치는 세 개의 주요 이론으로 자유주의, 마르크스주의, 국가주의(때로는 현실주의로 불림)(**제6장, 제7장, 제8장 참조**) 등을 구별했다. 이 세 이론의 명칭은 곧 국제정치경제학에 대한 접근법을 분류하는 표준이 되었다. 여전히 세 이론은 학부와 대학원의 국제정치경제학 과목을 위한 강의 계획서의 출발점이 된다.

그러나 최근에는 국제정치경제학이 보다 다양한 방향으로 진화하면서, 사적인 권력과 공적인 권력 간의 상호 작용에 따른 분배적 결과를 이해하기 위하여 여러 이론을 광범위하게 포용하고 있다. 이러한 '새로운' 시각들에는 사회구성주의, 진화된 형태의 합리적 선택 이론과 제도주의 그리고 신그람시주의 이론, 페미니즘 이론, 탈구조주의와 같은 다양한 방향의 마르크스주의와 비판적 접근법이 있다. 이 장 초반부에 개괄한 국제정치경제학의 정의를 상기해 보면, 각 이론은 권력의 본질, 공적인 권력과 사적인 권력 간의 관계, 물질적 자원과 권력 자원의 배분 결과 등에 관하여 서로 다른 이해를 제시한다.

자유주의 전통의 국제정치경제학은 자유 시장에 대한 생각과 시장이 가장 효율적인 자원 배분 기제라는 관점에 기초해 있다. 이러한 전통에 따르면 국가는 보이지 않는 실체는 아니지만, 국가의 역할은 시장이 최대한 자유롭게 작동할 수 있는 여건을 조성하고 시장에서 파생된 일부 바람직하지 않은 결과를 바로잡는 일에 한정되어야 한다. 국가 역할의 최소화는 정부가 사회 내 강력한 이익 집단의 압력에 취약하고, 따라서 정부는 시장의 효율적인 작동을 왜곡할 가능성이 있다는 생각에 바탕을 둔 것이다. 이러한 이익 집단들은 정부 정책을 통해서 특혜나 '지대'를 추구한다. 정부와 이익 집단 모두를 강조하는 것은 현대 신자유주의 국제정치경제학 이론에서 공통적이다. 앞서 지적했듯이, 제도주의는 그 무엇보다도 국가 간 협력의 패턴 그리고 권력의 '국제적' 동학이 국가적·국제적 제도의 창출과 맞물리면서 어떻게 국가들의 집단행동을 촉진하는지에 관심을 기울인다(Keohane, 1984; Milner, 1997). 합리적 선택 이론은 더 나아가 지구 정치 경제에서 행위자들의 전략적 결정에 관심을 쏟는다. 이 접근법에서 행위자들은 의사 결정 과정에서 '합리적'이며, 고정된 이익과 선호를 지니고 있으며, 특정 유인 구조에 적응하는 존재로 가정된다(Aggarwal and Dupont, 2014).

반대로 국제정치경제학에 대한 국가주의 혹은 현실주의 시각들은 국가들 간의 '국제적' 관계에 초점을 맞추고, 권력과 안보를 극대화하려는 국가들 사이의 경쟁에 의해 지구 정치 경제가 형성된다고 여긴다(Krasner, 1976). 이들의 정치 경제에 대한 관심은 국가들의 경제 정책 결정에 집중되고, 국가들은 경제적 민족주의와 독립이라는 목표를 추구하고 있다고 가정된다. 그러나 이 시각들은 지구 정치 경제에서 패권의 역할에 특별히 관심을 둔다. 이들은 하나의 패권 국가가 종종 제도를 수립함으로써 국제 체계의 안정성을 극대화하기 위한 규칙을 창출하고 집행할 수 있는지 없는지, 또 어떤 방법으로 그렇게 할 수 있는지에 주목한다.

이에 비하여 마르크스주의와 신마르크스주의 계열의 시각은 일차적으로 체제, 즉 자본주의에 의해 규정되는 지구 정치 경제의 구조에 관심을 기울인다. 자본주의는, 자유주의 이론과 국가주의 이론에서처럼, 이익들의 경쟁에 관한 것으로 이해된다. 하지만 이 이익들은 국가와 정부의 입장에서 이해되는 것이 아니라 계급에 관련된 것으로 파악된다. 이 점에서 지구 정치 경제의 변화는 자본주의에 내재된 갈등, 곧 생산 수단을 소유한 사람들과 자본주의 체제에서 '잉여 가치' 또는 이윤을 창출하는 수단이 되어 억압받는 사람들 간의 갈등과 관련되어 있다. 신마르크스주의 이론들, 다시 말해서 1960년대, 1970년대에 특히 영향력이 강했던 종속 이론dependency theory과 세계 체제론world system theory 등은 위와 같은 논리를 지구 수준에 적용했다. 그들의 주장에 따르면, 지구 경제는 '중심부core'와 '주변부periphery'로 나뉘어 있고, 계급 투쟁은 국제적 혹은 지구적 규모로 이뤄진다(Frank, 1967; Dos Santos,

1970; Wallerstein, 1979).

최근에 마르크스주의 시각들은 이탈리아 철학자 안토니오 그람시Antonio Gramsci의 이론과 결합했다(R. Cox, 1981/1987). 이러한 종류의 이론들은 보다 방대한 틀의 '비판적critical' 국제정치경제학IPE의 한 부분으로서 큰 영향력을 발휘해 왔다. 이들은 자본주의를 떠받치는 권력 구조라는 마르크스주의의 핵심 관심사를 발전시켰지만, 이전보다 '이데올로기' 또는 일련의 관념에 더 강조점을 두었다. 이 관념들은 그 자체로 지구 정치 경제 구조의 한 부분을 이룬다.

이 점에서 비판적 국제정치경제학 시각들은 사회구성주의 접근법과 일부 공통점을 갖는다(Abdelal, Blyth, and Parsons, 2010). 여기서 핵심 질문은 관념들이 어떻게 지구 정치 경제에서 결과물을 만들어 내느냐이다. 이에 관한 어떤 연구들은 이데올로기의 문제와 신자유주의에 연관된 자유 시장 관념 같은 지배적 이데올로기가 어떻게 우리 주변의 세계와 그 세계가 작동하는 원칙과 '논리'를 구조화하는지에 초점을 맞춘다. 다른 연구들은 관념들이 공적인 행위자와 사적인 행위자가 취하는 결정에 어떻게 영향을 주는지, 그리고 이 행위자들의 선호를 규정하는 이익들에 더 관심을 가진다. 마르크스 이론가들은 이러한 이익들이 계급이나 자본주의 구조 내에서의 위치에 의해서 규정된다고 보고, 합리적 선택 이론가들은 행위자들의 유인 구조에서 이익들이 유래한다고 본다. 반면 사회구성주의 이론가들은 이익 형성의 관념적인 차원에 더 관심을 기울인다. 즉 관념의 유형이 형성될 때 개인의 인식과 문화적 영향이 어떻게 결합할 수 있는지, 또 특정한 관념 체계가 어떻게 지구 정치 경제에서 지배적인 위치를 차지하고 어떤 결과를 초래하는지를 궁금해한다(제9장 참조).

국제정치경제학의 페미니즘 접근법은 이상의 여러 관심사를 한데 아우르고 있다(Peterson, 2003; Bakker and Silvey, 2008). 페미니즘 학자들마다 이론적인 방향은 다를지라도, 그들의 공통된 초점은 지구 정치 경제를 지탱하는 권력 구조, 이익 그리고 관념이 어떻게 그 본질과 결과 면에서 근본적으로 젠더화되느냐다. 이 책의 다른 장에서 '젠더화된 노동 분업'의 여러 측면을 비롯하여 페미니즘 국제정치경제학 이론에 활기를 불어넣은 많은 질문을 부각시키고 있다(제11장, 제19장 참조).

그 밖에도 다른 많은 국제정치경제학 이론들과 이론적 영향들이 존재한다. 여기서 그 모든 것을 자세하게 살펴보는 것은 불가능하며, 위에서 언급한 것들의 깊이와 풍부함을 충분히 설명하는 것도 불가능하다. 그러나 이상의 개괄을 통해 국제정치경제학의 두드러지는 두 측면을 파악할 수 있다. 첫째, 국제정치경제학은 처음 탄생한 이후 자유주의liberalism, 민족주의nationalism/현실주의realism, 마르크스주의Marxism 등 3대 이론으로 정착하기까지 오랜 여정을 거쳐 왔다. 국제정치경제학은 많은 배들이 항해할 때 올려 다는 깃발이 되었다. 그 배들은 서로 다른 이론의 해변에서 출발했고 광활한 주제의 바다를 항해했다.

둘째, 국제정치경제학은 매우 다양한 분야다. 때로는 그 분야의 차이점이 공통점보다 더 분명해 보일 수 있다. 그럼에도 불구하고 국제정치경제학의 주요 접근법은 공통의 이론적·개념적 기둥으로 통합되어 있다. 위에서 언급한 모든 이론은, 비록 서로 매우 다르고 또 강조하는 방식도 큰 차이를 보이지만, 정치 경제 연구의 세 가지 요소 — 물질적 능력, 제도, 관념(R. Cox, 1981) — 를 기반으로 하고 있다. 이 책의 서론에서 논의했듯이, 각 이론은 이러한 요소들에 다른 색을 입히고, 세 요소 간의 관계를 다른 방식으로 이해하며, 세 요소의 상호 작용의 결과에 대하여 서로 다른 그림을 그린다. 그러나 이 이론들은 국제 정치 경제에 대한 접근법의 중요한 존재론적 토대이며 국제 정치 경제의 주요 이슈와 주제를 탐구하는 출발점으로서 유용하다.

> **요점정리**
>
> - 국제정치경제학은 극히 다채롭고 다양한 분야이며, 국제관계학, 정치경제학, 정치학에서 끌어온 이론적 시각들을 바탕으로 삼고 있다.
> - 전통적으로 국제정치경제학 이론은 자유주의, 국가주의/현실주의, 마르크스주의를 중심으로 서술된다. 하지만 그러한 구분법은 더 이상 국제정치경제학 접근법들의 포괄성과 복잡성을 포착해 내지 못한다.
> - 국제정치경제학 접근법들은 지구 정치 경제에서 물질적 능력, 제도, 관념 간의 상호 작용에 관심을 기울인다는 점에서 공통적이다.
> - 그러나 국제정치경제학 접근법들은 이 세 요소의 본질을 다른 방식으로 이해하고, 또 세 요소 간의 관계를 이론화할 때 다른 방식을 취한다.

지구화의 동인

지구화는 새로운 현상이 아니다. 우리가 국제 정치 경제에서 '지구화'라고 부르는 것은 오랜 역사적인 과정 중에서 가장 최근인 현대의 단계에 관련되어 있다. 이 단계는 1960년대와 1970년대에 시작되었다고 말할 수 있다. 또한 그 단계는 종종 '신자유주의적' 지구화로 불리는데, 그 지구화를 떠받치는 이념적 원칙과 지구화로 인해 도입된 정치 경제적 조직의 형식들을 나타낸다. 그러나 세계 경제의 지구화는 통상적으로 생각하는 출발점보다 훨씬 일찍 시작되었다. 지구화에 관한 많은 역사서는 16세기까지 거슬러 올라가 세계 경제의 연원을 추적한다. 수 세기 동안 세계 경제는 유럽을 중심지로 삼았고, 유럽 식민주의를 중심으로 조직되었으며, 산업 혁명을 거쳐 19세기 후반의 세계 질서로 이어졌다. 이 세계 질서는 세계 무역의 확대, 제국주의, 기술 진보, 국제 통화 체제의 근간으로서 **금본위제도**Gold Standard의 도입 등으로 이뤄졌다. 20세기 초에는 제1차 세계대전이 발발했고, 그와 더불어 금본위제가 폐지되었다. 또 이때에는 무역 장벽이 확산되었고, 1930년대의 '대공황'이라 불리는 전 세계적인 경기 침체와 뒤이어 제2차 세계대전이 발생했다.

제2차 세계대전이 끝날 무렵, 전후 국제 경제 질서의 기초를 이루는 두 개의 원칙이 형성되었다(Ravenhill, 2014: 13). 첫 번째 원칙은 존 러기John Ruggie(1982)가 이름 붙여서 유명해진 '제한적 자유주의'다. 제한적 자유주의하에서 국가들은 두 개의 목표 사이에서 타협점에 이르렀다. 그 목표 중 하나는 국내 경제를 보호하고 완전 고용을 추구하여 전후 경제 회복을 꾀하는 것이고, 다른 하나는 국제 무역 및 투자 거래의 토대를 재건하기 위하여 국내 경제를 개방하는 것이다. 두 번째 원칙은 세계 경제 질서의 안정을 유지하고 유럽과 아시아에서 전후 시기의 새로운 번영을 달성할 수 있는 제도적 장치의 구축이다. 이로부터 이른바 브레턴우즈 체제가 탄생했고, 명칭은 1944년에 개최된 국제회의의 개최지를 본떠서 지어졌다. 그 국제회의를 통해서 여전히 다자적인 특징을 띠고 있는 주요 국제 경제 제도가 만들어졌는데, 국제통화기금IMF, 세계은행World Bank(원래 이름은 국제부흥개발은행), 그리고 나중에 세계무역기구WTO로 계승된 관세 및 무역에 관한 일반 협정GATT 등이다. 동시에 유럽 재건 사업은 유럽 통합을 심화시키는 과정으로 이어졌다. 1957년 체결된 로마조약은 유럽경제공동체EEC와 유럽연합EU의 기초가 되었다.

그 결과 1945년 이후 시기에 기록적인 경제 성장률과 생활 수준의 향상을 달성했고, 저명한 역사가인 에릭 홉스봄Eric Hobsbawm(1994)이 말한 '황금기'에 도달했다. 하지만 세계의 모든 국가와 지역이 이러한 고속 성장 및 발전의 진보를 누리지는 못했다. 당시의 '선진국'과 '발전도상국' 간의 격차는 더 벌어졌다. 이와 함께 많은 동아시아 경제들은 급속한 성장을 이루어 '동아시아의 기적'이라는 말을 낳았지만, 아프리카 등 다른 지역들은 점점 더 뒤처지고 있었다.

두 개의 학파가 이러한 발전 경로의 차이를 설명하기 위해 등장했다. 하나는 1950년대와 1960년대에 인기를 끌었던 근대화 이론으로, 많은 이들이 '선진' 서양 세계라 칭하는 지역의 경험에 기초하여 발전의 경로를 그려 냈다. 이들은 저발전 국가들이 북미와 유럽을 '따라잡는' 길을 짜 놓았다. 근대화로 나아가는 길을 따라가면 발전의 성공을 이룰 수 있지만, 그 길에서 벗어나면 발전의 실패로 귀결된다는 것이다. 따라서 발전 경로의 차이는 부적절한 전략의 결과이며 발전도상국 세계에는 서양식 '근대성'의 정치적·문화적 특징들이 존재하지 않기 때문에 발생하는 것으로 해석되었다.

두 번째 학파인 저발전 이론은 1960년대에 큰 인기를 끌었는데, 근대화 이론과는 다른 견해를 보였다. 저발전 이론은 마르크스주의 시각에 입각하여 '따라잡기'는 모든 국가에게 가능한 것은 아니라고 주장한다. 왜냐하면 식민주의가 지속적으로 영향을 미치고 있고, 자본주의하에서 발전은 저발전에 의존한다는 점은 피할 수 없는 사실이기 때문이다. 달리 말하면 제3세계의 계속되는 저발전은 제3세계의 실패의 산물이 아니라 제3세계의 발전 가능성에 대한 구조적인 제약들이 빚어 낸 결과다. 국제 경제에서 **교역 조건**terms of trade은 제3세계와 그 발전 전망에 불리하게 작용했다. 교역 조건은 한 국가의 수출품이 국제 시장에서 받을 수 있는 가격과 그 나라가 수입품에 대하여 지불하는 가격 사이의 관계를 측정한 것으로, 국가 경제의 상대적 경쟁력을 나타내는 개념이다. 안드레 군더 프랑크Andre Gunder Frank가 제안한 유명한 공식에 의하면, 자본주의는 '소수를 위한 경제 발전과 다수를 위한 저발전'을 만들어 낸다. 따라서 '발전과 저발전은 같은 동전의 양면'이다(Frank, 1967: 8~9).

1970년대는 황금기가 끝나는 시기였다. 미국 리처드 닉슨Richard Nixon 행정부는 1971년에 달러화가 자유롭게 변동하도록 허용하는 결정을 내렸는데, 이것은 현재와 같은 금융 시장 지구화의 출발점으로 널리 간주된다. 1973년 석유 위기에 이어 **스태그플레이션**stagflation 시대가 뒤따랐다. 스태그플레이션은 높은 인플레이션과 경제 침체가 공존하는 현상으로 선진국 전역에서 위기의 시기를 재촉했다. 설상가상으로 미국과 같은 나라들이 자유 무역을 제한하는 장벽을 세우는 보호무역주의로 돌아서면서 전후에 형성된 경제적 개방성에 대한 약속이 약화되었다.

한편 브레턴우즈 제도는 진화를 거듭하면서 발전도상국들 사이에 불만의 씨앗을 뿌리고 있었다. 발전도상국들은 국제통화기금, 세계은행, 관세와 무역에 관한 일반협정 체제 등이 발전도상국의 이익을 무시하거나 발전도상국에게 근본적으로 불리하도록 조직되었다고 생각했다. 달리 말해서 발전도상국 정부들은 이들의 협상력을 매우 제한하고 강대국과 자본가의 이익을 위해서 기능하는 다자 체제 속에 있었다. 이러한 권력 구조에 대한 염려와 함께 고유가 및 자원 지배력을 활용할 가능성이 대두하면서 발전도상국들은 서로에게 의지함으로써 국제 경제에 통합될 당시의 불리한 조건을 바로잡으려 했다. 비동맹 운동NAM과 신국제경제질서NIEO는 1960년대와 1970년대에 나타난 중요한 정치 운동으로서, 발전도상국의 국제 경제 의존도와 불리한 교역 조건에 대한 취약성을 줄이고자 했다.

그러나 이러한 운동들은 일련의 정치적, 경제적 사건 때문에 세계 질서의 권력 구조에 결정적인 변화를 가하지 못했다. 국제 경제에서 가용 자금이 1960년대와 1970년대에 걸쳐 폭발적으로 증가함에 따라 많은 발전도상국, 특히 라틴아메리카 국가들은 국제 금융 시장으로부터 대규모로 차입하여 막대한 양의 부채를 쌓았다. 1980년대가 시작되자 부채 위기는 피할 수 없게 되었다. 무엇보다 미국 정부의 이자율 인상은 발전도상국을 부채 상환 불능 상태에 급속히 빠트렸고 이자율 인상에 영향을 받은 국가들의 발전을 막는 중요한 계기로 작용했다. 동시에 보수적인 정부들이 미국, 영국, 그리고 여타 지역에서 선출되었다. 이들 정부들은 스태그플레이션, 정부 개입 증가(특히 유럽에서), 반복적인 정치적 갈등을 한때 황금기를 가져온 전후 모델의 수명이 다했음을 시사하는 신호로 여겼다.

그렇게 '신자유주의 반혁명'은 시작되었다(Toye, 1993). 신자유주의 반혁명은 서양 자유주의 사상의 전통에 밀접하게 연관되어 있었으며, '인간의 복리는 강력한 사유 재산권, 자유 시장, 그리고 자유 무역 등의 제도적 틀 안에서 개인의 기업가적 자유와 재능이 자유롭게 발현됨으로써 증진된다'는 가정에 기초했다(Harvey, 2005: 2). 이러한 가정은 영국의 마거릿 대처Margaret Thatcher 총리가 "대안은 없다There is no alternative."라고 말한 데서 잘 드러나듯이 정설로 빠르게 굳어졌고, 전 세계적으로 무역 자유화, 탈규제화, 민영화 등의 광범위한 프로그램을 달성하기 위한 정책 의제를 개발하는 토대를 형성했다. 이러한 프로그램은 마치 정책 변화에 필요한 '처방전'을 닮은 형식으로 세분화되었는데, 이는 **워싱턴 합의**Washington Consensus로 불리게 되었다([**참고 13-1**] **참조**).

워싱턴 합의는 발전도상국들에게 공격적으로 전파되었으며, 브레턴우즈 제도는 이러한 목적을 달성하는 주요 통로가 되었다. 브레턴우즈 제도의 '구조 조정 프로그램structural adjustment programmes: SAPs'은 발전도상국에 부과하는 주요 경제 정책 개혁 패키지로, 부채 위기 이후 성장과 발전을 위해 발전도상국들이 절실히 필요로 한 대출과 자금

워싱턴 합의의 정책 처방 　참고 13-1

- 재정 원칙의 유지(예산 적자는 국내총생산GDP의 2퍼센트를 초과해서는 안 된다)
- 공공 지출 우선순위 재조정(보조금 감축 및 철폐, 교육 보건·인프라 지출의 우선순위 설정)
- 조세 개혁(세수 기반 확대, '적정 수준'의 한계 세율 유지)
- 양의 실질 이자율 유지(자본 이탈을 막고 저축을 증가시키기 위하여)
- '경쟁적' 환율의 유지
- 무역 자유화
- 외국인 직접 투자 장벽의 철폐
- 국유 기업의 민영화
- 경제의 탈규제화
- 재산권의 집행

(Williamson, 1990)

지원의 조건으로 워싱턴 합의의 정책 처방에 따를 것을 요구했다. 콜린 레이스Colin Leys는 1980년대가 끝나 갈 즈음에 "공식적으로 인정되는 유일한 발전 정책은 정책을 갖지 않는 것인데, 그것은 자원 배분을 국가가 아닌 시장에 맡기고 있었기 때문이다."라고 말했다(Leys, 1996: 42).

그러나 신자유주의는 국내 정책의 변화에 국한되지 않았다. 신자유주의는 규제가 완화되고 지구화된 금융 시장, 자유 무역, 지구화된 생산 구조 등 초국가 기업이 세계를 자유롭게 오가며 가장 이로운 여건을 발견하는 곳이면 어디에서나 생산 활동을 조직할 수 있는 지구 정치 경제의 비전을 추진했다. 무역, 금융 및 생산의 지구화는 이 책의 다른 곳에서 아주 자세하게 논의된다(**제22장 참조**). 지구화의 이런 모습들이 얼마나 완전하게 성취되었느냐는 논쟁의 여지가 있다. 지구 무역은 실제로 '자유로운가' 혹은 정말 '지구적인가' 등의 질문이 그 예다. 21세기의 초반 20년 동안 '지구화' 과정의 정체 여부에 대한 질문도 앞으로 몇 년간 우리를 사로잡을 것이며, 우리는 이 장을 마무리하면서 이 점을 짚어 볼 것이다. 그럼에도 불구하고 신자유주의 지구화가 낳은 광범위하고도 지속적인 결과에 대해서는 의심의 여지가 있을 수 없다. 그 결과들이 권력과 부의 배분에 미치는 영향에 관한 논쟁이 국제정치경제 학계에서 격렬하게 벌어지고 있다. 이 논쟁들을 살펴보기에 앞서 먼저 지구 정치 경제의 변화를 일으키는 요인이 무엇인지 국제정치경제학의 시각에서 바라보자.

한 가지 해석은 지구 정치 경제의 변화를 유발하는 요인으로서 관념과 이데올로기의 역할을 부각시킨다. '비판적' 국제정치경제학 계열의 학자들은 지구화의 이데올로기적 토대를 드러내는 것에 특히 열심이었다. 국제정치경제학에서 비판적 접근법의 기초를 놓은 로버트 콕스Robert Cox는 권력의 관념적 차원과 물질적 차원은 "항상 함께 묶여 있고 서로를 보강해 주며 어느 한 차원으로 환원되지 않는다."라고 꿰뚫어 보았다(R. Cox, 1983: 168). 물질적인 권력은 물질적 자원에 대한 통제력에 관한 것으로, 그 자원에는 원료, 자본, 시장 등이 포함된다. 국제정치경제학은 전통적으로 물질적 권력에 초점을 맞춰 왔다. 하지만 관념적인 권력이 훨씬 더 중요하다는 주장도 있다. 곧 신자유주의가 다양한 공적 행위자 및 사적 행위자에게 부과하는 지구 정치 경제에 대한 독특한 사고방식을 말한다. 마치 신자유주의가 하나의 이데올로기적인 작업으로 '구성된' 것처럼(Peck, 2010), 지구화 역시 당대의 '상식'을 대표하는 일련의 관념과 담론에 의해 '구성되었다.'

두 번째 해석은 지구화가 강력한 이익 집단과 제도의 결합을 통해 추진된 점에 초점을 맞춘다. 이 시각에 따르면, '지구화'를 형성하는 변화의 과정들은 무엇보다도 막강한 기업 이익 집단들이 지배자로 부상하게 된 정치 지형에 의해서 이뤄졌다. 여기에는 금융 회사(은행과 여타 금융 회사)와 지구적 생산에 연관된 비금융 회사 모두가 포함된다. 이들 민간 행위자들의 권력이 새로운 현상은 아니다. 예를 들어 17세기 초 동인도회사나 그 경쟁사인 네덜란드 동인도회사를 생각해 보라. 그러나 그럼에도 불구하고 보통 초국가 기업으로 더 알려진 다국적 기업의 급속한 부상은 전후 세계 경제의 주요 현상이었다. 이제 초국가 기업은 점차 생산과 무역의 조건을 결정할 수 있을 만큼 지구 정치 경제에서 가장 강력한 행위자 중 하나로, 또 지구화의 이면에 있는 중요한 원동력으로 여겨진다. 그러나 이것이 국가들은 지구화를 촉진하거나 규제하는 데 있어서 무의미한 존재라는 것을 뜻하지는 않는다. 초국가 기업이 막강한 정치적 권력을 행사하고 그 권력을 사용해서 정부들이 초국가 기업의 입맛에 맞게 행동하도록 하는 많은 증거를 찾을 수 있는 것처럼, 국가들과 국제 제도들도 과거와 마찬가지로 지금도 초국가 기업의 부상에 필요한 여건을 만드는 데 있어서 중추적이다.

지구 정치 경제의 변화 요인에 관한 세 번째 해석은 지구화의 여건을 창출하는 데 있어서 **기술혁명**technological revolution의 역할을 강조한다. 회사들과 경제 행위자들은 정보 기술의 발전에 따라 시간과 공간이 축소된 덕분에 지구적으로 활동할 수 있다. 영토와 거리는 더 이상 국제적 경제 교환의 장벽이 아니다. 경제 거래는 '가상적인' 특징을 띠게 되었고, 화폐는 물리적 형태가 아닌 컴퓨터

브릭스와 중국의 부상

도널드 트럼프 대통령과 류허 중국 부총리가 백악관 대통령 집무실에서 대화를 나누고 있다.
© ZUMA Press, Inc. / Alamy Stock Photo

1980년대 말부터 중국 경제와 인도 경제 그리고 일부 다른 신흥 경제 국가의 비약적인 성장은 지구 정치 경제에서 가장 두드러진 특색 중 하나였다. 이 국가들에게 여러 가지 명칭이 붙었지만, 그중에서 '신흥국가'와 '브릭스'가 가장 유명하며, 브릭스는 브라질, 러시아, 인도, 중국으로 구성된다([사례연구 5-1] 참조). 브릭스라는 용어는 골드만삭스의 수석경제학자였던 짐 오닐Jim O'Neill에 의하여 2001년에 처음 사용되었고, 21세기에 세계 최대 및 최강 경제가 될 수 있는 잠재력을 갖춘 네 나라 경제를 이른다. 종종 남아프리카공화국이 이 목록에 덧붙여지곤 한다. 현실적으로 이들 국가와 경제들은 매우 상이하다. 많은 사람은 이들을 하나의 범주에 포함시키는 것을 큰 비약이라고 생각한다. 그럼에도 불구하고 이 명칭은 지구 금융계와 정책 담당자들 사이에서 특히 주목을 끌었다.

물론 중국은 브릭스에서 가장 핵심적인 국가다. 중국은 2010년에 세계 최대의 수출국이 되었고 2014년에는 처음으로 일본을 추월하여 세계 제2의 경제 대국이 되었다. 중국 경제가 2050년까지 미국 경제를 제치고 독보적인 세계 최대 경제가 될 것이라는 예측이 있다. 동시에 성장의 둔화와 임박한 경기 침체에 대한 두려움도 가시지 않고 있다. 2016년 이래로 중국 위안화는 국제통화기금의 통화 바스켓에 포함됨으로써 국제 준비 통화international reserve currency가 되었다. 중국은 경제력이 커짐에 따라 세계 전

역으로 자산과 경제적 기회를 찾아 나섰다. 아프리카와 라틴아메리카는 중국인의 투자가 향하는 주요 목적지였다. 중국은 현재 미국에 대한 채권을 가장 많이 보유하고 있는 국가다. 중국은 2018년 중반 1조 2000억 달러어치의 미국 재무성 채권을 보유하고 있고, 이는 외국이 보유한 미국 채권의 약 20퍼센트, 전체 미국 채권의 5퍼센트에 달한다. 만약 중국 사람들이 이 채권을 대량으로 매각하거나 앞으로 미국 채권을 매입하지 않는다면 미국 경제와 지구 경제에 매우 심각한 영향을 미칠 것이다.

2016년 도널드 트럼프가 당선되면서 중국과 미국 사이에 경제적 긴장이 고조되었다. 트럼프의 수사법은 일관되게 중국 경제가 누리는 '불공정한' 무역 이득과 그것이 미국 노동자들의 일자리와 임금에 끼치는 악영향에 집중되었다. 이러한 수사법은 2018년 미국이 중국(및 일부 다른 국가)산 수입품에 대한 관세를 부과하자 중국이 보복 관세로 대응하는 무역 분쟁의 확대로 구체화되었다. 이로써 향후 세계 최대 경제 대국 사이에 불안한 '무역 전쟁'이 벌어질 것이라는 전망이 나왔다.

국제정치경제학 전공자에게 시급한 질문들이 있다. 중국의 부상은 새로운 지구 정치 경제 질서의 부상을 재촉하는가? 그리하여 신자유주의적 지구화와 미국 패권을 기반으로 하는 기존 질서를 대체할 것인가? 중국의 권력 증대와 정치적 공세는 지구 거버넌스에 어떤 결과를 불러오는가? 중국과 미국 사이의 심각한 긴장이나 실제 무역 전쟁은 어떤 정치적, 경제적 결과를 가져올 것인가? 지구 경제에서 보호무역주의 추세는 가속화될 것인가? 이에 대한 간단한 대답은 그것을 알기에는 시기상조라는 점이다. 하지만 중국 부상의 함의가 중대하며, 중국 경제에서 벌어지는 일이 지구 경제에 점차 중요한 영향을 미칠 것임은 분명하다.

질문 1 현재 중국은 어떤 식으로 또 어느 정도로 세계 경제의 강국인가?

질문 2 '신흥국가'는 기존 지구 정치 경제 질서를 뒤바꾸고 있는가?

를 통해서 즉각 전 세계로 움직인다. 냉장 기술 및 수송과 배달 방식 등에서 이루어진 물류 혁명도 50년 전에는 좀

처럼 상상할 수 없던 생산과 무역의 지구화를 가능케 했다. 국제정치경제학 시각에서 보면, 기술에 대한 지배력

은 물질적 권력의 핵심 속성이다. 적어도 부분적으로, 지구화의 역사는 기술 진보에 의해 촉진된 정치적·경제적 활동의 형식에 관한 역사이면서, 기술 지배력이 지구 정치 경제에서 특정 행위자에게 부여할 수 있는 권력에 관한 역사이다.

끝으로, 네 번째 해석은 국가들의 권력에 주의를 기울인다. 국제정치경제학이 하나의 학문 분야로 존재한 시간의 대부분 동안 그 권력은 미국에 집중되었다. 신자유주의 지구화의 유래는 전후 미국 패권의 공고화와 그것을 지칭하는 파스 아메리카나Pax Americana 시기와 일치한다. 실제로, 국제정치학에서 파생한 초창기 국제정치경제학 연구들은 미국의 패권과 그것이 국제 협력의 양상과 세계 정치의 제도적 장치에 끼치는 영향이 무엇일지에 일차적인 관심을 가졌다. 마찬가지로 중요시되었던 것은 지구화 과업과 미국의 특수한 경제적 이익 간의 연관성, 특히 초국가 기업의 부상과 미국 경제력의 공고화 간의 연결 고리였다. 비판적 국제정치경제학의 일부 학자들에게 더 유용한 논쟁은 어떻게 신자유주의 지구화 과업이 미국 '제국주의' 관념에 연관되느냐다. 미국은 독특한 이데올로기 의제와 일련의 현실적 이익을 지구적으로 확산시켰다. 이는 미국이 국제 제도의 권력 구조를 활용하면서 더 용이해졌다.

그러나 지구화를 국가 권력의 발현으로 보는 시각은 느리지만 확실하게 변하고 있다. 미국이 지구적 지배자의 자리를 차지하고 있다는 것은 더 이상 당연시되지 않는다. 중국과 여타 국가들의 부상은 지구화와 미국 패권 간의 등식을 깨뜨렸다. 어떤 의미에서 지구화가 가속화

된 것은 중국, 인도 그리고 과거 소비에트 진영의 국가들이 1990년대부터 지구 정치 경제에 점점 통합되었기 때문이다. 다른 의미에서 중국을 비롯한 이들의 부상은 특히 경제력 면에서 기존 질서를 뒤집기 시작했다([**사례연구 13-1] 참조**). 동시에 강대국이 지구화를 지지하고 있다는 가정도 더 이상 불가능하다. 도널드 트럼프 행정부의 미국을 포함하여 세계 일부 지역에서 민족주의적 포퓰리즘 정치가 부상했는데, 그것은 신자유주의 세계화에 반대하는 '반지구주의' 형식을 띠었고 지구적 경제 자유화의 진전을 역전시키려는 시도로 해석될 수 있다.

│ 요점정리 │

- 지구화는 새로운 현상은 아니다. 지구화는 16세기 이래 여러 단계를 거치면서 진행되어 온 하나의 과정이다.
- 전후 시기의 특징은 국제 경제 질서의 안정성을 회복하고, 오랜 전쟁과 위기 이후 경제 개방성을 재건하기 위한 국제 협력이 증가했다는 것이다.
- 지구화의 가장 최근 단계는 신자유주의와 연관된다. 신자유주의는 1970년대 경제 위기의 대응책으로 나타났으며, 그리고 지구 정치 경제가 어떻게 조직되어야 하는지에 관한 신자유주의 사고가 부상한 결과였다.
- 국제정치경제학자들은 현재의 지구화를 야기한 동인으로서 이데올로기와 관념의 역할, 민간 경제 주체들의 힘, 기술 혁명 그리고 국가 권력의 진화 등을 강조한다.
- 지금은 지구화가 정체되고 있는지 아니면 퇴보하고 있는지에 대한 논쟁이 늘어나고 있다. 그것은 미국과 여타 지역에서 민족주의와 반지구주의 정치가 지배하고 있기 때문이다.

지구화의 승자와 패자는 누구인가?

독자들은 우리가 국제 정치 경제 분야를 정의할 때 희소 자원의 배분 방법을 결정하는 데 있어서 공적 권력과 사적 권력 간의 상호 작용을 강조한 점을 기억할 것이다. 달리 말해서 국제정치경제학은 지구화의 승자와 패자가

누구인지를 이해하는 데 필요한 소재를 풍부하게 제공한다. 그러므로 여기서는 지구 정치 경제에서 분배의 동학을 조명하는 수많은 문제들, 즉 지구화와 불평등, 지구화와 노동 착취, 그리고 지구화와 이민 등에 관심을 집중한다.

지구화와 불평등

국제정치경제학에서 많은 논쟁은 지구화, 빈곤, 그리고 불평등 간의 관계를 둘러싸고 진행되었다. 일반적으로 받아들여지고 있는 것은 신자유주의 지구화가 세계의 인구를 빈곤에서 건져 낼 것이라는 기대는 틀렸다는 점이다. 세계은행의 추산에 따르면, 1990년과 2015년 사이에 극빈층의 숫자는 지구 전체 인구의 10퍼센트 아래로 떨어졌다. 2018년에는 8.6퍼센트로 약간 더 감소할 것으로 예측했다. 하지만 2015년과 2018년 사이 빈곤 감소율은 크게 둔화되었다(World Bank, 2018). 그런데 이러한 총계는 빈곤 개선의 불균등한 속성을 숨기고 있다. 세계 빈곤 감소치의 대부분이 동아시아와 태평양 지역에서 나타나며, 특히 중국의 빈곤 감소가 두드러졌다. 라틴아메리카에서는 멕시코와 브라질 같은 거대 경제들의 상승 추세 때문에 데이터가 크게 왜곡되었다. 사하라 이남 아프리카는 현재 전 세계 빈곤층의 대부분을 차지하고 있으며, 2015년의 경우에 이 지역 인구의 41퍼센트는 빈곤 상태에서 살았다. 2018년에 빈곤 인구는 세계의 다른 지역처럼 감소하기보다는 오히려 늘어나고 있었다. 아마도 가장 중요한 사실은 극빈층은 감소했지만 일반적인 빈곤의 개선은 훨씬 적었다는 점이다. 사실은 극단 빈곤선인 하루 1.25달러와 빈곤선인 하루 2달러 사이의 생계비로 살아가는 사람들의 수는 1981년과 2015년 사이에 두 배가 되었다(World Bank, 2012). 따라서 신자유주의 지구화의 시기 동안 빈곤이 줄었다는 희소식에도 불구하고, 많은 사람이 기대했던 지구화의 빈곤 개선 효과는 없었다고 보는 게 타당하다.

그러나 불평등 수준의 폭발적인 증가는 우리 시대의 주요 흐름이다. 이러한 불평등은 "역사적인 유례가 없으며, 경제적, 도덕적 혹은 그 어떤 이유로도 정당화될 수 없는" 것이다(Pieterse, 2002: 1024). 하지만 비판적으로 보면, 불평등 수준이 높아진 이유는 빈곤의 악화가 아니라 부의 축적이 급격히 가속화되었기 때문이다. 1990년대에 세계의 부자들은 지구적인 성장의 혜택을 더 많이 누린 반면에, 가난한 사람들의 1인당 소비 증가율은 지구 평균 증가율의 절반 수준에 머물렀다(Edward, 2006). 1993~2001년 동안 세계 소비량 증가분의 50~60퍼센트는 세계 인구의 약 10퍼센트에게 돌아갔다(Wade, 2014: 327). 2018년 초, 옥스팜Oxfam의 연례 추산에 따르면, 2017년 창출된 부의 82퍼센트가 전 세계 인구의 가장 부유한 1퍼센트에게 돌아갔다. 세계 빈곤층의 절반을 구성하는 37억 명의 사람들의 자산은 조금도 증가하지 않았다. 2010년 이후 억만장자의 자산은 연평균 13퍼센트 증가해 같은 기간 연평균 임금 증가율의 여섯 배를 초과했으며, 2016년 3월부터 2017년 사이에는 억만장자 수가 전례 없이 증가했다(Oxfam, 2018).

국제정치경제학 전공자들에게 던져지는 물음은 이처럼 막대한 부의 편차와 그 지속적인 확대를 어떻게 설명하느냐다. 지구화는 불평등 수준의 증가를 초래하는가, 그리고 만약 그렇다면 그것이 중요한가? 견해는 크게 달라진다. 어떤 사람들은 모든 사람이 더 부유해지는 한 불평등은 문제가 되지 않는다고 주장한다. 그 어느 때보다 더 많은 억만장자가 있어 부를 창출하고, 극심한 빈곤이 감소하고 있으며, 사회적 이동의 가능성이 그 어느 때보다 크다면, 무엇이 문제냐는 것이다. 이 논리에 의하면, 지구화는 기회를 제공하고 발전의 장벽을 제거해 주기 때문에 모든 사람이 부유해지는 열쇠다.

다른 사람들은 지구화의 동학 그 자체가 불평등을 증가시키는 원인이라고 주장한다. 지구화는 지구 엘리트에게 막대한 부를 축적할 기회를 만들어 주었지만, 세계의 많은 부분과 그 주민들의 발전에 해를 끼치는 지구 경제의 구조적 특성을 그대로 보존해 왔다. 게다가 지구 정치 경제 내에서 권력의 왜곡된 분배는 불평등을 고착시 컸다. 그렇다. 불평등은 정말로 중요하다는 주장은 타당하다. 예를 들어 2010년대 중반 전 세계를 훑어보면 국내 정치의 주요 주제 중 하나는 지구화의 끝자락에 있는 사람들, 불평등의 패자 측에 있는 사람들, 지구화의 혜택에서 소외되고 있다고 느끼는 사람들로부터 불어오는 역풍이다. 이는 많은 국가에서 민족주의와 포퓰리즘 지도자의 당선, 2016년 영국 '브렉시트' 국민 투표 결과, 2018년 말 파리 폭동과 같은 시민 소요 사태 등을 비롯한 정치적 사건들의 중요한 원인이었다.

지구화와 노동 착취

이 절의 두 번째 주제인 지구 경제 내에서의 노동 착취 또한 불평등의 전개 과정과 밀접하게 연관되어 있다. 노동 착취는 자본과 노동 간의 계급 투쟁의 결과물로서 자본주의의 본질적 속성이라는 마르크스주의 이론의 가르침을 기억해 보자. 하지만 군이 마르크스주의 이론가가 될 필요도 없이, 지구적 생산이 기업들과 민간 행위자들의 이윤을 극대화하는 과정들을 기반으로 한다는 점, 그리고 그것을 가능하게 하는 여러 방법 중 하나는 세계 도처에서 사람들의 노동 여건과 연관되어 있다는 사실을 인정할 수 있다.

지구적 생산의 많은 영역에서 경쟁이 치열해지고 있다. 지구 생산 네트워크를 조정하는 초국가 기업들은 비용과 공급 조건을 두고 생산 및 공급 하청 업체들에게 엄청난 상업적 압력을 가한다. 결국 생산자들과 공급 업자들은 이러한 압력에 대처하기 위하여 종종 생산 비용에서 노동이 차지하는 몫을 줄인다. 그것을 위해서 그들은 매우 '유연한' 노동력의 유지를 강조한다. 노동의 유연성은 여건의 변화에 대응하기 위하여 고용과 해고를 마음대로 할 수 있고, 권리와 지원 혜택 면에서 포괄적인 의무 사항을 포함하지 않도록 정식 계약 없이 또는 단기 계약으로 노동자를 고용하며, 임금을 낮게 유지하고 또 노동자들을 쉽게 '일회용'으로 부릴 수 있도록 하는 것이다. 생산의 지구화가 진전된 것은 회사들이 세계 도처에서 값싸고 **유연한 노동력**flexible labour의 이점을 추구하면서 그들의 활동에 대한 정부의 규제가 적거나 거의 없는 곳을 찾아 나섰기 때문이다.

그 직접적인 결과로서 위험하고 불안전하며 보호받지 못하고 착취당하는 노동이 폭증했고 그러한 노동 조건은 지구 정치 경제의 전형적인 특징이 되었다. 비공식·이민·계약 노동자들은 지구 노동력의 중추가 되었다. 이러한 노동력은 또한 크게 '여성화'되었는데, 여성 노동자들은 지구 경제의 많은 영역에서 착취에 가장 취약한 사람들에 속한다. '노동 착취 사업장sweatshops'이라는 개념은 수십 년에 걸쳐 익숙해졌다. 대기업들이 공장의 노동 착취 환경과 끔찍한 노동자 권리 침해 등을 이유로 폭로되는 많은 사례가 있었다. 나이키, 갭, 애플 등은 자신의 공급 사슬에서 매우 심각한 작업 환경이 드러나자 기업의 사회적 책임corporate social responsibility: CSR이라는 의제를 선도하려고 자처하는 수많은 유명 기업들의 예다. 우리는 세계 여러 곳에서 영 시간 계약zero-hour contract, 열악하고 착취적인 작업 환경, 저임금 등의 문제를 만난다. 노동 착취의 가장 극단적인 형태는 강제 노동과 아동 노동에 의존하여 이루어지는 생산 방식들이다([사례연구 13-2] 참조).

지구화와 이민

이 절의 마지막 주제인 이민은 지구 정치 경제에서 불평등의 동학에 대한 흥미로운 통찰을 제공한다. 우리는 '이민의 시대Age of Migration'를 살고 있다(Castles and Miller, 2009). 국제 이민자의 수는 2010년 2억 2000만 명에서 2017년 2억 5800만 명으로 증가했다(UN, 2017a). 물론 이민은 새로운 것이 아니다. 이민은 인류 역사의 기초였다. 하지만 현대 시기에 새로운 대목은 이민의 흐름이 이제는 진정으로 '지구적인' 현상이 되었고, 더 이상 유럽에 집중되거나 빈국에서 부국으로의 '남-북' 이동에 집중되지 않고 '남-남' 이동이 큰 비중을 차지하고 있다는 점이다. 남-남 이동의 많은 부분은 동남아시아, 아프리카 남

지구생산에서 노예와 강제 노동

© SK Hasan Ali / Shutterstock.com

국제노동기구International Labour Organization: ILO는 2017년 전 세계적으로 대략 2490만 명의 사람들이 강제 노동에 시달리고 있다고 추정한다. 그중 1600만 명은 민간 경제에서, 480만 명은 강제적인 성 착취로, 그리고 410만 명은 국가 당국에 의해서 강제 노동을 하고 있다. 국제노동기구는 전 세계적으로 1억 5200만 명의 어린이가 아동 노동에 종사하고 있는 것으로 추산했다(ILO, 2017).

강제 노동은 우리가 부유하다고 생각하는 국가를 포함하여 세계 도처에서 벌어지고 있다. 브라질 정부 자료에 따르면, 노예제 문제를 해결하기 위한 대대적인 노력의 결과로 2003년에서 2010년 사이 2만 1,000명의 노동자가 '노예 노동'에서 해방되었다. 이 노동자들은 주로 사탕수수, 목축, 숯, 커피와 같은 농업 경제에 종사했다. 2018년 세계노예지수Global Slavery Index: GSI에 따르면, 브라질에는 여전히 최대 36만 9,000명의 사람들이 노예 상태에서 일하고 있다. 몇 가지 추가 예를 들면, 노예 노동자의 수는 영국 13만 6,000명, 태국 61만 명, 콩고민주공화국 104만 5,000명, 프랑스 12만 9,000명, 파키스탄 318만

6,000명으로 추정된다(GSI, 2018).

강제 노동은 지구 생산의 주류를 형성하는 제조업, 농업, 광업 등을 막론하고 광범위한 산업 부문에서 일어나고 있다. 미국 노동부US Department of Labor(2018)는 최근 보고서에서 76개국의 148개 상품이 강제 노동 혹은 아동 노동을 통해 생산되고 있다고 확신했다. 그러한 의심을 받는 재화의 품목은 훨씬 더 많다. 일반적으로 생각되기를, 우리 모두는 강제 노동 혹은 아동 노동으로 생산되는 옷을 입고 있다. 일상적으로 먹는 음식의 재료들도 강제 노동을 통해 생산된다. 우리의 직장 생활과 개인 생활에서 사용하는 컴퓨터, 이동 전화, 여타 전자 제품도 이러한 노동 여건에서 일하는 사람들이 생산한다.

강제 노동은 매우 다양한 형태를 띤다. 노동자들은 종종 억지로 노동 계약을 맺지 않을 수 없다. 그 계약은 공식적인 계약이 아니며, 노동자가 고용주에게 갚아야 할 빚을 지도록 함으로써 노동자들은 직장을 떠날 수 없고 그들의 빚을 갚을 수 없도록 조작된다. 임금 지급은 기한이 될 때까지 보류된 다음, 아예 한 푼도 못 받거나 아주 조금만 받게 된다. 노동자들이 일자리를 자유롭게 떠나지 못하도록 감금과 물리적 이동의 강제적 제한, 폭력의 위협과 사용(노동자 본인과 가족 및 동료에 대하여), 문서와 재산의 압수 등의 방법을 사용한다. 심각한 착취는 언제나 가혹하고 더럽고 위험한 노동 환경, 노동자의 권리와 인권에 대한 침해, 치열한 경쟁과 비용 중심적인 환경 속에서 더 오래 그리고 더 열심히 그렇지만 더 적은 임금으로 일하도록 만들기 위한 다양한 형식의 강제와 조작 등과 관련이 있다.

질문 1 강제 노동은 지구적 생산에서 어떤 형식을 띠는가?
질문 2 강제 노동이 현대 지구 경제에서 여전히 매우 흔하다는 사실이 놀라운가?

부, 또는 남미 같은 지역 안에서 이뤄지고 있다. 중국, 브라질, 여타 국가들에서 두드러진 현상은 국가 간 이민자의 추정치에 잡히지 않는 대규모 국내 이주다. 이민은 세계 모든 지역의 정치 경제에 영향을 미친다. 이민을 이해하지 않고서는 현대 지구 정치 경제는 물론, '지구화'에 내재한 여러 과정을 이해할 수 없다.

이민의 많은 상이한 측면은 위에서 논의된 지구적 불평등의 모습들이 반영된 결과다. 신자유주의 맥락에서 보면 이민자의 종류에 따라 그 결과도 매우 달라진다. 스펙트럼의 한쪽 끝에서는 매우 유동적인 고임금의 고학력 전문가들이 자신의 지구적 이동성을 이용하여 자신들을 위한 기회를 창출한다. 이들의 이동성은 상업, 금융,

교육, 제약 등 다양한 부문에서 이뤄지는 지구적 경제 활동을 원활하게 하는 윤활유 역할을 한다. 스펙트럼의 다른 쪽 끝에는 앞에서 묘사된 종류의 지구 노동력이 놓여 있다. 이러한 이민자들은 지구적 생산에서 저임금 저숙련 부문이나, 가사 노동 같은 '생활' 서비스 등을 사회에서 보다 특권적이고 전문적인 분야에 공급하는 부문에 집중 분포해 있다. 가사 서비스에 연관된 이민은 지구적인 양상을 띠는데, 그 예로는 노동자들이 필리핀에서 홍콩으로, 멕시코에서 미국으로, 니카라과에서 코스타리카로, 그리고 인도네시아에서 아랍에미리트로 이동하는 것을 들 수 있다.

고용의 불안정은 이민 노동자의 특수한 취약성 때문에 증폭된다. 이민 노동자들은 종종 임금과 노동 조건에 관련되는 정치적 행동에 참여할 힘이 없으며, 시민권이나 영주권에 결부된 권리와 지원 혜택을 얻지 못한다. 이민과 국내 이주를 규율하는 법규들은 종종 이민 노동자들의 노동 및 복지 혜택을 박탈하고 고용주 교체 등 만족스러운 작업 환경을 모색할 능력을 제약한다. 이 법들은 고용주들이 이민 당국에 신고를 하겠다고 위협하는 것처럼 노동자들, 특히 불법 노동자들을 조종하는 수단으로 활용된다. 지구적 이민 노동력은 경제적 필요와 본국에 있는 부양가족의 요구와 깊은 관련이 있다.

어떤 의미에서 이것은 이민 노동자들이 지구화의 패자에 속함을 의미한다. 노동 시장의 탈규제, 민간 기업의 권력, 신자유주의하에서 복지 및 사회적 보호의 감축, 지구적 생산에서 값싸고 풍부한 노동력에 대한 수요, 사회 내 일부 계층의 부의 대량 축적 등이 이민 노동자들이 지구화의 벼랑 끝에 놓이는 상황을 촉진했다. 다른 관점에서 주장하는 바에 따르면, 지구화를 통한 이동성의 증가는 사람들에게 이민의 기회를 제공함으로써 더 나은 임금과 더 높은 수준의 교육을 받도록 하고 이민 노동자들의 사회적 이동성을 높여 주었다. 분명한 점은 많은 것이 지구 정치 경제에서 이민이 어떻게 규율되느냐에 달려 있다는 사실이다. 이민 노동자의 노동 조건, 이민과 사람의 이동을 규제하는 정부 정책 등과 관련하여 특히 그렇다.

반면에 국제정치경제학의 시각은 이민 그 자체가 지구화의 동인이라고 말한다. 매우 유연한 지구 노동력의 구축이나 특정 산업에 대한 지구 인력의 공급 같은 경제적인 의미에서만 그런 것은 아니다. 이민은 또한 지구 경제에 중요한 함의를 지니는데, 지구적인 이민의 증가는 지구 및 국내 금융 체제를 통한 막대한 양의 돈의 흐름과 관련되어 있기 때문이다. 공식 기록에 의하면, 발전도상국에 유입되는 송금액 — 이민자들이 본국의 가족들에게 보내는 돈의 총량 — 은 2016년에 무려 4130억 달러에 달했다(UN, 2017a). 끝으로, 이민의 문화적 함의도 중요하다. 특히 세계의 '지구 도시'global cities(Sassen, 2001)에서 이민은 우리가 지구화에 연결 짓는 일부 문화적 격변을 야기하고, 결과적으로 세계 도처에서 새로운 정치적 동력을 탄생시킨다.

| 요점정리 |

- 국제정치경제학은 지구 정치 경제에서 권력과 물질적 자원의 분배에 관심을 둔다. 누가 지구화의 승자인지 패자인지를 중심으로 활발한 논쟁이 진행 중이다.
- 지구화는 국가와 국가 간에, 국가 내부에서, 사회 집단과 사회 집단 간에 그리고 사회 집단 내부에서 급격히 증가한 불평등과 연관되어 왔다.
- 노동 착취는 지구 정치 경제에서 부와 이윤의 창출을 뒷받침하고 있다.
- 이민은 그 범위 면에서 진정한 '지구적' 현상이 되었다. 그 스펙트럼의 한쪽 끝에는 고임금 전문가들의 이동이 자리하고 있지만, 다른 쪽 끝에는 저임금, 저숙련 노동자들이 위치해 있다.
- 이민은 경제적 측면과 문화적 측면에서 그 자체로 지구화의 동인이다.

지구화의 미래

역사적 과정으로서 지구화는 단선적으로 전개되지 않았고, 앞서 이 장에서 설명했던 지구화에는 많은 우여곡절이 있었다. 2010년대 말에 우리는 다시 한번 지구화의 미래를 묻는 시점에 이르렀다. 반지구주의, 토착주의, 포퓰리즘 정치의 압박이 미국, 브라질, 헝가리, 필리핀, 영국 등 여러 나라에서 터를 잡았기 때문이다. 이 장에서 요약된 모든 불균등한 사회적·경제적 결과가 존재하는 상태에서 세계의 좌파 정치는 오랫동안 지구화의 가치를 의문시해 왔다. 이는 지구화 과정이 이제 좌절되었다는 것을 의미하는가?

여러 가지 측면에서 이러한 결론은 아마도 시기상조일 것이다. 우리는 최근의 사건들에 따른 변화의 역사적 중요성을 너무 과대 해석하지 말아야 한다. 지구화 체제가 이른바 민족주의가 부활하는 이 순간을 견뎌 낼지는 지켜볼 일이다. 또한 많은 것이 우리가 사용하는 '지구화'의 의미에 달려 있다. 우리는 역사적 과정으로서의 지구화와 현재의 신자유주의적 지구화를 잘 구별할 수 있다. 신자유주의적 지구화는 큰 압박을 받고 있다고 결론 내리는 게 타당할 수도 있다. 실제 우리는 한동안 신자유주의 모델의 소멸에 대해서 이야기했었다. 하지만 신자유주의 모델만이 유일한 가능성은 아니다. 우리가 보았듯이, 중국의 부상은 신자유주의 발전 모델에 부합하지 않았다. 하지만 중국의 부상은 여전히 지구화라는 특정 비전을 전제하고 있으며 실제로 지구주의적 관점을 특징으로 한다. 아마도 우리는 지구화의 종말을 목격하기보다는 미국과 다른 서양 강대국보다 중국과 신흥 강대국에 의해 형성되는 지구화의 역사적 진화의 다음 단계로 이동하는 과정에 있을 것이다. 그러나 우리는 이 대안 모델이 어떤 모습일지, 또 정치, 경제적으로 얼마나 수용 가능할지 아직 알 수 없다.

대신 금융 기업과 비금융 기업의 엄청난 존재감을 중심으로 지구화의 동력이 강해진다면, 장기간의 격동에도 불구하고 현상 유지가 가능할 것이다. 2008년 금융위기는 특히 금융 규제와 관련하여 지구 정치 경제가 운용되는 방식에 중요한 변화를 가져올 것으로 예상되었다. 그러나 실제로는 그렇지 않았다. 또 다른 시나리오는 민족주의의 힘이 승리하는 것이다. 이것은 반동적 포퓰리즘 정치가 국제주의와 **지구주의**globalism의 가치를 압도하는 상황이다. 최소한 이 시나리오를 피하기 위해서는 이 장에서 다룬 지구 정치 경제의 극심한 불평등에 대한 설득력 있는 대응 방안이 필요할 것이다.

요점정리

- 2010년대 말 우리는 지구화의 미래에 대해 다시 한번 의문을 제기하는 지점에 이르렀다. 반지구주의, 토착주의, 포퓰리즘 정치가 미국, 브라질, 헝가리, 필리핀, 영국 등 많은 국가에서 자리를 잡았기 때문이다.
- 지구화의 미래를 예측할 때 현재와 최근 사건에 너무 많은 비중을 두는 것을 조심해야 한다.
- 그럼에도 불구하고 현재 신자유주의 지구화 모델은 분명히 상당한 압박을 받고 있다. 미래가 어떻게 될지는 아직 확실하지 않다.

맺음말

이 장은 국제정치경제학에서 지구화를 이해하기 위해 제공하는 풍부한 자료들을 소개했다. 국제정치경제학은 매우 다양한 분야로서 여러 이론적, 방법론적 전통과 광범위한 경험적 관심사를 포괄하고 있다. 지구화의 본질과 결과에 대한 논쟁은 국제정치경제학에서 격렬하게 계속되고 있고, 이 장은 두 가지 논점, 즉 지구화의 동인 및 지구화 과정에서의 승자와 패자에 초점을 맞춰 그 논쟁의 일부를 서술했다.

국제정치경제학의 미래는 어떻게 될 것인가? 틀림없이 국제정치경제학 내의 여러 분파들 간에 활발한 논쟁과 논란이 계속될 것이다. 다양한 이론적 선호와 분석 방법들이 국제정치경제학의 연구 주제의 가치를 높이기 위해 서로 경쟁할 것이다. 이러한 논쟁은 시각과 관점의 개방적인 교환이라는 정신에 입각하여 행해질 때, 국제정치

경제학을 발전시키고 국제정치경제학에서 진행되는 연구를 풍요롭게 하는 매우 큰 가치를 지닌다. 그러나 여러 국제정치경제학파 간의 더 많은 대화가 바람직하고 중요하다. 그것은 거대 질문으로 시작하여 다양한 이론적 시각과 방법을 동원하여 그 질문에 답하는 것만이 우리의 이해의 폭과 깊이를 더해 줄 수 있기 때문이다. 결국 지구 정치 경제가 어떻게 또 누구의 이익을 위해서 작동하는지를 이해하는 데는 많은 것이 걸려 있다.

아래 국제관계학 시뮬레이션을 방문하여 '중국과의 협상' 시뮬레이션을 완료하면 협상 및 문제 해결 능력 개발에 도움이 될 것이다.

www.oup.com/he/baylis3xe

1. 국제정치경제학의 주요 이론적 시각들 사이의 핵심적인 차이점은 무엇인가? 그 시각들이 공유하고 있는 어떤 공통적인 토대가 있다면 무엇인가?

2. 전후 국제 경제 질서의 특징은 무엇인가? 그리고 1970년대에 그 질서가 끝내 붕괴하게 된 이유는 무엇인가?

3. 신자유주의적 지구화의 주요 특징은 무엇인가?

4. 지구화의 동인은 국제정치경제학에서 어떻게 이해되고 있는가? 그리고 어떤 설명이 가장 설득력 있다고 생각하는가?

5. 관념은 지구 정치 경제를 형성하는 데 있어서 물질적 자원과 제도만큼이나 중요한가?

6. 중국의 부상이 지구 정치 경제에 미치는 영향에 대해 우리는 무엇을 알고 있는가?

7. 우리는 1980년대 이후 지구적 불평등이 엄청나게 증가한 이유를 어떻게 설명할 수 있는가? 그 결과는 무엇인가?

8. 왜 노동 착취는 지구 정치 경제의 그토록 전형적인 특색인가?

9. 이민과 지구화 간의 관계는 무엇인가?

10. 우리는 신자유주의적 지구화의 최후의 발악을 목격하고 있는가?

이 장의 객관식 문제를 풀어 보면서 학습 내용을 잘 숙지하고 이해했는지 평가해 보자.

• www.oup.com/he/baylis3xe

International
and global security

개요

이 장에서는, 특히 지구화에 대한 도전이 증대하는 시대에, 국제 관계가 과거와 마찬
가지로 미래에도 폭력적일 가능성이 있는지에 대한 질문을 살펴본다. 이 장은 전쟁의
원인과 폭력이 항상 우리와 함께할 가능성이 있는지 여부에 대한 기존의 의견 대립을
살펴보는 것으로 시작한다. 그다음 다양한 대안적 접근 방식을 고려하기 전에 국제 안
보에 대한 전통적/고전적 현실주의 및 보다 현대적인 신현실주의 및 신자유주의적 관
점을 살펴본다. 이어서 지구화와 지정학에 대한 최근의 논쟁을 살펴본다. 결론 부분에
서는 국가 안보와 국제 안보 사이의 계속되는 긴장을 고려하고, 지구화 과정과 관련된
중요한 변화에도 불구하고 근본적으로 다르고 보다 평화로운 국제 정치 패러다임이
부상하고 있다는 징후가 거의 없다는 점을 제시한다. 실제로 현대의 국제 정치는 특히
불확실하고 어려운 시기를 겪고 있다.

국제 안보와 지구 안보

존 베일리스John Baylis
이상현 옮김

핵심 질문

- 지구화는 국제 안보를 증진시키는가, 악화시키는가?
- 어떤 국제정치이론들이 지구 안보와 불안에 대한 이해에 가장 도움이 되는가?
- 지구화에 대한 도전과 민족주의와 지정학의 부활은 현대 국제 안보의 전망에 어떤 영향을 미치는가?

머리말

국제 정치를 공부하는 학생들은 가장 난해하다고 생각되는 문제들을 다룬다. 그 가운데서도 가장 중요한 문제는 우리가 사는 세계에서 국제 안보가 과연 성취 가능한가 하는 점이다. 이 주제에 관한 지적 논쟁의 대부분은 전쟁의 원인에 관한 것이었다. 역사가들의 입장에서는 모든 전쟁은 독특한 원인에서 비롯된다. 이와는 대조적으로 조금 더 포괄적이고 일반화된 설명이 가능하다고 믿는 학자들이 있다. 예를 들어 어떤 학자들은 전쟁 원인을 인간 본성이나 국가의 내부 구조, 또는 국제적인 **무정부 상태** anarchy에서 찾는다. 전쟁의 원인에 관해 연구한 케네스 왈츠Kenneth Waltz(1954)는 자신의 대표적 저서에서 서양 문명사를 통해 거론된 분쟁 원인을 전쟁의 세 가지 '이미지'인 인간, 국가, 국제 체제로 고찰한 바 있다. 그 자신은 특히 국제적인 무정부 상태의 속성("전쟁은 전쟁을 막는 것이 없기 때문에 일어난다")을 강조했지만, 포괄적인 설명을 위해서는 세 가지 모두를 이해할 필요가 있다고 주장했다.

이 계속되는 논쟁에서 왈츠가 지적했듯이, 국제 정치에서의 갈등이 극복되거나 완화될 수 있는지에 대해 정치철학자들은 근본적으로 다른 입장에 서 있다. 특히 국제 정치에서의 이 핵심 질문에 대한 비관론과 낙관론을 대표하는 '**현실주의자**realist'와 '**이상주의자**idealist' 사이에는 큰 차이가 있다(**제6장 참조**). 제1차 세계대전 직후에는 국제연맹이 더 나은 국제 질서에 대한 가능성을 보여 주면서 이상주의가 광범위한 지지를 얻었다. 이와 대조적으로 1945년 이후 냉전기 동안에는 현실주의가 지배적인 시각으로 자리 잡았다. 이에 따라 전쟁과 폭력적 갈등은 인류 역사에 걸쳐 국가 간 관계의 항구적 특징으로 간주되었다. 그러나 1989년에 냉전이 종식되면서 이상주의와 현실주의 사이의 논쟁은 다시 시작되었다. 어떤 학자들은 동서 사이의 극렬한 이념적 대결의 종식을 인류 역사의 중요한 분기점으로 보며, 이 때문에 국가 간 폭력이 서서히 과거사가 되고 대신에 새로운 공동체적 가치가 개인 및 국가를 포함한 다양한 집단 사이의 협력을 가져올 새로운 패러다임이 도래했다고 이해하기도 했다. 이러한 견해는 평화로운 지구 사회에 대한 낙관적 시각을 반영한다. 그러나 다른 한편에서는 현실주의가 국제 안보를 이해하는 최상의 방법이라는 견해가 여전히 건재하다. 이 시각에서 보면 1989년에 일련의 사건이 일어났는데도 국제 관계의 본질은 거의 변하지 않았다. 냉전의 종식은 분명히 초강대국들 사이에 조금 더 협조적인 시기를 열었지만 현실주의자들은 국제 관계에서 이처럼 조화로운 시기는 일시적인 상황일 뿐이라고 주장했다. 현재의 여러 사건은 이 주장에 부합하는 듯이 보인다.

이 장에서는 국제 관계의 낙관론과 비관론의 차이점을 부각시키면서 지구화에 대한 도전이 증대하는 시대의 논쟁에 초점을 맞추고자 한다. 그러기에 앞서 우선 '안보'가 의미하는 바는 무엇이며, 국가 안보와 국제 안보의 관계는 무엇인지 살펴볼 필요가 있다.

안보의 개념은 무엇인가?

대부분의 학자는 안보가 논란의 소지가 많은 개념이라는 사실에 동의한다. 안보는 개인 및 집단의 핵심 가치에 대한 위협이 없는 상태라는 공감대가 기본적으로 형성되어 있지만, 논의의 초점이 '개인', '국가', '국제', '지구' 안보 중에서 무엇이어야 하는지에 관해서는 상당한 견해차가 있다. 냉전기를 통해 안보에 관한 대부분의 연구는 군사적 관점에서 정의된 국가 안보에 초점을 맞춰 왔다. 이 시기 학자들과 정치가들의 주된 관심은 국가가 처한 위협에 대처하기 위해 구비해야 할 군사력에만 집중되었다. 그러나 더 최근에 이르러 이러한 안보 개념이 민족 중심적, 다시 말해 문화적으로 편향되었을 뿐 아니라 편협한 정의라는 비판이 제기되었다. 이러한 개념 대신에 최근 몇몇 학자는 외향적으로 확대된 안보 개념, 즉 편협한 국가 안보 개념의 한계를 극복하고 다양한 고려 사항을 포함하는 안보 개념을 주창하고 있다. 배리 부잔Barry Buzan은 자신의 저서 『국민, 국가 그리고 공포People, States and Fear』(1983)에서 군사적 측면뿐 아니라 정치, 경제, 사회, 환경 같은 제반 요소들을 포함하고 더 넓은 국제적 맥락에서 정의된 안보 개념을 제시했다. 부잔의 입장은 국가 안보와 국제 안보의 고려 사항들이 서로 양립할 수 있는지 그리고 현 국제 체제의 성격에 비추어 볼 때 국가들이 조금 더 협조적인 국제 관계 및 지구적 맥락에서 사고할 수 있는지에 대한 흥미롭고 중요한 문제를 제기한다. 또한 코피 아난Kofi Annan 및 아미타브 아차리아Amitav Acharya와 같은 학자들이 개인을 안보 분석의 주요 초점으로 강조하면서 **'인간 안보**human security' 개념에 대한 관심이 높아졌다('**비판 안보, 페미니즘 안보, 다면 안보 연구**' 참조).

국가 안보와 국제 안보의 이러한 긴장 관계가 모든 안보학 연구자들의 관심을 끌지는 않는다. 어떤 사람들은 국가와 국가 간 관계만을 강조하는 것은 세계 정치에서 일어나고 있는 근본적인 변화를 간과하는 것이라고 주장한다. 또 어떤 사람들은 현 국제 질서를 특징짓는 지구화와 관련된 통합과 파편화의 이중적 과정이 곧 '사회 안보'에 조금 더 주의를 기울여야 할 필요성을 의미한다고 주장한다([사례연구 14-1] 참조). 이들의 견해에 따르면 유럽 같은 지역에서의 통합 진전은 민족국가를 단위로 하는 고전적 정치 질서를 잠식하는 동시에 국가들이 유럽 연합처럼 더 큰 정치적 틀에 노출되게 한다고 주장한다. 동시에 소련이나 유고슬라비아처럼 다양한 국가들의 해체는 국경 문제, 소수 민족 문제, 국가 조직 이념의 문제 등 새로운 문제를 낳아 지역 불안정을 심화시키고 있다(Wæver et al., 1993: 196). 이러한 현상은 국가보다는 인종-민족 집단이 안보 분석의 초점이 되어야 한다는 주장으로 이어지고 있다.

한편 다른 학자들은 탈냉전과 함께 초기 형태의 지구 사회가 도래했기 때문에 국가 안보와 국제 안보를 강조하는 것이 더 이상 적절하지 않다고 주장한다. 이들은 '사회 안보'를 주장하는 이론가들처럼 민족국가의 파편화에 주목하면서도 인종-민족적 차원의 사회가 아니라 지구 사회에 더 주의를 기울여야 한다고 주장한다. 또한 오늘날 국제 관계의 가장 중요한 추세 가운데 하나는 광범위하고 지속적인 지구화 과정이라고 지적한다. 이들은 지구화가 새로운 위험을 수반한다는 점을 인정한다. 새로운 위험은 국제 테러, 지구 금융 체제의 붕괴, 지구 온난화, 사이버 공간의 갈등, 핵 확산의 위험 등과 관련되어 있다. 안보에 대한 이러한 위협들은 지구적 차원에서 볼 때 대부분 민족국가의 통제 영역 밖에 있다. 그렇기 때문에 이들은 지구 공동체가 형성될 때 이러한 문제들에 적절히 대처할 수 있다고 믿는다.

다른 한편 일부 지구화 이론가들은 국가의 소멸보다는 변용을 강조하면서 21세기 초입에 국가가 처한 새로운 안보 의제를 강조하기도 한다. 2001년 9월에 일어났던 미국 '9·11' 테러 사건과 그에 뒤이은 새로운 폭력의 시대를 목격하면서 조너선 프리드먼Jonathan Friedman은 오늘날 우리가 "수직·수평적 양극화, 계급·인종의 양극화가 만연한 세계에 살고 있으며, 폭력이 지구화되는 동시에 파편화되고, 더 이상 국가 사이의 전쟁 문제가 아니라 갈수록 지구적으로 네트워크되고 자금을 조달하는 국가 내부 조직들 사이의 문제가 불거지면서 국가가 상당히 민영화되어, 여러 행위자 가운데 하나로 변해 가는" 세계에 살고 있다고 지적한다.(J. Friedman, 2003: ix) 이런 시각을 가진 많은 학자에게 9·11 테러 이후의 시기는 세계사에서 새롭고 지극히 위험한 새로운 시대다. 이 시대가 과거와 얼마나 다른지에 대해 현재 상당한 논란이 있다. 이

2018년 12월 콩고민주공화국에서 열린 시위
© ZUMA Press, Inc. / Alamy Stock Photo

냉전이 종식된 뒤에 콩고민주공화국Democratic Republic of Congo 에서 발생한 사건은 현대 국제 분쟁의 복합성과 아울러 왜 전쟁이 일어나는지에 대한 단순화된 설명의 위험을 잘 보여 준다([사례연구 17-1] 참조). 1996년에서 2016년 사이에 일어났던 이 '잊힌 전쟁'(때로는 '아프리카의 세계대전'이라고도 일컬어진)은 인종 분규와 내전, 외세의 개입, 기아와 질병으로 거의 600만 명의 인명을 앗아간 것으로 추산된다. 주요 사건은 다음과 같다.

1996년에 이웃 국가인 르완다에서 발생한 분쟁과 학살(80만명 사망)은 곧 콩고(당시에는 자이르Zaire였음)로 확산되었다. 르완다에 투치족 정권이 들어서면서 피난해 온 후투족은 반격을 하려고 콩고 동부 지역에 반군 캠프를 설치했다. 그러자 르완다 정부군은 모부투 세세 세코Mobutu Sese Seko 정부를 몰아내고 로랑-데지레 카빌라Laurent-Désiré Kabila 정권을 세우고자 콩고를 침략했다. 1997년 5월에 이 작전은 성공적으로 끝났다. 그러나 카빌라 정권은 1998년 8월에 지지 세력과 불화에 빠졌고, 곧 르완다와 우간다의 사주를 받은 반란 세력이 정부 전복을 시도했다. 이번에는 짐바브웨, 앙골라, 나미비아, 차드, 수단 같은 나라들이 카빌라 정권을 지지하면서 개입했다. 1999년에 휴전 협정이 조인되었지만, 콩고 동부 지역에서는 충돌이 계속되었다. 2001년 1월에 카빌라는 암살되고, 그의 아들 조제프 카빌라Joseph Kabila가 정권을 승계했다. 복잡한 인종 구조(콩고민주

공화국은 250개 인종과 242개 언어로 구성되어 있음)와 더불어 외국 군대의 지배(이들은 불법 광산 운영과 다이아몬드 채굴에도 개입했음) 때문에 2003년까지도 충돌은 계속되었다. 평화 협정을 중재하려는 노력이 이어져서 2003년 4월에 마침내 프리토리아 협정Pretoria Accord으로 결실을 맺었다. 그 결과 일부 외국 군대는 철수했지만, 특히 콩고 동부 지역에서는 각각 르완다와 우간다의 지지를 받는 군벌들 사이의 학살과 적대 행위, 약탈이 계속되었다.

2003년 7월 18일에 지구적 포괄 협정Global and All-inclusive Agreement으로 알려진 협정의 결과 과도 정부가 설립되었다. 이 협정에 따라 각 파벌은 무장을 해제하고 통합에 협력하면서 선거를 지원하라는 요구를 받았다. 하지만 계속된 불안으로 선거는 2006년 7월에야 치러졌고, 선거 뒤에도 평화는 여전히 취약한 상황이었다. 외국 군대와 르완다·우간다 국경에 있는 많은 군사 집단 사이의 갈등이 이어졌는데 이 사태가 심각한 난민 문제를 유발했고, 민간인 인명 피해를 초래했다. 카빌라 대통령의 후임자 선거는 2016년 11월로 예정되어 있었지만 2017년 말로 연기되었다가 다시 연기되었다. 카빌라 대통령에 반대하는 사람들의 시위는 폭력 사태와 수많은 사람의 죽음으로 이어졌다. 마침내 2018년 12월에 새로운 선거가 실시되었다. 2019년 1월, 제1야당의 대표인 펠릭스 치세케디Felix Tshisekedi가 예상을 뒤엎고 정부 후보인 에마뉘엘 라마자니 샤다리Emmanuel Ramazani Shadary를 누르고 당선되었다. 이는 59년 만에 처음으로 이뤄진 선거를 통한 권력의 이양이었다. 그러나 다른 야당 후보인 마르탱 파율루Martin Fayulu 역시 승리를 주장하면서 부정 선거와 계속되는 폭력 사태에 대한 우려가 남아 있었다. 콩고민주공화국 동부에서 계속되는 민병대 폭력은 2019년 에볼라 발병에 대처하기 위한 의료 종사자들의 활동을 어렵게 만들었다.

질문 1 2002년의 지구적 포괄 협정이 콩고민주공화국의 갈등을 해결하지 못한 이유는 무엇인가?
질문 2 콩고민주공화국의 분쟁은 인간 안보 개념의 가치를 보여 주는 좋은 예인가?

러한 문제를 이해하기 위해서는 '안보'를 보는 전통적 시   각을 먼저 살펴볼 필요가 있다.

- 안보는 논란의 소지가 많은 개념이다.
- 안보 개념은 군사적 측면뿐만 아니라 정치, 경제, 사회, 환경 등을 포함하는 개념으로 확대되어 왔다.
- 국가 안보와 국제 안보 사이의 긴장 관계에 관해서 다양한 의견이 존재한다.
- 국제 안보의 미래에 지구화가 미치는 중요성에 관한 다양한 시각이 제기되었다.

국가 안보의 전통적 접근

제2장에서 지적했듯이 1648년 **베스트팔렌평화조약** Treaties of Westphalia 이후에 국가는 국제 체제에서 가장 강력한 행위자로 간주되어 왔다. 국가는 그들 사이의 관계를 규율하는 상위의 권위가 없는 '정치적 정당성의 보편적 표준'이었다. 이는 안보가 국가 정부의 최우선 책임임을 의미한다. 국가는 **자조**self-help의 세계에서 스스로의 보호를 추구할 수밖에 없다.

국가 안보를 달성하는 가장 좋은 방법에 관한 역사적 논의에서 토머스 홉스Thomas Hobbes, 니콜로 마키아벨리Niccoló Machiavelli, 장 자크 루소Jean Jacques Rousseau 같은 학자들은 국가 주권의 비관적 함의에 주목하는 경향이 있다. 이들은 국제 체제를 국가가 이웃의 희생을 바탕으로 자국의 안전을 추구하는 비정한 장으로 간주해 왔다. 국가 간 관계는 국가들이 서로 끊임없이 남의 약점을 노리는 권력 투쟁으로 이해되었다. 이러한 시각에서 보면 항구적인 평화는 달성 불가능하다. 국가가 할 수 있는 일이란 어느 한 나라가 **패권**hegemony을 얻지 못하게 하기 위해 세력 균형을 추구하는 일뿐이다. 이 시각은 제2차 세계대전 이후 탄생한 현실주의(또는 고전현실주의) 학파로서 E. H. 카Carr와 한스 모겐소Hans J. Morgenthau 같은 이론가들이 공유한 시각이었다. 이러한 시각을 최근에 더욱 발전시킨 학자들로는 앨러스테어 머리Alastair Murray, 토머스 크리스텐센Thomas Christensen, 랜들 슈웰러Randall Schweller, 윌리엄 월포스William Wohlforth, 파리드 자카리아Fareed Zakaria 같은 사람들이 있다. 이들의 시각을 흔히 **신고전현실주의** neoclassical realism라고 한다.

이러한 국제 관계의 비관적 시각은 케네스 왈츠나 존 미어셰이머John Mearsheimer 같은 후대 학자들에게 이어지고 있다. 이러한 **신현실주의자**neorealist들의 비관론은 국제 체제의 작동 방식과 그에 내재된 폭력적 성향에 관해 그들이 취하는 여러 가지 주요 가정에 근거한다. 이러한 견해에 따르면 국가 안보 혹은 불안은 주로 국제 체제의 구조로 결정된다(바로 이런 이유로 이 학자들을 흔히 '구조현실주의자'라고 한다). 무정부 구조는 지속성이 강하다. 그것이 함의하는 바는 미래 국제 정치가 과거와 마찬가지로 여전히 폭력적일 가능성이 크다는 점이다. 존 미어셰이머는 1990년에 쓴 「미래로의 회귀Back to the Future」라는 중요한 논문에서 냉전의 종식이 과거 권력 정치식의 전통적 다자 **세력 균형**balance of power 부활을 촉진하여 극단적인 민족주의 및 인종 간 경쟁이 광범위한 불안정과 갈등을 초래할 가능성이 크다고 주장했다. 그는 냉전기를 압도적 양극 체제 구조 때문에 평화와 안정이 가능했던 시기로 보았다. 그는 이 체제가 갑자기 붕괴함으로써 17세기 이래로 국제 관계를 황폐화시킨 강대국 간 경쟁으로 회귀할 것이라고 주장했다.

미어셰이머 같은 신현실주의 학자들은 국제 정치란 항

구적 전쟁 상태라기보다는 언제든 전쟁이 가능한 무자비한 안보 경쟁 상태라고 본다. 국가 간 협력은 가능하고 또 실제로 일어나고 있지만, 그러한 협력에는 한계가 있다. 협력은 "아무리 많은 협력으로도 막을 수 없는 안보 경쟁의 지배적 논리에 제약을 받는다."(Mearsheimer, 1994/1995: 9) 따라서 참된 의미의 항구적 평화, 또는 국가들이 권력을 위해 경쟁하지 않는 세계는 실현될 가능성이 매우 낮다. 신현실주의자들 입장에서 보면 냉전 이후 미국이 압도하는 단극적 힘의 분배 구조는 중국, 인도, 브라질 같은 나라들의 부상과 함께 새로운 국제 구조에 자리를 내줄 가능성이 크다.

자유주의적 제도주의

국제 안보에 대한 신현실주의의 중요한 특징 가운데 하나는 국제 제도가 전쟁을 예방하는 데 큰 기여를 하지 못한다는 믿음이다. 제도는 국가 이익의 산물로서 국제 체제 자체의 제약을 받는다. 그렇기 때문에 한 국가가 협력할지, 아니면 경쟁할지에 대한 결정은 그 국가가 속한 제도보다는 이러한 이익과 제약에 따라 형성된다. 신현실주의자들은 그들의 견해를 뒷받침하기 위해 오늘날 여러 국제 제도(특히 국제연합과 유럽연합)가 당면한 문제점들을 지적한다.

국제 제도에 관한 신현실주의자들의 견해는 수많은 정치인과 국제관계학자들에게 도전받기에 이르렀다. 예를 들어 영국의 외무부 장관이었던 더글러스 허드^{Douglas Hurd}는 1992년 6월에 제도가 유럽의 안보를 강화하는 핵심 역할을 해 왔다는 주장을 폈다. 그는 서구 세계가 '일군의 문제와 관련해 가치를 입증한 특정 국제 제도'를 발전시켜 왔다고 주장했다. 그는 이어서 탈냉전기의 큰 도전은 이 제도들이 새로운 환경에 대처할 수 있도록 적응시키는 일이라고 주장했다(Hurd, Mearsheimer, 1994/1995에서 재인용).

이러한 시각은 상호 보완적이고 서로를 보강하는 제도(유럽연합, 북대서양조약기구, 서유럽연합^{WEU}, 유럽안보협력기구^{OSCE} 등)의 틀 속에서 더욱 안정되고 지속적인 유럽 안보 체제가 발전할 수 있다는 서양 정치인들 사이에 널리 퍼진 믿음을 반영한 것이다. 1980년대와 1990년대에 걸쳐 등장한 일군의 학자들 역시 이 시각을 공유하고 있다. 이들은 국가 사이에 제도화된 협력의 발전이 앞으로 몇 년 동안 국제 안보를 위한 전례 없는 기회를 제공하리라는 확신을 공유하고 있다. 비록 과거는 끊임없는 전쟁과 갈등으로 점철되었지만, 국제 관계에는 국가 사이의 전통적 안보 경쟁을 완화할 기회를 창출하는 중요한 변화들이 일어나고 있다고 주장했다.

자유주의적 제도주의 또는 신자유주의로 알려진 이 접근은 대체로 현실주의의 틀 안에서 작동하지만 국제 제도가 협력과 안정을 달성하는 데 '구조현실주의자'들이 생각하는 것보다 더 중요한 역할을 한다고 주장한다(제6장 참조). 코헤인^{R. O. Keohane}과 마틴^{L. Martin}(1995: 42)에 의하면 "제도는 정보를 제공하고 거래 비용을 줄이며, 신뢰를 증

요점정리

- 현실주의자와 신현실주의자들은 항구적인 불안 문제를 강조한다.
- 일부 학자들은 '안보 딜레마'가 국가 간 갈등의 근본적인 원인이라고 본다.
- 신현실주의자들은 평화와 안정의 달성에 국제 제도가 가지는 중요성을 부인한다.
- 이에 비해 오늘날 자유주의적 제도주의 또는 신자유주의에 속한 학자들과 정치가들은 국제 제도가 국제 안보를 달성하는 중요한 기제라고 생각한다.
- 자유주의적 제도주의자들은 국제 관계에서의 군사력의 중요성 같은 현실주의 가정들을 대부분 수용하지만, 제도가 국가 사이의 안보 경쟁 위험을 완화하는 협력의 틀을 제공할 수 있다고 주장한다.

진시키고 조정의 접점을 제공하여 전반적으로 상호성의 작용을 촉진한다." 이러한 생각을 지지하는 사람들은 유럽 국가들 사이의 전통적 적대 관계를 극복하는 데 유럽의 정치·경제 제도가 중요했다는 점을 지적한다.

자유주의적 제도주의자들은 국가 권력과 다양한 이익에 따라 제약되는 세계에서 상호성을 기반으로 작동하는 국제 제도는 항구적인 평화의 최소한의 구성 요소가 될 것이라고 주장한다. 다시 말해 국제 제도 자체가 국제 체제에서 전쟁을 제거하지는 못하지만, 국가 사이의 협력을 강화하는 중요한 역할을 할 수 있다는 것이다.

대안적 접근

'구성주의' 이론

스스로를 '구성주의 이론가'라고 일컫는 일군의 학자들은 국제 관계가 권력 정치에 따라 영향을 받을 뿐만 아니라 관념과 정체성에 의해서도 영향을 받는다고 주장한다. 이 시각에 따르면 국제 정치의 근본 구조는 완전히 물질적이라기보다는 사회적이다. 사회구성주의자들은 이 점에 착안하여 우리가 국제 관계에 대해 생각하는 방식을 바꿈으로써 국제 안보를 증진하는 근본적인 변화가 가능하다고 주장한다(제9장 참조).

어느 면에서 알렉산더 웬트Alexander Wendt 같은 사회구성주의자들은 국제 정치에 대한 현실주의의 주요 가정 가운데 상당 부분을 공유하고 있다. 예를 들면 이들은 국가가 국제 정치와 국제 안보 연구에서 중심적인 대상이라는 점을 인정한다. 또한 국제 정치는 무정부 상태이며, 국가는 흔히 공격적 능력을 구비한다고 생각한다. 이들은 국가가 다른 나라의 의도에 대해 완전히 확신하지 못하며, 생존하고자 하는 근본적인 욕구가 있고, 합리적으로 행동하고자 한다고 본다. 웬트 같은 일부 학자들은 또한 스스로를 구조주의자로 간주한다. 다시 말해 개별 국가의 이익은 상당한 정도로 국제 체제의 구조에 따라 구성된다고 보는 것이다.

그러나 구성주의자들은 국제 정치를 신현실주의자들과는 매우 다른 각도에서 바라본다. 신현실주의자들은 국제 체제의 구조가 단지 물리적 힘의 분포로 이루어진다고 본다. 이에 비해 구성주의자들은 구조가 사회적 관계의 산물이라고 간주한다. 사회적 구조는 공유된 이해와 기대 및 지식 같은 요인들로 이루어진다. 이러한 예로 안보 딜레마는 간주관적 이해로 구성되는 사회적 구조로서 국가들이 서로를 불신하기 때문에 서로의 의도에 대해 항상 최악의 경우를 가정하고, 그 결과 자국의 이익을 '자조' 차원에서 정의하게 된다고 웬트는 주장한다. **안보 공동체**security community(예를 들어 북대서양조약기구)는 이와 대조되는 매우 다른 사회적 구조로서 국가들이 서로를 신뢰하면서 분쟁을 전쟁 없이 해결하고자 하는 공유된 지식과 정체성으로 구성된다.

공유된 지식 구조에 대한 강조는 구성주의자들에게 매우 중요하다. 사회적 구조는 탱크와 경제 자원 같은 물질을 포함하지만, 이 물질들은 그것들이 포함된 공유된 지식 구조를 통해서만 의미를 얻는다. 권력 정치 또는 현실 정치realpolitik 개념은 국가들이 이 개념을 국제 정치의 기본 법칙으로 인정하는 한도 안에서만 의미를 가진다. 사회구성주의자들이 주장하는 바에 따르면 권력 정치는 국가의 행동에 영향을 미치는 개념이기는 하지만, 국가 사이에 발생하는 모든 행위를 설명해 주지는 못한다. 국가는 법의 지배나 제도적 협력 및 제약의 중요성 같은 다른 개념의 영향을 받는다. 웬트는 자신이 쓴 논문「무정부 상태는 국가들이 만드는 것이다Anarchy is What States Make of It」

(1992)에서 안보 딜레마와 전쟁은 자기실현적 예언의 결과라고 주장한다. '상호성의 논리'는 국가들이 권력의 의미에 대한 공유된 지식을 얻고, 그에 따라 행동함을 의미한다. 마찬가지로 재보장 정책은 국가들을 조금 더 평화로운 안보 공동체로 움직이게 함으로써 공유된 지식 구조를 가능하게 해 준다고 웬트는 주장한다(Wendt, 1999).

구성주의자들은 안보 딜레마를 불가항력적인 것이 아니라고 보지만, 거기에서 탈피할 수 있는지에 관해서는 의견이 다양하다. 일부 논자들은 구조가 사회적으로 구성된다고 해서 반드시 변할 수 있다고 보지는 않는다. 이 점은 "때로는 사회적 구조가 행동을 제약해서 변용 전략이 불가능하다"라는 웬트의 주장에 반영되어 있다(Wendt, 1995: 80). 그러나 다른 구성주의자들은 조금 더 낙관적이다. 이들은 1980년대 후반에 미하일 고르바초프Mikhail Gorbachev가 도입한 관념이 냉전의 종식에 관한 공유된 지식을 창출한 결과 초래된 변화를 지적한다. 양 진영 모두가 냉전이 끝났음을 인정하자 실제로 냉전은 끝났다. 이러한 시각에서 보면 사회적 구조의 결정적인 역할을 이해하는 것은 갈등보다 협력을 지향하는 상호 작용의 정책과 과정을 개발하는 데 중요하다. 낙관론 입장에서 보면 국제 체제에는 국가들이 항구적인 경쟁적 권력 투쟁에 몰입하기보다는 평화로운 사회적 변화를 추구하게 해 주는 '틈새'가 충분히 있다고 할 수 있다.

비판 안보, 페미니즘 안보, 다면discursive 안보 연구

이념과 물질적 요인 사이의 관계에 대해서 구성주의자와 현실주의자 사이에 인식 차이가 있지만 두 시각은 국제 안보에서 국가가 중심적인 역할을 한다고 보는 점에서는 일치한다. 이들에 비해 국제 관계에서 국가가 지나치게 강조되고 있다고 보는 이론가들이 있다. 키스 크라우스Keith Krause와 마이클 윌리엄스Michael Williams는 비판 안보 연구를 이렇게 정의한 바 있다. "오늘날 안보의 본질에 관한 논쟁은 안보가 과연 누구에게 무엇을 가리키는지에 관한 근거 없는 가설과 심층적인 이론적 문제 위에서

떠다니고 있다. (…) 이러한 논쟁들은 상호 연관된 두 가지 관심사, 즉 안보가 무엇이며 그것을 어떻게 연구할 것인가 하는 관심사를 공유하고 있다."(1997: 34) 이들은 또한 국가의 역할을 더 이상 강조하지 않고 안보를 다른 방식으로 재정의하기를 원한다. 하지만 비판 안보 연구에는 다양한 접근법이 포함되어 있다. '페미니즘 접근'이나 '탈구조주의 접근' 같은 시각들이 이에 속한다(Buzan and Hansen, 2009). 이 시각들은 다른 장에서 상세히 다루어지기 때문에 여기서는 간략히만 언급하겠다.

로버트 콕스Robert Cox는 문제 해결 이론과 비판 이론을 구분한다. 문제 해결 이론가들은 기존 체제 안에서 활동한다. 그들은 기존의 사회·정치적 관계와 제도를 분석의 출발점으로 삼아 여기에서 비롯되는 문제들이 어떻게 해결되고 개선될 수 있는지를 보고자 한다. 이에 비해 비판 이론가들은 기존 관계와 제도가 어떻게 성립되었는지 그리고 그것들을 변화시키기 위해 무엇이 필요한지에 주의를 기울인다. 비판 안보 이론가들은 국가가 분석의 중심이 되어서는 안 된다고 주장하는데, 그 이유는 국가들의 성격이 너무 상이할 뿐 아니라 국가 자체가 흔히 국제 체제 내 불안 문제의 일부이기도 하기 때문이다. 국가는 안보의 제공자인 동시에 자국 국민에 대한 위협의 근원이기도 하다.

그러므로 이 시각은 국가보다는 개인에게 주의를 기울여야 한다고 주장한다. 이로 인해 1970년대와 1980년대 이후 인간 안보에 더 많은 관심이 집중되었고, 안보의 개념은 빈곤, 질병, 환경 악화와 같은 영역을 포함하도록 더욱 확대되었다. 이 개념은 마부브 알 하크Mahbub al Haq 및 아마르티아 센Amartya Sen과 같은 비서구 학자들이 주로 개발했는데, 이들은 전통적인 국가 안보 접근 방식이 문화적, 민족적, 종교적 차이로 인해 발생하는 갈등을 충분히 고려하지 않는다고 생각했다. 아미타브 아차리아에 따르면 "안보에 대한 가장 시급한 도전은 과거와 같은 강대국 경쟁이나 국가 간 전쟁이 아니라 국가 행위자의 군사 행동에 저항하고 국제사회의 경제적, 정치적, 규범적 조치를 요구하는 여러 복잡한 형태의 내부 갈등과 과

도기적 도전에서 비롯된다." 그는 우리가 과거보다 훨씬 더 다양하고 훨씬 더 복잡한 세계의 출현을 경험하고 있으며 이로 인해 지구적 안정과 질서에 대한 새로운 도전과 접근 방식이 발생한다고 주장한다. 이에 비추어 그는 지구화로 인해 야기된 도전을 고려할 때 평화에 대한 현대적 위협에 초점을 맞춘 새로운 지구적 국제 정치Global International, Politics 접근 방식을 촉구한다(Acharya 2014c).

여러 측면에서 인간 안보는 논쟁의 여지가 있는 개념이다. 일부 비평가들은 인간 안보가 '안보'의 의미의 경계를 과도하게 넓히고 확실한 개념적 가치를 갖기에 너무 모호하다고 주장한다. 다른 이들은 내부 갈등에 초점을 맞춤으로써 현재 국제 관계에서 일어나고 있는 매우 위험한 지정학적 변화를 간과한다고 지적한다. 또한 비평가들은 그것이 너무 도덕적일 뿐만 아니라 실제로 달성할 수 없고 비현실적이라고 주장한다. 이 개념을 지지하는 사람들 사이에서도 더 큰 '공포로부터의 자유'에 대한 필요성에 초점을 맞추는 사람들과 더 많은 '결핍으로부터의 자유'에 대한 필요성을 강조하는 사람들 사이에 이견이 존재한다. 그러나 다른 지지자들은 둘 사이에 상당한 중복이 있으며 인간 안보를 연구하는 데 둘 다 중요하다고 주장한다. 모든 지지자에게 인간 안보는 과거에는 조명받지 못했던 국제 안보에 대한 비서구적 접근 방식을 제공하며 새로운 세계 질서를 이해하는 데 필수적인 개념이다.

인간 안보 접근법을 옹호하는 학자들은 이 접근법이 국제 분쟁을 연구하는 페미니스트 학자들과 밀접하게 관련된다고 주장한다. 페미니스트 학자들은 또한 국제 안보 연구에서 국가의 중심적 역할에 대한 전통적인 강조를 비판한다. 페미니스트 학자들 사이에도 상당한 차이가 존재하지만 이들은 국제 정치, 특히 국제 안보에 관한 대부분의 저작이 '남성적' 시각에서 쓰였다고 보는 점에서 의견이 일치한다(제11장, 제19장 참조). 티크너J. A. Tickner는 여성들이 남성들 못지않게 갈등의 영향을 받지만 "안보 연구에서 거의 주목을 받지 못하고 있다."라고 주장한다. 전쟁에서 발생하는 사상자와 난민 가운데 압도적 다

수는 여성과 어린아이들이며, 보스니아 전쟁이 보여 주듯이 강간은 흔히 전쟁의 도구로 사용된다(Tickner, 1992).

페미니즘의 입장에서 안보를 연구한 주요 저작 가운데 하나인 『바나나, 해변 그리고 군사기지 Bananas, Beaches and Bases 』(1989)에서 신시아 인로 Cynthia Enloe 는 특권과 통제의 가부장적 구조가 모든 형태의 폭력을 효과적으로 정당화하고 있다고 지적한다. 인로는 국제 관계에서 여성이 전통적으로 배제되어 왔음을 부각시키면서 "여성은 국제 관계에서 사실상 매우 중요한 역할을 하며, 국가는 권력 분배 측면에서 안보 기관보다 더 성적으로 편향되어 있다."라고 주장한다(Terriff et al., 1999: 91). 또한 그녀는 '국가 안보'라는 용어가 국가를 외부의 침략에서 방어하기보다는 현존하는 남성 지배적 질서를 보존하기 위해 사용되고 있다고 비판한다.

페미니스트 학자들은 안보 연구에서 젠더 문제가 조금 더 확실히 다루어질 때 안보 의제에 새로운 쟁점과 대안적 시각이 도입될 수 있을 뿐 아니라, 국제 안보의 속성에 대해 근본적으로 다른 성격의 시각이 가능해질 것이라고 주장한다. 질 스틴스Jill Steans에 의하면 "안보를 다시 생각한다 함은 군사주의와 가부장제, 왜곡과 환경 파괴까지 포함한다. 그것은 빈곤과 부채, 인구 증가의 관계까지도 고려하는 것이다. 자원과 그 분배 또한 고려되어야 한다."(Steans, 1998; Smith, 2000)

최근 국제 관계 연구에서 탈구조주의의 등장은 국제 안보에 대한 독특한 시각을 낳고 있다. 탈구조주의 학자들은 국제 정치와 안보를 이해하기 위해 이념과 담론, 그리고 '해석의 논리'가 필수적이라는 시각을 공유하고 있다. '비판 안보 연구' 접근을 취하는 학자들과 마찬가지로 탈구조주의자들은 '현실주의'를 국제적 불안의 핵심 문제 가운데 하나로 간주한다. 왜냐하면 현실주의는 과거 국제 정치를 지배하고 국가 사이의 안보 경쟁을 조장한 권력과 법칙에 관한 담론이기 때문이다. 권력 정치는 전쟁을 초래하는 행동을 권장하는 세계의 이미지로 비친다. 세력 균형을 이루려는 시도는 그 자체가 전쟁으로 이어지는 행동의 일부다. 이러한 시각에 따르면 동맹은 평

화를 낳지 못하고 전쟁으로 이어진다. 따라서 상당수 탈구조주의자들의 목표는 현실주의 담론을, 예를 들면 '국가 안보'에 대한 위협 요인을 다르게 설명하는 담론과 대안적 해석으로 교체하는 것이다. 여기서 기본 발상은 일단 사람들이 자신들의 머릿속에 넣고 다니는 현실주의 '소프트웨어' 프로그램을 협력적 규범에 입각한 새로운 '소프트웨어' 프로그램으로 교체하면 개인, 국가, 지역 모두 서로 협력하는 법을 배우게 될 것이며, 지구 정치가 더욱 평화로워지리라는 것이다.

┃ 요점정리 ┃

- 구성주의 사상가들은 다음 두 가지 기본 가정을 가지고 있다. (1) 국제 정치의 근본 구조는 사회적으로 구성되며, (2) 우리가 국제 관계에 관해 생각하는 방식을 바꿈으로써 국제 안보를 증진할 수 있다.
- 일부 구성주의자들은 신현실주의의 가정을 상당 부분 받아들인다. 그러나 이들은 '구조'가 물리적 힘의 분포로만 이루어진다는 시각은 거부한다. 이들은 물리적 힘과 더불어 공유된 지식과 관행으로 정의되는 사회적 구조의 중요성을 강조한다.
- 비판 안보 이론가들은 기존 연구들이 국가를 지나치게 강조한다고 주장한다.
- 인간 안보의 개념은 개인에 초점을 맞추고 빈곤, 질병, 환경 악화로 인해 발생하는 위협에 중점을 둔다.
- 페미니스트 학자들은 전쟁이 남성과 여성에게 다른 영향을 미침에도 불구하고 국제 안보 연구에서 젠더 문제가 간과되는 경향이 있다고 주장한다.
- 탈구조주의 학자들은 안보에 대해 우리가 생각하고 말하는 방식을 바꾸면 국제 정치의 본질이 바뀔 수 있다고 본다.

지구화와 지정학의 부활

최근 몇 년간 학자들 사이에서는 우리가 살아가고 있는 이 변화하는 세계에서 '지구화'와 '**지정학**geopolitics'이 양립 가능한지 여부에 대한 논쟁이 이어졌다. 또한 세계가 '비전통적인 행위자들이 가세한 전통적인 권력 역학'으로 되돌아갈 것인가, 혹은 전통 경성 군사력보다 연성 권력의 중요성을 기반으로 '새로운 지정학'이 성공적으로 등장할 수 있을 것인가에 대해서도 논쟁이 거듭되었다. 다음에서는 이러한 최근의 중요한 논쟁들을 다루고자 한다.

일군의 학자들은 '지구화'와 '지정학'이 근본적으로 다른 정책 접근을 대표한다고 주장한다. 브라이언 블루엣Brian Blouet(2001)은 "지정학적 정책들은 영토에 포함되는 공간과 자원, 도로, 산업 능력과 인구에 대하여 국가적 혹은 제국적인 통제를 확립하고자 한다."라고 주장한다. 반면 그는 지구화를 "재화, 자본, 그리고 관념의 자유로운 흐름을 위한 국가 공간의 개방"이라고 보았다. 그에 의하면 "지구화는 이동의 장애를 제거해 상품과 서비스의 국제 무역이 확대될 수 있는 여건을 조성한다." 또 다른 저자인 엘런 프로스트Ellen Frost는 지구화가 세계를 급진적으로 변화시킨다고 주장했다. 그녀의 주장에 따르면, 우리는 독립적인 네트워크들과 흐름이 전통적인 경계를 극복하는 (혹은 이들을 쓸모없게 만드는) 더욱 "상호 연관된 세계 체제"를 향하여 움직이고 있다. 프로스트에게 "외부 위협들은 점점 더 초국가적인 형태를 띠는데", 이는 세력 균형과 국가 간의 충돌을 강조하는 전통적인 지정학을 상당히 부적절하게 만든다(Kugler and Frost, 2001).

그러나 모든 학자가 지구화와 지정학이 양립 불가능하다는 (그리고 지정학은 더 이상 중요하지 않다는) 입장에 동의하는 것은 아니다. 더글러스 스트러샌드Douglas E. Streusand(2002)는 "역사적인 영향력으로서나 정책 대안으로서나" 두 개념이 대립된다는 생각을 거부했다. 그는 "지구화 시대에 지정학적 분석이 더 이상 필요 없는 것은 아니다"라며 "지정학적 분석에서 도출된 핵심 정책들이 지구화의 원칙들에 위배되지 않는다."라고 주장했다.

이러한 입장을 취하는 사람들은 지정학의 전통적인 관념들이 21세기에도 변함없이 중요하고, 실제로 점점 더 중요해지고 있다고 주장한다. 이러한 관념들은 해퍼드 매킨더Halford Mackinder, 니컬러스 스파이크먼Nicholas Spykman과 같은 저자들의 저작에 기인하였다. 매킨더의 생각, 특히 다음과 같은 금언들은 제1차 세계대전 이후 굉장히 큰 영향력을 발휘했다.

- 동유럽을 지배하는 자가 중심부Heartland를 지배한다.
- 중심부를 지배하는 자가 세계도World Island를 지배한다.
- 세계도를 지배하는 자가 세계를 지배한다.

(Mackinder, 1919)

이러한 인식은 제2차 세계대전과 냉전 기간에 스파이크먼 같은 저자들에 의해 발전되었는데, 그는 특정한 국가가 유라시아를 지배하지 못하도록 방지함으로써 새로운 패권의 등장을 막을 필요가 있다고 강조하였다. 매킨더의 주장에 부응하여 스파이크먼은 "주변 지역을 장악하는 자가 유라시아를 지배하고, 유라시아를 장악하는 자가 세계를 지배한다."라고 주장했다(Spykman and Nicholl, 1944). 이러한 발상은 1946년 소련에 대한 봉쇄 정책과 북대서양조약기구 동맹의 탄생으로 이어졌다.

냉전의 종식과 함께 유라시아 패권국 등장의 위협은 멀어졌다. 그러나 최근 로스 먼로Ross Munro와 리처드 번스타인Richard Bernstein과 같은 저자들의 저작에서 '주변 지역Rimland'의 중요성이 다시 등장하고 있다. 그들의 관심은 환태평양 지역과 중국의 부상에 집중되어 있다. 그들의 주장은 다음과 같다.

미국과 아시아 동맹 및 우방들에게 핵심적인 문제는 점점 더 강력해지는 중국이 그 지도자들의 의도대로 아시아를 지배하게 될 것인가, 혹은 미국이 일본과 협력하여 중국이 강대국으로 등장하고 결국은 초강대국의 지위에 오르는 일을 막을 수 있을 것인가 여부다. 이 문제는 아시아의 동쪽 가장자리rim, 즉 극동 러시아에서 시작하여 한반도, 일본, 대만을 거쳐 아마도 필리핀과 인도네시아까지 이어지는 선에서 판가름 날 것이다.

(Bernstein and Munro, 1998)

번스타인과 먼로에 따르면 전통적인 지정학은 여전히 중요하고, 이는 미국의 대전략에 중대한 전환을 요구한다. 오바마 행정부가 중동에서 태평양으로 미국의 전략적 우선순위를 조정한(혹은 '회귀한') 것은 이러한 지정학적 분석이 미국의 전략적 사고에서 중요한 요인이라는 것을 나타낸다. 마찬가지로 중국의 부상과 남중국해와 동중국해의 섬들과 관련한 중국의 정책 역시 중국이 유사한 전략적 사고를 하고 있다는 것을 반영한다([사례연구 14-2] 참조). 그레이엄 앨리슨Graham Allison은 미국과 중국이 현재 '투키디데스' 함정에 빠져 있다고 주장했다. 이는 부상하는 강대국인 아테네와(현대 중국과 유사)과 기존의 군사 패권인 스파르타(현대 미국과 유사) 간의 기원전 5세기 충돌을 의미한다. 앨리슨에 따르면, 서로를 존중하지 않는 한 비극이 일어날 가능성이 크다(Allison, 2017).

현대 국제 관계의 특징은 지구화에 대한 중요한 도전과 지정학의 역할에 대한 강조이다. 부분적으로 세계화의 영향을 받기도 한 미국과 유럽에서의 포퓰리즘의 부상은 민족주의와 무역 전쟁의 급격한 증가를 가져왔다. 많은 사람은 특히 도널드 트럼프 미국 대통령의 재임이 국제 질서에 파괴적인 영향을 미쳤다고 생각한다. 트럼프 대통령은 "미국을 다시 위대하게Make America Great Again"라는 구호로 선출되었으며, 당선 이후 제2차 세계대전 이

이 지역 영토 분쟁의 기원은 수 세기 전으로 거슬러 올라가지만 남중국해 및 동중국해에서 중국과 이웃 국가들 간의 (그리고 이웃 국가들 내부에서의) 긴장은 최근에 급격히 고조되었다. 남중국해에서의 분쟁은 사람이 살지 않는 여러 산호섬(특히 스카보러섬)과 암초들을 포함한 파라셀군도[시사군도(西沙群島)]와 스프래틀리군도[난사군도(南沙群島)]의 영유권이 핵심이다([그림 14-1] 참조). 동중국해에서의 분쟁은 대체로 일본, 중국, 대만 사이에 중국명으로는 댜오위군도(釣魚島), 일본명으로는 센카쿠열도(尖閣列島)를 둘러싼 것이다([그림 14-2] 참조). 이러한 분쟁으로 인해 태평양 지역의 불안이 커지고 있다.

남중국해 분쟁

파라셀군도와 스프래틀리군도를 둘러싼 주된 분쟁은 중국과 베트남 사이의 분쟁이다. 중국은 2000여 년 전부터 이 군도에 대한 역사적 권원을 가졌다고 주장한다. 대만도 중국과 비슷한 주장을 하고 있다. 베트남은 이러한 역사적인 주장들을 거부하고 17세기부터 베트남이 두 도련island chains을 모두 지배해 왔다고 주장한다. 필리핀 또한 스프래틀리군도에 대한 영유권을 주장하는데, 이는 필리핀이 이 군도에 지리적으로 가깝기 때문이다. 더 나아가 필리핀은 스카보러섬을 둘러싸고 중국과 분쟁을 겪고 있는데 이 섬은 필리핀으로부터는 100마일 거리에, 중국

으로부터는 500마일 거리에 위치해 있다. 한편 말레이시아 역시 스프래틀리군도의 일부 지역이 자국의 배타적 경제수역에 포함된다고 주장하면서 문제는 더욱 복잡해졌다.

가장 심각한 것은 중국과 베트남 사이의 분쟁이다. 1974년 중국은 베트남으로부터 파라셀군도의 일부를 탈취했고, 1980년대 후반에는 스프래틀리군도를 둘러싼 충돌로 베트남이 이 섬들을 추가로 상실하게 되었다. 긴장은 최근 들어 더욱 고조되고 있는데 이는 이 지역에 막대한 양의 천연가스와 원유가 매장되어 있다고 추정되기 때문이다. 최근 중국이 스프래틀리 인근의 천연자원을 개발하기 위해 해저 기지를 건설할 계획을 갖고 있다는 소문이 돌고 있다. 2018년에 베트남은 중국의 추가 매립 작업, 군용 활주로 및 군수 창고의 건설, 피어리크로스Fiery Cross 암초, 수비Subi 암초, 미스치프Mischief 암초에 대한 미사일 배치 소식에 점점 더 경각심을 갖게 되었다.

동중국해 분쟁

센카쿠열도라 불리는 여덟 개의 무인도와 암초들에 대한 일본의 영유권 주장은 이들이 일본의 영토로 편입된 1895년으로 거슬러 올라간다. 일본은 이 섬에 대한 영유권이 1951년 샌프란시스코조약에 의해 공인되었다고 주장한다. 이에 반해 중국은

그림 14-1 남중국해의 분쟁 지역
출처 : UNCLOS와 CIA

그림 14-2 동중국해의 분쟁 지역
출처 : UNCLOS와 CIA

댜오위군도가 고대부터 중국 영토의 일부였다고 주장한다. 대만 역시 이 군도에 대하여 유사한 주장을 하고 있다. 최근에는 일본 경비함과 중국 및 대만 어선 간에 충돌이 발생하기도 했다. 2010년 중국 어선이 관련된 충돌 이후 중국 선원들이 석방될 때까지 중국 여러 도시에서 반일 시위가 벌어지고 외교 항의가 잇따랐다. 2012년에는 중국과 일본의 활동가들이 다시 이 군도들에 상륙하면서 새로운 긴장이 조성되었다. 이 긴장은 일본 정부가 세 개의 섬을 개인 소유자로부터 사들이면서 더욱 고조되었다. 최근 몇 년 동안 분쟁 섬 근처의 중국 석유 굴착 시설을 둘러싸고 새로운 긴장이 발생했으며 2018년에는 일본이 대잠수함전 훈련의 일환으로 스카버러 숄 남서쪽 분쟁 해역에 잠수함을 파견했다.

이 두 사례에서 관련 국가들 간의 대규모 군사 충돌은 발생하지 않았으나, 분쟁이 재개되면서 지역 불안정이 고조되었다. 2016년 7월 헤이그 상설중재재판소는 필리핀이 제기한 남중국해 영유권 주장에 대해 중국에 패소 판결을 내렸다. 재판소는 중국이 영유권 주장의 근거로 내세우는 '9단선nine-dash line'이 현행 국제연합 해양법협약UNCLOS하에서는 불법이라고 판시했다. 중국은 판결이 근거가 없다고 반박하면서 이를 수용하지 않겠다고 선언했다. 그러나 최근에는 중국과 필리핀 사이에 화해가 이루어지고 있다.

태평양 국가(아프리카, 유럽, 중동, 미주 등도 포함하여)의 인프라 사업에 대규모 투자를 제공하는 중국의 '일대일로' 전략은 중국의 '진주 목걸이string of pearls' 전략이 남중국해에서 아프리카의 뿔까지 공군 및 해군 기지를 연쇄적으로 구축하기 위한 것이라는 우려를 호주·일본·인도 등에 불러일으켰다. 이에 따라 호주는 2018년 파푸아뉴기니에 미국의 지원을 받아 주요 군사 기지를 재개하게 되었고, 미국·호주·일본이 주도해 역내 중국 경제 외교에 대응하기 위해 해외 공동 투자를 위한 '우호국 동맹'을 구축했다.

질문 1 중국의 부상과 관련하여 '투키디데스의 함정'이라는 용어를 어떻게 이해하는가?

질문 2 '안보 딜레마'는 중국과 주변국 사이의 영토 분쟁에서 어떤 역할을 하는가?

후 보편적으로 퍼진 국제 질서의 여러 핵심 측면에 도전했다. 트럼프는 때때로 북대서양조약기구 동맹(한때는 "쓸모없다"고 말함)과 유럽연합에 대해 비판적이었다. 트럼프는 캐나다 및 멕시코와 무역 분쟁을 겪었고 중국과 주요 무역 전쟁을 시작했다. 그는 다수의 세계 군비 통제 협정에서 탈퇴했고, 이란에 맞서 이스라엘과 사우디아라비아를 지원했으며, 2015년에 체결된 기후 변화에 관한 파리 협정에서도 탈퇴했다. 동시에 그는 러시아가 미국 대선에 개입하고, 러시아와 국경을 접하고 있는 동맹국들을 포함한 다수의 미국 동맹국들에 대해 강력한 민족주의 외교 정책 의제를 추구하고 있는 상황에서도 러시아를 비판하는 것을 꺼려 왔다. 이는 많은 미국의 동맹국들 사이에서 트럼프가 1945년 이래로 미국이 주도해 온 기존의 국제 질서를 크게 훼손했다는 우려를 불러일으켰다. 결과적으로, 미국의 정책과 포퓰리즘의 광범위한 확산은 현대 국제 안보에 대한 중요한 위협으로 여겨진다. 그러나 트럼프 지지자들에게는 한반도 비핵화에 관한 북한과의 협상 가능성과 2015년 이란 핵 협정(이후 미국은 협정에서 탈퇴한다) 개선을 위한 이란에 대한 압박은 트럼프 대통령의 보다 급진적인 외교적 접근법이 보다 평화로운 결과를 가져올 수 있다는 것을 시사한다. 이것이 사실로 입증될지 여부는 시간이 말해 줄 것이다.

지정학 사고의 핵심에는 현실주의 개념, 즉 지역 혹은 세계 패권의 등장을 방지함으로써 세력 균형을 이루고 이를 통하여 세계 질서를 유지하는 것이 중요하다는 생각이 자리 잡고 있다. 하지만 지정학적 경쟁은 세계적인 혼란을 초래할 수도 있다는 큰 위험을 내포하고 있다. 이러한 위험은 오늘날 세계의 중요한 특징이다. 세계경제포럼 부회장인 에스펜 아이드Espen Barth Eide는 "최근의 사태는 국가 간 상호 작용에 지각 변동을 초래했다. 지정학과 현실 정치는 세계 경제와 정치, 사회에 광범위한 영향을 미치면서 다시금 중앙 무대에 등장했다."라고 지적한다(Barth Eide, 2014). 이러한 지적은 우크라이나와 크림반도를 둘러싼 서양 세계와 러시아 간의 갈등, 동중국해, 남중국해 섬을 둘러싼 중국과 주변국들 간의 긴장, 러시아와 중국 간의 전략적 파트너십 강화에 대한 서양의 우려, 2015년 이란 핵 합의를 둘러싼 P5+1과 이란 간의 이견에서 잘 드러난다. 또한 이라크와 시리아 내 이슬람국가 부활 대처 방안에 관한 복합적인 동맹 관계도 좋은 사례이다.

리처드 포크 Richard Falk는 지구화와 지정학 모두 오늘날 국제 정치에 유사하게 영향을 미친다는 색다른 시각을 제시한다. 포크는 전통적인 지정학이 "미국에 의해 주도되었고, 워싱턴으로부터 집행되었으며, 식민주의의 붕괴에도 불구하고 전 세계 안보 정책의 형성과 관련해서는 서양 중심적으로 지속되었다."라고 주장했다. 그에 의하면 이러한 '낡은 지정학'은 식민 질서의 붕괴나 미국의 상대적인 지위 약화와 같은 세계 질서에 별다른 함의를 제공하지 못한다는 문제가 있다. 그러나 그는 '낡은 지정학'이 특히 서양식 사고에 내재화되어 있는 한편, 군사력의 중요성에는 덜 의존하고 연성 권력의 중요성에 더 의존하는 '새로운 지정학'이 등장하고 있다고 주장한다. 지구화의 과정으로 더욱 강화된 이러한 추세는 브릭스 국가들의 등장과 다양한 비국가 행위자들의 중요성이 증가함에 따라 예증되었다. 또한 포크는 미국이 이라크와 아프가니스탄에서 '승리 없는 철군'을 한 것을 경성 군사력의 우월함이 '더 이상 폭력적인 충돌에서 원하는 정치적 결과를 얻게 하지 못한다'는 증거라고 주장한다. 이러한 맥락에서 미국은 '낡은 지정학'에서 주로 통용되는 군사력에 의존하는 것이 결국 '좌절과 패배'를 야기할 뿐이라는 것을 배워야 한다. 그의 말에 따르면, 문제는 여러 가지 이유로 인해 '낡은 지정학'의 오래된 건축가들이 실

패에서 배우지 못하고 있고, 그렇기 때문에 전쟁과 좌절의 순환이 재앙적인 결과와 더불어 계속된다는 것이다 (Falk, 2012).

요약하자면, 지구화와 지정학에 대한 상이한 견해들은 세계 질서에 관해 매우 다른 결론들을 제시한다. 일부 사람들은 지구화가 더 나은 평화와 안보를 제공할 것이라고 생각하는 반면, 다른 이들은 일부 국가와 비국가 행위자들이 지배적인 경제 및 정치의 현상 유지에 도전함에 따라 분열과 충돌이 심화할 것이라고 생각한다. 이와 유사하게 일부 사람들은 지정학이 세계에 과도하게 지배적인 국가가 등장하는 것을 방지하는 데 도움이 된다고 본다. 반면 다른 사람들은 특히 '낡은 지정학'이 끊임없는 폭력과 전쟁을 부추기는 사고를 야기한다고 본다. 우리가 살아가는 이 복잡한 세계에서 지구화와 지정학은 모두 강력한 영향력을 발휘하고 지구 안보에 모순되는 영향을 행사한다고 볼 수 있겠다.

요점정리

- 일부 저자들은 지구화와 지정학을 모순되는 개념으로 보는 반면, 다른 저자들은 둘 사이에 대립이 없다고 주장한다.
- 지정학에 관한 전통적인 관념들은 매킨더와 스파이크먼 등의 저작으로부터 기인한다.
- 두 개념에 대한 서로 다른 해석들은 평화로운 세계 질서가 어떻게 구축될 수 있는지에 대한 대안적인 관점을 제기했다.
- 실제로 지구 정치는 지구화와 지정학 둘의 영향을 모두 받고 있음이 드러난다.

맺음말

앞에서 소개한 지구 안보와 국제 안보 사이에 진행되는 논쟁의 중심에는 '안보'에 대해 다르게 생각하는 관점들

과 더불어 변화와 연속성의 문제가 있다. 여기에는 과거를 어떻게 해석할지의 문제와 지구화 과정의 결과로서 국제 정치가 근본적인 변화를 겪고 있는지에 대한 문제들이 포함된다. 국가 안보가 지구화의 동력에 의해 도전받는다는 사실은 의심할 여지가 없다. 지구화는 국가들이 더욱 긴밀하게 연결되게 하는 긍정적인 영향을 미치는 반면에, 다른 한편으로는 안보에 더욱 악영향을 미치기도 한다. 브레서턴과 폰턴이 주장했듯이 경제 지구화, 생태계의 상호 의존, 대량살상무기 위협 같은 문제들과 연관된 지구적 연결의 강화는 "국가들 사이의 협력이 과거보다 더욱 필요하다"는 의미다(Bretherton and Ponton, 1996: 100~101).

그러나 동시에 지구화는 부분적으로 그것이 야기하는 도전으로 인해 국제 안보에 부정적인 영향을 미치기도 한다. 지구화는 포퓰리즘의 부상, 분열, 정체성 정치, 급격한 사회 변화, 경제적 불평등의 증가, 테러리즘, 사이버 안보에 대한 위협([참고 14-1] 참조), 문화적·종교적 정체성에 대한 도전 등과 결부되어 국가 내부 및 국가 사이의 갈등을 야기한다. 특히 소셜 미디어는 최근 국제 안보의 주요 문제를 야기한 이슬람국가의 등장에 중요한 역할을 했다([참고 14-2] 참조). 지구화는 또한 대량살상무기와 관련된 기술을 비롯한 무기 기술의 확산을 촉진했으며, 이는 특히 다수의 군비 통제 협정에 대한 현대적

도전과 함께 국제적 불안정의 주요 잠재적 원인으로 남아 있다. 지구화의 이러한 이중적 효과는 한편으로는 국가의 안보 추구와 몇몇 국가의 일방주의를 강화시키고, 다른 한편으로는 국가들이 국민에게 안보를 제공하기 어려워짐으로써 다자주의 확대와 지구적 해결을 추구하도록 인도한다.

세계 정치에서 중요한 변화가 일어나고 있음에도 불구하고 국제 안보에 대한 전통적인 모호성은 계속되고 있다. 냉전의 종식과 동서 관계의 중심에 있던 핵 대결이 사라지면서 어느 면에서 세계는 인류가 살기에 더 안전한 장소가 되었다. 지구화의 일부 과정과 대체로 협조적인 국제 제도의 효과는 국가 간 안보 딜레마의 경쟁적 측면을 완화하는 데 중요한 역할을 하고 있다.

그러나 이러한 추세는 세계 질서를 위협하는 지정학적 변화와 지역 분쟁으로 인해 상당 부분 상쇄되고 있다([참고 14-3] 참조). 군사력은 국가 내부 및 국가 사이 분쟁에서 여전히 중요한 심판자 역할을 하고 있으며, 현상유지를 거부하는 테러리스트 운동에 사용되는 무기도 마찬가지다. 또한 세계 도처에서 재래식 군비 경쟁이 지속되고 있다. 핵무기, 화학무기 및 생물학무기는 일부 글로벌 무기 통제 협정이 붕괴하기 시작하면서 많은 국가의 안보 계산에 여전히 중요한 영향을 미치고 있다. 광적이고 야심 찬 정치인들이 일부 국가의 정부 수반을 맡

지구화와 사이버 전쟁

참고 14-1

"사이버 전쟁으로 초래될 수 있는 피해는 원칙적으로 무제한이다. (…) 핵무기와는 달리 공격이 어디서부터 오는지 알 수 없고 (…) 억지도 불가능하다. 사이버 공격이 있었다 해도 아무도 말하지 않는다."

(Professor Sir Michael Howard)

"지구화는 사이버 전쟁이라는 새로운 유형의 전쟁을 탄생시켰다. 30개국 이상이 전략적 수준의 사이버 공격을 감행할 역량

을 보유하고 있다. 수많은 국가의 기반 시설이 서로 연결됨으로써 일국의 한 분야에 대한 성공적인 사이버 공격은 그 나라 혹은 이웃 국가의 다른 섹터에도 부정적인 파급 효과를 미친다. 실로 의도적이든 의도적이지 않든 간에 이 부정적 여파는 지구 전체로 쉽게 퍼진다."

(Antuliuo J. Echevarria II, *Globalization and the Nature of War*(Carlisle: Pennsylvania, 2003))

지구화의 렌즈로 본 이른바 이슬람국가ISIS

참고 14-2

"이슬람국가는 전 세계의 불만을 가진 사람들로부터 지원을 받는다. 이들이 소셜 미디어를 통해 자신들을 홍보하는 방식은 과거의 분쟁에서 전투원이나 시민사회, 혹은 개인들이 그들의 주장에 대한 관심을 끌기 위해 사용했던 방식을 모방하고 있다. 이들을 지원하는 네트워크는 초국가적으로 매우 다양하고 복합적이다. (…) 이들의 목표는 칼리프 체제의 복원이며 (…) 이는 국가 중심의 현 국제 체제 유지와는 완전히 상반되는 것이다. 이슬람국가는 단순한 '위협'이나 '잔인한' 범죄 조직이라기보다는 (…) 현상을 극렬하게 반대하는 새로운 유형의 비국가 행위자를 대표한다고 봐야 한다. (…) 이는 확실히 우리가 상상할 수 있는 비국가 행위자 중 최악의 유형을 대표한다."

(Philip Leech, Middle East Monitor, 30 September 2014)

세계 질서에 대한 대안적 현대적 관점

참고 14-3

"최근 몇 년 동안 우리는 자유주의 질서와 그것을 보호하는 제도가 꾸준히 잠식되는 것을 보아 왔다. 많은 국가의 시민들이 보편적 가치에서 멀어져 민족, 인종, 종파주의라는 오래된 유대를 추구했다. 그들은 이민자, 난민, 소수자 집단에 대해 점점 더 분개하게 되었다. 그들은 경제적으로 내향적으로 돌아섰고 통합보다 보호주의를 우선시했다. 그들은 권위주의를 환영했고 권력자 정치를 받아들였다. (…) 그들은 자유주의 개념 자체를 포기하고 세계 질서를 유지하는 데 필요한 근본적인 의지를 외면했다."

(John McCain)

"오래된 자유주의 국제 질서는 서구에서 설계되고 건설되었다. 브라질, 중국, 인도 및 기타 빠르게 부상하는 국가들은 서로 다른 문화적, 정치적, 경제적 경험을 갖고 있으며 반제국주의 및 반식민주의 과거를 통해 세계를 본다. 그들은 여전히 기본적인 발전 문제와 씨름하며, 선진 자본주의 국가들의 우려를 공유하지 않는다."

(G. John Ikenberry)

"세계 정치의 전통적인 중심들은 새로운 세계 질서를 수립하는 데 주도적인 역할을 할 수 없다. (…) 이전의 얄타 기반의 세계 정치체제는 거의 파괴되었다. (…) 그러나 그것을 대체할 체제가 없다. 세계는 점점 더 혼돈으로 치닫고 있다. (…) 지난 20년 동안 러시아와 중국은 '다극 체제 세계'를 국제 관계를 위한 가장 지속 가능하고, 신뢰할 수 있고, 공정한 구조라고 선전해 왔다."

(Igor Ivanov)

고 있다. 지구화 자체에 수반되는 다양한 가치와 긴장뿐만 아니라 문화적 차이는 광범위한 중요한 문제에 대한 지구적 합의의 도출을 어렵게 만든다. 수자원, 식량, 에너지, 대규모 이주가 모두 잠재적인 갈등의 원인이며 지정학적geopolitical 및 지전략적geostrategic 변화가 전개됨에 따라 앞으로 몇 년 동안 강대국 관계가 어떻게 발전할지는 불분명하다. 또한 한 논평가가 '국제 제도의 위기'라고 부른 현상과 관련된 다양한 안보 이슈가 남아 있다(Weiner, 1995).

최근 몇 년 동안 트럼프 대통령이 추구한 외교의 파괴적인 효과와 더불어 다른 '스트롱 맨 리더'의 등장에 따른 도전으로 인한 불확실과 불안의 시대에, 지구화에 연관된 파편화와 통합의 힘이 전통적인 정체성을 동요시키며, 이에 따라 국가 내부 및 국가 사이의 관계가 복잡해짐에 따라 개인과 사회의 불안은 점점 더 분명해지고 있다.

여러 면에서 현대 국제 정치의 특징은 '안보 역설'로 설명할 수 있다. 서양의 많은 사람은 제2차 세계대전 이후 국제 안보가 규칙에 기반한 서양 자유주의 국제 질서에 의해 대체로 세계적 수준에서 유지되어 왔다고 주장한다. 그러나 최근 몇 년 동안 그 질서는 그것이 서양의 이익에만 기여하고 비서양 국가와 비국가 행위자의 안보를 훼손한다는 주장으로 인해 도전을 받았다. 또한 미국과 일부 서양 국가들은 일부 독재 정권이 자신들의 이익에 반해 지배적인 질서를 악용하고 있다는 불안감을 느꼈다. 지배적인 질서의 부당성을 완화하거나 심지어 뒤집으려는 일부 사람들의 시도는 현대의 더 큰 국제 불안을 초래했다. (안토니우 구테흐스Antonio Guterres 국제연합 사무총장에 따르면) 무법 상태가 '뉴 노멀'이 되고 있다. 이런 의미에서 지배적인 국제 질서는 안정성과 불안정성을 동시에 가지고 있다. 따라서 이 시대의 가장 큰 도전 중 하나는 세계 질서를 재고하거나 갱신하는 것이다. 이것이 이루어지지 않을 경우, 오산의 위험이 있어 장래에 심각한 국제적 갈등을 초래할 수 있다.

더 평화로운 세계를 향한 패러다임의 움직임이 국제 정치에서 일어나고 있다거나 실제로 그러한 영구적인 전환이 가능하다는 징후는 보이지 않는다. 역사의 경험적 증거와 현재의 여러 사건은 주의가 필요함을 시사한다. 과거의 예를 보면 더욱 협조적인 국가 간(그리고 집단 간) 관계가 지속되면 희망이 보인다는 착각을 흔히 불러일으키고, '항구적인 평화'가 가능하리라는 근거 없는 행복

감을 갖게도 한다. 그러나 국제 체제의 구조, 지정학적 도전, 특정 정치체제, 인간의 본성 그리고 민족주의와 지구화의 힘은 모두 개인, 국가 또는 국제 제도가 기능하는 방식에 중요한 제약 요인을 제공한다. 세계의 정치 지도자들 다수가 국제 안보와 지구 안보에 대한 현실주의적 태도에 집착하는 것 또한 마찬가지다(제6장 참조). 이와 유사하게 '지정학'과 관련된 최근의 논의와 담론 역시 자기 예언적으로 성취될지도 모른다.

그렇다고 해서 평화로운 변화의 여지가 없다거나 세계 정치에 대한 새로운 관념과 담론이 현대 세계 안보의 복잡성을 이해하고 국제적 긴장과 갈등을 줄일 기회를 여는 데 중요하지 않다는 뜻은 아니다. 하지만 다양성과 불신, 불확실성이 지속되는 세계에서 보다 협력적인 지구 안보를 추구하는 것은 내외부의 위협으로부터 분파적, 종교적, 민족적, 지역적 안보를 추구하기 위해 국가 및 기타 공동체가 당면한 압박과 상충될 가능성이 크다. 국제 안보와 지구 안보가 달성 가능한지, 그리고 그것을 어떻게 달성할 수 있을지에 대한 문제는 허버트 버터필드Herbert Butterfield가 한때 주장했듯이 국제정치학자와 정치가들이 깨뜨려야 할 '가장 단단한 알맹이'로 남아 있다. 바로 그런 이유로 지구 안보 연구는 흥미롭고도 중요한 과제다.

1. 안보 개념에 논란의 소지가 있는 이유는 무엇인가?

2. 전통적인 현실주의 학자들은 왜 국가 안보에 초점을 맞추는가?

3. 전쟁은 왜 일어나는가?

4. 국가들은 왜 서로 협력하기 어려운가?

5. 자유주의적 제도주의가 설득력 있다고 생각하는가?

6. 민주주의 국가들이 더 평화로운 이유는 무엇인가?

7. 국제 안보에 대한 '구성주의', '인간 안보', '페미니스트', '탈구조주의적' 견해는 '신현실주의'
   의 견해와 어떻게 다른가?

8. 포퓰리즘과 '강력한 지도자'의 부상이 국제 안보의 미래에 대해 시사하는 바는 무엇인가?

9. 중국의 부상은 21세기의 위대한 지정학적 이야기인가?

10. 새로운 세계 질서는 어떤 모습일까?

이 장의 객관식 문제를 풀어 보면서 학습 내용을 잘 숙지하고 이해했는지 평가해 보자.

• www.oup.com/he/baylis3xe

International law

개요

이 장에서는 근대 국제법의 성격과 효용성에 관한 논쟁과 근대 국제법의 관행을 소개
한다. 먼저 국제사회가 제도를 만드는 이유와 상이한 역사적 맥락에서 상이한 제도가
발생한 이유를 검토한다. 다음으로 근대 국제법 제도의 기원과 성격, 다자주의 관행과
근대 국제법 제도의 밀접한 관계 그리고 최근 지구 법질서의 보편화 현상을 설명한다.
그리고 전쟁법을 간략하게 검토한 뒤에 마지막으로 국제법에 관한 상이한 이론적 시
각을 검토한다.

국제법

크리스티안 레우스-스미트Christian Reus-Smit
조동준 옮김

핵심 질문

- 중앙 정부가 존재하지 않는 국제 무정부 상태에서 주권국가가 국제법 체계를 만드는 이유는 무엇인가?
- 국제법의 양태는 지난 5세기 동안 어떻게 변화되었는가? 국제법의 현재 양태가 어떤 이유에서 유래하였는가?
- 국제법이 국제 관계의 운영에 어떤 영향을 미치는가?

머리말

국제관계학 전공자들은 국제법이 국제 정치에서 중요하지 않다는 가정을 당연하게 수용한다. 국력과 국가 이익이 중요하고, 법은 강자의 이익에 부합하며 큰 의미가 없는 호기심의 대상으로 치부된다. 국제법에 대한 회의론은 널리 퍼져 있지만, 이는 국가들의 행동과 상치된다. 국제법이 중요하지 않다면 국가와 다른 행위자들은 왜 새로운 법질서를 만들기 위해 협상을 하고, 기존 법질서를 강화하고, 혹은 반대로 법적인 책임을 회피하려는 데 큰 노력을 기울이는가? 국가 행동의 합법성, 법 적용, 국가의 법적 의무 같은 의제들이 국제 토론에서 왜 주요하게 다루어지는가? 심지어 국내 기준으로 보아도 국제 규범의 순응도가 왜 그렇게 높은가?

이 장에서는 근대 국제법의 성격과 효용성에 관한 논쟁과 근대 국제법의 관행을 소개하겠다. 국제관계학 전공자를 대상으로 하지만, 국제법의 정치적 기반에 관심을 가진 법학 전공자에게도 흥미롭게 다가갈 것이다. 국제법이 국가와 다른 행위자들이 질서, 공존, 정의, 인간 개발 같은 다양한 사회적 목표를 달성하기 위해 창출한 규범, 규칙, 관행의 합체인 핵심 국제 제도 가운데 하나라는 가정에서 출발한다. 역사적 맥락에서 시작한 제도이므로 국제법의 특징을 이해하려면 역사적 맥락에 대한 통찰이 필요하다.

질서와 제도

현실주의자는 국제 관계를 국가가 전쟁을 끊임없이 준비하거나, 전쟁을 하고 있거나, 전쟁이 끝난 뒤에 회복하는 권력 투쟁의 영역으로 묘사한다(Morgenthau, 1985: 52). 전쟁이 국제 관계에서 반복적으로 발생하지만 국가 안보와 국익의 구현 수단으로는 조악하며, 비정상적인 방법이다. 그렇기 때문에 국가는 폭력적인 분쟁에 휘말리기보다는 전쟁 상황에서 벗어나려고 노력한다. 국제 질서 창출은 대부분 국가 이익에 부합한다. 미약할지라도 국제 질서를 만듦으로써 대부분의 국가는 공통 이익을 얻게 된다(Bull, 1977: 8).

국가는 국제 질서를 유지하기 위해서 국제 제도를 창출했다. 제도와 기구가 흔히 혼동되는데, 제도는 "행위자의 역할을 규정하고, 행위를 제약하며, 기대를 형성하는 규범, 규칙, 관행의 복합체"라고 정의된다(Keohane, 1989: 3). 국제연합 같은 국제기구는 직원, 사무실, 사무 물품 따위를 구비한 물리적 조직이다. 국제 제도는 국제기구의 구조 없이도 존재할 수 있다. 2017년의 핵무기금지조약 Treaty on the Prohibiton of Nuclear Weapons은 제도이지만 사무실을 구비하고 있지 않다. 하지만 대부분의 국제 제도는 기구를 포함하고 있다. 세계무역기구(관세 및 무역에 관한 일반협정을 대체)는 강력한 조직을 구비한 국제 제도다. 국제 제도가 국제기구의 존재 유무에 상관없이 존재할 수 있는 반면, 국제기구는 국제 제도가 없으면 존재할 수 없다. 국제기구에 권한을 부여하고, 국제기구가 보전해야 할 목표를 정하는 규범, 규칙, 원칙이 없으면 국제기구는 존재할 수 없기 때문이다. 국가들이 국제연합 헌장을 만들기 위해 협상을 하지 않았다면, 국제연합이 제대로 작동하기는커녕 존재할 수조차 없었다.

근대 **국제사회** international society에서 국가는 세 층위로 된 제도를 발전시켰다([참고 15-1] 참조). 첫째, 국가의 적

성문적 제도

성문적 제도는 국제사회의 가장 기본적인 규칙과 규범으로 구성된다. 성문적 제도가 없으면 주권국가로 구성된 국제사회는 존재할 수 없다. 가장 보편적으로 인정받은 성문적 제도는 주권 규범이다. 주권 규범에 따르면 국가가 관할하는 영토 안에서 권력과 권위는 중앙 집중화되고 위계적이며, 대외적으로 국가 권위보다 높은 권위는 존재하지 않는다. 주권 규범에는 자결권, 불개입 규범 같은 보조 규범이 있다.

근본적 제도

근본적 제도는 성문적 제도에 바탕을 두며, 국제적 무정부 상태에서 국제 공존과 협력을 용이하게 만드는 기본적 규범과 관행으로 구성된다. 근본적 제도는 국가들이 협력과 조정을 하려고 할 때 활용되는 기본적인 규범이다. 근본적 제도는 국제 체제에 따라 역사적으로 변화해 왔는데, 근대 국제 체제에서는 계약을 중시하는 국제법과 다자주의의 관행이 가장 중요한 근본적 제도다.

쟁점에 국한된 제도 또는 '레짐'

쟁점에 국한된 제도 또는 '레짐'은 국제 제도 중에서 가장 명확하게 인식할 수 있다. 이는 행위자의 적격 여부와 특정 쟁점 영역에서 행위의 정당성 여부를 결정하는 규칙, 규범, **의사 결정 과정**decision-making procedures의 복합체다. 레짐의 예로 핵확산금지조약, 국제연합 기후변화협약, 대인지뢰금지조약, 시민적 및 정치적 권리에 관한 국제규약을 들 수 있다. 쟁점에 국한된 제도 또는 '레짐'은 국제법과 다자주의 같은 근본적, 제도적 관행이 작동하는 쟁점 영역에서 이루어진 구체적인 입법 활동의 결과다.

격 여부를 결정하는 **주권**sovereignty 원칙 같은 성문적 제도다. 주권 제도가 없다면 독립 국가가 만들어 낸 국제사회와 국제 정치는 존재할 수 없다. 둘째, 국제법과 다자주의 같은 근본적 제도다. 근본적 제도는 국가 간 조정과 협력의 문제를 해결하는 기본 법칙과 관행을 결정한다(Reus-Smit, 1999: 14). 국가와 다른 행위자는 근본적 제도의 규범, 기법, 구조 따위를 활용하여 공동 목표를 추구하며, 상충적 이해관계를 억제하려고 한다. 셋째, 핵확산금지조약Nuclear Non-Proliferation Treaty: NPT처럼 국제 관계의 특정 영역에서 근본적인 관행을 규정한 '레짐' 또는 쟁점에 국한된 제도다. 1968년의 핵확산금지조약은 군축 분야에서 국제법과 다자주의 관행의 구체적인 표현이다.

이 장에서는 근본적 제도의 중간층에 초점을 맞춘다. 근대 국제사회에는 국제법, 다자주의, 양자주의, 외교, 강대국의 관리 같은 여러 제도가 존재한다(Bull, 1977). 19세기 중엽 이후 국제법과 다자주의는 국제 협력과 국제 질서 형성에 가장 중요한 기초였다.

요점정리

- 국가는 국제사회의 무정부 상태 때문에 발생하는 안보 불안에서 탈피하기를 원한다.
- 국가는 국제 조정과 협력의 문제에 직면하고 있고, 무정부 상태에서 협력은 여전히 이루어지기 힘들다.
- 국가는 협력이 용이하도록 국제 제도를 창출한다. 근대 국제 제도는 성문적 제도, 근본적 제도, 쟁점에 국한된 제도 또는 '레짐'으로 나눌 수 있다.
- 국제법은 현존 근본적 국제 제도 가운데 하나로 국제 질서와 협력을 이해하는 데 가장 중요하다.

근대 국제법 제도

역사적 근원

현대 국제법 체제는 역사의 산물이다. 대부분의 현대 제도들처럼 근대 국제법 제도에는 18세기 이후 유럽과 세계 대부분의 정치적 지형을 변화시킨 사회적 사고와 관행의 혁명이 스며들어 있다. 후고 그로티우스Hugo Grotius(1583~1645), 에머리히 데 바텔Emerich de Vattel(1714~1767) 같은 사상가들은 흔히 국제법의 '아버지'라고 일컬어지며, 1555년 아우크스부르크조약, 1648년 베스트팔렌평화조약, 1713년 위트레흐트조약은 국제법의 발전 과정에서 획기적인 사건으로 여겨진다. 이러한 역사적 인물들과 사건들이 중요성을 가지고 있지만, 근대 국제법 제도의 고유한 특징은 19세기 말에 와서야 명확하게 드러났다.

현존 국제법 제도는 유럽에서 시작되었는데, 19세기 이전의 유럽 국가들 대부분은 군주제였다. 국가를 통치하던 군주는 왕권이 신에게서 직접 부여받는 권위라는 왕권신수설로 자신들의 통치를 정당화하려고 했다(Bodin, 1967: 40). 이 시기의 법은 정당한 상급자의 명령이며, 세속 군주를 포함한 모든 사람은 신의 명령이 구체화된 신의 법과 자연법을 따라야 한다고 여겼다. 특정 국가의 신민은 군주의 명령인 세속법을 준수해야 하며, 군주의 권위는 세속법보다 상위에 있었다. 신의 신성, 권위, 법에 대한 이런 생각은 초기 국제법에 심대한 영향을 미쳤다. 자연법에서 도출된 국제법은 국가 행동에 관한 신성한 원칙들의 합체이며, 합리성을 갖춘 모든 행위자가 이용할 수 있다고 여겨졌다. 유럽 왕정은 계약이 아니라 신에 대한 충성 때문에 국제법을 지켜야만 했다(Grotius, 1925: 121).

18세기 후반과 19세기 초반에 절대 국가의 정당성이 자유주의와 민족주의 원칙 때문에 흔들렸다. 입헌주의와 국민주권의 원칙 때문에 19세기 후반에 왕권이 약화되었고, 의회의 권한이 확대되었으며, 선거권이 확대 적용

됨에 따라 유럽 국가들은 극적인 내부 변화를 거쳤다. 유럽 국가의 내부 변화와 함께 법에 상호 협정이라는 새로운 개념이 도래했다. 모든 상황에서 법이 평등하게 적용되고, 피치자가 직접 또는 피치자의 대표자가 입법 과정에 참여한 정도에 따라 법의 정당성이 결정된다고 여겨지게 되었다. 새로운 개념이 유럽의 주요 국가에서 확립된 뒤에 국제법으로 전이되어 '실증법'이라고 일컬어지는 계약 국제법으로 발전했다. 국제법은 신의 명령이 아니라 주권국가 간 협상의 산물이며, 국제법은 신에 대한 충성이 아니라 상호성에 따른 계약이기 때문에 준수되어야 한다. 국제법은 "관련된 국가들의 공통된 의지"를 표현한다(von Martens, 1795: 47~48).

근대 국제법 제도는 앞서 언급한 역사적 변화 과정에서 형성되었으며([사례연구 15-1] 참조), 다자주의 입법, 동의에 기반을 둔 법적 구속, 독특한 변론 용어, 국제법 제도의 자율성에 관한 담론 같은 네 가지 특징을 갖는다([참고 15-2] 참조).

다자주의 입법

법적 구속력을 가진 규범과 규칙의 제정 또는 체계화처럼 국제법 형성을 넓게 정의한다면, 국제법은 공식적으로 또는 비공식적으로 만들어지고 있다. 새로운 규범과 규칙은 비공식적 논쟁이나 사회적 학습, 국가와 비국가 행위자 사이에 반복되는 관행을 통해 나타난다. 예를 들어 1990년대 이후 새로운 보호책임R2P 규범이 국가 주권을 재규정하고 인도주의 개입을 정당화하는 방향으로 진화하고 있는지에 관한 논쟁이 활발하게 진행되어 왔다. 새롭게 규범이 확립된다면, 이 과정에서 공식적 법제화보다는 지속적 논쟁과 현존 법규의 재해석이 더 중요한 역할을 담당한다. 이 같은 비공식적 과정은 국제관습법이 발생하는 주요 수단이라는 점에서 중요하다. 국제관

근대 국제법 제도의 특징

참고 15-2

다자주의 입법

근대 국제법을 만드는 가장 중요한 기제는 3개국 이상의 국가들이 상호 구속적인 행동 규칙에 기반을 두고 협력을 이루거나 3개국 이상 국가들의 행동을 상호 구속하는 행동 규칙을 만드는 행위로 정의되는 다자주의 외교이다.

동의와 법적 구속

국가가 동의했기 때문에 규칙을 준수해야 한다는 원칙이 근대 국제법 체제의 규범이다. 국가는 동의하지 않은 특정 조약이 규정한 규칙에 구속을 받지 않는다. 국제관습법은 이 원칙의 유일한 예외다. 유추 가능한 또는 암묵적인 동의도 국제관습법 여부를 결정하는 데 중요한 역할을 담당한다.

변론의 용어와 관행

근대 국제법은 논쟁, 변론, 추론이라는 독특한 형태를 가지고 있다. 본문에서 설명하듯이 변론 관행은 수사적이며 유추적이다.

국제법 제도의 자율성에 관한 담론

정치 영역과 법 영역은 여러 역사적 시기에 걸쳐, 그리고 다양한 사회·문화적 환경에서 서로 결합되어 있었다. 예를 들어 절대 왕정기 주권 개념에서는 법과 정치가 주권자를 중심으로 결합되어 있었다. 반면에 근대 시기에는 정치 영역과 법 영역은 저마다 상이한 논리와 환경을 가진, 분리된 영역으로 여겨졌다. 이 같은 생각은 국내적으로는 권력 분립을 의미하고, 국제적으로는 국제 정치의 영역과 국제법 영역을 분리된 사회적 영역으로 파악하는 시각으로 이어졌다. 국제 정치 영역과 국제법 영역을 분리하는 관행은 국제법학과 국제관계학의 발전과 국가 관행의 변화에 영향을 미쳤다.

습법은 국제법의 한 범주로서 국가의 동의 여부와 상관없이 모든 국가를 대상으로 법적 구속력을 가질 정도로 높은 규범적 지위를 점하고 있다. 영토 관할권, 공해에서의 자유, 외교관 면책 특권과 관련된 규칙은 비공식 과정을 통해 발생한 국제관습법이다(Byers, 1999: 3).

비공식적 법제화 과정과 더불어 국가는 공식적 법제화 방법을 발전시켰다. 그 가운데 가장 독특한 방법이 다자주의 관행이다. 나폴레옹 전쟁 이전에는 다자주의가 자주 이용되지 않았다. 3개국 이상이 관여하는 협력이 있었지만, 다자 협력은 양자 협정의 합이었고(베스트팔렌조약과 위트레흐트조약처럼), 상호 구속적 행위 규칙을 기반으로 하여 이루어지지 않았다(상호 구속성은 다자주의의 특징이다)(Ruggie, 1993). 자유주의로 말미암아 유럽 선진국의 국내 정치 구조가 변경되기 시작했던 19세기에 이르러 다자주의는 국제법의 입법 양식으로 선호되었다. 어떤 상황에서도 법치 대상에게 평등하게 적용되고 법치 대상이 만든 법만이 정당하다면, 국제법의 입법도 그러한 조건을 충족시켜야만 했다. 이런 맥락에서 다자주의가 떠오르게 되었다.

동의와 법적 구속

국가는 자연법, 신의 법과 함께 "비록 준수하기로 약속하지 않았다고 하더라도" **국제법**law of nations을 준수해야 한다고 그로티우스는 주장했다(Grotius, 1925: 121). 절대주의 시기에는 신을 향한 충성이 모든 법적 의무의 연원이었고, 비록 동의가 중요하다고는 하더라도 부차적이었다. 이는 동의가 국제법 의무의 주요 원천이라고 여겨지는 최근 상황과 극명하게 다르다(Henkin, 1995: 27). 이처럼 동의는 국제법 관련 담론에서 필수 불가결한 요소다. 국가 지도자들은 주권적 권리를 나타낼 때 동의 또는 동의의 부재를 언급한다. 반면에 비판자들은 국제법 의무를 준수하지 않는 정부를 비판하기 위해 국가 동의를 언급한다.

국제법이 서양의 우위를 표현하는가?

네덜란드 헤이그에 있는 국제형사재판소
© Jan Kranendonk / 123RF

국제법이 서양에서 만들어졌고, 심지어는 제국주의적 제도라는 시각이 있다. 국제법은 16~17세기 유럽의 지적 운동에 기반을 두고 있다. 이 시기의 국제법 관념은 고대 그리스-로마 시대까지 거슬러 올라갈 수 있는 자연법 사상에 기반을 두고 있다. 또한 이 시기 국제법 관념은 기독교인에게 적합한 국제법과 이슬람 세계, 아메리카, 그리고 아시아 사람들과의 관계를 규율하는 법이 분리되어 있다는 생각에 기반을 두고 있다. 전자는 기독교인 사이의 평등 가정에 기반을 두고 있는 반면, 후자는 비기독교인에 대한 기독교인의 우월성에 기반을 둔다.

서양의 편견은 19세기 유럽 국가들이 국제법에 이식한 '문명 표준'에서 발견된다(Gong, 1984). '문명 표준'에 따르면 특정한 국내 정치적 특징을 구비하면서 당시 외교 관행에 참여할 의지와 능력을 구비한 비서양 정치체만이 주권국가로 인정을 받았다. '문명 표준'은 서양의 정치적, 법적 제도를 당연히 수용되어야 할 모형으로 인정하는 편견을 내포하고 있었다. 이 기준에 따라 유럽 국가는 세계를 '문명' 사회, '야만' 사회, '원시' 사회로 구분했고, 이런 구분을 다양한 형태로 된 서양의 주도권을 정당화시키는 근거로 이용했다.

오늘날 많은 사람이 서양의 편견이 아직도 국제법 질서에 남아

있다고 주장한다. 국제연합 안전보장이사회 같은 중요한 국제기구에서 영미-유럽의 우위, 비서양 사회에 개인 권리에 관한 서양의 가치를 강요하는 국제인권법이 대표적이다. 서양의 편견은 인도주의 개입 쟁점에서 함께 나타난다. 서양 국가는 약소국의 국내 정치에 개입하기 위해 안전보장이사회에서의 특권적 지위와 국제 인권 규범을 활용한다고 비난을 받고 있다.

이러한 비판들은 어느 정도 타당성을 가지고 있다. 하지만 현대 세계 정치에서 국제법의 성격과 역할은 서양의 편견을 지적하는 주장들보다는 복잡하다. 첫째, 현대 국제법의 핵심에 주권 평등 원칙, 자결권, 불개입 원칙이 관습 규범으로 있다. 비서양 국가들은 이 규범들을 가장 중요한 국제 규범으로 옹호하고 방어한다. 독립 국가로서 비서양 국가들의 생존은 이 규범들이 가장 중요한 국제 규범으로 인정받는지 여부에 영향을 받기 때문이다. 둘째, 비서양 사람들도 현재 널리 인정받고 있는 국제 인권 레짐의 형성에 관여했다. 세계인권선언은 세계 주요 문화를 대표하는 행위자 사이의 체계적이고 심도 있는 대화의 산물이다(Glendon, 2002). 시민적 및 정치적 권리에 관한 국제규약도 서양 가치의 반영이라고 표현되지만, 사실상 신생 독립 국가가 중요한 사항의 결정에 참여했다(Reus-Smit, 2001/2013).

질문 1 현대 국제법의 도덕적/정치적 가치를 평가할 때, 무엇이 더 중요한가? 현대 국제법이 유럽의 문화에서 유래했고 유럽의 문화유산과 관련되어 있다는 점인가, 아니면 국가와 사람들이 지구적 문제들을 해결하도록 돕는 현대 국제법의 역할인가?
질문 2 오늘날에는 비서양 국가들이 주권과 불개입 원칙과 같은 기본적인 법 원칙들을 가장 강력하게 옹호하고 있으며 이들은 인권 레짐의 형성에도 중요한 역할을 하고 있다. 그렇다면 현대 국제법이 유럽에서 유래했다는 한계를 극복했는가?

동의는 근대 국제법의 가장 중요한 원천이지만, 두 가지 사항을 고려해야 한다. 첫째, 앞에서 언급했듯이 현실 세계에서 국가는 공식적으로 동의하지 않는 규칙(주로 국제관습법)에 따라 행동의 제약을 받고 있다. 특정 규

범이 국제관습법인지 여부를 판단할 때, 법학자들은 규범과 '법적 확신 opinio juris(규범이 법적 구속력을 지녔기 때문에 준수한다는 국가들의 인정)'이 일반적으로 잘 준수되고 있는지 여부를 검토한다(Price, 2004: 107). 규범과 법적 확신

은 암묵적 동의다. 하지만 자유주의에 대한 비판자들이 오래전부터 주장하듯이 암묵적 동의는 명시적 동의와 동일하지 않으며, 규범을 준수하는 행위에서 암묵적 동의를 유추하는 일은 어렵다. 둘째, 동의가 근대 국제법의 가장 중요한 원천이라는 생각은 철학적 논쟁 대상이다 (Reus-Smit, 2003). 유명한 법학자 하트 H. L. A. Hart가 주장하듯이 법적 규칙을 준수하겠다는 약속이 구속력을 가지게 하는 특정 선행 규칙이 있어야만 동의가 준수 의무가 된다. 선행 규칙이 동의에 법적 구속력을 부여하지, 동의가 선행 규칙의 법적 구속력의 원천일 수가 없기 때문이다 (Hart, 1994: 225).

변론의 용어와 관행

근대 국제법 제도는 독특한 변론의 용어와 관행을 지니고 있다. 국제법이 전 지구적 삶에 작동하고 있는 모습을 보면, 국제법은 기초적인 규칙들의 집합체 정도를 넘어 권위적 법률 해석 기관이 명확한 상황에 논리적으로 적용하고 있다. 국제법은 국제사회의 중요한 정치적 논쟁에서 살아 움직이고 있다. 국제법은 옳고 그름, 합법적 행동의 범위, 국제사회 회원국의 권위와 자격, (어업 관리에서부터 힘의 사용에 이르는) 모든 국제적 쟁점에 관한 논쟁의 구도를 형성한다. 그러나 자세히 보면 국제법은 독특한 형식을 지니고 있음을 알 수 있다.

첫째, 국제법 논쟁은 수사적이다. 변론은 완전히 논리적이며 특정 상황에 대한 객관적 법의 적용이라고 믿어버리기 쉽다. 하지만 이는 사건의 성격과 사건에 적용될 규칙 선택, 선택된 규칙의 의미를 결정하는 과정에서 해석이 담당하는 중요한 역할을 무시하는 것이다. 실제 세계에서 법리 논쟁은 논리적이면서 수사적이다. 프리드리히 크라토크빌 Friedrich Kratochwil은 이렇게 주장한다.

> 법리 논쟁은 관련 사실을 표현하고 평가하는 작업이자 적용 가능한 규범과 절차를 찾고 해석하는 작업이다. 두 가지 질문은 사건에 대한 특정한 해석의 '진실성' 여부가 아니라 수용 가능성 여부로 표현할 수 있다. 따라서 '법을 찾는' 과정에서 논리는 부차적인 역할을 담당한다.
> (Kratochwil, 1989: 42)

둘째, 국제법 논쟁은 유추(類推)를 사용하여 "상이한 사례들과 (현저할 정도로) 상이하게 보이는 대상들 사이에 존재하는 공통점을 찾는 작업이다."(Kratochwil, 1989: 223) 국제 행위자는 유추를 세 가지로 활용하여 논리를 전개한다. 국제 행위자는 특정한 규칙을 해석하기 위해 유사성을 이용한다(규칙 A는 특정 방향으로 해석되었는데, 적용된 논리에 따르면 규칙 B도 같은 방향으로 해석되어야 한다). 국제 행위자들은 한 범주에 속한 행위들이 동일한 규칙에 따라 규율되어야 한다고 주장하기 위해(사례 C에서는 특정 규칙이 적용되었다. 사례 C와 사례 D의 유사점에 비추어 사례 D에도 특정 규칙이 적용되어야 한다) 사례 사이의 유사점을 찾는다. 또한 국제 행위자는 유추를 이용하여 한 규칙과 다른 규칙과의 관계를 정한다(규칙 E는 관습법이다. 규칙 F에 대한 동의 정도는 규칙 E의 관습법 지위에 관한 동의 정도와 비슷하기 때문에 규칙 F도 관습법이다).

국제법 제도의 자율성에 관한 담론

근대 국제법 제도의 마지막 특징은 국제법 제도의 자율성에 관한 담론이다. 국제관계학 전공자는 법과 정치가 상이한 논리와 관행을 가진 영역으로 구분되어 있다는 가정에 익숙해져 있다. 최근의 연구가 흥미롭게 시사하는 바에 따르면, 정치적 행위자는 협상과 위기의 특정 국면에서 대체로 법의 영역에 있는 듯이 행동한다. 이는 정치적 영역과 법의 영역에서 작동하는 주장과 유형과 관행이 상이한데도 정치적 영역에서 법적 영역으로 이동하는 행위이다. 정치적 영역에서 개인 이익을 위한 주장과 간신히 가려지는 강압적 관행은 불쾌하지만 정당하다고 받아들여진다. 반면에 법의 영역에서는 법리 논쟁과 추론만이 정당한 행위이다. 2003년에 국제연합 안전보장이사회 안에서 미국이 보여 준 이라크 문제에 관한 전략과 안전보장이사회 밖에서 취한 미국의 행동을 비교해 보라. 국제연합 안전보장이사회에서의 미국의 변론은 이용 가능한 규칙만 사용할 수밖에 없었던 반면, 국제연합 안전보장이사회 밖에서의 미국의 주장은 자국 이익에 집중하면서 공개적으로 강압적 방법을 사용했다.

국제법 제도의 자율성에 관한 담론에서 두 가지 사항을 주목해야 한다. 첫째, 정치 영역과 법 영역이 분리되어 있다는 상상은 근대에 발생했다. 유럽의 절대 왕정기에 정치와 법은 주권자를 중심으로 결합되어 있었다. 정치를 행정 영역과 입법 영역에만 국한하고, 사법 영역에서 격리시켜 정치권력과 입법 권력을 분리시켜야 한다는 사고는 근대 자유주의 여러 특징 가운데 하나이다. '권력 분립'이라는 근대 입헌주의 사고가 도래하기 이전에는 정치와 법은 결합되어 있었다. 둘째, 국제 관계에서 정치 영역과 법 영역이 분리되어 있다는 상상은 국제 질서 형성에 기여하고 있으며, 국가에 정치적으로 편리한 사고이다. 다양한 쟁점, 관행, 과정이 법규와 절차로 통제된다는 인식과 특정 행동이 법적으로 허용되는지 여부에 관한 상호적 이해로 말미암아 순수한 무정부 상태에서는 존재하지 않는 국제 관계의 규율과 구조가 발생하며, 국제 관계의 예측 가능성이 커진다.

요점정리

- 근대 국제법은 프랑스 혁명(1789) 이후 유럽 국가의 통치 방식을 변화시킨 사고와 관행의 혁명적 변화에 따른 산물이다.
- 프랑스 혁명 이전의 '절대 왕정기'에 법은 정당한 상급자의 명령으로 여겨졌고, 국제법은 자연법에서 도출된 신의 법이라고 여겨졌다. 반면에 근대에는 법이 법적 주체 또는 법적 주체의 대리인 간 협약으로 여겨지게 되었고, 국제법은 국가들의 공동 의지의 표현으로 간주되었다.
- 국제법 제도는 정치적 자유주의의 역사적 산물이기 때문에 정치적 자유주의 가치에 영향을 받은 많은 특징을 갖는다.
- 다자주의 입법, 동의에 기반을 둔 법적 구속, 변론의 용어와 관행, 국제법 제도의 자율성에 관한 담론이 근대 국제법 제도의 가장 중요한 특징이다.

국제법에서 초국가법으로?

국제법은 국제 질서의 확립을 용이하게 하도록(주권국가의 자유를 보호하기 위해) 구상되었기 때문에 제도로서 많은 제약을 받는다. 국제법의 제약성은 지난 30년 동안 최소 네 가지 측면에서 명확하게 드러났다. 첫째, 국가가 권리와 의무의 주요 주체이며 국제법의 주요 대상이었다. "전통적 관점에 따르면 국제법은 국가에만 적용된다."(Higgins, 1994: 40) 1933년 국가의 권리와 의무에 관한 몬테비데오협약은 국가를 '국제 법인'으로 확립시켰고, 국가를 규정했으며, 국가의 권리와 의무를 명확히 했다(Weston, Falk and D'Amato, 1990: 12). 둘째, 국가는 국제법의 행위자로서 국제법을 입안하고, 법적 구속력을 가지게 하며, 실행할 수 있는 유일한 행위자였다. 따라서 국제법은 인류 공동체의 법이 아니라 국가의 일상적 업무에 따른 산물로 여겨졌다. 셋째, 국제법은 국가 간 관계를 규율한다. 국가 간 상호 작용은 국제법의 적용 대상이지만, 영토 안에서의 국가의 작동 양태는 자결권과 내정 불간섭 규범에 따라 국제법의 적용 영역이 아니다. 넷째, 국제법의 범위는 정의가 아닌 질서의 문제에 국한된다. 국제법의 가장 중요한 목표는 영토의 불가침성과 국내 관할권에 대한 상호 존중에 기반을 둔 평화와 안정이다. 분배 정의와 인권 보호의 쟁점은 국제법의 주요 목표가 아니었다.

최근 몇십 년 동안 국가는 단순한 국제 질서 유지에서 벗어나 모호하지만 야심 찬 지구 거버넌스의 목표를 이루려고 하기 시작했고, 이에 따라 국제법도 흥미롭게 변하기 시작했다. 첫째, 국가가 아직도 국제법 체제의 중심에 있지만(Higgins, 1994: 39) 개인, 단체, 국제기구도 국제법의 규율 대상으로 점차 인정받고 있다. 국제인권법과 그 법을 실행하는 기제의 발달로 소수자와 원주민 같은 집단과 개인도 국제법이 규정하는 권리를 부여받았다. 인권 위반에 대한 형사 책임을 개인에게 지우는 추세와 함께 개인도 기본적인 인권법을 준수해야 한다는 법적 의무가 나타났다. (이는 르완다와 구 유고슬라비아 전쟁 범죄 처벌을 위한 법정, 새로운 국제형사재판소ICC의 창설에서 명확하게 드러난다.) 둘째, 비정부 행위자가 국제법 과정에서 중요하게 대두되고 있다. 비정부 행위자는 직접적으로 국제법을 입법할 수 없고, 비정부 행위자의 관행도 국제관습법의 발달에 기여할 수 없다. 하지만 비정부 행위자는 국가가 특정 규범을 법제화하는 환경을 형성하는 데 중요한 역할을 담당한다. 비정부 행위자는 정보를 제공하여 국가 이익이 다시 정의되게 하고, 상이한 정책이 수렴되게 한다. 또한 국제 조약과 협약에 관한 초안을 직접 만들기도 한다. 국제적십자위원회는 1864년에 제네바협약의 초안을 작성했는데, 이는 비정부기구가 주도하여 국제 조약과 협약의 초안이 작성된 최초 사례다(Finnemore, 1996b: 69~88). 최근에는 2018년 환태평양경제동반자협정TPP의 투자자 보호 규정을 형성하는 데 다국적 기업들이 기여했다.

셋째, 국제법은 단순한 국제 관계의 규율에서 벗어나 점차 지구적 규율과 관련되고 있다. 자결권과 불개입 원칙에 따라 국제 영역과 국내 영역의 구분이 확고했지만, 국가의 국내 행위를 규율하는 국제법의 발전에 따라 국제 영역과 국내 영역의 구분이 약화되고 있다. 국제인권법과 국제환경법의 발전에서 이러한 경향은 두드러지게 되었다. 국내 법원이 국제법을 원용하는 경향에 따라 국제인권법과 국제환경법은 국내 영역으로 침투하고 있다. 국내 법원의 국제법 원용은 호주에서는 특히 환경 보호와 인권 관련 영역에서 자주 이루어지고 있다.

넷째, 국제법의 규칙, 규범, 원칙은 협소하게 정의된 국제 질서의 유지에 국한되지 않는다. 국제인권법의 발전은 국제법의 범위가 확대되어 전 지구적 정의 문제를 다룬다는 사실을 보여 준다. 또한 최근에 국제연합 안전보장이사회가 리비아와 같은 국가에 대하여 국제 개입을 승인하였는데, 이 같은 결정은 주권국가가 자행하는 인권 유린이 국제 평화와 안보에 대한 위협 요인으로 간주되어 국제연합 헌장 7장에 따른 국제사회의 개입 사유가 될 수 있다는 점을 의미한다. 이처럼 국제연합 안전보장이사회는 국제 개입을 승인하여 최소 수준의 지구적 정의가 국제 질서 유지에 필요하다고 암시했다.

요점정리

- 국제법이 국제 질서를 창출하고 유지하도록 만들어졌기 때문에, 국가가 국제법의 가장 중요한 대상이며 행위자였다. 국제법은 국가 간 관계를 규율했고, 국제법의 영역은 국가 간 질서 문제에만 국한되었다.
- 지구적 통치를 모색하는 과정에서 국제법은 새로운 영역으로 확대되고 있으며, 이런 변화에 따라 국제법이 초국가법으로 변화하는지 여부에 대한 질문이 제기되고 있다.
- 개인과 집단도 국제법이 규율하는 권리와 의무를 점차적으로 획득해 가고 있고, 국제법의 대상이면서 동시에 행위자로서의 지위를 확립해 가고 있다.
- 비정부 행위자는 국제법의 발전과 법제화 과정에서 점차 중요한 역할을 담당하고 있다.
- 국제법은 국내법과 국가의 국내적 업무에도 영향을 미치고 있다. 국제법의 규칙은 더 이상 질서 문제에 국한되지 않는다. 국제인권법이 발전함에 따라 지구적 정의의 쟁점이 국제법 질서에 스며들고 있다.

전쟁법

무력 사용을 규율하는 국제법은 근대 국제법 체제의 핵심이다. 전쟁법은 전통적으로 국가의 무력 사용 또는 전쟁 개시를 규율하는 정전법 jus ad bellum과 전쟁이 시작된 뒤에 전투의 양태를 규율하는 전투법 jus in bello으로 나뉜다(제12장 참조). 전쟁법의 이러한 측면에 관해 두 가지 점을 주목해야 한다. 첫째, 전쟁법의 발달 초기부터 그 두 측면은 항상 서로 연관되어 있었다. 둘째, 한때 정전법과 전투법의 핵심이라고 여겨졌던 것들이 완전히 폐기될 정도로 정전법과 전투법의 내용이 많이 변했다. 따라서 전쟁법은 지난 500년 동안 국제 체제를 변화시켰던 사회적, 기술적 변화에 따라 진화한 결과이다.

가장 극적인 변화는 정전법에서 발생했다. 정전에 관한 초기 저작에 나와 있는 바에 따르면, 정당하지 못한 공격에 대한 방어와 손해 때문에 하는 보복 공격처럼 전쟁 개시에는 '정당한 대의'가 있었다고 한다. 정전법은 상충하는 논리로 구성되어 있었기 때문에 매우 복잡했다. 예를 들어 주권은 정복을 통해 확보될 수 있다고 널리 믿었다. 다시 말해 영토와 사람을 통제하는 데 성공한 통치자는 주권자로 인정받았다. 전쟁에 정당한 원인이 있어야 한다는 정전론은 19세기에 들어서 오직 국가 스스로가 정의 내릴 수 있는 사활적 국익에 부합한다면 전쟁이 정당하다는 관념에 뒤처졌다. 전쟁을 개시할 수 있는 권리가 주권적 특권이라는 관념이 지지를 받았다. 이 관념의 비극적인 결과가 두 차례 세계대전을 통해 명확하게 나타났고, 1945년 이후 정전법의 영역은 극히 제한되었다.

국제연합 헌장은 무조건적 주권의 영역으로 인정받는 자위를 위한 무력 사용(제7장 제51조)과 국제연합 안전보장이사회가 승인하는 평화 강제 조치 부분으로서의 무력 사용(제7장 제42조)만을 합법적인 무력 사용으로 국한한다.

정전법의 변화에 맞추어 전투법도 진화했다. 전투법은 급격한 변화를 겪기보다는 전투 과정에 허용되는 행위를 점차 줄여 가는 방향으로 진화했다. 세 가지 제한을 주목할 필요가 있다. 첫째, 1899년과 1907년에 열렸던 헤이그 전쟁법 회의는 획기적인 사건으로서 확장탄(덤덤탄)의 사용 금지, 기구를 이용한 폭탄 투하 금지, 가스를 발산하는 발사체 사용 금지 같은 항목들을 명시했다. 헤이그회의 이후부터는 사용 가능한 무기의 범위(지뢰 사용·설치와 화학무기 사용·제조를 포함)를 정하는 국제법이 만들어져 발효되기 시작했고, 현재는 '킬러 로봇'과 같은 치명적 자율무기 시스템 LAWs의 사용에 법적 제한을 두기 위한 사회운동이 진행 중이다. 둘째, 전투원의 대우에 관한 제한이다. 1864년, 1929년, 1949년 제네바협약과 그 협약에 관한 1977년, 2005년 의정서가 전투원 대우에서 중요한 국제 조약이다. 셋째, 비전투원 대우에 관한 제한인데, 역시 제네바협약이 중요한 국제 조약이다. 비전투원을 대상으로 하는 전투 행위는 오래전부터 금지되었고, 근래에는 금지가 더 강화되는 추세다. 전시 성폭력을 국제 전쟁 범죄로 법제화하려는 움직임도 주목할 만하다.

앞에서 언급했듯이 전쟁법의 진화는 국제법이 초국가법으로 변화하고 있는 증거이다. 냉전 이후 이런 변화는 더욱 두드러져서 구유고슬라비아 국제형사법정 ICTY과 르완다 국제형사법정 ICTR의 창설, 국제형사재판소 ICC의 창설 같은 변화가 있었다. 특히 국제형사재판소는 제2차 세계대전 이후 가장 두드러진 국제 사법 실험으로서 집단학살 범죄와 인류에 대한 범죄, 그리고 침략 범죄(아직 국제형사재판소가 명확하게 정의하지 않음)를 담당한다([사례연구 15-2] 참조).

2001년 이후 미국의 '테러와의 전쟁'이 정전법과 전투법의 한계를 확장하면서 전쟁법은 일련의 도전에 직면하게 된다. 뉴욕과 워싱턴에 가해졌던 9·11 테러 공격에 책임이 있는 알카에다에 탈레반 정권이 공개적으로 은신처를 제공했기 때문에 조지 W. 부시 행정부의 아프가니스탄 침공은 합법적인 자위 행위로 널리 인식되었다. 하지

차드의 독재자 이센 아브르
© SEYLLOU / AFP / Getty Images

린 시킨크Kathryn Sikkink(2011)가 '정의 폭포'라고 명명한 것처럼 (인권을 유린한 국가 지도자에 대한) 사법 절차가 확산되었다. 그러나 이런 경향에 대한 비판이 존재한다. 현직 국가수반을 기소하려는 움직임으로 내전이 더 오래 지속될 수 있고 권위주의 정권이 민주주의로 이행되는 데 어려움을 겪을 수 있다(Snyder and Vinjamur, 2004). 국제 법원은 (사법 처리가) 느리다는 비판을 받았고, (인권을 유린한 국가 지도자를 기소하는) 결정을 내리는 데 절차적 문제가 있다는 의문을 불러일으켰으며, 가장 중요하게는 서양의 준(準)제국주의적 도구처럼 비쳐졌다. 서양 국가와 서양에 기반을 둔 비정부기구가 지원하는 국제기구는 비서양 세계의 약소국에서 자행되는 인권 유린에 주로 관심을 기울였다. 예를 들어 남아공은 국제형사재판소 조약에 동의한 아프리카 국가들에게 탈퇴를 촉구했다. 국제형사재판소의 기소가 불공정하게 아프리카 국가들을 겨냥하고 있기 때문이었다. 그러나 국제 법원이 준제국주의적 도구라는 주장은 설득력이 적다. 인권 유린에 관해 국가 지도자에게 형사적 책임을 묻는 것은 지구 남반구Global South, 특히 이집트 법률가이자 인권 활동가인 체리프 바시우니Cherif Bassiouni가 국제형사재판소 수립을 위한 로마 협상에서 주장한 것이다. 아프리카 국가들은 인권을 유린한 국가 지도자를 처벌하는 법리를 적극적으로 지지했다. 비판가들은 국제형사재판소의 초기 사건들 중 대개가 아프리카 지도자에 대한 처벌과 관련되어 있다는 점을 지적하지만, 이중 다수의 사건이 아프리카 국가의 이첩 요청에 따라 진행되었다는 점도 감안해야 한다.

최근에서야 인권을 조직적으로 유린한 국가 지도자들이 처벌을 받을 수 있게 되었다. 이전에는 국가 지도자들이 인권을 조직적으로 유린해도 주권 면제에 의하여 보호를 받는다고 가정되었었다. 국가 지도자를 위한 주권 면제는 잔혹할 정도의 인권 유린에 대해서조차 모르는 척 넘어가는 관행과 부합했었다. 권위주의 체제에서 민주주의 체제로 이행한 국가에서도 (인권을 유린한) 치안 부대를 통솔했던 전직 관계자를 처벌하지 않으려 했다. 주변국은 전직 독재자에게 피난처를 제공했다. 인권을 조직적으로 유린한 국가 지도자들이 형사 책임을 거의 지지 않았다.

하지만 상황이 극적으로 변했다. 구 유고슬라비아와 르완다에서 일어났던 인권 유린 관계자를 처벌하기 위한 국제형사법정이 만들어지고 뒤이어 국제형사재판소가 설립되면서 개인에게 형사적 책임을 묻는 국제 사법 기제가 마련되었다. 하지만 이는 변화의 한 면에 지나지 않는다. 민주주의 체제로 이행한 많은 국가가 전직 국가수반을 비롯하여 과거 권위주의 정권 아래서 인권을 유린한 전직 관계자를 처벌하기 시작했다. 잔혹한 인권 유린에 대해서는 보편적 관할권을 주장할 수 있다는 원칙에 따라 일부 국가의 법원은 타국의 지도자까지 기소하려고 했다(스페인 법원이 칠레의 전직 독재자 아우구스토 피노체트Augusto Pinochet를 영국에서 송환하려고 한 사건이 가장 대표적 예다). 캐스

질문 1 만약 국제형사재판소의 절차가 더디고 중국, 러시아, 미국과 같은 강대국들이 회원국으로 가입하지 않았다면 재판소의 권위는 심각하게 훼손될 것인가?

질문 2 만약 전쟁 범죄/반인류적 범죄/심각한 인권 침해를 범한 국가 지도자들로 인해 국내 혹은 국제적 갈등이 해결되기 어렵다면, 국가 지도자는 기소되거나 구금될 수 있어야 하는가?

만 이어진 미국의 이라크 침공은 국제법 위반으로 노골적인 비난을 받았다. 부시 행정부의 '예방적' 자위권을 새

로이 확립하려는 시도는 성공적이지 못했고, 미국은 사담 후세인이 가하는 위협이 국제 평화 강제 조치를 정당

화하기에 충분하다고 국제연합 안전보장이사회의 다수를 설득하는 데 실패했다. 다시 말해 이라크 갈등을 둘러싸고 지속적인 불법의 기류가 흘렀고, 이 기류는 테러와의 전쟁에서 미국이 전투법을 준수하지 않는다는 인식 때문에 더욱 악화되었다. 여기서 가장 주목할 만한 점은 테러리스트 용의자들에 대한 대우이다. 부시 행정부는 1949년 제네바협약 또는 미국 국내 정상 사법 절차의 보호 없이 용의자들을 관타나모만Guantanamo Bay에 감금한 일로 국제사회의 비난을 받았다. 또한 미국은 중앙정보국CIA의 국외 용의자 납치와 고문 자행국으로 알려진 제3국으로의 납치자 이송 행위 및 '비상 귀환extraordinary rendition' 행위로 널리 비난받고 있다.

이 때문에 그동안 국제법의 확립된 틀이 초강대국의 일방적인 '수정주의' 행위들에 대처하지 못하고 무너지고 있다는 우려가 증폭되고 있다(이에 대한 뛰어난 개관으로 Steiner, Alston, and Goodman, 2008 참조). 버락 오바마 대통령은 미국이 국제법의 확립된 원칙에 부합하는 행위를 하도록 재빠르게 조치를 취했다. 관타나모만 수용소를 폐쇄하는 행정 명령을 내렸고(나중에 철회했음), 고문을

목적으로 하는 범죄자 인도를 금지했으며, 갈등 지역에 억류된 모든 사람에게 국제적십자위원회가 접근할 수 있게 했고, 무력 사용에 대한 다자주의 과정들에 다시 참여했다. 그러나 국제법이 위기에 봉착했다는 인식은 더욱 강화되었다(Clark et al., 2018). 미국은 자국의 군사 행동이 국제법에 부합하도록 부분적으로 노력했다(Dill, 2015; McLeod, 2015). 하지만 무인기를 활용하여 군사 활동을 진행하며, 테러 지도자들을 사법적 절차를 거치지 않고 살해하는 관행은 전쟁을 규율하는 현 국제법 질서에서 커다란 골칫거리다. 이러한 상황은 트럼프 행정부가 미국의 군사 활동에 대한 국제법적 제약을 공개적으로 무시하면서 더욱 악화되었다(1987년 러시아와 체결한 중거리핵전력조약을 종료하기로 한 결정에 주목). 러시아의 경우 2014년 크림반도 병합이 정전법의 원칙에 전면적으로 배치된다. 마지막으로 소위 이슬람국가와 같은 초국가적 반란 단체가 저지르는 폭력은 전쟁법의 기본 원칙에 배치된다. 초국가적 반란 단체는 전쟁법의 기본 원칙을 위반하는 행위를 의도적으로 연출하기도 한다.

요점정리

- 합법적인 무력 사용의 한계를 정하려는 노력이 국제사회의 주요 과제 가운데 하나이며, 전쟁법은 이 과제를 충족시키는 방향으로 진화했다.
- 전쟁법은 무력 사용의 합법성 여부를 규율하는 정전법jus ad bellum과 전쟁을 수행하는 방식을 규율하는 전투법jus in bello으로 구분된다.
- 정전법은 국제 체제의 역사에서 급격한 변화를 겪었다. 19세기에 전쟁이 국가 주권의 일부라는 생각과 1945년 이후에 자위와 국제연합의 평화 강제 조치만이 합법적인 전쟁이라는 관념 사이의 차이가 대표적이다.
- 전투법은 무기 사용을 규율하는 법, 전투원 대우에 관한 법, 비전투원 대우에 관한 법, 이렇게 크게 세 가지 범주로 나눌 수 있다.
- 2001년 이후 정전법과 전투법 관행들은 위기에 직면하게 되었다. 미국이 테러 및 초국적 반군들과 전쟁을 시행하고 러시아는 주변국들의 영토의 무결성 원칙을 침범하면서 기존의 국제법 원칙들의 제약에서 벗어났기 때문이다.

국제법의 이론적 접근

국제 관계에서의 대부분의 측면과 마찬가지로 국제법의 성격, 기능, 중요성을 설명하는 몇 가지 중요한 이론적 시각이 있다. 국제법과 관련된 최근 논쟁에서 가장 중요한 부분과 연관된 이론적 시각을 소개하겠다.

현실주의

국제법에 대해 회의적인 현실주의는 자유주의적 이상주의가 주장한 '법을 통한 평화' 개념에 적대적인 입장을 취한다. 유명한 현실주의 외교관이자 학자인 조지 케넌 George Kennan은 법을 통한 평화 개념이 "영국의 특정법 개념을 국제사회로 가져와 국내 사회에서 개인들에게 적용하듯이 국가들에게도 적용하려는 시도"라고 주장했다 (Kennan, 1996: 102). 입법, 사법, 집행을 위한 중앙집권화된 권위체가 없기 때문에 현실주의는 국제법의 법적 구속력을 회의한다. 모겐소는 국제법은 잘해야 '호주 원주민이나 캘리포니아 북부의 유로크족처럼 문자도 가지지 못한 미개 사회'의 법과 비슷한 '원시법' 정도라고 주장했다(Morgenthau, 1985: 295). 현실주의자에게 국제법 의무는 매우 약하다. 국가 안에서는 불법 행위를 처벌하는 제재가 있기 때문에 시민은 법을 준수한다. 하지만 국제 사회에서는 제재가 거의 없었고, 집행 기제는 아직 발달되지 않았다. 현실주의자에게 국제법 준수 의무는 무의미하다(현실주의에 대한 자세한 논의는 **제6장 참조**).

신자유주의적 제도주의

초기에 신자유주의적 제도주의자들은 국제법에 관한 언급을 피해 왔다(**제7장, 제16장 참조**). 신자유주의적 제도주의가 법학보다는 경제학에서 주요 개념을 차용했고, 현실주의가 압도적인 위치를 차지하는 냉전 국제 관계에서 제도와 레짐 개념이 국제법보다는 덜 자극적이었기 때문이다. 그러나 냉전의 종식 이후 신자유주의적 제도주의자들은 국제법과 국제 정치 사이의 생산적인 대화에 적극적으로 임했다. 신자유주의적 제도주의가 가정하는 국제 정치와 국제법의 관계와 신자유주의적 제도주의가 국제법과 관련해 주장하는 바는 경제적 합리성 개념에 뿌리를 두고 있다(신자유주의적 제도주의에 대한 비판은 **제9장 참조**). 국가는 합리적 이익 추구자로, 법은 국가 목표와 결과 사이의 매개 변수로 가정된다. 따라서 법은 국가의 정체성과 이익을 결정하는 구성적 제도가 아니라 규율적 제도다(Goldstein et al., 2000 참조).

구성주의

구성주의는 규범적, 개념적 구조가 물질적 구조만큼 중요하다고 강조한다. 행위자의 정체성이 이익을 형성하며, 전략이 행위자의 행동을 이해하는 데 핵심적이라고 구성주의는 주장한다. 또한 사회 구조는 일상화된 행동을 통해서 지속된다고 믿는다(**제9장 참조**). 이런 생각들은 국제법을 이해하는 새로운 지평을 열었다. 구성주의와 법 이론가들은 공통점을 가지고 있다. 정치를 폭넓게 해석하여 전략뿐만 아니라 정체성, 의도 같은 문제들을 포함하고, 규칙, 규범, 사고가 규율적인 동시에 구성적이라고 파악하며, 행위자의 행동을 형성하는 데 담론, 의사소통, 사회화의 중요성을 강조한다. 따라서 구성주의는 국제법의 정치성을 이해하는 데 있어 현실주의와 신자유주의적 제도주의가 결여하고 있는 수단을 제공한다(Reus-Smit, 2004; Brunnée and Toope, 2010 참조).

비판 법학

지금까지 정치적 자유주의와 관련이 있는 많은 이론을 검토했다. 1980년대에는 근대 국제법의 가정과 관행에 도전하는 비판 이론이 등장하기 시작했다. '비판 법학' 또는 '새로운 흐름'이라고 일컬어지는 법리론에 따르면, 자유주의는 국제법 이론을 무의미하게 만들어서 '변명'(주권 질서의 정당화)과 '이상향'(국제법이 국제사회를 순화할 수 있다는 공상) 사이로 밀어 넣는다(Koskenniemi, 1989).

비판 법학은 자유주의에 대해 네 가지 명제를 가지고 있다(Purvis, 1991). 첫째, 비판 법학은 국제법에 관한 자유주의의 논리가 일관되지 못하다고 주장한다. 자유주의는 개별 국가의 특수 가치를 초월하는 객관적 가치를 부인하면서도 객관적, 중립적 국제법에 따라 국제 분쟁이 해소될 수 있다고 생각한다. 둘째, 비판 법학은 국제법 사상이 제한된 지적 구조 안에서 작동하고 있다고 주장한다. 제한된 지적 구조의 두 기둥은 자유주의 이데올로기와 국제공법 주장이다. 자유주의 이데올로기는 주권 질서를 자연스럽게 받아들이게 하며, 주권과 주권 평등 원칙을 비판적 반성 대상에서 제외한다. 국제공법 주장은 국제법 논쟁의 범위를 제한한다. "전통적인 국제공법 논쟁은 기원, 권위, 일치성을 기존 국제법에서 찾는 과정이다."(Purvis, 1991: 105) 셋째, 비판 법학은 국제법의 결정성에 도전한다. 법실증주의에 따르면 한 가지 규칙은 한 가지 객관적인 의미를 가진다. 따라서 '법을 찾는다'라는 표현이 생긴다. 비판 법학은 법실증주의의 주장이 잘못되었다고 주장한다. "국제법 학설은 법적 논쟁에서 서로 경쟁하는 여러 가지 결과를 변론할 수 있다."(Purvis, 1991: 108) 마지막으로, 비판 법학은 국제법의 권위가 자명하다(국제법의 정당성은 그 관행을 통해 획득된다)는 주장을 반박한다(Purvis, 1991: 109~113).

관행의 중요성

국제관계이론의 발전에 따라 국제법에 대한 최근 논의는 사회적 관행의 본성과 그 중요성에 주목한다(Adler and Pouliot, 2011b; Pouliot, 2010). 최근 주타 브뤼네Jutta Brunnée와 스티븐 투프Stephen Toope는 국가들이 왜 특정한 환경에서 국제법을 준수하려는 의무감을 느끼는지에 대해 질문을 던지며 그 의무감의 근원을 고찰하였다(Brunnée and Toope, 2010; Symposium on Legitimacy and Legality in International Law, 2011 참조). 이 질문은 국제법에서 가장 골치 아픈 것으로, 현실주의자들은 국제법을 준수하는 관행이 강대국의 강압에 대한 두려움에서 기인한다고 본다. 자유주의적 실증주의자들은 국제법이 국가 간의 합의이기 때문에 준수된다고 본다. 또 다른 시각에서는 국제법이 인식된 합법성 혹은 공정한 법적 규칙과 절차이기 때문에 준수된다고 설명한다. 그러나 브뤼네와 투프는 국제법을 준수하려는 의무감이 국가들이 관행에 참여하는 데서 비롯된다고 주장한다. 법적 의무감은 "내재한 이행 의지"로 행위자들이 사법 질서와 그에 동반된 규칙의 정당성에 대하여 느끼는 '감정'을 말한다(Brunnée and Toope, 2010: 45). 물론 이러한 감정은 자연히 발생한 것이 아니며 사회적으로 구성된 것으로 국제적인 사법 관행에 참여하는 사회적 상호 작용을 통해서만 이행 의지가 생긴다. 한편 규범적인 모든 관행이 이러한 법적 의무감을 발생시키지는 않는다. 관련된 관행은 '사법성의 기준'에 부합해야 하는데 이러한 '법적' 성격을 가지기 위해서는 일반적이고, 공식적으로 공포되어야 하고, 발효되어야 하고, 명백하고, 모순되지 않고, 현실적이고, 일관되고, 조화로워야 한다(Brunnée and Toope, 2010: 26). "사법성의 조건에 부합하면서 공동체에 받아들여질 때에만 행위자들이 (그들의 행위를 공표된 규칙에 맞추는) 의무감을 느낄 것이라 상상할 수 있다."(Brunnée and Toope, 2010: 41)

- 현실주의에 따르면 국제법은 강대국의 이해에 부합할 때만 중요하다.
- 신자유주의적 제도주의는 이익을 추구하는 국가가 어떻게 촘촘한 연결망과 같이 국제법 레짐을 형성하는지를 설명한다.
- 구성주의는 규범 구조가 국가와 비정부 행위자를 결정한다고 가정하며, 국제법을 규범 구조의 일부로 취급한다. 또한 다른 사회 규범처럼 법이 행위자의 정체성, 이해, 전략을 형성하는 과정을 강조한다.
- 비판 법학에 따르면 국제법에 내재한 자유주의 때문에 국제법의 가능성이 제약된다.
- 관행을 중시하는 법학자들은 법적 의무가 강제, 동의, 정당성에서 유래한다는 주장을 반박한다. 이들은 국제법 관행에 국가가 참여하는 과정에서 법적 의무가 유래한다고 주장한다.

맺음말

이 장에서는 학자들이 국제법의 가치와 효율성을 낮게 평가하지만 주권국가들은 국제법 레짐을 만들고 정교하게 발전시키려고 노력하는 국제법의 '역설'을 검토하면서 국제법에 대한 논의를 시작했다. 그다음으로 국제 공존과 협력을 촉진하는 제도의 역할을 검토했고, 근대 국제법 제도가 역사적으로 형성되는 과정을 고찰했다. 또한 국제법은 복잡해지는 국제 체제의 필요성을 충족시키면서 동시에 정당한 법치를 강조하는 정치적 자유주의에 기반을 두고 있음을 보였다. 그리고 국제법이 초국가법

으로 변화되는 추세를 검토한 뒤에 국제법의 성격과 효율성에 관한 주요 시각들을 개관했다. 각 시각은 국제법의 '역설'에 대해 상이한 관점을 제시한다.

> 아래 국제 관계 시뮬레이션 홈페이지에서 '리스본 의정서 협상' 시뮬레이션을 완료하여 나의 협상 및 문제 해결 능력을 시험해 보자.
>
> www.oup.com/he/baylis3xe

1. 이 장에서 언급된 요인을 제외하고 지난 2세기 동안 근대 국제법의 발전에 기여한 요인이 무엇이라고 생각하는가?

2. '국제법의 역설'은 정말 역설인가?

3. 국가가 질서를 유지하기 위해 국제법을 만들었다는 주장은 설득력이 있는가?

4. 이 장에서 언급되지 않은 근대 국제법 제도의 특징은 무엇인가?

5. 이 장에서 개관한 국제법 이론 가운데 어떤 이론이 가장 설득력 있다고 생각하는가? 그리고 왜 그러한가?

6. 국제법의 미래를 예측한다면 어떤 이론을 원용하여 답하겠는가?

7. 국제법 체제의 장점과 단점은 무엇인가?

8. 국제법이 초국가법으로 변화하고 있다는 증거는 무엇인가?

9. 무엇이 현재 국제법 체제를 위기로 몰아가는가?

10. 국제 관계에서 국제법, 정의, 윤리의 관계가 어떠해야 한다고 생각하는가?

이 장의 객관식 문제를 풀어 보면서 학습 내용을 잘 숙지하고 이해했는지 평가해 보자.

• www.oup.com/he/baylis3xe

International organizations in world politics

개요

국제기구는 이제 국제 체제의 일부로 잘 자리 잡고 있다. 국제기구 연구자들이 점점 더 늘어나고 있는데, 이는 국제기구가 세계 정치에 어떤 영향을 주는지 그리고 국제기구가 그 자체로서 독립적인 행위자인지 아니면 국제기구를 설립한 강대국들의 이익에 기여하는지 알고 싶어 하기 때문이다. 국제기구는 제2차 세계대전 후에 급속히 늘어났고, 세계가 점점 더 통합됨에 따라 새로운 국제기구가 계속해서 생겨나고 있다. 애초에 국제기구는 자유주의나 현실주의의 전통에서 연구되었다. 국제기구가 어떻게 개인들의 복리 또는 국가들의 외교 정책 목표에 기여하는지 분석하는 것이 목적이었다. 현실주의가 우세했던 **냉전** cold war 시기에는 국제기구가 국제 정치에 거의 영향을 주지 못하고 단지 국가들의 이익을 추구하는 수단에 불과하다고 주로 생각되었다. 이러한 관점으로는 국가들이 국제기구를 왜 설립하는지 설명할 수 있지만 국제기구가 수행하는 모든 활동을 설명할 수는 없다. 냉전이 끝나고 국제기구의 행동을 자세히 살펴보니 국제기구가 다루어져야 할 지구적 문제를 정의하고 국가들 사이의 의제를 설정하며 행위자들의 상태를 분류하여 파악하는(예를 들어 국가들을 '취약 국가' 혹은 '부채가 많은 빈곤 국가'로 분류하는 기준을 만들어 내는) 데 큰 역할을 할 수 있다는 것이 밝혀졌다. 하지만 국제기구는 회원국들이 설정하는 위임 명령, 구조, 재정 자원의 제약하에 있다. 이 장은 국제기구의 행동을 이끌어 내는 요인이 무엇이고 국제기구가 변화할 가능성이 있는지 검토하는 다양한 이론적 설명을 구성주의와 마르크스주의 접근을 포함해서 살펴본다. 이렇게 함으로써 21세기에 직면한 다양한 문제에 대처하는 국제기구의 역할과 또한 이러한 형태의 **국제 협력** cooperation 이 지니는 한계를 더 잘 이해할 수 있을 것이다. 국제기구가 '민주주의 결핍' 현상을 겪고 있는지의 문제도 그중 하나다. 국제기구는 **지구 거버넌스** global governance 개념에 핵심적인 요소지만 네트워크, 공적-사적 행위자 간 파트너십, 다행위자/다층적 거버넌스의 성장으로 인해 국제기구가 지구적 수준에서 문제들을 다루기 위해서 점점 더 다른 행위자들과 함께 일하고 있는 것 또한 분명하다.

세계 정치 속의
국제기구

수전 파크Susan Park

유영수 옮김

핵심 질문

● 국제기구란 무엇인가?

● 국제 관계에서 국제기구가 필요한가?

● 국제기구가 위임받은 임무를 성공적으로 수행하는 데 기회가 되는 요인과 제약을 주는 요인에는
어떤 것들이 있는가?

머리말

세 나라 혹은 그보다 많은 나라의 정부들로 이루어진 개체인 국제기구에 관한 뉴스가 세계 언론의 헤드라인에 자주 등장한다. 예를 들어 다음과 같은 뉴스들을 볼 수 있다. 국제연합이 시리아에 대한 강대국의 개입을 조정하려고 노력하고 있다. **유럽연합**이 제2차 세계대전 종전 이래 가장 큰 규모의 난민 위기와 또한 그리스 같은 남유럽 회원국들에 큰 영향을 끼친 2009년 **유로존 부채 위기**eurozone debt crisis와 씨름하고 있다. 국제통화기금이 다시 힘을 받아 2000년대 후반 **대침체**Great Recession 중에 국가들을 긴급 구제하였고, 반면에 **세계무역기구**는 교착 상태에 빠져 있어 자유 무역 의제를 진전시키지 못하고 있다. 이러한 일들 가운데 많은 일은 어느 한 국가가 홀로 다룰 수 없는 반면에 어떤 일들은 힘 있는 한 나라나 작은 국가들로 이루어진 집단이 국제기구를 꼭 설립하지 않고도 진전을 이루어 낼 수도 있다. 그럼에도 **주권국가**sovereign state들은 공식적인 기구를 만들어 광범한 범위의 문제들에 관해 협력하는 것을 선택한다. 각각의 공식적인 국제기구는 규약, 상설 소재지, 관료 조직, 직원, 재정, 상징 로고가 있다. 국제기구는 국경을 넘는 사람, 상품, 서비스의 이동에 관한 일에서부터 전쟁과 평화 그리고 핵무기에서 인터넷에 이르는 기술에 관한 규칙을 제정하는 일, 유행병의 국제적 확산에 대한 즉각적 대응안을 마련하고 지구 온난화라는 궁극적인 문제에 대처하는 일까지 이 모든 일을 다루기 위해 설립되어 왔다. 국제기구를 다양한 방식으로 분류해 볼 수 있는데, 맡고 있는 문제 영역에 따라서, 위임된 임무에 따라서, 회원국의 지리적 대표성에 따라서, 회원 자격이 제한적인지에 따라서, 단순히 국가 간 의사 결정을 위한 토론장인지 아니면 회원국들의 지시를 이행하기 위해 독립적으로 행동하는 상대적으로 자율적인 업무 조직인지에 따라서 나눌 수 있다.

이 장은 국제기구를 정의해 보고 국제 체제에서 국제기구의 부상을 살펴본다. 다음으로 국가들이 공식적인 **다자주의**multilateralism를 통해 협력하려는 의도를 분석해 본다. 국제기구가 계속해서 늘어남에 따라 국제기구의 활동을 설명하기 위해 서로 다른 이론적 접근들이 제시되었다. 자유주의, 현실주의, **사회구성주의**social constructivism, 마르크스주의같이 국제기구를 이해하기 위한 주요 국제관계이론의 접근들은 국제기구의 행동과 변화의 능력을 분석하는 정교한 방법을 제공한다. 국가들은 국제적 수준에서 문제들을 다루는 수단을 제공하는 국제기구에 점점 더 의존하게 되었는데 그 이유에 대해 중요한 토론이 벌어지고 있다. 또한 국제기구가 역할을 하는 데 어려움이 없는 것은 아니다. 다자주의적 노력이 권력 정치로 인해 앞으로 나아가지 못하거나, 국제기구가 제 **기능을 하지 못해**dysfunctional 결국 (국제기구의 논의, 결정, 행동에 간극이 생기는) **조직된 위선**organized hypocrisy과 무력한 행동으로 이어질 수 있다(Weaver, 2008).

국제기구란 무엇인가?

국제기구는 세 나라 혹은 그보다 많은 곳의 행위자들이 속해서 국제적 수준에서 활동하는 모든 기구를 포함하는 매우 포괄적인 의미로 자주 사용되는 용어다. 많은 학자가 국제기구라는 용어를 국가들이 설립한 기구와 함께 회사, **비정부기구**non-governmental organizations 같은 **비국가**non-state 행위자들을 포함하는 것으로 사용하지만 여기서는 국제기구를 정부간기구를 의미하는 것으로 이해한다. 국가들은 국제기구의 회원 자격을 주권적 권리, 특히 자신들에 대한 국제적 인정과 정통성을 강화하는 것이라고 생각한다. 식민지 해방, 전쟁, 혹은 어떤 국가의 평화적 해체 후에 주권국가로 인정받은 많은 국가가 곧바로 국제기구에 가입한다. 2011년 국제연합은 새로 독립한 남수단을 193번째 회원국으로 받아들였다.

따라서 국제기구는 '공동의 목표에 관련된 지속적인 업무를 수행하는 상설의 사무국을 지원하는 셋 혹은 그 이상의 국가들의 대표가 있는 기구'라고 정의된다(Barnett and Finnmore, 2004: 177). 국제기구는 국가들 사이에 이루어지는 국제적 합의나 조약으로 설립되고, 이러한 합의나 조약이 기구의 위임 명령, 구조, 기능, 재정자원을 정하게 된다. 국가들은 국제기구를 창설하는 조약에 조인하고, 이어 조약이 국내 정치 과정을 통해 비준된다. 충분한 수의 국가들이 조약을 비준하게 되면 국제기구가 비로소 '창설'된다. 2018년 현재 7,726개의 국제기구가 존재하고 있다. 1909년에 활동하던 국제기구가 37개였는데 이는 엄청난 증가다(Union of International Associations, 2018; **[그림 16-1] 참조**). 최초의 근대적인 국제기구는 (영토와 수역 사이) 하천에 관련된 국가 간의 관계를 수월하게 하기 위해 1815년에 설립된 라인강 내륙운송 중앙위원회Central Commission for the Navigation of the Rhine다(Jacobson, 1984: 30). 이 장을 쓰는 시점에(2018년 12월), 가장 나중에 창설된 국제기구는 중국이 주도하는 아시아인프라투자은행Asian Infrastructure Investment Bank: AIIB이다.

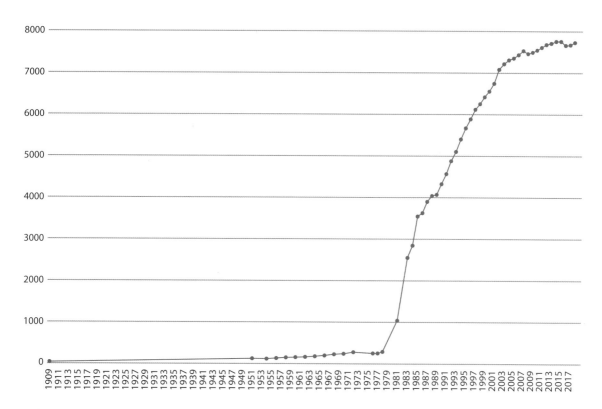

그림 16-1 국제기구의 수, 1909~2018

출처: Union of International Associations, 2018, *Yearbook of International Organizations 2018*, Brussels, UAI.

57개국의 회원국이 이 기구의 창설에 서명하고 비준했으며 2016년 1월 16일에 운영을 개시할 수 있게 되었다. 아시아인프라투자은행은 회원국들에게 기반 시설을 건설하기 위한 대출을 제공하는 세계은행의 직접적인 경쟁자이자 협력자다(아시아인프라투자은행에 대해서는 [사례연구 16-1] 참조).

물론 국제기구를 설립하는 데 국제 조약만이 유일한 방법은 아니다. 파생emanation이라고 알려진 과정을 통해 이미 존재하고 있는 국제기구 회원국들의 승인으로 새로운 국제기구가 설립되는 것이 점점 더 일반화되고 있다. 국제연합과 같은 기존 국제기구의 회원국들이 특정 영역에서 보다 세부적인 업무를 담당할 '파생spin-off' 국제기구의 창설을 승인할 수 있다. 국제연합 무역개발회의United Nations Conference on Trade and Development: UNCTAD가 이러한 방식으로 창설되었다. 파생 국제기구는 조약 체결 과정을 통해 국가들의 합의를 얻어 내는 방식에 비해 설립이 용이하다. 단지 모체가 되는 국제기구를 통해 창설하는 것에 충분한 수의 국가들이 찬성하면 되는 것이다. 이러한 이유에서 (조약을 기반으로 한) 전통적인 국제기구의 수는 2018년 285개인 데 비해 파생 국제기구는 같은 해 930개까지 증가했다(Union of International Associations, 2018). 파생 국제기구가 수적으로 증가했다는 사실은 국제적 수준에서 대응하고 있는 문제들이 복잡하다는 것을 나타낸다. 또한 파생 국제기구는 목적에 부합하지 않으면 곧장 해체하는 것도 전통적인 국제기구에 비해 용이한 편이다(Shanks, Jacobson, and Kaplan, 1996: 599).

이 장에서는 국가들이 회원인 국제기구에 초점을 맞추고 있지만 현실에서는 일부 국제기구가 비국가 행위자들을 의사 결정 구조에 편입하기도 한다. 국제노동기구International Labor Organization: ILO가 가장 분명한 예다. 국제노동기구는 국제노동총회, 운영이사회 그리고 사무국에서 국가, 노동자, 사용자에게 동일한 발언권을 부여하는 삼자 간 의사 결정 과정을 갖고 있다. 원래 시민사회 단체들에 의해 노동의 법적 보호를 위한 국제협회로 구상되었다가 국가들이 이러한 생각을 받아들여 1919년 국제노동기구로 공식화했다. 국제노동기구는 노동 조건의 기준을 정하고, 노동 관련 협약과 권고안을 입안하고 제정하며, 기술적 지원과 정책 조언을 제공하는 데 노동조합과 사용자의 참여를 허용한 전통적인 국제기구라는 점에서 특별하다.

그 외에 다른 혼성 국제기구hybrid international organizations는 훨씬 더 복잡하다. 예를 들어 국제표준화기구International Organization for Standardization: ISO는 전 세계 상품 교역량의 80퍼센트까지 영향을 미칠 수 있는 기술 공정의 국제적 표준을 만들어 내는 일을 하는데 엄밀히 말하면 비정부기구다. 하지만 각국의 표준 기구들이 공적 및 사적으로 여기에 참여하고 있다. 또한 국제표준화기구는 참여도에 따라 세 가지 다른 수준의 회원 자격이 있다. 이는 매우 중요한 점인데 왜냐하면 국제표준화기구에서 설정하는 표준이 사실상 국제무역기구의 기준이 되고 따라서 전 세계 무역 기준에 영향을 주기 때문이다(Clapp, 1998). 그러므로 국제표준화기구는 비정부기구이지만 국가들이 회원으로 있으며 국제 표준을 만드는 데 국가들과 국제무역기구의 승인을 받고 있다. 이 사례는 지구적 수준에서 공적-사적 영역을 넘나드는, 다행위자 거버넌스의 복잡성을 말해 주고 있다.

근대적 국제기구는 19세기 중반에 유럽 국가들 간의 국경을 넘는 관계를 진전시키기 위해 탄생했다. 국가들이 점점 더 서로 간의 교역과 상업에 관여하면서 서로 교류하는 공통의 행동 양식과 공통의 기준에 합의해야 했다. 예를 들어 국가들은 국제도량형국International Bureau of Weights and Measures을 설립해 파운드와 킬로그램의 무게 단위를 통일하는 데 합의했다. 이러한 기구들이 설립되기 위해서는 국가들 간의 합의를 가능케 하는 선결 조건이 존재해야 한다. 주권국가들이 존재해야 하고, 그들 간에 실질적인 접촉이 있어야 하고, 서로 공존함으로써 생기는 문제들에 대해 인식하고 있어야 하며, 국제기구를 설립하여 국가 간 관계를 규율하고자 하는 필요성에 대한 합의가 있어야 한다(Claude, 1964: 17). 11세기부터 17세기까지 독일 북부 도시들의 한자동맹Hanseatic League을 비

아시아인프라투자은행은 국제 질서를 무너뜨리는가, 지키는가?

© humphery / Shutterstock.com

아시아인프라투자은행(이하 AIIB)은 2016년에 설립되었는데, 제2차 세계대전 이후 세워진 자유주의 국제 질서의 장래에 대해 AIIB가 무엇을 보여 주는지에 대한 격렬한 논쟁이 벌어졌다. AIIB는 세계은행을 모델로 한 다자 개발 은행multilateral development bank이다. 발전도상국들, 특히 아시아–태평양 지역 발전도상국들의 기간 시설 확충에 수조 달러가 부족하다고 종종 평가되는데, 이 은행의 창설 목적은 기존 다자 개발 은행들이 감당하지 못하는 이러한 자금의 부족분을 메우는 것이었다. AIIB가 위임받은 임무는 '기간 시설 및 생산성이 높은 부문에 대한 투자를 통해 아시아에서 지속 가능한 경제 발전을 촉진하고 부를 창출하며 기간 시설의 연결성을 향상시키고, 다른 다자 및 양자 개발 기구와 긴밀한 협력을 맺어 일함으로써 발전 과제들을 해결하는 데 지역 협력과 파트너십을 증진하는 것'이다(AIIB, 2016). 그렇다면 무엇이 문제라는 말인가? AIIB는 중국에 의해 설립되었고 미국의 반대에 부딪혔다. 미국은 새로운 다자 개발 은행의 설립이 미국이 국제 체제에서 누리는 패권에 대한 직접적인 위협이 된다고 보았다. 미국이 아시아의 국제기구를 거부한 것은 이번이 처음이 아니다. 1997년 **아시아 금융위기**Asian financial crisis 이후 일본이 서양 주도의 국제통화기금에 반대해 아시아통화기금 창설을 제안했으나, 계획은 미국의 반대로 인해 철회되었다. 중국을 비롯해 부상하는 국가들은 자신의 경제적 비중

에 걸맞은 투표권을 갖기 위해 국제통화기금의 변화를 추진했는데, 미국은 5년 동안 이를 저지했다. 2015년에 변화를 꾀하는 데 동의했을 뿐이다. AIIB는 미국의 핵심 국제기구 장악에 대한 가장 최근에 벌어진 도전이다.

중국은 미국이 AIIB에 참여하도록 초청했지만 미국은 이 은행에 기존 다자 개발 은행이 따르는 엄격한 반부패 기준이나 환경 및 사회적 기준이 결여될 것이라 주장했다. 더 중요한 점은 미국이 중국의 AIIB를 미국이 일본과 함께 주도하는 아시아개발은행Asia Development Bank: ADB의 직접적인 경쟁 상대라 여기고 있고, 은행을 통해 중국의 영향력이 지역에 걸쳐 확대될 것을 우려한다는 것이다. 미국은 AIIB 구상에 반대했고 미국과 일본은 오스트레일리아와 한국을 포함한 동맹국들에게 반대할 것을 설득했다. 그러나 이러한 시도는 실패했다. 영국이 선진국으로는 첫 번째로 참여했다. 중국 위안화의 결제를 맡는 금융 결제 기관의 역할을 맡아 이익을 얻기 위해서였다.

2017년 AIIB는 15개의 신규 프로젝트에 19억 달러를 대여했고, 2018년 말까지 회원국이 87개국에 이르게 되었다. AIIB는 미국의 우려를 가라앉히기 위해 '효율, 환경, 윤리'를 추구하겠다는 의지를 표명했다. 이제 AIIB가 자유주의 국제 질서에 도전하지 않고 오히려 이를 강화한다고 생각되고 있다. AIIB는 세계은행이나 아시아개발은행과 구조, 기능, 운영이 유사하며 그 두 기관에서 전문가들이 이직해서 일하고 있다. 하지만 AIIB는 매우 투명한 운영을 강조해 왔지만, 중국이 2013년에 발표한 대규모 계획인 일대일로 구상Belt and Road Initiative은 인도–태평양과 유라시아에 걸쳐 중국의 전략적 이익을 증진하는 한편 채무국의 부채를 늘리고 있어, 강제적이라는 반발이 빠르게 커지고 있다.

질문 1 아시아인프라투자은행은 국제 질서를 지키는가, 무너뜨리는가?

질문 2 아시아인프라투자은행은 중국의 패권 장악 노력을 돕는가?

롯해 전근대 시기에 국제기구가 존재했던 몇몇 드문 사례가 있지만 최초의 근대적 국제기구는 1815년에 설립되었다. 그때부터 국제기구는 발전하기 시작했고, 산업

혁명에 따라 생겨나는 국제 관계의 새로운 영역을 다루며, 국가들이 과학의 획기적 발전과, 국경을 넘는 이동, 그리고 새로운 기술을 감당할 수 있도록 해 주었다(근대

적 국제 관계에 있어 19세기의 중요성에 대한 보다 상세한 논의는 **제2장 참조**). 제2차 세계대전 이후 시기에 지구화가 가속화되면서 국제기구에 대한 수요 또한 급증했다([그림 16-1] 참조).

19세기 국제기구들 가운데 많은 기구가 국가들 간에 각기 다른 기준에 대한 해결책을 마련하기 위해 설립된, **공공국제연합**Public International Unions: PIU으로 불리는 '비정치적인' 기술적인 기구였다. 지금은 국제전기통신연합International Telecommunications Union이 된 국제전신연합International Telegraphic Union: ITU이 1865년에 창설되었고, 만국우편연합Universal Postal Union이 1874년에 창설되었다. 이 두 기구는 현존하는 가장 오래된 국제기구이고 현재 국제연합 시스템의 일부다(**제17장 참조**). 많은 국제기구가 관세, 해운업과 해운 항로, 항공, 도로, 철로에 관한 규칙, 우편 업무, 전기 통신, 특허와 저작권, 정보 기술과 같은 특정한 문제들을 다루기 위해 설립되었다. 점차 국제적인 차원의 성격을 띠는 사회 문제들이 늘어나자 공공 보건, 노동, 인도적 문제를 위한 국제기구가 생겨났다(Murphy, 1994: 83). 공공국제연합이라고 불리는 국제기구들은 구체적인 기능을 수행하는 상근 직원이 있는 사무국을 세워 근대적 국제기구의 형태를 확립했다. 또한 기구의 활동 방향에 대해 합의하기 위해 총회 시 회원국 회의의 과정을 도입하는 한편 총회와 총회 사이에 회원국들의 요망 사항을 실행할 수 있는 권한을 위임받은 작은 규모의 이사회나 운영위원회를 설치했다(Claude, 1964: 30~32).

국제 정치기구의 부상은, 비록 오랜 시간이 걸렸지만, 국제 질서의 불안정과 함께 발전했다. 나폴레옹 전쟁을 계기로 유럽 강대국들은 질서를 회복하기 위한 **다자간** multilateral 정치 회의를 시작했다. 다자주의란 셋 이상의 국가들이 국가 정책을 조율하는 행동 양식이다(Keohane, 1990: 565). 1815년 **빈 회의**Congress of Vienna를 시작으로 국가들은 외교의 규칙에 관해 합의하기 위해 모였고 여기에는 유럽 내의 제국주의적 침략을 막고 기존의 정치 균형을 단단히 유지하려는 의도가 있었다. 정기적 회의가 외교 활동의 일부가 되어, 이후로 한 세기 동안 국가들은

30번 모이게 되었다. 이것이 **유럽협조체제**Concert of Europe로 알려지게 된다. 유럽 국가들은 전 지구에 퍼진 자신들의 제국을 포함해 경제적, 정치적 이익을 증진하기 위해 (두 나라 간의) 양자주의에 반대되는 다자주의를 이용하기 시작했다. 그럼에도 국가들은 계속해서 **세력 균형**balance of power 정치와 제국주의에 힘을 쏟았고, 국가 간 협력의 주요한 수단은 동맹이었다.

1899년과 1907년 두 번의 독립된 평화회의에서 러시아 황제 니콜라이 2세는 국가들을 초청하여 전쟁 수행의 새로운 규칙을 만들고자 했다. 이 회의들이 **헤이그 만국평화회의**Hague Convention 혹은 **헤이그체제**Hague System라고 불리는 것이다. 헤이그체제는 유럽협조체제의 강대국 패권으로부터 이탈했기 때문에 획기적이었다. 강대국들만이 아니라 모든 국제적 승인을 받은 국가들이 초청되었다. 이로써 국제적 승인을 받은 모든 국가가 법적으로 동등한 권리를 가진다는 생각이 확립되었다. 물론 이러한 생각은 식민 지배하에 있던 사람들에게까지 적용되지는 않았다(세계 정치에서 식민주의와 인종주의가 드러난 역사적인 그리고 현대적인 사례들에 관해서는 **제10장, 제20장 참조**). 헤이그체제는 또한 국제회의의 절차적인 측면에서 진전을 가져왔다. 수장이 선출되고 위원회가 조직되고 호명 투표가 실행되었다(Claude, 1964: 25, 27). 또한 헤이그체제는 현재까지 존속하는 상설중재재판소를 창설해 국제 체제에서 국제적 인정을 받은 행위자들 사이에 벌어지는 분쟁을 다루기 위한 상시적인 수단을 확립하기 위해 노력했다.

국제 질서를 어떻게 유지할 것인가에 관해 헤이그체제에서 발전된 많은 생각이 그 후 제1차 세계대전이 세계를 뒤흔든 후에 받아들여졌다. 최초의 명백한 국제 정치기구인 국제연맹League of Nations이 국가들이 전쟁에 참여하기보다 국제 분쟁을 해결하도록 하는 장으로서 창설되었다. 이는 유럽의 세력 균형 정치의 실패에 대한 직접적인 대응이었다. 국제연맹을 사멸시킨 것도 궁극적으로 세력 균형 정치였지만 국가들은 제2차 세계대전이 막바지에 다다를 무렵 또 다른 파괴적인 세계 전쟁을 막

기 위해서는 지속될 수 있는 국제적 장치가 필요하다는 확고한 생각을 가졌다. 국제연맹의 실패에서 얻은 교훈이 바로 국제연합의 창설자들과 그들의 전망에 영향을 끼쳤다(**제17장 참조**). 또한 분쟁 해결의 법적 수단을 확립하려는 노력이 국제사법재판소International Court of Justice: ICJ의 설립으로 귀결되었다. 국제형사재판소International Criminal Court: ICC가 설립되기까지는 50여 년이 더 걸리게 되었다. 결론적으로, 19세기 중반에 유럽 국가들은 자신들 사이에 벌어지는 초국경적 상호 작용이 팽창함에 따라 이를 관리하고 개선하기 위해 국제기구를 만들기 시작했고 강대국 간의 전쟁 비용이 너무 커지게 되자 정치기구를 생각하게 되었다. 유럽 이외에 점점 더 식민 지배하로 들어가게 된 다른 대부분의 지역은 이러한 기구들에서 배제되었다.

> ### 요점정리
>
> - 국제기구에는 공동의 목표에 관련된 지속적인 업무를 수행하는 상설의 사무국을 지원하는 셋 혹은 그 이상의 국가들의 대표가 있다.
> - 국제기구는 산업혁명과 기술의 혁신적 발전에 따라 생겨난 다양한 새로운 활동과 관련한 국가 간 관계를 조율하기 위해 유럽 국가들이 처음으로 만들었다.
> - 국제기구의 기초가 19세기에 유럽협조체제와 헤이그체제 같은 다자주의적 토론장과 함께 나타났다.
> - 국가들은 다자주의를 점점 더 추구하게 되었고 제1차 세계대전 이후에 국제 분쟁을 방지하기 위해 공식적 국제기구를 만들어 이용하게 되었다.
> - 조약에 기반한 공식적 국제기구가 계속해서 설립되고 있으나 점점 더 분화된 문제들을 다루는 파생 국제기구가 그 수를 추월했다.

국제기구는 왜 중요한가?

국제기구가 중요하다고 생각되는 이유는 세 가지다. 첫째, 국제기구는 일단 설립되면 대체로 오래 지속된다. 둘째, 국제기구는 지역적, 국제적 안정을 좌우하는 복잡한 문제에 국가들이 대응하는 방식에 영향을 준다. 셋째, 국제기구의 활동은 점점 더 개인 삶의 수없이 많은 측면에 영향을 주며 전에 없던 방식으로 국내 정치 과정에 영향을 미친다.

첫째, 국제기구는 국제 체제에서 오래도록 지속되는 경향이 있기 때문에 중요하다. 예를 들어 1865년에 창설된 공공국제연합 가운데 15개가 100년이 넘도록 존속했다. 하지만 평균적으로는 그보다 수명이 짧다. 1945년 이후에 창설된 국제기구는 대체로 15년에서 20년 동안 존속했다. 제2차 세계대전 이후 시기에 국제기구가 급증했지만 국제 체제의 주요한 변화로 인해 국제기구가 사멸되기도 했다. 공공국제연합의 25퍼센트가 제2차 세계대전 후에 없어졌고, 공산주의 국가들의 바르샤바조

약기구Warsaw Treaty Organization 같은 국제기구는 냉전이 종식되면서 해체되었다(Cupitt. Witlock, and Witlock, 2001). 1970년대부터 조약 기반 국제기구의 증가 속도가 늦춰졌지만 아직도 국제기구가 탄생하고 있고, 예를 들어 아시아인프라투자은행이 2016년에 창설되었고, 파생 국제기구의 수가 조약 기반 국제기구의 수를 훨씬 넘어서고 있다(Shanks, Jacovson, and Kaplan, 1996: 599).

둘째, 국제기구는 지역적, 국제적 안정을 포함해 복잡한 문제에 국가들이 대응하는 방식에 영향을 주기 때문에 중요하다. 국제기구는 회원국들로부터 회원국들의 요구를 실행할 권한을 부여받는다. 그러한 권한의 근거는 국제통화기금에서 경제학자들이나 세계보건기구에서 의사들이 차지하는 숫자를 보아도 알 수 있듯이 **기술적 전문성**technical expertise일 수 있다. 권한은 또한 국가들의 이익이 아닐지라도 올바른 일을 하려는 자발적 의지

를 보이는 도덕적인 것일 수도 있다. 예를 들어 1951년에 국가들은 난민협약에 따르는 의무를 이행하려는 국가들을 지원하기 위해 국제연합 난민고등판무관사무소United Nations High Commissioner for Refugees: UNHCR를 신설했다. 국제연합 난민고등판무관사무소는 '난민 보호 지원의 임무로부터 그리고 공정한 방식으로 행동하는 인도주의 기구로서의 지위로부터 나온' 도덕적 권위를 가지고 있었다(Barnett and Finnemore, 2004: 73). 국제연합 난민고등판무관사무소는 제한적인 위임 명령, 한정된 재정 자원과 시간에도 불구하고 '난민'의 개념(누구를 보호할지)을 확대할 수 있었고 또한 제공할 수 있는 지원의 형태(어떻게 보호할지)를 확대할 수 있었다(Betts, 2012: 118). 국제연합 난민고등판무관사무소는 이제 이러한 문제들에 관해서 지구적 수준에서 가장 중요한 권위체. 국제연합 난민고등판무관사무소는 재정, 직원, 활동을 확대해 왔다. 이는 힘 있는 회원국의 반대를 고려하고도 일어난 일이고, 한 국가에 누가 입국할 수 있는지 결정하는 것이 국가 주권의 근본적인 구성 요소임에도 불구하고 일어난 일이다. 국제연합 난민고등판무관사무소는 '국내 실향민internally displaced people'이라고 불리는, 지원해야 할 사람들의 새로운 범주를 만들었는데 국경을 건너지는 않았지만 전쟁과 박해와 기근을 피해 나온 사람들을 돕기 위함이다. 국제기구의 기술적 전문성과 도덕적 권위는 국제 체제의 변화를 이끄는 데 도움이 될 수 있다. 하지만 국제기구의 제안을 받아들일지는 여전히 국가들의 자발적인 의지에 달려 있다.

셋째, 국제기구가 만들어 내는 결정은 우리 삶의 모든 면에 영향을 줄 수 있다. 보건부터 무역, 금융, 안보, 그리고 사회적, 문화적 관계까지 우리가 생각할 수 있는 모든 문제에 관해 이를 다루는 국제기구들이 있다. **지구화**globalization로 인해 국가들의 상호 의존이 심화되면서 공식적인 국제기구의 수가 증가했다. 문제들 사이의 상호 연관성을 생각할 때(예를 들어 보건, 발전, 기후 변화, 금융 등) 협력의 필요성이 더 커졌다. 더욱이 국제기구는 모두가 공유하고 이용할 수 있는 지구적 **공공재**public goods를 공급하

는 데 도움을 줄 수 있다. 국제 평화, 안정적인 국제 경제 체제, 지구 기후의 안정 등이 지구적 공공재의 예다. 국제기구는 두 가지 방식으로 지구적 공공재를 지원할 수 있다. 첫째로 국제기구는 토론의 장이 되어 국가들이 공공재 공급을 위해 협력하고 합의에 이르도록 한다. 둘째로 국제기구는 모든 행위자가 공공재를 실현하기 위해 따라야 할 정책과 절차를 수립함으로써 지구적 공공재 공급을 도울 수 있는데, 이는 국가들의 요구를 실행하는 본연의 활동을 통해서 이루어진다.

한 나라의 정부가 특정 국제기구의 회원국이 아니더라도, 그리고 그 기구의 활동이나 결정 사항에 대해 표결에 참여하거나 협의를 하지 않았더라도, 국제기구의 결정은 그 나라의 국민들의 삶에 지대한 영향을 준다. 예를 들어 제2차 세계대전 후 **브레턴우즈**Bretton Woods에서 국제통화기금과 세계은행을 창설할 때 단지 44개국이 참여했다. 하지만 또한 국제통화기금과 세계은행의 결정이 과거 식민지였던 신생독립국에 끼친 긍정적, 부정적 영향에 대한 매우 뜨거운 논쟁이 있기는 하다. 동시에 국제기구의 행동은 국가 주권과 관련해 훨씬 더 개입적인 성격을 띠게 되었다. 예를 들어 세계보건기구는 유행병의 확산에 대처하기 위한 방안으로 여행객들에게 목적지의 안정성을 발표 및 경고하고, 국제통화기금은 일국이 공공 지출의 축소를 포함해 경제 정책을 어떻게 개혁해야 할지를 결정하고, 세계무역기구는 일국에 어떤 상품이 수입될 수 있고 수입될 수 없는지를 결정함에 있어 무엇이 보호주의 수단이 되는지를 판정한다. 이제까지 설립된 가장 '개입적인' 국제기구 가운데 하나는 유럽연합이다. 유럽연합이 세운 규칙들이 27개 회원국의 개개인의 삶의 수없이 많은 측면에 걸쳐 존재한다(**제18장 참조**). 국제기구는 널리 확산되어 있고 복잡한 국제 문제에 대한 국가들의 대응 방식을 형성하는 역할을 하며, 지구적 공공재를 공급하거나 어쩌면 공급을 보류할 수도 있으며, 국가들의 국내 활동에 개입할 수 있기 때문에 우리 모두 국제기구를 정확하게 이해하는 것이 중요하다.

요점정리

- 국제기구는 국제 체제에서 존속해 왔기 때문에 중요하다.
- 국제기구는 국제 문제에 대해 국가들이 대응하는 방식을 형성한다.
- 국제기구는 권력의 배분에 영향을 주고 예전에는 국가들에게 맡겨졌던 정책을 수립함으로써 지구 어느 곳에 있든 개개인의 삶에 점점 더 영향을 준다.
- 국제기구는 국제 협력을 위한 토론장이 됨으로써, 그리고 공공재의 공급을 입법하고 집행하는 것을 도움으로써 국가들이 지구적 공공재를 만들어 내는 데 도움이 될 수 있다.

국가들은 왜 국제기구를 만드는가?

국제기구는 공식적인 다자주의의 예다. 비공식적 다자주의는 국가들이 서로 간의 상호 작용을 위한 규칙과 절차를 수립하는 국제연합과 같은 상설적인 구조를 만들어 내기보다 집단으로 모일 때다. 비공식적 다자주의의 예로 서양 선진 7개국 모임 Group of Seven: G7과 주요 20개국 모임 Group of Twenty: G20을 들 수 있다. G7과 G20 모임에서 국가들은 세계 경제를 (그리고 점점 더 그 밖의 다른 모든 것을) 관리하기 위한 공통의 정책 목표에 대해 합의한다. 이 모임들은 국제 조약으로 설립된 것이 아니고, 지속적인 업무를 수행하는 상설 사무국이 있는 것도 아니며, 본부가 있는 것도 아니다. 이 모임들은 그럼에도 불구하고 힘 있는 국가들이 결정을 내릴 수 있도록 토론장을 제공하고, 각각 느슨한 구조와 정례화된 회의, 상징 로고 그리고 웹사이트가 있다. G7과 G20 두 모임은 매년 한 번 이루어지고, 업무의 대부분은 모임을 준비하면서 국가들이 담당하며, 의장국은 회원국들 간에 돌아가면서 맡는다.

국가들은 정해진 규칙과 절차, 재정 부담에 구속되지 않는 비공식적인 모임을 할 수 있는데도 왜 국제기구를 설립하는 쪽을 택할까? 학자들은 국제기구의 기능을 살펴보면 '국제기구에 대한 절대적인 필요는 존재하지 않는다'고 주장한다(Martin, 1992: 791). 사실 비공식적 다자주의는 신속한 결정을 내릴 수 있고, 상황이 허락하는 한 방향을 전환할 수 있으며, 국제적인 서약에 구속되는 것을 피할 수 있고, 합의를 국내적으로 비준하지 않아도 되는 점을 포함해 유리한 점들이 있다(Lipson, 1991: 501). 하지만 국가들은 여전히 국제기구를 만들고 가입한다.

국가가 공식적인 국제기구를 설립하는 의도를 설명하려 하는 네 가지 주요한 이론적 접근이 있다. 자유주의, 현실주의, 사회구성주의, 마르크스주의다(각각 제7장, 제6장, 제9장, 제8장 참조). 첫 번째는 자유주의 접근인데 국가들이 국가 간 관계에서 자신들의 이익을 증진하기 위해 국제기구를 세우는 것은 그 국민들에게 이익이 된다고 주장한다. 조금 더 최근에 나온 자유주의 접근인 신자유주의적 제도주의는 국제기구를 모든 국가의 이익을 위한 공유재를 공급하는 수단으로 본다. 따라서 국제 협력으로 절대적 이득을 얻게 된다. 둘째, 국가들이 여러 외교 수단들 가운데 하나로 국제기구를 이용한다는(다른 국가가 제안을 거부하지 않도록 자신의 노골적인 이해를 국제기구에 숨겨서) 현실주의 주장이 있다. 현실주의의 수정되고 보완된 형태인 신현실주의는 국가들이 다른 국가들이 따라야 하는 규칙을 정하기 위해 국제기구를 만든다고 주장한다. 사회구성주의는 국제기구가 어떻게 행동하는지 그리고 왜 그런지 이해하는 데 적용되어 왔다. 사회구성주의자들은 국제기구의 활동에 대해 더 깊은 이해를 제공하기 위해 국제기구가 언제, 어떻게 국제 규범을 채택하고 국제 체제 전체에 확산시키며 또한 언제 국제기구가 조직 문화로 인해 의도한 대로 활동하지 못하게 되는지 밝혀 보려고 노력해 왔다. 국제기구의 행동에 대한 마르크스주의와 그람시주의의 설명은 힘이 센 국가들과 엘리트들이 국제 질서에서 자신들의 우월한 지위를 유지하기 위해 어떻게 국제기구를 이용하는지를 보이려 한다. 각각의 이론적 접근은 국제기구를 만드는 것에 어떤 이점이 있는지 분석하는 데 있어 서로 다른 출발점에서 시작한다. 이에 대해 아래에서 조금 더 다룰 것이다.

자유주의

국제기구에 관해 자유주의 이론적 접근이 처음 사용된 것은 국제기구의 목적을 논하기 위해서였다. 국제기구는 개인의 번영과 자유를 확보하는 수단이라는 것이다(Mitrany, 1943; Claude, 1964: 11~13). 자유주의자들은 국제기구를 공통의 절차와 기준을 제도화함으로써 국가들을 가로지르는 교역과 상업을 용이하게 하여 부를 증가시키는 데 도움을 주는 기능적인 개체로 보았다. 공공국제연합이 그러한 예가 될 것이다. 보다 중요한 것은 자유주의적 국제주의자들이 국제기구를 국제 평화를 증진하는 수단으로 보았다는 점이다. 국제 협력을 위한 상설 기구를 만드는 것이 국가들이 공통의 이익을 증진할 수 있도록 해 줄 것이라 생각되었다. 시간이 지나면서 자유주의자들은 '작동하는 평화'에 국가들이 점점 더 서로 얽혀 들어가서 전쟁이 방지될 것이라는 기대를 가졌다(Mitrany, 1943; Jacobson, 1984: 21~29). 낮은 수준의 행정상의 협력이 가능해짐에 따라(예를 들어 만국우편연합을 통해), 국가들이 분쟁하기보다 협력할 때 이익이 크다는 것을 인식하게 될 것이라 기대되었다. 제2차 세계대전 이후에도 기능적, 비정치적 국제기구들이 존속했지만 세계대전이 두 차례 터지게 되면서 국가들이 국제기구의 그물망에 얽혀

전쟁에 참여하지 않게 된다는 자유주의의 주장은 근본적으로 힘을 잃었다. 자유주의자들은 사소한 일에서의 협력이 국가의 외교와 전략적 문제와 같은 상위 정치에 영향을 줄 수 있다고 믿기에 '이상주의자idealists'라는 꼬리표가 붙었고, 현실주의가 점점 부상했다. 이에 자유주의 학자들은 제2차 세계대전 직후의 시기에 국제기구의 중요성에 대해 훨씬 뒤로 물러난 태도를 취했고, 국제연합과 같은 새로운 국제기구에서의 투표 패턴에 관심이 쏠리는 상황에서 많은 이는 그 적절성을 의심했다.

국제기구의 역할과 중요성을 설명하는 데 현실주의가 대체로 우세했지만(아래 '현실주의' 참조) 1950년대부터 자유주의 학자들은 협력의 증가가 상호 의존과 **통합**integration의 심화로 이어질 수 있는지 살펴보기 위해 유럽에서 벌어지는 실험에 주의를 기울이기 시작했다. 국가 간 낮은 수준의 상호 작용의 중요성에 관한 예전의 기능주의 이론은 이후에 신기능주의로 되살아났다(E. Haas, 1958/1964). 신기능주의자들은 국가 간 협력이 정치 역학에 충분히 적응한 국제 관료들에 의해 계속적으로 추진된다면 정치적 통합으로 이어질 수 있다고 주장했다. 따라서 국가들이 실행할 수 있는 공동의 정책 방안을 계획할 수 있는 국제공무원들의 역할에 기대를 걸게 되었다. 일례로 제2차 세계대전 후 유럽에서 석탄과 철강의 생산을 관리하기 위해 유럽석탄철강공동체European Coal and Steel Community: ECSC가 만들어졌다(그리하여 전쟁 수행을 위한 필수적인 자원을 통제했다). 신기능주의자들은 또한 협력의 **파급 효과**spillover가 다른 정책 영역에 미칠 것이라고 예측했다. 이러한 일이 라틴아메리카 같은 다른 지역에서도 되풀이될 수 있을 것이라 기대되었는데 유럽에서보다는 결과가 훨씬 제한적이었다([참고 16-1] 참조).

많은 신기능주의자가 국가 간 통합이 분쟁의 감소로 이어질 것이라고 믿어 통합을 지지했다. 하지만 신기능주의는 1970년대에 지역 통합과 세계 정부가 이론의 예측대로 진전되지 않는다는 것이 분명해지자마자 예측 이론으로서는 폐기되었다.

1980년대에 등장한 신자유주의적 제도주의는 다른 방

남미공동시장 Mercado Común del Sur 의 연혁

- 1991년: 아르헨티나, 브라질, 파라과이, 우루과이가 아순시 온 조약Treaty of Asunción을 체결함. 이 조약으로 무역 장벽을 제거하고 국가 간 투자를 활성화하는 공동 시장이 탄생했음.
- 1994년: 오루프레투의정서Protocol of Ouro Preto가 체결됨. 자유 무역 지대를 관세 동맹으로 격상시켜 통합을 심화시키기 위해 역외공동관세common external tariff를 수립함. 수입의 10퍼센트만 역외공동관세하에 이루어짐.
- 1995년: 남미공동시장이 유럽연합과 자유무역협정을 수립하기 위해 지역 간 기본협력협정Interregional Framework Cooperation Agreement을 체결함. 아홉 차례의 협상이 있었으나 아직 합의를 이끌어 내지 못함.
- 1996~2004년: 칠레, 볼리비아, 페루, 콜롬비아, 에콰도르, 베네수엘라가 남미공동시장의 준회원국이 됨.
- 1998년: 남미공동시장이 북미자유무역협정North American Free Trade Agreement과 유럽연합에 이어 세 번째로 큰 지역 무역 블록이 됨(이후 아세안에 밀려남).
- 1998~2002년: 남미공동시장 국가들이 경제 위기와 불황을 겪음.
- 2000년: 회원국들이 부채, 공공 적자, 물가 상승률에 대한 공동의 목표를 설정하기로 합의함.

- 2002년: 올리보스의정서Olivos Protocol로 무역 분쟁을 심사하기 위한 상설항소재판소Permanent Court of Appeal를 설립함.
- 2005년: 미국과 진행한 미대륙자유무역지대Free Trade Area of the Americas 설립 협상 노력이 실패로 돌아감.
- 2006년: 남미공동시장 의회Parlasul가 시민들로부터의 직접 대표로 창설됨. 의회는 남미공동시장의 자문 기관으로 의사 결정 권한은 회원국에 있음.
- 2012년: 파라과이의 회원국 자격이 루고 대통령의 탄핵으로 인한 사임 후 정지됨. 2013년 회원국 자격이 회복됨.
- 2012년: 베네수엘라가 정회원국이 됨.
- 2013년: 가이아나와 수리남이 준회원국이 됨.
- 2015년: 볼리비아가 정회원국이 됨.
- 2016년: 베네수엘라의 회원국 자격이 무역 규범 무시와 인권 침해에 의거해 무기한 정지됨.
- 2017년: 유럽집행위원회European Commission와 대화가 재개되었으나 브라질과 아르헨티나가 직면한 정치적, 경제적 어려움으로 인해 협상 타결을 이루지 못함. 의사 결정권이 남미공동시장의 제도에 귀속되지 않고 계속해서 회원국들에게 귀속됨에 따라 불완전한 관세 동맹으로 남게 됨.

향으로 나아갔다. 신자유주의자들은 국가를 주된 행위자로 설정했고, 국가들이 자신들의 이익을 증진하기 위해 국제기구를 이용한다고 주장했다. 로버트 코헤인Robert O. Keohane을 필두로 한 학자들이 옹호하는 신자유주의는 모든 국가가 집합 행동collective action을 통해 국제 협력에 따르는 이익을 얻을 수 있다고 주장한다. 신자유주의 이론은 국가들이 '초국적 정부가 없어도 (무정부 상태anarchy에서) 상호 이익을 위해 협력할 것인가, 협력한다면 어떻게 할 것인가'의 문제에 그 초점이 맞추어졌다(Fearon, 1998: 269). 신자유주 관점에 따르면 협력은 국가들에게 상호 이익이 되지만 국가들은 서로 선호가 다르기 때문에 모두에게 받아들여질 만한 결과를 얻기 위해 협상을 해야만 한다. 물론 국가들은 협력을 저버리는 것이 즉각적으로 이득이 된다면 그 쪽을 택할 수도 있다. 그러나 신자유주의자들은 국제기구와 제도institutions가 국가들이 협력에서 이탈하는 것을 방지해 모두가 이익을 얻을 수 있다면 효과적이라고 생각한다(Martin and Simmons, 1999: 104). 국제기구는 국가들 간에 거래 비용을 줄이고, 정보를 제공하고, 기대 보수를 최대화하고, 쟁점의 연계를 촉진하는 데 도움이 됨으로써 국가들이 국제 협력을 통해 얻는 기능적인 이익을 가져온다(Lipson, 1993).

현실주의

이와 반대로 현실주의는 국제기구에 관한 자유주의 이론의 낙관적인 전망을 대부분 배격한다([참고 16-2] 참조).

국제기구에 대한 현실주의 관점 참고 16-2

"현실주의자들은 국제 제도는 제도를 세우고 유지하는 국가들에 의해 형성되고 또한 제한을 받으므로 독립적인 효과를 거의 내지 못한다고 생각한다."

(Waltz, 2000: 18)

처음부터 현실주의자들은 국제기구는 국가들이 물질적 이익과 안보 이익을 성취하기 위해 이용할 수 있는 '새로운 장치'에 불과하다고 주장했다.

현실주의자들은 국제기구가 존재함에도 불구하고 국가들이 권력과 우월한 지위를 얻기 위해 분쟁을 마다치 않는 성향을 계속해서 가지고 있다고 믿는다. 현실주의 이론 틀에서 국제기구는 국가들이 외교를 수행하는 수단에 불과하다. 한스 모겐소Hans J. Morgenthau 같은 고전현실주의자들이 국제기구와 국제 제도가 국제 질서의 변화를 돕는 국가 간 협상과 거래의 판을 제공할 수 있다(1958: 75~76)고 인식했음에도 불구하고 이후로 현실주의자들은 국제기구가 어떠한 방식으로든 국제 정치에 지대한 영향을 줄 수 있는 능력이 있다는 생각을 일축했다.

케네스 왈츠Kenneth Waltz의 신현실주의에서부터 시작되는 현대 현실주의는 국제기구를 국제 체제의 구조에 따라 결정되는 '부수적인 현상'으로 보아 왔다. 간단히 말해 국제기구는 '국가 행동에 대해 독립적인 효과가 없다.'(Mearsheimer, 1994/1995: 7) 신현실주의자들이 인식한 바에 따르면 국제기구는 단지 힘이 센 국가들의 이익을 반영할 뿐이다. 국제기구는 따라서 권력 정치가 이루어지고 있는 게임의 규칙을 구체화한다(Schweller and Priess, 1997: 6, 13). 이러한 견해를 뒷받침할 수 있는 하나의 예는 국제연합 안전보장이사회의 이사국 제도에서 찾을 수 있다. 상임이사국 5개국 모두 1945년에 전쟁에서 승리한 가장 힘이 강한 국가들이었다. 국제기구는 국가들의 이익을 성취하는 도구로 사용될 수 있으나, 협력은 국가들이 다른 국가들보다 상대적으로 더 많은 것을 얻

는다고 인식할 때만 일어날 것이라 생각되었다(Grieco, 1990). 국가들이 국제기구를 통한 국제 협력에서 얻는 이익은 국가마다 다른데 이는 힘이 센 국가들이 자신들이 힘이 약한 국가들에 비해 크게 이익을 얻도록 만들어 주는 제도적 규칙을 '고착화lock-in'하기 때문이다. 제2차 세계대전 이후 시기에 새로운 국제기구가 봇물처럼 쏟아져 나온 것이 이렇게 고착화하는 잠금 효과를 증명한다. 국제연합 안전보장이사회부터 핵실험금지조약, 국제통화기금과 세계은행의 구조까지 그러하다. 세력 균형의 관점에서 패권국들은 국제기구를 만들 수 있으나 힘이 약한 국가들도 패권국에 대항하는 균형을 위해서나 편승하기 위해서 국제기구를 만들 수 있다(Gruber, 2000). 이는 최근에 설립된 중국 주도의 아시아인프라투자은행을 보는 하나의 방식이다. 그러므로 국제기구가 행동하거나 행동하지 않는 데는 강대국 간의 세력 균형이 작용하고, 강대국 간에 의견 일치가 없으면 국제기구는 무력해진다. 국제연합 안전보장이사회가 상당히 무력했던 것은 강대국들이 냉전 시기에 정책 협조에 합의하는 능력이 부족했던 것에 정확히 연유했다. 보다 최근에는 시리아에서의 전쟁과 이스라엘-팔레스타인 분쟁과 관련한 국제연합 안전보장이사회의 표결이 이 같은 경우다. 현실주의자들은 힘이 약한 국가들이 이러한 불리함에도 불구하고 국제기구에서 '더 큰 목소리를 내기 위해' 스스로 그 기구에 속하기도 한다는 것을 인정한다(Rosecrance, 2001: 140).

사회구성주의

2000년대부터 국제기구를 이해하려는 주요한 접근들 가운데 하나가 사회구성주의에서 나왔다. 사회구성주의의 도전은 국제기구가 실제로 실행하고 있는 영향력 있는 활동을 드러내는 일일 뿐만 아니라 동시에 어떻게 그리고 왜 국제기구가 다른 방식이 아닌 특정한 방식으로 작동하는지 알아내려는 것이었다. 사회구성주의자들의 첫 번째 작업은 국제기구가 국가들이 행동하는 장에 불과

하다는 국제기구의 소극적인 개념에 도전하는 것이었다. 몇몇 국제기구는 국제연합 안전보장이사회나 국제무역기구처럼 국가들이 협의를 하는 포럼 기구이지만 상당히 많은 국제기구가 국가들이 합의한 위임 명령, 정책, 활동을 실행에 옮기는 서비스 기구다. 이러한 관점에서 많은 국제기구가 어떻게 활동을 수행할 것인지에 관하여 재량권을 부여받은 자율적인 관료 조직이다. 사회구성주의자들은 따라서 국제기구가 어떻게 세계를 이해하는지, 어떻게 문제를 정의하는지, 어떻게 국가들 사이의 의제를 설정하는지, 그리고 (국제연합 난민고등판무관사무소가 난민과 국내 실향민을 구분한 것처럼) 어떻게 행위자의 새로운 범주를 만드는지에 관심이 있다.

국제기구는 자신들이 받은 위임 명령을 실행하기 위해 회원국들이 제공하는 재정 자원의 한도 안에서 방법을 찾아야 한다. 많은 국제기구가 국제연합 난민고등판무관사무소처럼 맡은 영역에서 국가들이 지원을 얻기 위해 의존하는 전문가가 된다. 국제기구는 따라서 국가들이 문제를 어떻게 바라보는지를 변화시키는 능력이 있는 행위자가 될 수 있고, 행동을 취하는 새로운 방법을 생각해 낼 수 있다.

이러한 이유에서 사회구성주의자들은 어떻게 그리고 왜 이러한 관료 조직이 특정한 방식으로 행동하는지 밝혀 내고자 했다([참고 16-3] 참조). 그들은 국제기구가 어떻게 국제 체제에서 국가들 사이에서 받아들여져 행동 양식이 되는 새로운 규범을 확산시키는지 연구해 왔다. 이러한 연구는 국제연합 난민고등판무관사무소가 '난민'을 정의하는 것부터 (국제통화기금의 대출이 필요할 때) 국가들의 국제 수지를 결정하는 체계를 명확히 세우는 일, 집단 학살을 막기 위해 국제연합이 내전에 개입하는 근거를 정하는 일까지 넓은 범위에 걸쳐 있다(Barnett and Finnemore, 2004). 사회구성주의자들은 국제기구가 우리의 세계관을 어떻게 변화시킬 수 있는지뿐만 아니라 국제기구의 결정이 기구의 문화, 즉 '조직원들의 기대와 행동을 결정하는 의미의 내부적 시스템'에 의해 어떻게 영향을 받는지(Chwieroth, 2008: 133) 설명해 왔다. 르완다 집

국제기구의 사회적 영향 참고 16-3

국제기구는 "세계를 분류하고 행위자와 행동의 범주를 만들어 내며 사회적 세계의 의미를 부여하며, 전 지구적으로 새로운 규범, 원칙, 행위자를 정의하고 확산시키는" 일을 한다.

(Barnett and Finnemore, 1999: 710)

단 학살 시 국제연합의 경우에서 볼 수 있듯이, 내부적인 규칙과 사고방식 때문에 업무를 수행하는 표준적인 방식 바깥에 존재하는 문제들에 대응해 행동하는 것이 어려울 수 있다(M. Barnett, 2002). 또한 국제기구의 문화의 영향으로 조직 구성원들에 의해 그리고 그들 간에 새로운 규범이 수립되기까지 한다. 규범은 회원국들이나 기구의 수뇌부로부터 도입되기보다는 이렇게 만들어진다. 국제통화기금이 자본 계정의 자유화(혹은 자본의 자유로운 이동)를 모든 국제통화기금 회원국의 필수 요건으로 만들려다 실패한 일이 예가 될 수 있다. 조직 문화는 또한 국제기구가 일을 하는 기존의 방식을 흔들어 놓는 새로운 규범을 받아들이지 못하게 만들 수도 있다(Barnett and Coleman, 2005). 국가들이 국제기구가 그 문화에 맞지 않는 방식으로 변화하기를 강요할 때 또는 국제기구가 새로운 위임 명령을 성립시키려고 하다가 실패할 때 조직화된 위선이 생길 수 있다(Weaver, 2008).

마르크스주의와 그람시주의 접근

마르크스주의 접근은 물질적 경제력이 모든 사회의 구조 그리고 국제 관계의 토대가 된다는 관점에서 출발한다(**제8장 참조**). 생산 수단을 소유한 이와 노동력을 제공하는 이들 간의 불평등한 관계는 자본주의 체제에 내재해 있다. 그러한 **계급**class 간의 갈등은 역사의 원동력이고, 경쟁과 생산 수단의 변화가 지구적 자본주의 체제를 탄생시켰다(Cammack, 2014). 마르크스주의와 그람시주의 학자들은 국제통화기금, 세계무역기구, 세계은행 같은

국제기구의 행동의 한계: 국제연합 무역개발회의와 77그룹

제2차 세계대전이 끝나고 국제연합이 막 활동을 시작했을 때 미국은 자신의 외교 정책 목표를 위해 국제연합 총회를 통해 지지를 확보할 수 있었다. 1960년에 이르러 점점 더 많은 식민지가 독립하면서 상황이 변했다. 신생 주권국들이 국제연합에 가입했고 산업화된 선진국들보다 수적으로 더 많아져서 저울이 반대편으로 기울었다. 1960년대부터 '제3세계'Third World 혹은 '지구 남반구'의 신생국 지도자들은 자신들이 초강대국들 간의 냉전의 경쟁 관계를 넘어서 공동의 경험과 특정한 필요를 공유한다고 표명했다(I. Taylor, 2014: 281). 지구 남반구 발전도상국의 엘리트들은 보다 평등한 세계라는 목표를 밀고 나가기 시작했다.

국제연합 무역개발회의UNCTAD는 1964년 국제연합 총회 결의안 제19호에 의해 "국제 무역을 증진하고 국제 무역 그리고 관련된 경제 개발 문제에 관한 원칙과 정책을 마련"하기 위해 창설되었다(UNCTAD, 1995). 발전도상국들에게는 국제연합 무역개발회의가 자유 무역을 위한 협상에 가장 주요한 제도이자 세계무역기구의 전신이 되는 **관세와 무역에 관한 일반협정**General Agreement on Tariffs and Trade: GATT의 지배적 지위에 대항하는 도전으로 여겨졌다. 국제연합 총회에서 활동하는 아프리카와 아시아 국가들의 연합으로 구성된 비공식 그룹에 라틴아메리카 국가들이 무역과 발전에 관한 회의를 만드는 것에 찬성해 참여했다. 미국이 이를 수용하자마자 다른 선진국들도 받아들였다. 국제연합 무역개발회의의 제1차 총회가 끝났을 때 아프리카–아시아 연합과 라틴아메리카 국가들은 "새로운 세계 질서를 향한 공동의 목표에 서로 협력해 가기로 약속"했다(Toye, 2014: 1762). 그리하여 **77그룹**G77이 탄생했다. 77그룹은 국제 교역 조건의 변화를 요구하기 위해 국제연합 무역개발회의를 통해 독립적으로 활동할 것으로 생각되었다.

국제연합 무역개발회의의 초대 사무총장 라울 프레비시Raul Prebisch는 변화를 위한 의제를 추진하는 데 기여했다. 그 의제들은 국제적 합의를 통해 국제 상품 가격을 안정시킬 것을 요구하고, 국제통화기금을 통한 발전도상국에 대한 추가적인 임시 금융 지원을 요구하고, 관세와 무역에 관한 일반협정 안에서 발전도상국들만을 위한 특혜 무역의 일반화된 체계(관세와 무역에 관한 일반협정의 **무차별 대우**non-discrimination원칙에 배치된다)를 요구하는 것이었다.

국제연합 무역개발회의는 국제연합 총회를 따라 '1국 1표'의 의사 결정 과정을 갖기로 했으나 선진국들이 자신들이 소수가 되므로 반대했다. 대신에 선진국들은 합의를 통한 의사 결정을 추진했고 발전도상국들이 받아들였다. 국제연합 무역개발회의는 수적으로 우세한 발전도상국들이 선진국과 대립하고 매우 불평등한 국제 무역 체제에 대응하기 위한 자원을 지원하고 양보할 것을 선진국에 요구하면서 점점 불화를 겪었다. 이것이 **신국제경제질서**New International Economic Order에 대한 요구로 알려지게 되었다. 선진국들은 작은 변화에 합의했지만 실질적 변화에 반대했다. 1970년대까지 국제연합 무역개발회의가 77그룹이 바라던 대로 활동하지 못했고 신국제경제질서를 향한 노력이 좌절되었다는 것이 분명했다. 무역 자유화를 위한 요구가 관세와 무역에 관한 일반협정 안에서 저항을 받지 않고 계속되었고, 1990년대에는 국제연합 무역개발회의가 자본주의적 지구화를 수용하기 위해 아무런 제한 없는 무역 자유화에 반대하던 기존의 입장을 바꾸었다.

질문 1 발전도상국들은 왜 국제연합 무역개발회의를 원했는가?

질문 2 국제연합 무역개발회는 여전히 유용한가?

국제기구가 자신들의 프로그램, 정책, 대출을 통해 어떻게 지구적 자본주의 체제를 구축하고 재생산하는 데 기여했는지 연구해 왔다. 마르크스주의 학자들은 국제기구가 자신들의 활동을 통해 자본의 이익을 증진시켜 왔다는 가정에서 출발한다. 자유 무역을 옹호함으로써 지구적 시장을 탄생시키고, 해외직접투자가 이루어지게 하기 위해 국가들을 개방시키고, 자본이 방해받지 않고 국경을 넘어 이동하도록 자유화했다. 이런 가운데 자본가들과 투자자들의 권리는 점점 더 민주적 원칙과 국민에 대한 책임으로부터 멀어지고 있고 그리하여 노동자들과 자연 자원을 이용한 막대한 이익이 만들어지고 있다(S. Gill, 2005: 174). 마르크스주의자들은 이들 국제기구들이 옹호

하는 정책들이 훈련 효과가 있다는 것을 보여 왔다. 국제통화기금과 세계은행은 자신들이 마련한 정책 프로그램을 수용하는 국가들에게만 대출을 해 주려 하고, 이는 자본과 투자자들에게 자신들의 이익이 보호받고 있다는 신호가 된다. 발전도상국들은 종종 국제통화기금과 세계은행의 정책 처방을 받아들이는 것 이외에 다른 선택이 없다. 왜냐하면 이 국제기구들이 다른 곳, 예를 들어 강대국인 후원국으로부터 자금 지원을 받을 수 없는 국가들에게 대출과 프로그램을 제공하도록 되어 있기 때문이다. 예를 들자면 어떤 국가가 경제 위기나 기근이나 전쟁에 처했을 때 국제통화기금과 세계은행 외에 어떠한 곳에서도 국제 금융 지원을 확보할 수 없다. 그러나 이는 그러한 나라들의 일반 국민들의 생활 수준의 측면에 크나큰 부정적인 결과를 초래한다. 이는 많은 이에게 국가들이 무력하여 시장에 저항할 수 없음을 그리고 "달리 대안이 없음"(영국 수상 마거릿 대처가 반복해서 사용한 표현이다)을 의미한다. 1964년부터 발전도상국들은 국제연합 무역개발회의를 통해 국제기구들이 이루는 지배적인 자본주의 체제에 저항했다. 국제기구에 제도화된 것같이 무역과 발전의 국제적 조건에 관한 자본주의 국가들의 공고화된 이익에 대항하는 것이 목표였으나 성공적이지 못했다([사례연구 16-2] 참조). 국제연합 무역개발회의는 이를 인식하여 더 이상 자본주의의 지구화에 저항하지 않고 수용하고 있다.

이탈리아의 공산주의자 안토니오 그람시Antonio Gramsci의 저술을 이어받은 그람시주의 접근은 국제기구는 힘이 센 산업 국가들의 지구적 엘리트들로 이루어진 패권 집단을 위해 그들의 물질적 이익을 강화하는 지배적인 사상을 구축하려는 목적을 가지고 활동한다고 주장한다(Bøås and McNeill, 2004). 그람시주의 설명은 국제기구에 관한 마르크스주의 저술보다 조금 더 미묘한 점을 포착하는데 강제와 '동의'가 조직화된 자본주의의 패권을 함께 공고화하는 방식을 인식하기 때문이다(Cox, 1987; Gill, 1990). 세계은행이 매년 발행하는 『세계발전보고서World Development Report』는 발전도상국들의 국가 엘리트들 사이에서 가장 널리 읽히는 출판물 중 하나인데, 그들이 따라야 할 경제 발전 모델을 제시한다. 따라서 국제통화기금, 세계은행 그리고 발전도상국 경제 장관들은 한 나라의 경제 성장을 위해 어떤 정책 처방이 필요한지에 관해 같은 입장을 취하는 경우가 빈번하다(Mueller, 2011). 그람시주의자들의 목적은 이러한 '동의'가 다자주의와 국제기구를 통해 획득되는 과정을 드러내고 지구적 불평등이 이들에 의해 어떻게 유지되는지에 대해 관심을 제고하는 것이다(Carroll, 2010; Engel, 2010).

요점정리

- 고전적 자유주의 이론은 국제기구가 개인들의 번영과 평화에 기여할 수 있다는 생각을 발전시켰다. 신기능주의적 자유주의자들은 세계 정부로 이어지는 국가들 간의 더욱더 긴밀한 통합의 가능성을 예측하기 위해 유럽 국가들의 실험을 연구했다. 반면에 신자유주의적 제도주의자들은 국가들이 국제기구를 모든 국가에 이익이 되는 국제 협력의 수단으로 사용할 수 있다고 주장했다.
- 현실주의자들은 국제기구를 국가들이 자신의 이익을 성취하는 도구로 본다. 신현실주의는 국제기구가 세계 정치에 대해 독립적인 효과를 가하지 못한다고 주장한다. 신현실주의자들은 국가들이 자신의 이익이 협력하는 국가들에게 돌아가는 이익보다 크다고 인식할 때 협력이 일어난다고 보고, 국제기구를 자신의 통제 아래 두는 국가들이 다른 국가들이 따라야 하는 규칙을 고착화할 수 있다고 믿는다.
- 사회구성주의자들은 국제기구가 자율적일 수 있고 문제를 정의하고 국가 간의 의제를 설정하며 국가들의 상태를 분류함으로써 세계 정치를 형성한다는 것을 보였다. 국제기구는 따라서 무엇이 국제적 수준에서 가능하고 사회적으로 수용될 수 있는지를 구체화하는 데 도움을 준다.
- 마르크스주의와 그람시주의 접근은 국제기구가 자본주의 국가들과 엘리트들의 권력 강화를 위해 자신들의 프로그램과 정책을 사용해 자본주의를 지구적으로 어떻게 확장하는지 연구한다. 그들은 국제기구의 활동을 통해 지구적 자본주의 체제에 관한 합의가 어떻게 형성되는지 보이려 한다.

국제기구의 행동을 어떻게 분석할 수 있는가?

위에서 간략히 요약한 이론적 접근들은 국가들이 왜 국제기구를 만들고 이용하는가에 대해 설명한다. 1990년대 말에 국제관계학의 주요 이론인 신현실주의와 신자유주의에 국제기구의 행동을 설명할 수단이 없다는 인식이 생겼다. 이는 르완다 집단 학살을 인지하고 대응하지 못해 맹렬한 비난을 받은 국제연합과 같은 국제기구들에 특별히 중요했다. 현실주의는 국제기구가 부수적인 현상일 뿐이라고 가정함으로써 국제기구의 제도적인 기원과 효과성에 대한 이론 모델을 발전시킬 수 없게 되었다(Schweller and Priess, 1997: 23). 신현실주의가 국제기구의 행동을 설명할 수 없었다는 말이다. 신자유주의자들은 국제기구가 자신들의 규칙을 국가들이 따르게 유도할 수 있음을 그리고 심지어 국제기구가 협상에서 국가들의 선호에 영향을 줄 수 있다고까지 인식했지만 어떤 기구들이 국가들로부터 부여받은 자율성으로 그렇게 할 수 있었는지 분석해 보려 하지 않았다. 지배적인 이론인 합리주의적 국제관계이론들은 제도와 국제기구에 대한 적절한 이해가 없었다(Keohane, 1993). 피에르 부르디외 Pierre Bourdieu의 논의에 근거한 연구자들을 포함한(Eagleton-Pierce, 2013) 조금 더 최근의 경험적 연구자들은 마르크스주의와 그람시주의 설명이 옳다고 본다. 그들은 우월한 지위를 가지고 물질적인 권력을 가진 행위자들이 국제기구의 규칙을 설정할 뿐 아니라 국제기구의 정책을 자신들의 이익에 적합한 방식으로 형성할 수 있다고 주장했다. 비판적인 학자들은 경제에 관한 사상이 국제기구 안에서 어떻게 만들어지는지 그리고 이에 따라 국제기구의 내부 정책 결정 과정이 어떻게 형성되는지 점점 더 주의를 기울인다(Wilkinson, 2014).

신자유주의의 관점을 확대하려는 합리주의 학자들은 언제 그리고 어떻게 국제기구에 의해서 국가들의 이익이 합치되는지 확인하기 위해 본인-대리인 principal-agent 모델을 도입했다. 이 모델은 회원국들(본인)과 국제기구(대리인) 간의 관계, 전자를 위해 일하도록 후자가 권한을 부여받은 관계를 인식한다(Hawkins et al., 2006: 7). 회원국 본인들은 국제기구에 위임 명령, 재정 자원, 장소, 직원을 제공하고 국제기구는 국가들을 위해 업무를 수행하도록 자율성을 부여받는다. 그러나 업무가 어떻게 수행되어야 하는가에 대해 국제기구가 재량권을 받으면 국제기구가 자신의 활동을 회피할 수 있는 대리인의 '해이 slack'가 일어날 수 있다. 또한 국제기구가 본인들의 선호에 부합하기보다 자신이 선호하는 활동에 노력을 경주하는 '어그러짐 slippage'도 일어날 수 있다. 회원국 본인들의 수가 늘어날수록 대리인의 해이가 일어날 가능성이 높아지는데 많은 수의 국가들 사이에서 국제기구가 무엇을 해야 하는지에 대해 합의하기 어려워져 국제기구가 원하는 대로 활동할 여지를 더 많이 주기 때문이다(Hawkins et al., 2006). 학자들은 국제기구에 부과되는 일과 성취할 수 있는 일 사이에 수행 간극이 있는지 없는지 살펴보기 위해 본인-대리인 접근을 사용해 연구해 왔다.

본인-대리인 모델은 학자들에게 어떻게 그리고 왜 국제기구가 회원국들에 의해 주어진 지시에 따라 행동하는지 살펴볼 수 있는 수단을 제공한다. 하지만 본인-대리인 모델은 국제기구의 직원과 수뇌부의 행동을 추동하는 도덕적 요인을 간과하고 대신에 관료 조직이 자신들의 권한을 확대하고 독립성과 재정 자원을 증가시키려는 목적에 따라 움직인다는 가정을 내세우는 경향이 있다(Park, 2018). 이에 대해 사회구성주의자들은 조직 문화가 국제기구의 행동을 형성할 수 있음을 밝혀 내고 있는데, 언제 새로운 규범을 채택하기를 선택하는지, 언제 그렇게 하지 못하는지의 주제를 포함해 연구해 왔다(Park and Vetterlein, 2010). 예를 들어 국제통화기금의 직원들은 자본 계정의 **자유화** liberalization가 국제통화기금협정의 내용에 포함되지 않음에도 불구하고 경제 성장에 필수적이라는 데 회원국들이 동의하도록 압력을 가하는 데 강력히 찬성했다(사실 국제통화기금을 설계한 주요 창설자 중 하나인 존 메이너드 케인스 John Maynard Keynes는 정확히 반대라고 믿었다). 이러한 믿음은 주로 미국과 영국의 최상층 대학에서 훈련받은 신고전파 경제학자들이 장악한 국제통화기금 조직의 직업적 문화에 기인했다. 1997년의 **아시아 금융위기** Asian financial crisis와 2009년의 대침체가 자본의 자유로운 이동이 가져올 수 있는 위험성을 증명했음에도 국제통화기금의 많은 직원은 자본 계정의 자유화를 옹호하는 자신들의 믿음을 고수한다. 이와 반대로 인터폴 Interpol은 국제기구가 새로운 위임 명령을 채택하지 않는 편을 선택한 예다. 채택하는 것이 회원국들의 이익이었고 새 위임 명령을 받아들임으로써 권한의 확대와 유입되는 자원의 증가가 예상되었음에도 불구하고 인터폴은 1960년대의 테러리즘과 관련한 새 위임 명령을 받아들이지 않는 편을 택했다. 이것은 새 위임 명령이 조직의 문화와 맞지 않고 이미 누리던 독립성을 위협하기 때문이었다(Barnett and Coleman, 2005).

요점정리

- 본인-대리인 모델은 회원국 본인들이 대리인인 국제기구에게 자율성을 주어 자신들을 위한 업무를 수행하도록 하면서 어떻게 협의를 하는지 살펴보고 국제기구에 관한 신자유주의적 제도주의의 관점을 더 확장한다.
- 본인-대리인 모델은 국제기구가 언제 해이나 어그러짐에 빠지게 될 가능성이 큰지 살펴본다. 예를 들어 회원국들이 국제기구가 실행할 의제를 협조하는 데 합의를 이루지 못할 때다.
- 사회구성주의자들은 국제기구가 자신들의 권력, 자율성, 재정 자원을 증대시키기 위해 자율성을 이용한다는 본인-대리인 모델의 가정에 도전해 왔다.
- 사회구성주의는 조직 문화가 국제기구에서 새로운 생각들이 촉진, 수용되거나 혹은 배척되는 데 어떻게 영향을 주는지 살펴본다.
- 마르크스주의와 그람시주의 설명에는 권력을 가진 엘리트들이 어떻게 국제기구의 프로그램, 정책, 활동을 형성하는지 분명히 보여 줄 수 있는 경험적인 연구가 더 필요하다.

맺음말

국제기구는 19세기 중반부터 발전하여 오랜 시간에 걸쳐 성장해 왔다. 국가들은 다양한 이유에서 인류의 노력이 미치는 전 영역에 걸쳐 국제기구를 계속해서 설립하고 있다. 국제기구는 다자주의의 특정한 형태로서, 'G' 모임과 같은 비공식적 다자주의와 비교해 국가들의 요망 사항을 실행하기 위한 상설의 제도적 장치를 만들고자 하는 선택을 반영한다. 국제기구는 새로 설립된 아시아인프라투자은행처럼 지역적 제한이 있을 수도 있고 국제연합처럼 보편적일 수도 있다. 국가들은 국제기구의 회원 자격을 자신들의 주권적 특권으로 생각하고, 주요 수혜자가 아니어도 국제기구에 가입하기도 한다. 그러나 모든 국가가 어떤 국제기구의 회원이 되기를 선택하는 데 있어 평등함을 인정한다는 것이 반드시 국제기구에서 국가들의 권력이 동등하다는 것으로 귀결되지는 않는다. 어떤 국제기구는 국제연합 총회와 같이 각국에 평등한 투표권을 부여하지만 국제통화기금과 세계은행과 같은 다른 국제기구는 그렇지 않다. 두 기구는 대신에 국가들의 물질적 기여에 대표성을 연관시킨다.

서로 다른 이론들이 국가들이 왜 국제기구를 창설하고 국제기구 안에서 활동하는지 규명하려 한다. 초기 자유주의 저술들은 국제기구가 개인들을 위해 평화와 번영을 조성하는 데 도움이 될 수 있다고 주장했다. 기능주의자들은 국가들이 국가 간 협력을 성취하기 위해 관료 조직을 통해 함께 활동할 수 있고 이는 시간이 지나 높은 수준의 외교 문제까지 확장될 수 있다고 주장했다. 고전현실주의자들은 국제기구가 중요하다는 관점을 배격하고 국제기구는 필요할 때 사용할 수 있는 외교 수단들 가운데 하나라고 주장했다. 신현실주의와 신자유주의적 제도주의자들은 국제 제도와 국제기구가 무정부 상태의 조건하에서 생존해 가는 국가들에게 유용하다는 데 의견을 같이했으나, 누가 협력으로 더 큰 이익을 얻는지, 협력이 언제 일어날 가능성이 크고 얼마나 지속되는지에 관해서는 의견이 갈렸다. 현재 논의되는 본인-대리인 모델과 사회구성주의 설명은 국제기구의 수뇌부와 직원들이 성취하려는 목표가 무엇이며, 이 목표들이 언제 그리고 왜 회원국들의 이익과 멀어지는지 알아내려고 한다. 마르크스주의와 그람시주의 설명은 국제기구를 지구적 자본주의 체제의 확산 과정에서 경제 엘리트들의 이익을 증진하는 것으로 본다.

국제연합 무역개발회의 사례가 분명히 보여 주듯이, 지구적 수준의 국제기구에서 벌어지는 의사 결정 절차는 선진국, 발전도상국 할 것 없이 매우 중요하다.

> 교과서 홈페이지에 있는 국제 관계 모의 사례연구 페이지를 방문해 협상 능력과 문제 해결 능력 계발에 도움을 주기 위한 '감염병을 종식시키기' 모의 사례연구를 이수해 보자.
>
> www.oup.com/he/baylis3xe

1. 국제기구를 어떻게 정의할 수 있는가?

2. 1945년 이후 국제기구의 증대를 어떻게 설명할 수 있는가?

3. 국제기구는 왜 중요한가?

4. 국제기구는 국제 체제에서 힘 있는 행위자인가? 왜 그런가, 혹은 왜 그렇지 않은가?

5. 국가들은 왜 국제기구를 창설하는가?

6. 국제기구가 국제 관계에 영향을 줄 수 있는 도구는 무엇인가?

7. 국제기구가 국가 간의 문제를 다루는 데 제약을 주는 주요한 요인은 무엇인가?

8. 국제기구의 활동을 어떻게 평가할 것인가?

9. 국제기구는 비공식적인 다자주의 모임보다 일부 문제들을 더 잘 제기할 수 있는가?

10. 문제의 해결이 점점 더뎌지고 다자주의에 대한 반대가 점점 더 커지는 상황에 맞서 국제기구는 무엇을 할 수 있는가?

이 장의 객관식 문제를 풀어 보면서 학습 내용을 잘 숙지하고 이해했는지 평가해 보자.

• www.oup.com/he/baylis3xe

The United Nations

개요

이 장에서는 1945년에 국제연합이 창설된 이후 직면해 온 변화와 과제를 중점적으로 다룬다. 국제연합은 국가들의 집단이다. 따라서 국제연합의 기반은 국가가 국제 체제의 가장 중요한 단위라는 사고이다. 국제연합의 제도에는 국제 체제의 두 가지 상이한 전통이 서로 완전히 조화되지 않은 채 반영되고 있는데, 그 가운데 하나는 강대국들의 합의이고, 다른 하나는 국가 간 평등을 강조하는 보편주의다. 더 나아가 이 장에서는 국제연합이 주권국가들의 집단으로 출발했지만, 국제연합의 제도들은 지속적으로 그 기능을 확대해 왔고 국내 문제에 활발히 관여하고 있다고 주장한다. 개인을 위한 정의는 점점 더 국제 질서의 조건으로 인식되고 있다. 인권이나 경제적 복지의 심각한 침해는 국제적 긴장으로 발전될 수 있다. 이에 따라 개입에 대한 전통적인 견해가 도전받고 있다. 또한 경제적, 사회적 문제들을 다루기 위한 국제연합의 제도적 확장이 진행되었고, 그 활동들을 전반적으로 조정하는 효과적인 방안에 대한 모색도 이루어지고 있다. 보다 최근에는, 국제 안보에 대한 새로운 위협의 등장과 함께 세력 균형의 변화가 찾아오기 시작하면서, 국제연합의 역할과 효과에 대한 논쟁이 재개되고 있다.

CHAPTER

17

국제연합

데번 커티스Devon Curtis · 폴 테일러Paul Taylor

이혜정 옮김

핵심 질문

- 국제연합은 강대국의 정치와 보편주의라는 전통을 조정하는 데 성공했는가?
- 왜 국제연합은 국내 문제에 더욱 개입하게 되었고 무엇이 이 개입을 제한하고 있는가?
- 갈등을 방지하거나 해결하고 지속 가능한 발전을 촉진하는 데 있어 국제연합의 가장 큰 성공과 도전은 무엇인가?

머리말

국제연합은 뉴욕에 중앙 체제를 두고 있고, 세계보건기구나 국제노동기구 같은 **전문 기구**specialized agencies, 그리고 국제연합 아동기금United Nations Children's Fund: UNICEF, 국제연합 개발계획United Nations Development Programme: UNDP 같은 **계획 및 기금**Programmes and Funds 으로 구성된 **국제기구들**의 집합체다. 70여 년 전 제2차 세계대전 이후 창설된 국제연합은 정의롭고 평화로운 지구 **공동체**community에 대한 희망을 반영했다. 국제연합은 보편적 회원 구성에서 도출되는 정당성을 가지며, 안보, 경제·사회 발전, 인권과 환경 보호를 포괄하는 광범위한 임무를 지닌 유일한 지구적 제도이다. 하지만 국제연합은 **국가**state들에 의하여, 국가들을 위해서 만들어졌기 때문에 **국가 주권**state sovereignty과 개인의 필요와 이익 보호의 관계가 완전히 해결된 것은 아니다. 주권의 의미와 그에 따라 국제연합 활동이 갖는 한계의 문제들은 여전히 국제연합과 관련된 주요한 이슈로 남아 있다.

그렇지만 창립 이후 국제연합의 활동은 국내 문제로 지속적으로 확대되었고, 경제·사회적 문제를 다루는 국제연합의 능력은 증진되었으며, 국제연합의 도덕적 권위는 높아지는 추세다. 현재 국제연합이 지구적 안보의 위협으로 다루는 문제는 국가 간 갈등뿐 아니라 **비국가 행위자**non-state actors가 가해 오는 위협 및 개별 국가 내부의 정치·경제·사회적 조건을 포괄한다. 이처럼 그 활동이 확대되었지만, 국제연합이 과연 적절하고 효과적인 기구인지에 대한 회의도 존재한다. 예를 들어 2003년에 벌어졌던 이라크 전쟁은 국제연합 안전보장이사회의 승인 없이 이루어졌고, 이는 국제연합에 대한 비판과 국제 관계의 위기를 초래했다. 안전보장이사회가 지시한 2011년 리비아 개입을 둘러싼 논란과 2011년 이래로 시리아 내전에 어떻게 대처할 것인지에 대해 안전보장이사회가 합의에 어려움을 겪고 있는 상황은 더 큰 비판과 논쟁을 야기하고 있다.

이 장에서는 국제연합의 역사와 주요 기구들을 기술하고 나서 평화와 안보 문제, 그리고 경제, 사회 발전 문제를 둘러싼 국제연합의 역할 변화에 대해 다루겠다. 이 장의 초점은 두 가지이다. 하나는 국제연합의 역할이 지구적 수준의 정치적 변화에 대응하면서 진화해 온 과정이며, 다른 하나는 국제연합이 여전히 직면하고 있는 문제들이다.

국제연합의 약사와 주요 기구들

국제연합은 1945년 10월 24일에 51개국에 의해 창설되었다. 국제연합 탄생의 주역은 제2차 세계대전에서 독일 및 일본과의 전쟁을 주도한 국가들이었다. 2019년까지 193개국이 국제연합의 회원국이 되었으며, 남수단은 2011년 독립한 이후 가장 최근에 가입한 회원국이 되었다. 회원국들은 국제연합에 가입하면서 **국제연합 헌장**United Nations Charter의 의무를 준수하겠다고 동의한다. 헌장은 국제 관계의 기본 원칙들을 설정하고 있는 국제 조약이다. 헌장이 규정하는 국제연합의 목적은 네 가지다. 그것들은 각각 국제 평화와 안보 유지, 국가 간 우호 관계의 발전, 국제 문제의 해결과 인권 존중의 증진을 위한 협력, 그리고 국가들의 행위를 조화시키는 중추적 역할의 수행 국제연합의 구조는 [그림 17-1]에서 확인 가능하다.

국제연합 안전보장이사회The Security Council는 초기에는 11개국, 1965년 이후에는 15개국으로 구성되었고 거부권을 행사하는 5개의 상임이사국을 포함한다. 국제 평화의 위협을 다룰 때 안전보장이사회는 우선 헌장 제6장의 규정에 따라 분쟁의 평화적 해결책을 모색한다. 전투 상황의 경우에 안전보장이사회는 휴전을 확보하기 위해 노력하고 평화유지군을 파견할 수 있다. 또한 헌장 제7장에 따라 자신의 결정을 강제하는 조치들, 예를 들면 경제 제재나 무기 금수 조치 또는 집단적 군사 행동의 시행을 명령할 수 있다. 더 나아가 안전보장이사회는 새로운 사무총장의 임명과 신입 회원국의 승인에 대해 총회에 권고한다.

총회The General Assembly는 모든 국제연합 회원국으로 구성되며 모든 개별 회원국은 하나의 투표권을 지닌다. 국제 평화와 안보, 신입 회원국의 가입 및 예산 같은 주요한 문제들의 결정에는 총회에서 3분의 2의 찬성이 필요하다. 그 밖에 다른 문제의 결정은 단순 과반수 찬성으로 이루어진다. 총회에서 채택되는 결의안들은 구속력이 있는 결정이 아니라 권고의 지위에 있기 때문에 회원국들의 행동을 강제하지 못한다. 예외적으로 예산을 다루는 제5위원회의 결정은 회원국들에게 구속력을 갖는다. 총회는 헌장의 범위에 속하는 모든 문제를 다룰 수 있다.

사무국The Secretariat은 국제연합의 실질적이고 행정적인 사무를 집행한다. 사무국의 수장은 전반전인 행정을 지도하는 사무총장이다. 2017년 1월 포르투갈의 안토니우 구테흐스António Guterres가 제9대 사무총장으로 취임했다. 사무국은 부서와 사무실로 구성되어 있으며 총 4만 명의 직원이 전 세계에서 활동하고 있다. 사무국은 다른 기구의 제안에 따라 연구 업무를 수행하기도 하고, 일부 준관리 기능을 수행한다. 그러나 사무국의 역할은 헌장 제99조에 따라 국제 평화와 안보의 붕괴로 이어질 수 있는 상황에 대한 안전보장이사회의 주의를 환기하는 사무총장의 권한을 제외하고는 주로 관료적이다. 이 조항은 중립적으로 보이지만 과거 국제연맹 사무총장이 지녔던 권한과 비교할 때 국제연합 사무총장의 외교적 역할을 두드러지게 확장하는 법적 기반이다.

경제사회이사회Economic and Social Council: ECOSOC는 총회의 권위 아래에 있으며, 국제연합과 그 연관 조직들의 경제, 사회 활동을 조정한다. 또한 비정부기구들과의 협의를 통해 국제연합과 시민사회 사이의 연계를 유지하는 일도 경제사회이사회의 역할이다. 경제사회이사회의 산하 기구들로는 여성지위위원회 Commission on the Status of Women 같은 기능 위원회들, 아프리카 경제위원회Economic Commission for Africa 같은 지역 위원회들과 기타 다른 기구들이 있다([그림 17-1] 참조).

신탁통치이사회Trusteeship Council는 7개 회원국이 관리하는 11개 신탁통치령Trust Territories에 대한 국제적인 감독을 제공하고, 신탁통치령의 자치 또는 독립을 위해 적절한 조치가 취해졌는지 확인하기 위해 설립되었다. 1994년에 이르면 모든 신탁통치령이 개별 국가가 되거나 인근 국가에 합쳐짐으로써 자치나 독립을 이루었다. 마지막 신탁통치령은 미국이 관리하던 태평양의 섬 팔라우였다.

국제사법재판소International Court of Justice: ICJ는 국제연합의 핵심적인 사법 기관이다. 국제사법재판소는 총회와 안전보장이사회가 공동으로 선출하는 15명의 판사로 구성되며, 국가들 사이의 분쟁을 다룬다. 국제사법재판소의 법적 절차에 참여하는 것은 개별 국가들의 선택이지만, 국가가 참여하기로 동의하면 국제사법재판소의 결정에 따라야 할 의무를 진다. 국제사법재판소는 또한 다른 국제연합 기관들과 전문 기구의 요구에 따라 이 기관들에 자문 의견을 제시한다.

이다. 국제연합에서 모든 회원국은 국가의 규모와 경제적 발전 정도, 정치적 입장과 사회 체제의 성격에 상관없이 자국의 의사를 밝힐 기회를 가진다. 이 과정에서 회원국들은 투표권을 행사한다. 국제연합이 국가들의 집단으로 창설되었지만, 헌장은 국가들의 필요와 이익뿐 아니라 개인의 필요와 이익 또한 지적하고 있다는 점에서 흥미롭다.

국제연합은 많은 점에서 그 선구자인 국제연맹의 문제점들을 바로잡기 위해 만들어졌다. 제1차 세계대전 이후에 설립된 국제연맹은 이후의 모든 전쟁을 불가능하게 하려고 시도했다. 하지만 연맹에게 효과적인 권력이 없다는 점이 문제였다. 국제연맹에는 핵심 집행위원회

국제연합 체제

주요 기구들

총회

■ 보조 기구
주요 위원회 및 기타 분과 위원회
군축위원회
인권이사회
국제법위원회
상임 위원회 및 임시 위원회

안전보장이사회

■ 보조 기구
반테러위원회
르완다 국제형사법정(ICTR)
구유고슬라비아 국제형사법정(ICTY)

경제사회이사회

■ 기능 위원회
범죄예방 및 형사사법위원회
마약위원회
인구개발위원회
과학기술개발위원회
사회개발위원회
통계위원회
여성지위위원회
지속개발위원회
국제연합 산림포럼

■ 지역 위원회
ECA 아프리카경제위원회
ECE 유럽경제위원회
ECLAC 중남미경제위원회
ESCAP 아시아태평양경제사회위원회
ESCWA 서아시아경제사회위원회

■ 기타 기관
개발정책위원회
공공행정전문가위원회
비정부기구위원회
토착민 문제에 대한 상설 포럼
국제연합 지명전문가그룹
기타 분과 및 상임 위원회, 전문가, 임시적이고 관련된 기관

사무국

■ 부서 및 사무소
EOSG 사무총장실
DESA 경제사회국
DFS 현장지원국
DGACM 총회회의운영국
DM 관리국
DPA 정무국
DPI 공보실
DPKO 평화 유지 활동국
DSS 안전보안국
OCHA 인도적문제조정실
OHCHR 인권최고대표사무소
OIOS 감사국
OLA 법률실
OSAA 아프리카특별고문사무소
OSRSG/CAAC 아동과 무력분쟁에 대한 특별대표사무소
UNODA 군축실
UNOG 제네바 사무소
UN-OHRLLS 내륙국가및최빈국대표실
UNON 나이로비 사무소
UNOV 빈 사무소

국제사법재판소

신탁통치이사회[5]

개발 및 기금

UNCTAD 국제연합 무역개발회의
• ITC 국제무역센터
UNDP 국제연합 개발계획
• IUNCDF 국제연합 자본개발기금
• IUNV 국제연합 봉사단
UNEP 국제연합 환경계획
UNFPA 국제연합 인구기금
UN-HABITAT 국제연합 인간거주정착센터
UNHCR 국제연합 난민고등판무관사무소
UNICEF 국제연합 아동기금

UNODC 국제연합 마약통제실
UNRWA[1] 국제연합 팔레스타인난민구호사업기구
UN-Women 국제연합 여성기구
WFP 세계식량계획

■ 연구 및 훈련 기관
UNICRI 국제연합 지역간범죄사법연구기관
UNIDIR[1] 국제연합 군축연구소
UNITAR 국제연합 훈련조사연구소
UNRISD 국제연합 사회개발연구소
UNSSC 국제연합 참모양성학교

UNU 국제연합 대학교

■ 기타
UNAIDS 국제연합 에이즈계획
UNISDR 국제연합 재해경감국제전략기구
UNOPS 국제연합 연구사업소

■ 자문 보조 기구
국제연합 평화유지위원회

■ 관련 기구
CTBTO PrepCom 포괄적 핵실험금지조약기구
IAEA[2] 국제원자력기구
OPCW 화학무기금지기구
WTO[3] 세계무역기구

■ 전문 기구[4]
ILO 국제노동기구
FAO 국제연합 식량농업기구
UNESCO 국제연합 교육과학문화기구
WHO 세계보건기구
WORLD BANK GROUP 세계은행그룹
• IBRD 국제부흥개발은행
• IDA 국제개발협회
• IFC 국제금융공사
• MIGA 국제투자보증기구
• ICSID 국제투자분쟁해결센터

IMF 국제통화기금
ICAO 국제민간항공기구
IMO 국제해사기구
ITU 국제전기통신연합
UPU 만국우편연합
WMO 세계기상기구
WIPO 세계지적재산권기구
IFAD 국제농업개발기금
UNIDO 국제연합 공업개발기구
UNWTO 세계관광기구

주

1 UNRWA와 UNIDIR은 총회에만 보고한다.
2 IAEA는 총회와 안전보장이사회에 보고한다.
3 WTO는 총회에 보고할 의무는 없으나, 특히 금융 및 발전 문제에 관련한 총회와 경제사회이사회의 업무에 임시적으로 기여한다.
4 전문 기구는 국제연합과 함께 일하는 자율 기구이며, 정부 간 차원에서 경제사회이사회의 조정 기구 및 사무국 차원의 조정 집행 기관장들을 통해 서로 일한다. 본 목차는 국제연합의 개발 조정 기구들의 정렬 순서에 따라 정리되었다.
5 1994년 11월 1일, 신탁통치이사회는 최후의 국제연합 신탁 통치 지역이었던 팔라우가 1994년 10월 1일에 독립하면서 활동을 유예하였다.

그림 17-1 국제연합 체제의 구조
출처: United Nations Department of Public Information

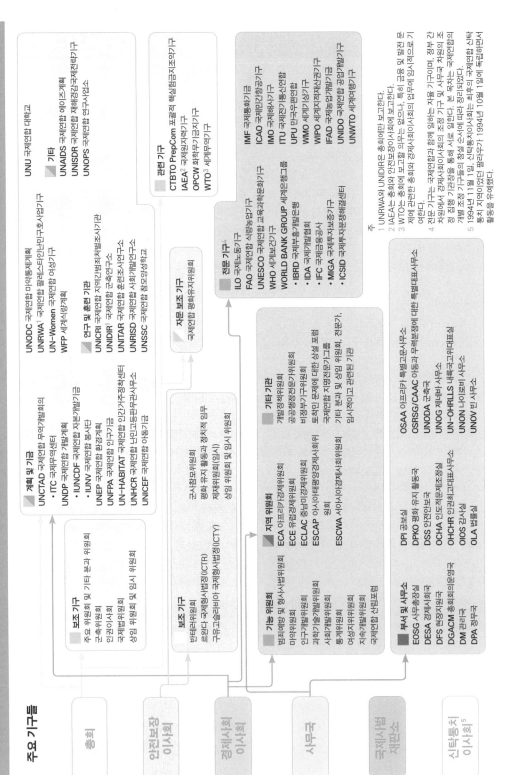

인 연맹이사회 League Council와 모든 회원국이 포함된 연맹의회 League Assembly 사이에 명확한 책임 구분이 없었다. 연맹이사회와 연맹의회 모두 구속력 있는 결의안이 아니라 권고만을 할 수 있었으며, 그 권고마저 만장일치여야 했다. 모든 정부가 그 어떤 제안도 거부할 수 있었던 것이다. 더 나아가 국제연맹에는 기존 질서를 거부하는 국가에 대한 군사적이거나 경제적인 조치들을 조정할 기구가 없었다. 이에 따라 국제연맹의 취약성은 더욱 높아졌다. 미국 같은 주요 국가들이 회원국이 아니었던 점도 국제연맹의 취약성을 높인 한 요인이었다. 제2차 세계대전이 발발했을 때는 국제연맹이 이미 수차례의 침략 행위들에 제대로 대응하지 못한 뒤였다.

국제연합의 구조([참고 17-1] 참조)는 국제연맹이 직면한 몇 가지 문제를 제거하기 위한 의도가 반영되었다. 국제 평화와 안보 유지에 대한 주요 책임은 안전보장이사회에 주어졌다. 국제연맹과 대조적으로 국제연합은 안전보장이사회에서 강대국들의 특권을 인정했다. 여기에는 미국, 영국, 프랑스, 러시아(구소련), 중국이라는 5개 상임이사국과 비상임이사국 10개국이 포함된다. 국제연맹과 달리 안전보장이사회의 결정은 구속력을 지니며, 5개 상임이사국을 포함하여 15개국 중 9개국 이상의 동의를 얻어야 한다. 이들 5개 상임이사국은 국제연합 창설 당시 주요 강대국으로 여겨졌다. 안전보장이사회를 통한 권력 정치의 인정과 국제연합의 보편주의적 이상 사이의 긴장은 해당 조직의 분명한 특징이다. 안전보장이사회의 거부권을 통해 권력 정치를 승인하는 것은 국제연합의 다른 주요한 기관들이 내세우는 보편주의적 원칙과 어긋날 수 있다.

국제연합 헌장은 국제연맹 규약보다는 사회·경제적 발전을 더욱 핵심 목표로 강조하고 있다. 많은 사람이 1930년대 경제 대공황이 제2차 세계대전의 발발을 가져온 민족주의와 침략의 한 원인이 되었다고 여기기 때문이다. 국제연맹이 사회·경제적 문제에 대한 책임을 연맹의회로 넘긴 것과 달리, 국제연합은 경제사회이사회를 설립하여 경제사회 기관들을 감독했다. 경제사회이사회

는 사무국, 총회와 함께 국제연합 체제라고 일컬어지는 많은 기구의 활동을 감독한다. 국제연합 체제는 전문 기구들과 계획 및 기금을 포함한다([그림 17-1] 참조). 세계보건기구, 국제노동기구와 같은 전문 기구는 그들 나름의 헌장을 지니고 있으며, 예산을 정기적으로 평가받으며, 자체 집행부를 갖추고 있으며, 여러 국가의 대표들의 총회로 구성되어 있다. 그들은 구조적·재정적 그리고 정치적으로 독립적이며, 국제연합 중앙 체제의 운영에 종속되어 있지 않다.

계획 및 기금은 그 운용 및 운영 계획이 국제연합 총회의 감독을 받는다는 점에서, 국제연합 중앙 체제와 더 밀착해 있다고 할 수 있다. 계획 및 기금의 활동은 총회의 결의안을 통해 수정될 수 있으며, 주로 자발적인 참여를 바탕으로 한 자금 지원에 기초를 두고 있다. 1945년 국제연합이 수립된 이후에, 여성의 권리와 이익, 기후 변화, 자원 고갈, 인구 성장, **테러리즘** terrorism, 에이즈 HIV/AIDS의 확산과 같은 새로운 쟁점이 국제적 의제가 되었다. 이와 같은 쟁점의 대두로 빈번하게 계획 및 기금에 새로운 조직이 설치되었다. 여기에는 국제연합 개발계획, 국제연합 아동기금 등이 포함된다.

초기 국제연합은, 회원국과 관련된 문제를 포함하여 다양한 갈등의 요소가 있었다. 국제연맹과 소련 간의 합의가 이루어지지 않아 1950년과 1955년 사이에 새로운 회원이 없던 적도 있다. 1955년에서야 불가리아와 헝가리와 같은 소련 진영의 국가들이 이탈리아와 스페인 같은 서구 국가와 함께 회원국이 되었다. 국제연합 회원국의 가장 큰 증가는 탈식민지화 이후 발생했다. 1945년에 51개국이었던 회원국의 숫자는 1975년까지 144개국으로 증가했다. 중화인민공화국의 가입 요청이 국제연합의 신뢰도를 해치지 않을지에 대한 논란이 1950년대부터 1960년대까지 있기도 했다. 중화인민공화국은 모든 중국인에 대한 합법적인 대표권을 주장했으나, 국제연합과 안전보장이사회 그리고 미국은 중화민국(대만)을 지지했다. 이러한 양상은 1971년에 미국과 중화인민공화국 간의 관계가 개선되면서 변화되었다. 국제연합 총회 결의

안전보장이사회의 개혁

안전보장이사회는 국제 평화와 안보의 유지를 책임지고 있는 국제연합의 주요한 집행 기관이다. 이에 따라 국제연합 개혁 논의의 주요 관심사는 안전보장이사회의 개혁이었다.

국제연합의 창설자들은 보편주의적인 총회와 강대국들의 합의에 따라 제한되는 안전보장이사회를 의도적으로 고안했다. 거부권을 지닌 상임이사국의 지위와 권리를 당시의 강대국들인 미국, 소련(현재 러시아), 프랑스, 영국, 중국에게 부여한 것은 국제연합의 탄생을 가능케 한 조건이었다.

안전보장이사회의 구성과 정책 결정 과정은 국제연합의 회원국이 증가할수록, 특히 탈식민화 이후에 회원국이 증가하면서 도전을 받았다. 하지만 안전보장이사회의 의미 있는 개혁은 1965년에 이사국을 11개국에서 15개국으로 늘렸고, 과반수를 7개국에서 9개국으로 늘렸던 한 번뿐이다. 그럼에도 불구하고 5개 상임이사국의 거부권에는 아무런 변화가 없다.

현재 안전보장이사회는 군사적 또는 경제적 힘의 분포와 지역적 균형을 반영하고 있지 못하다. 독일과 일본은 상임이사국 진출을 강력히 주장하고 있다. 남아프리카공화국, 인도, 이집트, 브라질, 나이지리아 같은 국가들과 발전도상국들은 안전보장이사회에 대한 더 많은 대표성을 요구해 오고 있다. 그러나 새로운 상임이사국들의 선출에 대한 합의는 이루어지지 않는 것으로 보인다. 인도가 상임이사국 후보가 되면 파키스탄의 반응은 어떠할까? 나이지리아의 안전보장이사회 진출을 남아프리카공화국은 어떻게 받아들일까? 이슬람 국가가 대표가 된다면? 개별 유럽연합 회원국들을 대신하여 유럽연합이 상임이사국이 되어야 하는가? 아프리카 국가들이 교대로 맡는 아프리카 상임이사국이 있어야 하는가? 이러한 이슈들은 쉽게 해결될 성질이 아니다. 마찬가지로 5개 상임이사국이 거부권을 포기할 리도 없다.

그럼에도 불구하고 안전보장이사회의 대규모 개혁은 불가능했지만, 그 활동의 투명성과 책임성을 향상시키는 정책 결정 과정의 개혁은 이루어져 왔다.

안 제2758호(1971년 10월)는 국제연합의 중국 대표권을 중화인민공화국이 가진다고 인정했다.

여전히 회원국에 대한 논쟁은 계속되고 있다. 예를 들어 대만이 2007년에 가입을 요청했으나 거부되었다. 국제연합에는 바티칸시국(1964)과 팔레스타인(2012)과 같은 비회원 옵서버 국가permanent non-member observer states도 존재한다. 정부간기구 및 기타 단체 등의 비국가 옵서버들도 존재한다. 안전보장이사회의 회원 자격과 관련된 개혁과 변화의 요구는 광범위하고 빈번하게 발생하고 있지만 실행되기는 어려운 실정이다([참고 17-2] 참조).

요점정리

- 국제연합은 제2차 세계대전 이후 국가 간의 평화를 지키기 위해 창설되었다.
- 국제연합은 그 선구자인 국제연맹에서 도출된 교훈들을 여러 측면에서 반영하고 있다.
- 국제연합의 제도와 메커니즘은 강대국 권력 정치의 요구(예를 들면 안전보장이사회의 거부권)와 보편주의를 모두 반영하고 있다. 또한 국가의 필요와 이익뿐만 아니라 사람들의 필요와 이익을 위한 요구를 동시에 다루고 있다. 이러한 다양한 요구들 사이의 긴장은 국제연합 발전의 주요 특징이다.
- 국제연합 회원국과 안전보장이사회 구성과 관련하여 많은 갈등이 존재한다.

국제연합과 국제 평화 및 안보의 유지

평화와 안보 문제에서 국제연합의 활동과 업적은 세계 정치의 맥락에서 이루어졌다. 미국과 소련의 냉전은 국제연합 안전보장이사회의 원활한 활동을 방해했다. 미국-소련 사이의 주요 이해관계가 위협을 받을 때마다 거부권이 사용될 수 있었기 때문이다. 1945년에서 1990년 사이에 안전보장이사회에서 실질적 거부권이 사용된 경우는 193회에 이른다. 이에 반해 1990년부터 2018년까지는 42건의 실질적 거부권 행사가 있었다. 게다가 국제연합 헌장이 안전보장이사회와 이에 동의하는 국가 간의 합의에 따라 결정되는, 군사참모위원회의 지휘하의 다국적군 창설을 규정하고 있지만(제43조 및 제47조), 냉전 경쟁은 다국적군을 실행하는 것을 불가능하게 만들었다.

회원국들은 특히 국제연합군 창설과 관련하여 헌장 제7장에 명시된 협정에 동의할 수 없었기 때문에 평화와 안보 문제를 해결하기 위한 일련의 임시방편적 방안들이 생겨났다. 첫째, 안전보장이사회가 자신을 대신해 평화를 강제할 권한을 다른 주체에게 위임하는 것이다. 이는 1950년의 한국 전쟁과 1990년의 걸프 전쟁에서 사용되었으며, 미국과 그 동맹국들이 활동의 주축이었다.

둘째, 평화 유지 활동이 폭넓게 시도되었다. 국제연합 헌장에는 평화 유지에 대한 언급이 없지만, 고전적인 평화 유지 임무와 기제는 헌장 제6장을 기반으로 한다. 고전적 평화 유지는 휴전을 한 분쟁 주체들 사이에 국제연합이 직접 지휘하는 군대를 주둔시키는 것이다. 주목할 만한 한 가지 예외는 1960~1964년 국제연합의 콩고 작전으로, 이는 보다 강력한 국제연합 평화 유지의 초기 사례였다([사례연구 17-1] 참조).

국내 문제에 대한 관심 증가

국제연합은 설립 초기와 냉전 기간에 개인의 정의보다 국가 간의 질서가 중요하다는 견해를 확산시키는 데 기여했다. 많은 사람은 외교관이 국제 안정을 유지하기 위해 국내 문제를 무시해도 된다고 생각했다. 1990년대에 와서야 국제사회가 국제연합을 통해 개인의 정치적, 시민적 권리는 물론 개인이 식량, 물, 의료, 주거 같은 생활의 기본적인 조건들을 누릴 권리를 다루어야 한다는 신념이 확산된 것이다. 이 신념에 따르면 국내 정의의 결여는 국제적 무질서를 초래할 위험이 있기 때문에 개인의 권리에 대한 침해는 국가 간 관계의 주요한 불안 요인이다. 국제연합은 개인을 위한 정의를 추구하는 것이 **국가 이익**national interest의 측면이라는 견해를 강화했다.

이러한 변화를 가져온 몇 가지 이유가 있다. 첫째, 국제 환경이 바뀌었다. 냉전 시기에 동서 진영의 대립 구조에서 국제연합의 회원국들은 국가 주권의 조건들에 대한 문제 제기를 원치 않았다. 공산주의와 싸우기 위해 라틴아메리카 국가들의 악독한 독재를 용인하자고 주장한 진 커크패트릭Jean Kirkpatrick이 쓴 글은 악명을 얻기는 했지만, 적어도 당시의 현실에 대한 합리적인 보고서였다. 미국은 소련에 반대하는 입장을 취했기 때문에 라틴아메리카의 우익 정권들을 용인했다. 상대 진영의 내부 문제에 간섭하는 것은 (각 진영 내부의 결속을 바탕으로 하는 냉전 구조에서) 진영 사이의 갈등을 증폭시킬 위험을 안고 있었다 (Forsythe, 1988: 259~260).

둘째, 탈식민지화 과정에서는 정의보다 국가성이 우선이었다. 국제연합은 식민지의 독립 요구를 수용하여 민족적 문제, 경제·안보적 능력 또는 시민적 정의를 구현할 전망 같은 독립 뒤의 생존 능력보다 식민지의 국가 형성 권리를 우선시했다. 이 같은 무조건적인 독립의 권리는 식민 지역과 주민에게 독립을 부여하는 1960년 국제연합 총회의 선언으로 천명되었다. 그 이후 독립될 국가의 엘리트들이 비록 대표성을 갖고 있지 않더라도 그들의 주장을 식민지 주민 전체의 독립에 대한 염원을 반영하는 충분한 증거로 간주하는 관습이 생겨났다.

콩고국제연합평화유지군의 인도 파견 대원 여섯 명
© 국제연합 사진

콩고에는 크게 두 국제연합 평화유지 임무단이 있어 왔다. 1960년부터 1964년까지 콩고국제연합평화유지군United Nations Operation in the Congo: ONUC이 있었고, 1999년부터 2010년까지 국제연합콩고임무단United Nations Organization Mission in the Democratic Republic of the Congo: MONUC이 존재했다. 2010년부터 지금까지는 국제연합콩고임무단이 콩고민주공화국감시단United Nations Organization Stabilization Mission in the Democratic Republic of the Congo: MONUSCO으로 명칭이 변경되었다. 이러한 임무단은 일부 성과를 거두기도 했지만 국제연합 평화유지군에 대한 강력한 저항도 있다([사례연구 14-1] 참조).

콩고는 1960년 6월 30일에 독립했다. 하지만 벨기에의 식민 통치로 인해 광물 자원이 풍부한 국가였음에도 저발전된 상태였고, 정치적 분열이 심각했다. 독립 직후 광물 자원이 풍부했던 카탕가Katanga 지역은 벨기에 광산 이해관계자와 벨기에 군대의 지지와 지원을 받아 독립을 선언했다. 콩고의 초대 총리인 파트리스 루뭄바Patrice Hemery Lumumba는 카탕가의 분리 독립을 저지하기 위해 국제연합에 도움을 요청했다. 사무총장 다그 함마르셸드Dag Hammarskjöld는 국제연합 헌장 제99조를 적용하여 안전보장이사회에서 본 사건을 심의하고 콩고평화유지군에게 벨기에를 비롯한 여타 해외주둔군의 철수를 감독하고 콩고 정부가 국가의 법과 질서를 회복할 수 있도록 지원할 것을 승인했다.

콩고평화유지군은 가장 많게는 2만이 채 안 되는 병력을 배치하기까지 했다. 임무단은 콩고의 영토 통합과 외국 군대의 철수를 성공적으로 이끌었으나, 막대한 정치적, 인적, 경제적 비용이 발생했다. 냉전 기간에 임무단은 미국 외교 정책의 도구라는 비난을 받기도 했다. 분리 독립에 대해 강경 노선을 취했던 루뭄바는 친소련파라는 혐의로 1961년 1월 암살당했다. 사무총장 다그 함마르셸드 역시 휴전 협상이 이뤄지던 1961년 9월 비행기 추락 사고로 사망했다. 임무단은 점차 국제연합의 자산 위기를 발생시키는 요인이 되었다. 탈냉전 이후에야 비로소 국제연합은 다시 평화 강제 임무에 착수했다.

국제연합콩고임무단과 콩고민주공화국감시단 역시 규모가 크고 비용이 많이 드는 평화유지임무단이다. 국제연합콩고임무단은 1999년 콩고민주공화국DRC과 5개 국가 간의 루사카정전협정Lusaka Ceasefire Agreement 이후 설립되었다. 초기 임무단은 콩고의 정전 사태를 감독하라는 지시를 수행했지만 이후 안전보장이사회는 그 활동 범위를 계속 확장했다. 2010년에 임무단은 콩고민주공화국감시단으로 명칭을 바꾸고 콩고민주공화국의 시민을 보호하고 평화와 안정을 위해 필요한 모든 조치를 사용하도록 승인받았다. 2018년 기준으로 콩고민주공화국감시단은 약 1만 8,000명이 넘는 인력을 보유하고 있다.

이러한 임무단들은 일부 성과를 거두기도 했다. 2006년 국제연합콩고임무단은 국제연합 임무의 일환으로 가장 크고 복잡한 선거 과정을 지원했다. 그럼에도 많은 이유로 비판의 대상이 되었다. 콩고의 동쪽 지역은 분쟁과 인권 침해를 여전히 겪고 있었다. 국제연합은 젠더 기반 폭력gender-based violence을 방지하는 데 집중했지만 국제연합군의 성폭력 혐의를 포함한 성범죄 문제는 계속되었다. 국제연합과 정부 사이에 상당한 이견이 있었고, 2016년으로 예정됐던 총선이 2년 연기되었다. 게다가 국제연합은 콩고인에 대한 인권 침해에 대해 군대의 일부가 책임이 있음에도 불구하고 콩고군의 작전을 지원했다는 비판을 받아 왔다. 콩고와 관련된 국제연합의 경험은 평화유지군이 국가 건설이라는 목표를 성취하는 것이 얼마나 어려운지를 보여 주는 사례다.

질문 1 국제연합이 콩고 위기에 대응하여 콩고평화유지군을 배치한 것이 실수라고 생각하는가?
질문 2 국제연합의 평화 작전에 국가 건설 목표가 포함되어야 한다고 생각하는가?

찰스 비츠Charles Beitz는 무조건적인 독립의 권리를 정당화하는 1970년대의 정치적 조류에 대한 비판을 제기한 선구자 가운데 한 사람이다. 그는 국가성이 무조건적이어서는 안 되며, 독립 이후 개인의 상황에 대한 전망이 고려되어야 한다고 주장했다(Beitz, 1979). 마이클 월저Michael Walzer와 테리 나딘Terry Nardin도 국가로서 존재할 권리는 무조건적인 것이 아니라 시민의 이익을 보장하는 국가의 능력에 따른 것이라고 하면서 비츠와 비슷한 주장을 내놓았다(Walzer, 1977; Nardin, 1983). 이 같은 저작들은 **외교**diplomacy의 도덕적 내용을 변화시키는 데 기여했다.

따라서 질서와 정의의 관계는 특수한 상황의 산물인 것이다. 냉전이 끝난 이후 국제 평화와 안보의 위협 요인은 국가들 사이의 침략 전쟁만이 아니다. 지구적 평화를 위협하는 문제는 오히려 난민을 발생시키고 지역 안정을 저해하는 내전, 인도적 위기 상황, 인권의 국제적 표준에 대한 심각한 침해 그리고 가난과 불평등 같은 문제들이다.

이는 국제연합 평화 유지의 성격 변화와 급속한 확장을 야기했다. 1994년에 국제연합 평화유지군은 1990년 수치의 일곱 배인 8만 명가량의 군 인력을 전 세계에 배치하였다(Pugh, 2001: 115). 탈냉전 이후의 과제는 내전과 국제 분쟁을 해결하는 것이었다. 평화유지군은 무력을 사용할 가능성이 컸고 이는 국제연합 헌장 제7장에 기초했다. 1992년 당시의 국제연합 사무총장 부트로스 부트로스-갈리Boutros Boutros-Ghali가 쓴 『평화를 위한 의제An Agenda for Peace』라는 보고서는 **평화 강제**peace enforcement를 포함하여 국제연합의 상호 연계된 역할을 설명하며 평화와 안보를 위한 국제연합의 새롭고 야심 찬 의제를 제시했다. 핵심 문제는 국제연합 평화유지군이 교전국의 표적이 되었다는 것이다. 그 대표적인 사례로는 1990년대 초반의 소말리아와 1990년대 중반의 구 유고슬라비아에 대한 개입, 오늘날 남수단에서의 임무를 들 수 있다. 그리고 2009년에 콩고민주공화국에서는 국제연합 평화유지군이 저항군에 대한 콩고 군대의 군사적 공격을 도와서

폭력적인 보복을 초래하기도 했다([사례연구 17-1] 참조). 국제연합은 평화 유지에 대한 중요한 역할을 지속해서 수행하고 있다. 2015년 말을 기준으로 16개의 평화 유지 활동에 동원된 군과 경찰 인력은 10만 6,000명이 넘는 것으로 알려진다. 2018년 말을 기준으로 진행 중인 국제연합의 14개 평화유지군 작전에 동원된 군과 경찰 인력은 약 9만 명이었다.

평화와 안보에 대한 의제가 **인간 안보**human security와 정의를 포함하게 되면서, 내정 불간섭 원칙에 반할 수 있는 새로운 활동들이 고려되고 있다. 전통적으로 개입이란 당사국의 동의 없이 당사국 정부의 기능이나 정책, 목표를 변경하고 개입자의 이익에 유리한 효과를 달성하기 위해 외부 기관이 고의적으로 침투하는 것으로 정의되었다(Vincent, 1974).

국제연합의 창설 당시 주권은 국가 체제의 핵심으로 간주되었다. 국가들은 국제사회의 평등한 구성원으로 설정되었고, 국제법 차원에서 평등하다고 인식되었다. 또한 국가들은 상위의 권위와 법적 관할권을 인정하지 않았다. 개별 국가는 영토 안에서 배타적인 법적 관할권을 보유하고 있었고, 이는 국제연합 헌장의 제2조 7항에 의해 신성한 원칙으로 명문화되어 있었다.

그러나 초기에는 국가들이 다른 국가의 내부 문제에 개입했다. 미국 정부는 서반구의 국가들에 대한 개입 권리를 주장하며 이에 대한 국제적 제한을 1933년의 제7차 미주국가회의 때까지 거부했다. 소련 역시 사회주의 원칙의 보호를 위해 동구 사회주의 국가들에 개입할 권리를 1970년대의 **브레즈네프독트린**Brezhnev doctrine을 통해 주장했다.

이보다 훨씬 앞서서 영국은 노예제 폐지를 자국과의 외교 관계 조건으로 다른 국가들에게 강요했다. 영국은 조약의 조건으로 노예제 폐지를 강요했고, 이를 확인하기 위해 공해상에서 선박을 정지시켜 노예 무역 여부를 조사했다(Bethell, 1970). 국내 문제에서 일정한 원칙을 준수하도록 다른 국가들에게 강요한 다른 사례들도 있다. 1878년의 베를린 회의에서 이루어진 강대국들의 합의에

따라 헝가리와 불가리아를 포함한 일부 동유럽 국가들은 영토 안에 있는 소수 인종의 권리를 준수하도록 강요당했다. 실제로 개입은 국제 정치의 보편적인 양상이었다.

1990년대에 들어 일부 사람들은 국제연합 헌장이 국가의 권리뿐만 아니라 국민의 권리도 주장한다고 지적했다. 국가는 국민의 권리에 대한 존중을 조건으로 한다고 해석될 수 있다. 그러나 다른 사람들은 불개입 원칙의 변경이 더 부유하고 더 강력한 국가가 자신들의 이익과 견해를 더 가난하고 약한 국가에 강제하는 도구로 사용될 것이라고 우려했다.

국제연합 총회의 주요 선언들은 영토 안의 복합적인 위기를 처리하는 국가의 일차적 책임을 언급했다. 1991년 총회 결의안은 "국가의 주권, 영토 보존, 통일성은 국제연합 헌장에 의거하여 완전히 준수되어야 한다."라고 판시하면서 이 원칙의 부분적 완화를 암시했다. 이런 맥락에서 인도주의적 지원은 대상국의 동의와 원칙적으로 대상국의 요청에 따라 제공되어야 한다."라고 되어 있다(A/RES/46/182). 여기서 '원칙적으로^in principle'와 '되어야 한다^should'라는 규범적인 표현은 개입 대상국 정부의 승인을 얻을 수는 없지만 개입이 필요한 경우가 존재함을 암시하는 것이다. 2005년 총회의 세계정상회담 합의문^Outcome Document of the 2005 World Summit은 "개별 정부가 자국민을 집단 학살, 전쟁 범죄, 인종 청소와 반인륜적 범죄에서 보호하는 데 실패하고 있음이 명백"하고 평화적 수단이 그 주민들을 보호하는 데 불충분한 경우에는 헌장 제7조에 의거한 안전보장이사회의 활동을 통해서 국제사회가 개입할 수 있다고 선언했다(A/RES/60/1, para. 138 and 139). 이는 개입과 국가 주권에 관한 국제위원회^International Commission on Intervention and State Sovereignty의 2001년 최종 보고서 『보호책임^Responsibility to Protect』에 있는 제안을 반영한 것이다.

실제로 국제연합의 결의안이 인권의 심각한 훼손을 이유로 개입을 정당화한 경우는 매우 드물다. 아마도 코소보 개입이 인도주의적 표준의 보호를 위해 주권국가를 무시하고 국제연합군이 투입된 첫 번째 사례라고 할 수 있을 것이다. 1999년 3월에 감행된 북대서양조약기구의 코소보 공습은 (러시아가 거부권 행사 의사를 밝혔기 때문에) 안전보장이사회의 위임 없이 이루어졌다. 하지만 북대서양조약기구 국가들은 코소보에서의 인종 청소와 반인륜적인 범죄의 종식을 위한 자신들의 개입은 국제연합 헌장의 원칙들에 따른 행동이라고 주장했다. 2011년 리비아에 대한 개입은 또 다른 예이다. 안전보장이사회 결의안은 리비아에 대한 비행 금지 구역 설정을 승인하고 시민을 보호하기 위해 '필요한 모든 조치'를 요구했다(S/Res/1973). 결의안의 실행을 위해 다국적 연합군이 개입했고, 북대서양조약기구는 후에 지휘권을 맡았다.

2003년 이라크 전쟁은 기존 안전보장이사회의 결의에 따른 개입의 합법성이 논쟁의 대상이 되고 개입 동기가 논란이 되지만, 주최국의 동의 없이 개인의 권리를 보호하기 위한 또 다른 개입 사례였다([사례연구 17-2] 참조). 2001년 미국의 아프가니스탄 개입은 안전보장이사회가 공격받은 국가(2001년 9·11 테러 공격을 받은 미국)의 자위권을 인정한 예외적인 사례다.

불개입 원칙을 완화하는 데 따르는 문제들을 절대로 가볍게 봐서는 안 된다. 예를 들어 국제연합은 수단 정부의 동의 없이 다르푸르에 평화유지군을 파견하기를 주저해 왔다. 강도 높은 국제 외교와 군대의 역할에 대한 집중적인 협상 끝에 수단 정부는 평화유지군 주둔에 합의했고, 2007년 7월에 병력이 공식적으로 소집되었다(S/Res/1769). 2012년 러시아와 중국은 국제연합 헌장 제7장에 의거하여 시리아에 대한 추가적인 제재를 제안하는 안전보장이사회의 결의안에 거부권을 행사하며, 그것이 시리아의 국내 문제에 대한 외부적 군사 개입의 길을 열게 될 수도 있다고 주장했다. 그리고 2014년 러시아와 중국은 시리아를 국제형사재판소에 회부하는 안전보장이사회 결의안에 또다시 거부권을 행사했다. 2016년과 2018년 사이에 러시아는 시리아에 대한 8건의 안전보장이사회 결의안을 거부했다. 국제연합의 불개입 원칙이 완화되고 나면, 국제연합의 승인 없이 개별 국가가 군사적 행동을 취하게 될 것이라는 우려가 존재한다([사례연구 17-2] 참조). 보다 일반적으로 미국과 러시아, 중국의 관계가 악화되고, 특히 트럼프 미국 대통령이 국제연합에 대한 비판을 자주 표명함에 따라 강대국의 일방주의에 대한 두려움이 있다.

국제연합이 개인의 정의를 증진하기 위해 국내 문제에 개입할 의지를 갈수록 높여 가고 있는 것은 **지구 거버넌스**global governance를 향한, 그리고 무조건적인 주권 원칙에서 멀어지는 움직임으로 요약할 수 있다. 하지만 주권과 불개입 원칙은 여전히 중요하다.

평화 유지에서 평화 구축으로

부분적으로 2001년 미국에 대한 9·11 테러 공격과, 2003년 이라크 문제로 인해 안전보장이사회가 처한 난국 때문에 코피 아난Kofi Annan 사무총장은 지구적 평화에 대한 주요 위협과 도전을 조사할 고위급 자문단을 임명했다. 2004년 최종 보고서에서는 다양한 안보 위협의 상호 연계성을 강조하며 개발, 안보, 인권을 상호 강화할 것을 제시했다. 보고서의 많은 권고 사항은 이행되지 않았지만, 몇 가지는 실행되었는데, 그 가운데 하나가 새로운 국제연합 평화구축위원회Peacebuilding Commission의 설립이었다([참고 17-3] 참조).

그 이후로 국제연합의 평화 유지와 평화 구축 구조를 재검토하고 개혁하려는 많은 노력이 있어 왔다. 2015년 세 건의 평화와 안보에 대한 검토안은 세계 일부 지역의 폭력 동인의 변화가 국제연합 평화 작전의 효과적인 대응 능력을 능가하지는 않을지 염려하고 있다. 이 보고서들은 개선된 정부 간 일관성, 정치적 해결책에 대한 강조, 예측 가능한 자금 조달, 성 포용성 및 더 유연한 평화 작전의 필요성에 대한 포괄적인 협의를 포함하고 있다. 2019년 구테흐스 사무총장은 국제연합 본부의 평화 및 안보 부서를 재편하여 보다 지역적으로 통합된 정치 전략을 제공하고 차질 없이 평화 작전을 전환할 수 있도록 지원했다. 그럼에도 불구하고 대테러 작전에서의 무력 사용 및 지원과 같은 문제에 대해 회원국 간에 합의가 이루어지지 않고 있다.

국제 평화와 안보의 유지에 관한 국제연합의 기록이 엇갈리고 있다. 한편으로, 인간을 대상으로 한 중범죄에 대한 국제적 책임이 더욱 강력해졌다. 그럼에도 불구하고 1991년 걸프 전쟁의 발발 이후 신세계질서가 선포되었음에도 불구하고, 소말리아, 르완다, 구 유고슬라비

국제연합 평화구축위원회

참고 17-3

국제연합 평화구축위원회는 2005년 12월 총회와 안전보장이사회 산하 자문 기구로 설립되었다. 이는 아난 사무총장이 구상한 (새로운 안보의) 위협, 도전과 변화에 관한 고위급 패널이 쓴 2004년 보고서와 사무총장 자신이 쓴 2005년 3월 보고서 『더 큰 자유 속에서In Lager Freedom』에서 제안되었다(UN, 2005). 국제연합의 기존 기제가 분쟁에서 막 벗어난 국가들의 특별한 필요에 대응하는 데 불충분하다는 사실이 이 보고서들이 평화 구축위원회의 설립을 제안한 이유였다. 1990년대에 라이베리아, 아이티, 소말리아 같은 많은 국가가 평화 협정을 체결했고, 국제연합의 평화 유지 임무를 수용했다. 그러나 곧이어 이 국가들에서는 폭력적인 분쟁이 재연되었다. 평화구축위원회는 분쟁이 끝난 뒤에 복구의 통합적인 전략과 우선순위를 제공한다. 평화구축위원회의 출범은 국제연합에서 안보와 개발 프로그램의 조정을 위해 더 많은 노력이 이루어지고 있음을 보여 준다.

평화구축위원회의 조직위원회는 31개국으로 구성되어 있다. 국가별로 갈등 이후 전략, 우선순위, 특정 국가에 대한 프로그램을 검토하기 위한 회의들도 열리고 있다. 지금까지 평화구축위원회의 의제에 포함된 모든 국가는 아프리카 대륙에 있었다. 부룬디, 시에라리온, 기니, 기니비사우, 라이베리아, 중앙아프리카공화국이 그런 회의를 통해 검토되었다. 평화구축지원기금Peacebuilding Support Fund은 평화구축위원 회의 의제에 올라 있는 국가들뿐만 아니라 사무총장이 지정한, 비슷한 상황에 놓여 있는 국가들의 평화 구축 초기 단계에 지원하게 되어 있다.

2003년 이라크 개입

2003년 국제연합 안전보장이사회 표결
© Photo by Spencer Platt / Getty Images

2003년 3월에 미국이 주도하는 연합군은 뜨거운 논란에 휩싸인 이라크 전쟁을 시작하여, 사담 후세인을 권좌에서 축출했다. 이 전쟁의 정당화 논리는 이라크가 국제연합의 이전 결의안들을 무시하며 대량살상무기를 보유했다는 논리였다. 코소보와 달리 인권의 심각한 침해는 이라크 침공의 명분으로 제시되지 않았다. 이라크에서 대량살상무기의 발견에 실패하고 뒤이어 내전이 발발하자 전쟁이 정당하지 않다는 비평가들의 주장이 더욱 거세졌다.

국제연합 안전보장이사회가 이라크에서의 무력 사용을 승인했는지 여부에 대한 합의는 존재하지 않는다. 미국과 영국의 외교관들은 1991년의 안전보장이사회 결의안 제687호와 2002년의 제1441호를 지적하면서 전쟁의 정당성을 주장한다. 전자는

국제연합의 감독 아래 이라크 대량살상무기의 폐기를 규정했고, 후자는 대량살상무기를 폐기하지 않을 경우 '심각한 결과'를 감수해야 한다고 위협했다. 하지만 2003년 겨울에 안전보장이사회에서 이라크에 대한 폭력 사용을 명확히 규정하는 결의안을 도출하려는 시도는 실패로 돌아갔다. 이러한 결의안에 대한 거부권 사용 의지를 프랑스와 러시아가 밝혔기 때문이다.

제2의 결의안에 대한 합의가 도출되지 못하고 미국과 영국 정부가 국제연합의 분명한 승인 없이 소수의 동맹국과 함께 이라크에 대한 공격을 감행하면서 국제연합의 신뢰성은 훼손되었고, 미국이 국제연합의 승인 없이 일방적인 행동을 계속하리라는 우려가 퍼져 나갔다. 실제로 2002년 9월에 발표한 부시 정부의 국가 안보 전략은 "미국의 이익과 특수한 책임이 요구되는 경우에 미국은 독자적으로 행동할 준비를 갖출 것"이라고 천명했다(NSS, 2002: 31).

그럼에도 불구하고 침략 이후 여파가 남아 있고 이라크 및 그 밖의 지역에서 안전을 확보하기가 어려운 상황으로 여전히 국제 협력의 필요성이 강조되고 있다. 국제연합이 군사 행동의 정당성을 강화하고 분쟁 후 재건을 위한 지구적 위험, 부담 및 전략을 공유하는 데 도움이 될 수 있다고 보는 견해가 있다.

질문 1 2003년 이라크 개입과 그 여파가 국제연합의 중요성이나 그 한계를 보여 준다고 생각하는가?

질문 2 이라크 개입에서 국제연합이 얻은 교훈이 시리아나 예멘 등에서 벌어진 최근의 분쟁과 관련이 있다고 생각하는가?

아에서 평화가 유지되지 않았고 이는 신세계질서에 대한 실망, 그리고 국제연합의 적절한 역할에 대해 이견이 발생하는 것으로 이어졌다. 1990년대 초반 국제연합을 향한 잠재적 기대와 비교해 보면, 2003년 이라크 전쟁, 2011년 시리아 전쟁을 둘러싼 이견은 극명하다. 어떤 기관과 행위자가 평화 작전을 수행하는 데 가장 효과적인지에 대한 논쟁이 다시 활성화되었으며, 최근의 군사

작전에는 비국제연합 행위자, 예를 들어 지역 기구나 임시 연합군이 참여하고 있다. 마찬가지로 테러리즘과 소형 무기의 확산과 같은 비국가적 위협에는 어떻게 잘 맞설 수 있는지를 두고도 합의가 이루어지지 않았다. 또한 최근 몇 년 동안 안전보장이사회의 거부권 행사가 증가하고 트럼프 대통령을 비롯한 일부 포퓰리즘 지도자들이 제기한 다자주의에 대한 비판을 향한 우려도 존재한다.

- 냉전과 탈식민지화는 국내 문제에 대한 국제연합의 적극적인 개입을 저해했다.
- 1990년대 중반에 이르러 국제 평화와 안보 유지에 대한 국제연합의 관여는 국가들의 전통적인 침략 행위의 저지, 국내 분쟁(내전)의 해결, 그리고 경제, 사회, 정치 조건들을 포함하는 국내 질서에 대한 관심이라는 세 가지 방식으로 이루어졌다.
- 국제연합은 평화 활동에서 독점권을 가지고 있지 않다. 보통은 국제연합이 합법성을 제공하는 역할을 하고, 군사 작전은 지역 기구, 특수 연합 또는 국제연합과 비국제연합 행위자의 합동 배치(예: 아프리카연합)에 따라 이루어진다.
- 국제연합은 평화 구축을 비롯하여 젠더적 차원의 평화·안보 문제에 점점 더 많은 주의를 기울이고 있으며, 더불어 많은 중요 보고서와 계획을 구상하고 있다. 하지만 일부 국제연합 평화 유지 인력이 저지른 성매매와 성폭력 혐의는 심각한 문제로 지적되고 있다.

국제연합과 경제·사회 문제

경제·사회 발전을 촉진하는 것은 국제연합의 중요한 목표이다. 국제연합 헌장의 전문은 "더 큰 자유 속에서 사회적 진보와 생활 수준의 향상"을 목적으로 천명하고, "모든 국민의 경제·사회적 진보를 촉진하기 위해 국제기제를 이용"할 필요를 언급한다.

냉전 경쟁 구도에 따른 남북 격차는 이 분야에 대한 국제연합의 노력에 심대한 영향을 미쳤다. 미국과 소비에트연방은 어떻게 경제·사회 발전을 성취할 것인지에 대한 생각이 전혀 달랐다. 초기 국제연합의 경제 의제는 브레턴우즈 제도의 영향을 지대하게 받아 자유 시장의 이념을 고취했다. 이러한 제도의 투표권과 의사 결정 방식은 부유한 서구 국가들에 편중되어 있었고, 국제연합은 전후 재건을 위한 목표 달성에만 집중했다(제13장 참조).

1950년대 후반부터 1960년대까지 탈식민지화를 통한 국제연합 회원국의 증가는 지구적인 경제 불평등에 초점을 맞추도록 촉발했고, 국제연합 체계 내에서 발전을 촉진하기 위한 대안을 찾는 계기가 되었다. 국제연합 체계 속에서 경제·사회 문제를 해결하기 위한 많은 기구가 생겨났다. 1960년대 국제연합 무역개발회의가 선진국과 발전도상국 사이의 대화를 위한 중요한 포럼을 개최했고

이것이 77그룹의 창설을 이끌었다. 77그룹은 국제연합이 발전도상국의 공동의 경제 이익을 촉진하기 위해 형성한 연합체다. 국제연합 개발계획은 계획 및 기금의 일환으로 1965년에 설립되어([그림 17-1] 참조) 국제연합이 지구적인 빈곤 문제를 줄이기 위해 노력하는 데 중요한 역할을 수행했다. 국제연합 개발계획은 인간 개발이라는 개념을 알리는 데 중요한 역할을 했고, 1990년대 이래로 안보와 개발 문제를 연결하는 영향력 있는 『인간 개발 보고서 *Human Development Report*』를 매년 발간하고 있다.

경제 및 사회 문제가 국제연합에서 점점 더 중요해짐에 따라 주요 기여국은 자금 지원을 줄였다. 1990년대 중반까지 국제연합의 정기 예산과 평화유지군 예산에 심각한 재정 위기가 있었다. 이는 미국이 특정 조건 아래에서 밀린 예산 분담금을 납부하기로 하여 2002년 12월에 납부를 시작하면서 어느 정도 완화되었으나 완전히 해소되지는 않았다.

역설적으로 자금 부족에도 불구하고, 국제연합은 경제 및 사회 문제들을 다루는 데 필요한 기술과 자원을 확보해 왔다. 1990년대에는 새로운 문제들이 국제적 안건으로 제기되었고, 이 문제들을 논의하는 전 지구적 회의

국제연합 기후변화총회

2015년 파리에서 열린 국제연합 기후변화총회COP21는 환경 문제에 초점을 맞춘 일련의 국제연합의 회의 중 하나였다. 인류 환경에 관한 첫 번째 국제연합 회의는 1972년에 스톡홀름에서 열렸으며, 세계 각국 정부의 환경부 창설에 기폭제가 되었다. 또한 이를 계기로 국제연합 환경계획UN Environment Programme: UNEP이 창설되었다.

20년 뒤에 국제연합 환경개발회의(지구정상회의)는 리우데자네이루에서 열렸다. 기후변화협약UN Framework Convention on Climate Change: UNFCCC은 1992년에 지구정상회의에서 많은 국가 정부들이 서명한 세 개의 협약 가운데 하나였다. 1997년 교토 의정서가 기후변화협약에 추가되었으며, 온실가스 배출량 감축을 위한 구속력 있는 목표를 설정했다. 기후변화협약은 미래의 기후 외교를 주도하고 공동 책임과 차별적인 책임을 각각 부과하는 원칙을 가지고 있다. 이는 모든 국가가 환경을 보호하는 데 공동으로 역할을 수행하면서도 초선진국에게 책임을 더 부과하는 것을 의미한다.

이후 온실가스 제한의 진행 상황에 대해 논의하고 교토 의정서 이후의 합의안을 도출하기 위해 정부 간 고위급 연례 회의가 열렸다. 대표자들은 서로 다른 이해관계로 인해 온실가스 감축에 관한 법적 구속력이 있는 목표를 설정하기 위한 합의에 이르는 데 어려움을 겪었다. 예를 들어 작은 도서 국가들은 지구적인 온실가스 배출량을 0으로 맞춰야 한다고 요구하고 있다. 반면에 사우디아라비아와 베네수엘라와 같은 산유국은 탄소 제거와 관련된 협상에 회의적이다. 어떤 국가들이 비용을 지불할 것인지에 대해서도 갈등이 발생하고 있다. 과거 환경 오염의 주동자였던 선진국은 자신들이 인도, 중국, 브라질, 남아프리카공화국과 같은 부상국들보다 더 많은 분담금을 지불하고, 법적 책임을 지며, 검증 절차를 수행해야 한다는 주장에 반대한다.

2015년 파리 회의는 교토 의정서 당사국들의 21번째 회의였기 때문에 제21차 당사국총회로 알려져 있다. 파리협정은 처음으로 국가들에게 법적 구속력이 적용되는 역사적인 세계 기후 협정이다. 195개국은 지구 평균 온도 상승 폭을 '산업화 이전 대비 섭씨 2도 이하'로 유지해야 한다(제1장 2항). 그들은 또한 21세기 후반까지 탄소 배출을 없애자는 목표에 합의했다. 국가들이 그들만의 목표량을 설정할 수 있게 되면서 회의 초반 협의를 어렵게 했던 문제들이 극복되었다. 물론 이러한 문제들은 앞으로도 정기적으로 분명하게 검토되어야 한다. 파리 회의 끝 무렵에 187개국은 '국가별 자발적 온실가스 감축 방안 intended nationally determined contributions'을 제출하기로 약속했다. 하지만 비평가들은 이러한 자발적인 약속이 충분하지 않고 많은 세부 사항이 법적 구속력이 없고 유연하게 결정되고 있는 실정을 지적했다. 당사자들은 국제연합 정부 간 패널에 기후 변화에 관하여 보고서를 작성하도록 지시했으며, 이 보고서는 2018년 10월에 발표되었다. 보고서는 섭씨 1.5~2도 목표에 도달하기 위해서는 에너지 체계 및 운송의 시급하고 전례 없는 변화가 필요할 것이라고 결론지었다. 일부 국가에서는 유보를 표명했다. 예를 들어 도널드 트럼프 미국 대통령과 자이르 보우소나루 브라질 대통령은 협정에서 탈퇴하겠다고 위협했다. 한계에도 불구하고 기후 회의는 환경 문제가 국제연합에서 중요한 의제로 남아 있다는 점과 전 지구적 합의로 나아가기 위한 틀로서의 국제연합이 갖는 중요성을 보여 준다.

들이 개최되었다. 예를 들어 1992년에는 리우 환경회의, 1993년에는 빈 인권회의, 1994년에는 카이로 인구회의, 1995년에는 베이징 여성회의가 열렸으며, 그 결과 각 이슈의 프로그램 이행을 관장하는 위원회들이 만들어졌다. 이 회의들은 인류적 관심사의 상호 의존성과 지구화를 대변하며, 광범위한 경제·사회적 관심을 구체적이고 관리 가능한 프로그램으로 전환했다([참고 17-4] 참조). 진행 과정을 검토하기 위한 후속 회의도 열렸다.

1990년대에 국제연합이 개발 문제에 더 많이 관여하면서 국제연합의 경제 및 사회적 장치는 국가(현장) 수준과 본부 수준에서 개혁을 겪었다. 국가 차원의 개혁의 주요 특징은 전문 기관, 기금 및 프로그램, 기부자 및 주최국 간의 논의를 기반으로 작성된 국가 전략 개요서Country Strategy Notes의 채택이었다. 여기에는 특정 국가의 다양한 기관 및 기부자의 계획이 설명되어 있으며 대상, 역할 및 우선순위가 명확하게 설정되어 있다. 국가 차원의 또 다른 개혁은 일반적으로 국제연합 개발계획의 직원인 상주조정관Resident Coordinator의 강화였다. 상주조정관은 국가 차원의 책임자가 되었다. 본부 차원에서 1990년대 개혁은 경제사회이사회의 조직 개편과 합리화에 초점을 맞춰 경제사회이사회가 보다 적극적으로 활동하고 국제연합 체제 조정에서 주도적인 역할을 할 수 있도록 했다(A/50/227 para.37).

1990년대 말까지 발전은 여전히 지구적인 차원에서 매우 불평등하게 이루어지고 있는 것이 분명했다. 2000년에 열렸던 국제연합의 새천년 정상회의는 '새천년발전목표Millennium Development Goals'로 알려진 일련의 측정 가능한 목표와 일정을 달성하기로 약속했다. 이러한 목표에는 하루 1달러 미만으로 생활하는 극빈 인구를 절반으로 줄이고, 보편적인 초등 교육을 달성하고, 에이즈 및 말라리아의 확산을 억지시키는 것이 포함되었다(A/55/L.2). 새천년발전목표의 최종 기한이었던 2015년에는 상당한 성과가 있었지만 개발 양상은 여전히 지역과 국가적인 차원에서 불평등했다.

2015년 9월 국제연합 정상회의는 2030년까지의 세계 비전으로 '지속가능발전목표the Sustainable Development Goals'를 채택하였다. 17개의 지속 가능한 개발 목표와 169개의 세부 목표가 있는데, 이것들은 극심한 빈곤 문제를 해결하고, 국내적으로 그리고 국가 간의 불평등을 방지하고, 여성의 권리를 보호하고, 에너지 효율을 향상시키는 등의 쟁점들과 연관되어 있다. 주로 발전도상국에 집중된 좁은 목표들로 구성되었던 새천년발전목표와 달리, 지속가능발전목표는 모든 국가에 보편적으로 적용될 수 있는 목표로 구성되었다. 지속가능발전목표의 실행 과정은 새천년발전목표보다는 훨씬 포괄적으로 운용되어 더 확장된 협의 프로그램과 70여 개국의 대표들로 구성된 실무진이 존재했다. 의제의 성격과 범위가 더 확장되

자 일부 사람들은 우호적인 반응을 보이기도 했지만 그만큼 어떠한 것도 성취해 내기 힘들고 무엇이 우선시되어야 하는 목표인지를 가늠하기 어렵다는 비판도 있다. 2018년에 구테흐스 사무총장은 현장에서 상주조정관의 역할을 강화하는 것을 포함하여 지속가능발전목표를 달성하는 데 도움이 되는 여러 제도의 개혁을 시작했다.

국제연합이 설립된 이후 경제·사회 발전 영역과 관련된 활동은 확대되어 왔다. 다양한 개혁들은 국제연합 체제의 두 축, 그러니까 지구적 회의나 안건에 따라 활동 의도가 결정되는 축과 현장에서 그와 관련된 프로그램들이 실행되는 축 사이의 조정이 향상되었다는 의미를 지니고 있다. 경제사회이사회는 개별 안건의 합의를 포괄하는 전반적 목표를 설정하고 이에 맞춰 부문별 활동을 통합하는 프로그램을 개발해 내는 역량을 더 강화했다. 새천년발전목표와 지속가능발전목표의 채택은 개발이 여전히 지구적으로 불평등하게 이루어짐에도 불구하고, 이 문제들을 해결하기 위해 국제연합이 노력하고 있음을 보여 준다.

요점정리

- 냉전과 그로 인한 남북 격차는 경제·사회 발전을 어떻게 성취하는 것이 좋은지에 대한 의견 차이를 가져왔다.
- 경제·사회 문제를 다루는 국제연합의 제도들이 많이 생겨났다. 몇몇 계획 및 기금은 경제·사회 문제에 관한 전 지구적 회의들의 결과로 만들어졌다.
- 1990년대 후반에 이루어진 국제연합 경제·사회 기구의 개혁은 조정 기능의 향상, 중첩된 업무 제거 그리고 책임 영역의 명확한 확정을 목표로 했다.
- 새천년발전목표는 계량화된 사회·경제 개발의 목표를 설정했고, 이 목표들을 국가 차원의 국제연합 활동에 통합시켰다. 이는 모든 국가에게 보편적으로 적용되는 지속가능발전목표로 대체되었다.

맺음말

지난 70년 동안 **국제 체제**international system의 규칙들은 끊임없이 확대되고 구체화되어서 국가들 사이의 광범위한 관계를 규율하고 있다. 많은 성과와 지속되는 도전 속에서 국제연합은 국제 체제의 필수적 요소가 되었다. 국제연합이 국내 문제에 개입하는 범위와 조건들에 대한 합의는 여전히 원활하지 않고, 권력과 평등 사이의 긴장 관계 역시 존재하고 있지만 국제연합이 존재한다는 사실만으로도 국제연합이 세계에서 중요한 기능을 수행하고 있음을 알 수 있다.

국제연합 활동에 참여하면 국제사회에서의 개별 정부의 위상이 높아진다. 회원 가입과 국제연합에서의 성공적인 활동은 **국가 자율성**state autonomy을 정당화하는 것으로 인식된다. 그래서 국제연합에서 직책을 맡거나, 정책적 제안을 하거나, 필요한 인력을 제공하는 행위는 국가의 힘뿐 아니라 위상을 강화하는 가치를 지닌다. 국제연합은 국가들에게 필수적인 활동의 장이 된 것이다. 1990년대 이후 국제연합의 경제·사회적 활동, 그리고 평화 유지와 갈등 뒤의 재건 활동은 확대되고 향상되었다. 그럼에도 불구하고 세계 강대국의 경쟁, 미국의 일방주의 가능성, 테러리즘과 대량살상무기에 대한 우려 고조, 중앙아프리카공화국·콩고민주공화국·소말리아·예멘·남수단·미얀마·시리아에서의 위기에 대한 효과적 대응 능력의 부재, 그리고 전 세계적으로 만연한 불평등과 부정의는 국제연합 체제의 추가적인 변화가 필요하다는 신호다.

토론주제

1. 국제연합은 국제 질서의 유지를 위해 어떻게 노력하는가?

2. 국제연합은 주로 강대국의 이익을 반영하는가?

3. 국제연합 안전보장이사회 개혁의 장애 요인들은 무엇인가?

4. 국제연합 활동의 증가는 국가들의 주권을 침해하는가?

5. 국내 문제에 대한 개입의 전통적인 제한들은 얼마나 완화되었는가?

6. 국제연합의 평화 유지 및 평화 구축 활동은 어떻게 진화되어 왔는가?

7. 국제연합은 세계 안보에 대한 새로운 위협에 대응할 준비가 되어 있는가?

8. 국제연합의 경제·사회 조직 개혁은 효과적이었는가?

9. 지속가능발전목표는 새천년발전목표에 대한 개선책이라고 할 수 있는가?

10. 국제연합의 유용성은 다해 버렸다고 할 수 있는가?

이 장의 객관식 문제를 풀어 보면서 학습 내용을 잘 숙지하고 이해했는지 평가해 보자.

• www.oup.com/he/baylis3xe

Regionalism
in international affairs

개요

이 장에서는 전 세계적으로 등장한 다양한 지역적 기제에 대해 개관하겠다. 우선 이 현상과 관련된 다양한 개념과 정의를 명확히 하는 것으로 시작하겠다. 그런 다음 최근 수십 년 동안 지역주의가 부상하게 된 주요 요인들을 설명하고 아메리카, 아프리카, 아시아, 유럽에서의 지역주의 발전을 살펴보겠다. 다양한 지역적 기제들 간의 유사점과 차이점을 모두 부각하며, 유럽연합의 출현을 가져온 독특한 상황에 주목할 것이다. 이 장에서는 1945년 이후 협력과 통합의 지역적 기제의 구축을 향한 세계적 추세를 기록하는 동시에 그러한 발전이 직면한 도전을 강조한다. 이는 이러한 메커니즘의 진정한 의미가 국제기구 및 세계 정치의 다른 측면과의 상호 작용뿐만 아니라 특정 지역 내 역학과 세계 강대국 간의 관계에 의해 결정된다는 것을 보여 준다.

국제 관계의 지역주의

에드워드 베스트Edward Best · 토마스 크리스티안센Thomas Christiansen
이혜정 옮김

핵심 질문

- 모든 대륙을 아우르는 단일한 지역 협력과 통합 과정이 있었는가?
- 다양한 형태의 지역 협력이 만들어지는 요인은 무엇인가?
- 지역적 차원의 협력은 국제 정치의 성격을 얼마나 변화시킬 수 있는가?

머리말

지역주의 regionalism는 국제 관계의 보편적인 현상이다. **세계무역기구** World Trade Organization: WTO에 따르면 2018년 5월 1일 현재 287개의 지역 무역 협정 regional trade agreements이 발효되었다(WTO, 2018b). 지역 **평화 유지** peacekeeping 병력은 세계 곳곳에서 활동하고 있다. 지난 수십 년 동안 지역주의는 국제 관계에서 **국가** states의 전통적인 중심성에 도전하는 세력 중 하나가 되었다.

'지역'이란 단어와 그 파생어들은 더 큰 지리적 공간의 일부를 가리킨다. 하지만 이것들의 의미는 맥락에 따라 다르다. 지역은 특정 국가의 **영토** territories이기도 하고, 여러 주권국가들의 영토를 포괄하는 세계의 일부이기도 하다. 두 용법에 기반한 지역주의는 국제 관계의 이해에 공통적인 쟁점을 제기한다. 하지만 이 장의 관심은 국제적 맥락에서의 지역주의, 다시 말해 지리적으로 인접한 국가들이 통상적인 외교 관계를 넘어 **국제법** international law의 법인격을 보유하면서 엮어 내는 특수한 관계의 지역주의에 국한된다([참고 18-1] 참조).

이 장의 첫 번째 절에서는 지역주의의 기본 개념과 제반 측면 및 논쟁들을 소개한다. 두 번째 절에서는 지구적 맥락에서의 지역 **협력** cooperation을 아메리카, 아프리카, 아시아의 사례를 통해 살펴본다. 마지막 절에서는 현재까지 유일하게 **통합** integration이 지역 기구의 차원을 넘어 새로운 지역 거버넌스의 형태로 발전된 유럽연합의 사례를 검토한다.

지역 협력과 지역 통합

지역주의에는 다양한 측면이 있어서 관련 용어들의 의미를 명확히 할 필요가 있다. **지역화** regionalization라는 용어는 보통 "지역 안에서 사회적 통합의 확대 (…) 그리고 때로는 의도적으로 조정되지 않은 사회·경제적 상호 작용의 진행"을 의미한다(Hurrell, 1995: 39). 이러한 과정에서 **상호 의존** interdependence이 생겨나고, 공통된 이익과 정체성 단위로서의 지역에 대한 인식이 공고화되기도 한다. 지역의 성격을 규정하고 그 구성원을 확정하는 과정은 논쟁적이며, 지역주의의 다양한 차원과 역학 사이에는 다양한 형태의 상호 작용이 존재한다. 지역 협정은 경제·사회·정치 그리고 **안보** security에 대한 관심의 복합체다. 더욱이 '지역화'와 국가가 지역 통합을 촉진하는 방식 사이에는 다양한 형태의 상호 작용이 존재한다. 국가의 행위가 지역의 결속을 강화하기도 하고, 시장 기제에 따른 통합이 구성원 사이의 연계를 발전시키기도 한다.

국가 간 합의의 대상인 지역적 기제의 종류는 크게 '협력'과 '통합'으로 구분된다. 지역 협력의 형태는 다양하다. 기능적 협력은 교통, 에너지, 보건 같은 영역별로 국가 간 협력이 제한되는 기제를 가리킨다. 경제 협력은 일정한 정도의 차별적 통상 기제를 포함한다. 하지만 구성원의 국내 제도들을 조율하거나 국제 관계에서 공동 행위의 의무를 부과하지는 않는다. 정치적 협력은 국내적으로 특정한 가치와 관행의 실행에 관한 상호 지원과 공약을 포함한다. 외교와 안보 분야에서의 협력은 정부 사이의 체계적인 공지와 협상을 통해서 **국제기구** international organizations에서 공통된 입장을 채택하려고 노력하고, 더 나아가 국제 관계 전반에서 공동 행동을 시도한다는 의미다. 영역별 협력들 사이에 반드시 어떤 연계가 존재하지는 않으며, 기능적 협력 기제는 참여국들에게 국제법의 통상적인 의무를 넘어서는 새로운 국제적 지위를 부여하지 않는다.

공식적 지역 통합은 국가 간 상호 작용의 장애를 제거하는 수준을 넘어서 독특한 공통 규칙이 지배하는 지역적 공간을 창출하는 과정을 의미한다. 경제 통합은 목표로 삼은 통합의 정도에 따라서 자유 무역 지대, 관세 동맹, 공동 시장, 화폐 동맹으로 구분된다. 무역 장벽의 제거를 넘어서 관세 동맹 단계에 이르면, 참여국들은 **규칙** rules의 조화 같은 적극적인 통합 조치를 취해야 할 뿐 아니라 국제적으로 공동 정책을, 적어도 관세 분야에서는 공동 정책을 취해야 한다. 이 과정에서 기존 국가를 대체하는 새로운 초국가가 형성되지는 않지만, 기존의 **민족국가** nation-states 수준을 넘어서는 새로운 거버넌스가 창출될 수는 있다.

위와 같이 협력과 통합은 명백히 다른 선택이기 때문에 구분되어야 하지만, 그 차이가 절대적이라고 해석되어서는 안 된다. 협력과 통합은 지역 거버넌스를 위한 상호 배타적인 일반적인 접근 방식이 아니라 지역 관계의 다양한 부문과 차원에서 추구할 수 있는 선택지다. 오늘날의 유럽연합을 포함하여 모든 지역 체제는 협력과 통합의 요소를 모두 지니고 있다.

지역 통합 과정의 심층적 성격이나 고유한 동학의 정도는 지역 체제의 공식적인 제도적 장치의 유무로 판단할 수는 없다. 지역의 목표가 (완전한 공동 시장의 형성처럼) 복합적이고 장기적일 경우에 국가들은 잠정적으로 그 목표로 나아가는 과정에 대한 순응을 효과적으로 이끌어 내기 위한 '공약 제도commitment institution'를 건설할 수 있다(Mattli, 1999). 이를 통해 국가들은 (독자적 행동이나 거부권 행사의 포기 같은) **주권**sovereignty 통합, 그리고 초국적 기구에의 권력 위임이나 초국적인 '법제화'를 수용한다(Moravscik, 1998; Abbott et al., 2000).

이는 지역 연합이 균질하지 않고 때로 논쟁의 대상이 될 수도 있지만, 일부 민족국가의 기능을 대체하거나 지역 정치체를 형성하는 등의 다차원의 통치 체제를 구성

할 수 있음을 보여 준다. 대표적인 사례로 전후 유럽이 있다. 전후 **유럽**Europe에서는 독특한 요소들이 결합된 형태로 지역 연합이 형성되기 시작했다. 특히 유럽은 역사적으로 인구가 밀집된 지역에 속한 정치체 간의 갈등과 협력이 빈번했다. 국가 간의 경쟁으로 인한 충격들은 유럽 전 지역의 공통적인 유산으로 남게 되었고 그로 인해 강력한 경제 의존과 사회적 교류를 시도하게 되었다. 민족주의적 정서는 제2차 세계대전 후 역사에서 서서히 자취를 감추기 시작했고, 1956년 헝가리와 수에즈 위기 당시 발생했던 초강대국의 개입은 거대한 유럽 국가가 지닌 국제적 영향력의 한계를 보여 주기도 했다. 이러한 모든 요소가 유럽 통합을 보다 긴급한 사안으로 만들었고 (유럽 내부의 갈등을 방지하기 위해서라도) 유럽이 다른 지역보다 더 쉽게 통합 기반을 형성하는 데 도움을 주었다. 게다가 역사적으로 유럽의 정체성을 형성해 온 외부 위협이라는 의식을 공산주의 진영이 지속적으로 조성하면서, 유럽 국가 간의 '법칙'을 준수해야 한다는 강력한 사회적 규범이 유럽 공동체의 규칙을 만드는 데까지 영향을 미쳤다. 초기에 초국적 법을 형성하고 공고화하는 작업이 이루어짐으로써 유럽 지역주의는 이후 발생한 위기에도 생존할 수 있게 되었고, 통합 과정에서 큰 위기 없이 지역 협력을 보다 유연한 형태로 구성하여 새로 맞이하게 될 정치적 현실에 대처할 수 있었다.

유럽 공동체의 제도적 **구조**structure는 지속적인 통합이 이루어지지 않고 있는 다른 지역에서 모방되기도 한다. 이와 대조적으로는 공식적으로 초국적인 제도가 존재하지만, 그 실제적인 영향은 전무한 경우도 있다. 또한 특수한 조건에서 특정한 분야의 실제적인 통합이 공식적인 제도적 장치의 건설 없이 이루어지는 경우도 있다. 예를 들면 1950년대의 북유럽 국가들은 초국적 제도 없이 여권 조합과 공동 노동 시장을 설립했다(Best, 2006).

국가들이 지역 통합을 추구하는 이유는 무엇이며, 지역 통합의 기제들이 진화하는 데는 어떠한 동학이 작동하는가? 이에 대한 첫 번째 역사적 설명은 '독립의 관리'다. 신생 독립 국가들은 (1) 그들 사이의 관계, (2) 과거 종주

아메리카	미주기구Organization of American States	OAS
	북미자유무역협정North American Free Trade Agreement	NAFTA
	미국-멕시코-캐나다협정United States-Mexico-Canada Agreement (2018년 서명, 비준 예정)	USMCA
	중미통합체제Central American Integration System	SICA
	중미공동시장Central American Common Market	CACM
	카리브공동체Caribbean Community and Common Market	CARICOM
	안데스공동체Andean Community of Nations	CAN
	태평양동맹Pacific Alliance	PA
	남미공동시장Common Market of the South	MERCOSUR
	남미국가연합Union of South American Nations	UNASUR
	라틴아메리카-카리브해국가공동체Community of Latin American and Caribbean States	CELAC
	라틴아메리카통합연합Latin American Integration Association	LAIA
아프리카	아프리카연합African Union	AU
	아랍마그레브연합Arab Maghreb Union	UMA
	사헬-사하라국가공동체Community of Sahel-Saharan States	CEN-SAD
	서아프리카경제공동체Economic Community of West African States	ECOWAS
	서아프리카경제통화연맹West African Economic and Monetary Union	WAEMU
	중부아프리카경제통화공동체Economic and Monetary Community of Central Africa	CEMAC
	대호수지역경제공동체Economic Community of the Great Lakes Countries	CEPGL
	중부아프리카경제공동체Economic Community of Central African States	ECCAS
	동아프리카공동체East African Community	EAC
	동남부아프리카공동시장Common Market for Eastern and Southern Africa	COMESA
	정부간개발기구Intergovernmental Authority on Development	IGAD
	남부아프리카관세동맹Southern African Customs Union	SACU
	남부아프리카개발공동체Southern African Development Community	SADC
아시아	걸프협력회의Gulf Cooperation Council	GCC
	동남아시아국가연합Association of South East Asian Nations	ASEAN
	아세안지역안보포럼ASEAN Regional Forum	ARF
	동아시아정상회의East Asian Summit	EAS
	남아시아지역협력연합South Asian Association for Regional Cooperation	SAARC
	상하이협력기구Shanghai Cooperation Organization	SCO
	경제협력기구Economic Cooperation Organization	ECO
아시아-태평양	아시아태평양경제협력체Asia-Pacific Economic Cooperation	APEC
	태평양경제협력위원회Pacific Economic Cooperation Conference	PECC
	태평양섬포럼Pacific Islands Forum	PIF
유라시아	독립국가연합Commonwealth of Independent States	CIS
	유라시아경제연합Eurasian Economic Union	EAEU
	흑해경제협력기구Black Sea Economic Council	BSEC
유럽	유럽연합European Union	EU
	유럽평의회Council of Europe	CoE
	북유럽협의회/각료이사회Nordic Council/Council of Ministers	NCM
	베네룩스경제동맹Benelux Economic Union	Benelux
	유럽자유무역연합European Free Trade Association	EFTA
	비셰그라드그룹Visegrad Group	V4
유럽-대서양	북대서양조약기구North Atlantic Treaty Organization	NATO
	유럽안보협력기구Organization for Security and Co-operation in Europe	OSCE

국과의 관계, (3) 다른 국가들, 특히 다른 경쟁 국가들과의 관계를 관리해야 한다. 이것은 국제적 **정체성**identity과 '행위자'를 공고히 하는 과정으로 요약될 수 있다. 특정 사회 집단은 국제 문제에 어떻게 참여하기를 원하는가? 어떤 경우에는 지역 연합이 그 답이 되기도 했다. 또 지역 기구들이 신생국이 처한 국제적 갈등 관계를 관리하기 위한 해법으로 채택된 경우도 있다([참고 18-2] 참조).

두 번째 **쟁점**issue은 '상호 의존의 관리'이다. 국가 주도적으로 통합이 진행되는지 아니면 시장 주도적인지에 관계 없이 이는 경제적, 사회적 상호 작용의 문제일 뿐 아니라 평화와 안보의 문제이기도 하다. 지역 기구들은 협력을 촉진하고, 행위 규범을 창출하며, 사회화와 학습의 공간으로 기능하여 평화(적 변화)에 대한 공동 인식이 공고화된 초국적 '안보 공동체'가 형성될 기반을 제공한다(Adlerand Barnett, 1998).

세 번째 쟁점은 '**국제화**internalization의 관리', 다시 말해 지역적 기제와 세계와의 관계에서 지역 통합의 원인을 찾는다. 이는 지역주의가 다자주의적 자유화의 '디딤돌인지 걸림돌'인지에 대한 논쟁과 연관된다(Bhagwati, 1991). 지역주의 옹호론자들은 다음과 같은 이유에서 지역주의가 자유화의 디딤돌 역할을 한다고 본다. (1) 지역적 기제는 **다자주의**multilateralism의 전망을 높이는 국내적, 국제적 동학을 촉진한다. (2) 지역주의는 구성원들에게 자유화의 효과를 알려 주는 효과가 있다. (3) 지역적 기제가 확충되는 과정에서 다자주의적 자유화에 대한 저항

이 약화된다. 예를 들어 경제 협정이 계속 증가할수록 특혜 마진의 가치는 줄어들기 때문이다. (4) 지역적 기제는 무역 자유화를 넘어 전략적, 정치적 동맹의 성격을 지니는 경우가 많다. (5) 지역주의의 정치적 효과는 부정적인 것보다 긍정적인 것이 많다.

지역주의의 반대자들이 우려하는 바는 다음과 같다. (1) 지역 단위의 무역 특혜 기제는 무역 전환을 가져올 뿐이다. (2) 참여국들이 지역 기제의 건설 과정에서 협상 자원을 소진하거나 다자주의에 대한 관심이 약화된다. (3) 상이한 지역 기제의 경쟁으로 규제의 구조와 기준이 상충된다. (4) 법적 틀과 분쟁 해결의 다층적 구조는 규율과 효율성의 약화를 가져온다. (5) 지역주의는 지역 블록들blocs 사이의 분쟁을 야기할 수 있다(Bergsten, 1997; World Bank, 2005).

이 마지막 문제와 네 번째 설명은 중첩되는 측면이 있다. 근래에는 더욱 지정학적인 차원에서 지역주의가 나타나면서 특히 강대국을 중심으로 지역 블록들의 이익이나 영향력을 추구하기 위한 지역 체제가 구성되고 있다. 도하라운드Doha Round와 같은 다자 무역 협정이 긴 교착 상태에 빠지게 되면서 지역 간의 자유무역협정FTAs 체결이 증가했다. 많은 지역을 포괄하는 '메가 자유무역협정'이라는 새로운 양상이 출현하기도 했다. 일부학자들은 이렇게 새로운 복수국 간의 무역 거버넌스가 다자화에 긍정적인 영향을 미칠 것으로 내다봤다. 동시에 이러한 새로운 거버넌스의 출현은 강대국 간의 경쟁

지역주의의 동학

참고 18-2

독립의 관리	신생 독립 국가들 상호 간 관계, 과거 종주국과의 관계, 그리고 다른 강대국들과의 관계를 설정
상호 의존의 관리	평화와 안보를 담보하는 지역 기제들, 지역화regionalization에 대한 대응, 협력의 촉진 및 국가 주도의 통합
국제화의 관리	다자적 제도에서의 지역별 교섭, 지역의 국제연합 평화 유지 활동, 지구화에 대한 지역의 대응
상호 이익과 영향력의 추구	강대국으로부터 지역 체계 형성 지원을 얻어 냄

구도를 새롭게 조직하는 형태로 나타나기도 한다. 실제로 영국의 유럽연합 탈퇴 제안, 트럼프 행정부의 북미 및 아시아 태평양 지역 무역 협정 반대와 같은 국면([참고 18-3], '아메리카 대륙의 지역주의', '아시아의 지역주의' 참조)은 국가들이 이웃 국가들과의 지역적 협정을 통해 활동하기보다는 '혼자서 하기'를 추구하는 경향의 증거로 볼 수 있다.

요점정리

- 지역 협력은 개별적 현상이 아닌 지구적 현상이며, 각 협력의 원인, 방식 그리고 결과에 따라 매우 다양하게 나타난다.
- 지역주의는 다양한 측면에서 전개되며, 전 세계적으로 상이한 형태를 띤다.
- 지역 통합은 국가 주도적 측면이 강한 경우도 있고, 시장이 유도하는 경우도 있다.
- 협력 기제와 통합 과정은 기본적인 성격이 다르지만, 한 지역 체제 안에서 양자가 공존할 수도 있다.

지구적 맥락에서의 지역 협력

아메리카 대륙의 지역주의

아메리카 대륙의 지역주의는 다층적이고 상호 경쟁적인 특징을 지닌다. 라틴아메리카의 지역주의는 현존하는 국가들의 공고화 과정과 충돌했는데, 그 과정의 특징은 국가 주권이 행위자로서의 성격으로 자리 잡는 것, 그리고 미국과의 애증 관계였다([사례연구 18-1] 참조). 아메리카 대륙 전체의 정체성이 부분적으로 수용되기도 했지만, 더 폭넓게 수용된 것은 미국과 대립 관계에 있는 라틴아메리카의 정체성이었다.

서반구 전체를 단위로 하는 지역주의가 시작된 때는 1889~1890년에 워싱턴에서 열린 제1차 범미주회의Pan-American Conference에서였다. 범미주회의는 이후 아홉 차례에 걸쳐 열렸다. 20세기 초반에 미국의 개입이 지속된 이후 1930년대와 1940년대에 열린 범미주회의에서는 평화와 안보에 관한 협약들이 체결되기도 했다. 1948년에 미주연합Pan-American Union은 미주기구Organization of American States가 되었다. 미주개발은행Inter-American Development Bank

과 미주인권재판소Inter-American Court of Human Rights를 포함하여 아메리카 대륙 전체를 단위로 하는 체계도 생겨났다. 하지만 냉전 시기에 이러한 체계에 대한 다른 대륙 국가들의 전반적인 인식은 미국 외교 정책의 수단일 뿐이라는 의혹이 지배적이었다.

미국의 지역주의 정책이 변한 때는 1980년대 중반에 들어서였다. 1986년에 미국은 캐나다와의 자유무역협정 협상을 시작했다. 이는 멕시코와의 삼자 협상으로 확대되었고, 1994년의 북미자유무역협정North American Free Trade Agreement: NAFTA으로 귀결되었다. 북미자유무역협정은 자유무역협정 가운데서도 특히 포괄적인 것이었다. 비록 초국적 기제를 수립하지는 않았지만, 북미자유무역협정은 농업을 포함했고, 부속 협정에서는 노동과 환경도 다루었다. 2018년 10월 도널드 트럼프 대통령 시절 미국의 정책이 급변하면서 북미자유무역협정을 대체할 새로운 미국-멕시코-캐나다협정USMCA이 체결됐지만 미국의 비준은 불확실해 보였다.

1994년에 마이애미에서 처음 개최된 미주정상회담

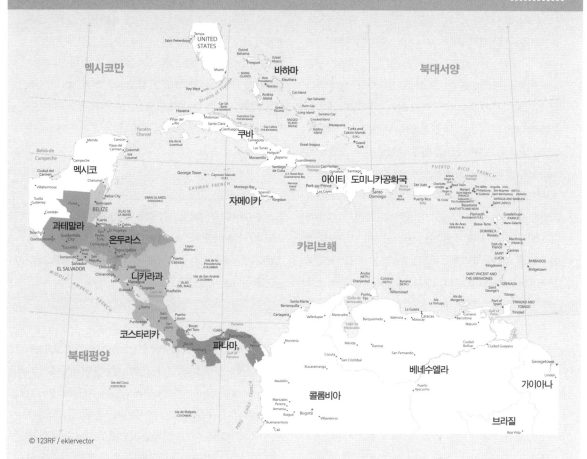

© 123RF / eklervector

중앙아메리카는 지역주의의 역설을 보여 준다. 공통된 역사를 지닌 중앙아메리카의 소국들은 상당한 정도의 공통된 정체성 또한 지니고 있으며, 통합을 통해 많은 것을 얻을 수 있지만 이 지역 전체의 통합 시도는 지속적으로 실패해 왔다.

독립 이후 중앙아메리카연방공화국(1823~1839)은 과테말라, 엘살바도르, 온두라스, 니카라과, 코스타리카로 분열되었다. 연합을 복원시키는 것은 이후 계속해서 통합론의 주제가 되었다. 하지만 중앙아메리카는 위계적이고 포괄적인 하나의 단위체라기보다는 국지적 공동체들의 집합체에 가까웠다. 과테말라의 주도권은 다른 국가의 국지적 공동체들의 저항에 직면했고, 코스타리카는 처음부터 고립주의적이었다. 민족주의의 부상, 지역 내부의 분쟁, 통합을 저해하는 외부 세력의 개입으로 연합주의의 기반은 침식되었다. 연합의 강력한 신화는 다양한 분열 요

인들과 공존하게 된 것이다.

1907년에 워싱턴에서 최초의 중앙아메리카평화회의가 지역 분쟁 종식을 목적으로 열렸고, 이는 중앙아메리카사법재판소(1908~1918)의 설립으로 이어졌다. 1951년에는 중미기구 Organization of Central American States: ODECA가 창설되었다. 이 시기에 기능적 협력을 목적으로 한 기구들이 만들어져서 현재 약 25개 기구가 수자원, 전기 에너지 같은 광범위한 분야에서 지역적 협력의 복합망을 구성하고 있다. 공식적인 경제 통합은 1960년에 중미공동시장Central American Common Market: CACM의 출범을 통해 시작되었다. 지역 내 무역이 늘어났지만, 경제 통합 체제는 1960년대 말에 위기에 처했다. 1970년대의 개혁 노력은 정치적 위기와 분쟁에 휩쓸려 갔다. 1980년대의 통합은 중앙아메리카의 평화 과정과 연계되어 진행되었다. 이 맥

락에서 지역 대화의 포럼인 중앙아메리카의회가 설립되었다. 1990년대 초 내전이 끝나고, 냉전이 종식되고, 전 세계적으로 새로운 지역 통합의 물결이 일어나면서 중미통합체제Central American Integration System: SICA의 새로운 시기가 도래했다. 정치, 경제, 사회와 문화를 포괄하는 통합이 추진되기 시작했다. 파나마, 벨리즈, 도미니카공화국이 추가로 회원국이 되었다. 중미통합체제의 제도적 기제는 대통령 정상회담에 집중되어 있다. 중앙아메리카의회는 직접 선거로 선출되지만, 실질적 권한을 지니고 있지 않다. 또 코스타리카는 여기에 참여하고 있지 않다. 2018년의 시점에서 엘살바도르, 과테말라, 온두라스, 니카라과만이 중앙아메리카사법재판소에 참여하고 있다. 이 때문에 제도적으로 이를 개혁해야 한다는 논의가 반복적으로 제기되어 왔다. 한편 2017년까지 역내 무역은 수출의 31퍼센트, 수입의 15퍼센트를 차지했다(SIECA, 2018). 역내 국가가 원산지인 상품들은 거의 대부분 자유롭게 유통되고 있다. 2018년까지 북부 삼각지대 3개국(과테말라, 온두라스, 엘살바도르) 간에 관세 동맹이 공식적으로 체결되었다. 지역 의제는 점점 더 시민 안보 문제에 초점을 맞추는 반면, 정치적 협력은 2018년 니카라과 위기로 인해 다시 약화되었다. 중앙아메리카 통합에 대한 국제적 지원이 여전히 유럽연합을 중심으로 강력하게 이루어지고 있지만 근본적인 여건은 여전히 난제로 남아 있다. 연합의 추구는 계속되고 있다.

질문 1 이 사례는 통합을 촉진하는 데 있어서 공식적인 지역 기구의 한계에 대해 무엇을 시사하는가?

질문 2 정치적 차이가 중앙아메리카의 지역 통합과 협력 과정에 어떤 영향을 미쳤는가?

Summit of the Americas은 미주자유무역지대Free Trade Area of the Americas: FTAA의 설립 및 마약, 부패, **테러리즘**terrorism, 지역 **안보**, **지속 가능한 발전**sustainable development, 환경 분야에서의 협력 강화를 목표로 했다. 하지만 2005년에 아르헨티나에서 열린 제4차 미주정상회담에 이르러서는 남북미 대륙 간 지역주의Inter-Americanism 실현을 위한 정치적 환경이 악화되었다.

전후 라틴아메리카의 지역주의를 주조한 것은 국가 주도의 수입 대체 산업화였다. 그 기조는 1차 상품의 수출과 제조업의 수입에 의존하는 경제 구조를 개선하기 위해서 국가가 보호주의와 계획을 통해 수입 대체 산업화를 추진하는 것이었다. 이러한 국가 단위의 노력이 지닌 한계를 보완하기 위해 등장한 방법이 지역 통합이었다. 지역 통합의 초기 단계에 중미공동시장Central American Common Market: CACM(1960)과 라틴아메리카자유무역연합Latin American Free Trade Association: LAFTA(1961) 그리고 안데스협정Andean Pact(1969)이 출범했는데, 그 성과는 제한적이었다.

'새로운 지역주의'는 1980년대에 처음 나타났고, 1990년대에 급격하게 확대되었다. 1991년에 중미통합체제Central American Integration System: SICA가 형성되었다. 아르헨티나, 브라질, 파라과이, 우루과이는 1991년에 남미공동시장Common Market of the South: MERCOSUR 기획을 시작했고, 1994년에는 공동 시장이 선포되었다. 남미공동시장은 초국적 기제를 채택하지는 않았지만 중요한 정치적 성격을 지니고 있었다. 민주주의의 공고화 및 아르헨티나와 브라질 간 경쟁의 종식에 대한 상호 지원이 그것이다.

1990년에 안데스 지역 국가들은 통합을 다시 시도하여 1994년에는 공동 대외 관세를 선포했다. 1997년에는 기존의 안데스협정을 안데스공동체Andean Community of Nations: CAN로 개명하고, 2005년까지 공동 시장의 형성을 공약했다. 안데스공동체는 공식적인 **초국가주의**supranationalism의 요소를 지닌 유럽연합을 모델로 했다. 안데스공동체의 규범은 국내법에 우선하는 구속력을 지니며, 그 집행은 사법재판소를 비롯한 공동 제도의 감독을 받는다. 이러한 통합 기획들은 자유화의 물결 속에서 공동의 공약을 제도화하는 구조적 개혁의 일환이라는 점에서 기존 관행과는 다른 '새로운' 형태의 기획으로 인식되었다. 또한 라틴아메리카와 서반구 대륙 전체를 연계하는 새로운 수렴의 추세로도 비추어졌다.

하지만 21세기에 들어서 라틴아메리카의 독자적인 통합이 제기되면서 아메리카 대륙 전체를 포괄하는 지역주의 계획의 가능성은 불투명해졌다. 2004년에는 '남미공동체South American Community of Nations'의 건설이 선포되었으며, 이것은 2008년에 남미국가연합Union of South American Nations: UNASUR으로 발전했다. 한편 (쿠바를 배제한) 미주자유무역지대를 강화하는 진전이 중단되면서, 2010년에는 미국과 캐나다가 배제되고 33개국을 포함하는 라틴아메리카-카리브해국가공동체Community of Latin American and Caribbean States: CELAC가 형성되었다.

거의 10년 동안 이 지역은 좌파 정권들의 '분홍빛 물결'로 물든 것처럼 보였고, 쿠바와 함께 2004년에 급진 볼리비아 동맹a radical Bolivarian Alliance: ALBA을 만든 '21세기 사회주의' 베네수엘라의 영향도 컸다. 그러나 급진 볼리비아 동맹은 국제 유가 하락에 따라 베네수엘라의 영향력이 타격을 입고 이후 경제·정치·이주 위기가 나타나면서 약화되었다. 베네수엘라의 남미 공동시장 가입은 2017년에 중단되었다. 이러한 상황은 2018년에도 베네수엘라 위기에 대해 아무런 조치를 취하지 않은 결과 남미국가연합의 심각한 약화로 이어졌다. 한편 아르헨티나, 브라질, 칠레에서는 보수 정부가 정권을 장악했다.

보다 광범위하고 심화된 중남미 통합을 향한 새로운 움직임은 정치적 급진주의보다는 트럼프의 보호무역주의에 대한 공동의 반응에 의해 주도되었다. 2011년 멕시코, 페루, 칠레, 콜롬비아는 강력한 비즈니스 중심의 태평양동맹Pacific Alliance: PA을 구축했다. 2014년 태평양동맹과 남미공동시장의 융합 과정이 시작되어 2018년 7월 8개국 대통령이 중남미 GDP의 90퍼센트 정도를 차지하는 국가들 간의 협력 심화와 자유 무역 지대 조성 의사를 확인하는 공동 정상회담으로 이어졌다. 이러한 변화는 대륙 간 협약의 패턴에도 영향을 미쳤다. 트럼프 대통령은 2017년 미국을 환태평양경제동반자협정Trans-Pacific Partnership: TPP에서 탈퇴시켰지만, 2018년 3월 멕시코, 페루, 칠레 등 나머지 관련 11개국이 서명했다.

아프리카의 지역주의

현재 아프리카에서 진행되고 있는 지역주의는 탈식민지화의 정치적 과정에서 출현했지만, 그 기반은 식민 시대의 정치적 분할인 경우가 많다. 프랑스령 서부 아프리카는 1904년에서 1958년까지 연합으로 존재했으며, 이 연합은 1945년 CFA 프랑으로 알려진 공동 화폐를 만들었다. 이 연합이 수차례의 구조적 변화를 겪으면서 베냉, 부르키나파소, 코트디부아르, 기니비사우, 말리, 니제르, 세네갈, 토고가 독립했고, 이 국가들은 현재 서아프리카경제통화연맹West African Economic and Monetary Union: WAEMU을 구성하고 있다.

중앙아프리카에는 1964년에 프랑스의 지원과 관세 동맹을 기반으로 하는 통화연합이 창설되었다. 이 연합은 1999년에 이르러서는 중부아프리카경제통화공동체Economic and Monetary Community of Central Africa: CEMAC로 변환되었다. 중부아프리카경제통화공동체는 현재 유로화에 연동된 CFA 프랑을 사용하고 공동의 통화 정책을 지닌 통화연합이다.

남부아프리카관세동맹Southern African Customs Union: SACU은 원래 1910년에 창설되었다. 1969년에는 보츠와나, 레소토, 스와질란드, 나미비아 사이에 협정이 체결되었다. 이 협정에는 공동의 대외 관세와 세입 공유 기제, 그리고 남아프리카공화국의 화폐인 랜드Rand와 연동된 화폐를 사용하는 공동 통화 지대(보츠와나는 제외)의 창설이 포함되었다. 2004년에는 새로운 조약이 발효되었다.

식민지 케냐와 우간다는 1917년에 공식적인 관세 동맹을 수립했고, 1927년에는 탄자니아(당시에는 탕가니카)가 추가로 가입했다. 독립 이후에 이 국가들 사이의 협력은 동아프리카공동기구East African Common Services Organization를 통해 지속되었다. 동아프리카공동체가

1967년에 창설되었으나 1977년에 정치적 차이로 해체되었다. 1990년대의 재통합 시도에 뒤이어 2000년에 현재의 동아프리카공동체East African Community: EAC가 건설되었다. 공식적인 관세 동맹은 2005년부터 발효되었으며, 2010년에는 공동 시장 의정서가 실행되었다.

1970~1980년대에 다양한 지역 기구가 건설되었는데, 이들은 기존 기구들 사이의 연계에 따른 경우가 많았다. 나이지리아 주도로 1975년에 형성된 서아프리카경제공동체Economic Community of West African States: ECOWAS는 이 지역의 프랑스어권 서아프리카경제통화연맹 국가들과 영어권 국가들의 연합이었다. 1981년에는 아프리카의 동부와 서부 국가들 사이의 특혜 무역 지대가 건설되었다. 이는 1994년에 동남부아프리카공동시장Common Market for Eastern and Southern Africa: COMESA으로 승계되었고, 2015년 현재 리비아에서 마다가스카르까지 아프리카의 동서를 가로지르는 19개국이 가입되어 있다. 1983년에 창설된 중부아프리카경제공동체Economic Community of Central African States: ECCAS는 (1976년에 형성된) 기존의 대호수지역경제공동체Economic Community of the Great Lakes Countries에 상투메 프린시페가 추가된 것이었다. 최근에 건설된 지역적 연계 기구는 1998년의 사헬–사하라국가공동체Community of Sahel-Saharan States: CEN-SAD로서 이는 세네갈에서 에리트레아까지 대륙을 관통하고 있다.

정치적 목적이 지역 기구 창설의 주요한 이유인 경우도 있다. 남아프리카공화국의 주변 국가들이 1980년에 남부아프리카개발조정회의Southern African Development Coordination Conference: SADCC를 설립한 데는 인종 차별 정책을 취하고 있던 남아프리카공화국에 대한 경제적 의존을 줄이기 위한 목적이 크게 작용했다. 1992년에 이 기구는 인종 차별 정책을 철폐한 남아프리카공화국을 포함하는 남부아프리카개발공동체Southern African Development Community: SADC로 바뀌었다.

창설 초기의 특정한 목적이 나중에 확대된 지역 기구도 있다. 동아프리카의 정부간개발기구Intergovernmental Authority on Development: IGAD는 1986년에 가뭄과 사막화에 대처하려는 목적으로 형성되었지만, 회원국 사이의 갈등과 소말리아 내전으로 큰 성과를 거두지 못했다. 이에 따라 1996년에는 이 기구의 목적이 분쟁 예방과 관리로 확대되었다.

1989년에 창설된 아랍마그레브연합Arab Maghreb Union: AMU은 국지적인 문화적 정체성이 지역 기구의 창설에 주요한 요소로 작용한 사례다.

대륙 전체의 지역 기구 건설은 그 초기 단계에서 정치적 목적에 따라 추동되었다. 1963년에 형성된 아프리카통일기구Organization of African Unity: OAU는 식민주의의 종식과 정치적 독립의 확립에 매진했다. 아프리카 대륙의 의제는 이후 확대되었다. 1991년에 체결되고 1994년부터 발효된 아부자조약Treaty of Abuja을 통해 아프리카경제공동체African Economic Community: AEC가 건설되었다. 이 두 기구는 유럽연합 모델을 따라 2002년에 아프리카연합African Union: AU으로 통합되었다. 앞에서 설명했던 아프리카의 8개의 지역 경제 공동체는 아프리카연합 내부에서 경제 블록을 형성하고 있으며, 기능적인 협력 측면에서 일부 성공을 거두었다. 2017년 아프리카연합 개혁 제안이 채택되었고, 2018년 3월 아프리카연합의 55개 회원국 중 44개국이 아프리카대륙자유무역지대AfCFTA 협정에 서명했다. 그러나 많은 장애물이 남아 있다. 이들 경제 구조에는 상호 보완성이 거의 없다. 공식적인 제도적 구조는 종종 명시된 기능을 수행하지 않으며, 야심 찬 약속은 실행 능력과 일치하지 않는 반면, 민간 부문의 참여는 미약하다(Vanheukelom et al., 2016).

초국가적 모니터링을 위한 몇 가지 메커니즘이 등장했는데, 특히 2001년 아프리카 개발을 위한 새로운 파트너십New Partnership for Africa's Development: NEPAD(2018년 결정에 따라 아프리카연합개발기구African Union Development Agency: AUDA로 전환)과 아프리카동료검토메커니즘African Peer Review Mechanism: APRM이 창설되었다. 이는 바람직한 거버넌스에 대한 아프리카의 자체 평가를 촉진하기 위한 것이다.

지역 기구가 분쟁 관리에 적극적으로 참여하는 변화도 있었다. 대표적인 사례로 서아프리카경제공동체의 활동을 볼 수 있다. 서아프리카경제공동체 감독 기구는 1990년에 라이베리아에 대한 개입을 시작으로 1990년대 시에라리온과 기니비사우에 개입하였다. 그 이후에는 2002년 코트디부아르와 2003년 라이베리아에서 활동하였고, 2013년에는 말리에 대한 개입을 고려한 바 있다. 2003년에는 아프리카연합의 평화안보위원회가 설립되었고, 아프리카연합은 부룬디, 수단, 소말리아, 코모로, 중앙아프리카공화국 등에 임무단을 파견했다.

아시아의 지역주의

아시아의 지역주의는 국제적인 안보 문제와 시장력 차이로 인해 매우 다른 형태로 발전해 왔다. 이는 아시아 강대국들 간의 관계로 형성될 뿐 아니라 미국과 러시아와 같은 강대국과의 관계를 통해 구성되기도 했다.

남아시아 쪽에서는 인도와 파키스탄 사이의 경쟁 구도가 남아시아지역협력연합South Asian Association for Regional Cooperation: SAARC의 가능성을 제한하고 있다. 이 연합은 아프가니스탄, 방글라데시, 부탄, 몰디브, 네팔, 스리랑카를 포함하여 아시아 지역에서 가장 활발한 지역주의 움직임을 보이고 있다. 실제로 2014년부터 인도는 파키스탄을 포함하지 않는 중첩되는 지역 기구인 방글라데시, 부탄, 인도, 미얀마, 네팔, 스리랑카, 태국으로 구성된 다부문 기술 및 경제협력을 위한 벵골만이니셔티브Bay of Bengal Initiative for Multi-Sectoral Technical and Economic Cooperation: BIMSTEC를 활성화하기 위해 노력해 왔다. 대부분의 지역주의 활동은 동쪽에서 일어났다.

인도네시아, 말레이시아, 필리핀, 싱가포르, 태국은 1967년에 동남아시아국가연합Association of South-East Asian Nations: ASEAN을 창설했다. 동남아시아국가연합 창설의 동기는 공동의 정체성이 아니라 지역 내부의 분쟁을 예방하지 못하면 외부 세력이 개입하게 되고, 이는 다시 지역 분쟁을 악화시킬 것이라는 현실 인식에 있었다. 초국적 기구의 요소는 도입되지 않았다. 지역 협력은 협의, 합의제 정책 결정, 탄력성을 특징으로 하는 '아세안 방식'에

의거했다([사례연구 18-2] 참조). 냉전이 끝나고 캄보디아에서 베트남이 철수하는 안보 상황의 변화에 대응하고자 하는 일련의 제안들은 1994년에 아세안지역안보포럼ASEAN Regional Forum: ARF의 설립으로 귀결되었다. 아세안지역안보포럼은 신뢰 구축 조치와 예방 외교, 그리고 궁극적으로는 분쟁 해소를 추구했다. 또한 아시아태평양경제협력체Asia Pacific Economic Cooperation: APEC의 출현에 대응하는 조치들도 취해졌다. 아시아태평양경제협력체는 1989년에 '개방 지역주의'를 원칙으로 출범했다. 다른 국가들에 대한 일체의 차별은 금지되었고, 특정한 지역적 정체성이 없어서 지역 안의 '비아시아' 국가들과 동아시아의 '개방 시장 지향 경제open market-oriented economies' 사이의 연계는 허용되었다(Higgott, 1995: 377).

현재 아시아의 지역주의는 두 가지 차원에서 진행되고 있다. 한편에서는 동남아시아국가연합의 위상을 높이기 위한 심층적인 제도화가 진행되고 있다([사례연구 18-2] 참조). 다른 한편으로 지역 협정이 주요 강대국 간의 경쟁을 반영하고 동남아시아국가연합 전체를 관통하고 있다.

중국과 일본 간의 경쟁은 지역 협정의 성격과 구성원 자격에 대한 초기의 논의에 영향을 미쳤다. 2000년대 중반까지 중국은 'ASEAN+3'(중국, 일본, 한국)을 기반으로 한 동아시아자유무역협정East Asia Free Trade Agreement을 제안한 반면, 일본은 'ASEAN+6'(중국, 일본, 한국, 인도, 호주, 뉴질랜드)을 기반으로 한 동아시아포괄적경제동반자협정을 선호했다. 그 결과 2012년에는 미국을 제외한 아세안과 호주, 중국, 인도, 일본, 한국, 뉴질랜드와 같은 자유 무역 협정 파트너 간에 역내포괄적경제동반자협정Regional Comprehensive Economic Partnership: RCEP 체결이 추진되었다.

하지만 미국은 중국이 참가하지 않는 환태평양 이니셔티브를 주도해 왔다. 2008년 미국은 호주, 페루, 베트남과 환태평양경제동반자협정Trans-Pacific Partnership: TPP에 대한 논의를 시작했고, 2010년 뉴질랜드, 싱가포르, 칠레와 브루나이까지를 포함하여 협정 체결을 시작했다. 이 협정은 2015년 10월을 기준으로 12개국(브루나이, 칠레, 싱가포르, 뉴

동남아시아의 지역주의: 정부간주의를 넘어서

© LILLIAN SUWANRUMPHA / AFP / Getty Images

유럽을 제외하면 동남아시아는 협력적인 협정을 이룸으로써, 역사상 가장 광범위한 발전을 보이는 지역이다. 동남아시아국가연합ASEAN은 1960년대로 거슬러 올라가는 오랜 역사를 가지고 있지만, 1990년대 중반부터 강력한 공통의 제도를 발전시키고, 야심적인 목표들에 합의를 보이며 주목할 만한 분투를 보여 주었다. 2003년 동남아시아국가연합 회원국들(인도네시아, 말레이시아, 필리핀, 싱가포르, 태국, 브루나이, 미얀마Burma/Myanmar, 캄보디아, 라오스, 베트남)은 2020년까지 안보, 사회, 문화를 다루는 세 개의 공동체를 만들기로 합의했다. 동남아시아국가연합 내의 무비자 여행에 관한 협의 등이 이루어졌지만, 2015년까지 동남아시아국가연합 경제공동체ASEAN Economic Community: AEC를 만든다는 야심 찬 계획은 이루어지지 못했다. 일부 진전이 있었지만, 이러한 야망은 합의와 비공식성에 대한 동남아시아국가연합의 약속의 한계를 보여 주었다. 많은 관찰자는 2015년이라는 시점을 넘겨 동남아시아국가연합 경제공동체 설립은 여전히 '진행 중'이라고 보고 있다.

동남아시아국가연합 경제공동체가 사용한 몇 가지 표현은 단일 시장을 위한 유럽연합의 '1992년 프로그램'을 연상시켰다. 동남아시아국가연합 사무국ASEAN Secretariat은 유럽연합집행위원회가 이른바 개방형 정책 조정에서 해 왔던 역할에 가까운, 규제 완화 노력의 '득점 판scoreboards'을 통해 추적 관찰하기 시작했다. 그러나 근본적인 차이는 남아 있다. 동남아시아국가연합은 법적으로 구속력이 없는 수단들을 사용했다. 그 결과 사법 체계가 존재하지 않았다. 동남아시아국가연합 사무국의 감시 역할

은 상대방에 대한 폭로보다는 동남아시아국가연합 경제공동체가 공언한 목표들을 향한 총체적인 진전에 관한 의사소통으로 제한되어 있었다. 대체로 동남아시아국가연합의 회원국들은 높은 수준의 협력과 공동 행동을 촉진하는 동시에 각 회원국의 국익이 보호되고 초국가 기관들에 의해 무시될 수 없도록 보장하는 시스템을 마련했다.

그럼에도 동남아시아국가연합은 최소한의 상징적 수준과 선언적인 수준에서, 높은 야심을 유지해 왔다. 2007년 정상회담에서 채택되고, 나아가 기존의 제도 조정을 공식화한, 동남아시아국가연합 헌장은 많은 주요 **원칙**principle과 더불어, 동남아시아국가연합 국가anthem, 국기, 국시, 8월 8일 '동남아시아국가연합의 날' 지정과 같은, '동남아시아국가연합 정체성'의 상징을 담고 있다.

전반적으로 깊은 유대를 발전시키고 공통의 제도를 강화하며 서로의 시장을 개방하려는 동남아시아 국가들의 열망은 뚜렷하게 증대해 왔다. 규모, 부, 정치체제 면에서 동남아시아국가연합 회원국들의 다양성을 고려할 때, 이와 같은 목표를 진전시키는 데 있어서의 어려움은 놀랍지 않다. 정치체제와 관련해서는, 미얀마의 상황이 동남아시아국가연합의 지속적인 문제였다. 자유 선거와 2015년 민간 정부의 출범으로 이어진 미얀마의 내부 개혁은 동남아시아국가연합의 '유연한 접근'이 성공적이었다는 확신으로 이어졌다.

이러한 발전에도 불구하고 로힝야족 분쟁, 남중국해 영유권 분쟁 등 동남아시아국가연합 회원국들이 집단적으로 행동할 수 없는 위기 상황에서 동남아시아국가연합이 역내 과제를 해결하는 데 한계가 있음이 분명해졌다. 놀라운 성과와 중대한 한계가 뒤섞인 이 모습은 동남아시아국가연합이 지역 협력의 독특한 모델을 발전시켰다는 것을 보여 준다.

질문 1 동남아시아국가연합의 합의 중심적 의사 결정 구조는 그들의 거시적인 목표를 성취하는 데 유용한가?

질문 2 동남아시아국가연합은 외부 세력의 도전에 얼마나 효과적으로 대응해 왔는가?

질랜드, 미국, 호주, 페루, 베트남, 말레이시아, 멕시코, 캐나다, 일본) 이 타결했다. 트럼프 대통령은 2017년 1월 환태평양경제

동반자협정에서 미국을 탈퇴시켰지만 나머지 서명국의 지속적인 지원으로 환태평양경제동반자협정이 2018년 말에 발효되었다.

유라시아와 구소련 국가들

소비에트연방의 해체로 독립한 구소련 국가들은 (미국을 제외한) 러시아, 중국 및 유럽연합의 영향력이 교차하는 협력과 경쟁의 지역에 남겨졌고, 이 지역에서는 복합적이고 유동적인 형태의 지역적 합의들이 생겨났다.

발트 3국(에스토니아, 라트비아, 리투아니아)과 (1993년에 가입했다가 2008년에 러시아와의 마찰 이후 탈퇴된) 조지아를 제외한 구소련 국가들은 1991년에 독립국가연합 Commonwealth of Independent States: CIS을 결성했다. 다양한 회원국이 참여한 여러 명칭의 일련의 경제 협정들은 2015년에 러시아, 아르메니아, 벨라루스, 카자흐스탄, 키르기스스탄 간의 유라시아경제연합Eurasian Economic Union: EAEU으로 이어졌다. 이 연합은 관세 동맹을 시작으로 단일 시장을 형성하는 것을 목표로 삼고 있다. 1992년에 집단 안보 조약이 서명되었고, 이는 2002년에 러시아, 벨라루스, 아르메니아, 카자흐스탄, 키르기스스탄, 타지키스탄이 포함된 집단안보조약기구Collective Security Treaty Organization: CSTO로 발전했다.

이러한 지역 기구들의 변화는 과거의 지배적 세력인 러시아와 신생 독립 국가들 사이의 관계 변화를 반영할 뿐 아니라, 러시아와 여러 강대국 간의 경쟁을 배경으로 진행되고 있다.

더 나아가 동구 지역의 변화는 중국과 러시아 그리고 미국 사이의 경쟁을 배경으로 하고 있다. 1996년에 중국, 러시아, 카자흐스탄, 키르기스스탄, 타지키스탄으로 구성된 '상하이 5국'이 출범했다. 이는 2002년에 우즈베키스탄을 포함하는 상하이협력기구Shanghai Cooperation Organization: SCO로 발전했다. 인도와 파키스탄은 2017년에 정식 회원국이 되었고 이란과 몽골은 옵서버 국가다. 2013년 말, 중국은 아시아를 횡단하여 유럽과 아프리카에 도달하는 대규모 기반 시설 투자 프로그램인 일대일로 계획을 발표했는데, 이는 중국의 지역 리더십을 서양으로 확장시킬 것이다. 상하이협력기구의 틀에서 일대일로 계획과 유라시아경제연합 간의 연결에 대한 논의는 2014년에 시작되었다. 푸틴 대통령은 2014년 이후 미국, 유럽연합 등과 긴장이 고조되자 러시아의 동쪽에 대한 역할을 강화하기 위해 힘을 쏟았다. 2016년 6월 그는 유라시아경제연합, 중국, 인도 및 기타 국가 간의 '대유라시아 동반자 관계Greater Eurasian Partnership'의 수립을 촉구했다. 이 새로운 유라시아 협력으로 2018년 5월 중국과 유라시아경제연합 간 자유무역협정 체결이 이루어졌으며, 2018년 9월 러시아가 실시한 대규모 군사 훈련에 중국군이 참여했다.

서구 쪽에서는 러시아와 유럽연합 간의 정치 경제적 경쟁하에서 서양 국가들과의 준지역협정sub-regional agreement이 발전하고 있다. 이는 특히 러시아와 유럽연합이 근린 국가를 공유하게 되면서 발생했다. 구소련 국가들이었던 6개국(우크라이나, 벨라루스, 몰도바, 아제르바이잔, 조지아, 아르메니아)이 현재는 유럽연합의 근린 정책에 가담하고 있기 때문이다.

1997년에 러시아를 제외한 지역 국가들의 포럼으로 출범한 민주주의와 경제 개발을 위한 구암기구GUAM Organization for Democracy and Economic Development는 2006년에 새로운 헌장의 채택을 통해 공고화되었다. 여기에는 조지아, 우크라이나, 아제르바이잔, 몰도바가 참여하고 있다. 한편 벨라루스와 아르메니아는 러시아와 보다 깊은 협력 관계를 유지하고 있다. 북대서양조약기구는 일부 구소련 국가들을 회원국으로 수용해 왔다. 러시아는 점차 1999년과 2004년 북대서양조약기구의 개입 확대로 인한 문제들에 민감하게 반응하고 있다. 북대서양조약기구는 러시아의 반대에도 1999년 코소보 분쟁과 2004년 우크라이나의 '오렌지 혁명Orange Revolution'에 개입했다. 몰도바와 조지아에 유럽연합 공동안보 및 방위 정책EU Common Security and Defence Policy: CSDP 임무가 배치되면서, 북대서양조약기구와 유럽연합을 병합하려는 러시아의 경향은 강화되었고, 조지아와 우크라이나는 유럽연합과 북대서양조약기구 두 기구의 회원이 되기를 희망하였다.

유럽연합은 2009년부터 6개국(우크라이나, 벨라루스, 몰도바, 아제르바이잔, 조지아, 아르메니아)과 동부 파트너십Eastern Partnership을 형성하고, 러시아-조지아 분쟁과 관련하여 러시아에 대한 비판을 제기하고 있다. 2013년에는 러시아와 우크라이나의 갈등이 정점에 이르기도 했다. 유럽연합은 우크라이나에 심화·포괄적 자유무역지대협정Deep and Comprehensive Free Trade Area: DCFTA을 비롯한 연합 협정Association Agreement을 제의했다. 한편 러시아에게도 우크라이나의 유라시아 관세동맹Eurasian Customs Union 참여는 중요한 문제였다. 이 두 협정은 양립 가능할 수 없기 때문에 우크라이나 정부는 양측 사이에서 균형을 맞추려 하고 있다. 우크라이나 내에서도 문화와 언어적 차이로 인해 분열이 발생하고 있어 대외적 문제에 대해 균형 정책을 펼친 것으로 보인다. 유럽연합과 러시아의 압력 사이에서 2013년 11월 우크라이나는 유럽연합과의 협정 체결을 거부하고 동시에 유라시아 관세동맹에도 가입하지 않는 방향을 선택했다. 이후 우크라이나는 국내적 불안, 무력 분쟁, 러시아와의 크림반도 합병을 겪어야 했다.

이 문제는 단순히 유럽연합과 러시아의 대립이나, 우크라이나 내 '친유럽연합'과 '친러시아' 세력 간의 대립 문제가 아니다. 이는 지역 협력 체제 간의 마찰이 어떻게 역사적으로 민감한 사안과 국제적 경쟁 구도를 악화시키고 왜곡시킬 수 있는지를 보여 주는 사건이다. 더 나아가 이는 유럽 통합의 새로운 딜레마를 보여 주기도 한다.

우크라이나를 둘러싼 경쟁은 오래전부터 있어 왔던 유럽 강대국 진영(혹은 동맹) 간의 불편한 경쟁 구도를 나타낸다. "유럽 공동체의 숭고한 목표는 국가 간의 경쟁 구도를 약화시키는 것이다. 탈냉전 이래로 유럽연합은 안보와 방위 정책을 공동으로 구상하면서 권력 정치가 아닌 초국가적 거버넌스라는 방식을 통해 국제적 소명을 다하고 국내 현실을 안정화하는 데 주력하고 있다. 이 두 가지 차원의 목표는 성취하기 쉽지 않다."(Best, 2016)

| 요점정리 |

- 아메리카의 지역주의는 미국의 역할에 대한 다양한 인식에 따라 친미주의와 라틴아메리카 통합 양상으로 분리되어 나타나고 있다.
- 아프리카연합은 상당한 기능적 협력을 성취한 8개의 지역 경제 공동체를 토대로 설립되었지만 강력한 통합은 어려운 실정이다.
- 아시아 지역주의는 안보 문제와 시장력과 관련하여 형성되기 시작했지만 아시아 강대국 간의 경쟁으로 인해 통합이 제한되고 있다. 현재 아시아 지역주의는 대륙 간 횡단 협정에 의해 분열되고 있다. 그러나 대륙 간 횡단협정은 미국이 환태평양경제동반자협정TPP에서 탈퇴하면서 약화되어 오고 있다.
- 소련의 붕괴를 계기로 구소련 국가들로 구성된 유라시아에 새로운 지역 협정들이 출현했다. 이 지역에서 러시아와 유럽연합이나 러시아와 중국 간의 경쟁이 발생하고 있다. 트럼프 대통령 시절 미국과의 긴장 국면에서 중국을 비롯한 유라시아 협력은 더욱 공고해졌다.

유럽 통합 과정

1945년 이후 유럽의 지역주의는 유럽연합으로 귀결된 점진적 통합의 형식을 취해 왔다. 유럽은 대륙 전체 연합의 원대한 이상이라는 전통을 지니고 있었다. 하지만 전쟁이 끝난 뒤에 유럽 통합의 출발은 순전히 서부 유럽의 '초기 6개국'이 주도했는데, 그 직접적인 목표는 제2차 세계대전 이후 독일과 프랑스의 화해였다. 이 작은 출발은 이후 다양한 영역에서 공동체 형성의 중요성을 제기했다. 특히 이는 석탄과 철강의 초국가 차원의 관리, 국제 시장의 건설과 규제 그리고 무역, 경쟁, 농업, 교통 분야의 공동 정책 같은 다양한 영역에서 공동체에 권한을 부여하는 것을 포함한다. 이후 공동체의 힘은 환경 분야 같은 새로운 영역에서의 입법권으로까지 확대되었다. 1992년에 유럽연합 조약(마스트리히트조약)이 체결된 이후 유럽 통합은 세 가지 방향에서 동시에 진행되었다. 첫 번째 방향은 단일 통화 정책 같은 더욱 강력한 통일적 정책의 추진이었다. 두 번째 방향은 고용 정책의 협력처럼 구속력은 없지만 새로운 분야로 협력을 확대하는 것이었다. 세 번째 방향은 외교와 안보 정책에서의 정부 간 협력 강화였다.

유럽연합은 출범 당시에는 회원국 숫자나 범위 면에서 제한적이었지만, 이후의 점진적인 통합을 거쳐 국내외적으로 그 영향력이 심대한 정치·경제적 행위 주체로 발전했다. 이 통합 과정은 여러 수준에서 진행되었다. 그 첫 번째는 기본 조약들의 서명과 개혁이다. 유럽통합의 기본 조약들은 각국 정부 대표들이 유럽연합의 제도가 운영되는 법적인 틀을 교섭하는 정부 간 회의(Intergovernmental Conferences: IGCs)의 결과다. 이 조약들의 변경을 위해서는 개별 국가의 비준이 필요하며, 이는 유럽연합 진화에 있어서의 '대규모 협상'이라고 볼 수 있다.

기본 조약의 틀 안에서 유럽연합의 제도([표 18-1] 참조)들은 정책을 결정하고 관리하는 권한을 지닌다. 정책 결정의 동학은 영역별로 많이 다르다. 경제적 규제처럼 통합이 진전된 영역과 외교·국방·안보 협력 같은 '정부 간' 영역은 큰 차이가 있다. 정책 영역에 따라 개별 국가는 유럽의회 회원국 다수가 '강제'하는 결정을 수용해야 하거나 그 결정을 저지할 수 있다.

표 18-1 유럽연합의 제도

제도	책임	위치
유럽의회 European Parliament	유럽 시민들이 직접 선출한 대표들로 구성된다. 다른 제도의 작동을 감독하고, 여러 영역에서 유럽평의회와 협력하면서 유럽연합 법령을 채택하도록 한다.	스트라스부르(정기 회의) 브뤼셀(유럽의회 의원 사무실, 위원회 회의와 일부 정기 회의) 룩셈부르크(집행부)
유럽이사회 European Council (유럽정상회의)	회원국 정상들과 유럽연합집행위원회 인사들 간의 정기적인 회의체. 선출된 의장이 주재하며, 유럽연합의 여러 의제를 광범위하게 다루며, 갈등적인 쟁점에서 합의를 도출하기 위한 최종적인 논의가 이루어지는 장이다(유럽평의회와는 구분된다).	브뤼셀
유럽평의회 Council of the EU	회원국의 관점을 반영하여, 많은 영역에서 유럽의회와 협력하고, 유럽연합 법령을 다룬다.	브뤼셀 (때때로 룩셈부르크)
유럽연합집행위원회 European Commission (유럽위원회)	유럽연합의 정책과 법령이 집행되는 과정을 감독하고, 관리하고, 추진하기도 한다.	브뤼셀과 룩셈부르크
유럽사법재판소 Court of Justice of the EU	유럽연합의 최고재판소로 입법의회의 지원을 받는다. 주요 권한으로는 유럽연합 법령의 무효화, 유럽연합이 규정한 의무를 따르지 않은 회원국에 대한 소송 절차가 있다. 또 개별 국가의 법원의 요청에 따라 유럽연합의 법률 해석과 유효성에 대한 1차적인 판결을 담당한다.	룩셈부르크
유럽중앙은행 European Central Bank	금리의 설정과 유럽의 단일 통화인 유로화의 공급을 통제한다.	프랑크푸르트
유럽회계감사원 Court of Auditors	유럽연합의 회계 감사 기관으로, 유럽연합 예산하의 수입과 지출을 감사할 책임을 지니고 있다.	룩셈부르크

통합 과정을 이해하려면 회원국과 초국가적 제도들의 역할을 모두 고려해야 한다. 또한 회원국의 입장은 정부에 의해서만 대표되지는 않는다. 국가와 비국가 행위자, **초국가 행위자들**transnational actors이 국내적으로 정책 선호가 형성되는 과정에 참여하고 있고, 이들의 이해관계가 브뤼셀에서 직접적으로 대표되고 있다. 유럽연합 정책 결정 과정이 상대적으로 개방적이라는 것은 정치 집단이나 경제적 이익 집단들의 입장을 자국 정부가 충분히 반영하지 않는다고 인식할 때 그들이 유럽연합의 정책 결정 과정에 직접 영향을 미칠 수 있음을 의미한다. 이 때문에 유럽연합은 갈수록 상이한 영토적 범위에서 초국가적, 국가적, 국가 내부의 다양한 행위자가 참여하는 다층적 거버넌스 체제로 인식된다.

유럽연합의 확대에 따라 통합 과정의 성격과 방향에 관한 심각한 의문이 제기되고 있다. 중부, 동부, 남부 유럽 12개국을 새 회원으로 받아들이는 2004~2007년의 확대 계획은 일반적으로 유럽연합의 질적 도약으로 인식된다. 이는 2009년 말 리스본조약이 채택되는 결과를 가져왔다.

이러한 광범위한 개혁에도 유럽연합은 제도 체계에 관한 문제와 더 강력한 통합을 위한 정부와 시민들 간의 정치적 의지가 부족하여 일련의 위기를 맞고 있다. 특히 위에서 언급했듯이 우크라이나를 둘러싼 안보 상황 외에도 크게 네 가지 차원의 도전에 직면해 있다. 첫 번째로, 단일 화폐로 유로를 채택하는 유로존 국가는 유럽연합 회원국 중 19개국으로 구성되어 있다. 이들은 2009년 이래로 일부 국가들이 국가 부채 불이행 상황에 놓이면서 재앙에 가까운 상황을 겪어 왔다. 아일랜드, 포르투갈, 스페인, 그리스 같은 국가들은 2008년 지구금융위기 이후 심각한 경제 문제에 직면하여 유럽 금융 시스템의 더 큰 위기를 방지하기 위해 재정 지원을 필요로 하고 있다. 유럽연합 스스로는 이 문제를 해결할 수 있는 법적 권한이나 자금 지원 수단이 부족하기 때문에, 해당 국가들에 대한 긴급 구제는 다른 유로존 국가들과 국제통화기금 간의 새롭고 복합적인 메커니즘을 통해 실행되어야 한다.

단기적인 차원에서 채무 불이행 문제를 해결하려는 시도뿐 아니라, 보다 장기적인 차원에서 위기에 대응하기 위해 유럽중앙은행European Central Bank을 통해 은행을 규제하고, 국가 예산 감독 정책을 시행하고, 유럽연합집행위원회European Commission에서 새로운 투자 계획을 발표해 왔다. 유로존 위기는 국가 재정 정책과의 조응을 고려하지 않은 채 통화 정책을 단일화시키려 했던 마스트리히트조약의 결정 사안에서 출발한 위기였다. 위기를 관리하는 방식에 대한 대중의 반응은 싸늘했으며 채권국과 채무국 진영 모두에서 대규모 시위와 유럽 회의적인 정당의 우세가 나타났다. 이는 많은 사람이 상당한 금융 거래와 초국가적 규제 개혁을 정당화하기 위해 필요하다고 여기는 연대 의식이 부족했음을 보여 준다.

유럽연합이 직면한 두 번째 위기는 2015년 이후 시작된 난민 문제다. 시리아와 아프가니스탄 내전에서 도망쳐 온 수십만의 난민들은 터키와 발칸반도를 거쳐 비교적 안전한 서유럽 지역에 도달했다. 유럽이 수년 동안 지중해 지역을 건너온 이민자들의 정착지이긴 했지만 그러한 유럽 국가들조차 실행적으로나 정치적으로나 갑작스러운 이주민들의 출현에 대처할 수 없었다. 이에 대한 대응으로 국경 통제의 재도입과 유럽 망명 제도에 대한 일시적 보류가 고려되면서, 솅겐조약을 체결했던 대다수 유럽 국가 간의 국경 개방과 자유로운 왕래를 허용하는 문제 역시 심각한 도전에 직면하고 있다.

세 번째는 2016년에 발생한 유럽연합과 영국 사이의 긴장이다. 데이비드 캐머런 수상은 영국이 유럽연합을 탈퇴할 것인지에 대한 국민투표를 실시했다. 유럽연합은 조직을 확대해 나간 경험만 해 왔기 때문에 회원국의 탈퇴는 처음 겪는 일이었다. 이 사건은 단순히 충격을 넘어서 광범위한 정치 경제적 영향력을 행사했다([참고 18-3] 참조).

마지막으로, 유럽연합은 유럽 프로젝트의 핵심인 자유주의적 가치에 대한 위협의 증대에 대처해야 했다. 헝가리와 폴란드의 정부, 오스트리아(FPÖ)와 이탈리아(La Lega)의 정부 정당, 기타 회원국의 주요 정치 운동은 유

브렉시트 – 영국의 유럽연합 탈퇴 투표

2016년 6월 24일 51.9퍼센트의 선거 결과로 영국이 유럽연합을 떠나게 됐다. 데이비드 캐머런David Cameron 수상은 유럽연합 탈퇴를 꾸준히 주장해 온 단일 이슈 정당인 영국의 독립당의 부상과 그가 속한 보수당의 심각한 분열에 대한 대책으로 영국의 유럽연합 잔류/탈퇴 여부를 두고 국민 투표를 실시하기로 했다. 2015년 하원 선거에서 보수당이 승리하면서 언제 그리고 어떻게 이 국민 투표를 실시할 것인지가 가장 중요한 의제로 부상했다. 캐머런 수상은 유럽 각국과 함께 영국과 유럽연합의 관계에 대한 재협상을 시행했으나 2016년 2월 '협상'에서 합의된 많은 사안이 이후 투표에서는 큰 영향을 미치지 못했다.

유럽연합 탈퇴를 옹호하는 사람들은 영국의 유럽연합 분담금 문제, 이민자 문제, 주권 상실 문제와 같이 크게 세 가지 차원의 쟁점에 집중한다. 물론 영국이 유럽연합을 탈퇴할 경우 경제적 위기가 찾아올 것이라고 주장하는 사람들도 있다. 거대한 수출 시장인 영국의 무역량이 감소할 가능성이 있으며, 경제 성장의 정체 및 실업의 증가가 찾아올 수 있기 때문이다. 이러한 문제들은 '탈퇴' 투표 이후 영국 파운드가 10퍼센트가량 급락하고 전 세계 주식 시장이 상당히 타격을 입었던 사실에서 확인할 수 있다.

유럽연합 조약 제50항은 유럽연합 탈퇴 협상 절차에 대해 논하고 있다. 절차는 2년 내에 진행되고 각종 복합적인 법적, 제도적 쟁점들에 대한 해결을 필요로 한다. 국민투표 이후, 영국 지도자들은 이러한 공적 절차의 '실행'에 주저하고 있다, 이로 인해 브렉시트 이후 협정의 형태에 대한 불확실성이 장기화되었으며, 일단 통지가 브뤼셀에 제출된 후 협상의 진행은 더뎠다. 이 과정의 특징은 영국해협 전체에 걸쳐 극명한 입장 차이였다. 나머지 유럽연합 회원국(이른바 EU27)은 공동의 이익을 수호하는 데 있어 놀라운 단결력을 보여 주었지만 영국 내각, 집권 보수당, 영국 의회, 일반 국민들 사이에서는 지속적인 분열이 있었다. 2년의 마감 기한이 다가옴에 따라 이러한 분열은 더욱 두드러졌다. 영국 정부와 유럽연합 사이에 탈퇴 조건에 대한 합의와 향후 협력 목표에 대한 정치적 선언이 이루어진 후에도, 테레사 메이Theresa May 총리는 2019년 3월 29일로 예정된 '브렉시트의 날Brexit day'에 맞춰 영국 의회에서 탈퇴 합의안에 대한 지지를 얻지 못했다. 따라서 2019년 10월 31일까지 영국의 유럽연합 회원 자격이 연장되었다. 이러한 지연(2020년 1월 말까지로 더 지연됨)은 역설적 효과를 낳았다. 영국은 2019년 5월 유럽의회 선거에 참여해야 하며 회원국이 유럽연합 탈퇴를 모색할 때 직면하는 심각한 도전들을 정치적, 경제적, 문화적 측면에서 보다 광범위하게 보여 주었다.

럽연합과 개별 국가의 내정에 대한 유럽연합의 '개입'에 대한 공격을 강화했을 뿐만 아니라, '비자유주의적 민주주의illiberal democracy'의 발전이라는 이름으로 민권에 대한 포퓰리즘적 공격을 옹호했다. 유럽연합 기관들은 정치적, 사법적으로 이러한 상황에 대응했지만, 결정적 대응은 바로 이 정부들이 대표로 참여하는 이사회에서의 합의가 필요하기 때문에 원활하게 이루어지지 못했다.

2010년대 중반 이후 발생한 이 모든 위기는 유럽연합에게는 '최악의 상황'이었으며 일부 학자들은 유럽의 지역 분열 가능성에 대한 논쟁을 벌이기도 했다. 이러한 사건들은 엘리트 중심의 제도 통합 과정의 한계가 무엇인지를 보여 주었고 기존의 통합과 그 발전 양상이 다시 원점으로 돌아갈 가능성이 있음을 알려 주었다. 그러나 유럽연합은 이러한 위기를 온전하게 극복했을 뿐만 아니라, 어떤 면에서는 공동 정책의 범위를 더욱 확장(예를 들어 은행 조합과 재정 감시 메커니즘 설립)하고 유럽연합 제도를 강화(예를 들어 유럽 국경 및 해안 경비대와 유럽 방위기금 창설)하기 위해 실제로 동력을 얻었다. 유럽연합은 브렉시트, 러시아의 크림반도 합병에 대한 대응, 미국과의 무역전쟁 위협에 대한 대처 등에서도 괄목할 만한 목적 일치를 보였다. 사실 2019년 봄 유럽의회 선거 무렵, 여론에 대한 정기 조사는 대부분의 회원국에 걸쳐 유럽연합에 대한 지지가 증가했다는 것을 보여 주었다.

• 전쟁이 끝난 뒤 유럽의 통합 과정은 연합 결성에 대한 오랜 논쟁을 배경으로 시작되었지만, 유럽이 결국 선택한 길은 점진적인 통합의 길이었다.

• 통합은 다양한 경제 부문에서 회원국들을 구속하는 결정을 내릴 수 있는 초국적 기구의 수립을 통해 진전되었다.

• 시간이 지나면서 통화 정책이나 안보 문제처럼 정치적으로 더 민감한 영역도 유럽연합이 관할하게 되었다.

• 확대를 거듭하여 회원국이 28개국에 이르는 유럽연합의 정당성과 효율성을 유지하기 위해 기본 조약들의 지속적인 개혁이 이루어져 왔는데, 가장 최근의 개혁은 2009년 말에 발효된 리스본조약이다.

• 2009년 이후 유럽연합은 많은 위기에 직면하고 있다. 기존 제도의 유지가 위태해졌고, 더 심화된 통합을 위한 대중들의 지지가 부족해 여러 문제가 제기되고 있다. 그러나 또한 유럽 통합의 특정 측면이 심화되고 강화되었다.

맺음말

이 장에서는 지역 협력과 통합의 기제가 발전하는 과정을 개관했다. 이는 세 가지로 정리할 수 있을 것이다. 첫째, 지역주의는 분명 지구적 현상이다. 전 세계가 단 하나의 지구화 체제에 포섭되어 있지도, 이념이나 문명의 단층선에 따라 정연하게 구획되어 있지도 않지만 세계의 각 지역은 지구화된 세계 질서 안에서 자신의 위상을 정립하기 위해 노력하고 있고, 지역주의는 그러한 노력의 중요한 한 부분이다. 지역주의는 지구화의 역설이나 모순이 아니라 지구화 과정의 한 측면으로서, 특정 지역에서의 지역주의 발전은 다른 지역의 지역주의 발전의 촉매제와 모델로서 기능한다. 둘째, 지역별로 지역 기구의 형태는 상이하다. 초국가 거버넌스의 문제들을 어떻게,

얼마나 포괄적이고 심층적으로 다룰지에 대한 회원국들의 입장 차이에 따라 걸프협력회의와 같은 구속력이 없는 느슨한 기구가 건설되기도 하고, 유럽연합 같은 복합적인 제도가 창출되기도 한다. 셋째, 지역주의 발전의 역사적 경로는 다양하다. 지역 기제의 발전 경로는 지역의 안과 밖의 다양한 요인에 달린 문제이다. 지역 통합과 협력의 추동력과 그 장애 요인 모두 지역별로 상이할 수 있다. 지구 정치의 다자주의가 도전받고 있음에도 지역주의는 세계적인 현상으로 남아 있지만, 세계 각지에서 전개되고 있는 지역 협정의 종류 간의 차이도 마찬가지로 존재한다.

1. 지역 통합과 협력 과정의 추동 요인들은 무엇인가?

2. 지역 제도들의 출현을 설명할 때 경제적, 정치적 요인들의 상대적인 비중은 어느 정도인가?

3. 1990년대 이후 지역주의의 역동성은 어떻게 변화했는가?

4. 평화와 안보 유지에 대해 지역 기구는 어떤 역할을 할 수 있는가?

5. 지역 통합과 협력 과정은 전통적인 근대 국가에 어떤 영향을 미쳐 왔는가?

6. 유럽 통합을 다른 대륙의 지역 협력 과정과 대조·비교해 보자.

7. 유럽연합 연구에서 초국가적 접근과 정부 간 접근의 주요한 차이는 무엇인가?

8. 유럽연합의 발전에서 법적 측면의 중요성은 무엇인가?

9. 유럽의 정책 결정 과정에서 초국가적 기구의 역할은 무엇인가?

10. 유럽연합은 세계 정치의 변화하는 상황에 효과적으로 대응할 수 있었나?

이 장의 객관식 문제를 풀어 보면서 학습 내용을 잘 숙지하고 이해했는지 평가해 보자.

• www.oup.com/he/baylis3xe

Gender

개요

이 장은 젠더가 세계 정치에 미치는 영향에 대해서 논한다. 젠더는 국가 안보에서 대중문화, 국제 경제, 국제연합이 실시하는 프로그램에 이르기까지 모든 것에 영향을 미친다. 젠더는 어떤 한 가지 현상에 국한되는 것이 아니며, 여성과 관련된 쟁점만을 의미하지도 않는다. 이 장은 젠더를 정의하는 것에서부터 시작하여, 젠더가 성(섹스)과 어떻게 다른지, 젠더 및 페미니스트 학자들은 어떤 연구를 하는지 그리고 그들의 연구가 국제정치학에 어떻게 기여하고 도전하는지 설명한다. 다음으로, 남성성과 여성성의 관계에 대한 몇 가지 이론적 입장을 소개하고, 젠더가 다음의 세 분야에 미치는 영향에 대해서 살펴본다. (1) 세계 정치, 즉 여성의 의사 결정 과정의 참여에서부터 국가라는 개념 그 자체에 이르기까지, (2) 세계의 안전 보장, 즉 전투자와 민간인의 구분에서부터 여성의 정치 폭력에의 관여에 이르기까지, (3) 세계 경제, 즉 노동 분배의 변혁에서부터 눈에 보이지 않는 가사 및 재생산 노동에 이르기까지를 살펴본다.

CHAPTER

19

젠더

폴 커비Paul Kirby

신기영 옮김

핵심 질문

- 오늘날 젠더가 세계 정치를 구성하는 다양한 방식은 무엇인가?
- 남성들은 여성들의 희생하에 세계 정치를 지배하고 있는가?
- 국제 젠더 규범은 급진적으로 변화되어야 하는가? 어떻게 변화되어야 하는가?

머리말

젠더는 가장 친밀한 방식으로 우리의 존재를 구성한다. 우리가 젠더를 경험하고 표현하는 방식은 우리의 인격과 개성뿐만 아니라 우리가 가족, 교실, 직장, 문화 속에서 남들과 맺는 관계와 밀접한 관련이 있다. 사회적 맥락속에서 젠더가 이해되는 방식, 다시 말해 우리에게 허락되는 젠더의 수행 방식은 우리가 어떤 사람이 될 수 있는지를 결정한다. 그러나 젠더는 국제관계학 분야에서 상대적으로 새로운 이슈다. 젠더의 국제적인 역할을 비판적으로 평가한 첫 번째 연구들은 페미니스트 국제관계학에서 나왔다(**제11장 참조**). 젠더를 연구하는 이들은 여전히 페미니스트들이 주를 이루지만, 젠더의 동학을 탐구하면서 페미니스트라는 용어를 사용하지 않는 연구자들과 젠더를 자신의 연구에 포함하면서 (여러 선택 중에서) 자신을 우선적으로 구성주의자, 마르크스주의자, 자유주의자로 생각하는 학자들도 있다. 비록 모든 학자가 젠더 관점을 채택하지는 않지만, 국제관계학의 모든 인식 가능한 주제는 젠더적인 측면을 가진다. 외교, 사회 운동, 국제 재판소 또는 테러 단체에도 젠더 **규범**norms이 작동한다. 바로 이 규범들이 남녀의 불균형을 낳는다. 그러나 젠더 구조가 세계 정치 내에서 남녀의 위치와 어떻게 연관되어 있는지를 이해하기 위해서는 먼저 주요 용어를 살펴볼 필요가 있다.

국제 정치적인 관점에서 본 성과 젠더

우리가 사는 세계는 남성과 여성이 거의 반반으로 구분되어 있다. 이러한 사실은 일견 매우 명백해 보인다. 인터섹스intersex — 생식기가 명백히 여성인지 남성인지 구분되지 않은 형태로 태어난 사람 — 를 제외한 모든 사람은 실제로 태어난 순간 타인(의사, 부모 및 가족)에 의해 아들인지 딸인지 정해지게 된다. 때로는 태어나기도 전에 정해지기도 한다. 표준적 관료 절차에 따른 출생증명서 없이는 병원을 떠날 수 없는 상황에서는 남녀라는 이항대립적인 선택 중 어느 한 성으로 확고하게 귀속되는 것이 사람으로서 공식적인 인정을 받기 위한 전제 조건이 된다. 이렇게 태어나서 처음으로 주어지는 영구적이고 생물학적인 성 정체성은 항상 우리의 일생을 따라다니게 된다. 우리는 소년과 소녀에서 남성과 여성 성인으로 성장한다. 성적인 차이는 사춘기에 두드러지고 성적 차이에 의한 능력(임신할 수 있는 능력과 같은)은 성인이 된 자아의 중요한 부분을 형성한다. 남성과 여성은 매우 다른 신체적인 차이들을 가지기 때문에 남녀 간의 문화적, 사회적, 경제적, 정치적인 비대칭이 본래적이고 불변하는 생물학적 구분인 것처럼 생각하기 쉽다.

그러나 젠더 불평등에 관한 이런 일반적인 상식은 틀린 것이다. 남성 또는 여성이 되기 위해 알맞은 방식이 무엇인지를 생각할 때, 우리는 유전학의 방식을 따르는 것이 아니라 사회의 규칙을 따르는 것이다. 남성성과 여성성의 특징들은 허용 가능한 가치들을 코드화하여 내포하고 있으며 우리는 순탄한 사회 활동을 위한 전제 조건으로 그러한 가치들을 학습한다. 페미니스트 케이트 밀렛 Kate Millett은 젠더가 기질(개인의 성격과 그것의 발현), 역할(우리에게 주어진 또는 적절하다고 간주되는 행동), 지위(우리의 중요성과 타인에의 영향)를 깊이 형성한다고 주장했다(Millett, 2000[1969]: 26). 사적인 것에서부터 공적인 것에 이르기까지, 젠더는 누가 무엇을 얻게 되는지에 결정적인 영향을 미치며, 따라서 정치적인 권력의 발현이다. 젠더 규범과 젠더의 **실천**practices은 보상, 특권, 승리, 안식 또는 역으로 수치, 거절, 몰수, 배제라는 결과를 초래한다. 사회는 젠더와의 관련 속에서 구성되고 젠더는 사회를 계층화한다.

중요한 점은 젠더에 따른 행동은 시공간에 따라 그 의미가 달라진다는 것이다. 어떤 때에는 아무런 비판 없이 사실상 거의 고정적인 의미를 가지지만 다른 때에는 매우 논쟁적이고 유동적인 의미를 가진다. 리더십의 개념을 예로 들어 보자. 최근까지 지도자라고 하면 보통 남성, 그리고 남성성과 연관된 특질(합리성, 강함, 용기, 자율성)을 말하는 것이었다. 어떤 기준으로 측정해도 세계 정치는 남성 지도자들이 계속 지배하고 있는 것이 사실이다. 성공적인 여성들은 남성적인 기준에 맞춰서 일하거나 그 기준에 대항하여 일하도록 강요받는다. 1970년대에 영국의 첫 번째 여성 수상이었던 마거릿 대처는 목소리의 톤을 낮추라는 조언을 받아들였다. 그녀의 의식이나 정치적 신념의 내용과 정도가 달라진 것은 아니었다. 그러나 남성성(즉 리더십)에 맞춘 전달 방식이 유권자들의 의식 속에 함축된 부정적인 여성성(감정이나 신경질)을 극복할 수 있게 해 준 것이다. 다른 여성 지도자, 예를 들면 인도의 수상인 인디라 간디Indira Gandhi나 이스라엘의 수상 골다 메이어Golda Meir도 그 당시에는 남성적인 특질을 가지고 있다고 간주되었다. 메이어는 심지어 전임 수상이었던 다비드 벤구리온David Ben-Gurion으로부터 '정부 내 가장 훌륭한 남성'으로 불렸을 정도다.

페미니스트들과 젠더 연구자들은 일반적으로 성(생물학적 특성들, 주로 성기나 재생산 기능)을 젠더(남성성과 여성성을 표현하는 사회적 코드들)와 구분한다. 심지어는 매우 명백한 시작점도 — 기본적 성차의 존재 — 도전받아 왔다. 왜냐하면 우리가 남녀 간의 본래적인 구분이라고 이해하고 있는 것들도 역사적으로 변화 가능하며, 성차별주의적인 전제에 의해 형성되고, 새로운 형태의 의학적, 생물학적인 범주들에 의해서 변형되기 때문이다(Rubin,

1975; Butler, 1993; Repo, 2013). 중요한 점은, 비록 성이 어떤 의미에서 우리가 누구인지를 결정하는 요소이긴 하지만, 젠더는 우리 정체성의 집합적인 한도를 형성한다는 것이다. 이런 이유로 젠더는 "성차의 사회적 제도화"(Okin, 1998[1991]: 116) 또는 "사회적으로 강요된 성별 구분"(Rubin, 1975: 179)으로 불렸다. 젠더 연구는 남성과 여성의 구분을 주로 다루어 왔다. 왜냐하면 이것이 사회가 젠더 코드를 나타내는 기본적인 방식이기 때문이다. 젠더를 이해하는 것은 젠더 규범과 이념이 이항 대립적인 성의 이분법으로 축소되지 않는다는 것을 염두에 두면서, 남성성과 여성성이 어떻게 남성과 여성과 관련하여 구성되는지constructed를 분석하는 것을 의미한다.

남성과 여성 사이에 평균적으로 존재하는 어떠한 신체적인 차이들도 그러한 경향들을 확대할 수도 제한할 수도 있는 젠더의 구조에 의해 더욱 정교하게 구체화된다. 전 세계적으로 젠더 규범은 아이의 출생 또는 낙태 여부에 영향을 미친다(Hudson, 2009). 자라면서 어떤 음식을 먹을지, 근육과 팔다리를 어떻게 발달시키고 사용할지, 그리고 어떻게 달리고, 던지고, 쉬는지, 어떤 취미를 추구하도록 격려받는지, 누구와 친구가 될 수 있는지, 어떤 옷을 입도록 허락받는지, 어떤 화장실에 갈 수 있는지, 어떻게 말하고 행동하는지, 어떤 교육을 받는지(교육을 받는 것이 허락된다면), 가정에서 어떤 일이 주어지는지, 가족을 위해 또는 사회 집단을 위해 경제적으로 무엇을 제공할 것으로 기대되는지, 시민으로서 어떤 책임을 지는지, 언제 그리고 어떻게 공공장소에서 자신을 드러낼 수 있는지, 운전을 하는 것이 허락되는지, 어떤 스포츠 행사에 참여하고 참관할 수 있는지, 성적 경향이 허락되거나 심지어 인정되는지, 누구와 결혼하고, 파트너가 되고, 섹스할 수 있는지, 어떻게 예배하는지, 언제 어떻게 일상생활에서 폭력을 사용할 수 있는지, 언제 어떻게 정치체제를 위해 폭력을 사용하는 것이 기대되는지, 국가와 민족을 위한 희생에 대해 어떠한 기념이 가능한지, 자신의 몸을 다른 방식으로(공동체를 위해 아이들을 낳는다든지) 사용하는 것이 기대되는지, 역사 책에 어떻게 쓰일지, 문학·예술·

젠더화

프랑스 페미니스트 철학자 시몬 드 보부아르의 명언에 따르면, 여성은 태어나는 것이 아니라 만들어지는 것이다. 그 어떤 생물학적, 심리적, 경제적인 운명이 사회 속의 여성 인간이 표상하는 존재를 결정짓는 것이 아니다. 이 남성과 내시의 중간인 여성이라고 지칭되는 피조물을 만들어 내는 것은 총체로서의 문명인 것이다.

(Simone de Beauvoir, 1997: 295)

문화에서 어떻게 표현되는지, 사망 후에 타인들이 그 동기와 정체성을 어떻게 규정할지 등이 모두 젠더 규범의 영향을 받는다.

물론 젠더는 고립하여 기능하지 않는다. 언제나 젠더는 인종, 계급, 민족과 같은 다른 권력 구조와 결합된다 (제20장, 제13장, 제26장 참조). 우리에게 어떤 기회가 열리고 어떤 한계에 부딪히는지, 어떤 자유가 주어지고 어떠한 폭력을 접하게 되는지는 젠더뿐 아니라 많은 다른 요소에 의해 결정된다. 복합적인 권력 구조가 상호 작용한다는 것은 고려해야 할 정치권력과 종속이 항상 중층적이고 복합적이라는 것을 의미한다. 어떤 경우에 페미니즘은 모든 여성이 **가부장제**patriarchy(가장 단순하게 말하면 남성 지배)에 의해 배제되고 착취당하고 있다고 강조해 왔다. 그러나 다른 이들은 어떤 여성 집단의 경우 젠더와 동

시에 또는 젠더를 넘어서는 교차적인 억압을 경험한다고 주장해 왔다. 인종주의와 성차별주의를 제도화하고 있는 사회에서는, 젠더만으로 특정 인종 집단의 구성원에게 발생하는 일을 설명하기는 어렵다. 미국의 페미니스트 법학자인 킴벌리 크렌쇼Kimberlé Crenshaw는 미국의 법체제가 차별에 대한 주장을 다루는 방식에서 그러한 작용을 관찰한 바 있다. 1970년대에 흑인 여성들이 자동차 제작사인 제너럴모터스에서 해고당했을 때, 그들은 인종 차별 또는 성차별의 어느 한 경우에 의거하여 제소할 수 있지만, 두 경우 모두를 근거로 제소할 수 없다는 판결을 받았다. 그러나 여성들의 주장은 그 두 근거 모두에 의해 해고되었다는 것이었다. 단순히 여성이라서(왜냐하면 백인 여성들은 계속 고용되었기 때문에)도 아니며, 흑인 차별주의 때문만도 아니다(왜냐하면 흑인 남성들은 여전히 몇몇 직종에 지원 가능했기 때문에). 크렌쇼는 지배란 단지 하나의 권력 축에 의한 것이 아니기 때문에, 차별을 교정하기 위해서는 복합적인 위해와 **교차성**intersectionality을 고려할 필요가 있다고 주장했다(Crenshaw, 1989).

교차성은 세계 정치에서도 발견된다. 가정 폭력 쉼터에 접근하여 안전을 보장받을 가능성이 시민과 이주 여성 사이에 대조적으로 다른 점, 남성 성폭력 생존자가 난민이 된 상황에서 의료 구조를 요청할 수 없게 하는 동성애자 혐오 정치, 그리고 **지구 북반구**Global North의 대학의 집필자들인 백인 페미니스트들의 상대적인 특권적 지위 등에서 발견된다(Crenshaw, 1991; Sivakumaran, 2005;

요점정리

- 젠더는 사회적 구성물이다. 자주 대비되는 생물학적인 성sex과는 다르다. 젠더는 남성성과 여성성의 이상을 표현하는 사회적 규율을 의미한다.
- 젠더가 구성된다는 의미가 가상적이라는 의미는 아니다. 우리가 이것이 사실인 것처럼 행동하기 때문에 사실과 같은 힘을 가진다. 따라서 젠더는 사회 규율을 표현하고 실행하는 실천과 행위를 포함한다.
- 젠더는 특정 사람들이 젠더 규범과 젠더화된 행위를 수단으로 수혜를 받고 다른 이들은 피해를 보게 되는 까닭에 권력 구조이기도 하다.
- 젠더는 고립되어 존재하지 않는다. 젠더는 복합적인 방식으로 다른 형태의 권력과 상호 교차한다.

Ackerly and True, 2010). 따라서 젠더는 남성적/여성적 구분이 정치권력 작동의 핵심이기 때문에 중요할 뿐 아니라, 정치권력이 기반하고 있는 다른 위계질서에 의해 횡단되는 구분이기도 한 것이다. 젠더화된 차별, 폭력, 교육, 세력화, 무역, 외교, 공동체, 사랑(몇 가지만 나열해 본다면)은 모두 세계적인 현상이다. 이들은 물리적인 경계, 서로 다른 정치 공동체 그리고 낯선 것과 익숙한 것의 상상들 속에서 발생한다. 그리하여 페미니스트적 구호인 '개인적인 것이 정치적'은 곧 '개인적인 것이 국제적인 것'으로도 바뀔 수 있다(Hutchings, 1994; Enlow, 2014). 젠더는 개인적, 정치적 그리고 국제적인 것이다([참고 19-1] 참조).

지구의 젠더 관계

젠더 평등을 달성하는 것이 정치적 목표인 이들은 남성적 지배가 어떻게 기능하고 있는지에 대한 설명을 제공한다(제11장 참조). 가부장제는 젠더 레짐을 설명하는 하나의 방식이다. 하지만 페미니스트들 사이에는 이 용어의 적절성에 대한 논의가 있다. 가부장제는 너무 경직된 개념이라서 **젠더 관계**gender relations의 다양성을 설명하거나 교차성의 문제를 제대로 포함할 수 없는 개념이라는 것이다. 최근의 쟁점 중 하나는 남성의 젠더 경험을 어떻게 표현할 것인가이다. 많은 이가 페미니즘이 남성과 남성성의 분석과 양립 가능하다고 생각하지만, 페미니즘이 여성의 경험을 중시해 온 역사가 있는 만큼 제한적이라고 주장하는 이들도 있다(Jones, 1996). 자신이 페미니스트라고 생각하지 않는 학자들 또는 페미니즘을 학자적인 정체성보다는 우선적으로 활동가의 정체성이라고 생각하는 이들은 자신의 연구를 '젠더 연구gender studies' 또는 '비판적 남성성 연구critical masculinity studies'로 표현하고 있다. 젠더 연구 분야에서는 그 중립적인 용어가 시사하듯, 권력과 지배의 형태를 연구하고, 때로는 남성과 남성성을 중점적으로 연구하는 페미니스트 학자들이라고 해도, 해방과 같은 정치적인 질문이나 여성의 경험에만 중점을 두는 경향이 적다. 따라서 모든 페미니스트가 젠더를 연구하지만, 모든 젠더 연구자가 페미니스트는 아니다.

젠더는 다양하고, 유동적이며, 논쟁적인 사회 규범이기 때문에 특정 사람들의 속성이 아니라 개념과 실천의 맥락적 상호 작용으로 이해할 때 가장 잘 파악될 수 있다. 젠더에 대한 개념, 젠더 역할을 구성하는 대안적인 방식은 경계를 넘어 서로 만난다. 어떤 주어진 사회 환경 속에서, '남성성'과 '여성성'은 서로에 대한 관계 속에서 존재하는 개념의 집합체이며 남성성과의 대조적인 의미에 관한 질문 없이 여성성의 특질이 어떻게 기능하는지를 이해하는 것은 불가능하지는 않을지 몰라도 매우 어려울 것이기 때문이다. 예를 들어 '남성적'이라는 것은 어떤 특성에 대한 엄밀한 목록이 아니라 일반적으로 여성적이지 않은 것으로 나타난다. 이러한 측면에서, 젠더는 어떤 고정적인 본질을 가지는 특질을 의미하는 것이 아니라 남성성과 여성성의 반복되는 대치와 행위에 부여되는 의미인 것이다. 교차성의 관점에서 본다면, 서로 다르지만 겹치는 특성을 지닌 여성 집단이 젠더화된 용어로 보면 매우 다양한 성격을 지님을 알 수 있다. 모성의 특질, 섹슈얼리티의 허용 가능성, 지성, 취약성, 가사에 대한 적합성 등 모든 남성성과 대조적인 일련의 관념들이 그러하다. 그러나 남성성은 여성성과의 등식에서 언제나 또는 단지 지배적인 쪽에 있는 것은 아니다. 남성성은 또한 남성들 사이에 존재하는 권력관계와 젠더 규범이 그들에게 주는 피해의 방식을 이해하게 한다.

터렐 카버Terrell Carver(1996)의 단순 명료한 문장을 빌리

남성성이란 무엇인가? 참고 19-2

"남성들은 성기가 말 그대로나 상징적으로나 남성성에서 중심이라고 생각하지만, 성기는 보통 노출되지 않으며, 자주 검증받거나 검사받지도 않는다. 대신 복장이나 은유나 자랑을 통해 언급될 뿐이다. 그러므로 남성성이란, 남성에게 여성을 지배할 권력을 부여할 뿐만 아니라, 남성성을 가진 개인과 집단이 여성성이 부여된 개인과 집단을 지배할 수 있게 하며, 남성과 남성 사이, 그리고 특정 남성성과 다른 남성성 사이에 권력 서열을 만들어 낸다."

(Terrell Carver, 2014: 115)

자면, 젠더는 여성의 동의어가 아니다. 남성도 젠더를 가지며 젠더를 수행한다. 남성성이 남성의 행위를 어떻게 규정하는지를 이해하는 데 가장 많이 사용되고 있는 분석틀은 패권적 남성성이다(Connell, 2005). 코넬 R. W. Connell은 이 개념을 발전시키면서, 어떠한 젠더 레짐에서도, 대부분의 남성이 (그리고 많은 여성도) 항상 찬양하고 따라서 지배적이 되는 어떤 특성으로 대표되는 이상적인 남성성이 존재한다고 주장한다. 이 높은 지위에는 일종의 사회적 합의에 따른 가치가 부여되기 때문에, 이러한 종류의 남성성은 패권으로 불린다. 모든 다른 젠더 구성물과 마찬가지로, 패권적 남성성의 정확한 내용은 맥락과 역사적인 시기에 따라 다르지만, 지난 몇십 년간의 패권적 남성성의 가장 전형적인 예는 이성애, 백인, 활동성, 부, 합리성, 아버지, 군대, 애국과 관련된 특질을 포함한다([참고 19-2] 참조). 그리고 패권적 남성성은 자리를 옮겨 다닌다. 최근의 표상을 하나 예로 들어 보자. 동성애에 반대하는 종교 또는 문화 집단들이 국내 정치에 영향을 주기 위해 국경을 넘어 협력하고 있으며, 더 많은 LGBTQI(레즈비언, 게이, 바이섹슈얼, 트랜스젠더, 성적 정체성에 의문을 지닌 사람들, 간성) 권리를 위해 투쟁하는 사회 운동도 역시 그렇다(Rao, 2014). 이러한 면에서, 남성성과 여성성 개념은 국가 안보, 인권, 금융 통치 개념과 마찬가지로 국제사회에

넘쳐나고 증폭되며, 때론 실패한다(Picq and Thiel, 2015). 사실 젠더는 언제나 국가 안보, 인권, 금융 통치와 같은 개념의 일부분이다.

실존하는 남성이 패권적 남성성이라는 이상의 모든 면을 갖추기란 거의 불가능하다. 그것은 신기루를 추구하는 것과 같다. 패권적 남성성 hegemonic masculinity은 같은 젠더 체제 내에 존재하는 다른 형태의 남성성과 구분된다. 공모적 남성성 complicit masculinity이란 스스로가 지배적이지는 않지만 패권적 남성성과의 유대로 혜택을 입는 남성성을 말한다. 예를 들면 스스로가 군사 능력 시험을 통과할 만한 능력을 가지고 있지는 못하더라도 강력한 친군사적 의견을 피력하고 군대의 상징을 찬미할 수 있다. 종속적 남성성 subordinate masculinity은 패권적 남성성과의 관계에서 차별, 무시, 조롱의 대상이 되는 남성성이다. 종속적인 남성성을 표현하는 남성들은 배제되어, 남성 집단의 구성원들이 누리는 혜택을 모두 누리지는 못한다. 오늘날까지 공식적, 비공식적으로 게이나 퀴어 남성을 차별하는 사회에서는 (여전히 많은 사회가 그렇지만) 동성애를 종속적인 남성성으로 취급하는 것이 일반적이었다. 마지막으로, 소외된 남성성 marginalized masculinity은 젠더를 제쳐 둔 다른 구조들과 겹치는 까닭에 패권적 이상에 비추어 규탄되는 남성성이다. 이민자 또는 소수자 집단의 남성들은 그 남성들이 원래 속한 사회에서는 패권적 또는 공모적 남성성의 특징을 가진 것으로 인정될 수 있지만, 그들의 존재가 국가, 인종 또는 공동체의 정체성에 위협으로 인식되는 한 특권층 남성 집단에 받아들여지지 않는다. 남성적인 정체성들은 그 사회의 정치 구조에 따라 상당히 유동적이다. 예를 들어 파시스트 국가에서는 동성애자가 종속적이라기보다 소외적인 남성성으로 취급되어, 게이 남성들이 강제수용소에 보내지는 극단적인 결과로 이어졌다(Lautman, 1981).

'여성'이 단일한 범주가 아니며 젠더와 교차성의 서로 다른 경험에 따라 나누어지는 것과 마찬가지로, 남성성도 다양한 특질, 역할, 지위를 나타내며, 학자들이 남성성을 복수형으로 부르듯이 단일한 범주가 아니다. 종속적인 남성성의 예가 제시하듯이, 섹슈얼리티의 표현은 젠

이성애 규범성

참고 19-3

이성애 규범성 Heteronormativity은 암묵적 또는 명시적으로 남성과 여성 사이의 성애적 관계로 알려진 이성애를 인간 욕망의 '정상적' 또는 '올바른' 틀로 특권화하는 것이다. 이성애 규범성의 개념은 더 나아가, 예를 들어 핵가족(부모 역할의 남녀와 자녀들)같이, 역사적이고 사회적인 의미에서 명확하게 이성애적인 제도들에 대한 선호를 말한다.

더 지위를 구분하는 데 중심적인 역할을 한다([참고 19-3] 참조). 어떤 면에서 이성애 및 동성애에 대한 사회의 태도는 지난 100년간 전 세계적으로 크게 변화했다. 그러한 의미 있는 변화들에는 다음과 같은 것들이 포함된다. 동성애 관계의 법적 지위의 변화(주로 비범죄화, 그러나 때로는 범죄화), 동성애자 권리 및 LGBTQI 사회 운동의 성장과 확대, 동성애적 행위가 종교적·문화적·정치적 집단에 미치는 영향에 대한 두려움, 동성애적인 남성성과 여

성성의 규범의 다양성 또는 **젠더 퀴어**genderqueer 정체성에 대한 인정의 확대, LGBTQI 생활 방식에 대한 미디어 표현의 다양화, 이성애적 관계의 혼전 성관계에 대한 태도의 변화, **혼혈 생식**miscegenation에 대한 인종적 사고의 감소 등이 있다.

요점정리

- 젠더 연구와 페미니즘은 역사적으로 그리고 개념적으로 밀접한 관련이 있지만 동일한 것은 아니다.
- 젠더는 관계적인 것이다. 남성성과 여성성의 의미는 고정적이지 않으며 상호 연관성과 서로에 대한 대조로 형성되었다.
- 젠더는 다층적이다. 즉 '남성적' 또는 '여성적'인 것 이상이다. 특정 장소의 젠더 질서에 따라 언제나 다양한 남성적 또는 여성적인 방식이 존재한다.
- 젠더는 시간에 따라 변화한다. 적어도 젠더가 무엇을 의미하고 무엇을 의미해야 하는지에 대한 정치적 투쟁에 따라 그러하다.

지구 정치의 젠더화

거의 모든 나라에서 나타나고 있는 남녀 정치 지도자 및 정치 대표성의 큰 불균형을 생각해 보라. 국제의회연맹Inter-Parliamentary Union의 최신 데이터에 의하면, 르완다, 쿠바, 볼리비아, 멕시코만이 50 대 50 비율에 가깝다(각각 여성이 61퍼센트, 53퍼센트, 53퍼센트, 48퍼센트)(Inter-Pariamentary Union, 2018b). 권력에 대한 일반적인 이해에 따른다면, 정치가 젠더화되어 있다는 것은 명백하다. 정치 과정에서 여성들이 배제되어 온 역사를 뒤집는 것이 페미니스트 학자들의 수십 년에 걸친 핵심적인 연구 주제다(Fraser and Honneth, 2003). 이 불평등은 세계 최고의 통치 기구 포럼인 국제연합에서도 회원국들에 의해 지속

적으로 인정되어 왔다(제17장 참조).

페미니스트 시민사회 단체의 지구적 연대의 요구에 따라 국제연합은 1975년 멕시코시티에서 첫 번째 세계여성회의를 열었다. 임금 차별과 경제적 자립, 그리고 평화 달성을 위한 여성의 역할에 이르기까지 다양한 형태의 여성에 대한 배제를 논의하기 위한 공식적인 정부 간 정상회담이었다. 이 회의를 통해서 국제연합 여성발전기금 UNIFEM(나중에 다른 기관과 함께 국제연합 여성기구UNWomen로 통합되었다)이 설립되었다.

멕시코 회의는 그 뒤 1980년 코펜하겐, 그리고 1985년 나이로비 회의로 이어졌고, 나이로비 회의는 비정부기관

의 많은 참석과 페미니스트 단체들 간의 지구적 협력으로 인해 '지구적 페미니즘의 탄생지'라는 별명이 붙게 되었다. 1995년 베이징에서 열린 세계여성회의는 베이징 행동 강령에 이름을 남기게 되었고, 이 강령은 오늘날까지 여성의 지위를 가늠하는 기준이 되는 일련의 요구 리스트이다. 2000년에는 '베이징+5'로 발전되었다. 같은 해에 국제연합 안전보장이사회는 여성 운동의 역사적 산물로 여겨지는 결의안 제1325호를 통과시켰다. 이 결의안은 의사 결정 및 분쟁 해결에의 참여, 평화 유지 및 인도적인 맥락에서의 젠더 관점의 포함 그리고 여성과 소녀들에 대한 폭력 방지와 같은 일련의 쟁점들을 마침내 국제 정치의 가장 높은 수준에 포함한 것이었다. 결의안 제1325호의 성공적인 통과는 오늘날의 '여성, 평화 그리고 안전 보장' 의제의 개시를 알리는 것이었다(Davies and True, 2019 참조).

21세기에 들어서는 많은 수의 국제연합 안전보장이사회 결의안이 통과되었고 이들은 젠더 평등에 대한 헌신과 젠더화된 폭력의 근절을 더욱 분명히 하는 것들이었다. 그러나 **젠더 주류화**gender mainstreaming의 성과는 논쟁의 여지가 있다. 어떤 분야(예를 들어 초등 교육의 확대, 유아 사망률 감소, 1979년 여성차별철폐협약의 의무 규정 준수와 같은)에서는 의미 있는 진전이 있었지만, 다른 분야에서는 진전이 더뎠다. 또한 활동가들은 초기에는 다양한 여성의 배제(경제·정치적 평등에 대한 평가를 포함한)가 강조되었지만 이 의제가 분쟁 상황에서의 좁은 의미의 폭력 방지에 밀려 점차 약화되면서, 여성을 남성과 동등한 참여자로서보다는 구제되어야 할 피해자의 역할에 고정하는 효과를 가져왔다고 생각한다(Kirby and Shepherd, 2016). 국제연합 활동도 젠더를 단순히 남/여 이분법으로 규정하고 젠더와 성 정체성의 복합성에 주의를 기울이지 않았다는 비판을 받는다.

이러한 정책들은 그 영향력과는 별도로, 불과 몇십 년 전과 비교해서 지구 정치에서 젠더 쟁점이 매우 가시화되었음을 보여 주는 증거들이다. 남녀의 불균형이 나타나지 않는 국제 정치적 삶의 영역은 존재하지 않으며 동시에 어떤 수준의 분석도 젠더화된 구성과 무관하지 않다. 그리고 국제관계학의 가장 기본적 단위인 국가 그 자체의 젠더화된 정치를 추적하는 것도 가능하다.

근대 국가는 정부의 형식적인 보호하에 있는 영토 안과 그러한 보호가 없는 영토 밖을 구분하는 단지 통치의 영토적 단위만을 의미하지는 않는다. 민족국가라는 개념 그 자체가 철저히 젠더화된 개념이다. 홉스의 『리바이어던Leviathan』— 아마도 모든 정치 이론 중 가장 유명한 국가론 — 의 권두 삽화는 주권자의 몸을 남성으로, 시민들 또한 모두 남성으로 표현하고 있다(Carver, 2014). 따라서 이 남성적 균형은 남성 시민들의 집합, 개인 남성 왕 그리고 '남성적' 정치체(국가) 간에 성립된다. 그런 그림 표현에 더하여, 국가 내부에서 일어나는 것들을 표현하는 언어 그 자체('domestic')가 공적, 사적 공간 분리와, 남성 시민이 공적 영역을 지배하고 여성과 어린이가 가정에 위치 지어지는 오랜 전통을 반영하고 있다.

하지만 국가가 항상 남성으로만 표현되는 것은 아니다. 여왕들도 비슷하게 정치 공동체를 상징적으로 대표하고 그에 따라 지배하기도 했다(Towns, 2010). 국가는 모국Motherland이나 조국Fatherland의 두 형태로 나타나고, 가족과의 친화성을 통해 정당성을 획득하여 정치적 위계질서를 자연스러운 것으로 받아들이게 한다(Collins, 1998). 국가에 대한 충성을 나타내는 젠더화된 메타포는 다양하지만, 페미니스트 정치철학자 진 베스키 엘시테인Jean Bethke Elshtain은 두 가지 젠더화된 이상으로 나타나는 경향이 있다고 주장한다. 첫 번째가 '아름다운 영혼', 즉 외적으로부터 보호받아야 할 필요성을 상기시키는 순결한 여성성의 이미지다. 남성은 반대로, 가정을 보호하기 위해 전쟁으로 나가는 '정의로운 전사'의 역할을 할 것이 권장된다(Elshtain, 1995). 남성과 여성 모두 젠더화된 충성심은 국가와의 협상을 통해 만들어지는 것이다.

이 남성 전사와 가정 내의 여성이라는 이분법적 대조가 너무나 구식으로 보일지 모르나, 국가들은 여전히 이들을 대표하고, 시민들은 이런 젠더화된 용어로 국가를 상상한다. 즉 이상화된 특정한 시민들과 가치들을 가진

국가 말이다. 강한 국가의 형체는 전형적으로 남성적이며 — 남성적이고 이성애적인 — 이에 따라 식민주의, 점령, 혁명, 국익은 남성적인 저항, 여성적인 복종 그리고 이성애적인 정력으로 개념화된다(C. Weber, 1999). 외교 정책의 전략은 명백히 다양한 기관과 행위자의 복합적인 조합에 의해서 행해지는 것임에도 불구하고, 젠더화된 형상으로 간단히 표현되어 버린다. 이러한 현상은 [그림 19-1]의 1898년 미국의 쿠바 점령을 묘사한 『퍽Puck』지의 예에서 보듯, 정치 만화와 같은 시각적인 표현에서 가장 분명히 드러난다. 명백히 방어가 필요한 집단은 여성적인 형태로 표현되고 있으며 그들을 방어하는 (또는 방어하는 척하는) 이들은 전형적으로 꼿꼿하고 강직한 남성들이다. 침략자들은 놀라울 것도 없이, 정치 만화의 독자들의 입장에서 볼 때, 종속적 또는 주변적 남성성으로 표현되고 있다.

국가 형성의 프로젝트가 이상적인 젠더 질서에 깊이 의존하고 있기 때문에 국가에 대한 이해가 상이한 LGBTQI의 존재는 매우 불안정한 요소가 된다(Berlant and Freeman, 1992). 지금까지 배제된 공적 영역으로 진출하려는 LGBTQI의 노력이나 자신들의 이해가 더 잘 포용되도록 정치를 재구성하려는 그들의 노력 모두 많은 국가에서 지속적으로 저항에 부딪히고 있다.

정부들은 **반체제적 섹슈얼리티** dissident sexualities는 사회 통합에 대한 위협으로 보기 때문에 섹슈얼리티를 규제한다. 미국은 2010년 말까지 에이즈에 감염된 비시민권자의 입국을 금지했다. 에이즈는 LGBTQI 이민자들에게 한정되는 질병이 아님이 분명함에도, 이 금지는 역사적으로 형성된 동성애 혐오와 성적 지향의 타자들에게 오염될까 하는 두려움을 반영하는 것이다. 그 두려움은 미국 시민의 개인적 몸들뿐 아니라, 국가 그 자체의 '몸'에 대한 것이다(Frowd, 2004). 사실 국경 통과의 메커니즘 그 자체가 젠더화되어 있다. 대부분의 나라에서, 공식적인 서류에 (남성인지 여성인지) 자신의 성을 기술하는 것이 필수적이다. 아주 최근까지, 국가들이 젠더 정체성이 남녀 이항적인 선택에 합치하지 않는 사람들의 존재를 인

<u>그림 19-1</u> "나를 내 친구들로부터 구해 줘."

(『퍽Puck』지, 1898년 9월 7일)

정하는 방법은 없었다(네팔이나 독일과 같은 몇몇 국가에서는 현재 여권에 제3의 젠더를 인정하고 있다). **트랜스젠더** trans/transgender는 국경을 통과할 때 국가의 인정을 얻기 위해 끊임없이 분투해야 한다(Currah and Mulqueen, 2011).

섹슈얼리티에 대한 공식적인 차별 체제는 비록 그것이 국내적으로 실행되는 것이라 하더라도, 지구적 젠더 정치를 반영하는 것이다. 오늘날의 반동성애법의 많은 부분은 새로 독립한 국가들이 과거 식민지법을 유지한 경우에 발견된다(Human Rights Watch, 2008). 비교 연구에 의하면 과거 영국 식민지 국가들이 다른 식민지 국가들에 비해 오늘날 더 동성애를 범죄화하고 있는 것으로 나타났다(Han and O'Mahoney, 2014). 어떤 '문화'가 동성애 혐오적인지에 대한 연구는 따라서 19세기, 20세기 국제 정치의 지배와 저항에 대한 이해와 불가분의 관계다. 심지어 동성애라는 용어 그 자체도 제국주의의 역사와 분리해서는 이해하기 어렵다는 주장이 있다(Massad, 2007). 스스로 관용과 젠더 평등에 대해 자부심을 가지고 있는 국가들은 적국에 비해 자국이 더욱 문명적이라는 이유로 군사적 행동을 정당화하고 있다. 최근에는 게이 권리의 담론과 아프가니스탄과 이라크를 침공한 미국과 그 연합국의 군사주의의 조합을 두고 **동성애 민족주의** homonationalism라는 용어가 사용되기도 했다(Puar, 2008). 따라서 젠더와 섹슈얼리티는 일상의 정치를 형성하는 만큼 폭력의 정치도 형성한다.

┏━ 요점정리 ┃

• 젠더는 우리가 국제 정치에서 국가, 국가 지도자, 시민, 방어자를 표상하는 방식을 구성한다.
• 젠더화된 규칙은 국경을 넘는 것과 같은 국제 정치의 기본적인 요소들도 구성한다.
• 젠더 불평등은 오늘날의 정치 논의의 중요한 주제이며, 많은 국제기관은 공식적으로 젠더 관점을 매우 중요하게 여긴다.
• 국제사회는 조약, 국제회의, 국제연합 결의안, 특별 기구들을 통해 젠더 불평등의 해소를 위해 노력하고 있다. 하지만 어느 정도의 성과를 거두었는지 그리고 어떤 불평등이 가장 시급한지에 대해서는 여전히 논의가 진행 중이다.

지구 안보의 젠더화

국제관계학이라는 학문은 일반적으로 국가 안보를 매우 추상적인 형태로 이해해 왔다. 다양한 수준의 군사, 경제, 정치적 권력을 가진 국가가 서로 분리된 총체로서 상호작용한다는 것이다. 전통적인 해석에 의하면, 전쟁은 국가 지도자들이 국제 체제 내에서 상대적 권력을 최대화할 것을 추구한 결과다. 약한 국가가 제공한 기회를 이용하거나, 자국의 안보 이익을 오산하거나, 이익 집단의 부당한 영향력에 굴복하거나, 집단 안보 조약의 일부로서 행동하거나, 이것들의 조합이라는 것이다. 젠더 연구자들은 일반적으로 그러한 가정들에 큰 관심이 없다. 대신 전쟁의 수행에 있어 남성성과 여성성이 어떠한 역할을 하는지를 질문한다([사례연구 19-1] 참조). 누가 전쟁의 참여자로 포함되는지 그리고 전쟁과 안보가 어떻게 개념화되는지에 관심이 있다.

전형적인 병사의 표상은 남성이며, 전사의 정체성은 패권적 남성성의 이상의 중요한 요소로 포함된다. 젠더 연구자와 페미니스트 연구자들은 이상적 남성성은 전사를 훈련하는 데 핵심적인 역할을 해 왔다고 생각한다. 군사 훈련 체제에서는 여성적 특성을 버리고 남성적 특성을 고양할 것을 ― 심지어 **초남성성** hyper-masculine을 ― 자주 강조한다(Belkin, 2012). 군사적인 남성성을 형성하는 것은 매우 중요시되어 왔다. 왜냐하면 훌륭한 군대 생활은 생물학적인 남성들의 자연스러운 행동이 아니며, 병사로서의 특정 능력은 만들어져야 하기 때문이다(행동 단위 내에서 협력하는 것, 명령에 복종하는 것, 위험에 효과적으로 대응하는 것, 살인하는 것). 여성적인 특성들을 폄훼하는 것에 더해, 특정 군대가 게이, 레즈비언을 받아들이기 시작한 것은 매우 최근의 일이다. 가장 유명한 예로, 미군은 '묻지 말고 말하지 말라 Don't Ask, Don't Tell: DADT'는 정책을 오랫동안 시행해 왔다. 이것은 성적 취향이 군사력을 약화시키고 잠재적으로 국가 그 자체의 생존을 위협할 수 있다는 이유에서다(Butler, 1997; Kier, 1998). 동성애자 병사들은 이성애자 동료들을 교란하거나 그들에게 교란되는 대상이 되어 군의 일체감과 군대의 '형제애'의 연대를 약화시킨다고 주장되어 왔다. 2011년 DADT는 폐지되었지만, 트랜스젠더의 군 입대 금지 조치는 2016년 6월에야 폐지되었으며, 도널드 트럼프 미국 대통령은 2019년에 이를 성공적으로 복권했다. 아직도 상당한 수의 국가에서는 군사적인 역할에 섹슈얼리티 및 젠더 정체성에 따른 제한을 두고 있다.

군사적 남성성의 결과에 대해서는 연구자들의 분석이 일치하지 않는다. 한편에서는 국가의 보호자로 병사를 칭송하는 것은 이러한 이상을 실체화하는 것에 대한 사회적인 보상을 의미한다고 본다. 다른 한편에서는 병사화라는 것은 명백히 위험하다고 본다. 많은 병사는 전

게릴라 여성이 산호르헤 외곽의 장애물에서 경비를 서고 있다.
© Bettmann / Corbis / Getty Images

여성들은 수많은 분쟁에서 정치 폭력에 적극적인 참여자였다. 제2차 세계대전 중 거의 100만 명의 여성이 빨치산이나 소련 군의 일원으로 싸웠다(Goldstein, 2001: 65). 더 최근에 여성들은 스리랑카에서 게릴라, 미군의 전투원, 레바논에서 자살 폭탄조, 시리아 쿠르디스탄에서 민병대로 활동했다. 여성이 상당한 역할을 한 전쟁 중의 하나는 7만 5,000여 명의 사망자를 낸 1980~1992년 엘살바도르 내전이다. 냉전 중 라틴아메리카의 다른 국가에서 반복된 패턴처럼, 여성들은 군사 정권에 대항하는 혁명 좌파 무장봉기에 참여했는데, 이는 가난과 착취에 대한 대응이자 사회주의 실현을 위한 것이었다. 여러 면에서 그들의 동기는 참여한 남성들과 다를 바가 없었으나, 여성의 참여도가 상당히 높았다는 점이 특이했다(Kampwirth, 2004: 76). 파라분도 마르티 민족해방전선Farabundo Martí National Liberation Front: FMLN은 엘살바도르 내전에서 주된 반군 단체였는데, 종전에 이르기까지 여성은 군사 조직의 30퍼센트에 이르렀다(Viterna, 2006: 6). 여성들은 남성과 유사한 동기로 참여했으나, 그들

이 겪은 일은 내전 이전, 내전 중, 내전 이후에 걸쳐 남성들과 달랐다. 젠더화된 기대에 따라 아이가 있는 여성은 파라분도 마르티 민족해방전선의 전투원이 되지 못하고 난민으로 취급되었으나, 그 외의 여성들은 게릴라로 참여했다(Viterna, 2006: 27~28). 게릴라군에 합류하면서 여성은 '다른 범주의 여성'으로 간주되는 여성 동무las compañeras가 되었다(Ortega, 2012: 494). 이 여성들은 전통적인 여성의 일을 거부하고, 계속되는 위험한 전투에 참여했으며, 파라분도 마르티 민족해방전선 내에서 중요한 지도자 역할도 맡았다. 또한 반란에 여성들이 참여함으로써 군사적 남성성에도 변화를 불러와, 남성 혁명가들도 부드러움, 여성적인 측면 그리고 심지어 가사 노동까지도 받아들이게 되었다(Ortega, 2012).

여성 동무들은 광범위하고, 군사적이고, 폭력적이었고, 야전 지도자 역할도 자주 맡았으나, 내전이 끝나자 대부분 전통적인 젠더 역할로 되돌아갔다. 평화 협정으로 사회의 구조 개혁이 이루어질 것이라는 기대는 실현되지 않았고, 이전의 유동적이었던 혁명적 젠더 규범들도 전형적인 형태로 복귀했다(Ortega, 2012). 내전 중에는 젠더의 차이보다 계급적 단결이 강조되었으나, 평화 협정 이후에는 많은 여성 게릴라들이 파라분도 마르티 민족해방전선과 결별하여 더 노골적으로 페미니즘을 지지했고, 이로 인해 때로는 배신자로 비난받기도 했다(Shayne, 2004; Kampwirth, 2004).

질문 1 여성이 정치 폭력에 참여한 역사적인 사례들은 젠더 규범에 대해서 무엇을 말해 주는가?

질문 2 전쟁이 끝난 후에는 왜 젠더 규범이 전통적인 역할로 되돌아가는가?

장의 경험에서 신체적인 부상이나 특정한 남성성에 대한 기대에 부응하지 못하는 정신적인 부담으로 인해 고통받는다(Whitworth, 2004).

전사의 이미지가 젠더화된 남성이라면, 전쟁 시의 민간인은 젠더화된 여성이다. 신시아 인로Cynthia Enloe(1990)가 주장하듯이 남성은 내재적으로 폭력적이라고 간주되며, 취약한 이들은 '여성과 아이들'이라는 용어로 구분 없

이 논의된다([참고 19-4] 참조). 이런 인지적 지름길은 젠더와 정치 폭력이 어떻게 기능하는지에 대한 비판적 고찰 없이 누구에게 살인이 허용되는지 즉각적으로 판단하게 한다. 생물학적 성이 내재적이고 불변하는 특성을 가지고 있다는 믿음을 **본질주의**essentialism라고 한다. 이러한 개념의 한 예가 모든 남성은 공격적이고 모든 여성은 배려가 많다는 믿음이다(Phillips, 2010). 페미니스트 학자들

통찰: '전투 연령 남성' 또는 '병역 연령 남성'

군사적으로는 약 16세와 50세 사이의 남성을 잠재적인 전투원으로 상정하고 그렇게 대하는 것이 보통이다. 스레브레니차 학살에서 보스니아 세르비아군도 마찬가지였는데, 명목적으로는 민간인일지라도 특정 연령대의 남성을 모두 잠재적 위협으로 간주했기 때문이다. 이는 미군의 현재 무인기 작전의 법적 정의의 한 요소이기도 한데, 별도로 증명되지 않는 한 모든 전투 연령 남성을 전투원으로 가정하고 있다(Becker and Shane, 2012). 이러한 가정은 매우 젠더적인 것이다.

을 포함하여 특정한 종류의 본질주의를 옹호하는 학자들도 있지만, 전쟁의 젠더화된 역할에 대해서는 가해자와 피해자에 대한 환원주의적인 견해를 의심할 만한 충분한 이유가 있다. 사실상 그런 본질주의적인 생각은 다름 아닌 삶과 죽음과 연관된 문제로 귀결된다.

1992~1995년의 보스니아 전쟁에서는, 세르비아군에 의한 무슬림 시민들의 대량 학살 작전이 예상되었음에도 불구하고, 인도적 기관들은 스레브레니차 마을과 같은 지역에서 여성과 어린이들의 피신을 우선적으로 실시했다. 이 기관들의 기계적인 전제는 여성과 어린이들이 가장 취약하다는 것이었다. 그러나 그들 자신의 규정을 조금 더 신중하게 적용하기만 했더라도 여성과 어린이들에게 그 어떤 끔찍한 일들이 일어난다 해도, 남성과 청소년들도 피난하지 않으면 학살당할 것이라는 사실이 분명했을 것이다. 결국 바로 지난 몇십 년간 발생한 가장 악명높은 학살 중 하나로 남게 된 8,000여 명의 남성 민간인들이 학살당하는 일이 발생한 것이다(Carpenter, 2003). 이 남성들과 청소년들이 겪은 진정한 위험에 대한 인식 부족은 여성의 취약성과 남성의 능력 및 폭력 성향에 대한 젠더화된 성급한 인식이 낳은 직접적 결과였다.

전쟁이 수행되는 공식적인 기간에 발생한 것들만 조사할 때, 우리는 전쟁의 전후에 젠더가 어떤 역할을 하며 전쟁터에서 먼 곳에서 일어나는 일을 어떻게 구성하는지를 무시하는 우를 범하게 된다. 이미 살펴본 바와 같이 국가의 이미지가 젠더화되는 것에 더하여, 전쟁 준비는 사회 전반에서 군사적인 가치(일반적으로 매우 남성적인)가 장려되는 **군사주의**militarism의 실행과 밀접하게 관련된다

(Enloe, 2000). 따라서 젠더화된 안보와 애국심은 대중문화, 국경일, 스포츠 대회에서 발견되며, 심지어 식품 포장에서조차 발견된다. 조직된 폭력 분쟁 이후에, 평화 회담은 실질적으로 남성들이 지배적인 무장 단체와 외교관들과 같은 지도자들에 의해서 진행된다. 지난 몇십 년간 페미니스트 운동가들의 목적은 협상 테이블에 여성들이 참여하는 것이었다. 그렇지 않으면 여성들이 전쟁에서 겪는 다른 경험과 사회 경제 내에서 담당하는 다른 젠더 역할이 무시되기 쉽기 때문이다. 따라서 여성의 참여는 보다 더 많은 사회 구성원의 필요를 반영하는 협상이 가능하도록 하며, 논쟁의 여지는 있지만 더 강력한 평화를 만들 수 있다.

요점정리

- 젠더 규범은 누가 폭력을 사용할 수 있으며 누구에게 폭력이 사용되는지에 영향을 미친다. 이러한 규범은 사람을 병사나 민간인으로 만들며 누가 가장 위험에 처해 있는지에 대한 현실을 왜곡할 수 있다.
- 지구 안보는 남성성(전쟁 연령의 남성과 같은)과 여성성('여성과 어린이'와 같은)에 대한 전제들에 의해 만들어진다.
- 남성은 폭력적이며 여성은 취약하다는 것과 같은 단순한 개념은 유지되기 어렵다. 젠더 분석은 개인들이 처해 있는 젠더적 위치의 복합성을 이해하는 데 도움이 된다.
- 젠더는 전쟁 준비, 수행, 그리고 전후 처리에 있어 매우 중요한 요소다. 젠더는 정치 폭력의 과정에서 재구성된다. 하지만 전쟁이 끝나면 전형적인 젠더 역할이 다시 등장하기도 한다.

지구 경제의 젠더화

젠더는 정치와 전쟁에 스며들어 있는 것 외에도 지구 경제의 권력을 위계화하기도 한다. 젠더는 공식적, 비공식적 두 가지 경제 활동 모두에서 중요한 역할을 한다.

지난 세기 동안 여성들의 공식적 노동 시장 경제의 참여 — 급여를 지불하는 회사나 기관에 지원하거나 직업을 얻는 능력 — 는 매우 증가했다. 여성들에게 특정 직업을 명백히 금지하는 국가들이 아직 존재하긴 하지만, 젠더에 따른 직업 제한은 상당히 줄어들었다. 이러한 변화들이 쉽게 달성된 것이 아니며 단선적으로 발전한 것도 아니지만, 지구 경제는 분명히 바뀌고 있다. 1910년에서 1920년 사이에, 미국에서 사무실과 공장에서 일하는 여성들의 수가 약 30만 명 늘었다. 반면 하인이나 가정부로 일하는 여성들은 거의 같은 수만큼 줄었다(Greenwald, 1980: 14). 이러한 변화를 촉진한 것은 제1차 세계대전이었다. 남성들이 모두 전쟁터로 보내졌고, 국가는 전쟁을 위한 생산에 매진했기 때문에, 여성들이 전통적으로 남성들이 하던 일을 할 필요가 있었다. 이 새로운 직업들은 여성들의 자주성을 증진시켰고(왜냐하면 그녀들이 직접적으로 임금을 받게 되었기 때문에) 여성들이 할 수 있는 것들에 대한 인식을 변화시켰다.

이러한 유형은 제2차 세계대전 때에도 반복되었고 더욱더 가속화되었다([참고 19-5] 참조; Summerfield, 2013; Higonnet and Higonnet, 1987). 하지만 전쟁 간, 그리고 전후에 여성들은 대체적으로 그들의 전통적인 직업으로 돌아갈 것으로 기대되었다. 그리고 공식적인 노동 시장에 진입하는 과정에서 그녀들이 종사했던 일들은 사회적으로 '여성적'인 것으로 재정의되어 높은 임금 수준을 유지하였던 '남성적인' 고용과 구분되었다(Milkman, 1987). 남성과 여성은 직장에서도, 그리고 공식적인 일(임금노동, 정규직)과 가정(무보수, 사적)의 구분에서 서로 다른 일이 적합하다고 여겨졌다. 이것이 **노동의 성적 분업**sexual division of labour이라는 것이다. 그러나 남성과 여성에게 적합한 노

동이라는 구분은 시간이 지남에 따라 변화했다. 이 구분은 본질적인 능력에 따른 변화가 아니라, 특정 시기 사회의 남성과 여성 사이의 권력의 불균형을 반영하는 것이

리벳공 로지
참고 19-5

리벳공 로지는 제2차 세계대전 중 여성의 경제적 역할의 변화를 보여 주는 원형이자 롤모델이다. 그녀는 폭격기 철판 조립 작업에서 기록을 세웠던 로즈 히키Rose Hickey라는 실제 여성에 일부 기반을 둔 인물이다. 여성들의 전쟁 노력에 대한 참여를 독려하기 위해 제이 하워드 밀러Jay Howard Miller가 1942년에 만든 '우리는 할 수 있다We Can Do It' 포스터의 인물 이미지와 그녀의 이름이 연관된다([그림 19-2] 참조). 이후 이 포스터는 여성 세력화의 시각적인 상징이 되어, 세계적으로 수백 개의 다른 버전으로 나타난다.

그림 19-2 제이 하워드 밀러의 전쟁 노력 포스터, 1942

출처: Everett Historical / Shutterstock.com

다([사례연구 19-2] 참조).

여성 노동은 의류 산업과 같은 특정 산업에서 선호된다. 남성 노동보다 저렴하기 때문인데, 다시 말하지만 이러한 임금 차이는 권력관계가 반영된 것이다. 회사들은 최대 이윤을 확보하기 위해 값싼 노동을 추구하고, 이는 자주 '여성 불리의 비교 우위comparative advantage of women's disadvantage'로 표현되어 온 젠더화된 계산을 의미한다(Kabeer, 2000: 5). 여성이 하는 일은 때로 남성에 비해 더 비정규적이고 불안정한 경우가 많기 때문에 노동 환경 그 자체가 매우 젠더화되어 있다. 특정 상품이 주로 이러한 노동에 의한 것일 때, 남성 노동자는 새로 진입하는 여성 노동자들에 의해 대체된다. 이것은 여성들이 '원래부터 당연히' 값싼 노동자이기 때문이 아니라, 젠더가 — 다른 교육 기회, 다른 행동 규범, 가정과 공동체에서의 위계질서, 그리고 다른 사회적 책임을 통한 — 그러한 구분을 지지하고 조장하기 때문이다. 불안정하고 기피되는 노동은 이렇게 '여성적'인 특성과 연계된다. 이것이 학자들이 **여성화된 노동**feminized labour이라고 부르는 것이다(Ramamurthy, 2004; Peterson, 2005; Robinson, 2011).

지구화globalization(**제1장 참조**)가 국가의 무역 장벽을 무너뜨리고 단일한 지구 체제 내의 생산 과정의 상호 연결을 만들고 있기 때문에 일부 사람들은 고용 안정성을 상실했다. 그리고 그런 안정된 직업들은 대체적으로 남성들의 직업군들이었기 때문에 지구화로 인해 이런 직업들이 불안정한 여성 노동으로 대체되었다는 주장도 있다(Acker, 2004). 이에 따른 결과 중 하나가 국가 자율성과 전통적인 고용 체제를 남성적인 목소리로 강조하는 지구화에 대한 반동이었다. 우리가 구체적인 상품으로 구입하는 것들(셔츠, 스마트폰, 커피)은 지구상의 여러 곳에서 발생하는 생산 과정의 마지막 결과물이다. 이러한 상품 생산의 '국가적' 기반의 해체는 국가 간 또는 국가 내의 남녀 노동자의 관계도 변화시켰다. 다시 말해 지구화의 불균등성이 젠더화된 것이다.

지구화와 무역 자유화의 젠더적인 효과는 복합적이며 어떤 면에서는 모순적이다. 여성들이 공식 경제에 참여함에 따라 새로운 종류의 세력화를 경험하게 되었다. 그러나 지구적 투자 흐름의 이동성에 따라 더 큰 취약성도 경험하게 되었다(Peterson, 2005: 510; Kabeer, 2000). 따라서 늘어난 직업은 덜 안정되고 저임금의 일을 의미한다. **지구 남반구**Global South 여성들의 일의 젠더화와 빈곤의 복합적인 효과는 그 자체가 젠더와 다른 형태의 권력이 교차하는 사례다. 경제적인 환경과 폭력 및 착취의 교차성에 대한 연구와 마찬가지로, 젠더 역할에 대한 지구화의 시혜적 또는 해악적인 효과에 대한 논쟁도 계속되고 있다(True, 2012).

이렇게 생산 경제의 일부 또는 금전적인 성격의 공식적인 노동 형태에 더해서, 젠더는 이와 병립하는 재생산의, 그리고 대체적으로 비금전적인 경제의 존재에 대해서도 환기한다(Acker, 2004: 25). 재생산 경제는 출산과 양육만을 포함하는 것은 아니며, 여성들이 담당해 온 넓은 범위의 가사 또는 돌봄 노동을 포함한다. 경제학자들은 주로 생산 경제, 즉 산업 생산, 임금 수준의 변화, 지구적 상품 사슬, 주식 시장 변동, 국가 부채 등에 대해서 분석한다. 그러나 그들은 어떤 다른 경제 활동이 일어나기 이전에 필수적인 활동인 가정이나 가족 내에서 발생하는 종류의 일들에 대해서는 주목하지 않는 경향이 있다(Peterson, 2005). 이러한 측면에서, 재생산 경제는 생산 경제에 선행한다. 이것은 생산 경제를 가능하게 하는 모든 활동이다. 쉼터, 양육, 기초 교육, 돌봄이 없이는, 임금을 위한 성인 노동은 있을 수 없다. 여성들은 재생산 노동이 인정되지 않기 때문에 고용의 이중 부담에 — 유임 노동과 무임 노동 — 직면하게 된다고 주장한다. 국가와 조직화된 폭력에 당연시되는 젠더화의 측면이 포함되어 있는 것처럼, 경제 또한 근본적으로 젠더화된 권력의 형태에 의존하고 있다.

물론 모든 여성이 재생산 노동을 수행하고 모든 남성이 생산 노동의 수혜를 입고 있다는 것은 맞지 않다. 어떤 여성들 — 주로 부유하고 교육받은 **지구 북반구**Global North의 백인 여성들 — 은 지위가 낮은 남성들이나 지구 남반

아시아의 신노예제와 돌봄 노동

'가정domestic', '집home', '가족family' 노동이라는 용어로만 보면 돌봄 노동이 정치와 정반대라는 인상을 준다. 정치 생활이 전쟁과 평화, 진보와 비극, 갈등과 화해와 같은 중대한 문제에 관한 것이라면, 돌봄 노동은 정치와 무관한, 요리, 청소, 세탁 같은 단순하고 진부한 일처럼 느껴질 수도 있다. 그러나 재생산 경제는 상당한 국제 이동과 이를 장려하고 관리하려는 목적으로 지정된 국가 정책에 기반을 두고 있다. 정부는 돌봄 노동 인구의 유입을 보장하기 위해 경제 협정을 체결하고 비자 프로그램을 설계한다(Peng, 2018).

국제노동기구ILO에 따르면, 전 세계적으로 1150만 명의 이주 가사 노동자가 있으며 고소득 국가에서는 전체 가사 노동자의 약 66퍼센트가 이주 노동자인 것으로 추정된다(ILO, 2015: 9, 11). 그러므로 재생산 노동의 국제적 분업 또는 소위 '지구적 돌봄 사슬'(즉 '돌봄'도 다른 상품과 유사한 방식으로 생산됨을 의미함)이 존재하는 것이다(Yeates, 2004). 일부 돌봄 노동에 남성들도 참여하지만, 대부분의 가사 노동자는 여성이며(Parreñas, 2012: 272), 여성은 전체 이주 가사 노동자의 약 75퍼센트를 차지한다(ILO, 2015: 7). 필리핀의 경우 여성 가사 노동자 및 돌봄 노동자의 이주가 경제의 주요 특징이다. 이 여성들은 여타 아시아 국가, 중동으로 이주하는데, 일부는 서유럽과 미국으로 가기도 한다. 예를 들어 거의 60만 명의 외국인 가사 노동자들이 싱가포르, 말레이시아, 홍콩에서 증가해 가는 중산층이 필요로 하는 서비스를 제공한다(Ong, 2009). 이들 국가의 수많은 가정부가 필리핀 출신인데, 이들은 순종적이고 효율적인 가사 노동으로 평판을 얻고 있다. 이들이 하는 일은 더럽고, 힘들고, 때로는 위험하다. (여성) 가정부라는 젠더화된 상황으로 인해, 이들에게는 일반 노동자들에게는 주어지는 일정한 보호 장치가 없으며, 가정부들은 힘겨운 잡일을 하면서 자유를 제약당하므로 이들의 상황은 '신노예제'로 표현되기도 했다(Ong, 2009).

필리핀 여성 이주 노동은 다국적 젠더 관계에 의해 구조화된다. 부유층 및 중산층 여성은 필리핀 이주 여성을 가사 노동자로 고용하고, 이 이주 여성들은 돈을 본국으로 송금한다. 가족을 돌보기 위해 친척에게 의존하거나 필리핀에 위치한 더 빈곤한 필리핀 여성들의 상대적인 저임금 서비스를 이용해야 하기 때문이다. 그러므로 재생산 노동의 국제적 분업은 돌봄 노동의 국제적 이전을 초래한다(Parreñas, 2000: 561). 더 부유한 가정이 가정부를 고용할 수 있는 능력은 계급적 위치에서 기인하며, 일부의 필리핀 여성 노동자들만이 이주를 할 수 있는 능력도 마찬가지다. 인종적인 전제와 시민권의 제약은 지위와 삶의 경험을 더욱 구체화한다. 이러한 특징들이 교차하여 다양한 방식으로 여성의 기회와 취약점을 구성한다. 지구적 돌봄 사슬 전체가 여성으로 채워져 있는 점은 젠더에 의한 효과이지만, 돌봄 노동의 국제적 동인은 여성성 내부의 위계질서이기도 하다(Parreñas, 2000: 577). 더 부유한 여성의 경우, 경제적 독립성의 증가로 전통적인 가사 의무에서 탈출할 수 있게 된다. 그러나 그 역할은 누군가가 대신해야 한다. 남성의 확립된 사회적 지위는 가사일에 대한 기대로부터 그들을 주로 보호하고, 남성은 시간이 있어도 재생산 노동에 참여할 가능성이 작기 때문에(Groves and Lui, 2012), 가사의 부담은 이주 여성들에게 전가된다.

국가는 직접적으로 이 과정에 관여되어 있다. '노동력 송출' 국가인 필리핀은 이주자들을 국가적 상품으로 장려하며, 필리핀 돌봄 노동에 대한 진입 장벽을 낮추기 위한 외교에 경주한다(Rodriguez, 2008). 필리핀은 필리핀 여성이 돌봄 노동의 지역 및 지구 시장에서 상당한 점유율을 유지하도록 기업들과 긴밀하게 협력한다. 이러한 의미에서 국가는 자체적인 국가 발전 전략의 일환으로 이주 노동자들의 중개자 역할을 수행한다. 한편 수용국에서는 필리핀 가사 노동자들이 취업 비자 제한을 받고, 공공장소에서 모이는 것을 제지당하며, 어떤 경우에는 고용주의 가정 내에서만 일해야 하는 경우도 있다(Ong, 2009). 요약하면, 돌봄은 철저히 국제적이다.

질문 1 돌봄 노동은 왜 전통적으로 여성의 몫이 되었나?
질문 2 주류 국제관계학에 초국가적 돌봄 노동이 던지는 함의는 무엇인가?

구의 많은 남성보다 지구 경제에 훨씬 더 큰 영향력을 미친다. 계속되는 임금 격차와 비즈니스 및 정치 영역에서 의 낮은 대표성에도 불구하고 과거의 어느 시점보다도 오늘날의 여성들이 더 큰 경제력을 행사하고 있다. 어떠

한 일반화도 지구 경제 내의 젠더 동학의 복합성과 지속적인 변화를 간과하는 위험이 있다. 그러나 여성이 재생산 노동을 담당하는 경향이 있으며, 그 노동이 생산 경제에서보다 낮은 보상을 받고 있다는 것은 분명한 사실이다. 예를 들면 지구적인 수준의 의료 돌봄에 기여하는 여성들의 무보수 노동의 가치는 매년 1조 5000억 원에 이른다(Langer et al., 2015). 젠더적 시각은 직업, 무역, 발전의 가시적인 연계의 불균형과 '사적' 영역에서 발생하는 덜 가시적인 일의 불평등이 젠더 정치와 밀접하게 얽혀 있음을 일깨워 준다.

요점정리

- 젠더는 경제 행위를 구성한다. 그리고 젠더 이념은 여성의 노동이 저평가되고 불안정해지는 노동의 성적 분업을 지탱한다.
- 경제의 젠더화된 특징은 임금 노동과 관련한 것뿐 아니라, '재생산 경제' 내의 보이지 않는 종류의 노동까지 포함한다.
- 재생산 및 돌봄 노동의 흐름은 오늘날 지구 경제의 주요한 요소다.
- 성별 역할 분담의 다층적인 양태에도 불구하고, 지구 경제 내의 남녀 간 불균형을 특징짓는 단순하고 유일한 방식은 없다. 어떤 여성들은 엄청난 경제적 권력을 행사하고 많은 남성도 빈곤과 억압적인 노동 환경에 직면하고 있다.

맺음말

젠더가 존재하지 않는 지구 정치 영역은 없다. 동시에 젠더가 지구 정치의 모든 현상을 결정하는 요인은 아니다. 대신 젠더는 권력의 구조이며, 변화 가능한 동학이며, 다른 형태의 권력, 정치 동학, 그리고 정체성과 상호 작용하는 정체성의 네트워크다. 젠더는 일차적인 성적 차이와 동일한 것이 아니며, 개인들이 자신을 정체화하고 사회가 남성성과 여성성의 이념을 전개하는 다양하고 풍부한 방식들을 의미한다. 그러한 이념들의 상호 작용을 연구하는 방식은 다양하며, 젠더 규범이 지구 정치를 어느 정도로 구성하고 결정하는지에 대한 논쟁은 계속되고 있다.

젠더가 여성과 동일어는 아니지만, 여성이 젠더 구조에 의해 부정적인 영향을 받는 경우는 매우 많다. 또한 남성을 더 큰 위험에 처하게 하거나, 여성에 대한 남성의 권력을 잃게 하는 젠더화된 기대도 많다. 더욱 복합적인 상황에서는 '남성' 또는 '여성'에게 직접적으로 나쁜 것으로 간단히 규정하기 어렵지만, 젠더의 역할을 고려하지 않고는 이해하기 어려운 상황들도 많다. 남성성과 여성성은 순환하는 규약과 존재 방식이며, 따라서 남성과 여성의 이분법으로 환원될 수 없다. 젠더는 섹슈얼리티의 실행과 매우 밀접하게 연결되어 있다 — 또는 이를 포함한다. 젠더 규범의 실질적인 효과는 상황이나 다른 요소들의 영향에 따라 달라진다. 이러한 이유로 인해 젠더는 그 자체만으로 분석의 대상이며, 다른 지구 정치 과정에 기여하는 요소이며, 모든 이론적 시각에 의해 고려되어야 할 중요한 요소인 것이다.

토론주제

1. 섹스와 젠더의 차이는 무엇인가?

2. 젠더가 어디서든지 발견된다는 것은 젠더를 그 자체의 구체적인 연구 주제로 간주하기보다 지구 정치의 모든 현상에 젠더가 적용된다고 생각해야 하는 것을 의미하는가?

3. 섹슈얼리티는 어떻게 젠더와 연관되는가? 섹슈얼리티는 국제관계학자들이 고려해야 할 중요한 주제인가? 그렇다면 왜 그러한가?

4. 전쟁은 남성적인 행위인가? 전쟁은 남성에게 좋은 것인가?

5. 지구화는 여성에게 좋은 것인가? 어떤 여성들에게 그리고 어떻게 좋은 것인가? 만약 아니라면 왜 아닌가?

6. 제대로 된 젠더 연구는 여성만큼 남성도 중점적으로 연구하는 것을 의미하는가?

7. 이 장 말미에서 다룬 주제를 생각해 보자. 젠더는 어떻게 나타났나? 그리고 그 영향은 어떤 것이었나?

8. 정부간기구 또는 비정부 운동을 통한 젠더 평등 달성에 대한 전망은 어떠한가?

9. 지구적 수준에서의 젠더적인 태도는 크게 변화하고 있는가? 어떤 방식으로 변화하고 있는가?

10. 구조로서의 젠더와 국제관계이론으로서의 페미니즘의 관계는 어떤 것인가?

이 장의 객관식 문제를 풀어 보면서 학습 내용을 잘 숙지하고 이해했는지 평가해 보자.

• www.oup.com/he/baylis3xe

Race in world politics

개요

이 장은 인종이 인류를 여러 집단의 위계로 구분한다는 점에서 세계 정치의 근본적 조직 원리로 이해될 수 있다는 사실을 소개한다. 첫 부분에서는 인종이 등장하는 역사적 과정, 특히 유럽의 제국주의적 팽창과 식민화를 탐구할 것이다. 두 번째 부분에서는 인종 개념에 대한 주요 논쟁을 다룰 것이다. 세 번째 부분에서는 이러한 역사적, 개념적 논의들에 기초하여 인종이 계속해서 세계 정치를 질서 짓는 새로운 방식을 탐구해 보고자 한다.

세계 정치에서 인종의 문제

로비 실리엄Robbie Shilliam

차태서 옮김

핵심 질문

- 인종 문제의 지구적 영향을 이해하는 데 유럽 제국주의와 식민주의의 역사는 어떻게 중요한가?
- 인종, 생물학, 문화 간의 관계는 무엇인가?
- 현대 세계 정치는 과거에 비해 덜 인종 차별적인가?

머리말

인종은 언제나 국제관계학의 근본적 관심사였다. 실제로 국제관계학의 형성기에 인종은 주변적 쟁점이 아닌 중심 문제로 논의되었다. 제1차 세계대전 이후 미국의 저명한 흑인 지식인인 윌리엄 E. B. 듀보이스 W.E.B. Du Bois 는 『포린 어페어스 Foreign Affairs』에 「인종의 세계들 Worlds of Color」(1925)이라는 논문을 발표했는데, 여기서 그는 과거 20여 년간 해 왔던 예측을 반복했다. "20세기의 문제는 인종 구분의 문제 ─ 아시아, 아프리카, 아메리카, 해양 군도들에서 유색 인종과 백색 인종 간의 관계 문제 ─ 다."(Du Bois, 1961: 23)

『포린 어페어스』는 외교 정책 분석에 관한 한 최고의 학술지 중 하나였으며, 지금도 그러하다. 하지만 로버트 비탈리스 Robert Vitalis(2010)가 지적한 것처럼 이 저널은 원래 『인종 발전 저널 Journal of Race Development』이라는 이름으로 처음 발간되었다. 실제로 오늘날 몇몇 학자의 주장에 따르면, 20세기 초반 세계 정치를 공부하던 지식인들에게 가장 중요했던 관심사 중 하나는 (아마도 국가 간 관계보다도 더) 제국 통치의 문제였다고 한다. 그리고 인종은 제국의 질서와 통치에 핵심적이었다. 그러나 주류 국제관계학자들은 듀보이스가 당대 최고의 국제관계학 학술지에 글을 썼음에도 불구하고 제1차 세계대전의 인종적 원인에 대한 그의 설명을 무시해 왔다.

그런데 '인종'이란 무엇인가? 이 질문에 대한 쉬운 답변은 존재하지 않는다. 보통 인종주의라는 단어는 '백인', '흑인', '아랍인', '유대인' 등으로 인류를 집단적 위계로 질서 짓는 생물학적 구분에 근거한 편견을 떠올리게 한다. 그러나 세계 정치의 조직 원리로서 인종은 피부색, 얼굴 생김새, 모발 조직 등을 훨씬 넘어서는 문제다. 이 용어의 기원들에 대해 간략히 살펴봄으로써 우리가 인종을 이해하는 지평을 확장할 수 있을 것이다.

유럽인들이 아메리카의 '신'세계를 '발견'하고 정복한 콜럼버스 시대 이전에 인종 ─ 혹은 로망스어로 라자 raza ─ 은 흥미로운 의미를 지니고 있었다. 그 의미 중에는 좋은 직물에 있는 결점이나 거친 부분, 혹은 시 낭송에서의 결점 등이 있었다. 17세기 초까지 라자는 순종 혈통 말의 브랜드를 지칭하거나, 유대계 혹은 무어계(아프리카 북서부 무슬림) 사람들을 가리키는 말이었다. 시간이 흐름에 따라 이러한 다양한 지시 내용은 공통의 의미를 보유하기 시작했는데, 즉 결점이 있다는 감각과 비기독교 그리고/혹은 비유럽('야만인') 혈통을 가졌다는 말뜻을 지니게 되었다.

이 뒷부분이 중요한 지점인데, 왜냐하면 15세기 기독교 유럽에서 어떤 종교 집단에 자신을 연결하는가의 문제는 본질적으로 인간성을 인정받느냐, 인정받지 못하느냐의 문제와 결부되었기 때문이다. 그러므로 유럽인들이 아메리카를 정복하는 시기에 이르면, 인종이 인간성의 결점을 지칭하는 방식으로 의미가 고착되기 시작했다고 말할 수 있다. 그리고 유럽의 제국적 팽창과 식민화를 통해 이러한 결점들을 판정하는 것이 세계 정치에서 핵심적인 조직 원리가 되었다.

이 장은 인종을 제국적 팽창, 식민 지배 그리고 현대에서의 그 유산들과 긴밀히 연계된 세계 정치의 조직 원리로 분석한다. 이 장은 인종에 대한 다음과 같은 조직적 정의를 따른다. 집단들의 속성들을 범주화함으로써 인간의 능력치를 위계적으로 판정하는 것으로, 각 집단 사이의 경계는 시각적으로 판독 가능한 것으로 간주되는 공유된 유산에 의해 획정된다. 추가하여 이 장에서는 인간의 능력을 인종을 통해 판정하는, 서로 상이하지만 상호 연결된 방법들 ─ 생물학적 계산법과 문화적 계산법 ─ 도 탐구할 것이다.

세계 정치에서 인종의 역사

여기서는 대서양 세계의 형성과 뒤이은 유럽의 전 지구적 제국주의 팽창을 통해 인종이 세계 정치의 조직 원리로 부상하는 과정을 추적한다. 그리고 인종이 20세기의 양차 대전과 뒤이은 냉전 시대와 연루되는 방식을 탐구한다.

대서양 세계의 형성

유럽, 아프리카, 아메리카가 연결되어 이른바 '대서양 세계'가 형성된 것은 1492년 본격적으로 시작된 유럽의 식민 프로젝트의 결과다. 이 프로젝트의 중심에 두 가지 폭력적 과정이 존재했다. (1) 아메리카 원주민들의 토지를 약탈하고, (2) 아프리카인들을 대서양 너머로 납치해 농장에서 '노예' 노동을 시킴으로써 그들을 비인간화한 것이다. 두 과정에서 공히 유럽 식민주의 아래 식민화되고 노예화된 이들의 인간성이 의문시되었는데, 바로 이 의문시가 세계 정치의 조직 원리로 인종을 등장시켰다.

스페인 정복자들이 아메리카에 대한 권리를 주장하면서 1500년대 초반 스페인의 신학자들은 한 가지 중요한 문제에 봉착했다. 즉 아메리카의 거주민들은 성경에 등장하지 않았으며 그들의 외양, 특히 전라 상태는 그들이 기독교 세계에 동물로서 혹은 적어도 인간 이하의 존재로서 편입되어야 함을 의미했다. 그리고 그러한 편입은 원주민들의 토지 약탈과 스페인 정복자들을 위한 강제 노역을 정당화하는 근거로 사용되었다. 그러나 바르톨로메 데 라스카사스Bartolomé de las Casas처럼 원주민을 옹호한 사람들은 그들의 인간성을 인정하면서, 그들의 삶의 방식이 인간성의 핵심 능력이라고 간주된 추리력을 보유하고 있음을 증명한다고 주장했다. 만일 이것이 사실이라면 원주민들은 노예화될 수 없었다.

라스카사스는 비록 원주민들이 노예화될 수 없음을 성공적으로 변호했지만, 그도 처음에는 '니그로Negro들'이

원주민의 노예 노동을 대체하는 것은 정당하다고 주장했다. 사실 대서양을 건너 아프리카인들을 인신매매하는 행위는 이상의 신학 논쟁들이 있기 바로 전부터 이미 시작되었지만, 17세기 말에서 19세기 중반까지의 시기에 나타난 노예 무역의 절정기에는 아직 도달하지 않은 상태였다. 총합하여 대략 1200만의 아프리카인들이 인신매매되었으며, 그중 적어도 15퍼센트가 이동 도중에 사망했다. 포획된 아프리카인들은 도착 후 농장들에 판매되었으며, 설탕, 면, 담배 같은 수출 작물들을 재배하도록 강제되었다. 살아 있는 사람들을 대상으로 한 이런 끔찍한 '노예 무역'은 아래에서 보다 자세하게 묘사될 인종화를 통해 가능해진 또 하나의 관행이었다.

1672년 왕립아프리카회사는 '삼나무, 상아, 흑인, 노예, 피혁, 밀랍, 생강, 그 외 기타 상품'에 대한 영국-서아프리카 무역의 독점권을 수여받았다(Mtubani, 1932: 71). 이러한 법적 문서는 아프리카인들이 비인간화되어 가축과 같은 지위의 노예가 되는 과정을 잘 보여 준다. 단순한 소유물로서 노예화된 사람들은 자연법에 거의 아무런 호소도 할 수 없었던 반면에, 절대다수가 유럽인이었던 노예 소유자들은 사실상 그들에게 생사 여탈권을 행사했다.

당대의 여타 알려진 노예제 형태들과 달리 대서양에서의 아프리카 노예들만이 인간 이하의 상태로 전락했으며, 이 지위는 피부 색깔로 식별되는 그들의 후손들에게도 전수되었다. 그리하여 매우 다양한 아프리카 민족에서 '니그로' 혹은 흑인종이 탄생했다. 더구나 이 동일한 과정에서 다양한 유럽인들이 완벽한 인류인 '백인'이 되었다. 여기서 한 사람이 인간이냐 아니냐는 생물학적 근거를 통해 판단되었다.

따라서 아메리카의 식민화 과정에서 문화적(문화적 계산법) 혹은 생물학적(생물학적 계산법)으로 한 집단의 인간성 능력을 계산하는 방법으로서 인종이 부상했다. 문화

카리브해의 프랑스령 식민지인 생도맹그에서의 공식적인 인종 위계   참고 20-1

- 물라토Mulatto : 백인과 흑인의 혼혈
- 메스티소Mestiço : 백인과 물라토의 혼혈
- 쿼드룬Quadroon : 백인과 메스티소의 혼혈
- 카프레Le Capre : 물라토와 흑인의 혼혈

- 그리프Griffe : 카프레와 흑인의 혼혈
- 메스티프Mestif : 백인과 카프레의 혼혈
- 쿼테론Quateron : 백인과 메스티프의 혼혈

적 계산법은 아메리카 원주민들에 대한 신학 논쟁 와중에 등장했다. 그것은 '구' 성경 세계 외부에 유산을 둔 집단의 문화적 능력을 판정하기 위해 사용되었으며, 문화적 능력(특히 추리 능력)이 일정 정도 갖추어졌을 때만 인간으로서 기본적인 보호를 향유할 수 있었다. 인종의 생물학적 계산법은 아프리카인들의 노예화 과정에서 부상했으며, 피부 색깔의 명암, 모발 유형, 인상학(얼굴 형태)에 근거하여 집단들의 인간성을 판별했다.

두 계산법은 공히 (문화 혹은 생물학적 속성들, 혹은 둘의 혼합에 따라) 한 집단의 인간성(혹은 그 결여)을 판단하고자 했으며, 이 방법으로 그 집단이 식민 프로젝트를 통해 노예화, 강탈, 배제, 착취될 수 있는 정도가 결정되었다. 식민 행위자들은 오직 그들 자신 백인종만이 타자들의 인간성을 판단할 수 있는 능력을 지녔다고 간주했다. 고로 인종의 조직 원리는 일관되게 위계적이고 배제적이었다.

후손을 생산한 유럽인과 원주민들, 그리고/혹은 유럽인과 흑인들 사이의 (종종 강제된) 성적 관계는 인종 문제에 있어 근본적인 도전이었다. 백인 아버지와 흑인 어머니 사이의 아이는 절반만 인간인 것으로 간주되어야 할까? 그들도 재산이 될 수 있을까? 원주민들과의 성적 관계는 어떤 방식으로 유럽인들의 문화적 능력을 ― 그리고 우월한 인간성을 ― 타락시키고 약화시킬까? 이러한 점들에서 젠더와 섹스의 관계들은 세계 정치의 조직 원리로서 인종의 구성에 매우 중요한 역할을 수행했다([참고 20-1] 참조).

보다 큰 위험은 식민 지배, 식민 위계와 배제의 인종주의 논리에 맞선 원주민들과 노예화된 아프리카인들의 저항이었다. 이런 점에서 아이티 혁명은 특기할 만하다. 1791년부터 1804년 사이에 프랑스령 생도맹그에서는 노예화된 아프리카인들이 유럽의 노예 권력에 대항해 성공적인 봉기를 일으켰다. 그리고 1805년, 혁명 지도자들이 기초한 아이티 헌법이 비준되었다.

18세기 말까지는 유럽의 노예 무역 폐지론자들(노예 무역 반대 운동가들)조차 '니그로들'은 생물학적으로 분명히 인간이지만, 노예제에 의해 매우 근본적으로 퇴화해 완전한 인간으로 대우받을 수 있는 문화적 능력을 결여하고 있다고 주장했다. 간단히 말해 그들은 수 세대에 걸쳐 유럽인들에 의해 문명화될 필요가 있다는 것이었다. 하지만 아이티 혁명의 내용은 유럽인들의 인종 우월성 가정뿐 아니라 폐지론자들의 온정주의마저도 근본적으로 부정하는 것이었다.

아이티 혁명선언문의 제2조는 "노예제는 영원히 폐지된다."라고 선포했다. 그러나 프랑스 혁명 초기인 1789년에 쓰인 '인간과 시민의 권리 선언'은 아이티 혁명이 일어나기 불과 몇 년 전에 기초되었음에도 불구하고 노예제 문제에 대해 아무런 언급도 하지 않았다. 따라서 아이티인들은 '계몽된' 유럽인들보다 자신이 더 인문 정신을 발휘할 능력이 있음을 스스로 증명해 보인 셈이다! 더구나 아이티 헌법은 아이티의 자유민들을 집단적으로 흑인으로 규정함으로써 흑인성을 인간 이하의 기호가 아닌 인간성의 범례로 재평가했다. 이상의 두 가지 방식으로 아이티 헌법은 식민 프로젝트의 근본적 조직 원리로 인정되고 있던 인종의 문화적, 생물학적 위계에 반론을 제기하고 이를 부정했다.

유럽 제국주의

19세기 중반에 이르면 인종은 더 이상 종교적 교리나 구원에 의존하지 않게 되었다. 대신에 인종은 인간 진보에 대한 세속적 이해 방식의 근본적인 내용을 구성하게 된다. 몽테스키외 남작 같은 계몽사상가들부터 유럽의 지식인들은 태초부터 인류가 걸어온 일련의 위계적 단계들을 제시했는데, 이는 야만으로부터 시작해 미개를 거쳐 마침내 문명을 달성하는 도식이었다.

이 위계에서 야만의 단계는 자치의 기본 능력이 부재함(이성, 법, 재산, 정의의 결여)을 의미한다. 따라서 야만인들은 문명인들의 정치 질서를 무정부 상태를 통해 위협한다. 한편 미개인들은 기본적인 형태의 법과 질서를 수행하나, 그 형태는 전제적이며 문명 질서에 반대한다. 야만과 미개에 맞서는 것은 자치 능력(이성의 완수, 법치, 재산 존중, 민주 권리)을 향유하는 문명화된 유럽인들이다.

19세기 인류학자들은 이 문명의 위계를 구성하는 사람들을 문화의 상대적 복잡도에 따라 구분되는 상이한 인종 집단들로 간주했다. 따라서 이전까지 유대인, 무슬림, 이교도, 기독교 등을 구분하기 위해 사용되었던 인종의 문화적 계산법은 이제 세속적인 '문명 표준'이 되었다. 이 표준은 유럽의 제국적 팽창 과정에서 정복된 민족들의 문화적 능력을 판별하기 위해 사용되었으며 전 지구적으로 적용되었다. 예를 들어 프랑스의 해군 장교이자 식물학자인 뒤몽 뒤르빌 Dumont d'Urville 은 태평양을 세 개의 인종 구역, 즉 가장 덜 미개한 폴리네시아, 중간의 미크로네시아 그리고 가장 야만적인 멜라네시아로 구분했다.

따라서 문명 표준은 인종의 새로운 조직 원리가 되었다. 더구나 '문명화된' 유럽인들은 자신들이 식민화를 통해 야만종과 미개종을 '개선'할 수 있다고 믿었다. 이 이데올로기가 바로 후일 '문명화 사명'으로 알려지게 된 것이다.

1848년, 프랑스 정부에 따르면 알제리는 더 이상 식민지가 아니라 공화국의 한 도(道)가 되었다. 바로 이 지점에서 문명화 사명의 모순이 뚜렷해진다. 프랑스공화국은 모든 시민의 평등을 주창했지만, 알제리 원주민들은 너무나 미개해서 이런 평등을 누릴 수 없는 것으로 간주되었다. 그리고 프랑스 당국은 원주민들이 자신들을 진정한 시민으로 변화시켜 줄 문명화 과정을 기꺼이 받아들일 것으로 가정했지만, '문명'이 토지의 침탈로 이어졌기에 알제리 원주민들은 정기적으로 반란을 일으켰다. 이에 식민 관료들은 야만종과 미개종들이 과연 문명화가 가능한지에 대해 의문을 갖기 시작했다.

그러한 회의적인 태도는 쥘 페리 Jules Ferry 프랑스 총리의 발언에 잘 드러나는데, 그는 1884년 "우월한 인종은 의무를 지니고 있기 때문에 권리를 가지고 있다. 열등한 종들을 문명화하는 것이 그들의 의무다."라고 주장했다 (Ferry, 1884). '백인의 책무'라는 러디어드 키플링 Rudyard Kipling 의 문명화 사명에 대한 유명한 서사에도 그러한 회의론이 밑바탕에 깔려 있다.

결과적으로 유럽의 제국주의가 19세기 말 정점에 이르렀을 때, 복속민들의 동화는 더 이상 가능하거나 바람직한 것으로 간주되지 않았다. 식민 정책들은 새로운 회의론을 반영하는 쪽으로 이동했다. 가령 유럽 열강들이 모여 아프리카 대륙의 세력권을 분할한 베를린 회의(1884~1885)에서 열강들은 야만인들을 문명화시키는 것이 바람직하다는 점을 재확인하면서도 부족적 삶을 '보존'할 것이라는 자기 모순적 공약을 했다. 그렇기에 식민 당국들은 고유의 '관습'에 따라 '간접적으로' 통치되는 원주민들에게 완전한 시민권을 부여하는 것은 바람직하지 못한 일이라고 대개 간주했다.

그러나 현실에서 자주 '관습'을 정의한 것은 식민 관료들과 인류학자들이었으며, 그들은 복잡하고 다면적인 문화들을 단순화하기 위해 인종적 편견을 동원했다. 인도에서 영국 정부에 의해 본래적으로 강건하고 공격적인 것으로 식별된 집단들은 '호전적 종족'으로 분류되어 반란을 억지하기 위한 영국군에 집중적으로 징집되었다. 반대로 저항을 일삼고 문명의 첫 번째 교훈(질서와 우월 종족에 대한 순종)을 배울 수 없었던 '야만인들'에게는 종종 폭력적 대응이 기다리고 있었다.

20세기 세계 정치에서 인종과 반인종주의

제1차 세계대전의 승전국들은 베르사유에 모여 오스만 제국과 독일 식민지들을 분할했다. 일련의 '위임 통치령'을 창설함으로써 각 식민 열강들은 자신의 새로운 신탁 통치의 강도와 직접성의 정도를 결정했다. 이 과정에서 승전국들은 문명 표준을 활용했다. 'A'급 위임 통치령은 주로 중동에 있는 미개 종족을 포함했고, 'B'급 위임 통치령은 동서부 아프리카, 'C'급 위임 통치령은 남서부 아프리카와 태평양에 각각 위치한 야만종을 포괄했다.

위임 통치 체제의 인종적 위계는 국제연맹의 거버넌스 구조에 편입되었다. 더구나 연맹의 백인 회원국들은 종종 그러한 위계를 이용해 특히 에티오피아 같은 비백인 회원국들이 사실상 주권체임에도 불구하고 과연 자치의 능력이 있는지를 판별하곤 했다. 이런 온갖 방법을 통해 인종의 문화적 계산법은 20세기 첫 국제기구의 거버넌스 구조와 행위에 깊은 영향을 미쳤다.

그렇다면 인종의 생물학적 계산법은 어떠했는가? 이 계산법은 노예 무역의 폐지와 노예화된 아프리카인들의 해방 이후에 사라지는 대신, 19세기 말 새로운 형태로 귀환했다. '과학적 인종주의'는 각 인종은 자연적으로 불변의 성격과 성향을 지녔기 때문에, 문명 투쟁은 문화에 대한 투쟁이라기보다는 백인종과 유색 인종 사이의 재생산을 위한 생물학적 투쟁으로 이해되어야 한다고 주장했다.

우생학eugenics(고대 그리스어로 '좋은 종족'이라는 뜻)의 창시자인 프랜시스 골턴Francis Galton은 지능이 유전된다는 입장을 가졌다. 따라서 골턴은 결점과 결함이 유전되지 않게 하여 인류를 완벽하게 만들기 위해서는 생식이 과학적으로 통제되어야 한다는 입장을 밝혔다. '인종 위생학'이라는 단어를 만든 독일의 과학자인 알프레트 플뢰츠Alfred Ploetz는 개인 단위가 아닌 인종 수준에서 우생학적 정책들을 펴야 함을 주창했다. 이 지점에서 이종 결혼(상이한 인종으로 여겨지는 사람들끼리 이종 교배하는 것)의 위험이 다시 한번 강조되었다. 플뢰츠는 아리아 인종의 보존과 영속을 통해서만이 인류가 완벽해질 수 있다고 주장했다.

이로부터 겨우 30여 년이 지나서 나치당은 실제 독일에서 '인종 위생' 정책을 실행했다. 이 국내 정책은 또한 아리아 인종의 '생활권Lebensraum' 창출을 위한 팽창주의적 외교 정책과 상호 작용했다. 사실 이러한 조합은 적어도 부분적으로는 독일 제국 육군이 남서부 아프리카의 헤레로족과 나마족에 대해 벌인 인종 청소 전쟁으로 이미 자행된 바 있었다. 제2차 세계대전 동안 이러한 일련의 정책들은 이른바 여러 '결함이 있는' 집단들을 목표로 삼았다. 그러나 나치 프로젝트의 핵심은 1941년부터 1945년의 기간 동안 독일 내부와 근처 유럽 국가들에 살고 있던 600만의 유대인들을 체계적으로 학살한 것이었다.

쇼아Shoah(홀로코스트)와 1945년 반파시즘 전쟁 승리의 결과, 과학적 인종주의는 1950년 국제연합 교육과학문화기구UNESCO의 인종에 관한 기념비적 성명을 통해 완전하고도 철저하게 논박되었다(UNESCO, 1950). 하지만 이는 인종이 냉전 시대 세계 정치의 — 비록 논쟁의 대상이 되긴 했지만 — 주요 조직 원리로서 소멸했다는 것을 의미하지는 않았다.

1948년, 남아프리카공화국 정부는 '**인종 차별 정책**apartheid'이라는 거버넌스 양식을 공식화했는데, 이는 인종의 분리된 발전론에 기반했으며, 아프리카인이 백인에 비해 인종적으로 열등하다고 간주했다. 냉전 기간 내내 국제연합 총회에서는 인종 차별 정책을 비난하는 논의가 지속되었다. 게다가 1955년 인도네시아 **반둥**Bandung에서는 독립한 아프리카·아시아 국가들이 역사상 유례가 없는 회의를 소집하여, '인종주의'를 명시적으로 불법화하는, 새로운 **후기 식민**post-colonial 시대에 적합한 거버넌스 구조를 제안했다.

20세기 세계 정치에서 인종은 외교 관계뿐만 아니라 사회 운동을 통해서도 비판받았다. 전간기 동안, 세계흑인지위향상협회-아프리카공동체연맹Universal Negro Improvement Association and African Communities League: UNIA-ACL은 세계 정치에서 인종 위계와 배제의 문제에 정면으로 맞서

자메이카 출신 범아프리카주의자 마커스 가비(1887~1940)의 1920년경 모습. 그는 애시우드 가비와 함께 UNIA-ACL의 설립자였다.
© Everett Historical / Shutterstock.com

1914년 마커스 가비Marcus Garvey와 에이미 애시우드 가비Amy Ashwood Garvey는 자메이카 식민지에서 세계흑인지위향상협회-아프리카공동체연맹UNIA-ACL을 설립했다. 1917년 뉴욕시에 지부가 세워진 이래 조직은 규모와 영향력 면에서 폭발적으로 성장했다. 1920년대 중반 최고 전성기에 이르렀을 때, 이 연맹은 대략 100만 명의 회원과 그 세 배쯤 되는 열성 참여자들을 거느리게 된다. 대부분의 회원이 미국에 집중되어 있었지만, 지부는 카리브해 지역, 남미, 아프리카, 유럽, 그리고 심지어 호주까지 퍼져 있었다. 세계흑인지위향상협회-아프리카공동체연맹의 회보인 『니그로 월드The Negro World』는 최고 절정기에 수십만의 독자를 보유했으며, 영어, 프랑스어, 스페인어의 세 가지 판본으로 출판되었다.

세계흑인지위향상협회-아프리카공동체연맹은 여러 면에서 블랙파워 운동의 전신이라고 할 수 있다. 가비 부부는 노예제, 식민주의, 인종주의의 유산들에 직접적으로 대응함으로써, 이 연맹이 전 세계 아프리카인들의 자결을 위한 도구가 되기를 희망했다. "대륙 내외의 아프리카인들을 위한 아프리카Africa for the Africans at home and abroad"라는 모토에 표현된 것처럼, 이러한 목표를 위해 가장 중요했던 것은 유럽의 지배로부터 아프리카 대륙을 해방시키는 일이었다. 마커스 가비는 이를 지원하기 위해 '인종 우선race first' 이데올로기를 개발했고, 이는 범아프리카 민족주의의 형태를 띠게 되었다.

이러한 점에서 세계흑인지위향상협회-아프리카공동체연맹은 국가라는 속박에서 벗어나려 했지만 그럼에도 국경과 국적의 틀 내외부를 횡단하며 사람들을 조직했다. 이들은 아프리카 군단the African Legion 같은 준군사조직과 흑십자 간호단Black Cross Nurses 같은 지원 단체를 보유했다. 조직의 활동가들은 자체 시험을 거쳐 선발되었으며, 회원들 간의 분쟁은 자신들만의 법원 시스템을 통해 중재되었다. 세계흑인지위향상협회-아프리카공동체연맹은 심지어 미국 내 회원들이 도시 간 이주를 할 때 사용하도록 자체 여권도 발행했다. 또한 '적흑녹'의 자체 삼색기를 제정했으며, 회원들은 「에티오피아, 아버지들의 땅」이라는 자신들만의 국가를 제창했다. 나아가 세계흑인지위향상협회는 블랙스타라인Black Star Line이라는 자체적인 운송 업체를 보유했으며, 니그로 팩토리 코퍼레이션Negro Factories Corporation이라는 협동조합을 운영했는데, 회원들이 소유하고 경영하며 그들을 위한 서비스를 제공했다.

세계흑인지위향상협회-아프리카공동체연맹의 첫 국제회의는 1920년 8월 뉴욕의 매디슨스퀘어가든에서 개최되었으며, 2만 명의 국제 대표단이 참석했다. 파리 평화회담에서 국제연맹이 창립된 지 겨우 반년이 지난 시점에 열린 이 회의에서 '세계흑인인권선언문Declaration of Rights of the Negro Peoples of the World'의 기초가 마련되었다. 선언문의 제1조는 다음과 같다.

> "(…) 합법적으로 선출된 세계 흑인들의 대표인 우리는 공정하고 전능하신 신의 도움을 받아 다음과 같이 선언한다. 전 세계의 모든 흑인 남성, 여성, 아이들은 자유 거류민denizens이며, 모든 흑인의 모국인 아프리카의 자유 시민citizens이다."

질문 1 아프리카공동체연맹의 목적 중 무엇이 범아프리카주의적 성격을 띠었는가?

질문 2 직접 관리하는 영토가 없음에도 불구하고 아프리카공동체연맹은 어떤 요소의 주권적 영향력을 행사했는가?

는 주목할 만한 시도를 했다([*사례연구 20-1] 참조*). 냉전기에는 미국의 블랙파워 Black Power 운동이 미국 사회의 노골적이고도 제도적인 인종 차별에 맞서 싸웠다. 블랙파워 운동은 흑인 공동체들의 자강을 추구하면서, (아이티 헌법이 그러했듯) '흑인성'을 추악함과 열등함이 아닌 아름다움과 인간성의 최고 덕목을 대표하는 것으로 재평가했다. 1960년대의 블랙파워는 뉴질랜드의 마오리족, 태평양 섬의 원주민들, 인도의 달리트 등을 포함하여 인종 차별에 맞서 싸우는 전 세계의 여러 사회 운동에 영향을 미쳤다([*사례연구 20-2] 참조*).

2016년 프로미식축구 결승전 행사에서 팝 가수 비욘세는 블랙파워의 이미지를 연상시키는 복장(가죽옷, 아프로 헤어스타일, 베레모)을 한 일군의 댄서들과 공연을 했다. 이는 자신의 공연과 흑인에 대한 경찰의 폭력성을 규탄하는 당대의 "흑인의 목숨은 소중하다#BlackLivesMatter" 운동 사이의 연계를 암시한 것이었다. 이 운동 또한 전 지구적으로 일정한 파급력을 미쳤다.

│ 요점정리 │

- 대서양 세계의 형성은 세계 정치에서 서양이 지배적 지역 세력으로 부상하는 데 핵심적이었다. 그리고 인종이 이러한 시도에 근본적이었다. 유사하게 인종은 이후 유럽 제국이 전 지구적으로 확장해 가는 과정에서도 근본적이었다.
- 따라서 인종은 현대 세계 정치의 형성과 분리하여, 혹은 그 부속적인 파생물로 이해될 수 없다. 오히려 인종은 세계 정치의 근본적인 조직 원리다.
- 인종은 어떤 집단이 온전한 인간일 수 있는 능력을 지녔는지를 판별함으로써 세계 정치의 질서를 형성한다. 이러한 판별은 두 가지 계산법, 즉 인종의 문화적 계산법과 생물학적 계산법에 의거한다. 각 계산법은 민족들 사이의 위계와 배제를 결정짓는다. 그러나 두 계산법이 공히 문명화된 유럽 백인종에 대한 '유색 인종'의 위협을 만들어 낸다는 점도 중요하게 기억되어야 한다. 또한 각 계산법이 19세기와 20세기를 거치면서 새로운 형태를 가졌다는 점도 특기할 사실이다.
- 비록 인종이 민족들을 범주화하고 종속시키기 위해 사용되기도 했지만, 동일한 민족들이 자신의 종속에 저항하기 위해 인종적 귀속성들을 활용하기도 했다. 인종의 이러한 이중적 사용이 모순적으로 보일 수도 있지만, 인종이 단순히 '열등 인종'으로 간주되는 민족들에게만 일어나는 무언가가 아니라는 점을 명심해야만 한다. 오히려 이 민족들은 언제나 적극적으로 인종의 조직 원리들을 비판해 왔으며, 특히 누가 완전한 인간인지를 결정하는 위계와 배제의 원리에 저항해 왔다.

인종을 통해 사고하기

이 절은 특히 철학과 사회학 분야에서의 인종에 대한 몇몇 논쟁을 다루고 있는데, 이 논쟁들은 점차 국제관계학에서도 많이 논의되고 있다. 이 논쟁들은 앞에서 살펴본 인종의 문화적, 생물학적 계산법들의 개념을 보다 깊이 이해하게 해 줄 것이다. 이러한 시도는 또한 다음 절에서 살펴볼 현대 세계 정치에서 나타나는 인종 관련 투쟁을 이해하는 기초를 제공해 줄 것이다.

인종의 유전적/사회적 구성

인종 문제와 관련한 1950년 국제연합 교육과학문화기구 성명 UNESCO Statement on Race의 주요 목표는 인종에 대한 '생물학적 사실'과 과학적 인종주의의 주창자들이 만들어 낸 '사회적 신화'를 분리해 내는 것이었다. 성명서는 가시적 특성에 의해 표시되는 유전적 성질은 정신 능력이나 문화 관습과 아무런 관련이 없다는 점을 명확히 했다. 이러한 점에서 국제연합 교육과학문화기구 성명은 우생학이나 인종 위생 추구의 타당성을 반박했다.

보다 최근에 인간을 구성하는 유전 물질에 대한 성공적인 지도 제작으로 인종의 '생물학적 사실'은 의문에 부쳐졌다. 과학자들은 이제 단지 0.01퍼센트의 DNA만이 신체적 외양을 담당하며, 모든 인간 DNA는 99.9퍼센트가 동일하다는 사실을 밝혀냈다. 이러한 사실들에도 불구하고 몇몇 심리학자와 생명과학자는 여전히 지능이 부분적으로 유전되며 인종에 따라 불균등하게 분배된다고 주장한다. 반대로 트로이 더스터Troy Duster(2006) 같은 몇몇 사회학자는 인종은 전혀 유전적 조건이 아니며 인종 '유전자'란 것은 존재하지 않는다고 주장한다.

사회적으로 구성되는 인종의 성격 문제를 다루기 위해 점차로 '인종화'라는 용어가 많이 사용되고 있다. 인종화라는 개념의 역사는 오래되었지만, 현대적 용법은 마르티니크 태생 정신과 의사인 프란츠 파농Frantz Fanon의 1950~1960년대 저술들에 많은 빚을 지고 있으며, 1970년대 사회학계 논쟁들에 도입되었다. 이러한 논쟁들은 사회학의 '구성주의적' 전환의 일부로 간주될 수 있으며, 결국 국제관계학 이론에도 영향을 미쳤다. 그럼에도 불구하고 국제정치학의 구성주의 이론은 아직 인종화를 둘러싼 논의들을 진지하게 다루고 있지 않다.

이러한 논쟁들은 인간, 대상, 과정, 쟁점들이 자연스럽게 인종적으로 구성되어 있다는 가정에 도전하고 있다. 반대로 그들은 사회적 관습이 특정한 인간, 대상, 과정, 쟁점들에 인종적 특성을 주입하고, 시간이 지나면 그 의미가 변화하여 부과된 인종적 특성과 분리 불가능해지게 된다고 주장한다. 가령 사람들은 자연스럽게 '흑인'인 것이 아니다. 그들은 흑인이 되도록 인종화되며, 따라서 흑인성에 결여와 무능을 주입하는 사회적 관습과 싸워야만 한다. 그러나 인종이 사회적으로 구성된다고 할지라도, 인종화는 실제적인 효과를 지니고 있다.

인종과 문화

1950년 국제연합 교육과학문화기구 성명은 인종의 문화적 계산법에 어떤 영향을 미쳤는가? 앞 절('**유럽 제국주의**' 참조)에서 언급된 것처럼, 19세기 인류학자들은 단순한 문화와 복잡한 문화를 구분할 수 있다고 말하면서, 전자는 (검은) 야만인과 미개인에 해당하고, 후자는 (백색) 문명이 향유한다고 주장했다. 홀로코스트가 있기까지 오랜 기간 인간 경험과 관습의 명백한 다양성을 '인종화'하기 위해 문화가 이용되었기에, 이러한 차이는 종종 차별과 배제의 목표들을 위해 위계적으로 조직될 수 있었다.

1950년 국제연합 교육과학문화기구 성명을 기초한 학자들이 직면한 문제는 인간의 차이를 비인종적, 비위계적 렌즈를 통해 재현하는 방법을 찾는 일이었다. 앨라나 렌틴Alana Lentin(2005)이 밝힌 것처럼, 이러한 목표를 위해 인종을 대신해 '종족'이란 단어가 선택되었으며, 이제 문화는 인종적 위계가 아닌 단순한 종족적 차이를 지칭하는 말이 되었다([**참고 20-2**] 참조).

두드러지게 인종주의적인 어법을 종족의 어법으로 교체했음에도 불구하고 여러 학자는 인종의 문화적 계산법이 여전히 소멸하지 않았음을 주장한다. 마틴 바커Martin Barker(1982)와 에티엔느 발리바르Étienne Balibar(1991)는 이러한 인종/문화 관계의 복잡한 변동을 이해할 수 있게 해주는 유용한 주장을 펼쳤는데, 그들에 따르면 유럽에는 '신인종주의'가 부상하고 있다.

구 식민지들에서 유럽으로 이주하는 사람들의 수가 증가하는 것에 대응하여, 유럽의 이데올로그들과 정치인들은 종종 '소수 종족'이 가져오는 문화에는 선진 자유 민주 사회에 통합될 수 있는 제도적, 도덕적 세련됨이 결여되어 있다고 주장한다. 이러한 '신인종주의'에 대한 비판은, 비록 그러한 담론에 '인종 논의'가 명확히 드러나진 않지만 인종의 위계적, 배제적 조직 원리가 그대로 표현된다고 주장한다.

인종에 대한 국제연합 교육과학문화기구 성명 제6항

참고 20-2

"민족, 종교, 지리, 언어, 문화 집단 등과 인종 집단은 반드시 일치하지 않는다. 그리고 그러한 집단들의 문화적 특성과 인종적 특성 사이에 어떠한 유전학적 연계도 입증된 바 없다. 대중적 언어에서 '인종'이란 용어가 사용될 때 이러한 중대한 오류가 습관적으로 발생하기 때문에, 인간 종에 대해 이야기할 때 '인종'이란 단어는 완전히 폐기하고 대신에 종족 집단ethnic groups이란 표현을 쓰는 것이 나을 것이다."

(UNESCO, 1950: 6)

가령 비유럽 종족 집단의 '전통적' 문화는 '근대', '선진', '진보적' 서양 사회와 본질적으로 상이하며, 필연적으로 충돌할 수밖에 없다는 가정이 있다. 이러한 사고방식에 따르면, 종족적 소수자들은 유럽에서 근대화되기 위해 배워야만 한다. 그들은 선발자의 지도 없이는 근대화될 수 없다. 그러나 이러한 과정에서 젠더 관계나 종교 같은 쟁점에 대한 그들의 '전통적인' 태도는 근대 자유민주주의의 무결함 자체를 위협하는 것으로 간주된다. 보다 최근에 이러한 관념과 가정은 도널드 트럼프 대통령의 일부 지지자들과 유럽의 다양한 극우 정당들에 의해 띄워진 '백인 민족주의'의 본질을 구성했다.

인종적 혈통이 아닌 종족의 관점에서 집단을 정의 내림에도 불구하고 이러한 사고방식의 출발의 전제는 19세기의 인종에 대한 문화적 계산법과 동일하다. 백인종이야만, 미개 인종을 문명화해야 하며, 이는 후자가 문명 그 자체를 파괴하는 것을 방지하기 위해서다. 그런 점에서 인종에 핵심적인 문화적 능력의 판별은 홀로코스트 이후, 식민지 이후의 시대에도 여전히 세계 정치의 조직화에 핵심적인 기제로 남아 있다. 간단히 말해 인종이라는 조직 원리는 노골적인 인종주의 언어가 사라졌음에도 불구하고 세계 정치에서 여전히 중심적이다.

백인성과 특권

역사적으로 인종의 생물학적 계산법은 오직 백인의 신체만이 온전하게 인간적이라고 전제했다. 추가하여 인종의 문화적 계산법은 오직 유럽 사회들만이 문명 표준을 구성한다고 주장한다. 여타 모든 다른 인종의 능력은 이를 기준으로 측정되는데, 다양한 정도로 표준에 못 미친다. 몇몇 인종 이론가는 이러한 역사 때문에 백인으로 인종화된 사람들은 '투명성'을 향유하게 된다고 주장하는데, 이는 그들의 문화적 능력과 온전한 인간성이 자명한 것으로 간주된다는 것을 의미한다. 반대로 비백인으로 인종화된 사람들은 사회에 널리 퍼진 인종에 대한 고정관념에 의해 그들의 문화적 능력이 암시적으로든 명시적으로든 의문시되고 만다.

'백인의 특권'이라는 개념은 백인에게 부여되는 이러한 특별한 대우와 사회적 혜택을 지칭하는 것인데, 이는 그들의 능력과 인간성이 근본적으로 의문시되지 않기 때문에 주어지는 것이다. 특히 서양 사회와 관련하여, 학자들은 백인의 경우 자신들의 사회적 특권이 단순히 개인적 노력이나 지능 때문이 아니라 인종적 위계와 배제 때문에 주어진 것이라는 점을 거의 생각하지 않는다고 주장한다. 이러한 혜택들이 가난한 백인들에게까지 주어지는지는 논쟁적인 문제다. 2016년 영국의 유럽연합 회원국 자격 유지를 둘러싼 국민투표에서 일부 활동가들은 브렉시트가 지구화에 의해 '뒤에 남겨진' 백인 노동 계급에게 구제책을 제공해 줄 것이라고 주장했었다. 그러나 몇몇 방식으로 백인성은 맥락 의존적이며, 상이한 식민사, 노동 분업, 사회 관습 등의 차원에서 변동 가능하다. 예를 들어 영국의 제국적 팽창 아래 첫 번째로 식민화된 아일랜드인들은 19세기 북아메리카에 이주한 이후에야 백인의 특권을 획득했다. 심지어 1960년대까지도 여전히 "아일랜드인, 유색인 출입 금지"라는 경고문을 내건

여관을 영국에서 목격할 수 있었다.

더구나 백인성에 주어지는 특권과 유사한 것이 (특히 정치에서) 남성성을 정상으로 상정하는 젠더 위계에도 존재했다. 사실 킴벌리 크렌쇼Kimberlé Crenshaw(1989) 같은 학자들은 인종과 젠더가 '상호 교차'하여 투명성, 특권, 지배의 매트릭스를 구성한다고 주장했다. 이러한 점에서 독자들은 본 장과 **제19장**을 함께 읽으면 유용할 것이다.

인종 이론가들은 백인의 특권을 지지하는 구조적 조건들을 '백인 우월주의'라고 묘사한다. 역설적이게도 철학자 찰스 밀스Charles Mills가 주장하듯이 백인 우월주의는 그 투명성 때문에 종종 "정치체제로서 전혀 인식되지 않는다."(1997: 2) 백인 우월주의는 그 특권들이 폭로되고 도전받을 때만 가시화된다. 예를 들어 블랙파워 운동 같은 것이 그런 사례일 텐데, 투쟁의 과정에서 백인 민권운동가들이 그들 자신의 특권들을 의문시하기 시작한 계기였다.

이제 '백인학'은 어떻게 백인들이 누리는 (종종 말해지지 않는) 특권들이 (종종 폭력적인) 배제와 차별의 과정에 의존하고 있는지를 설명하고자 하는데, 이 과정들은 일탈적이고, 무능하며, '문제적'이고, '구원'이 필요한 존재는 언제나 타 인종들과 문화들이라는 가정에 의해 정당화된

다. 뒤에 곧 논의될 것처럼, 이러한 비판은 오늘날 인도주의 담론의 동학을 이해하는 데도 도움이 된다.

요점정리

- '인종 유전자'란 존재하지 않는다. 인종은 자연적인 것이 아니라 사회적으로 구성된 것이다. 심지어 인종은 적어도 사람이나 시기에 따라서 변화 가능한 것이기도 하다. 그러나 인종화의 효과는 구성된 것임에도 불구하고 현실적이다. 진실로 그 효과는 치명적일 수 있다.
- 문화에 대한 근대적 개념과 그와 연계된 종족 범주화의 논리는 인종의 생산 및 실천과 필연적으로 결부되어 있다. 오늘날 '신인종주의'에 대한 비판은 바로 이 중요한 문제에 대해 지적하는 것이다.
- '백인의 특권'에 대한 비판을 통해 어떻게 한 백인이 원칙적으로 반인종주의자이면서도 동시에 인종의 위계적, 배제적 조직 원리를 재생산하고 심지어 그로부터 혜택을 입을 수 있는지를 이해할 수 있게 된다. 백인 우월주의는 구조적 조건이지 개인의 편견이 아니다.
- 따라서 오늘날 세계 정치에서 노골적인 '인종주의' 담론이나 행위는 드물지만, 인종은 여전히 핵심적인 조직 원리로 남아 있다.

현대 세계 정치에서 드러나는 인종 문제

이 절은 현대 세계 정치에서 어떻게 인종이 여전히 중요한 조직 원리로 남아 있는지를 자세히 살펴본다. 처음에는 전 지구적 테러와의 전쟁의 맥락에서 '신인종주의' 비판을 안보와 발전 쟁점에 적용해 본다. 다음은 2001년에 처음 소집되고 2009년, 2011년에 재검토된 국제연합 세계인종차별철폐회의UN World Conference against Racism의 사례를 통해 세계 정치의 최고위 수준에서 지속되고 있는 반인종주의 투쟁의 영향력을 평가해 볼 것이다.

안보, 발전, 그리고 전 지구적 테러와의 전쟁

전 지구적 테러와의 전쟁 시대에 '신인종주의'의 전제들이 갈수록 발전과 안보 문제의 틀을 구성하고 있다는 것을 보여 주는 강력한 증거가 존재한다. 그러한 틀은 1993년 처음 발표된 새뮤얼 헌팅턴Samuel Huntington의 그 유명한 '문명의 충돌' 테제에 명백히 드러나는데, 일부 사람들에게는 이것이 2001년 9·11 공격 이후 반(反)'이슬람 테러리스트' 전쟁을 예언한 것으로 받아들여지기도 했다. 헌팅턴(1993)

은 탈냉전 시대에는 이데올로기적 차이나 경제 이익보다 문화적 차이가 전 지구적 분쟁의 근본적 원인이 될 것이라고 주장했다. 여러 단층선 중에서 헌팅턴은 '서양'과 '이슬람' 문화 사이의 단층선을 특히 강조했다.

자신의 테제를 구성하는 과정에서 헌팅턴은 영향력 있는 중동 사가인 버나드 루이스 Bernard Lewis 의 저작에 의존했다. 루이스는 「무슬림 분노의 근원 The Roots of Muslim Rage」이라는 제목의 1990년 논문에서 이슬람의 율법은 오직 두 개의 영역만을 인정한다고 주장했는데, 이슬람 법치가 지배하는 '이슬람의 영역 Dar al-Islam'과 '이교도'가 지배하는 '전쟁의 영역 Dar al-Harb'이 그것이다. 나아가 루이스는 이슬람 문화는 자신의 전통 사회를 개혁하여 유럽의 제국적 팽창에 대항하거나, 서양의 경제·군사적 힘에 대응할 능력을 보유하지 못했다고 서술했다(Lewis, 1990). 루이스는 이슬람 정치는 오직 "전 세계가 이슬람을 수용하거나 무슬림 국가의 지배에 복종하기 전까지는 영구적인 전쟁"을 추구할 수밖에 없다고 하는 매우 논쟁적인 주장을 개진했다.

루이스의 주장은 '신인종주의'의 주요한 전제를 잘 보여 준다. 즉 전통적인 문화들은 근대 사회와 근본적으로 충돌하기에, 전자는 후자의 지도 혹은 지배 없이 개혁할 수 없다는 것이다. 그렇기에 루이스의 주장은 문명화 사명의 주요 전제를 재생산하고 있는데, 특히 만일 비협조적 인종들이 문명화될 수 없다면 그들은 적어도 반드시 평정되어야만 한다는 회의적 처방이 그러하다.

의미심장하게도 루이스는 비무슬림 정치체와 무슬림 정치체 사이에 존재하는 '조약의 영역 Dar al-Ahd'과 비무슬림 정치체에 사는 무슬림들이 평화롭게 종교 행위를 할 수 있도록 허가된 '안전의 영역 Dar al-Amn' 등이 이슬람 율법에서 차지하는 중요성을 인정하지 않는다. 달리 말해 '신인종주의'의 전제와 정반대로 이슬람은 다른 삶의 방식들을 관용하고 공존할 수 있는 고유의 자원을 보유하고 있다. 그리고 많은 상이한 민족들이 무슬림 세계를 구성하고 있다는 점을 고려할 때, 이러한 자원들은 매우 다양한 방식으로 적용될 수 있을 것이다. 그럼에도 불구하

고 서양의 주요 정치인들과 논평가들은 전 지구적 테러 전쟁의 수행 과정에서 대개 루이스와 헌팅턴의 이슬람 묘사를 수용했다.

그런데 사실 '신인종주의'가 문화에 초점을 맞추는 것은, 극도로 다양한 무슬림 세계의 국내 문제에 서양이 지속적으로 개입함으로써 야기한 정치적 결과들에 대해 숙고하는 것을 회피해 버리는 것이다. 몇몇 학자는 냉전기 아프가니스탄에 주둔한 소련에 맞서기 위해 미국이 현지 지역 조직을 지원한 것이 이슬람 지하드 전사들의 부상을 부분적으로 초래했다고 주장하기도 한다(Mamdani, 2002).

테러와의 전쟁 시대에 '신인종주의'의 전제들은 강대국에서 점차 안보적 목표들과 결부되기 시작한 발전 계획에도 영향을 미쳤다. '자유주의 평화' 테제의 옹호자들은 자유주의 법치와 자유 시장에 기반한 서양의 거버넌스 체제를 채택해야만 지구 남반구의 사회들도 가난과 분쟁에서 벗어날 수 있을 것이라고 주장한다. 이러한 주장에 내재해 있는 것은 가난과 분쟁이 서양 열강의 식민, 탈식민 시대 개입의 산물이라기보다는 주로 국내 거버넌스의 무능 때문이라는 가정이다.

비록 '실패 국가 failed states'와 '선진 국가'를 대조하는 추상적이고 인종 중립적인 용어들을 사용하고는 있지만, 자유주의 평화 테제는 과거 '문명화 사명'에 매우 핵심적이었던 민주적 자치를 할 '자연적' 문화 능력이 비백인들에게는 부재하다는 위계적 가정들을 재생산하고 있다고 말할 수 있다. 이러한 점에서 자유주의 평화 실현을 위한 오늘날의 평화 유지와 국가 건설의 정치와 권력 투사는 '백인의 책무'의 21세기 버전이라고 주장할 수 있다.

발전과 안보 문제의 상호 연계는 특히 지구 북반구의 시민사회 행위자들 사이에서 인도주의 사업이 큰 인기를 얻는 계기가 되었다. 이런 점에서 유럽 식민주의의 도덕적 정당화에 대한 가야트리 스피박 Giyatri Spivak (1985)의 교차적 설명에 주목할 필요가 있다. 그녀는 이러한 정당화를 '황인 남성으로부터 황인 여성을 구원하는 백인'이라고 요약했다. 마카우 무투아 Makau Mutua (2001)의 주장처럼, 이러한 도덕적 관계는 구원자(백인 남성), 희생자(황인 여

성과 아이들), 야만인(황인 남성)이라는 세 핵심 주인공들에 의해 유지된다.

몇몇 학자는 이러한 식민주의의 정당화가 현재 인도주의 의제를 지지하기 위해 동원되고 있다고 주장한다. 가령 테주 콜Teju Cole(2012)은 '백인-구원자 산업 복합체white-saviour industrial complex'란 용어를 만들었는데, 이는 남성 군벌과 테러리스트들(야만인들)로부터 아프리카, 아시아의 여성과 아이들(희생자)을 구원하기 위한 시민사회의 사업들에 백인 유명인들(문명인)이 참여하는 일이 점점 더 주목받는 상황을 지칭하는 것이다. 유명인들 외에도 지구 북반구의 많은 백인 젊은이들이 지구 남반구에서 진행되는 인도주의 사업을 지원하기 위해 참여하고 있다.

그러나 가난과 폭력을 둘러싼 복잡한 쟁점에 어떻게 그러한 비전문가들이 개입할 수 있는 자격을 얻게 되었을까? 남반구의 여성들은 모두 희생자이며 자신들이 직면한 인도주의적 쟁점을 스스로 해결할 수 없는 것일까? 그리고 그곳의 남성들은 모두 무자격의unqualified 야만인들일까? 이전 절에서는 어떻게 백인 특권을 통해 백인으로 인종화된 사람들이 도덕적 리더십을 주장하면서도 인종 위계의 재생산에 자신이 공모 책임이 있다는 사실을 회피할 수 있었는지를 살펴보았다. 이제 남반구의 목소리들은 왜 이 젊은 인도주의자들이 먼저 자신들의 사회에 존재하는 가난과 폭력의 문제부터 처리하지 않는지를 묻고 있다. 그렇다면 오늘날의 인도주의는 '백인 우월주의'의 전 지구적 발현인가?

마지막으로 대테러 전쟁에서 발전과 안보 문제의 상호 연계가 북반구 사회들의 국내외 정치에도 영향을 미친다는 점을 주지할 필요가 있다. 이 점은 특히 유럽에서 그러한데, 이곳에서는 현재 종족적 소수자들이 유럽의 '삶의 방식'에 존재론적 위협을 가하고 있다는 인식이 파다한 상황이다. 다문화 정책이 바람직하다는 믿음 — 상이한 문화들이 한 국가 공간에서 공존 가능하다는 믿음 — 이 다문화 정책 때문에 '사회 통합성'이 소멸하고 있다고 주장하는 유럽 정치인들에 의해 도전받고 있다. 그들은 특히 무슬림들의 문화 관습에 유럽이 지나치게 '관용적'이

었다고 주장하면서, 지금 필요한 것은 '유럽 가치'의 강력한 재강조라고 말한다.

그러나 몇몇 학자는 전 지구적 경제 위기에 대응해 정부들이 공공 서비스를 축소하는 가운데, 정치인들이 자신들의 신자유주의적 긴축 정책을 탓하는 대신 무슬림들이 '사회 통합성'의 약화에 책임이 있다고 비난하는 것은 지나치게 편의적이라고 주장한다. 더구나 오늘날 '신인종주의'의 부상은 전쟁과 박해로부터 도망쳐 온 많은 취약한 사람들의 인권에 심각한 영향을 끼치고 있다. 도널드 트럼프 대통령은 2018년 중간 선거 기간에 아무런 증거도 없이 명백히 자신의 공화당 지지 기반을 동원하려는 의도로 '범죄자들과 미상의 중동인들'이 멕시코 국경을 넘어 느리게 전진하고 있던 '캐러밴' 무리에 '섞여' 들어오고 있다고 트윗을 올렸다(Trump, 2018). 백악관은 이슬람 근본주의자들이 미국으로 향하고 있다고 암시하면서 연방법과 국제 협약에 반해 남부 국경에서 피난처를 찾고 있던 이민자들을 사실상 가로막는 명령을 발동하였다.

국제연합 세계인종차별철폐회의

1969년의 인종차별철폐국제협약The International Convention on the Elimination of All Forms of Racial Discrimination 이후, 1978년과 1983년에 국제연합이 후원하는 인종주의 관련 회의가 두 차례 소집되었다. 오랜 휴지 기간을 거쳐 국제연합은 세 번째 관련 회의로 2001년 8월 31일부터 9월 8일까지 남아프리카공화국 더반에서 세계인종차별철폐회의The World Conference Against Racism, Racial Discrimination, Xenophobia and Related Intolerance를 개최했다. 세계인종차별철폐회의는 국제연합 차원의 인종 문제 논의와 관련해 많은 혁신을 보였다. 그중에서도 '교차성intersectionality'에 대한 명확한 관심을 보였는데, 구체적으로 원주민 여성과 아프리카 혈통 여성들이 겪는 다양한 차별에 많은 주의를 기울였다.

그러나 더반 회의에서는 극히 많은 논쟁이 벌어졌는데, 이는 아직도 인종과 관련된 오랜 이슈들이 얼마나 최고위 수준의 세계 정치에 많은 영향을 미치는지를 증명하는 것

이었다. 특히 두 가지 쟁점이 주목할 만한데, 하나는 시오니즘Zionism의 인종 차별적 성격에 대한 것이고, 다른 하나는 노예제와 노예 무역에 대한 배상 요구 문제였다.

1975년 소련은 중동에서 미국의 영향력을 저지할 목적으로 국제연합 총회에서 결의안 제3379호 채택을 성공적으로 밀어붙였다. 동 결의안은 팔레스타인 땅을 점령한 이스라엘이 남아공의 인종 차별 정책과 동일한 '인종주의 구조'를 공유하고 있다고 진술했다. 따라서 시오니즘은 '인종주의와 인종 차별의 한 형태'로 이해되어야 했다. 1991년 소련의 해체가 임박한 가운데, 미국은 이 결의안의 폐지를 이끌어 낼 수 있었다.

그러나 2001년 초 테헤란에서 소집된 아시아 지역 세계인종차별철폐회의 준비회의에서 동일한 주장이 다시 제기되었는데, 이스라엘은 '역사가 오래된 팔레스타인에서 아랍인에 대한 종족 청소'에 착수함으로써 '새로운 종류의 인종 차별 정책'을 만들어 냈다는 것이었다. 결국 이스라엘과 미국의 대표들은 회의에서 철수함으로써 이러한 주장에 대응했고, 이후 반유대주의가 세계인종차별철폐회의에 깊숙이 침투하여 이스라엘이 인종주의 정책을 펼치고 있다는 억지 비난을 만들었다고 주장했다.

세계인종차별철폐회의가 폐막하고 불과 며칠 후에 9·11 공격이 발생했으며, 뒤이은 전 지구적 반테러 전쟁의 수행은 중동에서 미국의 역할을 둘러싼 기존의 긴장을 더욱 고조시켰다. 이 점은 2009년 세계인종차별철폐회의 검토회의에서 두드러지게 나타났는데, 이란의 마무드 아마디네자드Mahmoud Ahmadinejad 대통령이 이스라엘의 인종주의적 성격을 단호한 어조로 비판한 연설 이후에 미국과 여러 서양 국가들이 회의를 보이콧했다. 미국과 서양 국가들은 또한 세계인종차별철폐회의 10주년을 기념하는 2011년 뉴욕 회의에도 참석을 거부했다.

몇몇 비평가는 세계인종차별철폐회의의 여러 포괄적인 의제를 다루는 것을 막기 위한 핑곗거리로서 미국이 이스라엘/팔레스타인 쟁점을 이용하고 있다고 주장했다. 의제들 중 미국 대표단과 긴밀히 연관된 국내 문제들로는 식민지 시절 원주민들을 상대로 한 폭력적 강탈과 아프리카인들의 노예화에 대한 보상 문제가 포함되어 있었다.

2001년 회의에서 미국, 캐나다, 유럽연합의 대표들은 정치적, 재정적으로 큰 반향을 가진 쟁점으로서 보상 문제를 논의할 준비가 되어 있지 않다는 점을 명확히 했다. 하지만 그들은 노예 무역, 노예제, 식민주의 등에 의해 아프리카계 사람들이 입은 피해에 대해서는 인정할 용의를 가지고 있었다. 결국 세계인종차별철폐회의의 최종 선언문은 노예제와 노예 무역이 낳은 '참담한 비극'을 인정했지만, 사과를 하는 데에는 이르지 못했다. 대신에 선언문은 노예제와 노예 무역은 반인류 범죄로서 '언제나 다루어졌어야 했다' — 언제나 반인류 범죄였다고 명확히 하지 않은 점에 유의할 것 — 라고 주장함으로써 법적 보상으로의 길을 회피했다.

한편 미국 정부가 공식적으로 철수했음에도, 미의회 흑인의원 모임Black Congressional Caucus은 2001년 회의에 계속 참석했다. 미국의 유명한 흑인 배우이자 국제연합 친선 대사인 대니 글로버Danny Glover는 백인 우월주의의 사악한 구조를 목표로 삼기 위해 금전적 보상을 넘어서는 보상 개념을 선전하는 데 기여했다. 이와 같이 구조적 변환에 초점을 맞추는 것은 다양한 아프리카 **디아스포라**diaspora 조직과 활동가들의 요구 사항들과 공명하는 것이며, 세계인종차별철폐회의 10주년 행사에서도 계속 강조되었다. 보다 최근에 카리브해 연안 국가들의 지역 기구인 카리브공동체CARICOM는 귀책사유가 있는 유럽 국가들로부터 노예제와 노예 무역에 대한 보상금을 받을 방법을 연구하기 시작했다.

세계인종차별철폐회의를 둘러싼 정치는 인종에 대한 투쟁이 외교, 시민사회 수준 모두에서 아직도 의미 있는 세계 정치적 문제라는 점을 확인해 준다. 쇼아의 역사적 충격과 그 집단 학살에 대한 대응은 여전히 인종에 대해 중요한 — 그리고 논쟁적인 — 틀을 제시한다. 한편 이스라엘의 점령을 인종 차별 정책의 한 형태로 해석하는 문제라든지, 카스트 차별을 세계인종차별철폐회의에 포함시키는 문제를 둘러싼 논쟁들은([사례연구 20-2] 참조) 인종이 고정적인 개념이 아니라 그 의미와 적용이 계속해서 진

인종, 카스트, 달리트

2016년 8월 22일, 인도 뉴델리에서 수천 명의 지정 카스트, 지정 부족, 하층 계급, 인도철도직원조합원들이 집회에 참여하고 있다.
© RAVEENDRAN / AFP / GettyImages

역사적으로 인도에서 카스트는 두 가지 상이한 양식으로 구성되어 왔다. 산스크리트어로 출생을 의미하는 '자티Jati'는 특정한 직업과 연관된다. 그러나 '바르나Varna'는 사회 질서에서 혈통적 지위에 따라 정의되는 상이한 집단들(브라만, 크샤트리아, 바이샤, 수드라)의 위계를 지칭한다. 이 위계의 외부에 '불가촉천민'이 존재하며 인도에서 아직도 커다란 억압과 모멸을 감내하고 있다. 어느 정도로 '카스트'가 '인종'의 또 다른 표현으로 고려될 수 있을지에 대해서는 여전히 학자들과 활동가들 사이에 의견이 분분하다. 그 둘 간의 연계는 상당히 개연성이 있어 보인다. 15세기 로망스어에서 'casta(카스트)'는 raza(인종), linaje(혈통) 등의 단어와 긴밀히 결부되어 있었다. 더구나 바르나는 산스크리트어로 '색깔'을 의미한다.

노예화된 아프리카인들이 서양에서 겪은 인종 차별과 인도에서 불가촉천민이 겪은 카스트 차별 사이의 유사성은 언제나 비교되어 왔다. 그러한 연계는 이미 1920년대 초부터 마하트마 간디Mahatma Gandhi와 1942년 지정카스트연합을 창립한 빔라오 람지 암베드카르Bhimrao Ramji Ambedkar 같은 인도의 주요 인물들에 의해 지적된 바 있다. 하지만 니코 슬레이트Nico Slate(2012)가 주장했듯이, 그 둘 간의 관계는 민권 투쟁, 블랙 파워, **탈식민지화**decolonization 의제들이 결합되어 전 지구적인 반인종차별운동의 네트워크가 만들어진 냉전 시대를 배경으로 새로운 의미를 가지게 되었다. 실제로 이러한 맥락에서 두 차별

의 비교는 때때로 카스트와 인종을 횡단하는 연대의 호소로 이어지기도 했다. 가령 마틴 루터 킹Martin Luther King Jr이 한 불가촉천민 학교를 방문했을 당시 그는 학생들에게 '미국에서 온 동료 불가촉천민'으로 소개되기도 했다.

이러한 상호 동일시 과정은 1970년대 초 달리트 팬서Dalit Panthers 운동으로 뚜렷이 표현되었다. 핍박받는 자를 의미하는 '달리트'는 암베드카르에 의해 대중화된 자기 정체화 용어로 위로부터 일방적으로 부과된 호칭인 불가촉천민을 대체한 것이다. '팬서'는 미국의 블랙팬서Black Panther 운동에 전거한 것이었다. 달리트 팬서의 선언문은 카스트 제도의 기원을 유럽 식민주의가 아닌 '힌두 봉건제'에서 찾고 있기는 하지만 카스트를 현대의 '노예제'로 묘사함으로써 미국 흑인과의 유사성을 명확히 하였다. 1979년 달리트 행동위원회는 『인도에서의 아파르트헤이트Apartheid in India』라는 제목의 책을 출판함으로써, 남아공의 인종 차별, 이스라엘의 팔레스타인 점령을 둘러싼 국제연합에서의 논쟁 등과 자신의 운동을 연결했다. 달리트 조직들은 2001년 세계인종차별철폐회의에 매우 활발히 참여했다. 그들은 카스트와 인종이 완전히 동일한 것은 아닐 수 있지만, 카스트도 인종과 마찬가지로 혈통에 기초한 집단 차별과 배제의 시스템이라는 점에서 논의에 포함되어야 한다고 주장하였다. 그러나 2009년 더반 검토회의Durban Review Conference에서 카스트는 인도 정부의 압력 때문에 회의 의제에서 제외되고 말았다. 정부 대표단에 의하면 '카스트제'는 인종 차별이 아니며 국제 문제가 아닌 국내 문제라고 주장되었다. 산카란 크리슈나Sankaran Krishna(2014)의 주장처럼, 이런 의미에서 인도는 '국내' 인종 문제를 국제연합 회의의 의제로부터 제외하려 한다는 점에서 미국, 이스라엘과 동일한 기치를 내건 셈이다.

질문 1 인종은 카스트와 동일한가? 이것이 유의미한 질문인가?
질문 2 이 사례연구에서 '백인'은 중요한 주인공이 아니다. 이러한 사실은 인종의 전 지구적 이해에 있어 어떤 의미를 지니는가?

화하는 개념이라는 점을 보여 준다. 마지막으로 보상 문제 논쟁은 400여 년 전 대서양 세계 형성 과정에서 탄생한 인종 조직 원리들이 아직도 세계 정치와 전 지구적 정의에 대한 요구에 영향을 미치고 있다는 점을 증명해 준다.

요점정리

- 인종의 문화적 계산법은 '신인종주의'에 핵심적인 전제들을 제공함으로써 여전히 세계 정치에 영향력을 발휘하고 있다.
- 서양 국가들에서 '신인종주의'의 전제들은 대테러 전쟁과 관련된 외교 정책 문제들을 구상하는 데 도움을 줬을 뿐만 아니라, 다문화주의, 이민과 같은 국내 문제들을 다루는 데도 기여했다.
- 이스라엘을 인종 차별 정책apartheid 국가로 묘사하는 것은 매우 논쟁적이다. 그렇지만 인종 차별 정책과 연계된 인종화 정책들 — 인구 분리 정책, 토지 점령, 차별적 권리 부여, 경계의 폭력적 치안 유지 — 은 이스라엘뿐만 아니라 다른 곳에서도 오늘날 여전히 지속되고 있다.
- 대서양 세계를 형성시킨 폭력, 강탈, 부정의는 세계 정치에서 지속되는 유산들을 형성했다. 그것들은 살아 있는 과거를 구성하며, 이 때문에 전 지구적 정의를 촉구하는 주장들이 제기되고 있다.

맺음말

이 장은 세계 정치의 주요 조직 원리로서 인종을 살펴보았다. 인종에 의해 생산되는 질서는 집단 속성들을 범주화함으로써 인간의 능력치들을 위계적으로 판별한다. 이러한 범주화가 곧 인종화의 과정인데, 집단의 속성들이 가시적 표식들에 의해 판독되는 공유된 유산 같은 것으로 그려진다. 이 장에서는 이러한 판별이 진행되는 두 가지 상이한 방식 — 인종의 생물학적 계산법과 문화적 계산법 — 에 대해 탐구해 보았다. 인간의 능력을 계산하는 방법의 기초가 상이하긴 하지만, 두 계산법은 공히 인류를 위계적으로 질서 지어 불공평한 결과들을 산출하는 데 기여한다.

이 장의 첫 번째 절에서는 어떻게 대서양 세계의 형성 과정에서 생물학적, 문화적 계산법이 부상하여 인종의 조직 원리를 구성했는지를 탐구했다. 이 조직 원리는 유럽 국가들이 세계의 여타 지역을 향해 폭력적으로 팽창해 감에 따라 함께 진화해 나갔다. 또한 역설적으로 인종의 조직 원리 — 누가 능력 면에서 '인간'인지를 판정함에 있어서의 위계와 배제 원리 — 를 전복하기 위해 어떻게 노예화되고 식민화된 사람들이 인종을 동원했는지에 대해서도 살펴보았다.

그다음 절은 인종 개념화를 둘러싼 주요 논쟁들을 검토해 보았다. 이 논쟁들을 통해 드러난 사실은 다음과 같다. 노골적인 인종주의에 대해서는 어떠한 지지도 거부하는 시대가 도래함에 따라 인종의 생물학적 계산법은 반박되어 왔다. 반면에 문화가 '인종'이라는 언어를 직접적으로 말하지 않으면서도 일종의 인종 간의 질서화 작업을 점차 수행하게 되었다. 이 절은 또한 왜 백인 우월주의가 개인적 편견이라기보다는 특권의 구조로서 이해되어야 하는지에 대해서도 설명했다.

마지막 절에서는 이상의 쟁점들을 현대 세계 정치에 적용해 보았다. 구체적으로 반테러 전쟁, 발전/안보 연계, 인도주의와 다문화주의 문제 등을 '신인종주의'와 '백인 특권' 비판의 시각을 통해 검토해 보았다. 마지막으로 세계인종차별철폐회의 사례를 통해 오늘날에는 인종에 대한 노골적인 언급이 사라졌음에도 불구하고 전 지구 사회 운동들과 외교관들이 공히 아직도 세계 정치의 조직 원리로서 인종에 맞서 투쟁하고 있음을 보여 주었다.

글을 마무리하며, 제1차 세계대전의 인종적 기원에 대한 듀보이스의 초기 설명이 어떻게 국제관계학 이론가들에 의해 무시되어 왔는지를 다시 한번 살펴보는 것이 유용할 듯하다. 부분적으로 이는 듀보이스가 흑인인 반면, 국제관계이론의 주요 사상들은 대개 백인이라는 사실 때문일 수 있다. 또한 아마도 이러한 무지는 기성 국제정치이론이 인종 문제를 포괄하기 어렵다는 사실과도 관련될 것이다. 무정부적으로 질서 지어진 국가들의 집합으로 세계 질서를 그리는 현실주의의 이미지에서 인종 질서의 위계적 성격은 비가시화되어 버렸다. 그리고 또한 인종의 위계적, 집단적 속성들은 동일한 개인들로 구성된 세계라는 자유주의의 이미지 속에서 소멸해 버렸다.

하지만 모든 국제관계이론이 인종을 비가시화하거나 비가시화할 필요가 있는 것은 아니다. 마르크스주의 이론들은 비록 전 지구적 위계를 인종이 아닌 주로 계급의 관점에서 이해하고 있기는 하지만, 위에서 살펴본 것처럼 몇몇 학자는 그 둘을 연계시키기 위해 노력해 왔다. 원칙적으로 구성주의는 정체성 형성의 주요 과정으로서 '인종화' 문제를 다룰 수 있었겠으나, 대부분의 구성주의자는 아직 그런 작업을 하지 않았다. 역사적으로 페미니즘 이론은 백인 중산층 여성의 경험들에 대해 논의해 왔다. 그러나 보다 최근에 페미니즘 국제관계학 이론가들이 '상호 교차적' 분석을 사용하기 시작하면서 세계 정치에서 인종에 대한 이해가 진일보할 가능성이 생겼다. 마지막으로 비록 많은 **후기식민주의** postcolonial 이론가들이 인종 문제를 직접적으로 다루지는 않지만, 인종의 역사적 형성 과정에서 식민 통치가 매우 중요하기 때문에 후기식민주의 이론이 인종의 이해에 기여할 여지가 많다.

토론주제

1. 아이티 혁명은 어떻게 세계 정치의 인종 질서에 근본적으로 도전했는가?
2. 인종의 생물학적 계산법과 문화적 계산법은 어떻게 구별되는가?
3. 왜 국제연합 교육과학문화기구UNESCO의 1950년 인종 성명은 그토록 중요한 문서인가?
4. '나는 인종주의자가 아니다. 나는 그들의 문화에 대해 이야기하는 것이지, 피부 색깔에 대해 논하는 것이 아니다'라는 진술에 대해 논의해 보자.
5. '신인종주의'는 어떻게 자유민주주의 국가들에서의 다문화주의 문제와 전 지구적 대테러 전쟁 수행 문제를 연결할까?
6. 인도주의는 인종주의적인가?
7. 젠더 문제는 어떤 방식으로 인종 문제와 상호 교차하는가?
8. 집단 '능력'의 귀속성이 세계 정치 형성에 중심적이었던 여러 방식을 자세히 설명해 보자.
9. 인종은 단지 억압적일 뿐인가?
10. 국제관계이론은 어느 정도로 인종을 세계 정치의 조직 원리로서 고려할 수 있을까?

이 장의 객관식 문제를 풀어 보면서 학습 내용을 잘 숙지하고 이해했는지 평가해 보자.
• www.oup.com/he/baylis3xe

Twenty-first-century challenges

제3부

21세기의 도전

Poverty, hunger,
and development

개요

지구화가 진행되는 과정에서 비롯된 지구적 빈곤, 기아 그리고 발전의 문제는 정치적, 경제적, 사회적 의제로서 더 큰 이목을 끌어왔다. 그러나 우리가 이러한 문제를 어떻게 이해할 것인지, 또 빈곤과 기아로 고통당하는 사람들의 삶을 어떻게 개선할 것인지에 대한 생각들은 여전히 분분하다. 이 장은 그와 같이 서로 다른 생각들을 정통적 접근법과 대안적 접근법이라는 두 시각에서 조명한다. 또한 현재 지구적 빈곤과 기아의 모습을 보여 주고, 더 큰 고통을 막기 위해 채택된 몇몇 발전 대책을 살펴본다. 이 또한 정통적 접근법과 대안적 접근법의 시각을 통해서 이뤄질 것이다.

CHAPTER

21

빈곤, 기아 그리고 발전

토니 에반스Tony Evans · 캐롤라인 토머스Caroline Thomas

김치욱 옮김

핵심 질문

- 빈곤은 현재의 자본주의 세계 질서가 갖는 구조적 특징인가?
- 우리는 풍요로운 세계에 살고 있지만 수많은 사람은 여전히 굶주린다. 왜 그런가?
- 발전을 경제적 과업의 하나로만 생각하는 것은 지혜로운 일인가?

머리말

지난 몇십 년 동안 우리의 사회 관계, 경제 관계, 정치 관계에는 상당한 변화가 있었다. 최근까지만 해도 국제관계학이라는 학문은 거의 전적으로 국제 분쟁, 군사 안보 그리고 전쟁 같은 이슈들에만 초점을 맞췄다. 현실주의자들과 자유주의자들은 빈곤, 기아, 발전 그리고 인간의 안녕에 관련된 문제들을 별로 주목하지 않았다. 1980년대부터 지구화는 새로운 쟁점들을 형성하면서 국가 위주의 정치에서 사람 중심적인 정치로의 이동을 나타낸다는 점이 분명해졌다. 이제 관심은 환경, 젠더, 난민, 빈곤, 기아, 발전 등으로 쏠리게 되었다. 가장 최근에는 빈곤과 사회 불안 간의 관계가 인식되었다.

과거에는 세계 질서를 국제 관계의 관점에서 서술하는 것이 유용했지만, 오늘날의 세계 질서는 지구화(**제1장 참조**)라는 용어를 사용할 때 보다 잘 포착된다. 지구화는 엄청난 이윤을 낳았고, 기업들은 이제 수조 달러에 달하는 부를 취득하게 되었다(R. Davies, 2018). 그러나 그렇게 만들어진 부가 모든 사람에게 혜택을 주지는 않았다. 부국이든 빈국이든 모든 나라에서 소득 격차가 계속 벌어졌고, 사하라 이남 아프리카의 그리고 세계 곳곳의 여성과 여아들의 경우에 특히 심각했다(UNU-Wider, 2018). 지구화는 사람들을 풍요롭게도 하고 동시에 가난하게도 만드는 듯하다.

국제연합은 지구화로 인한 빈부의 공존을 인식하고 **새천년발전목표**Millennium Development Goals: MDG를 창안했다. 이 목표들은 빈곤, 건강, 젠더(**제19장 참조**), 교육, 환경(**제23장 참조**), 발전 등 8개 영역에 걸쳐서 시한과 수량화된 목표치를 설정했다. 첫 번째 목표는 2015년까지 하루 1.25달러 미만으로 생활하는 사람의 비율을 절반으로 줄여서 극심한 빈곤과 기아를 철폐하겠다는 것이었다. 국제연합은 이 목표치를 성공적으로 달성했다고 주장한다. 대부분의 다른 국제기구와 마찬가지로, 국제연합과 그 회원국들도 사회 문제와 경제 문제를 해결할 때 이른바 정통적 접근법을 선택한다. 이는 지구화된 신자유주의 세계 질서의 원칙과 가치, 예를 들면 자유 시장, 개인주의, 소비주의, 우리 삶의 모든 측면에 대한 화폐 가치화 등을 무비판적으로 받아들인다는 뜻이다.

이러한 정통적 접근법에 대한 비판이 없지 않다. 대안적·비판적 접근법은 신자유주의 이념이 금전과 물질적 부에 초점을 맞춘 나머지 빈곤의 중요한 측면을 배제하고 있다고 주장한다. 이 장의 대부분은 빈곤, 기아, 발전이라는 서로 연관된 세 주제를 중심으로 정통적 접근법과 대안적 접근법의 차이점을 살펴보는 데 집중할 것이다. 이 장의 결론은 세계의 수많은 사람이 처해 있는 절박한 상황이 개선되었는지, 또 장차 개선될 가능성이 있는지를 평가하는 것이다. 여기에서도 두 접근법을 개략적으로 대비한다.

빈곤

오늘날의 지구화된 세계 질서에서 지구적 자유 시장과 모든 상품·서비스의 화폐 가치화라는 이념은 현대의 경제적 사고와 사회적 사고를 이끄는 중심 지침으로 기능하고 있다. 빈곤은 임금 노동의 기회를 얻지 못해 기본적인 필요를 충족시킬 만한 돈을 벌지 못하는 상태로 정의된다. 자급자족하는 사람들은 환금 거래cash transaction[현

표 21-1 주요 국가의 빈곤율(구매력 평가 지수 기준)

국가	인구 (천 명, 2017년)	하루 생계비 1.90달러 미만 인구 비율	하루 생계비 3.20달 러 미만 인구 비율	하루 생계비 5.50달러 미만 인구 비율	조사 연도
중앙아프리카공화국	2,280	66.2	85.4	92.8	2008
이집트	44,009	1.3	16.1	61.9	2015
피지	635	1.4	14.3	49.5	2013
아이티	5,689	23.5	48.3	77.6	2012
인도	696,784	21.2	60.4	86.8	2011
멕시코	69,361	2.5	11.2	34.8	2016
필리핀	47,397	8.3	33.7	63.2	2015
사모아	156	0.6	7.9	35.9	2008
남아프리카공화국	29,750	18.9	37.6	57.1	2014
우즈베키스탄	15,940	62.1	86.4	96.4	2003

출처: World Bank

금을 얻기 위한 거래 — 옮긴이)나 임금 노동을 필요치 않고 수렵-채집 집단처럼 협력적으로 행동하기 때문에 정통적 시각에는 잘 들어맞지 않는다. 정통적 시각에서 보면, 빈곤 철폐는 환금 거래를 통해 지구 시장에 참여하느냐에 달려 있다. 빈곤을 축소하려면 발전이 필요하고, 그 발전은 경제 성장으로 정의되며 화폐 가치로 측정된다([표 21-1] 참조). 그 결과 선진국의 상당수 사람은 비록 식량, 물, 기타 생필품을 조달할 수 있음에도 불구하고 빈곤층으로 분류된다(Pogge, 2005).

비판론자들은 빈곤과 발전을 금전의 관점에서 정의하는 주류 시각에 반대한다. 비판론자들은 많은 공동체가 문화적 전통, 영적인 가치, 집단적 유대, 공동 자원의 활용 등을 통하여 자신들의 가족과 이웃을 먹여 살릴 능력을 갖추고 있다고 주장한다. 예를 들어 국제통화기금의 연구에 의하면, 가난한 사람들은 지구화의 위협을 두려워하며 모든 사회 문제를 화폐 가치 중심으로 접근하는 것을 두려워한다. 국제통화기금은 가난을 대하는 빈곤층의 태도를 지구적으로 설문 조사한 보고서에서 발언권의 부재, 사회 규범의 약화, 공동체 축제에 참여할 기회의 감

소, 착취의 위험성, 권력의 결여 그리고 문화적 정체성에 대한 위협 등이 물질적 부보다 더 강조된다고 말했다. 예측할 수 없는 시장에 의존하는 것이나, 발전에 대해 자유 시장 접근법을 제시하는 믿지 못할 정부에 의존하는 것은 달갑지 않은 듯하다. 국제통화기금 설문 조사에 참여한 어느 응답자의 주장에 따르면, 미래의 행복이나 빈곤으로부터의 자유는 평화와 조화에, 마음에 그리고 공동체에 있으며, 이중 어느 것도 화폐 가치로 매길 수 없다 (IMF, 2000).

국제연합은 새천년발전목표 프로그램을 통해 빈곤을 축소하는 데 성공했다고 주장하지만, 일부 비판론자들은 그 근거가 여전히 불분명하다고 주장한다. 첫째, 빈곤 여부를 판단하는 기준치에 대한 합의가 존재하지 않는다. 어떤 기관들은 하루 1.25달러를 계속 사용하고 있지만, 세계은행 같은 경우는 기준치를 하루 1.90달러로 바꾸었다. 둘째, 비록 일부 합의점이 발견된다고 해도, 모든 기준치는 그 수치 바로 위에 있으면서 아직 가난하다고 간주될 수도 있는 사람들을 간과하곤 한다. 세계은행의 기준치인 1.90달러를 사용하면 국제연합의 1.25달러

를 사용할 때보다 빈곤층에 수백만 명을 더하게 된다. 셋째, 많은 나라는 정기적인 인구 조사를 수행할 기술이나 자금이 없다. 자금이 있다 하더라도 판자촌 사람들, 유목민들, 오지 사람들을 포함할 수 있을까? 넷째, 소득과 소비에만 초점을 맞추면, 충분한 칼로리 섭취에 필요한 노동의 양, 환경 문제, 상품의 가용성, 여가 시간, 노동 착취, 공포 및 무력감(Cimadamore, Koehler, Pogge, 2016) 같은 빈곤의 중요한 측면을 놓치고 된다. 다섯째, 세계화로 인한 복잡성이 증가하면서 '취약 노동자들'(끊임없이 취업과 실직을 반복하는 사람들)의 수가 늘어나서 빈곤 수준을 평가하는 데 어려움을 가중시켰다(R. Cox, 1999). 여기에다 비판론자들은 빈곤 퇴치 정책의 집행자인 국가 대 불개입주의적인 작은 국가를 요구하는 자유 시장 원칙 사이의 긴장을 보탠다.

요점정리

• 화폐 중심적인 빈곤 개념은 정부들과 국제기구들 사이에서 거의 보편화되었다.

• 빈곤선 1.25달러는 시장에서 기본적인 물질적 필요를 충족시킬 수 있을 만큼 충분한 소득을 갖지 못한 사람들을 포함하지만, 비물질적 빈곤을 제외하고 있다.

• 선진국들은 빈곤이 저개발국들에게 영향을 미치고 또 저개발국들을 정의하는 문제라고 여긴다. 곧 지구 경제로의 통합이 빈곤의 해결책이라는 것이다.

• 빈곤에 대한 비판적 대안 시각은 공동체, 자원, 공동체적 유대, 영적·문화적 가치 등에 대한 접근성의 결여를 더 강조한다.

기아

빈곤과 마찬가지로, 기아에 대한 많은 정의가 존재하고, 따라서 기아의 정도를 이해하는 방식도 다양하다. 예를 들면 국제연합 식량농업기구Food and Agriculture Organization: FAO는 '투입/산출' 모델로 기아를 정의한다. 이 모델에서는 식량(칼로리 투입)이 충분하면 체중과 건강한 신체 활동 수준(산출)을 유지할 수 있다. 다른 방법들은 가구의 소득 및 지출에 초점을 맞추거나, 보다 행태적 관점에서 기아를 인식하기도 한다(Gibson, 2012). 각각의 방법은 어떤 확정적인 평가를 제공하기보다는 기아의 서로 다른 측면들(즉 건강, 생산력, 고통)을 평가한다. [그림 21-1]은 기아에 대한 가장 최근의 식량농업기구 추정치를 보여 주고 있다.

비록 만성적인 기아가 지구상에서 거의 8억 명의 사람들에게 영향을 끼치고 있지만, 식량 부족이 주원인은 아니다. 식량농업기구의 추산에 의하면, 식량 생산은 1980년대 중반 이후 17퍼센트 증가했고 70억 명의 세계 인구를 지탱하기에 충분한 양 그 이상이다. 그러나 2050년쯤 96억 명의 인구를 먹이려면 식량 생산은 60퍼센트 증가해야 할 것이다.

대부분의 나라에서 인구가 증가할 것으로 기대되지만, 가장 큰 증가 폭은 나이지리아, 인도, 우간다 등 단지 몇몇 국가에서 나타날 것이다(UN Department of Economic and Social Affairs, 2015). 비록 중국의 인구가 2100년까지 33퍼센트 감소할 것으로 예측되지만, 이는 2050년 즈음 15억 명까지 증가할 것이라는 점을 감추고 있다. [표 21-2]는 지역별 인구를 보여 주고 있다. 정통적 접근법에 찬성하는 사람들은 이러한 수치를 들면서 저개발국들이 엄격한 가족 계획 정책을 고수해야 한다고 주장한다.

기근은 예외적인 현상일지 모르지만, 기아는 그렇지 않다. 왜 그런가? 대체로 기아와 관련하여 두 개의 학파

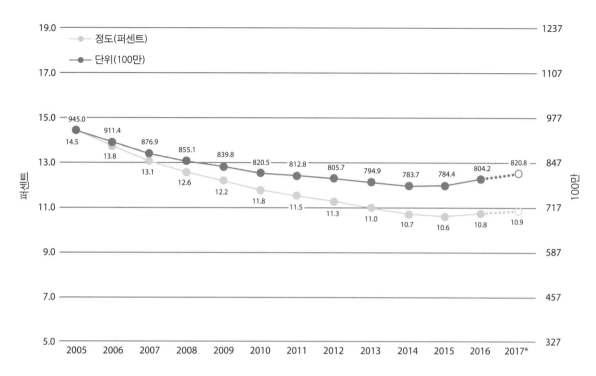

그림 21-1 세계 영양실조 인구

전 세계의 영양실조 인구는 2014년 이후 계속 증가하여 2017년에는 8억 2100만 명에 이를 것으로 추산된다.
출처: FAO, IFAD, UNICEF, WFP, WHO(2017:3)의 허가를 받아 재구성(2018). 2018 세계 식량 안보와 영양 실태 보고서. 식량 안보와 영양을 위한 기후 복원력 구축, 로마, FAO. http://www.fao.org/3/i9553en/i9553en.pdf

표 21-2 지역별 인구와 발전 수준(단위: 10억)

지역	1980	1990	2000	2010	2020	2050	2100
발전 지역	1.08	1.14	1.19	1.23	1.26	1.29	1.29
저발전 지역	3.37	4.18	4.95	5.72	6.52	8.47	9.89
중국을 제외한 저발전 지역	2.35	2.98	3.64	4.33	5.06	7.07	8.85
고소득국	0.92	1.00	1.07	1.14	1.20	1.28	1.28
중간소득국	3.27	4.00	4.64	5.46	5.85	7.06	7.37
저소득국	0.25	0.32	0.42	0.56	0.73	1.41	2.51
세계	4.45	5.33	6.14	6.95	7.79	9.77	11.18

출처: United Nations, Department of Economic and Social Affairs

가 존재한다. 하나는 정통적, 자연 중심적 접근법으로서 기아를 과잉 인구의 문제로 인식한다. 다른 하나는 권리 부여, 사회 중심적 접근법으로서 분배의 관점에서 기아 문제를 바라본다.

기아의 정통적, 자연 중심적 설명

기아에 관한 정통적 설명은 토머스 맬서스Thomas Robert Malthus가 쓴 『인구론Essay on the Principle of Population』(1798)에서 처음 제시되었으며, 인구 증가와 식량 공급 간의 관계에 초점을 맞춘다(Malthus, 2015). 맬서스는 인구 증가가 식량 생산의 증가를 자연스럽게 앞지르게 되고, 그 결과 1인당 가용 식량의 감소는 불가피하다고 주장한다. 결국 어느 시점에 이르면, 기근이나 여타 재해 때문에 인류의 인구는 가용 식량 공급량이 지탱할 수 있는 수준까지 급격히 줄게 된다. 따라서 이 접근법은 기아의 원인으로서 인구 과잉에 큰 강조점을 둔다. 이들은 인류의 출생률을 줄이는 방법들, 아니 그보다는 다른 지역보다 더 빠르게 번식하는 것처럼 보이는 사람들, 즉 저개발 지역의 가난한 사람들을 줄이는 방법들을 모색한다. 이 접근법의 지지자들은 인구 증가에는 자연적 한계선(주로 토지의 수용 능력)이 있으며, 그 선을 넘어서면 재앙은 불가피하다고 주장한다.

기아의 권리 부여, 사회 중심적 설명

기아에 대한 정통적 접근법의 비판론자들은 그 접근법이 굶주린 사람들이 처한 사회 경제적 맥락, 그중에서 가장 중요하게는 지구 자본주의 질서의 특징인 부의 불평등한 분배를 고려하지 않기 때문에 지나치게 단순하다고 주장한다(Peet, 1975; Pistor, 2019). 이들은 모든 사람을 먹이고도 남을 만큼 충분한 식량이 세상에 있지만 8억 1500만 명의 사람들이 매일 굶주리고 있다고 지적한다(FAO, IFAD, UNICEF, WFP and WHO, 2017). 이것은 기아의 원인이 자본주의 사회 경제 질서의 부품과도 같은 불평등에 있음을 시사한다. 새천년발전목표 같은 프로그램이 추구하는 가치가 아무리 높다고 하더라도, 가난과 굶주림을 유발하는 구조적 조건을 개혁하지 않고는 어떤 해결책도 성공할 수 없을 것이다. 실제로 비록 국제연합은 새천년발전목표를 달성했다고 주장하지만, 식량농업

기구는 굶주림이 다시 증가하고 있다는 것을 인정한다(FAO, IFAD, UNICEF, WFP and WHO, 2017). 나아가 비판론자들은 역설적으로 세계 인구의 다수가 저개발국에 살고 있고 세계 식량의 많은 양을 생산하지만, 그 식량의 대부분을 소비하는 사람들은 부유한 선진국에 있다고 말한다.

기아와 빈곤에 대한 잘 알려진 대안적 접근법은 아마르티아 센Amartya Sen의 저작 『빈곤과 기근Poverty and Famines: An Essay on Entitlement and Deprivation』에서 제시되었다(Sen, 1981/1983). 센은 풍년이 들던 해에 혹은 식량 생산에 큰 감소가 없는 때에도 기근이 종종 발생한 점을 지적하면서, 기아의 원인은 정통적 맬서스주의 접근법으로 찾을 수 없다고 주장한다. 그보다는 어떤 사람이 먹느냐 굶느냐는 식량의 존재 유무가 아니라 식량에 대한 권리의 확립 여부에 달려 있다.

지구화와 기아

현재의 기아는 지구화(제1장 참조) 과정을 참고함으로써 그 원인을 설명할 수 있다. 지구화는 세계 어느 한 지역에서 발생하는 사건들이 멀리 떨어져 있는 다른 지역에서 발생하는 사건들에 영향을 줄 수 있고 그로부터 영향을 받을 수 있다는 것을 의미한다. 종종 우리는 지구화의 과정과 결과에 있어서 개인으로서 어떤 역할을 하는지 인식하지 못한다. 선진국에 살면서 한 잔의 차나 커피를 마시거나 수입 과일과 채소를 먹을 때, 우리는 그러한 작물이 재배되는 곳에서 겪는 변화를 깊게 생각하지 않는 경향이 있다. 그러나 지방적, 국가적 또는 지역적 식량 생산 체제에 반대되는 지구적 식량 생산 체제를 수립한 데 따른 결과를 관찰할 수 있다. 데이비드 굿맨David Goodman과 마이클 레드클리프트Michael Redclift는 『자연의 개조: 식량, 생태, 그리고 문화Refashioning Nature: Food, Ecology and Culture』(1991)라는 책에서 정확히 이러한 시도를 했다.

굿맨과 레드클리프트의 주장에 따르면, 식량 공급과 식량 접근은 점차 지구적으로 조직되고 있으며 그 과정

에서 초국가 기업들이 중요한 역할을 담당한다. 이런 현상은 현지 식량 생산 체제들이 지구적 식량 생산 체제로 편입된 결과이다(Sandler, 2015). 달리 말해서, 현지 자급자족 생산자들은 전통적으로 가족과 지역 공동체의 필요를 충족시키기 위해 식량을 생산했으나 이제는 원거리 시장을 겨냥한 현금 작물 생산에 참여하고 있다. 그 결과 현지 시장에서 구할 수 있는 식량은 줄어든다. 산업화의 유혹은 도시화를 초래하고 가난한 농부들이 일자리를 찾아 도시로 이주하면서 비경작 토지가 늘고 현지 시장에 공급되는 식량은 더욱 감소한다.

미국은 이러한 지구 식량 레짐의 발전과 확대에 있어서 가장 중요한 행위자였다. 제2차 세계대전이 끝날 무렵, 미국은 대규모의 잉여 식량을 생산하고 있었다. 많은 발전도상국은 미국의 잉여 식량을 반겼다. 왜냐하면 정통적인 발전 모델은 산업화 과정에 필요한 값싼 임금 노동을 창출하는 것에 의존했기 때문이다. 따라서 사람들이 토지를 떠나 자급자족 생산에서 이탈하도록 장려하기 위해서는, 자기 자신과 가족을 위한 생산이라는 동기를 제거해야 했다. 값싼 식량이 수입됨으로써 가족을 위한 자급용 작물의 가격은 저렴해졌고, 그러한 작물을 재배하는 일은 매력을 잃게 되었다. 실제로 수단 같은 곳에서는 현지 시장에 내다 팔 목적으로 식량 생산을 계속한 사람들은 손해를 감수해야 했다(Bennett and George, 1987: 78; Lang, Barling, and Caraher, 2009).

따라서 발전도상국에서 현지 소비를 위한 자급용 작물의 생산이 전후 시기에 급격히 감소한 현상은 놀라운 일이 아니다. 발전도상국에서 식료품의 국내 생산은 감소했고, 값싼 수입품들이 소비자들의 기호를 바꿔 놓았으며, 농업 기술이 도입되면서 수백만 명의 농민들은 전통적인 농촌을 떠나야 했다. 게다가 지구적 농업 기업의 탄생은 투기적인 투자를 자극하고 가격 변동성을 더욱 악화시켰다. 비판론자들이 보기에, 식량 생산의 지구적 조직화는 선진국 소비자들을 만족시키기 위해 남반구를 '세계의 농장world farm'으로 변모시켰고, 그 대가로 저발전국에서는 식량 부족과 항구적인 기아가 발생했다.

국제통화기금과 세계은행이 식량 생산의 지구화에 관여했다는 점은 구조 조정 프로그램structural adjustment programmes: SAPs에 나타나 있다. 이 프로그램은 저발전국들이 급속한 경제 성장의 한 방편으로 수출용 농산물 생산에 투자하도록 권장했다(제13장 참조). 그로 인해 이전에 현지 소비를 목적으로 식량을 재배하던 비옥한 토지가 부유층의 수요를 만족시키는 수출 작물 재배지로 바뀌었다. 대표적으로 중국과 인도같이 급격한 경제 성장을 이룬 국가들에서 육류 수요가 증가하면서 이런 추세는 더욱 악화되었다. 육류 수요의 증가 때문에 세계 곡물 생산량의 3분의 1은 동물 사료로 쓰이게 되면서 가난한 사람들에게 필요한 곡물의 공급량은 더욱 줄었다. 여기에 토지의 용도도 식량 생산에서 바이오 연료 산업으로 이동하게 되었다(UNCTAD, 2009). 정통적 접근법에 대한 비판론자들은 식량 접근권을 결정하는 사회적, 정치적, 경제적 요인을 포함하는 대안적 접근법이 필요한 근거로 이러한 점들을 지적한다.

부유한 나라의 지도자들은 식량 위기로 고통받는 사람들의 수가 증가하고 있다는 사실을 종종 인정한다. 그러나 현재의 기아 사태를 만들어 낸 환경이라고 할 수 있는 자유 시장 원리를 촉진하는 사람들 역시 이들이다. 하지만 2009년 식량안보세계정상회의가 보여 주듯이, 우려가 반드시 행동으로 이어지는 것은 아니다(FAO, 2009).

> **요점정리**
>
> - 최근 수십 년간 지구적 식량 생산은 크게 늘었지만, 역설적으로 기아와 영양실조는 여전히 만연해 있고 그 수는 또다시 증가하고 있다.
> - 기아의 존속 이유에 대하여 정통적 설명은 인구 증가가 식량 생산을 앞지르기 때문이라고 말한다.
> - 기아의 지속에 대한 대안적 설명은 가용 식량에 대한 접근과 권리 부여의 결여에 초점을 맞춘다. 접근과 권리 부여는 지구적 남북 격차, 특정 국가 정책들, 도농 격차, 계급, 젠더 그리고 지구화 같은 요인들의 영향을 받는다.
> - 지구화는 식량 생산과 기아를 동시에 증가시킬 수 있다.

발전

지금까지 빈곤과 기아에 관한 주류 시각과 대안 시각을 논의했기 때문에, 이 절은 그 지구적 문제들에 대한 해결책으로서 발전의 관념을 살펴본다. 이 절의 논의는 세 단계로 진행될 것인데, (1) 발전에 대한 정통적 접근법과 그것이 저발전국에 미친 영향을 고찰하고, (2) 단일한 경제적 차원을 넘어서, 권리 부여와 민주주의 같은 요인을 포함하여 폭넓은 관점을 취하는, 발전에 대한 비판적 대안적 접근법을 살펴보고, (3) 발전의 주류 시각이 여러 비판에 대응하는 방식들을 검토한다. 그러나 논의를 이어 가기에 앞서 명심해 둘 것은 첫째, '발전'이라는 용어는 보편적으로 받아들여지는 개념 정의가 없고([참고 21-1] 참조), 둘째, 발전에 관한 모든 개념은 반드시 일련의

특정 사회적·정치적 원칙, 규범 및 가치를 반영한다는 사실이다. 간단히 말하면, 발전의 모든 개념은 일정한 이념적 틀 안에서 구성되고 있다.

발전: 정통적 주류 접근법

발전의 정통적 관념은 1945년 이후 수십 년간 국제 경제에서 중심적인 역할을 했다. 제2차 세계대전이 진행되는 동안 연합국 측은 1930년대 보호 무역 정책들이 제2차 세계대전의 발발에 크게 기여했다고 믿었다. 미국과 영국은 안정적인 전후 국제 질서를 수립하려는 계획을 마련했다. 그 계획은 국제연합과 국제연합 제휴 기관으로

발전: 논쟁적인 개념

참고 21-1

	정통적 관점	대안적 관점
빈곤	식량을 구입하고 기타 기본적인 물질적 필요를 충족시킬 수 있는 돈을 갖지 못한 사람들이 겪는 상황	물질적 그리고 비물질적 필요를 충족시킬 수 없는 사람들이 겪어야 하는 상황
해결책	'낙후된' 전통 자급자족 경제를 '현대적인' 산업·상품 경제로 전환함. 이윤을 위한 생산. 개인들은 가족들의 필요를 충족시키기 위해 생산하기보다는 돈을 목적으로 자신의 노동을 팖	사회적, 문화적, 정치적, 경제적 관점에서 지속 가능한 사회를 통한 인간 행복의 창출
핵심 개념과 가정	자유 시장 체제 안에서 무한한 경제 성장의 가능성. 경제는 궁극적으로 자립 상태('도약' 지점)에 이른다. 사회의 모든 계층이 '낙수trickle-down' 메커니즘에서 이득을 얻는다.	자급자족. 자연·문화적 다양성·공동체의 공동 자원(물, 토지, 공기, 숲)의 본원적 가치. 자연과 균형을 이루는 인간 활동. 민주적 포용·참여·여성 및 토착민 등 소외 집단의 발언권 인정을 통한 자립 및 지역 통제
측정 방법	경제 성장. 1인당 국내총생산GDP. 농업을 비롯한 산업화	모든 사람의 기본적인 물질적, 비물질적 필요의 충족. 자연환경의 상태. 소외 집단의 정치적 권리 부여
과정	하향식. 대개 서양적인, 외래 '전문 지식'에 의존. 대형 사업에 대한 대규모 자본 투자. 선진 기술. 민간 영역의 확대	상향식. 참여적. 적정(종종 현지) 지식과 기술에 의존. 소형 사업에 대한 소규모 투자. 공동 자원의 보호

서 국제통화기금과 세계은행, 그리고 관세와 무역에 관한 일반협정을 제도적 골격으로 삼았다. 이 세 기구는 자유주의 국제 경제 질서의 토대를 이루어 자유 무역을 추구하면서도 국가 안보 및 국가·지구적 안정성을 위한 국가의 시장 개입을 허용했다(Rapley, 1996). 이것은 '**제한적 자유주의**embedded liberalism'로 불렸다. 국제연합 총회는 공식적으로 민주적 절차를 통해 운영되지만, 세계은행과 국제통화기금의 헌장은 서양 선진국들에게 유리한 의사 결정권을 확립하고 있다(**제3장 참조**).

냉전이 시작되자 동서 양 진영은 저발전국과 신생 탈식민지 국가들에게 발전을 위한 경제 지원을 제공함으로써 동맹을 구축하려고 했다. 미국과 그 동맹국들은 급속한 경제 발전과 부상하는 지구적 자유주의·시장경제·자본주의 질서로의 통합이 서로 연결된다고 가정했다. 반면 소련의 경우에 경제 성장의 수단은 중앙 계획·사회주의 질서를 의미했다.

비록 차이는 있지만, 이러한 대립적인 접근법들은 발전의 주체로서 국가의 역할이 중요하다는 점을 인식했다. 하지만 이들은 1980년대 초에 큰 좌절을 겪었다. 발전도상국들은 유가 상승에 대응하는 과정에서 1970년대에 많은 채무를 지게 되었다. 1979년 제2차 유가 폭등에 대처하기 위한 부국들의 전략은 이자율의 대폭 상승과 1980년대 초 상품 가격의 급락을 불러왔다. 결과적으로, 발전도상국들은 불어나는 채무를 상환할 수 없었다. 서양 선진 7개국Group of Seven: G7은 이러한 부채 문제를 국가별로 각각 다루기로 하고, 지속적인 채무 변제를 보장함으로써 국제 은행 체제의 붕괴를 막고자 했다. 이런 방향에서 국제통화기금과 세계은행은 발전도상국 세계 전반에서 구조 조정 대출 제도를 열심히 추진했다. 그들은 유례없는 협력하에 발전도상국들이 친시장적인 전략을 추구하고, 외국인 투자에 문호를 개방하며, 교육·보건·복지 등에 대한 지출을 축소하는 '작은 국가' 문화를 채택하도록 장려했다. 또한 발전도상국들이 부채 상환에 필요한 외화를 벌어들이는 수출도 권장되었다.

1989년 사회주의 진영이 붕괴한 후에 신자유주의 경제·정치 철학은 전 지구적으로 발전에 관한 사고방식을 지배하게 되었다(**제13장 참조**). 신자유주의는, 그 형식이 경제 이론이든 공공 정책이든, 규제되지 않는 자유 시장 자본주의 체제가 경제 발전을 가져올 뿐만 아니라 선택의 자유, 개인의 인권 등 중요한 정치적·사회적 가치를 증진한다고 주장한다. 신자유주의 시각에 따르면, 이러한 가치들은 국가가 사회 및 경제 문제에 불개입주의 정책을 채택할 때 또 모든 국가 지원 요청을 의심의 눈으로 바라볼 때 가장 잘 보장된다. 국가의 역할은 기존 질서를 보호하고 대대적인 규제 철폐를 통해 신자유주의를 더 강력하게 추진하는 것이어야 한다. 그 예는 비즈니스의 탈규제화, 잔여 공공 소유 서비스 및 산업의 민영화, 복지 프로그램의 축소 또는 철폐, 특히 사업체들에 대한 과세의 최소화 등이다. 또한 이 정책들은 국제적으로 전파되어 자본의 지구적 자유 이동과 신자유주의의 지구화를 뒷받침해야 한다(Harvey, 2005).

신자유주의 경제 가치의 승리는 중대한 이념적 전환을 예고했으며 지구화의 진행을 가속화하는 데 중요한 역할을 했다. 전후 초기 수십 년간의 '제한적 자유주의'는 최소주의 국가와 시장의 역할 증대를 선호하는 순수 신고전주의 경제 정책, 다시 말해 이른바 **워싱턴 합의**Washington Consensus로 대체되었다. 이제부터 모든 경제 계획은 자본의 성장을 위한 경제 환경을 더욱 강화하는 방향으로 추진되었다. 복지의 최대치는 무역·금융·투자의 자유화를 통해 가장 잘 달성될 것이라는 주장도 제기되었다. 그러한 정책들은 또한 채무 상환을 보장할 것이었다. 구 동유럽 진영의 국가들은 중앙 계획 경제에서 시장경제로 전환하고 있다고 이해되었다. 이제 자유 시장은 성장과 발전의 주요 원동력이었다. 이러한 접근법은 국제통화기금과 세계은행 그리고 관세와 무역에 관한 일반협정의 후원 아래 진행된 우루과이라운드 무역 협상을 통하여, 세계무역기구 등의 전략들 속에 반영되었다.

1990년대 말경 G7(나중에는 G8)과 국제 금융 기구들은 새로운 신자유주의 질서 안에 10억 명 이상의 가난하고 굶주리는 사람들이 있음을 인식하기 시작했다. 그들은 이에 대응하여 약간 수정된 형태의 신자유주의 경제 정책을 채택했다. 그것은 **워싱턴 합의 이후**post-Washington Consensus로 이름 붙여졌고, 지속적인 국내 정책 개혁에 기초한 빈곤층 친화적인 성장과 빈곤 감축을 강조했다. 이러한 개혁에는 무역 자유화의 확대와 경제·사회 정책으로부터 국가의 추가 후퇴 등이 포함되었다. 이로부터 국가별 빈곤감축전략보고서poverty reduction strategy papers: PRSP가 자금 조달의 초점이 되었다(Cammack, 2002; IMF, 2016). 이 보고서는 국내 정책의 방향을 빈곤 퇴치 프로그램, 결과 중심주의, 시민사회의 참여, 외부 투자자 및 지역 이해관계자들과의 파트너십 등에 맞추도록 저발전국들을 장려하기 위한 것이었다. 또 점차 하나로 통합된 지구 금융 기관과 기부자들에게서 자금 지원을 받을 때 필요한 리트머스 시험지가 되었다.

적어도 경제 성장의 통설적인 평가 기준인 1인당 GDP와 산업화로 측정하면, 발전도상국들은 전후 시기 동안 상당한 발전을 기록했다. 우리가 앞서 살펴본 대로 국제연합의 주장에 따르면, 1990~2015년 사이 하루 1.25달러 미만으로 살아가는 사람들의 비율은 저발전국 인구의 거의 절반에서 14퍼센트로, 즉 숫자로는 같은 기간에 19억 명에서 8억 3600만 명으로 감소했다(UN, 2015b: 4). 그러나 발전은 모든 발전도상국에서 골고루 나타나지 않았고, 빈곤 감소의 많은 부분은 중국과 인도의 경제 성장 덕분이었다. 약간의 개선이 이뤄지기는 했지만, 사하라 이남 아프리카, 아시아, 라틴아메리카 일부 지역 등은 여전히 높은 수준의 빈곤을 기록하고 있다.

발전: 대안적 접근법

발전에 대한 대안적 시각은 몇몇 정부, 국제연합 기관, 풀뿌리 운동 단체, 비정부기구 그리고 일부 학계로부터 등장했다. 그들의 관심사는 종종 인권으로 표현되는 권리 부여와 분배에 집중되었다(**제25장 참조**). 빈곤은 가족과 자신의 물질적 필요를 자급자족이나 환금 거래를 통하여 충족시킬 수 없는 상태를 뜻하지 않는다. 빈곤은 인간 행복에 도움이 되는 환경의 부재로서, 영적·사회적·공동체적 관점에서 이해된다. 이 같은 반대 목소리는 점점 더 커졌는데, 신자유주의가 외견상 압도적인 승리를 거둔 후에 관념이 양극화되었기 때문이다. 반대의 언어는 민주주의 문제들, 즉 정치적 권리 부여, 참여, 다수의 실질적 자결권, 공동 자원의 보호, 문화 보존, 빈곤층 친화적 성장의 강조 등을 융합하는 방향으로 변화하고 있다.

1970년대 초부터 발전에 관한 토론을 자극하고 발전의 논쟁적 성질을 강조하는 수많은 노력이 있었다. 대안적 접근법으로 종합될 수 있는 여러 비판적인 관념들이 제시되었다. 비판적인 관념들은 다양한 비정부기구, 풀뿌리 운동 발전 단체, 개인, 국제연합 기구 그리고 민간 재단으로부터 유래했다. 발전 의제에 직접적으로 연관되지 않은 다양한 사회 운동은 대안적 관점들의 활성화에 기여했다. 예를 들면 여성 운동, 평화 운동, 민주화 운동, 녹색 운동, 협동조합 운동 등이다(Thomas, 2000; **[사례연구 21-1] 참조**).

이 과정에서 1975년 다그 함마르셸드 재단Dag Hammarskjöld Foundation의 『지금은: 또 다른 발전What Now: Another Development』 출판은 주목할 만한 초창기 사건이었다. 그 출판물은 발전의 대안적 개념을 발전시켰는데, 이에 따르면 발전은 (1) (물질적 그리고 비물질적인) 필요 지향적이며, (2) 내생적이고(사회 내부에서 발생하는), (3) (인간적, 자연적, 문화적 자원의 관점에서) 자립적이며, (4) 생태적으로 건전하고, (5) (경제, 사회, 젠더, 권력관계의) 구조적 변화에 기초해야 한다(Elkins, 1992: 99).

발전도상국들은 신자유주의 정책을 추구한 덕분에 1970년대 말부터 인상적인 국내총생산 성장률을 기록했다. 하지만 빈곤율은 별다른 변화를 보이지 않았고, 소수는 더 부유해졌음에도 다수는 여전히 가난했다. 신자유주의 시각에서 보면, 불만이 자유화 정책 자체를 좌절시킬 만큼 위협적인 정치 행동으로 나아가지 않는 한 경제·사회적 양극화는 문제 되지 않는다. 정통적 관점에 따르면, 불만은 원조와 빈곤 퇴치 정책을 활용하여 로버트 콕스Robert W. Cox가 명명한 '기근 구제famine relief'를 제공함으로

히마찰프라데시의 다차원적 빈곤 축소

히마찰프라데시Himachal Pradesh는 인도 북부, 히말라야산맥 서쪽에 있으며 델리로부터 약 355킬로미터 떨어져 있다. 수십 년 동안 히마찰프라데시주는 인간 발전과 빈곤 축소를 뒷받침하는 강력한 경제 성장 정책을 추구했다. 인도의 많은 다른 북부 주들과는 대조적으로, 히마찰프라데시는 '안정되고, 포용적이며, 유대감이 높고, 거버넌스가 좋은 주'라는 명성을 지니고 있다. 비록 인구의 90퍼센트(6800만 명)가 농촌 지역에 살고 있지만, 빈곤율은 1990년대 중반 이후 36.8퍼센트에서 8.5퍼센트로 줄었다. 이러한 성과는 일종의 다차원적인 접근법을 통해서 이뤄졌다. 그 접근법은 모두를 위한 교육, 여성 고용의 확대, 공공 부문 일자리의 증대, 인프라 개선, 토지 개혁, 환경 문제에 대한 관심 등을 촉진했다.

교육은 히마찰프라데시의 핵심 성공 요인 중 하나였다. 그것은 초등교육 달성도가 점차 높아지고, 교육을 받지 않는 아동의 수가 적은 데서 드러난다. 특히 이른바 '소외 집단excluded groups,' 즉 인도 카스트 제도에서 최하층민에 해당하는 지정 카스트Scheduled Caste: SC와 지정 부족Scheduled Tribe: ST이 전체 인구의 30퍼센트를 차지한다. 중요한 점은 여성과 소녀에 대한 교육으로 농촌 여성의 63퍼센트가 일자리를 얻었고 가계 소득 증대에 기여했다는 사실이다. 현재의 성공을 이어 가려면 히마찰프라데시는 적절한 재능을 갖춘 교육받은 청년층에게 일자리를 보

장하여 노령 인구를 부양하도록 해야 한다.

농촌 인구가 매우 많은 상황을 감안하면, 1950년대에 시작된 토지 개혁은 빈곤 축소의 핵심 요인이었다. 오늘날 농촌 가구의 80퍼센트는 작물을 재배할 수 있는 약간의 토지를 소유하고 있다. 사회 집단 간의 토지 분배도 인도의 여타 지역보다 더 평등하게 이뤄져 있다. 이 같은 성공의 열쇠는 일관성 있는 정책 그리고 포용성과 환경 친화적 발전을 포함하여 빈곤 축소를 위해 모든 가용 수단을 동원하겠다는 결의였다. 지방정부의 책임성, 여성이 개발에 참여할 수 있도록 돕는 젠더에 대한 태도의 변화, 공동체의 역사적 유산 지키기에 대한 관심, 모두에게 평등한 혜택을 부여하는 것에 관한 투명성이 필수적이다.

(출처: M.B. Das et al., 2015)

질문 1 히마찰프라데시의 빈곤 축소 정책을 세계의 다른 지역에 적용할 수 있는가? 아니면 인도 북부 특유의 사회적, 경제적 조건들이 존재하는가?

질문 2 여성들과 소녀들에 대한 교육은 빈곤 및 굶주림 퇴치의 열쇠인가?

써 완화될 수 있다. '기근 구제'가 사회 불안의 위협을 잠재우지 못하면, '폭동 진압riot control', 즉 경찰과 군대의 사용이 두 번째 선택지로 남는다(R. Cox, 1997). 국제연합 개발계획UNDP 보고서는 불평등에 결부된 위험성을 인식하면서, 1990년대와 2000년대 말 사이에 불평등은 선진국에서 9퍼센트, 저발전국에서 11퍼센트 증가했다고 지적했다(UNDP, 2014). 세계경제포럼World Economic Forum: Davos의 2014년 연례 리스크 보고서는 '심각한 소득 불균형'이 지구 경제에 대한 지속적인 위협 요인이라고 말했다(World Economic Forum, 2014). 그리고 국제통화기금은 2014년의 한 보고서에서 빈곤의 해법으로서 '낙수trickle-down' 효과 — 사회 질서의 상층부에서 창출된 부가 시간이 지나면서 하층부에 있는 사람들에게까지 돌아간다는 가정 —

에 대해 의문을 제기하고, 대신에 지구적 불평등이 제기하는 위험 요소들에 초점을 맞췄다(IMF, 2014).

빈곤 축소를 위한 대안적 접근법을 추구하는 사람들의 대다수는 현재의 신자유주의 정치 경제의 틀 안에서 논의를 전개한다. 보다 급진적인 접근법은 빈곤이 신자유주의의 중요한, 또 필요한 특징이라고 주장한다. 따라서 빈곤을 핵심 특징의 하나로 용인하는 질서 안에서 빈곤의 대안적 해법을 찾는 것은 부질없는 일이다. 간단히 말해서, 빈곤이 신자유주의의 필수 요소라면 신자유주의는 철폐되어야 한다. 그 증거로, 급진주의자들은 신자유주의의 지구화가 만들어 내고 있는 빈부 격차의 증가를 가리킨다. 불평등은 세계의 모든 지역에서 지난 30년에 걸쳐 증가해 왔고, 최상위 부유층 1퍼센트의

부는 최하위 빈곤층 50퍼센트의 두 배에 이른다(World Inequality Lab, 2018). 어떻게 신자유주의의 구조물이 빈곤층에게 이로운 새로운 구조를 통해 해체되고 대체될 수 있을지에 대하여 급진주의자들은 여전히 명확한 제시를 하지 못한다. 다만 사회적 연대, 지구에 대한 배려, 새로운 윤리 정치 등이 중심적인 관념을 이루고 있다(Cimadamore, Koehler, and Pogge, 2016).

1970년대 이후 세계발전운동World Development Movement 같은 여러 비정부기구는 대안적 접근법을 수용하는 운동을 전개했다. 풀뿌리 운동은 댐(인도 나르마다Narmada)이나 공동 자원에 대한 접근(브라질 아마존의 고무 채취자) 등 구체적인 이슈를 중심으로 성장했다. 1980년대 녹색운동의 세계적 성장은 그러한 운동에 큰 동력을 제공했다. 1992년 리우 국제연합 환경발전회의UN Conference on Environment and Development: UNCED를 준비하는 과정에서 원주민 단체, 여성, 아동 그리고 과거에 발언권을 갖지 못했던 여타 집단들은 비정부기구 포럼에서 자신들의 견해를 표출할 기회를 얻었다. 이는 폭넓은 찬성을 얻은 움직임이었다(제23장 참조). 오늘날 주요 국제연합 회의도 비슷한 전략을 따르고 있는데, 2015년 파리기후변화회의Paris Climate Change Conference는 가장 최근의 예다.

지구금융위기global financial crisis는 2008년에 시작되어 발전도상국들에게 큰 타격을 가했다. 특히 지구 경제에 긴밀하게 연결되어 있던 국가들에게는 충격의 강도가 더 컸다. 선진국들은 위기의 부작용을 완화할 자원을 찾아냈지만, 저발전국들은 그러한 행운을 갖지 못했다. 지구금융위기의 충격은 선진국들이 빈곤 퇴치 프로그램을 추진하는 데 다소 주저하고 있음을 의미했다. 식료품 가격의 꾸준한 상승 때문에 저발전국에 사는 수많은 사람의 형편은 비참해졌다(World Bank, 2009). 지구금융위기는 지구화 과정에서 비롯된 지구적인 문제들을 해결하지 못하는 국민국가의 무능을 드러내고 있다. 오늘날 우리의 삶이 국내 시장보다는 지구 시장에 더 밀접하게 연결되어 있다는 점을 인식할 때, 국가가 국민을 보호하기 위한 적절한 규제를 제공할 가능성이 있는지 의문스럽다. 분

명해 보이는 것은 금융 시장이 수백만 명을 빈곤과 기아로 내몰 잠재력을 지닌, 지구적 안정성에 대한 위협 요소라는 사실을 의식하는 사람은 거의 없다는 점이다. 앞에서 지적했듯이, 지구 자본주의의 조직이 '취약' 및 '소외' 노동자들을 필요로 하고 생산과 금융이 지구적으로 조직된다면, 국가가 유의미한 규제를 실행하는 것은 과연 얼마나 가능할까(R. Cox, 1997)?

저항, 권리 부여 그리고 발전

민주주의는 가난한 사람들의 목소리를 대변하는 수단으로서 발전에 관한 대안적 관념의 중심에 있다. 풀뿌리 운동은 형식적 민주주의 사회에서 고착된 권력 구조에 도전하는 데 중요한 역할을 하고 있다. 지구화가 확대됨으로써 일상생활에서 지역 공동체의 통제력이 침식되고 지구 시장에서 초국가 기업의 힘이 증가하는 상황에서, 사람들은 인권이라는 언어를 통해 저항을 표출했다(T. Evans, 2005; Stammers, 2009). 그들은 발전의 핵심으로서 현지인의 통제력과 권리 부여를 주장하고 국가적이고 지구적인 통제를 거부한다. 그들은 물, 숲, 토지 등 생존의 직접적 원천이라고 부르는 것들을 보호하고 있다. 그들은 민간 및 공공 영역의 지배적인 의제를 거부하고 대안적인 의제를 설정한다. 유명한 예로는 멕시코에서 치아파스의 봉기, 세계무역기구 연례회의에서의 시위 등이 있다. 최근 점령하라 운동Occupy Movement은 모든 대륙의 거의 100개에 가까운 주요 도시에서 시위를 벌임으로써 지구적인 영향권을 수립했다. 점령하라 운동은 "우리가 바로 99퍼센트다"라는 기치 아래 사회 내 권력 관계의 사회적, 경제적 불공정을 더욱 부각시켰다(Wolff and Barsamian, 2012). 또한 불평등에 대한 불만은 북아프리카와 중동 일부 지역을 휩쓴 '아랍의 봄'을 촉진했다(Dabashi, 2012). 이 시위들은 서양의 발전 모델과 가치를 조용히 수용하기보다는 세계 곳곳의 공동체들이 갈망하는 정체성과 실질적 민주주의를 향한 투쟁을 상징한다. 따라서 발전에 대한 대안적 개념은 보편성보다는 다양

성을 중시하고, 인권에 대해 선진국이 주창하는 바와는 다른 이해를 기반으로 한다(T. Evans, 2011).

코펜하겐 정상회의의 비정부기구 포럼이 만든 대안선언Alternative Declaration에는 공동체 참여, 권리 부여, 평등, 자립, 지속 가능성 등의 원칙들이 기입되어 있다(Alternative NGO Declaration, 1995). 그것은 여성과 청소년의 역할을 특히 강조한다. 이 선언은 지구 북반구와 남반구 정부들이 수용하는 신자유주의 의제를 거부하며, 신자유주의는 지구 사회 위기를 완화하기는커녕 악화시키는 길이라고 본다. 또한 모든 부채의 즉각적인 탕감, 교역 조건의 개선, 국제통화기금과 세계은행의 투명성과 책임성, 다국적 기업에 대한 규제 확대를 요구한다. 민주주의에 관한 대안적 관점은 발전의 대안적 관념에서 중심을 차지한다.

비판에 대한 정통적 접근법의 대응

경제 성장과 발전 간의 관계는 일찍이 1987년 브룬틀란위원회Brundtland Commission가 **지속 가능한 발전** sustainable development이라는 개념을 주창하면서 인식되었다(Brundtland et al., 1987). 이어서 1992년 국제연합 환경발전회의, 2015년 국제연합 기후변화회의에서도 지속 가능한 발전 개념을 강조했다. 지속 가능한 발전의 핵심은 현세대의 발전 노력이 미래 세대를 희생해서는 안 된다는 것이다. 즉 경제 발전을 통하여 빈곤을 축소하기 위해 오늘 취한 조치들이 미래 세대에게도 똑같이 필요하게 될 환경 자원을 파괴해서는 안 된다. 정확히 어떻게 환경 자원을 고갈시키지 않고서도 더 많은 천연자원을 필요로 하는 경제 성장을 달성할 수 있는지는 아직도 불분명하다.

이것이 바로 '성장의 한계' 문제인데, 오늘날 여전히 발전 논쟁의 중심에 놓여 있다(Meadows, 2012). 세계은행과 국제통화기금 같은 기구들은 발전 계획에 환경 문제를 포함하는 몇몇 조치를 취했지만, 비판론자들은 이 국제기구들의 정책과 대다수 국가는 지속 가능한 발전을 달성하는 수단으로, 초국가 기업에 대한 자율 규제와 더불어, 아직도 시장 중심적인 발전에 초점을 맞추고 있다

고 주장한다. 지구 경제의 확장이 가장 우선적이어서 지구의 희소한 천연자원을 소비함으로써 미래 세대가 빈곤과 기아 없이 살아갈 환경의 보호를 저버리고 있다.

2000년 국제연합 새천년회의에서 합의된 새천년발전목표는 앞서 제기된 비판에 대한 보다 최근의 대응 노력이다. 8개의 목표 중 첫 번째는 세 가지 목적을 추구하는데, 즉 (1) 하루 1.25달러 미만으로 살아가는 사람들의 비율을 2015년까지 1990년 수치의 절반으로 줄이기, (2) 여성, 남성, 청년을 위한 좋은 일자리 창출, (3) 굶주림을 겪고 있는 사람들의 비율을 2015년까지 1990년 수치의 절반으로 줄이기 등이다. 2015년 국제연합 새천년발전목표 보고서는 이러한 목표치 대부분이 달성되어 극빈층 사람들은 절반으로 줄고 영양실조를 겪는 사람들도 거의 절반가량 감소했다고 주장한다(UN, 2015b). 이러한 목표를 성취하기 위한 노력은 전 세계적으로 부채 경감과 빈곤 구제 정책에 초점을 맞췄다.

비판론자들의 생각을 정책에 포용하는 과정은 계속되고 있다(Sheppard and Leitner, 2010). 그것은 최근에 빈곤 퇴치라는 말이 세계은행과 국제통화기금의 정책에서 등장한 데서 알 수 있다. '참여'와 '권리 부여'는 유행어가 되었다(Cornwall and Brock, 2005). 그러나 거시 경제 정책의 근본은 변함없이 유지되고 있다. 정통적 발전 모델이 지구적 불평등을 증가시켰는지 검토하는 문제는 의제에 있지 않다. 거시 경제 정책의 젠더 효과도 대체로 무시되고 있다. 2002년 국제연합 몬테레이 발전재원회의UN Monterrey Conference on Financing for Development에서 신규 자금 조달 약속이 있었음에도 불구하고, 선진국에서 발전도상국으로의 새로운 재원 이전은 느리게 진행되고 있다. 선진국들이 국민총소득gross national income: GNI의 최소 0.7퍼센트를 제공하리라는 국제연합의 기대에는 모든 국가가 아닌 일부 국가들만 부응했다. 신규 재원에 더하여, 몬테레이 회의에서는 중채무빈국HIPCs에게 400억 달러의 채무를 탕감해 주겠다는 약속이 합의되었다. 그러나 그 약속은 즉각적인 효과를 낼 만큼 이행되지 않았고, 모든 궁핍한 국가를 대상으로 하지도 않은 데다 일부 G8 국가들은

표 21-3 주요국의 2015년 공적개발원조ODA

국가	국민총소득 대비 ODA 비율	ODA (10억 달러)
스페인	0.13	2.41
한국	0.14	2.20
미국	0.17	35.26
일본	0.22	11.48
아이슬란드	0.24	0.50
캐나다	0.28	4.28
프랑스	0.37	11.36
독일	0.52	34.68
덴마크	0.85	2.40
스웨덴	1.40	7.1

출처: Inter-Agency Task Force on Finance for Development

이에 미온적으로 반응했다. [표 21-3]은 최근의 **공적개발원조**official development assistance: ODA 수치를 보여 주고 있다. 대부분의 국가들은 국제연합이 설정한 0.7퍼센트를 한참 밑돌고 있다.

2012년 리우+20(제1차 리우 회의의 후속 회의)은 추가적인 환경 파괴 없이 빈곤을 축소하려는 노력을 계속하는 데 목적을 두었다. 그러나 비판론자들은 국가 이익 추구로 이러한 전략이 약화되었다고 주장했다. 그들은 리우 회의 이후 리우에서 춤추는 사람들은 사람과 지구보다 이윤을 앞세우는 경제 모델의 수혜자들뿐이라고 말했다. 비정부기구들 입장에서 보면, 그 회의의 유일한 결과물은 문제의 심각성이 여전히 인식되지 않고 있다는 정당한 분노였으며, 그러한 실패는 2008년 이후 지구적 경제 침체 상황에서 더욱 긴급해졌다.

2015년 입안된 국제연합의 지속가능발전목표Sustainable Development Goals: SDG는 새천년발전목표를 계승하기 위한 것으로, 발전에 대한 대안적 접근법에 관심을 표명한 가장 최근의 움직임이다. 새천년발전목표의 비판론자들이 관

찰한 바에 의하면, 새천년발전목표는 빈곤의 근본 원인을 고려하지 않았고, 젠더 불평등을 배제했으며, 인권을 언급하지 않았고, 발전의 총체적 성질을 이해하지 못했다. 17개의 지속가능발전목표 중에서 첫 번째와 두 번째 목표(빈곤 철폐와 기아 종식)는 이 절의 논의와 직접 연관되지만, 나머지 목표들은 위에서 논의된 비판적 대안들(예를 들면 모두를 위한 건강과 복지의 보장, 젠더 평등, 담수 공급)에 대한 대응이라고 할 수 있다. 이 새로운 목표들이 정확히 어떻게 측정되고 촉진되며 또 자금을 조달할 것인지는 아직 불분명하다. 지속 가능한 발전 재원에 관한 정부간전문가위원회Intergovernmental Committee of Experts on Sustainable Development Financing: ICESDF의 추산에 의하면, 극심한 빈곤을 퇴치하기 위한 사회 안전망을 제공하는 데 한 해 660억 달러가 소요되고, 지속 가능한 담수, 농업, 교통, 에너지 등을 위한 인프라를 구축하는 일은 연간 7조 달러의 투자를 요할 것이다(ICESDF, 2015). 2017년 국제연합 지속가능발전목표 보고서는 현재까지의 진행 상황에 대해 우려를 표명하면서 실행은 개시되었을지라도 "시간이 얼마 남지 않았고", "진도율은 많은 영역에서 2030년 목표 달성을 위하여 필요한 것보다 훨씬 느리다."라고 주장한다(UN, 2017b).

정통적 접근법의 대응에 대한 평가

대규모 국제연합 회의는 지구 빈곤을 퇴치하기 위한 국제 제도 중에서 여전히 중심적인 수단이다. 여기에 이어서 '+5' 소규모 회의들이 뒤따르곤 하는데, 이는 진척 상황을 평가하고 이전 합의 사항을 더욱 발전시키고 개선하기 위해서이다. 하지만 이 회의들이 진정한 발전의 기회를 제공하는지는 종종 의문의 여지가 있다. 예를 들어 2009년 코펜하겐 기후변화회의는 어수선하게 끝났고, 법적 구속력을 갖춘 협정이 아니라 정치적 '해법'으로서 최소한의 합의만을 생산했다. 또한 1995년 베이징에서 열린 제4차 국제연합 여성회의는 여성을 현 경제 질서 안으로 통합시키기 위해 세계은행 같은 지구 금융 기구들이 취할 제한적인 조치만을 도출했다. 이 회의에서 나

온 두 강령은 경제적 기회에 대한 여성의 접근권을 개선하는 것, 그리고 가정과 사회에서 여성의 발언권과 주체성을 증대시키는 것이었다. 세계은행은 여성의 삶이 고르게 개선되지 않는 점을 수긍한다. 더 중요한 점은 기존 경제 질서 내에서 그러한 목표를 달성하려면, 젠더를 '첨가물'로 여길 것이 아니라 모든 발전 사업에서 젠더를 체계적으로 주류에 편입시키는 것이 필요하다는 사실이다. 비판론자들은 젠더를 첨가물로 여긴다면 지속적인 결과를 달성하지 못한다고 주장한다.

비판의 목소리는 그 수와 범위 면에서, 심지어 주류 접근법을 지지하는 사람들 가운데서도 증가하고 있다. 이러한 불안감은 신자유주의적 혜택의 분배 오류에 초점이 맞춰져 있고, 그 문제는 지방적, 국가적, 지역적, 지구적 질서를 위협하는 요인으로 점차 인식되고 있다. 더구나 일부 사람들은 경제적 지구화가 수반하는 사회적 저항은 신자유주의 프로젝트에 대한 잠재적 위협 요소라고 생각한다. 따라서 지구화의 지지자들은 신자유주의 정책을 수정함으로써 지구화의 가장 인기 없는 효과들을 희석하려고 한다. 작지만 중요한 변화들이 일어나고 있다. 예를 들면 세계은행은 원주민 대우, 재정착, 세계은행 사업의 환경적 영향, 젠더, 정보 공개 등에 관한 가이드라인을 발표했다. 세계은행은 구조 조정 정책을 추진할 때 사회 안전망을 실행하고 있다. 그리고 세계은행은, 그 효과가 지금은 의문시되고 있음에도 불구하고, 여성에 대한 권리 부여 방안으로 소액 신용 대출을 촉진하고 있다 (Roodman, 2012). 게다가 국제통화기금은 중채무빈국 이니셔티브 Heavily Indebted Poor Countries: HIPC를 개발하여 최빈국들의 채무 부담을 덜어 주었다. 그러나 이 가이드라인과 관심사가 정책에 실제로 반영되는지, 또한 이러한 새로운 정책과 제도들이, 특히 2008년 지구금융위기 이후에 빈곤의 근본 원인에 영향을 주는 실제적인 결과를 낳는지는 여전히 분명하지 않다.

대안적 발전 모델의 핵심 가치들이 국내적으로 또 국제적으로 권력의 심장부에서 신임을 얻기까지는 엄청나게 머나먼 여정이 남았다. 그럼에도 불구하고 대안적 관점은 비록 여전히 부수적이기는 하지만 발전의 정통적 접근법을 수정하는 데 몇몇 주목할 만한 성공을 거두었다. 이러한 성공 사례들은 본질적으로 지금까지 서양적인 지역적 가치의 선택적 집합이 보편적으로 적용됨으로써 자신의 운명이 대부분 결정되었던 사람들에게는 결코 무의미하지 않을 것이다.

요점정리

- 발전은 논쟁적인 개념이다.
- 발전 정책은 20세기 중반 이후 주류 접근법, 즉 제한적 자유주의에 의해서, 그리고 보다 최근에는 신자유주의에 의해서 지배되었다.
- 20세기의 마지막 20년 동안에는 비정부기구, 풀뿌리 운동, 몇몇 국제연합 기구의 주도로 발전에 관한 대안적 관념들(즉 참여, 권리 부여, 지속 가능성)을 수용하려는 움직임이 일부 있었다.
- 주류 접근법은 대안적 접근법의 언어와 관념들을 일부 포용하려고 시도했지만, 그것이 실질적인 변화를 가져올지는 의문이다.

맺음말

이 장에서는 빈곤, 기아, 발전에 관한 서로 다른 관념들을 살펴보았다. 분명한 점은 개념 정의, 원인, 해결책에 관하여 아무런 합의도 존재하지 않는다는 것이다.

우리는 엄청난 발전의 과제를 마주하고 있다. 비록 국

제연합은 새천년발전목표가 성공했다고 주장하지만, 빈곤과 기아를 측정하는 적절한 방법에 대해, 또 통계의 정확성에 대해 여전히 의구심이 남아 있다. 주장하는 성공의 많은 부분은 지난 10년간 중국과 인도 경제의 급속한 성장 덕분일 수 있다. 반면 여타 발전도상국들은 별다른 개선을 보여 주지 못하고 있다. 2008년 지구금융위기의 결과들은 높은 수준의 실업과 물가 상승에 지금도 직면해 있는 일부 사람들에게 계속해서 영향을 미치고 있다. 반기문 국제연합 사무총장은 이런 전망을 인식하고, 2012년 새천년발전목표 보고서에서 경제 위기를 무릅쓰고 이룩한 "발전이 발전도상국 세계에서 둔화하거나 역전되는 것을 용납해서는 안 된다."라고 주장했다(UN, 2012).

최근 세계 일부에서 사회 불안이 폭력 충돌로 비화해 빈곤과 기아의 수준에 직접적인 영향을 끼치고 있다. 현재 1억 5500만 명의 5세 미만 어린이가 위기에 처해 있고, 이들의 거의 75퍼센트는 분쟁이 발생한 국가에서 살고 있다. 이 국가들에서 여성과 어린이는 굶주림으로 고통받고 있다. 국제연합 안전보장이사회는 '계속된 무력 충돌과 폭력은 인도적 참상을 초래하고 종종 인도적 지원을 방해함으로써 기근의 주요 원인이 되고 있다'고 인정했다(UN, 2018a). 조너선 앨런Jonathan Allen 대사가 주장하듯이, 비록 우리는 풍요로운 세상에서 살고 있지만 오늘날 "기아는 전쟁 무기로 사용되고 있다."(UN, 2018b)

발전의 정통적 모델은 면밀한 검토의 대상이 되고 있는데, 그것은 우리가 지구화와 신자유주의 경제학이 가져온 위험과 기회를 보다 많이 인식하게 되었기 때문이다. 핵심 질문은 이렇다. 지구화는 인간의 얼굴을 띨 수 있는가?

현재의 정통적 발전 접근법은 개혁주의의 길을 따라가고 있다. 이러한 길이, 너무나 적은 것을 너무나 적은 사람들에게 너무 늦게 내어 놓음으로써, 스스로 파멸의 씨앗을 낳을 것인지는 역사가 보여 줄 것이다. 국제관계학도로서 우리는 이 이슈를 국제관계학의 변두리로부터 끌어들이고 그 쟁점들을 공부의 중심에 놓아야 한다.

1. 빈곤을 정의해 보자.

2. 발전에 대한 정통적 접근법을 설명하고, 그 접근법의 측정 기준을 약술해 보자.

3. 발전의 비판적 대안 모델을 요약하고 평가해 보자.

4. 발전에 대한 신자유주의 접근법은 이 접근법에 대한 비판에 어떤 식으로 대응해 왔는가?

5. 발전에 대한 신자유주의 접근법의 장단점을 약술해 보자.

6. 우리는 대규모 국제연합 회의들이 빈곤과 기아에 관하여 어떤 성과를 이룰 것으로 기대할 수 있는가?

7. 빈곤의 젠더적 본질을 비판적으로 검토해 보자.

8. 빈곤과 기아에 관한 새천년발전목표는 그 문제에 대한 대안적 접근법을 고려하고 있는가?

9. 국제관계학은 빈곤과 발전이라는 쟁점을 포용하는 데 왜 느렸는가?

10. 지속가능발전목표의 달성 전망을 평가해 보자.

이 장의 객관식 문제를 풀어 보면서 학습 내용을 잘 숙지하고 이해했는지 평가해 보자.

• www.oup.com/he/baylis3xe

Global trade
and global finance

개요

이 장에서는 지구 무역과 지구 금융이 작동하는 데 있어서 중요한 쟁점을 독자들에게 소개하겠다. 무역과 금융은 다른 거버넌스 제도의 규율을 받지만, 한 영역에서의 문제는 곧 다른 영역의 문제로 이어질 수 있다. 이런 현상은 가장 널리 인용되는 경제지구화에 관한 정의 중 하나다. 곧 지구화는 세계 경제의 한 부분이 다른 곳에서 벌어지는 사건에 점차 민감해지는 현상으로 이해된다. 이 장은 최근 몇십 년간 증가한 무역과 금융 거래에 대한 간략한 개요를 제공한다. 그러나 그러한 거래가 지리적 범위 면에서 참으로 지구적인지는 그리 분명하지 않다. 지구화는 세계 경제 관계를 자신에게 유리하도록 구축할 만큼 힘센 몇몇 국가에 크게 집중된 것처럼 보이기 때문이다. 다음 절은 무역과 금융 거래의 규제에 관련된 제도의 역사에 초점을 맞춘다. 다시 한번 아래 절에서 정치권력의 중요성을 말하고, 지구 엘리트가 자신의 이익을 지배적이고 제도화된 규제 규범 안에 성공적으로 심어 놓았음을 보여 줄 것이다. 이는 세계 경제체제 차원에서 규제 일관성을 모색하려는 노력을 무력화시켰다. 그 결과 무역이든 금융이든 한 영역의 문제는 다른 영역에서 연쇄적으로 문제를 야기하는 정도가 심화했다. 최근 대중 민족주의 populist nationalism 가 부상하여 지구 엘리트의 지배에 도전하고 있다. 하지만 그러한 도전의 '성공'은 체계 차원의 규제 일관성을 개선하는 데는 무력할 것이다.

CHAPTER

22

지구 무역과 지구 금융

매슈 왓슨Matthew Watson

김치욱 옮김

핵심 질문

- 최근 대중 민족주의의 부상과 자유주의적 지구주의의 후퇴를 고려할 때, 지구 무역과 지구 금융을 그토록 오랫동안 떠받쳐 온 정치적 전제들이 마지막 쇠퇴기에 접어들었다고 보아야 하는가?

- 왜 지구 경제에서 어떤 사람들은 기본적인 생계유지에 필요한 돈도 지닐 수 없는 반면, 어떤 사람들은 엄청난 부를 향유하는가?

- 지구 경제 거버넌스 제도들이 없다면, 세계는 더 부유해질까?

머리말

1970년대는 서양 선진국들에게 혼란과 위기의 10년이었다. 경제 성장률은 제2차 세계대전 이후의 안정기에 비해 크게 하락했고, 실업률은 1930년대 **대공황**Great Depression 이래 찾아볼 수 없었던 수준으로 상승했다. 국가가 주도하여 새로운 성장 동력을 찾으려 했으나 경제를 회복시키지 못했고, 오히려 정교하게 고안된 정책의 대가는 급격한 인플레이션이었다. 이후 정치적 분위기는 정부의 경제 개입을 반대하는 쪽으로 바뀌었다. 자본, 돈, 상품, **서비스**services, 사람의 자유로운 이동을 통제하던 국내 장치들이 점차 철폐되었고, '시장'은 정치인들이 경제적 우선순위를 말할 때 지배적인 언어가 되었다. 국제기구들 또한 추가 권한을 부여받아 시장으로부터 옛날의 두드러졌던 국가적 특색을 제거하고 그 자리에 지구적 논리를 점점 올려 놓았다(제13장 참조).

2010년대도 역경의 10년이었다. 선진국들의 성장률은 **지구금융위기**global financial crisis가 발발한 이래 1970년대의 그 어느 때보다 더 큰 타격을 받았다. 많은 사람에게 노동의 성격이 꽤 급격하게 변했다. 노동자들은 고용 안정, 노동권, 직장 안전 등에서 멀어지기 시작했다. 이제 '평생직장' 현상은 이른바 **복지 자본주의의 황금기**golden age of welfare capitalism의 역사적 유물처럼 여겨졌다. 서양 세계의 소득 하위 40퍼센트 안팎의 임금은 정체되었다. 그렇지만 아직 지구 정책 입안자들의 반응은 "위기? 무슨 위기?"라고 묻는 것이었다. 1970년대부터는 그들 사이에서 공개적으로 "내 탓이오mea culpa"라는 말이 반복된 적은 없었다. 그때 정책 입안자들은 경제적 확실성에 관한 옛 통념을 깨는 과정을 통해서 거버넌스의 우선순위를 재조정하려고 생각했다. 지구 경제에서 가장 중요한 여론 주도층은 기본적으로 시장이 가장 잘 안다는 옛날 이야기를 고수했다. 물론 처음에 지구금융위기를 야기한 것은 시장 이데올로기의 과잉, 시장 논리의 붕괴 그리고 시장 제도들의 오작동이었다. 그렇다면 왜 '시장의 강조'가 지금 상황을 바로잡는 정통적 정책 처방으로 아직도 남아 있는지 선뜻 납득되지 않는다.

하지만 이렇다고 해서 금융위기 국가들에서 모든 것이 정치적으로 예전과 똑같다고 결론을 내리며 오해해서는 안 된다. 거의 예외 없이, 지구금융위기의 경제 충격을 겪은 국가들은 최근 국내에서 대중주의populism 정치가 부상하는 것을 목도했다. 이런 국가들 중 일부, 즉 그리스의 시리자Syriza 그리고 스페인의 포데모스Podemos는 좌파 정치를 주창하면서 빈곤층을 보호하고, 모든 사람의 존엄한 삶을 위해 노동의 대가를 충분히 보상하며, 이전의 시장 과잉으로부터 혜택을 본 사람들에게는 자신의 위기를 스스로 감당하도록 했다. 그러나 대중주의의 정치적 면면은 매우 달랐다. 미국에서 도널드 트럼프Donald Trump의 당선, 영국에서 유럽연합 탈퇴 투표, 프랑스 대선에서 국민전선Front National 후보의 결선 진출, 독일에서 독일을 위한 대안Alternative für Deutschland의 의사당 난입, 이탈리아 총선에서 주류 정당의 몰락 그리고 오스트리아, 덴마크, 네덜란드, 스웨덴, 스위스 등에서 반이민 정당의 강세를 생각해 보라. 이것이 자신의 옛 황금기를 회상하고 있는 대중 민족주의다. 그때는 지구화 이전 시기로서 그야말로 진정한 국내 사회로 존재했다. 새로운 대중주의 세계 관념에서 자본과 화폐는 국경을 넘나들 때 여전히 별다른 제한을 받지 않고, 효과적인 무역 전쟁이 유권자들에게 인기를 누리지 않는 한 상품의 이동도 자유로워야 했다([사례연구 22-1] 참조). 다만, 사람의 경우는 이동의 자유가 훨씬 덜해야 했다(제20장, 제24장 참조). 이러한 대중주의 정치의 전형은 이민자들을 비난하고, 국가 공동체의 순수성을 약화시킬 수도 있는 국가 간 이동을 거부한다. 그 문제들은, 대중주의가 자유주의 지구화의 미래에 미칠 영향에 관한 질문들과 더불어, 최근 서양 정치에서 나타난 최대의 파열음이다.

중국 위안화와 미국 무역 적자

© Xinhua / Alamy Stock Photo

2018년 8월, 도널드 트럼프는 미국 대통령직에 관련된 관행을 하나 더 깨뜨렸다. 트럼프는 다른 국가를 직접 겨냥해서 환율 조작을 위해 국가가 개입했다고 비난하는 사반세기 만에 최초의 미국 대통령이 되었다. "나는 중국이 자국 통화를 조작하고 있다고 생각합니다. 확실합니다."(Mason and Holland, 2018) 이는 그가 선거 운동에서 일관되게 사용했던 대중 민족주의 메시지를 단순히 반복한 것이었다. 트럼프는 중국이 미국산 제품의 가격을 낮추기 위해 인위적으로 위안화 가치를 저평가하는 것은 미국 노동자들에게 공정하지 않다고 주장한다.

그러나 트럼프의 진단에 동의하는 경제학자를 찾기는 어렵다. 그럼에도 불구하고 트럼프의 행동은 여전히 지대한 관심을 끄는 국제 정치적 처세의 한 예다. 왜냐하면 지구 무역과 지구 금융 중 한 영역에서의 행동이 다른 영역에 영향을 미칠 수 있음을 보여 주기 때문이다. 엄청난 규모의 대중 무역 적자는 논쟁거리가 아니지만, 여러 방식으로 정치화될 수는 있다. 트럼프의 대중 민족주의는 국내 노동자들에게 상징적인 제스처를 취하는 것이다. 그들은 최근 수십 년 동안 경제 지구화로 부당한 대우를 받았다고 생각할 만한 충분한 이유를 가지고 있다. 트럼프의 미-중 무역 전쟁 불사 의지는 해외 경쟁자들에게 빼앗겼던 일자리를 되찾아 미국 노동자의 이익을 보호하고 싶다고 자신의 선거 지지층에게 말하는 것이다. 트럼프는 중국 통화 당국이 의도적으로 달러화 대비 위안화의 가치를 저평가하고 있다고 발표했다. 이러한 발표는 중국에 대한 선제 조치를 지속할 권리가 트럼프에게 있음을 정당화해 주는 '증거'였다.

그러나 불행하게도 실제 증거는 정반대 방향을 가리키고 있다. 트럼프의 대통령 후보 시절과 재임 기간 동안 **선물 시장**futures market 거래를 보면 위안화는 저평가되기보다는 과대평가되어 있었다. 중국은 상당한 양의 외환 보유고를 쏟아부어 순수 변동 환율제하에서보다 위안화 가치를 더 높은 수준으로 유지했다. 이는 2005년 중국 통화 당국이 처음으로 위안화 환율의 변동을 일부 허용했을 때보다 훨씬 높은 수준이다. 중국 정부가 위안화 가치를 떠받치지 않고 저평가된 채로 두면, 중국 상품 가격이 미국 가격에 비해 하락하여 중국 생산자에게 경쟁 우위를 제공하고 미국의 무역 적자는 더더욱 확대되었을 것이다. 트럼프가 원하는 바와 정반대다. 중국이 고평가된 위안화 가치를 계속 유지하는 것도 상징적인 제스처다. 이는 국제통화기금International Monetary Fund: IMF의 **특별인출권**Special Drawing Rights 통화 바스켓에 위안화를 순조롭게 포함하기 위한 것이다. 그것은 비록 단순 명예직에 해당하는 역할이지만, 위안화가 이제 달러화나 유로화와 동등한 국제 준비 통화international reserve currency가 되었다는 정치적 신호를 보내는 셈이다.

질문 1 트럼프는 중국의 환율 조작을 주장하고 있고, 실제 뚜렷한 경제적 근거가 없음에도 여전히 반향을 불러일으키고 있다. 이러한 상황은 미국 국내 정치의 현주소에 대해 무엇을 말해 주는가?

질문 2 중국은 자국 생산자들의 경제 이익에 반함에도 불구하고, 왜 정치적인 이유로 위안화 고평가 정책을 계속 추진하는가?

무역과 금융의 지구화

대중 민족주의와 자유주의적 지구주의 간의 정치적 균열은 경제 지구화가 국내적으로 유익했는가 하는 질문에 상이한 답을 제시하면서 본격화되었다. 그러나 학계에는 진정한 경제 지구화를 향한 추세가 실제로 얼마나 광범위한지에 관해 상당한 이견이 존재한다. '지구화'라는 단어는 1970년대 위기 이래 국가 간 시장 통합이 진전되는 시기와 같은 의미가 되었다. 그러나 지구화는, 분석의 정확도는 다 다르지만, 경제적 상호 의존의 한 양상을 묘사하기 위해서도 사용되곤 한다(제1장, 제2장 참조). 분명히 1970년대 이후 교역재 및 금융의 거래에서 각국 시장 간 통합이 크게 증가했다. 그렇다고 이 자체만으로 시장 기제가 세계의 모든 국가를 똑같은 방식으로 통합했다는 뜻은 아니다. 20년 전 헬드 등(Held et al., 1999)의 주장대로, 이른바 지구적 무역 및 금융 거래의 '강도intensity'와 '확장성extensity' 간의 차이를 구별하는 것이 중요하다. 여기서 강도는 그러한 거래가 국민 경제의 경계선을 넘나드는 정도를 측정한다. 즉 강도 지표는 초국경 거래가 과거보다 얼마나 더 많아졌는지 나타낼 뿐, 지리적 특성에 대해서는 말해 주지 않는다. 반면에 확장성은 현재의 무역 및 금융이 이뤄지는 지리적 분산의 정도에 초점을 맞춘다. 그러한 거래가 더 증가했는지뿐만 아니라 세계의 더 많은 국가가 거기에 참여하고 있는지도 묻는다. 그다음은 무역 및 금융 거래의 속도와 분포도를 구별한다. 다소 혼란스럽지만, '지구화'라는 한 단어로 두 양상을 모두 묘사하곤 한다. 그렇지만 분명 이 둘을 분석적으로 구별하는 게 바람직하다.

일반적으로 지구화의 '거점'은 주로 최선진국에 집중되어 나타났다. 선진국 간에는 초국경 경제 활동이 크게 증가해 왔다. 따라서 강도 지표가 이러한 변화의 핵심을 더 잘 보여 주는 듯하다. 무역의 강도 지표는 경제학자들의 소위 '중력 모형gravity models'으로 측정된다. 중력 모형은 매우 간단한 명제에 대해 강력한 경험적 증거를 제공한다. 즉 무역 거래는 생산지에서 더 가까운 곳에 사는 최종 소비자에게 귀착될 가능성이 크다. 상품은 1인당 소득 수준이 비슷한 국가들 사이에서 이동할 가능성이 훨씬 더 크다. 또 상품은 장거리보다는 단거리 운송이 더 저렴하다. 반대로, 금융 거래는 보통 '무중력'으로 간주된다. 그렇지만 금융 거래에서도 선진 금융 인프라는 몇몇 세계 도시에만 집중되어 있다. 이는 금융 거래가 기존의 지리적 패턴을 동일하게 반복하고, 진정으로 지구적인 성격의 새로운 연결망을 만들지 않는다는 의미다. 일부 주요 사례들에서 경제 지구화의 강도가 증가한 것은 분명하다. 브릭스 경제의 등장이나 동아시아의 지속적인 부상이 그 예다(제5장 참조). 그렇지만 세계의 많은 가난한 나라는 생산 및 소비의 새로운 구조에서 대체로 구경꾼에 불과하다. 이 빈국들은 지구화의 거점들과 별다른 연계성을 갖고 있지 않고, 지구화의 강도나 확장성에도 기여하지 못한다.

빈국의 소외는 일정 부분 발전의 문제이다. 왜냐하면 초국경 경제 활동이 주로 세계 경제의 선진 부문에만 집중되는 경향이 있기 때문이다. 또한 이것은 지구 무역과 지구 금융의 규제 체제에 있는 정치적 비대칭성 문제이기도 한데, 선진국들이 지구화의 경제적 이득 대부분을 차지하기 때문이다. 발전 문제는 이 책의 다른 부분에서 다뤄지기 때문에(제21장 참조), 이 장은 대신 지구 무역과 지구 금융이 오늘날 발 딛고 있는 규제 원칙들에 일차적으로 초점을 맞추겠다. 그것은 국제 체제 내 세력 균형이 어떤 수단들을 통해 지구 무역 및 지구 금융 레짐에 각인되는지 조명하기 위해서다. 이를 통해 경제 지구화는 명백히 정치적인 과정이었음을 이해하게 될 것이다. 최근의 대중 민족주의가 계속 부상하고 상당한 정도의 탈지구화로 이어지는 경우에도 이와 동일한 이해가 필요하다([사례연구 22-1] 참조).

경제 지구화를 나타내는 가장 흔한 지표는 1970년대

국제 무역이란 무엇인가?

기본적으로 국제 무역은 한 나라의 시민들이 다른 나라의 시민들이 소비할 재화를 생산할 때 발생한다. 따라서 그 재화는 적어도 하나 이상의 국경을 넘나들면서 생산자와 소비자를 경제적으로 연결하기 때문에 생산지와 소비지 사이의 지리적인 불일치가 존재한다. 세계의 다른 지역에서 판매할 목적으로 재화를 생산하는 국가는 수출국, 그 재화가 궁극적으로 판매되는 국가는 수입국이 된다.

이래 세계 무역의 괄목할 만한 증가다([참고 22-1] 참조). 이것은 훨씬 더 큰 세계 상품 시장이 성공적으로 형성되었다는 뜻이다. 이는 표준화된 세계 수출량 수치를 보면 가장 잘 나타난다. 직접 비교가 가능하다는 이점도 있다. 2000년의 수치를 기준선인 100(이를 가치로 환산하면 세계 무역은 대략 8조 6000억 달러에 해당)으로 잡으면, 1970년의 수치는 22, 1980년은 33 그리고 1990년은 54가 된다. 달리 말하면, 경제 지구화의 도약기와 초기 성숙기에 세계 수출량은 1970~2000년 사이에 약 4.5배, 1980~2000년 사이에 3배, 그리고 1990~2000년 사이에만 2배가 성장했다. 이러한 상승세는 지구금융위기의 여파와 새로운 불확실성 시대의 등장으로 시련을 맞고 있을 뿐이다. 2016년(이 글을 쓰는 2019년 9월 현재 완전한 자료를 얻을 수 있는 가장 최근의 연도)에 세계 상품 무역의 가치는 16조 달러였다. 이것을 풀어 쓰면 16,000,000,000,000달러다. 이는 지구 금융 위기 직전인 2007년 13조 7000억 달러보다 증가한 것이지만(WTO, 2008: 9), 2014년 18조 500억 달러보다 감소한 수치이다(WTO, 2015: 24). 2000년의 수치를 기준선인 100으로 잡으면, 2016년의 수치는 186으로 2014년의 사상 최고치인 215와 비교된다(모든 수치는 WTO, 2017에서 계산됨).

역사적 수치들은 또한 세계 경제가 1970년대 이래 줄곧 일반적으로 지구 무역에 더욱 개방적이 되었음을 보여 준다. 이와 관련된 지표는 지구 무역 증가분 대 지구 국내총생산 증가분의 비율이다. 만약 두 지표가 똑같아서 그 비율이 1 대 1이 된다면, 세계 수출 수요의 모든 증가분은 세계 경제가 성장한 결과이지 세계 경제가 무역에 더 개방적이게 된 결과는 아니다. 세계무역기구(WTO, 2017: 18)에 의하면, 이 비율은 1945년부터 현재까지 평균 약 1.5 대 1로 계산된다. 경제 지구화의 도약기인 1997~2000년은 1.77 대 1의 비율로, 지구 무역 증가분이 지구 국내총생산 증가분의 거의 2배에 달했음을 알 수 있다. 그러나 2000년 이후에는 혼조세를 보였다. 지구 상품 무역의 호황기에는 2 대 1을 족히 상회했지만, 지구금융위기 이후에는 평균 1 대 1 정도에 불과했다. 가장 최신인 2016년 수치는 0.6 대 1로 하락했다. 이는 역사적인 장기 추세뿐만 아니라 지구금융위기 이후의 추세보다도 한참 낮은 것이다. 세계 경제에서 무역 개방성이 낮아지고, 따라서 지구화의 강도가 감소했음을 뜻한다.

무역 지구화의 확장성이 어떻게 변해 왔는지 평가하기란 훨씬 더 어렵고, 사안별로 판단할 수밖에 없다. 즉 어떤 국가의 수출/수입 활동이 확장되거나 빨라지고 있다는 식으로 결론 내리는 것이다. 확장성은 어떤 국가가 **지역 무역 협정**regional trading agreement에 깊숙이 통합되어 있을수록 증가한다. 그러나 이때도 확장성 변화의 지리적 양상은 지역 블록의 밖보다는 안에서 더욱 두드러질 게 거의 확실하다. 경제학자들의 중력 모형도 이 점을 분명히 말해 준다. 그러한 국경들은 사실 지구 무역 거래가 어느 한계선까지 확장될 수 있는지를 보여 주는 좋은 근사치다. 북미, 아시아, 유럽 등은 지역 무역 협정을 잘 갖추고 있는데, 2016년 세계 무역의 88퍼센트를 차지했다(WTO, 2017: 13).

그렇다면 금융 거래는 어떠한가? 1970년대 이후에 지구 금융 시장의 주요 변화들은 대부분 실제적인 돈의 거래에서 일어나지 않는다. 따라서 공간 이동에 상응하는 지리적 특성을 띠지도 않는다([참고 22-2] 참조). 대부분의 금융 시장은 오늘날 지구적 요소를 지니고 있다. 컴퓨터 기술의 진보 덕분에 네트워크 연결이 가능한 그 누구든지 금융 거래 활동에 접근할 수 있다. 하지만 금융 거래 자체는 자본과 명성을 갖춘 은행, 보험 회사, 헤지펀

국제 금융이란 무엇인가? 참고 22-2

비록 국제 무역과 국제 금융을 묘사할 때 사용되는 언어와 경제적 상상력은 때로 같을지 모르지만, 사실 국제 금융의 동학은 국제 무역의 동학과 큰 차이를 보인다. **해외직접투자**foreign direct investment: FDI의 경우를 제외하면, 금융 영역에서 어느 한 나라가 자금을 '생산'하고 다른 나라가 '소비'하는 예를 찾아보기 매우 어렵다. 금융 시장에서 일어나는 거래는 일반적으로 선진 정보 기술 네트워크를 활용하는 액면 거래 형식을 띤다. 금융 상품이 수출과 수입에서처럼 국경을 가로질러 이동하는 경우는 매우 드물다.

5조 700억 달러, 풀어 쓰면 5,070,000,000,000달러였다. 이는 2013년 국제결제은행 BIS 보고서에 기록된 수치보다 5퍼센트 하락한 것이다. 하지만 그 통계가 처음 제공되었던 2001년(일일 1조 달러라는 상징적인 수치를 초과한 해)에 비하면 *4배 이상 증가한 것이다*(Bank for International Settlements, 2016: 9). 이는 경제 지구화로 세계 상품 무역의 인상적인 증가에도 불구하고, 지구 금융 거래가 지구 무역 거래를 완전히 압도하고 있음을 의미한다. 달러로 표시한 통화 시장 거래액은 모든 국가의 수출액을 합친 것보다 약 80배가 많다. 더구나 통화 시장에서의 거래 대금은 **파생 상품 거래**derivatives contracts 거래액의 한 조각에 지나지 않는다. 파생 상품은 21세기 첫 10년 동안에 주택 가격의 상승이 멈춘 뒤에 어쩔 수 없이 은행들이 과도하게 투자했던 금융 상품이다. **채권 시장**bond markets도 단지 금전적인 관점에서만 보면 그리 크지는 않지만, 지난 10년 내내 뉴스에 등장했다. 채권 시장의 위기가 여러 형태로 **유로존 부채 위기**eurozone debt crisis([참고 22-3] 참조)로 진화했기 때문이다. 채권 시장에서 나타난 적대적인 거래 양상 때문에 이탈리아, 스페인, 포르투갈, 키프로스, 아일랜드, 특히 그리스 등은 부채 상환 일정에 심한 압박

드, 전문 투자 기관, 연금 펀드 등이 차용증IOUs을 교환함으로써 이뤄지는 게 보통이다. 이러한 차용증 거래는 매일 거래가 끝날 때 액면 재무제표에서 추가되거나 차감된다. 이 경우 우리는 기껏해야 거래의 강도 지표에 대해서만 말할 수 있다.

그러나 우리는 금융 시장에서의 거래량이 얼마나 중요한지에 대해서만은 제대로 알아야 한다. 세계 **통화 시장**currency markets만 보면, 일일 평균 거래량은 2016년

유로존 부채 위기 참고 22-3

유로존 부채 위기는 2007~2008년 지구금융위기에서 파생된 후유증 중 하나다. 초기 혼란은 은행들이 **모기지 담보 증권**mortgage-backed securities에 대한 막대한 투자가 대차 대조표상 막대한 손실이 될 수 있음을 예상하지 못했기 때문에 발생했다. 이것은 있는 그대로 민간 부채의 문제였다. 그러나 유로존에 차츰 압력을 가하는 무렵에는 공공 부채의 문제가 되었다. 유로존 위기의 심장부인 아일랜드, 포르투갈, 이탈리아, 스페인, 키프로스, 그리스는 이전에는 별 어려움 없이 신규 공채를 채권 시장에 판매하여 만기가 도래하는 공채를 대체했다. 그러나 투기꾼들이 돈 벌 기회를 포착했을 때, 이들은 신규 공채 발행에 높은 이자를 지불할 수밖에 없게 되었다. 이전에 발행한 채권을 갱신하는 데 더 큰 비용이 들게 된 것이다. 이러한 상황

은 이 국가들이 부채 순환 비용을 절감하는 데 필요한 통화 정책 자율성을 갖고 있지 않았기 때문에 더욱 악화했다. 왜냐하면 유로존은 프랑크푸르트에 있는 유럽중앙은행European Central Bank이 결정하는 단일 통화 정책을 운용하고 있었기 때문이다. 유럽중앙은행을 비판하는 사람들은 유럽중앙은행이 경제통화동맹Economic and Monetary Union의 약소국들의 이익을 지속적으로 무시하고 있다고, 또 유로존 통화 정책은 독일연방은행Bundesbank의 정통적 반인플레이션 정책 모델을 따르고 있다고 주장한다. 독일의 앙겔라 메르켈Angela Merkel 총리가 (그리스의 임박한 채무 불이행 같은 최악의 위기 국면에서도) 유럽중앙은행은 이미 설정된 정책 노선을 유지해야 한다고 고집했지만, 그러한 비난을 불식시키지 못했다.

을 받았고, 공공 지출을 더 감축하기로 약속하고서야 외부의 지원을 받을 수 있었다. 이것은 뉴욕, 런던, 홍콩 등 세계 주요 도시의 지구 금융 거점에서 일어나는 전형적인 투기적 충동이다. 엄청난 액수의 '종이' 돈은 일종의 판돈으로 민간 금융 회사가 자신에게 이롭도록 자산 가격을 억지로 조종하는 데 사용되고 있다.

┌─ **요점정리** ─┐

- 지구화의 도약 단계가 시작된 이후 무역 및 금융의 거래는 눈에 띄게 증가했다.
- 무역과 금융에 '지구'라는 수식어를 붙일 경우, 그 정확한 의미에 대해서는 분석적인 주의력이 요구된다.
- 1970년 이후 세계 무역이 극적으로 증가한 것은 진정한 지구적 경제 통합보다는 지역적 경제 통합이 진전된 결과다.
- 금융 시장에서의 거래는 좀처럼 물리적으로 매매되는 화폐를 대상으로 하지 않는다. 하지만 '서류상'의 금융 거래량은 눈이 번쩍 뜨일 만큼 규모가 크다.

지구 무역의 규제

1944년 브레턴우즈 회의에는 곧 승전국이 될 연합국 측 44개국이 모였다. 세계 경제가 이전 10년 동안 삶을 피폐하게 만들었던 대공황으로 회귀하지 않도록 서양 세계의 전후 거버넌스 구조를 설계하기 위해서였다(**제13장 참조**). 당시 새로운 **케인스주의 경제 이론**Keynesian economic theory은 지구 무역 불균형에 반응하는 것은 물가보다는 생산이기 때문에 각 국민 경제가 생산 감소와 일자리 손실을 주기적으로 반복하지 않을 수 없다고 말했다. 실업의 유례없는 급증으로 생활이 어려워지자 많은 유럽 사람은 1930년대 급진적인 우익 이데올로기를 받아들였다. 영국의 경제학자 존 메이너드 케인스John Maynard Keynes는 지구 무역의 구조가 안정되어야만 똑같은 역사의 반복을 막을 수 있다고 주장했다.

케인스의 우선순위는 지구 무역의 지속적인 확장을 촉진할 수 있는 다자 제도를 창출하는 데 있었다. 그 일환으로 **국제무역기구**International Trade Organization: ITO라는 제도가 제안되었다. 하지만 미국 국내 정치의 불협화음 때문에 해리 트루먼Harry Truman 대통령은 의회에게 최종 법안의 비준을 요구하지도 않았다. 그 법안은 미국 정치인들의 취향으로 보면 지나치게 개입주의적인 것으로 비쳤다. 그 이유는 그 법안이 지구 무역 거래에서 진정한 공정 경쟁을 수립하기 위해서 노동 및 환경 기준과 같은 사안에 있어서도 공통 조건을 도입하려 했기 때문이다. 1940년대에 미국은 세계 최대 수출국으로서 세계 수출량의 약 4분의 1을 차지했다(WTO, 2017: 100). 따라서 미국이 빠진 국제무역기구는 생각할 수 없었다. 이에 국제무역기구를 설치하려는 계획은 서둘러 폐기되었고, 대신 1947년에 임시 제도로서 **관세와 무역에 관한 일반협정**이 설립되었다.

관세와 무역에 관한 일반협정은 어떤 국가든지 양자적으로 합의된 **관세**tariff 양허를 제3국에게도 확대하도록 하는 협상의 장이었다. 이 점에서 여덟 차례의 라운드를 거쳐 일부 성과를 거두었다. 그러나 1990년대 들어 관세와 무역에 관한 일반협정은 당초의 목적에 점차 부합하지 않게 되었다. 관세와 무역에 관한 일반협정은 무역의 지구화를 강화하는 최적 수단으로 보였으나, 탈식

최혜국 대우 원칙

참고 22-4

최혜국 대우Most Favoured Nation: MFN 원칙은 관세와 무역에 관한 일반협정 협상의 토대였으며, 관세와 무역에 관한 일반협정 제1조에 공식 규정되어 있다. 최혜국 대우는 어느 한 국가와 체결한 특혜 무역 협정은 다른 국가들에게도 그 혜택이 주어져야 한다는 규정이다. 최혜국 대우는 무역상의 비용을 어떤 국가에게는 더 많이, 다른 국가에게는 더 적게 떠넘기려는 비대칭적 관세 부과를 금지하기 위한 것이다. 이 원칙은 세계무역기구 체제에서도 그대로 유지되고 있다. 최혜국 대우 원칙은 무역이 공정한 경쟁으로 행해질 때 세계 총생산의 더 많은 부분이 지구 차원에서 교역될 것이라고 가정한다. 그러나 이 원칙은 지역 무역 블록이 확산하는 과정에서 왜곡되었다. 그러한 무역 블록에서 회원국은 비회원국보다 다른 회원국에게 더 낮은 관세를 적용할 수 있다. 이 때문에 일부 순수 지구화론자들은 지역 무역 협정이 진정한 경제 지구화의 장애물이라고 주장한다.

민지화 과정에 따라 신생 국가들이 국제 무역 체제 안으로 들어오면서 타결해야 할 제3자 협정의 수가 폭증하자 통제 불능이 되었다. 초기 다섯 차례의 라운드는 모두 1년 안에 타결되었지만, 1986년에 시작된 우루과이 라운드는 7년 넘게 지속되었다. 회원국들은 1995년에 관세와 무역에 관한 일반협정을 공식 폐지하고, 그 대신 국제법 안에 자유 무역 규범을 포함하는 다자적인 상설 기구, 즉 **세계무역기구**를 수립했다. 그 이후 세계무역기구는 무역 지구화의 확장성을 강화하는 데 중점을 두고, 수출입 활동에 대한 규제를 감독하는 임무를 공식 수행했다.

그러나 세계무역기구는 결코 완벽한 제도가 아니었다. 지구 무역 레짐에서 정치적 긴장은 여전히 높은 상태였고, 확장성 강화라는 목표도 쉽게 도달할 수 없었다. 세계무역기구는 **비교 우위**comparative advantage라는 단일한 경제 논리에 입각하여 모든 회원국의 이해를 동등하게 대변한다는 자부심을 갖고 있다. 비교우위 이론은 두 세기 전

까지 거슬러 올라간다. 노벨상 수상자인 폴 새뮤얼슨Paul Samuelson은 경제학에서 여태까지 만들어진 법칙 중에서 비교우위론이 가장 훌륭한 법칙이라고 말했다. 비교우위론에 따르면, 만약 모든 국가가 자신의 비교우위에 맞게 생산을 특화하게 된다면 지구 생산은 가장 효율적인 상태에서 이뤄지게 된다. 모든 나라가 다른 상품들을 만드는 데 사용될 수도 있는 자원, 즉 **기회 비용**opportunity cost이 최소화되도록 생산할 것이기 때문이다. 더 단순하게 말하면, 비교우위를 따르면 국가들이 다른 국가보다 저렴하게 생산할 수 있는 것에 경제 활동을 집중하게 된다. 그런 다음, 국가들이 생산의 특화를 통하여 얻은 잉여 상품을 최혜국 대우 원칙([참고 22-4] 참조)에 따라 공개 시장에서 거래한다면, 세계의 모든 이가 소비자 물가 하락으로 혜택을 볼 수 있다. 그러나 세계무역기구는 출범 때부터 비난을 받아 왔다. 그것은 세계무역기구가 힘센 회원국들의 비교우위를 잘 보호하면서도 힘이 약한 국가들은 무역의 잠재적 이득을 누리지 못하도록 방치했기 때문이다. 세계무역기구가 서비스, **지적 재산권**intellectual property 등 더 많은 쟁점 영역을 자신의 관할하에 포괄할수록, 세계무역기구에 대한 비판의 목소리도 더욱 커졌다.

2019년 9월 현재, 세계무역기구에는 164개 회원국과 23개의 옵서버 정부가 참여하고 있다. 회원국 대다수는 발전도상국이며, 전체 회원국의 20퍼센트 이상은 국제연합에서 지정한 최저 발전국이다. 많은 발전도상국의 주요 수출품은 농산물과 섬유 제품이지만, 이 품목들은 세계무역기구의 자유무역협정들이 포괄하는 정도가 가장 작은 영역이다. 선진국들은 자신의 의류와 농산물이 저비용의 발전도상국 생산자들과 직접 경쟁하는 것을 막으면서 세계무역기구의 명성에 상처를 입혔다. 대신 선진국들은 세계 경제의 거의 모든 부문에서 세계무역기구 법규와 크게 대비되는 복잡한 보조금 및 관세 제도를 유지했다. 이와 대조적으로, 세계무역기구는 외국 생산자의 생산 비용에 비하여 인위적으로 국내 생산자의 상품 생산 비용을 절감해 주는 정부 보조금을 효과적으로 철폐했다. 그뿐 아니라 세계무역기구는 발전도상국들이 지적재산권법에

의해 보호되는 제품의 복제품을 생산하지 못하도록 했다. 세계무역기구는 또 국내 생산자들의 가격에 비하여 외국 생산자들의 상품 판매 가격을 인위적으로 인상하는 관세를 성공적으로 철폐한 것도 자랑스러워한다. 이 모든 사례에서 보호주의적인 입법은 뒤따르지 않았고, 이것은 선진국에게 이점으로 작용했다.

발전도상국들이 세계무역기구에 가입하는 동기는 수출 소득의 증가에서 오는 직접적인 후생 이득에 있기보다는 다른 곳에 있다. 대부분의 발전도상국들은 취약한 공금융 체제를 갖고 있다. 발전도상국들의 재정적 지속 가능성은 지구 금융 체제를 활용하여 자금을 끌어들이는 능력에 좌우된다. 만약 발전도상국들이 자본 유입의 혜택을 얻으려면, 그들은 **국제통화기금**과 지구 **신용 평가 기관**credit rating agencies의 정기 국가보고서에서 자국 경제 전망에 대해 긍정적인 평가를 받아야 한다. 그다음 관건은 법치주의가 충분히 확립되어 있어서 국가가 외국인 투자를 몰수하지 못하고, 오직 시장 기제에 의해서 투자의 성패가 결정된다는 점을 지구 투자자들에게 어떻게 납득시키느냐. 세계무역기구의 회원국이 된다는 것은 세계무역기구의 자유 무역 규칙들이 내재화될 뿐만 아니라, 보다 광범위한 시장 중심적인 사고방식이 **거시 경제**macroeconomic 정책 일반에까지 침투하게 됨을 뜻한다. 많은 발전도상국의 경우, 세계무역기구에 가입하면 자국에게 투자된 어떤 돈이든지 안전하리라는 확신을 지구 투자자들에게 심어 주는 신호를 보낼 수 있다. 최저 발전국들에게 세계무역기구 가입 결정은 지구 권력 관계로 편입되는 것을 의미한다. 발전도상국의 가입이 세계무역기구에게 중요한 것보다 세계무역기구가 발전도상국들에게 훨씬 더 중요하다.

세계무역기구의 강대국들은 이 점을 너무나 잘 알고 있다. 이들은 가입 절차를 이용해서 신입 회원국에게 훨씬 더 엄격한 가입 조건을 부과했다. 최근 가입국들은 그들의 많은 경제 법규를 기존 회원국의 경제 법규에 일치시킬 것을 요구받았다. 경제적으로 이치에 맞든 그렇지 않든 상관없었다. 결과적으로 가입 절차는 길어지고 더

큰 비용이 들었다. 가입 신청국들이 사실상 정치적 감독관이 된 강대국들에게 제공해야 하는 양허의 문제가 점차 가입 절차를 지배하게 되었다. 그와 똑같은 종속 현상은 세계무역기구의 의사 결정 과정에서도 뚜렷했다. 표결은 개별 조치들을 대상으로 이뤄지지 않는다. 만약 그랬더라면, 진정한 참여적 제도하에서 기대해 볼 수 있는 것처럼, 세계무역기구의 다수 회원국에게 수용 가능한 국제 무역법 체계를 점진적으로 구축할 수 있었을 것이다. 그 대신, 회원국들은 세계무역기구 각료 회의 때마다 **일괄타결안**Single Undertaking으로 알려진 개혁 패키지의 전부를 받아들일지 말지를 결정해야 한다. 이 패키지의 경제적 내용은 보통 4국 협의체, 곧 쿼드Quad라는 비공식 의제 설정국 연합체에서 미리 비민주적으로 합의된다. 따라서 각료 회의의 정치 그 자체는 일괄타결안에 대한 회원국들의 명목적인 동의를 얻을 수 있는 충분한 유인책을 제공하는 문제로 귀결된다.

미국과 유럽연합(지구 무역의 두 강자)은 사전 합의 과정에서 가장 두드러진 지위를 차지하고 있어서, 각료 회의 결과를 통하여 자신의 이익을 충족시킬 확률을 높일 수 있다. 이들은 역사적으로 일본(아시아 국가들의 합의를 이끌어 낼 능력을 갖춤), 캐나다(유럽연합과 북미자유무역지대 간에 이익의 균형을 맞춰 줄 뿐만 아니라 농산물 자유화에 있어서 **케언스 그룹**Cairns Group을 대표함)와 함께 쿼드를 구성했다. 하지만 지구 경제 생산의 중심지가 바뀌면서 지금은 여러 개의 4국 협의체 G4 그룹이 있다. 새로 등장한 쿼드에는 미국, 유럽연합(여전히 강자임), 브라질, 인도(엄청난 소비 시장을 지닌 신흥 공업국이지만, 농산물 자유화 문제에서 다른 입장을 취함)가 참여했다. 어느 시나리오든, 대다수 발전도상국은 의제 설정권을 갖지 못할 것이다. 발전도상국의 비교 우위에 이로울 수도 있는 농산물 자유화를 요구하는 목소리가 두 쿼드 모두에 존재한다. 그렇다 할지라도, 그 목소리는 항상 소수에 머물 것이다. 미국과 유럽연합은 사전 회의 단계에서 자신들의 이점을 강화할 목적으로 그 어떤 국가들보다 훨씬 큰 규모의 외교 대표단을 각료 회의에 파견한다. 그렇게 해서 다른 국가들에게 일괄타결

안에 서명하도록 설득할 가능성을 높인다.

그러나 미국과 유럽연합은 자신들에게 훨씬 유리한 내부 운영 절차를 제정했음에도 불구하고 여전히 세계무역기구 체제의 무기력한 모습에 조바심을 내고 있다. 세계무역기구는 2018년 9월 결국 트럼프의 인내심을 시험했다. 다른 다자 기구들이 단순히 존재한다는 사실만으로 그렇게 하는 것과 똑같은 방식이었다. 그때 트럼프는 세계무역기구는 미국 협상가들이 만든 역대 최악의 무역 협정이라고 말했다(Micklethwait, Talev, and Jacobs, 2018). 그러한 분노에는 이미 선례들이 있었다. 트럼프는 취임하자마자 행정 명령에 서명하여 환태평양경제동반자협정 Trans-Pacific Partnership: TPP과 범대서양무역투자동반자협정 Transatlantic Trade and Investment Partnership: TTIP의 완결을 위한 법안을 폐지했다. 각각 11개 태평양 연안국 및 28개 유럽연합 회원국으로 구성된 두 동반자협정은 트럼프 이전 행정부에서 추진하던 것이었다. 세계무역기구의 공식적인 1국 1표제는 미국의 상업적 이익을 저해할 수도 있는 거부권자들을 너무 많이 만들어 낸다고 미국 행정부는 우려했다. 트럼프는 직접 미국의 무역 적자를 거론하며 유럽연합을 '적'으로 낙인찍었다. 유럽연합 생산자들은 미국 시장에 더 많이 내다 팔면서도 유럽연합 소비자들은 미국으로부터 덜 구매한다고 그 이유를 지적했다. 그는 또한 중국과 유럽연합을 싸잡아 환율 조작국이라고 부르면서, 이들이 공세적인 환율 개입으로 자국 제품의 가격을 미국산보다 낮추고 있다고 말했다([사례연구 22-1] 참조).

실제로 모든 쿼드의 정부 수반은 집권 초기 3년 동안 트럼프의 공격 대상에 올랐다. 비록 트럼프의 세계무역기구 전면 탈퇴 위협도 순조롭게 진행되지는 않았지만, 어떻게 쿼드가 이전처럼 유지될 수 있을지 알기 어려워졌다. 이러한 사태를 예의 주시할 법한 국가는 영국이다. 만약 유럽연합과 양 쿼드를 떠날 경우, 영국은 단기 무역 정책의 상당 부분을 세계무역기구의 규칙에 기초해야 할 것이다. 트럼프 주도의 양자주의의 부활 때문에 세계무역기구가 온전한 기능을 발휘하지 못할수록, 영국은 유럽연합 밖의 경제 환경에 적응하기가 더 어려워질 것이다.

그러나 이러한 트럼프의 행동은 다자 무역 체제의 다른 회원국들을 직접 양자 협상으로 끌어들이기 위한 또 하나의 엄포에 불과한 것인지 모른다. 결국 트럼프는 자신의 정치적 매력을 자칭 협상의 고수라는 점에서 찾았다. 즉 그는 대면 협상에서 자신의 사업 수완을 활용하여 다른 정치인들이 가져다줄 수 없는 이익을 미국에 가져올 수 있다고 주장한다. 이 덕분에 벌써 2018년 8월에 유럽연합집행위원회 European Commission 위원장 장클로드 융커 Jean-Claude Juncker와의 일대일 회담이 성사되었다. 이들은 실패한 범대서양무역투자동반자협정 구상을 대체할 미래의 양자 협상의 토대를 닦았다고 설명했다. 또한 멕시코는 북미자유무역협정 North American Free Trade Agreement: NAFTA의 일부 조건을 재협상하는 데 동의했고, 캐나다에게도 동참하도록 압박을 가했다. 트럼프는 고연봉 전문 무역 협상단이 다자 협상에서 하는 것보다 자신이 비공개 일대일 회담에서 더 많은 일을 할 수 있다고 믿었다.

> ### 요점정리
>
> - 관세와 무역에 관한 일반협정을 해산하고 입법 기능을 갖춘 세계무역기구를 수립한 것은 복잡하게 서로 교차하는 양자주의 bilateralism로 인한 지체 현상을 제거함으로써 지구 자유 무역 협상을 보다 간명하게 만들려는 시도였다.
> - 세계무역기구 체제는 항상 의제를 설정하는 회원국들에게 더 유리한 방식으로 운영되고 있다.
> - 발전도상국들이 세계무역기구 가입 여부를 결정할 때, 기존 지구 경제 질서를 존중하도록 그들에게 가해지는 정치적 압력이 종종 아주 큰 영향을 미친다.
> - 세계무역기구는 불확실한 미래를 마주하고 있다. 이는 세계무역기구의 가장 강력한 회원국들이 최근 양자 무역 협상을 선호한 나머지 점차 세계무역기구를 우회하려 하고 있기 때문이다.

지구 금융의 규제

지구 금융의 규제는 세계무역기구의 1국 1표 체제(그럼에도 많은 조롱을 받는)와 같은 민주적 외형을 띠고 있지 않다. 정치 집단보다는 주로 전문가 집단이 지구 금융 규제의 내용을 결정한다. 그 규제는 규제 체계의 유지 비용을 대는 국가들에 의해 거의 전적으로 결정된다. 금융 규제에 관하여 중요한 두 기관은 국제통화기금과 **세계은행**이며, 이것들은 1940년대 **브레턴우즈** 협정에서 유래한다. 국제통화기금의 공식 임무는 금융 불안정과 씨름하는 국가들에게 단기 자금을 제공하는 것이다. 세계은행은 발전 잠재력을 개선하려는 국가들에게 장기 자금을 지원한다. 두 기구는 경제적 어려움에 처한 국가들에게 순수하게 기술적인 지원을 제공하는 기관이라고 소개하기를 좋아한다. 하지만 그들은 대출의 대가로 지원 조건을 이용하기 때문에, 그들의 활동은 바로 정치화된다(**제21장 참조**). 세계무역기구 가입 신청국에게 신규 가입 조건이 부과되듯이, 국제통화기금과 세계은행의 지원 조건은 각국 정치인들이 자신의 선거 공약을 무시하고 또 자신의 국내 정치적 정당성을 희생하면서까지 두 국제기구의 요구를 충족시켜야 하는 상황을 만든다([**참고 22-5**] **참조**).

금융 시장 행위자들에게 그들 마음대로 자금을 투자할 수 있도록 무제한의 재량을 허용한 데 따른 정치적 반대 운동도 일어났다. 그러한 조치가 이미 부유한 사람들의 손에 부가 더욱 집중되는 결과를 가져왔기 때문이다. 전후 케인스주의 시대의 재분배 논리는 부유한 사람에게서 가난한 사람으로의 재분배였다. 그러나 1970년대 자율 규제적 금융 시장을 구축하려는 최초의 시도가 이뤄진 이래, 그 논리는 완전히 역전되었다. 일반적으로, **시장 자율 규제**market self-regulation는 부자들의 놀이터다. 예를 들면 우리가 일차적으로 금융 시장에 투자할 돈을 갖고 있지 않으면, 우리는 금융 시장에서 나오는 가격 신호를 정확히 읽는다고 해서 돈을 벌 수 없다. 그러나 만약 투자자들이 가격 신호를 자신에게 유리하도록 조작할 수 있고 또 우리가 팔고자 하는 상품의 가격을 억지로 인하해서 우리의 일상 생활을 침해할 수 있다면, 우리는 시장 참여자가 한번 되어 보지도 못한 채 시장 자율 규제의 역효과를 경험하게 된다. **점령하라 운동**Occupy Movement의 구호인 "우리가 바로 99퍼센트다"가 암시하는 바와 같이, 지구상에는 부러워할 만한 위치에 있지 않은 상당수의 사람이 있다.

국제통화기금과 세계은행이 시민사회의 반대를 불러일으키는 주요 이유 중 하나는 이 국제기구들이 지구 금융의 제도화된 권력을 가장 가시적이고 공식적으로 상징하기 때문이다. 경제 지구화로 인하여 권력의 전이가 발생했다는 인식이 폭넓게 형성되었다. 왜냐하면 민간 금융 회사에서 일하는 사람들이 대의 민주주의 체제에서

지원 조건의 정치성 논란 참고 22-5

국제통화기금과 세계은행의 지원 조건이 그렇게 명명된 이유는 금융 지원 수혜 자격이 회원국들의 경제적 필요가 아니라 이 기구들이 제시한 정책 목표를 따르는 것만을 조건으로 삼기 때문이다. 사실상 지원 조건은 워싱턴에 임명된 국제통화기금과 세계은행 직원들이 기술적 전문성을 바탕으로 민주적으로 선출된 정부를 포함한 정부의 정책 결정권을 전유하도록 한다. 브레턴우즈 제도는 서양의 자유 시장 자본주의라는 이데올로기 관점에서 도출된 정책 목표를 채택한 나머지, 각국 현지의 경제적 관습과 전통을 파괴하고 이 나라들의 경제적 생활 양식을 강제로 재편한다고 비판받는다. 그들의 기술적 전문성은 전형적으로 서양의 가정, 우선순위, 관심사를 반영한다. 이와 같이 비판론자들은 이 국제기구들이 서양의 대외 경제 정책의 숨은 대리인으로 활동하면서 서양 기업들의 투자에 적합하도록 발전도상국에서 법적으로 또 문화적으로 '친숙한' 여건을 마련한다고 주장한다.

전통적으로 정부가 보유한 권력을 빼앗았기 때문이다. 이 시각에서 보면, 브레턴우즈 제도의 주요 역할은 발전도상국과 선진국을 막론하고 모든 정부가 이 같은 새로운 현실을 존중하도록 함으로써 상식이 지배하도록 하는 데에 있었다. 어느 누구도 자신을 대신해서 정치적 결정을 내리는 지구 금융의 대표자들을 선출하지 않았지만, 학술 문헌은 점점 이런 일이 실제로 일어나고 있다고 말한다.

그런데 국제통화기금이 지구금융위기 이후에 보인 행동에 비추어 보면 이 가정은 어떻게 될까? 국제통화기금은 각국 정부가 공공 재정의 불균형을 해소하기 위하여 순전히 이데올로기적인 이유로 **긴축**austerity 정책을 앞세운다고 지속적으로 비난했다. 국제통화기금의 간청은 정부들의 귀에 들리지 않았다. 그것은 정부들이 지구금융위기로 인한 경제적 어려움에 사로잡혀서 1970년대 위기 이후 등장한 정치적 처방과 같이 국가의 재정 규모를 축소하려고 했기 때문이다. 그러나 국제통화기금의 조언은 분명했다. 즉 복지 증진 프로그램은, 친-긴축 정책 담론이 흔히 묘사하는 것처럼, 그렇게 값비싼 사치품은 아니라는 것이었다. 오히려 오늘의 국제통화기금은 말하기를, 더 많은 사람에게 생존 소득을 보장해 주는 지원 제도는 광범위한 거시 경제 혜택을 낳는다. 높은 성장률을 유지하기 위하여 경제 안에 충분한 재정 지출이 있어야 한다. 또 성장은 사회 내 극빈층 사람들에게 부당한 비용 부담을 지우지 않으면서도 공공 재정의 재균형을 달성하는 가장 확실한 방법이다. 친-긴축 정책 정부들이 이러한 충고를 무시하는 것은 대단히 역설적인 일이다. 그 정부들은 긴축은 지구 금융의 대표자들이 보증하는 유일한 방법이며, 또 긴축 기조에서 조금이라도 벗어날 경우 (아무리 경미하고 일시적이더라도) 채권 및 통화 시장의 징벌적 가격 변동을 야기할 것이라고 주장하면서 긴축을 정당화해 왔다. 그러나 그들은 시장 정서의 존중을 위해 행동할 것 같은 기구로 지속적으로 다른 행동 방침을 촉구하는 국제통화기금 앞에서도 똑같이 행동했다.

국제통화기금은 또 그리스에 대한 채권자들 중에서 유일하게 그리스의 임박한 채무 불이행 선언을 막기 위해 2015년 여름 동안 만들어진 막판 합의안에 대해 이의를 제기했다. 공공연하게 반-긴축 정책을 표방한 그리스 급진좌파연합인 시리자 정부가 2015년 1월에 선출된 이후, 유로존 재무장관들은 그리스 협상가들과 외교적 벼랑 끝 전술을 펼치고 있었다. 시리자의 임무는 어느 정도의 채무 탕감을 약속받는 것과 유럽연합집행위원회, 유럽중앙은행European Central Bank: ECB, 국제통화기금 등 소위 트로이카로부터 잔여 대출에 대한 상환 조건을 재조정하는 것이었다. 이를 위해서 시리자 정부는 채권자들의 요구에 맞춰 복지 체계의 축소에 분명한 한계를 두겠다고 약속했다. 2015년 7월 5일 구제 금융에 대한 임시 국민투표는 시리자 정부가 더 나은 상환 조건을 계속 요구하도록 압박했다. 결국 시리자 정부의 알렉시스 치프라스Alexis Tsipras 총리는 2주가 채 지나지 않아서 그리스 의회를 통하여 가까스로 조금 더 나은 합의를 성사시켰다. 국제통화기금은 새로운 긴축 기조는 지탱될 수 없을 것이라면서 그 합의안에 대하여 여전히 비판적인 입장이었다. 따라서 국제통화기금은 정통 금융 시장에 대한 지구적 감시자임에도, 경찰 역할을 하려는 의지가 국제통화기금의 감시 대상인 회원국 정부들보다 약함을 보여 주었다.

이처럼 국제통화기금의 접근법에 변화가 있었음에도 불구하고, 금융 시장은 지구 투자자들의 이익을 보호하지 못하는 정부들을 처벌한다는 인식은 결코 사라지지 않았다. 지구 금융의 대표자들은 정부들의 잘못된 행동을 바로잡는 '교정 장치'를 계속 강화하고 있다. 이것이 바로 유로존 위기가 처음 시작된 배경이었다([참고 22-3] 참조). 일단 지구금융위기로 인하여 훨씬 복잡한 파생 상품 시장이 폐쇄되자, 금융 시장은 아일랜드, 포르투갈, 이탈리아, 스페인, 키프로스, 그리스의 채권에 대하여 더 높은 가격을 제시하기 시작했다. 유럽연합집행위원회, 유럽중앙은행 그리고 많은 유로존 국가들의 정치 지도자들은 그리스가 시장 '현실'을 직시하는 것 외에 다른 선택의 여지가 없었다고 말했다. 하지만 현실 그 자체는 시장 행위자들의 투기 활동으로 만들어졌다.

이러한 최근의 사태는 브레턴우즈 제도가 그 탄생 이후 내내 동일한 작동 방식을 갖고 있지 않았음을 시사한다. 학술 문헌에서 국제통화기금과 세계은행이 1980년대에 시장 친화적 정책을 옹호하던 시기에 초점을 맞추는 것은 이해할 만하다. 그렇지만 이 기구들은 1980년대 이전과 이후에 상이한 역사를 기록했다는 점을 기억하는 게 중요하다. 예를 들면 원래 브레턴우즈 협정에 공식적으로 규정되었듯이, 제2차 세계대전 후 지구 경제 거버넌스의 우선순위는 금융의 자유 시장 거래보다는 교역재의 자유 시장 거래를 진작시키는 것에 있었다. 세계은행이 관할하도록 되어 있던 장기 개발의 성공도 안정적인 무역 환경의 결과물로 간주되었다. 그러한 무역 환경의 안정성을 향상하기 위한 시도로, **자본 통제**capital controls 형식을 띤 장애물이 수립되어 금융의 국가 간 이동을 가로막았고, 국제통화기금은 자본 통제를 옹호했다. 오늘날의 점점 복잡하고 추상적인 금융 상품의 과도한 가상 거래는 원래 브레턴우즈 협정하에서는 전혀 생각할 수 없었다. 이 시기에는 금융의 시장 자율 규제가 공식 부인되었다. 사실 국제통화기금은 처음에는 보조적인 지구 무역 규제 기관으로 설계되었다. 최소한 일상적인 활동에 있어서, 국제통화기금은 무역이 번성할 수 있도록 자본 통제를 매우 엄격하게 시행하는 규제 기구였다. 지금은 세계무역기구 체제가 그 반대의 기능을 하고 있다는 사실은 다소 역설적이다. 발전도상국들이 세계무역기구에 가입하는 일차적 이유가 국제 투자자에게 보내는 신호 장치라는 점을 감안하면, 세계무역기구는 이제 금융 레짐의 유지를 지원하는 무역 규제 기관으로 보일 수 있다.

이와 같은 역할의 역전 현상은 세계 경제의 여타 부분에 봉사하는 하인의 지위를 금융에 부여하기로 한 정치적 결정이 단명으로 끝났음을 말해 준다. 닉슨 행정부는 1971~1973년 일련의 조치를 통해 브레턴우즈 체제 안에서 미국이 떠맡은 달러-금 태환 책임을 공식적으로 전면 부정했다. 브레턴우즈 체제는 미국 달러화에 의존했는데, 달러화는 금 가격에 고정된 비율로 세계 경제에서 자유롭게 사용되었다. 그 결과, 모든 환율이 서로에 대해 고정되는 효과가 나타났다. 일단 닉슨 행정부가 통화 가치 고정에 관한 정부들의 약속이 아닌 지구 금융 시장 활동에 따라 달러 가치가 결정되도록 허용하자, 모든 통화가 결국에는 서로에 대해 변동성을 갖게 되었다. 이러한 일이 일어나자마자, 선진국들에게는 세계 경제의 다른 곳에서 금융 자본을 유치하기 위하여 자본 통제를 해체하려는 유인이 생겼다. 그들은 당연히 그렇게 했고, 브레턴우즈에서 지구 금융에 채웠던 족쇄도 풀렸다 (**제1장, 제13장 참조**). 오늘날 점차 금융 부문의 정치적 발언권이 커지고 있는데, 그 뿌리는 이 시기에 있었다.

> **요점정리**
>
> - 오늘날 세계에는 돈으로 살 수 있는 재화보다 '돈' 자체가 훨씬 많다. 전체 국내 금융 자산의 달러화 가치는 세계 국내총생산의 약 4배다.
> - 제2차 세계대전 직후의 브레턴우즈 체제하에서 금융은 지구적 이동성을 갖지 못했고, 안정적인 지구 무역 관계를 위해서 봉사해야 한다는 정치적 명령에 갇혀 있었다.
> - 지구 금융의 제도화된 권력은 1970년대부터 억압적인 재분배 정책을 낳았고, 그 때문에 지구의 부자들은 더 부유해졌고 가난한 사람들은 더 뒤처지게 되었다.
> - 지구 금융 엘리트의 영향력, 특히 국내 세무 당국으로부터 돈을 숨기기 위해 **역외 금융 센터**offshore financial centres를 이용하는 행위에 도전하는 많은 활동가 단체들이 존재한다.

맺음말

시장 자율 규제로의 이동은 지구 무역과 지구 금융 두 영역에서 1970년대 이후 가장 두드러진 경향이다. 그러나 2007~2008년 지구금융위기의 직접적인 여파로 인한 세계 무역의 급격한 감소가 보여 주듯이, 규제 형식들의 상호 보완성이 반드시 규제 체계의 내적인 일관성을 의미하지는 않는다. 규제의 일관성이 발생하는 것은 한 영역에 제도적 제약을 가함으로써 다른 영역에서의 규제 효과성을 촉진하는 총괄적인 경제 레짐이 존재하는 경우다. 최근 지구 경제 거버넌스에서 나타난 우선순위의 변화는 그와 같은 시나리오를 점차 배제하고 있는데, 이는 1940년대야말로 지구 경제에 대한 규제의 일관성 측면에서는 최고점이었음을 의미한다.

따라서 지구 무역 및 지구 금융 체제는 불확실성에 근본적으로 취약해 보인다. 그 체제에는 진정으로 지구적인 것이 거의 없을 수 있다. 또 하나의 진정한 체제로 작동하지 않을 수도 있다. 그럼에도 불구하고 지구 무역 및 지구 금융 체제가 경제 지구화로부터 모든 이가 정당한 몫을 얻었다는 인상을 유지할 수만 있다면, 위와 같은 단점의 그 어느 것도 그 체제를 반대하는 결정적인 이유가 되지 못할 것이다. 그러나 그러한 일은 결코 일어나지 않았다. 지구의 99퍼센트가 나머지 1퍼센트와 경쟁하고 있다는 인식이 광범위하게 퍼지는 것을 보면, 그 어떤 변화도 조만간 일어나지 않을 것이다. 게다가 적어도 서양에서는 대중 민족주의로부터 불어오는 변화를 위한 정치적 압력이 의회 체제 내에서 가장 두드러지고 있다. 대중 민족주의 지지자들은 선출되지 않고 책임을 지지 않는 지구 엘리트의 명령에 따라 외부인들에 의해 희석되고, 훼손되며, 착취당하는 진정한 국민의 이미지를 상상해 왔다. 이 같은 주장이 제기되고 있는 과열된 정치적 환경은 규제의 비일관성으로 야기된 기존 문제들을 단지 더 악화시킬 태세다.

아래 국제관계학 시뮬레이션을 방문하여 '중국과의 협상' 시뮬레이션을 완료하면 협상 및 문제 해결 능력 개발에 도움이 될 것이다.

www.oup.com/he/baylis3xe

1. 경제 '지구화'가 엄밀히 말하면 지구적이지 않은 것처럼 보인다는 사실은 중요한가?

2. 현재의 지구 경제 거버넌스의 구조는 좌파 정치인과 우파 정치인 모두로부터 왜 그토록 큰 반감을 일으키고 있는가?

3. 국제무역기구의 실패는 무역 지구화를 진보적인 생산 환경의 도입에 연계하려는 후속 시도들에 어떤 영향을 미쳤는가?

4. 세계무역기구는 모든 국가에게 이로운 대칭적 무역 지구화를 촉진하려는 임무를 수행하지 못했는가?

5. 만약 영국이 유럽연합을 떠난다면, 브렉시트 이후 영국은 지구 무역 거래에 참여하기 위해 어떻게 해야 하는가?

6. 만약 당신이 현직 국제통화기금 총재라면, 국제통화기금의 어떤 이미지를 조성하려고 시도하겠는가?

7. 정부들이 국내에서 긴축 정책을 정당화하기 위하여 무소불위의 금융 세력을 상기시킬 때, 그것은 지구 무역과 지구 금융에 내재한 정치적 이해관계에 대하여 무엇을 말해 주는가?

8. 금융은 본래 브레턴우즈 협정하에서 세계 무역에 예속된 하인이었다고 하는데, 그러면 지금은 금융이 두말할 필요 없는 주인이 되었는가?

9. 만약 당신이 2015년 7월 그리스 의회의 의원이었다면, 그 최종 부채 위기 구제 계획안에 찬성표를 던졌겠는가?

10. 만약 규제 일관성이 지구 무역과 지구 금융 영역 간에 다시 한번 성취되어야 한다면, '새로운 브레턴우즈'가 필요한가?

이 장의 객관식 문제를 풀어 보면서 학습 내용을 잘 숙지하고 이해했는지 평가해 보자.

• www.oup.com/he/baylis3xe

Environmental issues

개요

국가의 경계를 초월하는 환경 문제는 국제 정치의 한 특징으로 자리 잡았다. 이 장에서는 환경 문제가 지난 50년 동안 지구화의 여파로 점차 국제 문제로 부상했음을 보여 줄 것이다. 또 이 과정에서 국가 사이의 협력을 위한 노력이 어떻게 촉진되었는지를 고찰하고, 몇몇 주요 국제 환경 레짐을 참조하여 이러한 국제적 협력 활동의 형태와 기능을 살펴보겠다. 기후 변화는 매우 중요한 문제이기 때문에 국제 기후 레짐을 창출하려는 노력을 별도의 한 절로 다루겠다. 이어 이 책에서 다룬 이론적 내용이 어떻게 국제 환경 정치와 연관성을 갖는지 간략하게 검토해 보겠다.

환경 문제

존 보글러John Vogler

김치욱 옮김

핵심 질문

- 지구화와 발전은 물리적 환경을 희생하면서 이루어져야 하는가?
- 각국 정부는 지구를 보호하기 위해 협력할 수 있을까?
- 기후 정의 climate justice 는 가능한가?

머리말

비록 전체로서의 인류는 지구가 감당할 수 있는 능력 이상으로 잘살고 있는 듯 보이지만 개별 국가들의 **생태적 발자취**ecological footprints는 그 편차가 극심하다. 예를 들어 국가의 크기를 탄소 배출량에 비례해서 표시한 다소 이상한 세계 지도([그림 23-1])를 보자. 만약 모든 사람이 현재 선진국의 생활 수준을 누리려면 세 개의 행성이 추가로 필요할 것이다.

비록 환경 파괴와 자원의 과잉 사용, 그리고 지구화 사이의 관계가 복잡하고 때로는 모순될지라도 이러한 상황은 **지구화** 과정으로 말미암아 더욱더 유지될 수 없게 되었다. 지구화는 산업 입지의 재편, 농촌 인구의 이동, 소비 수준의 꾸준한 상승, 그리고 이에 따른 폐수 및 폐기가스 방출량의 증가를 촉진해 왔다. 자유 무역은 선진국 시장에 기본적 재화를 수출하는 가난한 국가들의 소득 증가를 가져오는 동시에 이들의 생태와 생활을 교란시킴으로써 환경적인 역효과를 야기했다.

다른 한편으로 지구화가 환경 기준의 '하향 평준화race to the bottom'를 자극했다는 증거는 별로 없다. 오히려 사람들이 더 잘살게 되면 출산율이 떨어지듯이 부의 수준이 올라감에 따라 오히려 환경이 개선된다고 주장되기도 했다. 경제학자들은 어떤 재화의 생산에 수반되는 환경적, 사회적 피해가 시장 가격에 적절히 반영될 수 있다면 지구화를 통한 시장 개방이 효율성을 증가시키고 공해를 감소시킬 수 있다고 주장한다. 마찬가지로 지구화는 지식의 공유를 촉진하고 국제 환경 정치에서 **비정부기구**의 영향력을 확대한다. 그러나 지구화의 생태적 손익이 무엇이든 신선한 물과 깨끗한 대기, 안정된 기후 같은 인류 생존에 필요한 자원은 현재 심각한 위협에 처해 있다.

지구적 문제들은 지구적 해결책을 요하며, **지구 환경 거버넌스**global environmental governance의 근본적인 필요성을

<u>그림 23-1</u> **이산화탄소 배출량으로 본 세계 지도**

출처: World Bank Data(2015)

제기하고 있는지도 모른다. 그렇지만 지방적 또는 지역적 행동도 많은 문제에 대한 대응에서 여전히 불가결한 측면이다. 환경 정치를 규정하는 특징 가운데 하나는 그러한 상호 연계성과 '지구적으로 생각하고 지방적으로 행동할' 필요성에 대해 의식하는 것이다. 이 점에서 비정부기구들은 매우 적극적이었다. 지구적 차원의 환경 변화가 심각한데도 불구하고 효과적인 대응책은 아직도 190개 이상의 **주권국가**states로 구성되고 분절된 국제

정치체제에 따라 좌우된다. 따라서 지구 환경 거버넌스는 공동의 환경 문제를 다룸에 있어서 국제 관계, **국제법** international law, **국제기구**international organizations와 깊이 연관된다. 정부와 구별되는 '거버넌스'라는 용어를 사용하는 것은 중앙 정부가 존재하지 않는 상태에서는 규제와 통제가 행사됨으로써 만약 **세계 정부**world government가 존재한다면 공급했을 각종 서비스를 제공한다는 점을 의미한다.

국제 의제로서의 환경 문제: 역사적 개관

[**참고 23-1**]은 국제 환경 의제의 발전 과정에서 벌어진 사건들의 연대기다. 지구화 시대 이전에 전통적인 환경 관심사는 두 가지, 즉 천연자원의 보존과 오염으로 야기된 피해였다. 환경 오염과 야생 동물은 국경의 테두리를 무시하고 이동한다. 그렇기에 환경 문제들을 완화하거나 자연을 보존하려는 행동에는 대체로 한 국가 이상이 연관되어 있다. 또한 다자 어업위원회와 1946년 국제포경 규제협약International Convention for the Regulation of Whaling과 같이 국가 관할권 밖에 있는 해양 자원의 이용을 규율하려는 몇몇 시도도 있었다(대부분 실패했다).

제2차 세계대전 이후 지구 경제가 회복되면서 새로운 공해가 나타났고, 1950년대와 1960년대에 유조선 방출 물질과 같은 문제를 다루는 국제 협정으로 이어졌다. 그런데도 이러한 활동은 강대 정치의 대상은 결코 아니었다. 그러한 '비정치적' 문제들은 식량농업기구Food and Agriculture Organization와 같은 신생 국제연합 **전문 기구** specialized agencies의 영역이었을 뿐 뉴욕의 국제연합 총회에서 벌어지는 외교의 중점 대상은 아니었다.

그러나 1968년 국제연합 총회에서는 1972년에 국제연합 인간환경회의UN Conference on the Human Environment: UNCHE라는 회의를 개최키로 했다. 그 목적은 환경 문제

의 중요성과 긴급성에 각국 정부의 주의와 여론을 집중시키는 것이었다. 이 회의의 결과 국제연합 환경계획UN Environment Programme: UNEP이 만들어졌고, 많은 정부가 환경 부처를 신설했다. 그러나 국제연합 총회의 다수를 차지하고 있는 지구 남반구 국가들에게 환경 문제는 자신들의 발전, 원조, 국제 경제 관계의 개혁 요구와 분리될 수 없었다. 바로 이러한 사실이 **지속 가능한 발전** sustainable development이라는 개념의 정치적 기초가 되었다 ([**참고 23-2**], **제21장 참조**). 하지만 이 개념이 1987년에 브룬틀란위원회 Brundtland Commission: WCED(1987)에서 공식화되기 전까지 환경은 1970년대 세계적인 경기 침체와 뒤이은 제2차 냉전 때문에 국제 의제의 주변부로 밀려나 있었다(**제3장 참조**).

1970년대부터는 '산성비' 같은 새로운 형태의 초국가적 오염이 우려를 자아냈다. 이와 더불어 성층권 오존층의 약화 및 기후 변화 가능성 등 일부 환경 문제는 실제 지구적 규모로 일어날 수 있다는 과학적 각성이 등장했다. 동-서 긴장의 완화 덕분에 두 번째 대규모 국제연합 회의가 1992년에 브라질 리우데자네이루에서 열릴 수 있었다. 그 회의의 명칭인 국제연합 환경발전회의UN Conference on Environment and Development: UNCED는 지속 가능한 발

국제 환경 동향 연표

1946	국제포경규제협약
1956	영국 도시 지역 스모그 억제를 위한 청정 공기법
1958	유류에 의한 해양 오염 방지 국제협약
1959	남극조약
1962	레이첼 카슨Rachel Carson, 『침묵의 봄Silent Spring』 출간
1967	유조선 토리캐니언호 난파 사고
1969	그린피스 창립
1971	스위스 푸네 회의에서 남반구 전문가들이 환경과 개발의 연계성 공식화
1972	스톡홀름 국제연합 인간환경회의UNCHE
	국제연합 환경계획UNEP 창설
1973	선박으로부터의 오염 방지를 위한 마폴MARPOL 국제협약
	멸종 위기에 처한 야생 동식물의 국제 거래에 관한 협약CITES
1979	대기오염 물질의 장거리 이동에 관한 협약LRTAP
1980	남극해양생물자원보존협약
1982	국제연합 해양법협약(1994년 발효)
1984	인도 보팔 화학 공장 독가스 누출 사고
1985	오존층 보호를 위한 빈 협약
	남극의 '오존 구멍' 확인
1986	체르노빌 원자력발전소 폭발 사고
1987	브룬틀란위원회 보고서 발간
	오존층 파괴 물질에 관한 몬트리올 의정서
1988	기후 변화에 관한 정부 간 위원회IPCC 설치
1989	유해 폐기물의 국가 간 이동에 관한 바젤 협약
1991	환경 보호에 관한 마드리드 의정서
1992	국제연합 환경발전회의UNCED 리우데자네이루 개최
	리우 선언과 의제 21 공표
	국제연합 기후변화협약UNFCCC 및 생물다양성협약CBD 서명
1995	세계무역기구WTO 창립
1997	국제연합 기후변화협약의 교토 의정서
1998	유해 화학물질과 살충제에 관한 로테르담 협약
	환경 문제에 대한 정보 접근, 일반 대중의 의사 결정 참여 및 사법의 이용에 관한 오르후스 협약
2000	카르타헤나 바이오안전성 의정서
	새천년발전목표MDGs 설정
2001	미국 부시 대통령의 교토 의정서 서명 거부
	잔류성 유기오염물질에 관한 스톡홀름 협약POPs
2002	지속가능한 발전 세계정상회의WSSD 요하네스버그 개최
2005	교토 의정서 발효 및 유럽연합에서 세계 최초로 국제배출권거래제 도입
2009	코펜하겐 기후변화협약 당사국총회COP에서 새로운 국제 협정 도출에 실패
2010	유전자원의 접근 및 이익공유에 관한 나고야 의정서
2011	더반 기후변화협약 당사국총회COP에서 2015년까지 새로운 합의안을 도출하기로 결정
2012	리우+20 회의
2013	수은에 관한 미나마타 협약
2014	IPCC 제5차 평가보고서
2015	제21차 기후변화협약 당사국총회COP21에서 파리협정 체결
	국제연합 총회의 지속 가능 발전 목표 채택
2018	IPCC 1.5℃ 보고서
	제24차 기후변화협약 당사국총회COP24 파리협정 이행 규칙rulebook에 합의

전이라는 관념을 담았고 선진국의 환경에 대한 관심과 지구 남반구의 경제적 요구를 수용했다. 1992년 국제연합 환경발전회의 또는 '지구정상회의'는 그때까지 열린 국제회의 중 가장 큰 규모였다. 이 회의는 환경 문제를 하나의 국제적 쟁점으로 제기했으며, 의제 21Agenda 21(회의에서 발행된 보조 문서), 기후 변화 및 생물 다양성 보호에 관한 국제협약 등의 기초를 놓았다. 국제연합 환경발전회의에서는 환경 개선에 필요한 자금을 조달하기 위한 원조 약정을 둘러싸고 가장 심각한 논쟁이 벌어졌다. 국제연합 환경발전회의 10주년인 2002년에 지속가능한 발전 세계

지속 가능한 발전

지속 가능한 발전의 정의는 50개가 넘는다. 가장 고전적인 예는 1987년 브룬틀란보고서의 정의다.

> 지속 가능한 발전이란 미래 세대의 필요 충족 능력을 훼손하지 않으면서 현재의 필요를 총족시키는 발전이다.
>
> (Brundtland et al., 1987: 43)

이 정의의 이면에는 미래의 성장을 좌우하는 사회적, 기술적, 환경적인 제약들에 관한 명시적인 인식이 깔려 있다. 그러한 제약을 다룸에 있어서 필요에 강조점이 주어졌고, 그 최우선순위는 세계의 가난한 사람들이 겪는 필요에 두어졌다. 그 개념의 중심에는 현재 지구상의 가난한 사람들과 부유한 사람들 사이의 공평성뿐만 아니라 세대 간의 공평성 관념이 자리 잡고 있다.

2002년 세계정상회의 당시 그 개념은 미묘하게 수정되었다.

> 지속 가능한 발전의 상호 의존적이고 상호 촉진적인 구성 요소로서 경제 발전, 사회 발전 그리고 환경 보호 사이의 균형을 확보하는 것.
>
> (UNGA, A/57/532/add.1, 12 December, 2002)

지속 가능한 발전 원칙을 국가적 의사 결정에 통합시킴으로써 환경적인 지속 가능성을 확보하는 것은 2000년 국제연합 새천년발전목표UN Millennium Development Goals의 전체 8항 가운데 일곱 번째에 해당한다. 2015년에 새천년발전목표는 2030년까지 달성될 빈곤 퇴치, 발전, 양성 평등, 환경 목표 등을 통합한 17개의 지속 가능 발전목표로 대체되었다(UN, 2017b).

정상회의World Summit on Sustainable Development: WSSD가 요하네스버그에서 개최되었다. 회의 명칭의 변화는 환경과 발전에 대한 생각이 1970년대 이래 어떻게 변해 왔는지를 나타낸다. 이제는 토론이 지구화의 중요성과 아프리카 대륙의 비참한 상태에 관한 인식을 바탕으로 이뤄졌다. **빈곤**poverty 퇴치가 깨끗한 물, 위생, 농업 개선의 실질적인 진전과 함께 특히 강조되었다. 10년이 지난 후에 또 지구 경제에 큰 침체의 그림자가 드리울 때 리우+20 회의가 브라질에서 개최되었다. 이 회의는 대중의 관심을 별로 끌지 못했지만 '미래의 지속가능한 발전목표SDGs'를 설정하기로 결정했다.

국제연합 회의들은 환경이 국제 정치의 주류에 진입하는 무대를 의미한다. 동시에 환경 문제의 범위와 인식에 근본적인 변화가 있음을 말해 준다. 과학적 이해가 확장됨에 따라 1980년대에는 지구적 환경 변화의 관점에서 말하는 것이 보편화되고 있었다. 이것은 '오존 구멍'이 발견된 점과 인간 활동이 지구 기후를 위태롭게 할지도 모른다는 자각에서 가장 생생하게 드러났다. 환경의 실질적인 악화와 과학적 지식의 발전과 더불어, 환경의 국제 정

치는 선진국의 쟁점-관심 주기issue-attention cycle와 녹색 정치 운동의 등장에 영향을 받았다. 레이첼 카슨Rachel Carson의 『침묵의 봄Silent Spring』(1962)이 예로 보여 주듯이, 환경 운동은 산업의 자연 파괴에 대한 대중의 반응을 양분으로 삼았다. 많은 해양 기름 유출 사고와 산업 재해도 대중의 경각심을 불러일으켰다. 기존 정당들이 이러한 문제들을 담아내지 못하자 미국 시에라클럽Sierra Club이나 영국 왕립 조류보호협회Royal Society for the Protection of Birds 등 기존 압력 단체와 함께, 지구의 벗Friends of the Earth, 그린피스Greenpeace, 세계자연보호기금World Wide Fund for Nature/World Wildlife Fund: WWF 등 세간의 이목을 끄는 몇몇 비정부기구가 속속 탄생했다. 선진국 대중의 관심은 오르락내리락하다가 21세기 초반 기후 변화의 망령이 나타나면서 되살아났다. 최근 대중의 관심은 해양 생태계에 심각한 영향을 미치는 해양 플라스틱 및 미세 플라스틱 폐기물이 급증한 문제로 이동했다. 다른 때와 마찬가지로, 이 경우에도 국제적인 행동과 효과적인 환경 거버넌스에 대한 요청이 있었다. 그러나 그 결과는 정확히 무엇인가? 다음 절에서 국제 환경 협력의 기능을 고찰하면서 이 질문에 답해 보겠다.

요점정리

- 국제 환경 정치는 19세기 말과 20세기 초에 매우 제한적이었다. 그러나 1960년 무렵부터 환경 문제가 초국가적 그리고 지구적 차원에서 등장함에 따라 국제 환경 정치의 범위가 확대되었다.
- 국제연합 차원의 회의 외교는 국제 환경 정치가 확대되는 과정의 결과이자 원인이었다.
- 국제연합 회의들은 지속 가능한 발전이라는 중요한 개념으로 표현되었듯이, 국제 환경 의제와 발전 의제를 연결했다.
- 지구 생태계와 생물 다양성에 대한 과학적 이해와 적절한 거버넌스의 필요성 간의 광범위한 상호 연관성이 드러나고 있다.

국제 환경 협력의 기능

국제 협력은 초국경 환경 문제를 규제하고 인류 공동의 자산을 유지하는 거버넌스 레짐을 수립한다. 국제 환경 협력은 지구 개혁에 대한 보다 큰 틀의 자유주의 접근법의 일부로 간주될 수 있다(제7장 참조).

현실주의자들이 주장하는 것처럼(제6장 참조), 국제 협상에서는 **권력**power, 지위, 부를 추구하는 행위가 반드시 나타난다. 이 점은 국제 환경 협력에 관한 논의에서 종종 누락된다. 하지만 많은 대규모 국제 회의와 일부 조금 더 일상적인 모임들은 국가와 국제기구의 이권 투쟁을 분명히 보여 준다. 국제기구들은 국제연합 체제 안에서의 지위뿐만 아니라 재정적, 인적 자원을 유지하려고 한다. 예를 들어 국제연합 환경계획을 보다 자율적인 국제연합 전문 기구로 승격시키는 안에 대한 폭넓은 논쟁이 있었음에도 불구하고, 국제연합 환경계획은 여전히 미약한 계획으로 존재한다. 어떤 사람들은 국제 환경 회의에서 이루어지는 활동의 대부분은 환경 여건이 계속 악화되고 있지만 무언가가 행해지고 있음을 국내 대중에게 설득하는 각종 선언문을 단순히 발표하는 데 불과하다고 생각한다.

초국경 거래와 오염 통제

동물, 물고기, 물, 또는 오염이 국경을 넘어갈 때 국제 협력의 필요성이 생긴다. 또 초국경 환경 문제의 규제는 국제 협력의 가장 오랜 기능으로서 자원 관리와 오염 억제를 위한 수백 개의 다자·지역·양자적 합의에 반영되었다. 다자 환경 협정의 대표적인 사례는 1979년 대기오염 물질의 장거리 이동에 관한 협약Convention on Long-Range Transboundary Air Pollution: LRTAP과 다양한 그 후속 의정서들이다. 이들은 유해 폐기물과 화학 물질의 초국경 이동 같은 일들을 규제하는 협정들이다.

교역을 통제하고, 과세하며, 심지어 증진하는 일은 항상 국가의 가장 중요한 기능 가운데 하나였다. 그리고 1973년 멸종 위기에 처한 야생 동식물의 국제 거래에 관한 협약Convention on International Trade in Endangered Species of Wild Flora and Fauna: CITES의 경우처럼, 교역 제한은 자연 보호 수단으로도 사용될 수 있다. 다자 환경 협정에 규정된 동식물 거래에 대한 벌금 및 제한 조치를 취하는 것은 환경 보호라는 목표가 세계무역기구의 규칙과 상충할 때 골치 아픈 문제가 되었다([참고 23-3], 제22장 참조). 그러한 문제는 2000년에 국제 공동체가 '국제연합 생물다양성협약에 대한 카르타헤나 의정서 2000Cartagena Protocol to

무역과 환경

무역과 환경 파괴의 연관성 문제는 세계무역기구와 특정 다자 환경 협정Multilateral Environmental Agreements: MEAs 간의 관계에 관한 논쟁보다 훨씬 더 광범위하다. 지구화는 세계무역기구가 보호된 시장을 개방하고 세계 무역을 확대하려고 노력한 덕분에 어느 정도 이뤄졌다. 많은 환경운동가는 무역 그 자체가 지속 가능한 농업을 붕괴시키고 환경 파괴적인 장거리 상품 수송을 촉진함으로써 환경에 피해를 준다고 주장한다. 생산 및 소비 패턴의 재편은 실제로 지구화의 대표적인 특징 중 하나였다. 자유주의 경제학자와 세계무역기구 옹호론자들은 오염 같은 '외부성'이 상품의 가격에 반영될 수 있다면, 무역은 가장 효율적인 자원 배분을 가능케 함으로써 환경에 이로울 수 있다고 주장한다. 이러한 시각에서 보면, 무역 규제가 환경적으로 바람직한 행태를 촉진하는 무기로 활용되는 것은 용납될 수 없을 것이다. 실제로 세계무역기구 규칙은 환경을 이유로 한 무역 규제(GATT Article XXg)를 매우 제한적으로 허용하고 있으며, '가공 및 생산 방식process and production methods'에 기초한 무역 제한은 허용하지 않는다. 수많은 무역 마찰 사건은 수입 통제가 외국에서 좀 더 지속 가능하거나 윤리적인 생산을 촉진하기 위한 수단으로 사용될 수 없다는 점을 확인시켜 주었다. 그 유명한 예는 1991년 다랑어-돌고래Tuna-Dolphin 사건이다. 이 사건에서 부수적으로 돌고래를 죽이는 방법을 사용하여 잡은 다랑어의 수입을 막은 미국의 조치에 대한 멕시코와 유럽공동체EC의 불만이 정당한 것으로 확인되었다. 발전도상국 정부들은 환경적인 이유로 무역을 제한하는 것에 여전히 반대하고 있는데, 그러한 제한은 선진국 시장에 대한 위장된 보호주의라고 본다.

UN convention on Biodiversity'를 발전시켜 새로운 생명과학 기술과 유전자 변형 유기체GMOs 같은 논쟁거리를 다루려고 시도하면서 발생했다. 유전자 변형 유기체에 반대하는 사람들은 유전자 변형 유기체의 이동을 규제하는 조치가 환경과 인간의 건강을 보호하기보다 보호주의를 감추려는 시도라고 주장했다. 세계무역기구 무역 규칙이 새로 대두된 생물 안전 규칙에 우선해야 하는지 여부에 대한 논란은 각 당사국이 이 두 규칙을 '상호 촉진적mutually supportive'이어야 한다고 규정하여 그 문제를 회피하기로 합의할 때까지 오랫동안 지속되었다. 이러한 논쟁의 배경은 무역과 환경의 관계에 관한 보다 폭넓은 토론의 여지를 남기고 있다.

규범 창출

지난 30년 동안 국제환경법과 이에 관련된 수용 가능한 행위에 관한 규범은 급속하고 혁신적으로 발전했다. 앞에서 언급한 규범 가운데 일부는 다분히 기술적인 정책 개념의 형식을 띠었다. 그 개념들은 국제적 논의의 결과로 널리 확산하고 채택되었다. 예방 원칙은 점차 통용되기는 했지만, 그에 대한 비판이 없지는 않았다. 원래 독일의 정책 결정자들이 이름 붙인 이 원칙은 환경적 피해의 가능성이 존재할 경우 어떤 활동을 금지할 때 완전하고도 결정적인 과학적 증명을 요하지 않는다는 것이다(이는 앞에서 언급한 대로 유전자 변형 유기체에 관한 논의에서 상당히 중요한 쟁점이다). 또 다른 규범은 수출국 정부는 잠재적으로 위험 요소가 포함된 물품에 대해서는 '사전 통지 및 동의'를 거쳐야 한다는 것이다.

국제연합 지구정상회의는 환경 규범을 수립하는 데 중요한 역할을 했다. 1972년 스톡홀름 회의는 '원칙 21Principle 21'을 만들었고, 그 원칙은 천연자원에 대한 주권과 외부적 오염에 대한 국가 책임을 결합했다. '원칙 21'을 '의제 21'과 혼동해서는 안 된다. '의제 21'은 1992년 리우 정상회의에서 발표된 것으로서 국제연합 환경발전회의 준비위원회에서 2년 동안의 협상을 거쳐 만들어졌고, 복잡한 40개의 장으로 구성된 약 400쪽 분량의 문서다. '의제 21'은 처음에는 비구속적인 성격 때문에 자주 조롱거리가 되기도 했다. 하지만 의제 21은 국제적으로 합의된 환경 우수 사례의 요체로서 계속해서 광범위한 영향을 미쳤으며, 여전히 지속 가능한 발전목표와 더불어 하나의 준거점으로 남아 있다.

원조와 역량 구축

리우 회의 이후 발전도상국의 지속 가능한 발전을 달성하는 데 필요한 원조와 기술 이전의 수준을 둘러싸고 남-북 대립이 빈번하게 발생했다. 그로 인해 많은 실망과 약속 불이행이 뒤따랐다. 1991년에 국제연합 환경계획, 국제연합 개발계획UNDP, 그리고 세계은행은 발전 도상국의 환경 사업에 자금을 지원하는 국제기구로서 지구환경기금Global Environmental Facility: GEF을 설립했다. 대부분의 환경 협약들은 이제 자금, 기술, 전문 지식의 이전을 통한 **역량 구축**capacity building을 목표로 삼고 있다. 이는 많은 회원국이 그야말로 국제 협정에 온전히 참여할 만한 자원을 갖고 있지 않기 때문이다. 국제연합 기후변화협약상의 합의는 점점 부유한 국가들의 자발적 의지에 더 의존하게 되었다. 그렇게 해서 기후 변화 적응 활동에 자금을 충분히 지원하고, 기후 변화의 가장 심각한 영향에 직면해 있는 가난한 국가들에게 보상을 제공하려고 했다.

과학적 이해

국제 환경 협력은 현대 과학적 이해의 공유 여부에 좌우된다. 이 점은 몇몇 중요한 환경 레짐의 형식에 반영되어 있다. 초기 '골격' **협약**convention은 관심사 내지 우려를 표명하고, 새로운 과학적 데이터의 개발과 공유를 위한 장치를 수립한다. 그렇게 함으로써 '통제' 의정서를 통해 취할 조치의 기초를 놓는다. 과학적 정보의 생산과 공유는 세계기상기구World Meteorological Organization: WMO 등 공적 기구에서 이루어진 국제 협력의 오랜 기능이다. 국제적인 기반 위에서 과학적 정보를 보급하는 것은 일리 있는 일이지만, 정부의 재정 지원이 필요하다. 이는 제약 연구 같은 영역을 제외하고는 민간 부분이 그러한 일을 할 유인이 없기 때문이다. 국제 환경 레짐은 대개 상설 과학위원회와 이를 지원할 부속 기관을 두고 있다. 아마도 권위 있는 새로운 과학적 지식을 생산하려는 최대 규모의 국제적인 노력은 기후 변화 영역에서, 기후 변화에 관한 정부 간 위원회Intergovernmental Panel on Climate Change: IPCC를 통해 이루어졌을 것이다.

공유지 관리

지구 공유지는 대개 주권적 관할 아래에 있지 않은, 어느 누구의 소유도 아닌 지역과 자원으로 이해된다. 공해와 심해저가 이 범주(200해리 배타적 경제수역 밖)에 속하며, 남극 역시(1959년 남극조약에 근거하여) 마찬가지다. 우주공간은 또 다른 귀중한 공동 유산으로서 현대적 통신, 방송, 항공, 감시에 매우 중요하게 사용된다. 마지막으로 지구 대기도 여기에 포함된다.

공유지는 모두 환경적인 중요성을 가진다. 이는 공유지가 하나의 자원일 뿐만 아니라 점차 악화되고 있는 폐기물 처리장이기 때문이다. 공해상의 어류와 고래는 무자비하게 남획되어 몇몇 어종은 멸종되었고, 인류의 오랜 단백질 보급원은 사라질 지경에 이르렀다. 대양의 환경은 육지에서 배출된 폐수와 선박에서 나온 기름 및 기타 폐기물로 오염되었다. 국제 규제는 허술하고, 종종 주권 통제에서 벗어나 있는 세계 해양의 50퍼센트를 포괄하지 못한다. 2018년 (해양법에 관한 국제연합협약UNCLOS하에서) 새로운 협약의 초안 작업이 시작됨에 따라 국가 관할권 너머 해양 생물 다양성을 보호하기 위한 포괄적인 레짐이 제공되기 시작했다.

인간으로부터 점점 가해져 오는 압력에 맞서 남극 특유의 야생을 유지하려는 투쟁도 있었다. 심지어 지금은 우주조차 환경 문제에 직면해 있는데, 수십 년 동안의 위성 발사로 우주 쓰레기가 증가했기 때문이다. 마찬가지로 성층권 오존층 파괴, 그리고 기후 변화와 확실하게 연관된 온실 효과의 증가로 말미암아 지구 대기도 매우 심각하게 악화되었다. 이러한 현상은 흔히 '공유지의 비극'으로 특징지어진다. 어느 누구의 소유도 아닌 자원에 대해 무제한 접근이 가능한 경우 개인들에게는 원하는 만큼 차지할 유인이 존재할 것이다. 또 만약 그 자원이 유한하다면 개인 이용자의 단기적 이해가 자원을 지속시키려는

'공유지의 비극'이라는 용어를 만든 개릿 하딘Garrett Hardin(1968)을 비롯한 많은 학자는 개인적, 집단적 이익과 공동 소유 재산의 이용에 있어서 합리성 간의 본질적인 충돌을 발견했다. 하딘은 접근이 '개방된 자원'을 이용하는 데 있어 개인의 행동은 종종 집단적인 재앙을 초래한다고 주장했다. 이는 목초지, 어장(공동 조업 수역) 또는 강(공동 침수장) 등이 과잉 사용됨으로써 생태적인 붕괴를 겪게 되기 때문이다. 물론 공동 자원의 '수용 능력'이 모두가 원하는 만큼 가질 수 있을 정도로 충분하다면 아무 문제가 없을 것이다. 그러나 현대적 이용 및 생산 관행의

심화 때문에 지금은 이런 경우를 좀처럼 찾아보기 힘들다. 또 인류는 최근의 과학적 발전에 힘입어 지구의 생태계에 가해진 피해의 전모에 대해 더욱 예리한 평가를 내리게 되었다. 이 딜레마에 대한 하딘의 해결책(사유화 내지 국유화를 통해 공유 재산에 울타리를 치는 것)은 지구 공유지 같은 경우에 제한적으로만 적용될 수 있다. 그 두 가지 이유는 공유지에 담을 치는 것이 물리적으로 또 정치적으로 불가능하다는 점, 또 공유지의 사용을 규제할 중앙 집권적인 세계 정부가 존재하지 않는다는 점이다.

장기적인 집단적 이해를 압도함으로써 결국에는 자원이 남용되어 고갈되는 때에 이를 것이다([참고 23-4] 참조).

정부의 관할권 안이라면 공유지를 사유 재산화하거나 국유화함으로써 문제 해결이 가능할지도 모른다. 하지만 지구 공유지인 경우 그러한 해결책을 이용할 수 없다. 따라서 이런 맥락에서 국제 협력의 기능은 세계 정부를 대신하여 지구 공유지의 남용과 비극적 붕괴를 막기 위해 꼭 필요하다. 그동안 그러한 기능은 지구 공유지 관리를 위한 레짐을 창출함으로써 이뤄졌는데, 이 레짐들의 효과는 천차만별이었다. 앞에서 논의된 많은 기능이 지구 공유지 레짐에서 발견될 수 있다. 하지만 그 레짐들의 중요한 기여는 공유지의 생태를 보존하는 데 부합되는 수용 가능한 행태적 표준과 활용 수준에 관해 이용자들 사이의 상호 합의를 보장하는 규칙 틀을 제공했다는 점이다.

집행의 문제는 어려운 숙제를 던져 준다. 그것은 이용자들이 공정한 몫 이상을 차지하거나 집단적인 약속에 구속되기를 거부함으로써 이러한 합의에 '무임승차'하려는 유인을 갖기 때문이다. 다른 당사자들도 스스로 자제할 아무런 이유가 없기 때문에 무임승차 유인은 레짐을 파괴할 잠재력을 가진다. 지방 수준의 공유지 레짐에서는 호기심 많은 이웃이 규칙 파괴를 억지할 수 있고, 국제적인 차원에서는 비정부기구들이 이와 비슷한 역할을 수

행할 수 있다. 그러나 주권국가들의 경우에는 합의를 준수하기로 약속했을 때조차도 이를 강제하기란 매우 어렵다. 이는 국제법의 근본적인 한계이며(제15장 참조), 환경 레짐에만 해당되는 것은 결코 아니다. 이러한 문제를 다루는 기제들이 개발되었지만, 그 기제들과 환경 레짐이 얼마나 효과적일 수 있는지를 판단하기는 어렵다. 정부들이 국제적 의무를 법적, 기술적으로 준수compliance하는 정도를 결정하기 때문이다. 게다가 그 효과를 판단하는 일은 해당 국제 레짐 때문에 실제로 국가의 행태가 얼마나 변화되었는지를 판단하는 일이기도 하다. 당연히 지구 공유지 레짐의 효과를 결정하는 궁극적이고도 엄격한 잣대는 공유 자원과 생태계가 유지되었는지 아니면 심지어 개선되었는지 여부이다.

남극의 경우, 1959년 남극조약의 틀 안에 마지막 남은 거대한 야생 생태를 온전하게 보존하기 위해 매우 잘 고안된 일련의 규칙이 마련되었다. 남극 레짐은 상당히 배타적인 클럽이다. 다시 말해 남극조약의 '협의 당사국'들로는 원래 남극 지역에 대해 주권을 주장했던 국가들이 있다. 반면 신규 회원국은 남극 대륙에서 과학적 연구에 가담하고 있다는 사실을 보여 주어야 한다. 남극에 관한 과학은 공유지 관리를 위한 효과적인 국제적 행동의 본보기로 귀결된 어떤 문제를 발견하는 데 결정적인 역할

성층권 오존의 약화는 이전에는 의심되지 않았던 원인, 즉 높은 고도에서 오존 분자와 화학 반응을 일으키는 불소, 염소, 브롬 같은 인공 화학 물질에 의해 발생한다. 가장 중요한 것은 1920년대 '안전한' 비활성 산업용 가스로 개발되어 이후 50년 동안 냉장고, 에어컨, 헤어스프레이 등에 다양한 용도로 사용된 'CFC(염화불화탄소, 일명 프레온)'였다. 이러한 물질이 야기하는 위험에 대한 보편적인 합의가 존재하지 않았고, 그 생산과 이용은 계속되었다. 중요한 예외는 미국 의회가 몇몇 불필요한 사용을 금지하기로 결정한 것이었다. 이는 미국의 화학 산업이 대체 물질을 찾아야 하는 값비싼 의무를 진다는 것을 의미했다. 문제의 증거가 나타나기 시작하자, 국제연합 환경계획은 빈에서 국제 회의를 소집했다. 그 결과 국제적인 조치가 요구되며 당사국들이 과학적 발견의 개발과 교환 및 의사소통을 계속해야 한다는 내용의 '골격 협약'이 체결되었다. 이러한 노력은 매우 설득력 있었고, 특히 남극 오존 구멍의 극적인 발견으로 공적인 추진력이 더해졌다.

2년 안에 당사국들은 염화불화탄소 및 기타 오존 파괴 물질의 생산 및 거래를 단계적으로 폐지하는 의정서에 합의했다. 선진국들은 1996년까지 이를 완수했으며, 그 이후 당사국회의 Meetings of the Parties: MoP에서는 다른 물질을 제거하는 일을 계속했다. 초기 유럽의 화학 기업들이 약간의 저항을 했지만, 미국 측은 국제적 합의를 보장할 진정한 동기를 가지고 있었다. 이는 그러지 않을 경우 미국의 화학 산업이 상업적으로 계속 불리한 위치에 놓일 것이기 때문이었다. 협상자들이 당면한 다른 문제는 염화불화탄소 제품을 생산하고 있었던 발전도상국들이었다. 발전도상국들은 이들에게 비염화불화탄소 대체 기술을 제공하기 위하여 1990년에 설립된 기금으로부터 자금 지원을 받았다.

관련 화학 물질의 대기 중 수명을 감안할 때, 오존층에 가해진 피해는 21세기 후반까지 복구되지 않을 것이다. 그러나 몬트리올 의정서의 부속 과학 기관이 대기 중 염화불화탄소 농도가 감소했다고 보고할 만큼 인간의 행태에 중요한 변화가 있었다.

을 했다. 1985년에 열기구를 이용해 시행된 영국의 남극 탐사는 성층권 오존층이 심각하게 약화되고 있다는 결정적인 증거를 제시했다. 오존층의 감소는 전형적인 지구 문제다. 그 이유는 오존층이 지구와 인류를 태양 자외선의 악영향으로부터 보호해 주기 때문이다. 1985년 오존층 문제에 관한 골격 협약framework convention이 체결되었고, 1987년 몬트리올 의정서로 이어져 오존층 파괴 물질에 대한 국제적 통제가 부과되었다. 이후 오존층 레짐의 발전은 국제 협력을 통해 어떻게 지구적 환경 문제에 대한 효과적인 해결책이 도출되는지를 보여 주는 훌륭한 예다. 환경 문제의 근원이 식별되었고, 국제적 지지가 동원되었으며, 발전도상국의 참여를 이끌어 내기 위한 보상 조치가 취해졌다. 또 아직 성층권 오존층을 완전히 회

복시키지는 못했지만 오염 물질의 대기 농도를 감소시키는 데에는 그 효과가 입증된 일련의 규칙과 절차가 발전되었다([참고 23-5] 참조).

> ### 요점정리
>
> - 국제 환경 회의는 환경에 관련된 목표와 몇몇 정치적인 목적 달성에도 기여한다.
> - 국제 협력의 주요 기능은 초국경 규제이다. 하지만 환경에 관한 조치는 세계 무역 레짐의 규칙과 충돌할 수도 있다.
> - 국제적 행동은 환경 규범을 촉진하고, 과학적 이해를 발전시키며, 발전도상국의 참여를 지원하는 데 필요하다.
> - 국제 협력은 지구 공유지를 위한 거버넌스 레짐을 제공하기 위해서 필요하다.

기후 변화

오존층 문제와 달리, 기후 변화와 온실 효과는 오래전부터 과학자들 사이에서 논쟁의 대상이었다. 하지만 1980년대 말에 비로소 충분한 국제적 합의가 형성되어 행동을 자극하기에 이르렀다. 인간이 야기하는 평균 온도의 변화가 지구의 기후 체계를 바꿀 수 있다는 가능성에 대해서는 심각한 이견이 있었다. 온실 효과는 지구상의 생물체에게 필수적이다. 대기 중의 온실가스GHGs는 태양 복사열을 가두어 지구 표면을 단열시킨다([그림 23-2] 참조). 산업혁명 이전의 대기 중 이산화탄소 농도는 약 280ppm이었고, 그 이후 화석연료 사용과 숲 같은 이산화탄소 흡수원의 감소 때문에 지속적으로 증가했다(2017년 수치로 405ppm). 메탄가스 방출량도 농업의 성장과 함께 증가했다. 기후 변화에 관한 정부 간 위원회가 예측한 바에 따르면, 만약 화석연료 배출 가스를 줄이기 위한 아무런 조치도 취해지지 않는다면 2099년까지 평균 온도가 섭씨 1.5~4도 정도 상승할 가능성이 있다(IPCC, 2013: 20). 2016년에 평균 온도는 이미 산업화 이전 수준보다 섭씨 1도가 높아졌다.

현재의 기후 예측 모형에 기초해서 이 같은 현상의 결과를 정확히 예측하기란 어렵다. 그러나 일반적으로 해수면 상승과 악천후가 예상되고, 지구 생물권에 대이변을 유발할 수 있다. 국제적 합의에 따르면, 기후 변화의 위험성을 피하려면 지구 평균 온도의 상승이 섭씨 2도 아래로 유지되어야 하고, 섭씨 1.5도로 제한하는 게 바람직하다(Paris Agreement: Art.2a). 21세기의 처음 10년 동안 나타났던 비정상적인 기후 패턴, 폭풍, 극 지역 빙상의 해빙 같은 현상들은 과학 공동체가 제기한 공포에 대한 대중의 관심을 한층 배가시켰다.

기후 변화는 사실 '보통의' 국제 환경 문제가 아니다. 이 문제는 생활 여건의 엄청난 변화를 일으킬 수 있으며, 기존 에너지 사용 패턴과 안보를 위협한다. 기후 변화가 실제적으로 또는 잠재적으로 영향을 끼치지 않는 국제 정치 영역이란 거의 존재하지 않는다. 기후 변화는 G7 정상회의와 국제연합 회의들에서 이미 최상위 정치 쟁점으로 논의되었다. 다만 지구 경제의 문제가 지속되면서 기후 변화의 긴박성은 때때로 희석되기도 했다.

기후 문제의 심각성을 이해하기 위해, 위에서 논의된 성층권 오존 문제와 비교해 볼 수 있다. 여기에는 몇 가지 유사점이 있다. 프레온가스는 그 자체로 온실가스이며, 기후 변화에 관한 국제법 문서들은 프레온가스에 대한 통제가 몬트리올 의정서의 책임 사항이라는 점을 분명히 하고 있다. 또한 성층권 오존 및 여타 최근 협약들을 통해서 겪은 경험도 기후 변화 레짐을 구축하는 노력에 명백하게 영향을 미쳤고, 이 레짐은 골격 협정과 후속 의정서를 기반으로 삼았다.

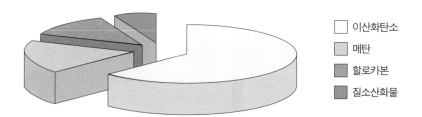

그림 23-2 **지구 온난화를 유발하는 온실가스**
출처: IPCC, 2007, "Radiative Forcing Components," p. 16. Solomon, S., et al. (eds.). *Climate Change 2007: The Physical Science Basis. Working Group I Contribution to the Fourth Assessment Report of the Intergovernmental Panel on Climate Change.* Cambridge, UK, and New York, NY, USA: Cambridge University Press. Copyright © 2007, IPCC, Published by Cambridge University Press.

1992년 국제연합 기후변화협약은 온실가스 배출량의 감축 및 흡수원을 이용한 온실가스 제거를 목표로 했다. 선진국들이 방출량을 1990년 수준으로 2000년까지 감축한다고 약속함으로써 일단 출발은 가능할 것이라는 희망이 있었다. 이러한 기대는 미국에서 선거가 있는 해에는 불가능하다는 사실이 판명되었고, 당사국들은 어떤 노력이 행해져야 한다는 비구속적인 선언으로 만족해야 했다. 그러나 당사국들에게는 온실가스 배출원과 흡수원의 국가별 목록을 작성해야 한다는 구속적인 의무가 있었다. 여기에는 이러한 의무를 달성하기에 부적합한 많은 발전도상국이 포함되었기 때문에 역량 구축을 위한 자금 지원 규정도 있었다. 이 협약은 또 연례회의 — **당사국총회**COPs — 를 지속적으로 개최해, 가능한 조치들과 기존 약속의 적절성을 검토하도록 의무화했다. 이를 위해서 보조적인 과학 기구 및 이행 기구, 실무 그룹의 정기적인 중간 회의를 통하여 지원을 받도록 했다. 1997년 교토에서 개최된 제2차 당사국총회에서 당사국들은 일종의 '통제' 조치인 교토 의정서에 합의했고, 배출권 거래 제도를 비롯한 '신축성 체제'를 도입하여 선진국의 이산화탄소 배출량 감축(2012년까지 평균 5.2퍼센트)을 촉진했다.

교토 의정서 입안자들이 직면한 문제는 1987년 몬트리올 의정서의 당사자들이 성공적으로 해결했던 문제보다 훨씬 더 복잡하고 어려웠다. 몬트리올 의정서는 대체 물질이 존재했던 산업용 가스를 관리하는 것이었다. 반면 교토 의정서는 현대 사회의 생활의 기반인 에너지, 수송 및 농업과 관련된 온실가스를 한꺼번에 다루어야 했다. 비록 대체 에너지 기술의 발전을 통해 배출량을 줄임으로써 얻는 잠재적인 경제 이득이 있었지만, 그 일은 생활 수준의 실질적인 희생과 '불가능한' 정치적 선택을 수반한다는 점에서 정부들에게 매우 어려운 문제였다.

오존 레짐의 경우와 구별되는 두 번째 차이점은 기후 변화에 관한 정부 간 위원회의 유례없는 국제적인 노력에도 불구하고 프레온가스에 관한 협정을 촉진했던 것과 같은 종류의 과학적 합의가 없었다는 점이다. 인간 활동의 중요성과 향후 변화의 예측에 대해 견해차가 상당히 줄어들기는 했지만, 그러한 과학적 연구를 부정하고 왜곡하는 데 관심을 가진 사람들은 여전히 남아 있고, 심지어 일부 국가들은 기후 변화로부터 이익을 얻을 수 있다고 계산하기도 한다. 그러나 한 가지 확실한 점은 제한된 기반 시설을 가진 해수면에 위치한 발전도상국이 기후 변화에 가장 취약하다는 것이다. 이 같은 사실이 인식되고 일정 수준의 온난화가 불가피하다는 점이 이해되면서, 국제적 관심은 기후 변화의 불가피한 결과에 '적응'하고 기후 변화의 원인을 '감축'하는 문제로 이동하기 시작했다. 또다시 성층권 오존 문제가 상대적으로 단순성과 통일성을 띤다는 점은 명백하다. 달리 말하면 오존층 약화에 따른 효과는 지구 전체로 확산했고, 남반구에 사는 사람들뿐만 아니라 북유럽 사람들에게도 영향을 끼쳤다.

남과 북의 구조적 격차는 지구 환경 문제로서 기후 변화의 국제 정치 중심에 자리하고 있다(**제10장, 제21장 참조**). 몬트리올 의정서에는 적정 가격의 해결책, 그러니까 다자 오존 기금이 있었다. 역시 이 점에서도 기후 변화는 다르다. 국제연합 기후변화협약의 가장 중요한 원칙 가운데 하나는 '차별적 공동 책임과 개별적 능력' 원칙이다([**사례연구 23-1**] 참조). 말하자면 기후 변화는 모두에게 공통 관심사이기는 하지만 산업화 선진국들의 발전 결과로서 발생했고, 따라서 이들에게는 배출량을 줄이는 데 앞장서야 할 책임이 있다.

교토에서 거둔 성과는 대부분의 선진국에게 일련의 배출 가스 감축 의무를 부과했다는 점이다. 그러나 그 성과는 미국의 참여 거부로 반감되었고, 그로 인해 유럽연합이 교토 체제의 발전을 선도하게 되었다. 2007년에 이르면 미국과 중국 모두가 불참하는 제도는 결코 적절하지 않다는 점이 분명해졌다. 사실 몬트리올 의정서는 강력한 온실가스인 프레온가스를 제거했고, 교토 의정서보다 다섯 배는 더 효과적인 제도였다(World Meteorological Organization, 2011)! 모든 당사자를 온실가스 감축 및 적응 활동에 참여시키는 새로운 협정을 위한 협상 계획이 만들어졌다. 2009년 코펜하겐 당사국총회 때까지 협상

중국 동부 도시 지우장의 극심한 안개와 연무
© humphery / Shutterstock.com

1992년 국제연합 기후변화협약에 '차별적 공동 책임과 개별적 능력' 개념이 포함되었다. 이 원칙은 비록 모든 국가가 세계 기후 변화의 책임을 떠맡아야 하지만, 평균 온도 상승을 야기하는 이산화탄소 과다 배출의 원인으로 간주되는 산업화의 수혜자인 선진국(제1부속서)에게 당장의 책임이 있다는 것이다([그림 23-1] 참조).

1990년대에 미국은 지구 전체 방출량의 25퍼센트를 배출했지만 지구 인구에서의 비중은 4.5퍼센트에 불과했다. 중국은 방출량의 14퍼센트, 세계 인구의 20퍼센트 이상을 차지했다. 반면 35개 저발전국들은 1퍼센트 미만을 배출했다. 선진국들은 교토 의정서에 따라 탄소 배출량을 감축하기로 되어 있었다. 그러나 2004년 즈음 분명해진 것은 효과적인 포스트-2012 레짐을 위해서는 지구 남반구의 신흥 발전국을 참여시켜야 한다는 사실이었다. 이들의 '개별적 능력'이 변화했기 때문이다. 2011년에 6개 당사국의 이산화탄소 배출량은 세계 배출량의 70퍼센트 이상을 차지했다(중국 29퍼센트, 미국 16퍼센트, 유럽

연합 11퍼센트, 인도 6퍼센트, 러시아 5퍼센트, 일본 4퍼센트). 새로운 기후 협정에 대한 협상은 국제 체계의 구조적 변화라는 맥락 속에서 이뤄졌음을 기억하는 것이 중요하다(제5장 참조).

필수 감축량을 공평하게 나누기 위한 새로운 기준을 찾는 일은 많은 문제를 안고 있다. (1) 온실가스가 대기에 잔존하는 기간은 30년에서 적어도 100년까지 길고 다양하기 때문에, 과거의 배출량도 감안해야 한다. 이와 같이 발전도상국들은 대부분의 '탄소 공간carbon space' 허용치가 산업 선진국들의 과거 배출량에 의해 이미 채워졌기 때문에 선진국들이 배출량 감축에 계속 솔선수범해야 한다고 주장할 수 있다. (2) 1인당 배출량은 북반구와 남반구 국가들 사이에 여전히 큰 편차가 존재한다. 이 국가들 모두를 동등하게 대우하는 것은 정당하지 않고 정치적으로 받아들일 수도 없다. (3) 현재 중국 배출량의 상당 부분은 상품 생산이 미국과 유럽으로부터 중국으로 이전된 직접적인 결과다. 그렇다면 누가 그 책임을 져야 하는가?

2015년 파리협정은 이러한 문제들을 완전히 해결하지는 못했지만, '상이한 국가별 상황에 비추어'라는 구절을 덧붙였다. 이는 제1부속서 국가들과 나머지 국가들 사이의 엄격한 구분이 무너졌음을 나타낸다. 파리협정문에는 선진국, 발전도상국, 저발전국 그리고 군소 도서국에 부과된 의무 사항들이 미묘하게 다르다.

질문 1 현재 신흥국들은 온실가스 배출량에서 가장 큰 비중을 차지하고 있다. 그럼에도 선진국들이 여전히 상대적으로 더 큰 배출량 감축 의무를 져야 하는가?

질문 2 미래의 기후 레짐을 설계할 때 국가 배출량보다 1인당 배출량을 기준으로 삼는 게 정당할까?

을 종결하고, 유럽연합 및 여타 선진국들이 미래의 배출량 감축을 약속하기 위해서였다. 버락 오바마 대통령의 참석과 그의 기후 정책 공약(비록 교토 의정서의 제2기까지는 해당하지 않지만) 덕분에 여러 희망이 고조되었다.

코펜하겐에서의 경험은 국제 정치의 구조적 변화가 어느 정도인지 보여 주었다. 그 변화는 브라질, 남아프리카공화국, 인도, 중국으로 구성된 베이식BASIC 그룹이 기후

외교에서 핵심 행위자로 부상한 데서 드러났다. 이들은 여타 발전도상국들과 군소도서국가연합([사례연구 23-2])과 함께, 교토 체제의 유지와 감축 및 적응에 대한 발전 원조 제공을 지속적으로 요구했다. 2007~2008년 지구금융위기가 찾아오자, 선진국들은 교토 체제에 대한 전향적인 공약에서 후퇴했고, 이러지도 저러지도 못하는 상황은 허약한 '코펜하겐 합의Copenhagen Accord'에 투영되었다. 코

투발루 수도인 푸나푸티 환초에 해수 유입
© Ashley Cooper pics / Alamy Stock Photo

수많은 주요 국가 연합체가 기후 외교를 수행하고 있다. 여기에는 유럽연합 미가입 선진국들로 이뤄진 우산조직Umbrella Group, 스위스·한국·멕시코를 포함하는 환경건전성그룹Environmental Integrity Group 그리고 지구적 협상에서 남반구를 대표하려고 오랫동안 시도해 온 G77/중국 등이 포함된다. G77/중국은 회원국들 간의 큰 편차로 인하여 베이식 국가, 화석 연료 수출국, 아프리카 저발전국 그리고 군소도서국가연합The Alliance of Small Island States: AOSIS 등으로 종종 나뉜다.

1990년 설립된 군소도서국가연합은 나머지 연합체들보다 더 큰 역할을 수행했다. 군소도서국가연합의 44개 회원국들은 세계 인구의 약 5퍼센트를 대표하고 있지만, 자신들의 국가적 생존이 위태롭다는 각성에 따라 행동한다. 기후 변화와 그로 인한 해수면 상승은 나우루, 투발루, 바누아투와 같은 회원국들에게는 가까운 장래에 자신들을 침수시키는 위협 요소다. 군소도서국가연합은 각 회원국의 국제연합 대표부를 통해 역할을 조정하는 '임시 로비 및 협상 회의체'다. 군소도서국가연합은 교토 의정서를 체결하기로 한 초기 결정 과정에서 영향력을 발휘했고, 기준치를 섭씨 2도가 아닌 섭씨 1.5도로 할 것과 기후 변화로 인한 손실과 피해에 대한 보상 장치를 끈질기게 주장하였다. 군소도서국가연합은 2009년 코펜하겐 당사국총회 이후 유럽연합, 호주, 그리고 일부 저개발국들과 함께 카르타헤나 대화Cartagena Dialogue를 수립하는 데 관여하였다. 카르타헤나 대화는 2011년에 합의된 더반 플랫폼을 위한 외교 무대가 되었다. 2015년 파리 회의에서 군소 도서 국가들의 입장은 국제사회의 폭넓은 지지를 받았고, 그 덕분에 섭씨 1.5도에 대한 언급이 파리협정에 포함되었다.

질문 1 군소도서국가연합은 회원국들의 적은 인구에 비하여 국제 기후 정치에서 아주 큰 영향을 끼쳤다. 만약 있다면, 세계 정치 이론 중 어느 이론이 이러한 현상을 설명해 줄 수 있는가?
질문 2 작은 도서 국가들은 이미 기후 변화의 피해를 입고 있다. 그들이 자초하지 않은 재난에 대해 어떻게 보상받아야 하는가?

펜하겐 합의는 포괄적이고 구속적인 새로운 기후 협정과는 아주 거리가 멀었지만, 돌이켜보면 2015년 파리협정의 씨앗을 품고 있었다([참고 23-6] 참조).

코펜하겐 이후 새로운 기후 협정을 모색하는 시도가 재개되었고, 2011년 더반 플랫폼Durban Platform으로 열매를 맺었다. 언뜻 보기에 제1부속서 국가들Annex I countries([사례연구 23-1])과 나머지 국가들을 엄격하게 구분하는 것이 사라지기 시작했고, 세계 대부분의 정부가 참여하고 미국과 중국 간의 새로운 이해에 기초한 포괄적인 협정이 이루어질 수 있게 되었다. 그러나 2015년 말 파리(COP 21)에서 이뤄진 최종 합의는 구 교토 레짐과는 매우 달랐다. 그것은 국가들이 배출량 감축 약속이 아니라 '자발적 감축 목표'를 정하는 등 기본적으로 '상향식' 접근법을 택했기 때문이다. 또한 발전도상국을 위한 기후 정의를 추구한다는 것은 녹색기후기금의 규모가 새로운 기후 레짐의 성공에 매우 중요하고 선진국들은 추가 자금 지원을 약속한다는 뜻이었다.

2015년 말 대부분의 국가는 자신의 자발적 감축 목표를 발표했는데, 그 편차는 매우 컸다. 대부분의 목표는 불충분했고, 추가 감축이 없으면 섭씨 3.2도 상승으로 이어질 것이라고 추산되었다(Climate Transparency, 2018: 6). 파리협정의 당사국들은 이후 3년 동안 이 협정 실행에 필

2015년 파리협정

- 지구 온도 상승을 섭씨 2도 아래로 제한하고 섭씨 1.5도 미만으로 유지하기 위한 노력을 추구하여 2050년까지 가능한 한 빨리 배출량의 최고점과 탄소 중립에 도달하는 것을 목표로 한다.
- 모든 회원국에게 '자발적 온실가스 감축 기여분'을 발표하고 향상할 것을 요구한다.
- 기후 변화의 희생자를 위한 적응, 손실 및 피해 보상에 관한 사항을 강화한다.
- 선진국이 발전도상국에게 재정, 기술 및 역량 구축을 제공하도록 의무화한다.
- 5년마다(2023년부터) '전 지구적 이행 점검'을 실시하여 진행률을 측정하고 독려한다.

요한 '양식, 절차, 지침'에 대해 집중적으로 논의했다. 한편 미국 트럼프 행정부는 2017년 중반 협정에서 탈퇴하겠다고 발표했다. 다른 국가들은 미국의 움직임에 가담하지 않았고, 이로써 어느 정도의 국제적 약속이 살아 있음이 드러났다. 하지만 러시아와 터키는 필수적인 자발적 기여분을 비준하지 않거나 제안하지 않았다.

파리 회의에서 수립된 아주 중요한 장치는 검토 제도인데, 일단 파리협정이 2020년에 발효되면 당사국들이 자신의 감축 및 적응 기여분을 단계적으로 증가시키도록 장려하기 위한 것이다. 전 세계 온실가스 배출량의 거의 80퍼센트를 차지하는 주요 G20 국가들은 2030년까지 이를 절반으로 줄여야 한다. 재생 에너지 비용이 계속 하락하는 희망적인 징후가 있지만, 배출량은 여전히 증가하고 있으며, 많은 G20 국가는 약속된 기여분에도 불구하고 여전히 화석 연료에 보조금을 지급하고 있다(Climate Transparency, 2018: 6). 기후변화협약 당사국 총회는 섭씨 1.5도 기준치 이하로 유지하기 위해 무엇이 필요한지 기후 변화에 관한 정부 간 위원회에 특별보고서를 의뢰했다. 그 보고서는 세계가 위험한 수준의 기온 상승에 갇히지 않으려면 2030년 이전에 시급한 배출량 감축이 필수적이라고 경고했다(IPCC, 2018: 16). 러시아, 미국, 사우디아라비아, 쿠웨이트는 이 보고서를 환영하지 않았지만, 2018년 말에 개최된 카토비체 회의는 파리협정의 실행을 위한 이행 규칙을 구체화하는 데 성공했다.

요점정리

- 기후 변화는 포괄적인 성격과 그 근원이 필수적인 인간 활동에 있다는 점 때문에 국제 협력에 엄청난 도전을 제기한다.
- 교토 레짐의 출발은 미약했지만, 이마저도 그 후에 미국과 여타 주요 배출국의 불참으로 약화되었다.
- 비록 2009년 코펜하겐 총회가 기후 활동가들에게는 큰 실망감을 안겨 주었지만, 후속 회의들은 국제 기후 협력을 위한 새로운 보편적 기초를 고안했다.
- 2015년 파리협정은 모든 당사국의 '상향식' 자발적 감축 목표 제도를 도입했고, 발전도상국들을 위한 적응 및 추가 자금의 중요성을 강조했다. 파리협정의 성공 여부는 포부와 국가별 노력 수준이 단계적으로 상승하느냐에 좌우될 것이다.

제23장 환경 문제 451

환경과 국제관계이론

환경 문제는 전통적, 현실주의 국제관계이론에서 무시되고 있다. 이는 한스 모겐소Hans J. Morgenthau의 유명한 저작 『국가 간의 정치Politics among Nations』(1955)에서 전형적으로 드러난다. 이 책에서는 자연환경을 하나의 고정된 주변 요소 내지 국력의 구성 요소로만 언급하고 있다.

그러나 환경의 국제 정치에 대한 학술적 연구는 지난 30년 동안 발전해 왔으며, 오존 레짐의 예처럼 효과적인 국제 협력이 발생할 수 있는 여건들을 이해하려고 시도했다. (기후 변화에 대한 앞의 논의는 이러한 질문이 여전히 중요함을 보여 준다.) 오란 영Oran Young(1994)과 같이, 환경 협약 수립의 역사를 설명하려는 사람들은 자유주의적 제도주의의 입장을 견지하는 경향이 있다. 그들은 깨끗한 대기 같은 공공재 공급 문제를 해결하는 협력의 공통 이득이 핵심 동기 요인이라고 강조한다. 환경 정치를 연구하는 학자들이 했던 한 가지 중요한 기여는 과학적 지식의 중요성과 비정부기구의 역할을 반영한다. 정통적인 접근법들은 행위가 국가들의 권력 또는 이익 추구를 기반으로 한다고 가정한다. 하지만 국제 환경 협력 전공자들은 지식(특히 과학적 이해)의 변화가 수행하는 독립적인 역할에 주목해 왔다. 이러한 인지적 접근법은 초국가적으로 조직된 과학자들과 정책 결정자들 — 종종 **인식 공동체**epistemic communities로 일컬어지는 — 이 환경 거버넌스의 발달에 어떻게 영향을 미쳤는지에 관한 연구들에 투영되어 있다(P. Haas, 1990).

자유주의적 제도주의 분석은 중요하지만 잘 언급되지 않는 가정을 한다. 그 가정에 의하면, 해결되어야 할 문제는 파편화된 주권국가 체계에서 지구 거버넌스를 어떻게 달성하느냐이다. 마르크스주의자들과 그람시주의자들(Paterson, 2001; Newell, 2012)은 이러한 공식을 거부할 것이다(제8장 참조). 그들에게 **국가 체제**state system는 문제의 일부이지 해결책이 아니며, 주요 연구 대상은 지구 **자본주의**capitalism가 환경에 심각한 피해를 입히는 관계들을

재생산하는 방식이다. 신자유주의 정책의 지구적 확산은 지구화의 특징들, 그러니까 소비주의, 생산의 남반구 재배치, 경솔한 자원 낭비 따위를 가속화함으로써 지구 생태 위기를 촉진한다(제22장 참조). 이러한 시각에 찬성하는 사람들은 국가는 그러한 과정을 지원하는 길 말고는 아무것도 할 수 없음을 강조한다. 국제적 협력 노력은 최악의 경우 이러한 상태를 정당화시키며, 기껏해야 지구 자본주의가 초래한 파괴의 일부에 대해 별 의미 없는 개선을 가져올 뿐이다. 예를 들면 그들은 자유 시장 관념이 현재 지속 가능한 발전에 관한 일상적인 논의에 어떻게 내재되어 있으며, 세계무역기구 규칙이 유전자 변형 유기체에 대해 환경 규제를 부과하려는 시도를 어떻게 굴복시키는지를 지적하곤 한다. 이러한 주장은 국가의 '녹색화'가 가능한지에 관한 정치 이론가들 사이의 더 폭넓은 논쟁 가운데 일부분이다(Eckersley, 2004). 그 반대 시각에 따르면, 기후 변화의 즉시성과 중대성이라는 위협에 대처하는 지구 거버넌스를 마련하려고 할 때 국제 협력은 필수적이다. 우리는 그저 기존 국가 및 국제기구 구조를 가지고 우리가 할 수 있는 최선을 다해야 한다고 주장한다(Vogler, 2005).

여타 이론적 연결 대상은 정통 국제관계학의 대표적 관심사인 **안보**security다(제14장 참조). 이 연결 고리는 두 가지 방식으로 생각해 볼 수 있다. 첫째, 비록 인과 관계가 복합적이고 많은 요인을 포함하고 있을지라도, 환경 변화는 국가 내부의 갈등과 심지어 국가 간 전쟁 발발의 원인이 된다는 주장이 있다. 사막화와 여타 사활적 자원의 파괴가 아프리카의 빈곤, 궁핍 그리고 전쟁의 악순환에 긴밀하게 연결되어 있음은 이미 분명하다. 그러나 만약 우리가 국경을 초월하는 대량 이민과 물 및 기타 자원의 심각한 부족 같은 기후 변화의 예상 결과를 고려한다면, 미래의 잠재적인 갈등의 윤곽은 더욱 뚜렷해진다. 환경 변화와 무력 충돌 간의 연관성은 안보에 관한 전통

적인 사고, 즉 국가에 대한 집단적인 폭력과 공격의 관점에서 정의되는 안보 개념을 확장시키고 있다(Homer-Dixon, 1991/1994). 더 흥미로운 질문은 현재의 안보 개념이 테러리즘과 전쟁(**제14장 참조**)에서 비롯된 위협뿐만 아니라 환경적인 위험을 포괄하도록 재정의되어야 하는지 여부다. 영국 정부 수석 과학 자문단은 이런 작업을 통해 기후 변화가 테러리즘보다 더 중요한 위험에 해당한다고 주장했다(D. King, 2004). 일반 대중이 기후 문제의 중대성을 더 예민하게 의식하게 되면서 정치적 담론도 환경을 '안보화'하기 시작했다. 곧 환경 변화를 안보 문제로 특징지었다(Buzan, Wæver, and de Wilde, 1977). 정부들은 대개 안보 문제를 우선시하기 때문에, 정치적 관심과 자원을 동원하고 잠재적으로 고통스러운 사회적 적응을 추진하려는 사람들은 기존의 안보 정의를 확장하고 싶을 것이다.

요점정리

- 국제관계학자들은 효과적 국제 협력이 발생하는 조건들을 찾는 데 관심을 보였다.
- 학자들은 국제 환경 거버넌스 분석에서 서로 다른 설명 요인들에 상이한 중요성을 부여한다. 이 요인으로는 국가와 같은 핵심 행위자들의 권력과 이익에 대한 대략적인 계산, 공유된 과학적 지식과 같은 인지적 요인, 비정부 행위자의 영향력, 심지어 문제의 일부로서 국가 체계 자체 등이 있다.
- 국제관계학자들은 일반적인 환경과 특정 환경 문제들이 학계, 정계 그리고 대중적인 담론에서 얼마나 안보 쟁점으로 여겨지고 있는지에 관심이 있다.
- 환경의 안보화가 환영받을 만한 것인지에 관한 논쟁이 존재한다.

맺음말

이 장은 환경 쟁점이 국제 의제의 주변부에서 중심부로 어떻게 점차 이동했는지를 보여 주었다. 기후 변화는 이제 어떤 다른 쟁점과도 동등한 것으로 널리 인식되고 있으며, 인류가 직면한 가장 중요한 문제라고 주장되기도 한다. 환경 문제가 크게 부각된 것은 지구화와 밀접한 연관성이 있다. 지구화는 소비 수준, 자원 고갈, 온실가스 배출 증가 등으로 지구의 수용 능력에 부담을 가하기 때문이다. 또한 지구화는 초국가적 녹색 정치의 성장과 비정부기구의 관여를 촉진했다. 비정부기구들은 대중의 의식을 일깨우고, 국제 회의에 영향력을 행사하며, 국가 간 합의의 이행을 감시하기까지 한다.

단계마다 국제 환경 정치의 독특한 두 측면이 중심적인 역할을 했다. 첫째는 지구 생물권에 대한 과학적 이해, 정치, 정책 사이의 복합적인 관계다. 이것은 국제연합 기후변화협약과 정부들의 기후 레짐 구축 활동 간의 상호 작용에서 예시되었다. 두 번째는 환경과 발전 사이의 연계성이다. 이는 지속 가능한 발전 개념의 의미 변화로 표출되었고, 그 연계성을 인정하는 것은 환경 문제 전반에 대한 국제적 행동의 전제 조건이었다. 이 점은 기후 레짐의 미래 방향에 대한 논쟁에서 가장 뚜렷하다.

환경 변화에 대한 국제적 대응은 정부들의 광범위한 협력을 통하여 지구 환경 거버넌스를 수립하려는 노력으로 나타났다. 이 장은 그러한 활동의 범위와 기능에 대한 몇 가지 통찰을 제공했고, 국제 공동체는 그 활동을 바탕으로 기후 문제를 해결하려고 시도하고 있다. 학계는 이러한 활동에 널리 참여했고, 환경 협정들이 어떻게 타결되고 유지되는지의 문제에 집중했다. 보다 비판적인 이론가들은 국제 협력의 의미에 대해 다른 견해를 갖

고 있다(**제9장 참조**). 게다가 지구 환경 문제가 국제관계
이론에 던지는 과제는 틀림없이 안보, 기후 변화, 그리고
지구화 사이의 연계성을 충분히 생각할 필요가 있다는
점이다.

아래 국제관계학 시뮬레이션을 방문하여 '리스본 의정서
협상하기' 시뮬레이션을 완료하면 협상 및 문제 해결 능력
개발에 도움이 될 것이다.
www.oup.com/he/baylis3xe

1. 지구화와 환경 변화 사이에는 어떤 부정적, 긍정적 연관성이 있는가?

2. 환경 문제는 왜 국제 의제로 대두했으며, 그 주요 전환점은 무엇이었는가?

3. 당신은 지속 가능한 발전의 의미를 어떻게 해석하겠는가?

4. 국제 무역과 환경 보호는 양립할 수 있는가?

5. 골격 협약/의정서는 왜 성층권 오존층 고갈과 기후 변화의 사례들에서 그 유용성이 입증되었는가?

6. '공유지의 비극' 비유는 지구 공유지의 거버넌스 필요성을 보여 주는 데 어떤 도움을 주는가?

7. '무임승차' 문제를 지구 온실가스 감축과 관련지어 서술해 보자.

8. 2015년 파리기후협정은 교토 의정서와 어떻게 다른가?

9. 기후 변화에 관한 정부 간 위원회의 기후 예측이 가질 법한 안보적 함의를 고찰해 보자.

10. 현실주의 분석은 국제 기후 정치를 설득력 있게 설명할 수 있었는가?

이 장의 객관식 문제를 풀어 보면서 학습 내용을 잘 숙지하고 이해했는지 평가해 보자.

• www.oup.com/he/baylis3xe

Refugees
and forced migration

개요

이 장은 오늘날 **지구화**globalization의 맥락 속에서 강제 이주와 난민 문제가 어떻게 생기고 관리되는지 살펴봄으로써 난민과 강제 이주의 국제 정치를 학생들에게 소개한다. 이 장에서는 강제 이주를 **지구 남반구**Global South와 동반구에서 주로 나타나는, 실질적·잠재적 위협으로 인한 강제적 인구 이동으로 특징짓는다. 이러한 위협은 다양한 국제 **문제**issues와 연관되어 있으며, 여전히 남아 있는 식민 통치의 유산, 기성의 **권력**power 관계 등 그 근본적인 원인에 대해 논쟁이 존재한다. 강제 이주는 국가적(국내적 강제 이동) 혹은 국제적(국경을 넘는 망명 신청자와 난민)으로 발생할 수 있다. 비록 국내·국제 강제 이주 모두 지구 정치의 권력과 관련이 있지만, 오직 난민만이 법적 구속력이 있는 국제인도주의법의 보호를 받는다. 강제 이주 문제의 논의를 위해 이 장은 난민법과 관련 입법의 국제 정치에 초점을 두고 국제관계학 내에서 이 주제가 어떻게 다뤄지는지 먼저 살펴본다. 그리고 이와 관련한 개념 논쟁을 개괄하는 한편, 강제 이주를 규정하는 새로운 방법들과 그 분석적·정책적 함의에 대해 비판적 논의를 제시한다. 그다음으로는 정책 결정자들이 다양한 유형의 강제 이주를 어떻게 분류하는지 살펴본다. 마지막으로 난민 문제를 다루는 **국제 레짐**International regime에 영향을 미치는 제도들, 그리고 이들의 구체적 용어 정의와 부속 범주를 살펴본다.

난민과 강제 이주

아리아드나 에스테베스Ariadna Estévez

김지은 옮김

핵심 질문

- 난민과 강제 이주 문제를 관장하는 국제 레짐의 주요 제도와 핵심 특징에는 어떤 것이 있는가?
- '난민' 연구에서 '강제 이주' 연구로의 전환은 어떤 정치적·정책적 함의를 가지는가?
- 난민법과 인종 차별 간에는 어떤 관계가 있는가?

머리말

법적 용어로서 난민은 정치적 박해 발생 시 국제적 보호를 받기 위해 국경을 넘는 강제 이주자에게 부여되는 지위이다. 국제연합 난민고등판무관사무소United Nations High Commissioner for Refugees: UNHCR에 따르면 난민 지위는 선언적인 것이다. 난민 자격을 갖춘 사람은 그 사실 자체로 인해 난민임을 의미하며, 이는 이들을 수용한 국가의 공식 인정 여부와 상관없다. 그러나 이 책의 다른 곳에서 논의되는 바와 같이 국가 주권이 너무나도 중요하게 여겨지는 세상의 현실은 국제연합의 이상과 전혀 다르다. 현실에서 망명 신청자들은 본인들의 국가가 인종·민족·국적·종교·정치적 견해·특정 사회집단 소속 등으로 인한 정치적 박해로부터 자신들을 보호할 능력이나 의지가 없음을 자신들을 수용할 국가의 망명 담당 판사나 관리에게 입증해야만 비로소 난민으로 인정받고 관련 권리를 얻게 된다. 정치 경제적 위기, 지구적 개발, 범죄 폭력, 환경 파괴로 인한 국제적 강제 이주는 난민법과 국제기구의 자동적 보호를 받지 못한다. 왜냐하면 대규모 강제 이동massive forced displacement의 급증을 불러일으킨 이 같은 현상들이 등장하기 훨씬 이전에 지금의 난민법과 국제기구들이 구상되고 만들어졌기 때문이다. 폭력이나 정치 경제적 문제가 새로운 현상이라는 것은 아니다. 이들 문제의 현대적 형태 — 일반화된 범죄 폭력, 마약·인신매매, 기후 변화 등 — 다수가 기존의 핵심 사법 장치와 전문화된 다자 기구의 관할 영역 바깥에 있다는 것이 문제다. 더욱이 강제 이주는 (난민과는 달리) 관련 권리나 국제적 보호가 따르는 법적 범주가 아니다. '강제 이주자forced migrant'는 경제적 필요나 박해 이외의 이유로 모국을 떠나는 이들을 가리키는 사회적·정치적 용어로 점점 더 많이 쓰이고 있다. 경제적 필요에 의해 자국을 떠나는 이들은 '경제 이주자economic migrant', 정치적 박해를 피해 떠나는 이들은 '망명 신청자asylum seeker'로 불리며 이들은 난민 지위를 신청할 수 있다.

오늘날의 강제 이주와 관련된 국제법이 시대에 뒤떨어진 것처럼 보인다는 사실은 국제 관계 연구에 있어 중요한 질문들을 제기한다. 왜 국제난민법은 개인의 박해를 넘어서는 강제 이동 사유를 포함하도록 바뀌지 않았을까? 국제난민법은 수정되어야 할까? 이 장은 강제 이주가 지구화에 의해 어떻게 야기되고 관리되는지가 강제 이주자와 난민 대다수에 대한 법적 보호 부재와 어떤 관계를 맺고 있는지에 주목한다. 전쟁(제12장 참조), 국제·지구 안보(제14장 참조), 지구 정치 경제(제13장 참조), 젠더(제19장 참조), 인종(제20장 참조), 환경 문제(제23장 참조), **빈곤**poverty·기아·발전 문제(제21장 참조), 지구 무역 및 금융(제22장 참조), **테러리즘**terrorism(제27장 참조), 인권 침해(제25장 참조) 등 강제 이주를 야기하는 다양한 지구적 문제에 대한 논의는 이 책의 다른 장에서도 찾아볼 수 있다. 이 문제들은 모두 식민·탈식민 관계에 그 뿌리를 두고 있다(제10장 참조).

더욱이 난민과 강제 이주 관리를 위해 고안된 정책들은 **주권**sovereignty·안보·국제법(제15장 참조), 국제기구(제16장 참조), 지역(제18장 참조) 등 이 책의 다른 장에서 다루는 핵심 개념과 이론에 의해 규정된다. 강제 이주의 결과는 국제법을 통해 지구적으로 관리되며, 관련 정책은 특히 국제연합(제17장 참조)과 같은 국제기구나 국제비정부기구에 의해, 그리고 인도적 개입을 통해 고안되고 집행된다. 이들 또한 모두 이 책에서 다루는 주제들이다.

단지 정치적 망명만이 아닌 강제 이주 현상에 대한 연구는 1980년대부터 시작되었다. 1980년대는 국제 난민 레짐의 초석이 되는 정치적 박해로 인한 망명이 아닌 사유로 자국을 떠나는 이들이 나타나기 시작한 시기였다. 국제관계학과 마찬가지로 강제 이주 연구는 사회학, 경제학, 인간지리학과 같은 학문 분과의 국제적·지구적 차원을 통합한 다학제적 연구 주제를 가진다. 예를 들어 지구 사회학은 **행위자-구조 문제**agent-structure problem, 지구

남·북반구 간 불평등North-South inequality, 이동성을 촉진 혹은 방해하는 초국가적 흐름에 초점을 둔다(Stepputat and Sorensen, 2014). 지구 정치 경제는 무역 및 투자 관행이 어떻게 강제 노동을 만들어 내는지, 그리고 다자·지역 기구들이 이주 노동과 송금에 어떻게 의존하고 이를 처리하는지 살펴본다. 그러나 무엇보다도 난민 연구와 가장 밀접한 관련이 있는 학문은 국제법이라 할 수 있는데, 국제법은 누가 난민이고 누가 아닌지 규정하는 데 사용되는

범주와 한도를 정한다. 알렉산더 베츠Alexander Betts(2009)에 따르면 국제관계학에서의 난민 연구는 뒤늦게 시작되었는데 이는 주류 이론인 현실주의와 자유주의가 난민 연구에 관심이 없었기 때문이다. 이러한 경향이 바뀐 것은 주체, 제도 및 다른 비국가 행위자들의 역할에 초점을 두는 구성주의, 페미니즘, 후기식민주의와 같은 다른 이론들의 영향력이 커지면서부터였다.

개념 생산과 국제적 보호의 정치학

누가 난민인지(즉 국제적 보호의 가치가 있는지)의 결정은 기본적으로 개별 국민국가들이 내리는 정치적 판단이다. 특정 국가들, 특히 패권적이고 심지어 신식민주의적 성향을 가진 국가들은 그들의 정치·경제적 적대자들을 응징·압박하고 괴롭히기 위해 난민 지위를 자주 활용했다. 예를 들어 미국은 1966년부터 2017년까지 쿠바조정법Cuban Adjustment Act의 일환으로 다수의 쿠바 및 중국 시민들(주로 활동가들)에게 즉각적인 망명을 허가한 것으로 유명한데, 이는 이들 공산 정권을 응징하기 위한 것이었다(Ramji-Nogales, Schoenholtz, and Schrag, 2008). 그렇다고는 해도 난민에 관한 정치적 결정은 기본적으로 국제법의 영향하에 있다. 국제연합은 박해 및 기타 위협으로 고통받는 이들에 대한 법적 보호를 거부하는 구실로 주권이 이용되어서는 안 된다고 주장해 왔다. 그러나 현실은 그렇지 않은데, 예를 들어 2017년 미국의 도널드 트럼프 행정부는 '안전하고 질서 있고 정규적인 이주를 위한 글로벌 콤팩트Global Compact for Safe, Orderly and Regular Migration'의 협상을 포기했다. 국제연합 주재 미국 대사였던 니키 헤일리Nikki Haley는 난민과 이주 문제의 지구적 관리는 "미국 주권의 전복"이라고 주장했다(Wintour, 2017). 그리고 2018년 국제연합 총회 연차 연설에서 트럼프 대통령은 특히 이주

와 환경 문제와 관련한 무역과 지구 거버넌스가 미국 주권의 이익에 반한다고 밝혔다(Terminski, 2018).

어떤 학자들은 애초에 '난민'이라는 용어부터가 법에 명기되어 정책적 목적으로 생산된 것이며, 비판적 내용을 전혀 담고 있지 않다고 주장해 왔다. 오늘날 '난민'은 피난처를 찾는 주체의 사회·정치·경제 조건이 아니라 일련의 법적 요건, 즉 망명을 신청하는 이의 입증 부담을 기술하는 용어가 되고 있다(R. Black, 2001). 이는 관련 국제 레짐의 난민 정의에서 명확히 드러나는데, 여기서 난민은 1951년 이전 자국을 떠난 사람들만을 지칭하는 개념이다. 이는 법적·정치적 목적을 위한 시간제한일 뿐, 난민의 조건을 담고 있는 시간 범주가 아니다. 다른 학자들은 '난민'이라는 용어 내 분석적 내용의 부재가 사람을 보지 않게 만들고 정치적 의제agenda를 추구하는 정책 결정자들의 세계관을 특권화한다고 주장해 왔다(Polzer, 2008; Bakewell, 2008).

인도의 법학자 부푼더 침니B. S. Chimni(2009)는 난민의 법적 범주가 네 가지 시기를 거치는 진화를 통해 정치적 목적으로 이용되어 왔다고 주장했다. 오토만 제국과 합스부르크 제국의 붕괴, 제1차 세계대전, 아르메니아 집단 학살genocide 등의 사건이 있었던 첫 번째 시기(1914~1945년)

에 막 시작된 난민 레짐은 의사와 과학자 등 전문직 인사를 난민으로 유치하려는 실제적 이해관계에 의해 주도되었다. 두 번째 시기(1945~1982년)는 제2차 세계대전 직후 서양의 정치적 이해(자본주의와 사회주의 국가 간 분열)와 **냉전**cold war 정치(서로 다른 진영의 반체제 인사 지지)를 그 핵심 특징으로 했다. 세 번째 시기(1982~2000년)는 서양 민주국가의 지원을 받은 군사 쿠데타와 개입으로 인한 **제3세계**Third World 난민 배출국 확산이 핵심 특징이었다(Chimni, 1998/2009: 13). 일례로 과테말라 **내전**civil war은 서양의 군사 개입이 어떻게 수천 명의 대탈출을 초래했는지 잘 보여 준다. 미국은 자국 기업의 이익 보호와 과테말라에서의 공산주의 확산 방지를 위해, 1954년 과테말라 군부가 하코보 아르벤스Jacobo Arbenz 대통령의 민주적 정부를 전복하는 데 도움을 주었다. 반정부 게릴라 단체들이 정부와 맞서 싸웠고, 20여 년의 내전 후 1982년 집권한 과테말라 장군 에프라인 리오스 몬트Efraín Ríos Montt는 게릴라 제거를 위한 반군 진압 작전 수행에서 CIA의 군사 지원을 받았다. 리오스 몬트는 마야 원주민들이 '태생적'으로 공산주의에 치우치는 경향이 있다는 악명 높은 신념을 바탕으로, 집단으로서의 마야인 제거를 목표로 하는 반군 진압 작전을 펼쳤다. 미국 대통령 로널드 레이건은 무기와 전문 지식을 제공함으로써 반군 진압 작전을 지원했고, 그럼으로써 20만 명이 넘는 원주민이 살해되는 데 적극 기여했다. 100만 명의 원주민이 국내 실향민이 되었고, 이에 더해 20만 명의 원주민이 멕시코로 탈출했다. 이들 난민의 4분의 1 정도만이 국제연합 난민고등판무관사무소 난민 캠프에 수용되었다(Jonas, 2013). 2012년 있었던 재판에서 리오스 몬트는 집단 학살 혐의로 유죄 판결을 받았다.

난민의 법적 범주 진화에서 네 번째이자 가장 최근의 시기는 현재의 9·11 이후 시대다. 이 시기는 테러·범죄 폭력의 위협과 기후 변화의 심화를 주요 특징으로 한다. 이 시기 국내외 강제 이주는 계속해서 증가했다. 이 마지막 두 시기 동안 강제 이주 연구가 형성되었고, 이러한 문제들에 대한 국제관계학 내의 관심도 더 커졌다(Chimni, 1998/2009: 13).

보다 넓은 연구 주제인 이주 연구의 한 부분으로서 난민에 대해 관심의 초점이 맞춰진 것은 난민의 숫자가 증가하던 1980년대가 되어서였다. 로저 제터R. Zetter(2007)에 따르면 1980년대 말에 이르는 사이 강제 이주 연구에서는 난민 명칭label의 '세분화'가 나타났다. 점차 심화하는 이주 흐름을 관리하는 한편 더 많은 사람을 난민 지위에 따른 법적 보호 대상에서 제외하기 위해 다양한 관련 명칭이 늘어난 것이다. 이들 명칭에 대해서는 '강제 이주의 유형' 부분에서 다룰 것이다('**강제 이주의 유형**' 참조). 난민 연구에서 강제 이주 연구로의 전환에 대해 제터는 유감을 표하는데, 이는 난민 레짐이 박해로부터의 진정한 보호를 제공해 왔음을 감안할 때 이 같은 전환이 정책적으로 부정적 결과를 가져왔기 때문이다(Zetter, 2007). 제터는 지구화로 인해 난민 레짐이 재구성되면서 난민 개념 자체 또한 재규정된다고 주장하는데, 이는 인도적 지원이 어떻게 분배되고 접근되는지를 결정하는 난민 레짐의 원래 목적으로부터 이제는 누가 난민이고 누가 난민이 아닌지 구별하는 데로 관심사가 옮겨 가고 있기 때문이다(Zetter, 2007: 174). 이는 국제적 보호의 정치가 더 이상 국가의 보호 의무에 초점을 두지 않고 있으며, 이제는 누가 바람직한 이주자이고 또 누가 아닌지에 따라 난민 지위를 제한하는 데 초점을 두고 있음을 의미한다(Squire, 2009: 7).

자발적·비자발적 이주, 혹은 강제적 이주를 논의하는 것은 난민 명칭 세분화의 한 형태라 할 수 있으며, 어떤 학자들은 분석적·정책적 목적 모두를 위해 인권법과 인권에 대한 수사rhetoric에서 새로운 명칭의 근거를 찾으려 한다. 일부 학자는(이들 중 일부는 지구 남반구 저개발국 출신이다) 강제 이주가 사실상 국내·국제적 강제 이동 모두를 아우르는 법적 범주가 되어야 하며, 흔히 무시되곤 하는 강제 추방deportation이나 적격 이주qualified migration와 같은 다른 형태의 강제적 이동 역시 포함되어야 한다고 생각한다(Riaño-Alcalá, 2008; De Génova, 2002; Gzesh, 2012; Delgado-Wise, 2014).

오늘날 강제로 고국을 떠나는 사람들은 꼭 국제 분쟁과 관계된 정치 세력에 의해서만 위협을 받지는 않는다. 이러한 정치적 분쟁을 기준으로 강제 이주를 규정한다면 강제 이주가 더 이상 그리 심각한 문제가 아닐 정도로 상황은 많이 변했다. 주류 학계는 강제 이주가 '취약 국가fragile states'의 통치 및 정당성 문제로 인해 발생한다고 주장한다(Stepputat and Sorensen, 2014). 이러한 주류 접근법에는 무엇이 이 같은 '원인들'을 만들어 냈는지에 대한 평가가 없다. 그러나 탈식민지decolonial 및 후기식민지적postcolonial 관점에서 보았을 때 강제 이주는 단지 구조적 힘이나 사악한 전제주의의 순수한 결과가 아니다. 예를 들어 시리아의 용병들이 보여 주듯, 전쟁과 분쟁은 많은 경우 식민지 관계 혹은 후원국과 연관되어 있다. 게다가 개발 사업을 추진하는 초국가 기업들은 대개 서양에 기반을 둔 기업들이다. 인신매매범이 존재하는 이유는 사람들이 '합법적'으로 이주하는 데 필요한 서류를 마련할 수 없거나 추방을 당하거나 난민 신분을 거부당한 후 서양 국가에 재입국해야 할 필요가 있기 때문이다. 끝으로, 일반적으로 기업 활동의 결과로 나타난 지구 온난화와 환경 황폐화가 없다면 환경은 위협이 되지 않을 것이다.

지정학적·비서양적 관점에서 보았을 때, 강제 이주는 서양 패권과 식민 지배에 종속된 빈곤국 혹은 중산층 국가에서 극심한 박탈, 폭력, 치명적인 생활 여건을 만들어 내기 위해 만들어진 일련의 정책, 법, 누락이 의도한 결과이다. 예를 들어 멕시코 학자 과달루페 코레아 카브레라Guadalupe Correa-Cabrera(2017)는 살인, 강제 실종, 페미사이드femicide, 강제 이동, 탄화수소 추출 간의 연관 관계를 경험적으로 입증했다. 코레아 카브레라는 북부 멕시코의 경우 민간 보안 업체를 고용하도록 기업에 압력을 가한 엘리트들 때문에 폭력이 발생했다고 주장한다. 그녀는 지구적 흐름(사람, 자본, 범죄의 지구적 이동성)과 경제 불평등 간에 공간적 일치spatial coincidence가 존재한다고 주장한다. 이 특정 지역에서 그녀는 적어도 네 가지의 지구적 흐름 ― 마킬라 산업maquila industry(저임금 공장들), 탄화수소의 추출과 판매, 이주 그리고 초국가적 조직범죄 ― 을 식별해 낸다. 이들 흐름의 영향은 이 지역에서 소득 불평등을 심화시켰는데, 이는 이러한 내부 동학이 빈부 격차를 확대시키고 사회적 불평등을 강화하기 때문이다.

(Correa-Cabrera, 2017)

후기식민주의 관점([참고 24-1] 참조)에서 아리아드나 에스테베스A. Estévez는 **국제 공동체**international community는 물론 **다국적 기업**multi-national corporations, 조직범죄 집단 등 다양한 민간 행위자가 촉발한 지속적 진행 과정으로서 강제 이주를 분석하기 위해 강제 이주의 원인은 물론 이에 대응하기 위해 만들어진 정책과 법 역시 함께 논의해야 할 필요가 있다고 주장한다(Estévez, 2018c). 에스테베스의 주장에 따르면, 강제 이주는 사람들을 내쫓고 결국 죽게 만드는 구조적 축적 사업들structural and accumulation projects(이는 흔히 법 집행이나 조직범죄 행위에 의해 촉진된다)과 함께 시작되는 과정이다. 기존 삶의 터전에서 강제로 내쫓긴 이들은 새로운 터전을 찾아가는 과정에서 폭력 조직, 조직범죄, 성폭력에 더욱더 노출된다. 이 과정의 첫 두 단계에서 살아남은 이들의 삶은 이민과 망명 시스템 같은 법적·행정적 기구에 의해 관리된다. 이러한 관점에서 볼 때, 강제 이주는 세 가지 요소에 의해 발생한다. 첫 번째 요소는 인종, 성별, 계급의 경계를 따르는 지리적 특수성이다. 두 번째는 사람들을 강제 이동시키는 구조적 축적 사업들과 함께 시작되는 강제 이주 과정이다(그리고 이로 인해 쫓겨난 이들은 폭력 조직, 조직범죄, 성폭력의 위험에 더욱더 노출된다). 세 번째 요소는 사람들을 관리하는 이민·망명 시스템과 같은 법적·행정적 기구이며, 이들 기구는 사람들을 극심한 박탈 상태의 지역으로 추방함으로써 결국 이들이 범죄 조직에 살해당하거나 길바닥에 내앉게 만든다.

다른 학자들은 일반화된 폭력, 환경 위협, 범죄로부터 도망치려는 이들과 난민 간의 자의적 구별을 없애기 위해 새로운 범주가 필요하다고 믿는다. 예를 들어 알렉산더 베츠는 '국내적 구제나 해결이 불가능한 실존적 위협 때문에 본국 외부에 있는 사람들'을 지칭하는 개념으로서 '생존 이주survival migration'라는 용어를 제안한다

(A. Betts, 2010: 362). 아울러 피통치자 권리로서의 망명이라는 미셸 푸코Michel Foucault의 망명 개념은 잘 알려져 있지 않은데, 사실 이는 정치권력의 형태 변화가 갖는 주관적 영향을 이해하는 데 필수적인 개념이다. 푸코는 망명의 권리가 억압에 대한 저항에 필수적이라고 믿었다(Foucault, 1977).

요점정리

- 누가 난민이고 누가 아닌지(즉 누가 국제적 보호를 받을 자격이 있는지)의 결정은 본질적으로 주권국가들nation-states에 의해 이루어진다.
- 이 같은 정치적 결정의 범위는 국제 인권 및 인도주의 법에 의해 확립된 법적 범주에 의해 특징지어져 왔다.
- 최근의 법과 정책에서 나타나는, '난민'에서 '강제 이주'로의 전환이 갖는 의미에 대해서는 두 가지 관점이 존재한다. 하나는 국경을 강화하는 한편 관련 범주를 (강제 이주와 같이) 보다 포괄적인 것으로 확대하는 새로운 형태의 인도주의이며, 다른 하나는 강제 이주자들의 난민 지위 획득을 더 제약하기 위한 범주의 세분화다.
- (일부 지구 남반구 학자들을 포함한) 특정 학자들은 인권 관련 내용을 '강제 이주'의 범주에 포함하고자 한다. 어떤 이들은 이를 생산과 관리의 과정으로 보는 반면, 다른 이들은 아예 새로운 개념이 필요하다고 생각한다.

강제 이주의 유형

이주에 대한 정치적·법적 담론들은 이주의 두 가지 기본 형태로 자발적 이주와 강제 이주를 정립한다. 자발적 이주는 대개 경제적 계산에 근거한 자발적 결정, 즉 해외에서 더 나은 경제적 기회를 찾는 주체를 상정한다. 이와는 대조적으로 강제 이동이라고도 알려진 강제 이주는 실재하는 정치, 환경 및 폭력 관련 위협에 대한 주체의 비자발적 대응이다(Reed, Ludwig, and Braslow, 2016). 그러나 스티븐 캐슬스Steven Castles(2003)는 두 유형 사이의 경계가 점차 모호해지고 있다고 보는데, 이는 더 나은 기회를 찾아 어딘가로 떠나려는 결정이 대개 빈곤, 환경 재해, 일반화된 범죄 폭력, 국제·국내 분쟁 또는 실패한 경제 개발 사업과 연관되어 있기 때문이다.

정책 목표상 강제 이주는 '자연적 혹은 인위적 원인으로 인한 생명·생계 위협 등 강제적 요소가 있는 거주 이전'으로 정의된다(International Organization for Migration in Reed, Ludwig, and Braslow, 2016: 605). 강제 이주는 이른바 국제 난민 레짐의 정의와 정책을 포괄한 것인데(S. Martin, 2010)([참고 24-2] 참조), 이는 근대 주권 영토 국가 체제의 일부분이기도 하다(Stepputat and Sorensen, 2014). 난민 레짐의 핵심은 국제연합 난민고등판무관사무소에 있으며 이는 국제연합 난민고등판무관사무소 규정과 1951년 난민 지위에 관한 협약Convention Relating to the Status of Refugees을 따르도록 되어 있다. 개별적 합의 내용에 따라 이보다 넓은 권한을 가진 지역 난민 시스템도 있다. 난민 레짐에서 정책 결정자들은 강제 이주자들을 (1) 지리적 범주와 (2) 강제 이동 원인에 따라 분류한다. 이러한 분류는 정책과 강제 이주자 보호 모두에 있어 함의를 갖는다([그림 24-1] 참조).

지리적 경계에 따른 분류

망명 신청자

이들은 보호를 받기 위해 국경을 건넜으나 아직 난민

1928년	망명에 관한 아바나 협약Havana Convention on Asylum
1933년	정치적 망명에 관한 몬테비데오 협약Montevideo Convention on Political Asylum
1939년	정치적 망명과 난민에 관한 몬테비데오 조약Montevideo Treaty on Political Asylum and Refugee
1948년	**세계인권선언**United Nations Universal Declaration of Human Rights (제13조 이동의 자유, 제14조 망명의 인권)
1951년	난민 지위에 관한 협약Convention Relating to the Status of Refugees
1966년	난민 지위와 처우에 관한 방콕 원칙 Bangkok Principles on the Status and Treatment of Refugees
1967년	난민 지위에 관한 협약 의정서Protocol to Convention Relating to the Status of Refugees (협약의 시간제한이 없어짐)
1969년	아프리카 난민 문제의 특정 양상을 규율하는 아프리카통일기구 협약Organization of African Unity Convention Governing the Specific Aspects of Refugee Problems in Africa
1984년	카르타헤나 난민선언Cartagena Declaration on Refugees (미주기구Organization of American States의 맥락에서 만들어짐)
1991년	난민 여성 보호를 위한 지침Guidelines on the Protection of Refugee Women
1995년	난민에 대한 성폭력 방지와 대응을 위한 지침Sexual Violence Against Refugees: Guidelines on Prevention and Response
1998년	국내 강제 이동에 관한 국제연합 안내 지침UN Guiding Principles on Internal Displacement
2000년	젠더 관련 박해에 관한 국제연합 난민고등판무관사무소 입장문UNHCR Position Paper on Gender-Related Persecution
2001년	국제 난민 보호에 관한 글로벌 협의Global Consultations on International Refugee Protection (보완적 보호의 개념이 만들어짐)
2002년	1951년 난민협약과 1967년 의정서의 1A(2)항 맥락에서의 젠더 관련 박해에 관한 국제적 보호 지침Guidelines on International Protection: Gender-Related Persecution Within the Context of Article 1A(2) of the 1951 Convention and/or its 1967 Protocol
2015년	난민과 이주자를 위한 뉴욕 선언New York Declaration for Refugees and Migrants
2018년	안전하고 질서 있고 정규적인 이주를 위한 글로벌 콤팩트Global Compact for Safe, Orderly and Regular Migration와 난민 글로벌 콤팩트Global Compact on Refugees

신분 판정이 계류 중인 사람들이다. 망명 신청자들은 배를 타고 호주에 도착하는 이들이나 유효한 비자 없이 미국에 망명을 신청하는 이들처럼 흔히 구금의 대상이 되곤 한다.

난민

박해에 대한 근거 있는 우려를 판사 혹은 이민국 관리에게(이는 국가에 따라 다르다) 입증한 망명 신청자들은 난민 지위에 관한 협약과 그 1967년 의정서, 아프리카 협약 및 국제연합 난민고등판무관사무소 규정의 조건에 따라 난민 지위를 얻게 된다([참고 24-2] 참조). 비록 국가들은 망명 허가나 난민 수용의 의무가 없기는 하지만 망명 신청자를 박해 위험이 있는 나라로 강제 송환하지 말아야 할 의무가 있는데, 이는 강제 송환되지 않을 권리right to non-refoulement로 알려져 있다. 국가들은 망명 신청자가 안전하게 지낼 수 있고 이들을 받아들일 의사가 있는 국가로 이들을 보낼 수 있다. 이러한 국가는 안전한 제3국safe third countries으로 알려져 있다. 난민 지위에 관한 협약은 각국가가 난민 수용에 대해 자국 고유의 조건을 요구할 수있게 허용하고 있다.

일부 국가는 난민 지위에 관한 협약을 매우 협소하게 해석하여 다섯 가지 보호 범주에 근거한 박해 우려가 있고 이에 대한 본국의 보호 의지 혹은 능력이 없다고 판단되는 사람들에게만 망명을 허가한다. 주권국가에 의해 난민 지위를 얻은 망명 신청자들은 다른 강제 이주자들이 못 갖는 몇 가지 권리를 가진다. 여기에는 일반 시민과

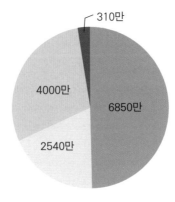

310만

4000만

6850만

2540만

- ■ 전체 강제 이주자
- □ 난민, 난민 지위에 처한 사람들, 귀환자
- ■ 국내 실향민 및 귀환자
- ■ 망명 신청자

그림 24-1 2017년 강제 이주자의 수

출처: Migration Data Portal (2019). Reproduced with permission from Forced migration or displacement. Migration Data Portal. https://migrationdataportal.org/themes/forced-migration-or-displacement. © International Organization for Migration

동일한 시민권과 자유, 노동권, 자신과 자녀를 위한 사회 서비스(교육과 보건 포함) 등이 포함된다. 뉴질랜드, 캐나다, 호주 같은 일부 국가에서는 난민 인정을 받으면 시민이 될 수도 있다.

난민 지위에 처한 사람들

이들은 '자국 혹은 출신지 밖에 있고 난민과 유사한 보호 위험에 직면해 있지만 실질적 혹은 기타 사유로 난민 지위를 확인받지 못한 사람들'이다(UNHCR, 2013). 쿠웨이트의 비둔Bidoon이나 미얀마의 로힝야족Rohingya처럼 국적이 없거나 자국에서 보호를 거부당한 이들이 여기에 해당한다([사례연구 24-1] 참조).

국내 실향민

1998년 국제연합은 국내 강제 이동에 관한 안내 지침Guiding Principles on Internal Displacement을 발표했는데, 이 지침은 국내 실향민을 '군사 분쟁의 영향, 일반화된 폭력 상황, 인권 침해, 혹은 자연적·인위적 재난의 결과 혹은 이를 피하기 위해 자신의 집이나 상거소常居所, habitual residence로부터 강제·의무에 의해 떠나거나 도망친 이들 중 국제적으로 인정된 국가의 경계를 넘어가지 않은 사람 혹은 그 집단'으로 규정한다(UN Commission on Human Rights, 1998). 국내 실향민은 본국에 남아 있으며 다른 시민들과 동일한 권리와 의무를 가진다. 예를 들어 이들은 건강에 대한 권리를 향유하지만 범죄를 저지를 경우 법적 책임 또한 져야 한다. 더 중요한 것은 국내 실향민, 특히 이들 중 여성과 어린이, 노인들은 시민적 자유를 누릴 권리와 인도적 지원을 받을 권리가 있다는 것이다. 국내 강제 이동에 관한 국제연합의 안내 지침은 전쟁·분쟁·강제 퇴출에 의한, 그리고 원주민에 영향을 미치는 '임의적' 이동을 각국 정부가 금지할 것을 권고하고 있다. 여기서 유념할 점은 지역 사회 주민들을 퇴출하는 개발 사업에서 정부가 농민과 토착민을 보호해야 한다는 요구에도 불구하고, 국내 강제 이동에 관한 국제연합의 안내 지침에 환경 및 개발에 의한 강제 이동 금지는 포함되어 있지 않다는 점이다.

난민의 불법화: 로힝야족의 사례

방글라데시의 로힝야 난민
© Hafiz Johari / Shutterstock.com

로힝야족은 현재 세계에서 가장 박해받는 민족으로 여겨진다. 이들은 불교 국가인 미얀마의 이슬람 소수 민족이지만, 이는 단지 민족국가에 대한 식민지적 이해에 의해 강요된 정치적 경계가 그런 인상을 주기 때문이다. 로힝야족은 그들의 터전인 라카인Rakhine주와 경계하고 있는 무슬림 국가 방글라데시의 대다수 국민처럼 벵골어Bengali를 사용한다. 이러한 문화적 친화성으로 인해 미얀마는 로힝야족을 방글라데시에서 온 '불법 이민자'로 취급하지만, 방글라데시는 미얀마 영토 내에 항상 거주해 온 이들 로힝야족을 자국 국민으로 인정하지 않는다.

2015년 무슬림 무장 단체에 의해 한 불교도 소녀가 성폭행당했다는 주장이 제기된 후 미얀마 정부가 보복에 나서면서 로힝야 난민 사태가 시작되었다. 무슬림 아라칸 로힝야 구원군Muslim Arakan Rohingya Salvation Army은 지난 2012년 로힝야족의 정치 참여 배제와 이들의 자유를 제한하는 조치에 대한 반발로 창설되었다. 이들 조치로 인해 로힝야족은 선거에 참여할 수 없었고 타민족과의 결혼은 금지되었다. 2014년 인구 조사에서 로힝야족이 제외되면서, 2015년 긴장이 최고조에 달했다.

2017년 노벨평화상 수상자인 아웅산 수치Aung San Kyi가 이끄는 미얀마 정부는 미얀마군의 로힝야족 대량 학살을 묵인했다. 그 결과 100만 명 이상의 로힝야족이 방글라데시, 말레이시아, 태국으로 피신했으며 '천천히 진행되는 집단 학살' 속에서 7,000명 이상의 로힝야족이 살해당하고 라카인에 있는 200개 로힝야 마을 대부분이 파괴되었다. 방글라데시에는 총 115만 6,732명의 로힝야 난민 중 93만 2,204명을 수용하는 난민 캠프들이 설치되었다.

방글라데시는 매우 가난한 나라이며 100만 명에 달하는 난민을 감당하기 어렵다. 2018년 방글라데시 정부는 2,000명의 난민을 '자발적으로' 돌려보내려 했지만, 로힝야 난민들은 추가 학살의 두려움으로 인해 이를 거부했다. 2018년 6월 세계은행은 보건, 교육, 물, 위생, 사회 보호, 재난 위험 관리 등에 대한 지원을 위해 최대 4억 8000만 달러에 달하는 기금 지원을 발표했다. 이 지원금은 캐나다 정부와 세계은행 국제개발협회International Development Association 간 파트너십을 통해 마련되었다. 세계은행이 아시아에서의 강제 이동 배후에 있다는 사실에도 불구하고('개발에 따른 강제 이주' 참조), 아직도 이 모델은 난민들의 서양 도달을 막기 위한 수단으로서 세계에 받아들여질 것으로 예상된다. 최근 승인된 안전하고 질서 있고 정규적인 이주를 위한 글로벌 콤팩트와 난민 글로벌 콤팩트에 따라서 말이다.

(출처: The Refugee Project, 2019)

질문 1 난민에 대한 우리의 생각을 '세분화'하는 용어로서의 강제 이주에 대한 제터(Zetter, 2007)의 주장을 고려해 보자. 강제 이주라는 모호한 개념이 로힝야 난민을 실제 '불법화'하고 있는가?

질문 2 방글라데시가 지고 있는 부담은 누가 나눠서 져야 하는가? 인도나 네팔 같은 가난한 이웃 나라인가 아니면 국제 공동체와 서양 국가들인가?

보호 대상자·집단

국제연합 난민고등판무관사무소의 도움을 받아 자발적 혹은 안전과 존엄성을 보장하는 '조직적 방식organized fashion'으로 고국에 돌아간 난민과 국내 실향민이 여기에 포함된다(UNHCR, 2018b). 망명 신청이 거부되어 인도적 지원이 필요한 사람들도 여기에 포함된다.

원인에 따른 분류

강제 이주는 강제 이동의 원인에 따라 다음과 같이 네 가지 유형으로 분류된다.

분쟁에 따른 강제 이주

전형적인 강제 이주 유형으로, 국제관계학에서 가장 많이 연구되는 유형이기도 하다. 이는 국제·국내 분쟁 또는 1951년 난민협약에 의해 보호받는 유형의 박해를 야기하는 정치적·사회적 과정에 의한 (국내적·국제적) 강제 이동이기 때문이다. 국제연합 난민고등판무관사무소가 쏟는 노력의 대부분은 1951년 협약 보호 대상인 이 유형의 난민을 만들어 내는 강제 이동 문제에 집중되어 있다. 그러나 마약·범죄 조직 전쟁(그리고 이들은 여성에 대한 광범위한 성폭력을 가하는 경우가 많다)과 같은 새로운 형태의 분쟁은 국제법에 따른 난민 지위 조항에 부합하지 않을 수 있다. 이는 이런 분쟁과 폭력이 1951년 난민협약의 다섯 가지 보호 범주에 속하지 않거나 이러한 분쟁이 '일반화된 폭력generalized violence'으로 평가되기 때문이다.

이러한 유형의 분쟁 사례로 들 수 있는 것이 멕시코다. 멕시코에서는 마약 카르텔과 사법 집행관들이 결탁하여 강제 실종, 납치, 처형, 고문, 박해, 페미사이드, 강간, 학살을 벌이는 일이 나타나고 있다. 멕시코 정부는 이런 잔혹 행위에 대해 범죄 조직에 전적인 책임이 있다고 주장하며 안보 강화와 사법·헌법 개혁을 비롯한 규범 변화에 투자하고 있지만, 범죄자 처벌과 부패 문제 해결에 실패했다. 멕시코 정부는 범죄와 싸우기 위해 여러 조치를 취했다고 주장하지만, 이러한 범죄는 계속 일어나고 있다. 그 결과 2018년까지 25회의 폭력 사건으로 인해 32만 9,917명의 국내 실향민이 발생했으며, 이 중 60퍼센트는 여성, 92퍼센트는 가족 단위 실향민이었다(CMDPDH, 2018). 망명 신청자의 경우 2006년에서 2016년 사이 9만 8,547건의 난민 지위 신청이 있었다(Estévez, 2018b/2018c).

최근 몇 년 동안 범죄, 폭력배, 성폭력([사례연구 24-2],

[참고 24-3] 참조)은 일부 지역에서 너무 심각하고 광범위하게 확산해 인도주의적 위기와 대규모 국내·국제 강제 이동을 초래하고 있다. 분쟁이나 일반화된 폭력으로부터 도망치는 사람들은 국제연합 난민고등판무관사무소(S. Martin, 2010) 혹은 아프리카 협약African Convention이나 카르타헤나 선언Cartagena Declaration 같은 지역 특화된 법적 장치에 의해 '특별히' 난민으로 지정될 수 있다([참고 24-2] 참조). 이러한 방식의 난민 인정 정책은 일시적 위기 해소를 위한 것인데, 이는 이러한 사람들의 이동이 긴급 이동으로 간주되기 때문이다. 이들은 임시 수용소에 수용되는데, 수년에 걸친 강제 이동 후 이러한 임시 수용지는 국제 원조에 의존한 경제 활동을 통해 도시로 발전하기도 한다. 그 한 예가 수단에서의 전쟁을 피해 탈출한 이들을 위해 1992년 만들어진 케냐의 카쿠마Kakuma 수용소다. 이 난민 캠프에는 2017년까지 16만 4,000명 이상이 거주했는데, 이는 쿠라카오섬Curacao Island의 인구(16만 명)보다 약간 더 많은 정도이다. 카쿠마 수용소에는 상품권에 기반을 둔 지역 경제가 존재하는데, 사람들은 교육과 식사에 접근할 수 있는 교환 수단인 바우처에 의지해 살아간다(Anzilotti, 2017). 위기가 심각할 경우 사람들은 아예 재정착하기도 하지만, 위기가 해결되고 나면 사람들은 집으로 돌아간다. 예를 들어 1988년부터 계속된 소말리아 내전으로 인해 만들어진 에티오피아 동부의 하티셰이크Hartisheik 수용소는 23만 명의 난민이 소말리아로 돌아간 후 2004년 문을 닫았다(Healy and Bradbury, 2010).

환경·자연재해에 따른 강제 이주

이 유형은 기후 변화, 환경 악화 혹은 태풍·지진·가뭄 같은 기타 자연적·인위적 재해로 인한 강제 이동을 포함한다. 2017년까지 자연재해로 인해 세계 135개국에서 1880만 명의 국내 실향민이 발생했다. 가장 큰 영향을 받은 것은 아시아와 카리브해의 나라들이었고 그중에서도 군소 도서 개발국Small Island Developing States: SIDS이 받은 영향이 특히 컸다. 인간이 초래한 환경 문제(기후 변화, 재해, 환경 파괴 등)를 피하기 위해 국경을 넘는 이들을 위한 법적

© Vic Hinterlang / Shutterstock.com

2018년 10월, 온두라스에서 출발한 3,500명이 족히 넘는 이주자 행렬caravan이 멕시코를 거쳐 미국으로 향했다. 이들 중에는 가족들, 자녀들과 함께하는 미혼모들, 동성애 혐오homophobia를 피하려는 게이와 트랜스젠더 남성들, 성폭력으로부터 도망치고자 하는 여성들, 자신의 아들을 폭력 조직 강제 가입으로부터 구하려는 이들 등이 있었다. 미국의 도널드 트럼프 대통령은 이 같은 온두라스 이주자 행렬이 국경에 닿을 시 미국–멕시코 국경을 더욱 군사화하겠다고 협박했다. 미국 목장들의 사설 무장 조직도 이러한 이주자 행렬에 대비해 총을 준비했다. 여러 증언에 따르면 이러한 대이동은 극심한 빈곤, 폭력 그리고 지역 내 냉전 정치의 유산에 기인한 것이었다. 이러한 중앙아메리카 인구의 대탈출exodus은 여러 원인이 중첩되어 일어난 것으로, 마침 천연자원이 풍부하기도 한 특정 지역에 각기 다른 경제적·사회적·정치적 힘들이 통합적으로 작용해 일어난 것이었다.

최근 관련 보고서들을 보면 조직 폭력 및 마약 관련 폭력 사태는 멕시코 남부, 과테말라, 엘살바도르, 벨리즈, 온두라스로 구성된 소위 북부삼각지대Northern Triangle 주민들의 강제 이동의 주요 원인이 되고 있다. 실제로 이 지역의 범죄 폭력 및 분쟁과 관련된 살인율을 보면 온두라스는 시리아에 이어 전 세계 2위를 차지하는 등, 북부삼각지대는 지구상에서 가장 폭력적인 곳임을 알 수 있다. 이뿐 아니라 세계에서 가장 심각한 폭력을 경험하는 도시 중 4개가 중앙아메리카에 있고, 10개는 멕시코에 있다. 더욱이 온두라스의 도시 산페드로술라San Pedro Sula는 세계에서 가장 높은 살인율을 보이는 곳이다.

이들 보고서는 자연재해와 개발 사업도 강제 이동을 야기하는 원인으로 포함하긴 하지만, 대부분의 강제 이동이 마약 카르텔 및 조직 폭력과 관련이 있다고 이야기한다. 즉 이 보고서들의 내용만 놓고 보면, 이 인도주의적 위기와 지역 차원의 비극은 '악당'들 탓에 일어난 것이다. 하지만 이 보고서들은 두 가지 중요한 사실을 간과하고 있다. 첫째, 이 지역은 생물학적 다양성, 광물, 기타 귀중한 천연자원이 풍부하다는 점, 그리고 이 지역이 페미사이드, 환경운동가 살해, 정치적 살인, 강제 실종과 같은 다른 유형의 폭력에 시달리고 있다는 점이다.

온두라스의 강제 이동 패턴은 중앙아메리카에서의 강제 이동에서 범죄 폭력이 반드시 그렇게까지 결정적인 요소가 아니라는 점을 시사한다. 2016년 국내 실향민 모니터링센터Internal Displacement Monitoring Centre: IDMC 보고서에 따르면 2014년 온두라스에서 강제 이동된 사람은 2만 9,000명에 불과했지만 2015년에는 17만 4,000명으로 600퍼센트 가까이 증가했다. 그러나 온두라스의 살인율이 감소한 것은 정확히 2014년이었으며, 이 사실은 범죄 폭력이 강제 이동의 핵심 원인이 아니라는 점을 보여 준다. 이 보고서는 살인율 감소와 강제 이동 증가의 역설에 대해 경제 상황 악화가 영향을 미쳤을 수 있다는 모호한 설명만을 제시한다. 그러나 이와 경쟁할 만한 설명, 혹은 가설이 있다. 그것은 바로 환경 운동에 대한 탄압 증가다.

온두라스는 천연자원이 풍부한 곳으로, 국토의 41.5퍼센트가 삼림으로 덮여 있는 나라다. 그러나 온두라스는 또한 아메리카에서 세 번째로 가난한 나라이며, 중앙아메리카에서는 두 번째로 빈곤한 곳이기도 하다. 가장 빈곤한 곳은 농촌 지역으로, 이곳은 동시에 삼림 지역이기도 하다. 이들 지역에서는 오랜 기간에 걸친 농업과 벌목, 가축 사육 활동의 심화로 인해 광범위한 삼림 벌채, 환경 악화, 수질 악화, 토양 침식이 일어나고 있다. 이러한 환경 악화는 지역 사회 경제에 부정적인 영향을 미치고 지역 공동체의 자연재해에 대한 취약성을 증대시킨다. 이 때문에 삼림 지역의 농민과 원주민 단체들은 개발과 파괴를 주도하는 기업에 조직적으로 대항하고 있다.

(출처: ACNUR, 2018; Internal Displacement Monitoring Centre, 2016; EU, Eurostat, 2018; UNHCR, 2018a)

질문 1 기업들과 미국의 이해관계가 멕시코와 중앙아메리카 모두에 관련되어 있고 이들 지역에서의 강제 이동을 초래하고 있다. 그렇다면 미국에 입국하려는 온두라스 이주자 행렬은 충분한 명분을 가진 것일까? 이 명분이 이들에게 미국으로 입국할 권리를 준다고 보는가?

질문 2 이 지역에서 강제 이주가 발생하는 핵심 원인에는 어떤 것들이 있다고 생각하는가?

젠더 문제를 보지 못하는 난민 시스템

참고 24-3

최초의 난민협약은 젠더에 대한 고려를 포함하지 않았고, 여성이 경험하는 폭력은 완전히 무시되었다. 정책 결정자들은 이후 이 문제점을 해결하려고 했지만, 아직도 여성과 관련한 실질적 문제들이 존재한다. 미국이나 국제연합 난민고등판무관사무소 모두 그들의 난민 통계에서 국적에 따른 젠더를 추적하지 않지만 강제 이동 통계, 질적 정보, 소송 데이터베이스의 상호 참조를 통해 우리는 남성과 여성에 대한 박해 양상에 대해 정보에 입각한 추측을 해 볼 수 있다. 국내 실향민 모니터링센터의 보고에 따르면 2013년까지 과테말라, 엘살바도르, 온두라스의 북부삼각지대와 멕시코에서 2만 1,500명의 젊은이들이 강간, 젠더 관련 폭력, 성매매의 사유로 인해 강제 이동되었다. 이중 1만 8,800명이 여성이었으며, 이들 여성 중 23퍼센트가 12세에서 17세의 소녀였다. 이 지역 여성들은 마약 관련 폭력의 피해자이기도 하다. 이들은 라이벌 카르텔에 대한 보복 수단으로서 표적이 되거나 범죄적 성매매 시장에서 상품으로 이용된다. 마약 전쟁의 맥락 속에서 여성은 처형, 고문, 강간, 강제 실종, 인신매매의 피해자일 뿐 아니라 여성의 권리를 구체적으로 침해하는 다른 종류의 폭력, 즉 젠더 폭력의 피해자이기도 하다. 망명 사례 일반 및 구체적인 젠더 기반 박해 데이터베이스의 분석 결과는 멕시코 여성들이 그들의 페미사이드 반대 활동 때문에 박해를 받고 있음을 보여 준다. 이들은 또한 마약 전쟁과 관련해, 특히 많은 경우 마약 전쟁 관련자 혹은 법 집행관의 배우자나 친척이라는 이유로 마약 및 젠더 관련 폭력의 피해자가 되고 있다. 젠더 기반 폭력에 근거한 난민 신청 사례에는 성폭력을 포함한 친밀한 파트너의 학대, 가정 외에서의 성폭력, 억압적 사회 규범, 아동 학대, 근친상간 등이 포함된다. 가해자는 대부분 남편과 아버지이며, 어떤 경우 이들은 카르텔을 위해 일하는 사법 집행 기관 종사자 혹은 부패하거나 마초 문화에 물든 공무원의 보호를 받는 이들인 경우도 있다. 검토된 모든 사례에서 여성들이 사법 정의의 심판을 원했을 때 이는 이루어지지 않았다.

국제연합 난민협약이나 미국의 국내법 모두 여성들이 자국에서 겪는 박해의 구체적 형태를 포함하지 않았지만, 1995년 국제연합은 성폭력에 기반한 박해 평가를 위한 젠더 지침을 발표함으로써 이를 바로잡았다. 같은 해 미국 역시 이에 대한 자체 지침을 발표하였다. 이 같은 새로운 기준에 따라, 1996년 미국 이민항소위원회American Board of Immigration Appeals는 여성 생식기 훼손 위협이 여성에 대한 박해의 한 형태로 인정된다고 확립했다. 얼마 후 한 판사가 같은 근거를 적용해 본국에서 폭력 조직원 남편의 극심한 가정 폭력을 겪은 과테말라 여성 로디 알바라도Rody Alvarado에게 망명을 허가했다. 미국 정부 측 변호사는 이에 항소하였고, 이후 위원회는 알바라도의 망명을 허용하기로 한 처음의 결정을 뒤집었다. 알바라도의 난민 지위는 미 법무장관과 다른 재판들까지 결부된 긴 과정을 거쳐 13년이 지나서야 회복되었다.

(Estévez, 2018a)

보호는 존재하지 않는다. '환경 난민'의 보호 여부는 주권 국가의 결정에 달려 있는데, 이들 국가는 이러한 사람들의 수용이나 기본권 부여에 대한 구속력 있는 의무를 가지지 않는다. 일례로 2017년 뉴질랜드 이민보호재판소 Immigration and Protection Tribunal는 태평양의 2.5제곱킬로미터 크기 섬나라 투발루의 두 가족의 난민 신청을 기각했다. 이들 가족은 해수면 상승과 폭풍 때문에 투발루에서의 삶이 지속 가능하지 않다며 1951년 난민협약에 따른 보호를 뉴질랜드 정부에 요청한 상태였다(Bonnett, 2017).

개발에 따른 강제 이주

리드와 러드윅, 브라슬로우Reed, Ludwig, and Braslow (2016) 의 연구에 따르면, 국제연합 난민고등판무관사무소는 분쟁에 의한 강제 이주에 초점을 두고 있으나 오늘날 세계에서 강제 이동의 가장 중요한 원인은 경제 개발 사업들이다. 이들 사업은 인구 재분배, 도시 개발, 광업, 댐, 관개 계획, 교통, 농업 지역 확대, 환경 보전 사업 등을 포함하며, 많은 경우 세계은행이나 기업의 자금 지원을 받는다. 이 유형의 강제 이동에서는 토지와 영토가 경쟁의 공간이 되어 사람들이 재산, 일자리, 보금자리, 공동체를 잃고 쫓겨나게 된다. 개발 사업은 흔히 경제 발전의 명분하에 정당화되곤 한다(Terminski, 2012). 2004년에서 2013년 사이 세계은행의 7,200개 개발 사업으로 인해 340만 명이 강제 이동되었으며 이중 97퍼센트가 아프리카, 베트남, 중국, 인도 사람들이었다(Chavkin et al., 2015). 예를 들어 인도에서만 24개 사업으로 인해 38만 8,794명이 강제 이동되었다. 그중 한 사업이 구자라트Gujarat주의 석탄발전소 타타 문드라 울트라 메가 발전 프로젝트Tata Mundra Ultra Mega Power Project인데, 이 발전소의 온열 폐수로 인해 인근 어촌 전체가 주요 경제 활동을 못 하게 되었다(Yeoman, 2015). 광범위하고 만연한 폭력 때문에 2018년 말 수천 명의 사람들이 해외로 도피한 온두라스에서는([사례연구 24-2] 참조) 세계은행그룹World Bank Group이 후원하는 야자유 생산업체 디난트Dinant가 지역 활동가이자 성직자인 그레고리오 차베스Gregorio Chávez를 살해하도록 민간 경비원들을 사주한 혐의를 받고 있다. 차베스는 파나마 빌리지Panama Village 농민 공동체와 디난트사 간 토지 소유권 분쟁에서 회사 측을 비판하던 인사였다. 이 사례뿐만 아니라 온두라스에서는 토지 소유권을 둘러싼 농민과 기업들 간의 내전에서 132명의 활동가가 살해당했다. 온두라스의 사례는 개발에 따른 강제 이동이 기업 이익을 위해 야기된 갈등과 폭력에 의해서도 발생한다는 것을 보여 준다(Chavkin, 2015).

인신매매

국제연합 인신매매방지의정서United Nations Trafficking in Persons Protocol(제3조 a항)에 따르면 인신매매는 다음과 같이 규정된다.

> 착취를 목적으로 무력의 위협 혹은 행사, 또는 기타 형태의 강압, 납치, 사기, 기만, 권력 남용이나 취약 지위의 악용, 또는 타인에 대한 통제력을 가진 사람의 동의를 얻기 위한 대가·혜택 제공 혹은 수령을 통해 사람을 모집, 운송, 이송, 은닉, 또는 인수하는 것을 말한다. 착취는 최소한, 타인에 대한 매춘의 착취나 기타 형태의 성적 착취, 강제 노동·서비스, 노예 제도나 유사 관행, 예속, 또는 장기 적출을 포함한다.

인신매매는 착취를 위한 '운송'과 '무력'의 사용을 통해 명백하게 구별된다. 인신매매 피해자는 단순히 강제 이동 당한 사람들이 아니며, 특정 사회 집단 소속에 따른 박해를 근거로 하여 난민 지위를 신청할 수 있다(Andersen, 2014). 성 관련 인신매매는 대개 여성과 아동을 피해자로 삼으며, 이들은 선진국 남성들로부터 착취당한다(섹스 관광). 예를 들어 두바이는 인신매매의 수도로 알려져 있는데, 매년 10만 명 이상이 이 나라로 팔려 간다. 희생자들은 아시아와 아프리카 출신으로, 이들은 고국에서 가사 도우미 일자리의 약속을 받고 유인된다. 이들이 일단 두바이에 도착하면 범죄자들은 이들의 여권을 뺏고 매춘을 강제하거나 노예 수준의 노동 여건과 성적·육체적 학대 속에서 가사 도우미로 일하게 강요한다(Boycott UAE Team, 2017).

혼합 이주

혼합 이주는 동일한 목적지로 향하는 자발적 이주민과 비자발적 이주민의 흐름을 가리킨다(Mix Migration Hub, 2018). 멕시코를 가로질러 미국까지 향한 온두라스의 이주자 행렬([사례연구 24-2] 참조)이 그 좋은 예다. 아프리카와 아시아에서 유럽으로 매년 향하는 이주자들 역시 혼합 이주의 사례로 볼 수 있다. 2015년에서 2017년 사이 유럽에 도착한 150만 명의 난민과 경제적 이주자 중 68퍼센트가 그리스에 상륙했고, 29퍼센트는 이탈리아에, 나머지 3퍼센트는 스페인에 도착했다. 이들 난민과 이주민 대부분은 시리아, 아프가니스탄, 이라크 출신이다(Borton and Collinson, 2017).

요점정리

- 이주에는 자발적 이주와 강제 이주의 두 가지 유형이 있다. 자발적 이주는 우리가 흔히 말하는 경제적 이주다. 강제 이주는 지구 온난화, 노동·성 착취를 위한 인신매매, 개발 사업 등 실재적·잠재적 위협으로 인해 발생한 국내외적 강제 이동을 가리킨다.
- 강제 이주는 지리적 경계와 강제 이동의 원인에 따라 분류된다.
- 지리적 경계에 따른 강제 이주 유형에는 우선 망명 신청자가 있으며, 이들 중 이민 관련 국가 법원이나 관청에서 난민 지위를 부여받는 이들은 난민이 된다. 난민의 법적 요건에 부합하지 못하는 사람들은 난민 지위에 처한 사람들로 간주된다. 자국 내에 체류하는 이들은 국내 실향민으로 분류되며, 추방이나 자의에 의해 집으로 돌아가는 이들은 귀환 난민returned refugees이다.
- 원인별 강제 이주 유형에는 분쟁에 따른 강제 이주, 환경·자연재해에 따른 강제 이주, 개발에 따른 강제 이주, 인신매매에 의한 강제 이주 그리고 혼합 이주가 있다.

국제 난민 레짐과 제도화된 인종 차별

알려진 바와 같이 국제 난민 레짐은 20세기 초 국제연맹League of Nations에 의해 처음 만들어졌다. 국제연맹은 난민고등위원회High Commission for Refugees를 설립했는데, 당시 러시아 혁명, 제1차 세계대전, 오토만 및 합스부르크 제국empire의 붕괴 등에 의해 야기된 강제 이동 문제를 다루기 위해 만들어진 최초의 기구였다(S. Martin, 2010). 난민고등위원회는 이후 몇 차례 다른 형태의 기구로 대체되었고, 1950년 공산주의 국가로부터의 대량 강제 이동 문제를 다루기 위해 지금의 국제연합 난민고등판무관사무소가 만들어졌다(S. Martin, 2010).

1951년 국제연합은 난민 지위에 관한 협약을 발표하였다. 이 협약이나 협약의 시간제한을 없앤 1967년 난민 지위에 관한 협약 의정서 모두, 모든 망명 신청자에게 난민 지위를 부여할 것을 협약 가맹국의 의무로 부과하지 않았다. 난민 지위에 관한 협약은 난민에 대해 다음과 같은 국제적 핵심 정의를 제시한다.

1951년 1월 1일 이전에 발생한 사건들의 결과로, 또한 인종·종교·국적·특정 사회 집단 소속·정치적 견해의 이유로 인한 박해의 근거 있는 우려 때문에 국적국 밖에 있으며 국적국의 보호를 받을 수 없거나 그러한 우려로 인해 국적국의 보호를 받을 의사가 없는 자, 혹은 이러한 사건들의 결과로 국적이 없고 종전의 상거소 밖에 있으며 종전 상거소로 돌아갈 수 없거나 박해 우려로 인해 돌아갈 의사가 없는 자.

(제1조(A2))

특기할 점은 난민 지위에 관한 협약이 젠더의 관점을 결여하고 있다는 것이다. 국제연합 난민고등판무관사무소는 1995년이 되어서야 '여성의 권리는 인권'임을 인정하고 성과 젠더 관련 폭력 또한 박해로 간주된다는 지침을 발표했다. 2002년 발표된 지침은 여기서 한 발짝 더 나아가, 주로 박해의 가해자는 국가 기관이지만 성과 젠더 관련 폭력은 많은 경우 국가가 용인하는 비국가 행위자들이 가해자일 수 있다는 내용을 담았다([참고 24-2], [참고 24-3] 참조). 게다가 1969년 아프리카 난민 문제의 특정 양상을 규율하는 아프리카통일기구 협약Organization of African Unity Convention Governing the Specific Aspects of Refugee Problems in Africa과 1984년 카르타헤나 난민선언Cartagena Declaration on Refugees만이 일반화된 폭력을 망명 신청의 유효한 사유로 간주하며, 1951년 난민 지위에 관한 협약은 그렇지 않다. 그러나 1951년 협약은 박해를 망명의 주요 사유로 확립했다. 결국 난민 지위 부여의 핵심 기준인 박해는 현상의 복잡성 때문에 문제가 되었다.

난민 레짐이 만들어진 지 거의 70년이 지났고 전 세계적으로 난민 위기가 거듭되었지만, 국제 정책과 법률은 난민 지위 보호의 범위를 넓히지 못하고 있다. 최근의 법과 정책 변화는 난민이라는 용어의 '세분화'가 제3세계 출신자의 부유한 국가로의 이동을 막는 인종 차별적 목적에 봉사한다는 학계 가설을 확인해 주는 것으로 보인다. 난민 열 명 중 아홉 명이 가난한 나라에 살고 있기 때문이다.

유럽연합은 그 좋은(혹은 끔찍한) 사례라 할 수 있다. 유럽연합은 정책적·법적 목적을 위해 국제연합의 난민 정의를 채택하고 있는데, 이는 국제연합의 정의가 난민 관련 지역 협정들과는 달리 망명 신청의 권리right to seek asylum를 포함하지 않기 때문이다. 지역 차원에서 망명이 인정되지 않게 되면서, 반이민 단체와 정당들은 이 문제에 대한 유럽연합의 접근법에 대해 자신들의 견해를 강요할 수 있게 되었다. 2004년 유럽연합은 난민협약에 명시된 조건을 갖추지 못했지만 본국으로 돌아갈 경우 심각한 피해를 입을 수 있는 이들을 위한 임시 조치로 '보조적 보호subsidiary protection'를 신설한다는 지침을 발표했다. 그렇지만 아시아, 아프리카와 같이 심각한 문제가 나타나고 있는 지역의 난민 위기에 대한 유럽연합의 대응은 점점 더 억압적으로 변해 가고 있으며, 제3국 국민들이 솅겐조약 영역Schengen Area으로 입국하는 것을 막기 위해 일련의 조치가 취해졌다. 이들 조치에는 유럽 도착을

대신할 법적 대안의 제거(해외 대사관에서 더 이상 망명 신청을 받지 않는 방식으로 이루어진다), 선박의 유럽 기항 금지, 서류 미비자의 여행을 허용하는 운송 회사에 대한 벌금 부과 등이 있다.

이민과 난민에 대한 유럽연합의 인종 차별적 접근법은 1990년의 더블린협약Dublin Convention(더블린 제1규약Dublin I Regulation이라고도 불린다)과 2003년의 더블린 제2규약Dublin II Regulation에 바탕을 두고 2014년 발효된 더블린 제3규약Dublin III Regulation에 의해 제도화되었다. 더블린 제3규약은 망명 신청자들이 처음 도착한 유럽 국가에 망명을 신청하도록 규정하고 있는데, 이는 그들이 가고 싶어 하는 나라에 망명을 신청하는 것을 막기 위한 조치다. 이들이 이주하고 싶어 하는 나라는 과거의 식민지 관계, 과거의 이주, 가족 네트워크, 문화적 친화성에 따라 결정된다. 이 규정은 경계 국가(대개 그리스와 이탈리아다)에 대부분의 부담을 떠넘길 뿐 아니라, 이들 국가의 망명 신청 처리 시스템에 적체를 발생시킨다는 점에서 비효율적이다. 슬프게도 난민 위기에 대한 인종 차별적 제도의 접근법은 이민자와 난민 신청자에 대한 유럽인들의 태도에 영향을 미치는데, 브렉시트가 그 좋은 예다. 유럽의 난민 정책은 포퓰리스트 반이민 정당은 물론 네오파시스트 정당에게서도 반발을 샀다.

이민자와 망명 신청자에 대한 제도화된 인종 차별은 국제적 경향이 되어 가고 있으며 국제연합의 시스템까지 점거했다. 이는 안전하고 질서 있고 정규적인 이주를 위한 글로벌 콤팩트와 난민 글로벌 콤팩트의 도입 과정에서 잘 나타났다. 2001년 국제연합 난민고등판무관사무소는 난민 지위에 관한 협약 50주년을 맞아, 그리고 난민 증가와 국내적·국제적 강제 이동 원인의 증가에 대처하기 위해 국제 난민 보호에 관한 글로벌 협의Global Consultations on International Refugee Protection를 촉구했다. 이 과정에서 국제연합 난민고등판무관사무소는 각국 정부들이 '난민'을 조금 더 넓은 의미로 정의하고 1951년 난민협약에 규정된 것에 더해 '보완적 보호complementary protection'라고도 불리는 추가적 보호 장치를 적용할 것을

권고했다. 보완적 보호는 각종 국제연합 총회 결의안과 난민의 정의 및 보호 범위를 확대하는 지역 선언, 협약, 법리를 바탕으로 '난민 협약 대상 밖의 난민non-Convention refugees'까지 포괄하며, '난민 협약이 보장한 내용 이상의 보호non-Convention protection'를 제공하는 것이다. 보완적 보호는 인권과 강제 송환 금지 조치를 돕는 인도주의법 또한 포함한다.

핵심 인권 관련 조약들을 포함하는 방향으로의 난민 보호의 확대는 현대 강제 이주의 복잡성에 대한 인식 개선에 기여했으나, 2015년 난민과 이주자를 위한 뉴욕 선언New York Declaration for Refugees and Migrants 발표와 함께 이 과정은 제도화된 인종 차별의 양상을 띠기 시작했다. 지속 가능한 발전을 위한 2030어젠다2030 Agenda for Sustainable Development의 도입을 위해 2015년 있었던 협의의 결과, 국제연합 총회는 뉴욕 선언을 채택했다. 이 선언에서 각국은 "오늘 우리가 맺는 약속의 이행을 위한 노력을 지원하기 위해 난민과 이주 단체를 포함한 민간 부문 및 시민사회를 다자간 이해관계자 동맹에 참여하도록 초대한다."라고 합의했다(서문 제15항). 이 선언은 난민 레짐의 초점을 국가 책임에서 **비국가 행위자**non-state actors 간 협력으로 옮겨 버린다. 또한 이 선언은 인권에 대한 국제연합의 의지를 강조하는 동시에 난민들이 부유한 나라로 도망치거나 망명하는 것을 막기 위해 고안된 정책을 촉구한다. 이는 '수용국에 대한 압력을 완화하고 난민의 자립을 강화하며 제3국 솔루션에 대한 접근을 확대하고 난민 귀환을 위한 본국의 조건 개선을 지원한다'는 선언 내용에서 분명히 나타난다. 이 선언은 원래 각국의 강경한 난민법이 갖는 문제점 해결을 목표로 했어야 했지만, 실제로는 인명을 구하는 것보다 난민의 부유한 국가 도달 방지를 위해 노력하면서 국가와 시민사회가 협력할 것을 촉구했다고 할 수 있다.

이러한 인종 차별적 관점은 2018년 12월 채택된 안전하고 질서 있고 정규적인 이주를 위한 글로벌 콤팩트와 난민 글로벌 콤팩트를 통해 최종적으로 더 강화되었다. 구속력 없는 이들 조치의 목표는 난민 신청자와 이주자들이 서양 국가에 도달하지 못하게 막는 것이다. 제3세계 국가들은 망명자들을 받아들일 것을 요구받으며, 그 대신 부유한 국가들과 민간 부문은 그들의 서비스와 인프라에 투자할 것이다. 기후 변화, 개발, 범죄 등 국제적 강제 이동의 경제적·정치적·민족적 근원과 관련해 이러한 책임이 어떻게 분담될 것인지는 알 수 없다. 부유한 국가들은 가족 재결합, 유학생, 인도주의 비자 등 '합법적'이고 제한된 방식으로만 난민과 서류 미비 이민자undocumented migrants를 받아들일 것이다.

요점정리

- 국제연합의 정의에 따르면 난민은 정치적 견해, 민족, 국적, 종교, 구체적 특징을 가진 특정 사회 집단 소속의 이유로 인한 박해의 근거 있는 우려가 있는 사람이다.
- 아프리카, 남·북아메리카, 유럽은 박해 우려 판정의 정당한 원인 혹은 보조적 보호를 위한 근거로 무차별 폭력과 생명·안전에 대한 위협을 포함했다.
- 각 국가는 난민 레짐을 구성하는 국제·지역 조약에 가입할 때 법적 구속력이 있는 의무를 갖게 되지만, 이들 조약은 이들 국가에 난민 지위 부여 의무를 부과하지 않는다. 각 국가는 난민 관련 국가 기관 설립과 망명 신청 처리 절차 그리고 그 판단에 대해 개별적인 주권을 행사한다.
- 안전하고 질서 있고 정규적인 이주를 위한 글로벌 콤팩트와 난민 글로벌 콤팩트와 같은 최근의 법적 접근법들은 구속력 없는 도구로서 망명 신청자와 서류 미비 이민자의 서양 국가 도달 방지를 그 목적으로 하며, 이와 함께 제3세계 국가에 난민 위기의 책임을 떠넘기고 국제 기업의 이익을 보호하려 한다.

맺음말

주류 담론은 이주를 자발적이거나 비자발적인 현상으로 구성한다. 비자발적 이주는 정치적 견해, 민족, 국적, 종교 혹은 특정 사회 집단의 구성원 자격으로 인한 박해의 근거 있는 우려가 있는 이들을 지칭하는 난민의 법적 범주에 근거를 두고 있다. 국제난민법에 따라 자국 이외의 국가에서 보호를 요청하는 이들은 망명 신청자들이다.

그렇지만 이 같은 난민의 정의는 제1차 세계대전과 제2차 세계대전 같은 특정한 국제 전쟁 및 분쟁의 정치적 맥락에서 나온 것이기에, 이제 많은 이들은 이러한 범주가 현대 비자발적 이주의 정책적·법적 필요를 파악하는데 불충분하다고 주장한다. 현대의 비자발적 이주는 환경, 개발은 물론 범죄 폭력과 성매매와 같은 새로운 형태의 분쟁에 의해 발생하기 때문이다. 오늘날 비자발적 이주의 사례로 국내 실향민, 난민 지위에 처한 사람들, 보조적 보호를 받는 사람들 또한 포함된다.

이러한 경향은 우리가 이 현상을 연구하는 방식에 있어서도 함의를 가지며, 그런 이유로 최근에는 난민 연구에서 강제 이주 연구로의 전환이 나타나고 있다. 그러나 난민과 같은 강력한 법적 범주를 강제 이주 같은 사회적·일반적 개념으로 대체하는 것이 과연 얼마나 적절한가에 대해서는 상이한 견해가 존재한다.

토론주제

1. 자발적 이주와 비자발적 이주를 구분하는 것에는 어떤 정치적 이점이 있는가?
2. 난민 연구에서 강제 이주 연구로의 전환은 정책과 권력의 측면에서 어떤 함의를 갖는가?
3. 난민 명칭의 세분화를 통해 이익을 얻는 이는 누구인가?
4. 강제 이주를 다양한 유형(망명 신청자, 난민, 보호가 필요한 이들, 혼합 이주자, 보호 대상자 등)으로 나누는 것은 자신의 생명을 위해 도망치는 이들의 보호를 어떻게 어렵게 만드는가?
5. 강제 이주의 원인들은 경제적 이익과 어떻게 연관되는가?
6. 국제 난민 레짐을 구성하는 제도들은 탈식민지적 권력관계와 어떻게 연관되어 있는가?
7. 오늘날 강제 이주와 그 근본 원인을 다루는 가장 중요한 국제 사법 장치에는 어떤 것이 있는가?
8. 국제 난민 보호에 관한 글로벌 협의는 국제적 차원에서 인종 차별을 어떻게 제도화시키고 있는가?
9. 왜 대부분의 난민은 제3세계 출신인가?
10. 난민 열 명 중 아홉 명이 발전도상국에 거주한다면, 서양 세계는 왜 난민 수용을 꺼리는 것일까?

이 장의 객관식 문제를 풀어 보면서 학습 내용을 잘 숙지하고 이해했는지 평가해 보자.
• www.oup.com/he/baylis3xe

Human rights

개요

이 장은 21세기 **인권** Human Rights 의 구조와 정치를 소개한다. 이 장은 인권의 공식적 구조를 소개할 뿐만 아니라 인권이 역사적으로 어떻게 발달해 왔는지 질문한다. 특히 우리는 자유주의적 국제주의가 인권에 미친 영향을 살펴보고, 또 그것이 인권의 '어두운 면'으로 불리는 식민주의 유산, 노예제, **아파르트헤이트** Apartheid, 성적·종교적·인종적 차별에 의해 어떻게 형성되었는지 검토한다. 이 장은 인권이 해방을 위한 보편적인 도구인지, 아니면 복잡하고 모순되며 상황에 따라 기능하는 것인지 질문한다. 또한 이 장은 인권을 진보적이고 보편적이며 공통적인 인간 주체에 기반하는 것으로 간주하는 주류 이론에서 시작한다. 그리고 그와 같은 주장에 대한 비판적 분석을 검토하며, 어떻게 인권이 반드시 선의로만 움직이는 프로젝트가 아닌지 생각해 볼 것을 요구한다. 탈식민주의자들과 일부 여성주의자들은 인권이 해로운 영향을 미칠 수도 있다고 주장해 왔다. 인권운동가들은 인권 침해 문제를 다루는 상이한 전략을 갖고 있는데, 이러한 전략들이 항상 인권 신장에 도움이 되는 물질적·규범적·구조적 결과를 가져오는 것은 아니다. 이처럼 인권 침해를 다루는 경쟁적 입장들을 유럽에서의 이슬람 베일 금지와 **성 소수자** LGBT 인권 개입이라는 두 개의 사례연구를 통해 검토한다. 결론적으로, 이 장은 다음을 목표로 한다.

- 인권에 대한 개괄 제시
- 인권을 해방과 진보로 간주하는 핵심 주장 분석
- 복잡하고 모순적인 인권 실천 제시

인권

라트나 카푸르Ratna Kapur
권민주 옮김

핵심 질문

- 인권은 보편적인가?
- 국가들이 야기한 피해나 개인에 대한 폭력을 인권이 바로잡을 수 있다는 강한 믿음이 존재하는
  이유는 무엇인가?
- 인권에 대한 그러한 믿음의 한계는 무엇인가?

머리말

인권을 소개하는 것은 쉬운 일이 아니다. 인권에 대한 논의는 여러 다른 지점에서 시작할 수 있는데, 피해자, 국가, 정복자, 피억압자, 실종자, 식민 국가colonial power, 민족주의자 등 이야기하는 사람에 따라 매우 다르기 때문이다.

인권에 대한 주류 내러티브는 동성애자, 흑인, 유대인 등 수백만 명의 목숨을 앗아가며 유럽을 파괴시킨 제2차 세계대전 이후 생겨났다. 그러나 식민지 팽창colonial encounter이나, 특히 인권의 핵심 선언인 **세계인권선언** Universal Declaration of Human Rights이 극도의 야만적 행위로 규정한 노예제는 제2차 세계대전과 유사한 참사를 일으켰음에도 불구하고 유사한 수준의 책임이나 고민을 유발하지 않았다. 왜 어떤 폭력적인 행동, 피해, 상처는 인권운동가들의 관심을 받아 왔고, 다른 것들은 그렇지 못했는가? 이것은 정치적인 문제인가? 정책 실패인가? 아니면 세계 정치의 역사에서 인권이 작동하는 방식에 본질적으로 내재한 문제인가?

인권에 대한 주류 논의는 자유주의 철학적 분석 틀에 정확하게 내재해 있다(**제7장 참조**). 이에 따르면 인권에는 세 가지 핵심 특징이 있다. 첫째, 인권은 보편적universal이다. 둘째, 인권은 모든 개인이 완전하고 자유로운 인권을 행사할 자격이 있다는 자유주의적 개인주의liberal individualism에 근거한다. 셋째, 인권은 진보적progressive이다. 인권은 그 최종 목적을 통해 규정된다는 점에서 목적론적 방향으로 움직이며, 인간의 진보와 진화를 향한 주요 단계를 표상한다. 따라서 인권의 확대는 더 많은 자유·평등과 연관된다.

이 장은 자유주의적 국제주의의 세 가지 주장을 각각 검토하고, 인권에 관한 다양한 입장의 핵심 특징을 제시한다.

지구 인권 구조

20세기에는 제2차 세계대전이 남긴 트라우마로 인해 인권의 유례없는 폭발적 확산이 일어났다(**제3장 참조**). 1945년 6월 26일 채택된 국제연합 헌장은 인권을 기구의 핵심 목표라고 명시했다. **인권위원회** Commission on Human Rights는 초기에는 세계인권선언의 초안을 작성하고 이후에는 인권 침해에 대한 당사국들의 **책임**accountability을 감독하고 관리하기 위해 설립되었다. 이후 2006년에 인권위원회는 인권이사회Human Rights Council로 대체되었다. 세계인권선언은 1948년 12월 10일 제3차 국제연합 총회에서 채택되었는데, 이는 인권이 자유롭고 민주적인 세계질서에 필수적이라고 주장한 회원국들의 논의가 정점에 달했음을 보여 준다.

세계인권선언은 현대 인권의 구조를 구성하는 핵심적인 **시민적·정치적 권리** Civil and Political Rights와 **경제적·사회적·문화적 권리** Economic, Social and Cultural Rights를 제시한다. 이러한 권리들은 불가분하고 상호 의존적이고 보편적이며, 어느 곳에서나 개인에 적용될 수 있는 것으로 간주된다. 세계인권선언이 국제적으로 인정받는 인권에 대한 합의를 포괄적이고 간결한 방식으로 제시하고 있으나, 이는 두 개의 주요 국제 규약covenants에서 더욱 구체화된다. **시민적 및 정치적 권리에 관한 국제규약**International Covenant on Civil and Political Right은 국가의 권력 남용으로부터

인권의 불가분성, 상호 의존성, 보편성

- 차별 없는 권리의 평등(D1, D2, E2, E3, C2, C3)
- 생명권(D3, C6)
- 개인의 자유와 안전에 대한 권리(D3, C9)
- 노예 제도로부터 보호받을 권리(D4, C8)
- 고문, 또는 잔혹하거나 비인도적 형벌로부터 보호받을 권리 (D5, C7)
- 인격에 대한 법적 인정(D6, C16)
- 법의 동등한 보호를 받을 권리(D7, C14, C26)
- 권리 침해 시 법적 구제 조치에 접근할 수 있는 권리(D8, C2)
- 자의적 체포와 구금으로부터 보호받을 권리(D9, C9)
- 독립적이고 공평한 사법부에서 재판받을 권리(D10, C14)
- 무죄로 추정받을 권리(D11, C14)
- 소급 입법으로부터 보호받을 권리(D11, C15)
- 사생활, 가정, 주거를 보호받을 권리(D12, C17)
- 이동 및 거주의 자유(D13, C12)
- 사상, 양심, 종교의 자유(D18, C18)
- 의견, 표현, 출판의 자유(D19, C19)
- 집회와 결사의 자유(D20, C21, C22)

- 정치 참여(D21, C25)
- 사회보장(D22, E9)
- 유리한 조건하에서 근로할 권리(D23, E6, E7)
- 휴식과 여가의 권리(D24, E7)
- 식량, 의복 및 주택의 권리(D25, E12)
- 아동에 대한 특별 보호(D25, E10, C24)
- 교육(D26, E13, E14)
- 자결권(E1, C1)
- 박해를 피해 피난처를 찾을 권리(D14)
- 국적을 가질 권리(D15)
- 구금되었을 경우 인도적 대우를 받을 권리(C10)
- 자의적 외국인 추방으로부터 보호받을 권리(C13)
- 인종적 또는 종교적 증오의 고취로부터 보호받을 권리(C20)
- 소수 민족 문화를 보호받을 권리(C27)

*괄호 안은 각각의 권리를 명시하고 있는 조약 이름과 조항 숫자를 가리킨다.
D=세계인권선언
C=시민적 및 정치적 권리에 관한 국제규약
E=경제적·사회적 및 문화적 권리에 관한 국제규약

가능한 법적 보호를 제시하고 모든 시민의 정치적 참여를 추구한다. 시민적 및 정치적 권리에 관한 국제규약하에 보호받는 주요 권리는 법 앞의 평등, 자의적 체포로부터의 보호, 자유로운 의견 표현·집회·정치 참여의 권리, 생명권 등을 포함한다. **경제적·사회적 및 문화적 권리에 관한 국제규약**International Covenant on Economic, Social and Cultural Rights은 교육, 식량, 주택, 의료 등과 같은 필수적인 재화와 서비스에 대한 개인의 접근을 보장하며, 모든 시민이 사회·문화 활동에 평등하게 참여하도록 하는 것을 목표로 한다. 이 두 규약 모두 보편적universal이며 불가분indivisible하고 상호 의존적interdependent인 것으로 간주된다([참고 25-1] 참조).

시민적 및 정치적 권리에 관한 국제규약과 경제적·사회적 및 문화적 권리에 관한 국제규약은 모두 1976년에 발효되었다. 이후 인종 차별, 젠더 차별, 고문, 강제 실종, 아동·장애인·이주민·소수자·토착민 등의 권리 등을 포함한 여러 법적 구속력을 갖는 인권 조약들이 국가들에 의해 채택되었다([참고 25-2] 참조). 공식적 차원에서 이러한 선언, 조약, 협약들은 인권의 법적 기구apparatus를 구성한다.

책임

공식 인권 기구에는 인권 침해 또는 유기에 대해 회원국의 책임을 묻도록 설계된 여러 메커니즘이 존재한다. 앞서 언급된 각 조약과 규약에는 보고 절차reporting process가 있다. 가입국들은 해당 문제에 관한 국제 전문가들로 구성된 협약 기구에 정기 보고서를 제출할 의무를 가진다. 그들의 행위는 국가 대표들이 참석해서 관련 조약 기구의 질의를 받는 공개회의에서 검토된다([참고 25-3] 참

인권 협약 기구

인권 협약 기구들은 스위스 제네바에서 회의를 개최한다. 모든 협약 기구는 제네바 국제연합 인권최고대표사무소Office of the High Commissioner for Human Rights 인권협약부서Human Rights Treaty Division의 지원을 받는다.

- 시민적·정치적 권리위원회Human Rights Committee는 시민적 및 정치적 권리에 관한 국제규약(1966)과 선택의정서들의 이행을 감독한다.
- 경제적·사회적·문화적 권리위원회는 경제적·사회적 및 문화적 권리에 관한 국제규약(1966)의 이행을 감독한다.
- 인종차별철폐위원회는 모든 형태의 인종차별철폐에 관한 국제협약(1965)의 이행을 감독한다.
- 여성차별철폐위원회는 여성에 대한 모든 형태의 차별철폐에 관한 협약(1979)과 선택의정서(1999)의 이행을 감독한다.
- 고문방지위원회는 고문 및 그 밖의 잔혹한·비인도적인 또는 굴욕적인 대우나 처벌의 방지에 관한 협약(1984)의 이행을 감독한다.
- 아동권리위원회는 아동의 권리에 관한 협약(1989)과 선택의 정서들(2000)의 이행을 감독한다.
- 이주노동자보호위원회는 모든 이주 노동자와 그 가족들의 보호를 위한 국제협약(1990)의 이행을 감독한다.
- 장애인권리위원회는 장애인의 권리에 관한 협약(2006)의 이행을 감독한다.
- 강제실종위원회는 강제실종으로부터 모든 사람을 보호하기 위한 국제협약(2006)의 이행을 감독한다.
- 고문 및 그 밖의 잔혹한·비인도적인 또는 굴욕적인 대우나 처벌의 방지 소위원회는 고문 및 그 밖의 잔혹한·비인도적인 또는 굴욕적인 대우나 처벌의 방지에 관한 협약 선택의정서(2002)에 의해 설립되었으며 구금 시설을 방문한다.

조). 협약 기구는 보고서를 작성하고 해당 국가가 권고 사항에 따를 것을 요구한다. 여러 조약들은 선택의정서를 통해 개인청원제도individual complaint mechanism를 제공한다. 선택의정서에 서명한 국가들은 극히 소수이나, 개인청원제도는 개인들에게 불만을 상세하게 설명할 기회를 제공하고 해당 위원회가 당사국에 대한 견해views를 제출하도록 한다. 그 이상의 강제 집행 메커니즘은 없으며, 당사국이 적절하다고 판단할 경우 위원회의 견해에 순응한다. 인권위원회를 대체하며 설립된 인권이사회에도 국가들의 보편적 정례 검토universal periodic review가 있는데, 검토 주체는 독립적 전문가들이 아닌 국가들이다.

둘째, 특별 절차special procedures라고 하는 특정 국가 혹은 특정 주제에 대한 절차들도 존재한다. 특별 절차들은 전문가 수행단, 특별보고관, 광범위한 문제를 조사하는 실무 그룹들working groups로 구성된다. 2021년 10월 기준으로 45개의 주제별 절차와 13개의 국가별 절차가 있다. 특별 절차는 국가 방문을 수행하고(최근 사례로는 튀니지, 케냐, 스리랑카, 아르헨티나 방문), 개별 사례나 우려 사항에 대해 조치를 취하며, 구조적 인종 차별systemic racism이나 경제적 불의economic injustice 등의 보다 광범위한 구조적 성격의 문제를 다루고, 주제별 연구를 수행하고 전문 자문단을 소집하며, 전 세계 인권 상황의 발전과 가시성 확대에 기여한다.

세번째 중요한 메커니즘은 집단 학살, 전쟁 범죄 및 반인도적 범죄 사례를 조사하도록 위임된 **국제형사재판소** International Criminal Court: ICC이다. 국제형사재판소의 관할 범위는 좁지만 사법적 집행권judicial enforcement을 갖고 있다.

넷째, 지역적 차원에서 인권을 감시하는 다자적·지역적 메커니즘의 구조가 있다. 이러한 메커니즘에는 유럽인권재판소European Court of Human Rights, 미주기구Organization of American States가 설립한 미주인권재판소Inter-American Court of Human Rights, 아프리카연합African Union이 설립한 아프리카 인권위원회African Commission on Human and Peoples' Rights가 포함된다.

기구명	채택된 날짜	감독 기구
모든 형태의 인종차별철폐에 관한 국제협약International Convention on the Elimination of All Forms of Racial Discrimination(ICERD)	1965/12/21	인종차별철폐위원회Committee on the Elimination of Racial Discrimination(CERD)
시민적 및 정치적 권리에 관한 국제규약International Covenant on Civil and Political Rights(ICCPR)	1966/12/16	시민적·정치적 권리위원회Committee on Civil and Political Rights(CCPR)
경제적·사회적 및 문화적 권리에 관한 국제규약International Covenant on Economic, Social, and Cultural Rights(ICESCR)	1966/12/16	경제적·사회적·문화적 권리위원회Committee on Economic, Social and Cultural Rights(CESCR)
여성에 대한 모든 형태의 차별철폐에 관한 협약Convention on the Elimination of All Forms of Discrimination against Women(CEDAW)	1979/12/18	여성차별철폐위원회Committee on the Elimination of Discrimination against Women(CEDAW)
고문 및 그 밖의 잔혹한·비인도적인 또는 굴욕적인 대우나 처벌의 방지에 관한 협약Convention against Torture and Other Cruel, Inhuman or Degrading Treatment or Punishment(CAT)	1984/12/10	고문방지위원회Committee against Torture(CAT)
아동의 권리에 관한 협약Convention on the Rights of the Child(CRC)	1989/11/20	아동권리위원회Committee on the Rights of the Child(CRC)
모든 이주 노동자와 그 가족들의 보호를 위한 국제협약International Convention on the Protection of the Rights of All Migrant Workers and Members of Their Families(ICMW)	1990/12/18	이주노동자보호위원회Committee on the Protection of the Rights of All Migrant Workers and Members of their Families(CMW)
강제실종으로부터 모든 사람을 보호하기 위한 국제협약International Convention for the Protection of All Persons from Enforced Disappearance(CPED)	2006/12/20	강제실종위원회Committee on Enforced Disappearances(CED)
장애인의 권리에 관한 협약Convention on the Rights of Persons with Disabilities(CRPD)	2006/12/13	장애인권리위원회Committee on the Rights of Persons with Disabilities(CRPD)
경제적·사회적 및 문화적 권리에 관한 국제규약 선택의정서Optional Protocol to the Covenant on Economic, Social and Cultural Rights(ICESCR - OP)	2008/12/10	경제적·사회적·문화적 권리위원회
시민적 및 정치적 권리에 관한 국제규약 선택의정서Optional Protocol to the International Covenant on Civil and Political Rights(ICCPR-OP1)	1966/12/16	시민적·정치적 권리위원회
사형폐지를 위한 시민적 및 정치적 권리에 관한 국제규약 제2선택의정서Second Optional Protocol to the International Covenant on Civil and Political Rights, aiming at the abolition of the death penalty(ICCPR-OP2)	1989/12/15	시민적·정치적 권리위원회
여성에 대한 모든 형태의 차별철폐에 관한 협약 선택의정서Optional Protocol to the Convention on the Elimination of Discrimination against Women(OP-CEDAW)	1999/12/10	여성차별철폐위원회
아동의 무력 충돌 참여에 관한 아동권리협약 선택의정서Optional protocol to the Convention on the Rights of the Child on the involvement of children in armed conflict(OP-CRC-AC)	2000/5/25	아동권리위원회
아동의 매매·성매매 및 아동 음란물에 관한 아동권리협약 선택의정서Optional protocol to the Convention on the Rights of the Child on the sale of children, child prostitution and child pornography(OP-CRC-SC)	2000/5/25	아동권리위원회
청원 절차에 관한 아동권리협약 선택의정서Optional Protocol to the Convention on the Rights of the Child on a communications procedure(OP-CRC-IC)	2011/12/19	아동권리위원회
고문 및 그 밖의 잔혹한·비인도적인 또는 굴욕적인 대우나 처벌의 방지에 관한 협약 선택의정서Optional Protocol to the Convention against Torture and Other Cruel, Inhuman or Degrading Treatment or Punishment(OP-CAT)	2002/12/18	고문 및 그 밖의 잔혹한·비인도적인 또는 굴욕적인 대우나 처벌의 방지 소위원회Subcommittee on Prevention of Torture and other Cruel, Inhuman or Degrading Treatment or Punishment(SPT)
장애인의 권리에 관한 협약 선택의정서Optional Protocol to the Convention on the Rights of Persons with Disabilities(OP-CRPD)	2006/12/12	장애인권리위원회

마지막으로, **비정부기구**non-governmental organizations와 개인의 역할은 인권 옹호 및 책임의 중요한 구성 요소다. 그 범주는 인권이사회 회의와 같은 공식적 인권 구조에서 중심 역할을 하는 기구부터 지방·지역 수준에서 권리청원을 동원하는 풀뿌리·지역 공동체 기구에 이르기까지 다양하다. 이러한 국제 단체들은 대체로 서구 기반의 행위자들이 주도하고 있는데, 1978년 뉴욕 엠파이어스테이트빌딩Empire State Building을 본부로 설립된 휴먼라이츠워치Human Rights Watch나 1961년 런던을 본부로 설립된 국제앰네스티Amnesty International 등이 있다. 이러한 비정부기구가 시민사회의 목소리를 대변하지만, 국가의 인권 침해에 대한 책임을 묻는 그들의 노력은 때때로 자금이나 기부자가 주도하는 의제에 따른 제약을 받기도 한다. 또한 남북 및 동서 격차에 따른 제약을 받기도 하는데, 이러한 격차는 공동체 기반 및 지역 수준의 행위자들을 중심으로 일하는 것의 역할과 중요성을 모호하게 만들기도 한다.

인권이란 무엇인가?

언뜻 보기에 인권은 모든 사람이 동의하는 것으로 명백하고 보편적인 것이다. 인권에 관한 대부분의 주류 교과서는 익숙한 형식과 접근법을 가지고 있다. 일반적으로 그들은 주제에 대해 형식적이고 교리적인 접근 방식을 택한다. 보통 그러한 교과서는 국제연합에서의 인권의 공식적 구조를 제시하고, 국제 법원 및 전문가 기구에 초점을 맞춘 인권에 대한 법학적jurisprudential 접근법을 제공하고, 인권 침해 구제를 위한 다양한 메커니즘을 밝힌다. 때로는 비정부기구, 특히 휴먼라이츠워치나 국제앰네스티처럼 서양에 기반한 조직이 인권을 증진·보호·촉진하는 역할에 초점을 맞추기도 한다. 이러한 교과서는 상당히 명확하고 교리적이며 모호하지 않은 용어로 인권을 표현하는 경향이 있다. 즉 인권을 비정치적이고, 공통의 기원을 가지며, 문명화되고 발전되고 민주적인 사회를 나타내는 것으로 간주한다(Henkin et al., 2009; Tomuschat, 2014; Schutter, 2014).

그러나 이러한 가정과는 달리 실제 인권은 사람들에게 각기 다른 의미를 가지며, 정치적 영향을 미치고, 그러한 교과서들이 설명하는 것보다 더 복잡하며 때로는 모순된다(Dembour, 2010). 예를 들어 자연법natural law 학자들에게 인권은 **자연권**natural rights이다. 인간은 단지 인간이기 때문에 인권을 가지며, 그것은 사회적 인정과는 별개로 존재한다. 인권은 고문방지협약이 불법화한 고문이나 인종차별철폐협약이 금지한 인종차별법 제정과 같은 특정 행위를 삼가야 할 책임을 국가에 부과하는 소극적인negative 의무인 동시에 절대적인 것이다(Gewirth, 1998; Donnelly, 2002). 다른 학자들에게 인권은 사회가 채택하기로 선택한 정치적 가치다. 이들 역시 인권의 보편화를 추구하지만 인권의 **보편성**universality을 가정하지는 않는데, 이를 위해서는 전세계 모든 사람이 인권을 사회 운영을 위한 최고의 정치적·법적 가치로 수용해야 하기 때문이다(Ignatieff, 2001; T. Campbell, 2006; Rajagopal, 2003). 동시에 이 입장은 인권의 보편적 수용을 지속적으로 열망한다. 또 다른 입장은 인권이 주로 가난한 자, 사회적으로 혜택받지 못한 자, 억압받는 자 등 소외되거나 배제된 사람들의 저항이나 항의의 도구라고 주장한다(Stammers, 2009; Baxi, 2007). 인권은 현상 유지에 도전하고 구체적인 사회적·정치적 결과를 추구하는 데 사용된다. 이러한 학자들은 불의에 끝이 없다고 보기 때문에, 그와 같은 투쟁을 영구적인 것으로 간주한다. 동시에 그들은 인권이 엘리트 집단에게 유리한 경향을 가진다는 점에서 여전히 의구심을 품는다. 비판 이론 학자들이 볼 때 인권은 사람들이 그것에 대해 발화하기 때문에 존재한다(W. Brown, 2004; Mutua, 2002). 인권은 자연적이지도 않고 이 세상의 고통과 불의에 대한 해결책도 아니다. 인권은 불의에 맞서는 주장들을 표현할 수 있게 해 주는 강력한 언어이지만, 과거에는 제국주의, 문명화 의제, 그리고 현재에는 신자유주의 시장의 목표와 같은 다른 경쟁적 의제를 발전시키는 데 사용될 수 있고, 또 그렇게 사용되어 왔다. 이러한 입장은 인권이 자유와 해방을 위한 최고의 희망이라는 주장과 보편성이라는 언어 뒤에 가려져 있는 권력관계를 폭로한다. 이들의 관점에서 주목할 만한 점은 인권이 법 이상의 것이라는 점, 그리고 반드시 진보 적인 것은 아니라는 점이다.

| 요점정리 |

- 세계인권선언, 시민적 및 정치적 권리에 관한 국제규약, 경제적·사회적 및 문화적 권리에 관한 국제규약은 국제 인권의 핵심이다. 이것들은 국제 인권 체제의 공식 구조를 구성하며 전체 국제 인권 기구의 중추다.
- 국제인권법에서 세계인권선언, 시민적 및 정치적 권리에 관한 국제규약, 경제적·사회적 및 문화적 권리에 관한 국제규약은 불가분하고 상호 의존적이며 보편적인 것으로 이해된다. 즉 이들은 독자적silos으로 기능하지 않고 집합적인 전체로서 기능하며, 서로의 기능과 적용에 필요 불가결하다.
- 국제 인권 체제는 국제인권법에 따른 의무를 위반했거나 준수하지 않은 것으로 밝혀진 국가를 감시하고 견책하기 위해 고안된 책임 절차를 내부에 갖추고 있다.
- 비정부기구는 책임 메커니즘의 일부이지만 자금, 기부자 의제, 지리적 위치의 제약을 받을 수 있다.
- 다양한 다자간 메커니즘은 국가가 책임을 지도록 하기 위해 공개 조사를 동원하거나 위반 사항을 공개함으로써 국가 차원에서의 인권법 준수를 촉진한다.
- 지구 인권 체제는 인권법 준수를 강제하는 국제적인 구조적 과정과 지역적 과정 둘 모두에 의존한다.

인권의 핵심 가정

인권이 무엇인가에 대해 다양한 관점이 존재하지만, 주류 자유주의적 국제주의 관점과 국제인권법에서 인권은 세 가지 핵심 가정에 기반한다. 첫째는 인권은 변혁적transformative이고 진보적이라는 것, 둘째는 인권은 보편적이라는 것, 셋째는 인권이 부여된 보편적이고 공통된 주체가 있다는 것이다.

인권과 진보

20세기의 공식적인 인권 기구들은 제2차 세계대전 이후 국제 제도의 발전 과정에서 도입되었다. 이는 중요한 순간이었다. 국가들은 개인과 집단에 대해 저지른 잘못을 더 이상 주권이라는 핑계로 숨길 수 없게 되었다. 이는 표면적으로는 인류 진보를 향한 전진을 보여 주는 순간이었는데, 역사에는 목적과 방향이 있다는 믿음과 더

불어 세계가 후진적이며 미개한 시대에서 더욱 현대적이고 문명화된 시대로 접어든다는 사고에 의해 추동된 것이었다(Douzinas, 2000). 전 세계에는 인권이 성공적인 노력이었음을 입증하는 충분한 증거가 있다. 노예제는 폐지되었고, 여성은 더 많은 권리를 가지게 되었으며, 아이들도 더욱 보호받고 있다. 아직 달성해야 할 과제가 많이 남아 있지만, 인권은 다양한 배경과 역사를 가진 사람들에게 가해진 심각한 잘못과 피해에 대한 해독제를 표상한다. 이러한 승리는 인권의 이상에 대한 존경과 이러한 정의 추구 프로젝트에 대한 믿음을 더욱 깊게 만들었다(Douzinas, 2000; W. Brown, 2004).

그러나 인권을 반드시 변혁적이고 진보적인 프로젝트로 여기지 않는 이들도 있다. 그 한 가지 이유는 인권이 무지한 과거의 종말을 나타내고 자유와 평등의 실현을 가능하게 한다는 생각에 경험적·이론적 결함이 있다

는 것이다. 순전히 사실만 보더라도, 표면상 가장 인권 중심적인 20세기에 인류의 역사상 어떤 시점보다도 더 많은 인권 침해가 저질러졌다. 그러나 탈식민주의, 여성주의, 비판 이론 계열의 인권 학자들은 진보에 관한 주장에 더 깊은 이론적 문제가 있음을 밝힌다. 그들은 인권의 '어두운 면'(D. Kennedy, 2004)으로 불리는 인권 개입의 대가와 종종 발생하는 예상치 못한 피해를 검토해 왔다. 그들은 인권이 제국주의적 야망, 도덕적·인종적·문명적 우월성에 관한 주장, 종교적 복음주의가 스며든 담론이라고 주장한다(Mutua, 2002; Douzinas, 2007). 예를 들어 2001년 10월 아프가니스탄에 대한 서양의 군사 개입과 폭격(2001년 9월 11일 공격에 대한 대응)과 관련해 일부 서양 지도자들은 그러한 개입이 테러와의 전쟁의 일환으로서 '악당'에 대항한 '십자군'에 의해 이루어진 것이며, '서양 문명이 이슬람보다 우월하다'고 주장했다(Ford, 2001). 이처럼 자기 방어의 정당화에 기반한 초기의 주장은 이후 인권에 대한 주장으로 변형되었는데, 여성의 권리, 특히 부르카와 아프가니스탄 탈레반의 야만성으로부터 여성들을 구출할 수 있다는 주장은 군사 공격을 정당화하는 핵심 명분이 되었다. 거의 20년이 지난 후, 셀 수 없는 인명 손실, 계속되는 탈레반의 존재, 특히 여성들이 아직도 부르카를 입는다는 사실은 인권이라는 이름으로 성취된 것이 무엇인지 많은 사람들로 하여금 의문을 품게 했다(Kapur, 2002b; Klaus and Kassel, 2005).

다른 학자들은 인권이 편협하고 형식적이며 개인적인 접근법에 초점을 맞춤으로써 인권 침해의 구조적·물질적 원인을 해결하는 데 실패했다고 비판해 왔다. 예를 들어 남아프리카공화국에서 아파르트헤이트하에 발생한 '살인, 납치, 고문 또는 심각한 학대'를 포함한 '중대한 인권 침해'를 처리하기 위해 설립된 **진실화해위원회** Truth and Reconciliation Commission는 '피해자', '가혹한 학대', 정치적 동기를 매우 협소하게 정의했다. 진실화해위원회는 아파르트헤이트 정부가 통과시킨 법이나 일반 정책이 도덕적으로 비난받을 만한 것이라 할지라도 그것들의 영향을 다루지 않았다. 그 대신 위원회는 정치적

동기에 의해 이루어진 인권 침해 가운데서도 집단이 아닌 개인에 대한, 그리고 생존권 subsistence rights이 아닌 신체보전권 bodily integrity rights의 침해에 초점을 두었다. 아파르트헤이트 프로젝트가 진실화해위원회의 소관에서 제외된 것은 위원회가 협소한 '정치적'이라는 정의로 인해 중대한 인권 침해와 아파르트헤이트의 시행을 연결 짓지 못했음을 의미한다. 어떤 이들은 인권에 관한 편협한 형식주의적 해석이 인종 차별적 구조로 인한 피해를 완화하지 못하고 고통을 경감할 수 없게 만든다고 주장해 왔다(Nesiah, 2014).

보편성

인권은 보편성 개념과 모든 인간이 차별 없이 인권을 향유할 자격이 있다는 전제에 기반한다. 이러한 주장은 인권을 객관성 objectivity · 중립성 neutrality · 포용성 inclusion의 개념에 기초한 것으로 본다. 직관적 차원과 정치적 차원에서 인권이 보편적인 것처럼 보인다는 점에는 의심할 여지가 별로 없는 듯하다. 인권은 인류가 지역 및 국제 수준에서 열망해야 하는 공통 표준을 설명하는 일련의 도덕적 원칙과 규범으로 간주된다. 인권은 고정된 것으로 여겨지고, 국제 수준에서 국가뿐만 아니라 사회 운동들이 정의를 주장하기 위해 사용하는 주요 도구로 간주된다. 인권은 그것을 침해하는 측(국가)과 그와 같은 침해에 대한 주의를 환기하고 인권이 무시·이용·옹호되는 방식에 이의를 제기하려는 측 모두에 의해 사용된다(Donnelly, 2002; Perry, 1998).

그러나 일부 학자들은 보편성에 관한 주장이 특수성 particularity, 상황 의존성 contingency, 유연성 malleability을 드러내며, 그러한 주장의 역사적 유산을 이해하는 것이 중요하다고 주장해 왔다(Bagchi and Das, 2012; Barreto, 2013; Fanon, 1966; Slaughter, 2018). 인권 운동의 선구적 역할을 한 서양 계몽주의의 가정을 자세히 살펴보면, 보편성·포용성에 관한 주장이 배제·종속과 공존해 왔음을 알 수 있다. 일례로 유럽이 자유권 liberty, 평등 equality, 자유 freedom

를 위한 투쟁의 한가운데에 있었을 때 유럽의 '**타자들**
Others'은 식민주의와 노예 제도에 계속 예속되어 있었다
(L. Hunt, 2007; Ibhawoh, 2007). 유럽 내에서조차 젠더와 인
종 분리 segregation는 법과 권리의 유효하거나 정당한 주체
(백인, 기독교인, 재산을 소유한 남성)에 관한 위계 hierarchy를 확
립했다. 자유권, 평등, 자유 등의 특정한 정치적 가치가
보편적이라는 가정이 있으나, 역사적으로 이러한 이상들
은 낯설거나 다른 존재와 접촉할 때 흔들리곤 했다.

자유권, 평등, 자유의 가치는 오늘날에도 같은 어려움
에 직면한다. 많은 자유민주주의 국가에서 난민을 거부,
추방, 혹은 구금하려는 열망은 주요 인권 조약에 서명한
국가들이 보편적 인권에 대한 약속을 지키지 못하고 있
음을 보여 주는 명백한 사례이다. 이러한 사례는 인권의
보편성에 관한 주장이 상황 의존적 contingent임을 드러낼
뿐만 아니라, 누가 포함되고 포함되지 않는지, 누가 권리
의 적격한 주체이고 아닌지에 관한 유럽-대서양적 Euro-
Atlantic 이해를 드러낸다. 많은 탈식민주의 학자들은 인권
이 식민주의의 유산과 '타자'나 토착 주체에 대한 대응
에 영향을 받는다고 주장해 왔다. 특히 그들은 식민주의
의 문명화와 비문명화의 구분, 외부인을 기존 정치 질서
에 대한 위협이나 위험으로 간주하는 인식, 서양 국가의
상상된 사회적 결속을 지적한다(Ibhawoh, 2007; Chowdhry
and Nair, 2002). 법적 권리의 영역에서 비유럽인 배제의
정당성을 찾는 것은, 유럽 국가가 더 문명화되고 인종적
으로 우월하며 법을 준수한다는 지배적이고 의심없이 받
아들여지는 견해에 근거한다. 이 논리는 구식민지 국가
들의 유산이기도 한데, 과거 식민 국가의 관행과 대응을
예전의 위계질서를 유지하거나 새로운 위계질서를 생산
하기 위해 받아들인 것이다. 예를 들어 국제연합이 집단
학살 genocide로 묘사한 미얀마에서의 로힝야족 박해는 로
힝야족이 침투자이자 주류 민족 질서에 대한 위협이고
주류 '버마' 정신과 문화에 대한 외부인이기 때문에 제거
되어야 한다는 논리에 정확히 기반하고 있다.

따라서 비판자들은 인권의 보편성에 대한 주장이 그것
의 상호 의존성과 역사적 특수성을 모호하게 하고, 또 그

러한 주장의 대상이 된 사람들의 경험을 부정한다고 주
장해 왔다. 이 관점에서는 자유와 평등한 가치에 대한 주
장이 문명, 문화적 후진성, 인종적·종교적 우월성에 대한
주장의 영향을 받는다는 점을 이해하는 것이 중요하다.
이러한 '어두운 면'은 인권의 일부 integral이지, 단순히 더
큰 포용을 통해 고칠 수 있는 일탈 irregularity이 아니다.

인권의 주체

앞에서 논의된 바와 같이, 인간 주체는 국제 인권 레짐의
핵심으로서, 주권적이고 자율적인 주체이다. 모든 인간
은 동등한 위치에 있으며 인권을 향유할 자격이 있는 것
으로 간주된다. 세계인권선언이나 두 규약과 같은 일부
인권 공식 문서의 언어는 '모든', '모든 사람', '어느 누구
도'와 같은 용어를 포함한다. 자율적이고, 사회적 관계 이
전에 존재하며, 몰역사적이고, 인권 체계의 중심에 있는
공통된 인간 주체에 대한 이와 같은 관념은 주류이며 거
의 의심받지 않는 가정적 사고이다. 권리를 성공적으로
주장할 수 있는 대부분의 사람은 인권 담론의 이 익숙한
주체와 닮아 있다.

그러나 탈식민주의 및 제3세계 학자들은 국제 인권 레
짐의 중심에 있는 인권 주체는 그에 상대되는 '타자' 없
이는 생존할 수 없다고 주장한다(Kapur, 2002a; Fineman,
2008; Bagchi and Das, 2012; Barreto, 2013; Selmeczi, 2015;
Butterworth, 2016). 오늘날 다수의 주체가 여전히 인권 프
로젝트에 포함되지 못하고 있고, 그들의 인권에 대한 접
근은 인권 담론의 익숙한 주체와 닮는 정도까지만 허용
된다.

인권과 관련하여 타자가 다루어지는 방식에는 최소한
세 가지가 있다. 첫 번째는 차이가 제거되고 타자가 동화
될 수 있다는 가정을 통한 것이다. 두 번째는 차이를 불
가피하고 자연적인 것으로 취급하는 것이다. 그리고 마
지막은 '타자'가 가하는 위협 때문에 타자에 대한 구금
incarceration, 억류 internment, 심지어는 절멸 annihilation까지 정
당화하는 것이다.

동화

역사적으로 식민지의 주체가 권리를 획득할 수 있는 유일한 방법은 문명화된 성숙함을 갖추도록 교육받는 것이었다. 그렇지 않으면 그는 계속해서 법의 대상object in law으로 취급되었다. 그러한 법은 타자에 대한 두려움을 반영하는 동시에, 그들에게 보편적인 권리 프로젝트에 참여하고 익숙한 주체로 동화assimilation·변형되는 과정을 통해 정당성을 획득할 기회를 준다. 예를 들어 많은 유럽 국가에서 이슬람 베일을 금지하는 것은 권리(교육에 대한 권리를 포함)에 접근하고 공공장소에서 자유롭게 돌아다니기 위해 동화를 요구하는 사례다. 베일을 쓰는 사람들은 베일을 착용할 권리와 인권을 향유하는 것 두 가지 모두를 원하지만, 자유민주주의 국가는 그중 하나를 선택하도록 강요한다([사례연구 25-1] 참조). 오늘날 이러한 대응은 유럽, 남아시아, 호주 및 기타 지역에서 시민권 및 국적의 새로운 요건을 제정한 국내법에 포함된다.

차이의 본질화

다른 역사적 시기에 여성, 흑인, 동성애자 등의 일부 주체는 단지 다르고 변화할 수 없는 존재로 간주되었다. 그들의 차이는 생물학적이거나 자연적인 것으로 간주되어 대우의 차이를 정당화하는 데 이용되었다. 그 결과, 단순히 이러한 차이로 인해 그들의 교육, 노동, 표현, 정치 참여의 권리가 거부될 수 있었다. 예를 들어 노예제의 맥락에서 흑인은 생각할 능력이 부족하다는 지독한 가정에 근거하여 주체성을 거부당했다. 따라서 그들은 사고파는 대상이 되었다. 흑인, 여성, 동성애자들이 전 세계적으로 인권을 확보해 왔지만, 인종·젠더·성적 고정관념과 본질주의는 그들의 권리 접근을 계속 방해하고 있다. 이러한 고정관념은 종종 제1세계/제3세계 간의 격차로 옮겨 간다.

여성을 향한 폭력에 대항하는 캠페인을 보면, 젠더와 인종에 대한 고정관념이 발전도상국에서 이루어지는 여성 인권 단체와 비정부기구의 개입에 만연해 있다. 이러한 이니셔티브는 여성의 권리를 보호한다는 명목으로, 발전도상국의 여성이 제1세계의 여성보다 원시 문화에 의해 더 많이 희생되고 학대받고 있다는 가정에 늘 기반하고 있다. 이러한 가정은 결과적으로 성 관련 인신매매sex trafficking 방지 분야에서와 같이 고도로 보호주의적인 입법을 유도하거나 젠더·인종·문화적 고정관념을 더욱 강화하는 보호적 구금과 개입 전략을 정당화해 왔다(Balgamwalla, 2016; Bernstein, 2010; L. Hunt, 2007). 인신매매 방지를 위한 개입의 맥락에서 감금, 법과 질서, 인권에 대한 형사 사법적 접근에 초점을 두는 것은 대체로 타자인 여성의 주체성, 의사 결정 능력, 주관성을 부정하는 고정관념에 기반한다.

차이의 유폐

마지막으로, 또 다른 대응은 '타자'를 완전히 인권 밖에 있는 것으로 묘사하거나 인권의 자격이 없는 것으로 간주하며 구금, 억류, 심지어 제거하는 것이다. 그들은 위협, 퇴보, 미개, 위험한 것으로 간주된다. 이러한 주체는 인권의 가치와 보호에 반대하는 것으로 여겨져 인권 보호를 거부당한다. 현대에는 차이가 위협, 오염, 또는 악으로 묘사되는 많은 예가 있다. 여기에는 자유민주주의 질서에 대한 위협으로 점차 인식되고 있는 젊은 무슬림 남성(특히 9·11 이후)에 대한 대응이 포함된다. 이처럼 인지된 위협은 '적군 전투원'의 범주를 설정하는 것, 테러 용의자를 관타나모만Guantanamo Bay 수용소와 같은 시설에 무기한 구금하거나 타국으로 인도rendition하는 것 등과 같이 인권을 준수하지 않는 예외적 조치의 채택을 정당화한다. 이러한 개입은 어떤 면에서는 자유주의 국가가 스스로 설정한 자유주의 헌법상의 권리를 가장 많이 침해하는 것으로 간주될 수 있지만, 자유주의 국가와 학자들은 때때로 그것을 세계의 특정 무정부 지역에서의 민주주의와 안정을 위한 최선책으로 정당화하기도 한다(Ignatieff, 2003). 다시 말해 테러리스트처럼 인권을 존중하지 않고 인권의 보호를 받을 자격이 없는 '악당'을 봉건적·비자유주의적 사회가 기하급수적으로 키운다고 추정하며, 그러한 사회의 혼란스러운 폭력으로부터 자유민주주의 세계와 전 지구적인 인권 프로젝트를 구하기 위

이슬람 베일 금지

© LEON NEAL / AFP / Getty Images

2010년 프랑스 의회는 얼굴과 몸을 모두 가리는 전통 의상인 부르카를 공공장소에서 착용하는 것을 금지했다. 의원들은 "우리나라에서 여성이 망사 뒤의 죄수가 되어, 모든 사회생활에서 단절되고, 정체성을 박탈당하는 것을 받아들일 수 없다. (…) 그것은 프랑스 공화국에서 여성이 존엄성을 가지고 있다는 생각과 어긋난다. 부르카는 종교의 표시가 아니라 복종의 표시이다. 그것은 프랑스 공화국의 영토에서 환영받지 못할 것이다"라는 입장을 지지했다(전 프랑스 대통령 니콜라 사르코지Nicolas Sarkozy, Naravane, 2009에서 인용).

이러한 '부르카 금지'에 대해 유럽인권재판소의 S.A.S. 대 프랑스 재판에서 청구인은 유럽인권협약의 여러 조항에 의해 권리가 침해당했다며 이의를 제기했고, 재판소는 제8조, 제9조, 제14조에 초점을 맞췄다. 정부의 주장은 공공 안전 우려와 더불어, 젠더 평등, 인간 존엄성, '사회생활의 최소한의 요건에 대한 존중' 혹은 '함께 살아가기' 등을 포함하는 '개방적이고 민주적인 사회의 최소한의 가치에 대한 존중'에 근거했다. 흥미롭게도, 재판소는 이전 판례에서 성공적이었던 이러한 주장 중 일부를 기각했다. 재판소는 부르카 금지가 젠더 평등과 인간 존엄성의 정당한 목표를 진전시킨다는 주장을 받아들이지 않았는데, 부분적인 이유는 부르카를 착용하는 여성이 그 행위 자체를 변호하고 있었기 때문이다. 재판소는 이전 판례들의 본질주의와 가부장주의를 피하며, 부르카를 하나의 선택으로 받아들였다.

또한 재판소는 부르카를 입은 여성이 타인에 대한 모욕을 표현하거나 타인의 존엄성을 훼손하려고 한다는 증거가 없다고 언급하면서, 부르카 금지가 인간의 존엄성을 향상시킨다는 주장을 기각했다. 마찬가지로 재판소는 베일이 공공 안전에 일반적인 위협이 된다는 점이 입증되지 않았고, 따라서 금지가 과도하다고 판단하며, 공공 안전에 대한 주장을 기각했다.

대신 재판소의 판결은 '개방되고 민주적인 사회의 최소한의 가치에 대한 존중'이나 '함께 살아가기'가 제9조에 따른 종교나 신념을 표명할 권리를 제한하는 정당한 사유라고 주장한 정부의 입장에 근거했다. 이 근거는 협약에 명시적으로 표현되어 있지 않았으므로, 재판소는 이를 광범위한 '타인의 권리와 자유 보호'에 해당된다고 해석했다. 따라서 청구인이 자신의 선택에 따라 자유롭게 베일을 착용했더라도 그것이 '함께 살아가기'라는 민주주의적 수칙과 양립할 수 없다는 법원의 논리에 의거한다면 부르카 금지는 여전히 정당화될 것이다.

재판소는 이러한 정당화를 지지하며 '얼굴'이 사회적 상호 작용과 개방적인 대인 관계의 예의에 중요한 역할을 했다고 언급했다. 얼굴은 한 사회의 공동체 생활을 나타내는 중요한 표식이었고, 따라서 공공장소에서 부르카를 착용하는 것은 "프랑스 사회에서 사회적 의사소통의 기본 규칙, 더 광범위하게는 '함께 살아가기'의 요건과는 양립할 수 없었다."

질문 1 이 결정은 젠더 평등에 대한 보편적 권리가 특정한 조건에 순응하는 경우에만 적용된다는 것을 시사한다. 동의하는가?

질문 2 이 판결이 무슬림 여성의 권리를 보호하는가? 그것이 가능한가? 그들은 이 판결에 의해 해방되거나 힘을 얻는가?

> 이러한 질문에 대해 논의하는 라트나 카푸르Ratna Kapur 교수의 비디오를 참고해 보자.
>
> www.oup.com/he/baylis3xe

해 그와 같은 조치를 취할 수 있다고 본다(Ignatieff, 2017). 그러한 개입은 인권의 '어두운 면'의 예다.

또 다른 예는 동성애자 권리에 대한 대중 운동의 지속

적인 반대이다. 동성 관계는 문명, 가족, 믿음을 파괴하는 것으로 인식되며, 이러한 반대는 심지어 동성 관계가 법적 처벌 대상에서 제외된 프랑스, 미국, 인도와 같은 국가

우간다의 동성 관계와 성 소수자 권리

우간다성소수자협회 사무총장, 프랭크 무기샤Frank Mugisha
© MANDEL NGAN / AFP / Getty Images

전 세계의 많은 국가에서 레즈비언, 게이, 양성애자, 트랜스젠더, 그 외의 퀴어와 다양한 성적 지향sexual orientation·성 정체성 gender identity·표현을 가진 사람들이 인권 기관에 지원과 보호를 요청할 수 없는 것, 그리고 인권 기관이 제약을 받으며 그들에게 지원과 보호를 공개적으로 혹은 전혀 제공할 수 없는 것은 가혹한 현실이다. 2016년 6월 30일, 인권이사회는 많은 반대가 표명된 광범위한 토론 후, 성적 지향·성 정체성에 대한 국제연합 독립전문가Independent Expert on Sexual Orientation and Gender Identity 사무소를 설립하는 특별 절차에 찬성표를 던졌다.

오늘날 세계 무대에서 우리는 성 소수자 인권에 대한 양극화된 반응을 목격하고 있다. 한편으로는 나이지리아, 우간다, 케냐, 에티오피아, 콩고민주공화국, 러시아 등에서 성 소수자들queer lives의 범죄화가 증가하고 있는데, 성행위뿐만 아니라 성 소수자LGBTQ의 정체성 자체가 범죄화되고 있다. 스펙트럼의 반대편 끝에서는, 권리 주장을 위한 투쟁이 동성 관계의 병리화 및 범죄

화에 도전하여 네팔, 캄보디아, 인도, 남아프리카공화국, 여러 유럽 국가, 미국 등에서 법적 인정을 받았다.

그러나 지구 남반구/비서양의 일부 국가가 동성 관계를 비범죄화했음에도 불구하고, 동성애자 학대가 주로 비서양의 '덜 문명화'되고 전통적인 문화의 특징이라는 믿음은 지속되고 있다. 박해를 받고 극심한 폭력과 차별에 시달리고 있는 우간다의 성 소수자들은 동성애 혐오가 식민지 팽창을 통해 비서양으로 전파된 서양으로부터의 수입품이라고 선언함으로써 이러한 이분법에 도전해 왔다. 우간다성소수자협회Sexual Minorities of Uganda는 그와 같은 문명론적 주장이 아프리카 국가 등에서 미국 기독교 복음주의자들이 반동성애적·동성애 혐오적 의제를 생산하는 데 관여해 온 방식에 대한 관심을 막고 있다고 주장한다.

보수적인 미국 복음주의자들은 아프리카의 성적 지향과 성 정체성에 대한 논쟁에 상당한 영향을 끼쳤다. 미국에 기반을 둔 기독교 복음주의자인 스콧 라이블리Scott Lively 목사는 우간다의 성 소수자와 간성 집단intersex group의 권리 부여에 반대하는 의제를 집요하게 추구했으며 동성애자에 대한 더욱 가혹한 법을 지지했다. 이러한 법률 중 하나는 2009년 동성애 반대 법안으로, 이 법안은 인간면역결핍 바이러스HIV 양성인 사람과의 성교를 불법으로 규정했다(2016년 기준으로 약 150만 명의 우간다인이 HIV에 감염되어 있다). 또한 이 법안은 어떤 조직이 동성 관계를 조장하는 것으로 밝혀지는 경우 등록을 취소하고 그 조직의 책임자들을 구금한다고 규정했다. 이후 우간다 성적 지향과 성 정체성 공동체 구성원들은 우간다 헌법재판소에 이 법안에 대한 이의를 제기했고, 해당 법안은 의회 형식(정족수 부족)을 이유로 기각되었다.

헌법재판소에서의 승소는 우간다성소수자협회가 외국인 불법행위 청구법Alien Tort Claims Act 조항에 따라 미국 법원에 제기한 소송과도 맞물려 있다. 우간다성소수자협회는 스콧 라이블리를 우간다에서의 활동에 대해 개인으로뿐만 아니라 그의 교회인 어바이딩 트루스 미니스트리즈Abiding Truth Ministries의 대표 자격으로도 소송을 제기했다. 우간다성소수자협회는 그 활동이 우간다의 성적 지향과 성 정체성 공동체의 기본 인권을 침해하고 동성애자에 대한 박해를 증가시켰다고 주장했다.

이 사례는 결국 기각되었고 더 이상 진행될 수 없었다.

질문 1 동성애 혐오는 문화적 문제인가, 이성애적 문제인가, 정치적 문제인가?

질문 2 이 사례는 소외된 집단의 활동가들이 우간다의 성적 지향과 성 정체성 공동체 사람들의 위험을 궁극적으로 해결하기 위해 충분한 재원을 토대로 한 반대 세력과 어떻게 대결할 수 있는지 보여 준다. 이 전략이 효과적이라고 생각하는가?

에서도 지속된다([**사례연구 25-2**] **참조**). 마찬가지로, 개별 국가의 사회적·문화적 통합을 방해하는 것으로 인식되는 이민자에 대한 저항이 있다. 이 '타자'에 대한 대응은 테러와의 전쟁, 정당한 절차 없는 감금, 심지어 유럽으로 향하던 이민자를 전복된 보트로부터 구출하는 것에 대한 거부 등의 형태로 인권을 제약할 수 있다.

| 요점정리 |

- 인권의 의미는 사람마다 각기 다르다. 그것은 해방의 도구이자 자유민주주의적 가치에 대한 위협을 방지하는 도구로 볼 수 있다. 인권은 자연권, 획득할 정치적 가치, 항의의 도구 또는 담론으로 이해될 수 있다.
- 인권은 보편적이고 진보적이며 공통적·보편적인 주체를 기반으로 한다는 세 가지 일반적인 가정을 기반으로 하며, 이러한 가정은 비판적으로 검토되어야 한다.
- 역사적으로 인권이 다른 집단을 배제하는 데 어떻게 사용되어 왔는지 질문하며 인권의 상황 의존성을 드러낸 이들은 보편적 인권이라는 개념에 도전해 왔다. 이렇게 배제된 집단에는 과거의 구식민지 주체나 노예 주체, 그리고 현재의 동성애자, 성·종교적 소수자가 포함된다.
- 주체가 인권 프로젝트에 포함될 것인지 또는 제외될 것인지를 결정하는 기법에는 동화시키는 것, 차이를 본질화하거나 자연적인 것으로 취급하는 것, 차이를 인권이라는 개념 자체에 대한 위협으로 취급하여 유폐하거나 억제하거나 심지어 절멸시키는 것이 있다.
- 인권의 '어두운 면'은 일탈이 아니라 인권의 구성 요소일 것이다.
- 인권은 모든 사람을 포함하는 고정된 도구가 아니라, 차이와 만남 속에서 그 의미와 이해가 달라지고 변화하는 도구이다.

인권 옹호의 실천

이 장에서 이루어진 지금까지의 논의는 물질적 피해, 고정관념, 그러한 고정관념을 낳은 역사적 유산을 재생산하는 해를 끼치지 않으면서 인권을 옹호하거나 정책 조언을 할 수 있는 방법에 대해 질문하게 한다. 인권을 배우고 있는 국제법 학도뿐만 아니라 비정부기구와 인권운동가들도 이 질문을 고려할 필요가 있다.

인권에 대한 비판적 접근은 한편으로는 인권에 대한 노골적인 거부(포퓰리즘 운동과 문화적 정통주의 및 민족주의 단체에 의해 이용될 수 있음)와, 다른 한편으로는 변화와 완전한 해방에 대한 약속을 인권이 충족할 수 없을 때 완전히 절망하는 것을 피해야 할 필요성 사이에서 줄타기를 한다.

권리는 권리를 가져 본 적이 없는 사람들을 위한 급진적인 도구로 이해될 수 있다. 비록 결함을 가진 이상이기는 하나, 권리가 전혀 없는 것보다는 낫다. 인권은 중요하고 유용한 어휘이다. 동시에 인권에 관한 이 장의 논의는 인권을 옹호하는 모든 전략이 항상 인권의 '어두운 면'을 고려해야 한다는 점을 상기시켜 준다. 때때로 인권은 세상을 덜 안정적이고, 덜 평화롭고, 더 분열적이며, 때로는 더 폭력적으로 만드는 데 공모했다. 따라서 '어두운 면'을 다룰 때 제기되는 첫 번째 질문은 인권 개입이 실제로 도움이 되기보다는 더 큰 피해를 입힐 때 누가 책임을 지는가 하는 것이다. 이것은 당신과 인권운동가들의 어휘에 포함되어야 하는 도전적인 질문이다. 또한 인권 활동이 창의적이고 건설적으로 이루어질 수 있는 몇 가지 방법이 있다.

첫째, 역사적 특수성에 얽매이지 않으면서도 인권의 보편성에 대한 주장을 넘어서는 것이 중요하다(**'보편성' 참조**)(Alston and Steiner, 2009). 보편성을 비판하는 것이 지역으로의 회귀를 의미하는 것은 아니다. 대신 인권은 권력의 장이고 인권의 어휘가 실제로 매우 강력하다는 것을 인식하는 것에서 출발해야 한다. 인권이 사람들의 삶을 변화시킬 능력이나 그러한 능력의 부족, 혹은 변화를 불러올 잠재력보다도 그것을 사용하는 사람들의 손에 있는 권력을 이해할 필요가 있다. 인권은 권력에 관한 것이기 때문에 누가 그 도구를 휘두르는지가 중요하다. 인권운동가들은 일단 그 영역에 참여하면 권력을 휘두르는 것이고, 그들의 일을 추구하는 과정에서 인권의 '어두운 면'을 영속화하는 일에 연루되지 않도록 주의해야 한다.

둘째, 인권을 공부하는 이들은 인권 개입 및 전략 개발에 사려 깊게 접근해야 한다. 동일한 문제에는 언제나 여러 가지 접근법이 있으며, 이미 논의된 바와 같이 이러한 접근법은 더 광범위한 경쟁적 이념 또는 정치적 의제와 연결될 수 있다. 예를 들어 인신매매 분야에서 많은 국가는 성 관련 인신매매에 초점을 맞추고 성 산업에서 여성을 구출하거나 심지어 성 노동sexwork을 폐지하는 법적 대응을 인권의 이름으로 발전시켜 왔다. 문제는 그러한 개

입이 도움이 되었는지, 권리를 향상시켰는지, 차별적이거나, 심지어 해로울 수 있는지 여부이다. 네덜란드, 태국, 인도에서 조직된 성노동자 단체는 그러한 개입이 여성의 주체성을 부정하고, 그들을 구조 및 갱생을 위한 희생자로 취급하며, 그들이 경험하는 학대와 피해에 맞서 싸우는 데 필요한 권리를 부여하지 않고, 범죄 네트워크에 대한 취약성과 의존도를 줄이는 데 실패했다고 주장한다. 그들은 더 나아가 모든 성 노동자가 인신매매된 것은 아니며 모든 인신매매가 성 노동을 목적으로 하는 것도 아니라고 주장한다. 이민자들 또한 인신매매 방지 개입이 밀수업자나 인신매매업자를 비롯한 불법적 이민자 이동 체제migrant mobility regimes에 의존하도록 만드는 이민의 원인들(안전하고 합법적인 이동 경로의 부재 등)을 이해하지 못했다고 주장해 왔다. 따라서 인신매매 방지 개입은 표면적으로는 인권이라는 이름으로 채택되었지만 때때로 인권 피해를 초래하고 이미 소외되고 권리를 박탈당한 집단의 취약성을 증가시켰다.

국제관계학을 배운 이들이 인권 관련 정책 조언을 하면서 다루게 될 질문은 다음과 같은 것들이다. 기존의 개입으로 최소한의 인권 기준이 충족되었는가? 인신매매를 야기한 보다 광범위한 구조적·물질적 원인은 무엇인가? 착취에의 노출을 줄이고 권한을 부여하며 취약한 집단의 권리를 향상시키는 데 더 낫거나 효과적인 방법이 있는가? 우리는 인신매매 방지에 초점을 맞추기보다는 이주민 권리를 우선하는 것, 더 안전한 이주 경로를 위해 로비하는 것, 국제연합의 이주 노동자 권리 협약에 대한 지지와 국가들의 서명을 촉구하는 것, 지구화 시대 노동의 자유로운 흐름이 형법에 덜 의존해야 하고 이주 원인 해결에 더 관심을 가져야 함을 인식하는 것을 통해 비정규적irregular 이동에 대한 보다 인권 친화적인 접근법을 찾을 수 있을 것이다.

셋째, 인권에 관한 자료, 연구, 교육이 인권 프로젝트의 식민주의적 함정colonial trappings과 '제1세계'의 헤게모니적 토대를 의식하고 있는지, 비서양권이 인권의 공식화와 논의에서 종종 무시되거나 배제되어 왔다는 사실

을 포함하고 있는지 확인해야 한다. 탈식민주의/제3세계의 시각은 인권이 포함과 배제를 어떻게 동시에 유지해 왔고, 지금도 유지하고 있으며, 심지어 때로는 정당화하는지에 대한 관점을 풍부하게 한다(**제10장 참조**). 이는 서양의 국가나 관점, 혹은 강력한 행위자들이 지배해 온 인권에 관한 이해('덜 문명화된' 발전도상국에서만 인권이 필요하다는 가정 등)를 수정하는 데 도움을 준다. 세계의 '타자들'을 구출하거나 후원하거나 표적으로 삼기보다 그들의 경험에서 출발하려면, 탈식민주의, 여성주의, 비판적 인종 이론 등에서 논의하는 권리에 대한 이해와 학습이 필요하다(**제19장, 제20장 참조**). 이는 식민지 팽창의 유산, 노예제, 아파르트헤이트, 성 차별이 어떻게 인권을 형성해 왔는지 이해하는 것을 포함한다.

넷째, 인권을 공부하는 사람은 인권에 대한 이야기가 누구에 의해 어떻게 전달되는지 살펴볼 필요가 있다. 그것이 인권이 기능해 온 방식에 대해 귀중한 통찰을 제공할 수 있기 때문이다. 이를 위해서는 빈곤한 사람들을 권리의 대상으로 취급하지 않고 권리의 주장이 고통과 어떻게 양가적 관계를 가질 수 있는지 이해하고 알려 줄 수 있는 권리의 지지자들로 여겨야 한다. 여기에는 인권이

때때로 인간이 겪는 고통 사이의 위계를 만들기 위해 어떻게 작동할 수 있는지, 또 인권이 빈곤과 불평등을 악화시킬 수 있는 시장 친화적 인권 패러다임과 어떻게 동일시될 수 있는지를 이해하는 것이 포함된다.

인권 운동은 전략과 개입을 신중히 협상해야 한다. 그 전략과 개입은 인권을 둘러싼 이와 같은 긴장을 다루는 맥락에서 학습된 것이어야 하며 잘못된 이분법을 재생산하지 않는 것이야 한다. [**사례연구 25-1**]에서 분명히 알 수 있듯이, 종교의 자유와 젠더 평등은 서로 대립할 필요가 없고, 베일과 세속주의에 대한 약속을 양립할 수 없는 것으로 간주할 필요도 없다. 많은 국가, 특히 탈식민 국가와 제3세계 국가에서 이러한 가치는 공존할 수 있다. 예를 들어 인도의 소수 종교 공동체 여성들은 끊임없이 경계를 재협상하고 평등의 의미, 세속주의에 대한 이해, 종교의 자유에 대한 권리를 논의하면서, 이와 동시에 그들의 공동체에 존재하는 부당하고 차별적인 관행에 도전하고 있다. 그들은 인권 영역의 복잡하고 모순된 성격에 대해 협상하고 있으며, 인권이 지속적으로 감시받고, 재검토되고, 질문되어야 하는 이유를 설명한다.

┌─ **요점정리** ┐

- 인권은 공식적 구조와 권리 그 이상이다. 인권은 정치적이며, 상이한 그룹에서 경쟁하는 정치적 의제를 발전시키는 데 사용할 수 있다.
- 인권 개입이 항상 진보적이거나 해방적인 방식으로 작동하는 것은 아니다.
- 권리는 해방적일 수도, 제한적일 수도 있으며, 인권운동가들은 이와 같은 권리의 다양한 활용을 인식해야 한다.
- 권리는 역사화되고 맥락화되어야 한다.
- 인권 옹호는 인권의 일부 배제적인 측면과 '어두운 면'을 재생산하지 않도록 개입을 공식화하는 데 조심하고 신중하며 사려 깊을 필요가 있다.
- 권리는 복잡하고 모순되며 상황에 따라 다르다. 따라서 권리는 결코 확고하게 고정되거나 확립되어 있지 않다. 영구적인 승리는 없다. 그러므로 인권은 지속적으로 감시받고, 재검토되고, 질문되고, 변호되어야 한다.

맺음말

이 장은 조약, 규약, 위원회, 세계 인권 레짐의 보고 메커니즘을 포함한 인권의 공식적 구조와 틀을 소개했다. 또한 인권의 정치학과 인권의 역사적 발전에 대해 어떻게 생각해야 하는지 소개했다. 특히 이 장은 식민지 팽창의 유산, 노예제, 성적·종교·인종적 차별에 의해 인권이 어떻게 형성되었는지 설명했다. 이를 통해 진보적이고 보편적이며 공통 주체에 기반한 인권이라는 지배적 이해에 의문을 제기할 뿐만 아니라, 때때로 이러한 주장이 어떻게 인권이 권력관계에 기반하는 방식을 모호하게 하는지에 대해서도 질문하도록 권장한다. 즉 인권은 항상 진보적이거나 포괄적인 것은 아닌 경쟁적인 의제들을 발전시키는 역할을 할 수 있다.

인권에 대한 탈식민주의 및 제3세계의 관점을 포함하는 비판적 분석을 택함으로써, 우리는 인권 옹호 또는 정책 수립에 관해 보다 신중하고 사려 깊고 반성적인 접근 방식을 개발하길 희망한다. 진보적이고 보편적이며 공통의 주체를 기반으로 하는 인권에 대한 지배적인 이해를 소개하고 그러한 주장에 대한 비판적 분석을 제시하는 것은 이 주제에 대한 더욱 깊고 신중한 관여를 가능하게 한다. 또한 이는 인권이 선의에 의해 주도될 수 있는 프로젝트가 아니며, 때로는 그러한 의도가 해로운 결과를 초래할 수 있다는 의식을 고취시킨다. 인권의 '어두운 면'을 학습함으로써 국제 관계 분야에서 인권에 관한 옹호 전략과 정책 입장을 개발할 때 더 사려 깊은 사고와 이해가 가능해진다.

토론주제

1. 국제 인권 구조와 기구 가운데, 국가가 야기하는 극단적 형태의 잔혹성과 고통을 완화하기 위한 가장 효과적인 모델은 무엇인가?

2. 인권의 부여가 그 권리를 얻은 개인의 삶을 명백히 변화시킨 사례가 있는가? 어떻게 변화시켰는가?

3. 인권과 국제 인권 구조가 확립되면서 세상이 더 나아졌는가?

4. 당신의 상황이나 일에서 인권이 오히려 인간의 고통을 가중시키거나 식민주의적·인종 차별적 의제를 강화한 사례가 있는가?

5. 인권은 문화에 반대하는 것인가, 아니면 인권 자체가 문화적인 것인가? 이러한 두 입장이 시민사회의 개입과 국제 인권 메커니즘에 관해 갖는 함의는 무엇인가?

6. 인권은 권력에 관한 것인가? 담화에 관한 것인가? 문명 발전에 관한 것인가? 국가 권력에 대한 저항의 한 형태에 관한 것인가?

7. 신식민지 세력과 정통/보수 세력을 포함한 다양한 인권 지지자들이 어떻게 인권 담론을 통해 자신들의 의제를 발전시켜 왔는가?

8. 인권은 그 생명을 가까스로 유지하는 중인가? 아니면 인권은 여전히 세계와 개인의 삶을 더 나은 방향으로 변화시킬 잠재력을 가지는가? 그러한 가능성을 보여 주는 사례가 있는가?

9. 만약 인권이 세상에 존재하지 않는다면 그것을 알아차릴 사람이 있을까? 우리에게 인권이 있는 게 나은가, 아니면 없는 게 나은가? 어떻게, 그리고 왜 그러한가?

10. 자신의 상황이나 익숙한 사례·문제를 토대로 인권이 소외되거나 혜택받지 못한 집단의 권리를 증진하기 위해 어떻게 사용되었는지, 그리고 그것이 '타인'의 권리를 침해하는 데 어떻게 사용되었는지 설명해 보자.

이 장의 객관식 문제를 풀어 보면서 학습 내용을 잘 숙지하고 이해했는지 평가해 보자.

• www.oup.com/he/baylis3xe

Nationalism, national self-determination, and international relations

개요

민족주의는 세계 정치의 지구화에 있어서 핵심적인 부분이다. 민족주의는 근대 국제 관계의 주요 제도인 민족국가를 성립하는 데 중요한 역할을 해 왔다. 민족주의는 이러한 민족국가를 정당화하는 민족 자결주의 national self-determination 와 같은 원칙을 제공한다. 그러나 역설적으로 민족주의자들은 한편으로는 그들의 국가가 고유하다고 주장하면서 다른 한편으로는 일반적으로 동의되는 규칙에 따라 상호 작용하는 다른 민족국가들처럼 국가의 형성을 정당화한다. 이는 전 지구적 현상이나 민족주의는 국가의 정체성을 동질화하며 영토 주권을 퇴색시키는 지구화에 반(反)하여 존재한다. 이 장에서는 민족주의의 출현과 전파, 민족주의가 어떻게 전 지구적인 사건으로 여겨졌는지, 1918년 이후 근대 국제 관계에서 민족 자결주의의 역할에 대한 논의들을 제시한다.

민족주의, 민족 자결주의, 국제 관계

존 브륄리John Breuilly

김범수·장기영 옮김

핵심 질문

- 다른 유형의 민족주의를 구별하는 것이 유용한가? 만약 그렇다면, 어떻게 이것들이 각각 차별화되는가?
- 흔히 일반적으로 당연시되는 민족 〉 민족주의 〉 민족국가라는 경로는 정상적인 역사적 순서의 반대인가?
- 민족 자결주의는 국가 주권과 양립할 수 없는가?

머리말

민족주의, **민족국가**nation-states, **지구 정치**global politics의 관계에 대한 일반적 견해는 다음과 같다. (1) 17세기 중반 유럽에서 주권적 **영토 국가**territorial states의 질서(소위 '베스트팔렌 체제')가 발전했다(**제2장 참조**). (2) 18세기 후반 민족주의의 발전은 이러한 체제를 민족화했고 이후 민족국가 체제가 **유럽**Europe을 넘어 전 세계로 확산되었다(**[참고 26-1] 참조**). 이 결과 모든 국제 관계는 민족국가들 사이의 관계가 되었다. (3) **지구화**globalization는 이러한 정치 질서를 약화시킨다. 지구화는 주권적 영토 권력을 침식함으로써 '국가'를 약화시킨다. 지구화는 또한 대안적 **정체성**identity을 창출함으로써 '민족'을 약화시킨다. (2)번과 (3)번 명제를 살펴보기 전에 우선 민족주의와 민족국가에 관한 핵심 개념과 논쟁에 대해 간략히 살펴보자.

민족주의, 민족국가, 지구 정치

정의

이 장은 **민족주의**nationalism를 민족이 정치적 정체성과 충성심의 우선적 대상이며 결과적으로 민족 자결주의를 정당화하는 관념으로 정의한다. 민족주의자들은 **민족**nation을 다양한 방식으로 사고하지만 일반적으로 민족을 특정 영토를 점유하고 있는 '사회 전체'로 파악한다. 그러나 경쟁 관계에 있는 민족주의자들이 동일한 사회나 영토에 대해 각각 자기 민족에 속한다고 주장하기도 한다. 실례로 터키 민족주의자들은 터키 거주 쿠르드인이 터키 민족이라고 주장하지만 쿠르드 민족주의자들은 이에 반대한다(**[사례연구 26-1] 참조**). 민족을 정의하는 것은 민족주의를 정의하는 것보다 더 어려운 일이다. 어떤 학자들은 언어와 같은 객관적 특성을 강조하고 다른 학자들은 민족의 주관적 특성, 즉 상상된 특성을 강조한다. 또 다른 학자들은 아예 민족이라는 용어 사용 자체에 회의적이다. [**참고 26-2**]는 이 세 가지 관점의 예를 보여 주고 있다. 학술적인 견해가 무엇이든 간에 오늘날 많은 사람은 세계가 민족으로 나뉘어 있고 민족이 정치적 충성의 유일한 대상은 아니더라도 중요한 대상이며 따라서 일반적으로 주권국가를 의미하는 **자결**self-determination을 누려야 한다고 여긴다.

민족주의는 이데올로기, 정치, 그리고 정서로 볼 수 있다. 흔히 민족주의를 이데올로기로 정의한다. 이 이데올로기가 연구의 대상이 되는 이유는 민족주의가 대중적인 정체성(정서)을 창출해 내는 동시에, 국가권력을 추구하거나 행사하는 운동에 의해 선언되기 때문이다(정치).

민족주의 각각의 유형을 구분하는 것은 유용하다고 할 수 있다. 우선 민족주의는 시민 민족주의와 종족 민족주의로 나눌 수 있다. **시민 민족주의**civic nationalism는 국가와 국가의 가치에 대한 헌신을 의미한다. 이 경우 다종족 이민 사회인 미국의 경우와 같이 국적이 민족성을 결정한다. 반면 **종족 민족주의**ethnic nationalism는 공통의 혈연을 공유하는(공유하는 것으로 상상되는) 집단에 대한 헌신을 의미한다. 이 경우 특정 종족을 중심으로 형성된 근대 유럽 민족국가의 경우와 같이 민족이 국가에 선행한다. 그러나 이 구분에는 몇 가지 문제점이 있다. 모든 민족주의는 문화와 특정 가치에 호소하는데 이들 문화와 가치는 종종 매우 빠른 속도로 변화한다. 또한 종교, 언어와 같은 문화적 요인들을 쉽게 종족 또는 시민적이라는 범주로 나눌 수 없다. 마지막으로 시민 민족주의는 도덕적으로 좋은 것으로, 종족 민족주의는 도덕적으로 나쁜 것으로 판단하는 것도 위험하다. 이러한 문제에도 불구하고 민족 자결주의를 고려할 때 상기와 같은 구분은 유용하다.

민족주의는 엘리트 민족주의Elite-nationalism와 대중 민족주의popular nationalism, 국가 강화적 민족주의state-supporting nationalism와 국가 전복적 민족주의state-opposing nationalism로도 나뉠 수 있다. 국가 강화적 민족주의는 안으로는 민족을 '정화'하고 정부를 개혁함으로써, 밖으로는 '민족' 고유 영토를 되찾음으로써 기존 국가를 국유화하는 것을 목표로 한다. 국가 전복적 민족주의는 보통 규모가 큰 국가로부터 분리함으로써 또는 소규모 국가들을 통일함으로써 새로운 국가를 창설하는 것을 목표로 한다.

이러한 유형의 민족주의의 서로 다른 배합은 다른 종류의 민족주의를 양산한다. 기존 국가로부터 독립하기 위해 시민적 가치를 강조하는 엘리트 민족주의는 기존 국가를 국유화하기 위해 종족적 가치를 강조하는 대중 민족주의와 매우 다르다.

민족주의가 근대적 현상이라는 점에 대해 많은 학자가 동의한다. 민족주의의 기원과 발전에 대한 설명은 주로 다음 네 가지 질문에 초점을 맞춘다. (1) 민족주의는 민족이 먼저 존재해야만 발전할 수 있는가? (2) 민족은 근대에 형성된 것인가, 아니면 그 이전에 형성된 것인가? (3) 민족주의를 설명할 때 문화, 경제, 정치의 역할을 강조해야 하는가? (4) 민족주의 형성에 있어 강대국의 위협, 지지와 같은 외적 요인과 공통의 문화 등과 같은 내적 요인의 역할은 무엇인가? [표 26-1]은 이 논쟁에 관한 다양한 이론의 입장을 정리하고 있다.

근대화론의 해석에 따르면 민족주의는 산업화(겔너Gellner), 인쇄자본주의(앤더슨Anderson)나 근대 시기의 정치와 전쟁(브륄리Breuilly, 틸리Tilly)과 같은 근대화의 핵심 요소들로 인하여 발생했고, 민족은 그 이전에 존재했던 그 어느 중요한 민족적 정체성보다 더 근대 시기의 필요에 의

해 발생했다. 반대되는 설명에 따르면 민족주의는 근대적 산물임에도 불구하고 민족적 정체성은 오랜 기간 지속되었고 민족주의의 근간이 되었다고 한다. 이러한 정체성은 사회생물학적 또는 사회적(원초주의primordialism)일 수도 있고, 어떤 종류의 민족주의를 포함할지도 모르는 특별한 역사적 사례가 되거나(영속주의perennialism), 복잡한 신화와 상징으로서 세대 간에 전해질 수 있다(종족-상징주의ethno-symbolism).

'민족국가'라는 용어 사용에 종종 혼란이 발생한다. 가장 중요한 국제기구international organization는 국제연합United Nations인데, '분열된 국가들'이 보다 정확한 이름일지도 모르겠다! 민주주의가 부재한 국가를 시민 민족국가라고 주장하는 것을 받아들이기 어려운 것처럼 문화적 다양성이 많은 국가를 종족 민족국가라고 주장하는 것은 받아들이기 어렵다. 그렇다면 민족국가라는 용어는 무엇을 의미하는가? 민족국가를 정의하는 기준이 너무 모호하기 때문에, 그리고 민족국가를 정의하는 것이 민족

민족국가 체제의 발전

참고 26-1

연도	시기	민족국가의 대략적 수치*
1500	2	영국, 프랑스
1800	6	영국, 프랑스, 네덜란드, 미국, 스페인, 포르투갈
1900	30	벨기에, 독일, 이탈리아, 세르비아, 루마니아, 그리스, 브라질, 아르헨티나, 일본, 캐나다 등을 포함
1923	45	국제연맹 회원국
1945	51	국제연합 창립에 참여한 국가
1950	60	국제연합 회원국
1960	99	국제연합 회원국
1970	127	국제연합 회원국
2006	192	국제연합 회원국
2018	193	국제연합 회원국

* 1923년 이전 수치는 역사적 사실을 근거로 판단한 추정치다. 이후부터는 국제연맹과 국제연합의 회원국 수다.

쿠르드의 민족주의와 쿠르디스탄

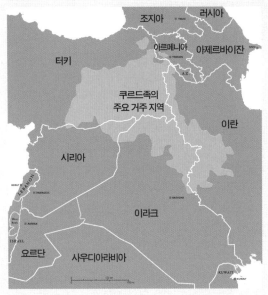

© Peter Hermes Furian / Shutterstock.com

대쿠르디스탄은 쿠르드 민족주의자들이 쿠르드족이 주로 거주했던 곳이라고 주장한 문화 지역을 일컬으며 터키, 시리아, 이라크, 이란, 아르메니아에 속한 지역들을 포함한다. 쿠르드 민족주의자들은 지명, 언어, 문화, 종교를 근거로 역사적 연계를 주장한다. 오스만제국과 사파비제국 사이에 있었기에 많은 자율성을 가졌던 쿠르드 공국들이 있었으나 다양한 방언과 종파(수니파와 알라위파)가 존재하고 정치적 소속의 차이가 있기 때문에 단일한 쿠르드 민족이 존재한다는 주장의 신뢰성은 약화된다. 오스만제국 말기 주요 인사들이 오스만 통치에 격렬히 반대했으나 그들은 민족주의자들은 아니었다. 그럼에도 불구하고 몇몇 서양 관찰자들은 이러한 저항을 민족적인 것으로 보았고 이는 이후 정치 지도자들과 도시 지식인들을 자극하여 민족주의 이데올로기를 세우게 하였다. 오스만제국이 붕괴되었기 때문에 제1차 세계대전 종전은 이러한 사고를 강화시켰고 우드로 윌슨Woodrow Wilson은 민족 자결의 원칙을 천명했다.

1919년 파리 강화회의Paris Peace Conference에서 쿠르드 민족주의자들은 역사적 지도들로 표현된 '쿠르디스탄'의 존재에 대하여 주장했다. 서양 국가들은 자치권을 시사하였으나 프랑스와 영국이 중동 지역을 분할함에 따라 의혹이 커져 갔다. 결국 터키 민족국가의 수립은 자치에 대한 쿠르드인들의 희망을 산산조각 냈다. 쿠르디스탄 지역을 점령하고 있었던 터키, 이란 그리고 프랑스와 영국의 위임 통치를 받았던 시리아와 이라크 모두 민족주의 주장들을 하면서 쿠르드 민족주의에 반대했다. 쿠르드 민족주의 운동은 이들 국가에 따라 다양한 모습을 띠며 분열되어 있다. 이러한 운동의 범위는 고전적 민족주의부터 이슬람주의, 혁명적인 사회주의에 이르며, 폭동에서부터 정치 협상, 문화 부흥, 정적주의quietism에 이르기까지 다양한 방식으로 전개되고 있다.

1945년 이후 위 4개국 모두 자국 내의 또는 타국의 쿠르드 민족주의자들과 협상을 전개했지만 이는 혼란스럽고 급변하는 일련의 정치적 연합들만 생성했을 뿐이다. 실례로 이라크의 쿠르드 민족주의자 분파는 한때 경쟁 분파와 대립하는 가운데 사담 후세인과 연합하기도 했다.

그럼에도 불구하고 쿠르디스탄 지역을 모두 포괄하는 대쿠르디스탄 국가를 지도에 그려 넣고자 하는 열망은 잡다한 분파들의 모임 이상으로 쿠르드 민족주의를 유지하고 있다. 미국 국무부도 쿠르드 민족주의를 언급하며 쿠르드 민족주의자들의 주장에 신뢰성을 주고 있다. 또한 억압적 국가 정책이 쿠르드 민족주의 정서를 촉진하는 의도하지 않은 결과를 가져오기도 했다. 그러나 쿠르드 민족주의는 앞의 4개국 사이의 경쟁 그리고 내부의 경쟁과 상호 작용하면서 분절된 상태로 남아 있다. 냉전 양극 체제 질서가 붕괴하고 9·11 테러 공격들로 말미암아 해당 지역에 미국과 미국 동맹국들의 개입은 증가했다.

2003년 새로 출범한 이라크는 (바그다드 중앙 정부의 격렬한 반대에도 불구하고) 터키와 원유 공급을 협상한 쿠르드 자치 지역을 포함했다. 터키는 쿠르드 주요 정당인 쿠르드 노동자당Kurdish Workers Party을 억압했다. 한편 최근 시리아 아사드Assad 정권의 쇠락은 쿠르드 민족주의자들에게 쿠르드 자치구 성립과 이에 대한 미국의 지원과 함께 새로운 기회가 된 동시에 소위 이슬람국가Islamic State 운동과 고조되는 터키의 탄압과 같은 새로운 위협도 창출하고 있다. 국내 및 국제적 힘의 위상의 지속적인 변화는 쿠르드 민족주의 성격을 계속해서 변화시키고 있다.

새로운 요소는 디아스포라 민족주의다. 많은 쿠르드인이 유럽(특히 베를린, 스톡홀름, 파리를 중심으로) 또는 더 먼 지역으로 이주했다. 부유하고, 거주국의 정부와 시민사회 조직과 네트워킹하며, 자유롭게 조직을 만들고, 최신 커뮤니케이션 기술을 통해 모국과 연계된 디아스포라는 큰 영향력을 행사한다. 이들은 모든 쿠르드인을 아우르는 관점을 취할 수 있으며 무엇이 국제 여론을 설득할 수 있는지에 민감하다. 다른 쿠르드 민족주의와 마찬가지로 디아스포라 민족주의 역시 지구 정치의 변화에 따라 변화한다.

질문 1 쿠르드 민족은 상상 공동체라기보다는 발명된 것인가?
질문 2 '쿠르드 민족주의 운동이란 것은 없었다. 단지 경쟁적인 쿠르드 파벌들만이 있었고 이들은 주적 국가들에 의해 형성되었다'라는 설명에 대하여 논해 보자.

민족의 정의

참고 26-2

"민족은 (…) 그 본질에 있어 제한된 것으로 그리고 주권적인 것으로 상상되는 상상의 정치 공동체이다. (…) 가장 작은 민족의 구성원이라 할지라도 다른 대부분의 구성원에 대해 알지도 못하고 만나지도 못하고 서로 이야기를 나누지도 못하지만 그럼에도 불구하고 각자의 마음속에서 서로를 동료의 이미지로 그린다는 점에서 민족은 상상된 것이다. (…) 10억 이상의 인구를 가진 가장 커다란 민족이라 할지라도 제한적인 경계가 있고 그 경계 밖에 다른 민족이 살고 있다는 점에서 민족은 제한적인 것으로 상상된다. (…) 계몽주의와 혁명이 신으로부터 부여받았다고 주장되는 위계적 왕조 질서의 정당성을 파괴하던 시기에 민족 개념이 나타났다는 점에서 민족은 주권적인 것으로 상상된다."

(Benedict Anderson, 1991: 5~6)

"(…) 애초에 민족을 하나가 아니라 여러 종류의 객관적 관계, 즉 경제·정치·언어·문화·종교·지리·역사적 관계의 조합이 주관적으로 집단의식에 반영됨으로써 통합된 거대한 사회 집단으로 정의하도록 하자. 사람들을 묶어 주는 연결 고리들은 상호 대체 가능하다. 즉 어떤 고리가 민족 형성의 한 시기에 특별히 중요한 역할을 수행했다가 다른 시기에 그 역할이 보조적인 것에 그칠 수도 있다. 그러나 이러한 연결 고리 가운데 다음 세 가지의 역할은 대체될 수 없다. (1) 어느 한 집단의 '숙명' 또는 그 집단의 핵심 구성 요소로 받아들여지는 공통의 과거 역사에 대한 '기억.' (2) 집단 내부에서 높은 수준의 사회적 소통을 가능하게 해 주는 언어적·문화적 연결 고리. (3) 시민사회로 조직화된 집단의 모든 구성원이 평등하다는 관념."

(Miroslav Hroch, 1996: 79)

"민족에 대한 객관적 정의와 주관적 정의 가운데 어떤 것도 만족스럽지 못하다. 둘 다 잘못된 것이다. 어떤 경우든 이 분야 학자들에게 최선의 자세는 불가지론이다. 이 책 또한 무엇이 민족의 구성 요소인지 선험적으로 정의하지 않을 것이다. 일단 서로가 서로를 한 '민족' 구성원으로 간주하는 사람들 가운데 크기가 충분히 큰 집단을 민족으로 정의하고자 한다. 그 집단의 모든 구성원이 자신들을 하나의 민족으로 간주하는지 안 하는지 여부는 단순히 그 집단의 몇몇 학자나 정치적 대변인들에게 물어 봄으로써 알 수 있는 것은 아니다. '민족 관념'에 대해 이야기하는 사람들이 나타났다는 사실이 중요하긴 하지만 '민족'이라는 단어가 오늘날 너무 광범위하게 그리고 너무 부정확하게 사용되기 때문에 민족주의라는 용어 사용이 사실상 아무것도 의미하지 않게 되었다."

(Eric Hobsbawm, 1990: 8~9)

주의자들의 기본 가정을 받아들이는 것을 의미하기 때문에, 게다가 민족국가에 대한 데이터가 결함이 많기 때문에, 얼마나 많은 민족국가가 존재하는지 규명하는 것은 가치 있는 일은 아니다. 대신 이 장에서는 민족이 어떻게 정의되든 스스로를 민족적이라고 주장하면서, 강력한 국가 전복적 민족주의 운동에 도전받지 않고 국제적으로 승인받는 국가들을 민족국가로 간주하고자 한다.

표 26-1 민족주의에 대한 논쟁

우선순위 (민족/민족주의)	시기 (전근대/근대)	유형(이데올로기/정치/정서)	핵심 요소 (문화/정치/경제)	이론명	대표 학자
민족	전근대(사회생물학적) 또는 근대(사회적)	정서	문화 (정체성으로서 믿음)	원초주의	피에르 판덴베르허 Pierre van der Berghe (전근대) 워커 코너 Walker Connor (근대)
민족	전근대 ethnie	정서	문화(신화와 기억)	종족–상징주의	앤서니 D. 스미스 Anthony D. Smith
민족	전근대	정서	문화(신념으로서 믿음)	영속주의	에이드리언 헤이스팅스 Adrian Hastings
민족주의	근대	정서	경제(산업)	근대주의	어니스트 겔너 Ernest Gellner
민족주의	근대	정서	문화(커뮤니케이션)	근대주의	베네딕트 앤더슨 Benedict Anderson
민족주의	근대	이데올로기	문화(지식인)	근대주의	엘리 케두리 Elie Kedourie
민족주의	근대	정치	정치 (엘리트와 근대 국가)	근대주의	폴 브라스 Paul Brass 찰스 틸리 Charles Tilly 마이클 만 Michael Mann

지구 정치에서 민족주의의 간략한 역사

몇몇 역사학자는 고대의 '지구화'나 중세의 '지구화'가 존재했다고 주장한다. 그러한 지구화는 논외로 한다면 1500년경부터 아메리카 사람들은 유라시아, 아프리카 대륙과 접촉하였다. 그러나 대중 정치나 감정으로서의 민족주의는 국가들 사이에 중요한 지구적 정치 투쟁들이 민족주의적 논쟁들을 양산한 1750년 이후에야 비로소 중요해졌다.

7년 전쟁(1756~1763)은 논란이 있을 수 있겠지만 최초의 '세계 전쟁'이었다. 영국과 프랑스는 유럽, 아시아, 아메리카에서 직접적 또는 간접적으로 서로를 상대로 육군과 해군을 배치하였다. 두 국가는 면화, 담배, 설탕과 같은 대중 상품의 세계 무역을 통제했고 유럽인들은 세계의 다른 지역을 원시적인 사회나 쇠락한 문명들로 간주하고 우월한 문명, 종교, 때로는 인종적 관점에서 자신들의 권력을 정당화했다.

이러한 민족주의는 국가 강화적, 시민적, 엘리트 민족주의였다. 프랑스와 영국에서는 특권 폐지와 '국민'에 대한 정부의 책임성에 대한 요구가 있었다. '시민적 민족'이라는 개념은 당시 상업의 지구화로 세력을 점차 확장하고 있던 중간 계급에 결부되었다. 이러한 두 국가의 유사성으로 말미암아 프랑스와 영국에서는 서로를 명백한 위협으로 간주하는 국내 여론이 형성되었다. 영국과 프랑스 간 갈등은 영국보다 프랑스에 더 큰 충격을 가져다주었고 결국 혁명으로 이어졌으며, 혁명은 민족이 주권의 원천이 된다는 주장을 표명하였다. 혁명을 겪은 프랑스는 유럽의 구체제 국가들과 전쟁하면서 다른 나라 민족들에게 자신들의 정부에 대항하여 봉기를 일으킬 것을 촉구했다. 그러나 유럽의 여타 국가 정부들도 이에 민족주의적 수사로 대항했다.

민족주의는 유럽에서는 중요해졌지만 다른 지역에서는 아직 비주류 관념으로 남아 있었다. 아메리카 대륙에서는 혁명을 통해 스페인과 영국의 식민지들이 독립했다. 그러나 식민지 엘리트들은 자신들의 자치권 주장을 정당화하기 위하여 민족적 정체성이 아니라 주로 국민주권의 언어를 사용했다.

나폴레옹의 패배 이후 영국은 세계 최강대국이 되었다. 당시 영국의 국력은 협력과 분할 등의 **외교**diplomacy뿐 아니라 해군력의 우세, 지역 엘리트와의 비공식적 협력에 기반하고 있었다. 군사력과 경제 권력을 결합했던 전통적 제국과 달리 영국은 이 둘을 분리했다. 영국은 관세를 폐지했고, 해외 교역과 해상 운송에 대한 독점을 포기했으며, 주요 통화의 가치를 금의 가격에 고정했다. 이는 이후 통신(예를 들어 전신과 이후 전화와 무선)과 교통수단(예를 들어 증기 동력과 이후 전기 동력 및 석유 동력)의 발전을 수반하는 산업화로 이어졌다. 이는 장거리 인구 이동을 급격히 증가시켰다.

영국의 국력은 영국의 잠재적인 라이벌 국가들의 쇠락과 분열에 따른 것이었다. 1860년대 유럽과 아메리카, 아시아에서는 근대화와 민족화를 추구하던 국가들이 전쟁에 승리한 후 눈을 외부로 돌려 영국 **패권**hegemony에 도전했다. 국력이 기술 발달과 밀접히 연관되어 있었기 때문에 많은 국가는 개입 정책을 채택했다. 국력이 해외 자원 확보에 달려 있다는 사고는 제국주의적 갈등을 촉발했다.

다른 국가들은 프랑스와 영국에서 시작된 시민 민족주의를 모방하려고 했다. 이들 지역의 민족주의자들은 자신들이 역사가 오래된 '역사적' 민족이라고 주장했고, '비역사적' 민족들은 '고급문화'를 가진 민족에 동화되어야 한다고 주장했다. 이러한 주장은 민속 문화, 민중 종교, 구어의 중요성을 강조하는 대항 민족주의를 자극했다. 이들 민족주의자들은 초기에 성공을 거두지는 못했지만 민족주의 관념 확산에 기여했다.

영국의 지배가 간접적 방식을 택했기 때문에 유럽 이외 지역에서 민족주의의 발전은 잘 이루어지지 않았다. 다만 기독교와 세속적 근대성에 대한 저항이 있었다. 기독교적 가치와 근대적 가치는 둘 다 수용되거나(예를 들어 기독교로 개종하고, 식민지를 독립시키는 것) 아니면 둘 다 거부되었다.

영국 주도로 이루어진 지구화의 모순이 증대함에 따라 새로운 형태의 민족주의가 나타났다. 제국주의 갈등은 영국에 도전하는 국가들에서 국가 강화적 민족주의의 발전을 촉진했다. 그리고 인종적 사고와 결합한 민족주의는 종종 문명과 종교에 근거한 우월성 주장을 대체했다. 인종적 사고가 주로 유럽 외부에 적용되었지만 유럽 내에서도 반유대주의와 같은 형태로 나타나기도 했다. 인종주의와 민족주의에 근거하여 식민 통치를 강화하려던 조치들은 대항 민족주의를 자극했다.

국가 강화적, 엘리트적, 시민 민족주의의 성공은 근대 기술과 조직을 이용한 전쟁으로 이어졌으며, 여러 정부가 국가 형성, 경제 개발, 제국주의 팽창 문제에 직면함에 따라 민족주의가 지닌 자유주의 가치는 포기되었다. 종족적, 국가 전복적 민족주의는 쇠락하는 다민족 국가에서 제한적 성공만을 거둘 수 있었다. 발칸 지역에서는 오스만제국을 막기 위해 러시아로부터의 외부 지원이 민족주의 운동의 본질적인 힘보다 더 중요했다. 많은 국가가 영국의 패권에 도전함에 따라 세계는 점차 여러 세력권으로 분열되기 시작했다. 이에 기술 발전을 바탕으로 하는 군비 경쟁과 국가 간 공식적인 동맹 관계가 당시 국제관계의 주도적인 특징이었다. 정치인들은 '국가 여론'에 호소했고 이후 자신들이 조장한 민족주의 정서에 발목을 잡히게 되었다.

영국 패권은 범세계주의적 자유 무역주의의 용어들로 설명되었다. 반면에 영국 패권에 도전하는 국가들은 관료 기구, 대규모 군대, 국가의 경제 개입을 통해 통치하였다. 민족주의 사고로 무장한 국가는 대중 교육, 대중 매체, 관세 보호, 보조금과 같은 새로운 방식을 통해 사회에 침투했다. 국가는 또한 공세적인 민족주의를 통해 해외에서 **제국**empire을 건설하고자 했다. 정치적 갈등이 지구화됨에 따라 국가는 더욱 민족적이 되었다. 문명적 정당성과 인종적 사고에 근거해 이루어지는 억압과 착취의 현실 사이에는 모순이 존재했다. 대항 민족주의는 지역적인 개념(범아프리카주의, 범아시아주의, 범아랍주의 등)을 앞세운 제국주의 세력을 거부했다.

요컨대 민족주의는 1914년 이전 세계 정치에서 중요했으나, 모든 곳에서 중요하지는 않았다. 제국주의 국가들은 세계를 지배했고, 가장 강력한 민족주의는 그러한 제국주의 국가들의 국내 핵심 지역에서 발생했다. 제국주의 국가들은 민족주의가 자신의 존재에 위해가 된다는 이유로 민족 자결주의라는 보편적 원칙을 받아들일 수 없었다. 신생 국가들은 주요 국가들 사이의 조약을 통해 탄생했으며(**제15장 참조**), 이러한 신생 국가들을 창설하고 승인할 수 있는 일반적 방식을 제공하는 국제기구나 국제법은 1918년 이전까지는 존재하지 않았다.

원래 유럽 중심적인 전쟁으로 시작되었던 제1차 세계대전은 전 지구적 전쟁이 되었다(**제3장 참조**). 사람과 경제에 대한 국가의 통제력은 급격히 증가했다. 비록 전간기 동안 군대 해산이 이루어지고 국가 개입이 줄어들었음에도 불구하고 제2차 세계대전은 더욱 전 지구적인 전쟁이 되었고, 국가 개입은 더욱 광범위해졌으며 전쟁은 보다 '총력전'이 되었다. 무선 통신과 공군력의 발전, 대규모 경제 지원과 국가 간 군사적 **조정** coordination 으로 인해 제2차 세계대전은 초국적인 것이 되었다. 군사적 측면에서의 지구화는 사라져 가는 자유 무역과 고정 환율제도 및 감소하는 경제적 인구 이동과 같은 경제적 탈지구화 현상과 함께 이루어졌다. '정상'으로 되돌아가려던 1920년대의 시도들은 **대공황** Great Depression 과 함께 날아가 버렸다. 라디오, 영화, 텔레비전, 항공 여행, 자동차 등의 신기술이 급격히 확산했고, 특히 전쟁 기간 동안 국가는 이러한 기술들을 통제했다. 이러한 전 지구적인 과정들은 민족주의를 약화하는 대신 국가 강화적 민족주의를 강화하는 방향으로 전개되었다.

제1차 세계대전 중 서양 연합국들은 편협한 민족주의가 아니라 시민적 민족국가에 기반한 자유민주주의를 자신들의 대의명분으로 내세웠다. 그러나 러시아와의 동맹으로 이러한 서양 연합국들의 주장의 정당성이 훼손되었다. 이에 따라 그들은 전후 자유민주주의를 보편화하는 데 실패했다. 독일은 1914년 종족 민족주의의 성격을 명백히 드러냈다. 독일의 동맹국이었던 오스만제국과 합스부르크 왕조는 국가 전복적·종족적 민족주의를 차단하기 위해 전쟁에 뛰어들었다. 연합국의 승리는 우드로 윌슨의 **14개 조항** Fourteen Points 에 담긴 자유민주주의적 민족자결의 **원칙** principle 의 승리를 의미했다. 그러나 예상과 달리 이는 오히려 종족 민족주의자들에게 도움이 되었다. 국제사회에 대한 윌슨의 광대한 비전은 소련이 전 세계 사회주의 혁명을 강조했던 짧은 시기가 지난 뒤 소련과 미국이 내부로 눈을 돌림에 따라 쇠퇴하게 되었다.

민족주의의 독특한 형태 중 하나인 파시즘은 고립되어

있지 않았다. 파시스트들은 과거의 보수적인 엘리트 정치를 거부하는 동시에 공산주의와 **자유주의** liberalism 에 대한 혐오를 드러냈다. 파시스트들은 자민족의 전 세계적 영향력을 증진하기 위해 민족을 강력한 국가와 대중 동원 그리고 천재적 지도자를 필요로 하는 초개인적, 무계급적 총체로 파악했다. 제1차 세계대전은 민족주의에 파시스트들이 자라날 수 있는 국가주의적·군사주의적 성격을 부여했다. 경제적 침체가 계속되고 자유민주주의에 대한 신념이 약화함에 따라 파시즘은 대중적 인기를 얻게 되었다. 파시스트 이데올로기는 제국주의적이며 동시에 완전히 반보편주의적이었다. 파시스트들은 우월한 민족/인종이 열등한 노예 계층을 지배하는 거대한 세력권 형성을 비전으로 제시했다.

식민지에서 군사 동원과 경제 개발을 위한 시도들은 억압과 착취를 증대시켰다. 세계대전은 기존 권력 구조를 분열시키고 파괴했다. 이로써 자유주의, 공산주의 또는 파시즘 모델에 의해 독립을 쟁취하고자 하는 민족주의자들의 꿈이 커져 갔다.

그러나 민족국가를 형성하기에 민족주의만으로는 충분하지 않았다. 사실 영국과 프랑스가 독일의 식민지와 오스만제국의 속주를 차지하고, 이탈리아가 북아프리카에서, 일본이 아시아에서 세력을 넓힘에 따라 1918년 이후 제국주의 세력의 힘은 증대되었다. 미국이 가맹국이 아니었던 국제연맹은 프랑스와 영국이 주도하게 되었다. 국제연맹은 **국제법** international law 과 국제 행정 개념을 선도하는 데 기여했으나, 새로운 세계 평화 **질서** order 를 수립할 수는 없었다.

국제 관계에서 갈등이 증가했고 대중들의 감정을 고조시키기 위하여 국가 간 갈등뿐만 아니라 국내적 갈등에 결부된 대결적 이데올로기가 국제 관계에 나타나는 현상이 증가했다. 공산주의 이데올로기와 파시스트 이데올로기는 강력한 의지력이 '현실'을 극복할 수 있다는 가정하에 극단적 정책을 정당화했다. 파시즘과 공산주의는 민족국가 세계 질서가 아니라 지배적 인종/민족 또는 지배적 계급이 이끄는 초제국 수립을 목표로 했다. 공산주의 국가들은 한계를 인식했기 때문에 이 시기를 살아남을 수 있었다. 제3제국은 그러나 자기 파괴적 급진주의self-destructive radicalism를 추구했다([사례연구 26-2] 참조).

자유민주주의는 공산주의와 파시즘의 위협에 직면하여 수동적이고 수세적이었다. 1941년 당시 파시스트들의 세계 비전은 실현될 것처럼 보였다. 그러나 초기에 파시스트 세력이 기존의 제국적 통치를 종결시켜 줄 것이라 믿었던 민족주의자들은 파시스트의 승리가 오히려 지배자가 더 나쁜 인물로 바뀌는 일일 뿐이라는 사실을 깨닫게 되었다. 민족주의는 옛 제국이 사라져야 성공할 수 있지만 그렇다고 옛 제국이 새로운 파시스트 세력으로 교체된다고 성공하는 것은 아니다. 어떻게 민족주의가 승리하게 되었는가? 1941~1942년 소련과 미국은 각각 독일과 일본의 공격으로 인하여 1918년 이래의 고립주의를 벗어나 제2차 세계대전에 참전했다. 2년이 지나자 연합국의 군사적 승리가 가능해 보였다. 전 지구적 전략은 민족국가가 중요한 요소로 등장한 전후 세계 질서 형성에 초점을 맞추게 되었다.

스탈린Stalin은 소련의 팽창이 전 세계를 지배하기 위한 목적이 아니라 방어를 위한 것이라고 주장했다. 그러나 소련의 팽창과 중국에서의 공산주의자들의 승리로 인해 많은 사람이 공산주의를 전 지구적 위협으로 인식했다. 공산주의 세력은 새로운 제도와 이데올로기를 갖추었지만 통치 방식은 영토에 근거한 전통적 방식을 택했다. 미국은 다른 방식으로 패권을 추구했다. 핵무기에 대한 독점적 통제를 통해 미국은 직접적 방식보다는(직접 점령했던 일본과 독일을 예외로 하고) 간접적 조정의 방식을 통해 자신의 힘을 행사하려고 했다. 미국은 국가 주권sovereignty, 낮은 관세, 관리 환율, 광범위한 재건에 기반한 자유주의 세계 질서의 토대를 구축하였다. 1947~1949년 사이 주로 아시아에서 발생한 탈식민지화decolonization의 첫 번째 흐름은 이러한 미국 중심 세계 질서의 전 세계적 확산의 전조였다.

그러나 얼마 지나지 않아 소련도 핵무기와 핵 운반 미사일 시스템을 생산하기 시작했다. 이는 미국과 소련의 상호 위협 인식을 강화했다. 미국은 반제국주의적 입장에서 뒤로 물러섰다. 핵우산은 미국과 소련 두 초강대국superpower이 주요한 피후견국으로 위치를 점한 지역 국가들에게 주도권을 넘기게 하였다. 초강대국인 미국과 소련은 상대방의 세력권(동유럽과 중국에서 소련, 서유럽과 아메리카 대륙에서 미국)을 인정했다. 두 초강대국이 경합하던 지역은 민족주의가 번성할 수 있는 중동, 아시아, 아프리카였다. 미국의 패권은 대중 매체와 대중 소비의 형태로 경제·문화적 지구화에 기여했다. 미국의 원조와 민간 투자, 낮은 관세, 안정적 환율, 값싼 에너지 등은 높은 성장률과 '자유 세계' 선진 지역들 간 통합을 가능하게 해 주었다. 소련 역시 자신의 세력권에 대한 통제를 확대해 갔다. 1950년대 후반 탈식민지화 과정이 재개됨에 따라 전 세계의 민족국가 수는 계속 증가하게 되었다.

유럽에서 관심의 초점은 초국가적 틀 안에서 민족국가를 안정시키는 데 맞춰졌다(제18장 참조). 종족적 동질화로 인해 종족 민족주의는 불필요해졌으며 시민 민족주의는 더 쉽게 받아들여질 수 있게 되었다. 시민 민족주의 이데올로기는 미국의 자유 시장과 국가 주권 원칙과 잘 어울릴 수 있었다. 소련은 동유럽 위성 국가들의 공식적인 주권을 허용해 주었다. 유럽 밖에서 식민지 민족주의자들은 국제연합 헌장과 협약conventions에서 보장된 영토 독립을 요구했다. 그러나 정치 제도, 경제, 문화가 제대로 융합되지 않은 채 독립한 국가들은 많은 문제에 직면하게 되었다. 비록 동등한 주권을 가진 민족국가 중의 하나라는 정치적 질서가 제시되었으나 민족국가들은 서로 매우 달랐으며 대부분 미국과 소련 두 초강대국의 세력권 중 하나에 속해 있었다.

탈식민지화는 종족 민족이 아닌 식민지 영토를 민족 자결의 근간으로 만들었다. 반식민주의 민족주의는 무력으로 해방을 쟁취하기보다는 국제적 정당성을 획득하는 것을 선호했다. 경제적 종속의 지속과 함께, 반식민주의 민족주의는 군사 쿠데타, 부패, 종족 정치와 같은 후기 식민주의의 다양한 문제를 이해하는 데 도움을 준다. 제국 질서 안에서 강하지 않았던 민족적 연대는 독립 투쟁이 없었다면 형성되기 어려웠다. 이러한 문제들은 새로

독일

© istock.com / RolanBlunck

대중적이고 반자유주의적인 제국주의적 민족주의의 발흥으로 이어졌다. 이는 당대 지구적 추세이기도 했다. 독일은 오스트리아, 오스만제국과 동맹을 맺었고, 이는 영국, 프랑스, 러시아라는 다른 주요 유럽 삼국과의 전쟁으로 이어졌다. 이 전쟁에 이탈리아(1915)와 미국(1917) 역시 독일에 대항하여 참전했다.

1919년, 종족 민족주의가 대중적인 지지를 받은 세력이라는 사실은 전쟁 경험을 통해 일반적으로 받아들여졌다. '민족 자결주의'가 대체로 합스부르크, 오스만제국을 민족국가로 나누는 것과 관련이 있었지만, 이는 패전국이었던 독일에게도 적용될 수 있었다. 독일의 패배, 승전국이 가한 부담에도 불구하고 독일을 분열시키자는 의견은 그렇게 강하지 않았다. 단지 독일은 프랑스, 덴마크, 폴란드에 속하는 것으로 여겨졌던 알자스-로렌, 슐레스비히, 프로이센의 일부만을 상실했다.

제1차 세계대전에서 독일이 패배함으로써 잠재력 측면에서는 여전히 강력한 민족국가였던 독일에서 극단적인 종족 민족주의가 급진적인 성격을 띠게 되었고 경제적 쇠퇴와 함께 히틀러가 대중 운동의 지도자로 등극하게 되었다. 나치즘은 유럽에 인종주의에 근거한 제국을 수립하고 세계의 남은 두 강대국, 즉 대영제국과 미국에 맞서고자 하였다. 독일, 이탈리아, 일본으로 구성된 추축국을 패퇴하기 위해서는 전 지구적 동맹이 필요했다. 이번에는 종족적 독일 국가를 하나의 주권국가로 허용해서는 안 된다는 합의가 존재했다. 연합국은 독일을 점령하여 독일의 주권을 끝냈다. 소련과 서양 동맹국의 분단은 사실상의 독일 분단으로 이어졌다. 초민족적인 자유주의나 사회주의가 종족 민족주의를 대체하여 서독과 동독의 이데올로기가 되었다(또 하나의 독일인 국가인 오스트리아는 중립을 선언했으며 독일 민족주의와 거리를 두었다). 이후 독일의 새 세대들은 이들 국가에서 서로 다른 방식으로 사회화되었다.

독일의 재통일은 민족주의의 부활처럼 보이기도 한다. 그러나 재통일은 사실상 소련의 붕괴의 결과였다. 갑작스럽고 예상하지 못했던 소련의 붕괴 이전에는 강력한 통일 요구가 없었다. 동독인들에게 통일은 유럽연합과 풍요롭고 자유로운 서양 세계로 진입할 수 있는 빠른 길을 제공해 주었다. 자유민주주의에 기반하여 통일을 달성하겠다는 서독의 약속은 통일을 거부하지 못하게 만들었고, 이는 유럽 통합으로 향하는 움직임의 일부로 여겨졌다. 비록 2008년 지구금융위기 이후 대중 민족주의의 발흥으로 의심을 받긴 했지만 통일 독일은 강하게 유럽적 관념에

1815년 이후, 독일 지역은 유럽에서 가장 허약한 지역이었으며 여러 작은 국가들이 합스부르크와 호엔촐레른 왕조의 전반적인 영향력하에 놓여 있었다. 독일 민족주의자들은 영국과 프랑스의 영향을 받아, 자유주의적이며, 헌정주의의 경향을 보였다. 그러나 이는 대중적으로 영향력이 약했으며, 통일된 목소리를 내지 못했고 오스트리아와 프로이센의 반격에 직면했다. 변화는 자유주의적 민족주의자들이 프로이센을 지지하는 국가 강화적 민족주의로 전환하면서 찾아왔다. 초기 산업화가 진행되면서, 특히 철도, 인쇄 매체, 전신, 석탄, 철, 강철 생산이 늘어남에 따라 프로이센은 오스트리아와의 전쟁(1866), 프랑스와의 전쟁(1870~1871)에서 예상치 못한 승리를 거둘 수 있었다. 이에 프로이센은 독일 민족의 국가를 선언했다. 이 국가는 민주적이지도, 또 종족적으로 동질하다고 볼 수도 없었지만 말이다.

독일의 지속적인 빠른 산업화와 영국 패권을 향한 도전은, 더욱

헌신해 왔다.

즉 1871년 이후 독일이라고 불린 하나의 혹은 그 이상의 국가들이 있었지만, 그 국가의 영토, 제도, 이데올로기와 국제 공동체에서의 지위는 현격하게 바뀌었다. 특히 전쟁으로 야기된 국가의 붕괴(1866, 1870~1871, 1918, 1945) 이후, 사회적 위기(1930~1933, 1989~1991) 이후에 그러했다. 민족주의는 지구 정치와 상호 작용하며, 민족 자결주의라는 관념을 계속 바꾸어

가면서 활용한다.

질문 1 독일 민족주의는 필연적으로 유럽의 안정에 위협이 되었나?

질문 2 독일 전체는 1991년 이후 단지 '서양'의 일부가 되었는가?

운 형태의 민족주의를 낳았다. 일부 민족주의는 분리를 요구했고 또 다른 민족주의는 '참된' 독립을 이루기 위한 개혁을 요구했다. 민족주의자들의 반대는 국가 붕괴를 촉진하기도 했다. 그러나 양극 질서와 국가 주권이라는 신성불가침의 원칙은 국가 붕괴가 새로운 국가의 탄생으로 이어지는 것을 막았다. 파키스탄으로부터 방글라데시의 분리는 이 원칙의 중요한 예외였다고 할 수 있다. 국제 체제는 새로운 국가보다는 기능에 문제가 있더라도 기존 국가가 유지되는 것을 선호했다. 이러한 체제는 탈냉전과 소련의 붕괴 이후 양극 체제가 단극 체제로 변함에

따라서 비로소 변화하였다(**이 점은 뒤의 '민족주의, 민족국가, 그리고 현재의 지구 정치'에서 생각해 볼 것이다**).

지금까지 민족주의와 지구 정치 사이의 밀접한 관계에 관한 복잡한 역사에 대하여 대략적으로 설명했다. 민족주의의 발흥에 뒤이어 지구화의 도전이 뒤따른다는 것과 같은 단선적인 역사의 방향성은 존재하지 않는다. 그럼에도 불구하고 역사 발전에는 여기서 몇 가지 제시된 것과 같이 일정한 유형이 존재한다. 이 절에서는 지금까지 존재했던 유형에 대해 살펴보았다. 역사적 기록이 여기서 제시된 유형에 부합되는지 판단하는 것은 순전히 독자의 몫이다.

요점정리

- 단일한 형태의 지배적인 민족주의는 없다. 그 모습은 종족적ethnic일 수도, 시민적civic일 수도 있으며, 엘리트적elite일 수도, 대중적popular일 수도 있다. 또 이는 현존하는 국가를 지지하기도 거부하기도 한다.
- 지구 정치 질서의 변화 속에서 민족주의로부터 민족국가 형성으로 나아가는 단일한 순서는 존재하지 않는다.
- 지도국의 정치 이데올로기는 중요하다고 할 수 있다. 왜냐하면 다른 국가들이 지도국의 권력과 이데올로기에 반응하기 때문이다. 제1기에, 영국과 프랑스는 여러 지역의 민족주의의 전개 과정을 틀지었다. 그러나 1900년대에 독일과 일본 모델이 중요해졌고, 1918년 이후, 그리고 특히 1945년 이후에는 미국과 소련 모델이 가장 중요했다.
- 모방과 도전, 그리고 강대국 간의 충돌, 주변부에서 민족주의 운동의 부상 등으로 민족국가로 구성된 세계 질서가 형성되었으며, 민족주의는 지배적인 정치사상이 되었다.
- 냉전 시대에는 해외로 뻗어 있던 유럽의 제국이 붕괴하면서 등장했던 민족국가들로 구성된 새로운 세계 질서가 안정적으로 유지되었다.
- 소련의 붕괴와 서양 자본주의의 위기와 더불어 유럽에서는 민족주의 운동이 발흥하고 있다. '시민적' 분리주의 운동이 스코틀랜드와 카탈루냐와 같은 서유럽에서 진행되고 있으며, '종족적' 국가 강화적 민족주의(영국독립당, 프랑스의 국민전선)도 등장하고 있다. 특히 2008년 이후 중유럽과 동유럽의 과거 공산주의 국가들에서 발생했던 많은 문제는 대중적인 종족 민족주의를 촉진했다. 유럽을 넘어서, 국가의 붕괴는 종종 민족주의(예: 쿠르드 민족주의)를 자극한다. 그러나 국가의 붕괴는 대개 너무나 근본적이어서 어떤 형태의 정치 운동도 약화시키거나 아니면 급진적 이슬람주의가 민족주의를 퇴색시키도록 만든다.

1918년 이래 민족 자결주의의 변화하는 의미들

1918년, 1945년, 1989년 이후 민족국가들이 형성되었던 세 차례 물결을 살펴봄으로써 민족주의의 역사적 발전에 관한 전반적인 유형을 식별할 수 있다. 제국의 붕괴는 매 차례의 민족국가 형성 물결 이전에 이루어졌고 그때마다 민족 자결주의 원칙은 정당화되었다([그림 26-1] 참조). 그러나 전 지구적 상황이 각 국면에서 변화됨에 따라 민족 자결주의의 의미도 변모되었다. 이 장은 민족 자결주의의 의미 변화에 대한 주장과 증거를 일반적인 개요와 네 개의 사례연구 형태로 제시한다. 사례연구들은 각각 고유한 특성을 보여 주고 있으나 동시에 동일한 전 지구적인 정치적 변화를 반영하고 있다.

전반적 개요

신생 국가가 확립되기 위해서는 권력, 국내적 정당성, 국제적 승인이 필요하다. 기독교 군주국으로 구성된 유럽에서는 이러한 정당성과 승인이 군주제와 종교적인 언어로 표현되었다. 이러한 관행과 단절된 최초의 사례는 1776년 미국 독립 선언이었다. 필라델피아에서 열린 대의원 회의는 '인류의 의견을 품위 있게 존중하면서도' 왜

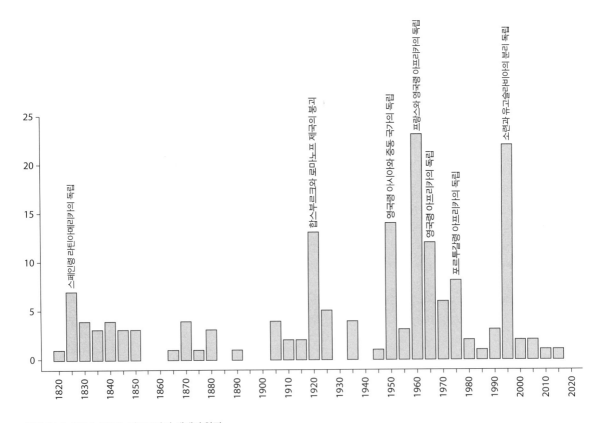

<u>그림 26-1</u> 1816~2018, 민족국가의 세계적 확장

출처: Adapted with permission from Wimmer, *A. Waves of War*. Cambridge, UK: Cambridge University Press. Copyright ©2013 CUP. https://doi.org/10.1017/CB9781139198318.003.

'한 민족'이 다른 민족으로부터 독립할 수밖에 없는지를 표명했다. 실질적인 목적은 프랑스의 지원을 얻는 것이었지만 종파적이지 않은 공화국이라는 새로운 종류의 국가를 정당화하는 것이기도 했다.

이러한 주장들은 반제국적 민족주의가 아니라 민족적 제국주의가 강세였던 19세기 긴 세월 동안 단지 간헐적으로만 채용되었으며, 이러한 현상은 1918년에야 변화되었다. 제1차 세계대전에 연루된 강대국들은 미국을 제외하고는 모두 다민족 국가이자 제국주의 국가들이었다. 전쟁은 제국주의 국가들의 국내 핵심 지역, 세르비아와 같은 소국가들, 서로 대립하는 두 세력이 각기 민족주의자 세력을 동원했던 동유럽의 분쟁으로 파괴된 지역, 전쟁에 휩싸인 해외 식민지 국가들에서 광범위하게 민족주의의 호소를 증진했다. 전쟁의 유례없는 규모와 파괴성으로 인하여 이전의 평화적 타결(1714~1715, 1814~1815)이나 1878년의 베를린 회의나 1884년의 베를린 회담과 같은 강대국들의 조약처럼 전쟁 이전의 협정을 단순히 조정하는 것으로 전후의 평화를 달성하기는 쉽지 않았다.

세계 정치에 새롭게 생긴 두 현상이 1917년 엄청난 변화를 가져왔다. 러시아에서 볼셰비키들은 예전 방식의 정치와는 단절하겠다고 선언했고, 러시아와 동맹국들과의 비밀 조약들을 발표했으며, 민족 해방 운동에 대한 지지를 공표했다. 이에 대한 직접적인 반응으로 미국 대통령인 우드로 윌슨은 새로운 열린 정치가 실행되어야 하며, 국가들은 민족 자결의 원칙에 근거하여 세워져야 한다고 주장했다. 1918년 말 중심 세력들의 패배로 민족 자결의 원칙은 열광적인 영향을 끼쳤다. 유럽에서는 소수 민족을 대표한다고 주장했던 민족주의자들이 독립을 요구했으며, 아시아와 중동에서는 민족 자결에 대한 주장이 소리 높이 제기되었다.

민족의 자결은 종족적 기준을 이용하여 패배한 제국들에만 적용되었다. 비록 미국은 시민 민족주의를 추구했지만, 윌슨은 민족적 경계를 결정하기 위해 인구 조사, 지도, 언어와 같은 자료를 사용하는 종종 유럽 출신의 국외 이주자였던 학계의 '전문가들'에게 의뢰했다. 후속 국가들은 유고슬라비아의 경우에서와 같이([사례연구 26-4] 참조) 지배적인 종족-민족들을 따라 그 명칭이 정해졌다. 독일과 헝가리는 민족국가로서 유지되었으나 해외 영토들을 상실하게 되었다. 제정 러시아는 소련 연방처럼 다민족국가로 남았으나 비러시아 공화국들은 '명목상의 민족'에 따라 불리게 되었다.

비록 몇몇 분쟁 중인 국경 지역에서 국민투표가 있었지만 민족 자결은 주로 다수의 민족을 식별함으로써 이루어졌으며, 이러한 관행은 소수 민족들의 분노를 일으켰다. 이에 대한 합의로 소수 민족에 대한 보호 장치를 포함하게 되었고 민족적 기준을 사용하는 신생 국가에서만 이러한 합의가 이루어졌다. 인구 이전은 1923년 주로 그리스와 터키 사이에서 같은 근거로 국제적으로 승인되었다.

독일, 이탈리아, 일본과 같이 패배하거나 낙망한 국가들은 파시즘 형태로 종족 민족주의를 표명하였고, 이것은 우월한 민족이나 종족이 다른 민족이나 종족을 지배하는 권리를 공표하는 것이었다. 민족국가들은 다른 국가들에 거주하는 자신들과 같은 소수 민족들 사이의 분노를 동원하였다. 소련은 공식적 또는 비공식적으로 유럽의 통제하에 있는 지역에서 식민지 해방 운동을 촉진했다.

1945년 이후 여러 상황은 달라졌다. 추축국들의 패배는 극단적인 종족 민족주의의 패배로 여겨졌다. 1918년 이후 화해의 과정에서 종족 민족주의를 수용했던 사실은 심각한 잘못으로 간주되었다. 영향력이 더욱 증대된 미국 국무부는 더 이상 학계에 자문하지 않았고, 민족적 정의보다는 안정을 추구했던 국무부 내 전문가들에게 의존했다. 소련은 1918년 이후와는 달리 많은 영향력을 끼쳤다. 1918년 이후 종족 민족주의의 성공(심지어 1945년 이후에도 재건된 폴란드와 체코슬로바키아로부터 '독일 민족'의 추방이 계속되었다)은 소수 민족들의 문제들을 해결해 주었다. 종족적으로 분열된 식민지에서 (소련이 요구하였고 미국이 원칙적으로 지원했던 것과 같은) 탈식민지화는 종족 민족주의적 접근법을 받아들이지 않았다. 결과적으로 1945년 이

인도 독립 선언 때 델리에서 열린 기념식
© World History Archive / Alamy Stock Photo

1750년 이전 인도는 전 지구적 연계망global ties에 연결되어 있었다. 무굴제국은 이슬람제국의 장거리 교역망을 통해 동쪽으로는 중국까지, 서쪽으로는 소아시아와 중동 지역을 거쳐 북서 아프리카까지, 그리고 유럽 국가들을 통해 아메리카 대륙과 동남아시아, 북부 오스트레일리아 지역까지 연결되어 있었다. 영국의 동인도회사는 기존 교역망과 정치 네트워크를 기반으로 담배, 차, 커피, 아편, 면화의 플랜테이션 생산과 같은 새로운 요소들을 도입했다. 그러나 유럽 문화나 종교를 강제하거나 직접적으로 통치하려 하지 않았다. 영국과 프랑스는 세력 확장을 위해 싸웠고 1815년 이후 영국이 주도권을 확보했다. 이후 자유 무역과 비공식적 제국 시기가 뒤이었다. 동인도회사는 여론을 살피며 통치했다. 기독교의 영향력이 증가했는데, 기독교화에 대한 반발이 힌두교의 체계화와 토착화를 촉진했다. 점증했던 반영 정서anti-British sentiment는 1857년 세포이 항쟁에서 절정에 달했다. 영국은 이 항쟁을 진압한 이후 공식적으로 제국 통치를 실시했다. 다른 제국주의 국가들과의 경쟁 속에서 인도에 대한 착취가 증가했는데 이는 인도에서 민족주의 관념

을 촉진했다. 인도국민회의는 엘리트, 시민적 그리고 초기에는 국가 강화적 민족주의 관념을 바탕으로 1885년 설립되었다. 1914년까지 영국은 힌두와 무슬림을 정치적으로 구분하는 자치 제도와 지방 의회 제도를 도입함으로써 이에 대응했다.

제1차 세계대전은 많은 인도인(특히 제국 군대에 징집된 인도인들)에게 자신들이 전 지구적 갈등의 일부분임을 인식시켜 주었다. 윌슨의 민족 자결주의 주장은 1920년대에 대중에 기반한 민족주의가 등장하도록 자극했다. 경제 공황은 대중의 불만을 증대시켰다. 국민회의는 세력을 확장했고 권력이 이양된 지방 정부를 통제하기 시작했다. 영국은 전 세계 곳곳에서 반대 세력에 직면했고 많은 양보를 했다. 1939년까지 독립은 시간문제로 보였다. 그러나 제2차 세계대전과 함께 영국은 인도에 대한 통제를 강화했으며, 민족주의 지도자들을 투옥했고, 무슬림 정치인들의 환심을 사려고 했다. 영국이 일본과의 전쟁에서 패배하자 국민회의와 무슬림연맹 민족주의자들의 기대가 커졌으며, 따라서 초기에는 진정한 목적이라기보다는 거래의 지렛대로 고려되었던 파키스탄 독립에 대한 요구가 형성되었다. 전쟁이 끝나자 영국은 더 이상 민족주의적 요구에 반대할 수 없었다. 그러나 탈식민지화의 속도는 협상을 통한 단일한 탈식민 국가보다는 폭력적인 분열의 형태를 의미했다.

독립 이후 인도는 비동맹 국가의 지도자로 활동하며 냉전의 양극 체제에서 벗어나고자 했다. 국민회의는 시민적, 영토적 민족주의를 추구했고 이는 많은 성공을 거두었다. 그러나 힌두교도와 시크교도 민족주의자들의 도전에서 극에 달했던, 세속주의에 대한 극렬한 종교적 저항에 직면하기도 했다. 세속주의 국가였지만 이슬람 국가로 설립되었던 파키스탄은 물리적으로 분리되었고 문화적으로 차이가 있었던 동파키스탄에 대한 통제력을 유지할 수 없었다. 결국 동파키스탄은 인도의 지원하에 분쟁을 거쳐 방글라데시로 분리 독립했다. 남겨진 서파키스탄은 이슬람 운동과 인도에 대한 계속되는 적개심에 시달리고 있다.

냉전의 종식과 최근의 지구화와 함께 인도는 눈부신 경제 성장을 보여 주고 있다. 이제 시민적 민족주의와 국민회의의 국가 계획은 신자유주의를 찬성하는 힌두 민족주의 정권에게 길을 내주고 있다. '제3세계'의 일원이라는 인도의 옛 모델은 이제 더 이상 작동하지 않는다.

질문 1 '영국의 통치를 도왔던 토착 엘리트들이 영국에 등을 돌렸을 때 인도는 독립을 쟁취하였다'라는 설명에 대하여 논해 보자.

질문 2 영국의 지배에서 벗어난 뒤 힌두와 무슬림 사이의 분열은 반드시 인도 아대륙의 분열을 야기할 수밖에 없었는가?

후의 민족 자결주의는 시민적 용어로 강하게 표현되었다. 국제연합의 협약이나 헌장은 민족이 아닌 국민의 자유를 언급했다. 유럽을 넘어서 식민지 영토들에서는 신생 국가들 사이의 경계가 이루어졌고 그 국가들 안에서 소수 민족들에 대한 승인은 없었다. 이 원칙에 대한 예외는 1947년 인도의 분할이었고, 그것은 제국주의 세력들이 원했던 방식이 아니라 밑에서부터 부과된 것이었다([사례연구 26-3] 참조).

따라서 식민지 민족 운동은 강대국들에게 호소할 수 있도록 시민적 용어로 자신들의 요구를 만들었다. 성공적인 민족국가 형성의 시점은 주로 제국주의 정치와 지역적 조건이 어떻게 결합되는지에 따라 결정되었다. 이러한 이유로 대부분의 아시아 국가들은 1940년대 말, 중동 국가들은 1950년대, 사하라 사막 이남의 아프리카 국가들은 1960년대와 1970년대 초에 독립하게 되었다.

새로운 국가들을 이끌었던 민족주의자들은 '새로운 민족'을 창출할 목표를 가지고 있었고 종족 분열이나 다른 국내적 분열을 방해물로 간주하였다. 실지 회복 운동 irredentism이나 분리주의 secessionism가 잠재적인 불안정성을 우려하는 강대국들이나 이로 인해 직접적으로 위협을 받는 신생 국가들을 상대로 성공할 확률은 별로 없었다. 냉전은 다른 시기에는 악화했을지도 모르는 분쟁들을 완화했다. 시민 민족주의는 승리했고 종족 민족주의는 이제 과거의 것으로 여겨졌다.

그러나 이러한 현상은 소련의 붕괴 이후 제국이 붕괴하고 새로운 민족국가가 형성되는 세 번째 물결과 함께 다시 변화되었다. 초기 절차는 1945년 이후의 상황과 유사했다. 유럽의 식민지들이 곧 국가가 될 것으로 여겨졌던 것처럼 소련이나 유고슬라비아 연방 내의 공화국들도 마찬가지였다. 특히 보리스 옐친 Boris Yeltsin이 비러시아 공화국들에 대한 권리를 포기하려고 할 때, 새로운 라운드의 시민적 민족 자결주의가 평화롭게 달성된 것으로 보였다.

하지만 이러한 희망은 여러 요소에 의해 약화했다. 첫째, 유럽의 식민지들과는 다르게 소련과 유고슬라비아의 연방 구성국들은 종족 민족주의의 용어로 정의되었다. 이는 가까이에 있는 러시아인과 같은 소수 민족을 반대하는 다수의 민족의 유령을 다시 불러일으켰다. 둘째, 옐친과는 다르게 세르비아의 지도자 슬로보단 밀로셰비치 Slobodan Milošević는 유고슬라비아에 대한 권리를 포기할 준비가 되어 있지 않았다. 이로 인해 폭력적인 종족 민족주의자들의 충돌이 일어났다. 셋째, 냉전기 양극 세력 균형이 끝나고 지역적 충돌을 막을 포괄적인 협정이 없었다. 넷째, 민족 승인에 대한 주장이 연방 구성국의 범위를 벗어나 퍼져 나갔다. 마지막으로 2008년 세계 경제의 침체 이후 점증하는 분노들은 대중적인 종족 민족주의에 새로운 추진력을 가져다주고 있다. 많은 정치인과 여러 학문에서는 1945년 이후의 민족주의를 대개 인정하지 않지만 민족주의는 1990년대 심각한 우려의 대상이었으며 여전히 그렇다.

민족주의, 민족국가 그리고 현재의 지구 정치

소련의 붕괴는 새로운 물결의 민족국가 형성과 국제 권력의 재편성(제4장, 제5장 참조)으로 이어졌다. 유럽 이외 지역에서 냉전의 종식은 국가 전복적 민족주의의 등장을 가능하게 해 주었다. 관리 환율 시대의 종언과 금융 시장에 대한 탈규제는 국가 권력을 약화했다. 동시에 경제 발전의 지역적 집중은 유럽과 같은 지역에서 두드러지듯이 초국가적 조정을 가능하게 해 주었다. 그러나 자본과

유고슬라비아

파괴된 다리
© Agencja Fotograficzna / Alamy Stock Photo

새로운 다리
© Mikael Damkier / Shutterstock.com

1914년 페르디난트 대공과 그의 부인이 사라예보에서 암살당한 사건은 제1차 세계대전을 촉발했다. 사라예보는 보스니아 헤르체고비나에 있었고, 1908년 이래로 오스트리아-헝가리 제국의 지배를 받았으며, 슬로베니아와 크로아티아는 오스트리아 주의 하나였다. 세르비아는 19세기 초 오스만제국의 통치에서 벗어났다. 이어서 다른 발칸 지역들 역시 오스만제국이 약해지고 강대국들이 주권국가(그리스, 루마니아, 불가리아, 알바니아)를 확립하는 데 도움을 주었던 상황을 활용했다. 세르비아는 1912년과 1913년 발칸 전쟁 기간에 광범위하게 팽창했다. 페르디난트 대공을 살해했던 사람은 바로 극단적인 민족주의자였다. 세르비아에 대한 러시아의 지지와 오스트리아에 대한 독일의 지지로 말미암아 지역적 충돌이 세계 전쟁으로 고조되었다. 단기적으로는 오스트리아가 세르비아를 병합하게 되고 세르비아 정부와 군대는 해외로 망명하는 결과를 맞이했다. 세르비아는 1919년까지 오스트리아-헝가리 제국에 빼앗긴 땅을 수복했을 뿐만 아니라 합스부르크 '남슬라브'(영어로는 유고슬라브) 영토들과 통합되어 슬로베니아인, 크로아티아인, 세르비아인으로 구성된 유고슬라비아 왕국이 세워졌다.

유고슬라비아는 우드로 윌슨의 민족 자결의 원칙에 의하여 정당화되었던 후계 국가 중의 하나였다. 특이한 점은 합스부르크 남슬라브와 복원된 세르비아가 병합되었다는 점이다. 크로아티아의 민족주의자들은 영국과 프랑스의 지식인들이 고안한 남슬라브 민족이라는 허구적 사실을 이용해 국가로서의 지위를 확립할 수 있다고 인식했다.

따라서 이 신생 국가는 특히 세르비아 왕족이 왕이 되었기 때문에 초기부터 끊임없는 분열의 움직임에 시달렸다. 또한 국제연맹이 국제적 지원을 해 주지 못했고 대공황의 영향으로 신생 국가는 약화했다. 그러나 제1차 세계대전 기간에 세르비아에서는 점령에 대하여 민족주의자들의 강한 반발이 있었던 것처럼 제2차 세계대전 기간에는 독일의 점령에 대해 반발이 있었다. 그러나 유고슬라비아는 왕당파와 공산당의 저항 운동 사이의 분열이 있었고 토착 세력인 크로아티아 파시스트 운동도 유고슬라비아에 반대했다.

유고슬라비아는 1945년 이후에 복원되었고 공산당 세력이 승리했다. 크로아티아 출신인 요시프 티토Josip Tito는 1980년 죽을 때까지 유고슬로비아의 지도자였다. 그의 통치는 공산주의에 뿌리를 두고 민족 통합을 유지하였고 소련의 간섭을 배제하고 독자 노선을 걸었다.

소련이 붕괴하고 종족 민족주의자들이 연방 체제를 남용함으로써 유고슬라비아 공산주의는 매우 약화했다. 슬로베니아는 유고슬라비아에서 신속하게 탈퇴하고 서양의 승인을 받았다. 베오그라드에서 세르비아의 공산주의자였던 밀로셰비치는 유고슬라비아에서 남겨진 것들을 수호하기 위해 새로운 대중 정치를 활용하여 종족 민족주의 감정을 동원했다. 이는 또한 크로아티아에서도 투지만Tudjman의 지도하에 유사한 운동이 일어나는 데 자극제가 되었다. 바로 두 지배적인 정치-군사적 세력의 대립이 유고슬라비아를 피의 투쟁으로 휩쓸리게 만들었다.

서양 세력의 뒤늦은 개입으로 폭력이 금지되었으며, 소련과 함께 서양도 '다음 차례의 국가'로 인식되었던 구 유고 연방 공화국들에게 국가 승인을 했다. 그러나 보스니아 헤르체고비나에서 지속되는 분열이 보여 주듯이 공화국들 내부와 공화국들을 넘어서는 강한 종족 민족주의자들의 충돌은 처리하기 어렵다는 점이 드러났다.

새로운 요소는 민족적 정의를 증진하거나, 국가 주권을 수호하거나, 제국 세력을 확장하는 것보다 인권 수호를 하기 위한 개입이었다. 항공 사진이나 목격자 증언과 같은 새로운 형태의 증거들이 사용되었고, 국제재판소와 화해위원회 같은 새로운 형태의 기관들이 형성되었으며, 이 기관들이 지구적 영향력을 행사하게 되었다.

코소보 사례에서 국가 승인 문제는 과거 코소보가 세르비아 연방공화국의 일부였다는 사실과 종족 다수(알바니아인) 원칙을 사용하기를 꺼려 한다는 사실로 인하여 복잡해졌다. 그러나 아마도 독립적인 코소보를 궁극적이고 보편적으로 승인했던 중요

한 정당화 요인은 인권이었다.

비록 1919년 이래로 이에 대해 계속해서 억제하려고 했지만 또다시 우리는 다양한 지구적 조건하에서 일련의 국가들이 붕괴하고 나서 '민족 자결'이 매우 다른 의미들을 갖게 되는 것을 목도한다.

질문 1 '유고슬라비아는 프랑스와 영국에 의해 창출되었고 소련의 붕괴로 말미암아 몰락했다'는 설명에 대해 논해 보자.

질문 2 유고슬라비아가 여러 국가로 분열된 데는 유고슬라비아에서 오랫동안 지속되었던 종족 분쟁이 직접적인 원인으로 작용했는가?

상품, 정보는 세계의 이곳저곳으로 자유롭고 빠르게 이동하는 반면 노동력, 특히 빈곤국의 미숙련 노동력은 그렇지 못하다. 정보의 저장 능력과 처리 속도를 급격히 증대시킨 디지털 정보 혁명은 동질화된 대중문화의 형태로 또는 디아스포라 문화 등을 포함하는 다양한 틈새 문화의 형태로 세계 문화의 전망을 열어 주고 있다. 이 모든 것은 새로운 형태의 민족주의에 기회를 주고 있다.

정치적 수준에서 핵심은 냉전 시대처럼 특정한 국가를 시민 민족국가로 부르고 유지하는 것이 힘들어졌다는 사실이다. 이는 구소련과 유고슬라비아에서 종족 민족주의로 시작된 새로운 국가 전복적 민족주의가 급격하게 등장하는 것을 가능하게 했다.

이러한 종족 민족주의의 재등장에 대한 반발이 존재해 왔다. 냉전 시기와 다른 중요한 변화 가운데 하나는 국제연합, 북대서양조약기구와 같은 지역 기구, 개별 국가, 비정부기구 등의 외부 개입에 의존하는 비율이 증가했다는 사실이다. 이러한 개입은 소수 민족 보호라는 명분보다는 인권 보호, 민주주의 증진과 같은 보편주의 명분에 의해 정당화되었다. 따라서 이는 민족주의자들이 자신들의 요구를 프레이밍하는 방식에 영향을 미쳤다. 어떤 국가가 소수 민족을 억압하기 위해 사용했든 아니면 소수 민족

이 국가를 전복하기 위해 사용했든 간에 국제사회가 종족 민족주의를 인정하지 않았기 때문에 오늘날 민족주의자들은 인권을 위한 운동으로 자신들의 명분을 내세우고 있으며, 독립 국가 수립보다는 권력 이양이나 다문화주의와 같은 변화를 요구한다. 민족주의는 예를 들어 유럽연합을 이용해 개별 국가 안의 자율성과 개별 국가 간 자율성을 증진하려는 것처럼 국가 하부의 특징들과 다국적 특징들을 종종 결합하고자 한다.

민족주의는 여전히 종족적으로 표출되지만 점차 정치적 독립보다는 우대 정책이나 문화적 승인 등을 요구하는 것으로 변화하고 있다. 결과적으로 이제 민족국가는 예전처럼 지구 정치 무대에서 압도적 권력을 행사하는 행위자는 아니다. 민족국가의 약화는 이러한 흐름에 저항하고자 하는 국가 강화적 민족주의를 낳았다. 대규모 이민과 유럽연합을 반대하는 급진적 우익 민족주의의 등장이 그러한 예이다. 2016년 6월 23일 영국의 국민투표에서 유럽연합 탈퇴 캠페인의 성공은 대중적, 국가 강화적, 종족적 민족주의가 지속적으로 중요해지고 있음을 입증했다. 이러한 민족주의는 주권과 정체성을 수호한다고 주장하면서 엘리트 리더십(보수당), 포퓰리스트 리더십(영국독립당), 영향력 있는 미디어의 후원, 때마침 유럽

에서 우연하게 발생한 대량 난민 사태, 긴축의 영향에 대한 만연된 불만, 전문가의 견해보다는 소셜 미디어의 견해를 선호하는 현상 등과 같은 요인들이 독특하게 혼합됨으로써 정치적으로 동원되었다. 이 모든 것이 '찬성이나 반대: 우리 대 그들'과 같은 단순한 메시지로 연결되었고, 초점과 감수성이 부족했던 기존 정부는 신뢰를 잃게 되었다. 단순한 [이분법적인] 메시지가 의외로 근소한 차이로 다수의 지지를 얻었다.

그러나 민족국가의 권력 약화는 민족주의를 국가 강화적 또는 국가 전복적 민족주의에서 다른 유형의 정치로 변화시키고 있다. 새로 등장할 정치는 쿠르드 민족주의와 쿠르디스탄의 사례에서와 같이 국가보다는 디아스포라 조직과 같은 초국적 또는 전 지구적 정치 행위자들과 연계될 것이다([사례연구 26-1] 참조).

새로운 종류의 민족주의의 등장과 새로운 민족국가의 형성, 그리고 이에 따르는 폭력적 갈등은 지구 정치 유형을 변화시켰다. 이들은 국가와 **비국가 행위자**non-state actor들로 하여금 새로운 방식으로 다른 나라 문제에 개입하도록 만들었다. 이러한 개입은 인권이나 민주주의와 같은 보편주의적 대의명분에 의해 정당화되었다(**제25장 참조**). 이는 새로운 현상이다. 세계대전 시기에는 소수 민족 권리 보호에서 개입 명분을 찾으려 했고 냉전 시기에는 국가 주권 원칙이 그러한 개입을 막았다. 이 모든 개입은 문화·정치·경제·군사적으로 민족국가를 약화하는 것처럼 보인다. 약한 국가일수록 그 개입의 효과는 크게 나타난다. 무엇보다 중요한 점은 민족주의가 이제 더 이상 민족국가와 동일시되지 않는다는 점이다. 이는 특히 민족국가가 가장 위태로울 때 그 반작용으로 민족주의가 강해진다는 사실에서 잘 드러난다. 동시에 정치의 지구화는 새로운 형태의 국가 하위 또는 초국적 수준에서의 민족주의 정치를 낳았다.

요점정리

- 신성불가침한 것으로 여겨졌던 국가의 주권 원칙은 냉전의 종식, 신생 민족국가의 등장, 새로운 형태의 경제·문화적 지구화로 약화했다.
- 이는 폭력과 종족 청소로 이어진 국가 전복적 종족 민족주의의 첫 번째 물결을 일으켰다.
- 그러나 국제사회가 시민 민족주의에 기반한 영토적 정치 체만을 새로운 국가로 인정하고 그렇지 못한 경우 개입하거나 압력을 가함에 따라 국가 전복적 종족 민족주의는 점차 사라지고 있다.
- 지구화가 민족국가에 가져온 위협에 대항하기 위해 국가 강화적 민족주의가 등장했다. 이 민족주의는 모순적이게도 민족국가가 약해지면 약해질수록 더 강해진다.
- 그러나 더 중요한 점은 민족주의의 목표가 국가 수립에서 권력 이양, 문화적 승인, 초국가적 연계 등으로 옮겨 가고 있다는 사실이다.

맺음말

민족주의와 지구 정치는 적어도 18세기 중반부터 서로에게 영향을 주면서 형성되어 왔다. 18세기 중반 이후 지구 정세의 기본 유형은 영국-프랑스 간의 경쟁이 영국 패권으로 변화하고, 지구적 제국주의 경쟁이 세계대전으로, 냉전이 1990년대 이후 미국의 패권으로 변화하는 방식으로 진행되어 왔다. 앞으로 중국의 부상처럼 강대국 사이의 권력 배분에 더 이상 근본적인 변화가 없다고 믿기는 어렵고, 결과적으로 새로운 형태의 민족주의 발전이 나타나지 않을 것이라고 믿을 이유는 없다. 민족국가의 수가 더 이상 늘어나지 않고, 세계 질서가 주권 민족국가들의 질서라는 관념이 심각하게 도전받을 수 있다. 그러나 이것이 반드시 민족주의의 중요성이 감소한다는 것을 의미하지는 않는다.

민족주의를 점차 사라질 것으로 보는 경향은 오래전부터 있어 왔다. 자유주의, 사회주의와 같은 근대 초기 사조들은 자유무역 **자본주의**capitalism 또는 무계급 공산주의 등이 전 세계를 하나로 묶어 범세계 시민주의 세계를 창조할 것이라고 가정했다. 그러한 세계에 '편협한' 민족주의의 자리는 없었다. 그러나 이러한 근대 사조들이 이해하지 못한 점은 영토적 주권국가가 지구화 과정을 관리하는 주요 행위자라는 사실이다. 국가는 우세한 군사력을 확보하기 위해 신기술을 사용했고, 경제 발전을 주도했으며, 학교 교육과 사람들 사이의 상호 작용 통제를 통해 국민을 형성했고, 마지막으로 예전에 가정이나 소규모 공동체가 담당하던 사회 복지를 제공했다. 동시에 역동적 참여 사회의 형성은 특권, 세습, 종교에 근거해 국가 권력을 정당화하던 이전 방식을 낡은 것으로 만들어 버렸다.

처음에 민족주의는 제국주의 국가들의 민족적 핵심 지역에서 가장 강했다. 그러나 1918년, 1945년, 1990년 이후 제국이 붕괴하고 약화함에 따라 민족 자결주의 원칙에 근거한 민족주의로의 전환이 있었고 그것은 세계 정치 질서에 대한 정당화를 가능하게 해 주었다. 세계가 다양한 민족으로 나뉘어 있다고 하는 민족 자결주의는 국민의 이름으로 통치를 주장하는 영토 주권국가를 보완하였다. 민족은 권위의 원천으로서 특권과 종교를 대신했다. 민족은 낯선 사람들로 이루어진 대규모 사회에서 이들을 하나로 묶어 줄 수 있는 정서적 연대감을 제공해 주었다. 이는 자유주의와 사회주의가 자신들만의 힘으로는 성취할 수 없었던 것이다.

왜 민족주의가 그러한 것을 성취할 수 있었는지에 대해서는 논쟁이 있다. 한 극단에서는 민족주의를 이전부터 존재했던 강한 연대감(민족, 종족, 인종)의 표출로 파악한다. 이 입장은 민족주의를 통한 근대적 유대는 기존에 존재했던 연대감 위에서만 가능할 수 있다고 주장한다.

또 다른 극단에서는 민족주의를 근대 정치 엘리트들이 국가 권력을 안정화시키기 위해 조작해 낸 것으로 파악한다. 후자의 입장은 국제 관계를 명확한 이해와 계산에 근거해 합리적으로 행동하는 국가들 사이의 관계로 파악하는 입장과 잘 어울린다. 반면 전자의 입장은 명예 또는 감정 등이 국제 관계에서 중요한 역할을 하며 국제 관계를 불안정하게 만드는 것으로 보는 경향이 있다.

필자의 견해는 조금 다르다. 필자는 민족주의를 주권-영토 국가로 이루어진 새로운 질서의 등장을 반영한, 그리고 그러한 질서가 다양한 역사적 단계를 거치며 변화시킨 정치적 관념이자 실천으로 파악한다. 공통의 가치가 존재하는 곳에서 민족주의는 이러한 가치를 민족 정체성의 표현으로 사용했다(예를 들어 힌두교를 '인도' 정체성의 표현으로 사용하는 것과 마찬가지로). 그러나 이러한 것은 오직 근대 국가 형성과 전 지구적 정치 갈등의 맥락 속에서만 효과적으로 이루어질 수 있었다. 민족주의 가치를 신봉하는 민족국가가 전 세계적으로 일반화됨에 따라 민족주의 또한 상식적인 것이 되었다. 민족주의 관념은 민족들의 존재와 국가를 가질 권리에 관한 주장을 반복적으로 모방하고 있다는 점에서 새롭지는 않다. 그러나 민족주의는 이러한 주장을 정당화하기 위해 독특한 관습, 역사, 가치, 삶의 방식 등을 강조하기 때문에 민족주의 간에는 항상 차이가 있는 것처럼 보인다. 이러한 사실은 자신의 민족주의가 독특하며 그리고 독특한 민족성이 민족주의의 힘과 호소력을 설명한다는 민족주의의 자기 인식에 어느 정도 설득력을 부여해 준다. 그러나 자세히 살펴보면 민족주의 간에는 유사한 점이 많다. 민족주의는 전 지구적 흐름이 민족국가의 세계 질서로 나아갈 수 있도록 형성하기도 하지만 이를 반영하기도 한다. 우리는 지구적 정치 투쟁 양상이 변화함에 따라 1918년 이후 민족 자결주의 원칙이 민족적 언어와 시민적 언어 사이에서 얼마나 변동했는지를 통해 이를 분명하게 보고 있다.

최근의 지구화 단계에 있어 세계 질서의 기반으로서 민족국가의 위치는 의심받고 있다. 그러나 민족국가에 어떤 일이 벌어진다고 하더라도 이는 민족주의와는 별개의 문제다. 국가 강화적 민족주의는 당연히 위기에 빠진 민족국가를 지키기 위해 지지를 동원할 것이다. 국가 전복적 민족주의는 미국과 국제기구들이 국내 문제에 개입할 준비가 되어 있다는 점을 자신들의 분리 독립을 위해 활용할 것이다. 더 나아가서 민족주의는 주권적 민족국가로의 독립이 아니라 권력 이양 또는 문화적 승인 등을 목표로 하는 민족주의로 변화할 수도 있을 것이다. 민족주의는 자신을 강력한 이데올로기로, 정서로 그리고 정치로 발전시켜 왔고 지난 두 세기 또는 그 이상에 걸쳐 그랬듯이 앞으로도 새로운 지구 정치 유형에 맞춰 적응해 나갈 것이다. 과거 민족주의는 주권적 민족국가로 이루어진 지구 정치 질서 형성과 조화를 이루었지만, 앞으로 민족주의는 주권 민족주의 국가의 중요성이 줄어든 새 정치 질서에 맞춰 새롭게 적응할 것이다. 민족주의의 사망을 선고하기에는 아직 너무 이르다.

토론주제

1. 민족과 민족주의 가운데 무엇이 먼저인가?

2. 민족국가 형성에서 민족주의는 주요한 요인인가?

3. 지난 두 세기 동안 민족주의가 전 세계로 확산한 이유는 무엇인가?

4. 시민 민족주의와 종족 민족주의의 구분은 유용한가?

5. 왜 그리고 어떻게 민족주의는 제국주의로 발전했는가?

6. 피식민지인들은 왜 민족주의 관념에 사로잡히게 되었는가?

7. 근대 국가의 등장이 민족주의 발전에 미친 영향은 무엇인가?

8. '민족주의는 국가를 전복하는 것보다는 국가를 강화하는 데 더 중요하다'라는 명제에 대해 논해 보자.

9. '최근의 지구화가 민족국가의 주권을 침식하지만 그렇다고 해서 민족주의를 약화하는 것은 아니다'라는 명제에 대하여 논해 보자.

10. 민족 자결주의 원칙은 안정적인 국제 관계에 위협이 되는가?

이 장의 객관식 문제를 풀어 보면서 학습 내용을 잘 숙지하고 이해했는지 평가해 보자.

• www.oup.com/he/baylis3xe

Terrorism and globalization

개요

지구화는 테러리즘이 특정 지역에 국한된 현상에서 지구적 현상으로 심화하는 데 일조했다. 하지만 지구화에 대한 상이한 시각과 테러리즘의 복잡한 성격 때문에 지구화가 테러리즘에 미친 영향은 명확하게 판별하기 힘들다. 지구 테러리즘을 지구화와 연관된 문화·경제·종교적 측면으로 설명하려는 시도가 있다. 하지만 이와 같은 개념들은 둘 사이의 관계를 충분히 설명하지 못한다. 지구화와 연관된 과학 기술 때문에 과거보다 살상력이 높고 광범위하며 대처하기 힘든 테러가 가능해졌지만, 테러리즘을 막으려는 정부의 대처 수단으로 활용될 수 있다는 점에서 과학 기술의 진보는 양면성을 지니고 있다.

테러리즘과 지구화

제임스 키라스James D. Kiras

조동준 옮김

핵심 질문

- 지구적 테러리즘은 지구화로 인한 새로운 체계에 국가가 편입되면서 치러야 하는 비용인가?
- 왜 폭력적 이슬람 극단주의가 지구적 테러리즘의 주요 동기인가?
- 지구적 테러리즘의 위협에 대처해 안보를 확보하기 위해 자유가 제한되어야 하는가?

머리말

테러리즘terrorism과 **지구화**globalization의 관계는 명확하게 기술하기 어렵다. 두 개념이 기술하려는 현상이 복잡하기 때문에 쉽게 단순화시킬 수 없다. 지구화가 테러리즘의 원인은 아니지만, 지구화와 연관되어 있는 기술이 테러리스트들에게 활용되고 있다. 특히 기술의 발달로 테러리스트들은 협업을 하게 되었고, 정보를 교환하게 되었으며, 예전에는 접근할 수 없었던 대중에게 접근할 수 있게 되었다. 하지만 과학 기술 진보에 따른 변화는 테러를 통해 전달하려는 내용과 투쟁의 본질에는 큰 변화를 초래하지 못하고 있다. 약자의 공격 무기인 테러리즘은 극단적인 정치적 지향을 추구하는 소수의 사람이 수행하고 있는데, 이는 대개 정치적 변화를 유발하지 못한다. 지구 사회는 테러리스트가 자행하는 폭력에 무력하지 않다. 지구 공동체는 이에 대항하기 위해 가용 자원을 활용하여 테러리즘 동조 세력을 약화하고, 테러리스트들의 의도가 불법적임을 보여 줘야 한다.

정의

테러리즘과 지구화는 모두 복잡한 현상으로서 다양한 주관적 해석이 가능하다. 테러리즘에 대한 다양한 정의가 있지만, 폭력을 사용한다는 점에서 공통점이 있다. 테러리즘의 폭력 전술은 다양하고, 많은 경우 무고한 민간인을 대상으로 한다. 테러리즘에 관한 다양한 입장은 폭력을 사용하려는 목적과 원인에 관한 시각차에서 기인한다. 역사적으로 보면 '테러리즘'이란 용어는 프랑스 혁명(1789~1799) 당시 시민에 대한 국가의 폭력을 묘사하는 개념이었다. 하지만 지난 반세기 동안 테러리즘은 정치적 변혁을 위해 소수 단체가 자행하는 폭력을 가리키게 되었다. 테러리즘은 정치적 정당성을 주장한다는 점에서 일반 범죄 행위와 구별된다. 테러리즘 동조자들은 특정 집단이 겪고 있는 핍박과 고통에 대해 대중이 관심을 갖게 하는 유일한 수단이 폭력밖에 없다고 주장한다. 테러리즘이 내세우는 대의는 이념·민족·종교적 배제 또는 박해를 포함한다.

테러리스트 집단이 다양한 불만 요소를 퍼뜨리고 자원과 지지를 확보하기 위해 상호 경쟁하기 때문에 테러리즘을 정의 내리기 어렵다. 또한 테러리스트 집단이 퍼뜨리려는 여러 불만의 상대적 중요성이 시간에 따라 변할 수도 있다([참고 27-1] 참조). 하지만 테러의 피해자들은 민간인을 살상하는 폭력에 대해 정당성을 인정하지 않으려고 한다. 따라서 '테러리스트'라는 용어 자체가 경멸의 대상으로 여겨지게 되고, 테러에 부여되는 경멸적 가치는 테러를 자행하는 집단의 정당성을 약화하는 데 유용하다.

테러리즘에 대한 의견 일치가 이루어지지 않는 가장 주요한 이유는 테러리스트들이 사용하는 수단의 정당성에 대해 상이한 의견이 존재하기 때문이다. 테러리즘이 '정전(正戰)' 기준에 부합하는 경우에만 그것이 정당하다고 여기는 입장이 있다. '정전' 기준은 모든 형태의 무력 사용에 적용되는데 정당한 전쟁 원인, 목적과 수단의 적절한 비례, 최후 수단으로서의 폭력 사용으로 확대되었다. 국가만이 "물리적 폭력을 독점적으로 정당하게 사용한다"는 근거를 기반으로 하여 현실주의자들은 테러리스트 집단이 자행하는 폭력은 정당하지 않다고 주장한다.

비정규전의 다른 유형과 비슷하게 테러리즘은 불의를

바로잡기 위하여 정치적 변화를 도모하려고 한다. 테러리즘은 정치적 환경을 변화시키기 위한 비정규전의 여러 방법 가운데 가장 약하다. 테러리스트 집단은 봉기 또는 혁명에서 볼 수 있는 것만큼 대중의 지지를 확보하지 못하기 때문이다. 테러리스트 집단의 목표가 절대적이고 과격하기 때문에 대중의 광범위한 지지를 받지 못한다. 이런 현상을 변화시키기 위해서 테러리스트 집단은 상대방의 대항 의지를 약화하거나 변화의 촉매제 역할을 할 수 있는 사건을 만들어야만 한다. 몇몇 소수 사례에서 테러는 상당히 급격한 변화를 발생시켰다. 예를 들어 2004년 마드리드 연쇄 폭발 테러는 스페인 선거 결과에 중요한 영향을 미쳤고, 이를 목표로 테러가 자행되었다는 설이 있다. 많은 테러리스트 집단은 테러에 대한 국가의 과도한 대응이 국내외 여론을 악화시키고 자신들에 대한 지지를 넓히기를 바란다. 다른 이들은 즉각적인 영향력을 미침으로써, 상대의 무력함을 보여 주는 수단으로 테러리즘을 활용하고자 한다. 이들은 매체 보도를 통해 두려움을 자아냄으로써, 단체의 힘을 과시하고자 한다. 예를 들어 2008년 뭄바이에서 있었던 테러 공격에서, 한 지도자는 공격을 앞두고 테러리스트들에게 매체 인터뷰에 이렇게 응하도록 지침을 내렸다. "(…) 이는 예고편에 불과하다. 전부 공개될 때까지 지켜보라." 그러나 테러리스트들의 작전은 유의미한 결과를 얻기에는 몇 년, 또는 10년이 걸릴 수도 있으며, 테러리스트들이 사용하는 힘의 정도와 성격이 문제가 될 수 있다. 테러리스트 집단이 대중을 위협하지 못하고 뉴스에 나올 만한 폭력을 자행하지 않으면

테러리스트 집단의 유형 참고 27-1

오드리 크로닌Audrey Kurth Cronin은 테러리스트 집단의 다양한 유형과 역사적 중요도를 이렇게 분류한다.

현재 활동하는 테러리스트 집단은 동기에 따라 좌파, 우파, 종족 민족주의자/분리주의자, 종교 극단주의자로 나뉠 수 있다. 각 테러리스트 집단은 근대 이후 상이한 성장기와 쇠퇴기를 겪었다. 좌파 테러리스트 집단은 공산주의 운동과 부침을 같이했고, 우파 테러리스트 집단은 파시즘에서 영향을 받았으며, 종족 민족주의자/분리주의자 집단은 제2차 세계대전 직후 탈식민 운동의 물결을 타고 함께 성장했다. 최근에는 '신성한' 테러리스트 집단이 중요해졌다. (…) 비록 이 네 가지 유형의 테러리스트 집단이 근대 이후 명맥을 유지하고 있지만, 좌·우파 테러리스트 집단이 20세기 초반에는 다수를 차지하고 있었다. 물론 여러 집단이 여러 목적을 추구하기 때문에 (예를 들면 종족 민족주의자 집단은 종교적 성격 또는 다른 의제를 가지고 있다) 이 유형들은 완벽하지 않지만, 대부분 하나의 지배적인 이데올로기나 동기를 가지고 있다.

(Cronin, 2002/2003: 39)

대중의 관심 밖으로 밀려날 위험이 있다. 하지만 2015년 2월 시리아에서 이슬람국가의 추종자가 요르단의 전투기 조종사를 태워 죽인 사건과 같이 끔찍한 행위가 일어나면, 테러리스트 집단은 대중의 지지를 잃을 위험이 있다. 따라서 이 장에서는 테러리즘을 '공포를 유발하고 현상을

지구화의 이중성과 그것이 갈등에 미치는 영향 참고 27-2

에밀 심프슨Emile Simpson은 지구화가 전쟁에 미치는 영향을 다음과 같이 정리한다.

정보 혁명이 초래한 광범위하고 신속한 상호 연결로 인해 세상과 전쟁이 근본적으로 변화하고 있다. 대중, 개인, 공동체는 상대방에 대하여 파편적인 이미지를 가진다. 온갖 종류의 문화가 섞이면서 공동 이해가 만들어지고 사람들이 연대하기도 하지만, 세상 사람이 다양하기 때문에 한 사건에 대한 의견 불일치가 일상화되었다.

(Simpson, 2018: 243)

변화시키고자 하는 비정부 단체가 행하는, 핍박에 대한 관심 유발과 국가의 과도한 대응 유발 및 상대방의 대응 의지 약화를 목표로 민간인과 상징적 목표물을 공격하기 위한 폭력 사용'이라고 규정한다.

테러리즘에 대한 여러 정의가 있지만, 지구화가 테러리즘에 미친 영향 한 가지에 대해서는 대체로 의견이 일치한다. 기술 진보로 재화, 용역, 정보의 신속하고 효율적인 이동이 가능해졌다. 특히 정보는 전달 과정에서 손실되지 않고 온전하게, 또한 동시다발적으로 전달될 수 있다. 지구화와 연관된 기술이 테러리스트들의 능력을 향상했다.

하지만 다른 장에서 이미 논의되었듯이 지구화가 초래한 사회·문화·정치의 변화, 국제 체제의 균질화와 상호 연계성의 정도는 논쟁의 대상이다. 지구화에 대한 이런 논쟁 때문에 지구화가 현대 테러리즘의 발흥에 미친 영향에 대해 다양한 의견이 존재할 수밖에 없다([참고 27-2] 참조). 지구화와 연관된 기술 발달로 테러의 효과가 증가했고 테러리스트 집단의 활동 공간이 확대되었음은 분명하다. 지구화와 테러리즘의 관계는 테러리즘이 1960년대에 초국가적 현상이 된 이후에 정치적 폭력의 진화 과정에서 나타난 다음 단계로 이해될 수 있다.

요점정리

- 폭력 행위의 다양성 때문에 테러리즘의 구성 요소를 규정하기 어렵다.
- 테러리즘이나 비정부 집단이 자행하는 폭력 행위는 정치적 변화를 위해 폭력을 사용한다는 점에서 범죄 행위와 구별된다.
- 정치적 폭력 행사의 동기가 정당하다고 대중에게 인식되면 테러리스트 집단은 소기의 목적을 달성한 것이다. 테러에 대한 국가의 과도한 대응은 테러리스트 집단의 정당성을 높일 수 있다.
- 테러리즘과 마찬가지로 지구화에 대한 여러 정의가 있지만, 지구화와 연관된 기술 진보는 테러리스트 집단의 능력을 향상시켰다.

초국가 현상에서 지구적 현상으로(1968~2001)

역사적으로 보면 테러리스트들은 소수 요원으로 공포를 유발할 수 있는 수단을 사용했다. 19세기 말과 20세기 초에 무정부주의자들은 화약과 권총을 사용했다. 또 테러리스트들은 폭탄을 사용하거나 암살을 행하기도 했다. 예를 들어 오스트리아-헝가리 제국의 엘리자베트 황후가 1898년 제네바에서 암살당했고, 러시아 제국의 황제 알렉산드르 2세도 1881년 상트페테르부르크에서 암살당했다. 미국에서는 1920년 월스트리트 폭발 사건이 일어났고, 영국에서는 1885년 런던 지하철 폭발이 있었다. 이들 테러리스트의 활동 배경은 대부분 국경 안에 국한되었다. 항공 운송의 증가, 텔레비전을 통한 소식 전달 그리고 극단적인 정치 이념에 대한 광범위한 관심 때문에 테러리즘은 1968년에 급부상했다. 이런 세 가지 이유로 테러리즘이 지역적 위협에서 초국가적 위협이 되었다.

항공 운송의 증가로 테러리스트 집단의 기동력이 향상했다. 예를 들면 일본 적군파Japanese Red Army 소속 테러리스트들은 일본에서 훈련을 받았지만 1972년에 이스라엘 로드 공항에서의 자살 공격처럼, 지구 반대편에서 테러를 자행할 수 있었다. 또한 항공 운송의 증가에 맞춰 항공 안전 조치를 취하지 못했기 때문에 테러가 증가했다. 테러리스트들이 항공기 납치를 시작할 때 공항의 안전 조치는 거의 전무했다. **항공기 납치**skyjackings는 테러리스트 집단의 의도와 잘 부합된다. 납치된 항공기를 활용하여 납치에 가담한 테러리스트들은 기동성과 안전을 확보했다. 국가들은 항공기 납치범의 요구에 굴복했고, 이런 관행은 항공기 납치를 부추기는 결과를 초래했다. 항공기 납치 성공 사례는 테러리스트는 물론이고 일반 범죄자와 정치적 망명자들까지 항공기 납치를 시도하도록 자극했다. 그 결과 항공기 납치 횟수는 1966년 5회에서 1969년에는 94회로 증가했다. 정치적 지향점을 공유하는 아일랜드공화군(Irish Republican Army: IRA)과 바스크족 분리주의 단체인 에테아(Euzkadi Ta Askatasuna: ETA)는 항공기 납치와 관련해 협력과 정보 교환을 했다. 테러리스트 집단들은 항공기 납치와 관련된 수법과 경험을 공유하는 수준을 넘어 다른 국가에 수감된 '혁명 동지'의 석방을 요구하여 테러리스트 집단 사이의 지구적 연결망이 존재하는 듯한 인상마저 주었다. 실제로 테러리스트 집단은 무기 능력과 돈을 기반으로 하여 지역 차원의 정치적 목표를 달성하기 위해 임시방편으로 연합하고 있다.

시청자들이 텔레비전 보도를 통해 테러리즘의 현장을 안방에서 목격할 수 있게 되면서 테러리스트 집단의 요구와 주장이 널리 인식되었다. 1972년 뮌헨올림픽 당시 검은 9월단(Black September)이 자행한 인질 사건 이후 '팔레스타인 사람들의 고통'에 대해 전혀 알지 못했던 사람들이 팔레스타인 문제를 알게 되었다. 그래서 대중 매체를 통한 보도를 테러리즘을 지탱하는 산소라고 한다. 하지만 비슷한 사건의 반복은 대중과 언론 매체의 관심을 지속적으로 끌지 못한다. 테러리스트 집단은 대중의 관심을 지속적으로 끌고 언론 매체의 취재 경쟁을 유도하기 위해 극적 효과를 일으키는 사건(예를 들어 '자칼 카를로스 Carlos the Jackal'가 1975년 12월에 오스트리아에서 **석유수출국기구** Organization of the Petroleum Exporting Countries: OPEC 대표들을 억류한 사건)을 기획했다. 대중을 대상으로 하는 끔찍한 무차별 공격이 폭력의 임계점을 넘으면 테러리스트 집단이 지지 기반에서 유리되고, 테러리스트 집단의 대의가 약화하는 위험성을 테러리스트 지도자들은 오래전부터 인지하고 있다고 여겨진다. 테러리스트 집단은 생화학무기를 포함한 대량살상무기의 획득과 사용에 적극적이지 않다는 사실이 이를 간접적으로 입증한다.

1979년 이란의 '이슬람 혁명'은 초국가 테러리즘의 분기점이다. 비록 팔레스타인 문제 때문에 이스라엘이 여전히 주요 공격 목표이기는 하지만, 미국의 상징물이 초국가 테러리즘의 주요 대상이 되었다. 1980년부터 1990년까지 테러의 10년 동안 자살 공격(레바논, 1983)이나 비행기 납치(TWA 여객기 847편, 1985) 같은 사건들이 발생했다. 테러의 10년 동안 세 가지 걱정스러운 경향이 나타났다. (1) 테러 공격의 빈도는 줄었지만, 테러 대상은 무차별적이 되었고, 테러의 강도는 강화되었다. (2) 테러 공격이 더욱 정교해졌다. (3) 자살 공격을 감행하려는 의지가 강화되었다.

냉전의 종식과 소련의 붕괴 이후 마르크스-레닌주의를 신봉하는 초국가 테러리스트 집단에 대한 지원이 사라졌다. 또한 국가, 특히 서유럽 국가들은 반테러법을 실행하고 테러에 대항(combating terrorism)할 수 있는 준군사 조직을 갖추었다. 초국가 테러 공격은 테러 공격에 직접 관여하지 않는 테러리스트 집단에게는 국내적인 정치적 목표를 달성하는 데 역효과를 초래했다. 예를 들어 에테아와 아일랜드공화군은 국내적으로 자신들을 알리고 협상을 유리하게 진행하기 위해 테러 공격을 시도했으나, 최종적으로 무장 투쟁 노선을 포기한다. 이처럼 좌파 테러리즘은 규모와 강도 면에서 줄어들었지만, 알카에다(Al-Quaeda로 상징되는 호전적인 이슬람 테러리즘은 지구화를 통해서 지구적 현상으로 강화되고 있다.

> **요점정리**
>
> - 테러는 제한된 수단을 사용함으로써 큰 효과를 얻기 위한 정치적 폭력의 한 형태다.
> - 1979년 이후 초국가 테러 공격의 주요 목표는 서양 시민과 서양의 상징물이었다.
> - 테러 공격의 정교화, 자살 공격 그리고 대규모 피해자 발생이 1968년 이후의 테러리즘 추세다.
> - 초국가적 마르크스-레닌주의 테러리스트 집단은 약화한 반면, 호전적 이슬람 테러리스트 집단은 지구적 현상이 되었다.

지구화의 영향

폭력적 이슬람 극단주의는 '기반'이라는 뜻을 가진 알카에다가 뉴욕과 워싱턴에서 **2001년 9월 11일에 테러**를 자행함으로써 지구적 명성을 얻었다. 폭력적 이슬람 극단주의가 정확히 무엇인가? 폭력적 이슬람 극단주의는 서양 문명과 가치를 위협하는 지구적 움직임인가? 호전적인 이슬람 신화를 구현하기 위하여 자행되는 정치적 폭력을 정당화하기 위한 극단적 믿음과 목표를 공유하는 비국가 행위자의 총체인가? 폭력적 이슬람 극단주의가 무엇인지, 무엇을 대표하려고 하는지, 위협의 정도가 얼마나 심각한지 여부에 대해 전문가들 사이에 논쟁이 계속되고 있다. 알카에다와 이슬람국가는 통제하던 영토를 잃어버렸고 최고 지휘부의 다수가 잡히거나 사망했음에도 영향력이 증가하고 있기 때문에 전문가들 사이에 이견이 존재한다. 오늘날 폭력적 이슬람 극단주의는 단일한 테러리스트 집단이라기보다는 '지부' 세부 조직과 단체로 느슨하게 연결된 네트워크로, 호전적인 이슬람주의를 활용하는 지구적 운동으로 보인다([그림 27-1] 참조). 한편 폭력적 이슬람 극단주의에 초점이

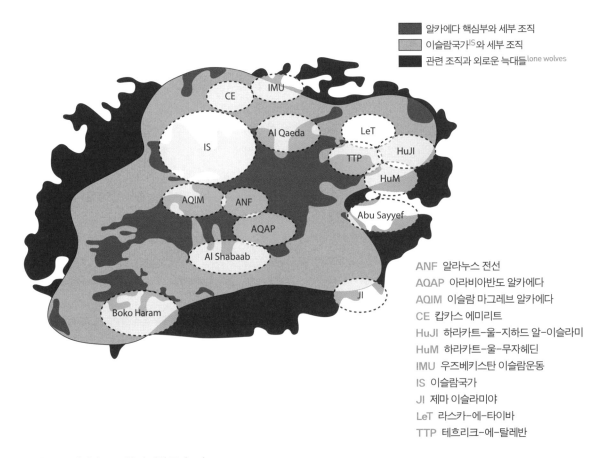

그림 27-1 테러리스트 성운과 지역 클러스터

출처: Rabasa, Chalk, et al., 2006에서 수정됨

ANF 알라누스 전선
AQAP 아라비아반도 알카에다
AQIM 이슬람 마그레브 알카에다
CE 캅카스 에미리트
HuJI 하라카트-울-지하드 알-이슬라미
HuM 하라카트-울-무자헤딘
IMU 우즈베키스탄 이슬람운동
IS 이슬람국가
JI 제마 이슬라미야
LeT 라스카-에-타이바
TTP 테흐리크-에-탈레반

아네르스 베링 브레이비크

참고 27-3

아네르스 베링 브레이비크Anders Behring Breivik는 우익 테러리즘의 새로운 물결을 상징하는 인물이다. 1979년생인 그는 비교적 화목한 환경에서 자란 노르웨이의 시민이었다. 물론 어려움도 겪었다. 런던에서 유년기를 보내면서 아버지를 만나기 위해 프랑스를 수차례 방문했다. 소년기에는 몇 차례의 전과도 기록했지만, 곧 자신의 관심을 컴퓨터 사업과 농업으로 돌렸다. 브레이비크에 따르면 그렇게 본인은 노르웨이 사회를 분열시키는 내부 요인들을 제거하기 위해 10년간 계획을 세웠다. 그는 '문화적 마르크스주의'라는 기치 아래 다양한 사회 진보적 요소를 묶었고, 무슬림을 서양의 문화를 침식하는 영향으로 지목했다. 그의 세계관은 '앤드루 버윅Andrew Berwick'이라는 필명으로 작성한 1,500페이지 분량의 '2083: 유럽 독립 선언문'이라는 장황한 글에서 정리되었다.

2011년 7월 22일 그의 테러 계획이 시행되었다. 브레이비크는 외지에 있는 자신의 [위장] 농장에서 질산암모늄이라는 폭발물(비료의 필수 원료이기도 하다) 950파운드를 차량에 싣고 오슬로의 정부 청사Regjeringskvartalet 건물 근처에 주차했다. 폭탄이 터지고 긴급 구조대가 현장에 출동하는 동안 브레이비크는 노동당의 청소년 여름 캠프가 열렸던 우퇴위아Utøya섬으로 넘어가 경찰 행세를 하고 있었다. 그곳에서 그는 한 시간 반 동안 청소년과 성인들을 향해 무차별 총격을 가했다. 총기 난사로 77명이 사망하고 300명 이상이 부상을 입었다. 그는 중무장한 노르웨이 경찰 대응팀이 도착하고 나서야 자수했다.

브레이비크의 세계관과 테러 공격은 지구화와 관련된 여러 요소의 영향을 받았다. 그는 스스로를 현대 유럽의 기사단이라고 칭했다. 이는 자신과 같은 생각을 가진 개인들로 구성된 조직이며, 자신은 영국, 프랑스, 독일, 네덜란드, 그리스, 러시아, 세르비아 전역에 퍼져 있는 이 조직의 일원이라고 주장했다. 그는 외지에 살고 있음에도 불구하고 개인 블로그 게시물, 성명서, 유튜브 동영상 등의 인터넷 매체를 통해 자신의 이슬람 혐오와 민족주의 사상을 홍보했다.

맞추어져 있어 우익 극단주의와 같이 잠재적으로 더 큰 문제가 될 수 있는 기타 형태의 테러리즘을 간과하게 된다는 시각도 존재한다. 예컨대 2011년 노르웨이의 민족주의자이자 이슬람 혐오자였던 아네르스 브레이비크가 행한 대학살([참고 27-3] 참조)과 최근 극우 집단의 정치 폭력 확산에 대한 통계 자료(US General Accounting Office, 2017)가 이러한 주장을 뒷받침한다. 그러나 폭력적 이슬람 극단주의에 대한 개인의 입장과는 무관하게 그것이 "과격한 개인과 테러리스트 집단 모두의 역동적이고 이질적인 집합 현상이면서도 (…) 동질 이상 현상"이라는 점은 같다(Hoffman and Reinares, 2014: 628). 지구적 테러리즘, 특히 이슬람 극단주의가 최근 왕성한 원인에 대한 설명은 지구화가 추동한 문화·경제·종교적 측면에 초점을 맞추고 있다.

문화 차원의 설명

문화는 무력 투쟁을 추구하는 폭력적 이슬람 극단주의가 왜 저발전 국가에서 성공적인지를 설명하는 한 가지 원인이다. 특히 폭력은 해일처럼 밀려드는 물질주의와 서양 문화에 대항해 전통과 가치를 보존하는 유일한 방법으로 보일 수 있다. 문화적 정체성을 지키거나 강화하려는 사람들은 경제적 번영을 위한 방법으로 초기에 채택했던 서양의 물질적 가치를 더 이상 수용하지 않는다. 지구화와 시장 자본주의 확산으로 말미암은 사회 변화가 새로운 국제 체제에서 낙오자로 인지되는 소수 민족의 정체성과 종교적 소수자의 가치를 압도하는 듯하다. 하지만 경제적 낙오 집단은 흔들리는 정체성과 가치를 지키기 위해 경멸 대상인 '다른 사람들'과 자신들을 구분하려고 한다. 지역 차원에서 보면, 이는 자신들의 정체성을 보전하기 위해 노력하는 과정에서 상이한 종교 또는 소수 민족 집단 사이의 갈등으로 전화될 수 있다.

어느 영향력 있는 설명에 따르면 지구적 차원에서 문명이 그리 많지 않다. 새뮤얼 헌팅턴Samuel Huntington이 주장한 바에 따르면 가장 주요한 단층선은 서양 자유주의 문명과 이슬람 문명 사이에 놓여 있다고 한다. 이슬람 문명은 "페르시아만 지역에서의 서양의 주둔과 군사적 우위로 수욕을 당했고 분개하고 있으나 (…) 자신의 운명을 스스로 결정하지는 못하고 있다."(Huntington, 1993: 32) 헌팅턴의 주장에 대해 비판론자들이 반박한 바에 따르면 헌팅턴이 가정하는 이슬람 세계의 동질성은 없다고 한다. 이슬람 '문명' 내부에는 서양 세계에 공동으로 대적하기 위해 필요한 협력을 저해하는 사회적·신학적으로 심각한 충돌 선이 존재한다. 이라크의 수니파와 시아파 사이의 극심한 분파주의적 유혈 폭력은 이슬람 문명 내부에 존재하는 충돌 선의 예다. 비전투원과 동료 이슬람 사람까지 살해하라는 폭력적 이슬람 극단주의의 호소는 이슬람 내부에 존재하는 충돌 선의 또 다른 예다. 이슬람을 믿지 않는 사람들은 다른 종교를 믿는 이교도와 쿠란 해석을 달리하는 배교자로 나뉜다. 오사마 빈라덴Osama bin Laden은 이라크에서 시아파 이슬람교도를 살해한 아부 무사브 알자르카위Abu Musab al-Zarqawi를 전적으로 승인했다. 이와 같은 행위에 대해 온건한 이슬람 공동체는 수단의 도덕성, 오사마 빈라덴의 정당성, 이슬람 가치 수호자로서의 호전적인 이슬람주의에 회의적 견해를 표명했다. 폭력적 이슬람 극단주의에 희생당한 사람들은 서양의 '다른 사람들'이 아니라, 다른 무슬림들이었다. 이는 오사마 빈라덴이 2011년에 인정한 사실이기도 했다(Lahoud et al., 2011: 21~42).

경제 차원의 설명

문화 또는 정체성 수호가 지구화된 테러 공격의 주요 동기라고 모든 사람이 동의하지는 않는다. 경제적인 요인이 정치적인 변화를 추구하는 폭력 사용의 주요 원인이라고 보는 입장이 있다. 지구화 때문에 세계 시장에 대

한 접근 가능성이 커졌지만, 지구화는 새로운 형태의 경제 제국주의 탄생을 초래했다고 볼 수 있다. 경제 제국주의 체제에서 '중심부'에 위치한 지구 북반부의 미국과 서유럽의 탈산업 국가들은 세계은행 같은 국제 경제 제도에서의 압도적인 위치를 통해 환율과 재정 정책을 결정한다. 이런 관행은 '주변부' 또는 '틈새'에 위치한 지구 남반부의 저발전 국가에게 불리할 수 있다. 세계 시장에서 경쟁력을 갖추기 위한 저발전 국가의 사유화와 탈규제가 심각한 사회·경제적 격변을 초래할 수 있다. 국가가 시민과의 계약을 파기할 경우에 시민들은 테러 같은 불법 행위를 지지할 수도 있다. 여기에는 국가 통제를 벗어난 '시스템 D'와 같은 지구 지하 경제에 참여하거나, 대안 통화(비트코인)나, '토르Tor'와 같은 브라우저를 통해 접속이 가능한 '디프 웹Deep Web'을 활용하는 것이 포함된다.

경제적인 부(富)도 개인 안보 및 폭력과 연관되어 있다. 경쟁이 치열한 지구화된 경제체제와 심각한 사회 불평등이 존재하는 사회 안에서 부를 축적할 기회가 없는 사람들은 다른 곳에서 대안을 모색하게 된다. 역설적으로 생활 수준의 향상과 지구화와 연관된 교육 기회의 증가로 기대 수준이 높아질 수 있다. 1970년 테드 로버트 거Ted Robert Gurr(1970: 46)의 가설처럼, 만약 기대가 충족되지 않을 때는 꿈의 실현을 저해하는 '체제'에 반대하는 극단적인 정치적 견해와 행동이 나타날 수 있다. 한 연구에 따르면 무슬림 남성들 사이의 소외감과 기회 상실감이 지구적으로 폭력에 경도되는 원인이라고 한다. 하지만 호전적인 이슬람 단체의 대부분의 지도자와 최고위 엘리트들은 신학과 공학을 포함한 다양한 전공의 대학원 과정을 졸업한 경우가 많으며, 가난하지도 않으며, 삶이 유린된 적도 없었다(Sageman, 2004: 73~74, 95~96).

다른 관점은 조금 더 광범위한 설명을 제공한다. 특히 프란츠 파농Frantz Fanon 같은 작가가 쓴 작품은 불의를 시정하기 위한 정치적 폭력을 정당화함으로써 테러리즘의 지구화를 설명하는 데 새로운 시각을 제공한다(Onwudiwe, 2001: 52~56). 1960년대 파농은 경제와 권력 불평등이 철폐되기 전까지 투쟁이 계속된다고 주장했다

(Fanon, 1990: 74). 테러리스트가 자행하는 폭력은 지구 경제의 불평등으로 촉발된다. 따라서 1993년과 2001년에 감행되었던 세계무역센터에 대한 공격은 미국에 대한 공격이라기보다는 지구 자본주의의 상징에 대한 공격이다. 신나치Neo-Nazi, 무정부주의자, '신신좌파New, New Left' 같은 주변부 과격 단체들에서 나온 선언문은 지구화가 정치적 폭력의 자극제라는 주장에 힘을 실어 준다(Rabasa et al., 2006: 86~93).

테러리즘과 빈곤 간의 관계는 지역마다 판이하다. 유럽과 미국에 있는 폭력적 이슬람 테러리스트들은 임금과 고용 상태 면에서 그들 나이 또래 사람들이 평균적으로 누리는 것과 비슷한 처우를 받는다. 최근 폭력적 이슬람주의 테러가 예멘, 말리, 나이지리아 같은 더 빈곤한 국가로 그 중심을 옮기고 있는 모습은, 이데올로기나 리더십의 측면에서는 여전히 상대적으로 특권을 지닌 테러리스트 집단이 주도하지만, 경제나 종족의 변수가 새롭게 충원되는 다음 세대의 테러리스트들에게 점차 더 중요해지고 있음을 보여 준다.

종교와 '새로운' 테러리즘

9·11 테러 발생 10년 전부터 테러리즘의 심대한 변화가 발생하고 있음을 전문가들과 학자들은 이미 인지하고 있었다. 국가의 정치 이념을 바꾸거나 소수 민족의 대표권 문제를 해결하기 위한 테러처럼 정치적인 목적을 위한 폭력은 소기 목적을 달성하지 못했고, 새로운 추세가 드러났다(제14장 참조). **탈근대 혹은 새로운 테러리즘**postmodern or 'new' terrorism이 다양한 목적을 위해 수행되었다. 일부 테러리스트는 사후 세계에서의 보상 약속을 믿고서 자신의 종교를 믿지 않는 사람과 종교 교리를 성실하게 따르지 않는 사람을 살해해야 한다는 종교적인 이유에 기반을 둔 정치 폭력을 행사하고 있다(Laqueur, 1996: 32~33). 1983년에 레바논에서 자살 공격이 나타나기는 했지만, 예전의 호전적인 이슬람은 **국가의 지원을 받는**state-sponsored 비정부 조직이 수행하는 지역적인 현상

으로 인식되었다(Wright, 1986: 19~21).

일부 학자들이 현재 진행 중인 전 지구적 **지하드**jihad의 동기를 설명하기 위해 채택한 용어인 신테러리즘은 서양의 영적 파탄과 무슬림 억압에 대한 반응으로 여겨졌다. 지구화가 진행되고 사회 사이의 상호 연계성이 강화되면서 무슬림들은 자신들의 믿음을 버리고 서양에 융화되든지, 자신의 영적 순수함을 유지하고 세속적 압박에 대항해 싸울지를 고민하게 되었다. 지구적 지하드를 믿는 이슬람 사람에게 파키스탄, 사우디아라비아, 이라크 같은 '이슬람' 국가의 지도자들은 세속적 국가에 기반을 둔 권력을 유지하고 추구하기 위해 이슬람의 가치를 약화시킨 '배교자'이다. 과격한 이슬람 대응을 주창하는 사람들에게는 체제에 굴복하거나 체제 안에서 변화를 모색하기보다는 억압에 대한 지하드를 벌이는 방법이 유일한 대응책이다. 이슬람 학자들과 율법학자들은 지하드를 영적 순수성을 위한 투쟁으로 이해하지만, 지하드는 역사적으로 정전을 위한 기초를 만드는 방식으로 이해되어 왔다. 아이만 알자와히리Ayman al-Zawahiri, 아부 바크르 알바그다디Abu Bakr al-Baghdadi 같은 폭력적 이슬람주의를 전파하는 과격파들은 지하드를 다른 방식으로 이해한다. 지하드를 벌이는 테러리스트들은 이교도나 배교자와의 타협을 거부한다. 알자와히리와 알바그다디는 죽을 수도 있지만, 이데올로기와 '우주적 투쟁'은 계속될 수 있으며, 그래야 하는 것이다.

종교적 테러리스트의 가치 구조는 세속적 테러리즘과 달라서 대응하기가 어렵다. 앞에서 언급했듯이 종교적 테러리스트는 사후 세계에서 보상을 받기 위해 자신을 희생할 뿐만 아니라 다른 사람을 살해할 수 있다. 가치 구조의 차이 때문에 세속 국가는 마치 종교적 테러리스트들이 가치를 두는 영적 대상에 대해 물질적 위협을 가할 수 없고 그렇기에 종교적 테러를 억지하기가 무척 어렵다. 세속적 테러리즘은 사회의 모순을 시정하기 위한 권력을 추구한다고 하더라도 사회의 기본 골격은 유지한다. 반면에 종교적 테러리스트는 기존 사회의 개선이 아니라 사회의 규범 구조를 변경시키려고 한다(Cronin,

2002/2003: 41). 테러리스트는 그들이 '성스러운 가치'를 지닌다고 계속하여 믿을 것이다(Atran, 2010: 400).

　　문화와 경제 차원의 설명과 마찬가지로, 전 지구적 테러리즘 현상을 설명하기 위해 종교를 원용하는 시도에 부합하지 않는 요인들이 있다. 서양 관찰자의 입장에서 보면 테러리스트들이 자신들을 희생하고 다른 사람을 해하는 행위가 종교로 설명되는 듯하다. 가족에 대한 금전적 보상 약속, 공동체 내 명예 획득, 자신의 존재 가치를 증명하기 위한 수단 같은 개인적인 원인이 있을 수 있다. 그러나 종교적 테러리스트 지도자, 기획자, 책임자들은 순교를 하지 않는다. 종교는 불법 또는 비도덕적 행위를 거룩하게 정당화시킬 수 있기에 테러리스트 집단에게 유리하다. 폭력 사용의 궁극적인 목적과 개인에게 폭력 행위에 가담하도록 유도하는 종교적 동기 사이에는 차이점이 있다. 종교 교리에 따른 자살 공격의 정치적 목적에 대해 학자들은 상이한 의견을 가지고 있다. 자살 공격의 목적 가운데에는 상대방보다 더 많은 지지를 얻기 위한 경쟁에서 이기려는 심리와 외국 주둔군 철수를 위한 자결

이 포함된다. 지하드 선언문을 검토해 보면 배교도 정권을 전복하고 정치권력을 장악한다는 내용이 공통적으로 포함되어 있다. 이라크와 시리아에 이슬람국가를 세운다는 2014년 6월의 선언이 보여 주듯이, 정치권력은 한 국가에서 이슬람 율법을 강제하는 동시에 순수하고 올바른 이슬람 사회를 건설하기 위한 필수 조건이다.

요점정리

- 폭력적 이슬람 극단주의에 대하여 전문가들의 의견이 상이하다.
- 문화·경제·종교적 요인은 개별적으로는 지구화된 테러 공격에 대해 적절한 설명이 되지만, 지구화된 테러의 전체상을 규명하기에는 여전히 부족하다.
- 최근의 테러리스트들의 폭력은 비전투원 살상을 정당화하는 데 있어 종교적인 신념을 활용하고 있다.
- 폭력적 이슬람 극단주의는 이슬람 율법 샤리아에 따라 정치·사회·경제·종교적 개혁을 시도하기 위하여 권력을 장악하는 것을 최종 목표로 한다.

지구화, 기술 그리고 테러리즘

지구화와 기술 진보에 따라 테러리즘이 세계적으로 확대되었다는 사실에 모두 동의한다. 지구화 현상과 연계된 기술이 진보함으로써 테러리스트 집단은 이전보다 강한 파괴력을 가진 폭력을 사용하게 되었고, 테러리스트 집단 간 조정 작업을 할 수 있는 능력을 갖추게 되었다. 특히 기술이 진보함으로써 테러리스트 집단과 조직은 자신의 주장 설파, 조정, 기밀 유지, 기동성, 치명적 공격 측면에서 능력을 향상했다.

주장 설파

테러리스트 집단은 전통적으로 국내 또는 인접국의 지원과 동조를 얻어 자신들의 활동을 지속하려고 했다. 대중봉기와 비교하면 테러리스트의 교리와 목표, 그리고 테러 때문에 발생하는 고통은 극단화되는 반면 인기는 줄어드는 경향이 있기 때문에 테러의 대의를 유지하기란 쉽지 않다. 예를 들면 농지 개혁과 정부 부패 때문에 사람들은 대중 봉기를 지원하거나 참여함으로써 정치체제를 바꾸려고 하는 반면, 일본 적군파 혹은 웨더언더그라운드Weather Underground 같은 테러리스트 단체들이 설파하

는 극단적인 정치 이념은 경제적으로 부유하고 안정적인 민주 사회에서는 인기가 없다. 전통적으로 국가는 정보의 흐름을 통제하고, 테러리스트 집단이 내세우는 대의의 정당성을 약화하며, '마음을 얻는 투쟁'에서 승리하기 위한 자원을 보유했다. "우리는 전투 중이며, 전투의 절반 이상이 대중 매체에서 이뤄진다. 우리는 이슬람 공동체의 마음을 얻기 위해 대중 매체 속에서 경쟁하고 있다"는 사실을 테러리스트 지도자들은 이해하고 있다(Office of the Director of National Intelligence, 2005: 10).

인터넷에 대한 규제가 느슨하거나 인터넷 규제에 관해 애매한 입장을 취하는 국가에서 인터넷 자료 공급자의 확대, 고성능 컴퓨터, 간편한 소프트웨어, 무선 기술의 발달 때문에 개인과 단체는 정보와 자료를 전 세계 인터넷에 전파할 수 있게 되었다. 이제 개인들은 가상 공간에서 존재할 수 있다. 비록 유명한 지하드 테러리스트가 수감 또는 사망으로 사라진다고 하더라도 무스타파 세트마리암 나사르Mustafa Setmariam Nasar의 사례가 보여 주듯이 가상 공간에서 그들의 존재와 영향력은 영원할 수 있다([사례연구 27-1] 참조).

지구화 덕택에 테러리스트 집단은 선전물을 정교하게, 다량으로, 다수를 상대로 만들 수 있게 되었다. 예전 테러리스트 집단의 선전물은 고작 타자기나 등사기로 작성된 선언문 정도였다. 테러리스트 집단과 지지자들은 이제 자신들이 선택한 정보를 전달할 수 있는 웹사이트를 구축할 수 있게 되었다. 초기 사례로 투팍아마루혁명운동Tupac Amaru Revolutionary Movement에 대해 호의적인 웹사이트에는 1997년 페루의 수도 리마에 있는 일본 대사관 점거 사건 당시 투팍아마루혁명운동의 선언문과 영상물이 게재되었다. 테러리스트 집단에 호의적인 웹사이트 운영자는 자신의 웹사이트에 게재되는 정보의 내용을 선택적으로 통제한다. 체첸과 중동의 테러리스트 집단은 비디오카메라를 활용하여, 도로에서 자행하는 폭탄 공격이나 헬리콥터 격추 영상 등을 포함한 테러 영상을 찍고 있다. 여기에는 테러의 준비 과정이나 공격의 결과가 모두 포함된다. 개인이나 소규모 단체 모두 음악이나 영상 자료

를 통해, 새로운 테러리스트를 모집하거나 기부금을 모은다. 테러리스트 집단의 전언, 자료, 관련 논쟁은 페이스북, 트위터, 실시간 대화방을 통해 거의 실시간으로 지구 전역에 도달할 수 있다. 예를 들어 2019년 뉴질랜드 크라이스트처치 사건의 브렌턴 태런트Brenton Tarrant는 아네르스 브레이비크의 온라인 선언문([참고 27-3] 참조)에서 영감을 받아 페이스북에서 자신의 '총기 난사' 테러 공격을 1인칭 슈팅 비디오 게임의 시점에서 생중계하여 사람들에게 자극을 주었다. 이처럼 개인이 만든 자료도, 그 내용이 단순하거나 조악하다고 말할 수 없다. 잘 기획된 콘텐츠와 기술적 지원을 통해 매끄럽게 제작된 유튜브 영상이나 그래픽, 『인스파이어Inspire』, 『다비크Dabiq』, 『루미야Rumiyah』와 같은 전자 출판물은 수준급 자료를 제공한다([그림 27-2] 참조). 2013년 보스턴 마라톤 테러의 용의자들과 2017년 '뉴욕 맨해튼의 트럭 테러범' 사이풀로 사이포프Sayfullo Saipov 등이 이런 자료들에서 영감을 받았고, 이슬람국가의 투쟁에 동참하기 위해 시리아와 이라크로 몰려든 3만 5,000여 명의 외국 전사들도 그런 수단에 고무되었다.

한편 테러리스트 집단은 인터넷 또는 문자 통신이 불가능하거나, 정보 전달 속도가 중요하지 않거나, 보안 검색이 강한 지역에서는 자신들의 주장을 전파하기 위해 반드시 가상 공간에 의존할 필요가 없다. 테러리스트 집단과 동조자는 컴퓨터를 웬만큼 활용하면 저렴한 선전물을 다량으로 만들 수 있다. 대형 인쇄기와 복사기를 옮기기는 어렵지만, 휴대용 컴퓨터와 프린터는 여행 가방에 들어갈 수 있을 정도로 작기 때문에 테러리스트 집단의 기동성이 높아지고 추적은 어렵게 되었다.

조정

초국가 테러리즘 시기에 테러리스트 집단은 한 거점에서 일회적 또는 동시다발적 테러 공격을 계획하고 감행했다. 지구화와 연계된 기술의 발달로 테러리스트 세부 조직과 집단은 여러 지역과 국가에서 동시에 테러 공격

알카에다와 밀접하게 연결된 1세대 폭력적 이슬람 테러리스트들은 많은 공통점을 가지고 있다. 아프가니스탄에서 구소련에 대항해서 투쟁했던 그들은 다음에는 누구를 두고 싸워야 할지를 두고 1994년에 불화를 겪은 뒤 몇몇은 오사마 빈라덴과 연대했다. 오사마 빈라덴은 이슬람에 불의를 초래한 '원거리' 적, 그러니까 미국에 대한 전투가 필요하다고 믿었다. 다른 이슬람 전사들은 세속적 이슬람 국가를 통치하고 있는 '근거리' 지도자를 타도해야 한다고 주장했다. 원거리 적에 대한 투쟁을 준비하기 위해 빈라덴은 1998년에 아프가니스탄으로 이동했고 많은 훈련장과 연구 기관, 지원 조직을 만들었다.

무스타파 세트마리암 나사르는 당시 아프가니스탄으로 이주한 이슬람 전사이다. 나사르는 '아부 무사브 알수리Abu Musab al-Suri' 또는 '시리아 사람'이라고 일컬어졌다. 다른 많은 1세대 성전 전사들처럼 그는 아프가니스탄에서 구소련과의 전투에 참여했으며, 스페인과 알제리를 비롯한 몇 나라에서의 토착 지하드 그룹을 지원했다. 2001년 9월 11일 이전에 그는 빈라덴과 연계된 훈련장을 아프가니스탄에서 운영했다. 다른 동료들과 마찬가지로 그는 좋은 교육을 받았는데, 이는 그가 쓴 글에서 잘 드러난다. 그가 쓴 글은 매우 방대한데, 그 작업에는 인터뷰, 팸플릿 그리고 1,600쪽에 이르는 글과『지구적 이슬람 저항을 위한 호소Global Islamic Resistance call』라는 제목으로 된 세세한 교범이 포함된다. 또한 그는 자신의 저작을 기반으로 한 영상 강의 자료를 제작했다. 그가 다른 1세대 동료들과 구분되는 점은 알카에다의 성공과 실패를 비판적으로 볼 수 있다는 점이다. 특히 그는 전통적인 위계제로 이루어진 알카에다를 상대하는 미국과 동맹국의 노력이 효과적임을 인정했고, 알카에다 지도부의 '토라보라Tora Bora 사고방식'을 비판했다. 그는 알카에다의 전술이 조금 더 안전하고 발각되기 어려우며 쉽게 패하지 않는 방식으로 변해야 한다고 주장했다. 그가 주장하는 바에 따르면 알카에다는 '탄짐tanzim'이라는 1세대 조직의 세포와 다른 방식으로 조직되는, 서로 연결되지 않은 세포들로 구성된 비밀 게릴라 전법을 추구해야 했다(Lia, 2008: 315). 그는 자신의 지식과 기술을 다음 이슬람 테러리스트들에게 가상 공간을 통해 전달했다. 그는 2005년 11월에 파키스탄에서 체포되었는데도 그의 저작과 영상 강의 자료는 인터넷 공간에서 유통되고 있으며, 그의 이상을 부분적으로 실현하고 있다.

아르디트 페리지Ardit Ferizi는 폭력적 이슬람 극단주의를 지지하는 새로운 세대의 테러리스트들을 대표한다. 코소보 출신인 페리지는 코소보 해커들의 보안Kosava Hacker's Security이라고 알려진 그룹을 이끌었다. 그는 미국의 한 회사를 해킹하여 빼돌린 자료들을 이슬람국가의 해킹 부서와 공유한 업적으로 지하드 세계에서 명성을 떨쳤다. 이 자료는 1,300명 이상의 미군 병사의 이름, 집 주소 및 기타 개인 신상 정보를 포함하고 있었다. 이후 이슬람국가는 위 정보를 다수의 '제거 대상자 명단' 중 하나로 온라인상에 공개해 미국에 있는 조직원들에게 "개들을 죽일 것"을 독려했다. 2015년 말 말레이시아와 미국 관리들의 협력으로 말레이시아에서 페리지가 체포되었다. 그는 해킹과 테러 혐의로 징역 20년을 선고받았고, 미국에서 해당 혐의로 유죄 판결을 받은 최초의 인물이 되었다.

질문 1 폭력적 이슬람 극단주의자들의 세대를 구분하는 특징은 무엇인가?

질문 2 폭력적 이슬람 극단주의는 점점 더 가상 공간에서 활동할까? 체감할 수 있고 실재하는 형태로 존재해야 성공할 수 있을까?

을 수행할 수 있게 되었다. 여러 지역에서 다중 공격을 감행할 수 있는 능력이 호전적인 이슬람 단체의 특징이다. 1998년 케냐와 탄자니아에 있는 미국 대사관에 대한 동시다발 공격이 대표적인 예다. 또 다른 예로는 2004년 3월 마드리드의 통근열차에 대한 동시 다발 폭탄 공격(13개 폭탄 가운데 10개 동시 폭파)과 2015년 11월 파리와 생드니에서 이슬람국가의 추종자가 자행한 테러(총 6차례 총격 테러와 폭탄 테러)가 있다.

지구화와 연계된 기술의 발전(예를 들어 휴대 라디오와 전화)으로 테러리스트 조직과 집단은 서로 상당히 떨어져 있으면서도 독자적으로 작전을 시행하는 동시에 연결망처럼 행동할 수 있게 되었다. 예를 들면 디지털 이동 전화

그림 27-2 『인스파이어』와 『루미야』 잡지의 표지

체계에 따라 이 체계망이 설치된 지역에서는 전화 통화가 가능하다. 전자 우편과 휴대 전화를 통한 의사 교환으로 지리적으로 떨어져 있는 테러리스트들이 여러 곳에서 공격을 감행하거나 특정 지역에 공격을 집중할 수 있게 되었다. 예를 들면 9·11 테러에 참여한 세부 조직 책임자는 값싼 선불 전화 카드를 이용하여 고위 지휘자와 통화했다. 2008년 뭄바이에서 테러 조직의 지도자는 파키스탄에 있는 작전 지휘부와 휴대 전화를 통해 정기 연락을 주고받았으며, 3일 동안의 테러 공격 시기에는 위성 전화를 사용했다. 나아가 트위터와 인스타그램은 접근이 간편하고 쉽게 소화할 수 있는 정보와 사진을 퍼뜨리는 데 유용한 수단이다.

반테러 활동으로 압박을 받는 테러리스트 집단들은 자신들의 활동을 전술적, 전략적으로 유지하기 위해 발달된 기술과 새로운 방식을 활용하고 있다. 전술 수준에서 보면 아일랜드공화군과 이라크에서 활동하는 알카에다는 전자상의 반테러 조치에 빠르게 대응하는 능력을 보여 주었다. 언론 보도에 따르면 소위 이슬람국가는 상업용 프로그램을 사용해 무인기가 찍은 영상을 내려받을 수 있었다. 전략적 수준에서 보면 이슬람국가는 공격을 조정하고 감행하기 위한 가장 적당한 방법을 토론하고 정보를 교환하는 '실행가들의 공동체'가 가상 공간에서 알카에다의 역할을 계승했다. 상당한 양의 선전물이 배포되고 있으며, 열린 가상 공간에서 웹캐스트 방송과 온라인 지하디jihadi 토론장을 통해 폭력적 이슬람 극단주의의 목표에 동조하게 된 개인들을 중심으로 세부 조직이 결성된다. 절정기에 이슬람국가는 유튜브 영상을 포함한 새로운 선전물을 하루에 38.2개씩 제작해 게시했다(Winter, 2015: 5). 이슬람국가의 추종자들이 만든 트위터와 페이스북 계정이 수천 개 폐쇄되었지만 다시 생겨났다. 이들의 호전성은 "지구적으로 생각하고 지역적으로 행동하라"라는 실행가들의 표어를 변형한 것으로 볼 수 있으며, 이런 표어는 호전적인 이슬람의 강도와 영향력, 그리고 행동 반경에 대한 인식을 강화하고 있다.

기밀 유지

기밀이 유지되지 않으면 테러리스트 집단은 쉽게 적발되고, 감시되며, 침투되고, 심지어 무력화될 수 있다. 입수된 알카에다 교본에 따르면 조직의 지도자들은 감시와 역감시 기법을 통해 기밀 유지에 역점을 두었다고 한다. 지구화를 가능하게 한 기술 진보로 테러리스트 조직은 조정 가능한 연결망을 유지하고, 기동성을 유지하며(아래 '기동성' 참조), 암호화된 통신을 활용하게 되었다.

전통적으로 테러리스트 조직은 세부 조직들 사이에 정보 교환과 통신을 제한하여 기밀을 유지했다. 이런 기밀 유지 방식을 통해 조직에 대한 위해를 줄이려고 했다. 이런 관행으로 세부 조직 하나가 발각되더라도 해당 세부 조직원의 정체만 탄로 난다. 반면에 다른 세부 조직은 안전하므로 조직의 피해를 최소로 줄일 수 있었다. 중앙의 지시 없이 독자적으로 작동하는 비밀 세부 조직인 경우 기밀 유지가 더 중요하다. 고성능 컴퓨터와 소프트웨어를 비롯한 기술 진보로 테러리스트의 대의에 동조하는 사람들이 먼 거리에서도 가상 공간을 통해 테러리스트의 대의에 기여할 수 있게 되었다.

테러리스트 조직은 개인 신상 정보가 사생활 침해와 상업 목적에 불법적으로 활용되지 않게 보호하기 위해 개발된 기술을 활용하고 있다. 인터넷 도입 초기에 인권과 사생활에 대한 침해 우려에 따라 해독하는 데 비용이 많이 들고 시간이 많이 걸리는 64비트 또는 128비트 무료 암호 프로그램이 개발되었다. 또한 휴대 전화와 컴퓨터, 개인 자료 저장기 같은 새로운 통신 장비도 암호를 사용한다. 발신자 추적 방지 프로그램, 익명성을 높이는 프로그램, 텔레그램Telegram, 시그널Signal, 슈어스팟Surespot과 같은 동등계층간P2P 애플리케이션과 자료가 암호화되어

저장되는 채팅 공간의 활용으로 기밀 유지가 일정 정도 가능해졌다. 가상 공간에 있는 지하드 공동체에서 테러리스트 대의에 동조하는 젊은이들은 개인 정보를 불법적으로 사용하는 방식이나 휴대 전화를 통한 원격 감시 방식, 그리고 지메일과 같이 제3자의 전자 우편 계정에 실제로는 발송하지 않지만 초고를 저장하는 방식을 통해 검열을 피하면서 토론 공간에 자료를 올린다.

기동성

고성능 소형 전자 장비의 등장으로 테러리스트들은 기동성을 확보할 수 있게 되었다. 테러를 방지하기 위해 국가가 동원하는 월등한 자원을 고려해 보면, 기동성이 테러리스트와 모반자에게 왜 중요한지를 알 수 있다. 발달된 사회 기반 시설을 구비한 개방적 사회에서는 국내외 이동이 자유롭고 빠르기 때문에 테러리스트를 추적하고 법을 집행하기가 어렵다. 국경을 초월한 상업의 발전도 테러리스트의 기동성을 높일 수 있는 요인이다. 항공 여행과 해운을 통한 재화의 이동은 지구화로 인해 기하급수적으로 증가했다. 효율성을 높이고 비용을 줄이기 위해 국가들은 재화와 용역, 아이디어의 해외 이동을 쉽게 했다. 운송 시간을 줄이기 위해 유럽연합 회원국 사이에 보안책을 느슨하게 적용하는 유럽 솅겐조약이 그 예다. 하지만 시리아 난민 사태와 2015년 파리 테러로 인하여 합의의 기본 가정이 재검토되고 있기는 하다.

테러리스트들이 항공기를 활용하여 테러를 자행한 사건들은 이미 잘 정리되어 있다. 자칼 카를로스는 항공기로 이동했기 때문에, 체포를 피할 수 있었다. 또 2005년 두 명의 테러리스트가 런던 공격을 감행하기 전에 파키스탄에 방문하여, '순교자 비디오'를 찍었고 폭탄 제조 방법을 전수받았다고 알려져 있다. 경제 지구화로 화물 운송량이 급증하면서 검색이 어려워졌기 때문에 테러를 위해 운송 수단을 사용한다고 하더라도 눈에 띄지 않을 수 있다. 예를 들면 세관원들은 국경과 항구를 통과하는 모든 자동차와 운송 수단을 철저히 검색할 시간이 없다. 미

국 전체로 따지면 1년에 1천만 컨테이너가 반입되며, 로스앤젤레스 공항에서만 하루 1만 2,000대의 20피트 컨테이너가 검색되어야 한다. 대량살상무기를 운송하는 값싼 수단으로 컨테이너를 사용할 가능성에 대해 서양 정부는 우려하고 있다.

치명성

지구화가 테러리즘에 미친 영향들 가운데 반테러 전문가들과 반테러 활동을 전개하는 사람들이 가장 심각하게 걱정하는 바는 대량살상무기를 사용한 치명적 테러 공격 가능성이다. 초국가 테러리즘 시기에 테러리스트들은 치명적인 공격을 행하기 위해 기초적인 대량살상무기를 포함한 발달된 무기를 구입할 수도 있었지만, 그렇게 하지 않았다. 하지만 극소수 테러리스트 집단이 시도는 했고, 웨더언더그라운드 같은 일부 단체는 지금도 대량살상무기를 사용한다고 위협하고 있다. 초국가 테러리즘 시기에 테러리스트들이 대량 살상용 화생방무기를 구입하지 않은 이유는 명확하지 않다. 하지만 테러 공격이 치명적일수록 국가와 국제사회의 반테러 활동이 강화될 가능성을 테러리스트 지도자들이 이해하고 있었다고 전문가들은 추정하고 있다.

냉전의 종식 이후 테러리스트 지도자들은 대량살상무기를 구입할 의지를 넘어 사용할 의지를 표명하고 있다. 2001년에 아프가니스탄에서 확보된 증거에 따르면 알카에다는 생화학무기를 자바디zabadi(응고된 우유)라는 이름의 프로젝트 아래 실험·생산할 계획을 가지고 있었다. 2004년에 알카에다의 런던 거점으로 의심되는 장소를 급습하는 과정에서 다량의 독극 물질인 리신이 발견되었고, 2015년과 2018년 사이 이슬람국가는 시리아와 이라크에서 겨자와 염소 가스를 사용했다. 호전적인 이슬람 테러리스트 단체의 선언문과 이슬람의 어떤 신학적 견해는 이교도와 배교자를 가능한 한 많이 죽이기 위해 대량살상무기를 포함한 모든 수단의 사용을 지지한다. 역설적으로 지구화된 대중 매체가 테러 계획을 만드는 데 일정 역할을 수행할 수도 있다. 알카에다가 할리우드의 초대작 영화에 나오는 특수 효과 때문에 대량 살상 테러 공격에 관심을 두게 되었다는 설이 있다.

테러리스트 집단은 지구화 때문에 무기와 자원에 접근할 수 있게 되어서 소규모이지만 치명적인 공격을 감행할 수 있게 되었다. 체첸에서 파키스탄까지 퍼져 있는 테러리스트 집단들은 지구 어느 곳에서나 원격 통제가 가능한 정교한 장치를 이용해 폭발시킬 수 있는 치명적인 폭탄 제조법을 공유하고 있다. 이라크, 시리아, 아프가니스탄에서 반군과 테러리스트 그룹들은 '고성능 폭파 장치improvised explosive devices'라는 복잡한 수제 폭탄을 만드는 데 필요한 지식과 자원을 구비했다. 고성능 폭파 장치의 파괴력과 복잡성은 다양하다. 지구화된 세계에서는 테러에서 국가 지원이 더 이상 필요하지 않을 수 있다. 디지털 영상 자료에 따르면 테러리스트들은 가상 공간에 있는 '지하드 학습소'를 통해 원격 및 대면-비대면 혼합형 학습을 시도하고 있다. 가상 공간에 있는 지하드 학습소는 공격의 효율성과 치명성을 높이기 위해 매복 공격 감행부터 고성능 폭파 장치 활용까지 테러 활동의 전부를 예비 테러리스트들에게 전수하고 있다. 추가적인 증거는 이슬람국가가 드론 형태의 자체 공군력을 개발하고 실전에서 사용한 점이다. 이슬람국가는 2015년부터 드론을 이용한 폭격을 시작했다. 아직은 상대적으로 조잡하고 즉흥적인 수준에 머물러 있지만, 전 세계 국방부 관리들은 이러한 공격이 치명적이고 무서운 차세대 테러의 시작에 불과하다고 우려하고 있다.

요점정리

- 테러리스트 집단은 재화와 새로운 정보의 급속한 전달을 가능하게 한 지구화를 활용하고 있다.
- 인터넷과 소셜 미디어로 테러리스트들은 대중에게 즉각적이고 직접적으로 접근하고 설득하여, 새로운 지지자들을 모집할 수 있다.
- 지구화와 연계된 기술 진보로 테러리스트들은 널리 퍼져 있는 지구 연계망을 운영하며, 정보를 공유하고, 치명적인 공격을 감행할 수 있으며, 높은 기동성과 기밀을 유지할 수 있다.
- 지구화로 인해 테러리스트들은 재앙 수준의 공격을 가할 수 있는 대량살상무기를 구입하고 제조하여 사용할 수도 있다.

테러리즘과의 전투

냉전 기간에 초국가 테러리스트 집단에게서 피해를 입은 국가의 지도자들은 개별적으로, 또는 협력을 하여 공동 대응을 모색했다. 개별 국가는 반테러법 제정과 공항에서의 예방 조치, 서독 국경수비대 제9부대 Grenzschutzgruppe-9 같은 반테러 (준)군사 조직의 창설을 포함한 다양한 대책을 마련하고 있다. 1976년의 엔테베 Entebbe 인질 구출 작전, 1977년의 모가디슈Mogadishu 인질 구출 작전, 1980년의 런던과 1991년 싱가포르의 인질 구출 작전을 통해 반테러 조직은 국내외에서 성공적인 작전 수행 능력을 과시했다. 국제법 원칙과 국제 협력에 기반을 둔 규범적 반테러 활동은 그다지 효과적이지 않았다. 초국가 테러리즘을 정의하고 방지하기 위한 시도가 국제연합 총회에서 막혀 있기는 했지만, 또 다른 반테러 국제 협력 조치들은 성공적으로 시행되었다. 1970년 항공기의 불법 납치 억제를 위한 협약 같은 국제민간항공기구ICAO가 주도한 정보 공유와 법적 공조를 위한 협약들이 반테러 국제 협력에 포함된다. 정보 공유와 공동 대응을 효과적으로 증진한 또 다른 예는 1985년에 창설된 국제형사경찰기구의 공안-테러국이다. 하지만 초국가 테러리즘이 왕성하던 지난 10년 동안 반테러 조치는 개별 국가 또는 지역 차원의 임시방편이었다. 국제연합의 이슬람국가(다에시) 및 알카에다 제재위원회와 같은 최근의

노력은 특정 지구적 테러리스트 집단을 제재하는 데 어느 정도 성공했다([사례연구 27-2] 참조).

최근의 지구적 테러 공격에 가장 효과적으로 대처하는 방법에 대해 국가 지도자들은 의견을 달리한다. 일부 국가의 지도자들은 호전적인 이슬람 테러리스트 단체와 협상할 여지가 없다고 생각한다. 테러와의 '긴 전쟁'은 기본권 유보와 일상생활 방식의 변경까지 포함한다. 테러리즘을 분쇄하기 위해서 개별 국가는 영토 안에 있는 테러리스트 세부 집단과 지지자, 그리고 동조자에 대처하는 동시에 민간인을 보호해야 한다. 전 세계적으로 퍼져 있고 탐지하기 어려운 테러 위협의 성격을 고려하면 '의지의 동맹'에 참여하는 국가들의 자원을 공동으로 관리·사용해야 한다. 의지의 동맹에 참여하는 지구 북반구의 선진국은 남반구의 파트너인 발전도상국의 능력을 향상시키고 있다. 비군사적 노력으로 테러의 원천을 약화하면서 테러리스트 위협을 탐지하고, 추적하고, 제거하는 능력을 갖춘 국가들로 이루어진 지구반테러네트워크GCTN가 궁극적으로 출현할 것이다. 지구화의 실천적인 한 예는 테러리스트를 목표로 감시와 폭격을 하기 위한 미국의 글로벌 호크, 프레데터, 리퍼 무인 정찰기의 사용이다. 무인 정찰기는 미국 내의 기지에서 출발해 원격으로 조종되며, 무인 정찰기가 제공하는 영상은 미군의 지역·지

2016년 라호르 폭탄 테러

© Dinodia Photos / Alamy Stock Photo

2016년 3월 27일 저녁, 굴샨에이크발Gulshan-e-Iqbal 공원은 가족들로 붐볐다. 라호르 서쪽 교외에 8만 2,000여 평(67에이커)에 걸쳐 있는 이 공원은 뉴욕의 센트럴파크, 보스턴의 코먼, 런던의 하이드파크와 비슷한 모임 장소이자 개방된 공간이다. 특히 이날 저녁은 파키스탄의 소수 민족인 기독교 공동체가 가족·친지들과 부활절 축제를 지내고 있어 공원에는 평소보다 사람이 많았다. 오후 6시 30분, 한 명의 개인이 그 인파로 들어가 폭탄을 터뜨렸다. 그의 자폭 조끼에는 25~35킬로그램의 폭발물이 장착되어 있었고, 못과 쇳조각, 볼트, 너트 등을 부착한 파편탄으로 다수의 인명 피해를 노렸다. 그로 인해 75명이 사망했고, 340명이 부상을 당했다.

파키스탄의 자마트 울 아흐라르Jamaat-ul-Ahrar('자유인의 집회'라는 의미다) 조직은 이번 공격을 자신들의 소행이라고 주장했다. 자마트 울 아흐라르는 2014년 테리크이 탈레반 파키스탄(파키스탄 탈레반)에서 지도부가 분열되면서 형성된 조직이다. 자마트 울 아흐라르의 짧은 역사는 호전적이었다. 공원 테러, 로마 가톨릭교회에 대한 테러 등 이 조직이 총 일곱 차례에 걸쳐 자행한 테러는 200여 명의 목숨을 앗아갔다.

이들이 자행한 테러는 지구화의 여러 가지 측면을 부각한다. 소셜 네트워크 회사인 페이스북은 테러 발생 이후 이집트, 캐나다, 벨기에, 중국, 미국 등지의 특정 사용자들에게 당사의 '안전확인' 장치로 문자를 발송했다. 이 비밀 문자는 테러에 대한 구체적인 정보를 제공하거나 특정 테러를 지정하지 않은 채 그저 '폭발로 자신이 영향을 받게 되었는지'를 물었다. 그러한 문자는 전 세계의 많은 페이스북 사용자의 혼란과 공황으로 이어졌다. 지구화의 또 다른 요소는 자마트 울 아흐라르의 출현을 이끈 리더십의 분열과 관련이 있다. 2013년 11월 1일 탈레반의 지도자 하키물라 메수드Hakumullah Mehsud가 드론 공격으로 사망했다. 이후 탈레반은 새로운 지도자를 선출했지만, 자마트 울 아흐라르를 포함한 두 개의 파벌로 갈라지게 되었다. 사망 전 파키스탄 정부와 평화 회담을 하려고 했던 메수드의 정책에 격하게 반대하던 세력이 있었기 때문이다. 뉴스 보도에 따르면, 그 공격은 무장한 미국 중앙정보국CIA의 드론에 의해 수행되었다. 그러한 드론은 주로 지구의 반대편에서 첨단 인공위성과 정보 기술에 의해 조종되고 비행된다.

지구화의 세 번째이자 마지막 요소는 국제연합 회원국들이 취한 조치와 관련이 있다. 2017년 7월 6일 국제연합의 이슬람국가(다에시) 및 알카에다 제재위원회는 자마트 울 아흐라르를 제재 대상 명단(블랙 리스트)에 올렸다. 테러 공격보다는 알카에다와 이슬람국가와 연관이 있다는 이유 때문이었다. 이런 제재와 더불어 파키스탄 정부의 단속과 추가적인 드론 공격으로 조직의 지도자들이 제거됨에 따라 2017년 11월 자마트 울 아흐라르 조직은 두 개의 집단으로 분열되었다.

질문 1 소셜 미디어 회사들은 테러에 관하여 어느 범위까지 책임져야 하는가? 단지 내용을 전달할 책임만 있는가? 아니면 테러리스트들의 선전을 포함하여 소셜 미디어 회사들이 제공하는 정보의 본질적 내용에 대한 책임까지 져야 하는가?

질문 2 지구화와 연계된 기술을 통해 누가 가장 큰 이익을 얻는가? 불특정 공격을 원격으로 조정할 수 있는 테러리스트 집단인가? 아니면 이들에 대하여 개별적으로 혹은 집단적으로 대응하는 국가인가?

구 작전 센터에 제공된다. 무인 정찰기 공격은 미군의 직접적인 전투 참여 없이 허가받고, 실행되고, 관찰·감시된다. 이는 '초법적' 또는 '표적 살인' 전쟁이라는 논란을 불러일으킨다.

다른 국가의 지도자들은 테러에 대한 '전쟁' 개념을 못마땅하게 생각한다. 반테러에 군사력을 사용하는 것은 테러리스트의 보복을 초래하며, 자국 시민을 억압하는 데 테러를 사용하는 더 나쁜 상황으로 이어져 원래 테러의 정치적 함의와 일치할 수 있다고 우려한다. 그들은 테러리즘에는 법 집행 방식에 따라 대처하는 방법이 가장 효과적이라고 생각한다. 경찰력으로 테러리즘에 대처해야 국가가 법을 준수하고 도덕적 우위를 점하며 민주주의 원칙을 고수하고 계엄을 피할 수 있다. 군사력은 극단적인 경우에만 사용되어야 하며, 이 경우에도 부정적인 영향이 뒤따를 수 있다. 국경 안에서 대처하거나 국제 협조에 따라 테러리스트를 체포하고, 체포된 테러리스트에게 적법 절차를 허용함으로써 테러리즘에 가장 효과적으로 대처할 수 있다. 테러리스트 집단에 대한 조치는 적법 절차 원칙에 따른 규칙과 권리가 고의로 잘못 해석되거나 무시되어 버리는 '정치적 정의'의 영역으로 넘어가지 않도록 주의해야 한다(Chalk, 1996: 98). 법치 준수 때문에 국내·지구 테러리즘에 대해 적절한 조치가 취해지지 않는다면, 테러리스트 집단에게 은신처와 합당하지 않은 권리를 허락할 위험성이 있다.

가상 공간에서의 비정부기구, 블로그 운영자와 회원의 의견도 테러와의 '전쟁'에서 중요하다. 미국의 정치적 동기에 의구심을 가진 사람들은 다양한 의견을 가지고 있다. 음모론자가 주장하는 바에 따르면 이라크와 아프가니스탄에서의 전쟁은 개인의 사적 자유에 대한 침해를 정당화시키고, 테러리스트 '타자'와 충돌할 수밖에 없는 통제 체제 구축하기의 첫걸음이라고 한다. 휴먼라이츠워치Human Rights Watch처럼 비교적 객관적인 비정부 단체들은 미국이 제공하는 인권 정보와 인권 유린 상황을 지속적으로 점검하고 있다. 관타나모만Guantanamo Bay에 억류된 테러리스트 구금자의 상태에 관한 지속적인 관심이 그 예다.

테러리즘에 대처하는 최적의 방법에 관해 철학적인 이견이 있지만, 실천적인 측면에서 보면 테러리스트를 적발하고 적발된 테러리스트를 지지 기반에서 유리시키는 일이 어려운 문제이다. 테러리스트 적발은 인적 정보와 장비를 통해 정보를 취합하고, 평가하고, 분석하는 지루한 작업이다. 지구화와 연계된 정보 기술은 이 과정에서 유용하게 활용된다. 1초당 1조 번의 연산을 할 수 있는 정보 기술과 고속 장비를 이용하여 테러 공격이 발생하기 전에 공격 징후를 파악하고, 공격이 발생한 뒤에 취합된 정보를 평가할 수 있다. 테러리스트들의 재정 상태와 조직 상태에 관한 정보를 분석하여 테러리스트 집단 사이의 상호 연계를 알아낼 수도 있다. 비록 '특정 인물'을 테러리스트로 지목하는 행위의 윤리적 문제에 대해 일부 구글 직원들의 항의도 있었지만, 알고리즘과 초기 형태의 인공지능을 이용한 패턴 인식과 데이터 분석에서 그러한 기술의 가치를 증명할 수 있다. 하지만 테러리스트를 적발하는 과정에는 운과 비기술적인 단서가 중요하다. 국가 관료 조직은 테러리스트 집단에 대처하는 과정에서 기술·금전의 우위를 무력화시킬 수도 있다.

전 세계적 테러리즘에 대처하기 위해 국제사회는 끔찍한 폭력을 자행하도록 부추기는 선전과 선동이 호소력을 가지고 있다는 사실을 직시해야 한다. 테러리스트를 살해하거나 체포한다고 하더라도 토론과 교육의 가면 아래에서 유포되는 극단적인 견해를 막을 수 없다. 이슬람 같은 경우 과격한 이슬람 신학자와 율법학자가 이슬람 교리를 왜곡해 증오의 교리로 바꿈으로써 개인적인 득도보다는 파괴로써 영적 성취가 일어난다고 믿게 만든다. 다시 말해 자살 공격이 개인적인 이익(영적인 보상)을 넘어서 공적인 이익(일생 동안 공동체에 대한 긍정적인 기여)을 제공하는 것처럼 믿게 한다. 테러를 선동하는 독단론을 지구화와 연계된 과학 기술을 활용하여 깨는 일이 향후 몇 년 동안 국제 공동체의 큰 문제로 대두될 것이다.

- 지구화는 테러리스트에게만 유리하지 않다.
- 국가는 자국이 가진 장점을 테러리스트에 맞서 개별적으로 또는 집단적으로 활용해야 한다.
- 현 테러 위협의 성격과 정도, 효과적인 대처 방안에 대한 의견 차이는 국내 경험에 따른 개별 국가의 주관적 해석을 반영한다.
- 테러리즘을 조장하는 신념이 가진 호소력을 없애는 활동이 중요하다.

맺음말

오사마 빈라덴과 안와르 아울라끼Anwar al-Awlaki의 죽음과 더불어 일어난 '아랍의 봄'과 '트위터 혁명'으로 인해 이슬람국가가 붕괴하고 폭력적 이슬람주의의 테러도 최후의 발악을 하고 있다는 의견이 있다. 그러나 국내의 '외로운 늑대들'의 테러 공격과 해외에서 계속되는 갈등은 테러가 수년 내 다시 일어날 수 있음을 상기시킨다. 테러리즘은 복잡한 현상으로서 지구화로 더 심해진 정치·사회·경제적 고통을 시정하기 위한 권력을 쟁취하기 위해 폭력을 사용한다.

지구화 때문에 테러 기술이 향상되어 테러리즘은 지구적 현상이 되었지만, 테러리즘이 소수자의 극단적인 견해를 표현한다는 근본적인 사실에는 변화가 없다. 다시 말해 지구화로 테러리즘의 범위가 확장되었지만, 테러리즘의 본질에는 변화가 없다. 지구화에 따른 혜택은 테러리스트 집단에게만 유리하게 작용하지는 않고, 절대적이지도 않다. 동일한 기술이 반테러 세력에게도 효과적인 수단으로 활용될 수 있다. 지구적 테러리스트는 대중 봉기 또는 국가의 심리적, 실질적 붕괴를 통해서만 성공할 수 있다. 테러리스트의 메시지와 능력이 가지는 한계를 고려할 때 대중 봉기나 국가의 붕괴가 일어날 가능성은 매우 적다. 테러와 반테러는 국내외적 정당성을 확보하기 위한 장기전이라는 특징을 가지고 있다. 지구 공동체는 현재 테러 공격에 동기를 부여하고 지속시키는 사상과의 전쟁에서 승리하기 위해 자신의 장점을 활용해야 한다(Fishman, 2016: 259).

토론주제

1. 테러리즘과 지구화를 이론적으로 연계시키기가 왜 어려운가?

2. 테러리즘이 언제 지구적 현상이 되었으며, 무엇 때문에 지구 테러리즘이 가능해졌는가?

3. 지구화 과정과 지구화와 연계된 기술이 국가와 테러리스트 집단에게 어떤 도움을 주는가?

4. 테러리즘이 초국가적이고 지구적인 현상이 되었는데도 현 상황을 변화시키는 데는 왜 성공하지 못하는가?

5. 테러리스트에게 동기를 유발하는 가장 중요한 요인은 무엇인가? 있다면 왜 그런가?

6. 지난 반세기 동안 테러리즘은 어떤 분야에서 변화했으며, 어떤 분야에서 변화하지 않았는가? 변화하지 않은 부분이 있다면 왜 그런가?

7. 기술이 테러리즘에서 차지하는 역할은 무엇인가? 기술 진보로 테러리즘의 수행 방식이 변화할까? 만약 그렇다면 어떻게 변화할까?

8. 대량살상무기와 관련해 테러리스트 집단이 직면한 딜레마는 무엇인가?

9. 개별 국가 또는 국제사회가 테러리즘에 대처하는 과정에서 해결해야 할 가장 어려운 임무는 무엇인가?

10. 지구화된 테러리즘의 결과로 개인·사회·국제 안보 개념이 어떻게 바뀌었으며, 미래의 안보 개념은 어떻게 변모해 나갈 것인가?

이 장의 객관식 문제를 풀어 보면서 학습 내용을 잘 숙지하고 이해했는지 평가해 보자.

• www.oup.com/he/baylis3xe

집필진 소개

니콜라 필립스(Nicola Phillips)
런던 킹스칼리지공립대학교 정치경제학 교수이자 교육
부총장

데번 커티스(Devon E. A. Curtis)
케임브리지대학교 정치·국제학 부교수

라트나 카푸르(Ratna Kapur)
퀸메리런던대학교 국제법 교수

렌 스콧(Len Scott)
에버리스트위스대학교 국제역사 및 정보연구학 명예교수

로비 실리엄(Robbie Shilliam)
존스홉킨스대학교 국제관계학 교수

리처드 윈 존스(Richard Wyn Jones)
카디프대학교 웨일스 거버넌스센터장 겸 교수이자 행정
학과장

마이클 바넷(Michael Barnett)
조지워싱턴대학교 정치·국제학 교수

마이클 콕스(Michael Cox)
런던 정치경제대학교 국제관계학 명예교수이자 동 대학

의 전략외교센터 책임자

매슈 왓슨(Matthew Watson)
워릭대학교 정치경제학 교수이자 영국 경제사회연구위
원회 교수급 연구위원

미라 사바라트남(Meera Sabaratnam)
런던 동양·아프리카대학교 국제관계학 부교수

브라이언 슈미트(Brian C. Schmidt)
캐나다 오타와 칼턴대학교 정치학 부교수

수전 파크(Susan Park)
시드니대학교 국제관계학 부교수

스티브 스미스 경(Sir Steve Smith)
엑서터대학교 국제정치학 교수이자 부총장

스티븐 홉든(Stephen Hobden)
이스트런던대학교 사회과학대학 국제관계학 부교수

아리아드나 에스테베스(Ariadna Estevéz)
멕시코 국립자치대학교 북미연구센터 교수

앤드루 허렐(Andrew Hurrell)
옥스퍼드대학교 국제관계학 몬태규 버튼 교수

앤서니 맥그루(Anthony McGrew)
상하이대학교 글로벌공공정책학 석좌교수이자 멜버른 라트로브대학교 전(前) 전문 부총장

에드워드 베스트(Edward Best)
마스트리히트에 소재한 유럽행정연구소[EIPA] 국장이자 마스트리히트대학교 선임연구원

제임스 키라스(James D. Kiras)
앨라배마 맥스웰 항공대학교 고등항공우주연구대학 교수

조지 로슨(George Lawson)
런던 정치경제대학교 국제관계학 부교수

존 베일리스(John Baylis)
스완지대학교 정치·국제관계학 명예교수이자 전(前) 부총장

존 보글러(John Vogler)
영국 킬대학교 국제관계학 연구교수

존 브륄리(John Breuilly)
런던 정치경제대학교 민족주의와 민족성 전공 명예교수

캐롤라인 토머스(Caroline Thomas)
전 사우샘프턴대학교 부총장이자 지구정치학 교수. 2008년 10월 타계했다.

크리스티안 레우스-스미트(Christian Reus-Smit)
호주 사회과학원 연구원이자 퀸즐랜드대학교 국제관계학 교수

타라크 바르카위(Tarak Barkawi)
런던 정치경제대학교 국제관계학 교수

토니 에반스(Tony Evans)
사우샘프턴대학교 지구정치학 교수

토마스 크리스티안센(Thomas Christiansen)
로마 루이스귀도칼리대학교 정치·유럽통합학 교수

팀 던(Tim Dunne)
퀸즐랜드대학교 국제관계학 교수이자 전문 부총장

퍼트리샤 오언스(Patricia Owens)
서식스대학교 국제관계학 교수

폴 커비(Paul Kirby)
런던 정치경제대학교 여성·평화·안보 연구센터 연구 조교수

폴 테일러(Paul Taylor)
런던 정치경제대학교 국제관계학 명예교수

헬렌 킨셀라(Helen M. Kinsella)
미네소타대학교 정치학 부교수이자 젠더와 여성학과 및 학제간지구변화 연구센터 겸임 교수

제8판 번역의 말

이 책은 『세계정치론』 제8판(국제 3판)(2021)을 번역한 것이다. 저자들은 국제 정치 교과서 중에 세계 최고 판매 부수를 자랑하는 책답게 빠르게 변화하는 국제 정치 현실을 최대한 포함하고, 관련 전문가들의 서평과 학생들의 요구를 적절하게 받아들여서 제7판(2017)을 3년 만에 개정하여 제8판(2020)을 출간했다. 그리고 2021년에 영미권을 넘어 보다 많은 세계 독자를 위해서 부분 개정을 한 제8판(국제 3판)을 출간했다.

국제 3판은 첫째로, 제1부 '국제 관계의 기초'에서 역사와 이론을 함께 다루면서, 8판에서 새 저자가 쓴 「후기식민주의와 탈식민주의 접근」을 포함하되, 「탈구조주의」와 「국제 윤리」를 삭제했다. 제2부 '지구 구조와 과정'에서는 제8판에서 보완한 비서구적 접근, 특히 지구 남반구의 관점을 유지하면서, 「세계 정치의 비정부조직」을 삭제했다. 제3부 '21세기의 도전'에서는 제8판에서 새로 개정하거나 추가한 「빈곤, 기아 그리고 발전」(제21장), 「난민과 강제 이주」(제24장), 「인권」(제25장)을 그대로 포함하되, 「대량살상무기의 확산」과 「인도적 개입」을 삭제했다.

21세기 상반기 세계 질서의 주도국인 미국과 신흥국인 중국은 경제, 기술, 가치, 군사 무대에서 치열하게 전략적 경쟁을 벌이고 있으며, 그 속에서 유럽의 우크라이나 전쟁과 아시아의 한반도 냉전은 계속되고 있다. 이러한 근대적 위기와 함께, 세계 질서는 코로나바이러스의 지구적 확산과 기후 변화의 생태 불균형, 정체성의 혼란과 지구 테러의 문화 갈등, 기술혁명의 과속에 따른 인류의 기술 종속 위험 같은 탈근대적 위기를 동시에 겪고 있다. 이번 개정판도 복합적 변환을 겪고 있는 세계 질서를 기존 영미권 교과서의 한계를 넘어 제대로 이해하려는 진지한 노력을 하고 있다. 그러나 명실상부한 국제판을 완성하기 위해서는, 우선 한국과 아시아를 비롯한 다양한 지역의 국제판도 동시에 마련돼야 한다. 다음으로, 이러한 국제판들이 상호 안목의 공유를 바탕으로 한 해석학적 이해를 통해서 일반 국제정치학의 모습을 갖춘 세계판으로 성장해야 한다.

이번 번역 작업에는 미국에서 최근 박사학위를 마친 강혜윤, 권민주, 김지은, 이정석 박사가 새롭게 참여해서 커다란 도움을 줬다. 그리고 번역 작업의 준비에서 마지막 교정까지 헌신적으로 도움을 준 서울대학교 석사과정의 심예나, 정다은, 태희준 조교에게 특별히 고마운 마음을 전하고 싶다. 한편 그동안의 번역 작업에 꾸준히 동참한 번역자들에게 다시 한번 감사의 인사를 하고 싶다. 그들이 한국 국제정치학의 연구와 교육을 위해 보여 주고 있는 헌신과 노력 덕분에 그동안의 번역 작업이 가능했다. 아울러 출판 작업을 맡아 준 을유문화사의 박화영 과장과 팀원들에게도 감사를 전한다.

2022년 7월 7일

만청 하영선(晚靑 河英善)

제7판 번역의 말

『세계정치론』제6판(2014) 이후 3년 만에 새로 나온 제7판(2017)의 한국어 번역을 마련했다. 구미 국제정치학 교과서 중에서 가장 많은 판매 부수를 계속해서 유지하고 있는 제7판의 기본 골격은 과거 판과 마찬가지로 먼저 현대 세계정치의 지구화를 제대로 분석하기 위해서 역사적 배경과 다양한 이론적 접근을 검토한 후에 21세기 세계정치의 구조와 과정을 밝히고 당면한 국제 쟁점을 심층 분석하는 것이다.

미국의 국제정치학 교과서에 비해서 높은 비중을 두고 있는 제1부 '역사적 배경'에서는 지난 판에서 다뤘던 국제사회의 진화를 새로운 필자가 '근대 국제질서의 등장'이라는 시각에서 새롭게 정리한 다음에 20세기와 21세기의 역사적 전개를 다룬 장들을 수정·보완하고 있다. 제2부 '세계정치 이론'에서는 신현실주의와 신자유주의 논쟁을 빼고 대신 새롭게 '페미니즘'을 보강하여 8개의 이론적 접근을 다채롭게 소개하고 있다. 제3부 '구조와 과정'에서는 21세기 세계정치 주인공들의 빠른 변화와 함께 새롭게 '인종', '국제기구', '비정부기구'를 다루는 장을 추가하고, 제4부에 있던 지역주의를 옮겨 왔으며, 국제레짐의 장을 삭제하고, 나머지 장의 저자들을 일부 바꿔서 상당히 변화된 모습을 보여 주고 있다. 제4부 '국제적 쟁점'에서는 주제와 저자를 그대로 유지하면서 지난 3년의 변화에 따른 수정·보완을 하고 있다. 제6판에 있던 제5부 '미래의 지구화'는 삭제되었다.

『세계정치론』제3판(2005)부터 시작해서 이번 제7판을 번역하기까지 벌써 10여 년의 세월이 흘렀다. 그동안 번역의 국제정치학에서 창작의 국제정치학으로 가기 위한 중간 징검다리로서 자매편으로 공동 편집한 한국 국제정치학 교과서인 『변환의 세계정치』(2007/2012)를 선보이기도 했다. 이제는 세계가 매력을 느껴서 번역을 하고 싶어 하는 『세계정치학』을 본격적으로 준비할 때가 됐다. 이를 위해서는 이 책을 읽는 젊은 세대들이 이 책을 넘어서서 우리 삶터와 세계의 천 년 대계를 마련하려는 꿈을 본격적으로 꾸어야 한다.

마지막으로 제7판 번역에 동참해 준 번역자들에게 진심으로 감사의 인사를 하고 싶다. 특히 번역의 시작부터 끝까지 헌신적으로 도움을 준 옥창준 석사에게 고마운 마음을 전한다. 그리고 출판 작업을 맡아 준 을유문화사의 김지연 씨에게도 감사를 전한다.

2019년 1월 10일
수지 독시재(讀時齋)에서
만청 하영선(晩靑 河英善)

제6판 번역의 말

『세계정치론』제5판(2011) 이후 3년 만에 새로 나온 제6판(2014)의 한국어 번역을 마련했다. 전 세계적으로 국제정치학의 표준 교과서 자리를 확고하게 차지하고 있는 이 책의 제6판은 역사와 이론의 폭넓고 깊이 있는 시야에서 21세기 세계정치의 구조와 과정을 밝히고 당면하고 있는 10대 국제적 쟁점을 심층 분석한 다음에 마지막으로 미래의 지구화를 전망하고 있다.

제1부 역사적 배경에서는 21세기의 역사적 변환을 제대로 추적하기 위해서 제4장 탈냉전 이후의 역사를 수정·보완한 다음에 중국을 비롯한 신흥 국가의 부상과 이에 따라 새롭게 떠오르는 지구질서를 다루는 제5장을 추가하고 있다. 제2부 세계정치 이론에서는 새롭게 단장했던 5판의 기본 골격을 그대로 유지하는 대신 최근의 사례 연구들을 보다 많이 포함시켜 현실을 이론적 시야에서 깊이 있게 들여다보도록 하는 노력을 하고 있다. 제3부 구조와 과정에서는 21세기 세계정치의 핵심인 전쟁과 안보, 국제정치경제, 젠더, 국제법, 국제레짐, 국제연합, 초국가 행위자와 국제기구의 최근 변화들을 최대한 반영하고 있다. 제4부 국제적 쟁점에서는 5판에 있던 '세계 문제와 문화'의 장을 삭제하고 24장 핵확산을 새 저자가 새로 집필하고 있으며 나머지 장들도 최근 변화를 추가하여 10대 쟁점을 부각시키고 있다. 그리고 마지막 제5부 미래의 지구화에서는 사례 연구를 추가하고 있다.

우리 번역진은『세계정치론』제3판을 번역하며, 자신의 언어로 자기 존재와 현실을 사유하지 못하는 나라는 지적 식민지로 살 수 밖에 없다는 문제의식에서『세계정치론』의 자매편으로 한국 국제정치학 교과서『변환의 세계정치』(2007)를 선보였고 5년 만에 전면적으로 개정하여 제2판(2012)을 선보였다. 따라서『세계정치론』제6판과『변환의 세계정치』제2판이 상호 보완적 역할을 하며 한반도와 동아시아 그리고 세계의 백년대계를 고민하는 우리 젊은이들에게 커다란 도움이 되길 바란다.

마지막으로 제6판 번역에 동참해 준 번역진들에게 감사의 말을 하고 싶다. 특히 번역의 시작부터 마무리까지 헌신적 도움을 준 옥창준 석사, 권민주 석사, 이보미 석사에게 각별히 고마운 마음을 전한다. 그리고 출판 작업을 맡아 준 을유문화사 여러분에게도 감사의 인사를 드린다.

2015년 1월 15일
수지 독시재(讀時齋)에서
만청 하영선(晩靑 河英善)

제5판 번역의 말

『세계정치론』제5판의 번역을 마련했다. 1997년 초판 이후『세계정치론』은 변화하는 세계정치만큼이나 많은 변화를 겪으며, 세계 최고 판매 부수를 자랑하는 국제정치학 교과서로 자리 잡았다. 제5판도 금융위기 이후 빠르게 변화하고 있는 세계정치 현상들을 누구보다 발 빠르게 그리고 다양한 시각에서 설명하고 품어 보려는 저자들의 고민과 노력이 담겨 있다.

제1부 역사적 배경은 국제관계사를 비교적 넓은 시각에서 조망하며 세계정치를 이해하기 위한 기반을 제공한다. 제2부 세계정치의 이론에서는 새로운 필자들을 보강하여, 국제정치 이론의 서구중심주의에 비판적으로 접근하는 탈구조주의와 탈식민주의의 자리를 새롭게 마련했다. 제4판에서 '국제정치의 대안적 접근법' 가운데 하나였던 탈식민주의가 독립된 장에서 다루어졌다. 제3부 구조와 과정은 복합화하는 세계정치의 주인공과 무대, 행위를 포괄적으로 보여 주려는 시도를 하고 있으며, 제4부 국제적 쟁점도 새로운 필진을 동원하여 무역, 금융, 빈곤, 인권 등 세계정치 현상에 대한 보다 생생한 정보와 지식을 전달한다. 특히 국제정치경제 문제를 다루는 장들은 2008년 금융위기 이후의 세계질서에 대한 서술을 통해 시의적절한 정보를 담고자 했다. 끝으로 이 책은 고대 국가들의 역사에서 출발하지만 그 끝은 미래의 변화에 주목하며, 앞으로 다가올 세계정치의 도전에 우리가 어떻게 응답해야 하는가에 대한 질문을 제5부 미래의 지구화를 통해 던져 주고 있다.

우리 번역진은『세계정치론』제3판을 번역하며, 자신의 언어로 자기 존재와 현실을 사유하지 못하는 나라는 지적 식민지로 살 수밖에 없다는 문제의식 속에서『세계정치론』의 자매편으로 한국 국제정치학 교과서『변환의 세계정치』를 선보인 바 있다.『변환의 세계정치』도『세계정치론』제5판의 번역과 함께 제2판을 새로 마련했다. 이 두 권의 책이 상호 보완적인 역할을 하며 한반도의 백년대계를 고민하는 우리 젊은이들에게 도움이 되길 바란다.

마지막으로 제5판 번역 작업에 즐겁게 동참해 준 번역진들과 새 번역을 마무리하기까지 모든 과정을 도와준 김상배 교수에게 감사의 마음을 전한다. 권민주 석사, 김수연, 옥창준을 비롯한 서울대학교 외교학과 학생들의 숨은 노고에도 감사한다. 그리고 출판 작업을 맡아 준 을유문화사 여러분에게도 고마운 마음을 전하고 싶다.

2012년 2월 1일
관악산 연구실에서
만청 하영선(晩青 河英善)

제4판 번역의 말

『세계정치론』 제4판의 번역을 새로 내놓는다. 1997년 초판 이후 불과 10여 년 만에 벌써 세 번째 개정판이 나왔다. 지난 10년 동안 세계정치가 그만큼 빠른 속도로 변화했다는 얘기다. 게다가 이 책이 세계 최고 판매 부수를 자랑하는 국제정치학 교과서로 부상했기 때문이다.

제4판은 제3판의 장점을 최대한 유지하면서 빠르게 변화하는 21세기 세계정치를 따라잡으려는 노력을 계속하고 있다. 미국의 대부분 국제정치학 교과서와 달리 많은 비중을 두고 있는 제1부 역사적 배경은 새로운 필자들을 동원하여 더 간결하고 이해하기 쉽도록 만들었다. 제2부 세계정치의 이론은 국제정치 윤리의 장을 새로 추가하고 있다. 제3부 구조와 과정과 제4부 국제적 쟁점은 복합화하고 있는 세계정치의 주인공과 무대를 시간과 공간의 면에서 최대한 포괄적으로 보여 주려는 시도를 하고 있다. 베스트셀러의 선두자리를 지켜 나가려는 모습이 잘 드러나고 있다.

제3판 번역을 끝내면서 번역진들은『세계정치론』의 자매편으로 21세기 복합변환 시대의 한국 국제정치학 교과서 집필을 약속한 바 있다. 그 중간 징검다리로『변환의 세계정치』(을유문화사, 2007)를 독자들에게 일단 선보였다. 두 책은 상호 보완적 역할을 하게 될 것이다.『세계정치론』을 번역하고『변환의 세계정치』를 엮으면서 많은 필자들이 함께 모여서 일사불란하게 미래를 내다볼 줄 아는 역사와 이론의 안목으로 오늘의 현실 세계정치 문제를 실천적으로 푼다는 것이 얼마나 어려운 일인가를 실감했다. 그러나 21세기 문명사적 변환을 맞이해서 한반도 백년대계를 함께 고민해야 할 이 땅의 젊은이들, 현장 담당자들에게 우리의 조그마한 노력이 도움이 됐으면 한다.

제4판 번역을 위해 이번에도 기꺼이 동참해 준 번역진들에게 다시 한 번 고맙게 생각한다. 새 번역을 마무리하기까지 모든 과정은 서울대학교 김상배 교수를 중심으로 차질 없이 이루어졌다. 서울대학교 외교학과 대학원 고은진 양의 숨은 노고에도 감사한다. 그리고 이제 한국 국제정치학을 위해 노력하는, 한 가족같이 느껴지는 을유문화사 여러분에게도 고마운 마음을 전하고 싶다.

2009년 2월 1일
관악산 연구실에서
추재 하영선(鄒齋 河英善)

제3판 번역의 말

2005년에 옥스퍼드대학교 출판부에서 『세계정치론』의 제3판이 새로 나왔다.

이미 제2판을 번역한 바 있는 우리는 함께 모여서 제3판 번역을 의논했다. 제2판 '번역의 말'에서 강조했듯이 21세기 한국 국제정치학계의 최대 과제는 번역 시대에서 창작 시대로의 정진이다. 우리는 논의의 끝에 번역과 창작을 함께 추진하기로 했다.

『세계정치론』은 10년도 채 안 되는 짧은 기간 동안에 전 세계 국제정치학 교과서 중에 가장 많은 판매 부수를 자랑하는 표준 교과서로 등장했다. 미국에서 출판된 국제정치학 교과서들과 비교해서 세계정치의 역사와 이론, 구조와 과정 그리고 주요 쟁점들을 포괄적으로 다루고 있기 때문이다.

제3판은 2001년 초에 나온 제2판이 다루지 못한 9·11 테러의 문제를 새롭게 포함하고 있다. 동시에 이론적으로는 구성주의의 지면을 눈에 띄게 늘리고 있다. 우리가 제3판을 다시 번역하기로 했을 때는 기존 제2판의 내용을 약간 보충하는 정도로만 생각했다. 하지만 번역하는 과정에서 우리는 제3판의 내용이 단순히 제2판을 보충하는 정도로 수정된 것이 아니라 각 장마다 거의 새로 쓰였을 정도로 많은 내용이 추가되고 보강되었음을 깨달았다. 21세기 세계정치의 새로운 변환을 품어 보려는 편자 나름의 고민을 쉽게 읽을 수 있다.

제3판이 세계화시대의 한국 국제정치학 교재로서 가지는 적실성의 한계는 여전히 남아 있다. 그럼에도 불구하고 제3판을 다시 번역하기로 한 것은 변환하는 세계정치를 제대로 읽어 보려는 다양한 지구적 노력에 대한 관심과 동참이 여전히 중요하다고 생각했기 때문이다.

우리 번역진은 지난번 제2판을 번역하면서도 그랬지만 이번에 제3판을 번역하면서 우리나라 실정에 맞는 새로운 교과서의 필요성을 또 절감했다. 우리는 제3판의 번역과 함께 21세기 세계정치의 변환을 아시아 그리고 한반도 시각에서 바라다보는 한국 국제정치학 교재의 본격적 준비를 시작했다. 가까운 시일 내에 『세계정치론』의 한국판 자매편을 기대하고 있다. 『세계정치론』 제3판의 번역 작업이 우리 눈으로 본 세계정치론 교과서 집필 계기를 마련해 준 셈이다.

제3판 번역이 비교적 짧은 기간 동안에 성공적으로 완성된 것은 번역자들이 바쁜 일정에도 불구하고 적극적인 협조를 아끼지 않았기 때문이다. 동시에 제2판 번역 때와 마찬가지로 이화여자대학교 남궁곤 교수의 효율적인 추진력에 크게 도움을 받았다. 용어 해설과 찾아보기 부분을 번역하고 정리해 준 서울대 외교학과 대학원 김보연 양과 제3판 번역 초고를 학생의 입장에서 읽고 검토해 준 이화여대 정치외교학과 대학원 및 학부생들에게 고맙게 생각한다. 책이 나올 때까지 뒤에서 수고해 준 을유문화사 여러분에게도 고마움을 전하고 싶다.

이 책이 한국적 세계화의 열린 안목 키우기에 기여하기를 바라면서….

2006년 2월 1일
관악산 연구실에서

제2판 번역의 말

　19세기 동아시아는 번역의 시대였다. 오랫동안 예(禮)에 기반을 둔 중국 중심의 천하질서에 익숙하게 살아왔던 동아시아 국가들은 19세기에 들어서서 부국강병이라는 힘에 기반을 둔 유럽 중심의 국제질서와 만나면서, 새로운 역사적 선택을 맞이했다. 스스로를 문명의 중심으로 생각하는 동아시아 국가들이 구미의 근대 국제질서를 쉽사리 새로운 문명으로 받아들이기는 어려웠다. 국내적으로 반외세, 친외세, 용외세의 치열한 싸움은 불가피했다. 중국은 아편 전쟁(1840) 이후 반세기가 지난 청일 전쟁(1894~1895)의 패전 이후에 비로소 서양을 새로운 문명의 표준으로서 본격적으로 받아들이기 시작했다. 일본은 미국 페리 제독의 수교 요구(1853) 이후, 비교적 빠른 변화를 거쳐 메이지 유신(1868)과 함께 본격적인 문명개화의 길에 들어선다. 한편 한국은 병인(1866)·신미(1871)양요 이후, 조일수호조규(1876)와 한미수호통상조약(1882)을 맺으면서, 위정척사로부터 문명개화로의 전환을 시도하게 된다.

　자신들의 삶의 편리를 위해 이룬 문화를 단순한 문화가 아니라 밝은 문화, 즉 문명이라고 자부하는 동아시아 국가들이 서양의 근대 국제질서를 새로운 문명 표준으로 받아들이기 위해서는 서양의 번역을 필요로 했다. 당시 동아시아 지식인들 중에서 이러한 번역의 어려움을 가장 힘들게 겪어야 했던 이는 유길준이었다. 소중화(小中華)를 자처해 온 조선의 새로운 시대를 준비하는 지식인으로서, 그는 일본의 문명개화 지식인들보다 훨씬 무거운 전통의 짐을 져야 했으며, 중국의 양무변법 지식인들보다 훨씬 힘센 근대를 받아들여야 했다.

　유길준은 한국 최초의 근대 국제정치학 교과서라고 부를 수 있는 『서유견문(西遊見聞)』(1895)의 유명한 '개화의 등급'에서 개화를 실상개화(實狀開化)와 허명개화(虛名開化)로 나눈 다음, 실상개화를 위해서는 개화를 억지로 하는 개화의 노예로부터 벗어나서, 단순히 개화를 좋아하는 개화의 빈객을 거쳐, 개화를 주장하고 열심히 실천하는 개화의 주인이 될 것을 강조하고 있다. 특히 그는 19세기 후반 한국의 현실을 전통 없는 근대를 추구하는 개화의 죄인, 근대 없는 전통을 추구하는 개화의 원수, 그리고 전통의 긍정적 측면을 버리고 근대의 부정적 측면만 받아들인 개화의 병신으로 나누어서 강하게 비판하고 있다. 유길준이 고민하고 있었던 최대의 과제는 단순한 서양문명의 소개에 있었던 것이 아니라, 전통과 근대의 갈등이 아닌 조화를, 더 나아가서 복합화를 당시의 어려운 국내외 상황 속에서 어떻게 이루어낼 수 있는가 하는 것이었다.

　유길준은 이러한 고민의 구체적 표현으로서 국내적으로는 군민공치(君民共治)를, 그리고 국외적으로는 양절(兩截)의 틀을 사용하고 있다. 그는 당시 한국이 당면하게 된 새로운 바깥 질서를 전통적으로 오랜 중국관계와 근대적으로 새로운 다른 나라들 관계의 이중적 국제질서로 구성하고, 이를 양절이라고 불렀다. 그는 이러한 양절의 현실 속에서 한반도의 생존과 번영을 위해, 구미 국제질서의 기본원리인 국민국가 중심의 부국강병경쟁을 수용해서 일차적으로는 자강(自强)을 강조하고 있다. 그러나 자강의 현실적 제약 속에서, 균세(均

勢)와 만국공법(萬國公法)의 도움으로 중국과 속방관계가 아닌 증공국(贈貢國)과 수공국(受貢國)의 관계를 유지하면서, 다른 국가들과 근대 국제관계를 만들어 나갈 것을 조심스럽게 주장하고 있다. 그러나 유길준의 이러한 한국형 국제화의 꿈은 국내외의 제약으로 이루어지지 않았고, 한국은 국망의 비극을 겪어야 했다.

21세기 동아시아는 다시 한 번 번역의 시대를 맞이하고 있다. 근대 문명 표준이 새로운 변모를 겪기 시작하고 있기 때문이다. 근대는 20세기 중반 냉전의 모습으로 우리에게 다가왔다. 미국과 소련이라는 새로운 역사의 주인공을 중심으로 형성된 동서 양진영은 정치, 군사, 경제, 이념의 무대에서 협조보다는 갈등의 치열한 역사를 전개했다. 이러한 냉전 질서의 형성 속에서, 우리는 분단된 모습으로 국제정치 무대에 다시 서게 되었다. 그리고 냉전의 국제적 본격화를 가져온 한국 전쟁을 치러야 했다. 한국 전쟁 이후, 한반도는 다시 한 번 국제화의 꿈을 이루려는 힘든 행군을 시작했다.

소련의 붕괴와 함께 한반도를 제외한 냉전 질서의 막이 내렸다. 그러나 21세기는 단순히 탈냉전 질서의 시작이 아니라, 보다 본격적인 복합 질서의 서막이다. 우선, 주인공의 변모를 보자. 소련의 해체는 자연스럽게 미국을 유일 초강대국의 위치에 서게 했다. 양극 체제가 단극 체제로 바뀐 것이다. 변화는 거기에서 멈추지 않았다. 근대의 단독 주연이었던 국민국가는 21세기 복합 시대의 무대에서는 여전히 주인공의 위치를 확보하고 있기는 하지만, 동시에 국가의 안과 밖에서 새롭게 부상하고 있는 연기자들과 함께 공연해야 하는 새로운 변화를 겪고 있다.

국가의 밖에는 국제연합 및 산하기구와 같은 전통적 국제기구뿐만 아니라, 지구 기업, 지구 테러 조직, 지구 시민사회 조직 등의 지구 주인공들이 상대적으로 빠른 속도로 자율성을 높여 가고 있다. 동시에, 유럽연합은 단순히 유럽 근대국가들의 한계를 보완하는 것이 아니라, 개별 국가와 지역 국가가 상호 보완하는 복합 국가의 가능성을 모색하고 있다. 국가의 안에는 시민 사회의 성장과 함께, 시민사회 조직의 세계정치적 역할이 증가하고 있다. 그리고 정보기술혁명은 사이버 공간의 출현을 가능하게 했다. 사이버 공간은 디지털 정보에 기반을 둔 집단상상에 의해 구성된 다양한 그물코node들이 끊임없이 작동하는 그물망network으로 복잡하게 얽혀져 있는 모습을 보여 주고 있다. 따라서 21세기 국가는 과거와 같이 단순히 국가들과의 공식적 관계만을 유지하는 국제관계만으로는 더 이상 생존과 번영을 추구하기 어렵게 되었다. 국가 안과 밖의 새로운 주인공들과 긴밀한 복합관계를 짜나가야 하는 그물망 국가로의 변화가 불가피하게 되었다.

21세기 복합시대는 주인공만 변화하고 있는 것이 아니다. 무대도 바뀌고 있다. 근대 국제정치의 화려한 무대였던 부국과 강병의 경쟁무대는 21세기에도 여전히 중심 무대의 위치를 유지하고 있지만, 새로운 치장을 시작하였다. 강병의 군사 무대는, 일국 중심의 생존 극대화를 모색하는 군사무대가 초래하는 공멸(共滅)이라는 안보의 자기모순을 극복하기 위해, 지구 및 지역의 안보와 사회 및 개인의 안보를 복합적으로 고려하는 안보무대로 바뀌고 있다. 부국의 경제무대도 일국 중심의 번영 극대화가 가져오는 공빈(共貧)의 위험을 피하기 위해, 지구 및 지역의 번영과 국내 복지를 복합적으로 추구하는 번영무대로 바뀌고 있다.

정보기술혁명은 21세기 세계질서의 새로운 무대로서 지식무대를 제공하고 있다. 19세기 산업혁명이 경제력의 비중을 기하급수적으로 높였다면, 21세기 정보기술혁명은 지식력의 중요성을 예측하기 어려울 정도로 높이고 있다. 군사적으로 핵무기 대신에 지식기반 무기가 중요해지고 있으며, 경제적으로 지구 첨단기업이 되려면 지식 경영은 필수적이다. 외교도 군사·경제외교 못지 않게 지식외교가 중요해지고 있다. 따라서 지식력의 기반 없는 군사력과 경제력, 그리고 외교력으로는 21세기를 살아남을 수 없다.

21세기 세계질서의 새로운 무대로서 동시에 주목해야 할 것은 문화와 환경의 무대이다. 탈냉전과 함께 그동안 군사와 경제에 밀려 있었던 문화 무대가 부상하기 시작했고, 9·11 테러와 함께 중요성을 더해 가고 있다. 인간 집단들이 자신의 행복한 삶을 위해 다른 집단과 차별되게 자연을 가꾸는 생각, 활동, 그리고 제도 형성의 무대가 주목을 받게 된 것이다. 인간 집단은 폭력과 금력의 영향으로 상대방을 따르기도 하지만, 동시에 문화력의 영향으로 마음이 움직여서 상대방을 따르기도 하고, 멀어지기도 하기 때문이다. 또 하나의 새로운 무대인 환경 무대는, 인간과 자연을 이분법으로 구분하는 근대인들이 경제성장을 위해 무리하게 파괴한 자연 환경이 역설적으로 인간을 파괴하기 시작하면서, 이를 개선하기 위한 지구적 협력의 시도와 함께 주목받게 된 것이다. 1980년대의 오존층 보호를 위한 몬트리올 의정서 체결이나, 1990년대의 기후변화 협약의 교토 의정서 체결 등이 대표적 예다.

주인공과 무대의 복합화와 함께 주인공의 연기 내용도 바뀌고 있다. 21세기에도 여전히 주역인 국가는 과거보다 훨씬 복잡해진 안보, 번영, 지식, 문화, 환경의 복합무대에서 모든 연기자들과 통하는 그물망을 치고 있다. 주인공들의 관계도 과거에 비해서 일방작동이 아닌 상호 작동으로 바뀌고 있다. 더구나 정보기술혁명의 도움으로 주인공들은 점점 그물망을 흐르는 물처럼 유동하면서, 그물망 모든 곳에 거의 동시에 존재하는 모습으로 움직이려고 노력한다.

19세기 새로운 문명 표준과의 만남에서, 한국은 위정척사, 동도서기, 문명개화의 혼란을 겪어야 했다. 21세기 새로운 문명 표준의 가능성에 직면하여, 세계는 비슷한 어려움을 겪고 있다. 21세기 인간의 삶의 공간이 확대되는 것을 바라보면서, 지구화론자는 인간의 삶의 기반이 비로소 국가 중심에서 지구 중심으로 확대되고 있다고 주장한다. 한편 반지구화론자는 인간의 삶의 기반은 여전히 국가이며, 19세기의 국제화와 마찬가지로, 현재의 공간 확대 현상은 단순히 국가활동의 지구적 확대를 의미한다고 주장한다. 또 하나의 반지구화론자는 인간의 삶의 기반은 계급이며, 현재의 지구화론은 세계 자본주의 체제의 명분론에 불과하다고 말한다. 따라서 하나같이 보이는 지구는 사실상 계급적으로 나누어져 있는 지구라는 것이다. 지구화론과 반지구화론의 이분법적 경직성을 극복할 것을 주장하는 복합론자는, 21세기 인간의 삶의 공간은 전통적인 국가, 계급과 미래적인 지구가 복합되고 있다고 주장한다. 그러므로 정말 중요한 것은 국가냐 지구냐, 또는 계급이냐 지구냐가 아니라, 국가, 계급, 지구가 어떤 모습으로 다양한 무대에서 복합화되는가를 밝히는 것이라고 지적하고 있다.

21세기 문명 표준의 변화를 제대로 번역하는 것은 19세기 한국의 역사적 체험에서 보듯이 국가의 사활이 달린 문제이다. 이러한 이유에서 우리는 성급하게 교재를 집필하는 대신, 21세기 변화를 제대로 읽는 데 도움이 될 수 있는 세계 수준의 교재를 징검다리용으로 번역하기로 한 것이다. 전 세계에서 처음으로 국제정치학과를 1919년 개설하여 국제정치학의 발원지로 널리 알려진 영국 애버리스트위스의 웨일스대학 교수들을 중심으로 집필된 이 교재는 국제적으로 많이 사용되고 있는 다른 교재와 비교하여 몇 가지 눈에 띄는 장점을 가지고 있다.

첫째, 미국의 '역사 없는 국제정치학'과는 달리 영국의 '역사 있는 국제정치학'의 전통을 잇고 있는 이 교재는 '세계정치의 지구화'라는 21세기 문명 표준의 변화 문제를 역사적 시각에서 접근을 시작하고 있다. 둘째, 오늘날의 세계정치를 분석하는 다양한 틀로서 현실주의, 자유주의, 마르크스주의, 그리고 구성주의를 균형감 있게 소개하고 있다. 셋째, 21세기 세계정치의 기본문제와 현안과제들을 좁은 국제정치가 아닌 넓은 세계정치의 시각에서 다루기 위해 노력하고 있다. 넷째, 지구화의 세계사적 의미를 복합적 시각에서 검토하고 있다.

여러 장점에도 불구하고 이 책은 어디까지나, 우리가 21세기 세계정치를 이해하고 헤쳐 나가기 위한 좋은 참고서이지, 우리의 현실에 완전히 부합하는 교재는 아니다. 19세기 중국에서 쓴 『조선책략』(1880)은 중국을 위한 조선의 생존방안이었지, 조선을 위한 조선의 생존방안으로 보기는 어렵다. 명실상부한 우리의 교재는 번역집필진의 일차적 당면 과제이기도 하지만, 이 책을 읽는 모든 분들이 자신의 머리와 가슴속에 스스로 써야 한다.

우리의 교재를 제대로 쓰기 위해서는 반드시 고려해야 할 것들이 있다. 우선, 개념사의 문제이다. 이 번역서가 21세기를 분석하기 위해서 국제정치와 세계정치를 조심스럽게 나누고, 21세기 세계질서의 변화를 지구화라는 개념으로 부를 수 있는지를 책의 시작부터 끝까지 계속해서 질문하고 있다. 영어의 'international'이라는 용어를 벤담이 처음 쓴 이래 겨우 두 세기가 흘렀으며, 영국에 첫 국제정치학과가 설립된 지 한 세기가 채 못 되었다. 그러나 21세기의 변화를 반영하기 위해서, 이 책은 'world'라는 용어를 사용하고 있다. 동아시아에서는 일본이 1870년대에 처음으로 'international'을 '國際'로 번역하여 사용하기 시작했으나, 동아시아에서는 21세기의 변화에 대한 '國際'와 '世界'의 본격적 논쟁이 시작되고 있지 않다. 한반도의 사회과학 개념도입사를 기반으로, 우리가 스스로 변호하는 현실을 우리 나름의 개념으로 형상화할 수 있을 때, 비로소 번역이 아닌 우리의 교재를 마련하게 될 것이다.

다음으로, 문명 표준사의 문제이다. 이 책은 21세기 지구화의 의미를 역사적으로 이해하기 위해서, 유럽 국제사회의 진화와 전파라는 시각에서 역사를 정리한 다음, 20세기 국제관계사를 정리하고 있다. 우리 교과서는 한반도와 동아시아의 시각에서 유럽 국제사회가 19세기에 어떻게 문명 표준으로 받아들여졌으며, 한반도와 동아시아의 20세기 국제관계사는 어떻게 전개되었는가를 검토한 뒤에, 21세기 지구화의 의미를 검토해야 한다.

주인공과 무대의 복합화 문제에서 이 책은 21세기의 변화를 폭넓은 세계정치의 시각에서 형상화해 보려는 노력을 보여 주고 있다. 하지만 편집서라는 한계와, 집필진들이 사용하는 분석틀의 세련도 등으로 인해 21세기 세계정치의 구체적 모습이 꽉 짜인 모습으로 형상화되지 않고 있다. 따라서 우리의 교재는 주인공과 무대의 복합화라는 역사의 각본을 활용하여 보다 정리된 21세기의 그림을 그려낼 수 있어야 한다.

마지막으로, 그리고 가장 중요한 것은 한반도와 동아시아, 그리고 지구의 생존번영전략이다. 그중에도 한반도의 생존번영전략은 우리의 몫이다. 영국 국제정치학자들이 지구용 교재로 쓴 글에서 해답을 찾을 수는 없다. "세계화시대의 한국국제정치"라는 교재가 필요한 것이다. 21세기 문명 표준의 변화를 제대로 읽고, 따라잡고, 언젠가는 주도할 수 있기 위해서는, 우선적으로 두 가지 노력이 필요하다.

먼저 21세기 세계질서의 주인공이 되기 위해서는 삶의 공간을 확대하고 복합화할 수 있어야 한다. 그 첫걸음은 한반도 통일이다. 그러나 우리에게 필요한 것은 19세기의 닫힌 통일이 아니라, 21세기의 안과 밖으로 열린 통일이라야 한다. 두 번째 걸음은 주변열강의 활용이다. 친미·반미나 친중·반중의 이분법적 사고로 더 이상 21세기를 살아갈 수는 없다. 21세기 세계와 동아시아 세력분포 변화를 정확하게 읽고, 외세를 활용할 줄 알아야 한다. 세 번째 걸음은 동아시아의 그물망짜기다. 한반도의 닫힌 동북아 중심 구상은 구시대적이다. 21세기 한반도는 열린 동아시아의 그물망짜기에 앞장서야 한다. 네 번째 걸음은 지구의 그물망짜기다. 세계화론과 반세계화론 논쟁은 시대착오적이다. 21세기를 제대로 살기 위해서는, 지구의 힘과 기(氣)를 모두 모을 줄 알아야 한다. 다섯 번째 걸음은 사이버 공간의 활용이다. 현실 공간과 사이버 공간은 상호 보완적이다. 21세기 세계질서의 주연은 두 공간을 효율적으로 활용할 줄 아는 주인공에게 맡겨질 것이다. 마지막 걸음으로 국내 공간의 확대와 복합화. 국내의 다양한 정치, 사회세력과 개인까지도 그물망을 짜서, 상이한 이해들을 정책 결정 이후가 아니라 이전에 조종함으로써, 갈등을 해소하고 결집시켜야 한다. 이러한 걸음을 제대로 걸으면, 한반도는 21세기의 그물망국가로 성장할 수 있을 것이다.

21세기 문명표준의 주도세력이 되기 위해서, 최우선적으로 필요한 두 번째 노력은 복합무대의 효율적 활용이다. 우선, 한국은 21세기 한반도, 동아시아, 그리고 세계질서에 걸맞는 안보번영국가를 건설해야 한다. 한반도가 통일의 숙제를 풀더라도, 21세기 동아시아와 세계질서에 적절하게 대응하기 위해서는 소박한 군사국가나 평화국가를 넘어선 방어적 안보국가를 구축해야 한다. 방어적 안보국가는 국가 안보뿐만 아니라, 지구 및 지역 안보와 개인 및 사회안보를 동시에 품을 수 있어야 한다. 그리고 지구번영과 국내 복지와 상충되지 않게 국민 경제를 향상시킬 수 있는 번영국가를 건설해야 한다. 특히 국민소득 1만 달러를 2만 달러로 향상시키려면, 현재의 노사관계와 국제경쟁력을 전면적으로 개선해야 한다.

한반도 복합국가는 안보번영 국가인 동시에, 지식문화환경 국가여야 한다. 그중에도 지식국가의 본격적 구축이 시급하다. 이를 위해서는 첨단 정보기술의 전사회적 기반 구축만으로는 불가능하다. 이러한 기반 위에서, 정부, 학계, 기업이 삼위일체가 되어 세계지식질서의 첨단을 집요하게 추적하고, 주도해 보려는 지식전쟁을 본격적으로 시작해야 하며, 동시에 국내의 다양한 사회지식을 종합해서, 지구 경쟁력이 있는 국가지식을 형성해야 한다. 이 전쟁의 성패가 21세기 한반도의 운명을 좌우할 것이다. 다음으로, 문화 국가 건설이다. 지구문화와 전통문화를 성공적으로 복합화하고, 인간집단의 행복한 삶을 위한 한반도 특유의 생각과 행동을 창조해서, 다른 집단들이 표준을 삼을 수밖에 없는 국가를 건설하는 것이다. 지속적 경제성장 속에서도, 21세기 환경보존 표준을 모범적으로 지키는 환경국가를 건설하는 것이다. 이러한 노력들의 마지막 결실은 한국적 복합국가의 건설이다.

한국적 그물망 복합국가 구상이 한반도에서 구체적으로 현실화되기 위해서는 구상만으로는 부족하다. 이러한 구상을 현실화하려는 정치 주도세력이 등장하여, 국내 정치, 사회 역량을 결집하고, 국외역량을 최대한 활용하면서, 구상을 현실의 풍토 위에 뿌리내리게 할 때, 한반도의 생존번영전략은 풍성한 결실을 맺게 될 것이다.

이 책을 번역하면서 우리는 몇 차례의 번역모임을 가졌다. 번역모임에서는 번역진 각자의 전공분야에 따라 분담한 장들의 번역을 진행하면서 맞닥뜨린 난제들을 중심으로 토론이 이루어졌다. 토론의 중심내용은 우선 편집자와 집필자들의 세계정치관의 이해와 평가를 '국제정치학의 세계정치'라는 시각에서 어떻게 걸러낼 것인가에 두어졌으며, 아울러 이 책에서 사용하고 있는 국제정치학의 핵심 개념들을 어떻게 가장 적절한 한국어로 일관성 있게 옮길 것인가에 대해서 토론하였다.

이러한 과정을 통해 일차적인 번역을 마무리한 번역진은 독자의 입장에서 번역 내용을 검토해 보기 위해, 초벌 번역을 서울대학교의 국제정치학 전공학생들과 경희대학교의 국제정치학 관련 과목 수강학생들에게 직접 읽도록 했다. 그 결과를 참고해서, 번역모임은 다시 한 번 수정과 토론의 작업을 거친 다음에 최종적으로 번역원고를 마련했다.

이 번역이 현재의 모습으로 나오기까지 가장 핵심적 역할을 담당한 것은 두말할 것 없이 짧은 시간에 까다로운 번역을 적극적으로 맡아 준 번역진이다. 우리는 우리의 번역이 단순한 번역을 위한 번역이 아니라, 가까운 앞날의 새로운 창조를 위한 번역이라는 암묵적인 믿음 속에서 시간을 함께했다. 번역모임은 그야말로 '번역의 국제정치학'을 고민하는 진지한 공부모임의 현장이었다. 모두들 바쁜 일정에도 불구하고, 노력에 비해 생색나지 않는 궂은일을 오로지 학문적 책임감에서 흔쾌히 맡아서, 최선의 모습으로 처리해 준 후학들에게 깊은 감사를 표하고 싶다.

그중에도 번역용어의 통일부터 최종 원고교정까지의 일정을 커다란 차질 없이 마칠 수 있게 추진한 경희대학교 남궁곤 교수의 노력은 단연코 돋보였다. 그저 고마울 뿐이다. 출판사와의 계약에서 번역 원고의 검토에 이르기까지 크고 작은 일들을 묵묵히 챙겨 준 서울대학교 장인성 교수의 노고에도 사의를 표한다. 아울러 초벌 번역을 성실하게 읽어 줬던 미래의 한국 세계정치 주인공들에게도 특별히 고마운 마음을 전하고 싶다. 판권교섭에서부터 편집진행 및 제작에 이르기까지 꼼꼼한 노력을 기울여 주신 을유문화사 출판국의 권오상 과장과 담당자 여러분께도 박수를 보낸다.

마지막으로 오늘의 한국 세계정치학계가 아직도 번역의 시대를 졸업하지 못하고 있는 현실을 답답하게 생각하면서도, 한편으로는, 새로운 창작의 시대를 준비하기 위한 오늘의 번역은 그동안 이 땅에서 한국 세계정치학의 지적 전통을 형성하고 이끌어 온 분들의 숨은 노력 덕분에 가능했다. 우리 번역진은 이 책을 읽는 많은 독자들과 함께 신명나는 내일의 창작 시대를 위해 정진할 것을 다짐한다.

2003년 8월 15일
관악산 연구실에서
하영선

Abbott, K., Keohane, R. O., Moravcsik, A., Slaughter, A.-M., and Snidal, D. (2000), 'The Concept of Legalization', *International Organization*, 54(3): 401-20.

ABC News (2009), 'Mumbai Killing Spree Through Gunmen's Eyes', https://www.abc.net.au/news/2009-08-03/mumbai-killing-spree-through-gunmenseyes/1375852, accessed 1 May 2019.

Abdelal, R., Blyth, M., and Parsons, C. (eds) (2010), *Constructing the International Economy* (Ithaca, NY: Cornell University Press).

Abernathy, D. B. (2000), *The Dynamics of Global Dominance* (New Haven, CT: Yale University Press).

Acharya, A. (2014a), *The End of American World Order* (Cambridge: Polity Press).

Acharya, A. (2014b), 'Global International Relations (IR) and Regional Worlds: A New Agenda for International Studies', *International Studies Quarterly*, 58(4): 647-59.

Acharya, A. (2014c), *Rethinking Power, Institutions and Ideas in World Politics: Whose IR?* (New York: Routledge).

Acharya, A. (2018a), *The End of the American World Order*, 2nd edn (Cambridge: Polity Press).

Acharya, A. (2018b), *Constructing World Order* (Cambridge: Cambridge University Press).

Acharya, A., and Buzan, B. (2019), *The Making of Global International Relations: Origins and Evolution of IR at its Centenary* (Cambridge: Cambridge University Press).

Acker, J. (2004), 'Gender Capitalism and Globalization', *Critical Sociology*, 30(1): 17-41.

Ackerly, B., and True, J. (2010), 'Back to the Future: Feminist Theory, Activism, and Doing Feminist Research in an Age of Globalization', *Women's Studies International Forum*, 33(5): 464-72.

Ackerly, B. A., Stern, M., and True, J. (eds) (2006), *Feminist Methodologies for International Relations* (Cambridge: Cambridge University Press).

ACNUR (2018), 'Tendencias Globales Desplazamiento Forzado en 2017', http://www.acnur.org/5b2956a04.pdf, accessed September 2018.

Adebajo, A. (ed.) (2009), *From Global Apartheid to Global Village: Africa and the United Nations* (Scottsville: University of Kwazulu-Natal Press).

Adichie, C. N. (2012), *We Should All be Feminists* (New York: Anchor Books). [Speech available at https://www.youtube.com/watch?v=hg3umXU_qWc, accessed 1 May 2019.]

Adler, E. (2003), 'Constructivism and International Relations', in W. Carlsnaes, T. Risse, and B. A. Simmons (eds), *Handbook of International Relations* (Thousand Oaks, CA: Sage): 95-118.

Adler, E., and Barnett, M. (1998), 'A Framework for the Study of Security Communities', in E. Adler and M. Barnett (eds), *Security Communities* (Cambridge: Cambridge University Press): 29-65.

Adler, E., and Pouliot, V. (2011a), 'International Practices', *International Theory*, 3(1): 1-36.

Adler, E., and Pouliot, V. (eds) (2011b), *International Practices* (Cambridge: Cambridge University Press).

Agathangelou, A. M., and Ling, L. H. M. (2004), 'Power, Borders, Security, Wealth: Lessons of Violence and Desire from September 11', *International Studies Quarterly*, 48(3): 517-38.

Agathangelou, A. M., and Ling, L. H. M. (2009), *Transforming World Politics: From Empire to Multiple Worlds* (London: Routledge).

Aggarwal, V. K., and Dupont, C. (2014), 'Cooperation and Conflict in the Global Political Economy', in J. Ravenhill (ed.), *Global Political Economy* (Oxford: Oxford University Press): 50-73.

Agnew, J. (2017), *Globalization and Sovereignty: Beyond the Territorial Trap*, 2nd edn (Lanham, MD: Rowman & Littlefield).

Ahmed, S., and Potter, D. (2006), *NGOs in International Politics* (Bloomfield, CT: Kumarian Press).

AIIB (Asian Infrastructure Investment Bank) (2016), *Articles of Agreement* (Beijing: AIIB).

Al-Ali, N. S., and Pratt, N. C. (2010), *What Kind of Liberation?:*

Women and the Occupation of Iraq (Berkeley, CA: University of California Press).

Alarcon, N. (1999), 'Chicana Feminism', in C. Kaplan et al. (ed.), *Between Woman and Nation: Nationalisms, Transnational Feminisms, and the State* (Durham, NC: Duke University Press): 63-71.

Albert, M. (2016), *A Theory of World Politics* (Cambridge: Cambridge University Press).

Alden, C., Morphet, S., and Vieira, M. A. (2010), *The South in World Politics* (Basingstoke: Palgrave Macmillan).

Alexander, M. J., and Mohanty, C. T. (1997), *Feminist Genealogies, Colonial Legacies, Democratic Futures* (New York: Routledge).

Alger, C. (2002), 'The Emerging Role of NGOs in the UN System: From Article 71 to a People's Millennium Assembly', *Global Governance*, 8(1): 93-117.

Allison, G. (2005), *Nuclear Terrorism: The Ultimate Preventable Catastrophe* (New York: Holt Paperbacks).

Allison, G. (2017), *Destined for War: Can America and China Escape Thucydides's Trap?* (Boston, MA: Houghton Mifflin Harcourt).

ALNAP (Active Learning Network for Accountability and Performance) (2012), *The State of the Humanitarian System* (London: Overseas Development Institute).

Alperovitz, G. (1965), *Atomic Diplomacy: Hiroshima and Potsdam: The Use of the Atomic Bomb and the American Confrontation with Soviet Power* (New York: Simon & Schuster).

Alston, P., and Steiner, H. (2009), *International Human Rights in Context: Law, Politics, Morals* (New York: Oxford University Press).

Alternative NGO Declaration (1995), Copenhagen Summit on Social Development, Copenhagen, March.

Alvaredo, F., Chancel, L., Piketty, T., Saez, E., and Zucman, G. (2018), *World Inequality Report 2018* (World Inequality Lab), https://wir2018.wid.world, accessed 28 January 2019.

Anderson, B. (2006, 1991, 1983), *Imagined Communities: Reflections on the Origin and Spread of Nationalism* (London: Verso).

Anderson, B. (2014), 'Trafficking', in E. Fiddian-Qasmiyeh, G. Loescher, K. Long, and N. Sigona (eds), *The Oxford Handbook of Refugee and Forced Migration Studies* (Oxford: Oxford University Press): 355-66.

Anderson, K. B. (2010), *Marx at the Margins: On Nationalism, Ethnicity, and Non-Western Societies* (Chicago: Chicago University Press).

Anderson, P. (2019), 'Bolsonaro's Brazil', *London Review of Books*, 7 February: 11-22.

Anheier, H., Glasius, M., and Kaldor, M. (2001), 'Introducing Global Civil Society', in H. Anheier, M. Glasius, and M. Kaldor (eds), *Global Civil Society 2001* (Oxford: Oxford University Press): 3-22.

Anievas, A., Manchanda, N., and Shilliam, R. (eds) (2014), *Confronting the Global Colour Line: Race and Racism in International Relations* (New York: Routledge).

Annan, K. (2012), *Interventions: A Life in War and Peace* (New York: Penguin).

Anzaldua, G. (2012 [1987]), *Borderlands/The Frontera: The New Mestiza*, 4th edn (San Francisco: Aunt Lute).

Anzilotti, E. (2017), 'Refugee Camps Are Turning Into Permanent Cities—Can They Be Smart Cities?', *FastCompany*, https://www.fastcompany.com/40441141/refugee-camps-are-turning-intopermanent-cities-can-they-be-smart-cities, accessed 6 February 2019.

Appiah, K. A. (2018), *The Lies that Bind* (London: Profile Books).

Armitage, D. (2011), 'Globalising Jeremy Bentham', *History of Political Thought*, 32(1): 63-82.

Armitage, D. (2013), *Foundations of Modern International Thought* (Cambridge: Cambridge University Press).

Armstrong, D., Farrell, T., and Lambert, H. (2012), *International Law and International Relations*, 2nd edn (Cambridge: Cambridge University Press).

Arora-Jonsson, S. (2011), 'Virtue and Vulnerability: Discourses on Women, Gender and Climate Change', *Global Environmental Change*, 21(2): 744-51.

Ashley, R. K. (1987), 'The Geopolitics of Geopolitical Space: Toward a Critical Social Theory of International Politics', *Alternatives: Global, Local, Political*, 12(4): 403-34.

Ashworth, L. M. (2011), 'Feminism, War and the Prospects for Peace: Helena Swanwick (1864-1939) and the Lost Feminists of Inter-war International Relations', *International Feminist Journal of Politics*, 13(1): 25-43.

Ashworth, L. M. (2014), *A History of International Thought: From the Origins of the Modern State to Academic International Relations* (London: Routledge).

Atran, S. (2010), *Talking to the Enemy: Faith, Brotherhood, and the (Un)Making of Terrorists* (New York: Ecco, HarperCollins).

Bagchi, S., and Das, A. (eds) (2012), *Human Rights and the Third World: Issues and Discourses* (Lanham, MD: Lexington Books).

Baird, T. (2018), 'About SpeedOutfitters...', https://www.ebaymainstreet.com/member/travis-baird, accessed 19 January 2019.

Baker, C. (2018), 'Monstrous Regiment', *History Today*, 17 April, https://www.historytoday.com/catherinebaker/monstrous-regiment, accessed 1 May 2019.

Bakewell, O. (2008), 'Research Beyond the Categories: The Importance of Policy Irrelevant Research into Forced Migration', *Journal of Refugee Studies*, 21(4): 432-53.

Bakker, I., and Silvey, R. (2008), *Beyond States and Market: The Challenges of Social Reproduction* (London: Routledge).

Baldwin, R. (2019), *The Globotics Upheaval: Globalization, Robotics and the Future of Work* (London: Weidenfeld and Nicolson).

Balgamwalla, S. (2016), 'Trafficking in Narratives: Conceptualizing and Recasting Victims, Offenders, and Rescuers in the War on Human Trafficking', *Denver Law Review*, 94(1): 1-41.

Balibar, E. (1991), 'Is There a "Neo-Racism"?', in E.Balibar and I. Wallerstein (eds), *Race, Nation, Class: Ambiguous Identities* (London: Verso): 17-28.

Ban, K. (2009), *Implementing the Responsibility to Protect*, Report of the UN Secretary-General, A/63/677, 12 January (New York: UN).

Bank for International Settlements (2016), *Triennial Central Bank Survey: Foreign Exchange Turnover in April 2016* (Basel: Bank for International Settlements).

Barkawi, T. (2001), 'War Inside the Free World: The Democratic Peace and the Cold War in the Third World', in T. Barkawi and M. Laffey (eds), *Democracy, Liberalism, and War* (Boulder, CO: Lynne Rienner): 107-28.

Barkawi, T. (2005), *Globalization and War* (Lanham, MD: Rowman & Littlefield).

Barkawi, T., and Laffey, M. (1999), 'The Imperial Peace', *European Journal of International Relations*, 5(4): 403-34.

Barkawi, T., and Laffey, M. (2006), 'The Postcolonial Moment in Security Studies', *Review of International Studies*, 32(2): 329-52.

Barker, M. (1982), *The New Racism: Conservatives and the Ideology of the Tribe* (Frederick, MD: Aletheia Books).

Barnett, J. (2001), *The Meaning of Environmental Security: Ecological Politics and Policy in the New Security Era* (London: Zed Books).

Barnett, M. (1998), *Dialogues in Arab Politics: Negotiations in Regional Order* (New York: Columbia University Press).

Barnett, M. (2002), *Eyewitness to a Genocide* (Ithaca, NY: Cornell University Press).

Barnett, M., and Coleman, L. (2005), 'Designing Police: Interpol and the Study of Change in International Organizations', *International Studies Quarterly*, 49(4): 593-620.

Barnett, M., and Duvall, R. (2005), 'Power in International Politics', *International Organization*, 59(1): 39-75.

Barnett, M., and Finnemore, M. (1999), 'The Politics, Power and Pathologies of IOs', *International Organization*, 53(4): 699-732.

Barnett, M., and Finnemore, M. (2004), *Rules for the World: International Organizations in Global Politics* (Ithaca, NY, and London: Cornell University Press).

Baroch, P. (2013), *The Economic Development of the Third World* (London: Routledge).

Barreau Tran, L. (2017), 'Selling Brazilian Fashions, the Women of Angola's "Suitcase Trade" Spot Trends and Pedal Dreams', *The Conversation*, 16 May, https://theconversation.com/selling-brazilianfashions-the-women-of-angolas-suitcase-tradespot-trends-and-pedal-dreams-73324, accessed 19 January 2019.

Barreto, J. M. (2013), *Human Rights from a Third World Perspective: Critique, History and International Law* (Newcastle upon Tyne: Cambridge Scholars Publishing).

Barretta, P., Milazzo, G., and Pascali, D. (2017) *Navigare a Vista: Il Racconto delle Operazioni di Ricerca e Soccorso di Migranti nel Mediterraneo Centrale* (Pavia: Osservatorio di Pavia), https://www.osservatorio.it/wp-content/uploads/2017/05/Report_SAR_NDA.pdf, accessed 1 May 2019.

Barry, J., and Eckersley, R. (eds) (2005), *The State and the Global Ecological Crisis* (Cambridge, MA: MIT Press).

Barth Eide, E. (2014), '2015: The Year Geopolitics Bites Back?', *World Economic Forum: Agenda*, 7 November, https://www.weforum.org/agenda/2014/11/2015-year-geostrategic-competition/, accessed 10 July 2019.

Baugh, D. (2014), *The Global Seven Years' War 1754-1763* (London: Routledge).

Baur, D., and Schmitz, H. P. (2012), 'Corporations and NGOs: When Accountability Leads to Co-optation', *Journal of Business Ethics*, 106(1): 9-21.

Baxi, U. (2007), *The Future of Human Rights*, 3rd edn (New Delhi: Oxford University Press).

Bayly, C. A. (2004), *The Birth of the Modern World, 1780-1914: Global Connections and Comparisons* (Oxford: Blackwell).

Bayly, C. A. (2018), *Remaking the Modern World, 1900-2015: Global Connections and Comparisons* (Chichester: Wiley-Blackwell).

Beardsley, K., and Asal, V. (2009), 'Winning With the Bomb', *Journal of Conflict Resolution*, 53(2): 278-301.

Beardsworth, R. (2015), 'From Moral to Political Responsibility in a Globalized Age', *Ethics and International Affairs*, 29(1): 71-92.

Becker, J. and Shane, S. (2012), 'Secret "Kill List" Proves a Test of Obama's Principles and Will', *The New York Times*, 29 May.

Beitz, C. (1979), *Political Theory and International Relations* (Princeton, NJ: Princeton University Press).

Belich, J. (2009), *Replenishing the Earth* (Oxford: Oxford University Press).

Belkin, A. (2012), *Bring Me Men: Military Masculinity and the Benign Facade of American Empire, 1898-2001* (London: Hurst; New York: Columbia University Press).

Bell, D. (2016), *Reordering the World: Essays on Liberalism and Empire* (Princeton, NJ: Princeton University Press).

Bellamy, A. J. (2002), *Kosovo and International Society* (Basingstoke: Palgrave).

Bellamy, A. J., and Luck, E. C. (2018), *Responsibility to Protect: From Promise to Practice* (Cambridge: Polity).

Bellamy, A. J., and Williams, P. D. (2011), 'The New Politics of Protection? Cote d'Ivoire, Libya and the Responsibility to

Protect', *International Affairs*, 87(4): 825-50.

Bennett, J., and George, S. (1987), *The Hunger Machine* (Cambridge: Polity Press).

Berger, M. T., and Weber, H. (2014), *Rethinking the Third World: International Development and World Politics* (Basingstoke: Palgrave Macmillan).

Bergsten, C. F. (1997), 'Open Regionalism', *The World Economy*, 20(5): 545-65.

Berlant, L., and Freeman, E. (1992), 'Queer Nationality', *boundary 2*, 19(1): 149-80.

Bernstein, E. (2010), 'Militarized Humanitarianism Meets Carceral Feminism: The Politics of Sex, Rights, and Freedom in Contemporary Antitrafficking Campaigns', *Signs*, 36(1): 45-71.

Bernstein, R., and Munro, R. H. (1998), *The Coming Conflict with China* (New York: Random House).

Best, A., Hanhimaki, J. M., Maiolo, J. A., and Schulze, K. E. (2014), *International History of the Twentieth Century And Beyond* (London: Routledge).

Best, E. (2006), 'Regional Integration and (Good) Regional Governance: Are Common Standards and Indicators Possible?', in P. De Lombaerde (ed.), *Assessment and Measurement of Regional Integration* (London and New York: Routledge): 183-214.

Best, E. (2016), *Understanding EU Decision-Making* (Cham, Switzerland: Springer International).

Bethell, L. (1970), *The Abolition of the Brazilian Slave Trade: Britain, Brazil and the Slave Trade Question 1807-1869* (Cambridge: Cambridge University Press).

Betts, A. (2009), *Forced Migration and Global Politics* (Oxford: Blackwell Publishing).

Betts, A. (2010), 'Survival Migration: A New Protection Framework', *Global Governance*, 16(3): 361-82.

Betts, A. (2012), 'UNHCR, Autonomy, and Mandate Change', in J. E. Oestreich (ed.), *International Organisations as Self-Directed Actors* (Abingdon and New York: Routledge): 118-41.

Betts, A., and Loescher, G. (eds) (2010), *Refugees in International Relations* (Oxford: Oxford University Press).

Betts, R. (2004), *Decolonization* (London: Routledge).

Bhagwati, J. (1991), *The World Trading System at Risk* (Princeton, NJ: Princeton University Press).

Bhambra, G. (2007), *Rethinking Modernity: Postcolonialism and the Sociological Imagination* (Basingstoke: Palgrave Macmillan).

Bhattacharyya, G. (2008), *Dangerous Brown Men* (London: Zed Books).

Biko, S. (1978), *I Write What I Like* (Chicago: University of Chicago Press).

Biswas, S., and Nair, S. (2010), *International Relations and States of Exception: Margins, Peripheries, and Excluded Bodies* (London: Routledge).

Black, J. (1998), *War and the World: Military Power and the Fate of Continents 1450-2000* (New Haven, CT: Yale University Press).

Black, R. (2001), 'Fifty Years of Refugee Studies: From Theory to Policy', *The International Migration Review*, 35(1): 57-78.

Blackburn, R. (1997), *The Making of New World Slavery* (London: Verso).

Blair, T. (1999*a*), 'Doctrine on the International Community', speech delivered in Chicago on 22 April.

Blair, T. (1999*b*), 'Speech by the Prime Minister, Tony Blair, to the Economic Club of Chicago', Hilton Hotel, Chicago, 22 April.

Blaney, D. L., and Tickner, A. B. (2017), 'Worlding, Ontological Politics and the Possibility of a Decolonial IR', *Millennium: Journal of International Studies*, 45(3): 293-311.

Blouet, B. (2001), *Globalization and Geopolitics* (London: Reaktion Books).

Blyth, M. (2013), *Austerity: The History of a Dangerous Idea* (Oxford: Oxford University Press).

Bøas, M., and McNeill, D. (eds) (2004), *Global Institutions and Development: Framing the World?* (Abingdon and New York: Routledge).

Bob, C. (2005), *The Marketing of Rebellion: Insurgents, Media and International Activism* (Cambridge: Cambridge University Press).

Bodin, J. (1967), *Six Books of the Commonwealth* (Oxford: Basil Blackwell).

Bond, B. (1998), *War and Society in Europe 1870-1970* (Stroud: Sutton Publishing).

Bondanella, P., and Musa, M. (eds and trans.) (1979), *The Portable Machiavelli* (New York: Penguin Books).

Bonnett, G. (2017), 'Climate Change Refugee Cases Rejected', *RadioNZ*, https://www.radionz.co.nz/news/national/342280/climate-change-refugee-casesrejected, accessed 16 November 2018.

Bordo, M. (2017), *The Second Era of Globalization Is Not Yet Over*, Working Paper 319 (Dallas: Federal Reserve Bank of Dallas).

Borton, J., and Collinson, S. (2017), *Responses to Mixed Migration in Europe: Implications for the Humanitarian Sector* (London: Humanitarian Practice Network (HPN)).

Borzel, T., and Risse, T. (eds) (2016), *The Oxford Handbook of Comparative Regionalism* (Oxford: Oxford University Press).

Boserup, E. (1970), *Women's Role in Economic Development* (New York: St Martin's Press).

Boutros-Ghali, B. (1992), *An Agenda for Peace*, UN document A/47277-S/24111 (New York: United Nations).

Boycott UAE Team (2017), 'Press Release: Human Trafficking in Dubai on the Rise', *Boycott UAE*, http://uaeboycott.org/what-to-do-whenyou- stop-to-sleep-it-off/, accessed 16 November 2018.

Braun, C., and Chyba, C. (2004), 'Proliferation Rings: New Challenges to the Nuclear Nonproliferation Regime', *International Security*, 29(2): 5-49.

Brenner, R. (1985), 'The Agrarian Roots of European Capitalism', in T. H. Aston and C. H. E. Philpin (eds), *The Brenner Debate* (Cambridge: Cambridge University Press): 213-327.

Brenton, T. (1994), *The Greening of Machiavelli: The Evolution of International Environmental Politics* (London: Earthscan).

Bretherton, C., and Ponton, G. (eds) (1996), *Global Politics: An Introduction* (Oxford: Blackwell).

Breuilly, J. (1993), *Nationalism and the State*, 2nd edn (Manchester and Chicago: Chicago University Press).

Breuilly, J. (ed.) (2013), *The Oxford Handbook of the History of Nationalism* (Oxford: Oxford University Press).

Brewer, A. (1990), *Marxist Theories of Imperialism: A Critical Survey*, 2nd edn (London: Routledge).

Brincat, S., Lima, L., and Nunes, J. (eds) (2012), *Critical Theory in International Relations and Security Studies: Interviews and Reflections* (London: Routledge).

Brodie, B. (1946), *The Absolute Weapon: Atomic Power and World Order* (New York: Harcourt, Brace & Company).

Brodsky, A. E. (2004), *With All Our Strength: The Revolutionary Association of the Women of Afghanistan* (London: Routledge).

Brooks, A. L., Wang, S., and Jambeck, J. R. (2018), 'The Chinese Import Ban and its Impact on Global Plastic Waste Trade', *Science Advances*, 4(6): 1-7, https://www.ncbi.nlm.nih.gov/pmc/articles/PMC6010324/, accessed 19 January 2019.

Brooks, S. G., and Wohlforth, W. C. (2008), *World Out of Balance: International Relations and the Challenge of American Primacy* (Princeton, NJ: Princeton University Press).

Brooks, S. G., and Wohlforth, W. C. (2015/16), 'The Rise and Fall of the Great Powers in the Twenty-first Century: China's Rise and the Fate of America's Global Position', *International Security*, 40(3): 7-53.

Brown, C. (2019), *Understanding International Relations* (Basingstoke: Palgrave Macmillan).

Brown, G. (2011), *Beyond the Crash* (New York: Simon & Schuster).

Brown, M. (2006), 'Reflections on Islam and Pacifism', *Australasian Journal of Human Security*, 2(1): 5-18.

Brown, S. (2017), *Sustainable Development Goals and UN Goal-Setting* (Abingdon: Routledge).

Brown, W. (2002), 'Suffering the Paradoxes of Rights', in W. Brown and J. Halley (eds), *Left Legalism/Left Critique* (Durham, NC: Duke University): 420-34.

Brown, W. (2004), '"The Most We Can Hope For"... : Human Rights and the Politics of Fatalism', *South Atlantic Quarterly*, 103(2-3): 451-63.

Brownlie, I. (1974), 'Humanitarian Intervention', in J. N. Moore (ed.), *Law and Civil War in the Modern World* (Baltimore, MD: Johns Hopkins University Press): 217-28.

Brundtland, G. H., et al. (1987), *Our Common Future: Report of the World Commission on Environment and Development* (The Brundtland Report) (Oxford: Oxford University Press).

Brunnee, J., and Toope, S. (2010), *Legitimacy and Legality in International Law: An Interactional Account* (Cambridge: Cambridge University Press).

Buchanan, E. L., and Moore, M. (2003), *States, Nations, and Borders: The Ethics of Making Boundaries* (New York: Oxford University Press).

Bull, H. (1977), *The Anarchical Society: A Study of Order in World Politics* (London: Macmillan).

Bull, H. (1984), 'The Revolt Against the West', in H. Bull and A. Watson (eds), *The Expansion of InternationalSociety* (Oxford: Oxford University Press): 217-28.

Bull, H., and Watson, A. (eds) (1985), *The Expansion of International Society* (Oxford: Clarendon Press).

Burke, A. (2004), 'Just War or Ethical Peace? Moral Discourses of Strategic Violence after 9/11', *International Affairs*, 80(2): 329-53.

Burke, A. (2011), 'Humanity After Biopolitics', *Angelaki*, 16(4): 101-14.

Burnham, P. (1991), 'Neo-Gramscian Hegemony and International Order', *Capital & Class*, 45(3): 73-93.

Butler, J. (1993), *Bodies That Matter: On the Discursive Limits of 'Sex'* (London: Routledge).

Butler, J. (1997), 'Contagious Word: Paranoia and "Homosexuality" in the Military', in J. Butler, *Excitable Speech: A Politics of the Performative* (London: Routledge): 103-26.

Butterworth, K. (2016), 'The Decentred Autonomous Subject', in Rafael Winkler (ed.), *Identity and Difference: Contemporary Debates on the Self* (Cham, Switzerland: Palgrave Macmillan): 155-75.

Buzan, B. (1983), *People, States and Fear* (London: Harvester).

Buzan, B., and Hansen, I. (2009), *The Evolution of International Security Studies* (Cambridge: Cambridge University Press).

Buzan, B., and Herring, E. (1998), *The Arms Dynamic in World Politics* (Boulder, CO: Lynne Rienner).

Buzan, B., and Lawson, G. (2015), *The Global Transformation: History, Modernity and the Making of Modern International Relations* (Cambridge: Cambridge University Press).

Buzan, B., and Little, R. (2000), *International Systems in World History* (Oxford: Oxford University Press).

Buzan, B., Wæver, O., and de Wilde, J. (1997), *Security: A New Framework for Analysis* (Boulder, CO: Lynne Rienner).

Byers, M. (1999), *Custom, Power, and the Power of Rules: International Relations and Customary International Law* (Cambridge: Cambridge University Press).

Byers, M. (2000), *The Role of Law in International Politics* (Oxford: Oxford University Press).

C&E Advisory Services (2015), *C&E Corporate-NGO Partnerships Barometer 2015* (London: C&E Advisory Services).

Callinicos, A., and Rosenberg, J. (2008), 'Uneven and Combined Development: The Social-relational Substratum of "the International"? An Exchange of Letters', *Cambridge Review of International Affairs*, 21(1): 77-112.

Cammack, P. (2002), 'The Mother of All Governments: The World Bank's Matrix for Global Governance', in R. Wilkinson and S. Hughes (eds), *Global Governance: Critical Reflections* (London: Routledge): 36-52.

Cammack, P. (2014), 'Classical Marxism', in T. G. Weiss and R. Wilkinson (eds), *International Organisation and Global Governance* (Abingdon and New York: Routledge): 169-80.

Campbell, D. (1992), *Writing Security: United States Foreign Policy and the Politics of Identity* (Manchester: Manchester University Press).

Campbell, D. (1994), 'The Deterritorialisation of Responsibility: Levinas, Derrida, and Ethics After the End of Philosophy', *Alternatives: Global, Local, Political*, 19(4): 455-84.

Campbell, D. (1998), *National Deconstruction: Violence, Identity, and Justice in Bosnia* (Minneapolis: University of Minnesota Press).

Campbell, D. (2007), 'Poststructuralism', in T. Dunne, M. Kurki, and S. Smith (eds), *International Relations Theories: Discipline and Diversity* (Oxford: Oxford University Press): 203-28.

Campbell, K. M., Einhorn, R. J., and Reiss, M. B. (2004), *The Tipping Point: Why States Reconsider Their Nuclear Choices* (Washington, DC: The Brookings Institution).

Campbell, T. (2006), *Rights: A Critical Introduction* (London and New York: Routledge).

Caney, S. (1997), 'Human Rights and the Rights of States: Terry Nardin on Non-Intervention', *International Political Science Review*, 18(1): 27-37.

Caney, S. (2005), *Justice Beyond Borders: A Global Political Theory* (New York: Oxford University Press).

Caparros, M. (2019), *Hunger: The Mortal Crisis of Our Time* (New York: Other Press).

Caprioli, M. (2004), 'Feminist IR Theory and Quantitative Methodology: A Critical Analysis', *International Studies Review*, 6(2): 253-69.

Caprioli, M. (2005), 'Primed for Violence: The Role of Gender Inequality in Predicting Internal Conflict', *International Studies Quarterly*, 49(2): 161-78.

Carens, J. (2014), *The Ethics of Immigration* (Oxford: Oxford University Press).

Carpenter, R. C. (2003), '"Women and Children First": Gender, Norms and Humanitarian Evacuation in the Balkans 1991-1995', *International Organization*, 57(4): 66-94.

Carpenter, R. C. (2011), 'Vetting the Advocacy Agenda: Network Centrality and the Paradox of Weapons Norms', *International Organization*, 65(1): 69-102.

Carr, E. H. (1946, 1939), *The Twenty Years' Crisis 1919-1939: An Introduction to the Study of International Relations* (London: Macmillan).

Carroll, T. (2010), *Delusions of Development: The World Bank and the Post-Washington Consensus in Southeast Asia* (Basingstoke: Palgrave Macmillan).

Carson, R. (1962), *Silent Spring* (Harmondsworth: Penguin).

Carver, T. (1996), *Gender is Not a Synonym for Women* (Boulder, CO: Lynne Rienner).

Carver, T. (2014), 'Men and Masculinities in International Relations Research', *Brown Journal of World Affairs*, 21(1): 113-26.

Cassese, A. (2005), *International Law*, 2nd edn (Oxford: Oxford University Press).

Castells, M. (2009), *The Rise of the Network Society*, vol. 1, 2nd edn (Oxford: Wiley-Blackwell).

Castells, M. (2000), *The Rise of the Network Society* (Oxford: Blackwell).

Castles, S. (2003), 'Towards a Sociology of Forced Migration and Social Transformation', *Sociology*, 37: 13-34.

Castles, S., and Miller, M. (2009), *The Age of Migration* (London: Palgrave Macmillan).

Cesaire, A. (2000 [1955]), *Discourse on Colonialism*, trans. Joan Pinkham (New York: NYU Press).

Chakrabarty, D. (2000), *Provincializing Europe: Postcolonial Thought and Historical Difference* (Princeton, NJ: Princeton University Press).

Chalk, P. (1996), *West European Terrorism and Counter-Terrorism: The Evolving Dynamic* (New York: St Martin's Press).

Chamberlain, M. E. (1999), *Decolonization: The Fall of the European Empires* (Oxford: Blackwell).

Chandler, D. (ed.) (2002), *Rethinking Human Rights: Critical Approaches to International Politics* (Houndmills: Palgrave

Macmillan).

Chang, H.-J. (2002), *Kicking Away the Ladder: Development Strategy in Historical Perspective* (London: Anthem Press).

Charnovitz, S. (1997), 'Two Centuries of Participation: NGOs and International Governance', *Michigan Journal of International Law*, 18(2): 183-286.

Charnovitz, S. (2006), 'Nongovernmental Organizations and International Law', *American Journal of International Law*, 100(2): 348-72.

Chavkin, S. (2015), ' "Bathed In Blood": World Bank's Business-Lending Arm Backed Palm Oil Producer Amid Deadly Land War', *Huffington Post*, http://projects.huffingtonpost.com/projects/worldbankevicted-abandoned/honduras-international-financecorp-backed-palm-oil-producer, accessed 16 November 2018.

Chavkin, S., Hallman, B., Hudson, M., Schilis-Gallego, C., and Shifflett, S. (2015), 'Evicted and Abandoned: How The World Bank Broke its Promise To Protect The Poor', *Huffington Post*, http://projects. huffingtonpost.com/worldbank-evicted-abandoned, accessed 16 November 2018.

Chesterman, S. (2001), *Just War or Just Peace? Humanitarian Intervention in International Law* (Oxford: Oxford University Press).

Chestnut, S. (2007), 'Illicit Activity and Proliferation: North Korean Smuggling Networks', *International Security*, 32(1): 80-111.

Chimni, B. S. (1998), 'The Geopolitics of Refugee Studies: A View from the South', *Journal of Refugee Studies*, 11(4): 350-74.

Chimni, B. S. (2009), 'The Birth of a Discipline: From Refugee to Forced Migration Studies', *Journal of Refugee Studies*, 22(1): 11-29.

Chow, R. (2006), *The Age of the World Target: Selfreferentiality in War, Theory, and Comparative Work* (Durham, NC: Duke University Press).

Chowdhry, G., and Nair, S. (eds) (2002), *Power, Postcolonialism and International Relations: Reading Race, Gender, and Class* (New York: Routledge).

Christiansen, T., Jørgensen, K. E., and Wiener, A. (eds) (2001), *The Social Construction of Europe* (London: Sage).

Chwieroth, J. (2008), 'Normative Change from Within: The International Monetary Fund's Approach to Capital Account Liberalisation', *International Studies Quarterly*, 52(1): 129-58.

Cimadamore, A., Koehler, G., and Pogge, T. (2016), *Poverty and the Millennium Goals: A Critical Look Forward* (London: Zed Books).

Clapp, J. (1998), 'The Privatization of Global Environmental Governance: ISO 14000 and the Developing World', *Global Governance*, 4(3): 295-316.

Clark, A. M. (2001), *Diplomacy of Conscience: Amnesty International and Changing Human Rights Norms* (Princeton, NJ: Princeton University Press).

Clark, A. M., Friedman, E. J., and Hochstetler, K. (1998), 'The Sovereign Limits of Global Civil Society: A Comparison of NGO Participation in UN World Conferences on the Environment, Human Rights, and Women', *World Politics*, 51(1): 1-35.

Clark, I., Kaempf, S., Reus-Smit, C., and Tannock, E. (2018), 'Crisis in the Laws of War? Beyond Compliance and Effectiveness', *European Journal of International Relations*, 24(2): 319-43.

Claude, I. R., Jr (1984, 1971, 1964), *Swords Into Plowshares: The Problems and Progress of International Organization* (New York: Random House).

Clausewitz, C. von (1976), *On War*, ed. and trans. M. Howard and P. Paret (Princeton, NJ: Princeton University Press).

Clift, B. (2018), *The IMF and the Politics of Austerity in the Wake of the Global Financial Crisis* (Oxford: Oxford University Press).

Climate Transparency (2018), Brown to Green: The G20 Transition to a Low Carbon Economy (Berlin: Climate Transparency), https://www.climate-transparency.org/g20-climate-performance/g20report2018, accessed 1 May 2019.

CMDPDH (2018), *Episodios de Desplazamiento Interno Forzado Masivo en Mexico*, Informe 2017 (Mexico: Comision Mexicana de Defensa y Promocion de los Derechos Humanos).

Coates, A. (1997), *The Ethics of War* (Manchester: Manchester University Press).

Cohen, B. J. (2008), *International Political Economy: An Intellectual History* (Princeton, NJ: Princeton University Press).

Cohn, C. (2003/4), *Mainstreaming Gender in UN Security Policy: A Path to Political Transformation?*, Working Paper, no. 204 (Boston, MA: Consortium on Gender, Security, and Human

Rights).

Cohn, C., Kinsella, H., and Gibbings, S. (2004), 'Women, Peace and Security Resolution 1325', *International Feminist Journal of Politics*, 6(1): 130-40.

Cole, T. (2012), 'The White-Savior Industrial Complex', *The Atlantic*, 21 March, http://www.theatlantic.com/international/archive/2012/03/the-white-saviorindustrial-complex/254843/, accessed 1 May 2019.

Collins, P. H. (1998), 'It's All in the Family: Intersections of Gender, Race, and Nation', *Hypatia*, 13(3): 62-82.

Confortini, C. C. (2012), *Intelligent Compassion* (New York: Oxford University Press).

Connell, R. W. (2005), *Masculinities*, 2nd edn (Cambridge: Polity).

Cornelius, W. A., Tsuda, T., Martin, P. L., and Hollifield, J. F. (eds) (2004), *Controlling Immigration: A GlobalPerspective*, 2nd edn (Stanford, CA: Stanford University Press).

Cornwall, A., and Brock, K. (2005), 'What do Buzzwords do for Development Policy? A Critical Look at "Participation", "Empowerment" and "Poverty Reduction"', *Third World Quarterly*, 26(7): 1043-60.

Correa-Cabrera, G. (2017) *Los Zetas Inc.* (Austin: University of Texas Press).

Council of Europe (1986), European Convention on the Recognition of the Legal Personality of International Non-Governmental Organizations, http://conventions.coe.int/Treaty/EN/Treaties/Html/124.htm, accessed 23 September 2015.

Cox, M. (2011), 'The Uses and Abuses of History: The End of the Cold War and Soviet Collapse', *International Politics*, 48(4-5): 627-46.

Cox, M. (2012), 'Power Shifts, Economic Change and the Decline of the West?', *International Relations*, 26(4): 369-88.

Cox, M. (2016), 'Not Just "Convenient": China and Russia's New Strategic Partnership in the Age of Geopolitics', *Asian Journal of Comparative Politics*, 1(4): 317-34.

Cox, M. (2017), 'The Rise of Populism and the Crisis of Globalization Brexit, Trump and Beyond', *Irish Studies in International Affairs*, 28: 9-17.

Cox, M., and Stokes, D. (2018), *US Foreign Policy*, 3rd edn (Oxford: Oxford University Press). Cox, R. W. (1981), 'Social Forces, States and World Orders: Beyond International Relations Theory', *Millennium: Journal of International Studies*, 10(2): 126-55.

Cox, R. W. (1983), 'Gramsci, Hegemony and International Relations: An Essay in Method', *Millennium: Journal of International Studies*, 12(2): 162-75.

Cox, R. W. (1987), *Production, Power, and World Order: Social Forces in the Making of History* (New York: Columbia University Press).

Cox, R. W. (1997), 'Democracy in Hard Times: Economic Globalization and the Limits to Liberal Democracy', in Anthony McGrew (ed.), *The Transformation of Democracy* (Cambridge: Polity Press): 49-75.

Cox, R. W. (1999), 'Civil Society at the Turn of the Millennium: Prospects for an Alternative World Order', *Review of International Studies*, 25(1): 3-28.

Crenshaw, K. (1989), 'Demarginalizing the Intersection of Race and Sex: A Black Feminist Critique of Antidiscrimination Doctrine, Feminist Theory and Antiracist Politics', *University of Chicago Legal Forum*, 140: 139-67.

Crenshaw, K. (1991), 'Mapping the Margins: Intersectionality, Identity Politics, and Violence Against Women of Color', *Stanford Law Review*, 43(6): 1241-99.

'Critiquing "race" and racism in development studies' (2006), *Progress in Development Studies*, special issue, 6(1).

Cronin, A. K. (2002/3), 'Behind the Curve: Globalization and International Terrorism', *International Security*, 27(3): 30-58.

Cronin, A. K. (2011), *How Terrorism Ends: Understanding the Decline and Demise of Terrorist Campaigns* (Princeton, NJ: Princeton University Press).

Crosby, A. W. (2004), *Ecological Imperialism: The Biological Expansion of Europe, 900-1900* (Cambridge: Cambridge University Press).

Crouch, C. (2011), *The Strange Non-Death of Neoliberalism* (Cambridge: Polity Press).

Cupitt, R., Witlock, R., and Witlock, L. W. (2001), 'The (Im)mortality of International Governmental Organizations', in P. Diehl (ed.), *Politics of Global Governance*, 2nd edn (Boulder, CO: Lynne Rienner): 44-60.

Currah, P., and Mulqueen, T. (2011), 'Securitizing Gender: Identity, Biometrics and Transgender Bodies at the

Airport', *Social Research*, 78(2): 557-82.

Curran, J. (2018), '*Americanism, Not Globalism': President Trump and the American Mission* (Sydney: Lowy Institute), https://www.lowyinstitute.org/publications/americanism-not-globalism-presidenttrump-and-american-mission-0, accessed 19 January 2019.

Curtin, P. D. (1984), *Cross-Cultural Trade in World History* (Cambridge: Cambridge University Press).

Cusumano, E. (2017), 'Emptying the Sea with a Spoon? Non-governmental Providers of Migrants Search and Rescue in the Mediterranean', *Marine Policy*, 75: 91-8.

Cusumano, E. (2018), 'The Sea as Humanitarian Space: Non-governmental Search and Rescue Dilemmas on the Central Mediterranean Migratory Route', *Mediterranean Politics*, 23(3): 387-94.

Cusumano, E. (2019), 'Straightjacketing Migrant Rescuers? The Code of Conduct on Maritime NGOs', *Mediterranean Politics*, 24(1): 106-14.

Cuttitta, P. (2017), 'Repoliticization through Search and Rescue? Humanitarian NGOs and Migration Management in the Central Mediterranean', *Geopolitics*, 23(3): 632-60.

Dabashi, H. (2012), *The Arab Spring: The End of Postcolonialism* (London: Zed Books).

Dag Hammarskjold Foundation (1975), *What Now? Another Development?* (Uppsala: DHF).

Daigle, M. (2015), *From Cuba With Love: Sex and Money in the 21st Century* (Oakland, CA: University of California Press).

Dallmayr, F. (2013), *Being in the World: Dialogue and Cosmopolis* (Lexington: University of Kentucky Press).

Damrosch, L. F. (1991), 'Commentary on Collective Military Intervention to Enforce Human Rights', in L. F. Damrosch and D. J. Scheffer (eds), *Law and Force in the New International Order* (Boulder, CO: Westview).

Dany, C. (2014), 'Janus-faced NGO Participation in Global Governance: Structural Constraints for NGO Influence', *Global Governance*, 20(3): 419-36.

Darby, P., and Paolini, A. J. (1994), 'Bridging International Relations and Postcolonialism', *Alternatives: Global, Local, Political*, 19(3): 371-97.

Darwin, J. (2007), *After Tamerlane: The Global History of Empire* (London: Penguin Allen Lane).

Darwin, J. (2012), *Unfinished Empire: The Global Expansion of Britain* (London: Allen Lane).

Das, M. B., Kapoor-Mehta, S., Taş, E. O., and Žumbyte, I. (2015), *Scaling the Heights: Social Inclusion and Sustainable Development in Himachal Pradesh* (Washington, DC: World Bank Group), https://openknowledge.worldbank.org/bitstream/handle/10986/21316/93729.pdf?sequence=5&isAllowed=y, accessed 6 December 2018.

Dauvergne, P. (ed.) (2012), *Handbook of Global Environmental Politics*, 2nd edn (Cheltenham: Edward Elgar).

Davies, R. (2018), 'Apple Becomes the World's First Trillion-dollar Company', *The Guardian*, 2 August, https://www.theguardian.com/technology/2018/aug/02/apple-becomes-worlds-first-trillion-dollarcompany, accessed 1 May 2019.

Davies, S. E., and True, J. (eds) (2019), *The Oxford Handbook of Women, Peace and Security* (Oxford: Oxford University Press).

Davies, T. (2013), *NGOs: A New History of Transnational Civil Society* (London: C. Hurst and Co).

De Beauvoir, S. (1997 [1949]), *The Second Sex* (London: Vintage).

De Genova, N. (2002), 'Migrant "Illegality" and Deportability in Everyday Life', *Annual Review of Anthropology*, 31: 419-47.

De Lombaerde, P. (ed.) (2006), *Assessment and Measurement of Regional Integration* (London and New York: Routledge).

Deibert, R. (2000), 'International Plug "n" Play? Citizen Activism, the Internet and Global Public Policy', *International Studies Perspectives*, 1(3): 255-72.

Deitelhoff, N. (2009), 'The Discursive Process of Legalization: Charting Islands of Persuasion in the ICC Case', *International Organization*, 63(1): 33-66.

Delgado-Wise, R. (2014), 'A Critical Overview of Migration and Development: The Latin American Challenge', *Annual Review of Sociology*, 40: 643-63.

DeMars, W. E. (2005), *NGOs and Transnational Networks: Wild Cards in World Politics* (London: Pluto).

DeMars, W., and Dijkzeul, D. (eds) (2015), *The NGO Challenge for International Relations Theory* (London and New York: Routledge Press).

Dembour, M. B. (2010), 'What Are Human Rights? Four Schools of Thought', *Human Rights Quarterly*, 32(1): 1-20.

Der Derian, J. (1992), *Antidiplomacy: Spies, Terror, Speed, and*

War (Cambridge, MA, and Oxford: Blackwell).

Der Derian, J., and Shapiro, M. J. (1989), *International/Intertextual Relations: Postmodern Readings of World Politics* (Lexington, MA: Lexington Books).

Derluguian, G. M. (2005), *Bourdieu's Secret Admirer in the Caucasus: A World-System Biography* (Chicago: University of Chicago Press).

Deudney, D., and Ikenberry, G. J. (2018), 'Liberal World: The Resilient Order', *Foreign Affairs*, (July/August): 16-24.

Deutsch, K. W., Burrell, S. A., Kann, R. A., Lee, Jr., M., Lichterman, M., Lindgren, R. E., Loewenheim, F. L., and van Wagenen, R. W. (1957), *Political Community and the North Atlantic Area: International Organization in the Light of Historical Experience* (Princeton, NJ: Princeton University Press).

Diamond, L. (2018), 'The Liberal Democratic Order in Crisis', *The American Interest*, https://www.theplamerican-interest.com/2018/02/16/liberaldemocratic-order, accessed 19 January 2019.

Dill, J. (2015), *Legitimate Targets? Social Construction, International Law, and US Bombing* (Cambridge: Cambridge University Press).

Dinan, D., Nugent, N., and Paterson, W. E. (eds) (2017), *The European Union in Crisis* (London: Palgrave).

Disability Rights International (2015), 'About Us', http://www.driadvocacy.org/about/, accessed 13 October 2015.

Donnelly, J. (2002), *Universal Human Rights in Theory and Practice*, 2nd edn (Ithaca, NY: Cornell University Press).

Dos Santos, T. (1970), 'The Structure of Dependence', *American Economic Review*, 60(2): 231-6.

Doty, R. L. (1993), 'The Bounds of "Race" in International Relations', *Millennium: Journal of International Studies*, 22(3): 443-61.

Doty, R. L. (1996), *Imperial Encounters: The Politics of Representation in North-South Relations* (Minneapolis: University of Minnesota Press).

Douzinas, C. (2000), *The End of Human Rights: Critical Legal Thought at the Turn of the Century* (Oxford: Hart Publishing).

Douzinas, C. (2007), *Human Rights and Empire: The Political Philosophy of Cosmopolitanism* (Abingdon: Routledge-Cavendish).

Doyle, M. W. (1983*a*), 'Kant, Liberal Legacies, and Foreign Affairs, Part 1', *Philosophy and Public Affairs*, 12(3): 205-35.

Doyle, M. W. (1983*b*), 'Kant, Liberal Legacies, and Foreign Affairs, Part 2', *Philosophy and Public Affairs*, 12(4): 323-53.

Doyle, M. W. (1986), 'Liberalism and World Politics', *American Political Science Review*, 80(4): 1151-69.

Doyle, M. W. (1995), 'Liberalism and World Politics Revisited', in Charles W. Kegley (ed.), *Controversies in International Relations Theory: Realism and the Neoliberal Challenge* (New York: St Martin's Press): 83-105.

Doyle, M. W. (1997), *Ways of War and Peace: Realism, Liberalism, and Socialism* (New York: W. W. Norton).

Du Bois, W. E. B. (1915), 'The African Roots of War', *The Atlantic*, 115(5): 707-14.

Du Bois, W. E. B. (1917), 'Of the Culture of White Folk', *The Journal of Race Development*, 7(4): 434-47.

Du Bois, W. E. B. (1925), 'Worlds of Color', *Foreign Affairs*, 3(3): 423-44.

Du Bois, W. E. B. (1994 [1903], 1961), *The Souls of Black Folk* (New York: Dover, Crest Books).

Dunne, T., and Flockhart, T. (eds) (2013), *Liberal World Orders* (Oxford: Oxford University Press/British Academy).

Duster, T. (2006), 'The Molecular Reinscription of Race: Unanticipated Issues in Biotechnology and Forensic Science', *Patterns of Prejudice*, 40(4-5): 427-41.

Dyvik, S. L. (2014), 'Women as "Practitioners" and "Targets": Gender and Counterinsurgency in Afghanistan', *International Feminist Journal of Politics*, 16(3): 410-29.

Eagleton, T. (2018), *Why Marx was Right* (New Haven, CT: Yale University Press).

Eagleton-Pierce, M. (2013), *Symbolic Power in the World Trade Organization* (Oxford: Oxford University Press).

Eatwell, R., and Goodwin, M. (2018), *National Populism: The Revolt Against Liberal Democracy* (London: Pelican Books).

Eberwein, W.-D., and Saurugger, S. (2013), 'The Professionalization of International Non-Governmental Organizations', in B. Reinalda (ed.), *Routledge Handbook of International Organization* (London and New York: Routledge): 257-69.

Eckersley, R. (2004), *The Green State: Rethinking Democracy and Sovereignty* (Cambridge, MA: MIT Press).

The Economist (2010), 'Rethinking the "Third World": Seeing the World Differently', *The Economist*, 12 June: 65.

Eden, L. (2006), *Whole World on Fire: Organizations, Knowledge, and Nuclear Weapons Devastation* (Ithaca, NY: Cornell University Press, Cornell Studies in Security Affairs).

Edward, P. (2006), 'Examining Inequality: Who Really Benefits from Global Growth?', *World Development*, 34(10): 1667-95.

Ekins, P. (1992), *A New World Order: Grassroots Movements for Social Change* (London: Routledge).

Elbe, S. (2009), *Virus Alert: Security, Governmentality and the AIDS Pandemic* (New York: Columbia University Press).

Elliott, L. (2004), *The Global Politics of the Environment* (Basingstoke: Palgrave).

el-Ojeili, C. and Hayden, P. (2006), *Critical Theories of Globalization* (Basingstoke: Palgrave Macmillan).

Elshtain, J. B. (1995 [1987]), *Women and War* (Chicago: University of Chicago Press).

Emecheta, B. (1990), 'Interview with Buchi Emecheta', in J. Adeola (ed.), *In Their Own Voices: African Women Writers Talk* (London: James Currey): 35-46.

Enemies of Happiness (2007), [film], http://www.pbs.org/now/shows/309/, accessed 1 May 2019.

Engel, S. (2010), *The World Bank and the Post-Washington Consensus in Vietnam and Indonesia: Inheritance of Loss* (London and New York: Routledge).

Engels, F. (2010 [1884]), *The Origin of the Family, Private Property and the State* (London: Penguin Classics).

Enloe, C. (1990), 'Womenandchildren: Making Feminist Sense of the Persian Gulf Crisis', *Village Voice*, 25 September.

Enloe, C. (2000), *Maneuvers: The International Politics of Militarizing Women's Lives* (Berkeley, CA: University of California Press).

Enloe, C. (2014 [1989]), *Bananas, Beaches and Bases: Making Feminist Sense of International Politics* (Berkeley, CA: University of California Press; London: Pandora Books).

Enloe, C. (2016), *Globalization and Militarism: Feminists Make the Link*, 2nd edn (Lanham, MD: Rowman & Littlefield).

Epstein, C. (2007), 'Guilty Bodies, Productive Bodies, Destructive Bodies: Crossing the Biometric Borders', *International Political Sociology*, 1(2): 149-64.

Eriksen, T. H. (2014), *Globalization: The Key Concepts* (London: Bloomsbury).

Estevez, A. (2018a), 'Bridging Legal Geographies: Contextual Adjudication in Mexican Asylum Claims', in A. Anaya-Munoz and B. Frey (eds), *Mexico's Human Rights Crisis* (Philadelphia: University of Pennsylvania Press): 147-66.

Estevez, A. (2018b), *Guerras Necropoliticas y Biopolitica de Asilo en America del Norte* (Mexico: CISANUNAM/UACM).

Estevez, A. (2018c), 'The Necropolitical Dispositif of Production and Administration of Forced Migration at the United States-Mexico Border', *Estudios Fronterizos*, 19: 1-18.

EU, Eurostat, 'Asylum Quarterly Report', https://ec.europa.eu/eurostat/statistics-explained/index.php/Asylum_quarterly_report, accessed September 2018.

Evangelista, M. (1999), *Unarmed Forces: The Transnational Movement to End the Cold War* (Ithaca, NY: Cornell University Press).

Evans, G. (2008), *The Responsibility to Protect: Ending Mass Atrocity Crimes Once and for All* (Washington, DC: Brookings Institution).

Evans, T. (2005), *The Politics of Human Rights: A Global Perspective* (London: Pluto).

Evans, T. (2011), *Human Rights in the Global Political Economy: Critical Processes* (Boulder, CO: Lynne Rienner).

Falk, R. (2012), 'Toward a New Geopolitics?', *Foreign Policy Journal*, 17 August.

Fanon, F. (2001 [1965], 1990, 1966), *The Wretched of the Earth*, trans. Constance Farrington (London: Penguin; New York: Grove Press).

Fanon, F. (2008 [1954], 1952), *Black Skin, White Masks* (London: Pluto, Paris: Editions de Seuil).

FAO (2009), 'World Summit on Food Security', http://www.fao.org/wsfs/world-summit/en, accessed 6 December 2018.

FAO, IFAD, UNICEF, WFP, and WHO (2017), *The State of Food Security and Nutrition in the World 2017* (Rome: FAO), http://www.fao.org/3/a-i7695e.pdf, accessed 1 May 2019.

Fearon, J. (1998), 'Bargaining, Enforcement, and International Cooperation', *International Organization*, 52(2): 269-305.

Fearon, J., and Wendt, A. (2003), 'Rationalism v. Constructivism: A Skeptical View', in W. Carlsnaes, T. Risse, and B. A. Simmons (eds), *Handbook of International Relations* (Thousand Oaks, CA: Sage): 52-72.

Ferguson, N. (2003), *Empire: How Britain Made the Modern*

World (London: Allen Lane).

Ferguson, N. (2006), *The War of the World: History's Age of Hatred* (London: Allen Lane).

Ferry, J. (1884), 'On French Colonial Expansion', http://legacy.fordham.edu/halsall/mod/1884ferry.asp.

Fiddian-Qasmiyeh, E., Loescher, G., Long, K., and Sigona, N. (2016), *The Oxford Handbook of Refugees and Forced Migration Studies* (Oxford: Oxford University Press).

Fineman, M. A. (2008), 'The Vulnerable Subject: Anchoring Equality in the Human Condition', *Yale Journal of Law & Feminism*, 20(1): 1-23.

Finnemore, M. (1996), *National Interests in International Society* (Ithaca, NY: Cornell University Press).

Finnemore, M., and Sikkink, K. (1998), 'International Norm Dynamics and Political Change', *International Organization*, 52(4): 887-917.

Finnemore, M., and Sikkink, K. (1999), 'International Norms and Political Change', in P. Katzenstein et al. (eds), *Explorations and Controversies in World Politics* (Cambridge, MA: MIT Press).

Finnemore, M., and Sikkink, K. (2001), 'Taking Stock: The Constructivist Research Program in International Relations and Comparative Politics', *Annual Review of Political Science*, 4(1): 391-416.

Fioramonti, L. (ed.) (2012), *Regionalism in a Changing World: Comparative Perspectives in the New Global Order* (London: Routledge).

Fischer, F. (1967), *Germany's Aims in the First World War* (New York: W. W. Norton).

Fishman, B. (2016), *The Master Plan* (New Haven, CT: Yale University Press).

Florini, A. M. (ed.) (2000), *The Third Force: The Rise of Transnational Civil Society* (Washington, DC: Carnegie Endowment for International Peace).

Floyd, R. (2007), 'Review of Lene Hansen: Security as Practice: Discourse Analysis and the Bosnian War', *Journal of International Relations and Development*, 10(2): 214-17.

Foot, R., and Walter, A. (2011), *China, the United States and Global Order* (Cambridge: Cambridge University Press).

Ford, P. (2001), 'Europe Cringes at Bush 'Crusade' Against Terrorists', *The Christian Science Monitor*, 19 September, https://www.csmonitor.com/2001/0919/p12s2-woeu.html, accessed 1 May 2019.

Forsythe, D. P. (1977), *Humanitarian Politics: The International Committee of the Red Cross* (Baltimore: Johns Hopkins University Press).

Forsythe, D. P. (1988), 'The Politics of Efficacy: The United Nations and Human Rights', in L. S. Finkelstein (ed.), *Politics in the United Nations System* (Durham, NC, and London: Duke University Press): 246-73.

Foucault, M. (1977), 'Va-t-on extrader Klaus Croissant?', *Le Nouvel Observateur*, 679: 62-3, http://1libertaire.free.fr/MFoucault208.html, accessed 20 January 2014.

Franck, T., and Rodley, N. (1973), 'After Bangladesh: The Law of Humanitarian Intervention by Force', *American Journal of International Law*, 67(2): 275-305.

Frank, A. G. (1967), *Capitalism and Underdevelopment in Latin America: Historical Studies of Chile and Brazil* (New York: Monthly Review Press).

Fraser, A. (1987), *The UN Decade for Women* (Boulder, CO, and London: Westview Press).

Fraser, N., and Honneth, A. (2003), *Redistribution or Recognition? A Political-Philosophical Exchange* (London: Verso).

Freedman, L. (2003, 1989), *The Evolution of Nuclear Strategy* (Basingstoke and New York: Macmillan).

Freedom House (2018), *Freedom in the World 2018: Democracy in Crisis* (Washington, DC: Freedom House).

Friedman, J. (ed.) (2003), *Globalization, the State and Violence* (Oxford: AltaMira Press).

Friedman, T. (2011), *The World is Flat* (Stuttgart: Klett Sprachen GmbH).

Friends of the Earth (2015), 'Mission and Vision', http://www.foei.org/about-foei/mission-and-vision, accessed 23 September 2015.

Frowd, P. M. (2014), 'State Personhood, Abjection and the United States' HIV Travel Ban', *Millennium: Journal of International Studies*, 42(3): 860-78.

Fuhrmann, M. (2012), *Atomic Assistance: How 'Atoms for Peace' Programs Cause Nuclear Insecurity* (Ithaca, NY: Cornell University Press).

Fukuyama, F. (1989), 'The End of History?', *National Interest*

(September): 3-18.

Garnett, J. C., and Baylis, J. (2019), 'The Causes of War and the Conditions of Peace', in J. Baylis, J. Wirtz, and C. S. Gray (eds), *Strategy in the Contemporary World*, 6th edn (Oxford: Oxford University Press): 67-83.

Gattrell, P. (2015), *The Making of the Modern Refugee* (Oxford: Oxford University Press).

Gerges, F. A. (2016), *ISIS: A History* (Princeton, NJ: Princeton University Press).

Germain, R., and Kenny, M. (1998), 'Engaging Gramsci: International Relations Theory and the New Gramscians', *Review of International Studies*, 24(1): 3-21.

Getachew, A. (2019), *Worldmaking After Empire: The Rise and Fall of Self-Determination* (Princeton: Princeton University Press).

Gewirth, A. (1998), *The Community of Rights* (Chicago: University of Chicago Press).

Gibney, M. J. (2004), *The Ethics and Politics of Asylum: Liberal Democracy and the Response to Refugees* (Cambridge: Cambridge University Press).

Gibson, M. (2012), *The Feeding of Nations: Redefining Food Security for the 21st Century* (Boca Raton: CRC Press).

Giddens, A. (1985), *The Nation-State and Violence* (Cambridge: Polity).

Gill, L. (2004), *The School of the Americas: Military Training and Political Violence in the Americas* (Durham, NC: Duke University Press).

Gill, S. (1990), *American Hegemony and the Trilateral Commission* (Cambridge: Cambridge University Press).

Gill, S. (1995), 'Globalisation, Market Civilisation, and Disciplinary Neoliberalism', *Millennium: Journal of International Studies*, 24(3): 399-423.

Gill, S. (2005), 'New Constitutionalism, Democratisation and Global Political Economy', in R. Wilkinson (ed.), *The Global Governance Reader* (Abingdon and New York: Routledge): 174-87.

Gills, B. K. (ed.) (2002), *Globalization and the Politics of Resistance* (Basingstoke: Palgrave Macmillan).

Gills, B. K., and Thompson W. R. (eds) (2006), *Globalization and Global History* (London: Routledge).

Gilpin, R. (1981), *War and Change in World Politics* (Princeton,

NJ: Princeton University Press).

Gilpin, R. (2001), *Global Political Economy* (Princeton, NJ: Princeton University Press).

Gilpin, R. (2002), *The Challenge of Global Capitalism* (Princeton, NJ: Princeton University Press).

Glendon, M. A. (2002), *A World Made New: Eleanor Roosevelt and the Universal Declaration of Human Rights* (New York: Random House).

Global Humanitarian Assistance (2015), *Global Humanitarian Assistance Report 2015* (Bristol: GHA).

Go, J. (2011), *Patterns of Empire* (Cambridge: Cambridge University Press).

Goldin, I., and Mariathasan, M. (2014), *The Butterfly Defect: How Globalization Creates Systemic Risks, and What to Do About It* (Princeton, NJ: Princeton University Press).

Goldsmith, J. L., and Posner, E. A. (2006), *The Limits of International Law* (New York: Oxford University Press).

Goldstein, J. S. (2001), *War and Gender: How Gender Shapes the War System and Vice Versa* (Cambridge: Cambridge University Press).

Goldstein, J., Kahler, M., Keohane, R. O., and Slaughter, A.-M. (eds) (2000), 'Legalization in World Politics', *International Organization*, special issue, 54(3).

Goldstone, J. (2002), 'Efflorescences and Economic Growth in World History', *Journal of World History*, 13(2): 328-89.

Gong, G. W. (1984), *The Standard of 'Civilization' in International Society* (Oxford: Clarendon Press).

Goodman, D., and Redclift, M. (1991), *Refashioning Nature: Food, Ecology and Culture* (London: Routledge).

Goswami, M. (2004), *Producing India: From Colonial Economy to National Space* (Chicago: University of Chicago Press).

Gotz, N. (2011), 'Civil Society and NGO: Far from Unproblematic Concepts', in B. Reinalda (ed.), *The Ashgate Companion of Nonstate Actors* (Farnham: Ashgate): 185-208.

Gowa, J. (2000), *Ballots and Bullets: The Elusive Democratic Peace* (Princeton, NJ: Princeton University Press).

Graham, T. (2004), 'Avoiding the Tipping Points', *Arms Control Today*, http://www.armscontrol.org/act/2004_11/BookReview, accessed 26 July 2013.

Gramsci, A. (1971), *Selections from the Prison Notebooks*, ed. and trans. F Q. Hoare and G. Nowell Smith (London:

Lawrence & Wishart).

Gray, J. (2001), 'The Era of Globalisation Is Over', *The New Statesman*, 24 September.

Greenberg, J., Knight, G., and Westersund, E. (2011), 'Spinning Climate Change: Corporate and NGO Public Relations Strategies in Canada and the United States', *International Communication Gazette*, 73(1-2): 65-82.

Greenwald, M. W. (1980), *Women, War and Work: The Impact of World War I on Women Workers in the United States* (Ithaca, NY: Cornell University Press).

Gregory, D. (2004), *The Colonial Present: Afghanistan, Palestine, Iraq* (Malden, MA: Blackwell).

Grevi, G. (2009), *The Interpolar World: A New Scenario* (Brussels: European Institute for Security Studies).

Grieco, J. (1990), *Cooperation Among Nations: Europe, America and Non-Tariff Barriers* (Ithaca, NY: Cornell University Press).

Grono, N. (2006), 'Briefing—Darfur: The International Community's Failure to Protect', *African Affairs*, 105(421): 621-31.

Grotius, H. (1925), *The Law of War and Peace: De Jure Belli ac Pacis Libri Trea* (New York: Bobbs-Merrill).

Groves, J. M., and Lui, L. (2012), 'The "Gift" of Help: Domestic Helpers and the Maintenance of Hierarchy in the Household Division of Labour', *Sociology*, 46(1): 57-73.

Grovogui, S. N. (1996), *Sovereigns, Quasi Sovereigns and Africans: Race and Self-determination in International Law* (Minneapolis: University of Minnesota Press).

Gruber, L. (2000), *Ruling the World: Power Politics and the Rise of Supranational Institutions* (Princeton, NJ: Princeton University Press).

Gruffydd Jones, B. (2006), *Decolonizing International Relations* (Lanham, MD: Rowman & Littlefield).

Gruffydd Jones, B. (2008), 'The Global Political Economy of Social Crisis: Towards a Critique of the "Failed State" Ideology', *Review of International Political Economy*, 15(2): 180-205.

Gruffydd Jones, B. (2010), 'Internationalism and Anti-racism in the Thought and Practice of Mondlane, Neto, Cabral and Machel', in R. Shilliam (ed.), *International Relations and Non-Western Thought: Imperialism, Colonialism and Investigations of Global Modernity* (London and New York:

Routledge): 47-63.

GSI (2018), 'Global Slavery Index 2018', https://www.globalslaveryindex.org/, accessed 1 May 2019.

Gugerty, M. K., and Prakash, A. (eds) (2010), *Voluntary Regulation of NGOs and Nonprofits: An Accountability Club Framework* (Cambridge: Cambridge University Press).

Guilhot, N. (ed.) (2011), *The Invention of International Relations Theory: Realism, the Rockefeller Foundation, and the 1954 Conference on Theory* (New York: Columbia University Press).

Gurr, T. R. (1970), *Why Men Rebel* (Princeton, NJ: Princeton University Press).

Guzman, A. (2008), *How International Law Works: A Rational Choice Theory* (Oxford: Oxford University Press).

Gzesh, S. (2012), 'Redefinicion de la Migracion Forzada con Base en los Derechos Humanos', in R. Delgado Wise and H. Marquez Covarrubias (eds), *Desarrollo Desigual y Migracion Forzada* (Mexico: Universidad Autonoma de Zacatecas): 217-52.

Haas, E. (1958), *The Uniting of Europe: Political, Social, and Economic Forces, 1950-1957* (Stanford, CA: Stanford University Press).

Haas, E. (1964), *Beyond the Nation-State: Functionalism and International Organization* (Stanford, CA: Stanford University Press).

Haas, P. M. (1990), 'Obtaining Environmental Protection through Epistemic Consensus', *Millennium: Journal of International Studies*, 19(3): 347-63.

Haas, P. M., Keohane, R. O., and Levy, M. A. (1993), *Institutions for the Earth: Sources of Effective International Environmental Protection* (Cambridge, MA: MIT Press).

Haass, R. (2018), 'Liberal World Order, R.I.P.', *Project Syndicate*, https://www.cfr.org/article/liberal-worldorder-rip, accessed 24 March 2019.

Hackett, C. (2014), 'The Rebirth of Dependence— Offering an Alternative Understanding of the Financial Crisis', *International Journal of Law and Management*, 56(2): 121-35.

Haigh, N., Walker, J., Bacq, S., and Kickul, J. (eds) (2015), 'Hybrid Organizations: Origins, Strategies and Implications', *California Management Review*, special issue, 57(3).

Halikiopoulou, D., and Vasilopoulou, S. (eds) (2011), *Nationalism and Globalisation: Conflicting or Complementary?*

(Basingstoke: Palgrave Macmillan).

Hall, I. (2012), *Dilemmas of Decline: British Intellectuals and World Politics, 1945-1975* (Berkeley, CA: University of California Press).

Halliday, F. (1986), *The Making of the Second Cold War* (London: Verso).

Hameiri, S., and Jones, L. (2018), 'China Challenges Global Governance? The Case of Chinese International Development Finance and the Asian Infrastructure Investment Bank', *International Affairs*, 94(3): 573-93.

Han, E., and O'Mahoney, J. (2014), 'British Colonialism and the Criminalization of Homosexuality', *Cambridge Review of International Affairs*, 27(2): 268-88.

Hansen, K. A. (2006), *The Comprehensive Test Ban Treaty: An Insider's Perspective* (Stanford, CA: Stanford University Press).

Hansen, L. (2006), *Security as Practice: Discourse Analysis and the Bosnian War* (London: Routledge).

Hansen, L., and Wæver, O. (eds) (2002), *European Integration and National Identity: The Challenge of the Nordic States* (London: Routledge).

Hardin, G. (1968), 'The Tragedy of the Commons', *Science*, 162(3859): 1243-8.

Hart, H. L. A. (1994), *The Concept of Law*, 2nd edn (Oxford: Oxford University Press).

Harvard Nuclear Study Group (1985), 'Arms Control and Disarmament: What Can and Can't be Done', in F. Holroyd (ed.), *Thinking About Nuclear Weapons* (Buckingham: Open University): 93-117.

Harvey, D. (2003), *The New Imperialism* (Oxford: Oxford University Press).

Harvey, D. (2005), *A Brief History of Neoliberalism* (New York: Oxford University Press).

Harvey, D. (2010), *The Enigma of Capital and the Crises of Capitalism* (London: Profile Books).

Harvey, D. (2018), *A Companion to Marx's Capital, The Complete Edition* (London: Verso).

Hashmi, S. H. (ed.) (2002), *Islamic Political Ethics: Civil Society, Pluralism, and Conflict* (Princeton, NJ: Princeton University Press).

Hawkesworth, M. E. (2018), *Globalization and Feminist Activism*, 2nd edn (Lanham, MD: Rowman & Littlefield).

Hawkins, D., Lake, D., Nielson, D., and Tierney, M. (2006), *Delegation to International Organizations* (Cambridge: Cambridge University Press).

Healy, S., and Bradbury, M. (2010), 'Endless War: A Brief History of the Somali Conflict', *Conciliation Resources*, https://www.c-r.org/accord-article/endless-war-briefhistory-somali-conflict, accessed 6 February 2019.

Held, D. (2003), *Cosmopolitanism: A Defence* (Cambridge: Polity Press).

Held, D., and McGrew, A. (2007), *Globalization/Anti-Globalization: Beyond the Great Divide*, 2nd edn (Cambridge: Polity Press).

Held, D., McGrew, A., Goldblatt, D., and Perraton, J. (1999), *Global Transformations: Politics, Economics and Culture* (Cambridge: Polity Press).

Helleiner, E. (1994), *States and the Reemergence of Global Finance: From Bretton Woods to the 1980s* (Ithaca, NY: Cornell University Press).

Henkin, L. (1995), *International Law: Politics and Values* (Dordrecht: Martinus Nijhoff).

Henkin, L., Cleveland, S. H., Helfer, L. R., Neuman, G. L., and Orentlicher, D. F. (2009), *Human Rights*, 2nd edn (Mineola, NY: Foundation Press).

Higgins, R. (1994), *Problems and Process: International Law and How We Use It* (Oxford: Oxford University Press).

Higgott, R. (1995), 'Economic Co-operation in the Asia Pacific: A Theoretical Comparison with the European Union', *Journal of European Public Policy*, 2(3): 361-83.

Higonnet, M. R., and Higonnet, P. L.-R. (1987), 'The Double Helix', in M. R. Higonnet, J. Jenson, S. Michel, and M. C. Weitz (eds), *Behind the Lines: Gender and the Two World Wars* (New Haven, CT: Yale University Press): 31-47.

Hilhorst, D. (2003), *Real World of NGOs: Discourses, Diversity and Development* (London: Zed Books).

Hill, F., Aboitiz, M., and Poehlman-Doumbouya, S. (2003), 'Non-Governmental Organizations' Role in the Buildup and Implementation of Security Council Resolution 1325', *Signs: Journal of Women in Culture and Society*, 28(4): 1255-69.

Hirst, P., and Thompson, G. (1999 [1996]), *Globalization in Question: The International Economy and the Possibilities of Governance*, 2nd edn (Cambridge: Polity Press).

Hirst, P., Thompson, G., and Bromley, S. (2009), *Globalization in Question*, 3rd edn (Cambridge: Polity Press).

Hix, S., and Høyland, B. (2011), *The Political System of the European Union* (Basingstoke: Palgrave Macmillan).

Hobbes, T. (1985 [1651]), *Leviathan*, ed. C. B. Macpherson (London: Penguin Books).

Hobsbawm, E. (1962), *The Age of Revolution, 1789-1848* (London: Abacus).

Hobsbawm, E. (1990), *Nations and Nationalism since 1780: Programme, Myth, Reality* (Cambridge: Cambridge University Press).

Hobsbawm, E. (1994), *Age of Extremes: The Short Twentieth Century, 1914-1991* (London: Michael Joseph).

Hobson, J. (2004), *The Eastern Origins of Western Civilization* (Cambridge: Cambridge University Press).

Hobson, J. (2012), *The Eurocentric Conception of World Politics: Western International Theory, 1760-2010* (Cambridge: Cambridge University Press).

Hoffman, B. (2017), *Inside Terrorism*, 3rd edn (New York: Columbia University Press).

Hoffman, B., and Reinares, F. (eds) (2014), *The Evolution of the Global Terrorist Threat* (New York: Columbia University Press).

Hoffmann, M. J. (2009), 'Where the States Are: Environmental NGOs and Climate Change Negotiations', in J. Joachim and B. Locher (eds), *Transnational Activism in the UN and the EU: A Comparative Study* (London and New York: Routledge): 29-43.

Hoffmann, S. (1987), *Janus and Minerva: Essays in the Theory and Practice of International Politics* (Boulder, CO: Westview Press).

Hoffmann, S. (1995-6), 'The Politics and Ethics of Military Intervention', *Survival*, 37(4): 29-51.

Hollis, M., and Smith, S. (1990), *Explaining and Understanding International Relations* (Oxford and New York: Oxford University Press).

Holzgrefe, J. F., and Keohane, R. O. (eds) (2002), *Humanitarian Intervention: Ethical, Legal and Political Dilemmas* (Cambridge: Cambridge University Press).

Homer-Dixon, T. (1991), 'On the Threshold: Environmental Changes as Causes of Acute Conflict', *International Security*, 16(2): 76-116.

Homer-Dixon, T. (1994), 'Environmental Scarcities and Violent Conflict: Evidence from Cases', *International Security*, 19(1): 5-40.

Hook, L., and Reed, J. (2018), 'Recycling Is Broken: Can We Fix It?', *Financial Times Weekend Magazine*, 27-28 October: 12-21.

Hooper, C. (2001), *Manly States* (New York: Columbia University Press).

Horowitz, M. (2009), 'The Spread of Nuclear Weapons and International Conflict', *Journal of Conflict Resolution*, 53(2): 234-57.

House of Commons Debates (2018), vol. 639, col. 39-44, 16 April https://hansard.parliament.uk/commons/2018-04-16/debates/92610F86-2B91-4105-AE8B-78D018453D1B/Syria, accessed 21 December 2018.

House of Commons Select Committee on International Development (2005), *Darfur, Sudan: The Responsibility to Protect*, Fifth Report of Session 2004-05, Vol. 1 (London: House of Commons).

Hroch, M. (1996), 'From National Movement to the Fully-formed Nation: The Nation-building Process in Europe', in G. Balakrishnan (ed.), *Mapping the Nation* (London: Verso): 78-97.

Hudson, V. M. (2009), 'The Missing Girls of China and India: What is Being Done?', *Cumberland Law Review*, 41(1): 67-78.

Hudson, V. M., Ballif-Spanvill, B., Caprioli, M., and Emmett, C. F. (2012), *Sex and World Peace* (New York: Columbia University Press).

Hudson, V. M., and Boer, A. M. D. (2004), *Bare Branches: The Security Implications of Asia's Surplus Male Population* (Cambridge, MA: MIT Press).

Huismann, W. (2014), *Panda Leaks: The Dark Side of the WWF* (Bremen: Nordbook).

Human Rights Watch (2008), *This Alien Legacy: The Origins of 'Sodomy' Laws in British Colonialism* (New York: Human Rights Watch).

Hunt, K. (2006), ' "Embedded Feminism" and the War on Terror', in K. Hunt and K. Rygiel (eds), *(En)gendering the War on Terror: War Stories and Camouflaged Politics* (Burlington, VT: Ashgate Publishing): 51-72.

Hunt, L. (2007), *Inventing Human Rights: A History* (New York: W. W. Norton).

Huntington, S. P. (1993), 'The Clash of Civilizations?', *Foreign Affairs*, 72(3): 22-49.

Hurrell, A. (1995), 'Regionalism in Theoretical Perspective', in L. Fawcett and A. Hurrell (eds), *Regionalism in World Politics: Regional Organization and International Order* (Oxford: Oxford University Press): 37-73.

Hurrell, A. (2007), *On Global Order: Power, Values and the Constitution of International Society* (Oxford: Oxford University Press).

Hurrell, A. (2010), 'Brazil and the New Global Order', *Current History*, 109(724): 60-6.

Hutchings, K. (1994), 'The Personal is International: Feminist Epistemology and the Case of International Relations', in K. Lennon and M. Whitford (eds),

Knowing the Difference: Feminist Perspectives in Epistemology (London: Routledge): 149-63.

Hutchinson, J. F. (1996), *Champions of Charity: War and the Rise of the Red Cross* (Boulder, CO: Westview Press).

Hylton, W. S. (2011), 'How Ready Are We For Bioterrorism?', *New York Times Magazine*, 26 October, http://www.nytimes.com/2011/10/30/magazine/how-ready-are-we-for-bioterrorism.html, accessed 1 May 2019.

Hymans, J. E. C. (2006), *The Psychology of Nuclear Proliferation* (Cambridge: Cambridge University Press).

Ibhawoh, B. (2007), *Imperialism and Human Rights: Colonial Discourses of Rights and Liberties in African History* (New York: State University of New York).

ICESDF (2015), 'Intergovernmental Committee of Experts on Sustainable Development Financing', https://sustainabledevelopment.un.org/intergovernmental/financecommittee, accessed 10 July 2019.

ICISS (International Commission on Intervention and State Sovereignty) (2001), *The Responsibility to Protect* (Ottawa: ICISS).

Ignatieff, M. (2001), *Human Rights as Politics and Idolatry*, ed. A. Gutman (Princeton, NJ: Princeton University Press).

Ignatieff, M. (2003), *Empire Lite: Nation Building in Bosnia, Kosovo and Afghanistan* (London: Vintage).

Ignatieff, M. (2017), 'Human Rights, Global Ethics, and the

Ordinary Virtues', *Ethics & International Affairs*, 31(1): 3-16.

IICK (International Independent Commission on Kosovo) (2000), *Kosovo Report* (Oxford: Oxford University Press).

Ikenberry, G. J. (1999), 'Liberal Hegemony and the Future of American Postwar Order', in T. V. Paul and J. A. Hall (eds), *International Order and the Future of World Politics* (Cambridge: Cambridge University Press): 123-45.

Ikenberry, G. J. (2001), *After Victory: Institutions, Strategic Restraint, and the Rebuilding of Order after Major Wars* (Princeton, NJ: Princeton University Press).

Ikenberry, G. J. (2009), 'Liberal Internationalism 3.0: America and the Dilemmas of Liberal World Order', *Perspectives in Politics*, 71(1): 71-87.

Ikenberry, G. J. (2011), *Liberal Leviathan: The Origins, Crisis, and Transformation of the American World Order* (Princeton, NJ: Princeton University Press).

Ikenberry, G. J. (2018*a*), 'The End of the Liberal World Order', *International Affairs*, 94(1): 1-23.

Ikenberry, G. J. (2018*b*), 'Why the Liberal Order Will Survive', *Ethics and International Affairs*, 32(1): 17-29.

ILO (International Labour Organization) (2015), *ILO Global Estimates on Migrant Workers: Results and Methodology: Special Focus on Migrant Domestic Workers* (Geneva: ILO).

ILO (2017), *Global Estimates of Modern Slavery: Forced Labour and Forced Marriage* (Geneva: ILO and Walk Free Foundation).

ILO (2018), *Global Estimates of Migrant Workers* (Geneva: ILO).

IMF (International Monetary Fund) (2000), 'How the Poor Can Have a Voice in Government Policy', https://www.imf.org/external/pubs/ft/fandd/2000/12/robb.htm, 1 May 2019.

IMF (2014), *Fiscal Policy and Income Inequality*, IMF policy paper (Washington, DC: IMF).

IMF (2016), 'Poverty Reduction Strategy Papers', 28 December, https://www.imf.org/external/np/prsp/prsp.aspx, accessed 6 December 2018.

IMF (2017), 'Report for Selected Country Groups and Subjects (PPP Valuation of Country GDP)', *World Economic Outlook Database* (Washington, DC: IMF).

Internal Displacement Monitoring Centre (2016), 'Mid-year Figures'.

Inter-Parliamentary Union (2018*a*), 'Women in National

Parliaments: World Average', 1 November, http://www.ipu.org/wmn-e/world.htm, accessed 1 May 2019.

Inter-Parliamentary Union (2018*b*), 'Women in National Parliaments: World Classification', 1 November, http://archive.ipu.org/wmn-e/classif.htm, accessed 1 May 2019.

IPCC (Intergovernmental Panel on Climate Change) (2007), *AR4 Climate Change 2007: The Physical Science Basis*: Contribution of Working Group I to the Fourth Assessment Report of the Intergovernmental Panel on Climate Change, https://www.ipcc.ch/report/ar4/wg1/, accessed 10 July 2019.

IPCC (2013), *Fifth Assessment Report (AR5)* (Geneva: IPCC), https://www.ipcc.ch/assessment-report/ar5/, accessed 2 July 2019.

IPCC (2014), *Climate Change 2014: Mitigation of Climate Change* (Geneva: IPCC), https://www.ipcc.ch/report/ar5/wg3/, accessed 30 March 2019.

IPCC (2015), Paris Agreement 2015.

IPCC (2018), *Global Warming of 1.5° C*, https://www.ipcc.ch/sr15/, accessed 9 December 2018.

ISO (2015), *ISO Membership Manual* (Geneva: ISO).

Israel, J. (2010), *A Revolution of the Mind* (Princeton, NJ: Princeton University Press).

Jabri, V. (2012), *The Postcolonial Subject: Claiming Politics/ Governing Others in Late Modernity* (Abingdon: Routledge).

Jackson, R. H. (1993 [1990]), *Quasi-States: Sovereignty, International Relations and the Third World* (Cambridge: Cambridge University Press).

Jacobson, H. K. (1984), *Networks of Interdependence: International Organizations and the Global Political System*, 2nd edn (New York: Alfred A. Knopf).

Jaeger, H.-M. (2007), ' "Global Civil Society" and the Political Depoliticization of Global Governance', *International Political Sociology*, 1(3): 257-77.

Jahn, B. (ed.) (2006), *Classical Theory in International Relations* (Cambridge: Cambridge University Press).

Jauhola, M. (2013), *Post-tsunami Reconstruction in Indonesia: Negotiating Normativity through Gender Mainstreaming Initiatives in Aceh* (London: Routledge).

Joachim, J. M. (2007), *Agenda Setting, the UN, and NGOs: Gender Violence and Reproductive Rights* (Washington, DC: Georgetown University Press).

Joachim, J., and Locher, B. (eds) (2009), *Transnational Activism in the UN and the EU: A Comparative Study* (London and New York: Routledge Press).

Jochnick, C., and Normand, R. (1994), 'The Legitimation of Violence: A Critical History of the Laws of War', *Harvard International Law Journal*, 35(1): 49-95.

Johnson, J. L., Kartchner, K. M., and Larsen, J. A. (eds) (2009), *Strategic Culture and Weapons of Mass Destruction: Culturally Based Insights into Comparative National Security Policymaking* (Basingstoke: Palgrave Macmillan).

Johnston, A. I. (2003), 'Is China a Status Quo Power?', *International Security*, 27(4): 5-56.

Johnston, A. I. (2008), *Social States: China in International Institutions, 1980-2000* (Princeton, NJ: Princeton University Press).

Jolly, R., Emmerij, L., and Weiss, T. (2009), *UN Ideas that Changed the World* (Bloomington: Indiana University Press).

Jonas, S. (2013), 'Guatemalan Migration in Times of Civil War and Post-War Challenges', *Migration Policy Institute*, https://www.migrationpolicy.org/article/guatemalan-migration-times-civil-war-and-postwar-challenges, accessed 6 February 2019.

Jones, A. (1996), 'Does "Gender" Make the World Go Round? Feminist Critiques of International Relations', *Review of International Studies*, 22(4): 405-29.

Jones, E. (1981), *The European Miracle: Environment, Economies and Geopolitics in the History of Europe and Asia* (Cambridge: Cambridge University Press).

Jordan, L., and van Tuijl, P. (eds) (2006), *NGO Accountability: Politics, Principles and Innovation* (London: Earthscan).

Juergensmeyer, M. (2000), *Terror in the Mind of God: The Global Rise of Religious Violence* (Berkeley, CA: University of California Press).

Kabeer, N. (2000), *The Power to Choose: Bangladeshi Women and Labour Market Decisions in London and Dhaka* (London: Verso).

Kagan, R. (2017), *The Twilight of the Liberal World Order* (Washington, DC: Brookings Institution), https://www.brookings.edu/research/the-twilight-ofthe-liberal-world-order/, accessed 19 January 2019.

Kagan, R. (2018), *The Jungle Grows Back* (New York: Knopf).

Kaldor, M. (2003), *Global Civil Society: An Answer to War* (Cambridge: Polity Press).

Kaldor, M. (2007), *Human Security* (Cambridge: Polity).

Kampwirth, K. (2004), *Feminism and the Legacy of Revolution: Nicaragua, El Salvador, Chiapas* (Athens, OH: Ohio University Press).

Kant, I. (1991), *Political Writings*, ed. H. Reiss, trans. H. B. Nisbet (Cambridge: Cambridge University Press).

Kapur, R. (2002*a*), 'The Tragedy of Victimization Rhetoric: Resurrecting the "Native" Subject in International/Post-Colonial Feminist Legal Politics', *Harvard Human Rights Journal*, 15(1): 1-37.

Kapur, R. (2002*b*), 'Un-veiling Women's Rights in the War on Terrorism', *Duke Journal of Gender, Law and Policy*, 9: 211-25.

Kapur, R. (2018), *Gender, Alterity, and Human Rights: Freedom in a Fishbowl* (London: Edward Elgar Press).

Karlsrud, J. (2018), *The UN at War: Peace Operations in a New Era* (Cham, Switzerland: Palgrave Macmillan).

Karns, M. P., and Mingst, K. A. (2010, 2004), *International Organizations: The Politics and Processes of Global Governance*, 2nd edn (Boulder, CO, and London: Lynne Rienner).

Katzenstein, P. (ed.) (1996), *The Culture of National Security* (New York: Columbia University Press).

Keck, M. E., and Sikkink, K. (1998), *Activists Beyond Borders: Advocacy Networks in International Politics* (Ithaca, NY: Cornell University Press).

Keene, E. (2005), *International Political Thought: An Historical Introduction* (Cambridge: Polity).

Kennan, G. (1996), 'Diplomacy in the Modern World', in R. J. Beck, A. Clark Arend, and R. D. Vanger Lugt (eds), *International Rules: Approaches from International Law and International Relations* (Oxford: Oxford University Press): 99-106.

Kennedy, D. (2004), *The Dark Sides of Virtue: Reassessing International Humanitarianism* (Princeton, NJ: Princeton University Press).

Kennedy, P. (1989, 1988), *The Rise and Fall of Great Powers: Economic Change and Military Conflict from 1500 to 2000* (London: Fontana).

Keohane, R. O. (1984), *After Hegemony: Cooperation and Discord in the World Political Economy* (Princeton, NJ: Princeton University Press).

Keohane, R. O. (ed.) (1986), *Neorealism and its Critics* (New York: Columbia University Press).

Keohane, R. O. (1988), 'International Institutions: Two Approaches', *International Studies Quarterly*, 32(4): 379-96.

Keohane, R. O. (ed.) (1989), *International Institutions and State Power: Essays in International Relations Theory* (Boulder, CO: Westview Press).

Keohane, R. O. (1990), 'Multilateralism: An Agenda for Research', *International Journal*, 45(4): 731-64.

Keohane, R. O. (1993), 'Institutional Theory and the Realist Challenge after the Cold War', in D. A. Baldwin (ed.), *Neorealism and Neoliberalism: The Contemporary Debate* (New York: Columbia University Press): 269-300.

Keohane, R. O., and Martin, L. (1995), 'The Promise of Institutionalist Theory', *International Security*, 20(1): 39-51.

Keohane, R. O., and Nye, J. S. (1971), 'Transnational Relations and World Politics: An Introduction', *International Organization*, 25(3): 329-49.

Keohane, R. O., and Nye, J. S. (2003), 'Globalization: What's New? What's Not? (and So What?)', in D. Held and A. McGrew (eds), *The Global Transformations Reader* (Cambridge: Polity Press): 75-84.

Keylor, W. R. (2012), *The Twentieth-Century World and Beyond: An International History since 1900* (Oxford: Oxford University Press).

Khalili, L. (2012), *Time in the Shadows: Confinement in Counterinsurgencies* (Stanford, CA: Stanford University Press).

Khanna, P. (ed.) (2009), *The Second World: How Emerging Powers are Redefining Global Competition in the Twenty-First Century* (New York: Random House).

Khanna, P. (2017), *Connectography: Mapping the Global Network Revolution* (London: Weidenfeld and Nicolson).

Kier, E. (1998), 'Homosexuals in the US Military: Open Integration and Combat Effectiveness', *International Security*, 23(2): 5-39.

King, D. (2004), 'Climate Change Science: Adapt, Mitigate or Ignore', *Science*, 303(5655): 176-7.

King, S. D. (2017), *Grave New World: The End of Globalization, the Return of History* (New Haven, CT: Yale University Press).

Kinsella, H. M. (2007), 'Understanding a War That Is Not a

War: A Review Essay', *Signs*, 33(1): 209-31.

Kirby, P., and Shepherd, L. J. (2016), 'The Futures Past of the Women, Peace and Security Agenda', *International Affairs*, 92(2): 373-92.

Kirkpatrick, J. (1979), 'Dictatorships and Double Standards', *Commentary Magazine*, 68(5): 34-45.

Kishwar, M. (1990), 'Why I do Not Call Myself a Feminist', *Manushi*, 61: 2-8.

Kissinger, H. A. (1977), *American Foreign Policy*, 3rd edn (New York: W. W. Norton).

Klaus, E., and Kassel, S. (2005), 'The Veil as a Means of Legitimation: An Analysis of the Interconnectedness of Gender, Media and War', *Journalism*, 6(3): 335-55.

Klotz, A. (1995), *Norms in International Relations: The Struggle against Apartheid* (Ithaca, NY: Cornell University Press).

Knutsen, T. L. (2016, 1997), *A History of International Relations Theory* (Manchester: Manchester University Press).

Koskenniemi, M. (1989), *From Apology to Utopia: The Structure of International Legal Argument* (Helsinki: Finnish Lawyers Publishing Company).

Krasner, S. D. (1976), 'State Power and the Structure of International Trade', *World Politics*, 28(3): 317-47.

Krasner, S. D. (ed.) (1983), *International Regimes* (Ithaca, NY: Cornell University Press).

Krasner, S. D. (1985), *Structural Conflict: The Third World Against Global Liberalism* (Berkeley, CA: University of California Press).

Kratochwil, F. (1989), *Rules, Norms, and Decisions* (Cambridge: Cambridge University Press).

Kratochwil, F. (2014), *The Status of Law in World Society* (Cambridge: Cambridge University Press).

Krause, K., and Williams, M. C. (eds) (1997), *Critical Security Studies: Concepts and Cases* (London: UCL Press).

Krishna, S. (1993), 'The Importance of Being Ironic: A Postcolonial View on Critical International Relations', *Alternatives: Global, Local, Political*, 18(3): 385-417.

Krishna, S. (2001), 'Race, Amnesia, and the Education of International Relations', *Alternatives: Global, Local, Political*, 26(4): 401-24.

Krishna, S. (2008), *Globalization and Postcolonialism: Hegemony and Resistance in the Twenty-first Century* (Lanham, MD: Rowman & Littlefield).

Krishna, S. (2014), 'A Postcolonial Racial/Spatial Order: Gandhi, Ambedkar, and the Construction of the International', in A. Anievas, N. Manchanda, and R. Shilliam (eds), *Confronting the Global Colour Line: Race and Racism in International Relations* (New York: Routledge): 139-56.

Kroenig, M. (2010), *Exporting the Bomb: Technology Transfer and the Spread of Nuclear Weapons* (Ithaca, NY: Cornell University Press).

Kugler, R. L., and Frost, E. (eds) (2001), *Global Century: Globalization and National Security* (Washington, DC: National Defense University).

Kuperman, A. J. (2005), 'Suicidal Rebellions and the Moral Hazard of Humanitarian Intervention', *Ethnopolitics*, 4(2): 149-73.

Kuperman, A. J. (2008), 'The Moral Hazard of Humanitarian Intervention: Lessons from the Balkans', *International Studies Quarterly*, 32(1): 49-80.

Kutting, G., and Hermann, K. (eds) (2018), *Global Environmental Politics: Concepts, Theories and Case Studies* (Abingdon and New York: Routledge).

Laclau, E., and Mouffe, C. (1985), *Hegemony and Socialist Strategy: Towards a Radical Democratic Politics* (London: Verso).

Laffey, M., and Weldes, J. (2008), 'Decolonizing the Cuban Missile Crisis', *International Studies Quarterly*, 52(3): 555-77.

Lahoud, N., Caudill, S., Collins, L., Koehler-Derrick, G., Rassler, D., and Al-Ubaydi, M. (2011), *Letters from Abbottabad: Bin Ladin Sidelined?* (West Point, NY: Combating Terrorism Center).

Landes, D. (1998), *The Wealth and Poverty of Nations* (New York: W. W. Norton).

Lang, T., Barling, D., and Caraher, M. (2009), *Food Policy* (Oxford: Oxford University Press).

Langer, A., Meleis, A., Knaul, F. M., Atun, R., Aran, M., Arreola-Ornelas, H., Bhutta, Z. A., Binagwaho, A., Bonita, R., Caglia, J. M., Claeson, M., Davies, J., Donnay, F. A., Gausman, J. M., Glickman, C., Kearns, A. D., Kendall, T., Lozano, R., Seboni, N., Sen, G., Sindhu, S., Temin, M., Frenk, J. (2015), 'Women and Health: The Key for Sustainable Development', *The Lancet*, 386(9999): 1165-210.

Laqueur, W. (1996), 'Postmodern Terrorism', *Foreign Affairs*,

75(5): 24-37.

Lautmann, R. (1981), 'The Pink Triangle: The Persecution of Homosexual Males in Concentration Camps in Nazi Germany', *Journal of Homosexuality*, 6(1/2): 141-60.

Lavoy, P. R., Sagan, S., and Wirtz, J. J. (2000), *Planning the Unthinkable: How New Powers will Use Nuclear, Biological, and Chemical Weapons* (Ithaca, NY: Cornell University Press).

Layne, C. (1994), 'Kant or Cant: The Myth of the Democratic Peace', *International Security*, 19(2): 5-49.

Layne, C. (2011), 'This Time It's Real: The End of Unipolarity and *Pax Americana*', *International Studies Quarterly*, 56(1): 203-13.

Layne, C. (2018), 'The US-Chinese Power Shift and the End of the Pax Americana', *International Affairs*, 94(1): 89-111.

Lechner, F. J., and Boli, J. (eds) (2014), *The Globalization Reader* (Oxford: Blackwell).

Lenin, V. I. (1917), *Imperialism, the Highest Stage of Capitalism* (multiple editions available).

Lentin, A. (2005), 'Replacing "Race", Historicizing "Culture" in Multiculturalism', *Patterns of Prejudice*, 39(4): 379-96.

Lepard, B. D. (2002), *Rethinking Humanitarian Intervention* (University Park, PA: Pennsylvania State University Press).

Lewis, B. (1990), 'The Roots of Muslim Rage', *The Atlantic* (September): 47-60.

Leys, C. (1996), 'The Crisis in "Development Theory"', *New Political Economy*, 1(1): 41-58.

Lia, B. (2008), *Architect of Global Jihad: The Life of Al-Qaida Strategist Abu Mus'ab al-Suri* (New York: Columbia University Press).

Liedman, S.-E. (2018), *A World to Win: The Life and Works of Karl Marx*, trans. J. N. Skinner (London: Verso).

Lindblom, A.-K. (2006), *Non-Governmental Organisations in International Law* (Cambridge: Cambridge University Press).

Lindblom, A.-K. (2011), 'Intergovernmental Organizations in International Relations Theory and as Actors in World Politics', in B. Reinalda (ed.), *The Ashgate Companion of Nonstate Actors* (Farnham: Ashgate): 147-60.

Ling, L. H. M. (2002), *Postcolonial International Relations: Conquest and Desire between Asia and the West* (New York: Palgrave).

Ling, L. H. M. (2013), *The Dao of World Politics: Towards a Post-Westphalian, Worldist International Relations* (Abingdon: Routledge).

Linklater, A. (1990), *Men and Citizens in the Theory of International Relations*, 2nd edn (London: Macmillan).

Linklater, A. (2002), 'Cosmopolitan Political Communities in International Relations', *International Relations*, 16(1): 135-50.

Linklater, A. (2005), 'The Harm Principle and Global Ethics', *Global Society*, 20(3): 329-43.

Linklater, A. (2007), *Critical Theory and World Politics: Sovereignty, Citizenship and Humanity* (London: Routledge).

Lipson, C. (1991), 'Why are Some International Agreements Informal?', *International Organization*, 45(4): 495-538.

Lipson, C. (1993), 'International Cooperation in Economic and Security Affairs', in D. A. Baldwin (ed.), *Neorealism and Neoliberalism: The Contemporary Debate* (New York: Columbia University Press): 60-84.

Lipton, E. (2005), 'Panel Warns that Defense Against Germ Attack is Weak', *New York Times*, 1 April, http://www.nytimes.com/2005/04/01/politics/panelwarns-that-defense-against-germ-attack-is-weak. html, accessed 1 May 2019.

Lisle, D. (2006), *The Global Politics of Contemporary Travel Writing* (Cambridge: Cambridge University Press).

Lobell, S. E., Ripsman, N. M., and Taliaferro, J. W. (eds) (2009), *Neoclassical Realism, the State, and Foreign Policy* (Cambridge: Cambridge University Press).

Locher, B., and Prugl, E. (2001), 'Feminism and Constructivism: Worlds Apart or Sharing the Middle Ground?', *International Studies Quarterly*, 45(1): 111-29.

Long, D., and Schmidt, B. (2005), *Imperialism and Internationalism in the Discipline of International Relations* (Albany, NY: State University of New York Press).

Lovell, J. (2011), *The Opium War: Drugs, Dreams and the Making of China* (London: Picador).

Luard, E. (ed.) (1992), *Basic Texts in International Relations* (London: Macmillan).

Lucas, E. (2008), *The New Cold War: Putin's Threat to Russia and the West* (London: Bloomsbury Publishing).

Lugones, M. (2007), 'Heterosexualism and the Colonial/Modern Gender System', *Hypatia*, 22(1): 186-219.

Lund, S., Manyika, J., Woetzel, J., Bughin, J., Krishnan, M., Seong, J., and Muir, M. (2019), *Globalization in Transition* (McKinsey Global Institute), https://www.mckinsey.com/featured-insights/innovation-andgrowth/globalization-in-transition-the-future-oftrade-and-value-chains, accessed 28 January 2019.

Lund, S., and Tyson, L. (2018), 'Globalization Is Not in Retreat', *Foreign Affairs*, 97(3): 130-40.

Lund, S., Windhagen, E., Manyika, J., Harle, P., Woetzel, J., and Goldshtein, D. (2017), *The New Dynamics of Financial Globalization* (McKinsey Global Institute), https://www.mckinsey.com/industries/financialservices/our-insights/the-new-dynamics-offinancial-globalization, accessed 30 January 2019.

Luxemburg, R. (2003 [1913]), *The Accumulation of Capital* (Abingdon and New York: Routledge).

Lyotard, J.-F. (1984), *The Post-modern Condition: A Report on Knowledge* (Manchester: Manchester University Press).

MacDonald, P. (2014), *Networks of Domination* (Oxford: Oxford University Press).

MacFarlane, N., and Khong, Y. F. (2006), *Human Security and the UN: A Critical History* (Bloomington: Indiana University Press).

Machiavelli, N. (1988), *The Prince*, ed. Q. Skinner (Cambridge: Cambridge University Press).

MacKenzie, M. H. (2012), *Female Soldiers in Sierra Leone: Sex, Security, and Post-conflict Development* (New York: New York University Press).

MacKenzie, M. H. (2015), 'True Grit: The Myths and Realities of Women in Combat', *Foreign Affairs*, 12 August.

Mackinder, H. (1919), *Democratic Ideas and Reality* (London: Henry Holt).

Maddison, A. (2001), *The World Economy: A Millennial Perspective* (Paris: Development Centre Studies, OECD Publishing).

Mahbubani, K. (2013), *The Great Convergence: Asia, the West, and the Logic of One World* (New York: PublicAffairs).

Mahbubani, K. (2018), *Has the West Lost It? A Provocation* (London: Allen Lane).

Malešević, S. (2018), *Grounded Nationalisms* (Cambridge: Cambridge University Press).

Malthus, T. (2015), *An Essay on the Principles of Population and Other Writings* (London: Penguin Classics).

Mamdani, M. (2002), 'Good Muslim, Bad Muslim: A Political Perspective on Culture and Terrorism', *American Anthropologist*, 104(3): 766-75.

Manchanda, N. (2017), 'Rendering Afghanistan Legible: Borders, Frontiers and the "State" of Afghanistan', *Politics*, 37(4): 386-401.

Mani, L. (1987), 'Contentious Traditions: The Debate on Sati in Colonial India', *Cultural Critique*, 7: 119-56.

Mann, M. (2012), *The Sources of Social Power*, Vol. 3: *Global Empires and Revolution, 1890-1945* (Cambridge and New York: Cambridge University Press).

Martens, K. (2005), *NGOs and the United Nations: Institutionalization, Professionalization and Adaptation* (New York: Palgrave Macmillan).

Martin, L. (1992), 'Interests, Power, and Multilateralism', *International Organization*, 46(4): 765-92.

Martin, L., and Simmons, B. (1999), 'Theories and Empirical Studies of International Institutions', in P. J. Katzenstein, R. O. Keohane, and S. D. Krasner (eds), *Exploration and Contestation in the Study of World Politics* (Cambridge, MA: MIT Press): 89-117.

Martin, S. (2010), 'Forced Migration, the Refugee Regime and the Responsibility to Protect', *Global Responsibility to Protect*, 2(1-2): 38-59.

Marx, K. (1954 [1867]), 'Preface to the First German Edition' of *Capital, Volume 1* (London: Lawrence and Wishart).

Marx, K. (1970 [1859]), *A Contribution to Critique of Political Economy* (Moscow: Progress Publishers).

Marx, K. (1992 [1867]), *Capital: Student Edition*, ed. C. J. Arthur (London: Lawrence & Wishart).

Marx, K., and Engels, F. (1967 [1848]), *The Communist Manifesto*, with an introduction by A. J. P. Taylor (Harmondsworth: Penguin).

Mason, J., and Holland S. (2018), 'Exclusive: Trump Demands Fed Help on Economy, Complains about Interest Rate Rises', *Reuters*, 20 Aug., https://www.reuters.com/article/us-usa-trump-fed-exclusive/exclusive-trump-demands-fed-help-on-economycomplains-about-interest-rate-risesidUSKCN1L5207, accessed 12 November 2018.

Massad, J. (2007), *Desiring Arabs* (Chicago: University of Chicago Press).

Matin, K. (2013), *Recasting Iranian Modernity: International Relations and Social Change* (London: Routledge).

Mattli, W. (1999), *The Logic of Regional Integration: Europe and Beyond* (Cambridge: Cambridge University Press).

Mazower, M. (2009), *No Enchanted Palace: The End of Empire and the Ideological Origins of the United Nations* (Princeton, NJ: Princeton University Press).

Mazower, M. (2012), *Governing the World: The History of an Idea* (New York: Penguin Press).

McAdam, J. (2007), *Complementary Protection in International Refugee Law* (Oxford: Oxford University Press).

McGrew, A. and Held, D. (2007), *Globalization Theory: Approaches and Controversies* (Cambridge: Polity Press).

McKinsey Global Institute (2016), *Digital Globalization: The New Era of Global Flows* (London: McKinsey Global Institute).

McLeod, T. (2015), *Rule of War in Law: International Law and United States Counterinsurgency in Iraq and Afghanistan* (Oxford: Oxford University Press).

McMahan, J. (2006), 'The Ethics of Killing in War', *Philosophia*, 34(1): 23-41.

McNeill, W. H. (1982), *The Pursuit of Power: Technology, Armed Force, and Society since A.D. 1000* (Chicago: University of Chicago Press).

Meadows, D. (2012), *Limits of Growth: The 30-Year Update* (White River Junction, VT: Chelsea Green Publishing).

Mearsheimer, J. (1990), 'Back to the Future: Instability in Europe after the Cold War', *International Security*, 15(1): 5-56.

Mearsheimer, J. (1994/5), 'The False Promise of International Institutions', *International Security*, 19(3): 5-49.

Mearsheimer, J. (2014, 2001), *The Tragedy of Great Power Politics* (New York: W. W. Norton).

Mearsheimer, J. (2018), *The Great Delusion* (Princeton, NJ: Princeton University Press).

Meinecke, F. (1957), *Machiavellism: The Doctrine of 'Raison d'Etat' and its Place in Modern History*, trans. D. Scott (London: Routledge).

Menon, R. (2016), *The Conceit of Humanitarian Intervention* (Oxford: Oxford University Press).

Micklethwait, J., Talev, M., and Jacobs, J. (2018), 'Trump Threatens to Pull U.S. Out of WTO If It Doesn't "Shape Up"', *Bloomberg*, 31 August, https://www. bloomberg.com/news/articles/2018-08-30/trumpsays-he-will-pull-u-s-out-of-wto-if-they-don-tshape-up, accessed 12 November 2018.

Mies, M. (1998 [1986]), *Patriarchy and Accumulation on a World Scale: Women in the International Division of Labour* (London: Zed).

Mies, M., Bennholdt-Thomsen, V., and von Werlhof, C. (1988), *Women: The Last Colony* (London: Zed).

Mignolo, W. D. (2008), 'Racism as We Sense it Today', *PMLA*, 123(5): 1737-42.

Mignolo, W. D. (2011), *The Darker Side of Western Modernity: Global Futures, Decolonial Options* (Durham, NC: Duke University Press).

Migration Data Portal (2019), 'Types of Migration: Forced Migration of Displacement', https://migrationdataportal.org/themes/forced-migrationor-displacement, accessed 14 February 2019.

Milanovic, B. (2016), *Global Inequality: A New Approach in an Age of Globalization* (Cambridge, MA: Belknap Press, Harvard).

Milkman, R. (1987), *Gender at Work: The Dynamics of Job Segregation by Sex During World War II* (Urbana and Chicago: University of Illinois Press).

Mill, J. S. (1973), 'A Few Words on Non-Intervention', in G. Himmelfarb (ed.), *Essays on Politics and Culture* (Gloucester, MA: Peter Smith): 368-84.

Miller, D. (2002), 'Caney's International Distributive Justice: A Response', *Political Studies*, 50(5): 974-7.

Miller, D. (2007), *National Responsibility and Global Justice* (Oxford: Oxford University Press).

Miller, N. (2017), 'Why Nuclear Energy Programs Rarely Lead to Proliferation', *International Security*, 42(2): 40-77.

Miller, N. (2018), *Stopping the Bomb: The Sources and Effectiveness of US Nonproliferation Policy* (Ithaca, NY: Cornell University Press).

Millett, K. (2000 [1969]), *Sexual Politics* (Urbana and Chicago: University of Illinois Press).

Mills, C. W. (1997), *The Racial Contract* (Ithaca, NY: Cornell University Press).

Milner, H. V. (1997), *Interests, Institutions and Information: Domestic Politics and International Relations* (Princeton, NJ: Princeton University Press).

Mitrany, D. (1943), *A Working Peace System* (London: RIIA).

Mitrany, D. (1975 [1943]), 'A Working Peace System', in D. Mitrany, *The Functional Theory of Politics* (London: London School of Economics and Political Science, Martin Robertson): 123-35.

Mix Migration Hub (2018), 'What is Mixed Migration?' *MHub*, http://www.mixedmigrationhub.org/member-agencies/what-mixed-migration-is/, accessed 6 February 2019.

Moffitt, B. (2017), *The Global Rise of Populism* (Stanford, CA: Stanford University Press).

Moghadam, A. (2017), *Nexus of Global Jihad: Understanding Cooperation Among Terrorist Actors* (New York: Columbia University Press).

Mohanty, C. T. (2003), '"Under Western Eyes" Revisited: Feminist Solidarity through Anticapitalist Struggles', *Signs*, 28(2): 499-535.

Moon, K. H. S. (1997), *Sex Among Allies: Military Prostitution in US-Korea Relations* (New York: Columbia University Press).

Moravcsik, A. (1998), *The Choice for Europe: Social Purpose and State Power from Messina to Maastricht* (Ithaca, NY: Cornell University Press).

Morefield, J. (2009), *Covenants without Swords: Idealist Liberalism and the Spirit of Empire* (Princeton, NJ: Princeton University Press).

Morgenthau, H. J. (1952), *American Foreign Policy: A Critical Examination* (London: Methuen) [Also published as *In Defence of the National Interest.*]

Morgenthau, H. J. (1958), *Decline of Domestic Politics* (Chicago: University of Chicago Press).

Morgenthau, H. J. (1985, 1978, 1962, 1955 [1948]), *Politics among Nations: The Struggle for Power and Peace* (New York: McGraw-Hill, Knopf).

Morrison, T. (1988), 'Unspeakable Things Unspoken: The Afro-American Presence in American Literature', The Tanner Lectures on Human Rights, University of Michigan, 7 October, http://tannerlectures.utah. edu/_documents/a-to-z/m/morrison90.pdf, accessed 1 May 2019.

Mounk, Y. and Foa, R. S. (2018), 'The End of the Democratic Century', *Foreign Affairs*, 97(3).

Mount, A., and Stowe-Thurston, A. (2018), 'What is US Nuclear Policy, Exactly?', *Bulletin of the Atomic Scientists*, 18 April, https://thebulletin.org/2018/04/ what-is-us-nuclear-policy-exactly/, accessed 1 May 2019.

MSF (Medecins Sans Frontieres) International (2015), 'MSF History', https://www.msf.org.za/about-us/msf-history-and-charter, accessed 1 May 2019.

Mtubani, C. D. V. (1983), 'African Slaves and English Law', *PULA: Botswana Journal of African Studies*, 3(2): 71-5.

Mudde, C. and Kaltwasser, C. (2017), *Populism: A Very Short Introduction* (Oxford: Oxford University Press).

Mudimbe, V. Y. (1988), *The Invention of Africa: Gnosis, Philosophy and the Order of Knowledge* (Bloomington: Indiana University Press).

Mueller, J. (2011), 'The IMF, Neoliberalism and Hegemony', *Global Society*, 25(3): 377-402.

Murphy, C. (1994), *International Organization and Industrial Change: Global Governance since 1850* (London: Polity Press and Oxford University Press).

Mutua, M. (2001), 'Savages, Victims, and Saviors: The Metaphor of Human Rights', *Harvard International Law Journal*, 42(1): 201-45.

Mutua, M. (2002), *Human Rights: A Political and Cultural Critique* (Philadelphia: University of Pennsylvania Press).

Narang, V. (2013), 'What Does It Take to Deter? Regional Nuclear Power Postures and International Conflict', *Journal of Conflict Resolution*, 57(3): 478-508.

Narang, V. (2014), *Nuclear Strategy in the Modern Era: Regional Powers and International Conflict* (Princeton, NJ: Princeton University Press).

Naravane, V. (2009), 'The Burqa Debate Splits France', *The Hindu*, 14 July, http://www.thehindu.com/todays-paper/tp-international/The-burqadebate-splits-France/article16555357.ece, accessed 1 May 2019.

Nardin, T. (1983), *Law, Morality and the Relations of States* (Princeton, NJ: Princeton University Press).

Nardin, T., and Mapel, D. (eds) (1992), *Traditions of International Ethics* (Cambridge: Cambridge University Press).

Narlikar, A. (2005), *The World Trade Organization: A Very Short Introduction* (Oxford: Oxford University Press).

Narlikar, A. (2007), 'All That Glitters is Not Gold: India's Rise to Power', *Third World Quarterly*, 28(5): 983-96.

Narlikar, A. (ed.) (2010), *Deadlocks in Multilateral Negotiations: Causes and Solutions* (Cambridge: Cambridge University Press).

Narlikar, A. (2017), 'India's Role in Global Governance: A Modi-fication?', *International Affairs*, 93(1): 93-111.

Nelson, P. (2009), 'Political Opportunity Structures and Non-State Influence: Making the Case of Transparency at the World Bank', in J. Joachim and B. Locher (eds), *Transnational Activism in the UN and the EU: A Comparative Study* (London and New York: Routledge): 61-75.

Nesiah, V. (2014), 'The Trials of History: Losing Justice in the Monstrous and the Banal', in R. Buchanan and P. Zumbansen (eds), *Law in Transition: Human Rights, Development and Transitional Justice* (Oxford and Portland, OR: Hart Publishing): 289-308.

Newell, P. (2012), *Globalization and the Environment: Capitalism, Ecology and Power* (Cambridge: Polity Press).

NGO Working Group on the Security Council (2015), 'List of Members', http://www.ngowgsc.org/content/members-ngo-working-group-security-council, accessed 13 October 2015.

Niang, A. (2018), *The Postcolonial African State in Transition: Stateness and Modes of Sovereignty* (Lanham, MD: Rowman & Littlefield International).

Nkrumah, K. (1965), *Neo-Colonialism: The Last Stage of Imperialism* (London: Thomas Nelson and Sons).

Norris, R. S., and Kristensen, H. (2006), 'Nuclear Notebook: Global Nuclear Stockpiles, 1945-2006', *Bulletin of the Atomic Scientists*, 62(4): 64-6.

North, D., Wallis, J., and Weingast, B. (2009), *Violence and Social Orders* (Cambridge: Cambridge University Press).

NSS (2001, 2002), *National Security Strategy of the United States of America* (Washington, DC: US Government Printing Office).

Nuclear Threat Initiative (2019), 'Treaty on the Prohibition of Nuclear Weapons', https://www.nti.org/learn/treaties-and-regimes/treaty-on-the-prohibition-ofnuclear-weapons/, accessed 1 May 2019.

Nussbaum, M. (1996), *For Love of Country: Debating the Limits of Patriotism* (Boston, MA: Beacon Press).

Nussbaum, M. (2007), *Frontiers of Justice, Disability, Nationality and Species Membership* (Cambridge, MA: Belknap Press, Harvard).

Nye, J. S. (2011), *The Future of Power* (New York: Public Affairs).

Nye, J. S. (2019), 'China Will Not Surpass America Any Time Soon', *Financial Times*, 19 February.

Obama, B. (2014), 'Remarks by President Obama at UN Meeting on Ebola', United Nations Building, New York City, New York, 25 September, https://www.whitehouse.gov/the-press-office/2014/09/25/remarks-president-obama-un-meeting-ebola, accessed 24 August 2015.

O'Brien, R., Goetz, A. M., Scholte, J. A., and Williams, M. (2000), *Contesting Global Governance: Multilateral Economic Institutions and Global Social Movements* (Cambridge: Cambridge University Press).

OECD (2014), *Development Co-operation Report 2014: Mobilising Resources for Sustainable Development* (Paris: OECD Publishing), http://dx.doi.org/10.1787/dcr-2014-en, accessed 23 September 2015.

Office of the Director of National Intelligence (2005), 'Letter from Al-Zawahiri to Al-Zarqawi', 11 October.

Okin, S. M. (1998 [1991]), 'Gender, the Public, and the Private', in A. Phillips (ed.), *Feminism and Politics* (Oxford: Oxford University Press): 116-41.

O'Neill, J. (2001), *Building Better Global Economic BRICs*, Global Economics Paper No. 66, November (London and New York: Goldman Sachs), http://www.goldmansachs.com/our-thinking/archive/archivepdfs/build-better-brics.pdf, accessed 24 July 2013.

O'Neill, K. (2012), *The Environment and International Relations* (Cambridge: Cambridge University Press).

Ong, A. (2009), 'A Bio-Cartography: Maids, NeoSlavery, and NGOs', in S. Benhabib and J. Resnik (eds), *Migrations and Mobilities: Citizenship, Borders, and Gender* (New York: New York University Press): 157-84.

OPCW (Organisation for the Prohibition of Chemical Weapons) (2015), 'The Chemical Weapons Ban: Facts and Figures', https://www.opcw.org/newspublications/publications/facts-and-figures/#c1920, accessed 12 December 2015.

Orend, B. (2002), 'Justice After War', *Ethics and International*

Affairs, 16(1): 43-56.

Orend, B. (2005), 'War', *Stanford Encyclopaedia of Philosophy*, http://plato.stanford.edu/entries/war, accessed 26 July 2013.

Orford, A. (2011), *International Authority and the Responsibility to Protect* (Cambridge: Cambridge University Press).

Ortega, L. M. D. (2012), 'Looking Beyond Violent Militarized Masculinities: Guerrilla Gender Regimes in Latin America', *International Feminist Journal of Politics*, 14(4): 489-507.

Ortman, S., and Whittaker, N. (2019), 'Geopolitics and Grand Strategy', in J. Baylis, J. Wirtz, and C. S. Gray (eds), *Strategy in the Contemporary World*, 6th edn (Oxford: Oxford University Press): 299-316.

Osterhammel, J. (2015, 2014), *The Transformation of the World: A Global History of the Nineteenth Century*, trans. P. Camiller (Princeton, NJ: Princeton University Press).

Osterhammel, J., and Peterssen, N. P. (2005), *Globalization: A Short History* (Princeton, NJ: Princeton University Press).

Ostrom, E. (2009), *A Polycentric Approach for Coping with Climate Change*, World Bank Research Working Paper Series No. 5095 (Washington, DC: World Bank), https://ssrn.com/abstracts=1494833, accessed 12 July 2019.

Owen, J. M. (1998), *Liberal Peace, Liberal War: American Politics and International Security* (Ithaca, NY: Cornell University Press).

Owens, P. (2015), 'Introduction: Historicizing the Social in International Thought', *Review of International Studies*, 41(4): 652-3. ISSN 0260-2105.

Owens, P. (2018), 'Women and the History of International Thought', *International Studies Quarterly*, 62(3): 467-81.

Oxfam (2015), 'M&S Shwopping', http://www.oxfam.uk/donate/donate-goods/mands-and-oxfamshwopping, accessed 23 September 2015.

Oxfam (2018), 'Reward Work, Not Wealth', https://www-cdn.oxfam.org/s3fs-public/file_attachments/bp-reward-work-not-wealth-220118-en.pdf, accessed 20 February 2019.

Ozkirimli, U. (2017), *Theories of Nationalism*, 3rd edn (Basingstoke: Palgrave Macmillan).

Palan, R. (ed.) (2012), *Global Political Economy: Contemporary Theories* (London: Routledge).

Panofsky, W. K. H. (2007), 'Capability versus Intent: The Latent Threat of Nuclear Proliferation', *Bulletin of the Atomic Scientists*, 14 June.

Pant, H. (2013), 'The BRICS Fallacy', *The Washington Quarterly*, 36(3): 91-105.

Park, S. (2018), *International Organisations as Problem Solvers in International Relations* (Cambridge: Cambridge University Press).

Park, S., and Vetterlein, A. (2010), *Owning Development: Creating Global Policy Norms in the IMF and the World Bank* (Cambridge: Cambridge University Press).

Parpart, J. L., and Zalewski, M. (eds) (2008), *Rethinking the Man Question* (London: Zed Books).

Parrenas, R. S. (2000), 'Migrant Filipina Domestic Workers and the International Division of Reproductive Labour', *Gender and Society*, 14(4): 560-81.

Parrenas, R. S. (2012), 'The Reproductive Labour of Migrant Workers', *Global Networks*, 12(2): 269-75.

Parthasarathi, P. (2011), *Why Europe Grew Rich and Asia Did Not* (Cambridge: Cambridge University Press).

Pateman, C. (2007), '"God Hath Ordained to Man a Helper": Hobbes, Patriarchy and Conjugal Right', in M. L. Shanley and C. Pateman (eds), *Feminist Interpretations and Political Theory* (Cambridge: Polity): 53-73.

Paterson, M. (2001), *Understanding Global Environmental Politics: Domination, Accumulation, Resistance* (Basingstoke: Palgrave).

Pattberg, P. H. (2005), 'The Forest Stewardship Council: Risk and Potential of Private Forest Governance', *Journal of Environment and Development*, 14(3): 356-74.

Paul, T. V. (2018), *Restraining Great Powers: Soft Balancing from Empires to the Global Era* (New Haven, CT: Yale University Press).

Peck, J. (2010), *Constructions of Neoliberal Reason* (Oxford: Oxford University Press).

Peet, R. (1975), 'Inequality and Poverty: A Marxist-Geographic Theory', *Annals of the Association of American Geographers*, 65(4): 564-71.

Peng, I. (2018), 'Shaping and Reshaping Care and Migration in East and Southeast Asia', *Critical Sociology*, 44(7-8): 1117-32.

Perry, M. (1998), *The Idea of Human Rights: Four Inquiries* (London: Oxford University Press).

Persaud, R., and Sajed, A. (2018), *Race, Gender, and Culture in International Relations: Postcolonial Perspectives* (Abingdon: Routledge).

Peterson, V. S. (1992), *Gendered States: Feminist (Re) Visions of International Relations Theory* (Boulder, CO: Lynne Rienner).

Peterson, V. S. (2003), *A Critical Rewriting of Global Political Economy: Integrating Reproductive, Productive, and Virtual Economies* (London: Routledge).

Peterson, V. S. (2005), 'How (the Meaning of) Gender Matters in Political Economy', *New Political Economy*, 10(4): 499-521.

Pettman, J. (1996), *Worlding Women: A Feminist International Politics* (London: Routledge).

Pew Research Center (2017), 'Number of Women Leaders Around the World Has Grown, But They're Still a Small Group', http://www.pewresearch.org/fact-tank/2017/03/08/women-leaders-around-the-world/, accessed 1 May 2019.

Phillips, A. (2010), 'What's Wrong with Essentialism', *Distinktion*, 11(1): 47-60.

Phillips, A., and Sharman, J. C. (2015), *International Order in Diversity: War, Trade and Rule in the Indian Ocean* (Cambridge: Cambridge University Press).

Phillips, N. (ed.) (2005), *Globalizing International Political Economy* (Basingstoke: Palgrave Macmillan).

Phillips, N., and Weaver, C. E. (eds) (2010), *InternationalPolitical Economy: Debating the Past, Present and Future* (London: Routledge).

Philpott, D. (2001), *Revolution in Sovereignty* (Princeton, NJ: Princeton University Press).

Pianta, M., and Silvo, F. (2003), *Globalisers from Below: A Survey on Global Civil Society Organisations*, Global Research Report (Lunaria: Tavolla della Pace).

Picq, M. L., and Thiel, M. (eds) (2015), *Sexualities in World Politics: How LGBTQ Claims Shape International Relations* (London: Routledge).

Pieterse, J. N. (2002), 'Global Inequality: Bringing Politics Back In', *Third World Quarterly*, 23(6): 1023-46.

Piewitt, M., Rodekamp, M., and Steffek, J. (2010), 'Civil Society in World Politics: How Accountable are Transnational CSOs?', *Journal of Civil Society*, 6(3): 237-58.

Pistor, K. (2019), *The Code of Capital: How the Law Creates Wealth and Inequality* (Princeton, NJ: Princeton University Press).

Poehlman-Doumbouya, S., and Hill, F. (2001), 'Women and Peace in the United Nations', *New Routes*, 6(3): 28-32.

Pogge, T. (1989), *Realizing Rawls* (Ithaca, NY: Cornell University Press).

Pogge, T. (1994), 'Cosmopolitanism and Sovereignty', in C. Brown (ed.), *Political Restructuring in Europe: Ethical Perspectives* (London: Routledge): 85-118.

Pogge, T. (2001), 'Moral Universalism and Global Economic Justice', *Politics, Philosophy and Economics*, 1(1): 29-58.

Pogge, T. (2005), 'World Poverty and Human Rights', *Ethics and International Affairs*, 19(1): 1-2.

Pogge, T. (2008, 2002), *World Poverty and Human Rights: Cosmopolitan Responsibilities and Reforms* (Cambridge: Polity Press).

Pogge, T. (2009), 'The Health Impact Fund and its Justification by Appeal to Human Rights', *Journal of Social Philosophy*, 40(4): 542-69.

Polzer, T. (2008), 'Invisible Integration: How Bureaucratic, Academic and Social Categories Obscure Integrated Refugees', *Journal of Refugee Studies*, 21(4): 476-97.

Pomeranz, K. (2000), *The Great Divergence* (Princeton, NJ: Princeton University Press).

Ponte, S. (2012), 'The Marine Stewardship Council (MSC) and the Making of a Market for "Sustainable Fish"', *Journal of Agrarian Change*, 12(2-3): 300-15.

Posen, B. R. (2018), 'The Rise of Illiberal Hegemony', *Foreign Affairs*, 97(2): 20-7.

Pouliot, V. (2010), *International Security in Practice* (Cambridge: Cambridge University Press).

Pray the Devil Back to Hell, http://www.forkfilms.com/pray-the-devil-back-to-hell/, accessed 1 May 2019.

PRC State Council (2015), 'Full Text: Action Plan on the Belt and Road Initiative', 30 March, http://www.fmcoprc.gov.hk/eng/Topics/ydyl/t1383426.htm, accessed 19 January 2019.

Prebisch, R. (1949), *The Economic Development of Latin America and its Principal Problems* (New York: United Nations).

Price, R. (1998), 'Reversing the Gun Sights: Transnational Civil Society Targets Land Mines', *International Organization*, 52(3): 613-44.

Price, R. (2004), 'Emerging Customary Norms and Anti-Personnel Landmines', in C. Reus-Smit (ed.), *The Politics of International Law* (Cambridge: Cambridge University Press): 106-30.

Price, R. (ed.) (2008), *Moral Limit and Possibility in World Politics* (Cambridge: Cambridge University Press).

Priests for Life (2015), http://www.priestsforlife.org/intro/introbrochure.html, accessed 23 September 2015.

Prime Minister's Office (2018), *Syria Action—UK Government Legal Position* (London: UK Government), https://www.gov.uk/government/ publications/syria-action-uk-government-legalposition/ syria-action-uk-government-legal-position, accessed 21 December 2018.

Prugl, E. (1999), 'What is a Worker?: Gender, Global Restructuring, and the ILO Convention on Homework', in M. K. Meyer and E. Prugl (eds), *Gender Politics in Global Governance* (Lanham, MD: Rowman and Littlefield): 197-209.

Puar, J. K. (2008), *Terrorist Assemblages: Homonationalism in Queer Times* (Durham, NC: Duke University Press).

Pugh, M. (2001), 'Peacekeeping and Humanitarian Intervention', in B. White, R. Little, and M. Smith (eds), *Issues in World Politics*, 2nd edn (London: Palgrave).

Purvis, N. (1991), 'Critical Legal Studies in Public International Law', *Harvard International Law Journal*, 32(1): 81-127.

Putin, V. (2014), 'Address by President of the Russian Federation: Vladimir Putin Addressed State Duma Deputies, Federation Council Members, Heads of Russian Regions and Civil Society Representatives in the Kremlin', the Kremlin, Moscow, 18 March, http://en.kremlin.ru/events/president/news/20604, accessed 25 August 2015.

Quijano, A. (2000), 'Coloniality of Power, Eurocentrism, and Latin America', *Nepantla: Views from South*, 1(3): 533-80.

Rabasa, A., Chalk, P., Cragin, K., Daly, S. A., Gregg, H. S., Karasik, T. W., O'Brien, K. A., and Rosenau, W. (2006), *Beyond Al-Qaeda: Part 1, The Global Jihadist Movement* (Santa Monica, CA: RAND).

Rai, S. (2008), *The Gender Politics of Development: Essays in Hope and Despair* (New Delhi: Zubaan).

Rajagopal, B. (2003), *International Law from Below: Development, Social Movements and Third World Resistance* (Cambridge: Cambridge University Press).

Ramamurthy, P. (2004), 'Why Is Buying a "Madras" Cotton Shift a Political Act?: A Feminist Commodity Chain Analysis', *Feminist Studies*, 30(3): 734-69.

Ramji-Nogales, J., Schoenholtz, A. I., and Schrag, P. G. (2008), 'Refugee Roulette: Disparities in Asylum Adjudication', *Stanford Law Review*, 60(2): 295-411.

Ramsey, P. (2002), *The Just War: Force and Political Responsibility* (Lanham, MD: Rowman & Littlefield).

Rao, R. (2010), *Third World Protest: Between Home and The World* (Oxford: Oxford University Press).

Rao, R. (2014), 'The Locations of Homophobia', *London Review of International Law*, 2(2): 169-99.

Rapley, J. (1996), *Understanding Development: Theory and Practice in the Third World* (London: Routledge).

Rauchhaus, W. (2009), 'Evaluating the Nuclear Peace Hypothesis: A Quantitative Approach', *Journal of Conflict Resolution*, 53(2): 258-77.

Ravenhill, J. (2014), 'The Study of Global Political Economy', in J. Ravenhill (ed.), *Global Political Economy*, 4th edn (Oxford: Oxford University Press): 3-24.

Ravenhill, J. (ed.) (2019), *Global Political Economy*, 6th edn (Oxford: Oxford University Press).

Rawls, J. (1971), *A Theory of Justice* (Oxford: Oxford University Press).

Rawls, J. (1999), *The Law of Peoples* (Cambridge, MA: Harvard University Press).

Reed, H. E., Ludwig, B. L., and Braslow, L. (2016), 'Forced Migration', in M. J. White (ed.), *International Handbook of Migration and Population Distribution* (New York: Springer): 605-26.

The Refugee Project (2019), 'Explore: Myanmar', http://www.therefugeeproject.org/#/2017/MMR/explore, accessed 30 January 2019.

Reimann, K. (2006), 'A View from the Top: International Politics, Norms and the Worldwide Growth of NGOs', *International Studies Quarterly*, 50(1): 27-44.

Reisman, W. M. (1985), 'Criteria for the Lawful Use of Force in International Law', *Yale Journal of International Law*, 10(2): 279-85.

Repo, J. (2013), 'The Biopolitical Birth of Gender: Social Control, Hermaphroditism, and the New Sexual

Apparatus', *Alternatives: Global, Local, Political*, 38(3): 228-44.

Reus-Smit, C. (1999), *The Moral Purpose of the State* (Princeton, NJ: Princeton University Press).

Reus-Smit, C. (2001), 'The Strange Death of Liberal International Theory', *European Journal of International Law*, 12(3): 573-93.

Reus-Smit, C. (2003), 'Politics and International Legal Obligation', *European Journal of International Relations*, 9(4): 591-625.

Reus-Smit, C. (ed.) (2004), *The Politics of International Law* (Cambridge: Cambridge University Press).

Reus-Smit, C. (2013), *Individual Rights and the Making of the International System* (Cambridge: Cambridge University Press).

Reynolds, D. (2005), *One World Divisible: A Global History since 1945* (London: Penguin).

Riano-Alcala, P. (2008), *Poniendo Tierra de por Medio: Migracion Forzada de Colombianos en Colombia, Ecuador y Canada* (Medellin: Corporacion Region).

Risse, M. (2009), 'Do We Owe the Global Poor Assistance or Rectification? Response to Pogge', in J. Rosenthal and C. Barry (eds), *Ethics and International Affairs: A Reader*, 3rd edn (Washington, DC: Georgetown University Press): 317-29.

Risse, T. (2002), 'Transnational Actors and World Politics', in W. Carlsnaes, T. Risse, and B. A. Simmons (eds), *Handbook of International Relations* (London and Thousand Oaks, CA: Sage): 255-74.

Risse, T., Ropp, S. C., and Sikkink, K. (eds) (1999), *The Power of Human Rights: International Norms and Domestic Change* (Cambridge: Cambridge University Press).

Risse-Kappen, T. (1995), 'Bringing Transnational Relations Back In: Introduction', in T. Risse-Kappen (ed.), *Bringing Transnational Relations Back In: Non-state Actors, Domestic Structures and International Institutions* (Cambridge: Cambridge University Press): 3-36.

Roberts, A. (1993), 'Humanitarian War: Military Intervention and Human Rights', *International Affairs*, 69(3): 429-49.

Roberts, A. (1996), 'The United Nations: Variants of Collective Security', in N. Woods (ed.), *Explaining International Relations Since 1945* (Oxford: Oxford University Press): 309-36.

Roberts, A., and Kingsbury, B. (1993), 'Introduction: The UN's Roles in International Society since 1945', in A. Roberts and B. Kingsbury (eds), *United Nations, Divided World* (Oxford: Clarendon Press):1-19.

Robinson, F. (2011), *The Ethics of Care: A Feminist Approach to Human Security* (Philadelphia: Temple University Press).

Robinson, W. I. (2007), 'Beyond the Theory of Imperialism: Global Capitalism and the Transnational State', *Societies Without Borders*, 2(1): 5-26.

Robinson, W. I. (2014), *Global Capitalism and the Crisis of Humanity* (Cambridge: Cambridge University Press).

Rodriguez, R. M. (2008), 'The Labor Brokerage State and the Globalization of Filipina Care Workers', *Signs: Journal of Women in Culture and Society*, 33(4): 794-800.

Rodriques, T., Perez, R. G., and Ferreira, S. E. (2014), *The Globalization of International Security* (New York: Nova).

Roodman, D. (2012), *Due Diligence: An Impertinent Enquiry into Microfinance* (Washington, DC: Center for Global Development).

Rose, G. (1998), 'Neoclassical Realism and Theories of Foreign Policy', *World Politics*, 51(1): 144-72.

Rosecrance, R. (2001), 'Has Realism Become Cost-Benefit Analysis? A Review Essay', *International Security*, 26(2): 132-54.

Rosenberg, J. (1996), 'Isaac Deutscher and the Lost History of International Relations', *New Left Review*, 215: 3-15.

Rosenberg, J. (2002, 2000), *The Follies of Globalization Theory: Polemical Essays* (London: Verso).

Rosenberg, J. (2005), 'Globalization Theory: A Postmortem', *International Politics*, 42(1): 2-74.

Rosenberg, J. (2010), 'Problems in the Theory of Uneven and Combined Development Part II: Unevenness and Multiplicity', *Cambridge Review of International Affairs*, 23(1): 165-89.

Rosenberg, J. (2013), 'The "Philosophical Premises" of Uneven and Combined Development', *Review of International Studies*, 39(3): 569-97.

Rosenboim, O. (2017), *The Emergence of Globalism: Visions of World Order in Britain and the United States, 1939-1950* (Princeton, NJ: Princeton University Press).

Rosenthal, J., and Barry, C. (2009), *Ethics and International Affairs: A Reader*, 3rd edn (Washington, DC: Georgetown

University Press).

Rotary International (2015), 'Home', https://www.rotary. org/, accessed 13 October 2015.

Rotberg, R. I. (2004), *When States Fail: Causes and Consequences* (Princeton, NJ: Princeton University Press).

Rothschild, N. (2014), 'Swedish Women vs. Vladimir Putin', *Foreign Policy*, 5 December, https://foreignpolicy. com/2014/12/05/can-vladimir-putinbe-intimidated-by-feminism-sweden/, accessed 27 March 2019.

Rubin, G. (1975), 'The Traffic in Women: Notes on the "Political Economy" of Sex', in R. Reiter (ed.), *Toward an Anthropology of Women* (New York: Monthly Review Press): 157-209.

Ruggie, J. G. (1982), 'International Regimes, Transactions, and Change: Embedded Liberalism in the Postwar Economic Order', *International Organization*, 36(2): 379-415.

Ruggie, J. G. (1993), 'Multilateralism: The Anatomy of an Institution', in J. G. Ruggie (ed.), *Multilateralism Matters* (New York: Columbia University Press): 3-50.

Ruggie, J. G. (1998), 'What Makes the World Hang Together? Neo-Utilitarianism and the Social Constructivist Challenge', *International Organization*, 52(4): 855-85.

Rummel, R. J. (1997), *Power Kills: Democracy as a Method of Nonviolence* (Brunswick, NJ: Transaction Publishers).

Russett, B., Antholis, W., Ember, C., Ember, M., and Maoz, Z. (1993), *Grasping the Democratic Peace: Principles for a Post-Cold War World* (Princeton, NJ: Princeton University Press).

Sabaratnam, M. (2013), 'Avatars of Eurocentrism in the Critique of the Liberal Peace', *Security Dialogue*, 44(3): 259-78.

Sabaratnam, M. (2017), *Decolonising Intervention: International Statebuilding in Mozambique* (Lanham, MD: Rowman & Littlefield).

Sagan, S. D. (1995), *The Limits of Safety: Organizations, Accidents, and Nuclear Weapons* (Princeton, NJ: Princeton University Press).

Sagan, S. D. (1996), 'Why Do States Build Nuclear Weapons? Three Models in Search of a Bomb', *International Security*, 21(3): 54-86.

Sagan, S. D., and Waltz, K. N. (2003), *The Spread of Nuclear Weapons: A Debate Renewed*, 2nd edn (New York: W. W. Norton).

Sagan, S. D., and Waltz, K. N. (2012), *The Spread of Nuclear Weapons: An Enduring Debate*, 3rd edn (New York: W. W. Norton).

Sageman, M. (2004), *Understanding Terror Networks* (Philadelphia: University of Pennsylvania Press).

SAI Platform (2015), 'About Us', http://www.saiplatform. org/about-us/who-we-are-2, accessed 23 September 2015.

Said, E. (2003 [1978]), *Orientalism* (London: Penguin Books).

Salih, S. (2002), *Judith Butler* (London: Routledge).

Salter, M. B. (2006), 'The Global Visa Regime and the Political Technologies of the International Self: Borders, Bodies, Biopolitics', *Alternatives: Global, Local, Political*, 31(2): 167-89.

Sandler, R. L. (2015), *Food Ethics* (London: Routledge).

Santos, B. de Sousa (2015), *If God Were a Human Rights Activist* (Stanford, CA: Stanford University Press).

Sassen, S. (2001), *The Global City: New York, London, Tokyo* (Princeton, NJ: Princeton University Press).

Sassen, S. (2014), *Expulsions: Brutality and Complexity in the Global Economy* (Cambridge, MA: Belknap Press, Harvard).

Schelling, T. C. (1966), *Arms and Influence* (New Haven, CT: Yale University Press).

Schelling, T. C. (1980), *The Strategy of Conflict* (Cambridge, MA: Harvard University Press).

Schmid, A. P., and Jongman, A. J. (2005), *Political Terrorism: A New Guide to Actors, Authors, Concepts, Data Bases, Theories, and Literature*, 2nd edn (New Brunswick, NJ: Transaction).

Schmidt, B. C. (2005), 'Competing Realist Conceptions of Power', *Millennium: Journal of International Studies*, 33(3): 523-49.

Schmidt, B. C. (2012), *International Relations and the First Great Debate* (London: Routledge).

Schmitz, H. P., Raggo, P., and van Vijfeijken, T.-B. (2011), 'Accountability of Transnational NGOs: Aspirations vs. Practice', *Nonprofit and Voluntary Sector Quarterly*, 41(6): 1175-94.

Scholte, J. A. (2005), *Globalization: A Critical Introduction*, 2nd edn (London: Palgrave Macmillan).

Schutter, O. D. (2014), *International Human Rights Law* (Cambridge: Cambridge University Press).

Schwartz, H. (2000), *States and Markets* (Basingstoke:

Macmillan).

Schweller, R. L. (1996), 'Neo-realism's Status-quo Bias: What Security Dilemma?', *Security Studies*, 5(3): 90-121.

Schweller, R. L., and Priess, D. (1997), 'A Tale of Two Realisms: Expanding the Institutions Debate', *Mershon International Studies Review*, 41(1): 1-32.

Scott, J. W. (1999), *Gender and the Politics of History*, rev. edn (New York: Columbia University Press).

Secretaria de Integracion Economica Centroamericana (SIECA) (2018), 'Exportaciones Centroamericanas Crecen 9.8% en 2017', https://www.sieca.int/index.php/news/exportacionescentroamericanas-crecen-9-8-en-2017/, accessed 1 May 2019.

Selmeczi, A. (2015), 'Who Is the Subject of Neoliberal Rights? Governmentality, Subjectification and the Letter of the Law', *Third World Quarterly*, 36(6): 1076-91.

Sen, A. (1981), *Poverty and Famines: An Essay on Entitlement and Deprivation* (Oxford: Clarendon Press).

Sen, A. (1983), 'The Food Problem: Theory and Policy', in A. Gauhar (ed.), *South-South Strategy* (London: Zed Books): 91-103.

Sen, A. (1999), *Development as Freedom* (New York: Anchor Books).

Shanks, C., Jacobson, H., and Kaplan, J. (1996), 'Inertia and Change in the Constellation of International Governmental Organizations, 1981-1992', *International Organization*, 50(4): 593-627.

Shanley, M. L., and Pateman, C. (2007), *Feminist Interpretations and Political Theory* (Cambridge: Polity).

Shapcott, R. (2010), *International Ethics: A Critical Introduction* (Cambridge: Polity Press).

Shapiro, J. (2013), *The Terrorist's Dilemma: Managing Violent Covert Organizations* (Princeton, NJ: Princeton University Press).

Shapiro, M. J. (1988), *The Politics of Representation: Writing Practices in Biography, Photography, and Policy Analysis* (Madison, WI: University of Wisconsin Press).

Shapiro, M. J. (1997), *Violent Cartographies: Mapping Cultures of War* (Minneapolis: University of Minnesota Press).

Sharma, N. (2006), 'White Nationalism, Illegality and Imperialism: Border Controls as Ideology', in K. Hunt and K. Rygiel (eds), *(En)gendering the War on Terror: War Stories and Camouflaged Politics* (Burlington, VT: Ashgate Publishing): 121-43.

Shaw, M. (2017), *International Law*, 8th edn (Cambridge: Cambridge University Press).

Shaxson, N. (2010), *Treasure Islands* (London: Bodley Head).

Shayne, J. D. (2004), *The Revolution Question: Feminisms in El Salvador, Chile, and Cuba* (New Brunswick, NJ: Rutgers University Press).

Sheehan, N. (1988), *A Bright Shining Lie: John Paul Vann and America in Vietnam* (New York: Vintage Books).

Shepherd, L. J. (2008*a*), 'Power and Authority in the Production of United Nations Security Council Resolution 1325', *International Studies Quarterly*, 52(2): 383-404.

Shepherd, L. (2008b), *Gender, Violence and Security: Discourse as Practice* (London: Zed Books).

Sheppard, E., and Leitner, H. (2010), 'Quo Vadis Neoliberalism? The Remaking of Global Capitalist Governance after the Washington Consensus', *Geoforum*, 41(2): 185-94.

Shilliam, R. (2006), 'What about Marcus Garvey? Race and the Transformation of Sovereignty Debate', *Review of International Studies*, 32(3): 379-400.

Shilliam, R. (ed.) (2010), *International Relations and Non-Western Thought: Imperialism, Colonialism and Investigations of Global Modernity* (Abingdon: Routledge).

Shilliam, R. (2011), 'Decolonising the Grounds of Ethical Inquiry: A Dialogue between Kant, Foucault and Glissant', *Millennium: Journal of International Studies*, 39(3): 649-65.

Shilliam, R. (2015), *The Black Pacific* (London: Bloomsbury Academic).

Shue, H. (1980), *Basic Rights* (Princeton, NJ: Princeton University Press).

Sikkink, K. (2011), *The Justice Cascade: How Human Rights Prosecutions are Changing World Politics* (New York: W. W. Norton).

Silver, B., and Arrighi, G. (2003), 'Polanyi's Double Movement', *Politics and Society*, 31(2): 325-55.

Simmons, B., and Steinberg, R. H. (eds) (2007), *International Law and International Relations* (Cambridge: Cambridge University Press).

Simpson, E. (2018), *War From the Ground Up*, rev. edn (Oxford: Oxford University Press).

Singer, P. (1985), 'Famine Affluence, Morality', in C. Beitz (ed.), *International Ethics* (Princeton, NJ: Princeton University Press).

Singer, P. (1999), 'The Singer Solution to World Poverty', *New York Times*, 5 July.

Singer, P. (2002), *One World: The Ethics of Globalisation* (Melbourne: Text Publishing).

Singer, P. (2016), *One World Now: The Ethics of Globalization*, 3rd edn (New Haven, CT: Yale University Press).

Sivakumaran, S. (2005), 'Male/Male Rape and the "Taint" of Homosexuality', *Human Rights Quarterly*, 27(4): 1274-306.

Sjoberg, L. (2006), *The Paradox of Double Effect: How Feminism Can Save the Immunity Principle*, Working Paper, no. 301 (Boston, MA: Consortium on Gender, Security, and Human Rights).

Sjoberg, L., and Gentry, C. E. (2007), *Mothers, Monsters, Whores: Women's Violence in Global Politics* (New York: Zed Books).

Slate, N. (2012), *Colored Cosmopolitanism: The Shared Struggle for Freedom in the United States and India* (Cambridge MA: Harvard University Press).

Slaughter, J. (2018), 'Hijacking Human Rights: Neoliberalism, the New Historiography, and the End of the Third World', *Human Rights Quarterly*, 40(4): 735-75.

Sluga, G. (2013), *Internationalism in the Age of Nationalism* (Philadelphia: University of Pennsylvania Press).

Sluga, G. (2017), 'Women, Feminisms and Twentieth-Century Internationalisms', in G. Sluga and P. Clavin (eds), *Internationalisms: A Twentieth-Century History* (Cambridge: Cambridge University Press): 61-84.

Sluga, G., and Clavin, P. (eds) (2017), *Internationalisms: A Twentieth-Century History* (Cambridge: Cambridge University Press).

Sluga, G., and James, C. (2016), *Women, Diplomacy and International Politics since 1500* (London: Routledge).

Smith, B. (1998), *The Truth that Never Hurts: Writings on Race, Gender, and Freedom* (New Brunswick: Rutgers University Press).

Smith, J., Chatfield, C., and Pagnucco, R. (eds) (1997), *Transnational Social Movements and Global Politics: Solidarity Beyond the State* (Syracuse, NY: Syracuse University Press).

Smith, M. (2016), 'International Survey: Globalization Is Still Seen as a Force for Good in the World', *YouGov*, 17 November, https://today.yougov.com/topics/politics/articles-reports/2016/11/17/internationalsurvey, accessed 28 January 2019.

Smith, M. J. (1986), *Realist Thought from Weber to Kissinger* (Baton Rouge, LA: Louisiana State University Press).

Smith, S. (2000), 'Wendt's World', *Review of International Studies*, 26(1): 151-63.

Snyder, J., and Vinjamuri, L. (2004), 'Trials and Errors: Principle and Pragmatism in Strategies of International Justice', *International Security*, 28(3): 5-44.

Solingen, E. (2007), *Nuclear Logics: Contrasting Paths in East Asia and the Middle East* (Princeton, NJ: Princeton University Press).

Sørensen, G. (2011), *A Liberal World Order in Crisis: Choosing Between Imposition and Restraint* (Ithaca, NY: Cornell University Press).

Spivak, G. (1988), 'Can the Subaltern Speak?', in C. Nelson and L. Grossberg (eds), *Marxism and the Interpretation of Culture* (Chicago: University of Illinois Press): 271-313.

Spruyt, H. (1994), *The Sovereign State and its Competitors* (Princeton, NJ: Princeton University Press).

Spykman, N., and Nicholl, H. (1944), *The Geography of Peace* (New York: Harcourt Brace and Company).

Squire, V. (2009), *The Exclusionary Politics of Asylum* (Basingstoke: Palgrave Macmillan).

Stammers, N. (2009), *Human Rights and Social Movements* (London: Pluto).

Starrs, S. (2014), 'The Chimera of Global Convergence', *New Left Review*, 87: 81-96.

Stavrianakis, A. (2010), *Taking Aim at the Arms Trade: NGOS, Global Civil Society and the World Military Order* (London: Zed Books).

Steans, J. (1998), *Gender and International Relations: An Introduction* (Cambridge: Polity Press).

Steger, M. (2008), *The Rise of the Global Imaginary: Political Ideologies from the French Revolution to the Global War on Terror* (Oxford: Oxford University Press).

Steger, M. (2017), *Globalization: A Very Short Introduction*, 4th edn (Oxford: Oxford University Press).

Steiner, H. J., Alston, P., and Goodman, R. (2008), *International Human Rights in Context: Law, Politics, Morals*, 3rd edn (Oxford: Oxford University Press).

Stepputat, F., and Sorensen, N. N. (2014), 'Sociology and Forced Migration', in E. Fiddian-Qasmiyeh, G. Loescher, K. Long, and N. Sigona (eds), *The Oxford Handbook of Refugee and Forced Migration Studies* (Oxford: Oxford University Press): 86-98.

Stern, M. (2005), *Naming Security—Constructing Identity: 'Mayan Women' in Guatemala on the Eve of 'Peace'* (New York: Palgrave).

Stern, P. J. (2011), *The Company-State: Corporate Sovereignty and the Early Modern Foundations of the British Empire in India* (Oxford: Oxford University Press).

Stiglitz, J. E. (2017), *Globalization and its Discontents Revisited: The Era of Trump* (London: Penguin).

Stoddard, A., Harmer, A., and DiDomenico, V. (2008), *The Use of Private Security Providers and Services in Humanitarian Operations* (London: Humanitarian Policy Group and Overseas Development Institute).

Stokes, D. (2018), 'Trump, American Hegemony and the Liberal International Order', *International Affairs*, 94(1): 133-50.

Strachan, H. (2007), *Clausewitz's On War: A Biography* (New York: Grove Press).

Strange, S. (1988), *States and Markets* (London: Pinter).

Streusand, D. E. (2002), 'Geopolitics versus Globalization', in S. J. Tangredi (ed.), *Globalization and Maritime Power* (Washington, DC: Institute for National Strategic Studies): 41-56.

Stroup, S. (2012), *Borders among Activists: International NGOs in the United States, Britain and France* (Ithaca, NY: Cornell University Press).

Stuenkel, O. (2016), *Post-Western World* (Cambridge: Polity Press).

Suganami, H. (1978), 'A Note on the Origin of the Word "International"', *British Journal of International Studies*, 4(3): 226-32.

Suganami, H. (1989), *The Domestic Analogy and World Order Proposals* (Cambridge: Cambridge University Press).

Summerfield, P. (2013 [1984]), *Women Workers in the Second World War: Production and Patriarchy in Conflict* (London: Routledge).

Suzuki, S. (2008), 'Seeking "Legitimate" Great Power Status in Post Cold War International Society: China and Japan's Participation in UNKPO', *International Relations*, 22(1): 45-68.

Sweet, J. H. (1997), 'The Iberian Roots of American Racist Thought', *William and Mary Quarterly*, 54(1): 143-66.

Symposium on Legitimacy and Legality in International Law (2011) 'Symposium on Legitimacy and Legality in International Law: An Interactional Account by Jutta Brunnee and Stephen J. Toope', *International Theory*, 3(2): 307-54.

Tabuchi, H. (2013), 'W.H.O. Sees Low Health Risks from Fukushima Accident', *New York Times*, 28 February 2013.

Tannenwald, N. (2007), *The Nuclear Taboo: The United States and the Non-Use of Nuclear Weapons Since 1945* (Cambridge: Cambridge University Press).

Tarrow, S. (2011), *Power in Movement: Social Movements and Contentious Politics*, 3rd edn (Cambridge: Cambridge University Press).

Tavares, R. (2010), *Regional Security: The Capacity of International Organizations* (London and New York: Routledge).

Taylor, A. J. P. (1961), *The Origins of the Second World War* (Harmondsworth: Penguin).

Taylor, I. (2014), 'The Global South', in T. G. Weiss and R. Wilkinson (eds), *International Organisation and Global Governance* (New York and Abingdon: Routledge): 279-91.

Teaching, Research and International Policy (2014), 'TRIPS 2014 Survey of International Relations Scholars', https://trip.wm.edu/charts/, accessed 10 July 2019.

Telo, M. (ed.) (2016), *European Union and New Regionalism: Competing Regionalism and Global Governance in a Post-Hegemonic Era*, 3rd edn (Abingdon: Routledge).

Terminski, B. (2012), *Environmentally-Induced Displacement: Theoretical Frameworks and Current Challenges* (Liege: Centre d'Etude de l'Ethnicite et des Migrations, Universite de Liege).

Terminski, B. (2018), 'Trump Rejects "Global Governance" in UN Speech as He Attacks Iran for "Sowing Chaos"', *The Independent*, https://www.independent.co.uk/news/world/americas/uspolitics/donald-trumplaughter-united-nationsgeneral-assembly-claim-iran-patriotismun-a8554571.html, accessed 13 November 2018.

Terriff, T., Croft, S., James, L., and Morgan, P. (1999), *Security Studies Today* (Cambridge: Polity Press).

Teschke, B. (2003), *The Myth of 1648* (London: Verso).

Teson, F. (2003), 'The Liberal Case for Humanitarian Intervention', in J. L. Holzgrefe and R. O. Keohane (eds), *Humanitarian Intervention: Ethical, Legal and Political Dilemmas* (Cambridge: Cambridge University Press): 93-129.

Thomas, C. (2000), *Global Governance, Development and Human Security* (London: Pluto).

Thucydides (1972 [1954]), *The Peloponnesian War*, trans. R. Warner (London: Penguin).

Tickner, A., and Wæver, O. (2009), *International Relations Scholarship around the World* (London: Routledge).

Tickner, A. B., and Blaney, D. L. (eds) (2012), *Thinking International Relations Differently* (Abingdon: Routledge).

Tickner, A. B., and Blaney, D. L. (2013), *Claiming the International* (Abingdon: Routledge).

Tickner, J. A. (1988), 'Hans Morgenthau's Principles of Political Realism: A Feminist Reformulation', *Millennium*, 17(3): 429-40.

Tickner, J. A. (1992), *Gender in International Relations: Feminist Perspectives on Achieving Global Security* (New York: Columbia University Press).

Tickner, J. A. (2014), *A Feminist Voyage through International Relations* (New York: Oxford University Press).

Tickner, J. A., and True, J. (2018), 'A Century of International Relations Feminism: From World War I Women's Peace Pragmatism to the Women, Peace and Security Agenda', *International Studies Quarterly*, 62(2): 221-33.

Tilly, C. (1990), *Coercion, Capital and European States AD 990-1990* (Oxford: Blackwell).

Toje, A. (2018), *Will China's Rise Be Peaceful? Security, Stability and Legitimacy* (Oxford: Oxford University Press).

Tomuschat, C. (2014), *Human Rights: Between Idealism and Realism* (Oxford: Oxford University Press).

Tooze, A. (2018), *Crashed: How a Decade of Financial Crises Changed the World* (London: Allen Lane).

Topik, S. C., and Wells, A. (2012), 'Commodity Chains in a Global Economy', in E. S. Rosenberg (ed.), *A World Connecting, 1870-1945* (Cambridge, MA: Belknap Press, Harvard): 593-812.

Towns, A. (2010), *Women and States: Norms and Hierarchies in International Society* (Cambridge: Cambridge University Press).

Toye, J. (1993), *Dilemmas of Development* (Oxford: Blackwell).

Toye, J. (2014), 'Assessing the G77: 50 Years After UNCTAD and 40 Years after the NIEO', *Third World Quarterly*, 35(10): 1759-74.

Trebilcock, M., Howse, R., and Eliason, A. (2012), *The Regulation of International Trade*, 4th edn (London: Routledge).

True, J. (2012), *The Political Economy of Violence Against Women* (Oxford: Oxford University Press).

Trump, D. J. (2018), @realDonaldTrump, 22 October, 5:37 a.m., https://twitter.com/realDonaldTrump/status/1054351078328885248, accessed 30 November 2018.

Tuck, E., and Yang, K. W. (2012), 'Decolonization Is Not a Metaphor', *Decolonization: Indigeneity, Education & Society*, 1(1): 1-40.

UN (1975), 'Biological Weapons Convention', http://disarmament.un.org/treaties/t/bwc/text, accessed 31 March 2019.

UN (2005), In Larger Freedom: Towards Development, Security and Human Rights for All: Report of the Secretary-General, A/59/2005 (New York: UN).

UN (2011), 'Committee on Non-Governmental Organizations Denies Status to International Lesbian and Gay Association, "Closing Doors" on Applicant after 10 Years', Meetings Coverage and Press Releases, 23 May, ECOSOC/6482-NGO/725, http://www.un.org/press/en/2011/ecosoc6482.doc.htm, accessed 23 September 2015.

UN (2012), *The Millennium Development Goals Report 2012* (New York: United Nations).

UN (2015a), Charter of the United Nations, Chapter X, Article71, https://www.un.org/en/sections/uncharter/chapter-x/index.html, accessed 1 May 2019.

UN (2015b), *The Millennium Development Goals Report 2015* (New York: United Nations), http://www.un.org/millenniumgoals/2015_MDG_Report/pdf/MDG%20 2015%20rev%20(July%201).pdf, accessed 6 December 2018.

UN (2017*a*), *International Migration Report* (New York: United Nations).

UN (2017*b*), *The Sustainable Development Goals Report 2017* (New York: United Nations).

UN (2018*a*), 'Adopting Resolution 2417 (2018), Security Council Strongly Condemns Starving of Civilians, Unlawfully Denying Humanitarian Access as Warfare Tactics', Meetings Coverage and Press Releases, 24 May, SC/13354, https://www.un.org/press/en/2018/sc13354.doc.htm, accessed 6 December 2018.

UN (2018*b*), 'Security Council Should Play Greater Role in Breaking Link between Hunger, Conflict, Stresses Under-Secretary-General, World Food Programme Head', Meetings Coverage and Press Releases, 23 May, SC/13262, https://www.un.org/press/en/2018/sc13262.doc.htm, accessed 6 December 2018.

UN Commission on Human Rights (1998), *Guiding Principles on Internal Displacement*, ed. ECOSOC, E/CN.4/1998/53/Add.2 (New York and Geneva: United Nations).

UN Department of Economic and Social Affairs, Populations Division (2015), *World Populations Prospects: The 2015 Revision*, Working Paper No. ESP/P/WP.241 (New York: United Nations).

UN, ECOSOC (n.d.), 'Introduction to ECOSOC Consultative Status', http://csonet.org/index.php?menu=30, accessed 30 April 2019.

UN General Assembly (2017), GA/11997, 24 December.

UN IOM (2018), *Global Migration Indicators* (Berlin: IOM).

UN Security Council (2018), UN Security Council, 8236th meeting, S.PV/8236, 17 April, https://www.securitycouncilreport.org/atf/cf/%7B65BFCF9B-6D27-4E9C-8CD3-CF6E4FF96FF9%7D/s_pv_8236.pdf, accessed 24 March 2019.

UN Security Council Resolution 1325 (2000), UN Security Council S/RES/1325, passed on 31 October (New York: United Nations).

UN Security Council Resolution 1769 (2007), UN Security Council S/RES/1769, passed on 31 July (New York: United Nations).

UN Security Council Resolution 1973 (2011), UN Security Council S/RES/1973, passed on 17 March (New York: United Nations).

UN Women (2015), *Progress of the World's Women 2015-2016: Transforming Economies, Realizing Rights* (New York: UN Women), http://www.unwomen.org/en/digital-library/publications/2015/4/progressof-the-worlds-women-2015, accessed 27 March 2019.

UNCTAD (UN Conference on Trade and Development) (1995), *Basic Documents* (New York and Geneva: United Nations), http://unctad.org/en/Docs/leg1_en.pdf, accessed 24 September 2015.

UNCTAD (2009), *The Biofuels Market: Current Situation and Alternative Scenarios* (Geneva and New York: United Nations).

UNCTAD (2018), *World Investment Report* (Geneva: UNCTAD).

UNDP (United Nations Development Program) (2014), *Humanity Divided: Confronting Inequality in Developing Countries* (New York: UNDP).

UNDP (annual), *Human Development Reports* (Oxford: Oxford University Press), http://www.hdr.undp. org/en, accessed 1 May 2019.

UNESCO (1950), 'The Race Question', http://unesdoc. unesco. org/images/0012/001282/128291eo.pdf, accessed 1 May 2019.

UNGA, A/57/543/Add.1 (2002), 'Environmental and Sustainable Development: Implementation of Agenda 21 and the Programme for the Futher Implementation of Agenda 21', 12 December (New York: United Nations).

UNGA Res. 46/1982 (1991), United Nations General Assembly Resolution 46/182, 'Strengthening the Coordination of Humanitarian Emergency Assistance of the United Nations', passed on 19 December (New York: United Nations).

UNGA Res. 50/227 (1996), United Nations General Assembly Resolution 50/227, 'Further Measures for the Restructuring and Revitalization of the United Nations in the Economic, Social and Related Fields', passed on 24 May (New York: United Nations).

UNGA Res. 55/L.2 (2000), United Nations General Assembly Resolution 55/L.2, 'United Nations Millennium Declaration', passed on 8 September (New York: United Nations).

UNGA Res. 60/1 (2005), United Nations General Assembly Resolution 60/1, '2005 World Summit Outcome', passed on 16 September (New York: United Nations).

UNHCR (ed.) (2013), 'UNHCR Statistical Online Population

Database: Sources, Methods and Data Considerations', https://www.unhcr.org/uk/statistics/country/45c06c662/ unhcr-statistical-onlinepopulation-database-sources-methods-dataconsiderations. html, accessed 10 July 2019.

UNHCR (2018a), 'Resettlement Data', http://www.unhcr.org/ resettlement-data.html, accessed October 2018.

UNHCR (ed.) (2018b), *UNHCR Statistics—The World in Numbers* (Geneva: UNHCR).

Union of International Associations (2014), *Yearbook of International Organizations 2014/2015* (Brussels: UIA and Brill).

Union of International Associations (2017), *Yearbook of International Organizations 2017/2018* (Brussels: UIA).

Union of International Associations (2018), *Yearbook of International Organizations 2018/2019* (Brussels: UIA).

United States Department of Labor (2018), *List of Goods Produced by Child Labour or Forced Labour* (Washington, DC: US Department of Labor).

UNSCR (see UN Security Council Resolution) UNU-Wider (2018), 'WIID—World Income Inequality Database', https://www.wider.unu.edu/project/wiid-world-income-inequality-database, accessed 10 July 2019.

US General Accounting Office (GAO) (2017), *Countering Violent Extremism: Actions Needed to Define Strategy and Assess Progress of Federal Efforts*, Report GAO-17-300 (Washington, DC: General Accounting Office), https://www. gao.gov/ assets/690/683984.pdf, accessed 1 May 2019.

US National Counterproliferation Center (2019), https://www. dni.gov/index.php/ncpc-home, accessed 31 March 2019.

Vabulas, F. A. (2013), 'Consultative and Observer Status of NGOs in Intergovernmental Organizations', in B. Reinalda (ed.), *Routledge Handbook of International Organization* (London and New York: Routledge): 189-202.

van der Kamp, D. (2018), 'Will China's Waste Ban Force a Global Clean up', *East Asia Forum*, 12 December, http:// www.eastasiaforum.org/2018/12/07/willchinas-waste-ban-force-a-global-clean-up/, accessed 28 January 2019.

Vanheukelom, J., Byiers, B., Bilal, S., and Woolfrey, S. (2016), *Political Economy of Regional Integration in Africa: What Drives and Constrains Regional Organisations?*, Synthesis Report (Maastricht: European Centre for Development Policy

Management), http://ecdpm.org/peria/synthesis, accessed 1 May 2019.

Vincent, R. J. (1974), *Nonintervention and International Order* (Princeton, NJ: Princeton University Press).

Vitalis, R. (2000), 'The Graceful and Generous Liberal Gesture: Making Racism Invisible in American International Relations', *Millennium: Journal of International Studies*, 29(2): 331-56.

Vitalis, R. (2010), 'The Noble American Science of Imperial Relations and its Laws of Race Development', *Comparative Studies in Society and History*, 52(4): 909-38.

Vitalis, R. (2015), *White World Order, Black Power Politics: The Birth of American International Relations* (Ithaca, NY: Cornell University Press).

Viterna, J. S. (2006), 'Pulled, Pushed, and Persuaded: Explaining Women's Mobilization into the Salvadoran Guerrilla Army', *American Journal of Sociology*, 112(1): 1-45.

Vogler, J. (2005), 'In Defense of International Environmental Cooperation', in J. Barry and R. Eckersley (eds), *The State and the Global Ecological Crisis* (Cambridge, MA: MIT Press): 229-54.

Vogler, J. (2016), *Climate Change in World Politics* (Basingstoke: Palgrave).

Von Grebmer, K., Ruel, M. T., Menon, P., Nestorova, B., Olofinbiyi, T., Fritschel, H., Yohannes, Y., von Oppeln, C., Towey, O., Golden, K., and Thompson, J. (2010), *Global Hunger Index 2010: The Challenge of Hunger: Focus on the Crisis of Child Undernutrition* (Washington, DC: IFPRI).

von Martens, G. F. (1795), *Summary of the Law of Nations Founded on the Treaties and Customs of Modern Nations* (Philadelphia, PA: Thomas Bradford).

Wade, R. (2014), 'Growth, Inequality and Poverty: Evidence, Arguments, and Economists', in J. Ravenhill (ed.), *Global Political Economy* (Oxford: Oxford University Press): 305-43.

Wæver, O. (2002), 'Identity, Communities and Foreign Policy: Discourse Analysis as Foreign Policy Theory', in L. Hansen and O. Wæver (eds), *European Integration and National Identity: The Challenge of the Nordic States* (London: Routledge): 20-49.

Wæver, O., Buzan, B., Kelstrup, M., and Lemaitre, P. (1993), *Identity, Migration and the New Security Agenda in Europe*

(London: Pinter).

Walker, R. B. J. (1990), 'Security, Sovereignty, and the Challenge of World Politics', *Alternatives: Global, Local, Political*, 15(1): 3-27.

Walker, R. B. J. (1993), *Inside/Outside: International Relations as Political Theory* (Cambridge: Cambridge University Press).

Walker, R. B. J. (1997), 'The Subject of Security', in K. Krause and M. C. Williams (eds), *Critical Security Studies* (Minneapolis: University of Minnesota Press): 61-81.

Wallace, H., Pollack, M., and Young, A. (eds) (2015), *Policy-making in the European Union* (Oxford: Oxford University Press).

Wallerstein, I. (1979), *The Capitalist World Economy* (Cambridge: Cambridge University Press).

Wallerstein, I. (1995), *After Liberalism* (New York: New Press).

Wallerstein, I. (1998), *Utopistics: Or Historical Choices of the Twenty-First Century* (New York: New Press).

Wallerstein, I. (1999), *The End of the World as we Know it: Social Science for the Twenty-first Century* (Minneapolis: University of Minnesota Press).

Wallerstein, I. (2003), *The Decline of American Power: The US in a Chaotic World* (New York: New Press).

Wallerstein, I. (2006), *European Universalism: The Rhetoric of Power* (New York: New Press).

Wallerstein, I., Collins, R., Mann, M., Derluguian, G., and Calhoun, C. (2013), *Does Capitalism Have a Future?* (New York: Oxford University Press).

Walt, S. M. (2002), 'The Enduring Relevance of the Realist Tradition', in I. Katznelson and H. V. Milner (eds), *Political Science: The State of the Discipline* (New York: W. W. Norton): 197-230.

Walton, C. D. (2013), 'The Second Nuclear Age: Nuclear Weapons in the Twenty-First Century', in J. Baylis, J. Wirtz, E. Cohen, and C. Gray (eds), *Strategy in the Contemporary World: An Introduction to Strategic Studies*, 4th edn (Oxford: Oxford University Press): 195-211.

Waltz, K. N. (1959), *Man, the State and War* (New York: Columbia University Press).

Waltz, K. N. (1964), 'The Stability of a Biopolar World', *Daedalus*, 93(3): 881-909.

Waltz, K. N. (1979), *Theory of International Politics* (Reading,

MA: Addison-Wesley).

Waltz, K. N. (1989), 'The Origins of War in Neorealist Theory', in R. I. Rotberg and T. K. Rabb (eds), *The Origin and Prevention of Major Wars* (Cambridge: Cambridge University Press): 39-52.

Waltz, K. N. (2000), 'Structural Realism after the Cold War', *International Security*, 25(1): 5-41.

Walzer, M. (1981), 'The Distribution of Membership', in P. G. Brown and H. Shue (eds), *Boundaries: National Autonomy and its Limits* (Totowa, NJ: Rowman and Littlefield): 24-40.

Walzer, M. (2000, 1977), *Just and Unjust Wars: A Moral Argument with Historical Illustrations* (Harmondsworth: Penguin; New York: Basic Books).

Warkentin, C., and Mingst, K. (2000), 'International Institutions, the State and Global Civil Society in the Age of the World Wide Web', *Global Governance*, 6(2): 237-57.

Warner, G., and Shuman, M. (1987), *Citizen Diplomats, Path-Finders in Soviet-American Relations—and How You can Join Them* (New York: Continuum).

Watson, M. (2005), *Foundations of Political Economy* (Basingstoke: Palgrave Macmillan).

Watson, M. (2018), *The Market* (New York: Columbia University Press).

Weaver, C. (2008), *The Hypocrisy Trap: The World Bank and the Poverty of Reform* (Princeton, NJ: Princeton University Press).

Weber, C. (1999), *Faking It: U.S. Hegemony in a 'Post-Phallic' Era* (Minneapolis: University of Minnesota Press).

Weber, C. (2006), *Imagining America at War: Morality, Politics, and Film* (London: Routledge).

Weber, C. (2015), 'Why Is There No Queer International Theory?', *European Journal of International Relations*, 21(1): 27-51.

Weber, C. (2016), *Queer International Relations: Sovereignty, Sexuality and the Will to Knowledge* (Oxford: Oxford University Press).

Weber, M. (1949), *The Methodology of the Social Sciences*, eds E. Shils and H. Finch (New York: Free Press).

Weber, M. (1978), *Economy and Society* (Berkeley, CA: University of California Press).

Weiner, M. (1995), *The Global Migration Crisis: Challenge to States and to Human Rights* (New York: HarperCollins).

Weiss, L. (1998), *The Myth of the Powerless State* (Cambridge:

Polity Press).

Weiss, L. (1999), 'Globalization and Governance', *Review of International Studies*, special issue, 25.

Weiss, T. G. (2004), 'The Sunset of Humanitarian Intervention? The Responsibility to Protect in a Unipolar Era', *Security Dialogue*, 35(2): 135-53.

Weiss, T. G. (2016), *Humanitarian Intervention*, 2nd edn (Cambridge: Polity Press).

Welsh, J. (ed.) (2004), *Humanitarian Intervention and International Relations* (Oxford: Oxford University Press).

Wenar, L. (2008), 'Property Rights and the Resource Curse', *Philosophy and Public Affairs*, 36(1): 2-32.

Wendt, A. (1992), 'Anarchy is What States Make of It: The Social Construction of Power Politics', *International Organization*, 46(2): 391-425.

Wendt, A. (1995), 'Constructing International Politics', *International Security*, 20(1): 391-425.

Wendt, A. (1999), *Social Theory of International Politics* (Cambridge: Cambridge University Press).

Westad, O. A. (2007), *The Global Cold War* (Cambridge: Cambridge University Press).

Westad, O. A. (2018), *The Cold War: A World History* (London: Penguin).

Western, J. (2005), 'Illusions of Moral Hazard: A Conceptual and Empirical Critique', *Ethnopolitics*, 4(2): 225-36.

Weston, B. H., Falk, R., and D'Amato, A. (1990), *Basic Documents in International Law*, 2nd edn (St Paul, MN: West Publishing).

Wheeler, N. J. (2000), *Saving Strangers: Humanitarian Intervention in International Society* (Oxford: Oxford University Press).

Wheeler, N. J. (2003), 'Humanitarian Intervention after 9/11', in A. Lang (ed.), *Just Intervention* (Georgetown, Washington, DC: Georgetown University Press): 192-216.

Wheeler, N. J., and Booth, K. (1992), 'The Security Dilemma', in J. Baylis and N. J. Rengger (eds), *Dilemmas of World Politics: International Issues in a Changing World* (Oxford: Oxford University Press).

Whitworth, S. (1994), *Feminism and International Relations: Towards a Political Economy of Gender in Inter-State and Non-Governmental Institutions* (Basingstoke: Macmillan).

Whitworth, S. (2004), *Men, Militarism and UN Peacekeeping: A Gendered Analysis* (Boulder, CO: Lynne Rienner).

Wilcox, L. B. (2015), *Bodies of Violence: Theorizing Embodied Subjects in International Relations* (Oxford: Oxford University Press).

Wilkinson, R. (2014), *What's Wrong with the WTO and How to Fix It* (Cambridge: Polity Press).

Willetts, P. (1996), 'Consultative Status for NGOs at the United Nations', in P. Willetts (ed.), *'The Conscience of the World': The Influence of Non-Governmental Organizations in the UN System* (Washington, DC: The Brookings Institution): 31-62.

Willetts, P. (2010), *Non-Governmental Organizations in World Politics: The Construction of Global Governance* (London and New York: Routledge).

Willetts, P. (2018), 'The Growth of the Number of ECOSOC NGOs', http://www.staff.city.ac.uk/p.willetts/NGOS/NGO-GRPH.HTM#graph, accessed 5 December 2018.

Williams, E. (1944), *Capitalism and Slavery* (Chapel Hill, NC: University of West Indies).

Williams, M. C. (2005), *The Realist Tradition and the Limits of International Relations* (Cambridge: Cambridge University Press).

Williams, S. (2011), *Who Killed Hammarskjold?: The UN, the Cold War and White Supremacy in Africa* (London: Hurst & Co.).

Williamson, J. (1990), 'What Washington Means by Policy Reform', in J. Williamson (ed.), *Latin American Adjustment: How Much Has Happened?* (Washington, DC: Institute of International Economics): 8-17.

Wilson, D., and Purushothaman, R. (2003), *Dreaming with BRICs: The Path to 2050*, Global Economics Paper No. 99, October (London and New York: Goldman Sachs), http://www.goldmansachs.com/our-thinking/archive/archive-pdfs/brics-dream.pdf, accessed 24 July 2013.

Wilson, P. (1998), 'The Myth of the "First Great Debate"', *Review of International Studies*, special issue, 24: 1-16.

Wimmer, A. (2013), *Waves of War: Nationalism, State Formation, and Ethnic Exclusion in the Modern World* (Cambridge: Cambridge University Press).

Winter, C. (2015), *Documenting the Virtual 'Caliphate'* (London: Quilliam Foundation), http://www.quilliaminternational.com/wp-content/uploads/2015/10/FINAL-documenting-the-virtualcaliphate.pdf, accessed 1 May 2019.

Wintour, P. (2017), 'Donald Trump Pulls US out of UN Global Compact on Migration', *The Guardian*, https://www.theguardian.com/world/2017/dec/03/donald-trump-pulls-us-out-of-unglobal-compact-on-migration, accessed 12 November 2018.

Woetzel, J., Lin, D.-Y., Seong, J., Madgavkar, A., and Lund, S. (2017), *China's Role in the Next Phase of Globalization*, Discussion Paper (McKinsey Global Institute).

Wohlforth, W. (1999), 'The Stability of a Unipolar World', *International Security*, 24(1): 5-41.

Wolf, E. (1997), *Europe and the People Without History* (Berkeley, CA: University of California Press).

Wolfe, P. (2006), 'Settler Colonialism and the Elimination of the Native', *Journal of Genocide Research*, 8(4): 387-409.

Wolff, R. D., and Barsamian, D. (2012), *Occupy the Economy: Challenging Capitalism* (San Francisco: City Lights Books).

Wolfsfeld, G., Segev, E., and Sheafer, T. (2013), 'Social Media and the Arab Spring: Politics Comes First', *International Journal of Press/Politics*, 18(2): 115-37.

Wong, W. (2012), *Internal Affairs: How the Structure of NGOs Transforms Human Rights* (Ithaca, NY: Cornell University Press).

Woolsey, J. (1998), 'Testimony to the U.S. House of Representatives Committee on National Security', 12 February 1998.

World Bank (2005), *Global Economic Prospects 2005: Trade, Regionalism and Development* (Washington, DC: World Bank).

World Bank (2009), *Global Monitoring Report 2009: A Development Emergency* (Washington, DC: World Bank), http://siteresources.worldbank.org/INTGLOMONREP2009/Resources/5924349-1239742507025/GMR09_book.pdf, accessed 6 December 2018.

World Bank (2012), 'Data', http://data.worldbank.org/indicator/SI.POV.DDAY, accessed 25 July 2013.

World Bank (2015), *Women, Business and the Law 2016: Getting to Equal* (Washington, DC: International Bank for Reconstruction and Development/World Bank), http://pubdocs.worldbank.org/en/810421519921949813/Women-Business-andthe-Law-2016.pdf, accessed 27 March 2019.

World Bank (2018), *Poverty and Shared Prosperity 2018: Piecing Together the Poverty Puzzle* (Washington, DC: World Bank).

WCED (World Commission on Environment and Development) (1987), *Our Common Future: The World Commission on Environment and Development* (Oxford: Oxford University Press).

World Economic Forum (2014), *Annual Risk Report* (Switzerland: WEF).

World Economic Forum (2016), *Strengthening the Liberal World Order*, WEF White Paper (Geneva: WEF).

World Health Organization (2013), *Health Risk Assessment from the Nuclear Accident after the 2011 Great East Japan Earthquake and Tsunami Based on a Preliminary Dose Estimation* (Geneva: WHO).

World Inequality Lab (2018), *World Inequality Report 2018* (Paris: World Inequality Lab), https://wir2018.wid.world/, accessed 6 December 2018.

World Meteorological Organization (2011), *Scientific Assessment of Ozone Depletion: 2010*, Global Ozone Research and Monitoring Project, Report No. 52 (Geneva, Switzerland: WMO), https://www.wmo.int/pages/prog/arep/gaw/ozone_2010/documents/Ozone-Assessment-2010-complete.pdf, accessed 30 March 2019.

WTO (World Trade Organization) (2008), *International Trade Statistics 2008* (Geneva: WTO).

WTO (2015), *International Trade Statistics 2015* (Geneva: WTO).

WTO (2017), *World Trade Statistical Review 2017* (Geneva: WTO).

WTO (2018a), *World Trade Report* (Geneva: WTO).

WTO (2018b), 'Regional Trade Agreements', https://www.wto.org/english/tratop_e/region_e/region_e.htm, accessed 13 December 2018.

Wright, R. (1986), *Sacred Rage: The Wrath of Militant Islam* (New York: Simon & Schuster).

Wynter, S. (2003), 'Unsettling the Coloniality of Being/Power/Truth/Freedom: Towards the Human, After Man, its Overrepresentation-An Argument', *CR: The New Centennial Review*, 3(3): 257-337.

Xi, J. (2017), 'Full Text of Xi Jinping's Report at the 19th CPC National Congress', http://www.chinadaily.com.cn/china/19thcpcnationalcongress/2017-11/04/content_34115212.htm, accessed 26 March 2019.

Yaziji, M., and Doh, J. (2009), *NGOs and Corporations: Conflict* and Collaboration (Cambridge: Cambridge University Press).

Yeates, N. (2004), 'Global Care Chains', *International Feminist Journal of Politics*, 6(3): 369-91.

Yeoman, B. (2015), 'The Uncounted: On India's Coast, A Power Plant Backed By The World Bank Group Threatens A Way Of Life', *Huffington Post*, http://projects.huffingtonpost.com/projects/worldbankevicted-abandoned/india-uncounted, accessed 16 November 2018.

Young, I. M. (1990), *Justice and the Politics of Difference* (Princeton, NJ: Princeton University Press).

Young, J., and Kent, J. (2013), *International Relations Since 1945* (Oxford: Oxford University Press).

Young, O. R. (1994), *International Governance: Protecting the Environment in a Stateless Society* (Ithaca, NY: Cornell University Press).

Young, O. R. (1997), *Global Governance* (Cambridge, MA: MIT Press).

Zakaria, F. (1998), *From Wealth to Power: The Unusual Origins of America's World Role* (Princeton, NJ: Princeton University Press).

Zakaria, F. (2008), *The Post-American World* (New York: W. W. Norton).

Zalewski, M., and Parpart, J. L. (eds) (1998), *The 'Man Question' in International Relations* (Boulder, CO: Westview).

Zarakol, A. (2010), *After Defeat: How the East Learned to Live with the West* (Cambridge: Cambridge University Press).

Zehfuss, M. (2012), 'Contemporary Western War and the Idea of Humanity', *Environment and Planning: Society and Space*, 30(5): 861-76.

Zetter, R. (2007), 'Fewer Refugees: Remaking the Refugee Label in an Era of Globalization', *Journal of Refugee Studies*, 20: 172-92.

Zoellick, R. B. (2010), 'The End of the Third World: Modernizing Multilateralism for a Multipolar World', *International Economy*, Spring: 40-3, http://www.international-economy.com/TIE_Sp10_Zoellick.pdf, accessed 1 May 2019.

Zurn, M. (2018), *A Theory of Global Governance* (Oxford: Oxford University Press).

용어 해설

가부장제(Patriarchy): 문자 그대로의 의미로는 아버지들의 지배를 뜻한다. 가부장제는 남성의 권력이라는 특징을 지닌 특정한 지배의 형태를 뜻한다. 가부장제는 남성에게 특권적인 권리를 부여하며 아버지-아들과 같은 남성 쪽으로의 권력과 재산의 배분이 이루어진다.

강제적 인도주의 개입(Forcible Humanitarian Intervention): 국가 주권 원칙을 위반한 군사 개입으로, 개입의 주요 목적은 한 국가 내에서 일부 혹은 전체가 겪는 인간적 고통을 완화하는 것이다.

개입(Intervention): 외부 행위자가 주권국가의 동의 없이, 자신이 선호하는 결과를 성취하기 위해서 어떤 국가 내부에 직접적으로 연루되는 상황.

개체론(Individualism): 개인의 일차적 중요성을 중시하고 믿는 도덕 및 정치 철학, 즉 자유주의를 의미한다. 구조가 개인의 총합과 그들의 상호 작용으로 나뉠 수 있다는 견해다. 개체론에서 비롯된 국제관계이론은 단위의 성격과 이익에 관한 가정 — 대개 국가 및 권력이나 부의 추구 — 에서 출발해, 어떻게 권력의 분배와 같은 광범위한 구조가 국가가 행동하는 방식을 제한하고 국제 정치에서 특정 양상을 만들어 내는지를 검토한다. 개체론은 **전체론**과 대조된다.

거시 경제(Macroeconomic): 대개 정부의 경제 정책을 대상으로 하는, 경제 체계 전체와 관련된다.

결과의 논리(Logic of Consequences): 다른 행위자들도 똑같은 행위를 할 것이라는 것을 염두에 두고 예상되는 비용과 편익을 판단한다.

결과주의자(Consequentialist): 결과주의자들에게 있어서 결정을 이끌어 내는 것은 결국 행위의 결과다. 국제 윤리에서 현실주의자들과 실용주의자들이 가장 명백한 결과주의적 윤리관을 가지고 있다.

경제적·사회적·문화적 권리(Economic, Social, and Cultural Rights): 국제적으로 알려진 두 인권 권리 중 하나이다. 개인이 삶에 꼭 필요한 재화와 용역을 이용하는 것을 보장하며, 그들의 동등한 사회 문화적 참여를 보장한다. 음식, 주택, 의료, 교육, 사회 보장에 대한 권리 등을 예로 들 수 있다. **시민적·정치적 권리** 참조.

경제적·사회적 및 문화적 권리에 관한 국제규약(International Covenant on Economic, Social, and Cultural Rights): 사람들이 누릴 수 있는 최소한의 경제적, 사회적 및 문화적 권리를 규정하는 국제연합 협약. 이를 집단적 권리라고 한다.

계급(Class): 사회에서 유사한 특성을 공유하는 사람들의 집단. 경제적 관점에서 생산 수단에 대해 같은 관계를 공유하는 사람들을 나타내기 위해 마르크스주의자들이 사용한 개념이다. 자본주의 사회에서 부르주아지는 생산 수단을 소유하는 집단이며 프롤레타리아트는 생산 수단을 소유하지 못하는 집단이기 때문에 생존을 위해 그들의 노동을 팔 수밖에 없다.

계몽주의(Enlightenment): 18세기 합리주의 사상가와 관련되어 있다. 혹자는 계몽주의가 여전히 우리 시대의 좌우명으로 남아 있다고 주장한다. 계몽주의의 핵심 개념으로는 세속주의, 진보, 이성, 과학, 지식, 자유가 있다. 계몽주의의 표어는 "감히 알라, 너 자신의 이성을 사용할 용기를 가져라"다(Kant, 1991: 54).

계보학(Genealogy): 어떤 정치적 실천이 현재를 형성했고, 어떤 대안적인 지식과 담론들이 잊혀졌는지를 묻는 현재의 역사.

고전현실주의(Classical Realism): 투키디데스, 마키아벨리, 홉스의 정치사상에 기초를 둔 현실주의. 이는 권력 투쟁과 독립적인 정치 공동체 간의 위신 경쟁이 인간의 본성이라고 본다.

공격 현실주의(Offensive Realism): 국가를 안보 극대화론자로 보는 구조현실주의 이론.

공공국제연합(Public International Unions): 1850년대와 1914년 사이 설립된 국제기구로서 원칙적으로는 주로 국가 간 상호 관계와 새 기술 영역에서 제기되는 비정치 쟁점 영역을 다룬다.

공공재(Public Goods): 공동체의 결정에 의해서만 생산될 수 있는 재화, 또 시장에서는 생산될 수 없는 것.

공동체(Community): 공동의 상징을 공유하며 공동의 목표를 실현하기 위해 협력하고자 하는 사람들의 연합.

공리주의(Utilitarianism): 공리주의자들은 '최대 다수의 최대 행복'을 주장하는 제러미 벤담의 주장을 따른다. 최근에는 단순히 행복(이는 획득하기가 쉽지 않다)을 강조하는 것이 아니라, 복지나 일반적인 이익을 강조한다. 행위 공리주의자와 규칙 공리주의자 사이에도 차이가 존재한다. 행위 공리주의가 개별 행위의 효과에 초점을 맞추는 반면, 규칙 공리주의는 규칙, 혹은 일련의 규칙에 순응함으로써 얻어지는 공리의 극대화를 강조한다.

공적개발원조(Official Development Assistance, ODA): 경제협력개발기구 개발원조위원회 목록에 있는 국가로의 자원 이전. ODA는 공식 출처(국가 및 국가 기관)에서 제공되어야 하며, 대출 요소가 10퍼센트 이하로 부과된 보조금 형태로 최소 25퍼센트를 지급해야 하며, 추가 경제 개발 및 복지를 위해 설계되어야 한다.

공존(Coexistence): 정치 공동체, 곧 국가 사이에서 살거나 살게 하는 원리.

공짜 점심(Free Lunch): 다른 프로젝트에서 돈을 전용할 필요 없이 정해진 지출이 가능한 상황을 가리키는 경제학적 용어. 그러나 경제학자들은 공짜 점심 같은 것은 없다고 말하는 것을 좋아한다.

공통된 인간성(Common Humanity): 우리 모두는 공통된 인간성에 근거하여 인권을 갖고 있으며, 이 권리들은 개인과 국가에 대해 상호 관련된 도덕적 의무를 발생시킨다.

'과학적' 인종주의('Scientific' Racism): 사람이 생물학적 지표에 기초하여 눈에 보이는 것에 따라(피부색과 같이) 또는 혈통에 따라(유대인, 흑인, 중국인으로 간주되는 것과 같이) 위계 구조를 설정할 수 있다는 생각.

관념론/이상주의(Idealism): 관념이 국제 정치 사건에 중요한 인과적 영향을 미치며, 관념이 국제 정치를 바꿀 수 있다는 주장. 권력 정치의 논리와 이것이 정치적 행동에 부과하는 제약을 과소평가한 이후 현실주의자들에 의해 이상주의로 일컬어졌다. 국제관계 이론으로서의 이상주의는 일반적으로 세계 평화를 창조하는 것이 가능하다는 주장과 연결된다. 그러나 사회 이론으로서의 관념론은 사회의 가장 근본적인 특징은 사회의식이라는 주장을 일컫는다. 관념은 우리 자신과 이익을 바라보는 방식, 세계를 범주화하고 이해하기 위해 사용하는 지식, 다른 사람에 대해 갖는 믿음, 도전과 위협에 대한 가능하고 불가능한 해결책에 관해 구체화한다. 관념을 강조하는 것이 기술과 지리 같은 물리력을 경시한다는 뜻은 아니다. 대신 이러한 물리력의 의미와 결과가 본질적으로 주어진 것이 아니라 인간의 해석과 이해에 의해 조정된다고 본다. 이상주의자들은 국내 정치에서의 자유주의 사고를 국제 관계에 적용하려고 시도한다. 다시 말해 법치를 제도화하려고 한다. 이러한 논리는 국내적 유추로 알려져 있다. 20세기 초 이상주의자에 의하면 신세계질서를 위해서는 두 가지 주요 필요 조건이 있다. 첫째, 국가 지도자, 지식인, 여론이 진보가 가능하다고 믿어야 한다. 둘째, 국제기구가 평화적 변화, 군비 축소, 중재, (필요하다면) 집행을 촉진하기 위해 창설되어야 한다. 국제연맹은 1920년에 설립되었지만, 집단 안보 체제는 1930년대 세계전쟁을 막지 못했다.

관세(Tariff): 상품을 수입하는 국가가 상품이 국내로 반입될 때 부과하는 세금의 형태. 반대로 수출국이 수출품이 수출국을 벗어날 때 부과하기도 한다.

관세와 무역에 관한 일반협정(General Agreement on Tariffs and Trade, GATT): 1995년의 세계무역기구가 영속적인 조직의 형태로 설립되기 이전, 1947년에 잠정적으로 도입된 조치이다. 수많은 협상을 통해 국가들에게 다수의 제3국과의 거래를 위해 쌍방간에 관세 장벽을 낮추는 합의를 확대하는 데 성공했다.

교역 조건(Terms of Trade): 수출한 금액으로 살 수 있는 수입품의 양. 교역 조건이 좋다는 것의 의미는 상대 가격이 바뀌어서, 같은 양의 수출품으로도 전보다 더 많은 수입품을 구매할 수 있다는 것이다.

교육학(Pedagogies): 가르치고 배우는 방법.

교차성(Intersectionality): 인종이나 계급, 젠더, 섹슈얼리티, 민족 등에 근거한 다양한 억압의 총체. 상호 교차성 개념은 어느 한 주요 억압이 아니라, 이와 같은 억압의 조합을 통해 억압을 이해해야 한다고 주장한다. 예를 들어 젠더에 대한 단일한 이해를 거부하여 이로 인한 잘못된 이해를 줄이는 것이다.

구매력 평가(Purchasing Power Parity): 동일한 재화와 용역을 구매하는 데 필요한 통화량. 부와 빈곤의 수준을 비교하기 위해 다른 국가들의 상대적인 생활비를 고려하는 것을 의미한다.

구성적 규칙(Constitutive Rules): 이미 존재하는 움직임을 규제하고 따라서 게임의 규칙까지 만드는 규제적 규칙과 대조적으로, 구성적 규칙은 게임과 그 움직임을 정의하고 행위자들의 정체성과 이해관계를 형성하며 무엇이 정당한 행동인지 판별하는 데 도움을 준다.

구성적 이론(Constitutive Theory): 사회적 세계에 대한 이론이 사회적 세계와 우리가 외부 세계라고 보는 것을 구성하는 데 도움을 준다고 가정하는 이론. 따라서 우리가 세계에 대해서 생각하는 개념들이 실제 세계를 구성한다고 본다. 구성적 이론은 주요 '변수'들 간의·인과관계보다는 상호 구성성을 강조한다.

구성주의(Constructivism): 관념과 인간 의식의 중요성을 고려하고, 구조에 관한 전체론과 관념론적 입장을 강조하는 국제 정치 접근법. 구성주의자들은 세계 정치를 검토하면서 구조가 행위자의 정체성 및 이익과 어떻게 상호 작용하고, 그들의 상호 작용이 구조에 의해 어떻게 조직되고 제한되며, 그러한 상호 작용이 어떻게 구조를 재생산하거나 변형하는 데 기여하는지에 대해 폭넓은 관심을 둔다.

구조(Structure): 사회과학의 철학에서 구조는 행위자와 독립적으로 존재하지만(예: 사회 계급) 본질적으로 행위의 중요한 결정 요인이 된다(예: 혁명). 현대의 구조현실주의자들은 국제 체제에서 강대국의 수가 구조를 만든다고 본다.

국가(State): 국가는 세 가지의 명백히 구분되는 개념을 내포하고 있다. (1) 국제법에서 국가는 정부가 규정된 영토 내에서 사람들의 공동체를 잘 통제하고 있는 경우 실재하는 것으로 간주된다. 이것은 국내법에서 기업이 법인이 되는 것에 비견할 만하다. 국제 체제에서의 다른 국가들은 이러한 독립체가 주권을 지닌다고 본다. (2) 국제정치학에서 국가는 흔히 통칭되는 나라의 의미와 가장 가깝다. 이는 같은 정치체제 속에서 상호 작용하는 사람들의 공동체를 말한다. (3) 철학과 사회학에서 국가는 광범위한 의미에서 행정부, 입법부, 내각, 사법부, 군대, 경찰을 포함하는 정부 기구를 의미한다. 베버는 국가의 힘의 합법적인 독점이 국가의 본질적인 국내적 특징이라고 보았다.

국가 안보(National Security): 한 국가의 외교 정책에서 근본적인 가치로서 국가 안보는 흔히 개별 국가가 자국의 안보를 지켜야 한다는 것을 의미한다.

국가 이성(Reason of State): 현실주의 이론의 실제 적용으로, 사실상 그와의 동일어.

국가 이익(National Interest): 현실주의자와 국가 지도자들이 국가에 가장 중요하다고 생각하는 것. 생존은 최우선순위의 국가 이익이다.

국가 자율성(State Autonomy): 상호 의존적인 세계에서 정부는 단순한 국내 목표를 달성하기 위해서도 광범위한 다자 협력에 참여하라는 압력을 받는다. 그러나 지구 및 지역 거버넌스 체제와 점차 깊이 연결되면서 국가들은 진정한 딜레마에 직면한다. 보다 효율적인 공공 정책을 수행하고 시민들의 요구를 충족하는 대신, 마약 거래나 고용 등과 관련하여 자치를 위한 국가의 능력, 즉 국가 자율성이 손상될 수 있다.

국가 주권(State Sovereignty): 주어진 영토를 통치하는 독립적인 권위가 있는 곳에서 정치적 공간을 조직하는 원리. 베스트팔렌평화조약은 비록 제도화되기까지 수백 년이 걸렸지만 국가 주권의 시초라고 정의된다. 여러 국제관계이론은 국가의 주권이 변하였는지, 약화되고 있는지에 대해 서로 다른 관점을 가지고 있다. 또 국제관계이론들은 국가 주권의 규범적인 지위 문제를 포함하여 국가 주권이 정치 공동체를 조직화하는 좋은 방법인지 아닌지에 대해서도 서로 다른 입장을 지니고 있다.

국가 체제(State System): 국가 간 상호 작용의 규칙적인 양상. 그러나 국가 간에 공유된 가치를 전제하지 않았다는 점에서 국가들의 '사회'와 구별된다.

국가들의 사회(Society of States): 공동의 이익, 가치, 규범에 기초한 주권국가의 연합.

국가의 지원을 받는 테러리즘(State-sponsored Terrorism): 개개의 국가가 테러리스트 단체의 자금, 훈련, 무기를 포함한 자원들을 지원하는 것. 그러나 국가가 테러를 한다는 주장은 입증되기 어렵다. 국가는 그들의 연루를 가능한 한 은폐하며, 그들의 지도자가 비난에 대해서 그럴듯하게 관련 사실을 부인할 수 있도록 무척 노력한다. 결국 테러를 지원한다는 주장은 일종의 주장하는 이의 주관적 입장일 따름이다. 다른 경우, '국가 테러'(국가가 자국 시민에게 공포를 주기 위해 폭력을 사용하는 것, 혹은 본질적 의미의 테러의 사용)와 국가의 지원을 받는 테러리즘이라는 용어는 혼용되고 있다.

국가주의(Statism): 현실주의적 입장에서, 사람들은 국가주의 이데 올로기에 기초하여 특별한 공동체를 조직하게 된다. 그 공동체의 가치와 믿음은 국가에 의해 보호되고 유지된다.

국내총생산(Gross Domestic Product, GDP): 1년 동안 한 국가의 경 제에서 생산된 모든 재화의 금전적 가치.

국제 공동체(International Community): 정치학자들, 미디어, 비정부 활동가들이 사용하는 말로서, 국제 문제나 전쟁, 위기에 대해 국 가들이 반응하도록 하기 위해 사용하는 강력한 말.

국제 레짐(International Regime): 크래스너(Krasner, 1983: 2)는 레짐 을 이렇게 정의한다. "국제 관계의 일정한 영역에서 행위자들이 공동의 기대를 가지고 있는, 암묵적이거나 명시적인 일련의 원 칙, 규범, 규칙, 의사 결정 절차"이다. 신현실주의자들이 국가 간 권력 투쟁에도 불구하고 특정 쟁점 영역에서 국제 협력이 이루어 지는 역설을 분석하기 위해 고안한 개념이다. 그들은 레짐이 주 도국에 의해 만들어지고 유지되며, 레짐에의 참여는 각 국가의 합리적인 비용-이익 계산의 결과라고 가정한다. 대조적으로 다 원주의자들은 제도의 독립적인 영향, 리더십의 중요성, 초국가 비 정부기구와 기업의 개입, 인권이나 환경에 대한 관심의 증대 같 은 인식 변화 과정을 강조한다.

국제전(International War): 두 개나 그 이상 국가들 간의 전쟁.

국제기구(International Organization): 공식적인 절차와 3개국 이상 의 정식 회원국을 가진 단체를 뜻한다. 최소 참가국의 숫자가 2개 국이 아니라 3개국으로 결정된 이유는 다자 관계는 양자 관계보 다 훨씬 더 큰 복잡성을 띠고 있기 때문이다. 3가지 종류의 국제 기구가 있다. **정부간기구(IGO), 국제비정부기구(INGO), 혼성 국 제기구(Hybrid International Organization)** 참조.

국제무역기구(International Trade Organization, ITO): 브레턴우즈 회의의 명시적 실패 사례 중 하나. 미국 트루먼 행정부는 국제무 역기구를 통해 서구 동맹국과의 무역 관계를 감독하는 다자 제도 를 설립하려는 제안을 받아들이지 않았다.

국제법(International Law): 국가 간에 승인하거나 계약을 맺는 데 있

어서의 공식적인 행위 규칙.

국제법(Law of Nations): 고대 로마 용어인 '유스 겐티움(jus gentium)' 을 문자 그대로 번역한 것이다. 요즘은 '국제법(international law)' 또는 국가 간의 법으로 바꾸어 쓸 수 있지만, 본래 의미는 모든 국 가에 일반적으로 적용되는 근본적인 법적 의미와 관련이 있다. 이 는 국제법에 강하게 규범적인 성격을 부여하며, 특히 중세 시대에 는 고대 그리스의 자연법과 유사한 의미를 지녔다. 비록 국제법은 18세기 바텔의 주저 『국제법』에서 어느 정도 영향을 받았지만, 바 텔이 국가의 주권을 강조함에 따라 국제법은 주권국가 간의 법이 라는 조금 더 근대적인 개념으로 변화한 것처럼 보인다.

국제비정부기구(International Non-governmental Organizations, INGOs): 회원 자격이 초국가 행위자에게 개방된 국제기구. '국 가' 비정부기구, 지역 비정부기구, 회사, 정당, 개인으로부터 회원 을 얻는 등 수많은 유형이 있다. 다른 INGO를 회원으로 하는 경 우도 있고, 혼합된 회원 구조를 갖는 경우도 있다.

국제사회(International Society): 주권국가들의 단체가 공존하고 협 력할 수 있게 하는 공동의 규범, 규칙, 관습들을 인식하고, 유지하 며, 전개하는 것을 묘사하는 데 쓰이는 개념.

국제연합 헌장(United Nations Charter, 1945): 국제연합 헌장은 국제 연합을 세계의 유일한 '초국가' 기구로 창설한 법적 레짐이다. 헌 장은 국제연합의 구조, 구성 기구의 권한, 헌장과 관련된 주권국 가의 권리와 의무를 규정한다. 무엇보다도 헌장은 국제연합 안전 보장이사회가 승인한 자위와 집단적 평화 강제의 경우 이외의 무 력 사용을 제한하는 중요한 법 문서이다. **전문 기구** 참조.

국제 위계질서(International Hierarchy): 국가와 그 밖의 국제적 행 위자들이 상대적 권력에 따라 순위 지어지는 권위의 구조.

국제 제도(International Institutions): 지역적이고 세계적인 경제, 정 치, 환경적 문제들을 해결하는 데 필요해진 유럽연합, 국제연합, 세계무역기구와 같은 조직들. **국제기구** 참조.

국제 질서(International Order): 독자적인 정치 단위 간에 서로를 독 립적인 단위로 승인하는 제도화된 규칙.

국제 체제(International System): 전체를 만들기 위해 연결된 상호 관련된 부분의 집합. 현실주의 이론에서 체제는 국내 정치에서의

위계, 국제 정치에서의 무정부 상태 같은 명백한 원칙을 갖는다.

국제통화기금(International Monetary Fund, IMF): 2018년 말 189개 회원으로 구성된 기관. 일시적으로 재정적인 곤궁에 처한 회원국에 대해 광범위한 기술적 협조와 안정화를 위한 단기적 자금을 제공한다. 1978년부터 국제통화기금은 각 회원국의 경제적 성과에 대한 포괄적인 감독에 착수하기 시작했다. 국제통화기금은 잘못된 정책을 수행할 것으로 여겨지는 국가들을 대상으로 '교정' 계획을 도입하는 기소자의 역할을 했다.

국제형사재판소(International Criminal Court, ICC): 네덜란드 헤이그에 본부를 두고 있으며 전쟁 범죄, 집단 학살 및 반인도적 범죄를 저지른 혐의로 기소된 개인을 재판할 권한이 있는 기관이다.

국제화(Internationalization): 이 용어는 보통 세계 경제와 관련하여 높은 수준의 국제적 상호 작용과 상호 의존을 나타내기 위해 사용된다. 이 용어는 이러한 조건을 **지구화**와 구별하기 위해 자주 사용된다. 지구화는 상호 작용에 있어 구별되는 국가 경제가 더 이상 없다고 전제하기 때문이다.

권력(Power): 가장 일반적인 의미에서 목표를 달성하기 위한 행위자의 능력을 뜻한다. 현실주의 접근법에서 능력을 소유하는 것은 영향력을 지니는 것으로 가정된다. 단일 단어로서 권력은 흔히 능력과 영향력 모두를 포함하는 의미로 모호하게 사용된다. 다원주의 접근법에서는 정치적 상호 작용이 능력을 영향력으로 해석하는 것을 바꿀 수 있다고 가정하기 때문에 능력과 영향력을 구별하는 것이 중요하다. 대부분의 현실주의자들은 권력을 한 국가가 지닌 군사력, 국내총생산, 인구와 같이 중요한 자원의 관점에서 정의한다. 여기에는 물적 자원이 영향력이라는 생각이 내재되어 있다. 탈구조주의자들은 권력을 담론적으로 구성된 주관성이라고 보았다. 탈구조주의자들이 보기에 지식은 권력과 결합되어 있다.

규범(Norms): 행위의 일반적 기준을 정하고, 국가의 권리와 의무를 확인하는 것. 관세와 무역에 관한 일반협정의 경우, 기본 규범은 관세와 비관세 장벽이 축소되고, 이들이 궁극적으로 철폐되어야 한다는 것이다. 규범과 원칙은 함께 레짐의 본질적 성격을 정의하며, 이것들은 레짐의 성격을 변화시키지 않고는 변화할 수 없다.

규범 기업가(Norm Entrepreneur): 개인 혹은 조직과 관계없이 모든 행위자를 위한 적절한 행위의 기준을 정의하거나 정치 시스템에서의 하위 집단을 정의하기 위해 새로운 규범을 개념화하거나 발

전시키는 정치적 행위자.

규범의 생활 주기(Life Cycle of Norms): 마르타 핀모어와 캐스린 시킨크에 의해 창안된 개념으로서 규범 진전의 단계를 구분하기 위해 만들어졌다.

규범론적(Normative): 허용되거나 예상되는 표준 혹은 지역 사회의 행동 윤리와 관련된다.

규범적 구조(Normative Structure): 국제관계이론은 전통적으로 구조를 권력의 분배 같은 물질적 관점에서 정의하고 구조를 행위자에 대한 제약으로 다룬다. 구성주의자들은 규범적 구조를 식별함으로써 행위자를 제약할 뿐 아니라 의미의 범주를 구성하고, 정체성과 이익을 구성하며, 적절한 행위 기준을 정의하는 지식, 규칙, 신념, 규범과 같은 집단적으로 보유된 개념으로 구조가 어떻게 정의되는지를 주목한다. 여기서 규범의 개념, 즉 주어진 정체성을 가진 행위자에 대한 적절한 행동 기준이 중요하다. 행위자들은 이익과 비용 때문만이 아니라 규범이 자의식과 연결되기 때문에 규범을 고수한다.

규제적 규칙(Regulative Rules): 게임과 행위를 정의하고 행위자들의 정체성과 이해관계를 만들며 법적인 행동이 무엇인지 판별하는 기준을 제공하는 데 도움이 되는 구성적 규칙과 대조적으로 규제적 규칙은 이미 존재하는 행위들을 규제하고 따라서 게임의 규칙을 만든다.

규칙(Rules): 원칙과 규범보다는 일반성이 낮은 수준에서 작동하며 원칙과 규범 사이에 존재할지도 모르는 갈등을 해소하기 위해 자주 고안된다. 예를 들어 제3세계 국가들은 선진국과 저발전 국가를 구별하는 규칙을 바란다.

근대성(Modernity)/식민성(Coloniality): 서구와 그 타자 사이의 위계적 관계로 뒷받침되는 근대성의 구조를 설명하는 용어.

글라스노스트(Glasnost): 소련 수상 미하일 고르바초프가 1985년부터 추구한 개방 정책으로서 국가 내부의 반대와 비판을 인정했다.

금본위제도(Gold Standard): 19세기 말과 20세기 초, 수입국에서 수출국으로의 금의 이동에 의해 이루어지는 모든 거래 관계를 규제했던 체제. 이론적으로 이 체제는 모든 국가의 거래 균형을 유지

하면서 수입과 수출에서의 자동적인 적응을 유도하도록 되어 있었다. 하지만 실제로는 그런 식으로 작동하지 못했다.

기능 장애(Dysfunctional): 명시된 목표(예: 국제 조직의 목표)를 훼손하는 행동을 의미한다.

기반주의자(Foundationalist): 세계의 모습에 대한 진리들의 주장이 객관적으로 참인지 거짓인지가 가늠될 수 있다는 입장.

기술적 전문성(Technical Expertise): 특정한 쟁점 영역에서 행위자가 지닌 특수 지식. 이는 훈련과 경험의 결과물이며, 다른 행위자가 제공할 수 없기에 권위를 지닌다.

기술혁명(Technological Revolution): 기술 진보로 가능해진 현대 커뮤니케이션(인터넷, 휴대 전화, 위성통신, 컴퓨터)이 정부(현지, 지역 수준을 포함한다)뿐만 아니라 기업의 투자 결정, 사회 운동의 활동에서 거리와 위치의 결정력을 감소시키는 것.

기회 비용(Opportunity Cost): 어느 한 결정이 내려지게 되면, 이를 통해 할 수 없게 되는 대안의 가치.

긴축(Austerity): 공공 지출을 감축함으로써, 국가 재정을 줄이는 것을 표현하는 말.

내전(Civil War): 주권국가 내부에서 국가를 누가 통제할 것인가를 두고 벌어지는 전쟁이거나, 국가로부터의 분리권을 얻어내기 위한 전쟁.

냉전(Cold War): 보통 1947년 시작되어 1989년 유럽에서 소련의 몰락과 함께 끝난 것으로 여겨지는 공산주의와 자본주의의 전 세계적 대결.

네트워크(Network): 정보를 교환하고 경험을 공유하며, 정치적 목표와 전략에 대해 논의하는 개인이나 단체의 소통 구조에 대한 통칭. 네트워크와 비정부기구 사이에 명확한 경계는 없다. 네트워크는 비정부기구보다 덜 영구적이며, 멤버십도 비공식적인 형태를 띤다. 또한 명확한 지도자도 드물고, 집단 행동에도 덜 참여한다.

노동의 성적 분업(Sexual Division of Labor): 남성과 여성 간의 노동의 종류가 다른 상황. **젠더화된 노동 분업** 참조.

농축(Enrichment): 비분열적인 우라늄 238을 핵분열적인 우라늄 235에서 분리하는 것. 농축은 자연 상태에서 확보가 어려운 우라늄 235의 양을 늘림으로써, 우라늄이 핵에너지나 핵무기 생산에 활용될 수 있도록 만드는 과정이다.

능력(Capabilities): 인구, 영토 크기, 자원, 경제력, 군사력, 역량과 같이 행위자의 직접적인 통제하에 있는 자원(Waltz, 1979: 131).

다국적 기업(Multinational Corporations, MNCs): 하나의 국가 이상에서 사업을 하고 있는 기업. 본사는 하나의 국가(고국)에 있으나 생산 또는 운송 서비스는 다른 국가(현지국)에서 한다. 다국적 기업은 고국에서는 얻을 수 없는 경제적 이점(저렴한 노동력, 세금, 환경 기준 등)을 주는 해외의 지역에서 생산을 아웃소싱한다. 다국적 기업은 또 외국과 연계된 기업을 지칭하는 말이다. 이는 모국의 지부일 수 있으며 별도의 자회사 또는 상당수가 되는 소수파의 지분일 수도 있다.

다극 체제(Multipolarity): 적어도 셋 이상의 다수의 주요 세력이나 '극' 사이에 이루어지는 권력 배분.

다원주의(Pluralism): 미국 정치학에서 차용한 포괄적 용어로서 국가의 우위, 국가 안보의 우선, 국가는 단일한 행위자라는 가정의 현실주의 시각을 거부하는 국제관계이론가들을 나타내기 위해 사용되었다. 이는 모든 조직된 집단을 잠재적인 정치 행위자로 보고 행위자들이 정책 목표를 달성하기 위해 지지를 동원하는 과정을 분석하는 이론적 접근법이다. 다원주의자들은 초국가 행위자와 국제기구가 정부에 영향을 미친다는 사실을 받아들일 수 있다. 어떤 저자들은 다원주의가 자유주의와 같다고 생각하지만, 다원주의자들은 이와 같은 연결을 거부하며 이론이 반드시 규범적 요소를 갖는다고 여기지 않으며, 자유주의자들이 여전히 매우 국가 중심적이라고 주장한다.

다원주의자 국제사회 이론(Pluralist International Society Theory): 국가들은 서로가 공동의 이해와 가치를 공유하고 있다는 것을 알고 있으나, 이러한 관계는 주권과 비개입 개념 때문에 제약을 받는다.

다자간 투자협정(Multilateral Agreement on Investment): 경제협력개발기구가 1990년대에 시도했으나 실패한 계획. 경제협력개발기구는 이 협정을 통해 표준을 만들고자 했으나, 국제 투자를 규율하는 아주 적은 분야에서만 공통의 규칙에 합의할 수 있었다.

다자주의(Multilateralism): 국제 관계의 여러 기능적 측면(안보, 무역, 환경 관리)이 단일 국가의 행동이 아닌 다수 국가에 의해 조직되는 것.

단극/단극 체제(Unipolar or Unipolarity): 명확히 단 하나의 지배 세력 혹은 '극'이 존재하는 국제적인 세력 분배를 의미한다. 어떤 분석가들은 1990년대 미국에 대한 경쟁국이 더 이상 없게 되었기 때문에 국제 체제가 단극 체제가 되었다고 주장하기도 한다.

담론(Discourse): 진술들과 개념들을 정리하는 언어의 체계. 탈구조주의자들은 유물론적 요소들과 관념들 사이의 구분에 반대하며, 물질성의 의미도 담론을 통해 구성된 것으로 본다.

담론 분석(Discourse Analysis): 텍스트의 의미를 조사하기 위한 사회과학적 방법.

담보(Security): 재무에서 투자자와 대출자 사이의 정확하고 공식적으로 확인된 관계가 있을 때 생기는 미래의 지불에 대한 권리의 계약(은행 신용장과는 대조적). 은행의 융자와 달리 담보는 시장에서 거래된다.

당사국총회(Conference of Parties, CoP): 회의의 당사국총회로서, 대개 매년 개최된다.

대가치 전략(Countervalue Strategy): 산업적 가치가 높은 도시나 많은 인구가 있는 도시 등 적에게 가치를 지니는 자산을 위협하는 핵전략의 한 유형. **대군사력 전략**과 구분된다.

대공황(Great Depression): 1929년 10월 미국 월가 주식시장의 붕괴 이후 뒤따른 지구적 경제 후퇴를 나타내는 말. 경제 충격의 여파는 무역과 해외직접투자의 망으로 이미 밀접히 상호 연결된 세계에 파문을 일으켰고, 그 결과 1929년 10월의 사건은 브라질과 일본처럼 멀리 떨어진 국가들에서도 감지되었다. 20세기의 가장 길고, 가장 깊고, 가장 광범위하고, 가장 고통스러운 경제 불황으로, 1930년대의 경제 상황과 아주 밀접하게 연관되어 있다.

대군사력 전략(Counterforce Strategy): 적의 군사·핵 능력을 목표로 하는 핵 전략의 유형. **대가치 전략**과 구분된다.

대량살상무기(Weapons of Mass Destruction, WMD): 1948년 국제연합에 의해 정의되었으며 '원자 폭탄 무기, 방사능 무기, 치명적인 화학 생물학적 무기, 그리고 이러한 무기들과 비교 가능한 특징을 가지며 파괴적 효과를 위해 만들어진 종류의 무기'의 범주를 포함한다.

대륙 철학(Continental Philosophy): 분석철학의 방법을 거부하는 다양한 범주의 철학적 접근법. 대륙철학자들은 일반적으로 과학주의를 거부하고, 해석학과 역사주의를 선호한다.

대안적 지구화(Alter-globalization): 순수 신자유주의적 경제 세계화와 반대되는, 세계 정의를 촉진하는 대안적 지구화 형태를 발전시키려는 운동을 의미한다.

대중문화(Popular Culture): 대중이 소비하는 표현의 장르. 음악, 영화, 텔레비전, 비디오 게임을 포함한다. 대중문화는 '고급문화'보다 세련되지 않다고 여겨진다. '고급'과 '저급'/'대중적인' 문화의 정의는 시간과 공간에 따라 달라진다.

대침체(Great Recession): 2007년 본격적으로 시작된 지구금융위기 이후, 세계 경제의 생산·무역·고용의 현격한 감소를 칭하는 용어.

데탕트(Détente): 동서 간 긴장 완화. 미-소 데탕트는 1960년대 말부터 1970년대 말까지 지속되었고, 협상과 핵무기 통제 협정을 특징으로 한다.

동남아시아국가연합(Association of Southeast Asian Nations, ASEAN): 동남아시아에 위치한 국가들의 지정학적·경제적 조직체. 초창기에는 반공산주의 연대로서 설립되었으나 현재는 경제 발전과 지역 평화를 포함한 내용으로 목적이 변경, 확대되었다. 2017년까지 아세안 국가들은 2조 7700억 달러의 GDP를 달성했다.

동방 정책(Ostpolitik): 1960년대 중반부터 후반까지 서독 정부의 '동방 정책'으로, 서독과 바르샤바조약 회원국 간의 관계를 발전시키기 위해 고안되었다.

동성애 민족주의(Homonationalsim): LGBTQI 정치(특히 9·11 이후의 서구에서)가 민족주의나 애국주의 담론과 연결되는 현상. 이 말은 게이 인권의 진보를 이유로 전쟁이나 개입을 정당화하는 것을 지칭한다.

디아스포라(Diaspora): 자신들을 인종으로 또는 공동의 민족 집단이나 역사를 통해 동일시하는 사람들의 세계적인 이동.

레짐(Regime): 국제 관계의 일정한 영역에서 행위자들이 공동의 기대를 가지고 있는, 암묵적이거나 명시적인 일련의 원칙, 규범, 규칙, 의사 결정 절차의 집합에 기초한 사회적 제도이다. 이는 환경이나 인권 같은 쟁점 영역에서 다양한 국가와 비국가 행위자의 상호 작용을 규율한다. 예를 들어 세계 커피 시장은 다양한 조약, 무역 협정, 과학 연구 의정서, 시장 의정서, 생산자·소비자·분배자의 이익에 의해 운용된다. 국가들은 커피 생산을 통제하고 분배를 감시하며 궁극적으로는 소비자 가격을 결정하는 관리 기구나 레짐을 만들기 위해 이러한 이익을 조직하고, 관행, 규칙, 절차를 고려한다(Young, 1997:6). **국제 레짐** 참조.

마르크스주의(Marxism): 사회의 가장 근본적인 특징은 물질적인 힘의 조직에 있다는 견해. 물질적인 힘은 천연자원, 지리, 군사력, 기술을 포함한다. 그러므로 세계가 어떻게 작동하는지 이해하려면 이러한 기본 요소들을 설명할 필요가 있다. 국제관계학자들에게 이는 국가의 외교 정책과 국제 정치 양상을 이해하기 위한 기술 결정론이나 군사력 분배에 대한 분석으로 이어진다.

마셜플랜(Marshall Plan): 공식적으로는 유럽 부흥 계획으로 알려진 미국의 정책. 미국 국무장관 조지 마셜이 국제 공산주의 운동의 확산을 막고, 거의 대부분의 서유럽 국가를 지원하기 위해 도입한 계획이다. 1948년부터 1952년 중반까지, 130억 달러 이상의 직접 원조나 대출 보증, 보조금, 노새부터 약품에 이르는 필수품 공급과 같은 방식으로 제공되었다.

멀티플렉스 질서(Multiplex Order): 세계는 다수의, 매우 독립적인 행위자로 이루어진다는 뜻을 담은 용어. 여기에는 다극 체제의 여러 강대국뿐만 아니라, 부상국, 국제 제도, 비정부 행위자, 기업 등이 포함된다. 평화와 안정에 대한 주요한 도전과 이를 바라보는 시각 자체는 본질적으로 초국가적일 수밖에 없음을 함축한다.

모기지 담보 증권(Mortgage-backed Securities): 담보 대출의 금융 증권화는 금융 기관들이 미래의 주택 담보 대출의 상환금을 기반으로 하여 다른 금융 기관에게 계약을 판매함으로써 자신의 대차대조표에서 대출을 청산할 수 있는 과정이다. 이런 계약은 2000년대 초반의 세계 금융 시장에서 은행들이 빚에 대해서 얼마나 준비를 했느냐에 대한 명확한 공공의 감시 없이, 증권으로 거래되고는 했다.

무국적자(Stateless): 국가에 '속하지' 않는 개인들. 따라서 여권이나 권리가 없다.

무기급 우라늄(Weapon-grade Uranium): 90퍼센트 이상으로 농축된 우라늄 235.

무정부 상태(Anarchy): 중앙 정부의 부재 속에서 작동하는 체제. 현실주의 이론에서는 혼란이 아니라 정치적 권위의 부재를 의미한다.

무정부 체제(Anarchic System): 현실주의 입장에서 바라보는 국제 정치의 '조직 원리'로, 국제 정치의 구조를 '권위의 부재'로 규정한다.

무차별 대우(Non-discrimination): 국가 간 동등한 대우에 관한 교리.

문화(Culture): 공동체에 의해 만들어진 규범, 관습, 전통, 풍속의 총합. 사회적 삶을 특징짓고 사회의 운영 방식을 지시하는 신념과 관행을 포함한다. 문화는 마을, 시가지, 나아가서는 가족, 씨족, 민족, 국민, 종교 그리고 다른 조직들을 가로지르면서 구성될 수 있다.

민군 겸용 기술(Dual-use Technology): 명목적으로 민간 용도를 위해 활용되는 기술이 군사적 목적을 위해서도 활용되는 것. 에너지를 생산하는 동시에 핵무기로 전용될 수 있는 핵 기술을 표현하는 다른 말.

민족(Nation): 특정 지역에 뿌리를 두고 있으며 서로 공동의 정체성을 가지고 있다고 인식하는 사람들의 그룹.

민족국가(Nation-state): 국가가 민족을 대표한다는 입장에서 그 정당성을 주장하는 정치 공동체. 민족국가는 다른 민족 공동체가 참여하지 않고 단일 민족의 거의 모든 구성원이 단일 국가 안에서 조직될 때 존재하게 된다. 이 용어는 널리 사용되고 있지만 그러한 국가는 사실상 거의 존재하지 않는다.

민족주의(Nationalism): 세계는 민족 자결을 주장하는 정치적 정체성과 이에 대한 충성심을 다른 무엇보다도 강조하는 민족으로 나뉘어 있다는 생각. 민족주의는 또한 정체성(정서)에 대한 강한 지각 또는 이러한 개념을 현실화시키는 것을 목적으로 하는 기구나 움직임(정치)이라고 표현될 수도 있다.

민주 평화론(Democratic Peace): 자유주의 국제주의자들의 사상의 중심을 이루는 민주 평화론은 두 가지를 주장한다. 첫째, 자유주의 정부는 다른 자유주의 정부와의 관계에서 신중함을 보이지만 (이른바 분리된 평화), 권위주의 국가와의 관계에서는 과감하게 행동한다. 민주 평화론의 타당성은 국제 관계 문헌에서 격렬히 논의되어 왔다.

민주주의(Democracy): 시민들의 견해와 이익이 자유롭고 공정한 선거 절차를 통해 정치적 제도로 대표되고 촉진되는 정부 체제.

바르샤바조약(Warsaw Pact): 1955년 5월에 서독의 재무장 및 북대서양조약기구의 가입에 대한 대응으로 만들어졌다. 소련과 7개의 공산 국가(비록 알바니아는 1961년에 탈퇴했지만)로 이루어졌다. 1991년 7월에 공식적으로 사라졌다.

반기반주의자(Anti-foundationalist): 특정 시공간에서 무엇이 진실인가를 주장하는 데 중립적인 입장은 결코 존재할 수 없다고 보는 입장. 우리의 세계관이 우리가 무엇을 사실로 보는지를 결정하므로 대립하는 주장 사이에서 결정을 내릴 수 있는 중립적 입장은 없다고 본다.

반둥 회의(Bandung Conference): 1955년에 인도네시아의 반둥에서 열린 회의로 아프리카와 아시아의 29개국 대표가 참여했으며 탈식민지화를 촉진하고 경제·문화적 협력을 고취하려는 목표를 지녔다. 이 회의의 결과로서 1961년 비동맹 운동이 창설되었다.

반제한주의자(Counter-restrictionists): 국제연합 헌장과 국제관습법 모두에 인도주의 개입의 법적 근거가 있다고 주장하는 국제법학자들.

반체제적 섹슈얼리티(Dissident Sexualities): 국가나 사회가 일탈적인 것으로 간주하고 억압하고자 하는 인간의 섹슈얼리티와 성적 표현의 형태.

반확산(Counter-proliferation): 핵무기 계획이나 핵확산을 막거나, 핵확산의 속도를 낮추게 하거나, 격퇴하는 일련의 노력을 지칭하는 용어.

범세계주의(Cosmopolitanism): 경계 또는 특정한 사회를 초월한, 지역적, 국가적인 관습이나 제한으로부터의 자유를 시사하는 공동체, 문화, 사상으로서 자신의 소속을 나타냄. 21세기 초, 지배적인 세계주의의 형태는 세계화되는 자본주의의 세계주의였다. 자본주의는 시장경제의 영향을 받은 공동체와 문화, 보편적인 인권의

개념, 상대적으로 자유로운 사회 문화를 촉진했다. 세계화되는 자본주의의 세계주의는, 비록 보편적인 정치·경제 원칙들의 공통적인 지반에 특정한 문화를 조화시키려 애쓰기는 했으나, 다문화주의의 분위기를 조성했다. 범세계주의적 민주주의 모델은 국제기구, 초국가 기업, 지구 시장 등이 전 세계 사람들에 대해 책임을 지는 상태를 상정한다. 데이비드 헬드, 다니엘레 아르키부지, 메리 캘더 등이 공동으로 연구한 범세계주의적 민주주의 모델은 다음을 요건으로 한다. 1) 지역 의회의 창설과 이미 존재하는 (유럽연합과 같은) 지역체 권위의 확장, 2) 각국 의회에서 확립된 인권 조약은 새로운 국제 인권 법정의 감시를 받는다, 3) 현재의 국제연합을 대체하고 진정으로 민주적이고 책임 있는 지구 의회가 존재해야 한다.

배상금(Reparations): 한 집단의 사람들에게 행해진 역사적 과오에 대한 물질적 혹은 상징적 보상의 형태.

베르사유평화조약(Treaty of Versailles): 베르사유조약은 제1차 세계대전(1914~1918)을 공식적으로 끝맺었다. 또 이 조약은 국제연맹 설립의 기반이 되었고, 승전국과 패전국의 권리와 의무를 규정하였으며(독일에 대한 악명 높은 배상금 체제를 포함), '선진 민족'이 식민 민족에 대한 법적 신탁 통치를 할 수 있다는 '위임 통치' 체제를 창설했다.

변천주의자(Transformationalists): 세계화가 세계 정치와 국가의 역할의 구조적 변화(재구성 또는 변화)와 연관되어 있다고 주장하는 다양한 학문.

보편성(Universality): 특정 가치와 권리는 보편적이며 모든 곳의 개인과 사회에 속한다는 가정.

보호책임(Responsibility to Protect, R2P or RtoP): 대량 학살, 전쟁 범죄, 인종 청소, 반인도적 범죄와 같은 최악의 인권 잔학 행위를 예방하거나 대응하기 위해 국제연합에서 개발한 프레임워크. 모든 국가는 이 네 가지 범죄로부터 시민을 보호할 책임을 인식해야 한다. 국가가 이 책임을 지키지 않을 경우, 국제사회는 국제연합 안전보장이사회를 통해 조치를 취해야 할 책임이 있다.

복지 자본주의의 황금기(Golden Age of Welfare Capitalism): 제2차 세계대전이 끝난 후부터 브레턴우즈 협정의 붕괴까지의 기간을 가리키며, 서양 국가들이 높은 성장률, 낮은 실업률, 낮은 물가 상승률을 기록하고 광범위한 국내 복지 시스템을 구축한 기간을

의미한다.

본질주의(Essentialism): 특정한 행동이나 특성은 타고난다는 생각. 대개 본질주의는 특성을 가변적인 것이 아니라 생물학적으로 결정된다고 본다.

봉쇄(Containment): 소련의 팽창을 인식하고 그에 저항하기 위한 미국의 정치적 전략으로서 1947년 미국 외교관 조지 케넌에 의해 처음으로 공식적으로 채택되었다. 봉쇄 정책은 이후 40년간 미국의 대소 정책에서 강력한 요소가 되었으며 서구 정책 결정자의 자아상이기도 했다.

부족(Tribal): 가족 관계로 이루어진 집단 또는 동일한 지역에 사는 집단으로 주로 비서구 지역에 존재한다. 비학문적으로는 서구의 사회에 뒤떨어진 근대화 이전의, 발전되지 않음의 의미를 함축하고 있다.

북대서양조약기구(North Atlantic Treaty Organization, NATO): 1949년 4월 조약에 의해 설립된 서유럽과 북미의 12개국(후에 16개국)으로 구성된 조직. 냉전 이후 동유럽과 중유럽 국가들이 북대서양조약기구에 회원국으로 가입했고, 현재 북대서양조약기구는 28개국으로 구성되어 있다. 북대서양조약기구 동맹의 가장 중요한 측면은 서유럽 방어에 대한 미국의 공약이었다.

분석철학(Analytical Philosophy): 논리적 기술들을 윤리적 전제에 적용함으로써 개념적으로 명료함과 논리적 정확함을 추구하는 철학을 지칭한다.

불개입(Non-intervention): 외부 권력이 주권국가의 국내 문제에 개입해서는 안 된다는 원칙.

브레즈네프독트린(Brezhnev Doctrine): 1968년 11월 소련 수상 레오니트 브레즈네프가 발표한, 바르샤바조약국들은 정치 발전에 있어 '제한 주권'만을 향유할 것이라는 선언. 소련 진영 국가들에 대한 제한 주권 개념과 연결되어 1968년 체코슬로바키아 개혁 운동의 진압을 정당화하는 데 이용되었다.

브레턴우즈 체제(Bretton Woods): 미국의 경제 영향권 아래에 있던 국가들에게 안정성을 부여하기 위해 제2차 세계대전이 끝날 무렵 도입된 규제 체제. 브레턴우즈 체제의 근본적인 목표는 정부가 완전 고용을 보장할 수 있도록 국내 경제에 개입할 수 있는

충분한 정책 수립 공간을 제공하는 것이었다.

브렉시트(Brexit): 'Britain'과 'exit'의 합성어로 영국이 유럽연합을 탈퇴하는 행위를 의미한다.

브릭스(BRIC or BRICS): 국제증권회사 골드만삭스가 브라질, 러시아, 인도, 중국의 첫 글자를 따서 만든 신조어. 이들 국가들은 많은 인구를 보유하고 있으며 최근의 높은 경제 성장률을 통해 국제 경제에서의 위상이 높아졌다는 공통점이 있다. 이후에 남아프리카공화국이 포함되었다.

비교 우위(Comparative Advantage): 19세기 초 데이비드 리카도까지 거슬러 올라가는 경제 이론으로, 모든 국가가 생산을 전문으로 하고 초과 생산품을 서로 교환함으로써 이익을 얻을 수 있다는 이론이다.

비국가 행위자(Non-state Actor): 정부가 아닌 행위자를 뜻하기 위해 널리 사용된 용어.

비정부기구(Non-governmental Organization, NGO): 집단적인 행동을 하며 공식적인 방식으로 정기적으로 관계를 가지는 사람들의 단체. 비상업적, 비폭력적인 행동을 지원하고 특정 정부를 대표하지 않는다. 주로 이타적 단체 또는 공공의 이익을 위한 단체라고 간주된다. 국제앰네스티, 옥스팜, 그린피스 등이 있다. 국제연합의 관례에 따르면 비정부기구는 노동조합이나 교회 등을 포함하는 시민사회의 어느 분야에서든지 나올 수 있다.

비판 이론(Critical Theory): 탐구, 해석을 통해, 해방적인 변화로 이어질 수 있는 사회 진보를 최대한 도움으로써 지배적인 질서에 도전하려는 시도.

비핵국가(Non-nuclear Weapon State): 핵무기를 소유하지 않기로 하고 핵무기 비확산 조약에 참여한 국가.

비핵 지대(Nuclear-weapons-free Zone): 특정한 환경 또는 지리적 지역을 핵무기가 없는 지역으로 설정하는 협약이다. 비핵 지대마다 그 요건은 다양할 수 있다.

빈 회의(Congress of Vienna): 1815년의 조약으로, 강대국이 평화 시기에도 정기적으로 만나서, 고위급 정치 회담을 통해 충돌을 막기로 했다.

빈곤(Poverty): 정통적인 견해에 따르면 빈곤은 사람들이 음식을 살 돈이 없으며, 다른 기본적인 물질적 필요를 충족시키지 못하는 상황을 지칭한다. 또 다른 견해로는 사람들이 그들 자신의 노력만으로 물질적·비물질적 필요를 충족시킬 수 없는 상황을 뜻한다.

사회적 사실(Social Facts): 사회적 사실은 사람들의 합의에 달려 있으며, 사회적 사실의 존재는 세계와 우리가 하는 것들을 범주화하는 데 영향을 준다.

상대 이득(Relative Gains): 현실주의자가 주장하는 것으로, 협력하고자 하는 국가의 의지를 제한하는 요소 중 하나. 국가는 모두가 이익을 얻는지에 대해서는(절대 이득) 별로 관심이 없고, 어떤 국가가 다른 국가보다 더 이익을 얻는지에 더 관심이 있다.

상위 정치(High Politics): 대외 정책 안건들 중에서 가장 중요한 주제들. 주로 전쟁, 안보, 군사적 위협과 가능성에 대한 것들이다.

상호 연계성(Interconnectedness): 인간 삶의 복잡한 뒤얽힘으로 인해 세계의 한 지역에서의 사건이 모든 또는 대부분의 타인들에게 영향을 미치는 것.

상호 의존(Interdependence): 국가(또는 국민)가 다른 국가의 결정에 의해 영향을 받는 조건. 예를 들어 미국에서의 이자율 상승 결정은 자동적으로 다른 국가의 이자율을 높이는 압력으로 작용한다. 상호 의존은 행위자들이 모두 똑같이 영향을 받는 대칭적인 것일 수도 있고, 영향이 행위자 간에 따라 다양한 비대칭적인 것일 수도 있다. 한 국가의 행동이 다른 국가에 영향을 미치는 조건(전략적 상호 의존일 수도 있고, 경제적 상호 의존일 수도 있다). 현실주의자들은 상호 의존을 취약성과 동일시한다.

상호 텍스트성(Intertextuality): 텍스트가 '상호 텍스트'를 구성하며, 따라서 모든 텍스트는 다른 텍스트들을 지시하지만, 각각의 텍스트는 동시에 유일하다. 텍스트가 다른 텍스트에 의해 인용되면서 의미가 변화한다는 것을 보여 준다. 이는 침묵과 당연하게 여겨지는 가정들에 대한 주의를 환기시킨다.

새천년발전목표(Millennium Development Goals, MDG): 2000년 국제연합 새천년 선언에 들어 있는, 제한된 시간 내에 달성해야 하는 목표로 구성된 약속이다. 새천년발전목표에는 기아와 빈곤 문제, 초등 교육, 양성평등, 영아 사망, 산모의 건강, 퇴치 중인 에이즈나 말라리아 같은 질병, 협력 활동의 8개 분야의 상황을 개선하는 것을 목표로 하고 있다.

생명 정치(Biopolitics): 푸코가 제창한 개념으로 개개인을 향한 규율, 인구에 대한 통제, 두 가지의 뒤얽힌 권력을 구별하는 것이다.

생산 관계(Relations of Production): 마르크스 이론에서 생산 관계는 생산 과정에서 생산 수단을 연결하고 조직한다. 이것은 생산 과정이 진전되기 위해 필요한 기술적이고 제도적인 관계뿐 아니라 생산 수단과 그 과정의 최종 생산물을 통제하는 폭넓은 구조를 포함한다. 사유 재산과 임금 노동은 자본주의 사회에서 생산 관계를 구성하는 두 가지 주요 특징이다.

생산 수단(혹은 생산력)(Means(or forces) of Production): 마르크스 이론에서 생산 수단은 생산 과정에서 결합하는 요소다. 주어진 역사적 시기에 이용 가능한 도구와 기술, 노동을 포함한다.

생존(Survival): 마키아벨리, 마이네케, 베버와 같은 역사 현실주의자가 강조한 국가 지도자의 최우선순위.

생태적 발자취(Ecological Footprint): 지구의 수용 능력에 대해서 개인들이나 국가가 지운 부담을 설명하기 위해 쓰이는 용어. 특정한 삶의 조건하에서 인구를 부양하기에 토지 생산량이나 수자원 체제가 적절한지 측정함으로써 얻어진다.

서비스(Services): 물리적 상품이 만들어지지 않지만 한 사람이 다른 사람을 위해 무엇인가를 해 주도록 돈을 지불하는 경제 분야. 이것은 이발을 하거나 개를 산책시키는 것에서부터 반드시 사야 하는 최신 상품에 대해 조언하거나 새로운 정부 정책에 내재된 법적 변화를 준수하는 방법을 설명하는 것까지 무엇이든 될 수 있다.

석유수출국기구(Organization of Petroleum Exporting Countries, OPEC): 1960년에 주요 원유 생산국인 이란, 이라크, 쿠웨이트, 사우디아라비아, 베네수엘라에 의해 창설되었다. 후에 나이지리아, 멕시코, 리비아를 포함하는 것으로 확장되었다. 원유 생산량 조정을 통해 시장 안정성을 지키고, 생산자의 이윤을 보장하기 위해 만들어졌다.

선물 시장(Futures Market): 투자자가 지정된 날짜에 지정된 가격으로 자산을 매매하는 데 동의함으로써, 미래 자산 가격 변동에 베팅할 수 있는 금융 시장.

선별성(Selectivity): 합의된 도덕적 원칙은 하나 이상의 상황에서 위기에 처할 수 있지만, 국가 이익은 여러 가지 다양한 반응을 야기한다.

설명 이론(Explanatory Theories): 사회적 세계가 사회적 세계에 대한 이론의 외부에 있는 것이라고 보는 이론. 이 이론에 따르면 이론의 역할은 관찰자, 그리고 연구자의 이론적 관점으로부터 자유로운 상태로 존재하는 세계에 대해 보고하는 것이다. 설명 이론은 주요 변수 간의 인과관계가 있다고 가정한다.

성적 관계/힘의 관계(Sexual Relations/Power Relations): 이성애와 동성애의 상관관계 구조. 주로 이성애가 지배적이다.

세계 정부(World Government): 평화가 개별 주권국가로 나뉜 세계에서는 달성될 수 없다고 믿는 이상주의자들과 특히 관련되어 있다. 정부가 시민사회의 자연 상태를 없앤 것과 마찬가지로 세계 정부의 확립은 국제사회에서 전쟁 상태를 끝맺을 것임이 틀림없다는 것이다.

세계 질서(World Order): '국제'보다 더 넓은 범주의 질서. 질서의 단위로서 국가가 아닌 개별 인간을 들고, 인류 전체에 대한 특정 이익(안보, 인권, 기본적 필요, 정의 등)의 전달에 근거하여 질서의 정도를 평가한다.

세계무역기구(World Trade Organization, WTO): 1995년에 설립되었으며 제네바에 본부가 있다. 2018년 말까지 164개국이 가입해 있다. 세계무역기구는 서비스, 지적 재산권, 투자 문제, 순수 상품 거래 등을 다루는 영구적인 기관이다. 자유 무역 의제를 집행하기 위한 분쟁 해결 절차를 갖추고 있다.

세계사회포럼(World Social Forum): 2001년 브라질의 포르투알레그리에서 시작된, 시민사회와 반세계화 집단의 연례 모임.

세계은행그룹(World Bank Group): 1945년 워싱턴에 본부를 두고 처음 설립된 다섯 기관의 집합체. 이것의 목적은 계획 대출과 다양한 자문 서비스를 통해 저소득 국가와 중간 소득 국가의 발전을 강화하는 데 있다. www.worldbank.org 참고.

세계인권선언(Universal Declaration of Human Rights): 세계 인권 체제의 주된 규범적인 문서. 국제연합 총회에서 1948년 12월 10일에 채택되었으며 대부분의 국가와 세계의 행위자들에게서 권위있다고 받아들여진 상호 의존적이며 나눌 수 없는 인권의 종합적인 목록을 제시한다.

세력 균형(Balance of Power): 현실주의 이론에서 국가 간의 균형을 나타낸다. 역사적 현실주의자들은 세력 균형을 외교의 산물로 여기지만(인위적 균형), 구조현실주의자들은 체제가 자연스런 균형으로 나아가는 경향이 있다고 본다(우연한 균형). 세력 균형은 정책이자 제도로서, 일국 혹은 국가 집단의 세력이 다른 국가들의 상쇄하는 세력에 의해 억제되는 것이다.

수정주의(Revisionism): 현상 유지를 추구하는 국가와 달리 국제 질서의 지배적인 규칙과 규범을 재구성하거나 수정하려는 욕구.

수직적 확산(Vertical Proliferation): 이미 핵무기를 가지고 있는 국가들이 핵무기의 숫자를 증가시키는 것.

수평적 확산(Horizontal Proliferation): 핵무기를 소유하고 있는 행위자 수의 증가.

순응(Compliance): 어떤 국가가 조약에 따른 의무를 이행할 때 순응한다고 표현한다. 많은 다자 환경 조약 국가는 이러한 의무를 잘 이행하기 위해 특정 형태의 '감시 및 순응 절차'를 보유하고 있다.

스태그플레이션(Stagflation): 1970년대에 많은 수의 선진국이 경험했던 상황이다. 물가가 끊임없이 오르는 것에 비하여, 성장률이 매우 제한적이거나 심지어는 성장이 없었던 기간이다. 이 단어는 '스태그네이션'(제로 성장의 시나리오)과 '인플레이션'(물가의 급격한 인상)의 합성어이다.

시공간 압축(Time-space Compression): 기술의 발전으로 인해 세계에서 시간과 공간의 의미가, 적어도 소통의 측면에서 축소되고 있는 것.

시나트라독트린(Sinatra Doctrine): 1989년 10월 소련 외교부가 동유럽 국가들은 "그들의 길을 가고 있다"고(프랭크 시나트라의 노래 「I Did It My Way」를 참고한 표현) 선언해 동유럽에서 브레즈네프독트린과 소련 패권이 종결되었음을 나타냈다.

시민 민족주의(Civic Nationalism): 국가는 공통의 정치적 가치, 제도를 위한 헌신에 기초하고 있다고 주장하는 민족주의.

시민권(Citizenship): 정치에 참여하고 대표하게 될 권리를 갖는 지위.

시민사회(Civil Society): (1) 어떤 정부 기관에도 소속하여 활동하지 않는 사회 내 모든 개인과 집단의 총체, (2) 정부에 소속되지 않고 영리 기업의 이익에 따라서도 행동하지 않는 모든 개인과 집단. 이 두 가지 의미는 양립할 수 없고 논쟁의 여지가 있다. 세 번째 의미는 정치 기관의 기초를 이루는 사회 기관과 관행의 네트워크(경제 관계, 가족과 친족 집단, 종교 및 다른 사회적 연합)이다. 민주주의 이론가들에게 이러한 연합의 자발적 성격은 민주 정치의 작동에서 본질적인 것으로 여겨진다.

시민적·정치적 권리(Civil and Political Rights): 인권과 관련하여 국제적으로 공인된 두 가지 주요 인권 개념 중 하나. 국가에 의한 학대에 대한 법적 보호를 제공하고 모든 시민의 정치적 참여를 추구한다. 법 앞의 평등, 고문으로부터의 보호, 종교·언론·집회·정치 참여의 자유 등을 예로 들 수 있다. **경제적·사회적·문화적 권리**를 보라.

시민적 및 정치적 권리에 관한 국제규약(International Covenant on Civil and Political Rights): 개인이 누릴 수 있는 최소한의 시민적, 정치적 권리를 명시한 국제연합의 규약. 이를 개인의 권리라고 한다.

시장 자율 규제(Market Self-regulation): 금융 기관들이 오직 시장에서 만들어지는 가격이라는 신호만을 기준으로 자기 자신을 규제할 수 있는 시스템. 가격 신호를 제대로 이해하면 성공적으로 이익을 만들고 계속 시장에 존재할 수 있게 되지만 이를 제대로 이해하지 못하면 돈을 잃고 파산 위기에 몰리게 된다.

식민주의(Colonialism): 일정한 영토 공간 안에서의 외부 세력의 지배와 정착 시스템을 의미한다.

신고전현실주의(Neoclassical Realism): 세력 분배 같은 구조적 요소와 국가의 이익(현상 유지 국가 혹은 수정주의 국가)과 같은 단위 수준의 요소를 결합한 현실주의 시각.

신국제경제질서(New international Economic Order, NIEO): 1974년 비동맹 운동과 G77에 의해 국제연합 특별총회에 제출된 25항으로 구성된 성명서. 신국제경제질서는 제3세계 국가들의 발전과 세계 경제에서의 지위 개선에 도움이 되는 방향으로 세계 경제 구조를 개혁하려는 목적을 지니고 있다. 이는 국제연합 총회에서 채택되었으나 주요 경제 강대국의 지지를 받지 못했다.

신식민주의(Neo-colonialism): 이전에 식민지였던 국가들이 계속해서 식민 모국과 산업 발전국의 영향력, 특히 경제적 영향력 아래에 놓이는 비공식적 과정.

신용 평가 기관(Credit Rating Agencies): 뉴욕에 본부를 둔 스탠더드앤드푸어스, 무디스, 피치를 이르는 용어. 이들은 현금 확보를 위해 채권 시장에 자신의 채권을 팔고자 하는 기업이나 정부의 신용 등급을 발표한다.

신현실주의(Neorealism): 현실주의 시각이 수정된 형태로 경제적 자원(군사적 능력에 더하여)을 영향력을 발휘되게 하는 기본 사항으로 포함했고, 동시에 국제 관계를 설명하기 위해 경제학과 행동 사회과학에서 모델을 빌려 와 현실주의를 '조금 더 과학적으로' 만드는 시도를 했다.

실재의 사회적 구성(Social Construction of Reality): 현실은 인간 행위, 상호 작용, 지식의 산물임을 제시하는 개념. 행위자와 조직은 상호 작용을 통해 무엇이 '그곳에' 존재하는지에 대한 공유된 관념을 발전시킨다. 그리고 이러한 개념에 대한 합의가 도출되면 세계를 이해하는 그들의 시각을 정립하는 데 도움을 준다.

실존적 억지(Existential Deterrence): 단 한 개의 핵탄두를 소유하는 것만으로도 적이 자신을 공격하는 것을 충분히 억지할 수 있다는 신념.

실천(Practices): 사회적으로 의미 있는 행동의 유형으로 대개 배경 지식과 담론을 형성·재형성한다.

실패 국가(Failed State): 몰락하여 상당한 외부 지원 없이는 자국 시민을 부양할 수 없으며, 정부가 그 국가의 영토적 경계 내에 존재하지 않게 된 국가.

아랍의 봄(Arab Spring): 2010년 12월 튀니지에서 시작한 가두 시위와 데모가 아랍 세계 전체로 확산하면서, 여러 국가의 정부들을 전복시키고, 다른 정권들에도 심대한 위협을 준 사건.

아시아 금융위기(Asian Financial Crisis): 1997, 1998년에 태국, 한국, 말레이시아, 필리핀, 인도네시아에서 발생한 심각한 경제 위기. 5개국 통화의 우세한 가격에 대한 국제 투기에서 시작되어 은행업 분야에서의 극심한 불균형으로 이어졌다.

악의 축(Axis of Evil): 2002년 1월, 조지 W. 부시 대통령이 이란, 북한, 이라크의 특성을 묘사하기 위해 의도적으로 사용한 표현.

안보(Security): 국제 관계에서 국가 생존과 그 안의 사람들의 복지를 보장하기 위한 국가 및 기타 국제 행위자의 노력.

안보 공동체(Security Community): "'통합된' 사람들의 집단. 여기서 통합이란 영토 내에서 '공동체 의식'과 사람들 사이의 '평화적 변화'를 기대하기에 충분히 강력하고 널리 퍼진 제도와 관행을 획득하게 된다는 뜻이다. '공동체 의식'이란 말에는 공동의 사회 문제가 '평화적 변화' 과정을 통해 해결되어야 하고 해결될 수 있다는 뜻이 담겨 있다."(Karl Deutsch et al., 1957)

안정-불안정의 역설(Stability-instability Paradox): 핵 전쟁 수준의 안정성이 하위 수준의 전쟁의 불안정을 가져온다는 생각. 핵으로 무장한 적대국들은 그들의 핵무기가 적의 보복으로부터 그들을 지켜 줄 것이라고 믿고, 조금 더 낮은 수준의 전통적인 공격을 개시하기 쉽다.

여성화된 노동(Feminized Labour): 대부분 여성이 수행하는 일. 이런 일들은 사회적으로 '여성적'이라는 가치를 부여받고 있기도 하다.

역사의 종언(The End of History): 1989년 프랜시스 후쿠야마가 사용한 유명한 문구. 이는 집단주의와 개인주의 사이의 적대감으로 만들어진 역사의 한 단면(프랑스 혁명 후의 200년)이 끝났으며 자유주의가 승리했다고 주장한다.

역외 금융 센터(Offshore Financial Centres): 투자자에게 세금 혜택이나 비밀 유지의 형태로 돈을 보관할 수 있는 특별 인센티브를 제공하는 관할권.

연대주의(Solidarism): 공유된 가치를 지키기 위해 국제사회가 (연대를 통해) 함께 행동할 수 있다고 보는 관점. 국제사회는 단순히 공존의 틀을 넘어서 변화와 인도주의의 행위자이기도 하다.

연성 권력(Soft Power): 미국 학자 조지프 나이의 용어로서 세계 정치에서 설득, 유인, 본보기의 중요성을 강조하는 용어다. 강제나 군사력을 통해 타인을 강요하는 것이 아니라, 타인이 나에게 동의하도록 만드는 능력을 칭한다.

영국학파(English School): 국가들이 상호 작용을 통해 국제사회를 구성한다는 논의를 전개하려 노력하는 학파.

영토(Territory): 정치 공동체, 즉 국가가 보유하고 있는 지구 표면의 부분.

영토 국가(Territorial State): 민족이나 국민 전체를 대표하기보다는 그 영토에 거주하는 국민에 대해 권력을 지닌 국가.

오리엔탈리즘(Orientalism): 동양과 중동 지역의 국가의 제도·문화·예술 그리고 사회적 삶에 대한 서구의 해석. 에드워드 사이드에 의해 주로 오리엔탈리즘 연구가 진행되었고 오늘날 오리엔탈리즘은 흔히 이슬람 사회에 대한 편견과 고정관념으로 연결되고 있다.

외교(Diplomacy): 대외 정책에서 국제적 행위자가 정책 목표를 달성할 수 있도록 경제나 군사력 같은 다른 수단과 연계하여 사용하는 정책 수단. 세계 정치에서 외교는 협상을 통해 전쟁에는 못 미치는 분쟁을 해결하려는 국제적 행위자 간의 소통 과정을 일컫는다. 이 과정은 수세기에 걸쳐 다듬어지고, 제도화되며, 전문화되어 왔다.

우발적(Epiphenomenal): 다른 주요 원인으로 인한 부산물이거나 2차적 효과.

우주론(Cosmologies): 세상을 보고 이해하는 방법을 의미한다.

워싱턴 합의(Washington Consensus): 1980년대 워싱턴에서 열린 전문가 회의에서 주창된 신념. 최소 국가와 시장의 역할을 강조하는 신자유주의 경제 정책이 전 지구적 복지를 확대할 수 있다고 믿는 입장.

워싱턴 합의 이후(Post-Washington Consensus): 국내 경제 및 사회 정책 관리에서 자유 무역화와 국가 규모 축소의 원칙을 준수하면서 성장과 빈곤 감축을 찬성하는 경제 세계화에 대한 접근법.

원초주의(Primordialism): 민족성과 같은 특정한 인간적·사회적인 특성이 역사적 조건에 깊이 새겨져 있다는 믿음.

원칙(Principles): 레짐 이론에서 세계가 어떻게 작동하는지에 관한 이론적 진술의 통일된 집합으로 대표된다. 예를 들어 관세와 무역에 관한 일반협정은 지구적 차원의 복지가 자유 무역에 의해 극대화될 것이라고 주장하는 자유주의 원칙에 근거하여 작동한다.

유럽(Europe): 냉전의 전개 과정에서 서유럽과 동일시되었으나 1989년 이후 다시 전 유럽 대륙과 연결된 지리적 표현.

유럽 중심주의(Eurocentrism): 유럽과 유럽인의 가치와 관념이 세계사에서 중요하다고 믿으며, 유럽에 초점을 맞추면서 비유럽 지역을 제외하는 관점.

유럽연합(European Union, EU): 유럽연합은 1992년 마스트리히트 조약의 체결에 따라 공식적으로 설립되었다. 그러나 유럽연합의 기원은 1951년 유럽석탄철강공동체, 1957년의 포괄적 관세동맹(1958년 로마조약)까지 거슬러 간다. 원래 1957년에는 6개국으로 출발했지만, 1973, 1981, 1986년 새 회원국을 받아들이면서 유럽연합의 범위는 확대되어 갔다. 1989년 동유럽의 계획 경제가 무너진 이래 유럽연합은 현재 27개의 회원국을 포함하는 규모로 성장했다.

유럽협조체제(Concert of Europe): 1815년부터 1914년까지 이어진 유럽 국가 간의 분쟁을 협상하기 위한 비공식적 과정.

유로존 부채 위기(Eurozone Debt Crisis): 2010년 즈음, 역사적으로 매우 높은 채무 변제 이자율에 대응하여 유로권 블록에 소속된 회원국들이 재정을 방어하는 데 큰 어려움을 겪은 사건을 뜻하는 용어. 이 채무 위기를 통해 그리스, 이탈리아, 스페인, 포르투갈, 키프로스, 아일랜드가 큰 타격을 받았다. 간단하게 말하면, 이 위기는 채권 시장이 정부에게 공공 지출에 대한 고삐를 조이라는 신호를 준 것이라 말할 수 있다.

유물론(Materialism): 기술을 포함한 물질적 힘이 사회의 기반이라는 견해. 이는 국제정치학자들에게 국가의 외교 정책과 국제 정치 양상을 이해하기 위한 기술결정론이나 군사력 분배에 대한 강조로 이어진다.

유연한 노동력(Flexible Labour): 직업의 안정성·혜택을 누리지 못하고 단결권을 지니지 못하는 노동자를 지칭한다. 이들을 통해 회사는 노동력을 고용·해고하는 데 있어 더 많은 유연성을 갖게 된다.

유화 정책(Appeasement): 조금 더 온건한 해결책이 영토 팽창을 추구하는 국가의 야욕을 달랠 것이라는 희망에서 양보하는 정책. 영국 수상 네빌 체임벌린이 히틀러의 오스트리아와 체코슬로바키아 침공을 묵인한 것이 유화 정책의 유명한 사례이며, 1938년 9월 뮌헨 협정에서 그 정점에 달했다. 그 이후 유화 정책은 일반적으로 독재자의 요구 앞에 굴복함으로써 그들의 공격 계획을 해소하지 않고 부추기는 것과 같은 의미로 여겨졌다.

의무론(Deontological): 인간 본연의 의무에 대해 생각하는 이론. 이 이론에 따르면 정당성이 다른 모든 것에 우선한다. 의무론은 개인이나 사회에 좋은 결과를 가져올 수 있는 규칙보다 모두가 따르기에 언제나 정당한 규칙을 더 중시한다.

의미(Meanings): 대상, 사건, 공간의 묘사를 넘어서 관찰자에게 갖는 의의를 묻는다.

의사 결정 과정(Decision-making Procedures): 투표 체계와 같이 특정 행위에 대한 규정을 확인하는 과정으로, 레짐이 통합되거나 확장될 때 보통 바뀐다. 예를 들어 관세와 무역에 관한 일반협정의 경우 이를 지배하는 규칙과 과정은 관세와 무역에 관한 일반협정 자체의 발전 과정 동안에 지속적인 개정 과정을 거쳐 왔다. 사실 연속적인 회의의 목적은 규정과 의사 결정 과정을 변경하는 데 있다(Krasner, 1985: 4~5).

이성애 규범성(Heteronormativity): 이성애를 '정상적'이고 '올바른' 인간 행위라고 명시적, 암시적으로 특권화하는 것.

이슬람회의기구(Organization of the Islamic Conference, OIC): 1969년 예루살렘 알아크사 모스크에 가해진 방화 공격을 계기로 형성된 이슬람 국가들의 국제 단체. 이슬람회의기구의 헌장은 1972년 발표되었으며, 본부는 사우디아라비아의 제다에 설치되었다. 2010년 초, 57개 회원국과 수많은 참관 국가와 조직이 참가하고 있다.

이익의 조화(Harmony of Interests): 19세기 자유주의자들은 자연스러운 질서가 비민주적 국가 지도자와 세력 균형 같은 오래된 정책에 의해 쇠퇴했다고 보았다. 그들은 이러한 왜곡이 해소된다면 민족 간에 진정한 갈등은 없어지리라고 믿었다.

이중 부담(Double Burden): 여성이 임금을 위한 공적 노동의 세계로 들어갔을 때 그들은 사적 영역의 재생산이나 돌봄 노동의 대부분에 대해서도 여전히 책임 있는 위치에 있다. 따라서 이들은 이중 부담을 안게 된다.

이중적인 도덕 기준(Dual Moral Standards): 현실주의 이론에서 옳고 그름에는 두 가지 원칙 또는 기준이 있다는 생각. 하나는 개별 시민을 위한 것이고, 또 다른 하나는 국가를 위한 것이다.

이행(Transition): 소련 진영의 공산주의 계획의 종식과 완전히 작동하는 민주 자본주의 체제의 출현 사이의 긴 기간을 의미하는 20세기 국제 관계의 용어.

인간 안보(Human Security): 신체적 안전, 경제·사회적 안녕, 존엄성의 존중, 인권의 보장을 포함하는 사람들의 안보.

인권(Human Rights): 공통적이고 보편적인 것으로 간주되며, 모든 사회가 열망하는 도덕적 원칙과 가치.

인권위원회(Commission on Human Rights): 국제연합 인권이사회의 전신으로, 당사국이 인권 약속을 준수하는지 감독하는 역할을 수행한다.

인도주의 개입(Humanitarian Intervention): 정부의 고의적 행위나 거버넌스의 붕괴로 인해서 대규모의 인명 손실이나 대학살이 벌어지는 국가에 국제사회가 개입할 수 있는 권리와 의무가 있다는 원칙.

인식 공동체(Epistemic Community): 전문가, 정책 활동가들로 구성된 지식 기반의 초국가 공동체.

인식론(Epistemology): 우리가 어떤 것을 어떻게 아는지에 관한 연구.

인종 차별 정책(아파르트헤이트, Apartheid): 1948년 남아프리카공화국에 도입된 인종 격리 체제로서 백인 소수 집단의 지배를 보장하기 위해 고안되었다.

일괄타결안(Single Undertaking): 자국에 유리한 세계무역기구 규정만을 취사선택하는 것이 아니라, 국내 개혁의 한 형태로서 복합적인 다자 협상의 결과물(세계무역기구 협정) 전체를 받아들이는 것.

일방적인 인도주의 개입(Unilateral Humanitarian Intervention): 국제연합 안전보장이사회의 명시적 승인 없이 행해지는 인도적 목적의 군사 개입.

자결(Self-determination): 제1차 세계대전 후 조정 과정에서 미국 대통령 우드로 윌슨이 열렬하지만 선택적으로 신봉한 원칙. 즉 각 '민족'은 주권을 가진 민족국가에서 자치권을 향유해야 한다는 것. 윌슨은 이 원칙을 동유럽과 중유럽에 적용하도록 역설했으나, (식민지 아시아, 아프리카, 태평양과 카리브해에 있는) 다른 민족들은 자치에 적합하다고 생각하지 않았다.

자본 통제(Capital Controls): 국가 간 통화 거래에서 자금이 '국제적'인 성격 대신 '국가적' 성격을 지니게 하기 위해 예전에 시행되었던 규제. **브레턴우즈 체제**와 특히 관련되어 있었다.

자본주의(Capitalism): 인간의 노동과 그 생산물이 시장에서 거래되는 상품인 생산 체제. 마르크스주의 분석에서 자본주의 생산 방식은 특정한 역사적 시기에 해당하는 독특한 사회관계를 포함한다. 마르크스는 자본주의의 세 가지 주요 특징을 지적한다. (1) 생산과 관련된 모든 것(예: 상품을 만드는 데 필요한 원료, 기계, 노동과 상품 자체)은 교환 가치를 갖고 있으며, 일대일로 교환될 수 있다. 본질적으로, 자본주의하에서 노동 시간을 포함한 모든 것에는 가격이 매겨진다. (2) 생산을 위해 필요한 모든 것(예: 공장, 원료)은 자본가 계급이 소유한다. (3) 노동자는 '자유롭지만', 생존하기 위해서 자본가 계급에게 노동을 팔아야 한다. 자본가 계급은 생산 수단을 소유하고 생산 관계를 지배하기 때문에 노동자의 노동에서 나오는 이윤도 지배할 수 있다.

자연법(Natural Law): 어떤 권리와 가치는 인간이기 때문에 내재해 있다는 정치 철학.

자유주의(Liberalism): 마이클 도일(Doyle, 1997: 207)에 따르면, 자유주의는 다음의 네 가지 주장을 담고 있다. 첫째, 모든 시민은 법률적으로 평등하며, 교육, 언론에 대한 자유로운 접근, 종교적 관용에 있어 동등한 권리를 갖는다. 둘째, 일국의 의회는 국민에 의해 부여된 권위만을 가지며, 국민의 기본권을 침해할 수 없다. 셋째, 개인의 자유가 갖는 중요한 차원은 생산력을 포함하여 재산을 소유할 권리다. 넷째, 자유주의는 경제적 교환을 위한 가장 효율적인 체제가 대개 시장의 유인에 의한 것이지 관료적 규제와 국내 혹은 국제적인 통제에 좌우되는 것이 아니라고 주장한다.

자유주의적 국제주의(Liberal Internationalism): 세계가 점진적으로 통합 과정에 있으며, 많은 시간이 지나면서 국가와 사람들의 통합이 이루어질 수 있다는 신념 체계를 지향한다. 이 과정을 통해, 정체성과 속성을 공유한다는 감각이 등장하며, 이를 통해 국제주의의 결과로 나타나는 권리와 책임에 대해서 우리는 의미 있는 대화를 나눌 수 있게 된다.

자유화(Liberalization): 무역 관세와 무역 장벽의 제거, 탈규제, 해외 투자가에 대한 금융 영역 개방, 국영 기업의 사유화 등을 통해 경제에서 국가의 역할을 줄이는 정부 정책을 말한다.

자조(Self-help): 현실주의 이론에서 무정부 환경 속의 국가들은 설사 동맹이더라도 다른 국가가 그들의 방어를 위해 나설 것이라고 가정할 수 없다. 각 국가는 스스로 문제를 해결해야 한다.

잠재적 핵 능력(Latent Nuclear Capacity): 아직 핵무기를 개발하지 않았으나, 핵무기를 제조하는 데 필요한 모든 능력을 갖춘 국가를 묘사하는 말.

재처리(Reprocessing): 사용후핵연료 처리에서, 일반적으로 핵무기에 사용하기 위해 비분열성 물질로부터 핵분열성 플루토늄을 분리하는 것.

쟁점(Issue): 가치관의 대립을 불러일으키기 때문에 서로 연관된 것처럼 보이는 정치적 의문점으로 구성된 집합. 예를 들어 인권이라는 쟁점은 자유 대(對) 질서의 문제를 제기하는 질문이다.

적절성의 논리(Logic of Appropriateness): 사안에 대해 비용이나 편익을 따지지 않고, 이와 같은 행위가 합법적이고 옳은 일인지에 따라 판단함.

전 지구적 평등주의(Global Egalitarianism): 부담과 협력을 통해 발생하는 이익이 지구적으로 공평하게 분배되어야지만 정의가 가능하다고 보는 입장. 이는 모든 개인이 그들이 세계 어디에 살고 있는지와 상관없이, 같은 인권을 지닌 존재이기에 지구적 부를 공평하게 분배받아야 한다고 주장한다.

전략(Strategy): 전쟁의 정치적 목적을 위한 준비와 계획을 통칭함. 전략은 정치가와 군사 지도자가 그들의 목표를 이룰 수 있도록 돕는다.

전문 기구(Specialized Agencies): 국제연합의 주요 체계와 특별한 관련이 있는 국제기구들을 칭하는 말. 이 기구들은 태생적으로 독립적이며 자체적인 예산, 간부진과 위원회를 지니고 있으며 회원국의 대표로 구성된 총회도 따로 존재한다.

전쟁(War): 두 개, 혹은 그 이상의 정치체 간의 조직화된 폭력.

전쟁 상태(State of War): (흔히 고전현실주의자에 의해 묘사되는) 실제 갈등은 없는 항구적인 냉전 상태이지만 언제든 '열전'이 될 수 있다.

전쟁과 사회(War and Society): 전쟁이 어떻게 사회에 영향을 주고, 사회가 어떻게 전쟁에 영향을 주는지를 탐구하는 전쟁 연구의 한 접근법.

전제 국가(Tyrannical States): 주권을 지닌 정부가 대량 학살, 인종 청소, 집단 학살 등을 통해 자국 국민의 인권을 심각하게 유린하는 국가를 의미한다.

전체론(Holism): 구조는 부분의 합 이상이며 단순화할 수 없을 정도로 사회적이기 때문에, 개별 단위나 그들의 상호 작용으로 분해될 수 없다는 견해. 또한 구조의 영향은 단지 행위자를 제약하는 것을 넘어 그것들을 구성하는 데 이른다. 구성주의는 국제 구조가 행위자들의 정체성과 이익을 형성한다고 생각한다.

점령하라 운동(Occupy): 지구금융위기의 벽두에 시작된 일련의 비위계적으로 조직된 저항 운동을 통칭하는 표현. 이 운동은 선출되지 않은 지구 엘리트들에게 부와 권력이 계속 집중되고 있는 상황에 대한 우려를 표했다.

정당성(Legitimacy): 제도, 규칙, 정치 질서의 수용 가능성. 정당성은 적법하거나, 올바른 절차를 통하거나, 기능적으로 유용한 결과를 가져다주거나, 본질적인 윤리성을 갖거나, 우월한 지식이나 기술적 노하우를 구체화할 때 존재한다.

정부(Government): 좁게는 국가를 통치하는 행정부를, 더 넓게는 행정부, 입법부, 사법부, 공무원 조직, 무력, 경찰력까지를 모두 포괄해 지시하는 데 쓰인다.

정부간기구(Intergovernmental Organizations, IGOs): 법적으로 완전한 회원 자격이 공식적으로 국가에게만 개방되고 의사 결정 권위가 정부 대표에게 있는 국제기구.

정의(Justice): 인권 기준 또는 경제·사회적 차원의 복지에 비추어 개인에 대한 공정하거나 윤리적으로 옹호 가능한 대우.

정책 영역(Policy Domain): 국제기구에서의 정치적 과정에 의해 연결되기 때문에 함께 결정되어야 하는 정치적 질문들로 구성된다. 예를 들어 금융 정책은 국제통화기금에서 해결된다. 정책 영역은 몇 가지 문제를 포함할 수 있다. 금융 정책은 발전, 환경, 젠더 문제를 포함한다.

정체성(Identity): '타자'와의 관계에서 자신을 이해하는 것. 정체성은 사회적이어서 항상 타자와의 관계에서 형성된다. 구성주의자들은 일반적으로 정체성이 이익을 형성하며, 우리가 누구인지 모른다면 무엇을 원하는지 알 수 없을 것이라고 주장한다. 하지만 정체성은 사회적이며 상호 작용을 통해 만들어지기 때문에 변화할 수 있다.

정치 공동체(Political Community): 외국의 통치에서 벗어나 스스로 통치하고 싶어 하는 공동체.

제2차 냉전(Second Cold War): 1980년대에 있었던 동서 간의 긴장 시기. 1946년부터 1953년까지의 제1차 냉전적 대립과 비교된다.

제3세계(Third World): 저발전 세계와 저발전 극복을 돕기 위한 정치·경제적 계획을 모두 규정하기 위해 1950년대 말에 처음 사용된 개념. 탈냉전 이후 이 용어는 덜 쓰이고 있다.

제국(Empire): 여러 개의 차별화된 정치 단위를 계층 구조의 거버넌스 구조에 통합하는 정치 개체를 의미한다. 예: 로마제국, 오스만제국, 대영제국.

제국주의(Imperialism): 지구적인 위계와 종속 관계의 맥락에서의 대외 정복과 규칙의 관행. 제국 확립으로 이어질 수 있다.

제도(Institutions): 규칙을 정하고, 활동을 억제하며, 행위자의 기대를 형성하는 지속적이고 연결된 규칙과 관행의 집합. 제도는 조직, 관료 기관, 조약과 합의, 국가가 구속력 있는 것으로 받아들이는 비공식 관행을 포함한다. 국제 체제에서 세력 균형은 제도의 한 사례이다(Haas, Keohane, and Levy, 1993: 4~5 참고).

제도적 동형성(Institutional Isomorphism): 같은 환경을 공유하는 행위자들과 조직들이 시간이 흐름에 따라 속성과 특성 면에서 서로를 닮기 시작하는 것

제도화(Institutionalization): 사회관계의 네트워크나 양상이 특정 목적을 가진 조직으로서 공식적으로 만들어지는 정도.

제한적 자유주의(Embedded Liberalism): 존 러기가 만든 용어로, 시장 과정과 법인 활동의 배후에 정치적, 사회적 강제와 보상의 망이 있어서 국제적인 자유 무역과 본국의 복지 사이에 절충을 이루는 것을 말한다.

제한전(Limited War): 정치적 독립이나 충돌 당사자의 지속적인 존재를 주장하는 것이 아닌, 조금 더 제한된 목적에서 수행되는 전쟁.

젠더(Gender): 특정 시공간에서 남성 혹은 여성인 것이 의미하는 바를 지칭한다. 성적 차이가 사회적으로 구성되는 것을 의미한다.

젠더 관계(Gender Relations): 남성성과 여성성의 관계 구성을 포함하는 권력관계로, 일반적으로 남성이 특권을 갖지만 그 관계는 경합하고 변화할 수 있다.

젠더 본질주의(Gender Essentialism): 여성으로서 여성이 동일한 경험을 한다는 가정, 남성으로서 남성이 본질적으로 동일한 경험을 한다는 가정.

젠더 주류화(Gender Mainstreaming): 정책이나 조직 활동 전반에 대해서 젠더의 영향력을 고려하는 과정. 이는 남성과 여성이 직장이나 임금, 영향력 면에서 더 평등한 상태에 놓이도록 노력하는 젠더 균형 전략과는 구분된다.

젠더 퀴어(Genderqueer): 남성과 여성이라는 이분법적 개념을 거부하는 젠더 정체성.

젠더화된 노동 분업(Gendered Division of Labour, GDL): 모든 곳에서 양육과 가사가 여성의 주 임무가 되고, 많은 공적 업무나 임금 노동을 '여성의 것'이나 '남성의 것'이라고 지칭하는 '여성의 일'에 대한 개념. **노동의 성적 분업** 참조.

조정(Coordination): 당사자들이 서로 다른 전략을 추구한 데서 비롯되는 상호 바람직하지 않은 결과를 피하기 위해 공동의 전략을 추구할 필요가 있는 협력의 형태.

조직된 위선(Organized Hypocrisy): 국제기구의 선언과 행동 간의 간극. 서로 경합하는 압력을 받은 국제기구는 외부의 기대를 따르는 데 사용되는 형식적 절차를 양립할 수 없는 조직 내부의 활동과 '분리'할 수 있다.

존재론(Ontology): 우리가 존재하는 데 있어서 관련된 전제들.

종속 이론(Dependency Theory): 세계 경제에서 빈곤국이 빈곤한 상태를 유지하는 원인을 구조를 기반으로 설명하는 이론.

종족 민족주의(Ethnic Nationalism): 민족은 언어, 역사, 삶의 방식, 물리적 외모 같은 성질을 통해 구분될 수 있는 공통의 혈통에 기반을 둔다는 민족주의.

주권(Sovereignty): 영토적 경계 안에서 국가가 최고의 정치적 권한을 갖는다는 원칙. 경계 밖에서 국가보다 더 높은 정치적 권위를 지닌 존재는 없다.

주권 평등(Sovereign Equality): 주권국가에 의해 소유되는 기술적인 법적 평등성. 이는 국제연합 총회의 투표에서 잘 드러난다.

주변부(Rimland): 대륙과 주요 해양의 주변 지역으로, 이 지역을 통제하면 주요 전략적 이점을 얻을 수 있다.

중력 모형(Gravity Models): 거리가 국제 무역 패턴에 얼마나 중요한지를 보여 주기 위해 설계된 경제학 모델로서, 지리적으로 서로 가까운 국가는 멀리 떨어져 있는 국가보다 더 깊은 수입·수출 침투를 반복적으로 보여 준다.

지구 거버넌스(Global Governance): 조직적이고 규범적으로 활동을 제약하는 국제 규제의 느슨한 체계. 국제기구와 법, 초국가 조직과 초국가 체계, 지구 시민사회의 요소, 공유된 규범적 원칙 등의 많은 요소로 구성되어 있다.

지구 공동체(Global Community): 주권국가와 단절하는 거버넌스. 권위, 정체성을 체계화하는 방법.

지구 남반구(Global South): 아프리카·라틴아메리카·아시아의 '저발전' 국가를 의미하며 점점 '제3세계'라는 용어를 대체하고 있다.

지구 북반구(Global North): 부유한 '발전'국가를 지칭하는 용어로 주로 북아메리카와 서유럽 국가들을 지칭하는 표현이다. 이 용어는 점점 '제1세계'라는 용어를 대체하고 있다.

지구 정치(Global Politics): 지역과 대륙을 초월하여 권력·이익·질서·정의를 추구하는 지구적 사회관계의 정치.

지구 환경 거버넌스(Global Environmental Governance): 대개 국제 협정과 조직의 총체이지만 때때로, 개별 조직체나 비정부기구의 역할을 강조하는 거버넌스를 뜻하기도 한다.

지구금융위기(Global Financial Crisis): 2007년과 2008년 모기지 담보 증권에 대한 잘못된 투자로 은행들은 회복할 수 없는 손해를 입었다. 지구금융위기는 이로 인해 발생한, 북대서양 금융 체계가 연쇄적인 붕괴에 임박했던 상황을 지칭하는 말이다.

지구적 책임(Global Responsibility): 국가, 국제 조직, 기업들이 국가 이익의 관할 아래 들어가지 않는 쟁점에 대해서도 책임을 져야 한다는 생각.

지구주의(Globalism): 공유된 사회적 공간으로서의 세계에 대한 집단적 인식 또는 의식이 증가하는 것. 개념적으로는 이상적인 지구 질서에 관한 이데올로기 또는 신념, 가치 및 규범적 처방의 집합을 의미함. 신자유주의적 지구주의(글로벌 자유시장 자본주의)에서부터 정의의 지구주의(토착민에 대한 인권과 정의 포함), 종교적 지구주의에 이르기까지 지구주의에 대한 다양한 시각이 있다. 정치적으로, 최근 몇 년 동안 지구주의는 글로벌 엘리트가 국가 이익과 국민의 의지를 무시하면서 글로벌 제도를 통해 통치하는 이데올로기와 계획으로 의미가 전가되면서 포퓰리즘 운동에서 자주 사용되는 경멸적인 용어가 되었다.

지구화(Globalization): 멀리 떨어져 있는 공동체를 연결하고 지역과 대륙을 넘어 권력관계의 범위를 확장하는 인간 사회 조직의 공간적 범위의 근본적 변화나 변형을 포함한 역사적 과정을 뜻한다. 또한 지구화는 공산주의 붕괴 후 단일 세계 경제를 묘사하기 위해 자주 사용된 포괄적인 표현이지만, 때로는 전후 시기 국제 자본주의 체제의 증대하는 통합을 정의하기 위해 사용되었다.

지속 가능한 발전(Sustainable Development): 미래 세대가 그들의 필요를 충족시킬 수 있는 능력을 훼손하지 않으면서 현재의 필요를 충족시킬 수 있는 발전.

지역 무역 협정(Regional Trading Agreement): 지역적으로 인접한 국가들 간에 체결된 협정으로, 참여 국가들에는 동일한 무역 정책이 법적으로 실시된다. 지역 무역 협정의 범위에는 참여 국가 간의 관세의 수준을 유사하게 만드는 관세 동맹부터 모든 국가 사이의 관세를 철폐하는 완전한 자유 무역 지대까지 포함된다.

지역주의(Regionalism): 국제 체제의 한 형태로, 지역적 인접성에 기반하여 국가와 다른 행위자들 간에 발생하는 제도적 협력의 발전.

지역화(Regionalization): 유럽연합과 같이 지리적으로 근접한 국가들 사이의 상호 의존의 증대.

지원 조건(Conditionalities): 국제통화기금과 세계은행이 대출금을 지급하는 대가로 부과하는 정책 조건으로 주로 신자유주의 사상에 입각해 있다. 이는 종종 국내에서 선거를 통해 결정된 권한을 무효화시키는 경우가 많다는 점에서 정치적으로 논란이 많다.

지적 재산(Intellectual Property, IP): 일반적으로 특허, 저작권 및 상표 시스템을 사용하여 법률에 따라 보호되는 인간 상상력의 창조물.

지적 재산권(Intellectual Property Rights): 저작권, 특허, 상표, 기업 비밀 등을 통해 콘텐츠의 소유자를 보호하는 규칙.

지정학(Geopolitics): 국가가 지구적·지역적 정책, 특히 안보 전략을 추진하는 데 가장 중요한 결정 요인은 지정학적 위치라는 입장.

지하드(Jihad): 아랍어로 지하드는 투쟁을 의미한다. 지하드는 순수하게는 더 나은 무슬림이 되기 위한 내부적인 고투, 사회를 보다 코란의 가르침과 가깝게 만들기 위한 노력, 또는 공격받고 있는 이슬람 공동체가 자기 방어로서 전쟁을 벌이기 위해 군대를 소집하는 것을 가리킨다. 지하드 개념에 혼란을 일으키는 것은 무엇을 '공격'과 '공동체'로 여기느냐, 그리고 어떤 수단이 자기 방어를 위해 도덕적으로, 정신적으로 사용될 수 있느냐에 대한 다양한 해석이다.

진보적(Progressive): 시간과 역사가 특정한 최종 목표를 향해 하나의 선형적인 순방향으로 이동한다는 가정.

진실화해위원회(Truth and Reconciliation Commission): 인종 차별 정책 이후 인종 차별 정책의 해악과 부당성을 다루기 위해 남아프리카공화국에 설립된 화해 기구.

질서(Order): 질서는 오랜 시간에 걸쳐 안정적인, 규칙적이거나 식별할 수 있는 관계의 양상을 나타낸다. 또한 질서는 달성되어야 하는 어떤 목표를 고려한 조건을 뜻하기도 한다.

집단 권리(Group Rights): 개인보다는 소수 민족이나 현지민 같은 집단에 속한 것으로 일컬어지는 권리.

집단 안보(Collective Security): "체제 내 각국이 일국의 안보는 모두의 관심사라고 여기고, 공격을 향한 집단 차원의 대응에 참여하기로 동의하는"제도를 말한다(Roberts and Kingsbury, 1993: 30). 이는 국제연맹의 기본 원칙으로, 곧 회원국들은 한 회원국에 대한 위협이나 공격을 회원국 전체에 대한(보다 일반적으로는 국제 규범에 대한) 공격으로 받아들였다. 따라서 국제연맹은 그러한 국제법 위반에 함께 대응하였다. 국제연맹의 기초자들은 그러한 공동 행동을 감안해 잠재적 위반국들이 공격적 행동을 처음부터 시도하지 않기를 희망했다. 그러나 1920년대와 1930년대에 드러났듯이 이론과 실천은 괴리되어, 연맹 회원국들은 아시아에서 일본의 제국주의, 유럽과 아프리카에서 독일과 이탈리아의 팽창주의에 대항하는 공동 행동을 취하지 못했다.

집단 행동(Collective Action): 개별 행동과 비교되는 개념으로, 행위자는 모든 참여자의 이득을 극대화하는 이익을 극대화하기 위해 합리적으로 협력하기를 선택한다.

집단 학살(Genocide): 국민, 민족, 인종, 종교 집단을 박멸하려는 의도로 저질러지는 행위. '집단 학살 범죄의 방지와 처벌에 관한 협약'은 1948년 도입되었다.

채권 시장(Bond Market): 정부가 추가적인 공공 지출을 하기 위해서 국가의 채권을 팔기 위해 활용하는 곳.

책임(Accountability): 국가가 인권 약속을 준수하도록 하는 효과적인 메커니즘이 존재하고, 국가가 이를 준수하지 않을 경우 책임을 지도록 하는 프로세스를 의미한다.

책임 윤리(Ethic of Responsibility): 현실주의자에게 책임 윤리는 국제 정치에서 윤리의 한계를 말한다. 여기에는 결과를 숙고하고, 비도덕 행위에서 긍정적 결과가 나올지도 모른다는 사실을 깨닫는 것이 포함된다.

초강대국(Superpower): 1945년 이후 미국과 소련을 묘사하기 위해 사용되는 용어로, 특히 그들이 보유하고 있는 핵무기를 포함한, 전 지구적 차원의 정치 개입과 군사 능력을 나타낸다.

초국가 기업(Transnational Company/Corporation, TNC): **다국적 기업**(MNCs) 참조.

초국가 행위자(Transnational Actor): 다른 국가의 행위자나 국제기구와 관계를 맺는 한 국가의 시민사회 행위자.

초국가주의(Supranationalism): 통합 이론의 개념으로서, 독자적 의사 결정 권한을 지님으로써 회원국에게 결정과 규정을 부과할 수 있는 능력을 지닌 공동 기구를 창설하는 것을 포함한다.

초남성성(Hyper-masculinity): 특정 고정관념(체력적 힘, 공격성, 이성애, 지배 등)을 강조하는 남성성의 형태.

총력전(Total War): 정치적 독립이나 어느 한쪽 당사자의 존재를 알리기 위한 지속적인 전쟁.

최저생계(Subsistence): 음식 생산과 같이 기본적 생활의 영위를 위해 필요한 일. 노동자는 이에 대한 임금을 따로 받지는 않는다.

충성(Loyalty): 사람들이 기관(혹은 상호 간)에 어느 정도 무조건적 지원을 제공하는 감정적 경향.

칸트주의(Kantian): 18세기 독일 철학자 임마누엘 칸트와 그의 『영구 평화론』과 연결된 사상.

케언스 그룹(Cairns Group): 세계 농업에 있어서 자유 무역을 주장하는 농산품 수출국들의 모임. 총 20개 국가로 이루어져 있다.

케인스주의 경제 이론(Keynesian Economic Theory): 1930년대 완전 고용을 위해 정부의 공공 지출을 조언한 영국 경제학자 존 메이너드 케인스의 이름을 딴 경제 이론.

타자(Others): 탈식민주의 학자들이 인종, 젠더, 성, 종교 및 기타 속성을 근거로 특정 주제를 배제해 온 보편성에 배제가 얼마나 필수적인지 드러내기 위해 만든 용어.

탄도미사일 방어(Ballistic Missile Defences): 국가를 탄도미사일을 통한 공격으로부터 방어하기 위해 고안된 기술.

탈국가화(Denationalization): 현대 사회, 경제, 문화 및 정치 문제를 조직하는 데 있어 국경의 중요성이 상대적으로 감소하고 있다는 사실을 강조한다.

탈근대 혹은 새로운 테러리즘(Postmodern or New Terrorism): 묵시론적인 이데올로기로 무장하고 체계적 목표를 지닌 개인이나 단체의 테러 행위. 영토와 관련된 문제로 테러를 감행하던 과거의 테러리스트들과 달리 이들은 그 자신의 신념을 위해서 테러를 감행한다.

탈식민주의(Decolonial): 후기식민주의적 접근과 밀접하게 관련되어 있지만, 인간 사이 혹은 종종 비인간 사이의 관계에 대해 생각하기 위해 토착 인식론과 우주론을 가져오는 데 더 중점을 두는 국제 관계 연구에 대한 접근을 의미한다. 이 접근 방식은 주로 라틴아메리카 사상가들에 의해 배양되었다.

탈식민지화(Decolonization): 식민지가 식민 권력에서 독립하여 자신들의 권리를 가진 주권국가가 되는 과정.

탈영토화(Deterritorialization): 사회적 활동의 조직이 점차 지리적 근접성과 국가 영토의 경계에 의한 통제를 덜 받게 되는 과정. 기술혁명에 의해 가속화되며, 영토적 장소, 거리, 국경이 사람들의 집단적인 자기 인식과 정치적 승인의 추구에 미치는 영향력이 감소함을 일컫는다. 이는 지구 시민사회를 확대하지만 동시에 지구적 범죄 혹은 테러리스트 네트워크도 확대한다.

테러리즘(Terrorism): 민간인이나 상징적인 목표물을 공격함으로써 공포심을 일으키는 국가 하부 집단에 의한 불법적인 폭력 사용. 이는 광범위한 불만을 야기하거나 심각한 반응을 유발하고, 적의 도덕적 결의를 약화하고, 정치적 변화를 유발하기 위해 이루어진다. 언제 폭력의 사용이 정당한지를 결정하는 것은 행위의 효과가 아니라 테러 행위의 맥락적인 윤리성에 기초를 둔다. 이는 무엇이 테러리즘의 구성 요건인지에 대해 의견이 갈리는 근본 이유이기도 하다.

테러리즘과의 전투(Combating Terrorism): 테러리즘과의 전투는 반테러(anti-terrorism) 노력(미래의 테러리스트 공격에 맞서 보호하거나 공격을 완화하기 위한 조치)과 대테러(counter-terrorism) 노력(테러리스트의 행동에 보복하거나 기선을 제압하기 위해 고안된 사전적 조치)으로 이루어져 있다.

테러와의 전쟁(War on Terror): 부시 정권에 의해 고안된 포괄적 용어로, 2001년 9월 11일 공격 이후로 미국과 그 동맹국이 테러리즘의 확산, 특히 그중에서도 이슬람의 영향을 받은 테러를 저지하기 위해 사용하는 다양한 군사·정치·법적 행위를 지칭한다.

토착[의](Indigenous): 특정 영토에서 유래하는 것을 의미한다. 종종 식민지와 대조되는 의미로 사용된다.

통합(Integration): 지역 혹은 국제적 맥락에서 국가 간 연결이 긴밀해지는 과정. 통합은 미트라니(Mitrany, 1943)가 분기(ramification)라고 일컫은, 기술적 문제를 해결하기 위한 협력에서 보통 출발한다.

통화 시장(Currency Market): 다르게, 또는 보다 엄밀하게는 외환 시장이라고 불린다. 순전히 통화의 판매와 구매를 위한 민영 부문의 제도다. 거래가 이루어지는 가격이나 특정한 거래를 위해 사용되는 화폐 총액에 대한 공공 부문의 감독은 전혀 없다.

트랜스젠더(Trans/Transgender): 트랜스젠더는 정체성이나 자기표현이 태어난 성과 다른 사람을 의미한다. 이는 원래 '남성'이나 스스로에게 '여성'의 정체성을 부여하는 이('트랜스우먼'), 반대의 경우('트랜스맨')를 뜻한다. 여기에는 이분법적인 젠더 어디에도 자신을 귀속시키지 않는 이도 포함된다('젠더 퀴어', '젠더 변형').

트루먼독트린(Truman Doctrine): 1947년 3월, 미국 대통령 해리 트루먼이 "소수의 무장 집단이나 외부 압력에 의한 종속에 저항하고 있는 자유로운 인민을 지원하는 것이 미국의 정책이 되어야 한다."라고 발표한 선언. 터키와 그리스에 대한 제한된 원조를 제공하기 위해 미국 의회를 설득하려는 의도를 지닌 이 독트린을 통해 봉쇄 정책과 미국의 동맹국에 대한 미국의 정치적 지지가 가능해졌다.

특별인출권(Special Drawing Rights): 국제통화기금이 자체 통화를 갖는 대신 사용하는 계산 단위. 국가는 그들의 통화가 특별인출권의 가치에 기여함으로써 위신을 얻는다.

파급 효과(Spillover): 신기능주의의 주요 개념으로, 한 영역에서 국가 간의 통합이 확대되면 다른 영역에 대한 통합의 압력이 높아진다는 것.

파생(Emanation): 국가가 구성, 서명 및 비준한 국제 조약을 통하지 않고 다른 국제기구에 의해 국제기구가 창설된 경우.

파생 상품 거래(Derivatives Contracts): 매우 전문적인 투자자들만이 활용하는, 수학에 기초를 둔 매우 복잡한 재정 증서. 이는 미래에 있을 유리한 가격 변화를 기대하거나, 불리한 가격 변화에 대비하기 위해 활용된다.

패권(Hegemony): 우세한 지도자에 의해 규율되는 체제, 대개 초강대국의 한 지역에 대한 정치적(혹은 경제적) 지배를 뜻한다. 현실주의 이론에서 강대국이 체제 내 다른 국가들에 대해 확립할 수 있는 영향력(이 범위는 리더십부터 지배에 이른다). 또한 다른 국가들에 대해 주도국이 행사하는 권력과 통제이기도 하다.

패러다임(Paradigm): 이론이 존재론과 인식론적 전제를 공유하면 이는 패러다임을 형성한다.

페레스트로이카(Perestroika): 고르바초프 전 소련 수상이 글라스노스트와 함께 추구한 개조 정책으로, 소련의 정치·경제체제를 근대화하려는 의도를 갖고 있었다.

페미니즘(Feminism): 여성의 불평등·억압을 이해하고 변화하기 위한 정치적 계획. 어떤 이들은 젠더가 더 이상 중요하지 않도록 젠더를 넘어서려는 목표를 갖고, 다른 이들은 여성의 이익·경험·선택을 정당화하려고 하며, 또 다른 이들은 전체적으로 보다 평등하고 포괄적인 사회관계를 위해 일하려고 한다.

평화 강제(Peace Enforcement): 적대적인 당사국이 서로 합의하도록 고안된 것으로, 평화 강제는 당사국의 동의 없이 발생할 수 있다.

포퓰리즘(Populism): 지배 엘리트의 일반 의지보다 사람들의 일반 의지를 촉진하는 일련의 신념. 국민 대 엘리트 구도로 표현된다. 일반적으로 자유주의와 세계화에 반대할 뿐만 아니라 엘리트 통치와 기성 질서에 대한 항의 정치를 조장함으로써 주류 좌파와 우파 정치를 초월한다.

프랑크푸르트학파(Frankfurt School): 프랑크푸르트대학교 사회연구소에 속한 이론가들의 집단. 이들은 1920년대와 1930년대 공동의 작업을 통해 문화, 관료제, 권위주의, 가족 구조, 이성과 합리성, 지식 이론에 대해 질문을 던졌다.

하바나 3대륙 회의(Havana Tricontinental Conference): 1955년 반둥

회의의 후속 회의로 1966년 쿠바 하바나에서 개최되었다. 라틴아메리카, 카리브해, 아시아, 아프리카의 독립 국가 및 탈식민지 국가에서 온 500명의 대표가 참석했다. 회의는 비동맹 권력과 탈식민지화를 달성하기 위해 무장 투쟁과 같은 보다 급진적인 제안을 내놓았다.

하위 주체(Subaltern): 경제적 권력의 측면에서 가장 하위 범주를 차지하고 있는 부류. 이들은 흔히 여성이나 소작농같이 정치적 참여의 측면에서 배제되어 있다. 하위 주체 연구는 인도에서 시작되었으며 하위 주체의 문화와 역사에 초점을 맞춘다.

합리성(Rationality): 선호를 순위대로 배열하고 가장 적합한 선호를 선택하는 개인의 능력.

합리적 선택 이론(Rational Choice): 행위자들이 어떻게 이익을 극대화하려고 하며, 이익을 달성하기 위한 가장 효율적인 수단을 어떻게 선택하는지에 주목하고, 제약 조건하에서 선호를 극대화하기 위한 행위자의 시도로 나오는 집합적 결과물을 설명하려고 하는 접근법. 대개 경제 이론에서 도출된 합리적 선택은 정치학과 국제정치학에도 큰 영향을 미쳤고, 다양한 쟁점에 적용되었다.

항공기 납치(Skyjacking): 상업적 목적의 항공기를 인질을 확보하기 위한 목적에서 탈취하고 그 인질을 이용하여 불만을 토로하거나 특정한 정치·경제적 목적의 흥정을 시도하는 것.

해방(Emancipation): 동등한 정치적·경제적·사회적 권리의 성취.

해방 신학(Liberation Theology): 사회 정의를 찾기 위해 기독교와 마르크스주의를 결합한 남아메리카의 철학.

해외직접투자(Foreign Direct Investment, FDI): 다른 국가에 새로운 투자를 할 목적으로 자금을 준비하는 것을 지칭하는 말. 본사가 위치한 국가로부터 생산 공정의 일부를 해외로 이전함으로써 생산 비용을 절감할 수 있는 경우, 이와 같은 투자가 이루어진다.

해체(Deconstruction): 해체 이론은 언어가 이분법으로 구성되어 있으며, 이분법 내에서 한 용어는 다른 용어에 대해 우월하게 사용되고 있고, 그렇기에 우리는 우월한 용어와 열등한 용어 사이의 위계질서를 불안정하게 해야만 한다는 접근이다.

핵 불투명성(Nuclear Opacity): 핵 모호성으로 불리기도 한다. 이 용어는 단 한 번도 핵무기를 보유하고 있다고 공표하지 않은 국가를 지칭하기 위해 사용된다.

핵 억지(Nuclear Deterrence): 핵 억지 개념은 핵무기를 사용하여, 적국이 자국에 대해 비우호적인 행위를 하는 것을 막는다는 것이다. 일반적으로 억지는 처벌의 위협을 활용하여 상대방이 무엇을 하는 것을 막는 것이다. 핵 억지는 한 국가가 행동에 나설 아주 작은 가능성만이 있다고 하더라도, 상대가 핵무기로 대응한다는 믿음이 있어서 국가가 그 행동을 멈추는 경우에만 작동한다. 억지는 일반적으로 현상 유지를 지키기 위한 시도로 이해된다. 반면 강압은 처벌의 위협을 활용함으로써 상대국이 현상 유지를 바꾸도록 하는 것이다.

핵 태세(Nuclear Posture): 이는 핵무기를 개발한 후에, 국가가 어떤 행동을 보이는지를 묘사하는 용어다. 핵 태세는 한 국가의 실제적인 핵 능력, 이와 같은 핵 능력을 어떻게, 언제, 누구에 대해 사용할지를 관리하는 배치 정책, 핵 능력의 관리와 사용을 관장하는 명령과 통제 절차를 포함한다.

핵 터부(Nuclear Taboo): 핵무기의 사용이 전쟁에서 용납될 수 없다는 것으로 국제사회에서 점점 받아들여지게 된 국제 규범.

핵확산금지조약(Nuclear Non-Proliferation Treaty, NPT): 핵 비확산 레짐의 수립을 형성한 국제 조약으로 1968년 체결되었다.

행위자-구조 문제(Agent-structure Problem): 행위자와 구조의 관계를 생각하는 방식. 한 시각은 행위자는 이미 형성된 정체성과 이해관계를 가지고 태어나, 다른 행위자들과 그들의 상호 행동이 만드는 광범위한 구조를 그들 이해관계의 제한 요인으로 취급한다는 것이다. 그러나 이 시각은 행위자를 선사회적으로 보아 정체성이나 다른 행위자들과 상호 작용을 통해 자기의 이해관계를 바꿀 수 있는 가능성에는 관심이 없다. 또 다른 시각은 구조를 제한 요인으로 보지 않고 행위자 스스로가 구조를 구성한다고 본다. 그러나 이런 시각에서는 행위자가 그 구조의 인공물에 불과하기 때문에 행위자를 문화적 하수인으로 취급할 수도 있다. 행위자-구조 문제를 해결하기 위해 제안된 것은 행위자와 구조가 서로를 어떻게 구성하는지를 이해하기 위한 방법을 찾기 위해 노력하는 것이다.

헤이그 협약(헤이그체제, Hague Convention or Hague System): 1899년, 1907년의 국제 평화 회의를 통해 유럽 협조 체제를 모든 주권국가에 확대한 체제. 여기에는 회의 외교를 위한 새로운 관료제의 창설, 국제적 충돌을 해결하는 중재 절차 등이 포함된다.

현실주의(Realism): 이론적 접근으로서 국가 간의 관계를 포함한 모든 국제적 관계는 권력의 추구와 관련이 있다고 분석한다. 현실주의는 분석에 있어 비국가 행위자들을 포함하지 않는다.

협력(Cooperation): 당사자들이 서로 받아들일 수 있는 결과를 얻기 위해 함께 행동해야 하는 상황에서 요구된다.

협약(Convention): 국가들 간의 일반적 조약의 형태로, 보통 국제적 회의의 산물로 도출된다. '골격 협정-조정 가능한 의정서(Framework Convention-adjustable Protocol)' 모델의 관점에서 구조적 협약은 목표, 조직, 과학적 연구를 수행하고, 앞으로의 활동을 발전시키기 위한 과정을 검토하며, 환경적인 문제를 해결한다.

협조(Collaboration): 개별적으로 선호되는 전략을 추진하고자 상호 간에 도움이 되는 전략으로부터 배반하지 않도록 요구하는 협력의 한 형태.

협조(Concert): 상호 동의의 규범에 기초하여 다수의 강대국이 행사하는 지도적 역할.

혼성 국제기구(Hybrid International Organization): 초국가적, 사적 행위자들(비정부기구·정당·기업)과 정부 또는 정부 기관들이, 재정적 결정에 대한 투표권을 포함하여, 정책 결정에 전적으로 참여할 권리를 가지고 구성원으로 받아들여지는 국제적 조직. 오로지 정부간기구(IGOs)나 국제비정부기구(INGOs)만이 존재한다는 공동의 가정과 대조를 이루어 혼성이라고 불린다. 외교적 활동에서 그들은 주로 국제정부기구의 일부로 포함되고, 그래서 때로 혼성 국제비정부기구라고 불린다.

혼혈 생식(Miscegenation): 서로 다른 '인종'이 혼인, 성적 관계나 재생산 과정을 통해 섞이는 것을 표현하는 오래된 말.

홀로코스트(Holocaust): 유럽에 있는 유대인들을 학살하기 위한 나치의 시도를 지칭하는 용어. 약 600만 명의 유대인이 수용소에서 살해되었으며, 소련 포로, 집시, 폴란드인, 공산주의자, 게이, 신체·정신적 장애인 수백만 명도 같이 학살되었다.

화해 정책(Rapprochement): 1970년대 초 중화인민공화국과 미국 사이에 보다 우호적인 관계를 재확립한 정책을 지칭한다.

확산(Diffusion): 어떻게 관념, 신념, 습관, 관행들이 사람들 사이에서 퍼지는지에 관심을 둔다.

확장 억지(Extended Deterrence): 자국의 방어를 위해서가 아니라 동맹국에 대한 공격을 억제하기 위해 핵 위협을 활용하는 것.

후기식민주의(Postcolonial): 인종, 이민, 종족, 문화, 지식, 권력과 정체성에 대한 국제, 초국가적 관계를 뜻한다. 또한 근대 시기의 유럽 국가들과 그들이 식민지로 삼았던 사회의 상호 작용에 대한 연구이기도 하다.

14개 조항(Fourteen Points): 윌슨 대통령의 국제사회 구상으로, 1918년 1월 최초로 발표되었다. 민족 자결의 원칙, 비밀 외교가 아닌 공개 외교의 운영, 각국의 독립과 영토의 통합성을 인정하는 국제연맹의 설립 등을 포함하고 있다. 비록 민족 자결의 원칙은 식민지를 바라보는 미국의 이해관계에 따라 매우 선택적으로 적용되었지만, 윌슨의 이러한 생각은 파리평화회담에 중요한 영향을 끼쳤다.

1648년 베스트팔렌평화조약(Treaties of Westphalia 1648): 오스나브뤼크조약과 뮌스터조약을 통칭하는 조약으로 불린다. 이 조약은 30년 전쟁을 종결했으며, 유럽 군주국들의 정치적 권리와 권위를 정했다. 무엇보다 이 조약은 군주국에게 상비군을 유지하고, 요새를 건설하며, 세금을 부과할 수 있는 권리를 부여했다.

9·11 테러: 2001년 9월 11일 오전에 19명의 남성이 캘리포니아로 가는 도중에 4대의 국내선 항공기를 납치한 사건을 의미한다. 두 대의 비행기는 뉴욕의 세계무역센터로, 다른 한 대의 비행기는는 워싱턴 DC의 펜타곤으로 날아갔다. 마지막 비행기는 펜실베니아에서 추락했다. 19명의 납치범(15명은 사우디아라비아 출신이었다)을 제외하고 총 2,974명의 사망자가 발생했다. 공격의 계획과 조직은 알카에다의 지도자인 아프가니스탄의 오사마 빈라덴이 조정했다. 공격이 발생한 지 약 한 달 후 미국과 동맹국들은 아프가니스탄에 대한 반격을 시작했다.

G20(Group of 20): 'G20'은 주요 선진국과 신흥국들이 국제적인 금융·경제 문제를 심의하는 포럼으로 1999년 설립되었다. 설립 이후 매년 정기적으로 '재무장관들과 중앙은행 총재들의 회의'를, 더욱 최근에는 '국가 정상 간 회담'을 지속해 오고 있다. 2008년

제1차 G20 정상회의에 이어 2009~2010년에는 연 2회 G20 정상회의를 개최했으며, 그 이후 매년 개최하고 있다.

G7(Group of Seven): 1975년에 G5로 설립(프랑스, 독일, 일본, 영국, 미국), 이후 G7으로 확장되어 캐나다와 이탈리아를 포함하고, 1998~2014년에는 러시아연방을 포함하여 G8이 되었다. 그리고 2014년 이후 러시아의 중단과 결국 영구 이탈에 따라 다시 G7로 불리게 되었다. G7은 세계 경제 문제에 대해 준공식 협력을 수행한다. 정부 지도자는 연례 G7 정상 회담에서 만나고 재무장관 및/또는 고위 관리는 정기적으로 기타 협의를 한다.

G77(Group of 77): 국제연합 내 77개 발전도상국들의 단체로 1964년 설립되었다. 여전히 존속하고 있으며, G77은 공동의 경제 이익, 발전을 위한 상호 협조, 국제연합 내에서의 모든 국제적으로 주요한 경제 쟁점에 대한 협상 능력의 확보를 목표로 하고 있다.

G8(Group of Eight): G7(Group of Seven) 참조.

LGBTQI: 이는 레즈비언, 게이, 바이섹슈얼, 트렌스젠더, 퀴어(때로는 자기 성 정체성에 의문을 갖는 자를 뜻하기도 한다), 간성의 첫 글자를 딴 것이다. 이는 때로는 LGBT나 LGBTQ로 불리기도 한다.

찾아보기